浙江金融年鉴

2013

ZHEJIANG JINRONG NIANJIAN 2013

《浙江金融年鉴》编辑委员会 编

浙江人民出版社

2012年4月9日，中国人民银行周小川行长率领调研组一行赴浙江温州深入了解金融综合改革试验区建设有关工作情况，启动温州金融综合改革试验有关工作(右六为中国人民银行总行周小川行长)。

2012年10月10日，召开丽水农村金融改革试点工作汇报会(左六为中国人民银行总行潘功胜副行长)。

2012 年 10 月 24 日，召开全省经济金融形势分析会（主席台中间为浙江省政府朱从玖副省长，其左为浙江省政府丁敏哲副秘书长，其右为中国人民银行杭州中心支行张健华行长）。

2012 年 12 月 31 日，浙江省委、省政府领导对中国人民银行杭州中心支行参与年终决算的员工进行慰问。

2012 年 7 月 4 日，浙江省政府副省长朱从玖一行 6 人来浙江银监局视察工作。

2012 年 9 月 24 日，浙江银监局在绍兴上虞市召开浙江省小微企业金融还款与担保方式创新现场推进会。

2012 年 3 月,中国证监会主席郭树清一行到浙江进行调研,与证券投资者座谈。

2012 年 11 月,浙江辖区合作监管工作会议在杭州召开,浙江证监局领导、浙江省金融办、辖区 10 个市和部分县金融办负责人参会。

2012年11月，由中国证监会纪委主办、浙江证监局、深圳证券交易所承办的“内幕交易警示教育展”巡展在杭州开幕。浙江省政府朱从玖副省长出席开幕式。

2012年4月27日，中国保监会项俊波主席一行与温州市委书记陈德容一行座谈温州金改工作。

2012 年 3 月 29 日，中国工商银行浙江省分行沈荣勤行长出席浙江大学附属第一医院“挂号就医一卡通”开通仪式并致辞。

2012 年 6 月 19 日，中国工商银行浙江省分行沈荣勤行长出席全省浙商创业创新推进工作现场会，并代表省分行与省政府签订支持浙商回归重点项目金融服务协议。

2012 年 8 月 24 日，中国工商银行浙江省分行沈荣勤行长出席“政府采购支持中小企业信用融资试点”签约仪式并代表省分行签字。

2012年10月8日，中国农业银行浙江省分行在杭州召开全省农行员工视频大会，这是该行历史上规模最大、参会人员最多的一次会议。

2012年10月30日，中国农业银行浙江省分行隆重举行新闻媒体联谊座谈会。

2012年11月16日，中国农业银行浙江省分行与浙江省福利彩票发行中心举行战略合作协议签约仪式。

2012 年 2 月 15 日，中国银行浙江省分行举行“中国银行成立 100 周年纪念大会”，浙江省委副书记、省长夏宝龙专门发来贺信，副省长陈加元出席大会并致辞。

2012 年 6 月 6 日，中国银行浙江省分行私人银行旗舰店开业。

2012 年 9 月 26 日，中国银行浙江省分行与浙江广电好易购频道签署战略合作协议，联手打造电视购物业务，树立了“不打烊的银行”市场形象。

2012年10月17日，中国建设银行浙江省分行与浙江省工商行政管理局首次签订战略合作协议，联合打造“工商事务金融服务通”。

2012年10月20日晚，中国建设银行浙江省分行“奋进——为了同一个梦想”主题文艺晚会在杭州剧院举行。

2012年12月13日，中国建设银行普陀山金全球首发仪式在舟山普陀山成功举行。此活动也成为佛教盛会的第十届观音文化节活动之一。

2012 年 9 月 28 日，浙商银行苏州分行开业，成为浙商银行在省外设立的第十一家分行。张达洋董事长、叶建清副行长出席分行开业仪式。开业当天，苏州分行积极履行社会责任，向苏州大学慷慨捐赠 100 万元。

2012 年，浙商银行积极扩大国际交流合作，10 月 17 日，龚方乐行长会见意大利规模最大的银行——联合圣保罗银行首席执行官 Enrico Cucchiani 一行，洽谈业务合作。

2012 年 11 月 24 日，浙商银行联合浙江电视台、浙江省爱心事业基金会共同推出大型公益助学活动——2012 浙商银行彩虹计划，捐助并动员社会力量募集资金共计 250 多万元，资助浙江省内 3000 多名贫困学生。

2012 年 3 月 21 日，浙江省委书记赵洪祝到温州鹿城农村合作银行视察工作。

2012 年 7 月 9 日，副省长朱从玖出席浙江农信金融后台基地教育培训中心大楼开工仪式。

2012 年 9 月 25 日，浙江省农信联社支持温州实体经济发展推进会在温州召开。

2012年5月14日，中国农业发展银行浙江省分行行长王玉高、杭州市萧山支行行长余涛、衢州市分行办公室执行专员兰玉仙三位同志出席了总行党代表会议。

2012年8月6日，中国农业发展银行浙江省分行召开全省系统企业文化建设会议。

2012年10月19日，中国农业发展银行浙江省分行行长王玉高在杭州会见泰国农业银行前行长提拉蓬一行。泰国农业银行前行长提拉蓬一行先后访问湖州安吉浙江永裕竹业有限公司、竹博园和杭州。

2012年3月23日，国家开发银行董事长陈元向浙江省省长夏宝龙递交开行编制的《浙江海洋经济发展示范区建设系统融资规划》。

2012年3月23日，国家开发银行与浙江省政府举行高层联席会暨合作协议签字仪式。国家开发银行陈元董事长、王用生副行长，陈民董事会秘书、郭明社总监，浙江省委书记赵洪祝、省长夏宝龙、副省长龚正出席。

2012年5月30日，国家开发银行浙江省分行与衢州市政府签订开发性金融合作备忘录。

2012 年 7 月 18 日，交通银行浙江省分行与上海浦东发展银行杭州分行签订全面合作协议。

2012 年 10 月 18 日，交通银行浙江省分行与中信证券(浙江)有限责任公司签订银证业务战略合作仪式。

2012 年 12 月 31 日，浙江省委、省政府领导亲切慰问交通银行浙江省分行干部员工。

2012年3月29日，浙江省政府召开2012年全省扩大有效投资暨重点建设推进大会。中信银行杭州分行作为唯一一家股份制商业银行代表受邀参加签约仪式。

2012年6月5日，中信银行杭州分行王利亚行长作为全省股份制商业银行的唯一代表出席浙江省第十三次党代会时，受到浙江省委书记赵洪祝等领导的亲切接见。

2012年9月20日，中信银行总行朱小黄行长在杭州分行王利亚行长陪同下走访阿里巴巴集团，与该集团董事局马云主席深入探讨支付领域、网络融资、物流融资等业务合作，将双方的战略合作进一步推向深入。

2012 年 10 月 30 日，上海浦东发展银行总行吉晓辉董事长一行莅临杭州分行视察。

2012 年 12 月 12 日，上海浦东发展银行杭州分行辖属舟山分行开业，标志着浦发银行在 12 家全国性股份制商业银行中，率先在浙江全省地级市实现了网点全覆盖。

2012 年 12 月 18 日，上海浦东发展银行杭州分行与浙江股权交易中心签约。

2012年6月12日，华夏银行总行党委书记、董事长吴建赴杭州分行调研指导工作。

2012年8月7日，华夏银行杭州分行召开小企业金融服务营销机制改革动员大会。

2012年10月26日，华夏银行杭州分行召开了以“感谢您的关爱，助力我们成长”为主题的客户座谈会。

2012年3月3日，由招商银行杭州分行主办的2012年“金葵花”杯全国少儿钢琴大赛杭州赛区初赛启动，“金葵花”再度绽放，用琴声记录并放飞孩子们的音乐梦想。

2012年3月11日，招商银行绍兴分行组织员工参加“低碳出行·植树认养”绿色低碳公益行活动。

2012年11月24日，招商银行杭州分行在西湖苏堤举行2012年全民健身冬季竞走活动，彰显企业文化的张力。

2012年1月9日，由广发银行总行主办、杭州分行承办的“携手广发　成长共赢”中小企业融资与发展群英会(杭州站)在杭州凯悦酒店成功举办。

2012年10月16日，广发银行绍兴分行隆重开业。

2012年12月15日，由广发银行杭州分行为杭城居民和广大客户倾力打造的新年文化大餐——“广发之夜”上海爱乐乐团新年音乐会，在浙江省人民大会堂隆重举行。

2012 年 5 月 18 日，深圳发展银行（现平安银行）金华东阳支行举行隆重的捐赠暨开业仪式。

2012 年 6 月 21 日，李文豪副行长代表深圳发展银行（现平安银行）杭州分行和新昌县人民政府、浙江浙企投资管理公司三方就“新昌天姥小微企业成长计划”签署《三方合作协议》。

2012 年 9 月 25 日，平安银行杭州分行举办零售五项技能大比武达人赛。

2012年6月2日，中国民生银行台州分行盛大开业。

2012年10月30日，中国民生银行总行党委委员、纪委书记陈进忠，中国民生银行杭州分行行长方舟出席第三届浙融会，并为中小微企业融资服务合作社授牌。

2012年12月2日，中国民生银行杭州分行举办“力登凌绝顶，誓攀新高峰”登山比赛。

2012 年 2 月 10 日，兴业银行杭州分行在杭州举办“银企携手并进　助力浙江经济”2012 年银企合作推进会。

2012 年 5 月 18 日，兴业银行台州玉环支行正式开业。

2012 年 10 月 13 日，兴业银行杭州分行在杭州体育馆举办 2012 年度秋季趣味运动会，共有 12 支代表队参加了本次运动会。

2012年2月2—4日，中国光大集团董事长、中国光大银行董事长唐双宁视察杭州分行。

2012年2月8日，中国光大银行私人银行(杭州)中心正式开业。

2012年11月22日，中国光大银行金华分行正式开业。

2012 年 3 月 15 日，恒丰银行总行监事长矫毅、人力资源部总经理邢秀生、恒丰银行杭州分行行长杨林茂、明星大堂经理王燕参加中国银行业《2011 年度中国银行业服务改进情况报告》发布暨文明规范服务表彰大会。

2012 年 4 月 23 日，恒丰银行 2012 年文明服务工作会议暨王燕同志文明服务先进经验报告会在杭州召开。

2012 年 8 月 10 日,渤海银行“小额快捷通”新闻发布暨产品推介活动在杭州分行隆重举行。

2012 年 9 月 8 日,渤海银行杭州分行举办首届职工业务技能大赛。

2012 年 4 月 19 日，中国邮政储蓄银行浙江省分行工会第一次代表大会顺利召开。

2012 年 5 月 25 日，中国邮政储蓄银行名誉董事长刘安东、副行长姚红在浙江省分行行长王雄飞陪同下视察浙江省分行营业部。

2012 年 7 月 18 日，中国邮政储蓄银行浙江省分行与浙江省金融办联合开展“走进乡镇，服务实体经济”2012 邮储阳光行动。浙江省金融办主任丁敏哲、中国邮政储蓄银行信贷部总经理朱大鹏、浙江省分行行长王雄飞参加了启动仪式。

2012 年 8 月 23—24 日，杭州银行承办“创新中国”2012 总决赛，进一步促进中小企业孵化期融资渠道的对接。

2012 年 10 月 20 日，杭州银行举行员工“健康活力舞动精彩”排舞大赛。

2012 年 12 月 3 日，杭州银行与杭州市慈善总会、长河高级中学三方在杭州长河高级中学举行了“杭州银行宏志班”专项慈善项目签约仪式。

2012 年 7 月 16 日，上海银行杭州分行王文烈副行长参加上海银行杭州分行武林支行开业仪式。

2012 年 9 月 20 日，上海银行总行贺青副行长到杭州分行进行调研。

上海银行杭州分行连续五年冠名“祈福杭州”活动。2012 年 12 月 11 日，上海银行杭州分行叶继雄行长参加“美丽杭州·祈福 2013”新闻发布会。

2012 年 10 月 26 日，北京银行杭州分行在钱江新城香樟路 2 号泛海国际中心 C 座举行了新大楼入驻仪式。

2012 年 11 月 16 日，北京银行杭州分行与青山湖科技城签署了总额为 20 亿元的战略合作协议。

2012 年 11 月 18 日，北京银行杭州分行举行了私人银行中心揭牌仪式，北京银行总行姚克满副行长一行参加了揭牌仪式。

2012 年 12 月 7 日，江苏银行杭州分行首家综合性支行萧山支行开业并举办隆重开业仪式。

2012 年 2 月 10 日，南京银行杭州分行萧山支行盛大开业，迈出了拓展浙江省市场机构的重要一步。

2012 年 8 月 1 日，南京银行总行领导走访杭州分行重要战略合作客户浙江吉利控股集团，与吉利控股集团董事长李书福等集团领导进行了亲切的洽谈。

2012 年 9 月 13 日，浙江稠州商业银行举行总行机关及下属分行(管理部)党委成立大会暨授牌仪式。

2012 年 8 月 3 日，浙江民泰商业银行主发起设立的第七家民泰村镇银行——广州白云民泰村镇银行正式开业。

2013 年 4 月 25 日，中国银监会主席助理阎庆民一行莅临浙江泰隆商业银行指导工作。

2012年8月16日，绍兴银行与上海浦东发展银行举行全面合作签约仪式。

2012年4月，在金华市银行业小微企业金融服务宣传活动启动仪式上，金华银行被授予“全国送金融知识下乡宣传服务站”称号。

2012年8月21日，浙江省政府副省长朱从玖等一行在台州市委副书记、市长吴蔚荣等人的陪同下，莅临台州银行考察指导。

2012年2月24日，中国华融资产管理股份有限公司浙江省分公司举行勤政廉政目标责任书签订仪式。

2012年5月5日，华融金融租赁股份有限公司投资建造的5.7万载重吨散货船"华融1"轮下水典礼仪式隆重举行。

2012年12月30日，在"2012（第五届）浙商年会"上，杭州工商信托股份有限公司获评"2012浙商最信赖金融机构"。

2012年1月10日，中国人民财产保险股份有限公司浙江省分公司在杭州召开全省分（支）公司经理会议，吴建林总经理作了题为《奋勇拼搏，超越自我，为全面提升公司科学发展能力而努力奋斗》的工作报告。

2012年6月11日，中国人民财产保险股份有限公司浙江省分公司联合浙江省文明办、浙江省公安厅交通管理局、浙江广播电视集团举办“2012中国人保‘文明出行’全省巡回宣传月大型公益活动”。

2012年11月13日，浙江省政府副省长朱从玖在省政府副秘书长冯波声、浙江保监局副局长邓季达、省金融办副主任盛益军等人的陪同下，到中国人民财产保险股份有限公司浙江省分公司调研指导工作。

2012年1月18—19日，中国人寿保险股份有限公司浙江省分公司召开全省系统2012年工作会议，祝平总经理作了题为《加快转型　对标发展　持续提高公司核心竞争力》的工作报告，浙江保监局吴勉坚局长应邀出席会议并作重要讲话。

2012年10月28—30日，中国人寿保险股份有限公司浙江省分公司在嘉兴举办2012年度“对标·发展·创优”柜面服务技能竞赛。

2012年10月29日，钱江新城中国人寿大厦奠基典礼隆重举行，中国人寿保险股份有限公司总裁万峰、副总裁刘家德，浙江保监局副局长刘钢，浙江省委常委、杭州市委书记、市人大常委会主任黄坤明出席了典礼。

2012 年 9 月 22 日，万向信托家族财富传承座谈会在杭州江南会举行，万向集团主席鲁冠球(前排右三)、纽约私人银行和信托公司 CEO 米尔斯坦(前排右四)、万向控股总裁鲁伟鼎（前排右二）出席了会谈。

2012 年 11 月 13 日，浙江省政府副省长朱从玖在省政府副秘书长冯波声、省证监局局长吕逸君、省金融办副主任包纯田的陪同下，到浙商证券调研指导工作。

2012 年 3 月 19 日，中国证监会主席郭树清莅临财通证券有限责任公司和永安期货股份有限公司视察调研。

《浙江金融年鉴》(2013)编辑委员会

《浙江金融年鉴》(2013)编辑部

序　言

中国人民银行杭州中心支行行长

张健华

2012年，全球经济延续缓慢复苏态势，国内经济增速稳中趋缓。在国外需求低迷和国内主动调整结构的复杂背景下，浙江经济仍然实现了平稳较快增长，全年实现地区生产总值34606.3亿元，同比增长8.0%。全省金融改革取得新进展，金融生态环境不断完善，经济金融良性互动进一步增强。

2012年，全省银行业各项存贷款保持平稳增长，外汇收支规模有所缩小，跨境人民币结算量持续扩大，同业拆借市场交易持续增长，银行经营效益和质量继续领先全国平均水平。截至2012年末，全省银行业金融机构本外币各项存款余额66679.1亿元，比年初增加5789.6亿元，同比少增717.6亿元，余额同比增长9.5%，增速比上年同期下降2.5个百分点。各项贷款余额59509.2亿元，比年初增加6266.7亿元，同比少增214.8亿元，余额同比增长11.8%，增速比上年同期下降2个百分点。全年结售汇总额3177.1亿美元，实现顺差1351.9亿美元，同比分别下降1.5%和15.2%。全年跨境人民币实际收付结算量为4766亿元，同比增长124%，其中，货物贸易结算1093亿元，服务贸易结算2015亿元。全年累计同业拆借市场交易量14605亿元，同比增长5.17%，其中，拆入资金9823亿元，拆出资金4782亿元，净拆入资金5041亿元。截至2012年末，浙江省银行业金融机构按贷款五级分类的不良贷款余额为951.51亿元，比年初增加460.11亿元，不良贷款率为1.6%，比年初增加0.68个百分点。

2012年，浙江省银行业坚持科学发展主体，突出转型升级主线，认真贯彻宏观调控政策，坚守风险防控底线，不断改善金融服务，扎实推进金融创新，优化信贷投放结构，加大服务实体经济力度，为浙江经济保持平稳发展提供了有力保障。

2012年，受国内外经济形势影响，我国资本市场总体呈现震荡下行态势，但浙江省资本市场仍保持了稳定健康发展的良好势头。截至2012年底，全省境内上市公司246家，累计募集资金2786.23亿元，全年新增境内上市公司20家。2012年全省证券经营机构累计代理A股、基金交易额6.26万亿元，托管市值6580.46亿元，客户保证金余额422.25亿元。2012年，浙江省期货经营机构代理交易金额39.22万亿元，客户保证金余额214.31亿元，累计实现手续费收入20.02亿元。

2012年，浙江省保险业继续保持良好发展态势。全年保险业实现原保险保费收入984.6亿元，同比增长12.0%。其中，财产险公司保费收入457.1亿元，同比增长14.8%；人身险公司保费收入527.5亿元，同比增长9.7%。2012年，浙江省新增保险市场主体4家，其中财产险公司1家，人身险公司3家。截至2012年底，全省共有保险市场主体74家(财产险33家，人身险41家)，各类保险机构达到3669家，保险专业中介机构137家，保险兼业代理机构9838家。截至2012年末，保险深度为2.85%，保险密度为1802.30元/人。

本卷《浙江金融年鉴》比较客观地记叙了2012年浙江省金融业运行、改革和发展情况，为有志于从事经济金融的实践者和研究人员提供了参考与借鉴。

2013年8月

编辑说明

一、《浙江金融年鉴》是一部反映浙江省金融业发展状况、汇集全省金融业主要统计数据的综合性、资料性金融工具书。每年编辑出版一卷，本卷为第18卷。《浙江金融年鉴》(2013)反映了2012年浙江省金融业的运行状况和各金融机构的业务发展与经营管理状况。

二、本书所列内容由全省各金融机构提供。其中经济统计资料由浙江省统计局提供，信贷收支统计由中国人民银行杭州中心支行调查统计部门提供。信贷收支如无特别说明的，均为人民币业务统计。

三、本书中各金融机构排列顺序依照一般惯例，无名次高低和排位顺序先后之分。

四、本书的编纂工作在编委会领导下进行，全省各金融机构给予了大力支持，组稿编辑和撰稿人付出了辛勤劳动，在此表示衷心感谢。

五、编辑人员在整个编辑过程中，因水平有限、经验不足，加之时间仓促，书中难免有疏漏及不足之处，望读者批评指正。金融机构名录篇中涉及的各地金融机构名称、领导名称等，如有笔误，请予谅解。

《浙江金融年鉴》编辑部

目　　录

第一部分　2012 年浙江省经济金融运行概况

浙江省经济金融形势分析报告 ……… (3)
浙江省货币信贷运行报告 ……………… (14)
浙江省金融稳定报告 ……………………… (24)
浙江省利率监测分析报告 ……………… (31)
浙江省银行业发展报告 ………………… (37)
浙江省资本市场发展报告 ……………… (44)
浙江省保险市场发展报告 ……………… (50)
浙江省温州市金融综合改革试验区进展报告 ………………………… (59)
浙江省丽水市农村金融改革试点进展报告 ……………………………… (62)

第二部分　2012 年浙江省金融业经营管理情况综述

中国人民银行杭州中心支行主要工作情况综述 ………………………… (67)
中国银行业监督管理委员会浙江监管局工作情况综述 ……………… (73)
中国证券监督管理委员会浙江监管局工作情况综述 ……………… (77)
中国保险监督管理委员会浙江监管局工作情况综述 ……………… (82)
中国工商银行浙江省分行经营管理情况综述 ………………………… (88)
中国农业银行浙江省分行经营管理情况综述 ………………………… (92)
中国银行浙江省分行经营管理情况综述 ………………………………… (96)
中国建设银行浙江省分行经营管理情况综述 ……………………… (100)
浙商银行经营管理情况综述 ……… (104)
浙江省农村信用社联合社经营管理情况综述 ……………………… (109)
中国农业发展银行浙江省分行经营管理情况综述 ………………… (112)
国家开发银行浙江省分行经营管理情况综述 ……………………… (114)
中国进出口银行浙江省分行经营管理情况综述 …………………… (117)
交通银行浙江省分行经营管理情况综述 ……………………………… (122)
交通银行宁波分行经营管理情况综述 ……………………………… (125)
中信银行杭州分行经营管理情况综述 ……………………………… (127)
中信银行宁波分行经营管理情况综述 ……………………………… (133)
上海浦东发展银行杭州分行经营管理情况综述 …………………… (134)
上海浦东发展银行宁波分行经营管理情况综述 …………………… (141)
上海浦东发展银行温州分行经营管理情况综述 …………………… (144)
华夏银行杭州分行经营管理情况综述 ……………………………… (146)

华夏银行宁波分行经营管理情况综述 ……………………………… (151)
华夏银行温州分行经营管理情况综述 ……………………………… (154)
招商银行杭州分行经营管理情况综述 ……………………………… (157)
招商银行宁波分行经营管理情况综述 ……………………………… (160)
广发银行杭州分行经营管理情况综述 ……………………………… (162)
平安银行杭州分行经营管理情况综述 ……………………………… (166)
平安银行宁波分行经营管理情况综述 ……………………………… (171)
平安银行温州分行经营管理情况综述 ……………………………… (173)
中国民生银行杭州分行经营管理情况综述 ……………………………… (179)
中国民生银行宁波分行经营管理情况综述 ……………………………… (183)
中国民生银行温州分行经营管理情况综述 ……………………………… (186)
兴业银行杭州分行经营管理情况综述 ……………………………… (188)
兴业银行宁波分行经营管理情况综述 ……………………………… (191)
中国光大银行杭州分行经营管理情况综述 ……………………………… (194)
中国光大银行宁波分行经营管理情况综述 ……………………………… (197)
恒丰银行杭州分行经营管理情况综述 ……………………………… (200)
恒丰银行宁波分行经营管理情况综述 ……………………………… (207)
渤海银行杭州分行经营管理情况综述 ……………………………… (209)
中国邮政储蓄银行浙江省分行经营管理情况综述 ……………………… (213)
杭州银行经营管理情况综述 ……… (221)
上海银行杭州分行经营管理情况综述 ……………………………… (224)
北京银行杭州分行经营管理情况综述 ……………………………… (227)
江苏银行杭州分行经营管理情况综述 ……………………………… (233)
南京银行杭州分行经营管理情况综述 ……………………………… (237)
宁波银行经营管理情况综述 ……… (241)
宁波通商银行经营管理情况综述 … (244)
宁波东海银行经营管理情况综述 … (246)
温州银行经营管理情况综述 ……… (249)
嘉兴银行经营管理情况综述 ……… (251)
湖州银行经营管理情况综述 ……… (255)
绍兴银行经营管理情况综述 ……… (258)
浙江稠州商业银行经营管理情况综述 ……………………………… (263)
金华银行经营管理情况综述 ……… (266)
浙江民泰商业银行经营管理情况综述 ……………………………… (267)
浙江泰隆商业银行经营管理情况综述 ……………………………… (270)
台州银行经营管理情况综述 ……… (273)
浙江平湖工银村镇银行经营管理情况综述 ……………………………… (276)
中国华融资产管理股份有限公司浙江省分公司经营管理情况综述 … (280)
中国长城资产管理公司杭州办事处经营管理情况综述 ……………… (283)
中国东方资产管理公司杭州办事处经营管理情况综述 ……………… (287)
中国信达资产管理股份有限公司浙江省分公司经营管理情况综述 … (290)
华融金融租赁股份有限公司经营管理情况综述 ……………………… (294)
华融金融租赁股份有限公司宁波分公司经营管理情况综述 ………… (298)
中投信托有限责任公司经营管理情况综述 ……………………………… (300)

杭州工商信托股份有限公司经营管理情况综述 ……………………… (305)
浙商金汇信托股份有限公司经营管理情况综述 ……………………… (308)
万向信托有限公司经营管理情况综述 ……………………………… (311)
昆仑信托有限责任公司经营管理情况综述 …………………………… (314)
浙江省能源集团财务有限责任公司经营管理情况综述 ……………… (316)
万向财务有限公司经营管理情况综述 ……………………………… (318)
宁波港集团财务有限公司经营管理情况综述 ………………………… (321)
中国人民财产保险股份有限公司浙江省分公司经营管理情况综述 … (323)
中国人寿保险股份有限公司浙江省分公司经营管理情况综述 ……… (326)
浙商证券股份有限公司经营管理情况综述 …………………………… (329)
财通证券有限责任公司经营管理情况综述 …………………………… (332)

第三部分 2012年浙江省各市经济金融运行概况

杭州市经济金融形势分析报告 …… (339)
宁波市经济金融形势分析报告 …… (348)
温州市经济金融形势分析报告 …… (357)
嘉兴市经济金融形势分析报告 …… (365)
湖州市经济金融形势分析报告 …… (375)
绍兴市经济金融形势分析报告 …… (382)
金华市经济金融形势分析报告 …… (387)
衢州市经济金融形势分析报告 …… (396)
台州市经济金融形势分析报告 …… (408)
丽水市经济金融形势分析报告 …… (414)
舟山市经济金融形势分析报告 …… (420)

第四部分 浙江省经济金融统计资料

浙江省国民经济主要统计指标 …… (427)
全国金融机构人民币存贷款情况表 …………………………………… (431)
全国金融机构本外币存贷款情况表 …………………………………… (432)
浙江省历年人民币主要金融统计指标 ………………………………… (433)
浙江省历年本外币主要金融统计指标 ………………………………… (435)
浙江省金融机构(含外资)人民币信贷收支统计 ……………………… (437)
浙江省金融机构(含外资)外汇信贷收支统计 ……………………… (439)
浙江省金融机构(含外资)本外币信贷收支统计 ……………………… (441)
浙江省金融机构(不含外资)人民币信贷收支统计 …………………… (443)
浙江省金融机构(不含外资)外汇信贷收支统计 ……………………… (445)
浙江省金融机构(不含外资)本外币信贷收支统计 …………………… (447)
浙江省金融机构(含外资)本外币分地区存款余额 …………………… (449)
浙江省金融机构(含外资)本外币分地区贷款余额 …………………… (449)
浙江省金融机构(不含外资)人民币分地区存款余额 ………………… (450)
浙江省金融机构(不含外资)人民币

分地区贷款余额 …………………… (450)
浙江省分地区储蓄存款余额 ……… (451)
政策性银行浙江省人民币信贷收支统计 ………………………………… (452)
中资四家银行浙江省人民币信贷收支统计 ……………………………… (454)
股份制银行浙江省人民币信贷收支统计 ………………………………… (456)
中国人民银行浙江省信贷收支表 … (458)
中国工商银行浙江省人民币信贷收支统计 ……………………………… (459)
中国农业银行浙江省人民币信贷收支统计 ……………………………… (461)
中国银行浙江省人民币信贷收支统计 ………………………………… (463)
中国建设银行浙江省人民币信贷收支统计 ……………………………… (465)
中国农业发展银行浙江省人民币信贷收支统计 ………………………… (467)
国家开发银行浙江省人民币信贷收支统计 ……………………………… (469)
中国进出口银行浙江省人民币信贷收支统计 …………………………… (471)
浙商银行浙江省人民币信贷收支统计 ………………………………… (473)
交通银行浙江省人民币信贷收支统计 ………………………………… (475)
中信银行浙江省人民币信贷收支统计 ………………………………… (477)
上海浦发银行浙江省人民币信贷收支统计 ……………………………… (479)
华夏银行浙江省人民币信贷收支统计 ………………………………… (481)
招商银行浙江省人民币信贷收支统计 ………………………………… (483)
广发银行浙江省人民币信贷收支统计 ………………………………… (485)
平安银行浙江省人民币信贷收支统计 ………………………………… (487)
中国民生银行浙江省人民币信贷收支统计 ……………………………… (489)
兴业银行浙江省人民币信贷收支统计 ………………………………… (491)
中国光大银行浙江省人民币信贷收支统计 ……………………………… (493)
恒丰银行浙江省人民币信贷收支统计 ………………………………… (495)
渤海银行浙江省人民币信贷收支统计 ………………………………… (497)
中国邮政储蓄银行浙江省人民币信贷收支统计 ………………………… (499)
外资银行浙江省人民币信贷收支统计 ………………………………… (501)
城市商业银行浙江省人民币信贷收支统计 ……………………………… (503)
村镇银行浙江省人民币信贷收支统计 ………………………………… (505)
农村合作金融机构浙江省人民币信贷收支统计 ………………………… (507)
农村商业银行浙江省人民币信贷收支统计 ……………………………… (509)
农村合作银行浙江省人民币信贷收支统计 ……………………………… (511)
农村信用合作社浙江省人民币信贷收支统计 …………………………… (513)
信托投资公司浙江省人民币信贷收支统计 ……………………………… (515)
金融租赁公司浙江省人民币信贷收支统计 ……………………………… (517)
中资财务公司浙江省人民币信贷收支统计 ……………………………… (519)
杭州市金融机构(含外资)人民币信贷收支统计 ………………………… (521)
杭州市金融机构(不含外资)人民币信贷收支统计 ……………………… (523)
杭州市金融机构(含外资)本外币信贷收支统计 ………………………… (525)
杭州市金融机构(不含外资)本外币

信贷收支统计 …………………… (527)
宁波市金融机构(含外资)人民币信贷收支统计 …………………… (529)
宁波市金融机构(不含外资)人民币信贷收支统计 …………………… (531)
宁波市金融机构(含外资)本外币信贷收支统计 …………………… (533)
宁波市金融机构(不含外资)本外币信贷收支统计 …………………… (535)
温州市金融机构人民币信贷收支统计 …………………… (537)
温州市金融机构本外币信贷收支统计 …………………… (539)
嘉兴市金融机构人民币信贷收支统计 …………………… (541)
嘉兴市金融机构本外币信贷收支统计 …………………… (543)
湖州市金融机构人民币信贷收支统计 …………………… (545)
湖州市金融机构本外币信贷收支统计 …………………… (547)
绍兴市金融机构人民币信贷收支统计 …………………… (549)
绍兴市金融机构本外币信贷收支统计 …………………… (551)
金华市金融机构人民币信贷收支统计 …………………… (553)
金华市金融机构本外币信贷收支统计 …………………… (555)
衢州市金融机构人民币信贷收支统计 …………………… (557)
衢州市金融机构本外币信贷收支统计 …………………… (559)
台州市金融机构人民币信贷收支统计 …………………… (561)
台州市金融机构本外币信贷收支统计 …………………… (563)
丽水市金融机构人民币信贷收支统计 …………………… (565)
丽水市金融机构本外币信贷收支统计 …………………… (567)
舟山市金融机构人民币信贷收支统计 …………………… (569)
舟山市金融机构本外币信贷收支统计 …………………… (571)
政策性银行浙江省分地区人民币存贷款统计 …………………… (573)
中资四家银行浙江省分地区人民币存贷款统计 …………………… (575)
股份制银行浙江省分地区人民币存贷款统计 …………………… (577)
中国工商银行浙江省分地区人民币存贷款统计 …………………… (579)
中国农业银行浙江省分地区人民币存贷款统计 …………………… (581)
中国银行浙江省分地区人民币存贷款统计 …………………… (583)
中国建设银行浙江省分地区人民币存贷款统计 …………………… (585)
中国农业发展银行浙江省分地区人民币存贷款统计 …………………… (587)
国家开发银行浙江省分地区人民币存贷款统计 …………………… (589)
中国进出口银行浙江省分地区人民币存贷款统计 …………………… (590)
浙商银行浙江省分地区人民币存贷款统计 …………………… (591)
交通银行浙江省分地区人民币存贷款统计 …………………… (593)
中信银行浙江省分地区人民币存贷款统计 …………………… (595)
上海浦东发展银行浙江省分地区人民币存贷款统计 …………………… (597)
华夏银行浙江省分地区人民币存贷款统计 …………………… (599)
招商银行浙江省分地区人民币存贷款统计 …………………… (601)
广发银行浙江省分地区人民币存贷

款统计 …………………………… (603)
平安银行浙江省分地区人民币存贷款统计 …………………………… (605)
中国民生银行浙江省分地区人民币存贷款统计 ……………………… (607)
兴业银行浙江省分地区人民币存贷款统计 …………………………… (609)
中国光大银行浙江省分地区人民币存贷款统计 ……………………… (611)
恒丰银行浙江省分地区人民币存贷款统计 …………………………… (613)
渤海银行浙江省分地区人民币存贷款统计 …………………………… (615)
中国邮政储蓄银行浙江省分地区人民币存贷款统计 ………………… (616)
外资银行浙江省分地区人民币存贷款统计 …………………………… (618)
城市商业银行浙江省分地区人民币存贷款统计 ……………………… (619)
村镇银行浙江省分地区人民币存贷款统计 …………………………… (621)
农村合作金融机构浙江省分地区人民币存贷款统计 ………………… (623)
农村商业银行浙江省分地区人民币存贷款统计 ……………………… (625)
农村合作银行浙江省分地区人民币存贷款统计 ……………………… (627)
农村信用合作社浙江省分地区人民币存贷款统计 …………………… (629)
金融租赁公司浙江省分地区人民币存贷款统计 ……………………… (631)
信托投资公司浙江省分地区人民币存贷款统计 ……………………… (632)
中资财务公司浙江省分地区人民币存贷款统计 ……………………… (633)
金融机构人民币存款基准利率 …… (634)
金融机构人民币贷款基准利率 …… (635)
中国人民银行对金融机构存贷款利率 ………………………………… (636)
中国人民银行对农村信用社再贷款利率 ……………………………… (637)
中国工商银行浙江省分行资产负债表 ………………………………… (638)
中国农业银行浙江省分行资产负债表 ………………………………… (640)
中国银行浙江省分行资产负债表 … (642)
中国建设银行浙江省分行资产负债表 ………………………………… (644)
浙商银行资产负债表 ……………… (646)
浙江省农村信用社联社资产负债表 ………………………………… (647)
中国农业发展银行浙江省分行资产负债表 …………………………… (649)
国家开发银行浙江省分行资产负债表 ………………………………… (651)
中国进出口银行浙江省分行资产负债表 ……………………………… (653)
交通银行浙江省分行资产负债表 … (655)
交通银行宁波分行资产负债表 …… (657)
中信银行杭州分行资产负债表 …… (659)
中信银行宁波分行资产负债表 …… (660)
上海浦东发展银行杭州分行资产负债表 ……………………………… (663)
上海浦东发展银行宁波分行资产负债表 ……………………………… (665)
上海浦东发展银行温州分行资产负债表 ……………………………… (667)
华夏银行杭州分行资产负债表 …… (669)
华夏银行宁波分行资产负债表 …… (670)
华夏银行温州分行资产负债表 …… (671)
招商银行杭州分行资产负债表 …… (672)
招商银行宁波分行资产负债表 …… (675)
广发银行杭州分行资产负债表 …… (678)
平安银行杭州分行资产负债表 …… (679)
平安银行宁波分行资产负债表 …… (680)
平安银行温州分行资产负债表 …… (681)
中国民生银行杭州分行资产负债表 ………………………………… (682)

中国民生银行宁波分行资产负债表 …………………………………… (683)
中国民生银行温州分行资产负债表 …………………………………… (684)
兴业银行杭州分行资产负债表 …… (685)
兴业银行宁波分行资产负债表 …… (686)
中国光大银行杭州分行资产负债表 …………………………………… (687)
中国光大银行宁波分行资产负债表 …………………………………… (689)
恒丰银行杭州分行资产负债表 …… (691)
渤海银行杭州分行资产负债表 …… (693)
中国邮政储蓄银行浙江省分行资产负债表 ………………………… (694)
杭州银行资产负债表 ……………… (696)
上海银行杭州分行资产负债表 …… (697)
北京银行杭州分行资产负债表 …… (700)
江苏银行杭州分行资产负债表 …… (701)
南京银行杭州分行资产负债表 …… (702)
宁波银行资产负债表 ……………… (703)
宁波通商银行资产负债表 ………… (704)
宁波东海银行资产负债表 ………… (705)
温州银行资产负债表 ……………… (706)
嘉兴银行资产负债表 ……………… (707)
湖州银行资产负债表 ……………… (708)
绍兴银行资产负债表 ……………… (709)
浙江稠州商业银行资产负债表 …… (711)
金华银行资产负债表 ……………… (712)
浙江民泰商业银行资产负债表 …… (713)
浙江泰隆商业银行资产负债表 …… (714)
台州银行资产负债表 ……………… (715)
中国华融资产管理股份有限公司浙江省分公司资产负债表 ………… (717)
中国长城资产管理公司杭州办事处资产负债表 ……………………… (718)
中国东方资产管理公司杭州办事处资产负债表 ……………………… (720)
中国信达资产管理股份有限公司浙江省分公司资产负债表 ………… (722)
华融金融租赁股份有限公司资产负债表 ……………………………… (724)
中投信托有限责任公司资产负债表 …………………………………… (725)
杭州工商信托股份有限公司资产负债表 ……………………………… (726)
万向信托有限公司资产负债表 …… (727)
昆仑信托有限责任公司资产负债表 …………………………………… (728)
浙江省能源集团财务有限责任公司资产负债表 ……………………… (729)
万向财务有限公司资产负债表 …… (730)
宁波港集团财务有限公司资产负债表 ………………………………… (731)
中国人民财产保险股份有限公司资产负债表 ………………………… (732)
浙商证券股份有限公司资产负债表 …………………………………… (734)
财通证券有限责任公司资产负债表 …………………………………… (736)
中国人民银行在浙机构、人员统计 …………………………………… (738)
中国工商银行在浙机构、人员统计 …………………………………… (739)
中国农业银行在浙机构、人员统计 …………………………………… (739)
中国银行在浙机构、人员统计 ……… (740)
中国建设银行在浙机构、人员统计 …………………………………… (741)
浙商银行机构、人员统计 …………… (742)
浙江省农村信用社联合社机构、人员统计 ………………………………… (743)
中国农业发展银行在浙机构、人员统计 ………………………………… (744)
国家开发银行浙江省分行机构、人员统计 ………………………………… (744)
中国进出口银行浙江省分行机构、人员统计 ………………………………… (745)

交通银行浙江省分行机构、人员统计 …… (745)
中信银行在浙机构、人员统计 …… (746)
上海浦东发展银行在浙机构、人员统计 …… (746)
华夏银行在浙机构、人员统计 …… (747)
招商银行在浙机构、人员统计 …… (747)
广发银行在浙机构、人员统计 …… (748)
平安银行在浙机构、人员统计 …… (748)
中国民生银行在浙机构、人员统计 …… (749)
兴业银行在浙机构、人员统计 …… (749)
中国光大银行在浙机构、人员统计 …… (750)
恒丰银行杭州分行机构、人员统计 …… (750)
渤海银行在浙机构、人员统计 …… (751)
中国邮政储蓄银行浙江省分行机构、人员统计 …… (751)
杭州银行机构、人员统计 …… (752)
上海银行在浙机构、人员统计 …… (752)
北京银行在浙机构、人员统计 …… (753)
江苏银行杭州分行机构、人员统计 …… (753)
南京银行杭州分行机构、人员统计 …… (754)
宁波银行机构、人员统计 …… (754)
宁波东海银行机构、人员统计 …… (755)
温州银行机构、人员统计 …… (755)
嘉兴银行机构、人员统计 …… (756)
湖州银行机构、人员统计 …… (756)
绍兴银行机构、人员统计 …… (757)
浙江稠州商业银行机构、人员统计 …… (757)
金华银行机构、人员统计 …… (758)
浙江民泰商业银行机构、人员统计 …… (758)
浙江泰隆商业银行机构、人员统计 …… (759)
台州银行机构、人员统计 …… (759)
宁波国际银行机构、人员统计 …… (760)
各资产管理公司在杭机构、人员统计 …… (760)
在浙金融信托、租赁和财务公司机构、人员统计 …… (761)
浙江省城市商业银行机构、人员统计 …… (761)
中国人民财产保险股份有限公司浙江省分公司机构、人员统计 …… (762)
中国人寿保险股份有限公司浙江省分公司机构、人员统计 …… (763)
浙商证券股份有限公司在浙机构、人员统计 …… (764)
财通证券有限责任公司在浙机构、人员统计 …… (764)

第五部分　2012年浙江省金融大事记

1月 …… (767)
2月 …… (769)
3月 …… (772)
4月 …… (777)
5月 …… (780)
6月 …… (784)
7月 …… (788)
8月 …… (791)
9月 …… (793)
10月 …… (797)
11月 …… (801)
12月 …… (806)

第六部分 2012年浙江省金融机构名录

中国人民银行在浙机构 ……………（813）
中国银行业监督管理委员会在浙机构 ……………………………………（818）
中国证券监督管理委员会在浙机构 ……………………………………（818）
中国保险监督管理委员会在浙机构 ……………………………………（819）
中国工商银行在浙机构 ……………（819）
中国农业银行在浙机构 ……………（829）
中国银行在浙机构名录 ……………（838）
中国建设银行在浙机构 ……………（869）
浙商银行 ……………………………（884）
浙江省农村信用社联合社 …………（890）
中国农业发展银行在浙机构 ………（896）
国家开发银行在浙机构 ……………（901）
中国进出口银行在浙机构 …………（901）
交通银行在浙机构 …………………（901）
中信银行在浙机构 …………………（910）
上海浦东发展银行在浙机构 ………（915）
华夏银行在浙机构 …………………（919）
招商银行在浙机构 …………………（922）
广发银行在浙机构 …………………（926）
平安银行在浙机构 …………………（929）
中国民生银行在浙机构 ……………（932）
兴业银行在浙机构 …………………（935）
中国光大银行在浙机构 ……………（938）
恒丰银行在浙机构 …………………（940）
渤海银行在浙机构 …………………（941）
中国邮政储蓄银行在浙机构 ………（942）
杭州银行 ……………………………（947）
上海银行在浙机构 …………………（955）
北京银行在浙机构 …………………（956）
江苏银行在浙机构 …………………（956）
南京银行在浙机构 …………………（957）
宁波银行 ……………………………（957）
宁波通商银行 ………………………（959）
宁波东海银行 ………………………（959）
温州银行 ……………………………（959）
嘉兴银行 ……………………………（964）
湖州银行 ……………………………（965）
绍兴银行 ……………………………（968）
浙江稠州商业银行 …………………（970）
金华银行 ……………………………（974）
浙江民泰商业银行 …………………（978）
浙江泰隆商业银行 …………………（981）
台州银行机构名录 …………………（985）
各资产管理公司 ……………………（989）
其他地方性金融机构 ………………（989）
中国人民财产保险股份有限公司在浙机构 ……………………………（990）
中国人寿保险股份有限公司在浙机构 ………………………………（998）
财通证券有限责任公司 ……………（999）

第一部分

2012 年浙江省经济金融运行概况

浙江省经济金融形势分析报告

2012年，在外需低迷和国内主动调整结构的复杂背景下，浙江省经济保持平稳增长态势；金融总量稳健增长，结构优化调整，对实体经济的支持力度继续加大。2013年，国内外宏观经济环境依然复杂多变，浙江省要在坚持“稳中求进”总基调的基础上，充分结合省情，积极培育新的经济增长点，确保经济金融平稳健康运行。

一、浙江省经济运行情况

（一）宏观经济稳中向好，物价涨幅持续回落

2012年，面对内外部环境的不断变化，浙江省经济总体呈现企稳回升的态势。全年实现地区生产总值34606.3亿元，同比增长8.0％；从全年走势看，增幅逐步回升，与全国同期水平的差距由一季度的低于1个百分点到全年的高于0.2个百分点，经济回稳向好趋势明显。

物价涨幅持续回落，通胀压力缓和。2012年，全省居民消费价格同比上涨2.2％，涨幅同比下降3.2个百分点；工业生产者出厂价格和购进价格同比分别下降2.7％和3.3％，而上年分别为上涨5.5和8.3个百分点。

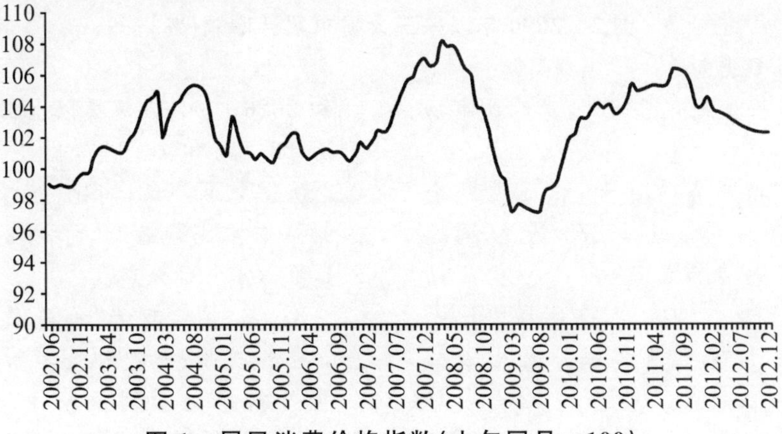

图1　居民消费价格指数（上年同月＝100）

数据来源：浙江省统计局。

（二）内需支撑作用增强，外需增长明显回落

1. 投资保持较快增长。2012年，全省固定资产投资累计完成17096亿元，同比增长21.4％，高于同期全国平均水平0.8个百分点，比上年同期下滑3.4个百分点。其中：基础设施投资、制造业投资、房地产开发投资分别同比增长18.1％、17.3％、16.8％。

2. 消费增幅稳中有升。2012年，全省社会消费品零售总额13546.3亿元，同比增长13.5％，增幅同比回落3.9个百分

点，扣除价格因素，实际增长11.4%。从走势看，全年消费增幅分别比一季度、上半年和前三季度上升0.3、0.5和0.3个百分点，下半年来基本呈现回升态势。

3. 进出口增幅大幅下滑。2012年，全省实现进出口总额3122亿美元，同比增长0.9%，增幅比上年同期下降21.1个百分点，低于全国同期水平5.3个百分点。其中，出口总额2246亿美元，同比增长3.8%，增幅比上年同期回落16.1个百分点，低于全国同期水平4.1个百分点；进口总额877亿美元，同比下降5.8%，比上年同期下降33.1个百分点，低于全国同期水平10.1个百分点。全年实现进出口贸易顺差1369亿美元，比上年扩大135亿美元。

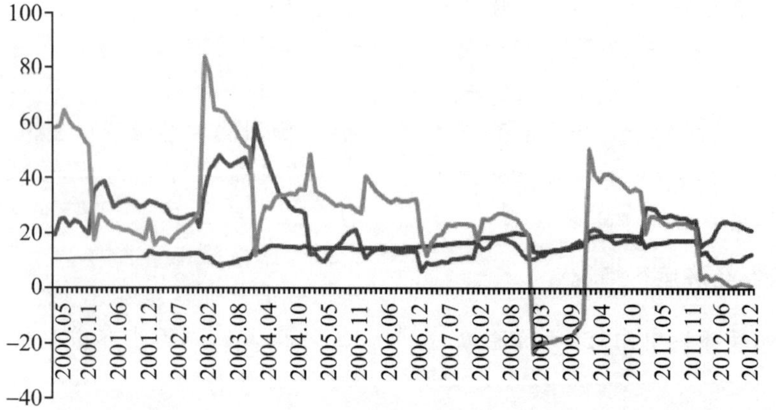

图2 2000年以来三大需求累计增幅(%)

数据来源：浙江省统计局。

（三）工业景气有所回升，房地产市场“价跌量升”

1. 工业增幅逐季回升。2012年，全省规模以上工业增加值10875亿元，同比增长7.1%。从走势看，全省工业生产增幅呈现逐月上升企稳态势，全年增幅比一季度、上半年和前三季度分别上升2.3、1.9和1.2个百分点，10、11和12月份单月增幅由个位数分别上升至10.2%、10.8%和10.1%。全年规模以上出口交货值11063.6亿元，同比增长1.3%，增幅比上半年和前三季度分别上升2和1.8个百分点。

2. 产业结构调整稳步推进。2012年，浙江省规模以上工业中战略性新兴产业和高新技术产业增加值分别为2521亿元和2626亿元，占规模以上工业的比重分别为23.2%和24.1%，比上年分别提高0.2、0.3个百分点；同比分别增长9.2%、9.9%，增幅比规模以上平均水平分别高2.1和2.8个百分点。

3. 房地产市场“价跌量升”。12月份，温州、杭州、宁波和金华新建商品住宅销售价格同比分别下降10.7%、7.3%、7.1%和6.2%，跌幅居全国70个大中城市前四。与此同时，商品房销售额增幅从9月份开始由负转正（当月增长4.8%），且逐月上升，全年商品房销售额同比增长22.7%，增幅比上年加快39.1个百分点。值得注意的是，随着销售回暖，下半年部分地市房价环比有所上升，12月杭州、金华新建商品住宅销售价格环比分别上升0.3

和0.9个百分点，温州、金华环比持平。

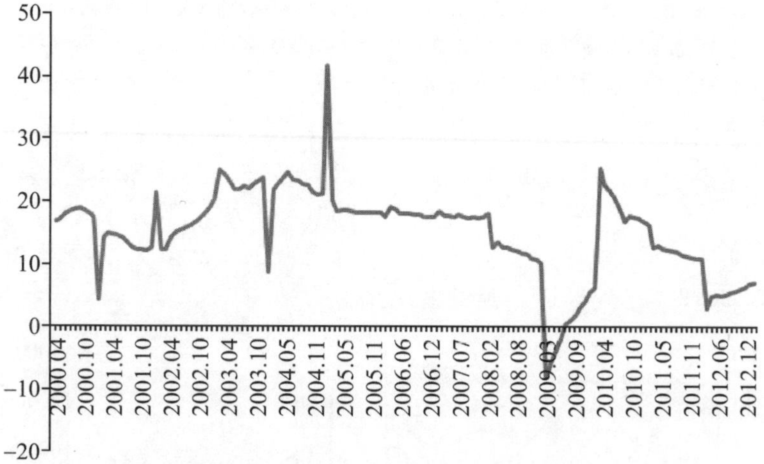

图3　2001年以来规模以上工业企业增加值累计增幅(%)

数据来源：浙江省统计局。

（四）企业效益持续下滑，居民收入稳定增长

1. 企业利润持续负增长。2012年，全省规模以上工业实现利润2890亿元，同比下降6.11%，比上半年和前三季度利润降幅分别收窄11.4和7.9个百分点；亏损企业亏损额253.7亿元，同比增长45.1%。全省38个工业行业中有19个行业利润出现负增长，12个行业为个位数增长。

2. 地方财政收支增幅下滑。2012年，全省财政总收入6408亿元，同比增长8.2%，增幅比上年同期下降12.9个百分点。公共财政预算收入3441亿元，同比增长9.2%，增幅比上年同期下降12.6个百分点；公共财政预算支出4161.9亿元，同比增长8.3%，增幅比上年同期下降11.5个百分点。

3. 城乡居民收入稳步增长。2012年，全省城镇居民人均可支配收入34550元，同比增长11.6%；农村居民人均纯收入14552元，同比增长11.3%。扣除价格因素，实际分别增长9.2%和8.8%，均高于GDP增幅。

二、浙江省金融运行概况

（一）金融总量持续扩大，银证保实现协调发展

1. 社会融资规模适度增长。2012年，全省社会融资规模新增8463亿元，同比少增105亿元。从近两年走势看，在GDP增幅趋缓背景下，浙江省社会融资规模保持适度增长态势，与经济增长基本匹配。

2. 存贷款规模平稳增长。2012年末，全省金融机构本外币存款余额66679.1亿元，同比增长9.5%；本外币贷款余额59509.2亿元，同比增长11.8%。在全国主要省市中，浙江省存款余额据第4位，贷款余额居第2位。2012年末，全省余额存贷比达到89.2%，同比上升1.8个百分点，资金运用较为充分。从走势看，自2009年四季度的阶段性高点之后，全省存贷款增幅总体呈缓慢下行态势。今年以来贷款增长较为均衡，存款增幅则波动较大，下半年逐步企稳。

3. 证券、保险业保持稳步发展。截至2012年12月末，全省境内上市公司总数246家，位居全国第二，总市值为11126.11亿元；其中，中小板上市公司119家，占全国中小板上市公司总数的16.98%，位居全国第二，总市值为5189.31亿元；创业板上市公司36家，占全国创业板上市公司总数的10.1%，位居全国第四，总市值为1078.82亿元。2012年，全省证券经营机构代理交易额88719.7亿元，实现手续费收入50.7亿元，利润总额16.3亿元。

2012年，全省实现原保险保费收入984.6亿元，全国排名第4位；收入同比增长12%，高于全国平均水平3.8个百分点。其中，财产险公司实现保费收入444.5亿元，同比增长14.7%；人身险公司保费收入540.1亿元，同比增长9.9%。

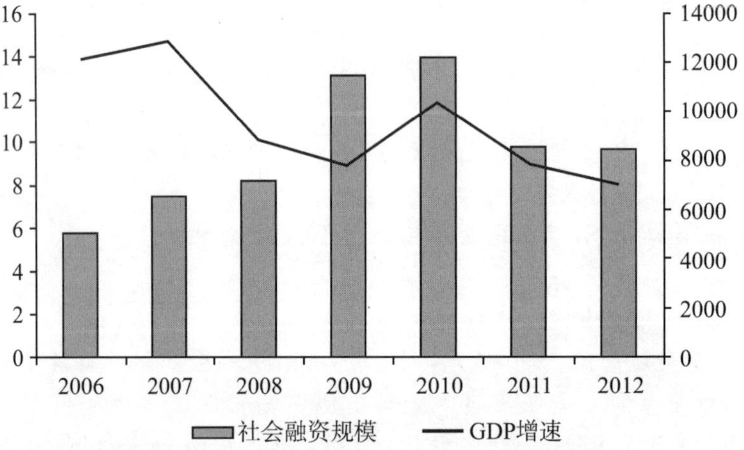

图4　历年浙江省GDP增幅与社会融资规模走势(%,亿元)

数据来源：中国人民银行杭州中心支行。

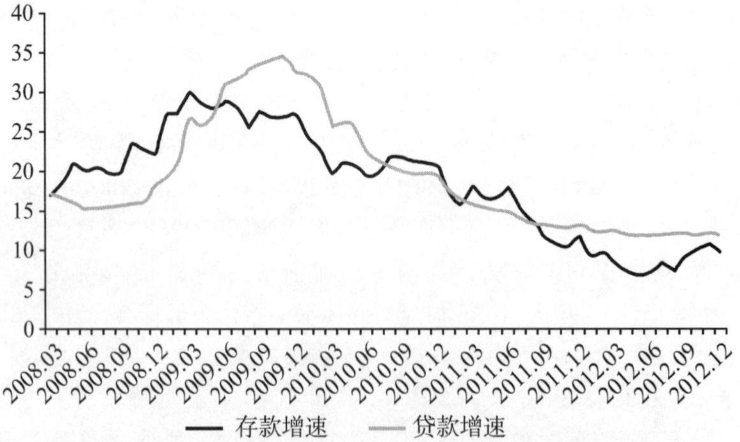

图5　2008年以来浙江省本外币存贷款增幅走势(%)

数据来源：中国人民银行杭州中心支行。

（二）融资方式与投向趋于多元化，充分满足经济增长需求

1. 直接融资总体较快增长。2012年，全省累计新增直接融资[①] 1174.9亿元，同比增长10%。企业债券融资成为拉动直接融资增长的主要动力，全省全年累计新增债券融资982.3亿元，同比增长91%，比上年同期大幅提高。其中，银行间债券市场的企业债务融资工具占到全省直接融资总额的47.8%。2012年，全省累计新增非金融企业境内股票融资192.6亿元，与上年同期相比有所下降。

2. 贷款投向结构合理，重点突出。2012年，全省累计新增本外币贷款6266.7亿元，同比少增214.8亿元。分结构看，信贷投向重点突出，对实体经济和中小企业支持力度进一步加大。一是实体经济成为信贷投放的重点领域。2012年，全省制造业本外币贷款新增2083.9亿元，余额同比增长11.9%，高于同期贷款增幅0.1个百分点；批发和零售业本外币贷款新增1125.8亿元，余额同比增长23.6%，高于同期贷款增幅11.8个百分点。用于企业流动资金的短期贷款增幅较快。2012年末，全省短期贷款同比增长14%，增幅高于中长期贷款8.9个百分点。二是中小企业贷款保持快速增长。2012年，全省中小微企业贷款[②]新增3466.9亿元，占全部企业贷款增量的81.9%，比重分别比一季度、二季度和三季度提高5.7、1.6和0.7个百分点；其中，新增小型和微型企业贷款分别达到1356.2亿元和155.7亿元，合计占企业贷款增量的35.7%，比三季度提高0.1个百分点。三是合理控制房地产贷款。2012年，金融机构严格执行各项房贷政策，全省新增房地产开发贷款539.8亿元，余额同比增长7%，新增购房贷款359亿元，余额同比增长5.7%，分别低于全部贷款增幅4.8和6.1个百分点。

3. 表外融资交易活跃。2012年末，全省银行承兑汇票余额达到10105.9亿元，同比增长2.5%，增幅同比上升1.3个百分点；信托贷款余额565.8亿元，同比大幅增长144.7%，全年新增334.6亿元，其中房地产信托贷款新增53.3亿元，余额同比增长89.6%；委托贷款余额3280亿元，同比增长13.4%，全年新增387.7亿元。

（三）金融机构资金来源趋紧，融资价格有所走低

1. 存款增长总体乏力。2012年，全省累计新增本外币存款5789.6亿元，同比少增717.6亿元；全年增幅同比下滑2.5个百分点。从结构看，单位存款新增2402.2亿元，同比少增574.5亿元；个人存款新增2963.4亿元，同比少增295.9亿元；财政性存款新增79.9亿元，同比多增27.4亿元。与沿海六省市相比，浙江省全年存款增量与增幅均居第5位，比上年同期分别下降1位和2位。

由于存款增长较为乏力，商业银行运用理财业务锁定存款、以贷揽存、银证和银期转账、高息揽存等方式在关键时点突击揽存，月末、季末等时点冲高现象突出，新增存款波动性较大。3、6、9、12月各项存款分别增加2389亿元、2202亿元、1394亿元和937.3亿元，而1、4、7、10月四个月分别为－1119.4亿元、－202.7亿元和－1057.3亿元和－626.9亿元，与季末月大幅增加的状况形成鲜明反差。

2. 银行理财产品分流作用明显。2012

---

① 直接融资新增额采用社会融资规模口径，其中企业债券新增额中扣除了当期兑付额。

② 由于企业规模分类标准调整，中小微企业贷款数据与上年同期不可比。

年末，全省理财产品存续31375支，本外币资金余额达到5005.9亿元，同比增长52.0%。全年理财产品资金新增2605.1亿元，同比多增1302.6亿元，仍保持持续快速扩张态势。从结构看，个人理财产品占据主导，对个人存款起到明显的分流作用。12月末，全省个人理财资金余额3616.5亿元，全年新增1749亿元，余额同比增长48.4%，占全部理财资金的比例达72.2%；单位理财资金余额1389.4亿元，全年新增856.1亿元，余额同比增长61.6%。

3. 市场资金价格有所走低。受两次降息政策影响，市场利率呈下降态势。2012年四季度全省一般性贷款加权平均利率7.16%，分别比一季度、二季度和三季度下降0.83、0.73和0.1个百分点。四季度全省票据贴现利率和买断式转贴现利率分别为5.87%和5.19%，同比分别下降3.93和2.56个百分点。2012年12月，温州民间借贷监测综合利率为20.73%，同比下降3.53个百分点。

（四）跨境人民币业务快速发展，结售汇顺差有所缩小

1. 跨境人民币结算量持续扩大。2012年，全省跨境人民币实际收付结算量为4765亿元，是上年同期的2.2倍，投融资项下跨境人民币结算金额是上年同期的1.6倍。截至12月末，全省已累计有7614家企业使用了跨境人民币结算，比年初增加3992家；办理跨境业务的银行达43家，涵盖了所有类型的金融机构；与境外165个国家和地区办理了跨境人民币结算业务，比年初增加52个。

2. 跨境收支与结售汇顺差有所缩小。受经济景气度下降、人民币汇率双向波动加强、贸易融资萎缩等因素的影响，全省跨境收支与结售汇顺差出现“双降”。2012年，全省跨境收支总额为4732.4亿美元，同比增长11.3%，其中收入和支出分别为3083.1亿和1649.3亿美元，同比分别增长4.9%和25.4%，收支顺差为1433.8亿美元，同比下降11.8%；全省结售汇总额为3177.1亿美元，同比下降1.5%，其中结汇为2264.5亿美元，同比下降6.1%，售汇912.6亿美元，同比上升11.8%，结售汇顺差1351.9亿美元，同比下降15.2%。

三、2013年宏观经济金融形势判断

（一）从国际看，全球经济环境仍将复杂多变，保持低速增长的可能性较大

2012年，全球经济在欧债危机的影响下面临二次衰退的风险，复苏进程显著放缓。展望2013年，发达国家仍将面临多重债务危机考验，新兴市场国家则需要在保增长与控通胀之间寻求平衡。根据IMF的预测，2013年全球经济增长率将达到3.6%，略高于2012年0.3个百分点。其中，美国、欧元区、日本三大发达经济体的经济增幅预期分别为2.1%、0.2%与1.2%，对新兴经济体和发展中国的经济增长预期为5.6%。总体来看，明年的国际经济环境仍将复杂多变，并保持低速增长态势。

表1 三大机构对全球主要经济体2012和2013年的预测①(%)

	IMF		世界银行		OECD	
	2012年	2013年	2012年	2013年	2012年	2013年
全球	3.3	3.6	2.3	2.4		
先进经济体②	1.3	1.5	1.3	1.3	1.4	1.4
美国	2.2	2.1	2.2	1.9	2.2	2.0
欧元区	−0.4	0.2	−0.4	−0.1	−0.4	−0.1
日本	2.2	1.2	1.9	0.8	1.6	0.7
新兴经济体	5.3	5.6	5.1	5.5		
俄罗斯	3.7	3.8	3.5	3.6	3.4	3.8
中国	7.8	8.2	7.9	8.4	7.5	8.5
巴西	1.5	4.0	0.9	3.4	1.5	4.0

美国方面，从四季度经济开始出现持续复苏迹象，但未来前景的不确定性仍然较大。12月份，美国供应管理协会(ISM)制造业PMI和非制造业PMI分别为50.7%和56.1%，比上月分别提高1.2和1.4个百分点，显示经济处于扩张阶段；其中非制造业PMI创下10个月以来最高值。12月份美国非农业部门失业率为7.8%，低于年初0.5个百分点，连续4个月低于8%。房地产市场也持续好转，数据显示，2013年1月份美国有242个城市地区的住宅市场持续改善，比上月增加41个城市。但另一方面，持续多年实施扩张性政策的负面效应开始显现，高企的债务水平致使政府面临"财政悬崖"威胁。根据美国国会预计，财政悬崖将使美国2013年财政支出减少5020亿美元，2014年减少6820亿美元，占GDP的3.9%。一旦"财政悬崖"爆发将使2013年美国GDP下降2.9%，就业岗位减少340万个，美国经济或将陷入二次衰退。同时，在连续推出四轮量化宽松政策后，扩张性货币政策的边际效应正在逐步递减，这意味着未来美联储动用政策的空间已经较小，一旦经济再度滑坡，极有可能出现无计可施的局面。

欧元区方面，在下半年欧央行一系列积极措施下，欧债危机出现明显缓和，但经济复苏与债务危机解决之路依旧漫长。一方面，经济景气度尚未出现明显好转。数据显示，12月份欧元区制造业和服务业PMI分别为46.1%和47.8%，分别比上月下降0.1和上升1.1个百分点，均位于荣枯线50下方，显示欧元区商业活动仍处于萎缩状态。11月欧元区失业率达11.8%，同比上升1.2%，环比上升0.1%；其中西班牙和希腊失业率分别达26.6%和26%。另一方面，欧元区国家多年累积的矛盾和财政赤字问题在短期内仍难以化解。据统

① 数据来自于2012年10月份IMF发布的《世界经济前景展望》、2012年11月OECD发布的《全球经济展望》和2013年1月世界银行发布的《全球经济展望》。

② OECD发布的先进经济体经济增幅仅包括OECD国家。

计，2013年欧元区边缘国家到期偿还的债务规模依然较大，西班牙、意大利和希腊当年到期债务分别占总债务的20.1%、17.5%和15.6%，这些高债务将对其财政政策以及欧元区金融市场形成较长时期的制约。同时欧央行现有政策大多是在短期内缓解债务危机国再融资压力，要建立相互协调的财政政策机制、真正意义上的银行业统一监管体系等长期目标尚待时日，这也意味着制度性缺陷将继续影响欧元区国家的经济增长水平。

新兴经济体方面，受国内结构性矛盾制约和发达国家经济低迷影响，近期经济增幅已开始明显放缓。为应对经济下行压力，韩国、巴西等国央行连续降息，印度央行也两次下调银行存款准备金率。印度、巴西还分别出台一系列促进投资的改革法案以解决结构性问题，但这些改革和经济刺激计划能否达到预期效果还有待观察。同时，在欧美发达国家多次实施量化宽松政策的背景下，国际投机资本流出入更加频繁，新兴经济体货币汇率波动幅度明显加大，国内面临的通胀压力重新抬头，2013年新兴经济体将继续在应对外部挑战和加快内部结构性改革之间艰难平衡。

（二）从国内看，在经济初步企稳的基础上，一系列扩内需政策的实施将继续推动经济平稳较快增长

2012年四季度以来，我国经济呈现初步企稳迹象。数据显示，12月份制造业PMI为50.6%，在此前连续三个月上升后保持平稳。其中新订单指数连续三个月位于荣枯线之上，购进价格、进口、采购量等指标回升较为明显，显示企业需求状况改善。同时工业增加值、消费、投资等主要经济指标均逐渐回暖，分别连续3个月、4个月和3个月出现上升，显示经济增长动能持续回升。值得注意的是，伴随着居民在住房、汽车、医疗和旅游等方面的消费结构升级，消费可能成为经济增长的第一拉动力，前三季度最终消费支出对GDP的拉动力达到4.2个百分点，高于资本形成总额0.3个百分点。

与此同时，党的十八大确定了我国未来经济社会发展的新思路，一系列有利因素将推动2013年我国经济继续保持平稳较快增长。一是财政和货币政策仍有一定空间。中央经济工作会议提出，2013年"适当扩大社会融资规模，保持贷款适度增加"，稳健货币政策基调不变，并且更加注重提高灵活性和针对性，加之我国直接融资比重仍然偏低，而货币存量很大，因此在扩大直接融资、盘活信贷存量方面仍有很大空间。同时，2012年中央经济工作会议已明确继续实施积极的财政政策，要结合税制改革完善结构性减税政策。二是一系列扩内需政策的实施将对经济增长起到积极作用。从2012年四季度开始，发改委及时启动了一批带动作用大的重点建设项目，对固定资产投资的效应将在今后两到三年中得以显现；同时，2013年是"十二五"规划中期评估年份，属于投资加速年。从大部分地区公布的投资目标及规划看，2013年固定资产投资增幅的目标普遍在20%以上，部分中西部地区甚至达到30%—40%，预计2013年投资对我国经济的拉动力将有所增强。此外，党的十八大明确提出"收入倍增计划"[①]，这意味着"十二五"期间最低工资标准将年均增长13%以上，为扩大消费奠定坚实的收入基础。在此背景下，我国经济增长模式将逐步向消费拉动型转变。三是新型城镇化建设将

① 党的十八大报告提出"2020年实现国内生产总值和城乡居民人均收入比2010年翻一番"。

为中长期经济增长带来新动力。2011年末，我国城镇化率已达到51.3%，但相比发达国家普遍高于65%的城镇化率水平还有很大的发展空间。从过去的模式看，我国城镇化进程主要受工业化拉动，在目前人口红利下降、外需低迷的背景下，这种粗放型发展方式面临严峻的总量、资源与环境约束，未来难以持续。党的十八大报告中提出的新型城镇化①将成为我国经济增长方式转化的一条主线。与以往不同，新型城镇化不是简单的城市人口比例增加和面积扩张，而是以城乡统筹、城乡一体、产城互动、节约集约、生态宜居、和谐发展为基本特征的城镇化。中长期看，围绕"新型城镇化"进行的一系列政策措施将成为拉动我国经济的关键，以此为基础不断地创造内需，支撑整个经济社会的持续健康发展。

（三）从浙江省看，经济总体保持向好态势，但如何排除不稳定、不确定因素仍面临挑战

当前，浙江省经济总体保持向好态势。一是主要经济指标企稳回升。2012年三季度以来，全省工业增加值与工业出口交货值增幅处于上升通道，分别连续6个月和4个月出现回升；固定资产投资增幅由2012年一季度的低于全国3.9个百分点上升至全年的高于0.8个百分点，为近9年来首次高于全国平均水平；消费增幅也稳中有升。二是企业景气度开始上升。据中国人民银行杭州中心支行500户工业企业调查数据，四季度浙江省企业产品市场需求指数回升8.7点，开始扭转此前连续七个季度下滑势头；国内订货水平指数和产品销售情况指数分别回升1.7和6.7点；企业盈利情况指数回升2.7点，同比降幅较三季度收窄5.1点。三是一系列扩投资、促转型政策效应开始显现。2012年以来，省委、省政府扩大有效投资、推进国家战略、推动转型升级等一系列政策的成效显著，预计全年"三个千亿"工程完成投资2190亿元，超年度计划13%；省重点建设项目完成投资2100亿元，超年度计划50%；海洋经济重大基础设施和产业项目建设大力推进，预计全年超额完成1800亿元计划目标；2012年，14个省级产业集聚区完成固定资产投资1790亿元，同比增长50%，高于全省固定资产投资26.1个百分点。同时投资环境的改善也促进了一批浙商回归项目的落地。2013年，浙江省将继续深入推进"两富"现代化建设、"四大国家战略举措"和"四大建设"，加快实施鼓励浙商创业创新、扩大有效投资、优化发展环境等一系列政策举措，经济回升向好的动力将持续增强，有望实现较快增长。

但也应该看到，当前影响浙江省经济金融的不稳定、不确定因素仍然较多，保持经济平稳增长依然面临多重挑战。一方面，企业投资信心尚显不足，推进转型升级面临压力。当前浙江省工业企业投资意愿依旧低迷，投资前景尚不明朗。中国人民

① 党的十八大报告提出："坚持走中国特色新型工业化、信息化、城镇化、农业现代化道路，推动信息化和工业化深度融合、工业化和城镇化良性互动、城镇化和农业现代化相互协调，促进工业化、信息化、城镇化、农业现代化同步发展。"2013年中央经济工作会议也强调，"城镇化是我国现代化建设的历史任务，也是扩大内需的最大潜力所在，要围绕提高城镇化质量，因势利导、趋利避害，积极引导城镇化健康发展。要构建科学合理的城市格局，大中小城市和小城镇、城市群要科学布局，与区域经济发展和产业布局紧密衔接，与资源环境承载能力相适应。要把有序推进农业转移人口市民化作为重要任务抓实抓好。要把生态文明理念和原则全面融入城镇化全过程，走集约、智能、绿色、低碳的新型城镇化道路"。

银行杭州中心支行500户工业企业调查显示，四季度企业固定投资指数、设备投资指数环比分别下降2.3、1.9点，同比分别下降8.8、12.4点，创2009年四季度以来新低；企业固定资产投资预期指数连续三个季度下降。从调查的情况看，部分地区高耗能、高污染行业投资有抬头迹象。当前正值浙江省经济企稳回升的关键时期，如何引导浙江省企业有效扩大投资，进而引领产业转型升级，关系到今后一个时期内浙江省经济的增长质量和发展潜力，应予以重视。另一方面，金融风险仍处高位，阻断担保链风险面临挑战。2012年末，全省不良贷款余额为951.5亿元，比年初增加460.1亿元，不良率为1.60%，比年初提高0.68个百分点。尤其二季度以来，部分地区企业担保链风险集中暴露，对全省信贷资产质量影响较大。据中国人民银行杭州中心支行不完全统计，截至12月末，全省共监测到出险企业612家，涉及银行贷款325.24亿元，其中因担保出险的企业为162家，占比为26.47%，因担保而出险企业涉及银行贷款67.25亿元，占比为20.68%。虽然在各级部门的共同努力下，四季度担保链风险有所缓和，但仍未根本好转。下阶段，如何通过多方合作，联合阻断担保链风险的蔓延趋势，减少金融风险对经济波动的影响，仍需冷静思考、合理应对。

四、对2013年经济金融工作的措施建议

2013年是全面深入贯彻落实党的十八大精神的开局之年，是实施“十二五”规划承前启后的关键一年，各金融机构要按照稳中求进的工作总基调，把稳增长放在更加重要的位置，继续认真贯彻执行稳健的货币政策，着力保持货币信贷平稳适度增长，继续优化信贷结构，不断拓宽企业融资渠道，深化对实体经济的金融服务，防范金融领域存在的风险隐患，确保全省经济金融平稳健康发展。

（一）切实贯彻落实稳健货币政策，适当扩大社会融资规模

2013年，各金融机构一是要正确贯彻稳健的货币政策，合理把握信贷节奏，避免对局部地区、行业的过度授信或集中抽贷。二是要充分利用直接融资保持金融对经济的支持力度，有效解决信贷资金受到的存贷双重约束。三是要继续鼓励优质企业上市，积极培育上市后备资源，推动企业在境内外资本市场多渠道上市；要发挥好短期融资券和中期票据等金融产品的作用，并大力推动中小企业集合票据的发行工作，并进一步推动“区域集优”债券发行，优化企业融资结构。

（二）着力优化信贷结构，进一步提升信贷资金配置效率

在货币存量已经十分庞大的背景下，下阶段要突出强调优化信贷结构，提升信贷资金配置效率。一是要继续确保重点项目、现代服务业、新兴产业等的资金需求。二是要认真做好“支农支小”金融服务工作，要继续加大对“三农”的信贷支持力度，积极开发适合中小企业经营和融资特点的金融产品和信贷模式，进一步深化中小企业抵押担保方式创新，增加对中小企业的信贷投入。三是要积极稳妥推进城镇化，重点支持城镇化过程中集约、智能、绿色、低碳型项目的资金保障工作。

（三）切实防范金融风险，有效维护辖内金融稳定

当前，经济回升基础仍需夯实，金融风险仍存在反弹压力。要密切关注浙江经济金融发展中出现的新情况、新问题，妥善应对和处置各类风险隐患。各金融机构一是

要继续加强信贷资金流向监测和金融风险排查，做到金融风险隐患早发现、早提示。二是要加强同业间沟通协调，防止风险蔓延，守住不发生系统性和区域性风险的底线，要妥善处置各类风险，不随意抽贷，不简单追偿。三是要严格规范信贷资金流向。要加强信贷资金流向监测，强化对项目建设、贸易背景等的真实性审查，严防银行信贷被挪用于高利贷和非法集资等领域。

（四）积极稳妥推动温州市、丽水市金融改革，深化金融创新

浙江省要以温州市金融综合改革和丽水市农村金融改革试点为契机，继续深化金融创新，着力改变过度依赖信贷融资的方式，坚定地依靠改革创新破解“两多两难”问题。一方面，要引入民资加快推动地方金融机构发展，鼓励和支持民间资本投资地方金融业，增强金融服务经济的实力与能力；另一方面，要积极推动股权投资基金机构创新发展。遵循“政府引导、民间参与、市场运作”的基本原则，通过政府财政性引导资金的注入，创设一系列支持战略性新兴产业、创业创新活动和地方金融产业发展的创业投资基金、产业投资基金和兼并重组基金，引导和鼓励社会资本投资于成长性中小企业、主导性产业、战略性新兴产业。

（五）不断提升外汇管理和服务水平，进一步推动跨境人民币结算业务

各金融机构要继续为浙江省企业提供成本低廉、便捷有效的外汇结算和增值服务，要运用买方信贷、项目贷款等金融工具，支持机电产品、成套设备等资本性货物出口，支持优势企业“走出去”并购境外企业和知名品牌；要充分利用人民币外汇远期、掉期、期权等创新组合产品，开发出符合市场主体需求的外汇融资与避险工具，帮助涉汇企业和个人提高资金周转效率和汇率避险能力。同时，要进一步推动跨境人民币结算业务，继续推动浙江省个人参与跨境贸易人民币结算，满足外贸企业合理的资金需求。

浙江省货币信贷运行报告

2012年，中国人民银行杭州中心支行认真贯彻稳健货币政策，全面开展“金融服务实体经济年”活动，着力保持信贷总量合理适度增长和结构优化，大力发展直接融资，全力促进浙江经济平稳运行。

一、浙江省货币信贷运行情况

2012年，全省金融运行总体平稳，信贷结构不断优化，直接融资快速发展，跨境人民币业务持续扩面增量，金融支持实体经济力度加大。

（一）存款增长总体乏力，季末冲高特征明显

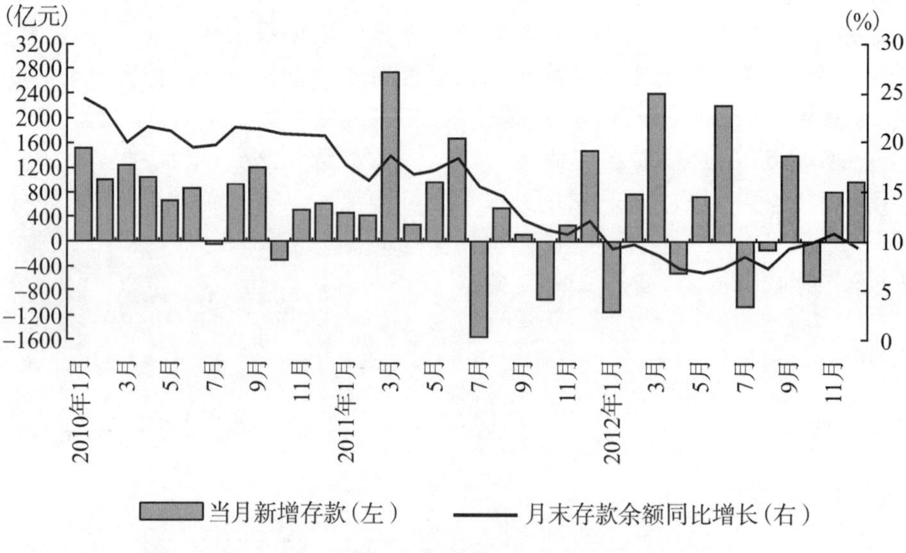

图1 2010—2012年12月浙江省本外币存款增量增幅

数据来源：中国人民银行杭州中心支行。

从增幅看，维持在10%以下低位运行。截至2012年12月末，全省金融机构本外币存款余额66679.08亿元，同比增长9.5%，同比下降2.5个百分点。1—12月，存款累计新增5789.6亿元，同比少增717.6亿元。存款余额同比增幅、存款增量和同比增减均居沿海主要省市第五位（见表1）。

表1　　　2012年1—12月沿海主要省市本外币存款新增情况

	浙江	广东	江苏	山东	北京	上海
12月末存款余额(亿元)	66679.1	105099.6	78109.0	55386.4	84837.0	63555.3
同比增幅(%)	9.5	14.0	15.5	17.0	13.1	9.2
1—12月存款新增(亿元)	5789.6	13511.9	10474.1	8401.7	9844.0	5379.2
同比增减(亿元)	−717.6	3782.1	3439.7	3052.4	1223.0	−988.9

从走势看,存款稳定性较差,季末冲高特征明显。2012年四个季度的季末月存款分别新增2389亿元、2202亿元、1394亿元和937.3亿元,相当于全年新增存款的120%。金融机构通过理财产品锁定存款等手段增加存款,推动了季末存款冲高。

从结构看,单位存款大幅少增。2012年,全省金融机构本外币单位存款同比少增574.5亿元,主要是企业生产经营困难,企业存款大幅下降。

(二)贷款增长基本平稳,下半年有所加快

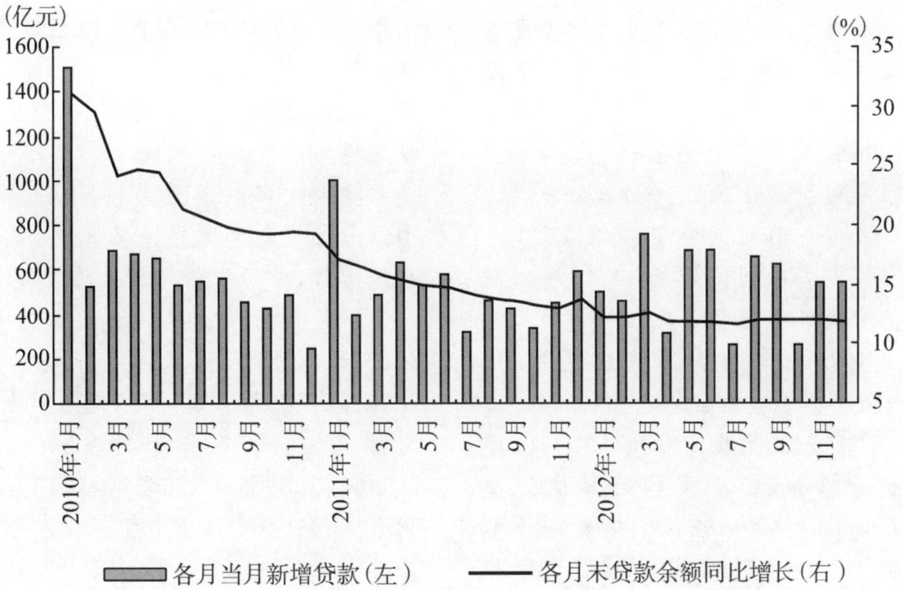

图2　2010—2012年12月浙江省本外币贷款增量增幅

数据来源:中国人民银行杭州中心支行。

从总量和增幅看,贷款增长较为平稳。2012年1—12月,全省累计新增贷款6266.7亿元,同比少增214.8亿元。全年贷款余额增幅均在12%左右,12月末全省本外币贷款余额59509.2亿元,同比增长11.8%,增幅比上年同期下降2个百分点。

从走势看,贷款投放力度逐步加大。2012年三季度以后,贷款增量和增幅有所回升,表明国家"稳增长"措施和两次下调利率政策效应逐步显现,金融机构支持实体经济力度加大。

横向比较看,2012年12月末,浙江省

贷款余额同比增幅位居沿海主要省市第四；全年贷款新增位居第三，同比增减居末位(见表2)。

表2　　2012年1—12月沿海主要省市本外币贷款新增情况

	浙江	广东	江苏	山东	北京	上海
12月末贷款余额(亿元)	59509.2	67077.1	57652.8	42899.9	43190.0	40982.5
同比增幅(%)	11.8	14.4	14.7	14.3	8.9	10.2
1—12月贷款新增量(亿元)	6266.7	8463.0	7376.0	5345.1	3508.0	3818.3
同比增减(亿元)	－214.8	1535.6	1228.4	316.1	139.0	163.9

(三) 信贷结构不断优化，支持重点突出

2012年，浙江省金融机构不断创新和丰富信贷产品，切实优化信贷结构，对实体经济和中小企业支持力度进一步加大。

一是实体经济成为信贷投放的重点领域。2012年，全省制造业本外币贷款新增2083.9亿元，余额同比增长11.9%，高于同期贷款增幅0.1个百分点；批发和零售业本外币贷款新增1125.8亿元，余额同比增长23.6%，高于同期贷款增幅11.8个百分点。短期贷款同比增长14%，增幅高于中长期贷款8.9个百分点。

二是中小企业贷款保持较快增长。2012年，全省中小微企业贷款新增3466.9亿元，占全部企业贷款增量的81.9%，比重分别比一季度、二季度和三季度提高5.7、1.6和0.7个百分点；其中，新增小型和微型企业贷款分别达到1356.2亿元和155.7亿元，合计占企业贷款增量的35.7%，比三季度提高0.1个百分点。

三是合理控制房地产贷款。2012年，金融机构严格执行各项房贷政策，全省新增房地产开发贷款539.8亿元，余额同比增长7%，新增购房贷款359亿元，余额同比增长5.7%，分别低于全部贷款增幅4.8和6.1个百分点。

(四) 利率水平总体下行，降息效应逐步显现

受两次降息政策影响，浙江省金融机构一般性贷款利率呈下降态势，票据利率明显回落，民间借贷市场量缩价跌。

一是人民币贷款利率水平逐季下行。2012年，全省人民币一般性贷款利率为7.56%，与上年基本持平，但趋势上呈逐季回落态势，四个季度利率水平分别为7.99%、7.89%、7.26%和7.16%。贷款利率重心进一步下移，12月份利率下浮和基准利率贷款合计占比为21.3%，同比上升4.3个百分点。

表3　　2012年各月利率浮动水平表(%)

		1月	2月	3月	4月	5月	6月	7月	8月	9月	10月	11月	12月
	合计	100	100	100	100	100	100	100	100	100	100	100	100
	0.9—1.0	2.4	2.2	2.2	3.2	2.4	3.1	3.9	3.4	3.0	4.1	4.7	3.7
	1.0	13.6	12.9	11.5	11.3	10.8	12.5	12.6	14.1	16.5	15.8	15.0	17.6

续表

		1月	2月	3月	4月	5月	6月	7月	8月	9月	10月	11月	12月
上浮水平	小计	84.0	84.9	86.3	85.5	86.8	84.4	83.5	82.5	80.5	80.1	80.3	78.7
	1.0—1.3	59.0	62.3	61.9	63.2	66.4	66.3	64.3	64.2	61.7	61.9	61.7	57.5
	1.3—1.5	11.4	12.3	14.2	13.3	12.2	10.2	10.3	9.3	9.2	8.7	9.1	8.8
	1.5—2.0	9.3	8.6	8.5	7.4	6.7	6.4	7.2	7.3	7.7	7.2	7.4	7.1
	20.0以上	4.4	1.7	1.6	1.6	1.6	1.4	1.8	1.8	2.0	2.3	2.1	5.3

数据来源：中国人民银行杭州中心支行。

二是票据利率明显回落。2012年，银票直贴和买断式转贴利率分别为6.33%和5.13%，同比分别下降114BP和162BP；其中四季度银票直贴利率为5.87%，同比下降393BP。从票据直贴利率走势看，呈现前低企稳回升态势。6月份银票直贴利率为5.15%，较1月份回落幅度将近400BP；下半年，部分金融机构信贷资源偏紧，利率企稳回升，12月份银票直贴利率为5.97%，较6月份上升82BP。

三是民间借贷利率逐步走低。在部分企业经营效益下滑、市场风险暴露、投资品市场热度下降等因素作用下，市场主体借贷行为趋于谨慎，尤其高风险、高利率借贷行为明显缩减，民间借贷市场逐步降温。2012年四个季度民间借贷利率水平分别为25.62%、24.67%、23.96%和24.59%，其中第四季度利率同比和较年初分别下降1.17和1.03个百分点。

（五）直接融资快速发展，跨境人民币业务稳步推进

2012年，浙江省实际发行债务融资工具836.2亿元，发行额同比增长近一倍。全省直接融资规模达到1605.1亿元（债券+股票），直接融资比重达20.4%，创历史新高（2010年、2011年的比重分别为12.4%和16.7%）；其中，中国人民银行管理和推动的企业债务融资工具占到全省直接融资总额的52.1%。

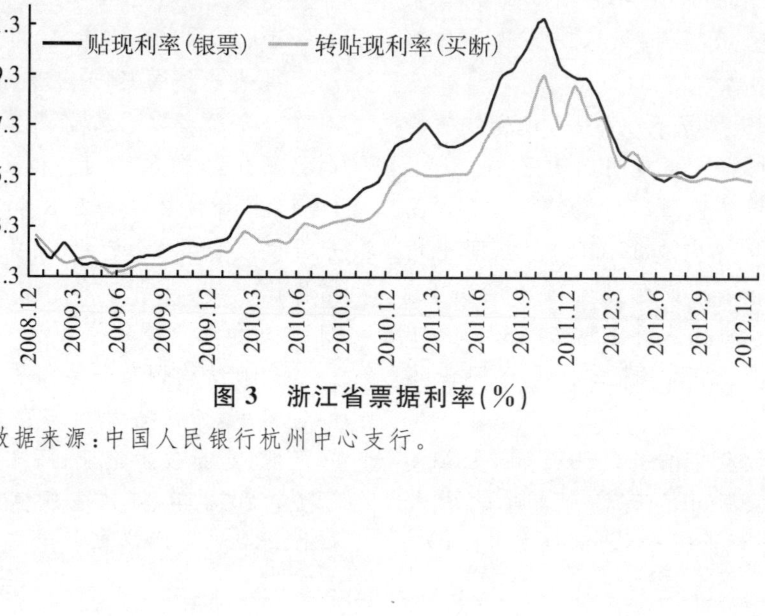

图3 浙江省票据利率(%)

数据来源：中国人民银行杭州中心支行。

表4　　2010—2012年浙江省融资结构

年份	融资合计（亿元人民币）	比重(%)			直接融资比重(%)	银行间市场工具占直接融资比重(%)
		贷款	债券	股票		
2010	8801.50	87.6	4.3	8.1	12.4	25.22
2011	7778.16	83.3	9.5	7.2	16.7	32.98
2012	7872.06	79.6	17.4	3.0	20.4	52.10

跨境人民币结算量快速增长，促进了贸易投资便利化，降低了企业融资成本。2012年全省跨境人民币业务结算量达4747亿元，是上年的1.2倍，继续排在全国第四，为进出口企业节约汇兑成本9亿多元；跨境人民币贸易融资639亿元，为企业节约融资费用16亿元。截至2012年12月末，全省累计有7614家企业使用了跨境人民币结算，比年初增加3992家；办理跨境业务的银行达43家，涵盖了所有类型的金融机构；与境外165个国家和地区办理了跨境人民币结算业务，比年初增加52个。

二、浙江省经济运行情况

2012年，浙江省经济增长基本保持平稳，预期目标基本实现。初步预计，全年实现地区生产总值34606亿元，同比增长8%，高于全国7.8%的增幅。人均生产总值63266元，首次突破1万美元。

（一）三大需求表现不一，投资较快增长、消费稳中趋升、出口明显回落

投资保持较快增长。2012年，全省固定资产投资累计完成17096亿元，同比增长21.4%，比一季度加快4.4个百分点。其中：基础设施投资同比增长18.1%；工业投资增长16.9%，制造业投资同比增长17.3%。

消费增幅稳中有升。2012年，社会消费品零售总额13546亿元，同比增长13.5%，扣除价格因素，实际增长11.4%，增幅比上半年上升0.5个百分点。

进出口增幅逐月下滑。2012年，全省实现出口总额2246亿美元，同比增长3.8%，比全国(7.9%)低4.1个百分点；进口总额877亿美元，同比下降5.8%。进出口总额3122亿美元，同比增长0.9%，增幅比1—11月回落0.4个百分点。全年实现进出口贸易顺差1369亿美元，比上年扩大135亿美元。

（二）工业生产景气有所回升，房地产市场量升价稳

工业经济触底回升。2012年，全省规模以上工业增加值10875亿元，同比增长7.1%，增幅比一季度、上半年和前三季度分别上升2.3、1.9和1.2个百分点。从月度走势看，全省工业生产增幅呈现逐月上升企稳态势。10、11和12月份增幅分别上升10.2%、10.8%和10.1%。

房地产销售逐步回暖，投资增幅逐步下降。商品房销售继续升温，销售面积和销售额分别增长13.4%和22.7%，增幅比1—11月加快2.8和5.8个百分点。房地产开发投资5226亿元，同比增长16.8%，增幅比上年、上半年和前三季度分别回落31.7、9和5.5个百分点。

产业结构调整稳步推进。在经济转型的过程中，浙江省加快培育发展战略性新兴产业、高新技术产业、高端装备制造业等产业。2012年，浙江省规模以上工业中战略性新兴产业和高新技术产业增加值分别为2521亿元和2626亿元，占规模以上工业的比重分别为23.2%和24.1%，比上年分别提高0.2、0.3个百分点；同比增长9.2%、9.9%，增幅比规模以上平均水平分别高2.1和2.8个百分点。

（三）企业效益下滑，财政收支和居民收入稳定增长

企业利润持续负增长。2012年，全省规模以上工业企业利润总额2899.8亿元，同比下降6.1%，降幅比一季度、上半年和前三季度分别缩小14.2、11.4和7.9个百分点。2012年，浙江省38个大类行业中，19个行业利润同比出现负增长。

地方财政收支稳定增长。2012年，全省财政总收入6408亿元，同比增长8.2%。公共财政预算收入3441亿元，同比增长9.2%，增幅比1—11月回升1个百分点；公共财政预算支出4161.9亿元，同比增长8.3%，增幅比1—11月回落1个百分点。

城乡居民收入稳步增长。2012年，浙江农村居民人均纯收入14552元，同比增长11.3%，扣除价格影响因素，实际同比增长8.8%；城镇居民人均可支配收入34550元，同比增长11.6%，扣除价格影响因素，实际同比增长9.2%。

（四）物价涨幅总体回落，但年末有所回升

2012年，居民消费价格同比上涨2.2%，涨幅与1—11月持平。12月份，居民消费价格月度涨幅略有回升，累计涨幅持平。居民消费价格比上年同期上涨1.9%，涨幅比11月回升0.3个百分点，环比上涨0.5%。

工业生产者价格月度降幅持续收窄，累计基本持平。12月份，工业生产者出厂价格和购进价格比上年同期分别下降2.4%和2.8%，降幅分别比11月份收窄0.3和0.9个百分点。2012年，工业生产者出厂价格和购进价格分别同比下降2.7%和3.3%，降幅比1—11月收窄和持平。

三、货币政策执行情况

2012年，中国人民银行杭州中心支行按照“稳中求进”的方针，认真贯彻落实稳健的货币政策，加强地方法人金融机构信贷投放管理，保持信贷总量合理适度增长，着力调整和优化信贷结构，进一步强化经济金融形势分析，各项工作取得积极成效。浙江省委、省政府领导九次批示肯定货币信贷工作，时任浙江省委书记赵洪祝对人民银行杭州中心支行金融支持实体经济工作专门作出批示：“今年以来，人行杭州中心支行加强政策引导，推进金融改革，注重银企对接，拓宽融资渠道，服务实体经济，为促进全省经济平稳较快发展做出了重要贡献。”

（一）加强总量调控，贯彻落实好稳健的货币政策

一是加强指导，合理引导社会公众预期。组织召开货币政策通报会、货币信贷形势分析会和货币政策专家咨询会等一系列会议，及时通报货币信贷政策和经济金融运行态势，指导金融机构准确把握和严格执行货币信贷政策。

二是上下联动，引导全省信贷平稳投放。2012年初制定下发《2012年浙江省货币信贷工作指导意见》和《2012年全省货币信贷工作要点》，对全年的货币信贷工作作出部署和安排。全省人民银行各分支机构按照属地管理原则，结合差别存款准备金测算的合意贷款，及时对当地金融机构进行窗口指导和约见谈话。

三是创新方法，畅通货币政策传导渠道。制订出台《浙江省地方法人金融机构稳健性参数动态调整实施方案》，参考信贷政策评估结果及金融机构稳健性情况，动态调整单家金融机构差别准备金调控相关参数，引导金融机构更加自觉贯彻落实稳健货币政策。

四是强化监测，完善信贷投放监测和通报制度。在全省建立地方法人金融机构信贷投放监测制度，逐日动态监测全省地方法人金融机构的信贷投放情况，均衡把握贷款投放节奏，对于信贷投放不符合调控要求的金融机构，及时进行窗口指导和风险提示。

在多种措施的综合作用下，浙江省调控工作取得明显成效，信贷投放进一步向常态水平回归。2012 年全省累计新增贷款 6266.7 亿元，同比少增 214.8 亿元，其中地方法人人民币贷款 2073 亿元，控制在总行认可的合意贷款之内。

（二）加大金融支持实体经济力度，推动经济转型升级

一是在全省深入开展“金融支持实体经济服务年”活动。年初迅速出台《关于金融支持浙江省实体经济发展的指导意见》（杭银发〔2012〕37 号），提出金融支持实体经济发展的 25 项政策措施，全年编发简报 10 多期，交流、通报金融支持实体经济工作情况。

二是加大对经济转型升级的金融支持。制定出台《关于金融支持浙江舟山群岛新区建设的指导意见》（杭银发〔2012〕149 号），指导金融机构加大对海洋经济的支持力度。联合省知识产权局组织知识产权质押融资培训，积极推进科技金融业务发展，全省知识产权质押贷款余额达 8.1 亿元，居全国首位。

三是着力推动小微企业金融支持。制定出台《关于认真贯彻稳健的货币政策进一步加强小微企业金融服务的意见》，对在杭 21 家金融机构开展中小企业信贷政策评估工作，联合省中小企业局、省财政厅等部门切实开展小微企业贷款风险补偿工作，全省共补偿财政资金 6700 多万元。中国人民银行杭州中心支行金融支持小微企业发展工作得到朱从玖副省长批示肯定。

四是创新金融支农信贷政策。会同有关部门出台《关于金融支持浙江省现代农业园区和粮食生产功能区建设的指导意见》和《关于进一步做好浙江省水利改革发展金融服务的意见》。结合丽水农村金融改革试点，继续推动林权抵押、农房抵押、土地承包经营权抵押贷款等农村金融产品创新。联合浙江省财政厅开展农业贷款风险补偿工作，2012 年发放农业贷款风险补偿资金 3128 万元。

五是完善落实房地产信贷政策。联合省建设厅等部门制定出台《关于进一步做好在建工程抵押权登记工作的若干意见》，规范房地产企业融资业务。开展房地产信贷政策现场评估，督促金融机构贯彻执行差别化住房信贷政策。深入开展房地产金融风险、房地产企业资金链等专项调研，加强对房地产市场及房地产金融运行状况的监测分析。关于房地产金融运行情况和风险状况调查分析得到省政府陈加元副省长、朱从玖副省长的批示肯定。

（三）加强货币政策工具管理，充分发挥政策导向作用

一是严格准备金日常管理，关注地方法人金融机构流动性状况，加强存款准备金制度的研究。认真落实 2012 年总行准备金率调整政策，组织开展存款准备金检查，对存款准备金欠交漏交行为实施行政处罚。对新增存款用于当地贷款考核达标的欠发达地区县域金融机构加大支持，29 家金融机构执行比同类金融机构正常标准低 1 个百分点的准备金率。指导新开业的 15 家村镇银行合规开展存款准备金交存业务，针对改制农商行流动性压力较大问题，分步上调存款准备金率。

二是完善支农再贷款管理，构建支农惠农长效机制。出台《浙江省支农再贷款管理办法》，引导金融机构扩大支农惠农力度。合理调剂全省支农再贷款限额，重点支持涉农贷款比例较高、经营稳健的县域存款类金融机构法人增强“支农支小”能力。2012年，全省共发放支农再贷款49亿元，支持县域法人金融机构57家，金额和家数均创历史同期新高。全省支农再贷款工作得到浙江省副省长朱从玖的批示肯定。

三是细化再贴现操作，积极扩大“三农”和中小企业融资。合理引导金融机构稳步扩大票据承兑和贴现融资业务，优先对小面额票据办理再贴现，对涉农票据，县域企业与商业承兑汇票重点推广企业签发、收受的票据和中小金融机构签发、承兑、持有的票据优先办理再贴现。2012年，全省办理再贴现2695笔，金额16.75亿元，单笔平均62.2万元，充分发挥了“支农支小”的结构调整作用。

（四）加强利率监测分析，稳步推进利率市场化

一是严格贯彻各项利率政策。及时转发基准利率调整和存贷款利率区间扩大政策文件，督促金融机构完善差异化定价机制和风险管理机制。联合浙江省民委确定“十二五”期间民贸定点生产企业名单，按季对辖内民贸企业进行贴息补偿，积极支持民贸民品企业生产融资需求。

二是切实提升利率监测分析质量。实时跟踪、定期反映各类资金价格走势，增强利率监测分析的时效性和质量。注重从利率政策调整、临时性因素冲击等角度剖析利率变动的特点和原因，加强对民间借贷利率与Shibor变动关系、农信社利率定价机制建设、银行贷款费率情况、同业存款业务发展情况等的研究，形成相关报告上报总行。

三是稳步推进利率市场化改革。积极贯彻落实总行关于Shibor建设工作的最新要求，指导辖内金融机构结合实际，不断推动以Shibor为基准的替代性金融产品创新，扩大Shibor在市场化产品定价及内部资金转移定价中应用，逐步建立以Shibor为基准的产品定价体系，不断完善利率定价机制和市场风险管理机制。

四是建立和完善民间借贷利率发布机制。进一步加强全省民间借贷利率的监测与分析。为推动温州金融综合改革，正确引导公众对民间借贷的认识，鼓励民间融资规范化发展，在总行指导下，建立了温州民间借贷监测利率按季发布机制。发布前有效评估监测利率发布的利弊关系，审慎设定发布指标，发布后及时搜集媒体和公众的反映。从最近两个季度的发布情况看，利率发布后社会反映平稳，具有较高的新闻价值。

（五）加强监测工作，有效服务经济金融分析

一是加强地方法人金融机构流动性监测管理。在完善地方法人金融机构信贷投放监测制度的基础上，加强机构间流动性分布不均衡情况的分析监测，关注辖内个别商业银行可能存在的流动性风险。

二是创新兑付后监测考核机制，推动农信社深化改革。创新现场监测考核工作方式，实施全省“统一组织、集中人员、交叉检查”的考核方法，切实提高监测考核工作质量和效率。结合后续监测考核结果，实施激励约束措施，推动全省农村信用社继续深化改革。

三是完善对地方国库现金管理的监测分析。对当地财政收支情况及库款余额变化趋势加强分析监测，密切跟踪辖内地方国库现金管理业务发展新动向。

四是关注金融创新、表外业务、新监管措施等对金融机构流动性的影响。上报

《浙江省部分金融机构同业代付业务情况调查》、《浙江省表外业务垫款增长的原因分析》、《流动性风险监管新规则的引入及启示》等专题信息。

四、当前值得关注的几个问题

随着国际经济形势变化，宏观调控继续深入，经济结构调整和转型升级的压力逐步加大，当前浙江经济金融运行中，出现了一些值得关注的新情况新问题。

（一）经济平稳增长仍面临诸多挑战

虽然浙江经济逐步企稳，内需拉动作用增强，产业结构继续优化，但是国内外经济形势仍较为复杂，影响浙江经济不稳定、不确定的因素仍然较多。浙江经济企稳回升的基础尚待进一步稳固，保持全省经济平稳运行的难度仍然较大。

从国际看，全球经济环境仍将复杂多变，主要发达经济体主权债务问题仍有较大不确定性，保持低速增长的可能性较大，外需总体仍较疲弱，这对出口依存度很高的浙江经济将造成影响。从国内看，我国经济历经十年快速增长后原有模式动力趋弱，特别是出口增长动力不足。近期经济回升主要靠国有企业和政府投资拉动，结构调整动力仍显不足。

浙江经济发展中仍存在过度依赖低端产业、过度依赖低成本劳动力、过度依赖资源环境消耗问题，创新驱动发展的能力和动力不足。当前，企业投资信心尚显不足，推进转型升级面临压力，工业企业投资意愿依旧低迷，投资前景尚不明朗。中国人民银行杭州中心支行500户工业企业调查显示，2012年四季度企业固定投资指数、设备投资指数环比分别下降2.3、1.9点，同比分别下降8.8、12.4点，创2009年四季度以来新低，企业固定资产投资预期指数连续三个季度下降。

（二）保持金融平稳运行难度仍然较大

经济增幅趋缓对金融平稳运行的制约作用日益显现，商业银行经营同时面临存贷双重制约，保持金融平稳运行难度加大。

一是资金来源约束持续加剧。2012年12月末，全省金融机构本外币存款余额仅同比增长9.5%，余额存贷比高达89.2%，新增存贷比更是高达108.2%，同比上升8.59个百分点。由于商业银行普遍实行“以存定贷”，导致银行资金运用受到制约。在企业资金回流乏力、同业竞争激烈的影响下，金融机构的存款组织难度加大，新增存款波动加大、稳定性明显下降。

二是信贷供给存在结构性矛盾。随着银行信贷结构调整，贷款正逐步从融资平台、房地产领域转向小微企业、战略性新兴产业、民生工程等。但在企业经营状况下滑情况下，符合信贷条件的小微企业相对不足，而战略性新兴产业在国民经济中的比重仍较低，符合产业和信贷政策的贷款项目不足，部分银行贷款投放速度放缓。

三是银行业转变经营模式相对滞后。随着利率市场化进程的加快和政策效应的逐步显现，商业银行尤其是中小银行的资产负债管理、利率风险管理以及传统盈利模式都将面临巨大挑战。部分金融机构经营模式相对落后，其产品定价能力、风险管理能力以及服务竞争力都将受到考验。

（三）潜在金融风险仍不容忽视

一是信贷资产质量下降。2012年末，全省不良贷款余额为951.5亿元，比年初增加460.1亿元，不良率为1.60%，比年初提高0.68个百分点。尤其是二季度以来，部分地区企业担保链风险暴露，对全省信贷资产质量影响较大，出口萎缩、产能过剩、“担保链”、企业相互拖欠资金等构成了信贷资产质量下滑的主要原因。

二是企业间互保引起的代偿风险尚未平息。浙江企业互保、联保较为普遍，以担保方式发放的企业贷款占比超过1/3。据中国人民银行杭州中心支行不完全统计，截至2012年12月末，全省共监测到出险企业612家，涉及银行贷款325.24亿元，其中因担保出险的企业为162家，占比达26.47%。同时，在流动性充裕、融资方式多元化、融资成本降低的背景下，一些企业加杠杆的动力增加，杠杆率可能进一步提高。加上前几年发放的贷款陆续到期，而企业盈利能力波动性较大，还款压力增加，企业风险仍不容忽视。

三是政府融资平台偿债压力依然存在。2012年，浙江省融资平台贷款将进入还贷高峰，有相当部分融资平台偿债资金依赖于财政收入和土地价值，在地方财政收入和土地价值下滑情况下，融资平台偿债压力依然较大。随着近期地方政府投资增加，地方政府融资平台可能出现新一轮扩张，潜在金融风险需要关注。

五、政策建议

2013年，中国人民银行杭州中心支行将根据总行统一部署，继续认真贯彻执行稳健的货币政策，着力保持货币信贷平稳适度增长；继续优化信贷结构，不断拓宽企业融资渠道，提升对实体经济的金融服务水平；加大金融创新力度，充分发挥金融支持全省经济平稳健康发展的重要作用；切实防范金融风险，守住不发生系统性、区域性金融风险的底线。同时，在货币信贷政策方面有以下几点建议：

（一）坚持稳健货币政策，适时进行预调微调

当前，我国经济发展面临的国内外环境仍然复杂，建议保持政策取向的基本稳定，实施稳健的货币政策，进一步巩固宏观调控成果，为经济发展和转型创造一个相对平稳的金融环境。关注全球货币政策的溢出影响，加强对政策效应的观察，根据实体经济运行、金融机构流动性和金融市场运行情况，在市场化的原则下丰富货币政策工具选择，灵活运用公开市场操作、差别准备金、再贷款再贴现等多种政策工具，适时进行预调微调。加强监管政策、财政、税收、产业政策与货币政策的协调，切实提高政策操作的针对性和有效性。

（二）进行分类指导，继续给予地方法人金融机构政策支持

考虑到地方法人金融机构在“支农支小”方面的主力军作用，建议总行在把握信贷总量时，对于地方法人金融机构继续给予一定的政策支持。在继续支持中小金融机构通过发行金融债解决资金来源问题的同时，为体现对商业银行的激励引导，对募集资金使用和管理到位、小微企业支持力度较大的商业银行，在差别准备金动态调整上给予适当支持。

（三）坚持有扶有控，促进企业转型升级

在经济增幅趋缓的背景下，部分行业如钢铁、船舶、航运、光伏等遭遇了较多困难。建议总行层面对商业银行总行在信贷政策上给予引导，督促各商业银行总行坚持“区别对待，有扶有控”的信贷原则，对行业内的落后产能，严格控制新增信贷投放，并稳妥有序退出；对行业内的龙头企业和优质企业，继续满足合理的信贷需求；对行业转型升级过程中的技术改造项目，积极给予信贷支持。同时，鼓励商业银行通过并购贷款等方式，积极支持行业转型升级和兼并重组，扶持行业健康发展。

浙江省金融稳定报告

2012年，在国外债务危机肆虐、国内宏观经济增速趋缓的严峻形势下，浙江省经济保持了平稳发展的势头，产业结构继续优化，转型升级步伐加快，为区域金融稳健运行创造了良好的环境。金融业稳步发展，银行业业务总量保持适度增长，对实体经济的支持力度不减，机构改革稳步推进，法人机构经营较为稳健。证券期货机构稳健运营能力加强，创新业务开展情况良好，收入结构进一步优化，风险抵御能力稳步提升。保险业市场体系日益完善，业务规模平稳增长，保险覆盖面持续扩大，法人保险公司偿付能力有所好转。小额贷款公司、典当行、融资性担保公司等具有融资功能的非金融机构较好发挥补充作用，温州、丽水金融改革稳步推进，金融基础设施持续完善，全省金融稳定状况良好。

一、银行业

2012年，浙江省银行业业务总量保持适度增长，为浙江经济平稳发展提供了有力保障，银行机构改革创新稳步推进，但信用风险充分暴露，不良贷款大幅反弹。

（一）银行业稳健性评估

1. 存款增长总体乏力，季末冲高特征明显。2012年末，浙江省银行业金融机构本外币存款余额66679.08亿元，比上年增长9.5%，增速回落2.46个百分点。存款季末冲高特征明显。3月、6月、9月和12月等季末月份分别新增存款相当于全部新增存款的119.56%。

2. 贷款增速有所回落，支持实体经济力度不减。2012年末，浙江银行业金融机构本外币贷款余额59509.22亿元，比上年增长11.78%，增速回落2.06个百分点。中小微企业本外币新增贷款占全部企业贷款增量的81.85%；制造业、批发和零售业贷款增速均高于全部贷款增速，支持实体经济力度不减。

3. 盈利水平有所下降，中间业务收入占比降低。2012年，浙江省银行业金融机构实现本年利润1193.08亿元，比上年减少184.5亿元；资产利润率2.52%，比年初下降0.06个百分点。受多重因素影响，中间业务收入率比年初下降2.68个百分点，为12.86%。

4. 不良贷款快速反弹，资产质量有所下滑。2012年末，浙江省银行业金融机构不良贷款余额951.51亿元，比年初增加460.1亿元；不良贷款率1.6%，比年初上升0.68个百分点。其中，2011年9月至2012年10月，不良贷款连续14个月呈“双升”态势。同时，全省关注类贷款余额2121.22亿元，比年初增加272.88亿元；关注类贷款比例3.56%，比年初提高了0.09个百分点。

5. 银行业改革稳步推进，金融体系不断丰富。邮储银行改革稳步推进，全年二类支行共启动改革36家。农村金融改革取得新成果，全年共有8家农商行开业，已开业村镇银行达50家。其他银行业金融机构改革发展齐头并进，金融组织体系建设进一步丰富。

6. 中小法人机构经营状况较为稳健。

2012年末，浙江省法人银行机构[①]存款余额21235.85亿元，比上年增长17.68%；贷款余额15152.98亿元，比上年增长17.67%；实现本年利润366.14亿元，比上年增长16.26%，不良贷款率1.29%，低于全部银行机构平均水平；加权核心资本充足率和加权资本充足率分别为11.61%和13.57%，贷款损失专项准备和拨备覆盖率分别高达360.19%和262.50%，抗风险仍然较强。

（二）银行业运行中需要关注的主要问题

1. 不良贷款持续反弹，信用风险管控压力增大。影响银行资产相关风险因素短期难以消除，一是经营环境改善尚需时日，中小企业经营仍然困难。二是担保链风险突出，防范化解难度较大。三是房地产行业潜在风险不容忽视。四是是政府融资平台偿债压力依然存在。

2. 利率市场化开始推进，中小银行机构面临挑战。随着利率浮动区间的扩大预示着利率市场化的推进，部分中小银行机构尤其是法人银行机构经营模式相对落后、高度依赖利息收入的，产品定价能力、风险管理能力以及存款服务竞争力都将受到一定的考验和挑战。

3. 操作风险不容忽视，案防形势依然严峻。在当前的经济金融环境下，贷款资金挪用、担保链断裂等问题愈演愈烈，这些问题背后涉及的银行员工内外勾结骗贷、民间借贷、受贿等问题有所暴露。尤其是基层银行机构还存在不少案防漏洞。

（三）银行业发展展望

基于2013年全省经济总体处于平稳、缓慢的上升期，预计浙江银行业存款呈现持续缓慢增长的态势，随着政府扩大固定资产投资，以及对小微企业、三农、战略新兴产业等国家重点支持领域的信贷支持进一步加强，预计2013年贷款增势向好。由于从经济增速见底到不良贷款见底之间存在滞后期，预计2013年不良贷款仍存在小幅增长的压力；但在宏观经济趋稳的背景下，不良贷款增长也将趋缓，信贷风险总体可控。

二、证券业

受证券市场整体形势不佳影响，浙江省证券市场交易规模、利润有所下降，期货经营机构效益有所上升；证券公司创新稳步推进，稳健性经营状况不断改善；企业上市步伐有所放缓。

（一）证券业稳健性评估

1. 证券期货市场出现分化，证券机构利润明显下滑。2012年，浙江省证券经营机构累计代理交易额8.87万亿元，比上年下降15.44%，实现利润16.33亿元，比上年下降37.24%。期货经营机构经营状况较好，全年代理交易额39.22万亿元，比上年增长2.16%，实现利润7.98亿元，比上年增长22.39%。

2. 证券公司创新稳步推进，区域性交易市场取得突破。法人证券公司融资融券业务顺利开展，资产管理业务规模扩大，投资银行业务快速发展，业务结构得到优化。2012年10月，浙江股权交易中心正式成立，截至年底，已有55家企业挂牌，挂牌企业总股本38亿股，总市值149亿元。

3. 证券公司稳健性提升，期货公司实力不断壮大。3家法人证券公司净资产114.69亿元，净资本89.46亿元。净资

① 包括浙商银行、城市商业银行、农村商业银行、农村合作银行、农村信用社、村镇银行、农村资金互助社、贷款公司和外资法人银行。

本/净资产为78%,净资本/负债为46.16%,均符合监管要求。11家法人期货公司净资产55.71亿元,净资本51.47亿元,净资本/净资产为92.4%,抵御风险能力较强。

4. 企业上市步伐有所放缓,公司债成为融资亮点。2012年,浙江省新增境内上市公司20家,比上年少增20家;境内上市公司累计融资338.17亿元,比上年下降46.14%,其中首发融资142.24亿元,增发融资98.13亿元;公司债成为融资亮点,全年公司债融资97.8亿元,比上年增长57.74%。

(二)证券业运行中需要关注的问题

1. 证券公司业务转型力度仍需加强。省内法人证券公司收入结构中经纪业务占比仍高达60%,依赖程度仍然较高,导致不能有效规避整体市场下探的系统性风险,也制约了创新业务拓展。

2. 上市公司稳健合规经营意识有待提高。一是上市公司审慎经营意识不足,不少上市公司对外提供担保事项较为普遍,相互担保关系盘根错节。二是业务发展规划不足导致经营压力显现,经济下行周期面临较大去"库存化"压力。三是上市公司违规行为时有发生。

3. 非法证券活动依然存在。受证券市场走势不佳影响,散户投资者依靠正规渠道盈利难度上升,部分正规渠道以外的投资活动出现。例如在期货配资之后,又出现部分股票配资公司,涉嫌超经营范围从事资金借贷业务。

(三)证券业发展展望

2013年,浙江省宏观经济有望企稳回升,资本市场基础进一步夯实,证监会将进一步放松管制,推动创新,浙江证券业发展将迎来难得的机遇期。区域股权交易中心、债券市场的发展,将使浙江省多层次资本市场体系进一部完善,为证券经营机构业务多元化以至业务转型提供了很好的机会。

三、保险业

2012年,浙江省保险业积极推进改革创新,市场体系日益完善,资产规模稳步增长,服务领域进一步拓宽,保险深度达到2.8%,保险密度达1579元/人,保险经济补偿和风险保障功能有效发挥。

(一)保险业稳健性评估

1. 市场体系日益完善,资产规模稳步增长。2012年末,浙江省共有保险市场主体73家,比年初增加3家;保险专业中介机构127家,兼业代理机构9838家,保险业总分机构、中介机构、行业社团共同繁荣发展的行业市场格局日益完善。保险公司资产总额1998.1亿元,增长15.50%。

2. 业务规模增长平稳,保险补偿功能有效发挥。2012年,浙江省保险业共实现原保险保费收入984.6亿元,排名全国第4位,收入比上年增长12.0%。保险业赔付支出342.6亿元,增长33.7%,增幅高于全国13.7个百分点。

3. 保险覆盖面继续扩大,服务领域稳步拓宽。2012年,浙江省保险服务领域不断拓展,政策性农业保险共为197万户农户提供281亿元的农业保险保障,政策性农村住房保险参保率98.5%。出口信用保险保障作用有效发挥,小额贷款保证保险工作实现扩面。

4. 行业效益有所下降,机构盈利能力出现分化。2012年,财产险公司实现利润总额23.5亿元,比上年减少10.7亿元,承保利润率仅6.8%,比上年下降3.3个百分点。机构间盈利能力出现分化,大公司盈利能力为中小型公司的8倍。寿险公司受满期给付高峰和退保因素影响,亏损额比上年放大9.17亿元,创下2009年以来新高。

5. 法人机构偿付能力有所改善，投资收益情况良好。浙商财险增资扩股后，偿付能力充足率达286.87%；信泰人寿当年通过资本补充偿付能力充足率提升41个百分点，为151%，但仅高于保监会II类公司监管标准1个百分点。法人公司投资收益情况总体良好，浙商财险全年实现市值口径投资收益率5.8%。

（二）保险业运行中需要关注的问题

1. 业务持续发展与结构调整的矛盾依然存在。一是财产险新业务增长点尚未培育，企业财产险保费、责任险、工程险、船舶险等重点领域险种占比仍然较低。二是寿险产品轻保障、重理财的局面没有根本改善，分红险产品一险独大的局面已持续多年。

2. 寿险公司保费收入受银保合作政策影响下滑明显。银保新规出台后，寿险公司银保业务增长受到较大影响，银保渠道客户新增能力减弱，寿险公司新单保费收入增速放缓，已连续四季度呈负增长态势，市场开发能力和发展后劲明显不足。

3. 县域保险监管力量薄弱。县域保险市场监督管理体系尚不完善，面对县域保险市场，管理半径过大，存在队伍力量薄弱、管理经验不足、监管制度不完善等问题，难以对基层保险市场发展中的问题形成有效监督。

（三）保险业发展展望

2013年，浙江宏观经济环境总体趋稳向好，但经济发展中不平衡、不协调、不可持续问题依旧突出。由于保险业务的特殊性以及浙江保险市场的结构特点，部分领域的政策形势变化，如出口形势、汽车限购政策等都可能对保险业的发展造成不确定性。预计2013年浙江保险市场规模有望继续保持温和增长，但盈利能力面临较大挑战。

四、社会金融活动

2012年，浙江省具有融资功能的非金融机构[①]业务发展出现分化。小额贷款公司仍然保持了良好的发展势头，典当企业和融资性担保机构业务出现萎缩。

（一）小额贷款公司稳健性评估

1. 基本情况。

（1）行业规模进一步扩大。2012年末，全省新增设立小额贷款公司91家，已开业小额贷款公司277家；新增注册资本金总额为159.27亿元，注册资本金总额达到576.02亿元，可贷资金规模达到829.59亿元。

（2）贷款总量保持较快增长。2012年，浙江省小额贷款公司[②]累计发放贷款2657.39亿元，比上年增长45.79%。年末贷款余额732.38亿元，比上年末增长36.81%；单家机构贷款余额2.93亿元，比上年末下降5%。

（3）贷款方式以保证担保为主。2012年末，浙江省小额贷款公司抵押、质押和保证等非信用贷款余额共计716.62亿元，占全部贷款余额的97.85%。其中，保证贷款余额629.77亿元，占全部贷款余额的85.99%。

（4）盈利能力保持稳定。2012年，浙江省小额贷款公司实现营业收入111.61亿元，比上年增长46.53%；实现净利润61.17亿元，比上年增长40.59%；但每家小额贷款公司平均实现净利润2208.21万

① 包括小额贷款公司、典当企业和融资性担保公司。

② 指250家上报报表的小额贷款公司，下同。

元，比上年下降 11.68%。

2. 需要关注的问题。一是信用风险持续暴露。部分地区小额贷款公司不良贷款大幅攀升。同时，部分小额贷款公司存在不良贷款少报现象，小额贷款公司实际不良贷款率可能还要高于名义数据。二是内部管理不够完善。小额贷款公司普遍重业务扩张、轻内部管理，存在内控制度不健全、各项内部管理制度执行不到位、人员素质有待提高等问题。三是快速发展带来隐忧。随着机构扩容加速，可选为股东的企业和个人资质、实力等都在递降。而新设小额贷款公司面临较大的业务发展压力和盈利压力，可能导致过度竞争甚至是恶性竞争。

（二）典当业稳健性评估

1. 基本情况。

（1）机构数目有所增加。2012 年末，浙江省共有 449 家典当企业，比上年末增加 68 家。注册资本总额 75.68 亿元，比上年末增加 12.02 亿元。负债总额 9.76 亿元，比上年减少 1.95 亿元。全行业资产负债率 10.31%，比上年下降 4.21 个百分点。

（2）典当业务有所回落。2012 年，浙江省典当行业累计发放典当贷款 389 亿元，在典当企业数量增加的情况下仍比上年下降 4.58%。其中动产质押典当贷款比上年增长 13.33%；房地产抵押典当贷款和财产权利质押典当贷款则分别比上年下降 9.51%和 5.77%。

（3）经营利润同比下降。2012 年，浙江省典当业实现利息与综合服务费收入 8.33 亿元，仅比上年增长 1.81%；综合息费率 2.14%，较上年上升 0.13 个百分点。全年典当企业实现税后利润 2.23 亿元，比上年下降 3.09%。

2. 需要关注的问题。一是部分典当企业经营风险较高。2012 年以来，受宏观经济环境影响，典当行业业务面临萎缩，盈利能力下降，亏损面扩大，逾期贷款有所增加。二是内部管理尚需加强。典当企业存在组织架构不健全，缺乏优秀管理人员和专业技术人员等问题。三是经营环境有待改善。三是部分寄售行、调剂行、二手车中介等机构超经营范围变相从事典当业务，给典当业整体声誉带来负面影响。

（三）融资性担保机构稳健性评估

1. 基本情况。

（1）机构数量大幅减少。2012 年，浙江省共有融资性担保机构 589 家，比上年末减少 87 家。实收资本 353.53 亿元，比上年末减少 9.92 亿元；净资产 359.87 亿元，比上年末减少 9.97 亿元。

（2）业务规模有所萎缩。2012 年，浙江省融资性担保机构担保责任发生额 1158.92 亿元，比上年减少 76.03 亿元，其中，融资性担保责任发生额 1051.25 亿元，比上年减少 83.05 亿元。

（3）盈利水平出现下降。2012 年，全省融资性担保机构共实现担保业务收入 15.89 亿元，比上年减少 1.18 亿元。全年共实现净利润 1.31 亿元，比上年减少 0.92 亿元；平均每家机构的利润为 22.24 万元，比上年下降了 32.59%。

2. 需要关注的问题。一是代偿风险明显扩大。2012 年，全省融资性担保机构共发生担保代偿 18.09 亿元，比上年增长 184.87%，并有担保公司因代偿损失大而申请退牌。二是持续发展难度加大。部分银行机构合作意愿明显减弱，融资性担保公司业务大幅下降。三是内部管理机制不健全。多数机构内部管理还处于“粗放型”阶段，公司治理结构和内部管理机制尚不完善、专业人员匮乏。

五、区域金融改革

（一）温州金融综合改革

2012年3月28日，国务院第197次常务会议决定设立温州市金融综合改革试验区。近一年来，浙江省、温州市按照总体方案的主要任务，推进试验区建设。

1. 探索民间融资规范化和阳光化。一是建立民间融资登记服务平台，已开业运营4家民间借贷服务中心，借贷总成交金额3.57亿元。二是开展民间资本管理公司试点，已开业6家民间资本管理公司。三是定期（按周）发布民间融资综合利率指数，即“温州指数”。

2. 推进金融机构和产品创新。深化农村合作金融机构改革，发展新型金融组织，推出小额贷款公司主发起人招投标制度，培育发展村镇银行。设立小微企业融资综合服务中心，发展设备融资租赁，深化小额贷款保证保险试点，推出科技保险、国内贸易信用险、环境污染责任险。

3. 多渠道破解“两难”问题。建立知识产权交易中心、股权运营中心、大宗商品电子交易中心、文化金融交易中心等平台，打造综合型金融服务平台。设立各类小微企业专营机构106家。拓展多元化融资渠道，成功发行1.5亿元私募债和18.7亿元银行间债务融资工具。储备个人境外投资项目6例。

4. 加快金融基础设施建设。初步完成金融业综合统计信息平台和温州金融监测报数平台两大系统建设，首批试点机构进入试报阶段。将征信查询服务延伸到温州市民间借贷登记中心；推动村镇银行、小额贷款公司等接入征信系统，加快农户和中小企业信用信息采集和电子化进程。

5. 加强地方金融管理和风险防范。设立温州市地方金融管理局，在部分县（市、区）设立监管服务中心或金融服务中心，构建市县两级联动监管格局。设立金融犯罪侦查支队、金融仲裁院和金融法庭。开展对融资性担保公司等融资中介机构和寄售行、调剂行、投资机构等市场主体风险专项检查。

（二）丽水农村金融改革

2012年3月30日，中国人民银行和浙江省政府联合印发通知，决定在丽水市开展农村金融改革试点工作，采取中国人民银行和浙江省人民政府“行省共建”模式，是目前为止全国首个经央行批准开展农村金融改革试点的地区。

1. 支农工程持续发展。林权抵押贷款实现扩面增量，累计发放林权抵押贷款65.14亿元。创新推出以茶园、生态公益林等为抵押担保的支农产品，稳步推进农户、社区居民和中小企业“三位一体”的社会信用体系建设，探索开展“城乡一体化”的信用体系建设，行政村信用评价面达到100%。深化支付便农工程，在2114个行政村设立了助农取款服务点。

2. 丰富发展农村金融产品。引导各金融机构创新推出石雕抵押贷款、农副产品仓单质押贷款及农民工创业扶持贷款，探索开展小额农贷“整村批发、集中授信”试点工作。创新银保合作信贷产品，推出银保合作金融产品“易保贷”，累计发放小额保证保险贷款6407万元。采取银政保合作模式在景宁率先开展低收入农户扶贫贷款项目试点。

3. 推动金融基础服务体系建设。设立全省第二家货币兑换公司（渤海汇通兑换公司），并设立全国首个村级外币兑换点，累计办理代兑业务4.44万余笔，金额2.03亿美元。完成17条“省级刷卡无障碍示范街区”建设和所有中心镇“便农支付工程示范镇”创建。推进开展农民担保公司建设，已有9家农民担保公司开展业务，累计为600余户农民担保贷款3亿元。

六、金融基础设施

（一）支付体系稳健性评估

2012年，全省支付体系安全稳定运行，全年未发生一起重大支付清算系统安全事故。电子支付业务应用有效推进，小额支付系统银行本票实现全省通用，电子商业汇票应用更加广泛，银行卡在公共交通、医院、旅游等重难点领域的应用取得新突破。继续深化实施"便农支付工程"，重点深化银行卡助农取款服务，创新推出银行卡代理转账业务，推进"刷卡无障碍示范县、示范镇"创建活动，组织开展互联网支付、移动电话支付应用试点。2012年末，中心镇以上银行网点支付系统覆盖率达到100%，全省助农取款服务点达16833个。支付机构监管体系初步建立，出台支付机构业务创新管理、分公司管理、突发事件应急管理等系列管理制度，探索建立窗口指导、高管人员谈话、监管评估等监管机制，深化支付机构现场检查及非现场监测，初步建立了较为完善的支付机构监管体系。

（二）征信体系稳健性评估

2012年，征信系统覆盖面进一步扩大，已覆盖全省3436.3万自然人和56.7万户企业，数据来源日益丰富，涵盖全省所有银行业金融机构、部分微型金融机构、地方政府部门、公用事业单位等。征信系统服务对象日趋广泛，已开通系统查询用户3.5万个，金融机构月均查询量376.4万次，成为金融机构防范信贷风险的重要工具。农村和中小企业信用体系建设加快推进，累计为711.8万农户以及18.5万户尚未与银行发生信贷关系的中小企业建立了信用档案。评级市场格局优化，初步形成涵盖大企业、中小企业、担保机构和小额贷款公司等多主体、多层次的信用评级体系。

（三）反洗钱体系稳健性评估

2012年，全省反洗钱工作有效推进。省内各级人民银行深入贯彻风险为本监管理念，积极开展风险评估试点，努力实现监管方式多样化，提升监管工作科技含量，反洗钱监管水平全面提升。严把支付机构准入关，推进大额和可疑交易综合试点及机构信用代码在反洗钱领域的应用。全省人民银行向各级公安机关移送涉及洗钱、毒品交易、非法经营票据、地下钱庄、网络赌博、虚假注资等各类案件线索48起，移送并协助破获了萧山某特大非法票据贴现案等一批具有重大影响的案件。组织开展主题为"警惕网络洗钱陷阱、增强反洗钱意识"的反洗钱宣传月活动，共主办或组织各类广场、街头宣传活动3211次，群众参加34万6千余人次，进一步扩大了反洗钱工作的社会影响。

七、总体评估与政策建议

2012年，浙江省经济增长缓慢回升，金融业总量合理增长，金融改革不断深化，金融结构相对合理，社会金融活动补充功能有效发挥，金融基础设施不断完善。人民银行杭州中心支行运用区域金融稳定定量评估模型对浙江省2012年区域金融稳定状况进行定量评估，结果显示，总分较上年增加3.66分，区域金融稳定状况总体较好。从分项指标看，宏观经济得分较上年增加3.66分，反映外部经济环境不利因素对浙江经济发展的影响有所显现；金融机构部分指标有所下降，但仍大幅好于最低监管标准，因此得分继续保持满分，金融总体运行质量和效益保持平稳；金融生态环境得分与上年持平，金融活动发展基础持续改善。

浙江省利率监测分析报告

2012年，浙江省金融机构认真贯彻执行利率政策，加强利率风险管理，提高利率定价能力。全年人民币存贷款市场、货币市场及票据市场利率总体呈上行态势。

一、存款利率上浮不一

自6月8日央行扩大存款利率浮动区间以来，各类机构存款利率不同程度上浮。分期限看，除国有银行外的金融机构活期存款利率均已上浮10%；工农中建交和邮储银行1年以内期（含1年期）存款利率上浮至8%左右，股份制银行、城市商业银行、农村合作金融机构（农村商业银行、农村合作银行和农村信用社）和绝大多数村镇银行上浮至10%。1年以上期存款利率方面，国有、股份制银行维持央行基准利率，除个别村镇银行外，其余金融机构均已上浮至10%。

二、人民币贷款利率回落，利率重心下移

1. 人民币贷款利率水平逐季回落。2012年，全省人民币一般性贷款利率为7.56%，与上年基本持平；趋势上呈逐季回落态势，四个季度利率水平分别为7.99%、7.89%、7.26%和7.16%，其中第一、二季度较2011年平均利率分别上升42BP和32BP，第三、四季度则分别下降31BP和41BP。

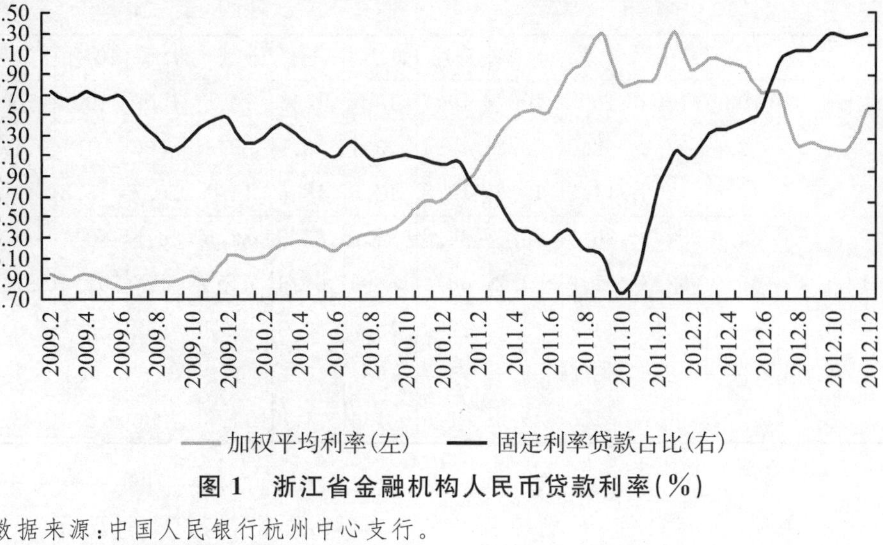

图1　浙江省金融机构人民币贷款利率(%)

数据来源：中国人民银行杭州中心支行。

具体看，一季度，受节假日资金结算需求和监管部门严格费率管理影响，单月利率在8%左右小幅震荡；二季度以来，市场主体信贷需求不足和基准利率下调的政策效应持续释放，利率水平逐月回落，至10月份达全年利率低点7.17%；临近年末，

金融机构资金回笼促使利率反弹，11月和12月利率分别为7.19%和7.54%。

从定价方式看，金融机构能在不同利率周期合理选择定价方式以规避重新定价风险，利率下行期固定利率贷款占比上升，利率上行期则趋于下降。2012年固定利率贷款占比由1月份62.8%上升至12月份的81.7%。

表1　　2012年各月分期限利率水平表(%)

	1月	2月	3月	4月	5月	6月	7月	8月	9月	10月	11月	12月
T≤1	8.39	7.96	8.08	8.06	7.98	7.63	7.76	7.24	7.24	7.18	7.21	7.60
1<T≤3	7.94	8.06	8.20	7.93	8.08	7.71	7.41	7.48	7.21	7.37	7.27	7.21
3<T≤5	7.47	7.36	7.46	7.50	7.49	7.25	6.96	6.84	6.81	7.37	6.77	6.84
T>5	7.26	7.18	7.33	7.20	7.37	7.02	6.96	6.83	6.82	6.76	6.80	6.71

数据来源：中国人民银行杭州中心支行。

分期限看，各期限利率均出现不同程度回落，短期利率对市场因素、政策预期等变化敏感，回落幅度相对较大。四季度，1年以内期、1—3年期、3—5年期和5年以上期利率分别为7.17%、7.25%、6.81%和6.67%，较一季度分别回落86BP、80BP、57BP和52BP。

2. 下半年利率重心下移。基准利率下调后确立了利率下行预期，利率重心随之下移。四季度，利率下浮和基准利率贷款占比分别为1.19%和16.4%，较一季度分别上升1.9和3.72个百分点；利率上浮贷款占比为79.41%，较一季度下降5.62个百分点。

表2　　2012年各月利率浮动水平表(%)

		1月	2月	3月	4月	5月	6月	7月	8月	9月	10月	11月	12月
	合计	100	100	100	100	100	100	100	100	100	100	100	100
	0.9—1.0	2.4	2.2	2.2	3.2	2.4	3.1	3.9	3.4	3.0	4.1	4.7	3.7
	1.0	13.6	12.9	11.5	11.3	10.8	12.5	12.6	14.1	16.5	15.8	15.0	17.6
上浮水平	小计	84.0	84.9	86.3	85.5	86.8	84.4	83.5	82.5	80.5	80.1	80.3	78.7
	1.0—1.3	59.0	62.3	61.9	63.2	66.4	66.3	64.3	64.2	61.7	61.9	61.7	57.5
	1.3—1.5	11.4	12.3	14.2	13.3	12.2	10.2	10.3	9.3	9.2	8.7	9.1	8.8
	1.5—2.0	9.3	8.6	8.5	7.4	6.7	6.4	7.2	7.3	7.7	7.2	7.4	7.1
	2.0以上	4.4	1.7	1.6	1.6	1.6	1.4	1.8	1.8	2.0	2.3	2.1	5.3

数据来源：中国人民银行杭州中心支行。

分金融机构看，国有银行、股份制银行、城商行和农合机构利率上浮贷款占比分别为68.18%、83.4%、87.72%和95.61%，同比分别下降7.07、7.96、3.06和0.28个百分点。

表3 2012年四季度分金融机构利率浮动水平表(%)

		四类机构合计	国有银行	股份制银行	城商行	农合机构
	合计	100	100	100	100	100
	0.9—1.0	3.85	6.45	2.65	4.31	0.60
	1.0	15.76	25.37	13.95	7.97	3.79
上浮水平	小计	80.39	68.18	83.40	87.72	95.61
	1.0—1.3	63.29	66.35	79.74	57.75	39.83
	1.3—1.5	9.30	1.76	3.37	16.25	27.33
	1.5—2.0	6.21	0.08	0.20	12.08	22.23
	2.0以上	1.60	0.00	0.09	1.64	6.23

数据来源:中国人民银行杭州中心支行。

分企业看,各类企业贷款利率浮动幅度均有不同程度下降。四季度,金融机构对大型、中型和小型企业利率上浮幅度分别为47.2%、75.4%和86.4%,较一季度分别下降14.7、6.9和5.2个百分点。

表4 2012年四季度分企业利率浮动水平表(%)

		合计	大型企业	中型企业	小型企业
	合计	100	100	100	100
	0.9—1.0	5.05	14.27	4.04	1.96
	1.0	20.01	38.56	20.58	11.62
上浮水平	小计	74.94	47.17	75.38	86.42
	1.0—1.3	64.33	45.82	70.22	67.28
	1.3—1.5	6.63	1.02	4.03	11.20
	1.5—2.0	3.00	0.30	0.99	5.84
	2.0以上	0.98	0.03	0.13	2.10

数据来源:中国人民银行杭州中心支行。

三、个人住房贷款利率总体回落

2012年,浙江省个人住房贷款利率为6.5%,较2011年下降41BP。从趋势看,前三季度利率持续下行,并于9月份降至全年低点6.02%;第四季度,金融机构信贷资源有所趋紧,利率企稳并小幅回升,12月份为6.11%,较9月份上升9BP。

从利率浮动幅度看,利率重心大幅下降。9月份,金融机构利率下浮贷款占比为71.9%,较1月份大幅上升68.3个百分点。反映出全省金融机构较好落实差别化信贷政策,积极支持首套自住房需求,对二套房严格执行基准利率1.1倍上浮政策。

从与一般性贷款利差看,全年利差水平逐月扩大,至12月份两者利差达142BP,较1月份扩大95BP。反映出房贷利率定价灵活性较强，对政策和市场因素弹性高于一般性贷款。

从定价方式看，长周期的期限特征决定了浮动利率定价方式的主体地位，全年浮动利率贷款占比为98.3%。两种定价方式下利差明显，且保持稳定。2011年以来，浮动方式下的利率水平稳定地低于固定利率100BP左右。

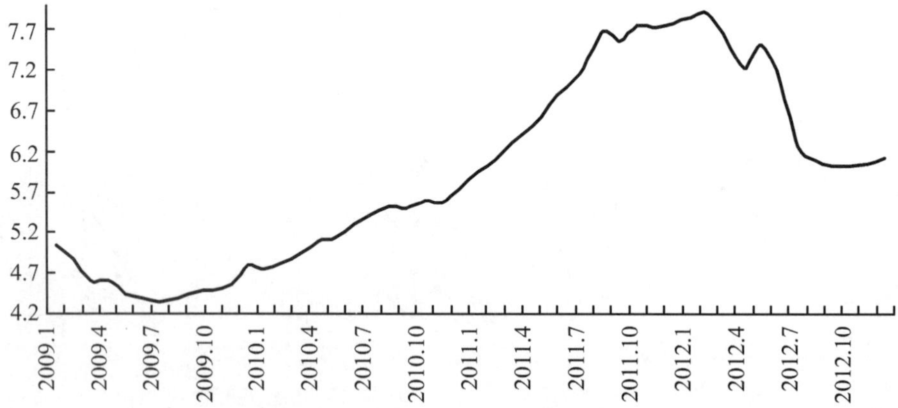

图2 浙江省金融机构个人住房贷款利率(%)

数据来源：中国人民银行杭州中心支行。

四、同业存款利率小幅回落

2012年，浙江省金融机构同业存款利率为3.5%，同比下降11BP；其中固定期限利率为5.32%，同比下降100BP。前三季度，同业存款利率在货币市场利率影响下明显下降，一是市场流动性相对充裕；二是监管部门加大对同业存款理财产品和同业项下代付行为的规范治理。2012年四季度以来，在考核因素作用下金融机构加大同业存款组织力度，促使利率再度回升，12月份为3.7%，较9月份上升90BP。

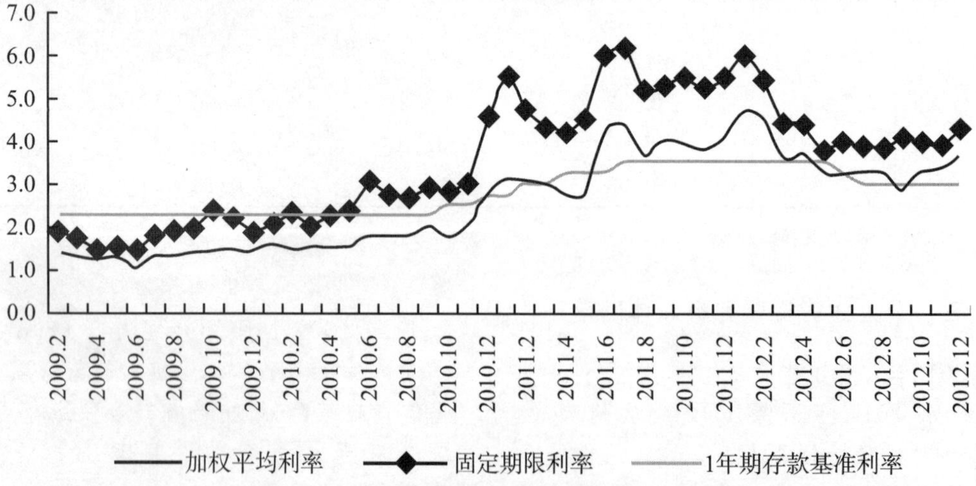

图3 浙江省金融机构同业存款利率(%)

数据来源：中国人民银行杭州中心支行。

五、货币市场利率震荡回落

2012年，浙江省货币市场利率整体回落。上半年，在准备金率下调和公开市场操作影响下，货币市场利率震荡回落，尤其是2月和5月准备金率下调后利率下行明显。5月份，全省同业拆借和债券回购利率分别为2.15%和2.2%，较上年12月分别下降106BP和96BP。下半年，基准利率下调和逆回购操作对市场利率形成下行动力，但金融机构考核因素、财政存款缴存等季节性因素对利率构成阶段性上行压力，市场利率总体在低利率区间震荡。12月份，同业拆借和债券回购利率分别为2.89%和2.47%，同比分别下降39BP和47BP。

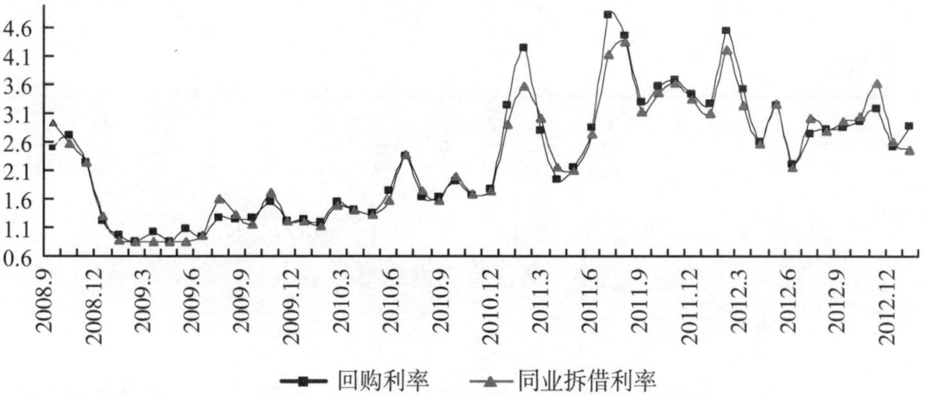

图4　浙江省货币市场利率(%)

数据来源：中国人民银行杭州中心支行。

六、票据利率明显下行

2012年，浙江省票据利率回落较为明显，全年银票直贴和买断式转贴利率分别为6.33%和5.13%，同比分别下降114BP和162BP；其中四季度银票直贴利率为5.87%，同比下降393BP。

2012年上半年，随信贷需求增长放缓及潜在信贷风险上升，金融机构季末通过压缩票据来“腾挪贷款总量”的行为弱化，票据市场买方需求增多，引发票据二级市场需求明显增加，直接导致票据利率下行。6月份银票直贴利率为5.15%，较1月份回落幅度将近400BP。下半年，部分金融机构信贷资源偏紧，加之监管部门严格票据管理，促使利率企稳回升。12月份银票直贴利率为5.97%，较6月份上升82BP。

七、美元贷款利率回落，存款利率宽幅震荡

美元存款利率总体先升后降。2012年上半年，受美元贷款需求增加和外资行存贷比考核宽限期满影响，美元存款利率总体走高。6月份，金融机构1年期美元小额存款利率为2.59%，较年初上升130BP。三季度，人民币升值预期弱化，市场主体结汇意愿提升，外汇存款来源趋于乐观，存款利率由升转降。四季度，美元量化宽松推动存款利率继续回落，12月利率水平为1.0%，较年初和6月份分别下降29BP和159BP。

美元贷款利率总体回落。2012年一季度，受本外币利差影响，美元利率总体维持在4.9%左右高位；年中，升值预期弱化下外币来源相对丰富，贷款利率下降；9月

份以来，受国外量化宽松政策影响，国内贷款利率快速回落。至12月，全省美元贷款利率为2.52%，较年初下降241BP。

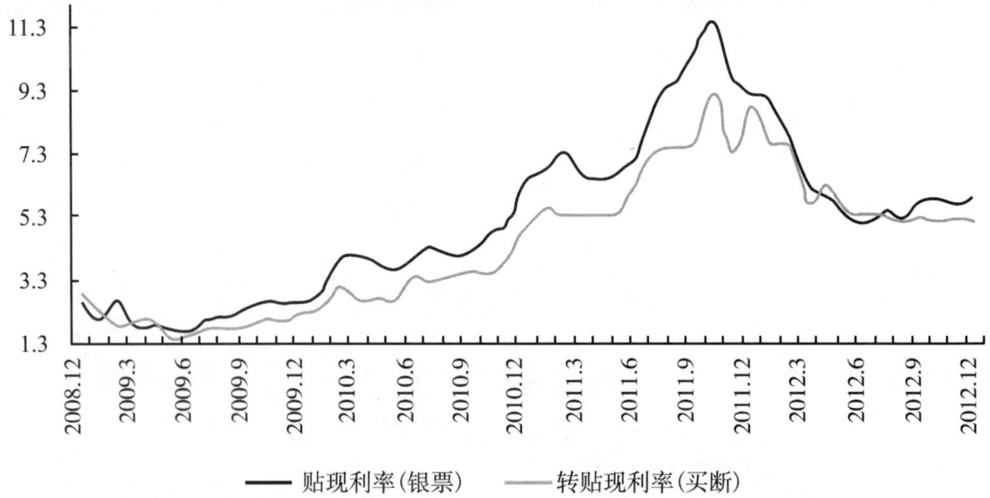

图5 浙江省票据利率(%)

数据来源：中国人民银行杭州中心支行。

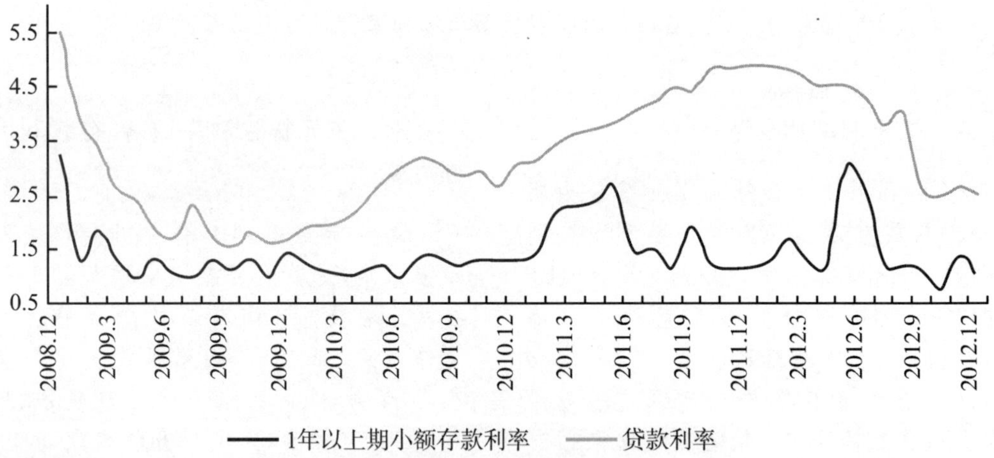

图6 浙江省金融机构美元存贷款利率(%)

数据来源：中国人民银行杭州中心支行。

浙江省银行业发展报告

一、2012年浙江银行业运行的基本情况

2012年，浙江银行业正确处理保增长与防风险的关系，努力增加信贷的有效投入，业务规模稳步增长，为浙江经济保持平稳发展提供了有力保障。截至12月末，全省银行业资产总额达到84968.76亿元，比年初增加9423.59亿元，同比增长12.47%；负债总额达到81900.83亿元，比年初增加9241.84亿元，同比增长12.72%；全年累计实现税后利润1193.08亿元，同比减少190.32亿元，同比下降13.76%。

（一）各项存款增长乏力，单月新增存款大幅波动

2012年末，全省银行业各项存款余额66679.08亿元，比年初增加5789.55亿元，同比少增717.56亿元。从结构上看，存款同比少增主要在以下两块：一是单位存款新增2402.23亿元，同比少增574.52亿元，占各项存款少增额的80%。单位存款同比少增主要由于保证金存款比年初下降8.88亿元，而上年同期比年初增加1381.66亿元。二是个人存款新增2963.4亿元，同比少增295.92亿元，占各项存款少增额的41.24%。

同时，存款波动剧烈，稳定性下降。一是从月度变化看，3月、6月、9月和12月等季末月份分别新增2389亿元、2202.1亿元、1393亿元和937.3亿元，1月、4月、7月和10月分别净减少1119.4亿元、515.8亿元、1057亿元和626.93亿元。目前商业银行主要通过发行高收益的理财产品争夺存款，存款波动与理财产品发售密切相关。据统计，2012年，浙江辖内银行机构发行各类理财产品共募集资金3.82万亿元，年末账面余额4012.02亿元。二是尽管总体上商业银行季末与日均存款差异有所收窄，但部分机构冲时点行为依然突出。12月末存款余额与月日均存款余额的偏离度为2.48%，比9月份降低0.39个百分点，但仍有8家主要商业银行分支机构该偏离度接近或超过5%。

（二）各项贷款增幅减缓，但信贷增量总体平稳

2012年12月末，全省银行业各项贷款余额为59509.22亿元，同比增长11.78%，同比下降2.06个百分点；贷款新增6266.72亿元，同比少增214.7亿元。从季度投放情况看，一、二、三、四季度分别投放1711.52亿元、1691.92亿元、1531.05亿元和1332.23亿元，贷款增长呈逐季减缓态势，投放节奏把握较好，总体比较平稳。

（三）信贷投放结构优化，对实体经济支持力度加大

2012年，浙江辖内银行业、金融机构积极投入到“服务实体经济”主题活动中，加大对浙江海洋经济发展示范区、义乌国际贸易综合改革试点等四大国家战略、“大平台、大项目、大产业、大企业”等四大建设、战略性新兴产业发展、传统优势产业改造和科技型企业发展的支持力度，积极开

展绿色信贷业务；严控信贷资金流向民间借贷和股市楼市等虚拟经济领域，确保资金有效进入实体经济，全年信贷投向实体经济领域新增贷款合计占比87%。同时，信贷投放的区域结构得到改善，对欠发达地区的信贷支持力度加大。2012末杭州、宁波和温州三地银行业金融机构本外币贷款余额合计占比62.28%，比年初下降0.92个百分点。衢州、丽水和舟山三地银行业金融机构2012年末贷款合计占比5.87%，比年初上升0.13个百分点。

（四）经营效益下滑，不良贷款余额和比例"双升"

2012年末，全省银行业不良贷款余额951.51亿元，比年初增加460.11亿元；不良贷款率1.6%，比年初上升0.68个百分点。分地区看，新增不良贷款主要发生在温州、杭州和宁波，分别比年初增加175.89亿元、136.07亿元和49.93亿元，合计占比78.7%。温州和杭州的不良贷款率分别达到了3.75%和1.5%，比年初上升2.39和0.68个百分点。由于不良贷款上升导致拨备多提等原因，全省银行业累计实现利润1193.08亿元，同比下降190亿元。分机构看，国有商业银行和股份制商业银行利润分别同比下降157.69亿元和68.63亿元。

（五）改革创新稳步推进，金融业态不断丰富

2012年，辖内银行业金融机构积极而有序地推进改革与创新，金融组织体系建设得到进一步加强。

1. 农村金融改革取得新成果。截至2012年末，辖内共有8家农商行开业，比年初增加5家，龙湾、禾城农商行已批准筹建。辖内超过1/3的行社已完成或启动股份制改革。全辖已开业村镇银行39家，2家批准筹建，另有13家正在组建中，预计2013年基本实现县域村镇银行的全覆盖。

2. 其他银行业金融机构改革齐头并进。调整优化邮储改革设计，全年二类支行共启动改革36家，其中已完成并批复开业12家；指导省工商信托完成重新登记并加强开业指导；支持符合条件的企业集团组建财务公司；省交投集团财务公司获银监会批准。优化外资银行地域布局，鼓励提供差异化服务，积极推动澳新、华侨两家银行分别在杭州、绍兴设立分行。

3. 经营转型有序推进。以台州银行和泰隆商业银行为代表的城商行定位小微，实践社区化经营，基本走出一条符合自身情况的银行经营之路。以新昌农村合作银行为代表的农村金融机构定位做农做小，以发展微贷业务为切入点，推进经营转型。杭州银行、温州银行等城商行强化特色服务，培育细分市场特色品牌，除将信贷资源适当向小微企业倾斜外，还在科技金融、投行业务、浙商（温商）等特色群体服务狠下功夫，特色逐渐显现。

（六）小微金融专营体系不断完善，服务水平稳步提升

2012年，在省委、省政府和中国银监会的领导下，浙江银行业金融机构服务小企业的理念不断深化，信贷支持力度不断加大，服务水平不断提高。

1. 小微企业贷款保持全国第一。截至2012年12月末，全省小微企业贷款余额22014亿元，比年初增加2867亿元，当年累放27791亿元，小微企业贷款（含个人经营性贷款）余额、增量、累放额、户数均居全国各省（市、自治区）首位。实践证明，优质和合理的贷款增量，对于浙江省经济金融的安全和稳定发展发挥了积极的作用。

2. 专营服务体系建设成效显著。根据中国银监会进一步做好小微企业金融服务的政策精神，浙江在全国率先制定了批量化设立小微企业贷款专营机构的政策。在各家银行的共同努力下，目前全省专营类机构已经超过1000家，其中2012年新设立60家。

3. 金融服务创新成果丰硕。浙江辖内银行业金融机构主动对接小微企业，根据小微企业客户属性，在机构体系、产品服务、风险控制方面推出了系列创新，小微企业金融创新水平全国领先。面对外部严峻的经济形势，重点开展小微企业还款方式和信用贷款试点，涌现出了年审制、无还款续贷等5大类50多款还款方式创新产品以及6大类20多种信用贷款创新产品。

（七）涉农信贷投放力度加大，金融支农工作成效显著

2012年，在各级监管部门的积极推动和各银行业金融机构的不懈努力下，银行业金融支农工作取得较好的成绩，也得到了省委、省政府领导的充分肯定。

一是支农服务向下向小延伸。按照“先试点，后推广”方式，引导农合机构在行政村逐步设立带存取款功能的金融便民服务点，切实方便农民，截至2012年末，全省农合机构已设立该类农信金融服务终端130台。2012年各类银行业金融机构新设县域网点113家，布设村级便民服务点2.4万个。同时，推动农合机构适度上收大额公司类贷款管理权限，设立小微企业贷款或农贷专营机构，提升小微贷的专业化水平。

二是涉农贷款投放力度不断加大。支持农合机构开办贷记卡等金融业务，提升支农服务功能。2012年，共批复同意19家机构开办贷记卡业务，5家机构开办外汇业务。支持部分农商行尝试发行小微企业专项金融债券。完善差别化监管措施，对农贷需求季节性强的13家机构实施弹性存贷比管理，分别得到3—4个百分点的上浮幅度。涉农贷款投放形势良好，截至2012年12月末，全省银行业金融机构涉农贷款余额25010.8亿元，占各项贷款余额的42.03%，比年初增加3461.1亿元、增长13.84%。

三是新型农村金融机构支农作用不断显现。截至2012年末，全省新型农村金融机构各项存款余额达258.96亿元，比年初增加76.66亿元；各项贷款余额299.2亿元，比年初增加89.84亿元。新型农村金融机构的发展，丰富了农村金融业态，使得广大农户不仅得到了贷款，还降低了融资成本，得到了更多的实惠和收益。

二、浙江银行业机构分类别发展状况

（一）政策性银行

2012年末，全省政策性银行本外币资产总额3765.44亿元，比年初增长14.58%；其中，各项贷款余额3682.85亿元，比年初增加669.14亿元，同比多增79.06亿元，余额同比增长22.2%。负债总额3723.88亿元，比年初增长12.72%；其中，各项存款余额352.72亿元，比年初增加107.48亿元，同比增长43.85%。全年实现税后利润41.33亿元，同比减少3.26亿元。

（二）国有商业银行

2012年末，全省国有商业银行本外币资产总额34632.77亿元，比年初增长3.53%；其中，贷款余额28228.5亿元，比年初增加2130.06亿元，同比少增358.33亿元，余额同比增长8.15%，增幅同比下降2.39个百分点。负债总额34217.73亿元，比年初增长4.15%；其中，存款余额31608.03亿元，比年初增加1241.7亿元，同比少增1711.82亿元，余额同比增长4.08%，增幅同比下降了6.63个百分点。

（三）股份制商业银行

2012年末，全省股份制商业银行本外币资产总额18578.74亿元，比年初增长21.29%；其中，各项贷款余额12642.49亿元，比年初增加1261.97亿元，同比多增17.39亿元，余额同比增长12.12%，增幅同比下降0.02个百分点。负债总额18578.74亿元，比年初增长22.3%；其中，各项存款余额13591.05亿元，比年初增加1629.12亿元，同比多增259.4亿元，余额同比增长14.69%，增幅同比上升了1.42个百分点。

（四）城市商业银行

2012年末，全省城市商业银行本外币资产余额11627.62亿元，比年初增长24.49%；其中，各项贷款余额5622.11亿元，比年初增加853.29亿元，同比多增48.19亿元，余额同比增长15.36%，增幅同比下降5.04个百分点。负债总额10837.73亿元，比年初增长24.71%；其中，各项存款余额7025.42亿元，比年初增加989.61亿元，同比多增255.03亿元，余额同比增长14.28%，增幅同比提高0.08个百分点。

（五）农村中小金融机构

1. 农村合作金融机构。2012年末，全省农村合作金融机构本外币资产余额12554.63亿元，比年初增长14.92%；其中，各项贷款7303.77亿元，比年初增加896.2亿元，同比少增46.91亿元，余额同比增长13.99%，增幅同比下降3.11个百分点。负债总额11440.1亿元，比年初增长13.98%；其中，各项存款余额10222.68亿元，比年初增加1286.46亿元，同比多增159.37亿元，余额同比增长14.4%，增幅同比下降0.5个百分点。

2. 村镇银行。2012年末，浙江村镇银行各项存款余额294.72亿元，比年初增加85.97亿元；各项贷款余额332.56亿元，比年初增加101.38亿元。村镇银行成立以来，以其灵活的信贷管理和经营模式、富有特色的产品创新，较好地支持了当地经济的发展，同时也赢得了社会各界的广泛关注和赞誉。

（六）信托、租赁及财务公司

中投信托公司注重加强产品研发创新，积极关注集群经济发展、企业自主创新和绿色经济发展，加大对战略性新兴产业、重大项目建设、传统优势产业、新兴农业项目和科技型企业的金融服务，积极引导信托资金进入实体经济和优秀企业。杭州工商信托坚持战略方向推进业务转型与精细化管理，积极拓展以集合资产管理为主要形式的私人财富管理业务，在系列信托基金、商业地产投资与非房地产领域投资等方面进行有效探索与实践。省工商信托2012年7月完成重新登记开业，并更名为万向信托。万向信托开业以来，以构建基金化、规模化、长期化的金融产品系列为发展目标，秉承严控风险合规经营的理念，推进各项业务开展。华融金融租赁公司发挥租赁独特优势，积极支持中小企业以及公交、医疗设备、水务、节能减排、文化创意等公用事业和民生工程，切实服务实体经济发展。

2012年末，全省财务公司资产总额288.22亿元，比年初增加61.4亿元，比年初增长27.07%；其中，各项贷款余额171.45亿元，比年初增加61.28亿元，同比增长55.63%；负债总额237.24亿元，比年初增加54.34亿元，比年初增长29.71%，其中，各项存款余额214.36亿元，比年初增加44.75亿元，同比增长26.38%。

（七）其他机构

1. 资产管理公司。长城资产管理公

司杭州办事处坚持“以资产经营管理为核心，以重点服务中小企业为特色，以多种综合金融服务为手段的现代金融服务企业”发展定位，结合浙江区域特点，不断进行探索和实践，各项业务取得较快发展。信达资产管理公司浙江分公司以不良资产经营为核心，以资产管理和金融服务为重点，推动分公司迈上科学发展的新台阶。东方资产管理公司杭州办事处基于业务品种不断丰富，业务风险也不断增加的实际，坚持合规经营，加强风险管理。华融资产管理公司浙江分公司积极履行社会责任，切实帮助地方化解金融风险，专题向公司总部申请政策及资源支持。

2. 邮政储蓄银行。2012年，邮储银行浙江省分行围绕地方经济社会发展的大局，牢牢把握服务“三农”、服务中小企业的市场定位，审慎经营、规范管理，全行各方面工作取得了长足进步。12月末，该行涉农贷款余额为245.23亿元，占全部零售贷款比例的40%。同时，积极创新贷款支农形式，试点开办了农业机械购置补贴贷款、“公司+农户”模式等小额贷款新业务；拓宽助农取款服务点功能，截至12月末，该行已在辖内63个县(市、区)的7735个行政村开办助农取款业务，累计交易笔数18.61万笔，累计交易金额6883万元，惠及农民760多万户。

3. 外资银行。随着外资银行数量的增加和业务范围的拓宽，辖内外资银行逐步融入浙江经济，不仅为跨国公司、外资企业，也为本地民营企业、中小企业提供多样化的金融服务。2012年末，全省外资银行本外币资产总额308.2亿元，同比负增长10.9%，其中，各项贷款余额232.32亿元，比年初增加55.46亿元，同比增长28.87%；负债总额280.65亿元，同比负增长10.79%，其中，各项存款为197.12亿元，比年初增加9.8亿元，同比增长5.23%。

三、浙江银行业运行中值得关注的问题

（一）不良贷款反弹趋势有所好转，但信用风险防控压力依然很大

2011年9月以来，浙江银行业不良贷款持续大幅反弹，是宏观经济下行、银行经营行为失范和企业经营困难的集中体现，与浙江企业的基本面是一致的。具体表现在以下几个方面：

1. 市场需求不足，部分行业产能过剩，企业经营困难。浙江经济外向型特征非常明显，对出口依存度较高。2012年，浙江出口依存度为40%，一般贸易占出口总额的78%，欧美经济危机导致的外需萎缩对浙江经济造成了很大冲击，加之经济增幅放缓和房地产市场调控，部分主要依赖外需的行业和房地产相关行业产能过剩；在需求不足的同时，企业还受到劳动力、资金、汇率等因素叠加影响，综合成本依然较高，企业经济效益下滑。

2. 部分企业融资过度，银行过度授信，极易爆发资金链风险。许多企业存在盲目扩张冲动、过度投资倾向和高负债发展偏好，资金没有用于产业的转型升级，而是偏离主业、多元投资，甚至脱离实体经济从事资金运作。随着经济形势的变化，企业经营难度加大，资金流动性降低，前期投资所需现金流难以维系，从而引发资金链风险。

3. 表外业务盲目扩张，导致风险积聚。浙江省银行业金融机构利用表外业务带动负债业务和进行监管套利的现象比较严重，部分银行基层行为完成存款、贷款和中间业务考核指标，盲目发展承兑汇票、跟单信用证等表外业务，相关授信调查、审

查、审批工作较为粗放，对于贸易真实背景审核不够严格，表外业务风险管控亟待加强。2012年末，全省银行业金融机构各项垫款余额达到242.91亿元，比年初增加176.24亿元，同比增长264.32%。

4. 银行风险管理能力不足，企业担保链风险突出。近年来，商业银行业务规模快速发展，但风险管理能力建设滞后，抵押担保仍然是控制风险的主要手段。浙江企业贷款中约三分之一的贷款是联保、互保形式的保证贷款，加上以抵质押和保证组合形式发放的贷款，实际上涉及担保的企业面更广。因企业之间的担保关系错综复杂，一家企业的出险可能牵连几十家企业陷入资金困境，成为银行的潜在风险客户，企业担保链风险突出。

（二）银行案件发案率有所下降，但案防形势依然严峻

2012年，浙江辖内发案率有所下降，但案防形势十分严峻，主要表现在：一是各类别银行机构基层营业网点均有风险事件发生，绝大部分风险事件均存在于存贷款领域和经济犯罪领域，反映基层银行机构还存在不少案防漏洞。二是在当前的经济金融环境下，贷款资金挪用、担保链断裂等问题愈演愈烈，这些问题背后涉及的银行员工内外勾结骗贷、民间借贷、受贿等问题集中爆发，银行机构在强化员工职业道德教育、加强员工异常行为管控等方面仍存在不少问题。

（三）信息化建设取得明显进步，但信息科技风险防控基础十分薄弱

2012年，辖内法人银行业金融机构加大信息科技投入，在信息科技建设方面取得了明显进步，但由于基础相对薄弱，信息科技风险防控还面临不少问题。一是基础设施建设严重滞后于业务连续性管理的需要。特别是在电力等基础设施规划和灾备建设方面，部分机构没有建立完整的业务连续性框架，"重表面、轻基础、弱管理"的倾向严重。二是信息安全管理形势依然严峻。三是外包风险管理相对薄弱。

（四）金融服务整体趋于改善，但服务规范性和小微企业服务水平有待提高

近年来，浙江银行业在小微金融服务方面做了许多工作，取得了明显成效。小微企业贷款稳定增长，专营服务体系保持全国领先，小微创新产品不断涌现。同时，出现了一些新情况、新问题，尤其是发端于2011年三、四季度局部地区的信用风险，对浙江的信用环境造成很大伤害，小微企业金融服务也面临严峻的挑战，业务拓展面临瓶颈。这一方面是由于浙江经济下行，小微企业投资意愿不强，贷款需求不旺。另一方面，区域企业风险事件频发，银行信用风险压力较大，贷款准入门槛提高，部分小微企业的信贷需求得不到满足。

（五）银行业经营环境更加复杂，经营压力日益凸现

1. 商业银行的经营受多重压力影响，利润空间受到挤压。经济下行及利率市场化加速推进，造成银行业盈利收窄。同时，辖内银行业金融机构差异化市场定位尚未形成，同质化、内耗式竞争严重，也导致利润空间收窄。

2. 辖内小法人银行业机构的流动性风险趋增。受机构网点少及金融产品单一等因素限制，2012年小法人银行业机构吸存、稳存仍比较困难，存贷比持续高位运行。12月末辖内城商行法人机构平均存贷款比例为71.23%，比年初上升0.35个百分点。存款组织难度增大，存款稳定性下降，加剧了小法人机构流动性风险管理难度。

3. 商业银行面临新监管标准的一系列挑战。2013年，商业银行新资本管理办法即将实施。辖内中小法人银行业机构在新监管标准的实施过程中，还存在专业人才缺乏、风险计量和管理水平亟待提高、法人机构数据基础总体较为薄弱、内源性资本增长难以持续等问题，对其实现监管持续达标造成较大困难。

面对全球经济战略格局深度调整、国内要素制约加剧的新形势，过去支撑浙江经济快速发展的经济技术和社会条件已经或正在发生重大改变，浙江将迎来新旧发展模式交替的关键时期，预计2013年将处于"平稳增长"的长周期的开始阶段。经营环境的变化，将迫使浙江银行业金融机构明确市场定位，走差异化和特色化经营之路；将推动商业银行练好内功，通过优化内部经营管理挖掘潜能，从以往粗放式经营向精细化管理转型，缓解资本约束压力，提高风险防范能力。

浙江省资本市场发展报告

2012 年，受欧债危机和国内需求不足的共同影响，我国经济下行压力加大，经济增长率自 2002 年以来首次“破八”，企业效益下滑，就业压力增大。作为宏观经济的晴雨表，2012 年资本市场总体呈震荡下行态势，全年境内股市融资 4888 亿元，同比减少 3055 亿元。其中，154 家 IPO 公司首发融资 1034 亿元，同比减少 1791 亿元。股票总成交金额 31.47 万亿元，同比减少 25.37%；投资者有效账户数 14045.91 万户，比上年底减少了 4.46 万户。但从第四季度起，我国宏观经济及行业景气度逐渐走出低谷，经济形势整体回暖，国内经济在向好的方向转变，国际环境总体走向趋于平稳。

面对复杂的经济形势，在市场各方的共同努力下，浙江资本市场保持了稳定健康发展的良好势头，市场规模保持全国领先，多层次市场体系建设取得新进展，创新发展取得新突破，规范化程度不断提高，市场主体保持了良好的业务发展能力。

一、浙江资本市场发展情况

（一）多层次市场体系建设取得新进展

2012 年，浙江场内场外市场协同发展，多层次资本市场建设取得了积极进展，众多优质企业 IPO 上市，区域性场外市场和债券市场建设取得重大进展。

1. 众多优质企业 IPO 上市。2012 年，浙江新增 20 家境内上市公司，其中，19 家企业在 A 股市场 IPO 上市，占全国新增 IPO 公司总数的 12.34%；首发募集资金 142.24 亿元，占全国总额的 13.76%。截至年底，全省有境内上市公司 246 家，累计募集资金 2786.23 亿元。

2. 场外市场建设顺利起步。在交易所市场稳步发展的同时，浙江场外交易市场发展也取得了新进展。10 月 18 日，在清理整顿交易场所的基础上，浙江股权交易中心正式挂牌成立，成为清理整顿交易场所后成立的全国第一家有券商参与的区域性非上市公司股权交易市场，多层次资本市场建设迈上新台阶。截至年底，浙江股权交易中心挂牌企业 68 家，总股本 54 亿股，总市值 182 亿元；托管企业 167 家，托管股本 168 亿股；投资者约 6000 户，各类会员 110 家，开局良好。此外，杭州、宁波等高新科技园区也正积极准备加入“新三板”试点扩容。

3. 债券市场取得大发展。2012 年，浙江 12 家上市公司进行了增发，募集资金 98.13 亿元，同比分别减少 47.83% 和 50.67%。与股票再融资下滑形成鲜明对比的是，浙江的债券市场取得了大发展，发债企业家数及募集资金额同比均大幅增长。15 家上市公司发行了公司债，募集资金 97.8 亿元，分别同比增长 114.29% 和 57.74%；17 家中小企业在沪深交易所发行了中小企业私募债，募集资金 19.8 亿元。此外，还有近百家企业发行了 179 只包括短期融资券、中期票据、企业债等在内的各类债券，募集资金 1314.14 亿元。

（二）市场规模继续保持全国领先

浙江是资本市场大省，无论是上市公司、证券期货经营机构数量还是证券期货市场代理交易额都长期保持全国领先地位。

1. “浙江板块”上市公司不断扩容。截至年底，浙江有境内上市公司246家，位居全国第二，占全国境内上市公司总数的9.86%。其中，中小板上市公司119家，占全国中小板上市公司总数的16.98%，位居全国第二；创业板上市公司36家，占全国创业板上市公司总数的10.14%，位居全国第四。此外，浙江尚有境内拟上市企业225家，其中，辅导期企业113家，已报会待审核企业106家，已过会待发行企业6家，后备资源丰富。

2. 证券市场规模保持全国领先。2012年，浙江新增12家证券营业部，5家证券公司分公司。截至年底，浙江有3家证券公司，15家证券公司分公司，385家证券营业部，1家基金公司，4家基金分公司。2012年，全省证券经营机构累计代理A股、基金交易额6.26万亿元，全国占比12.44%，排名全国第三。截至年底，浙江证券经营机构托管市值6580.46亿元，客户保证金余额422.25亿元。

3. 继续保持期货大省地位。2012年，浙江新增期货营业部6家。截至年底，浙江共有11家期货公司，131家期货营业部。2012年，浙江期货经营机构代理交易金额39.22万亿元，占全国交易总额的11.47%，位居全国第三；客户保证金余额214.31亿元，占全国总额的12.08%；期货经营机构累计实现手续费收入20.02亿元，净利润5.79亿元，同比分别增长9.04%和20.63%，分别占全国总额的16.25%和16.19%，继续保持了期货大省的地位。

4. 投资者队伍日益壮大。截至2012年底，浙江有证券投资者674.27万户，期货投资者24.66万户，分别同比增长5.57%和19.3%。近700万户的资本市场投资者中，99.5%左右的是个人投资者，占浙江省常住人口的13%左右，越来越多的居民参与分享资本市场的发展成就。

（三）资本市场创新发展取得新突破

2012年是资本市场创新发展年，中国证监会推出了一系列改革创新的政策措施，浙江各证券期货机构也积极投身行业创新发展的大潮，结合公司自身特点，有序推进各项创新。

1. 创新意识不断增强。浙江各证券期货机构树立了创新发展的紧迫感和责任感，纷纷成立了创新工作组，结合自身实际，明确了各自创新发展的思路和举措，在产品业务、组织管理等各方面主动开展创新，积极引进人才，优化组织架构，改革激励机制，加强业务协同。

2. 创新业务取得积极进展。浙商证券、财通证券首批取得中小企业私募债承销资格；3家证券公司先后开展了融资融券、报价回购、约定购回、现金管理产品、转融通等创新业务；稳妥推出了柜台互通、远程集中复核等业务；进行了资产管理产品创新，管理资产规模大幅增长；积极参与了温州金融改革、区域性股权交易市场建设等省内重大金融改革。8家期货公司获得投资咨询业务资格，其中5家已经开始实现收入；3家公司获得资产管理业务资格，其中，2家已成功发行产品；3家公司获准设立风险管理子公司；1家公司获准参与境外期货代理试点筹备。

3. 管理创新有序推进。在积极开展创新业务的同时，各证券期货机构有序推进管理创新。推进组织架构优化，提高了不同业务之间的协同发展能力；进行员工薪酬制度、绩效考核体系改革，增强了员工尤其是高端人才对企业的认同感，努力实现人力资源效益的最大化。

（四）资本市场规范程度不断提高

2012年，浙江证监局在证券期货业中开展了“诚信建设年”活动，在上市公司中开展了信息披露、公司治理、并购重组、现金分红和投资者关系管理等一系列专项工作，证券期货行业的合规风控能力和诚信经营水平不断提升，上市公司规范运作基础进一步夯实。同时，对内幕交易、非法证券等违法违规活动的快速、严厉打击，有效维护了市场的良好秩序。

1. 上市公司治理水平不断提升。2012年，浙江证监局先后组织开展上市公司财务基础规范性整治、内控规范实施、独立性整治、上市公司承诺履行核查等专项活动，同时，推行大所监管模式，加强对主要会计师事务所的检查和指导，督促中介机构归位尽责，充分发挥中介机构在规范上市公司运作中的作用，上市公司治理水平得到进一步提高。

2. 证券期货行业合规诚信基础日益扎实。浙江各证券期货经营机构始终坚持规范经营，强化内部控制，加强诚信建设，合规管理水平不断提升。2012年，在机构分类评级中，3家证券公司均取得BBB以上的分类评级，其中1家公司取得AA的分类评级，无一家公司被监管处罚。4家期货公司获得A类评级，其中永安期货获得最高的AA级，另有B类公司5家、C类公司2家，分类评级结果优于全国平均水平。

3. 违法违规行为得到高效查处。2012年，浙江证监局以打击和防控内幕交易为重点，圆满高效地完成各项案件调查任务，协同公安、广电等部门开展打击非法证券期货活动，积极稳妥地做好信访接待处理工作，认真开展反洗钱及非法集资排查工作，各类违法违规行为得到快速、有效的查处，有力维护了浙江资本市场的良好秩序。

（五）市场主体质量不断提升

1. 上市公司质量稳步提高，投资者回报意识增强。在数量增加的同时，浙江上市公司的盈利能力、治理水平以及自我规范能力都不断得到提高，保持了较高的发展质量。2012年，浙江246家上市公司实现营业总收入6780.9亿元，净利润481.45亿元。其中，物产中大等13家公司营业总收入超百亿，宁波银行等7家公司净利润超过10亿元。20家公司出现亏损，亏损面为8.13%，低于全国9.55%的水平。同时，浙江上市公司回报投资者意识逐渐增强，机制不断完善。从2012年年报披露情况看，246家上市公司中拟进行现金分红的公司有152家，拟现金分红的金额131.65亿元，占上市公司2012年度实现净利润的27.34%。其中，28家公司已实施现金分红，分红总额22.01亿元。部分上市公司累计分红已超过募集资金数额。

2. 证券公司业务结构不断优化。2012年，3家证券公司在持续加强风险控制、强化合规经营的基础上，各项业务发展取得新的成效，初步形成多元化业务格局。3家公司实现A股、基金交易额合计2.66万亿元，全国占比5.31%，同比上升0.54个百分点，市场占比连续两年提升。同时，非经纪业务收入占比约40%，与上年底相比提高了9个百分点，营收结构更为均衡合理，可持续发展能力增强。

3. 期货公司综合实力较强，盈利能力突出。2012年，南华期货、中大期货、国海良时期货等多家公司进行了增资扩股，不断壮大资本实力，为拓展业务领域、争取创新发展创造条件。截至2012年底，11家公司注册资本34.4亿元，同比增长21.13%；净资产55.71亿元，同比增长28.28%，其中，永安期货、南华期货公司净资产都超过10亿元，净资本51.47亿元，同比增长31.23%，其中，永安期货等5家公司的净资本超过5亿元。2012年，浙江11家期货公司共实现手续费收入17.49亿元，同比增长3.61%，占全行业的14.2%；净利润5.26亿元，同比增长20.09%，占全行业的14.63%。公司平均利润为4781万元，有2家公司净利润突破1亿元，盈利能力稳居全国第一。

二、浙江资本市场发展需关注的几个问题

1. 市场主体面临转型升级压力。资本市场正处于创新驱动的快速发展期，对内对外开放程度不断提高，新产品、新业务密集推出，市场形势发生巨大变化。面对市场形势的发展变化，浙江省资本市场各主体转型升级压力加大。

从上市公司来看，浙江省约3/4的上市公司为制造业，其中相当部分企业为传统制造业，产业层次较低，缺乏金融、能源和大型科技类企业等重量级上市公司。绝大部分上市公司拥有出口业务，具有以制造业为主、出口导向型产业的明显特征。这种产业模式外受世界经济复苏缓慢、需求增长乏力影响，回升动力不足，内受制于近年来国内劳动力、土地、能源等生产要素价格上升、环境保护等制约，原先拥有的竞争优势正在逐步消失，亟须转型升级。

从证券期货经营机构看，随着创新成为证券期货行业发展的主流，证券期货经营机构依靠牌照垄断、依靠拥有的通道获取通道收益维持运营的时代将逐渐过去。省内各证券期货经营机构虽然都已开展了不同程度的创新发展，但由于在知识、信息、人才、技术、资金等诸多方面缺乏优势，更多的是复制、分享行业创新成果，原创性的创新不多，特色化、差异化发展进度缓慢。

2. 资本实力不足制约转型升级发展。浙江资本市场“大市场、小机构”的特点明显，上市公司、证券期货经营机构数量及证券期货市场规模虽在全国保持领先地位，但上市公司规模偏小，证券期货公司的资本实力偏弱，成为制约公司转型升级发展的一个因素。

从上市公司来看，浙江省上市公司净资产、市值、证券化率等指标不仅低于全国平均水平，也低于广东、江苏、山东等经济发展水平与浙江省基本相当的省份。根据2012年报数据，浙江省上市公司平均净资产21.48亿元、平均市值44.67亿元，仅为全国平均水平的31.55%和47.98%；浙江省净资产额100亿元以上的上市公司仅5家，而广东、山东、江苏分别为29家、10家和6家；资产证券化率为28.38%，低于全国44.33%的水平，也低于广东、上海、北京等省市。

从证券期货公司来看，2012年，3家证券公司净资本合计89.46亿元，全国占比仅为1.29%，单个公司净资本最多的也不到37亿元，仅为行业平均数的60%。期货公司的平均净资本仅4.68亿元，其中5家公司的净资本低于3亿元，达不到申请创新业务资格的要求；部分公司的净资本补充渠道不畅通，对公司后续发展造成制约，难以适应证券期货市场快速发展的需要。

3. 人才短板制约市场的长期发展。证券期货行业具有人才密集型和智力密集型的显著特点，人才尤其是高端人才在推动公司发展方面具有基础性、战略性和决

定性作用，在一定程度上决定了公司的竞争力，尤其是在创新发展时期。经过多年的积累和发展，浙江证券期货行业人力资源总量不断增长，素质结构有所优化，专业化水平有所提升，但整体发展水平与上海、深圳、北京等地方相比还有较大差距，证券公司缺乏行业领军人才和业务核心骨干，期货公司缺乏真正精通金融衍生品工具、具有国际视野的高端人才，人才短板将制约浙江资本市场的长期发展。

4. 创新发展考验风险管理水平。创新发展在扩大行业发展空间的同时，也增加了行业的整体风险。业务范围和业务规模的扩张、信用交易、新业务新产品和金融衍生品的大量推出、市场联动性的增强必然导致证券期货经营机构面临的风险复杂程度和风险量级成倍增加，风险的识别和管理日趋复杂，这对证券期货公司的合规管理水平和风险控制能力提出了更高的要求。行业和公司必须正确处理创新发展和风险管理之间的关系，风险管理理念必须随着创新的发展而进步，把所有创新活动纳入合规管理之下，借鉴先进风险管理的制度、技术和人才，形成符合实际的、切实可行、有特色的风险管理体系，从防范风险为主回归到主动经营管理风险，从单一风险控制演进到风险总量管理。

三、2013 年浙江资本市场发展展望

2013 年，浙江资本市场处于创新发展的重要时期，面临上述种种挑战的同时，也面临着多重的机遇。一是世界经济缓慢复苏，我国经济继续保持企稳回升态势，浙江经济发展向好因素增多，促进有效投资和发展实体经济的一揽子政策效应逐步显现，民间投资信心有所恢复，经济回升动力进一步积聚，为资本市场的持续稳定健康发展奠定了良好基础。二是国家关于“加快发展多层次资本市场”的政策和“完善金融监管、推进金融创新，提高银行、证券、保险等行业竞争力，维护金融稳定”的工作部署，为资本市场的发展指明了方向，资本市场发展空间广阔。三是中国证监会启动的一系列推进改革创新的政策措施将在 2013 年进入推进落实阶段，将为资本市场的发展创造更多的机会，提供更好的条件。四是地方政府、企业和投资者对资本市场的认知程度不断提高，利用资本市场，提高直接融资比重，服务实体经济发展的积极性增强。五是经过多年的发展和积累，证券期货机构在资本实力、业务发展能力、风险管理水平、人才储备、技术支持等方面均具备一定的基础。

1. 场外市场、私募市场快速发展。长期以来，我国资本市场的发展是以交易所市场、公募市场的发展为主，2012 年我国多层次场外市场建设初显成效，全国中小企业股份转让系统、区域性场外市场、券商柜台交易市场逐步建立，可以预见，2013 年，场外市场、私募市场将进入加速发展时期。作为中小企业和民间资金之间的重要桥梁，场外、私募市场在浙江有坚实的发展基础。浙江有 340 万家左右的经济活动单位，90 多万家企业，其中 99%以上的是中小企业，它们有强烈资金需求，但难以获得传统金融体系的支持；浙江有超过 1 万亿元的民间资金，它们有强烈的理财需求，但缺少有效的、个性化的理财渠道。随着浙江股权交易中心的建立和发展、证券期货行业管制的不断放松、“大资管时代”的逐步开启，服务中小企业和民间资金的机构、市场、业务不断丰富，场外、私募市场将迎来大发展。

2. 证券期货公司日益分化。随着创新的不断推进，传统业务如经纪业务等对证券期货公司的贡献率将逐步下降且竞争

不断加剧，资产管理、固定收益等考验公司自主创新能力的业务将决定公司的竞争力。同时，随着资本市场对业外开放程度的不断提高，证券与银行、保险、信托等领域的业务交叉越来越明显，“大资管时代”逐步开启，证券期货公司来自业内业外的竞争日益加剧。浙江的证券公司均为区域性中小券商，多数经营指标排名均在同行40位左右；期货公司虽然实力较强，但主要集中在商品期货领域，金融期货与商品期货发展不平衡的问题突出。随着创新发展的不断推进，浙江各证券期货公司之间以及与国内其他证券期货公司的竞争力差异将进一步显现，形成“强者更强、弱者更弱”的格局。

3. 市场潜在风险加大。风险是金融市场的本质属性，风险的产生和管理是资本市场发展和演进的重要推动力量。过去，资本市场受到较为严格的管制，为数不多的创新也基本为证监会主导，行业自主创新较少，这在控制风险的同时也在一定程度上扼杀了行业活力。随着“放松管制、加强监管”的不断深化，资本市场创新尤其是行业的自主创新将不断涌现，必然会在加大行业风险的同时带来市场主要风险点的变化，除传统的市场风险外，证券期货公司更多的是要面对流动性风险、信用风险、技术风险等。

2013年将是浙江资本市场发展的关键一年，如果能在有效管理风险的基础上，结合公司自身特点，推动创新发展，走特色化、差异化发展道路，各市场主体将业务结构不断优化，经营效益日益提高，服务能力进一步提升，浙江资本市场在全国的地位和重要性将进一步提升。

浙江省保险市场发展报告

2012年，面对异常复杂严峻的外部环境，浙江保险业在中国保监会和省委、省政府的正确领导下，以科学发展观为统领，紧紧扣住“一切为了消费者”的工作主题，坚持“抓服务、严监管、防风险、促发展”的工作主线，解放思想，攻坚克难，各项工作都迈上了一个新的台阶。

一、浙江省保险市场基本情况

（一）机构人员

2012年，浙江省新增保险市场主体4家，其中财产险公司1家，人身险公司3家。截至2012年底，全省共有保险市场主体74家(财产险33家，人身险41家)，各类保险机构达到3669家，其中总公司3家，分公司112家，中心支公司337家，支公司1043家，营业部298家，营销服务部1876家；共有保险专业中介机构137家，其中代理公司86家，经纪公司34家，公估公司17家；保险兼业代理机构9838家；从业人员18.7万人，其中营销员13.5万人。

截至2012年底，辖区①共有各类保险机构3078家，其中总公司3家，省级分公司73家，中心支公司327家，支公司829家，营业部247家，营销服务部1599家；共有保险专业中介机构111家，其中代理公司72家，经纪公司27家，公估公司12家；保险兼业代理机构6825家；从业人员16.3万人，其中营销员12万人。

（二）保费收入

2012年，浙江省保险业共实现原保险保费收入984.6亿元，排名全国第4位，同比增长12.0%。其中，财产险公司保费收入457.1亿元，同比增长14.8%；人身险公司保费收入527.5亿元，同比增长9.7%。

2012年，辖区保险业实现原保险保费收入819.8亿元(见表1)，全国排名第7位，比上年同期上升2位，同比增长12.2%。其中，财产险公司保费收入367.8亿元，排名全国第3位，与上年持平，同比增长15.5%。人身险公司保费收入452.1亿元，排名全国第9位，与上年持平，同比增长9.7%。

（三）保险金额

2012年，浙江省保险业承担保险金额31.4万亿元，较上年同期增长29.6%，高于保费收入增幅17.6个百分点。其中：财产险公司保险金额24.1亿元，同比增长32.4%；人身险公司期末有效保险金额7.3亿元，同比增长20.8%。

2012年，辖区保险业承担保险金额25.2万亿元，较上年同期增长32.5%，高于保费收入增幅20.3个百分点。其中：财产险公司保险金额18.4万亿元，同比增长36.3%；人身险公司期末有效保险金额6.8万亿元，同比增长23.1%。

---

① 辖区指浙江省，不含宁波区域。

表1 2012年全国保费收入前十名省市排名情况表

单位：万元

地区	总保费		财产险保费		人身险保费	
	本年累计	排名	本年累计	排名	本年累计	排名
全国	154868955.15		55298256.65		99569200.64	
江苏	13014144.84	1	4577424.73	1	8436720.10	2
广东	12910076.93	2	4346637.06	2	8563439.87	1
山东	9676190.01	3	3258532.39	4	6417657.62	4
北京	9221520.91	4	2751607.97	6	6469912.94	3
河南	8409454.18	5	1996684.46	9	6412769.72	5
上海	8205481.13	6	2717128.05	7	5488353.08	6
浙江	8198103.83	7	3677904.03	3	4520199.80	9
四川	8190702.16	8	2852443.37	5	5338258.79	7
河北	7661042.47	9	2643130.58	8	5017911.89	8
湖北	5333381.86	10	1423662.27	14	3909719.59	10

注：广东、浙江、山东统计数据中不包括深圳、宁波、青岛统计数据。

（四）赔付支出

截至2012年底，浙江省保险业赔付支出342.6亿元，同比增长33.7%。其中，财产险公司赔付支出254.9亿元，同比增长33.5%；人身险公司赔付支出87.8亿元，同比增长34.4%。

截至2012年底，辖区保险业赔付支出278.4亿元，同比增长33.8%，增幅高于全国13.8个百分点。其中，财产险公司赔款支出202.1亿元，同比增长32.4%，增幅高于全国平均水平3.6个百分点。人身险公司赔付支出76.3亿元，同比增长37.8%，增幅高于全国29.5个百分点。

（五）区域保险市场

截至2012年底，杭州、宁波、温州三市原保险保费收入居浙江省前三位，合计保费收入531.5亿元（见表2），占浙江省总保费收入的53.9%。增幅最快的是金华市，同比增长15.3%；增幅最慢的是舟山市，同比增长5.4%。

（六）保险中介市场

2012年，辖区通过保险中介渠道实现保费收入595.6亿元（见表3），同比增长8.2%，占辖区总保费收入的72.6%。

表 2　　2012 年浙江辖区各地区原保险保费收入情况表

地　区	原保险保费收入(亿元)	同比增长(%)	占比(%)
杭州市	248.3	17.4	25.2
宁波市	164.7	10.8	16.7
温州市	118.5	6.8	12.0
金华市	103.8	15.3	10.5
台州市	84.1	9.1	8.5
绍兴市	74.3	14.3	7.5
嘉兴市	72.9	7.9	7.4
湖州市	46.6	6.1	4.7
丽水市	25.9	13.8	2.6
衢州市	25.9	9.8	2.6
舟山市	19.7	5.4	2.0
合　计	984.7	12.2	100.0

表 3　　2012 年浙江辖区中介渠道保费收入情况表

渠　道	财产险		人身险		合　计		同比增长(%)
	保费收入(亿元)	占辖区财产险保费比重(%)	保费收入(亿元)	占辖区人身险保费比重(%)	保费收入(亿元)	占辖区总保费比重(%)	
专业中介	24.2	6.8	2.5	0.5	26.7	3.3	4.4
兼业代理	81.5	22.8	122.7	26.6	204.2	24.9	−6.2
营销员	72.9	20.4	291.7	63.2	364.6	44.5	18.8
合　计	178.6	50.0	416.9	90.3	595.5	72.7	8.2

二、辖区财产险公司运行主要特点

(一)发展较快,增幅呈周期性下行调整态势

2012 年,辖区财产险公司实现保费收入 367.8 亿元,同比增长 15.5%,增幅高于全国 0.03 个百分点,增幅下降 4.1 个百分点。其中车险保费收入 290.5 亿元,同比增长 15.0%,增幅下降 3.4 个百分点;非车险保费收入 77.3 亿元,同比增长 17.7%,增幅下降 6.7 个百分点(见图 1)。

1. 车险业务仍居主导地位。车险保费收入 290.5 亿元,比上年增加 37.8 亿元,对产险公司保费增长的贡献率为 76.5%;车险保费占财产险公司保费收入比重为 79.0%,比上年同期下降了 0.4 个百分点。车险保费较快增长的动力主要来源于承保数量增加和车均保险金额的提高。2012 年承保机动车 1076.1 万辆,同比增长 12.2%;车均保险金额为 44.5 万元,同比增长 10.4%。但值得注意的是,2012 年车险平均费率为 0.61%,同比下降 0.5 个百分点。

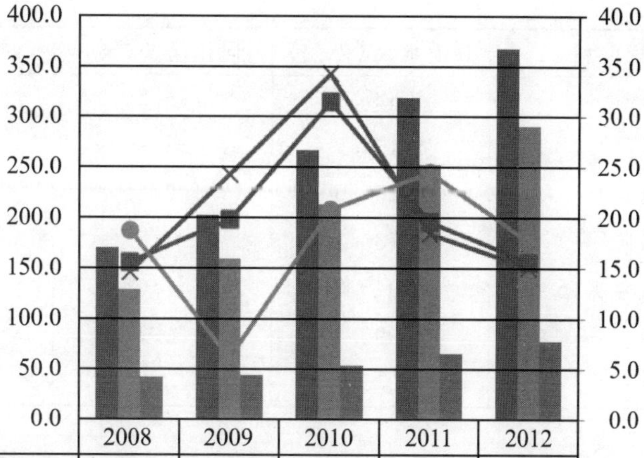

	2008	2009	2010	2011	2012
产险公司保费收入(亿元)	169.2	202.7	266.2	318.4	367.8
其中：车险保费收入(亿元)	128.0	159.0	213.4	252.7	290.5
其中：非车险保费收入(亿元)	41.2	43.7	52.8	65.7	77.3
产险公司保费增速(%)	15.6	19.8	31.4	19.6	15.5
车险保费增速(%)	14.6	24.3	34.2	18.4	15.0
非车险保费增速(%)	18.7	6.1	20.8	24.4	17.7

图1　2008—2012年辖区财产险公司保费收入趋势图

2. 非车险业务发展较快。非车险业务保费收入77.3亿元，比上年增收11.6亿元，同比增长17.7%。除工程险、船舶险、特殊风险、货运险等受宏观经济调整、进出口增幅下行影响有所下降外，保证保险、信用保险、责任保险等重点业务领域均保持了较快增长，同比分别增长32.8%、20.8%和18.5%，家财险和农业险增幅更是高达97.8%和74.8%。

表4　　2012年浙江辖区财产险公司主要险种保费收入情况表

险　种	保费收入(万元)	同比增长(%)	占比情况(%)	占比变化(百分点)
机动车辆保险	2905202.7	15.0	79.0	−0.4
其中:交强险	609378.1	14.0	16.6	−0.2
企业财产保险	248827.0	10.6	6.8	−0.3
信用保险	105291.9	20.8	2.9	0.1
责任保险	74868.3	18.5	2.0	0.1
意外伤害险	68527.6	17.3	1.9	0.0
家庭财产保险	56759.2	97.8	1.5	0.6
船舶保险	44399.6	−9.7	1.2	−0.3
货运险	40915.9	−1.6	1.1	−0.2

续表

险　种	保费收入(万元)	同比增长(%)	占比情况(%)	占比变化(百分点)
农业保险	40827.1	74.8	1.1	0.4
保证保险	37407.9	32.8	1.0	0.1
健康险	27285.5	22.4	0.7	0.0
工程保险	20780.2	−6.8	0.6	−0.1
特殊风险保险	5945.8	−7.0	0.2	0.0
其他险	996.4	0.7	0.0	0.0
合　计	3678035.1	15.5	100.0	0.0

（二）补偿有力，赔付率快速上升

2012年，辖区财产险公司赔款支出累计达202.1亿元，同比增长32.4%，增幅高于全国平均水平3.6个百分点。其中车险赔款支出166.5亿元，同比增长30.8%，增幅同比上升0.4个百分点；非车险赔款支出35.6亿元，同比增长40.2%，增幅同比上升23.1个百分点。（见图2）

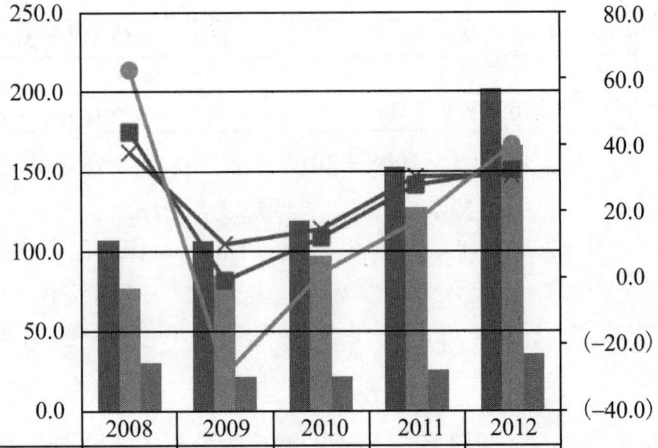

	2008	2009	2010	2011	2012
产险公司赔款支出(亿元)	107.3	106.5	119.3	152.7	202.1
其中：车险赔款支出(亿元)	77.2	85.1	97.6	127.3	166.5
其中：非车险赔款支出(亿元)	30.1	21.4	21.7	25.4	35.6
产险公司赔款支出增速(%)	44.0	(0.7)	12.0	28.0	32.4
车险赔款支出增速(%)	37.9	10.2	14.7	30.4	30.8
非车险赔款支出增速(%)	62.7	(28.9)	1.4	17.1	40.2

图2　2008—2012年辖区财产险公司赔款趋势图

1. 赔付效率有所提高。一是已决赔款增长较快。截至2012年底，财产险公司已决赔付428万件，比上年同期增加81.6万件，已决赔款194.8亿元，同比增长

30.5%；未决赔付66.1万件，比上年同期增加4万件，未决赔款94.7亿元，同比增长10.6%。二是结案率上升。截至2012年底，结案率（件数）86.6%，同比提高1.8个百分点；结案率（金额）67.3%，同比提高3.9个百分点。

2. 未决赔款准备金平稳增长。截至2012年底，财产险公司未决赔款准备金余额127.9亿元，比上年增加45.5亿元，同比增长7.7%。

3. 综合赔付率显著上升。综合赔付率63.4%，同比上升2.9个百分点，比全国平均水平高2.1个百分点；其中车险综合赔付率65.0%，同比上升2个百分点；保证保险综合赔付率93.3%，同比上升72.6个百分点。

（三）效益良好，利润空间收窄

2012年，财产险公司全年实现利润总额22.1亿元，同比减少5.8亿元，居全国第3位。其中实现承保利润20.7亿元，同比减少5.7亿元。（见图3）

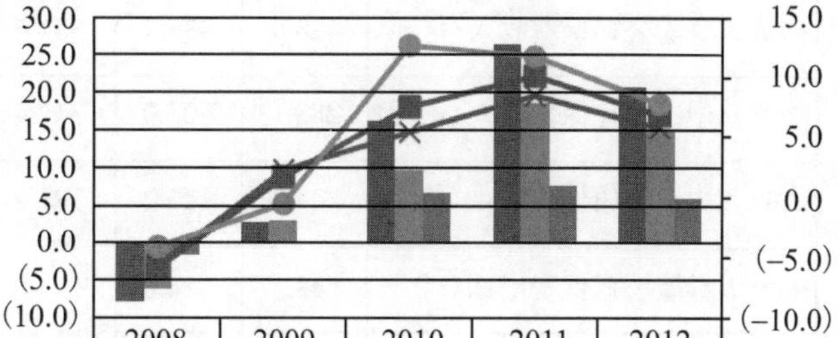

	2008	2009	2010	2011	2012
产险公司承保利润(亿元)	(7.8)	2.8	16.3	26.4	20.7
其中：车险承保利润(亿元)	(6.1)	3.0	9.6	18.7	14.7
其中：非车险承保利润(亿元)	(1.7)	(0.2)	6.7	7.7	6.0
产险公司承保利润率(%)	(5.8)	1.7	7.6	10.1	6.8
车险承保利润率(%)	(5.6)	2.3	5.4	8.5	5.8
非车险承保利润率(%)	(4.1)	(0.5)	12.7	11.7	7.8

图3 2008—2012年辖区财产险公司利润和利润率趋势图

1. 非车险承保利润率好于车险。车险业务实现承保利润14.7亿元，全国排名第2位，同比减少4.0亿元，承保利润率为5.8%；其中商业车险业务承保利润33.0亿元，全国排名第1位，同比减少5.7亿元；非车险业务实现承保利润6.0亿元，同比减少1.7亿元，承保利润率7.8%，高于车险2个百分点。

2. 盈利公司数量减少。34家财产险公司中有18家实现盈利，比上年减少4家，盈利面为54.5%。

3. 综合赔付率和综合费用率齐升。综合成本率、综合赔付率和综合费用率分别为93.2%和63.4%和29.8%，较上年分别上升3.3、2.9和0.4个百分点。

三、辖区人身险公司运行主要特点

（一）发展态势良好，增幅高于全国

2012年，人身险公司保费收入452.1亿元，同比增长9.7%，增幅高于全国平均水平5.5个百分点，在保费收入前十名的省（市）中排名第2位。其中，寿险保费收入401.3亿元，同比增长8.0%；健康险保费收入34.6亿元，同比增长31.7%；意外险保费收入16.3亿元，同比增长12.2%。（见图4）

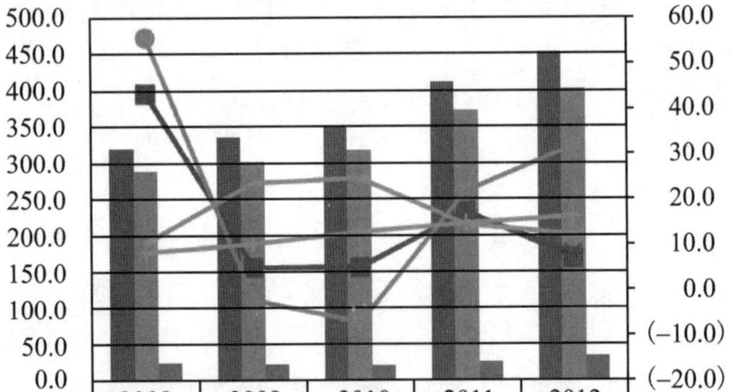

	2008	2009	2010	2011	2012
人身险公司保费收入(亿元)	320.0	335.4	351.6	412.3	452.1
其中：寿险保费收入(亿元)	288.1	302.0	317.4	371.6	401.3
其中：健康保费收入(亿元)	23.8	23.2	21.6	26.2	34.6
人身险公司保费增速(%)	43.3	4.8	4.8	17.3	7.1
寿险保费增速(%)	43.6	4.8	5.1	17.1	8.0
健康险保费增速(%)	55.5	(2.1)	(7.1)	21.6	31.7
其中：意外保费收入(亿元)	8.2	10.2	12.7	14.5	16.3
意外险保费增速(%)	10.3	23.6	24.6	14.4	12.2

图4　2008—2012年辖区人身险公司保费收入趋势图

1. 普通寿险产品和分红型产品保费收入均呈增长态势。分红产品保费收入352.4亿元，同比增长9.1%，高于全国平均水平6.6个百分点；普通寿险保费46.2亿元，同比增长1.1%，低于全国平均水平0.8个百分点。

2. 投连型和万能型产品保费收入规模明显下降，分别下降24.8%和1.9%。

3. 内涵价值较高的个人代理人业务和直销业务发展良好。个人代理渠道实现保费收入262.2亿元，同比增长14.1%，高于全国平均水平0.8个百分点；公司直销渠道实现保费收入39.4亿元，同比增长52.7%，高于全国15.4个百分点；银保渠道实现保费收入138.1亿元，同比下降7.1%，高于全国平均水平2.6个百分点。

（二）赔付增长较快，退保率高企

2012年，人身险公司累计赔付支出76.3亿元，同比增长37.8%，高于全国29.5个百分点。其中满期给付累计35.1亿元，同比增长16.9%，高于全国20.3个百分点。赔款、死伤医疗给付和年金给付分别为11.1亿元、8.2亿元和21.9亿元，同比分别增长22.6%、46.7%和104.8%，高于全国8.3、21.7和61.5个百分点。主要原因是国寿、平安寿等公司部分产品集中到期。

2012年，全省发生退保金81.1亿元，较上年同期增长35.7%。平均退保率达4.5%，高于全国1.7个百分点，处于近3

年峰值水平。退保主要集中在分红险产品上，发生退保金75.0亿元，同比增长38.0%，占到寿险业务退保金额的93.6%。20家公司退保率高于5%的警戒线。

表5　　2012年浙江辖区人身险公司退保情况表

序号	公司	退保金(亿元)	同比(%)	退保率(%)	退保率变化(百分点)
1	国华人寿	1.2	−23.5	50.4	6.5
2	幸福人寿	1.4	179.2	25.6	12.1
3	人保寿险	24.0	66.1	24.6	6.1
4	光大永明	0.9	14.8	24.1	1.2
5	安邦人寿	0.0	439.7	22.1	−26.1
6	阳光人寿	3.6	109.8	18.7	9.0
7	工银安盛	0.3	4544.9	12.8	8.5
8	生命人寿	1.5	−30.5	9.5	−10.4
9	国泰人寿	0.1	−12.4	9.4	−2.6
10	中美联泰	0.2	41.4	9.3	−1.7
11	瑞泰人寿	0.0	664.7	7.1	4.9
12	招商信诺	0.1	97.1	6.8	2.6
13	合众人寿	0.2	62.2	6.7	1.3
14	海康人寿	0.1	3.9	6.6	−0.7
15	人保健康	0.0	652.4	6.4	6.3
16	中邮人寿	1.2	759.3	6.3	3.6
17	泰康	3.4	−20.1	5.8	−2.6
18	民生人寿	0.6	14.0	5.7	−0.3
19	平安健康	0.0	593484.6	5.6	5.6
20	太平人寿	1.0	5.6	5.1	−1.5
21	正德	0.0	−70.9	4.6	−16.3
22	华泰人寿	0.3	61.0	4.1	1.0
23	信诚浙分	0.1	75.7	4.0	1.0
24	太保寿	6.6	46.4	3.9	0.7
25	国寿股份	27.1	29.2	3.7	0.3
26	中德安联	0.1	−18.8	3.4	−2.3
27	新华	3.7	23.1	3.3	−0.1
28	君龙人寿	0.0	8285.8	2.6	2.5
29	农银人寿	0.2	−11.7	2.5	−0.6

续表

序号	公司	退保金(亿元)	同比(%)	退保率(%)	退保率变化(百分点)
30	英大人寿	0.0	−35.7	2.3	−1.7
31	华夏人寿	0.0	999999.0	2.2	2.2
32	中宏人寿	0.1	80.9	2.1	0.5
33	平安寿	2.7	36.2	1.0	0.1
34	长生人寿	0.0	120.3	0.8	0.3
35	平安养老	0.0	191.1	0.5	0.3
36	国寿存续	1.0	78.0	0.4	0.2
37	太平养老	0.0	999999.0	0.2	0.2
38	昆仑健康	0.0	999999.0	0.1	0.1
39	信泰	−0.8	−307.2	−14.6	−24.8

(三)结构好于全国,调整有待深化

2012年,实现标准保费96.9亿元,同比增长4.3%,高于全国5.1个百分点。年化保费折标率38.5%,高于全国3.1个百分点。

1. 分红产品占据主流。2012年分红产品保费收入352.4亿元,占寿险产品的87.8%,低于全国0.4个百分点。

2. 个人代理和银邮渠道仍是主要渠道。2012年,个人代理渠道实现保费收入262.2亿元,占人身险公司保费收入的58%,高于全国9.4个百分点;银邮代理渠道实现保费收入138.1亿元,占人身险公司保费收入的30.6%,低于全国10.9个百分点。公司直销渠道实现保费收入39.4亿元,占比达8.7%,高于全国1.3个百分点。

3. 缴费结构优于全国。续期保费占比为53.4%,高于全国2个百分点。新单期缴率为33.0%,高于全国平均水平2.7个百分点。新单期缴保费10年期及以上占比为54.7%,高于全国2个百分点。

浙江省温州市金融综合改革试验区进展报告

自2012年3月28日国务院第197次常务会议决定设立温州市金融综合改革试验区以来，在国务院和有关国家部委的关心支持下，浙江省、温州市两级联动，以破解“两多两难”为改革导向，按照总体方案的12项主要任务，积极推进试验区建设，取得了阶段性成效。

一、建立健全推进保障体系

1. 强化组织保障。省政府成立温州市金融综合改革试验区工作领导小组，下设办公室和6个协调推进工作组。温州市也相应成立实施领导小组，下设办公室、6个实施推进工作组和3个重点项目办公室，建立健全省市联动的工作机制。同时，建立部际合作推进机制，省政府和保监会已签订共同推进温州金改的合作备忘录。

2. 强化规划保障，在《浙江省温州市金融综合改革试验区总体方案》的基础上，制定下发《浙江省温州市金融综合改革试验区实施方案》。

3. 强化人才保障和理论支撑。在全国竞争性选聘108名金融人才，充实到各级金融管理部门及金融机构，为改革提供有力的人才保障。加强理论研究，成立温州市金融研究院，为改革提供决策咨询。

二、积极引导民间融资规范化和阳光化

1. 建立完善民间融资登记服务平台。已开业运营4家民间借贷服务中心，借贷总成交金额4.2亿元，成交登记平均月利率在13.5‰左右。

2. 开展民间资本管理公司试点。已开业6家民间资本管理公司，累计向155个项目投放资金5.6亿元。

3. 定期(按周)发布民间融资综合利率指数(“温州指数”)，及时反映民间金融交易活跃程度和交易价格。

4. 形成《浙江省温州民间融资管理条例》初稿，目前正征求相关部门意见。

三、大力推进金融机构和产品创新

1. 筹备各类金融机构。择优推荐有实力、信誉好的企业参与发起设立融资租赁公司、财务公司、消费金融公司，上报了3类金融机构的筹建申请，推动民资设立法人保险机构，推动证券期货经营机构设点开展业务，成立首家证券分公司。

2. 深化农村合作金融机构改革，将龙湾、鹿城两家农村合作银行改制为农村商业银行，并扩大民资比例，资本金分别达10亿元。

3. 发展新型金融组织。率先推出小贷公司主发起人招投标制度，已设立小贷公司31家，资本金净额98.7亿元，贷款余额124.8亿元，今年贷款累计发放448.9亿元。培育发展村镇银行，支持向下延伸分支机构，已开业村镇银行6家，分支机构11家，实现县域范围机构布局全覆盖。积极推动“三位一体”的农村资金互助体系建设。

4. 创新金融产品和服务。设立小微

企业融资综合服务中心，创新推出“增信式[①]”、“分段式[②]”等还款方式，鼓励探索“顺位抵押[③]”等贷款方式，拓宽抵质押担保范围，积极发展设备融资租赁，深化小额贷款保证保险试点，率先推出科技保险、国内贸易信用险、环境污染责任险，满足差异化、多样化的产品和服务需求。此外，开展便民自助服务终端建设试点，改善村级基础金融服务。

四、多渠道破解“两难”问题

1. 建设温州金融改革广场。建立健全知识产权交易中心、股权运营中心、大宗商品电子交易中心、文化金融交易中心等平台，打造以产权交易为基础，集各类权益交易为一体的综合型金融服务平台。

2. 支持商业银行设立小微企业专营机构，已设立各种类型的小微企业专营机构 106 家，专职人员 531 人。

3. 拓展多元化融资渠道。积极助推企业上市，加快推进“区域集优”项目，加大各类债券发行力度。2012 年，温州新增 4 家上市企业，募集资金 34.5 亿元，成功发行 4 只企业债券募集资金 38 亿元，2 单私募债募集资金 1.5 亿元，银行间市场企业债券融资实现零的突破，短期融资券、中小企业集合票据等募集资金 18.7 亿元，并与中债信用增进公司签订“区域集优”框架协议和监管协议，设立 1 亿元温州市中小企业直接债务融资发展基金。同时，大力发展股权投资基金，设立政府引导基金，满足重大基础设施项目建设资本金需求。

4. 推动中小企业改制规范试点。按照“改制一批、规范一批、托管一批、挂牌一批”的思路，筛选 150 家企业参加改制规范试点项目，培育企业上市后备资源。

5. 深化保险资金运用。组织保险公司与温州进行保险投资项目对接，推动保险公司参与温州社保体系建设。

6. 筹建小微企业融资再担保中心。按照“政府资助、政策引导、有效监管、市场运作”原则，吸收有实力的融资性担保机构参与筹建再担保中心，促进温州担保业健康发展。

7. 做好个人境外直接投资试点准备，已储备个人境外投资项目 6 例。

五、加快金融基础设施建设

1. 加快金融业综合统计制度建设。制定《温州市金融业综合统计制度的框架设想》，初步完成金融业综合统计信息平台和温州金融监测报数平台两大系统建设，首批 40 家融资性担保公司、46 家保险公司、12 家试点的证券公司及 14 家试点的典当行进入试报阶段。

2. 加快社会信用体系建设。成功将征信查询服务延伸到温州市民间借贷登记中心；积极推动村镇银行、小额贷款公司等接入征信系统，现 7 家小额贷款公司已顺利接入征信系统，2 家村镇银行完成接入征信系统的数据测试工作；加快农户和中小企业信用信息采集和电子化进程，截至 2012 年末，全市共建立农户信用档案达 140.1 万户，并有 1.2 万户无贷款的中小企业信息入库；培育、推动和监督评级市场

---

① “增信式”指在原授信额度基础上，通过增加一部分专用授信额度发放贷款，并明确该贷款用于归还其他某笔到期的流动资金贷款。

② “分段式”指根据企业实际的生产经营周期特点，灵活确定流动资金贷款期限，打破现有的一年期流动贷款期限，延长为 2 年或 3 年。

③ 指二次抵押，即将已做抵押的抵押物再次抵押，从特定放款人处获得贷款。

发展，全年共完成130余家借款企业、融资性担保公司的评级工作；出台《关于进一步深化社会信用体系建设的意见》，并制订《温州市金融综合改革社会信用体系建设实施方案》。

3. 加快温州第三方支付机构发展。制定第三方支付发展工作方案和实施细则，成立温州市发展第三方支付领导小组，建立温州辖内第三方支付机构孵化库。

六、切实加强地方金融监管和风险防范

1. 完善监管机构。设立温州市地方金融管理局，在部分县(市、区)设立监管服务中心或金融服务中心，构建市县两级联动监管格局，推动设立温州证监分局。设立金融犯罪侦查支队、金融仲裁院和金融法庭，规范金融行为，化解金融纠纷，加快金融案件处置。

2. 健全监管机制。研究制定地方金融监管办法，健全地方金融风险预警体系。

3. 开展专项检查。开展对非持牌类金融组织、融资性担保公司等融资中介机构和寄售行、调剂行、投资机构等市场主体进行风险专项检查，加大对非法集资排查和打击力度。

浙江省丽水市农村金融改革试点进展报告

2012年，浙江省丽水市按照《中国人民银行浙江省人民政府关于在浙江省丽水市开展农村金融改革试点工作的通知》及《丽水市农村金融改革试点推进三年行动方案》的精神和要求，积极谋划思路，加强组织协调，推动改革试点工作实现良好开局。

一、建立机制，全面启动改革试点工作

1. 及时动员部署，启动改革试点。5月17日，协助市委、市政府召开由各县（市）党政一把手参加的全市推进农村金融改革试点工作动员大会，认真贯彻落实人民银行总行和省委、省政府改革试点工作要求，全面部署全市推进农村金融改革试点工作任务，人民银行总行、杭州中心支行和省金融办负责人莅临指导，标志着丽水农村金融改革试点正式启动。

2. 建立领导小组，强化组织保障。6月12日，提请市委、市政府成立丽水市农村金融改革试点工作领导小组，由市委、市政府和人民银行杭州中心支行、丽水市中心支行主要负责人任正、副组长，31个相关部门负责人为成员，领导小组办公室设在人民银行丽水市中心支行，作为常设性机构具体负责协调推进改革试点工作。同时设立金融创新组、金融市场组、信用建设组、金融机构组、保险创新组、政策保障组等6个协调推进组。目前，全市9个县（市、区）均已成立相应的组织机构。

3. 坚持统筹推进，做好试点谋划。5—9月份，根据人民银行总行批复同意的《丽水市农村金融改革试点总体方案》，组织相关部门着手规划、方案研究制定工作。目前，已起草了《浙江丽水农村金融改革试点规划框架（2012—2017）》，并委托人民银行金融研究所负责具体制定。制定了《丽水市农村金融改革试点推进三年行动方案》和14项农村金融改革的具体实施办法，确定丽水农村金融改革试点的基本定位、总体目标和具体任务。

4. 加强理论研究，做好试点探索。协助市政府与浙江财经学院签订战略合作协议，成立丽水农村金融改革试点战略合作领导小组，并共同组建“丽水农村金融改革研究院”，合力推进农村金融改革试点。同时，组织相关部门开展农村金融改革发展研究，目前已形成《农村金融背景下建立丽水农林产品交易中心的思考》、《财政支持农村金融发展的路径研究》、《金融支持农民专业合作社发展》等10余个研究成果，为有序推进农村金融改革试点工作奠定了坚实的理论研究基础。

二、加强协调，有效增强改革发展动力

1. 努力提升改革试点的管理层次。以“行省共建”模式为契机，加强与中央、省里对接，进一步提升了丽水农村金融改革的管理层次。9—10月份，浙江省人民政府朱从玖副省长、人民银行总行潘功胜副行长先后来丽调研农村金融改革试点工作情况，并对进一步推进农村金融改革试点工作给予了具体指导，为进一步推进改革

试点工作明确了方向。在上级领导的高度重视和关心支持下，省政府目前正在组建成立省级层面丽水农村金融改革领导小组，以进一步推进农村金融改革试点工作。原浙江省委书记赵洪祝、省长夏宝龙、常务副省长龚正、副省长朱从玖等对丽水农村金融改革分别作出批示，计划以省政府名义到丽水召开现场推进会。

2. 积极向上争取政策倾斜。加强相关政策研究，切实制定可行性实施方案，争取上级部门在业务指导、政策优惠、技术支撑等方面的最大支持。目前，丽水市已争取到“村镇银行贷款规模为注册资本金4倍”和支农再贷款额度倾斜等优惠政策；地方法人金融机构新增信贷规模50多亿元。

3. 发挥金融机构参与改革的主体作用。以改革试点为有力抓手，充分调动和激发金融机构和相关部门参与农村金融改革创新的积极性和主动性，引导更多经济金融资源投向“三农”。截至2012年末，全市涉农贷款余额为559.05亿元，新增100.46亿元，占全部新增贷款的63.2%，余额同比增长21.56%，高出全部贷款余额增速4.99个百分点。此外，协调丽水市农业银行、邮储银行2家涉农机构通过积极参与农村金融改革试点工作，申请获得各自总行批准同意“三农”改革试点。

三、巩固深化，推进支农工程持续发展

1. 深化信贷支农工程。通过进一步完善政策制度、增加放贷主体和拓宽贷款投放渠道等措施，持续推动林权抵押贷款实现扩面增量，不断加大金融支农力度。截至2012年末，全市林权抵押贷款余额达到30.2亿元，居浙江省首位，惠及林农20余万，不良贷款率仅为0.17%。同时，以林权抵押贷款为突破口，进一步拓宽涉农抵押担保范围，创新推出以茶园、生态公益林、集体林权等为抵押担保的支农产品，目前已累计发放贷款3808笔、金额47608万元。

2. 深化信用惠农工程。在全面做好农户征信数据更新的基础上，稳步推进农户、社区居民和中小企业“三位一体”的社会信用体系建设，探索开展“城乡一体化”的信用体系建设。截至2012年末，全市行政村信用评价面达到100%，农户信用评价面达到92%，共创建信用村692个、信用乡(镇)24个、信用社区13个、信用县1个；截至四季度末，全市共有32.52万信用农户获得金融机构授信103.2亿元，其中已有17.7万信用农户累计获得贷款159.7亿元，同比增长52.4%。引导涉农金融机构运用农户信用等级评价结果，发放丰收小额贷款卡、惠农卡、惠林通卡等各类涉农贷款卡31万张，贷款余额达到47.95亿元。

3. 深化支付便农工程。积极推进涉农补贴资金发放“一卡通”和协调纳入全市“村邮站”建设方案。同时，依托全市助农取款服务点网络优势，同步实施了农村反假货币、国债宣传服务、民间借贷监测、金融知识普及、金融消费者权益保护等工作网络建设，进一步优化了农村金融生态环境。截至2012年末，全市已在2114个行政村设立了助农取款服务点，累计办理查询业务41.88万笔，小额取现54.63万笔、金额1.106亿元，惠及130余万农民。

四、集群创新，丰富发展农村金融产品

1. 加大涉农信贷产品创新力度。引导各金融机构创新推出石雕抵押贷款、农副产品仓单质押贷款及农民工创业扶持贷款(农家乐、来料加工、农村电子商务、青年

信用示范户创业贷款等特色信贷产品）。目前，已累计发放此类贷款10亿多元。同时，探索利用农户信用信息系统在景宁、青田、庆元3个县开展小额农贷"整村批发、集中授信"试点工作，进一步加大金融支农力度。截至2012年末，整村授信贷款业务已为2.19万信用农户提供19.15亿元资金支持。此外，积极推动特色养殖订单农业试点工作，为金融支持农业产业化发展奠定了良好的基础。

2. 创新银保合作信贷产品。以改革试点为抓手，加快丽水市保险服务民生示范区建设，积极拓展政保合作服务"三农"的保险项目业务。积极推动银行机构与保险机构合作开展农村担保业务，推出全市首款银保合作金融产品"易保贷"。截至2012年末，已签单承保20户，累计保险金额6800万元，发放小额保证保险贷款6407万元。此外，采取银政保合作模式在景宁率先开展低收入农户扶贫贷款项目试点，共为1486户低收入农户发放3869万元扶贫贷款。

3. 积极发展企业债务融资产品。以"区域集优"债务融资模式为突破口，积极拓展县域中小企业直接融资渠道。目前已选择2家企业拟通过银行间债券市场发行全市首只中小企业集合票据1亿元，成功推动2家企业发行中小企业私募债1.7亿元。

五、多管齐下，推动金融基础服务体系建设

1. 推进农村金融组织改革发展。继续深化在丽的政策性银行、国有商业银行和邮政储蓄银行改革，推进农行"三农金融事业部"改革试点。引进1家市外银行机构，引导股份制商业银行到县域设立5家支行，新设村镇银行及分支机构5家，新设小额贷款公司3家。并以推动莲都农村合作银行向农村商业银行改制工作为突破口，加快农村合作金融机构改革。

2. 推进县域外汇服务创新发展。以丽水被国家外汇管理局列入本外币特许经营试点城市为契机，推动设立了全省第二家货币兑换公司（渤海汇通兑换公司），并设立全国首个村级外币兑换点，为青田侨民提供了优质便捷的本外币代兑服务。目前共办理结汇业务4.44万余笔，金额2.03亿美元。

3. 完善农村支付结算服务体系。在深化拓展全市2114个助农取款点服务功能的基础上，积极优化农村支付结算环境，完成17条"省级刷卡无障碍示范街区"建设和辖内所有中心镇"便农支付工程示范镇"创建，并提前实现了所有中心集镇开办银行本票的目标。

4. 积极推进农民担保体系建设。全力推进全市政府财政出资、行业协会组建、商业性运作、村级担保基金等4个层次的担保体系建设。在莲都区试点大力推进农民担保公司建设，解决农民大额融资需求的担保抵押问题。目前，已有9家农民担保公司开展业务，累计为600余户农民担保贷款3亿元。

第二部分

2012 年浙江省金融业经营管理情况综述

ZHEJIANG JINRONG NIANJIAN

中国人民银行杭州中心支行主要工作情况综述

行长　张健华

2012年以来，中国人民银行杭州中心支行以科学发展观为指导，以"务实创新、一流业绩，科学发展、和谐金融"为工作目标，坚持思路求新、工作创优、管理为本，发扬求真务实的作风，统筹各方力量深入推进金融改革，切实发挥金融支持实体经济的作用，不断优化经济金融发展外部环境，进一步规范内部管理和加强班子队伍建设，各项工作取得积极成效。

一、以改革创新为指引，不断争创一流业绩，服务经济社会发展能力得到进一步增强

（一）着力改革创新引领，协调各方推进金融改革试点

2012年，主动抓住温州、丽水金融改革试点获批的重大历史机遇和浙江经济寻求转型突破的关键节点，统筹各方面力量深入推进金融改革。积极发挥总行与地方政府以及当地人民银行之间的桥梁作用，反复沟通、研究金融改革的具体措施，助推温州和丽水两项金融改革试点获批出台。目前《浙江省温州市金融综合改革试验区实施方案》已经浙江省政府同意印发，改革工作已在直接融资渠道创新、民间借贷监测利率发布、信用体系建设、金融业综合统计制度和第三方支付体系建设等方面取得积极进展。丽水农村金融改革稳步推进，呈现"林权抵押贷款、农村信用体系建设、便农取款"三大亮点，初步形成了金融支农惠农的"丽水模式"。

大力支持舟山群岛新区建设。下发《关于金融支持浙江舟山群岛新区建设的指导意见》，提出支持群岛新区建设的十八条措施，指导舟山市中心支局进一步改善沿海地区外汇管理工作，从支持舟山港综合保税区建设、推进资本金意愿结汇试点等方面为群岛新区外向型经济发展争取更为良好的外部环境。针对义乌经贸发展的实际需要，拟定与"市场采购"贸易方式相匹配的外汇监管措施，探索在义乌开展个人跨境贸易人民币结算试点并制定相关管理办法，推动义乌国际贸易综合改革试点各项任务得到落实。

（二）落实稳健货币政策，集中全行力量支持实体经济发展

把握好调控的力度和重点。结合浙江实际，通过出台指导意见，召开通报会、分析会、专家会等，指导金融机构认真贯彻落实稳健的货币政策。完善法人金融机构稳健性参数动态调整实施方案，强化对法人金融机构的指导，促进信贷总量合理均衡增长。截至2012年末，全省本外币贷款比年初新增6266.72亿元，余额增长11.78%，其中，地方法人金融机构人民币贷款较年初新增2072.87亿元，同比多增

116.90 亿元，相当于全年合意贷款的 99.66%。大力支持浙江企业发行债务融资工具，与交易商协会、省金融办签订了“三方合作备忘录”，推动杭州、湖州、温州等地正式启动“区域集优”项目，联合省财政厅出台奖励办法，激励引导作用明显。全省实际发行债务融资工具 836 亿元，同比增长近一倍，金融机构发行金融债 198 亿元，无论是企业债还是金融债，发行额均创历史新高。

引导金融机构支持实体经济发展。迅速出台金融支持实体经济发展的二十五条指导意见、外汇管理支持外贸发展的十二条举措以及加强小微企业金融服务的意见，在全省联动开展“金融支持实体经济服务年”活动和“外汇管理支持浙江实体经济发展”活动，动员全行开展以“创新金融服务，支持实体经济发展”为主题的 19 项业务竞赛，会同省纠风办组织开展全省银行业行风评议活动，评选“便民惠企”20 项新举措；对省内县域法人金融机构“将新增存款一定比例用于当地贷款”进行考核，有效引导金融机构将信贷资金投向实体经济和“支农支小”。2012 年全省中小微企业贷款占全部企业贷款余额的比重达到 80.4%，全年累计发放再贷款和再贴现 168.96 亿元，其中 56.25 亿元支农再贷款支持了 61 家县域法人金融机构，金额和家数均创历史同期新高，支持实体经济各项工作得到省委、省政府多位领导的批示肯定。

注重发挥调查研究的支撑作用。面对 2012 年较为复杂的经济局面，加强经济与金融研究分析的融合度，不断提高宏观形势分析的全面性、深入性和前瞻性，进一步提升分析的权威性和影响力。推进金融统计标准化落地和推广建设，建立浙江经济金融专家问卷调查制度。加强金融研究工作，全年共完成立项重点研究课题 47 项。

（三）防范化解金融风险，加强管理切实维护地方金融稳定

防范化解金融风险是 2012 年的一项重要任务。针对年初以来省内企业资金链断裂和担保圈风险暴露等情况，重点加大金融风险监测、排查和防范力度。全面开展重点金融风险排查，针对“购物返利”、“万家购物”等民间融资活动开展专项风险排查，及时梳理、排查、评估各类重点金融风险隐患。扩大出险企业监测范围，深入分析出险原因，持续跟踪并及时上报我省银行业金融机构不良资产、涉贷企业担保圈风险状况及“中江系”企业、温州立人集团、温州瑞田钢业有限公司出险及重组情况，同时积极配合地方政府防范和处置相关领域风险，做到金融风险隐患早发现、早报告、早处置。加强对银行业的风险防范，建立银行业金融机构经营稳健性状况季度例会制度，在深入推进地方法人银行机构现场评估的基础上，探索运用压力测试方法加强商业银行业务的监测评估，维护银行体系稳健运行。

以上海总部“两管理、两综合”专项审计调查整改为契机，结合金融管理与服务指引实施以来的效果评估，全面整合相关流程、步骤、项目，在多次征求意见的基础上对金融管理与服务指引、操作规程和综合评价办法进行了修订完善，进一步夯实了金融管理与服务工作的制度基础。继续开展综合评价工作，对 45 家在杭银行业金融机构进行了分类评价。积极开展综合执法检查和反洗钱、外汇等专项执法检查工作，先后破获和办结了杭州润银特大非法经营票据贴现案、青田非法买卖外汇系列案、傅氏地下钱庄案、何氏地下钱庄案等大案要案。扎实做好金融消费权益保护工作，重点把握好政策咨询、纠纷调解、案件查处等环节，指导嘉兴市中支在全国率先出台《金融消费者权益保护专项检查制度(试行)》，被总行条法司转发推广。

（四）践行服务社会宗旨，不断提升金融便民惠民水平

持续深化实施“便农支付工程”，通过推广银行卡助农取款服务、增加银行卡助农代理转账服务、创建“刷卡无障碍示范县、示范镇”、推进电子支付业务应用等系列措施，进一步提升农村支付服务水平，银行卡助农取款服务在符合条件的行政村实现全覆盖，2012年，办理小额取现198.2万笔，金额6.9亿元，同比分别增长63%和109%。积极推进非现金支付工具应用，银行本票实现全省流通使用，金融IC卡推广应用工作稳步开展。加强支付结算安全管理，组织对全省所有银行机构预付卡、电子现金业务进行清理，开展支付清算系统、支付结算印押证管理风险排查，有效纠正不规范行为，防范业务风险。加强支付机构的管理，创新出台支付机构分公司管理办法等管理制度，严格支付机构准入审核和日常管理，全年共有6家机构获得支付牌照。保障各支付系统正常平稳运行，杭州中心支行日均处理各类支付业务80.37万笔、5453.21亿元，同比分别增长30.07%、25.73%，各项系统运行指标继续稳居全国前列。

加强调拨管理，2012年全省发行基金投放5065亿元、回笼4142亿元，同比分别增长12.33%、22.58%，10元、5元券投放比2011年增加50%，硬5角、硬1角投放比2011年增加15%，全年销毁残损人民币106.81亿元，进一步提高了流通人民币整洁度，满足了社会公众对现金总量和券别的需求。推进货币金银工作模式创新，在推广商业银行存取款预约系统、建设小面额现金调剂中心和推广整袋交接管理系统等方面加大工作力度，进一步提升了工作水平。加大反假货币工作力度，先后开展对外误付假币专项治理、人民币点钞和反假货币技能竞赛等活动，联合公安部门对假币违法犯罪活动突出县市进行重点整治，2012年，浙江省共收缴假人民币139万张(枚)、金额4770万元，进一步维护了人民群众利益。

加强国库制度建设，围绕国库会计管理操作、国库监管、统计分析和国债管理等方面先后出台多项制度，进一步夯实了现代化国库管理基础。坚持需求导向创新国库服务，积极配合省政府开展“营改增”工作。创新推进县支行国库全面履职试点，一年来试点单位重大业务差错率、资金案件发生率和一般核算性差错率均为零，基本实现了国库资金零在途，目前试点县支行已覆盖全省县支行总数的四分之一。建立农村国债服务体系，国债收款单兑付量占沉睡收款单本金的20%。加强国库风险管理，先后开发了国库集中支付资金清算与额度电子对账系统、国库预算报表审核系统，创新开展国库会计标准化示范点建设，受到总行国库局肯定。

进一步强化征信系统的管理和服务，拓展征信系统的服务范围，加快推动村镇银行和小额贷款公司接入征信系统步伐，重点落实机构信用代码的推广应用，全省共发放153.6万张机构信用代码，发放量居全国第二。继续深化农村信用体系建设，召开了全省“丽水模式”现场推进会，完成了农户信息系统的升级，累计为682万户农户建立了信用档案。同时，继续推进中小企业信用体系试验区建设，健全完善中小企业信息辅助管理系统，联合省中小企业局完成了对2000家小微企业的评级，深化了中小企业信用档案的应用。联合杭州市金融办创新开展对27家小贷公司的

评级试点，丰富了评级市场新品种。

（五）转变外汇管理理念，深化外汇改革服务涉外经济发展

加快外汇管理理念和方式转变，深入推进外汇管理改革，大力促进贸易投资便利化。积极实施贸易外汇管理制度改革，加强对企业、银行的培训辅导，妥善处理出口退税方面的遗留问题，改革后全省95%左右的企业不用再到外汇局办理现场核销，企业用汇时间比改革前平均提前了1—5天，惠及企业4万多家。有效衔接个人贸易外汇管理政策，在深入调研、反复征求意见的基础上形成了个人贸易收结汇管理方案(2.0版)，得到总局充分肯定。

积极协助总局推动直接投资便利化，提出了减少审批、简化流程的具体方案，得到总局的充分肯定。大力支持企业“走出去”，帮助阿里巴巴通过境内子公司向境外母公司放款20亿美元，促成其成功回购美国雅虎持有的20%公司股权；加强对企业后续融资支持，2012年办理融资性对外担保业务16.88亿美元，支持浙江企业海外投资和并购。优化外债管理，专门新增中资企业短期外债指标，并批准4家中资企业1.2亿美元“外保内贷”试点，解决了企业融资的燃眉之急。

提高地方法人金融机构外汇业务经营能力和水平，召开推进会，新批8家地方法人银行合作办理远期结售汇业务。改进跨境资金流动监测分析框架，形成《浙江省跨境资金流动监测报告》，按月进行全省跨境收支监测分析。加大政策宣传和推广力度，推动跨境人民币业务量迈上新台阶，2012年跨境人民币结算量4747亿元，惠及企业6468家，同比分别增长1.2倍和1.9倍；贸易结算量居全国第4位，跨境人民币贸易融资为企业节约融资费用约16亿元，个人跨境贸易人民币结算试点获总行批复同意，进一步助推了贸易发展。

二、以总行巡视检查为契机，不断加强组织建设、队伍建设和廉政建设，内部管理得到进一步加强

（一）切实落实总行巡视整改要求，进一步加强党委班子建设

以迎接总行巡视为契机，逐项分解任务，落实职能部门，制定整改措施，按总行要求坚持举一反三原则扎实做好整改工作。目前有的已整改到位，有的整改正在进行中，内部管理得到进一步加强。同时，及时就整改工作向全行进行反馈，在推进整改的同时注重保障工作、稳定队伍、振奋士气，确保了思想不乱、工作不散。

深刻领会李东荣副行长在杭州中心支行班子调整干部大会上提出的“讲政治、讲大局、讲团结、讲纪律、讲实效”要求，把加强党委班子建设作为落实五项要求的首要任务，严格执行民主集中制和领导分工负责制，坚持重大决策、重要干部任免、重大项目安排和大额度资金使用由党委集体讨论决定，提升了党委班子统领全局的能力。开好2012年党委民主生活会，分层次征求干部职工的意见，增强了全行的向心力。切实加强思想作风建设，班子成员坚持带头学习，深入基层，积极采取措施解决基层行和干部职工的实际困难，带头执行《廉政准则》和廉洁从政各项规定，进一步增强了在干部职工中的号召力。

（二）加强队伍建设，大力营造奋发向上、团结和谐的工作氛围

以喜迎党的十八大召开、学习贯彻党的十八大精神作为全年工作主线。2012年初以来借“创争”活动的平台，部门联动开展多项活动，先后组织开展窗口部门“为民服务创先争优”、“三亮三比三评”等活动，成立杭州中心支行“职工学校”，举行创

先争优先进评比、征文、书画摄影比赛，以实际行动提升行风、行貌。党的十八大召开后，认真贯彻周小川行长、胡晓炼副行长讲话要求，及时制订学习方案、下发学习资料，连续举办两期学习班，迅速在全行掀起了学习十八大精神的热潮，确保了干部职工在思想、行动上和党中央保持一致。

围绕员工关心的干部选拔任用问题，先后制定完善了多项干部工作制度，规范提拔任用各级干部42人，严格落实干部监督制度，提高了选人用人工作满意度。深入推进总行干部工作信息公开试点，继续充实信息公开平台相关内容并扩大应用。加强金融人才培养，共举办各类培训班46期，全省人行系统参训人数达到1900人。

高度重视文明创建工作在提振精神、鼓舞士气方面的积极作用。通过制定规划、文明网站宣传、核心价值体系辅导、文明礼仪讲座、优化窗口服务等方式，使文明创建工作和各项业务工作相互促进，进一步激发了文明创建的热情、丰富了文明创建的内涵。认真落实离退休老同志“两项待遇”，离休干部党支部获省委老干部局2012年“浙江省五好离退休干部党支部”。加大青年课题研究工作，获得总行青年论坛唯一的金奖。积极探索建立富有特色的工会组织文化，成立文联浙江分会，积极组织形式多样、积极向上的文体活动。开展女职工“三项创建”活动，杭州中心支行支付结算处获总行级“女职工文明示范岗”和总行级女职工“央行服务创一流、巾帼岗位展风采”活动先进集体。

（三）狠抓反腐倡廉工作，大力保持党员干部作风纯洁

把党风廉政工作放到各项工作的突出位置。“一把手”亲自部署党风廉政建设和反腐败工作，班子成员切实抓好分管部门党风廉政建设工作，按季专题分析党风廉政建设情况，逐级签订责任书，建立起一级抓一级、层层抓落实的责任机制。狠抓反腐倡廉教育，组织全行学习温家宝总理和周小川行长在廉政会议上的讲话，一把手亲自上廉政教育课，班子成员在专业会议上强调廉政风险防控工作；持续推进“十廉”文化建设，通过参观反腐倡廉教育展、观看警示教育片、开展县支行反腐倡廉知识竞赛等形式，切实增强了反腐倡廉教育的主动性和实效性。

坚持将反腐倡廉各项要求融入业务管理中，将党风廉政建设责任制检查考核结果纳入年度业绩综合考评。研究出台《进一步加强杭州辖内政风行风建设工作的意见》，强化对会计财务、支付结算、货币发行、国库等部门制度建设，进一步筑牢反腐倡廉工作基础。制定《杭州中心支行行政执法评议考核办法》，加强对执法权力行使的监督制约和检查。继续落实党务公开工作要求，开展工程建设领域突出问题，规范和清理庆典、论坛研讨会等专项治理。制定深化县支行监督机制建设意见，对支行每半年开展一次“下查一级”监督检查工作，县支行内控管理得到进一步加强。

（四）强化内部管理，努力实现平安央行目标

坚持“强内控、保安全”。在全省开展会计基础工作建设年活动，强化会计工作基础，扎实做好事后监督。继续深化财经纪律工作责任书制度，完善重大财务事项集体决策机制。坚持以风险导向不断深化离任审计、内部控制审计和信息技术审计，探索开展技防改造管理绩效审计，推动内审工作转型发展。强化保密制度落实和监督检查，普通设备管理受到国家密码局检查组的充分肯定，全年无失泄密事件发生。加强信息安全管理，信息安全等级保护三级系统的测评符合率位于全国前列，科技管理制度模板被总行推广。深入推进发行库安全管理规范化活动，开展新一轮技防改造，以枪支弹药、发行库守卫、发行基金押运等为重点加强制度落实和安全检查，确保了“行泰库安”。

坚持做好各项基础工作。进一步加大政务信息编报力度，不断提高政务信息的时效性和内容的针对性，全年信息采用140余篇，其中被国务院、总行、省委、省政府领导批示14篇。围绕党的十八大等重要敏感时期切实做好应急防范和信访维稳工作，强化对各地、各部门突发事件应急信息报送工作的管理。进一步加大舆情监测力度、完善舆论引导应对机制，针对温州丽水金融改革广受关注的情况，进一步严肃新闻宣传纪律，统一宣传口径，避免问题报道的产生。深入推进依法行政和政务公开工作，组织开展全省依法行政暨法律事务工作交叉互查。扎实推进节能减排，开展杭州中心支行节能宣传周活动，员工节能意识得到进一步提升。

中国银行业监督管理委员会浙江监管局工作情况综述

局长　韩　沂

2012 年，面对复杂严峻的经济金融形势，在银监会的正确领导和各级党委政府的大力支持下，浙江银监局真抓实干、敢于担当，完成了“守底线、强服务、推改革、促创新、优队伍”各项任务，有力推动了浙江经济金融企稳回升。截至 12 月末，全省银行业资产总额达 84968 亿元，比年初增加 9423 亿元，同比增长 12.47%；负债总额达 81900 亿元，比年初增加 9241 亿元，同比增长 12.72%。存款余额达 66679 亿元，比年初增加 5789 亿元；贷款余额达 59509 亿元，比年初增加 6266 亿元，其中小企业贷款、涉农贷款余额和增量均居全国第一；全年累计实现税后利润 1193 亿元，同比减少 190 亿元，同比下降 13.76%。

一、主题活动扎实有效

浙江银监局全面开展“完善金融服务、支持实体经济”主题活动，牵头制定浙江金融支持实体经济发展 26 条意见，推动银行业落实“六突出、六提升”要求，促进信贷政策与产业政策有效衔接。各银行业金融机构努力争取信贷资源，优化信贷结构、把控信贷投向、规范信贷用途，有效加大对实体经济支持力度。截至 2012 年 12 月末，全省银行业各项贷款余额 59509.22 亿元，贷款新增 6266.72 亿元，增长 11.78%。其中对“四大战略”的贷款超过 1.32 万亿元，重点产业、战略新兴产业和产业积聚区贷款超过 2.1 万亿元，实体经济产业贷款增幅明显高于平均贷款增幅。

浙江银监局部署开展“整顿规范浙江银行业市场秩序”专项行动，全面落实“四公开”原则和贷款“七不准”规定。公布各银行投诉举报电话，组织新闻媒体联合地方政府纠风办进行督查暗访、跟踪评价和行风评议。抽查各类型机构 41 家，发现问题 138 个、涉及金额 45051 万元，并及时督促整改纠正，责令银行退还违规收费 8600 多万元、处理人员 677 人。辖内银行业金融机构认真开展自查自纠，积极主动整改落实，社会各界对银行服务满意率达到 91%，赢得了理解、尊重和信任，取得了较好成效。

二、支农支小金融服务实现突破

浙江银监局坚持“一体两翼三突破”新思路，出台指导意见，实行“浙江版”差异化监管政策；积极推进批量化设立小微企业专营机构；大力引导开展小微企业贷款方式、还款方式创新；推动“信用浙江”等信息共享平台运用，加大小微企业金融服务宣传。辖内银行业金融机构主动对接小企业，重点开展小微企业还款方式和信用贷款试点，涌现出了年审制、无还款续贷等5大类50多款还款方式创新产品以及6大类20多种信用贷款创新产品。全年规划成立小微企业贷款专营机构138家(不包括宁波)，批筹60家，批准开业13家，全省专营类机构已经超过1000家，形成了覆盖不同类型银行的专营机构体系。2012年12月末，全省小微企业贷款(含个人经营性贷款)余额22014亿元，比年初增加2867亿元，余额、增量均居全国首位。

浙江银监局大力推进金融支农"三大工程"，开展农村金融服务"双先竞赛"，推动"两卡"加快发展，探索林权、农村住房、土地承包经营权抵押"三项突破"；开展"进村入企"大走访活动，出台支持欠发达地区加快发展的指导意见；完善差别化监管措施，实施弹性存贷比管理；促进支农服务向下向小延伸。截至2012年末，全辖布设2.4万个农信村级便民服务点，覆盖面达99%以上。全省金融机构涉农贷款余额25010.8亿元，占各项贷款余额的42.03%，比年初增加3461.1亿元，比年初增长13.84%，涉农贷款余额、增量均位居全国第一位。

三、积极培育浙江农合机构新优势

浙江银监局积极向省委、省政府汇报，加强与金融办、省联社等部门沟通，全面加快了农合机构股改步伐。截至2012年末，辖内共有8家农商行开业，比年初增加5家，龙湾、禾城农商行已批准筹建。同时，在改革中完善公司治理、转换经营机制，浙江农信系统成为发展最为稳健的金融板块。2012年末，全辖72家农合机构资产突破万亿元，达到10700亿元，比年初增加1358亿元；负债总额9750亿元，比年初增加1162亿元；所有者权益949亿元，比年初增加195亿元。坚持培育和规范并重，一手抓机构设立，一手抓审慎监管，促进新型农村金融机构健康发展。全年新设村镇银行6家，并批复同意在辖外设立村镇银行40家。截至2012年12月底，全辖(不含宁波)新型农村金融机构达49家，其中村镇银行家41家，资金互助社7家，贷款公司1家。新型农村金融机构各项存款余额达296亿元，比年初增加89亿元；各项贷款余额335亿元，比年初增加103亿元。其中，村镇银行经营业绩稳居全国首位，初步形成浙江村镇银行的品牌效应。

四、持续优化浙江城商行特色板块

浙江银监局积极探索辅导式监管，引领辖内10家城商银行坚持定位、强化管理、发挥特色，稳步实施跨区域发展。10家法人城商行已成为浙江银行业的特色板块，而且通过在辖外设立的18家分行，把一些经验复制推广到了当地，受到当地政府社会的好评。如台州银行和泰隆商业银行等专注小微，实践社区化经营，走出一条特色经营之路；杭州银行、温州银行等培育细分市场，立足小微，创新探索科技金融、投行业务等特色服务。截至2012年末，辖内10家法人城商资产总额8017亿元，负债总额7471亿元，分别比年初增长27.57%和27.9%，增幅同比上升11.16个和12.15个百分点；所有者权益545亿元，比年初增长23.13%。

五、改革创新稳步发展

浙江银监局推动调整优化邮储改革设计，全年二类支行共启动改革36家，开业12家。指导省工商信托完成重新登记，改制为万向信托并加强开业指导，支持符合条件的企业集团组建财务公司，省交投集团财务公司获银监会批准。优化外资银行地域布局，鼓励提供差异化服务，积极推动澳新、华侨两家银行分别在杭州、绍兴设立分行。联合举办了衢州与外资银行合作恳谈会，推进外资银行与非省会城市的合作交流。正确把握温州金改政策导向，制定实施金融创新三年行动计划及农村金融改革方案。鼓励开展海洋金融、外贸金融、民间金融及浙商金融创新。

六、风险防控清醒有为

面对浙江部分地区企业持续出现资金链断裂风险，浙江银监局及时组织银行业金融机构做好风险企业摸底排查，要求做到不简单抽贷、压贷；发出关于加强企业资金链风险管理的意见，指导银行业协会制定企业帮扶会商机制，积极防范和化解资金链风险；及时向省委、省政府报告资金链风险防范情况及建议，形成了政府主导、部门联动、银企协作的风险处置机制。一年来推动银行帮扶困难企业3140家，参与企业重组180家，涉及信贷资金250多亿元，遏制了企业资金链风险蔓延态势。

浙江银监局组成36个督导组，通过听取汇报、现场抽查、问卷调查等方式，摸清信贷资产五级分类真实性底数；召开不良贷款专题分析会和处置工作推进会，积极推动银行业金融机构积极探索创新不良贷款处置途径，加快不良贷款处置进度；及时向省委、省政府报告加快推进不良贷款处置的建议，建立与法院的常态沟通联系机制，形成部门合力，基本扭转了不良贷款大幅反弹、连续“双升”的势头。

浙江银监局组织全面风险大排查，摸清风险底数，并及时对造船、光伏、钢贸等行业风险进行提示和预警。深入调研平台贷款还本付息和土地抵押情况，定期组织检查，确保浙江平台贷款总量平稳、不出风险。严格执行房地产贷款“三四四”监管要求，推动省级层面出台在建工程抵押登记制度，推动在杭州市区商品房预售资金系统试点运行。系统梳理识别银行客户参与民间借贷的“四看法”、识别银行授信客户隐性关联的“四关联法”，得到广泛推广。大力推进银行业案防内生机制建设，提升案件风险管控能力。

七、监管基础持续夯实

浙江银监局局领导带头深入基层和一线调研116次，建立由局长任组长、博士群体及研究骨干为组员的政策研究机制。建立专报机制，强化前瞻研究，向银监会和省委、省政府上报560多篇信息报告。制定《中小银行及农村金融机构监管数据标准化规范》，通过竞赛等方式提升监管数据准确性，获得了银监会数据质量竞赛突出贡献奖。建立现场检查人才库，制定现场检查质量管理细则，规范现场检查流程。配合银监会研发推广银监局版EAST系统，提升了EAST系统的使用效率。按照各地金融服务状况、地域差异和市场容量，审慎规划新设机构的类型与数量。优先支持内控水平高、特色经营明显的机构发展，优先支持设立小微企业专营机构，优先支持向县域下沉服务，优先引导向欠发达地区设立机构。严格实行准入挂钩规定，严格把好高管和新业务准入关，较好地发挥了监管的导向作用。

八、队伍建设稳步推进

浙江银监局以党的十八大代表选举和学习贯彻会议精神为主线，开展基层组织建设年和“比学赶创”活动。通过党支部书记轮训、党建示范点创建、党员评议、岗位学雷锋等活动，引导干部员工创先争优，创建银监会级先进集体21个、优秀个人21人次。构建全方位培训体系，开展省局党委书记讲党课、领导干部读书班、干部集中学法等活动，举办监管办主任培训班和青年员工监管业务培训班，组织138期、4000余人次参加的培训活动，积极培育一支"讲团结、爱学习、善思考、谋大局"的干部队伍。认真落实党风廉政建设和反腐败工作，组织新"六个一"反腐倡廉活动，严格执行领导干部个人重大事项报告制度，纪检部门全程参与大宗物品集中采购和公开招投标活动。严格执行作风建设各项规定，在全国银监局率先实现立体化、全程化、无纸化办公，财务管理规范化和后勤保障能力得到提升。全局系统心齐、气顺、劲足，未出现违法违规事件，工作氛围融洽。

中国证券监督管理委员会浙江监管局工作情况综述

局长　吕逸君

2012 年，在中国证监会的正确领导下，在省委、省政府的大力支持下，浙江证监局坚持以科学发展观为指导，及时更新监管理念，突出监管重点，集中监管资源，改善监管方式，体现监管实效，实现了浙江资本市场的稳定健康发展。

一、多措并举，推动多层次资本市场建设

2012 年，根据证监会建设多层次资本市场的统一部署，浙江证监局积极调整工作思路，注重场内场外市场的协同发展，一方面继续大力推进企业上市，另一方面积极推动市场主体参与区域性场外市场和债券市场，通过落实"四项推动"，多层次资本市场建设取得了积极进展。

1. 推动优质企业发行上市。主动改善辅导监管方式方法，通过"四项改进"，进一步提升了辅导监管的效率和水平。一是改进辅导监管责任人制度，提高辅导监管效率。在注重调动辅导监管责任人工作主动性的同时，对备案材料审核、举报投诉、信息交流等关键事务设立专岗，发挥专项监管优势，大大提高了辅导监管效率。二是改进辅导见面会制度，提升拟上市公司规范运作水平。对首次辅导备案的拟上市公司由原先的"集中约见"改为召开"一对一见面会"，对公司高管及保荐机构负责人提出公司规范运作要求，增强了辅导见面会的有效性。三是改进保荐机构监管，督促保荐机构切实履职。严抓保荐机构尽职调查工作，全年共对 4 家存在尽职调查不充分等问题的保荐机构采取了约见谈话、要求整改、延长辅导期等监管措施。四是改进上市培育机制，做好后备资源培育。一方面对重点企业进行指导，帮助协调解决企业在发行上市过程中碰到的问题；另一方面借助合作监管平台，与地方政府形成培育上市后备资源的合力，拟上市公司的产业结构更趋合理，涌现出了一大批文化创意类、高新技术、海洋经济、证券期货等优质企业。

2. 推动中小企业私募债试点。高度重视中小企业私募债试点工作，在试点前期，一方面多次组织召开政府部门、券商、担保机构、资产管理公司参加的座谈会，通报最新政策导向，听取各方建议，及时向证监会报送最新进展；另一方面，针对调研中发现的众多中小企业、银行等中介机构、基层政府对中小企业私募债缺乏认识和了解的情况，通过编写宣传材料等形式，客观介绍中小企业私募债有关政策，加强政策宣传力度。在各方的共同努力下，浙江中小

企业私募债试点工作进展顺利。同时，积极指导上市公司抓住债券市场发展机遇，大力发行公司债，在融资结构上取得了新突破，改变了以往股权融资的单一模式。

3. 推动全国及区域性场外市场建设。发挥专业优势，积极提供业务指导和细致服务，围绕全国及区域性场外市场建设开展了大量基础性和开创性工作。一是积极开展清理整顿交易场所工作。配合地方政府对全省200家交易场所进行了摸底调查、督促自查、整改检查工作，11月，浙江省清理整顿交易场所工作首批通过部际联席会议验收，为全国及区域性场外市场的建设打下了坚实的基础。二是积极参与浙江股权交易市场的顶层设计。根据省政府要求和部署，多次研究论证市场建设方案、路径、主要制度安排等问题，参与草拟股权登记托管、挂牌交易规则、股份转让及监管规则、信息披露规则等24项规章制度。三是发挥引导作用，鼓励暂不符合上市条件的辅导期企业到浙江股权交易中心挂牌。同时支持浙商证券、财通证券两家证券公司参与浙江股权交易中心筹建，鼓励引导众多辖内外券商成为市场会员。10月18日，浙江股权交易中心正式挂牌成立，成为全国第一家有券商参与的区域性非上市非公众公司股权交易市场，标志着我省多层次资本市场建设迈上了新台阶。四是积极推动杭州滨江高新科技园区加入"新三板"试点扩容，鼓励省内证券公司与杭州滨江高新园区企业对接，为加入"新三板"市场扩容做好准备。同时，对历史遗留的非上市公众公司开展了摸底调查，指导符合新三板挂牌标准的公司到新三板挂牌。

4. 推动参与温州金融改革。一是多次赴温州深入调研，与温州市政府、上市公司、中介机构等开展座谈，分析温州资本市场发展情况，研究资本市场服务温州国家金融综合改革试验区发展的各项举措，提出增强资本市场服务实体经济能力的建议。二是积极为温州金改方案实施提供政策指导，对股权资产管理公司引进、产权交易所与浙江股权交易中心对接、监管机构设置等问题进行论证和建议。三是推动省内证券期货经营机构等市场主体积极对接温州金融改革，推动证监会将温州地区调整为证券网点非饱和地区，在网点设置、产品创新业务拓展等方面，加大服务温州金融改革力度。

二、夯实规范运作基础，全面提升上市公司质量

2012年，浙江证监局以夯实规范运作基础为核心，以"五项推进"为主要抓手，全面提升辖区上市公司质量。

1. 推进现场检查，及时发现和化解重大风险。按照"对象筛选有依据，现场检查规范化，风险处置标准化"的原则，共开展现场检查57家次，形成现场检查报告或持续监管意见39份，对公司采取行政监管措施6次，下发监管意见函12份，约见谈话22次，通过现场检查有效督促上市公司规范运作。

2. 推进信息披露监管，提高上市公司透明度。着力推进年报监管的"制度化、标准化、规范化"建设，全面修订年报监管工作规程，督促上市公司建立信息汇集流转、内幕信息管理、控股股东问询、应急反应等信息披露管理机制；在前期探索的基础上，于年底正式下发《浙江辖区上市公司信息披露工作评价办法(试行)》，初步建立了信息披露质量评价机制，统一监管尺度，引导上市公司开展自愿性披露，努力提高信息披露的针对性和有效性。同时，率先开展差异化信息披露尝试，针对个别公司重大内部控制缺陷等问题，采取"责令披露"、

"责任澄清"的监管措施，依靠市场的力量，督促其解决问题。

3. 推进上市公司治理，强化公司自我约束机制。先后组织开展上市公司财务基础规范性整治、内控规范实施、独立性整治、上市公司承诺履行核查等专项活动，上市公司治理水平得到进一步提高。出台了《关于进一步发挥上市公司财务负责人作用的意见》，督促财务基础薄弱的公司落实整改。通过与省财政厅联合发布通知、组织内控实施培训会等形式，扎实推进上市公司完善内控实施工作。在独立性专项整治活动中，推动部分公司通过出具承诺函、资产注入等方式化解了同业竞争问题，上市公司独立性整治工作取得阶段性成果；在对历年承诺事项全面梳理和统计的基础上，下发通知要求公司限期内披露尚未履行完毕的承诺情况，对承诺事项超期的上市公司采取监管措施，并记入了诚信档案。

4. 推进现金分红监管，强化回报投资者意识。在充分尊重公司经营自主权的前提下，着重强化现金分红信息披露监管。一方面督促上市公司将现金分红写入公司章程，建立了现金分红的长效机制；另一方面结合年报监管，督促未严格执行分红信息披露监管要求的公司进行补充披露，对未按承诺比例分红、长期不履行分红义务的公司通过下发监管意见函等形式加强监管约束。

5. 推进中介机构监管，督促中介机构归位尽责。推行大所监管模式，加强对主要会计师事务所的检查和指导。年初下发通知，要求保荐机构应在创业板上市公司披露年报后的一周内完成年报审核并向浙江证监局提交年报审核报告，着重发挥创业板保荐机构持续督导过程中发现风险、督促企业规范的作用，探索建立包括持续督导问核制在内的保荐机构监管长效机制。联合上海证券交易所组织召开了保荐机构座谈会，督促保荐机构进一步提高辖区发行保荐和持续督导工作质量。对部分公司开展财务顾问专项核查，并就存在的问题督促上市公司和财务顾问进行整改规范，强化对中介机构的专业约束。

三、支持创新，提升证券期货经营机构实力

2012年，浙江证监局认真贯彻证监会"放松管制，加强监管"的工作方针，一手抓创新推动，一手抓诚信建设，辖区证券期货经营机构实力进一步得到提升。

1. 支持证券期货机构参与创新业务。多次组织证券期货经营机构召开创新发展座谈会，研究提出经营机构创新发展的思路及工作重点；积极支持证券期货公司在合规经营和风险可控的前提下，开展以客户为中心、以市场需求为导向的创新活动。在推动证券创新方面，针对证监会出台的11项证券创新措施，制定了推进创新"工作路线图"，形成了53项细化安排，明确时限、责任到人。在推动期货创新方面，通过调研了解市场自主创新需求的基础上，积极自下而上推动创新，同时积极指导期货公司争取投资咨询、资产管理等新业务资格。

2. 倡导诚信建设，强化诚信意识。2012年，浙江证监局开展了证券期货业"诚信建设年"活动，按照"事前推进、事中检查、事后考核评价"的要求，分"动员启动、对照自查、整改提高、总结表彰"四个阶段有序推进各项工作。向各证券期货经营机构下发《"诚信建设年"活动工作指引》，弘扬"八个倡导、八个反对"的诚信宣言，开展了广场宣传、征文、主题演讲等形式多样的活动，年终评选和表彰了诚信行业、友好营业部和受人尊敬的总经理。同时在日常

监管中对经营机构负责人开展诚信考核。“诚信建设年”活动的开展使证券期货经营机构的合规诚信意识更加浓厚,进一步夯实了创新发展的基础。

3. 贯彻行政许可调整政策,为创新营造宽松的外部环境。一方面,按照国务院和证监会行政许可项目调整规定,研究制定了衔接工作方案,重新梳理行政许可工作流程,及时修订行政许可指引并予以公示,同时针对取消项目拟订后续管理方案,提前防范可能出现的问题,确保调整前后实现平稳过渡;另一方面,主动梳理简化非许可类报备事项,删减、简化10项证券类报备要求,并对报备事项探索实行“无异议即通过”的方式,将“放松管制”的方针真正落到实处。

4. 严格合规和风险控制要求,为创新发展提供制度保障。加强对证券公司新业务、新产品的现场和非现场检查,组织开展专项压力测试,推动创新业务的风险管理有效跟进,严守防范系统性和区域性风险的底线。

四、以打击内幕交易为重点,严厉查处违法违规行为

2012年,浙江证监局以打击和防控内幕交易为重点,高效开展案件调查、“打非”和“整非”等各项工作,有力维护了资本市场秩序。

1. 深化内幕交易综合防控体系建设。进一步加强了与国资、公安等部门在规范上市公司国有股东内幕信息管理、查处内幕交易案件等方面开展的合作;同时积极开展教育宣传,精心组织“内幕交易警示教育展”,将内幕交易防控作为辖区上市公司董事、监事、高管人员培训的重点内容,邀请证监会专家专题授课,编印《上市公司内幕交易典型案例读本》,下发至辖区上市公司。在浙江证监局的积极推动下,省政府于9月下发《关于进一步加强上市公司内幕信息管理　切实做好内幕交易综合防控工作的通知》,明确了地方各级政府、各有关部门对内幕信息的保密要求,对防控和打击内幕交易行为的职能分工等做了明确规定,辖区内幕交易综合防控体系进一步深化。

2. 快速高效查办内幕交易案件。全年共完成4起立案案件调查,均为内幕交易案件,其中2起已移送公安,开展了11起非正式调查,其中涉嫌内幕交易6起,涉嫌市场操纵2起。同时还完成协查案件13起,送达行政处罚文件6起,执行罚没款金额100万元。

3. 创新工作方式,提升“打非”工作成效。9月,浙江证监局联合浙江证券业协会在辖区建立电视广播节目轮值监听监看制度,组织183家证券经营机构对辖区内证券类广播电视节目进行分时、分区监测,使监管触角全面延伸至各地市。全年共处理2起不规范广播电视证券节目,清理参与证券节目的无资格人员5人。

4. 有效整治非法证券活动。认真核查“涉非”线索,持续更新非法证券活动线索资料库,并加大对“涉非”机构的调查力度。全年共对9家“涉非”机构开展摸底排查,责令2家非法机构向投资者进行退赔。

五、优化金融环境,夯实市场发展基础

1. 做好关键时期维稳工作。2012年,浙江证监局认真贯彻落实证券期货监管系统维稳工作会议精神,从内、外两方面着手,扎实开展维稳工作。一方面及时调整了局维稳工作领导小组,明确局内工作人员的维稳责任和工作要求;制订维稳工作方案,修订突发事件应急预案;召开全局

维稳工作会议，部署维稳重点工作，局内部建立了统一指挥、分级负责、整体联动的维稳工作机制；另一方面向各市场主体、经营机构下发通知，明确维稳责任，部署维稳工作，组织辖区各证券期货公司自查的基础上，对5家证券期货公司信息系统安全保障工作开展重点现场检查，督促整改落实；积极开展走访，进一步深化了与省信访局、维稳办、应急办、公安厅等部门的立体维稳工作机制，形成维稳工作合力。

2. 深入推进投资者保护工作。2012年，浙江证监局将日常工作与专项工作相结合，逐步探索建立了一套适合辖区实际的投资者保护工作的方式方法。一是创新形式，扎实做好信访工作。进一步规范了信访流程，实施信访电话24小时在线；实现信访件的电子化流转，提高信访事项办理效率。指导浙江证券业协会组建全国首家地方协会证券纠纷调解委员会，并与法院建立诉调对接机制，妥善解决矛盾纠纷。二是开展"积极回报投资者"主题宣传活动。制作投教产品28万份，分发宣传材料18万份，发送短信48万条，发布专栏文章、新闻稿件600余篇，在89个电视台栏目、132家网站播放投资者教育词条，组织新华频媒、省电视台等主流媒体播放宣传公益广告，走访上市公司100余家，召开投资者座谈会1000余场，取得了良好效果。三是创新上市公司投资者关系管理监管举措。组织开展投资者关系管理专题调研，听取各方尤其是中小投资者意见，下发了《关于上市公司利用网络平台加强投资者关系管理的通知》和《投资者接待日工作指引》等指导性文件，以规定的形式固化工作经验，推动建立长效工作机制。对上市公司网站建设、投资者热线电话接听等方面情况进行全面检查，督促未按照要求开展工作的公司年底前完成整改工作。

3. 改善资本市场宣传舆论环境。按照"主动应对、主动引导、及时回应、及时处置"的原则，着力提高舆论引导的主动性、针对性和时效性。一是强化正面舆论引导。在面对涉及辖区市场主体的重大突发新闻事件时，主动联系权威媒体及时发出主流声音。二是积极应对媒体质疑。指导上市公司健全资本市场突发事件应急反应机制，妥善处置媒体质疑、股价异动、市场传闻等突发事件。三是提前预判舆论导向。落实信息收集报告制度，全年形成《信息收集报告》38期、《期货市场舆情要览》45期，积极开展调查摸底，对媒体质疑提前研判，切实提高媒体应对的主动性。

中国保险监督管理委员会浙江监管局工作情况综述

局长　吴勉坚

2012年，浙江保监局在中国保监会和浙江省委、省政府的正确领导下，以科学发展观为统领，坚持"抓服务、严监管、防风险、促发展"的工作要求，突出"一切为了消费者"的主题，着力加强和改进监管，圆满完成了年初预定的各项工作任务，在走浙江特色的保险之路上迈出了坚实的一步。

一、2012年保险市场的基本情况

（一）风险保障更加充分

全省保险业共为经济社会提供风险保障31.4万亿元，同比增长29.6%，浙江的风险保障覆盖水平居于全国第4位。目前，我省平均每个家庭拥有寿险保单1.7张，平均每10家企业拥有财产保单1.8张，保险与经济社会的融合程度进一步提高。

（二）经济补偿更加有力

全省保险业共支付赔款和给付342.2亿元，同比增长33.5%，是近5年来增幅最大的一年。仅在抗击"海葵"台风中，全省就支付赔款8亿多元，其中支付农业保险赔款近9000万元，保险稳定经济发展的功能进一步凸显。

（三）民生服务更加广泛

全省保险业积极参与社会保障体系建设，健康保险服务人次达到5616万，养老保险服务人次达48.5万，企业年金服务人次达497.6万，积累的养老医疗基金已达近2000亿元，保险对于改善人民群众生活品质的作用进一步增强。

（四）资金反哺更加有效

人保集团投资25亿元参与舟山海涂围垦工程达成协议，国寿集团投资55亿元的钱江新城大楼正式开建，平安集团投资170亿元的桐乡养生养老基地已经奠基。此外，甬台温高速公路复线等在谈项目也取得进展，保险资金与地方建设的合作进一步密切。

（五）社会责任更加彰显

各家保险公司积极履行企业公民责任，共缴纳税金26.9多亿元，同比增长14.9%，提供新增就业岗位近5000个，是近3年来新增数量最多的。此外，组建志愿者服务队30余个，注册志愿者人数超过1000人，保险行业的大爱精神进一步显现。

我省保险业在服务地方经济社会发展同时，自身建设也取得了积极的进步。从综合实力来看，全省实现保费收入984.6亿元，居全国第4位，同比增长12%，高于全国4个百分点，在全国保费排名前十的省份中居第2位。从经营效益来看，财产险实现经营利润23.5亿元，位居全国第3位；人身险的内涵价值也继续提高，新单期交占比、续期保费占比等指标在规模前十的省份中继续居于第1位。从机构建设来看，第1家驻地在浙的合资保险公司中韩人寿顺利开业，"一产一寿一合资"三驾马车的总部格局正式形成，目前全省共有省级保险公司73家，专业保险中介112家。我省保险业的综合竞争实力显著增强。

二、2012年监管工作情况

（一）启动专项攻坚，着力解决"两难"问题

1. 车险方面，建立理赔服务"一把手"问责制，强化保险公司负责人对车险理赔投诉纠纷、理赔数据真实性和理赔服务质量三项管理责任。组织产险公司在全省开展"保单网上查询，客户明白消费"活动，鼓励客户自主查询承保理赔信息。开展车险理赔现场查勘测试工作，对服务不达标的公司进行业内通报；完善测试的技术方法、指标，开展量化考核和排名，对整改不力、排名多次靠后的公司加大监管力度。督促产险公司全面清理积压未决赔案，分类建立明细台账，切实加强与当事人沟通解释，采取妥善措施加快赔付速度。开展未决赔案专项检查，检查10家产险公司分支机构，投入检查人力150人次，抽查赔案842起。指导省协会规范理赔各环节服务标准，对报案调度、查勘、定损、医疗跟踪、资料收集、理赔形象、赔付时限、投诉处理等进行管控与服务监督。建立行业车险理赔服务质量评价体系，对保险公司理赔现场查勘、理赔管理指标、客户理赔投诉、理赔资源投入和理赔违规处罚等进行监测、评分，客观评价各公司车险理赔服务质量和水平。研究建立承保能力与理赔服务能力匹配挂钩机制，推动承保理赔协调发展。建立车险理赔服务质量监督团，由相关政府机关代表、消费者保护组织代表、法律工作者等46人组成，形成车险理赔服务质量社会监督机制。

经过为期一年的综合治理：

——理赔周期明显缩短。前三季度全省商业车险平均结案周期41.9天，较上年同期下降8.8天，报案结案率为61.4%，较上年同期提高4.3个百分点，万元以下车险结案周期18天，较上年同期下降8.6天。

——未决赔案大幅减少。全省共清理未决赔案335336件，涉及赔案金额23.4亿元。

——理赔痼疾得以改善。赔款支付不及时，零结、拒赔案件处理不规范，理赔档案管理混乱以及理赔系统不完善等问题大为改善。

2. 人身险方面，组织各公司对销售误导开展自查自纠，通过对照检查、辖内巡查、信访排查及现场督导"四结合"的形式进行督导。实施销售误导现场检查和电销业务专项检查。审查公司销售误导自查自纠报告，深入挖掘分析、充分利用信访举报线索。发挥协会自律作用，指导和推动省行业协会出台全省治理人身保险销售误导自律公约。严肃查处人身险销售误导问题，形成和保持严厉打击销售误导的高压态势。举办人身险综合治理销售误导研讨会，邀请外资公司介绍国际人身险销售误导治理经验，帮助辖内人身险公司开阔视野、借鉴做法、认真做好治理工作。健全治理销售误导长效机制。建立产说会全程录像制度，进一步加强产说会品质管理。实施"浙江人身保险服务网"和"人身保险消费提示卡"制度，健全信息披露制度和投保风险提示制度。召开高龄客户权益保护工

作座谈会，研究进一步推进高龄客户权益保护机制。督促公司进一步加强客户资料真实性管理，进一步提升信息资料的真实性、准确性。

销售误导专项治理工作的认真开展较好地起到了“查处一个、震慑一批、教育一片”的效果，有效遏制了销售误导的高发态势。我局信访处理情况也表明，治理工作开展以来涉及销售误导信访件占比明显下降且呈逐月下降态势，信访结案周期同比下降，信访调解息诉率得到进一步提升，未出现一起重访案件。

（二）加大市场整治力度，提升监管工作水平

1. 狠抓重点领域，提升监管工作的针对性。财产险领域着力解决虚列中介业务、虚列业务及管理费用、虚假赔案等问题。全年共对3家省级分公司开展综合性检查，对6家地市中心支公司开展中介业务和电销专项检查，累计投入检查人力326人次。人身险领域着力解决销售误导、电销业务违规问题，累计派出18个检查组和自律巡查组对19家公司进行检查，历时105天，检查人员达530人次，共检查银邮网点200余个，抽听电话录音9100余个，检查保单8000余份，检查公司内控制度和回访话术75项，走访客户180余人。中介领域集中开展邮政企业代理业务检查，并对相关保险公司开展了延伸检查。通过开展有针对性的检查，全年累计对12家次机构予以行政处罚，罚款127万元，对4名相关责任人予以警告，累计罚款7万元。

2. 注重内外联动，提升监管工作的有效性。加强业务处室之间的横向联动，实施产、寿、中、稽查等处室联合检查，整合监管资源，多处室之间形成合力。加强与分局的上下联动，保持监管政策的一致性，注重监管措施的多样性。加强对协会的业务指导，组织协会开展自律检查，扩大检查覆盖面，提升检查效能。

3. 推进分类监管，提升监管工作的科学性。研究确定2011年度保险机构科学发展综合考评等级，确定4家A类公司，44家B类公司，4家C类公司，并向相关分公司和总公司反馈了评价结果，向行业下发了表彰优秀企业的通报。开展2012年上半年和全年科学发展综合考评工作，有针对性地采取监管措施。完成新分类监管制度模拟测试，向保监会上报数据测算结果和修改意见建议。

（三）加强风险防范，确保市场平稳运行

1. 重点防范非正常退保风险。开展退保风险排查，组织寿险公司自查退保风险，派员赴地市调研，开展辖区巡查，暗访重点业务领域，全面了解辖内情况。关注重点公司和领域的案件风险，持续监测对重点公司面临的退保风险，约谈省公司负责人1名、总公司电销部负责人1名，对3家可能引发集中退保风险的公司及时予以指导，对9家退保率超过5%的公司进行退保风险质询。征集历年退保典型案例，进一步排查辖区非正常集中退保案例情况。定期编制月度、季度寿险市场退保情况分析报告，及时采取措施防范避免发生大规模退保事件。指导各地协会建立舆情监测和重大事项报告等相关制度，督促公司完善应急预案和落实重大事项报告制度。组织召开人身险退保业务管理工作座谈会，通报全省人身险退保风险的严峻形势，要求各单位根据各自实际情况做到“三强化”、“三细化”。经过治理，辖内人身险退保率虽然位处2012年全国最高和省内近三年历史峰值，但未发生一起非正常集中退保事件，也未出现任何系统性、区域性风险和影响社会稳定的群体性事件，使我省退保情况保持了“高而不危”态势，守住了防范化解风险的底线。

2. 积极防范大灾风险。组织公司及时开展“防灾减灾日”宣传周活动。下发通知组织各产险公司加强汛期防灾防损工作，完善大灾应急预案，建立理赔信息报送机制。及时与浙江省防指协调配合，积极做好“海葵”台风大灾应对工作。灾前督促公司关注“海葵”台风发展状况，及时启动应急预案；灾后建立大灾理赔情况日报送机制，督促公司开辟大灾绿色理赔通道，提高理赔效率。

3. 以“两反一处置”为抓手，切实防范案件风险。稳步推进反洗钱工作。出台指引细化规定辖内保险机构反洗钱内控建设、日常工作标准等；将反洗钱内控建设情况列为新设机构开业验收的重要内容，对拟任高管人员开展反洗钱知识测试；在综合性检查中增加反洗钱检查内容，重点检查内控制度的完备性、信息系统的有效性、客户身份识别和重大可疑交易报告的全面性等情况。扎实开展反欺诈工作。联合省公安厅组织召开保险业配合公安机关“破案会战”动员大会，加大案件线索排查和移送工作力度，1—9月，全省公安机关共对保险诈骗类犯罪案件立案197件，抓捕不法分子397人，涉案金额合计2513万元。排查处置非法集资风险。组织全省保险业开展了为期一个月的非法集资风险排查活动，组织员工和营销员签署自觉抵制非法集资活动承诺书。经排查，未发现保险机构从事或参与非法集资活动的情况，发现一名保险从业人员参与非法集资活动，但未涉及保险业务。排查期间，全省共有11万余名保险从业人员完成了承诺书签署工作。

（四）深入推进政保合作，服务地方经济社会发展

1. 积极对接温州金融综合改革试验区建设。围绕“拓宽保险服务领域”的工作任务，形成《浙江保监局参与温州市金融综合改革试验区建设初步方案》，出台《关于支持温州市金融综合改革试验区建设的一揽子举措》，并召开浙江保险业参与温州金改建设动员大会，明确了参与温州金改的任务和要求。积极做好保监会和省政府签订支持温州金改战略合作备忘录的相关服务工作。初步拟定了5大类20余项改革项目。目前，科技保险、国内贸易信用险、环境污染责任险、火灾公众责任险等在温州实现“破题”，小额贷款保证保险试点全面启动，保险法人机构设立、保险资金运用和参与社保体系建设等工作也取得初步进展。

2. 持续推进政策性农业保险有关工作。召开共保体理赔工作会议，加大灾后理赔力度，提升理赔时效。推动发改委开展农业保险调研，会同省金融办研究农险扩面。从严审定农险共保体经营资格，指导新共保体成员单位开展工作。推动省政府增设政策性小麦、大麦保险险种，下发通知鼓励开展特色农业保险品种试点。会同省农险协调办进行政策性农业保险农村协保员培训。与省发改委、省财政厅等单位会商研究基层涉农工作人员工作经费制度。与省气象局合作上线灾害证明在线申请系统，简化理赔程序，提升理赔速度。

3. 积极参与浙江省城乡居民医保体系建设。修订《“十二五”期间深化医药卫生体制改革实施方案（讨论稿）》，参与起草全省《关于开展城乡居民大病保险工作的指导意见》（征求意见稿）。加强与相关部门沟通协调，细化完善六部委《关于开展城乡居民大病保险工作的指导意见》贯彻落实。组织召开大病保险研讨会，听取有关公司意见建议，努力为辖内保险业参与城乡居民医保体系建设营造有利环境。

4. 积极推动保险业参与地方改革创新。参与起草省委、省政府《关于加快地方金融业改革发展的若干意见》，提出保险业进一步扶持小微企业健康发展的政策意见。联合人民银行对保险业支持水利改革发展、旅游业发展提出要求。联合省金融办等部门出台相关意见，推动保险在金融创新示范县建设中发挥更大作用。开展小额贷款保证保险专题调研，提出稳步推进和完善小额贷款保证保险的意见和建议。做好杭州市的保险改革创新工作，与环保厅开展联合调研，确定环境污染责任险发展思路及发展长效机制。参加对杭州、宁波、丽水等11个县市区的医疗纠纷预防与处理办法专项检查，提升医疗责任保险的影响力。推动省政府出台意见鼓励投保火灾公众责任险。推动科技厅下发文件，在我省科技企业中开展科技保险试点工作。研究设立科技保险法人机构的可行性，引导险企针对不同高新企业的市场需求开发针对性的保险产品。

（五）加强体制机制建设，夯实消费者权益保护基础

1. 建设浙江保险消费者满意度评价系统。设计启用浙江保险消费者满意度评价系统，鼓励引导消费者从产品、销售、理赔等环节，对保险机构、中介机构和营销员作出自主评价，与监管部门、第三方调查机构共同构建“三位一体”的保险服务评价体系。截至11月底，已收到调查问卷8657份，增加了消费者对保险的认知度和参与度。

2. 加强消保机制建设。建立浙江保监局局长接待日制度和浙江保险机构负责人接待日制度，全年举办局长接待日6次，接待14批26人次消费者投诉，展示了我局监管为民的良好形象。对财产险领域拖赔、惜赔信访实行一把手约谈，由各产险公司省级分公司负责人领取和督办信访件。累计转办督办件120件次，约谈产险公司省级分公司负责人35人次。在党的十八大召开前夕，根据信访投诉总量、增量、排名等情况，对20家重点保险公司省级分公司的主要负责人进行集体约谈。完成保险消费者权益保护相关规章制度搜集整理工作，将45项制度纳入汇编。在主流媒体开辟消费者教育专栏，持续进行消费者维权教育。

3. 实现“12378”消费者维权热线平稳运行。注重建章立制，培训管理，先后制定10余项制度，涉及考核、培训、勤务管理等各方面。针对消费者投诉常见问题，归纳总结典型案例，总结记录要点和应答技巧，形成12378热线接听指引。完善12378热线知识库，增加特殊情况和复杂问题处理方法。

4. 畅通保险消费者维权渠道。开展“3.15”消费者权益保护日主题活动，浙江保监局负责人和全省71家保险公司省级分公司139名负责人分赴各地接访。联合省司法厅推进浙江省保险行业人民调解委员会试点工作，试点地市中，温州已投入运行，其他4家试点地市陆续筹备完毕。继续推进诉调对接工作，提高化解保险合同纠纷的能力。2012年上半年共受理案件90件，涉案金额978万余元，调解成功40件，涉案491万余元。加强与杭州仲裁委员会的合作，指导部分保险公司在营业场所开设仲裁受理处，提供一站式仲裁服务，降低保险消费者维权成本。

（六）引导公司改革创新，提升行业综合实力

1. 推动单纯性理赔服务网点合规化建设。开展专题调研，了解保险公司开设单纯性理赔服务网点的现状。组织座谈，分析已开展或拟开展公司的做法和下一步计划，针对存在的法律风险问题，引导公司合规发展，切实提升理赔服务质量。

2. 积极促进中介市场转型升级。扎实做好代理市场清理整顿。着力推动机构注资增资，对在指定期限内注册资本不达标的公司予以公告注销。积极做好弱体机构劝退工作，对业务规模小、内部管理差、人员配备少、职场条件差的保险专业代理机构，实施一对一高管谈话，劝其退出市场。加大许可换证审批力度，严格限制非金融机构和非邮政类保险兼业代理机构许可证延续工作，不断推进保险兼业代理机构专业化发展。自上年11月起，累计注销或拟注销保险专业代理机构8家，占上年底保险专业代理机构数量的5.6%。

3. 积极推动兼业代理专业化。采取座谈会、约谈等多种形式与汽车企业沟通交流，宣导鼓励其走专业化经营道路。逐步清退管理混乱、服务不规范、专业素养不高的汽车兼业代理机构，细化车商兼转专许可标准和实施细则。持续跟踪辖内首个试点单位嘉兴禾众保险代理有限公司，总结试点经验，进行培育指导。从近期摸底调研情况看，辖内已有4家年保费规模上亿元的车商有意向出资设立保险代理公司。

4. 稳步推进营销员管理体制改革。组织保险营销体制改革座谈会，鼓励辖内保险机构积极探索新的营销模式和营销渠道。目前，工银安盛人寿正在试点员工制；有6家保险公司在浙设立了保险销售公司，前三季度共实现保费收入3.6亿元，占专业代理市场份额的29.3%。试点寿险营销员分级管理。采用审查评定制，根据三方面十大条件，将寿险营销员分为初、中、高三个等级，并在福利保障、产品销售、继续教育等方面实施差异化管理。健全营销风险应急处理机制，要求各保险公司和保险中介机构高度关注保险营销队伍的潜藏风险，建立组织体系、制订应急预案、做好应急处置、严格报告制度，建立健全保险营销风险防范和危机处理机制。完善注册保险培训师制度。举办注册保险培训师继续教育培训班，2012年组织培训879期，受训营销员7.3万人，有效提升了营销员的依法合规意识和职业道德水准。加强从业人员资格考试管理，健全管理制度，强化管理责任，运用考试远程视频监控系统，加大考试的监控和跟踪力度。顺利通过省保密局的考试保密工作专项检查，一些做法得到了保密局领导的充分肯定。2012年累计组织保险中介从业人员电子化考试2700场，8.2万人次参加考试。

5. 引导推动保险公司加强分支机构建设。加强机构准入规划管理，制订2012年保险分支机构地区市场准入容量控制方案，确定控制目标，设立市场准入保护区和发展区，推动保险公司因地制宜有序发展。开展分支机构规范化建设，在前期普查基础上，对10余个县市保险公司分支机构营业场所进行实地核查，查实10家未经审批擅自迁址机构、21家擅自变更负责人机构、17家营业场所不达标机构。制定出台分支机构规范化建设指引，召开动员会、整顿会，督促不达标机构限期完成整改。组织开展自查自纠，确保保险公司分支机构达到证照相符、亮照经营等要求。

中国工商银行浙江省分行经营管理情况综述

行长　沈荣勤

2012年，面对复杂多变的经营环境和日趋激烈的竞争形势，工行浙江省分行在省委、省政府、监管机构、工总行的正确领导下，紧紧围绕省委、省政府"八八战略"和"两创"总战略，千方百计扩大信贷投入，创新金融产品服务，支持实体经济、服务百姓民生，总体发展态势良好，并充分发挥了大银行在金融服务和保障工作中的主渠道作用，为我省经济平稳较快发展和转型升级发挥了积极作用。2012年末，工行浙江省分行实现本外币全部存款新增815亿元，表内全部贷款新增618亿元，贷款增量、余额均保持同业第一，表外融资新增134亿元，全年实现中间业务收入90.54亿元，不良贷款率0.97%。工行浙江省分行的工作受到了社会各界的充分肯定，多次得到省委、省政府领导批示肯定，在全省银行系统民主评议行风评比中群众满意度名列第一，并被授予"2012年度支持浙江经济社会发展一等奖"和"支持浙江实体经济发展优秀奖"等荣誉称号。

一、千方百计多投放，保障浙江经济平稳发展

一年来，在实体经济困难增加、信贷有效需求减弱、资本管理加强的不利局面下，工行浙江省分行牢牢把握立足实体、支持实体这一基点，千方百计扩大信贷投入，腾笼换鸟优化信贷投向。在有力助推实体经济的健康发展和转型升级的同时，实现了自身信贷结构的动态调整和优化。一是加大重点领域信贷投入。围绕"四大国家战略"、"四大建设"以及浙商回归工程，加强商投互动、内外联动、本外币联动，全年累计发放项目贷款392亿元，保障了港口、电力、机场、地铁、铁路等重大项目建设资金需求。二是加快新兴产业信贷投入。积极支持先进制造业、现代服务业、文化产业和战略新兴产业市场发展，推进产业转型升级。先进制造业和现代服务业新增贷款592亿元，增长24%；注重具有示范效应和产业拉动作用的重点文化产业项目，支持华数、浙报等集团公司做大做强，新增文化产业贷款62亿元，增幅50%；介入舟山大宗商品交易中心等项目建设，海洋新兴产业贷款新增48亿元，增幅40%。三是坚定不移支持小微企业发展。扩大小企业专营机构建设，加快担保方式创新，大力推广保证保险贷款、小微企业信用贷款等新业务，全年新增小微企业贷款150亿元，贷款余额达1902亿元、居全国工行系统首位，被银监会授予"全国银行业金融机构小微企业金融服务先进单位"称号。同时，积极

帮助困难企业走出困境，累计为2124户企业周转资金442亿元，累计让利减费10亿多元、核销贷款5亿多元。四是加大支农投入。制定县域机构优先发展战略，将信贷、渠道等资源向县域农村倾斜，新增涉农贷款323亿元、占到全部贷款增量的52%，县域网点总量417个、占到全部网点总量的53%；围绕农村金融改革，大力推广“智能银行”，加强与省农信社等涉农机构资源共享、柜面互通，进一步延伸服务渠道，在浙江新农村建设中发挥了国有大银行应有作用。

二、坚持不懈抓服务，客户满意度持续提升

一年来，在银行收费、服务和盈利成为社会关注焦点、热点、金融监管进一步加强的背景下，全行坚定转型发展决心，坚持以客户为中心，深入开展整治不规范经营、民主民议行风、“满意在工行”和服务客户、服务基层“双服务活动”，在注重规范的基础上，加快业务创新，服务水平和客户满意度持续提升。一是强化规范服务。全面自查、梳理现行中间业务收费情况，及时废止、修订各类格式合同，成立消费者权益保护工作领导小组，强化中间业务收费服务管理；按照“四个有、一个不”的要求，准确执行新版《服务价目表》，制定出台《中间业务收费管理实施意见》，对收费科目等都作了具体规定，切实做到收费有依据、有协议、有服务、有记录、有管理。二是强化高效服务。协调推进业务集中处理、流程改造、业务分流、渠道优化等工程，确保服务高质、高效，全年新建成网点20家、智能银行25家、离行式自助银行146家，新增自助设备投入2046台，年末电子银行业务占比达到64%；全面开展星级网点、星级员工创建工作，推广网点服务质量与排队管理系统，建立重点区域、重点网点排长队问题督导机制，进一步完善一站式投诉通道和管理机制，着力解决排长队和客户投诉问题；深入推进业务集中处理改革，进一步扩大集中处理业务和批量代理业务品种和地区范围，全行已完成28项业务大类的集中投产，对公非现金业务集中率达到84.65%，集中批量代理业务品种已达98项。三是强化创新服务。围绕投资银行、财富管理、贵金属、银行卡、电子银行等领域，积极推进业务、产品和服务的创新和推广，推出“工银聚”电子商务平台、云办公平台，“日溢金”和“金溢金”系列套利产品，“牡丹采购卡”等信用卡新业务，高端客户私人助理、健康体检等非金融增值服务，全年合计立项投产区域特色创新项目92个；同时大力推广财产收益权信托、债务重组业务、并购融资安排等品牌类投行业务，法人理财、供应链易透和全能付等结算与现金管理产品，基金专户、券商定向资产管理、跨境安心账户等资产托管业务，品牌银、积存金等贵金属产品，更好地满足了客户的需求，并为客户创造了价值。服务能力和水平的提升有力促进了客户基础的扩大和市场竞争力的提升。全年新增个人有效客户137.5万户，新开人民币单位结算账户9.75万户、四行占比38.2%；全年实现中间业务收入90.54亿元，四行占比36%。

三、多管齐下控风险，资产质量总体可控

一年来，在部分企业经营困难增加，银行不良贷款反弹的严峻形势下，工行浙江省分行从年初以来就把不良贷款压降控制作为各项工作重中之重来抓，奋力打赢资产质量攻坚战。一是前移风险关口。投产信贷客户智能化监测系统，强化信贷业务

风险预警分析；加强全面风险排查，重点关注小企业销售回笼、对外投资、民间借贷、互保关联风险，关注民营大户因过度融资、短贷长用、表外套现等导致资金链断裂的风险，落实风险预案，增强风险防控的主动性。二是切实加强重点领域风险防控。重点关注分析钢贸类企业、外贸出口企业、房地产配套服务企业以及造船、光伏等受外部环境影响较大的行业，严防产业系统性风险；加强政府融资平台、房地产贷款、担保圈贷款管理，年末，工行浙江省分行辖内融资平台贷款比年初下降111亿元，房地产贷款较年初下降43.2亿元，转化担保圈贷款168亿元。三是狠抓不良贷款清收处置。定期召开二级分行"一把手"、分管行长碰头会等，明确不良贷款控制目标；省分行和各二级分行专门成立不良贷款处置工作小组，集中抽调精干力量攻坚克难，加强对不良贷款集中区域分、支行的督导，强化不良贷款与绩效挂钩考核力度，加强与总行、当地法院等部门沟通联系，综合运用现金清收、重组转化、核销、还款免息、债权转让等多种途径，加快诉讼执行进程和不良贷款处置进度，全年累计清收转化不良贷款59.04亿元，收回的现金数位列全国工行第一。在切实防控好信用风险的同时，浙江分行统筹推进操作风险、市场风险、声誉风险等全面风险管控，确保了安全经营。通过持续开展案件防控主题教育活动，落实营业机构内控案防专职领导制，深化重点支行重点网点帮促、深化员工行为动态管理、定期召开防案分析会、开展案件防范工作网络化管理等工作，不断夯实基层案防长效工作基础。成立非现场监测中心，运用非现场风险模型，创新风险事件及重要风险点的核查方法、手段，上收业务运营风险等级评定职能至省分行、反洗钱职能到二级分行，在落实总行重点领域和关键环节风险点防控的过程中，新增信贷、电子银行、商业贿赂等6个重要风险点防控治理；强化重要制度、贷款、非格式合同及其他文件的法律审查和风险提示，持续加强安全保卫工作，进一步提升操作风、合规风险防控能力，继续保持内控评价一级行，连续5年被浙江省综合治理委员会、公安厅授予"治安安全示范单位"。

四、改进作风促和谐，队伍凝聚力不断增强

一年来，在困难压力前所未有的复杂形势下，工行浙江省分行始终坚持发展依靠员工、发展为了员工，严格执行中央、总行改进工作作风、密切联系群众各项规定，统筹推进党建、队伍建设、企业文化各项工作，全行员工的凝聚力、战斗力进一步增强。一是改进党风行风。深入推进创先争优和基层组织建设年活动，组织开展基层党建工作示范单位的推选，总结推广示范单位的特色典型经验，充分发挥示范单位的典型引领作用。扎实开展民主评议行风活动，我行群众满意度在全省23家参评银行中名列第一；扎实推进惩防体系建设，层层签订廉政案防责任书，以量化考核评价和执法监察为手段，强化党风廉政建设责任制考核，以管理人员为重点切实加强反腐倡廉教育，严格落实廉洁自律各项要求。二是完善员工工作。积极搭建有利于优秀人才脱颖而出的发展平台，实行透明的选人程序和选人办法，一批70、80后年轻干部在公开选拔中脱颖而出，走上分支行管理岗位；启动了"333"管理人员培训工程，进一步增强各级领导班子领导能力；以职业发展和柜员转制提升员工职业忠诚度，着力解决员工身份和同工同酬问题，提高员工对工商银行的归属感和忠诚度。加大教育培训力度，制定教育培训三年规划，成

立培训学校和模拟银行，全行共举办各级各类面授培训班946期，培训46941人次，促进员工履职能力提升。三是优化薪酬福利管理。出台薪酬绩效管理指导意见，优化薪酬资源配置，深化支行绩效管理，提高支行绩效管理的科学性、规范性和有效性；不断提高福利保障水平，深化补充医保制度，提高员工的医疗保障水平。四是深化特色企业文化建设。切实落实总行企业文化建设十件大事，根据浙江实际开展以“服务实体经济、服务百姓生活”、“学雷锋、强服务、比奉献”、“满意在工行”等主题活动，宣传推广基层行特色文化建设先进典型，工行浙江省分行特色文化建设进一步引向深入；进一步完善假期管理和五项福利管理，提高公积金缴交标准，制定和实施退休和内退人员待遇调整实施细则，确保在规范的基础上改善员工福利，进一步在全行营造了心齐、气顺、劲足的良好氛围。

中国农业银行浙江省分行经营管理情况综述

行长　冯建龙

2012 年，中国农业银行浙江省分行认真贯彻落实省委、省政府和农业银行总行的各项工作部署，积极应对复杂严峻的经济金融形势，以服务地方经济为宗旨，扩大信贷投入，加快经营转型，推进金融创新，在实现自身各项业务有效发展的同时为浙江经济发展做出积极贡献，获得“2012 年度金融机构支持浙江经济社会发展一等奖”、“2012 年度金融机构支持浙江实体经济发展优秀奖”、“首届浙江省最具社会责任金融机构”、“支持中小企业发展优秀奖”及“浙江金融机构金融改革创新奖”等荣誉称号。年末，全行本外币各项存款余额 7379 亿元，比年初增加 472 亿元；各项贷款余额 5596 亿元，比年初增加 504 亿元；全年实现中间业务收入 62.5 亿元。

一、扩大信贷投放力度，大力支持浙江经济转型升级

（一）多渠道为实体经济发展提供资金支持

根据浙江实体经济发展和转型升级的金融需求，加大对浙江区域的信贷投放力度，全年新增各项贷款 667 亿元（含宁波），贷款增幅 11%，居全国农行系统前列；银行承兑汇票、信用证、保函等或有资产规模达到 941 亿元；通过内保外贷、海外代付、票据转让、农银租赁、银信合作等方式向浙江引入资金 869 亿元。

（二）突出支持产业转型升级

全年对浙江海洋经济发展示范区、义乌市国际贸易综合改革试点区、舟山群岛新区、温州金融综合改革实验区等新增贷款 463 亿元；对生物医药、信息网络、先进装备制造业等代表我省经济转型升级方向的新兴产业新增贷款 192 亿元；对交通、能源、保障房等政府主导项目和民生工程新增贷款 146 亿元；发放企业节能减排、绿色环保重点项目和企业技术改造贷款 149 亿元。

（三）大力支持中小微企业健康发展

中小企业和小微企业贷款做到“两个高出”，全年新增中小微企业贷款 281 亿元，同比多增 22.62 亿元，增幅 10.96%，高于全行贷款增幅 1.07 个百分点，其中，小企业贷款增加 109 亿元，增幅 13.44%，高于全行各项贷款增幅 3.55 个百分点，增量和余额均居全国农行系统前列。同时，严格落实省委、省政府和监管部门“三严格、五禁止”和“七不准”、“四公开”的要求，在政策允许范围内，对中小企业给予最大限度的利率和服务收费优惠。

（四）主动帮扶企业渡过经营难关

在 2012 年经济相对困难的情况下，始

终把保稳定、保企业作为重中之重。通过摸底调查，对不同的企业实行不同的分类指导政策，对暂时困难但前景看好的企业，不仅不压降贷款，而且继续给予支持；对符合收回再贷条件的企业，灵活审慎地进行存量贷款周转；对已经出现事实风险的企业，在合法合规前提下，通过债务平移、并购重组等方式化解风险，帮助企业平稳过渡。

二、加强产品业务创新，不断提升金融服务水平

（一）积极开展产品创新

针对小微企业和个体经营户，推出杭州商宝、小企业可循环贷款等产品，创新推广商铺经营权质押、应收账款质押、排污权抵押等多种担保方式，积极与保险公司合作开展小额保证保险贷款业务，与信用担保机构合作推进小企业信用贷款试点，着力帮助小微企业解决"融资难"、"融资贵"的问题，特别是"小企业简式快速贷款"荣获"2012年度浙商最佳融资产品"和"浙江小微企业值得信赖的融资产品"。针对企业中高层管理人员、公务员等客户群体推广"随薪贷"、房抵贷等。针对网购族，与第三方支付公司合作，推出网上快捷分期业务。针对留学一族，推出"留学宝"等。同时，优化支付结算服务，推出了短信E支付、商惠通卡、易捷版现金管理平台和行云结算卡等产品。

（二）持续优化业务流程

重点落实省委、省政府、人行相关政策要求，完善帮扶小微企业配套政策，优化小微企业信贷业务流程，对小企业金融服务专营机构的信贷业务上实行"一次调查、一次审查、一次审批"的快速业务流程，缩短决策链条，提高小企业信贷业务审批效率。大力实施前后台业务操作分离，推进授权、作业、监控三大后台中心建设，强化相互制约，提高运营效率。持续改进柜面服务流程，推出柜面智能展屏、短信排队等创新服务，大力改进客户体验，缩短客户等候时间。

（三）着力完善服务渠道

根据经济发展和客户需求，加大对网点的布局和改造力度，年末全行物理机构达到929个，自助网点1157个，存取现自助设备6278台，实现了高低柜、自助服务区、理财服务区等的功能配套。大力推进渠道的电子化和服务的移动化，年末智付通达到24.98万台，个人网银717.41万户，企业网银15.49万户。积极推进电子商务发展，为客户提供在线支付、订票等多样化金融服务。

三、扎实推进"三农"金融服务，积极助推强农惠农富农

（一）突出"三农"支持重点

一是积极支持新型城镇化建设。围绕居住社区化、农民市民化和产业园区化，新增城镇化贷款84亿元，重点支持土地整理、农民安置房、宅基地复垦、滩涂围垦、农村水利设施、学校医院、工业功能区建设等城镇化项目和"美丽乡村"建设中的农村土地综合整治重点项目。二是大力支持农业产业化龙头企业。以区域特色农业为依托，以农业龙头企业、农业产业化园区及大型农产品基地为重点，择优扶持具有明显优势的农业主导产业，共与171家省级以上农业龙头企业建立信贷业务关系，支持覆盖面达73%。三是突出支持农民展业创业。新增农户贷款10.67亿元，重点扶持农村大学生、个体户和市场专业户创业致富。在全省建立"三农"服务示范点49个，累计投放三农贷款79亿元，惠及农户2万多户。

（二）积极改善农村基础金融服务

依托“三农”事业部的体制优势，持续扩大服务“三农”的触角和范围。完善惠农卡功能，累计发放惠农卡364.39万张，在全省766万农户中的覆盖面达到47.5%。依托商务部“万村千乡市场工程”和移动无线网络，大力推进“惠农通”工程，布设“惠农通”5617台，开通金益农移动服务包203套，使农村广大居民足不出户便可享受小额存款、小额取现、小额贷款、汇款转账等现代化的便利金融服务。

（三）探索创新支农模式和产品

成功设立省内唯一一家由农行发起的村镇银行——浙江永康农银村镇银行，重点支持当地农业产业化和中小微企业发展。结合景宁县鹤溪镇、衢江区莲花镇等的三农金融服务经验，探索出了“农村合作社＋农户、信用村＋农户”等集中连片服务三农的新模式。在丽水缙云首创“村集体保证金＋农户互保”的小额农贷“元古模式”，帮助村民人均纯收入从2010年的4450元增加到了5400多元。积极创新推广农副产品存货质押、森林资源抵押、大型农机具抵押等贷款品种，探索农村宅基地使用权、农民土地承包经营权、政府补助基金担保等新的担保方式，拓宽农民融资渠道。

四、强化风险管控，牢牢坚守安全经营生命线

（一）加强信用风险管理

突出抓好信用风险全过程管理，严格把好准入关，注重从客户自身情况、产业链、供应链情况、对外投资情况、担保情况等多个维度把好准入条件。严格加强授信管理，从严控制多头授信和过度授信。加强贷后管理，对主业不突出、跨行业跨区域投资、关联关系复杂、多头融资的集团企业和贷款大户进行重点监测，逐户落实风险防控预案。强化第二还款来源管理，提高贷款抵质押率和风险补偿水平。稳妥化解事实风险，对资金链断裂、风险已经显现的客户，积极通过企业突发信贷风险救助机制等，进行平稳过渡，维护区域金融安全。

（二）加强基层管理和员工行为管理

加强基层管理，对临柜业务操作、大堂管理、账户管理、网点安全管理中的不足之处进行重点治理。深入实施操作风险管理提升工程，加强对业务操作的规范化管理和监督制约。加强员工行为管理，从合规教育、制度约束、惩戒处罚等多个方面入手，切实将员工行为管理覆盖员工的履职行为、整个职业生涯周期和8小时工作之外，培养员工良好的工作意识和工作习惯。

（三）加强案件风险防控

推进监控联网，对营业网点、自助银行等实施7×24小时全天候监控。落实自助设备安全巡查尤其是夜间和节假日期间的巡查，重点防范针对自助设备的银行卡诈骗、抢劫盗窃等案件。大力开展“平安农行”建设，深入开展“三化三达标”活动，提高人防、物防、技防水平。

五、加强队伍和企业文化建设，营造和谐的内外部环境

（一）以人为本抓团队建设

按照农总行统一部署，深入推进人力资源综合改革，构建多层级、多类别的员工职业发展通道，形成多渠道交叉成长的管理模式。加大员工培训力度，对新员工加强基本制度、基本技能的培训，使其尽快融入农行，适应新的岗位要求；对50岁以上中年员工重点抓好新业务、新产品、新知识的“续航培训”，不断提升岗位弹性适应能力，发挥好自身特长。加强人文关怀，建立和完善一系列关系员工切身利益的制度，

推进小食堂、健身室等“五小”建设，组织开展丰富多彩、全员参与的文体健身活动，切实为员工办实事、解难事。

（二）深入开展创先争优活动

出台专门的党建工作实施意见，落实“一岗双责”，发挥党组织的领导核心作用、战斗堡垒作用和党员先锋模范作用。在全行组织开展“支部班子好、党员队伍好、工作机制好、工作业绩好、群众反映好”的五好支部创建活动，引导党员“带头学习提高、带头争创佳绩、带头服务客户、带头合规守纪、带头弘扬正气”。同时，大力推进行风建设，在省政府组织的全省银行系统民主评议行风活动中名列前茅。

（三）打造农行特色企业文化

大力弘扬和谐文化，积极倡导以人为本、阳光心态、廉洁从业、尽职做事，形成暖人心、聚人心的人文环境。加快从机关文化向经营文化转变，着力营造良好的竞争文化、服务文化、实干文化、合规文化、党建文化、和谐文化和廉政文化，提升全行的凝聚力和战斗力。

（四）注重社会责任履行

积极参与慈善捐赠、结对扶贫和山区建学校等公益活动。全年为浙江省慈善总会、省残疾人福利基金会等捐赠近200万元，向四川广元朝天区、武义县大溪口乡、淳安县威坪镇等定点扶贫地赠予105万元；组织参加社区活动200余次，帮扶人数2300余人；社会志愿者服务近1600余人次；组织金融知识宣讲、金融服务进社区、进乡镇活动700余次，普及人数达1.2万余人。

中国银行浙江省分行经营管理情况综述

行长　陈　石

2012年，中国银行浙江省分行在总行党委正确领导和各级政府、监管机构的悉心指导下，紧密围绕我省"八八战略"和"两创"总战略，积极支持浙江经济社会发展，努力实现创新发展、转型发展和跨越发展。截至年末，全行本外币存款余额3578.39亿元、本外币贷款余额4040.65亿元，全年实现税后利润71.93亿元，在复杂经营形势下保持各项业务平稳发展。

一、积极服务实体经济，助推浙江经济社会发展

中国银行浙江省分行紧紧围绕浙江经济特点和转型升级需求，全力助推我省"四大国家战略"和"四大建设"，积极支持温州、丽水金融改革试点，加大对基础性行业和战略性新兴产业的授信投放力度，加快推动浙江经济转型升级。发挥中银集团全球化、多元化经营特色和外汇业务传统优势，拓宽企业直接融资和供应链融资渠道，综合提供贸易融资、跨境人民币结算、全球现金管理等服务，支持浙江企业"走出去"。大力发展投行等新兴业务，牵头组建的银团贷款项目17个，总金额69.53亿元，在同业和系统内保持领先。重点扶持小微企业和"三农"建设，促进实现"富民强省"。截至年末，该行小微企业（新国标口径）贷款余额556.20亿元，比2012年初增长34.73%；涉农贷款余额1693.27亿元，增长8.69%，业务规模在中行系统内名列前茅，被省政府授予"金融机构支持浙江经济社会发展一等奖"和"浙江省金融机构改革创新奖"。

中国银行浙江省分行将中小企业业务作为战略重点，全面推广中小企业新模式"信贷工厂"，并顺应中小企业"短、小、频、急、散"的金融服务需求，聚焦区域经济和产业集群，积极研发、精雕细琢"义乌通宝"、"影视通宝"、"网络通宝"、"龙泉通宝"、"税务通宝"等一系列深受客户欢迎的中小企业融资产品，推动中小企业业务快速健康发展。其中"影视通宝"授信支持的《悬崖》、《北京爱情故事》、《光荣大地》、《向东是大海》、《孤军英雄》等72部优秀影视剧在全国热映，品牌影响力不断扩大；"网络通宝"充分借助网络和信息技术力量，通过与第三方电子商务平台、网络平台合作，采取集中审批和标准化流程，实现全流程网上操作，客户数居系统内中小企业创新产品首位。截至2012年末，新模式下中小企业客户达7524户，贷款余额406.98亿元，业务规模在中行系统内持续领先。同时，中国银行浙江省分行进一步加强管理

技术创新，研发应用企业负面信息搜索引擎、远程视频监控、客户预警系统、客户透视图等先进管理工具，与专业担保公司、保险公司及地方政府开展合作，建立多元化小微企业风险缓释渠道，持续提升风险管理水平。该行积极破解中小企业"融资难"的创新举措得到中总行、各级政府和社会各界的充分肯定，中小企业业务部荣获"全国金融五一劳动奖状"，"影视通宝"、"网络通宝"荣获总行中银产品创新一等奖，取得良好经济效益和社会效益。

二、坚持创新引领发展，实施网点转型"六项规划"

中国银行浙江省分行认真贯彻总行建设"智慧银行"战略部署，不断加强产品和管理创新，带动业务快速发展，持续提升经营收益。通过与海外行联动创新协议融资、协议付款等贸易金融产品组合，向海外腾挪信贷规模，有效缓解贷款规模紧缺压力。与浙江网新数码合作开发"销易达"线上融资项目，在全国率先投产供应链融资电子化平台。与浙江广电好易购频道联手打造电视购物业务，在联名卡、语音支付、电子清算、贵金属销售等领域深化合作，树立了"不打烊的银行"市场形象。与小世界汇款公司建立国际汇款业务合作，与万事达联合推出电子旅行支票业务，借助支付宝、快钱、贝付等外部平台开展代收代发业务，荣获中总行"2012年电子商务突出贡献奖"。2012年，该行共投产自主研发新产品67项、管理创新项目46项，成为包揽中国银行首届创新周活动"最佳组织奖"、"金苹果"奖和"金种子"奖的两家分行之一。

中国银行浙江省分行部署实施网点分级管理规划、县域网点强身规划、预备役理财师培训规划、"五大工程"科技对接规划、私人银行旗舰店品牌规划、钻石团队成军规划等"六项规划"，加速全辖网点从交易服务型向销售服务型转变，持续提升网点效能。重点选择百强县、百强镇及潜力较大的新楼盘、工业园区、专业市场、地铁沿线优化网点布局，成功拿下杭州首家地铁银行——地铁凤起路站支行，独家获得杭州"智慧西湖"自助亭建设资格，精心打造的私人银行旗舰店投入运营。制定实施网点分级管理办法，对经营效益长期低下的网点予以撤销或"黄牌警告"。开展预备役理财师（PFP）资格考试和针对性培训，不断提高员工专业素质和营销能力。

三、切实强化风险管控，履行国有银行社会责任

中国银行浙江省分行沉着应对外部复杂经济金融形势，从重点地区、敏感行业、专项产品和高风险客户群着手，开展民间借贷、担保链、集团客户识别、关联企业交易、船舶行业等专项风险排查，及时发现风险并落实整改。密切关注房地产、光伏、钢贸等敏感性行业政策动向和调控方向，做好行业层面授信风险组合监控，实行信贷资产定期盘存，抵御系统性风险。研发推广"授信担保链监测系统"，依托技术手段识别互保、联保情况，重点防范关联企业互保、过度担保等风险，审慎评估保证人主体资格和实际代偿能力。规范建立风险预警和信息共享机制，严格落实前期问责制度，并将中小企业"信贷工厂"新模式纳入预警问责管理。强调制度刚性，严格押品管理和监督，将公司业务押品权证集中上收、多次检查，对失职行为坚持"零容忍"。

针对我省部分地区出现企业资金链断裂、企业主逃逸等风险事件，中国银行浙江省分行积极配合政府，从维护国有资产安全和地方经济平稳发展的大局出发，按照

"一户一策"原则，沉着应对，妥善处理，对质地良好但暂时面临资金困难的企业采取针对性帮扶措施，并适度放宽风险容忍度，保持授信平稳增长，不盲目收贷、压贷，充分展现国有大行的高度社会责任感。同时成立行领导挂帅的温州、杭州、嘉兴等地区风险化解帮扶小组，常驻基层现场办公，切实加大对重点地区的指导帮扶力度，通过批量转让、现金清收、重组平移、核销抵债、减免息等一系列行之有效措施，加快推进不良清收化解进程，守住资产质量生命线，不良率低于同业平均水平，受到总行风险管理总部表扬。

四、深入开展"模范行动"，确保全行依法合规运营

面对严峻的案防形势，中国银行浙江省分行集结内控三道防线力量，组织开展"模范—2012"内控联合检查行动，将刚性制度执行情况作为检查重点，严肃处理有章不循、屡查屡犯及有悖职业道德的行为，警示督促干部员工树立正确的业务发展观和风险合规观，提高基层机构风险识别防控能力。组建"机动检查分队"，对辖内机构开展不定期"飞行检查"，有效扫除监控盲区，增强检查威慑力。开展基层机构"案防工作达标年"、案件风险排查等专项行动，对检查发现的问题编撰下发案例汇编，督促各级机构举一反三落实整改，全面巩固内控防线。

坚持标本兼治、防治结合，制定《员工行为失范监察管理办法》，推进员工异常行为排查工作制度化、规范化，保持对违规行为和案件风险的高压态势。高度重视新形势下内控案防工作，迅速适应蓝图新线系统投产后的操作风险管控要求，加快新线下各类监控平台的开发应用，持续扩大监控覆盖面，使监控视角不断向前台推进、向电子渠道延展、向新业务领域渗透，推动事中、事后分步监控向事中同步监控转型。以"平安中行"创建活动为引领，落实各项安全管理措施，堵截各类外部侵害案件，实现全年零发案、零事故，无得逞"四类案件"，并协助警方破获公安部督办的"银行卡1号专案"，保障了复杂形势下的安全运营。

中国银行浙江省分行严守监管要求和银行业规范，严格自律，合规经营。积极开展整治银行业"不规范经营"专项活动和民主评议行风活动，严格落实"三严格、五禁止"和"七不准"、"四公开"要求，维护良好金融生态，在省纠风办组织的全省银行系统第三方客户满意度调查中名列国有银行首位，荣获"2012浙江省银行优质服务之星"称号。

五、大力加强队伍建设，积极践行"服务为善"理念

中国银行浙江省分行持续优化人力资源配置，鼓励、引导优秀人才和青年员工到基层建功立业，新招聘大学生全部充实到基层一线和营销岗位，截至2012年末，基层网点员工占比达62%。健全科学分配体系，首创"新入行员工聘岗薪酬等级晋升积分制"，激励新员工立足本职建功立业。设立"基层员工补贴"，将薪酬福利向业务一线、服务年限长、绩效表现好的员工倾斜。高度重视员工队伍专业化建设，优化人才培养机制，组织实施"钻石团队"成军规划、预备役理财师培训规划、"管理培训生"项目、新员工"新苗培育计划"及各类专业资格考试，不断加大培训投入，逐步建立一支懂营销、会管理的复合型人才队伍，其中"管理培训生"项目荣获中国金融业人力资源开发与管理最佳实践案例二等奖。加强基层党组织建设，充分发挥基层党支部

战斗堡垒作用和党员先锋模范作用，团结带领党员群众发挥专长、创先争优。

中国银行浙江省分行全面实践“追求卓越”的中国银行核心价值观，总结提炼并积极倡导“服务为善”理念，将文明优质服务视为“日行一善”，从行为规范层面向思想意识层面升华，内化为员工自觉行为，并通过强化制度建设、宣传教育、检查督导、考核激励，持之以恒抓好文明优质服务工作。在“服务为善”理念引领下，全行涌现出一批服务领先、业绩突出的先进集体和个人。其中省行营业部被评为“中国银行业文明规范服务百佳示范单位”，舟山普陀山支行连续三届荣获“全国精神文明单位”称号，金华市分行童燕萍和温州市分行林圣宽分获“全国五一劳动奖章”、“全国金融五一劳动奖章”。

中国银行浙江省分行还热心从事社会公益事业，组织开展“迎百年行庆，募百万善款，助百名学子”活动，全行员工踊跃募集100万元善款，资助100名寒门学子完成大学学业。结对帮扶淳安中学贫困学生，连续5年捐资助学。

中国建设银行浙江省分行经营管理情况综述

行长　黄先俊

2012年，面对复杂多变的内外部经济金融形势，中国建设银行（以下简称"建行"）浙江省分行在省委、省政府以及建行总行的正确领导下，以科学发展观为统领，围绕"八八战略"和"两创"总战略，以"五个满意"和"六个结合"为导向，克难攻坚，迎难而上，在努力推进自身各项业务健康发展的同时积极支持地方经济社会发展。截至2012年末，一般性存款余额为5279亿元；各项贷款余额5056亿元，全年共新增314亿元，余额保持建行系统第1位。

建行浙江省分行积极推进业务经营管理工作，主要体现在四个方面：

一、持续优化信贷结构，支持实体经济发展

在信贷资源紧张的大环境下，建行浙江省分行多渠道增加有效信贷资源，努力保障地方经济发展和企业的合理信贷需求。在信贷结构调整上，重点推进"两头"延伸的工作，一方面支持关系国计民生的大项目、大企业，另一方面支持有利于解决就业、改善民生的小微企业和三农。

1. 支持"四大国家战略"和"四大建设"。2012年，建行浙江省分行与义乌市政府签订了战略合作协议，为义乌国际贸易综合改革试点提供金融支持，对义乌小商品城授信100亿元；还与舟山市政府签署了战略合作协议，积极参与舟山新农村建设和群岛新区建设，承诺未来3年投入150亿元的信贷资金，并为舟山大宗商品交易平台提供了一揽子金融服务方案。截至2012年底，大企业、大项目贷款余额1806亿元，占全部公司类贷款的52%。

2. 支持低丘缓坡开发。在我国推出低丘缓坡土地综合开发利用试点城市的背景下，建行浙江省分行积极与省、市政府合作，大力推进低丘缓坡项目开发，努力为促进地方资源利用和经济社会发展提供有力的金融支持。2012年已先后与丽水、金华、衢州市政府签订了低丘缓坡战略合作协议，承诺在未来三年内共安排信贷资金270亿元用于低丘缓坡的开发。

3. 支持小微企业成长。建行浙江省分行与省工商局签订全面战略合作协议，共同搭建"工商事务金融服务通"平台，在验资、年检、综合授信等方面提供一站式流程服务，并推动240万个体户"个转企"金融服务工作，强化名单制管理，首批就下发2035家"个转企"名单，及时对接服务，促进民营经济从"千家万户"向"精兵强将"发展。截至2012年底，小企业信贷户13212户，贷款余额1096亿元，占公司类贷款的32%，户数和余额均保持系统第一。同时，

积极契合市场需求，实行推广与研发相结合，不断丰富小企业金融产品链，提升服务效率。一方面，推进优势特色产品的市场应用。积极推广总行推出的“信用贷”、“善融贷”、“供应贷”、“网银循环贷”、“小额贷”等新型批量化、零售化产品。另一方面，加强产品创新。规范、创新网络银行电子商务贷款模式，更好地满足了小微企业的线上金融服务需求。开发了小微企业“浙融易”产品，实现了对建行总行信用贷产品在客户群体和产品额度上的突破，更有效地满足了浙江市场的特色化需求。此外，还组建任务型团队，研究探索小企业业务发展新路径，积极促进小企业业务健康发展。

4. 支持三农建设。建行浙江省分行持续优化农村金融服务，积极为农村经济发展提供高效的金融支持。截至2012年底，新农村建设贷款余额212亿元，较年初新增100亿元。此外，由建行作为主发起人在浙设立的村镇银行各项工作取得积极进展。截至2012年底，已开业5家村镇银行（温州苍南、丽水青田、莲都、金华武义、衢州江山）贷款余额30亿元，占全国总量的43%，户均贷款70万元，涉农贷款占比达91%。

二、努力强化风险管理，全力维护金融稳定

在严峻的不良防控形势下，建行浙江省分行强化全面风险管理，并以开展“不良资产压降大会战”为依托，多措并举，努力提升资产质量水平。

1. 规范经营，进一步强化内控管理。建行浙江省分行开展“基础管理年”活动，着力解决风险控制、合规经营中存在的问题。同时认真贯彻落实银监部门关于整治银行业金融机构不规范经营、规范银行业市场秩序的工作要求，积极承担维护金融安全的职责。严格按照“七不得四原则”规定，开展全面风险排查，加强员工行为管理，加强对重要岗位、重要环节、重要凭证的监督和管理，持续强化操作风险和案件防控。推进建立健全以合规为导向的内控管理体系，对违规行为严肃查处，切实做到“三个不放过”，并通过自查自纠，有效落实整改工作。强化员工合规经营意识，完善员工管理和行为规范，全力推行员工不介入民间借贷、集资等社会融资承诺制，持续提高和改善内控管理水平。

2. 明确责任，积极帮助企业渡过难关。建行浙江省分行在全分行范围内组织开展“不良资产压降大会战”，将资产质量攻坚克难作为重点工作予以全面安排部署，并召开落实“促业务上升、督不良下降”专题座谈会，进一步地推进开展不良压将工作。同时，积极践行社会责任，认真落实省委、省政府“不抽贷压贷、不变相提高利率、不实行存贷挂钩、不附加手续费、不搭售理财产品”的要求，加强重点地区信贷保障力度，切实维护企业正常的发展环境。对暂时有困难的企业，在生产运转正常的情况下维持存量信贷业务的审批和投放，采取积极稳妥的办法帮助企业渡过难关。

3. 强化创新，一户一策化解不良贷款。创新出台了“公司类风险客户特殊化解机制”，快速化解潜在风险事项。通过法律诉讼、催收、核销等多种方式加大不良处置力度。在风险化解上坚持四点要求：即工作目标是实质性地化解风险；根本要求是综合利益最大化；基本态度是竭尽全力，不遗余力；工作措施是多种方法，多策并举。在具体项目上要求做到“四个落实”，即落实化解目标、落实化解方案、落实责任人员、落实考核激励。截至2012年底，处置和化解不良贷款和风险客户贷款共计约160亿元。

4. 实行帮扶，努力维护地方金融稳定。成立帮扶工作小组，对杭州、温州、绍兴和台州地区的资产质量进行重点帮扶，其中，针对温州地区，帮扶小组与地方分支行共同制定了48户风险客户帮扶化解方案，涉及信贷敞口26.55亿元，截至2012年底，已有21户、11.82亿元风险成功化解。同时，建行浙江省分行会同二级分行一起深入研究潜在风险和不良客户，并主动与政府、法院进行充分的沟通，共同研究解决办法，通过加强与政府、监管机构、金融同业及企业的联系，充分发挥政银企三方力量，积极防控信贷风险，努力维护当地金融的稳定。

三、着力推进改革创新，提升金融服务水平

建行浙江省分行将强化创新作为提升金融服务能力的重要抓手，全力推进产品和服务创新发展，积极满足市场需求，为服务地方经济发展提供更有力的金融支持。

1. 转变经营发展方式。2012年，建行浙江省分行确立了“五个满意”的工作目标，即让总行满意、让地方党委政府满意、让监管部门满意、让客户满意、让员工满意。并结合地方经济发展特色及自身业务现状，提出了“六个结合”的业务导向，即业务发展要与浙江的发展方式转变相结合；与结构调整、服务实体经济、转型升级相结合；与提升消费、提高人民生活水平相结合；与增加就业、改善民生相结合；与浙江特色优势产业相结合；与浙江急需解决的发展“瓶颈”相结合，根本宗旨就是要将当地的区域特色优势、政策导向与建行浙江省分行自身的业务发展规划有机结合，顺势而为，扎扎实实通过做优客户、做全产品、做通渠道、做强服务来推进分行持续健康发展，充分发挥金融对地方经济社会发展的支持作用。

2. 调整优化经营管理模式。重点对杭州经营管理体制进行了优化，将省分行营业部升格为负责杭州地区经营和管理的省分行副行级责任主体，这一优化体现了“倒三角”的设计思想，实现了“管理上扁平化、经营上立体化”。2012年8月31日，建行浙江省分行营业部正式升格开业。在杭州体制优化基础上，推进了省分行部门的调整优化，并将杭州的优化成果推广至各二级分行。在二级分行本级成立放款中心、业务检查中心，进一步强化内部管理；通过对中后台部门实施合署办公，并将集团客户、大客户的经营层次提升至省市分行本级层面，有效提升工作效率。此外，按照“三综合”要求，不断深化网点转型，提升网点的综合竞争力。

3. 持续推进产品创新。大力推广“信用贷”、“善融贷”、“供应贷”、“网银循环贷”、“小额贷”等新型批量化、零售化产品，以及“浙融易”、“助保贷”、车位分期业务、个人黄金质押贷款、个人积分贷款等新业务，充分满足市场需求。并与浙江省招投标中心签订电子招标投标金融全面合作协议。实现普陀金全球首发。在黄金租借，单一年金计划受托、集合计划养颐乐如意等业务实现了“零”的突破。

4. 不断提升服务质量。坚持做精做优服务，组织开展“百名管理者、千名客户经理走访万名优质客户”活动，加大对优质客户的走访，深入了解客户需求，实实在在地帮客户解决问题，努力提升客户满意度。建行浙江省分行在第四届中国银行业“好分行”评比活动中被评为“支持中小企业最佳分行”；第七届浙江金融理财博览会暨第四届中小企业金融产品展示会上被评为“浙江金融服务之星”和“优秀中小企业服务机构”；被《钱江晚报》等媒体评为“2012

浙江省银行优质服务之星”。苍南村镇银行被浙江银监局评为“浙江省标杆村镇银行”，并被银监会推选为“全国标杆村镇银行”。

四、坚持践行以人为本，营造良好企业文化

建行浙江省分行坚持以人为本，切实提升员工归属感，将关心关爱员工各项工作落到实处，同时积极承担企业责任，热心投入社会公益事业。

1. 加大对干部员工的关爱。不断改进基层员工的工作环境，对网点员工开展了送冬衣、送暖气、送午餐等活动。切实提高对青年员工、妇女员工、离退休员工以及交流干部等重点群体的关注度，有针对性地出台了系列“暖人心”的举措。2012年，建行浙江省分行慰问救助困难员工514人，金额达202万元；实施大病员工医疗救助员工18人，金额达77万元。

2. 加强企业文化建设。组织开展“奋进——为了同一个梦想”主题文艺晚会等格调高雅的文体活动，营造积极向上、奋勇拼搏的企业文化，还组队参加了建行总行第三届羽毛球比赛、省财贸工会的羽毛球比赛、省妇联、银行业协会等组织的丰富多彩的比赛活动，并自行开展业务技能竞赛、开展“践行核心价值观、服务合规促发展”主题系列活动等，进一步丰富员工的工作和生活。2012年，建行浙江省分行共荣获各级“巾帼文明岗”、“巾帼建功标兵”、全国金融“五一劳动奖章”、浙江省“工人先锋号”等集体和个人先进荣誉称号47个。此外，9个分支行被评为省级文明单位，文明创建工作居全国建行系统和全省金融系统前列。15家单位被评为浙江省银行业文明规范服务示范单位，其中4家单位被评为中国银行业文明规范服务千佳示范单位。嘉兴桐乡支行和湖州分行被评为建行总行首届企业文化建设示范单位。

3. 热心社会公益事业。建行浙江省分行与省红十字会合作建设景宁东坑中心小学塑胶操场胜利竣工。在建行“普陀山金”全球首发仪式上，举办高僧加持“普陀山金”慈善拍卖活动，并将拍卖募集善款59.8万元全部捐给当地慈善机构。持续推进“资助贫困高中生成长计划”和“资助贫困英模母亲计划”工作，2012年资助贫困高中生200人，资助金额30万元；资助贫困英模母亲33人，资助金额9万元。向杭州淳安宋村乡和台州黄岩屿头乡分别捐赠15万元和25万元，支持扶助当地经济社会发展。建行浙江省分行被浙江日报评为“首届浙江省最具社会责任金融机构”，被省政协办公厅、省残疾人福利事业基金会授予“爱心奖”。

浙商银行经营管理情况综述

董事长　张达洋

行长　龚方乐

2012年，浙商银行以科学发展观为指引，积极应对经济增长下行和部分区域信用风险爆发带来的不利影响，按照自身“提升竞争力、做强做大”的提升期基本要求，坚持规模与特色并重发展，有效应对风险冲击，加强服务与团队建设，在积极支持实体经济发展的同时，取得了资本、规模、特色、质量和效益的协调发展。

浙商银行2012年度主要经营指标

单位：亿元

主要指标		实绩	较上年
资本	资本充足率	12.51%	−1.43%
规模	总资产	3938.39	+30.47%
	各项存款余额	2668.88	+24.32%
	各项贷款余额	1823.06	+22.37%
特色	小企业贷款余额(单户500万元及以下)	457.93	+31.57%
	小企业贷款余额占比	25.18%	+1.79%
	投行业务手续费类收入	6.18	+23.21%
质量	不良贷款率	0.46%	+0.22%
	拨备覆盖率	421.60%	−283.36%
	贷款拨备率	1.96%	+0.25%
效益	净利润	40.26	+41.26%
	资本利润率	18.55%	+3.75%
	资产利润率	1.16%	+0.06%
	成本收入比	31.04%	−5.77%
	缴纳税收	24.90	+27.69%

一、公司治理方面

（一）加强资本管理、优化股权结构

积极推进向第一大股东浙江省财务开发公司定向增发并补充资本，有助于进一步完善股权结构，提升决策效率，完善公司治理；有助于适应新资本管理办法要求，满足业务持续发展需要，提高风险抵御能力。同时积极开展上市前期准备工作，首次公开发行股票议案已经股东大会通过。

（二）持续提升公司治理水平

加强风险防控指导，董事会通过召开风险管控专题会议、听取专题汇报、实地调研、组织资产质量专项检查等方式，指导风险防控。通过“专人审查、专门审批、专设台账、专题报告”，认真审查审批关联交易。严格落实董监事履职评价及问责机制，增强董监事履职意识；同时加强董监事学习与培训，提高董监事履职能力。

二、业务特色与业务发展方面

（一）业务规模较快增长

2012年，浙商银行坚持以公司业务为主体，小企业银行和投资银行业务为两翼的“一体两翼”市场与业务定位，根据形势变化及自身资本充足情况，适时调整经营政策，把握业务发展节奏，同时强化产品及业务模式的创新与运用，深化“总对总”营销，实现业务较快发展。年末总资产3938.39亿元，各项存款余额2668.88亿元，各项贷款余额1823.06亿元，分别较上年增长30.47%、24.32%和22.37%。同时存贷款结构进一步优化，稳定性明显提高。

（二）业务特色更加凸显

加快推进公司特色业务。创新推出“义乌—沭阳”模式，积极推进“浙商集团”业务；注重核心客户营销和管理，积极发展供应链金融业务；加强海外代理行合作，国际业务取得较快发展，当年国际结算量达107.35亿美元，较上年增长51.51%。

大力发展小企业业务。按照“专业化经营、近距离设点、高效率审批、多方式服务”的小企业业务经营方针和专营机构分阶段发展策略，进一步加快小企业专营机构建设，小企业专营机构数达68家，较年初增加11家，占全部分支机构比重达64.76%。进一步完善小企业专营机构产品需求响应机制，持续推动产品创新，重点围绕制约小微企业贷款的担保难问题，大力探索保证、信用项下小企业贷款，开发了“放得快”、“还贷通”、“厂房租金贷与出租贷”、“小企业政府采购贷”等小贷产品，推广了“保险保证贷”、信用方式的“免保应急贷”和准信用方式的“全额贷”，同时积极推广“一日贷”、“积分贷”、“商位通”、联保贷款等产品。继续加大对小企业业务的政策支持力度，尤其在有限贷款限额中专项划定用于小企业业务，同时积极申请发行金融债全额用于小企业业务并已获银监会批准。年末全行单户500万元及以下小企业贷款余额457.93亿元，较上年末增长31.57%，增幅高于同期各项贷款增幅9.36个百分点；在各项贷款占比25.18%，较上年末提高1.79个百分点，并超额完成国标小微企业贷款“两个不低于”的增长目标；同时小企业资产质量继续保持优良，不良贷款率0.24%，低于全部贷款不良率0.22个百分点。

创新推进投行业务。按照“有效融合和发挥智力、渠道和资格优势，着力发展真正意义上的投行业务”的思路，进一步强化总分行联动机制，重点发展不耗用和少耗用资本的高端投行业务。2012年债务融资工具承销212.77亿元，同比增长336.90%，其中，全年注册中小企业集合票据8支，完成发行6支，共为17家中小企业融资11.27亿元，分别占全国银行间市场集合票据总发行支数和总发行额的13.64％和11.46％。2012年末非保本资产管理业务余额454.90亿元，较上年末增长213.54％；保险资金投资项目独立监督人业务余额158亿元，实现快速增长。同时加快投行业务创新，突破开展了私人银行业务、中小企业私募债托管业务，其中开展私募股权基金托管业务4笔，信托资金托管（保管）业务27笔，中小企业私募债托管业务1笔，企业债资金托管1笔；成功主承销发行了浙江股权交易中心平台第一笔私募债。全年实现高端投行业务手续费类收入2.44亿元，较上年增长163.16％。

积极发展资金业务。进一步完善了资金业务经营管理体制，优化资金业务管理模式，强化形势分析与预判，积极开展渠道建设和产品创新，资金业务经营能力和水平进一步提高，年末资金业务规模较上年末增长57.12％。债券交易量在同业排名大幅提升20位至第31名。

三、金融服务方面

（一）深入开展“服务深化年”活动

深入开展“服务深化年”活动，通过实施服务工作计划管理，开展“服务缺陷”专题讨论，加强创新研究以及履行服务承诺等措施，进一步强化服务意识和服务能力，不断提升服务水平，客户满意度进一步提升；全面推行单笔授信业务电子化审批和集中放款，提高授信服务效率；实施同城交换、承兑付款等业务集中处理，提高柜面业务效率；积极开展服务实体经济和民主评议行风等活动成效显著，在浙江省银行系统民主评议行风活动中位列省级参评银行群众满意度调查第三名。

（二）丰富客户服务渠道和方式

不断深化电子银行商业模式及渠道建设，推出手机银行、短信银行服务，完成了电子银行全渠道产品的架构。针对小企业客户支付结算频繁、手续费率敏感等特点，推出“浙商e转通”自助机具，提供自助办理转账汇款及实时收款业务等功能，满足小企业客户支付结算需求。创新推出移动运营服务，为客户提供上门开立结算账户、注册网上银行等金融服务。持续推进电子银行系统功能完善，率先推出业务预处理服务，大大节约客户网点排队等候时间；持续加强电子银行安全建设，着力提升客户电子渠道服务体验。2012年电子银行交易金额突破1万亿元达1.40万亿元；电子银行交易替代率达84.3％（笔数）和23.0％（金额），分别较上年提高3.3个和3.0个百分点，继续在同业中名列前茅。

（三）不断加强规范经营

认真开展了规范经营专项活动，严格落实“七不准、四公开”要求，在网站、各分支行营业场所的醒目位置公布具体的服务收费价目、投诉举报电话，接受社会舆论监督。积极履行社会责任，已对一半左右的收费项目实行优惠减免，并开展了“小企业客户结算业务手续费减免”专项活动，对小企业客户给予10个结算业务收费项目的优惠减免。

四、风险管控方面

（一）信用风险经受考验

由于总部设在浙江，浙商银行在浙江省内贷款约占全行各项贷款的50％，2012年经济增长下行以及部分行业和区域尤其是浙江省信用风险的集中爆发，使全行风险管理经历了一次考验甚至局部“大考”。对此，浙商银行精心组织，积极应对：严密监测形势变化，进一步加强了对重点区域、行业、业务的风险管控，针对浙江及周边区域性风险突出状况，建立了总、分行联动的区域风险防范与化解督导机制；对房地产行业、地方政府融资平台、“三材”行业等领域的贷款，加强限额管理和动态监测。加大风险排查力度，对公司类联保授信、担保圈、土地抵押贷款、融资性担保机构合作情况、授信资产风险分类准确性等进行专项检查，强化风险预警。加大风险化解和处置力度，建立了风险化解处置督导工作组和联系人制度，强化总分行联动，加快重点区域和重点不良授信资产及重点问题客户的风险化解与处置。根据形势变化，适时调整风险政策和授权。同时进一步夯实全面风险管理基础，完善了分支行风险监控模式，完善了授信管理、授信监测、客户风险统计等系统的功能，提升风险管理信息化水平。

经过积极努力，信用风险管理取得明显成效：按照“真实反映、充分拨备”的原则，2012年末全行不良贷款率0.46%，较上年末上升0.22个百分点，其中浙江省内0.93%，较上年末上升0.51个百分点，但信贷资产质量仍在全国主要银行同业及浙江地区银行同业中名列前茅，且拨备充分，年末贷款拨备覆盖率为421.60%，贷款拨备率为1.96%。

（二）市场风险和流动性风险管理有效

调整了分行资金业务经营管理模式，进一步加强对分支行票据业务的准入和授权管理；强化了交易对手风险管理，建立资金交易策略后评估机制；完善了人民币资金业务的价格管理、外汇业务的资金管理、金融同业的授信管理；开展了资金业务及市场风险管理的检查。严格控制资产期限结构，加强外币业务管理，增强流动性储备，确保支付安全。

（三）操作风险与合规风险管理总体平稳

强化了审计监督与内控督导，重点加强对新设机构、风险管控薄弱环节、经营管理突出问题的审计监督。深入推进内控与案防建设，认真开展员工异常行为排查，强化员工职业操守管理；制订实施小企业客户经理道德风险防范长效机制建设方案；开展了全行重要信息系统同城灾备切换演练；加强风险点和风险隐患的排查和缓释。加强舆情监测，积极应对处理声誉风险事件。全年实现安全经营。

五、机构和团队建设方面

（一）机构建设有序推进

进一步规范了分支机构设置管理，按照“准备充分、开业大吉”的要求，组织分支机构负责人培训，认真开展开业验收，提高分支机构筹建质量。全年新设机构（含筹建）20家，其中苏州分行顺利开业，沈阳分行获准筹建，舟山支行获准升格，年末机构总数突破100家至105家。

（二）队伍建设成效明显

深入实施“双百人才建设计划”，积极物色和引进人才。按照“工作业绩为本，职业素养为先”的用人理念，进一步完善和深化人才培养、激励机制；组织实施挂职锻炼、交流学习和境外培训，强化各级管理人员的管理能力建设；积极实施“优秀员工千里马培养计划”，开展大学生鉴定考核及后续培养管理，加快优秀青年员工的培养和使用，全行队伍素质进一步提高。

六、效益和评价方面

（一）经营效益大幅提升

深入研究并积极贯彻新资本监管要求，加强了风险加权资产管理和资源配置管理，大力发展资本节约型业务，当年风险加权资产增长22.35%，低于表内外资产增长7.71个百分点。进一步完善绩效考核管理制度，形成了一套较为完善、富有自身特色的绩效管理制度体系，并根据形势和政策变化及时调整经营政策。面对不利形势，强化增收节支，尤其是大幅压缩费用支出：全年营业收入超过100亿元达104.22亿元；在"真实反映，提足拨备"基础上，实现净利润40.26亿元，较上年增长41.26%，增幅大幅高于业务增幅；资本利润率18.55%，同比提高3.75个百分点，为历年最高；成本收入比31.04%，较上年下降5.77个百分点，为历年最低。

（二）外部评价持续提升

2012年，浙商银行获评《证券时报》2012年最具竞争力银行投行，中国金融认证中心2012年"中国最佳网上银行安全奖"和东方财富风云榜"最佳手机银行奖"，中国银行业协会"最佳社会责任实践案例奖"和"电话银行中心优秀服务奖"，"基于企业级SOA新一代业务处理系统"获评中国人民银行2012年科技发展二等奖，济南分行、成都分行和杭州分行的营业部获评中国银行业协会"文明规范服务千佳示范单位"。在英国《银行家》杂志"全球银行业1000强"排名上升38位至第241位；在浙江省财政厅全省金融企业绩效评价中获评AAA级，达到全国银行业绩效评价优秀单位中的最高等级。

浙江省农村信用社联合社经营管理情况综述

理事长　姚世新

2012年，在省委、省政府的正确领导下，在省有关部门的大力支持下，浙江省农村信用社联合社(以下简称“省农信联社”)带领全省农信系统，坚持支农支小，服务实体经济，以“稳增长、防风险、促转型、强服务”为主基调，积极应对复杂的经济金融形势，各项业务实现平稳较快增长，综合实力进一步提升，为浙江经济社会发展作出了新的贡献。

一、业务蓬勃发展，态势好、贡献大

1. 贷款支持实体经济领跑全省。到2012年末，各项贷款余额7270.71亿元，比年初增加874.11亿元，增长13.67%。贷款总量超过广东跃居全国农信第一，增量继续保持全省银行业第一、占全省贷款总增量的1/7，其中涉农贷款余额5055.79亿元，小微企业贷款余额2926.25亿元，分别增长15.73%和17.10%，增幅均高于全部贷款增幅。

2. 存款率先全省银行业突破万亿元大关。到2012年末，各项存款余额10196.19亿元，比年初增加1264.93亿元，增长14.16%，总量和增量继续保持全省银行业第一。

3. 资产质量稳中向好。贷款风险基本可控，年末不良贷款率低于全省银行业平均增幅，贷款损失准备金占贷款总额的比例为4.56%，

二、工作再上台阶，亮点多、影响大

1. 金融保障坚实有力。一是总量保障。制订综合发展计划，强化涉农贷款新增、小微企业贷款新增、个人和企业户均贷款等业务指标考核，切实加大支农支小信贷投放力度。二是重点保障。新增贷款绝大多数投向农林牧渔业、制造业、批发零售业等实体经济领域。联手省农业厅支持村级集体经济特别是薄弱村集体经济发展。积极助推四大国家战略，贷款达616.5亿元；召开省农信联社支持温州实体经济发展推进会，出台16条措施支持温州金融改革和实体经济发展。

2. 服务创新积极有为。一是信贷产品创新。全面推广丰收小额贷款卡和丰收创业卡，新增丰收小额贷款卡12.27万张，贷款余额820.55亿元；新增丰收创业卡6055张，贷款余额30.55亿元。二是担保方式创新。在嘉兴尝试开办农信股权反担保质押贷款；积极开办存货、应收账款、林权、海域使用权等抵质押贷款。三是微贷技术创新。引进德国、中国台湾等国家和地区的微贷技术，探索建立全系统统一的微贷技术系统平台。创新开发“贷款延期”、“贷款宽限期”等还款方式；推进小微

企业服务专业化建设。四是新兴业务领域创新。与速汇金公司合作，目前在温州和丽水青田试点；与中行浙江省分行合作，在温州试点开办外币储蓄通存通兑；在青田方山乡龙现村设立全国首个村级外币代兑点；完成与中证登公司和基金公司系统联通性测试，通过证监会验收，为基金代理销售业务开办打下基础；试点推出贵金属销售业务，推广上线理财业务系统，自主研发全省统一品牌的“丰收·信福”理财产品。

3. 普惠金融深入推进。连续第4年开展“走千家、访万户、共成长”活动，大大提高了金融服务覆盖面。开展“进村入企”金融服务送基层、“服务实体经济”活动，推进金融服务进村入社区等三大工程建设。创建支持“三农”、支持中小企业、便民快捷社区银行等特色服务标杆行社，强化特色鲜明的专业服务。与省农办联合发文，在全国率先开展省市县三级信用村镇创建工作；联合省农业厅、省工商局试点开展农民专业合作社信用评估，进一步健全农村信用服务体系。按照省委、省政府统一部署，大力推进农信金融服务点进驻村级便民服务中心工作；设立助农取款服务点；积极打造“微型银行”，在偏远农村布设多功能的助农终端。大力布放ATM机、POS机，稳步扩大网上银行、手机银行、电话银行开办范围。

4. 风险管理扎实有效。一是严控信贷风险。强化重大风险管理，持续开展重点行业监测。严格执行重大信贷风险报告制度，及时开展警示通报。组织开展重大风险贷款、大额贷款检查，全面排查业务风险隐患。二是加强基础管理。推行“4+2”廉洁合规风险防控模式，加强对基层重点岗位人员的行为管理。大力推进计算机辅助审计，开展经济责任、财务费用等审计，省农信联社受邀在银监会介绍经验做法。组织支付清算等8个条线的突发事件应急演练；开展银行卡业务、会计操作风险等6条线9大项目年度检查；加大对违规责任人处理力度。三是重视做好信访舆情工作。建立信访重点人员和重点问题定期排查报告制度，党的十八大召开期间实现“零上访”。出台舆情管理制度，开展日常舆情监测和新闻发言人培训。

5. 战略转型持续推进。加强总部建设与网点转型，探索流程银行建设和经济资本管理，启动综合前端系统项目，加快网点视觉形象建设；启动财务大总账建设，加强银企对账中心和远程授权中心建设，提高行社总部集中管控能力。建设贷款利率定价系统，优化信贷管理系统，研发客户关系管理系统。积极稳妥实施产权制度改革，全年有5家农商行顺利挂牌。

三、系统凝心聚力，上下和、万事兴

1. 平台服务强化。一是科技提升。持续提升科技安全管理和服务水平，全面建设省市县三级网络灾备体系；全力推进70个项目研发，帮助行社开发30个中间业务项目。优化科技三大响应渠道，切实提高科技服务效能。由于科技服务建设成效显著，省农信联社成为银监会中国银行业信息科技风险管理高层指导委员会17家单位之一。二是银行卡和电子银行业务升级。启动贷记卡新系统建设，完成IC借记卡系统一期建设。三是清算和资金业务功能增强。扩展清算综合服务平台功能，支持外币储蓄通存通兑、电子银行等新业务清算；全面上线资金业务系统。四是金融服务后台建设推进，金融后台服务基地大楼和教育培训中心新大楼开工建设。

2. 队伍建设加强。平稳做好行社换届改制干部调整，组织省农信联社、办事处管理岗位及部分行社副职领导岗位面向社会公开选拔。出台人才发展中长期规划和三年教育培训工作规划，加大“五个百人工程”实施力度。加强机关党建，筹备成立省农信联社直属机关党委。扎实推进反腐倡廉和作风建设，抓好全系统民主评议行风活动和整顿银行业市场秩序专项活动。

3. 农信文化升华。总结提炼“根、诚、活、家”的文化基因和“自强、普惠、诚信、合作、分享”的文化精髓。建成浙江农信史料馆，创作《浙江农信　印象60年》画册、《浙江农信　记忆60年》纪录片等作品。举办浙江农村信用社成立60周年新闻发布会、文化建设成果交流会、60周年文艺汇演等活动。不举办乔迁新大楼庆典活动，捐赠550万元支持造血型扶贫基地等4个慈善项目；捐赠800万元资助浙大学子。出台浙江农信视觉识别规范手册，推出浙江农信网站，编制社会责任报告，浙江农信品牌进一步提升。

2012年，省农信联社荣获第七届中华慈善奖、省社会主义新农村建设先进单位、金融机构支持浙江经济社会发展一等奖等；在全省银行系统民主评议行风活动中，浙江农信荣获群众满意度第一名；在省委组织的“万人评组工”活动中，省农信联社连续3年位居省属企业前列。

中国农业发展银行浙江省分行经营管理情况综述

行长　王玉高

2012年，中国农业发展银行(以下简称“农发行”)浙江省分行紧紧围绕“八八战略”和“两创”总战略，坚持两轮驱动、重点突出，全力打造政府粮食安全主办银行和支持新农村建设主导银行两大品牌，贷款余额接连迈上500亿元、600亿元两个新台阶，贷款增幅和中长期贷款增加额均在全国农发行系统和全省金融系统名列前茅，不良贷款占比控制在0.49%的先进水平，取得了明显的成效。

一、不断加大信贷投入

在信贷规模紧张而全省“三农”领域信贷需求又很旺盛的情况下，农发行浙江省分行积极争取总行的理解和大力支持，2012年累计投放贷款352亿元，同比多投放32亿元。2012年末各项贷款余额629亿元，比年初增加137亿元，在全省银行业金融机构贷款同比大幅度少增的情况下，农发行浙江省分行贷款增幅27.8%，在全省国有银行(含股份制银行)中位居第一，其中中长期贷款增量列全国系统第2位，占全省银行业金融机构中长期贷款总增量的12%。为有效降低涉农企业和政府民生项目融资财务成本，农发行浙江省分行坚持政策性银行保本微利原则，97.5%的贷款执行基准利率或下浮，各类贷款加权平均利率比全省金融机构平均水平低1.26个百分点，仅此一项2012年直接让利7.15亿元。

二、大力支持农业农村基础设施建设

紧紧围绕浙江“四大国家战略举措”和“四大建设”实施重点以及产业转型升级、产业集聚区等建设，突出支持以水利建设和新农村建设为重点的农业农村基础设施建设，有力促进了省委、省政府推进城乡发展一体化重大部署和政府关注项目的顺利实施。全年累计投放贷款149亿元，支持重点建设项目106个。其中：支持列入政府规划的统筹城乡发展、“三化同步”的余杭崇贤向阳区块土地收储整治、安吉农村土地综合整治、淳安青溪新城农村居民安置房、海宁许村镇永福村整村拆迁集聚和定海区乡村居住小区白泉地块项目等新农村建设项目45个，投放贷款87亿元，新建农民小区38个，新建或改善农民住房面积238万平方米，新增、复垦、置换、收储土地面积6万亩；支持萧山湘湖应急备用水源保护、余姚姚江干流防洪整治、温州鹿城区七都岛标准堤塘、安吉临浒溪“中国美丽乡村”综合治理等农田水利建设、“强塘固房”工程和“水资源保障百亿工程”为重点的水利项目18个，投放贷款26亿元，修缮疏浚河道沟渠114公里，增加蓄水808万立方米，帮助解决104万农民的饮水问题；支持余杭区320国道至104国道连接线工程、余姚四明东路道路及周边区块改造工程、03省道东复线诸暨段工程、50省道莲都区段公路改建工程等农村交通项目23个，投放贷款27亿元，新建和改建农村道路724公里；认真落实总行与省政府签订的《金融支持浙江海洋经济发展战略合作协议》，发放贷款118亿元，支持余杭区乔司镇永和村新农村建设、奉化市滨海新区土地收储整理、舟山市螺门渔港等沿海及岛屿基础设施、滩涂开发经济建设。

三、着力支持粮棉油全产业链发展

围绕“米袋子”和省委、省政府“百亿斤粮食库存”、“百亿斤战略粮源”工程，积极履行政府粮食安全主办银行职责，始终把支持保供稳价、维护浙江粮食安全作为履职守责的第一要务。2012年累计发放粮棉油贷款79亿元，支持收购、储备、调入粮食56亿公斤、棉花46万担、油脂3亿公斤，发放化肥、肉等储备贷款9亿元，保证了我省粮食供足价稳和其他重要农产品的市场供应。有效延伸粮棉油全产业链，发放中长期贷款5亿元，支持了11个粮油加工、粮食仓储设施和畜牧业基地、水产养殖示范场的建设。发放农业科技贷款9亿元，贷款涉及生物医药、渔业养殖、食品加工、农业机械制造、饲料加工等多个行业。

四、加大扶持实体经济力度

及时研究扶持涉农实体经济的政策举措，认真落实监管要求，对涉农中小企业不实行存贷挂钩，不缴纳存款保证金，不收取小企业资金承诺费、财务顾问费、咨询费以及其他任何费用，不向小企业搭售其他任何金融产品。加强与各级农办、农业、林业、中小企业局、工商联、农发办等涉农实体经济主管部门的联系与合作，深化政府推荐项目、农发行独立审贷、双方联合监管，实现共同发展的银政合作新机制。抓住国家贴息扶持农业产业化龙头企业的政策机遇，同财政、农发办紧密合作，支持贴息项目31个、投放贷款9亿元，帮助企业争取国家农业贴息资金近2亿元，减轻了企业财务负担。2012年，农发行浙江省分行共发放涉农中小企业贷款325亿元，占贷款总投放的92%。

五、有效提升服务水平

围绕“服务实体经济”主题活动，进一步优化信贷流程，改进金融服务，提高办贷效率。在贷款项目评估人员统一调配、前后台联动、平行评审方式的基础上，整合信贷管理制度，优化办贷流程，实行限时办贷，有效提高了办贷质量和办贷效率。进一步推进担保方式创新，扩大贷款抵（质）押物范围，积极探索林权、海域使用权抵（质）押贷款等业务，与林业担保公司合作办理林权抵押贷款，与金融仓储监管合作办理存货质押贷款，一定程度上缓解了涉农中小企业担保资源不足问题。

农发行浙江省分行的工作得到了省委、省政府的充分肯定，省委副书记、省长李强批示：“2012年，省农业发展银行充分发挥政策性银行作用，不断加大支农力度，优化金融服务保障，成绩明显，贡献很大，谨致以衷心感谢！望继续努力，切实履行农发行支持服务‘三农’职责，加强信贷保障力度，为浙江‘三农’继续走在全国前列作出更大贡献！”

国家开发银行浙江省分行经营管理情况综述

行长　徐　勇

2012年，国家开发银行浙江省分行继续秉承强国富民使命，以科学发展为主题，围绕省委、省政府的战略部署，在支持“四大国家战略”、服务实体经济和扩大有效投资、推动经济加快转型升级方面作出了积极的贡献。

截至2012年末，国家开发银行浙江省分行表内外信贷资产余额1919亿元，比年初增长22.1%，其中表内人民币贷款余额1350亿元，比年初增长17%，外币贷款余额38.5亿美元，比年初增长22.3%；累计发放人民币贷款478亿元，同比增长5.7%，发放外汇贷款15.7亿美元，同比增长29.2%，表外业务工作量171亿元，同比增长43.7%。年末不良资产率0.21%，比年初下降0.08个百分点，较好地实现了支持发展、防范风险与优良业绩的有机统一。

2012年，国家开发银行浙江省分行主要做了以下工作：

一、扎实推动“四大国家战略举措”建设，确保重大、重点项目信贷资金供应

积极响应省委、省政府关于支持浙江省实体经济发展的号召，以浙江实施“四大国家战略”为契机，先后六次向总行争取信贷规模，并积极与省发改委等主管部门沟通，主动对接重大、重点建设项目资金需求，确保重点项目顺利开工建设和在建、续建项目的融资需求，全年累计向重大、重点项目发放贷款275亿元，占全部贷款发放的47.7%，支持了三门核电、杭长客运铁路专线、钱江通道南接线等72个事关长远、改善民生支撑作用强、提振实体经济效果好的重大、重点项目。

二、积极支持产业项目，助力浙江产业结构调整和转型升级

认真履行国家技术创新工程试点省领导小组成员单位职责，积极支持产业项目，全年累计发放战略性新兴产业贷款121.1亿元、高新技术产业贷款58.7亿元，重点支持了万向、正泰、盾安、海正、恒逸等一批龙头企业产业项目。牢固树立“低碳金融”理念，坚持“区别对待、有保有压”的原则，全年累计发放节能环保产业贷款71.3亿元，重点支持了可再生能源开发利用、城镇生活污水处理、热电联产工程建设、垃圾资源化利用、电机系统节能改造、环保装备企业升级等节能环保产业项目。

三、继续加大对小微企业支持力度，促进小微企业发展

全年向浙江106家小微企业发放贷款183.3亿元，年末小微企业贷款余额达507.9亿元，比年初增长23.4%，增幅比全部贷款高5.7个百分点。积极参与温州金改，推动设立温州民间借贷登记服务中心，以温州市金融投资集团为统贷平台，批量化支持温州小微企业。创新商铺使用权质押模式，向义乌国际贸易综合改革试点区的小微商户授信30亿元，已发放贷款5亿元，支持了867家小微商户。

四、积极推进基层金融业务，全力保障和改善民生

全年发放保障性安居工程建设贷款30.2亿元，重点支持了杭州铁路东站枢纽地区安置房等19个保障房项目。全年向水利事业发放贷款34.5亿元，支持了舟山大陆引水二期等17个水利项目开工建设。全年向文化产业发放贷款15.0亿元，支持了横店电影院线、富春山居等14个文化企业或项目。继续支持新农村建设，全年累计发放新农村建设贷款40.5亿元，重点支持农村基础设施建设、农村医疗、环保等社会事业发展。

五、大力拓展外汇和国际合作业务，支持企业"走出去"

为海正药业、恒逸、三门核电等23家企业提供外汇贷款支持，全年发放外汇贷款15.7亿美元，同比增长29.8%。年末外汇贷款余额38.5亿美元，约占全省非贸易项下外汇贷款余额的33%，继续列全省第一。

六、加强同业合作和业务创新，扩大实体经济社会融资总量

积极开展银团、信托等表外业务，先后为绍诸高速、钱江通道及接线工程南接线项目、温州市瓯江口浅滩一期土地收储等项目筹措同业资金156亿元，尤其是成功操作省内首支国际银团，为中国旭光高新材料集团有限公司组建4亿美元国际银团贷款用于债务重组。积极推动债券承销业务，累计承销债券144亿元。继2011年联合主承销67亿元浙江地方政府债券之后，我行2012年再次联合主承销87亿元地方政府债券。成功帮助承担保障房建设主体温州市安居房开发有限公司发行12亿元企业债券，该债券不仅是温州首只企业债券，也是全省首只募集资金用于保障房的专项债券。

七、强化全面风险管理，提高主动防范风险的能力

严把合规关和贷款发放质量关，一手抓贷款发放，一手抓风险防控。针对项目潜在风险，组织专题调研，制订预案，推动分行风险管理水平迈上新台阶。认真组织自查整改工作，进一步夯实分行信贷管理和日常经营的基础。进一步深化联合监督机制，加强对新增贷款的监督检查，与省监察厅成立联合检查组，对53个政府类投资贷款项目进行了联合现场检查，涉及贷款合同金额526亿元。

八、加强党建和干部队伍建设，进一步增强员工队伍凝聚力

组织开展以"树一个典型、做一件实事、上一个台阶"为主题的创先争优活动，推动员工立足本职岗位树典型、干实事、上台阶，分行被总行评为"三个一"活动先进

示范单位。组织学习贯彻党的十八大精神和“结对共建”活动，党建成效显著。加强年轻干部培养和选拔任用，组织各类培训，安排员工进行挂职、交流、处室轮岗。分行以党建带工建和团建，推动分行民主管理、民主监督工作，分行的凝聚力和向心力进一步增强。

2013年，国家开发银行浙江省分行将深入贯彻学习党的十八大和中央经济工作会议精神，全面落实总行各项工作部署要求，围绕浙江“四大国家战略”和新型城镇化建设，巩固开发性金融合作，继续保持对重点领域和薄弱环节的支持力度，扎实推进国际业务，加强综合经营，进一步提升分行经营水平和竞争能力，在服务浙江经济社会发展中作出新的更大贡献。

中国进出口银行浙江省分行经营管理情况综述

副行长(主持工作)　徐建华

一、经营概况

2012年,是中国进出口银行浙江省分行发展史中不平凡的一年,受国际国内形势影响,浙江经济长期积累的体制性、结构性、素质性矛盾凸显,工业产值和外贸出口大幅回落,经济下行压力加大,部分企业订单减少,利润下降,经营非常困难。与此同时,浙江金融同业呈现了存款增长乏力、贷款增长缓慢、区域性金融风险加大的态势。面对复杂严峻的形势,中国进出口银行浙江省分行紧密围绕科学发展主题,在总行党委的正确领导与指导下,全体员工团结奋进、攻坚克难,严格按照中央经济工作会议精神和总行总体工作要求,密切结合浙江发展实际,坚持"稳中求进、转中求好"工作基调,充分发挥政策性银行优势,加大资金投放力度,优化信贷结构,服务实体经济,扎实推进业务创新,有效防范和化解风险,经营管理水平不断提高,各项工作取得了良好的成绩,在有效促进地方经济增长的同时,实现了自身规模、质量、结构、效益的协调发展。截至2012年12月末,中国进出口银行浙江省分行累计投放本外币资金332亿,本外币贷款余额480.84亿元,比年初新增81.37亿元,增幅20.35%,高出全省平均增幅8.65个百分点(不含宁波)。其中人民币贷款354.77亿元,比年初增加68.42亿元,同比多增12.03亿元;外币20.06亿美元,比年初增加2.11亿美元,分别完成总行下达计划的139.63%、105.5%。实现账面利润7.62亿元,实现保本微利。不良贷款余额为7056.33万元,不良率0.15%。

二、主要工作情况

(一)以支持促进外贸增长为工作重心

面对2012年浙江出口乏力,进口下降的严峻外贸形势,中国进出口银行总行李若谷行长亲临浙江开展调研,召开银政企座谈会,共商支持外贸增长的对策,为浙江省分行准确判断形势、有效开展工作指明了方向。分行领导分赴各地调研走访,把握行业动态,了解需求,通过实施促进外贸增长相关意见、扩大进口信贷支持范围、恢复办理优惠利率进口信贷等一系列措施,有效带动了企业外贸增长。年末,支持进出口贸易的贷款余额为423.67亿元,较上年同期增长18.89%,占分行贷款余额的88.11%,新增贷款中71.4亿元用于进出口企业,占贷款增量的93.9%,超过总行60%的比例要求。同时,带动企业外贸合同额185.65亿美元，约占浙江外贸总额6%，充分发挥了中国进出口银行浙江省分行政策性金融对支持外贸增长的带动作用。

全年新增"走出去"贷款11个项目，余额9.5亿元，占"走出去"贷款余额32.89亿元的29%。包括：支持万向集团收购美国A123系统公司项目贷款2.96亿美元，该项目是继吉利集团并购沃尔沃后省内企业"走出去"的又一重大突破。支持天洁集团在斐济建设40万吨水泥厂项目，推动我国水泥产业向境外转移。支持杭州海兴电力在印度尼西亚合资建设智能配电监控设备生产线项目。支持泰荣在柬埔寨投资袜子生产线项目，帮助其成为亚洲最大袜子生产集团。

（二）大力支持省重点项目建设

具体措施：一是根据省里制定四大建设、国家四大战略、九大新兴产业、转型升级重点行业等发展战略，制定了分行信贷工作指导意见，将一批省重点项目、"绿色信贷"项目和转型升级项目纳入我行重点支持范围，明确信贷结构调整方向。二是建立重点客户重点项目储备库管理机制，对重点客户、重点项目加大营销力度，开辟绿色通道优先办理。三是梳理重点项目清单，建立责任机制，落到实处，对比较成熟的项目通过建立督办机制跟踪落实。至12月末，中国进出口银行浙江省分行省重点项目达到11个，较上年增加7个，余额达100.41亿元，占全部贷款的21%，其中新增7个项目贷款31亿元，占重点项目贷款的38.2%，贷款结构明显优化。

具体项目：一是大力支持海洋经济建设。根据浙江省打造"一核两翼三圈九区多岛"的海洋经济大平台，积极支持并跟踪了一批海洋经济项目，包括舟山大宗商品交易中心项目、舟山保税区老塘山减载平台项目、马迹山散货堆场项目、光汇石油外钓岛油品码头及油库项目、舟山海洋科学城科学创意研发区项目、温州港乐清湾两个5万吨级多用途泊位项目、嘉兴港海盐港区多用途码头工程项目和嘉兴独山煤炭中转码头工程项目以及扬帆集团7亿元外保内贷项目。至2012年末，涉及海洋经济贷款余额198亿元，较年初增长近60亿元，增幅达43%，成为分行贷款的新增长点。

二是大力支持义乌国际贸易综合改革试点。2012年初，中国进出口银行浙江省分行领导带队赴义乌调研，召开政银企座谈会和走访企业，研究业务合作模式，提高服务质量，加大有效支持。重点支持了中国小商品城集团公司劳务项目、义乌交发内陆口岸港建设等重点项目。搭建了义乌中国小商品城统借统还平台，为小商品市场商户提供流动资金循环贷款2亿元，支持经营户约500户，有效支持了义乌国际贸易综合改革试点的工作。

三是大力支持重点项目建设。围绕清洁能源、产业集群和企业转型升级，支持并跟踪了一批省重点项目。清洁能源包括琥珀公司安吉天然气热电联产项目、浙能宁波镇海动力天然气热电联产项目、秦山核电追加40亿元进口信贷固定资产贷款项目，舟山华电小沙风力发电循环经济项目；产业集群包括支持产业园区"浙江商会大厦"项目，推进世华台商大厦项目，跟踪青山湖科技城横畈产业区项目等；转型升级重点支持行业龙头引进国际先进技术、装备，改造传统产业。包括海正药业安百诺基因药物项目、浙江古纤道工业涤纶丝的技术创新项目。全省146家工业行业龙头骨干企业中，中国进出口银行浙江省分行为50%的企业提供了信贷支持。

（三）积极创造条件支持小（微）企业发展

一方面继续搭建和完善小(微)企业服务平台,当好扶持小(微)企业发展的"特种兵"。通过优化业务流程,提高服务效率,为"统保代管"、"统借统还"服务平台提供贷款,扩大对小(微)企业服务的辐射面。目前,中国进出口银行浙江省分行已搭建服务平台11个,总授信额43.5亿元,贷款余额28亿元,较年初新增8.19亿元,增幅为29.25%,高于分行贷款平均增幅8.91个百分点。实际用款企业近50家,平均利率低于同期市场利率水平,有效解决了小(微)企业融资难、融资贵的困难。

另一方面深化银银合作,扩大对中型企业支持的覆盖面。与中信银行杭州分行签订了30亿元银行担保低风险业务合作协议,通过简化手续,提高效率,降低了授信风险和管理成本,为温州、绍兴、萧山等地的中型企业提供了政策性金融支持,既有效解决了我行网点、人员不足的问题,又扩大了贷款支持的覆盖面。至2012年末,中国进出口银行浙江省分行贷款余款10.6亿元,累计用款企业27家,涉及服装鞋帽、轴承、金属制品、工艺品制造、商业批发、物资批发等多类进出口企业。

(四) 大力支持文化产业、服务贸易和"三农"发展

一方面,将文化产业、服务贸易作为新的业务增长点。重点支持浙江横店影视城高科技摄影棚改建以及演艺游乐体验建设等旅游文化国际化项目。跟进横店影视城10亿元上海滩旅游影视拍摄基地项目和华策影视产业国际合作实验区项目。支持乌镇旅游文化项目,进一步改善乌镇对外接待能力。支持浙大网新舟山科技创意研发园项目,提升服务外包出口能力。至2012年末,旅游文化国际化等创新贷款业务达到61亿元,较年初增长5亿元,增幅8.2%。

另一方面,积极支持总行与农业部、扶贫办合作推荐项目,支持国家级扶贫龙头企业——采云间茶业有限公司万吨优质出口茶基地建设。在中国进出口银行浙江省分行的贷款支持下,采云间的茶叶产量和质量大幅提高,一跃成为对德国茶叶出口的第一大企业。贷款所支持的茶园改造全面完成后,惠及1500余名茶农,人均增收1200元。同时大幅改善了当地生态环境,带动了生态农业观光旅游的发展,实现经济效益、社会效益、生态效益均衡发展。支持万向三农水产品捕捞出口、兴业集团水产品加工出口、山下湖珍珠集团珍珠出口以及丰岛控股果蔬罐头、鲜切花卉出口。

(五) 大力发展中间业务,有效提升服务内涵

一是充分利用中间业务产品优势,多手段支持外贸。累计办理国际结算、对外担保和贸易融资业务量总计42.01亿美元,实现手续费收入9722万元,贸易融资利差5031万元,合计1.48亿元。二是大力发展贸易融资业务,支持实体经济。累计发放贸易融资54.65亿元,新增余额14.12亿元,同比增长55.25%。三是保理业务取得较快发展。通过依托大型核心企业资信,为其上游中小型供应商提供"无门槛、无抵押、无追索"的保理融资,较好解决了中小型供应商融资难问题。累计办理保理业务221笔,为6家核心企业的近60家供应商提供了融资。保理业务量37.18亿元,同比增长37.94%,完成总行下达计划的186%。四是积极推动承销业务开展。帮助恒逸、传化、巨石、卧龙和网新共5家企业发行中期票据及短期融资券7笔,累计发行额42亿元,发行额同比增长110%,实现债券承销收入1639万元。五是扩大同业合作。与当地工行、农行、中行、中信等10余家机构扩大合作,全年共办理福费廷业务9.53亿元，办理同业代付7.83亿元，代理开证3.15亿元。六是不断提升服务质量。简化贸易金融业务流程，与信贷业务联动，提高效率，为客户提供综合配套服务。

（六）妥善化解处置风险，积极维护我省经济金融稳定大局

一方面，千方百计化解风险，处置不良。由于内外形势严峻，省内多家企业出现资金链紧张等问题，中国进出口银行浙江省分行针对实际，落实人员，妥善处置。加强与当地政府、同业联系沟通，根据事态变化及时研究防控措施化解风险。2012年，中国进出口银行浙江省分行存量资产中共有4笔贷款陆续出现逾期，金额1.4亿元，通过采取多种措施，已全部收回；另有一笔2467.5万美元船舶保函逾期，经过努力在展期5个月后，由借款人股东全额偿还，化解了风险。

另一方面，以维护当地经济金融稳定大局为重，妥善处置出险企业。2011年末，由于诸暨凯翔集团、洲际橡胶等企业资金链断裂，中国进出口银行浙江省分行的客户企业东方神州、达亨集团等受到牵连影响，尤其是达亨集团在分行的2140万美元境外投资贷款风险凸现。对此，中国进出口银行浙江省分行没采取简单粗暴的收贷方式解决，而是积极与绍兴市和诸暨市政府沟通协调，以维护当地经济稳定、避免发生资金链断裂连锁反应为处理原则。考虑到达亨集团担保人冠军集团和宏磊集团为省内龙头企业或当地纳税大户，在达亨集团破产、其法定代表人和路之达法定代表人涉案被抓，无力偿还分行贷款的情况下，中国进出口银行浙江省分行没有强行其立即履行担保责任或收贷，继续对宏磊集团给予贷款支持；帮助冠军集团销售产品，寻找合作伙伴，以解决其经营困难问题。目前，该笔不良贷款已基本达成平移方案。对同样受担保链影响的东方神州3000万元农产品出口卖方信贷，考虑政府协调意见，中国进出口银行浙江省分行在贷款已收回的情况下又继续对其发放等额贷款进行支持。

（七）加强监管，防控风险，提高信贷管理水平

1. 多措并举，加强风险防控与监测。开展行业调研，对化纤、光伏、船舶等高风险行业以及部分区域经济金融状况开展专项调研6次，结合相关客户经营情况和风险状况进行分析，一户一策，研究分行授信和风险防控策略。加强风险监测和管理，发布风险提示13次，召开风险例会12次，提出防控和化解措施。

2. 提高评审质量，把好贷款准入关。完善评审、审批工作机制，进一步规范工作流程，独立、客观、公正开展评审工作。认真分析第一还款来源，重视对企业系统性风险和整体经营状况的了解，加强对企业近年经营变化情况对比分析，努力提升评审专业化水平。

3. 强化监督检查，提高贷后管理质量。制订贷后检查工作方案，做到明确重点，区别对待，分类管理，保证检查有序推进。全年共完成贷后检查424户次，其中境外贷后检查8户次。共对8户23.32亿元贷款实施风险监控，做到了风险隐患早发现、早防控、早处置。

4. 推进“精细化管理”，不断提高经营管理水平。一是完善制度建设，规范工作流程，严控操作风险。清理、汇编各年度管理制度，全年共制定和修订制度38项，进一步强化规范管理。二是加大存在问题的整改和责任追究力度。重点对银监局、总行和审计检查发现的问题进行梳理分析，查找原因，及时整改。落实责任追究，共通报130余人次，经济处罚近万元。三是加强教育培训和合规文化建设。一年来开展了新员工岗前培训、规章制度和法律法规培训、创新业务系列培训和英语培训等共40余个班次700余人次参加。

5. 抓好基础设施建设，办公场所顺利搬迁。加快推进装修工程进度，积极协调各方关系，坚持节俭建行、科学合理、严格把关、集体决策、阳光工程的原则，推进工程建设，按期完成大楼装修任务，于2011年4月23日顺利搬入新大楼，各项业务衔接顺畅。以新办公楼搬迁为契机，构建独立的安全管理架构，促进提升管理水平。

（八）以党的建设促进员工队伍和企业文化建设

1. 加强思想建设。开展"深入学习省十三次党代会精神，积极倡导当代浙江人共同价值观，以优异的成绩迎接党的十八大"、向吴斌同志学习、观看教育影片，组织"爱岗敬业"大讨论、红色教育活动等系列主题教育，制订学习和贯彻十八大精神实施规划，通过系列教育和深入讨论交流，干部员工撰写心得体会近40篇，政治思想境界得到进一步提升。

2. 加强组织建设。充实员工队伍，加强青年员工及新入行员工的培养工作。坚持开展多样化的业务教育，把员工专业技能培训作为人才培养的重要手段，鼓励培养青年员工尽快成长成才。优化人力资源配置，及时进行人员调整，全年累计处级干部轮岗9人次，普通员工轮岗19人次，充分发掘员工潜能，极大地调动了员工工作积极性。

3. 加强作风建设。坚持"标本兼治、综合治理、惩防并举、注重预防"的工作方针，深入开展反腐倡廉工作，继续完善惩治和预防腐败体系，保持零案件。深入开展廉政风险排查和防控工作，对7大类41个岗位的廉政风险点提出防控措施，形成规范性要求。组织观看警示教育片，赴杭州市南郊监狱开展警示教育，落实廉政谈话制度，筑牢全员拒腐防变的思想道德防线。

4. 加强企业文化建设。推进与富通集团共建活动，共享党课资源，深化党性教育，共同开展"企业文化建设"专题学习，交流党建和企业文化建设成果，不断丰富共建的形式和内涵。以党建带行建、促发展，充分发挥各类组织的作用，逐步形成党、团、工、妇齐抓共建的企业文化建设体系，打造一个政治强、业务精、作风正、纪律严的团队，为更好地服务企业、服务经济夯实基础。

交通银行浙江省分行经营管理情况综述

行长 陆 涛

2012年，交通银行(以下简称“交行”)浙江省分行认真学习党的十八大精神，贯彻落实“八八”战略和“两富”战略，在经营中与浙江经济同频共振，积极应对跨周期经营中的困难和挑战，坚持加强金融支持，服务经济社会发展；主动融入转型发展，不断推动改革创新，并连续四年被省人民政府授予“金融机构支持浙江经济社会发展一等奖”。

一、千方百计支持浙江实体经济发展

(一) 扩大全融资总量

一年来，交行浙江省分行紧紧围绕省委、省政府战略部署和交总行年度工作安排，抓住“稳发展、控风险、促转型、强管理、保效益”的工作主线，加强对浙江经济的金融支持力度，紧跟浙江经济转型升级的步伐。至年末，全行人民币各项存款余额2222.01亿元，比年初新增207.81亿元；人民币各项贷款余额1698.65亿元，比年初新增141.05亿元；全年经营利润增幅较上年下降16.98个百分点。全行加速推进转型创新，快速响应实体经济企业融资需求，通过信托、租赁、银团贷款、资产池、票据池、理财产品、国内信用证、短期融资券、中期票据等多种融资方式，千方百计腾挪扩展规模455亿元，用以支持实体经济发展。

(二) 持续加大小微企业的信贷支持

交行浙江省分行积极对接省政府“扩权强县”、“扩权强镇”政策，出台一揽子办法持续推动县域机构加快发展、支小支农，全辖县域机构贷款在全部贷款中的占比较上年提升1.09个百分点。继续坚持“做中小企业的主办银行”这一经营定位不动摇，出台《推进小微企业信贷业务发展指导意见》。至12月末，全行零售信贷余额580.26亿元，较年初增长75.54亿元，小企业贷款增幅29.71%，高出各项贷款增幅20.73个百分点，小企业贷款余额、增量和户数均列交总行系统第一。推动小企业信贷产品创新、担保创新和还款方式创新，温州交行为小微企业发放专利权质押贷款一事在央视1套《东方时空》栏目中报道。在省纠风办组织的银行业民主评议行风会议上，客户高度评价了交行支持该科技型小企业成长的金融服务水平。交行小企业产品“展业通”被评选为“2012年浙商最佳融资产品”、“浙江小微企业值得信赖的融资产品(模式)”。

(三) 深入对接我省四大国家战略和产业聚集区

为中国(舟山)大宗商品交易中心上线“银商通”交易系统，支持舟山国家石油基地责任有限公司二期石油储备项目、舟山世纪太平洋化工产品物流基地等重大建设项目，设立舟山普陀支行。大力支持义乌国际贸易综合改革试点建设，将原属金华分行的义乌支行升格为分行。作为省政府“双服务”工作丽水组副组长单位，积极参与丽水农村金融改革试点工作。持续跟踪温州金改试点，同步推进创新工作。聚焦浙江14个省级产业集聚区，支持重大在建续建项目，确保各产业区大项目大平台的资金供给稳定性。针对全省专业市场，推广“家易通+太平洋商汇卡”组合，为广大市场经营户提供汇款、结算服务。

二、加快转型步伐，营建财富管理特色银行

（一）紧跟浙江“两富”建设步伐，推动交通银行财富管理走遍浙江

自2012年10月18日开始，在省市各级党委、政府的大力支持下和省市各级金融办的具体指导下，历时65天在全省11个城市组织开展“交行财富管理走遍浙江”路演活动，向十八大献礼，以实际行动响应省委、省政府提出的“两富”建设战略。逾1400家企业参加了路演活动，近200家企业进入交行首批财富管理合作企业名单，达成意向性融资总额近450亿元，已进入融资合作的项目总额近120亿元。活动就产业链金融、企业债务融资、境内外并购、企业IPO上市、人民币跨境支付等重点产品特别是交通银行国际化、综合化经营特色向浙江地区广大企业和社会公众进行了推介，交通银行总行和浙江省分行领导率财富管理团队实地走访了浙江地区企业，倾听企业家和社会公众对金融服务需求以及对交行服务的意见建议，据此探讨和研发针对性服务方案，受到了企业的欢迎。活动期间，111家企业与交行签订产业链合作协议，53个产业链核心客户及其上下游客户与交行达成合作意向，17家企业开展了境内外联动业务。活动盛况得到了省市乃至全国级媒体关注，新浪、网易、搜狐、和讯等各大网站和浙商网、《钱江晚报》、《浙江日报》、《每日商报》、浙江经视及各地市政府门户网站等主流媒体对活动作了系列报道。与此同时，合规教育、风险教育和金融知识在活动中得以普及，金融服务浙江实体经济的作用进一步显现。

（二）探索金融创新，满足实体经济多元化融资需求

2012年，交行浙江省分行依托交通银行海外机构网络和“全牌照”综合化经营平台，致力于转变业务发展方式，营建财富管理特色银行这一比较优势，通过租赁、短融、中票、资产池等综合化经营手段，全辖为企业提供直接融资100亿元左右。通过与境内外多家银行包括交通银行海外机构的洽谈，为企业办理代付业务，降低贸易融资成本，减轻企业负担。另外，积极与省发改委沟通，协助企业办理对外投资的项目立项，做好企业的财务顾问，积极推进人民币跨境结算。当年荣获全省年度最佳财富管理银行称号。

三、风险管控险中求安，清收化解积极推进

在2012年区域金融风险多发环境中，全行冷静观察，以变应变，积极开展潜在风险化解和不良贷款保全及清收工作；按照“降险、减持、退出、补提、明责”10字原则，认真开展“全面风险排查”工作，以发展的眼光来积极应对风险防控。行领导带队到辖属各分行调研，走访政府和企业，到第一线了解实际情况；与温州市政府主要领导到总行汇报，积极寻求理解支持。开展重点领域如多元化经营、出口导向型、钢贸、光伏、政府平台、房地产以及民间借贷等企

业风险排查工作，梳理排查涉险担保圈情况；全行从客户、基层单位、员工三个维度，持续认真开展全面风险排查，及时掌控风险动态，协同政府、监管部门共同积极、妥善地处理风险问题，共筑“防火墙”。

交通银行宁波分行经营管理情况综述

【经营业绩】 2012年末，交通银行宁波分行本外币各项存款余额558亿元，比年初增加61亿元，增幅12.3%，其中人民币存款余额547亿元，比年初增加57亿元，增幅11.6%。本外币各项贷款余额481亿元，比年初增加69亿元，增幅16.8%，同比多增21亿元，其中人民币贷款余额446亿元，比年初增加42亿元，增幅10.5%。不良贷款余额8.29亿元，不良率1.72%。实现中间业务净收入3.28亿元，增幅16%。实现拨备后利润11.67亿元，同比增加0.79亿元，增幅7.23%。人均经营利润达到113.55万元，同比增加6.26万元，增幅5.83%。

【金融服务】 积极改进金融服务，有效提升实体经济服务力度。(1)全力保障信贷资金需求。面对持续的紧信贷局面，充分考虑区域经济发展的现实需要，在服从总行全局调控前提下，积极争取信贷规模倾斜。在合规前提下加快拓展融资新渠道，发挥交行“两化一行”经营优势，多方联动，积极推进新型融资业务，支持实体经济融资发展需求。(2)持续优化信贷结构，促进区域经济发展方式转变。结合国家、区域产业政策，全力支持市“六个加快”战略实施，加大对市重点产业的信贷支持，继续稳定纺织服装、批发等当地传统特色行业发展，积极支持低耗能、环保等新兴行业，在有效把握风险前提下稳妥拓展港口、水运等临港服务业发展。(3)不遗余力加大小微企业、“三农”金融支持。采取逐月配置信贷专项规模、争取系统内调剂专项规模等方式，想方设法满足小微企业、“三农”发展融资需求，截至2012年末，小企业贷款余额172亿元，比上年增11.5亿元，增幅7.2%；涉农贷款余额118.4亿元，增幅13.4%。顺利推进世贸通电子商务平台对接，并与若干企业实现业务接洽。开展新农村建设贷款调研，为今后更好地服务涉农类小微企业发展打好基础。积极推进“支持实体经济服务月”活动，落实“千名客户经理进万家”、小微企业银企对接会、小微企业金融服务论坛等各项工作。

【风险管理】 严密防范风险，持续增强稳健发展能力。(1)扎实做好风险管理基础工作。着力发挥全面风险管理委员会作用，加大信贷管理考核评价，严格贷款五级分类管理。(2)扎实做好重点领域风险防范。逐户梳理全口径融资平台年内各季度需新增提款情况、可收回情况及年末贷款余额，并据此制定降旧控新措施；进一步落实房地产风险管控要求，切实防控房贷风险；密切关注重点领域风险趋势，及时排除风险隐患。(3)切实做好不良贷款清收和潜在信贷风险化解工作。大力推进清收处置进度，截至2012年末，累计压缩不良资产近4.5亿元，其中累计清收存量不良资产近4亿元，累计清收当年新增不良资产5000多万元。(4)严格做好表外业务风险防范，坚持合规发展。对银行承兑汇票、贴现/转贴现、国内信用证、同业代付等票据业务进行全面自查；对开展的理财、代理保险等业务作了全面梳理和检查，对销售资格、销售行为、客户信息管理等方面进行严格自查自纠。

【改革转型】 积极实践改革发展，稳步推进转型升级步伐。(1)深化机构改革。加快机构网点战略转型，完善物理网点布局；优化渠道建设，提升以电子银行为依托的自助银行运行能力，促进金融服务便利化，年内新投入自助设备50台，新设离行式自助银行5家，离行自助点26个，完成8家网点的自助机具升级改造；推进营运组织架构改革，加快流程银行建设。(2)转变经营理念，完善考核机制。强化"经济资本管理"理念，着力提高经济资本回报的科学化水平。注重存款增长的内生动力及增长稳定性，调整和优化存款考核指标，逐步建立起以日均存款为核心的存款指标管理体系，提高日均存款指标考核权重。

【内部管理】 加强内控建设，持续提升内部管理水平。(1)严格落实责任。分行党委书记与各单位签订责任书，明确各单位、相关负责人党风廉政建设、风险与案件防控工作责任，实行内控管理"一把手"负责制，纳入绩效考核，明确发生重大事故或案件实行一票否决，有效增强了内控执行力。(2)时刻灌输合规从业意识。始终把"正确处理好业务发展与合规经营的关系"作为核心理念加以宣导；持续开展"员工行为管控"专项行动；深入基层开展案防教育。(3)扎实抓好制度执行，保持案防高压态势。加强对柜台业务操作的风险管控，做好防范柜面员工违规操作风险工作；积极开展从业人员行为排查，对重点岗位员工违规操作、大额资金发生情况及参与民间融资借贷等失范行为进行重点监控和排查。

【社会责任】 通过服务地方发展、产品创新、支持小微企业、帮困扶贫、资助慈善事业、开展志愿者活动和普及金融知识等多种形式，积极履行企业社会责任。(1)坚持经营自律，切实维护金融消费者权益；认真对待信访舆情，不断改进金融消费者服务体验，扎实做好客户投诉处理工作，深入开展行风民主评议活动。(2)支持小微企业发展，完善金融服务加大小微企业信贷产品创新力度，开展各类支持小微企业发展的活动，帮扶困难企业渡过难关，促进地区内小微企业的健康平稳发展。(3)宣传普及金融知识，开展"普及金融知识万里行"活动，广泛组织开展金融知识进社区、进企业、进学校等活动。(4)支持慈善事业，开展扶贫捐赠，与宁海县桑州镇坑口村继续开展结对扶贫捐赠、向慈溪市关心下一代工作委员会助学奖学基金捐赠、积极开展"慈善一日捐"和"送温暖"、"献爱心"活动等。

中信银行杭州分行经营管理情况综述

行长　王利亚

2012年，在浙江省委、省政府和人民银行、银监部门的指导帮助下，中信银行杭州分行（以下简称“中信杭州分行”）认真贯彻落实中信集团和总行的战略部署，以“深化转型发展　持续领跑同业”为目标，进一步突出对实体经济的支持，在特殊的艰难环境中继续取得优异业绩，各项经营指标持续领跑当地股份制银行，多项指标超过了大型银行。在中信银行总行2012年度等级行考核中，杭州分行继续荣膺“标兵行”；自银监会实施监管评级以来，中信杭州分行是浙江省唯一连续七年获评最高等级“1级”的省级金融机构；在人民银行综合评价和浙江省外汇管理局的合规评级中，中信杭州分行均获最高等级“A等”。2012年，浙江省委、省政府领导先后6次作出批示肯定，并多次在全省重要会议上给予中信杭州分行高度评价，浙江省委书记夏宝龙（时任省长）在全省金融工作万人视频大会上称赞：“中信银行杭州分行是全省金融机构的榜样！”

2012年，中信银行杭州分行取得了“五个进一步”的显著成绩。

一、对经济社会的贡献度进一步提升

2012年，中信杭州分行围绕服务实体经济的大局，积极加大信贷投入、强化金融服务创新，各项业务均走在前列。年末分行总资产达2269亿元，比年初增加339亿元；自营存款余额1973亿元，时点增量和日均增量分别达270亿元和283亿元，自营存款余额和增量在中信系统内和浙江省股份制银行中均稳居第一，自营存款余额和增量在全省股份制银行中分别占比18.7%和23.2%，同比提高0.6和1.1个百分点；自营存款增量超过三家大行；贷款余额1591亿元，当年新增229亿元，贷款总量、增量均列中信系统第一，贷款余额和增量在全国占比均超过10%；贷款增量在全省12家股份制银行中占比22%，还超过了两家大行；国际业务收付汇量继续名列全省股份制银行第一并超过一家大行，跑赢浙江外贸增幅15个百分点；通过金融创新，为我省解决融资需求630亿元，其中债务融资工具承销金额158.5亿元，同比增长65%，承销家数、金额、种类均居全省第一；通过同业代付、福费廷、跨境金融等产品引进境内外资金214亿元；帮助企业通过资本项目渠道引进境外资金70亿元；通过资产转让、发行融资类理财产品、引入战略投资以及联合中信基金等机构在我省设立并购基金等方式引入数十亿元资金；全年通过信贷和多元融资渠道，共为我省新增融资859亿元。

二、管理力度进一步加大

在授信管理上，中信杭州分行通过严格把关，堵截风险67户、20.1亿元；通过主动调整，退出高风险贷款366户、62.8亿元；通过构建高效的清收化解机制，化解预警贷款18.9亿元，清收不良及“关注一”贷款8.7亿元，清收计划完成率达228%。2012年末，中信银行杭州分行不良率为1.05%，低于全省股份制银行平均水平0.67个百分点；全辖有31家机构无不良。在合规内控上，突出抓好银监会案防新规的落实，率先将八个方面严禁行为纳入劳动合同；全辖组织检查、排查200余次，整改问题近400个，整改率100%；问责处罚73人次；成功堵截业务风险9起。中信银行杭州分行的案防工作在银监会的调研中得到很高评价；中信银行杭州分行还连续第7年蝉联“浙江省治安安全示范单位”。在精细管理上，对经济利润为负的客户实施挖潜增效，300多家客户经济利润转正，增加经济利润1600万元；强化定价管理，仅在重定价周期调整上就增加经济利润近6000万元；加强资本成本管理，使年末综合风险权重下降2.7个百分点，节约资本成本近亿元；综合调控做到了每月“双达标”。在队伍建设上，实施了分行管理部门绩效管理改革；推进了干部队伍建设和人才培养工作，提聘机构班子成员32人，提聘其他干部及专业技术人员332人；启动“名校合作计划”，组织数十名干部赴北大培训；加强岗位练兵，分行夺得全省点钞及反假币技能竞赛团体第一。

三、转型步伐进一步加快

一是平台、渠道的支撑力持续增强。机构负债平台继续延伸，银医合作、ETC储值卡等项目取得突破，电子商务、供应链等平台加快构建，跨境金融合作平台不断完善，网点转型和零售重点渠道建设有力推进。通过加强平台、渠道建设，带动机构负债增长72亿元，带动其他存款增长100亿元以上，带动个人管理资产增长100亿元以上。二是业务结构持续优化。负债方面，个人存款日均增量占自营存款(剔除协议存款)的19.51%，同比提高2.23个百分点。资产方面，重点业务比重继续提高，小企业贷款和个贷余额在各项贷款中分别占比25%和14.5%，同比提高1.1和0.5个百分点；供应链累计融资量达440亿元，同比增长75%。三是多元化收入来源有效拓展。中间业务净收入达7.9亿元，继续名列系统内各分行第一，同比增加1.4亿元；中间业务收入占比首次超过10%，同比提高0.4个百分点；非财务顾问类收入占中间业务收入的90.7%，同比提高8.9个百分点。零售业务收入占比近15%，高于总行平均水平近4个百分点，同比提高1个百分点。同业及票据业务实现FTP利润3.8亿元，同比增长28%。

四、应变能力进一步增强

面对浙江省复杂形势的巨大挑战，中信杭州分行全辖发扬“疾风知劲草”的精神，以前瞻的思路应对挑战，以创新的手段破解难题，以强大的合力抱团应变。中信银行杭州分行加强统筹协调，牢牢把握全年工作主题，推动全辖提升经营客户能力、市场应变能力、风险驾驭能力、精细化管理能力和整合联动能力，突出强调发展与风控的统一，较好地掌握了经营管理的主动权；同时，分行在争取总行支持、密切政银企合作、完善业务平台、指导清收化解等方面做了大量富有成效的工作，为全辖的应变创造条件。各条线以变应变，推出一系列创新举措，如针对信贷资源约束，加快直接融资等业务创新，为企业多渠道融资数百亿元；针对负债压力，运用外币专项资金池等创新产品有效带动存款增长；针对存款理财化趋势，自主研发理财产品21只、66亿元；在风险防控、系统开发等方面也都取得可喜的创新成果。各机构有力执行分行的部署，积极在逆境中争创佳绩，通过上下合力拼搏，再次实现逆势飞扬。

五、品牌形象进一步提升

中信杭州分行在经营管理和履行社会责任等各方面均走在同业前列，不断提升“主流银行”和“责任银行”形象。中信银行杭州分行被浙江省政府授予2012年度“金融机构支持浙江经济社会发展一等奖”和“金融机构支持浙江实体经济发展优秀奖”，再次成为同时荣获两个最高奖项的唯一一家股份制商业银行。在2012年全省银行系统行风评议活动中，中信银行杭州分行满意度位列股份制银行第一；同时获得了“浙商最信赖银行”、“首届浙江省最具社会责任金融机构”等荣誉。尤其在服务经济社会发展方面，2012年，省委书记、省长等领导先后6次作出批示肯定，对中信银行杭州分行工作给予高度评价。在全省扶贫开发工作视频会议和经济金融工作视频会议上，中信银行杭州分行分别作为企事业单位和金融机构的唯一代表发言，引起很大共鸣。浙江省委赵洪祝书记高度赞扬中信银行杭州分行“对扶贫工作做得系统、全面、具体，带着激情和感情做扶贫工作，非常难能可贵”；浙江省政府夏宝龙省长称赞“中信银行杭州分行是全省金融机构的榜样”。中信银行杭州分行王利亚行长继浙江省第十、第十一、第十二届党代会后再次高票当选浙江省第十三次党代会代表，成为全省股份制商业银行中的唯一代表。

2012年，中信银行杭州分行还有力推进了机构建设，全年有7家新支行开业，2家支行基本完成筹建，特别是舟山分行的筹建，为参与舟山国家级新区的服务建设赢得了新的市场机遇。

【浙江省委、省政府领导2012年先后6次对中信银行杭州分行作出批示肯定】 中信银行杭州分行倾力支持浙江经济金融稳定发展、积极履行社会责任的实践和突出成效受到浙江省委、省政府的高度肯定及社会各界的广泛赞誉。省委、省政府领导赵洪祝、夏宝龙、龚正、朱从玖等在2012年内先后6次对中信杭州分行作出批示肯定，并多次在全省重要会议上给予中信杭州分行高度评价。

2012年1月，省委赵洪祝书记、省政府夏宝龙省长分别在中信银行杭州分行有关材料上作出重要批示，对该行支持浙江经济社会发展的做法和突出成效给予高度评价。2012年5月，浙江日报《内部参考》刊登《多渠道融资为实体经济服务　中信银行杭州分行贷款增量名列全省股份制银行第一》的文章再次引起省政府领导的关注和重视，夏宝龙省长和龚正常务副省长批示指出“中信银行杭州分行的做法值得推广，值得各银行机构学习借鉴”。2012年5月8日，浙江省委、省政府召开全省扶贫开发工作视频会议，省委书记赵洪祝，省委副书记、省长夏宝龙在会上作重要讲话，省委、省人大、省政府、省政协主要负责人，各市、县（市、区）党政及部委办局、乡镇（街道）主要负责人，省直属各有关单位负责人近2万人在现场或通过视频参加会议。中信银行总行党委委员、杭州分行党委书记、行长王利亚作为全省企事业单位的唯一代表在会上作经验介绍。王利亚行长的发言在会议现场引起了强烈反响，省委赵洪祝书记在听完杭州市、开化县和中信银行杭州分行三家单位的发言后指出："特别是利亚同志，作为一家股份制商业银行，对扶贫工作做得系统、全面、具体，帮助贫困山区解决了那么多的实际困难，更是带着激情和感情做扶贫工作，非常难能可贵。"2012年6月20日，浙江省政府召开改善金融发展环境确保经济稳定增长视频会议，省级各有关单位、金融机构主要负责人，各市、县(市、区)政府、有关单位、金融机构主要负责人，部分重点企业负责人共近万人在主、分会场参加会议。中信银行杭州分行王利亚行长作为全省金融企业的唯一代表在大会上发言，深入介绍了中信银行杭州分行牢牢把握服务实体经济的基本方向，努力提升金融保障能力，充分展现商业银行应有的责任和担当的具体做法。王利亚行长的发言得到了夏宝龙省长、龚正副省长、朱从玖副省长的高度评价和主会场代表的一致赞赏。夏省长说："王利亚同志讲得非常好，中信银行杭州分行的一些做法，很使我感动并非常感谢。中信银行杭州分行是全省金融机构的榜样，希望各家商业银行要向中信银行杭州分行学习。对于中信银行杭州分行这样的行，省政府要给予表彰和支持。"2012年12月，朱从玖副省长在中信银行杭州分行呈报的有关调研材料上批示："中信银行的研究很有内容和价值。续贷问题的创新和完善有很大空间，相关部门要积极支持各银行积极创新，并为他们创造条件。"

【中信银行杭州分行连续七次获评结对帮扶工作先进单位，浙江省政府夏宝龙省长亲自为分行颁奖】 2012年2月3日，中信银行杭州分行在浙江省农村工作会议上被省委、省政府评为"低收入农户奔小康工程结对帮扶工作先进单位"，该行王利亚行长代表分行从夏宝龙省长手中接过奖牌。自省委、省政府在全省开展结对帮扶工作以来，中信银行杭州分行已连续七次获评结对帮扶工作先进单位，年年受到省委、省政府的表彰。

中信银行杭州分行始终将履行社会责任作为银行的崇高使命和应尽义务。中信银行杭州分行在创造一流经营业绩、履行好经济责任的同时，自觉地把履行社会责任融入业务经营，融入优质服务，融入公益事业，融入企业文化。在结对帮扶、抗震救灾、"希望工程"、"春风行动"、抗击"非典"等一系列公益慈善活动中，中信银行杭州分行均慷慨解囊，先后捐款近3000万元，彰显了中华民族扶危帮困的传统美德。中信银行杭州分行积极探索以经济运作方式推动社会慈善事业，在全国首创"中信慈善卡"，使慈善捐赠实现常态化，目前已产生慈善捐款数百万元。近年来，中信银行杭州分行还与浙江省慈善总会、《今日早报》联合打造"中信慈善年夜饭"，使之成为浙江慈善文化的一个品牌。一系列的善举使中信银行杭州分行赢得了"责任银行"的美誉，分行先后荣获了"浙江慈善奖"和"中华慈善事业突出贡献奖"，并被评为"浙江省企业社会责任践行示范单位"。

【中信银行杭州分行被浙江省政府授予金融机构支持浙江经济社会发展一等奖和支持浙江中小企业发展优秀奖】 2012年4月25日，在浙江省金融工作会议暨推进浙江省温州市金融综合改革试验区工作动员大会上，中信银行杭州分行凭借在助推浙江经济社会平稳较快发展、支持浙江经济转型升级和中小企业发展等方面的出色表现受到浙江省政府表彰，一举荣获"2011年度金融机构支持浙江经济社会发展一等奖"和"2011年度金融机构支持浙江中小企业发展优秀奖”，再次成为全省股份制商业银行中唯一一家同时荣获以上两个大奖的单位。

【中信股份副总经理兼中信银行行长朱小黄到中信银行杭州分行调研指导】 2012年9月19—20日，正式出任中信银行行长不到两周的中信股份副总经理朱小黄率总行有关职能部门赴中信银行杭州分行调研。朱小黄行长一行在杭州分行王利亚行长的陪同下，视察了分行营业部、分行级贵宾理财中心和西湖支行，亲切慰问了广大干部员工，并与分行领导班子成员和中层干部进行了座谈交流。在杭期间，中信银行朱小黄行长还与浙江省政府夏宝龙省长、朱从玖副省长进行了会谈，并走访了战略客户浙江省铁路投资集团和阿里巴巴集团。

中信银行朱小黄行长在听取杭州分行王利亚行长的全面工作汇报后，对杭州分行的优异业绩给予高度肯定，认为杭州分行的许多做法值得研究和推广。他指出，这次调研的第一站选择到杭州分行，除了浙江特殊的经济环境需要亲身感受之外，更重要的是杭州分行在中信系统中的地位、作用和取得的成绩。他表示，此次调研收获很大，杭州分行是一家典型的、健康发展的、具有代表性的行，在整个中信系统中做得非常漂亮，特别是一把手带了一个强有力的班子，拥有一支很好的队伍，做出了很好的业绩，在市场上树立了很好的形象。杭州分行勇于确立大行思维，敢于和大行竞争，而且在很多领域超越了一些当地大行，这是非常不容易的。杭州分行从市场竞争到内部管理都有一套全面的做法和理念，难能可贵，是一个非常强的分行，很了不起。朱小黄行长还对中信银行未来重大战略问题提出了自己深刻的见解。

在杭期间，浙江省政府夏宝龙省长、朱从玖副省长会见并宴请了朱小黄行长一行。夏宝龙省长充分肯定了中信集团及中信银行对浙江经济社会发展的积极贡献，热情赞誉中信银行是浙江省政府最信得过的银行，中信银行杭州分行在浙江银行业中是最好的，王利亚行长带领的团队做得非常出色。朱小黄行长对浙江省政府给予中信的信赖和支持表示感谢，并指出浙江是中信银行重要的战略发展区域，中信银行对浙江经济金融的发展很有信心，希望浙江省政府对中信银行的发展继续给予大力支持。朱小黄行长一行还在杭州分行王利亚行长的陪同下走访了浙江省铁路投资集团和阿里巴巴集团，与浙江省铁路投资集团余健尔董事长、阿里巴巴集团董事局马云主席就双方业务合作进行了深入的交流和探讨。

【中信银行杭州分行债券承销业务领跑省内同业】 中信银行杭州分行是浙江省内最早开展债券承销业务的银行之一。2012年，该行在浙江市场的债券承销规模达到340.5亿元(含联主)，承销只数28只，承销品种涵盖短期融资券、中期票据、集合票据、小微企业专项金融债和地方政府债等多个品种。中信银行杭州分行债券承销业务继续领跑浙江省内同业，市场份额、承销只数、客户家数和产品覆盖面均居省内同业第一。

2012年，在中信银行总行领导的高度重视下，中信银行杭州分行债券承销业务进一步加快发展，在承销规模翻番的同时，业务领域不断拓展，客户群日益丰富，业务优势持续巩固。截至2012年末，中信银行杭州分行共为30多家非金融企业承销债务融资工具，注册规模超过200亿元，发行规模158.5亿元，其中，海宁市9家中小企业7亿元集合票据是目前交易商协会参与企业最多、融资规模最大的中小企业集合票据。同时，中信银行杭州分行联席承销两家金融机构小微企业专项金融债95亿元，承销了2012年浙江省政府债券87亿元，中标额14亿元，列各主承销商之首。此外，中信银行杭州分行还积极与中信建投开展企业债承销业务合作，成功为2家国有资产经营公司发行24亿元企业债。经过不懈努力，中信银行杭州分行的债券承销业务实现了产品全覆盖，承销客户超过50家，承销收入成为中信银行杭州分行投行业务收入的主要来源，并通过募集资金归集有效拉动了存款增长。

中信银行宁波分行经营管理情况综述

【经营业绩】 截至2012年末，中信银行宁波分行全辖合并人民币总资产539.4亿元，比年初增加132.5亿元，增幅32.6%，自营存款余额366.5亿元，比年初增加54.5亿元，增幅17.5%，同比多增6.7亿元；各项贷款余额294亿元，比年初增长34.7亿元，增幅14.8%。全辖不良贷款率为1.11%；全年实现净利润5.79亿元，增幅11.6%，实现经济利润1.83亿元，比上年略有增加；实现利息净收入12.7亿元，增长17%；实现非利息净收入2.3亿元，增幅5.9%。

【业务创新】 中信银行宁波分行与中信证券联合承销国内第一单资产支持票据，成功托管宁波市首单创业投资引导基金、首单券商承销的企业私募债，成功发行宁波首单委托债权类理财产品；继续加大产品创新、产品组合力度，推出集团现金管理云服务、非上市企业股权质押、小企业种子基金等解决方案，以及人民币对外币组合期权、同业资金掉期等资金交易产品；用好总行给予的跨境贷款业务试点政策，在严格把控风险前提下办理跨境授信14亿元（含福费廷等低风险业务），跨境授信客户24家；在系统内首推个人境外（香港）离岸账户开立业务，已带动客户新增零售管理资产近4000万元。

【内部管理】 2012年，中信银行宁波分行进一步严格队伍管理，继续注重发挥纪检委员队伍与合规、会计等部门的案防工作联动机制作用，深入开展从业人员风险排查、员工涉及社会融资风险排查、案防滚动排查、高管人员“飞行检查”、案防台账、违规处罚等工作力度，及早严禁行内员工违规代销第三方理财产品，落实总行“六禁”、“十禁”及银监会“八不得”教育活动，2012年未发生重大责任事故和案件。

【风险管理】 2012年，中信银行宁波分行不断完善“全员、全程、动态”的信贷风险管理机制建设，加强担保圈企业、政府融资平台和房地产领域等重点领域风险管控，严守风险底线。继续落实对表外业务风险，金融同业、票据买入返售、理财等新兴业务风险，以及影子银行、民间融资和非法集资等外部传染风险等防控措施，切实提高风险管控的有效性。

【企业文化】 2012年，中信银行宁波分行全辖党工团组织发挥积极作用，共庆中信银行25周年华诞，强化一级法人理念，认真履行社会责任，全年未发生一起重大声誉风险事件；宁波分行相继被市政府、人行、银监局授予金融服务业综合考评奖、金融支持开放型经济先进单位奖、金融支持实体经济服务月暨小微企业金融服务宣传月活动最佳成效奖等奖项，并在浙江省委、省政府组织的2012年银行业系统民主评议行风活动中，满意度测评排名宁波所有27家参评银行第二位。

上海浦东发展银行杭州分行经营管理情况综述

行长　赵峥嵘

2012年，是上海浦东发展银行（以下简称“浦发银行”）杭州分行极具挑战性的一年，也是面对经济增长下行、市场风险加大、同业竞争加剧、区域风险凸现等诸多因素，杭州分行上下积极顺应时势变化，凝心聚力，迎难而上，各项业务依然保持持续、平稳发展的一年。从整个经营情况看，杭州分行发展主要呈现以下四方面特点：

1. 负债规模稳步增长。2012年12月末，浦发银行杭州分行本外币存款余额1371.63亿元，比年初新增222.78亿元，增幅19.39%，比上年同期多增66.94亿元，完成年度新增预算的113.17%；存款比年初增量在系统内排名第3位，在当地同类型股份制银行中排名第2位。外币存款增长强劲，12月末外币存款14.65亿美元，比年初增加12.04亿美元，增幅461.30%，比上年同期多增10.92亿美元。储蓄存款增长较好，12月末本外币储蓄存款余额249.42亿元，比年初增加42.11亿元，增幅20.31%，增幅高于一般性存款增幅0.92个百分点。从全年走势看，杭州分行存款呈持续稳步增长态势，波动起伏不大。

2. 资产业务较快增长。2012年12月末，浦发银行杭州分行本外币贷款1147.02亿元，比年初增加232.17亿元，增幅25.37%，比上年同期多增112.31亿元，增量和增幅均超过一般存款。其中人民币贷款余额994.16亿元，比年初增加125.14亿元，增幅14.40%，比上年同期多增28.95亿元；外币贷款增加较快，12月末外币贷款余额24.54亿美元，比年初增加17.25亿美元，增幅236.68%。贷款规模重点支持中小企业贷款和个贷，12月末本外币中小企业贷款期末余额767.39亿元，比年初新增183.73亿元，个人贷款期末余额189.84亿元，比年初增加20.14亿元；中小企业贷款和个人贷款合计增加203.87亿元，占各项贷款增量的87.81%。

3. 不良资产压力较大。2012年12月末，浦发银行杭州分行不良贷款余额90404万元，比年初增加34995万元，不良贷款率0.79%，比年初上升0.18个百分点。其中，公司不良贷款余额83605万元，比年初增加31945万元，不良贷款率0.87%，比年初上升0.18个百分点；个人不良贷款余额6799万元，比年初增加3051万元，不良贷款率0.36%，比年初上升0.14个百分点。分行各类贷款的不良率与年初相比均呈上升态势，资产质量面临严峻考验。

4. 经营效益此消彼长。2012年12

月末，由于浙江区域金融风险凸现，浦发银行杭州分行不良资产冒升，准备金支出达到6.14亿元，大大超过了预算安排；人行两次不对称加息，分行FTP后存贷收益率同比下降了0.11个百分点，因利差收窄导致存贷利率因素同比减少净利息收入1.07亿元；自年初开展整顿规范银行业市场秩序专项活动以来，浦发银行杭州分行严格按照银监局"两禁"、"两限"要求，四项中间业务收入同比减少1741万元，盈利水平难及预期。值得欣慰的是，浦发银行杭州分行的资产负债业务增长情况较好、同业资金业务和其他中间业务收入增长较快，存贷规模增长带来的效益增长情况较好，在存贷净利息收入同比增量中贡献度达到了124.31%。得益于开证及代付手续费等其他中间业务收入的快速增长，2012年中间业务收入超额完成预算，达到7.18亿元，全年中间业务净收入占比13.64%，同比提高3.06个百分点。尽管受到多重不利因素拖累，但是仍然实现了利润增长。2012年，浦发银行杭州分行实现利润27.4亿元，比上年增加2.6亿元。

一、聚精会神谋发展

面对快速发展变化的外部形势和严峻复杂的经营环境，浦发银行杭州分行班子始终稳住船舵，坚持把发展作为第一要务，凝心聚力，顺势而为，适时调整发展举措，保证分行各项事业健康持续发展。

1. 顺应时势变化，适时调整发展举措。面对快速变化的外部形势和严峻复杂的经营环境，2011年底，在总行战略管理会议后，浦发银行杭州分行就在第一时间组织召开了经营管理务虚会，在深刻剖析分行发展的优势和劣势后，确立了分行加快推进以客户为中心的转型发展策略。浦发银行杭州分行在年初工作会议上，强调全年工作必须准确把握加快发展与战略转型、信贷风险与客户拓展、客户服务与精细管理"三大关系"，明确提出了"五个必须"、"五个重在"的全年经营管理工作思路。在一季度工作会议上，针对外部形势复杂、风险压力加大等原因，部分员工中存在是否可以放慢发展速度的现象，强调"面对风险和压力，我们需要小心谨慎、避免任何因主观原因而导致风险，但更需要加倍的努力和付出，通过发展来提高抗风险的实力，通过强化管理来避免埋下新的风险隐患"，提出了"五个围绕、五个抓好"的阶段性发展要求。在半年度工作会议上，针对浙江区域经济持续下行的态势和分行面临的持续发展、风险把控、盈利实现"三大压力"，提出了"谋发展、控风险、增效益"的九字要求。在三季度工作会议上，在深入分析新形势下分行存在的"不适应、不匹配、不合理、不平衡"等远忧近患基础上，要求全行对照任务目标、围绕核心业务，力推主营业务、提升经营效益、打好人民币同业代付入表和不良资产严控清收两场硬仗。得益于上述各项工作的抓早、抓实以及各个阶段富有成效的应对举措，分行牢牢把握发展大局，经受住了阶段性的发展压力和考验，实现了非常时期的平稳持续发展。

2. 完善考核导向，促进业务发展转型。针对本行实际情况，浦发银行杭州分行对2012年绩效考核办法进行了相应调整，很好地发挥了"指挥棒"的导向作用，促进业务转型发展。比如，增加了对结算性存款(包括对公活期存款和活期储蓄)在规模增量指标计算中的系数放大，鼓励各机构加快拓展结算性存款；7月份，根据上半年业务经营情况，调整了部分业务利润计入考核利润时的折算系数。以上考核办法的完善和及时调整举措，完全契合总行2012年11月份的战略管理会议精神，对

2013年分行拓展结算性存款优化负债结构、加快金融市场和金融机构业务突破、业务经营重在增加效益具有良好的启后作用。

3. 坚持扩面提级，客户拓展成效明显。公司银行方面，浦发银行杭州分行着重在持续扩面、优化结构、强化中场上下功夫，不断提升客户经营内力，深化客户关系管理，主要对公客户发展指标实现情况良好。截至2012年12月末，浦发银行杭州分行对公有价值客户达到20080.8户，比年初新增2168.06户，新增计划完成率83.8%；对公优质客户13044.73户，比年初新增1949.22户，新增计划完成率121.49%，优质客户新增量名列总行第一；对公核心客户4908.56户，比年初新增1068.6户，新增计划完成率175.17%。对公优质客户和核心客户的拓展，获得总行“成绩斐然”四个字的充分肯定。浦发银行杭州分行在总行“四季同行·星耀浦发”竞赛中获得第一，在总行“蒲公英”公司银行业务竞赛中，客户拓展名列第一。配合总行“四季同行·星耀浦发”竞赛，连续第四年开展分行“浦发蓝·与客户共成长”竞赛，激发全行客户营销热情。

个人银行方面，浦发银行杭州分行组织开展“心灵之享”、浦发卓信大讲堂、中秋茶会等贵宾客户活动，开展普及金融知识万里行活动，推动“轻松理财”进商区、进园区、进社区，提升“轻松理财”的品牌知名度，拓宽优质客户获取的渠道。截至12月末，分行优质以上客户101722户，比年初增加26863户，增幅35.88%，完成总行全年优质客户新增计划的138.50%。

4. 搭建合作平台，渠道建设富有成效。浦发银行杭州分行充分整合金融机构业务渠道资源，初步形成体系化发展格局，在信托、券商、保险、租赁、资产管理等多领域开展全方位合作。2012年12月末，浦发银行杭州分行同业授信客户上报数已达到11家，建立国内合作银行超10家，为总行推荐并成功建立代理行关系的境外银行15家，进一步拓宽了银银合作的渠道，为在同业额度获得和资金价格方面取得先发优势；大力推进“二区一链”平台渠道建设，截至2012年12月末，已完成意向项目65个，项目数列总行系统第二；新增“二区一链”项下客户539户、贷款27.09亿元，均居总行系统第一。加强与中移动的战略合作，实现贵宾客户资源共享，畅通中移动理财产品销售渠道；着力畅通电子银行渠道，截至2012年12月末，浦发银行杭州分行公司网上银行总数列总行第三；个人有效电子银行户数较年初增长44.19%；自助设备投放增长15.27%。

5. 全力推进产品和管理创新。2012年，浦发银行杭州分行踩准总行各个阶段的市场拓展要求，全力推进产品和管理创新。重点推进了保理融资赢、国内证代付、偿付及福费廷业务等一系列贸易融资创新产品；积极推进国内信用证信托受益权理财、SOT业务，办理首笔总行理财池对接同业借款和首单由资产管理公司增信的债权受益权业务、分行首笔银信银团和首笔上市财务顾问。

在中小企业业务领域，一是注重特定领域客户的产品服务创新。针对政府采购市场推出“政府采购贷”，浦发银行杭州分行及时制定了政府采购贷金融服务方案与管理办法，成立政府采购贷服务团队并付诸实施。2012年8月，浦发银行杭州分行参加由浙江省财政厅、省金融办、省银监局联合举行的政府采购支持中小企业信用融资试点签约仪式，获得良好社会反响；针对科技型客户推出“科技金融α模式”，全年新开拓科技型小企业6户，新增贷款余额

2000多万元；已加入浙江省科技型中小企业专项贷款保证保险试点工作，将与省科技厅、保险公司进一步密切合作助力我省企业新技术研发与新产品市场开拓。二是积极探索技术服务创新。配合总行积极开发“信贷工厂”信息系统，为业务流程优化提供技术支撑；创新设计“微小宝”结算产品，该产品大大提高小微企业资金周转效率，有利拓展交易市场小微企业客户群，2012年共开发小微企业50户，新增贷款2500万元。重点推出“政府采购贷”和“科技金融α模式”，推进“微小宝”批量授信产品创新。积极创新业务机制和流程，积极支持总行信贷工厂试点工作，12月12日在我分行成功上线试行。

二、全力以赴控风险

本轮区域性风险，给浙江所有的银行业金融机构带来巨大冲击，浦发银行杭州分行也不能独善其身。在危机面前，浦发银行杭州分行上下齐心协力，集中智慧和力量，进行了一场艰苦卓绝的风险化解攻坚战。

1. 全面加强风险管理。结合浦发银行杭州分行实际，梳理完善各项风险管理政策制度，分别制定了《杭州分行操作风险与控制自我评估管理办法》、《杭州分行操作风险关键风险指标管理办法》、《杭州分行操作风险报告管理办法》三个管理办法，有效指导全辖信贷业务操作；建立与完善二级分行风险管理体系，制定了《杭州分行风险管理人员派驻制管理办法》，推行风险派驻制；强化风险监测、预警和排查，严格落实风险检查制度，借助风险管理系统内预警和常规贷后检查功能模块，收集、整理、分析各类渠道风险信息，切实加大贷后管理力度，持续加大非现场监控力度，初步建立了多渠道、全方位、交叉式监控网络，进一步完善风险预警体系；加大风险检查力度，提升对受宏观政策调整影响较大行业的关注层级，在全辖统一开展了房地产、钢贸、光伏、船舶制造、汽车金融、服装类等八大项检查排查工作，排查风险隐患；制定分行《风险类信贷资产实施风险责任约束措施暂行办法》，对不良贷款、逾期欠息贷款、重组贷款和虽未不良或逾期欠息但已事实发生风险的贷款实施约束措施。

2. 着力优化信贷结构。根据总行授信投向指引总体要求，浦发银行杭州分行紧密结合浙江经济特点，制定分行信贷投向指引，引导信贷资源投向实体经济，积极介入绿色经济、低碳经济、循环经济、先进装备制造业，加大了对本省“三大国家战略”、“四大建设”、“战略性新兴产业”、“三农”、民生项目及与我行服务能力相匹配的优质中型企业、中小企业的信贷支持；盘活存量信贷资产，对船舶制造、钢铁贸易等行业采取限制措施，对开发园区、“两高一剩”等行业采取压缩及退出措施，稳步推进存量结构调整，优化信贷资源配置。

3. 全力化解不良贷款。针对当前我省经济金融及银行风险管理面临的严峻形势，浦发银行杭州分行把清收化解不良贷款摆上了重要议事日程。坚持双管齐下，一手抓“清旧”，一手抓“堵新”，采取扎实细致的举措，集中全行上下的智慧，全力推动风险化解工作。组织全面风险排查，逐个机构摸排风险底数，对辖内风险贷款显现较多的15家一级机构采取一行一案一议的方式进行约谈，逐户研究压缩、清收、化解和防控方案；对未约谈的机构，通过其他方式逐户研究确定清收化解方案，并及时将风险化解控制指标分解下发，做到所有风险企业清收化解方案、目标、责任和时效清晰明确。经过全行上下的共同努力，各项风险管控措施落到实处，风险频发的势头得到了有效遏制，不良贷款清收化解工作取得明显成效。截至2012年12月末，全辖共现金清收后三类贷款本金23150.19万元。

4. 扎实做好案件防范。为加强对全辖案件防控工作的指导和管理，报经总行同意，浦发银行杭州分行2012年上半年将案件防控组织管理职能从合规部门分离，专门设立了“案件防控办公室”，并充实了专职案件防控工作人员，辖属各分支行也相应建立了案件防控工作领导小组，配备了合规案防专岗人员，为案件防控工作的开展打下了良好的组织基础。一年来，分行组织开展了十大重点领域案件风险检查、员工异常行为风险排查和员工账户预警信息排查。全辖实现了零案件的全年防控责任目标。

三、千方百计增效益

2012年，浦发银行杭州分行盈利目标实现面临着严峻挑战。在努力增加传统主营业务收入的基础上，我们采取了一系列有效措施，千方百计拓宽增收渠道，培育出许多新的盈利增长点。

1. 贸金业务继续保持领先。截至2012年12月末，浦发银行杭州分行累计完成国际结算业务258.39亿美元，在系统内居第二，仅次于上海，保持了良好的增长势头。分行贸易金融类中间业务收入累计约4.92亿元，同比增长95.73%；累计办理国内信用证代付/买方付息业务600.64亿元，排总行第一位；累计办理跨境人民币业务209亿元，同比增长77.12%，排总行第二，业务量排当地四大国有银行之后，按同口径统计，居当地股份制银行首位。

2. 理财产品销售成效显著。2012年，浦发银行杭州分行对公理财产品销售成效显著。全年累计所销售对公理财产品较上年同期增加290.85亿元，增幅高达363.79%，列总行第四。继融资类银信理财叫停之后，浦发银行杭州分行迅速对接市场需求，即着力开发理财资金投资国内信用证信托收益权、理财资金投资证券(基金)定向资产管理计划(以下简称“SOT”)两项创新型理财产品业务，取得了明显成效。

3. 财富管理收入来源扩大。抓住总行理财产品收益提高的契机，浦发银行杭州分行通过媒体广告、短信定向发送、加强网点坐销等多举措推动银行理财产品的放量销售，使得销量翻番；稳妥推进信托代理，在风险可控的基础上自我引进，实现信托代理收付12.18亿元；保持保险业务的领先地位，全年累计综合保费收入1.3亿元，列全行第四；利用基金定投业务在低迷行情下推动股票型基金销售，把握货币政策持续宽松后债券市场可能存在的机会主推债券产品销售，定投业务列全行第一，基金收入提升到系统内第三；增加新产品代理，扩大中收来源。截至2012年12月末，个人理财类金融资产余额72.15亿元，比年初增加38.74亿元，增幅115.95%；个人理财产品累计销售342.19亿元，是2011年全年的2.35倍。

4. 同业存款业务较快增长。截至2012年12月末，浦发银行杭州分行同业存款余额为160.9亿元，比年初增加87.9亿元，增幅为120.4%，日均余额148.8亿元，比上年增加75.3亿元，增幅102.4%。根据总行资金总部公布的数据，浦发银行杭州分行同业存款和存放同业业务效益均进入前十名，同业存款业务净收益0.30亿元，排名总行第九。上述两项业务全年实现净收益0.76亿元，成为2012年分行资金业务收益的主力军。

5. 票据业务利润大幅增长。2012

年，浦发银行杭州分行成立票据中心，票据业务快速发展，全年业务量和业务利润均实现大幅增长，票据业务量727亿元，实现净收益0.88亿元，业务量和净收益同比增幅分别为316%和350%。

6. 中小企业收益水平稳步提升。2012年，浦发银行杭州分行中小业务较快发展，中小企业贷款余额和增量、中小授信客户数和增量均列总行系统内首位。截至2012年12月末，全辖中小企业表内外授信余额562.17亿元，较年初新增77.67亿元，增幅16.03%。全辖中小企业授信客户数达4351户，较年初新增716户，增幅19.70%。在大中客户融资脱媒背景下，中小企业的利差空间整体趋稳，收益水平显得更加突出。

四、围绕中心强基础

2012年，浦发银行杭州分行上下围绕中心工作，进一步深化党(团)、工会工作，加强队伍建设，夯实合规基础，提升网点效能，强化品牌形象，为分行健康持续发展奠定坚实的基础。全年共新设网点6家，尤其是舟山分行的顺利开业，实现了浦发银行在浙江区域全部地级市的网点全覆盖。

1. 党工团工作进一步深化。浦发银行杭州分行通过党委中心组(扩大)学习会、基层党组织负责人专题培训班、选派辖属党组织负责人参加总行党校培训班等形式，分层次、分阶段开展各类学习教育活动，切实加强思想建设；认真开展创先争优活动，巩固扩大成果，努力推进创先争优常态化、长效化，不断提高党建科学化水平；结合总行20周年行庆，积极开展“登高争优迎行庆”主题党日、总行“金鹰奖”、“金牛奖”评选表彰等，以点带面，进一步发挥党组织的战斗堡垒作用和员工的先锋模范作用；健全组织建设，充实调整辖属党组织委员会，2012年新开业县域独立二级支行均已成立党组织。坚持党建带团建，组织评选表彰总行2011年度团内先进青年集体和个人，积极开展志愿者日和学雷锋活动；根据浙江省委和总行部署，“贯彻落实党的十八大精神”活动正按计划有序开展。召开分行工会委员会议和“两会”代表大会，激发广大员工参与民主管理的积极性；组织开展了“五十佳”典型事迹巡回演讲活动，集中宣传弘扬“五十佳”先进事迹和励志精神，宣传推广我行的企业文化。组织分行杭州城区员工献血力挽同事生命，感人一幕引起社会广泛热议，得到总行领导高度关注。

2. 队伍建设进一步加强。2012年，浦发银行杭州分行为促进国际结算、票据资金、个人银行等转型业务的发展，先后成立了国际业务经营部、票据中心、信用卡部和私人银行分部等。同时，为适应经营管理和内外部审计监管需要，还增设了服务管理办公室和案件防控办公室。不断尝试新的招录方式，拓宽招聘渠道，多次组织行内公开竞聘，借助专业平台，签约第三方猎头公司，招募适用的专业人才。始终强调要切实加强员工骨干队伍的培养力度，有效实施了辖属分支行行长满六年轮岗交流制度，陆续调整、充实10家支行班子、12名中层人员，对4家机构一把手进行了轮岗或调整；以公开竞聘的形式，对办公室、资金财务部等部门主要负责人以及辖属机构个人银行部门、运营部门等岗位进行了选拔调整，极大地调动了员工积极性；举办第二期青干班，采取上挂和下派形式对优秀学员进行锻炼培养，成效逐步显现。组织运营后备人才推荐，选定营业部负责人、总会计后备人选。强化个人业绩、个人素质与个人职级相挂钩的激励约束管理。积极推选优秀从业人员参加资格认证培训与考试，全辖已拥有AFP、CFP、EFP和私人银行家资格人员分别达134人、23人、5人和6人；全辖5位员工入选总行个人银行产品及业务专家顾问团首批成员；一名理财经理在中国金融理财师大赛(2012)中荣获“中国优秀金融理财师(2012)”称号。

3. 合规基础进一步夯实。浦发银行杭州分行制定下发《上海浦东发展银行杭州分行二级分行合规风险管理办法》，深入推进二级分行合规管理机制建设。扎实做好日常合规管理工作，为分行业务发展提供有力支撑。根据总行要求，全力做好规章制度清理。针对异地分支行专兼职合规人员组织了合规管理、案防工作两个专题培训，对辖内17家分支机构及分行条线的兼职合规联络员队伍进行梳理更新。认真做好上海审计局经济责任审计组、总行对我分行全面审计工作并按审计意见书要求做好整改。

4. 网点效能进一步提升。浦发银行杭州分行按照总行《网点厅堂服务一体化整合项目工作推进方案》要求，全辖44个网点各项工作要求和措施已基本落实到位；全辖运营人员销售标准理财产品的网点达到100%，其中40家实施低柜柜员销售标准化理财产品模式；坐销考核管理办法和内控管理措施已配套出台，营业网点产品交叉销售、服务人员岗位联动和服务流程日趋顺畅，客户体验及满意度明显提升，网点坐销态势喜人。

5. 品牌形象进一步强化。浦发银行杭州分行积极参加全省银行业民主评议行风活动，社会影响面得到扩大，美誉度得到进一步提升，群众满意度结果排名在23家参评银行中名列第九，股份制银行中列第二；一项“惠企便民”新举措榜上有名，金华分行在当地拔得行风评议调查客户满意率头筹，义乌支行在当地获评2012年度行风建设A类银行。参加省银行业协会2012年“浙江省银行业文明规范服务示范单位”及中国银行业协会“千佳”文明服务示范单位评选活动，萧山支行、杭州分行营业部、绍兴分行营业部、义乌支行、衢州支行5家网点入选省级文明规范服务示范单位，其中萧山支行、杭州分行营业部两家网点成功入选中银协全国“千佳”文明规范服务示范单位。备战总行第七届业务技术比赛，组建集训队伍，获得团体总分第六名，其中“个人银行PCRM系统综合应用”项目取得了第二名的最好成绩。

上海浦东发展银行宁波分行经营管理情况综述

【经营业绩】 截至2012年末，上海浦东发展银行宁波分行本外币各项存款余额702.54亿元，比年初增加68.29亿元，增长10.77%。本外币各项贷款余额550.38亿元，比年初增加34.92亿元，增幅6.77%；本外币五级分类不良贷款余额1.30亿元，不良率为0.24%，宁波地区总资产780.25亿元。

【业务发展】 2012年浦发银行宁波分行继续加大区域经济社会发展各项事业信贷投放力度，截至2012年末贷款余额747亿元，居同类股份制银行第一。

支持重点项目和重点企业，2012年对全市重点项目新增贷款额超30亿元，累计发放贷款341亿元，介入市重点工程项目30余个，涉及农业水利、交通、工业、能源、城市基础设施建设、服务业等领域。

三项特色业务优势继续巩固。在中小微企业业务方面，中小企业表内外授信业务余额共计450.16亿元，较年初增加87.9亿元，增幅为24.27%。在国际结算方面，离在岸累计完成国际结算业务198.86亿美元，同比增长10.62%，国际结算业务量在系统内外均名列第三，在区域所有银行同业中的市场份额接近10%。

以客户为中心战略得到推动实施，全分行客户基础稳固。在公司银行领域，对公有价值客户总数总行排名第5位，核心客户数总行排名第3位，离岸有价值客户数总行排名第3位。在个人银行领域，个人优质客户增幅为15.59%，在总行排名第4位。在电子银行业务方面，公司网银开通率达到72.41%，全年替代率达到35.12%。

【个人业务】 面对复杂的经营环境，浦发银行宁波分行适时调整个贷业务发展策略，改善个贷业务结构，持续推进个贷业务健康稳定发展。截至2012年末，个人经营性贷款余额近百亿元，在总行系统排名第一。个人优质客户较年初增幅15.59%，私人银行客户数较年初增加100户，在总行排名第4位。个人产品渗透率47.12%，较年初增加38.55个百分点，个人产品渗透率排名系统内第4位。

大力组织理财产品销售，提升网点产能，推进理财队伍建设，推动中间业务收入持续增长。浦发银行宁波分行针对客户理财需求，积极推动个性化开发和常规产品区域化创新，例如陆续推出开放式理财产品“天添盈”、滚动式理财产品“周周享盈”、钻石客户的债券盈增和融通盈计划等，有效满足区域客户个性化需求。2012年个人理财产品同比增长119%，累计销售理财产品36.68亿元。

以手机银行、网上银行新产品为载体，加快电子银行业务的推进，提升客户便捷服务体验，2012年，浦发银行宁波分行个人网上银行开户同比增加18%，手机银行总量增长1152%。浦发银行还及时推出宁波借记市民卡、商旅卡、薪资卡、消贷易等不同品种的银行卡，针对不同客户群体予以发放，有效地提升了银行卡的各类功效，便利客户金融消费体验。

【业务创新】 产品经营方面，截至2012年12月末，公司客户产品渗透率达

20.46%，较年初增加6.30个百分点，个人产品渗透率42.50%，较年初增加33.71个百分点，个人产品渗透率排名系统内第3位，较年初提升26位。

国内信用证、国内证福费廷业务等贸易链融资产品和增值服务得到了较好推广和应用。投行等产品和理财等中间业务方面，发行一期7.3亿元三年期中期票据，获得总行立项的债务融资工具3单，对公理财产品销售增长2.68倍，个人理财产品增长118%，全行资产托管总规模超额完成总行任务的116%，直接股权投资基金托管业务从无到有，已托管三家直接股权投资基金，共立项及审批23笔中长期项目贷款。

中小微企业业务，截至2012年末，浦发银行宁波分行全辖中小企业贷款余额450亿元，中小企业贷款余额占全行贷款余额的34.16%，成立中小企业业务经营中心，推出中小企业创新型服务——“吉祥三宝”模式，推进“千户工程”项目，联合宁波市经信委开展“金融支持实体经济发展，解决中小微企业融资难”活动。

【规范经营】 2012年，浦发银行宁波分行继续深化高效、合规的运营机制，围绕监管部门工作要求和年度案件防控工作目标，按照标本兼治，查防结合，重在防范的要求，进一步完善案件防控机制，构建案件防控工作网络体系，继续保持了案发“零纪录”的态势。全面推进订立职责制工作，各分支行及职能部门和全辖员工全部签订了《2012年案件防控目标责任书》，同时制定了《分行2012年案件防控工作方案》并修订了《分支行2012年度内部管理考核办法》，将案件防控纳入机构考核范围。报告期内对15家机构开展十大重点领域案防检查，未发现与案防相关的操作风险。开展不规范经营专项整治活动、民主评议行风活动以及金融消费者权益保护活动，通过专项活动全面梳理了有关收费项目、客户服务及舆情处理等制度和流程，进一步完善了全行客户服务规范。开展员工案防教育，全行行所以员工参与“倡廉洁、促合规、排风险、防案件”主题宣传教育月活动，共收到26份学习心得、26份《廉洁从业箴言》、26份《廉政故事》，陆续下发9期案例警示，下发案件防控工作心得体会汇编转发至13期，开展案防培训2次。

【风险管理】 2012年，浦发银行宁波分行在严峻的经济金融形势下，继续完善了“风险前移”风控体系建设，开展风险全面排查，提高风险预警能力。结合总行风险检查和外部审计工作，多次开展风险排查，对排查发现有较大风险隐患企业建立台账，早发现、早介入、早化解。不良资产处置方面，多方配合加快不良资产处置进度，截至2012年末，清收不良贷款2.24亿元。截至2012年末宁波区域本外币五级分类不良率为0.24%，开业18年来资产质量继续保持良好。

职能部门优化授信审查审批流程，改进和提升分行层面审贷质量和时效，在部门内原有审批组合分组的基础上，对部分分支机构上报的对公授信业务试行直接审批制度，同时加强信贷结构调整力度，共调整授信余额42.98亿元。

主动进行个贷业务结构调整，对目前主业不清、投资过大、负债过高、用途不明的借款人主动退出或核减授信额度。开展十大重点领域案件风险排查工作，充分排摸贷款、贸易融资、中间业务、银行卡、理财产品、资金交易、柜台业务、电子银行管理、员工轮岗和强制休假、反洗钱等业务领域存在的案件风险问题，全年全辖没有发现案件，继续保持了案发“零纪录”态势。

【队伍建设】 2012年，浦发银行宁波分行根据总行加强人才队伍建设有关精神，加大调整充实分支机构班子工作力度，对分行授信审查部等风险条线部门进行了轮岗，并对营业部等四部门总经理和江北支行等行长进行了调整和轮岗，被交流单位，着力改变工作作风，完善工作流程，不同程度呈现新现象、新面貌。同时分行通过内部提拔和外部引进的形式对慈溪等8家分支行的班子进行充实，提高班子的战斗力。

加强人才梯队建设，员工队伍继续保持稳定。加强人才培养和员工队伍结构的优化工作，解决发展中的结构性问题和长期发展人才瓶颈。加强员工交流培养工作，对85人次进行岗位交流、转岗以及跨行和跨部门交流。员工队伍继续保持稳定。

2012年，浦发银行宁波分行共组织各类培训班16个，累计受训人数1500余人，举办全行中高级管理人员、高级客户经理及科级员工培训班5期，共计受训人数291人，组织了七期"国学经典与东方管理智慧高级研修班"培训，累计参加人数为560人次，组织各类上岗资格考试28场，参考员工920人，通过率78%。

【企业文化】 构建学习型组织，营造良好的学习氛围。

加强党团建设，发挥基层党组织作用。浦发银行宁波分行认真做好创优争先活动总结工作，按照总行党委的部署，宁波分行党委和党总支负责人对全行25家党支部进行了分类定级工作，其中有20家党支部评为"好"，占比80%，5家党支部评为"较好"，占比20%。浦发银行宁波分行各级党组织十分重视发展新党员，把优秀青年和业务骨干吸收到党的队伍中来，全年发展预备党员10人，21名预备党员按期转为正式党员，2名同志确定为入党积极分子。

以活动为载体，构建和谐企业文化。浦发银行宁波分行举行了庆祝总行成立10周年、分行成立18周年"我们一起走过"大型歌舞晚会以及庆祝行庆18周年征文活动，展示了宁波分行"简单、务实、高效"的企业文化和全体员工和谐奋进的精神风貌。同时继续做好送温暖工程，组织全体员工进行健康体检，同时通过组织开展健康向上、丰富多彩的业余兴趣小组文体活动，丰富员工业余生活，陶冶员工情操。

上海浦东发展银行温州分行经营管理情况综述

2012年，上海浦东发展银行温州分行在业务发展、经营管理、风险防控、内控管理、企业文化等方面的整体情况如下。

一、业务发展

2012年，受温州金融风波的深度影响，上海浦东发展银行温州分行度过了异常艰难的一年。全行干部员工齐心协力、攻坚克难，实现了风险防控的预定目标，完成了全行阶段性的工作任务。截至2012年末，浦发银行温州分行资产总额为509.34亿元，比年初增加3.01亿元，增幅为0.59%。负债总额516.49亿元，比年初增加27.61亿元，增幅为5.65%。拨备大幅增加，拨备率达到107.11%。日均存贷比（含贴现）为151.85%，同比上升32.39个百分点。

二、经营管理

受累于资产风险，业务发展出现了停滞和下滑趋势，但这同时是一个筑底的过程，挤出了业务发展的部分泡沫。2012年，浦发银行温州分行继续采取贷款规模控制和风险资产规模控制等措施，均衡投放信贷增量，保持对实体经济的支持力度。按工信部口径统计，浦发银行温州分行小型微型企业贷款余额174.48亿元，比年初增加15.69亿元，增幅为9.88%。2012年上半年，浦发银行温州分行理财业务热销。理财业务作为留住客户、增加中间业务收入、促进业务转型有很大意义。在业务创新方面，浦发银行温州分行中小企业四方集合贷项目落地，为市交投集团甬台温高速公路复线引进保险资金债权计划开具银行保函业务，此项业务目前在温州尚属首单。

三、风险防控

浦发银行温州分行积极防范各类风险，实现全行无案件安全经营。面临区域系统性深度金融风险，浦发银行温州分行确定化解和处置不良资产为工作的核心，2012年，浦发银行温州分行坚守阵地，锁住了总行要求的目标。2012年，化解和处置不良资产为中心工作，全行为此付出了巨大的努力。全行实行5加1工作制，在不同的阶段分别推出了多项有力的措施。总行督导组支持、督促、指导；行长室增加了风管行长新力量，实行了各位行长分片负责制；风管部、保全部等管理部门全力以赴；各机构也以一把手为第一责任人，积极行动、落实各项化解措施。面对系统性金融风险，浦发银行温州分行较好地平衡了分行与客户的关系、分行与上级行的关系、分行与政府监管部门的关系。就全行风险资产化解和防控工作看，浦发银行温州分行的工作有目共睹，卓有成效。

四、内控管理

在合规建设方面，结合温州的当前实际，加强资产风险频发下的合规管理，开展合规测试，开展各项检查，做好对上级行和各管理部门监管意见的整改、落实，积极参与风险事件的处置。在审计方面，浦发银行温州分行借助总行审计特派办的力量，对部分业务和机构进行审查和监督，揭示了案件风险点，有效推进案防工作。在安全保卫工作方面，浦发银行温州分行密切联系当地公安、银监等管理部门，完善检查制度，加快物防和技防建设。通过各方的共同努力，2012年，浦发银行温州分行始终保持案防高压态势，全年未发生案件。在资产出现风险、各类金融风险事件频发的时候，声誉风险也随之凸显。2012年，浦发银行温州分行不仅防止了各种案件的发生，也防止了多起可能的声誉风险。

五、企业文化

在企业文化建设方面，对内，浦发银行温州分行借助总行20周年庆的机会，进行了一系列的企业文化建设活动；对外，浦发银行温州分行积极进行业务宣传，保持良好的社会形象。2012年，分行营业部获得了中国银行业文明规范服务千佳示范单位。在队伍建设方面，2012年在大风大浪面前，温州浦发人团结一致，保持了高昂的斗志。这是浦发人最值得欣慰的事，也是浦发银行温州分行今后发展的根本保证。

华夏银行杭州分行经营管理情况综述

行长　朱　波

2012年，华夏银行杭州分行认真贯彻执行国家经济、金融政策和监管要求，紧紧围绕总行经营发展思路，改革经营机制，完善政策措施，加快推动业务转型发展，积极打造"中小企业金融服务商"品牌，积极服务实体经济、改进客户服务、推进结构调整，不断加强全面风险管理和提高精细化管理能力，扎实推动各项业务稳步开展。

截至2012年12月末，华夏银行杭州分行总资产达到713.24亿元，一般性存款余额519.41亿元，各项贷款余额475.68亿元，实现利润总额8.19亿元。

一、服务地方经济情况

（一）积极采取措施，支持实体获得多种融资渠道

1. 增加信贷有效投入，加大对实体经济的支持力度。2012年，华夏银行杭州分行充分利用总行完善信贷体制机制，积极争取到总行对分行的授权进行调整，在2011年授权的基础上，新增固定资产贷款审批权限3亿元，新增银团贷款审批权限3亿元，将二类一档和三类一档集团客户最高控制额度审批权限提高到12亿元，将供应链金融核心客户交易额度审批权限提高到6亿元。华夏银行杭州分行抓住调整授权的有利时机，紧密结合全省经济政策和产业政策，在认真执行稳健货币政策的同时，科学合理安排信贷资源，尽力满足实体经济合理资金需求。

2. 围绕服务客户，积极解决实体经济融资难题。针对中小企业融资过程中缺少抵押、担保的实际困难，华夏银行杭州分行积极开发、推广以存货、未来提货权、应收账款、应收票据、订单等为担保品的各种供应链融资业务，盘活企业资产，解决企业融资难题，实现银企共赢。同时积极开展与各类金融同业机构的合作，开展非金融机构短期融资券承销等投行业务，增加客户融资服务渠道。

3. 妥善处理问题贷款，积极帮助企业共渡难关。对问题贷款，华夏银行杭州分行积极加强与企业沟通，认真分析企业的困难，积极起草债权银行协议、推动各家债权银行一致行动，并建议由政府相关部门牵头，银行和相关中介机构参与评估，以确定救助的必要性和一系列处理措施，实事求是、依法合规地做好信贷风险化解工作。截至2012年末，华夏银行杭州分行共帮扶困难企业26家，帮扶贷款总额达4.57亿元。

（二）做实国际业务，支持浙江涉外企业发展

1. 做好国际业务客户服务工作。一是坚持"当日业务当日处理"的原则，确保

国际结算、外汇清算服务效率居于当地同业领先水平；二是对重点客户定期发送国际金融市场信息，做好上门服务工作；三是对外汇柜员实行上岗考试、专业培训、定期检查，提高外汇柜员服务效率；四是设立分行专职产品经理，各经营单位设置兼职产品经理，并明确相应的考核机制，共同推动产品营销，以此为导向促进业务增长方式的转变。

2. 加大国际业务产品的推广力度。重点加大进口信用证、结售汇和贸易融资三项普及型产品的营销力度，加大跨境人民币结算、本外币代付、内保外贷等新兴产品的推广力度，满足客户需求，支持浙江企业“走出去”。截至2012年末，华夏银行杭州分行实现国际结算量45亿美元，同比增长35.69%，结售汇量18.5亿美元，贸易融资授信客户达到358户，有效客户565户，累计实现跨境人民币业务量44.80亿元。

3. 启动“绿色措施”提高汇率避险效率。一是除原有即远期结售汇业务、掉期业务、外汇买卖业务外，华夏银行杭州分行新推出了“T+N即期结售汇产品”，该产品是对即期结售汇产品和远期结售汇产品的互补产品，可在较短期限内锁定汇率，规避汇率波动风险；二是专门提供汇率专家实时在线，为客户提供相关汇率问题咨询服务和实时询报价服务；三是对分行国际业务客户，在办理结售汇业务或其他资金类业务时，可由支行发起、分行审批后给予汇率优惠政策。通过汇率避险活动，帮助企业运用和管理外币资金，提高企业抵抗由于国际金融市场动荡带来的货币风险、汇率风险和信贷风险的能力。

（三）认真执行信贷政策，突出信贷支持重点

1. 强化信贷政策指导。明确重点营销全省循环经济示范区、节能减排技改项目、环境污染治理工程和节能环保绿色企业等产业转型升级项目，继续加强“两高一剩”行业风险防控，紧密围绕浙江省钢铁、建材、轻工、纺织四个淘汰落后产能重点行业，严格禁入不符合产业政策准入条件的企业，加快产能落后、产能过剩企业的贷款退出。

2. 加强授信准入管理。一是严格审查借款人项目批准文件、环保批准文件、土地批准文件、其他按国家规定需具备的批准文件，坚持“环保一票”否决制，对存在环境违法行为的企业，严禁准入。二是严格产能过剩行业新增授信准入要求，不对不符合节能减排政策、属淘汰落后产能、纳入地方政府淘汰退出名单的企业或项目提供任何形式的新增授信。三是充分关注和运用客户在企业征信系统中的环境守法信息，以及综合运用绿色信贷信息平台实施差异化信贷决策。

3. 实行授信客户分类管理。按照“四个一批”对授信客户全面实行分类管理，即分为发展类、巩固类、调整类、淘汰类，制定、实施差别化的授信和风险管控要求，加大信贷业务结构调整力度。

4. 加大对重点产业的信贷支持。华夏银行杭州分行按照“优化信贷结构，支持实体经济转型升级”的工作要求，加大重点产业、新兴战略产业、自主创新产业的信贷支持。截至2012年末，华夏银行杭州分行对“十一大转型升级重点产业”累计发放贷款123.8亿元，余额达144.9亿元，余额同比增长4.78%。

5. 加强对绿色信贷的重点支持。积极安排信贷资源，重点支持环保产业企业融资和展业；对节能减排和环保产业，授信审查部门建立绿色通道，提前介入，指导机构的营销管理，并做到快速审批；在信贷额

度比较紧张的情况下，优先安排绿色信贷业务放款。同时根据企业实际需求及风险防范要求，积极创新金融产品和服务方式，通过应收账款质押、清洁发展机制(CDM)、预期收益质押、股权质押、保理等方式，灵活创新信用模式，扩大贷款抵押担保物范围，探索建立有效的信用风险分散转移机制，切实加强对重点领域的绿色信贷支持力度。截至2012年末，华夏银行杭州分行节能减排、环境保护项目贷款余额为6.64亿元。

（四）支持小企业发展，推动小微企业贷款不断增长

1. 创新营销机制。推行小微企业业务"分类管理"模式，设立小企业金融服务专营支行、小企业金融服务特色分(支)行、全能型支行。华夏银行杭州分行召开小企业金融服务营销机制改革动员大会，将13家分支行定位为小企业金融服务特色分(支)行；同时，规范分(支)行干部员工编制，为特色分(支)行建立了专职的小企业客户经理队伍，成立13个专门从事小微企业金融服务的小企业客户部，为下一步小微企业业务的发展奠定了基础。

2. 创新考核模式。建立小企业专营人员专门的考核指标和标准。小企业营销人员只需取得公司客户经理70%—80%左右的模拟利润，即可获得与公司客户经理相同的工资级档。资源配置上加大对小微企业业务的倾斜力度，提高小微企业业务的营销积极性。同时，对营销机制改革中因客户和业务划转造成业务下降的营销人员给予2—6个月的保护期。

3. 加快产品服务创新。一是扎实推进小微企业年审制贷款工作。制订完善小微企业年审制贷款实施方案，并在全省推广。小微企业年审制贷款，是指华夏银行为符合条件的优质小微企业客户发放的流动资金贷款，在授信期间贷款到期前对其授信年审。对通过年审的，无需归还原贷款、无需签订新的《流动资金借款合同》，即可自动延长贷款期限。年审制贷款的推出，解决了小微企业"转贷难"和"转贷贵"的问题。按传统的转贷模式，转贷一般需要3天左右时间，以1000万元贷款转贷为例，若系民间借贷资金，转贷成本高达6万—9万元。采用年审制还贷方式后，企业不需要现金还贷，即可直接开始下一轮生产，转贷成本得以有效降低。二是以资金支付管理系统"融信通"项目为抓手，通过科技手段实现"网络贷"产品的推广。"融信通"是指通过与核心企业合作，将核心企业上下游小微客户供应链金融搬至线上，批量解决核心企业上下游小微企业客户的资金需求，同时为核心企业实现增加融资、降低成本、促进销售等目标。对于审批同意的上下游小微企业，在授信期间可通过网络自助操作，实现"随借随还"，从而降低小微企业的融资成本。

4. 推行限时审批制度。制订限时审批制度，并加强执行力检查，要求小微企业新增授信在3个工作日内完成审批，续授信在2个工作日内完成审批，提高了工作效率。限时审批制度的推出，使分行服务小微企业的能力得以增强。截至2012年12月末，授信审批通过小微企业客户883户，其中新增客户为619户，周转客户264户。

5. 规范、降低小微企业贷款定价。在确定小微企业贷款利率时，华夏银行杭州分行主要根据收入覆盖风险原则，按照基础定价与综合收益两方面确定，同时严格执行"七不准四公开"原则，有效降低小微企业贷款的综合成本。

二、管理创新情况

（一）完善考核激励机制

大力推进绩效考核机制改革，制定了综合经营管理考核分配办法、营销人员业绩考核办法、费用配置办法、会计人员考核办法等一系列考核办法，调动全行各个方面的积极性。综合经营管理考核分配办法提高了对各部门考核指标的刚性和均衡性，以效益和有效资源配置为中心，坚持资源向一线倾斜，提高资源使用效率。营销人员业绩考核办法通过引入模拟利润，将营销人员工资级档与模拟利润得分挂钩，实现工资级档能升能降，按月浮动。对公司、小企业和个人三条线营销人员的工资级档实行不同的挂档标准，小企业客户经理、个人客户经理的工资级档分值分别按公司客户经理对应工资级档分值的80%、40%确定。

（二）推行授信业务信用风险的统筹管理

从授信业务准入、放款工作、贷后管理、问题贷款处置、信用风险分析五个方面进行统筹管理，以此构建全覆盖的信用风险体系，强化了信用风险的专业化管理。

（三）全面开展规章制度执行有效性考核工作

制定《华夏银行杭州分行规章制度执行有效性考核办法》，加强内部管理，提高全行员工对各项规章制度执行的有效性，推动全行各项业务依法合规和健康发展。该办法与合规运行监督检查相结合，强调以常规检查和专项检查、定期检查和突击检查、专业检查和分行督查、现场检查和非现场检查相结合的方式对规章制度执行情况进行督查；涵盖了分行授信业务、公司业务、个人业务、会计业务、计划财务、国际业务、信息技术、电子银行、基础管理等12个专业条线中共472条违规行为的考核标准，逐一对违规内容、违规类型和处罚内容进行明确说明，紧密结合工作实际对考核内容进行细化，做到考核标准的具体化，使其具有可操作性，避免随意性；注重考核运用，违规行为除了扣罚相关责任人季度奖金外，还要扣减责任人所在单位季度综合经营绩效考核得分，并累计责任人和责任单位的年度扣分，扣分情况直接影响到单位及个人的年度考评，通过双重考核加大了违规成本，从问责监督机制上加强内控管理。

三、改善金融服务情况

（一）切实提高网点服务水平

1. 积极参与杭州市开展“与文明城市同行、促银行服务提升”首届杭州文明服务百优银行网点评选，中银协开展全国银行业文明规范服务千佳示范单位的评选，浙江省银行业协会推出全省银行业文明规范服务示范单位评选等活动，对照创建标准逐条落实，抓住重点支行、重点环节，加强服务环境、大堂经理、营销规范等日常服务管理中的薄弱环节，抓出服务的亮点和特色。

2. 按照总行统一部署，积极开展“感动服务、情满华夏”服务竞赛活动。通过制定网点服务管理实施细则、网点服务考核办法，全面贯彻落实华夏银行营业网点规范服务手册，全面实施服务理念和技能导入工作，加强“暗访”和日常监督检查工作，进一步强化服务管理和服务举措，引导全行员工增强服务意识，提升服务技巧，加深客户对我行的忠诚度。

（二）不断加强服务渠道建设

1. 建立多层次、立体化的渠道体系。加强营业网点、自助银行、电话银行、网上银行、手机银行建设，使其相互依赖，相互补充，共同为客户提供金融服务。

2. 科学、合理设置物理网点，优化电子服务渠道。通过制订详细的营业网点、自助银行发展规划、选址指导意见及评价标准，科学、合理布局营业网点、自助银行，不断优化网上银行、电话银行、手机银行流程系统，提高网点资源与电子化服务手段有效配合，以搭建全方位的服务网络。截至 2012 年末，华夏银行杭州分行已在辖区内设立了两个二级分行、三个县域支行、20 个同城支行（含分行营业部）；自助设备 101 台，无人自助服务点 58 个。

（三）积极开展金融服务宣传工作

1. 加强金融知识宣传工作。一是持续组织下辖机构开展进社区、进市场、进学校、进楼宇的“四进”营销宣传活动，通过分发宣传资料、现场接受咨询等方式积极开展金融服务宣传，使社会大众更直观地感受银行良好金融服务，展现我行良好形象。二是在营业网点多维度开展宣传。如在每家营业网点门头 LED 显示屏滚动播放金融服务知识内容，放置宣传折页、宣传海报等金融服务资料，大堂及柜面工作人员对客户积极开展有关知识宣传，从而形成营业网点内部的多维宣传体系，满足群众的金融服务需要。

2. 持续宣传“中小企业金融服务商”品牌形象。加强和当地主流媒体联系，对分行创新推出的“年审制贷款”等针对小企业的业务产品进行广泛深入地推广宣传，让更多符合条件的小微企业能够享受到这一实惠。同时，以当地“华夏之星”企业和小企业服务活动为重点，对分行服务中小企业情况进行全方位、多角度的报道宣传。大力开展业务品牌宣传。积极开展对公业务“融资共赢链”、个人业务“龙盈理财”、国际业务“环球智赢”以及电子银行业务“华夏龙网”等品牌宣传，提升市场认知度，体现分行全方位金融服务的能力。

（四）深入落实不规范专项治理要求

1. 充分尊重消费者的知情权和选择权。按照要求多渠道、多手段告知消费者服务项目与收费信息。各经营单位营业大厅的填单台和大堂经理处统一放置华夏银行 2012 年版中间业务收费价目名录手册，电子显示屏对收费目录进行滚动显示，并根据当地物价局的规定对部分常用的服务价格公告统一张贴在公告牌上，公告内容包括服务项目、服务价格、优惠措施及生效日期和终止日期，且注明我分行和物价部门的投诉电话。

2. 建立健全消费者投诉处理机制，确保消费者投诉得到及时有效处理。明确客户投诉的管理部门和各自职责、处理原则、处理流程、应急处理以及考核机制，要求客户投诉管理须遵循客户体验至上原则、真实准确完整原则、客观公平公正原则和处理投诉协调配合原则。

3. 进一步规范服务收费管理。对收费项目进行了清理和规范，保留收费项目 225 项，取消收费项目 91 项，调低收费标准项目 48 项，并对多家企业的保函、委托贷款、结算等手续费进行了减免，合计减免金额 50.9 万元。同时停止收取公司类咨询顾问费收入等中间业务收入，比 2011 年同期减少 2273.81 万元。

华夏银行宁波分行经营管理情况综述

【经营业绩】 2012年末，华夏银行宁波分行本外币各项存款余额146.54亿元，比年初增加33.84亿元，增幅30.03%。本外币各项贷款余额126.07亿元，比年初增加26.3亿元，增幅26.36%。本外币五级分类不良贷款余额1.81亿元，不良贷款率1.43%。实现中间业务收入5288万元，同比增加603万元，增幅13.09%，实现经营利润1.96亿元。

【业务创新】 推进产品服务创新。大力推广供应链金融产品，通过上下游企业的链式关系和业务合作为企业融资5.1亿元；以"环球智赢"系列产品为载体，加大对宁波前100家外贸客户的支持，并积极扶持中小型外贸企业，2012年华夏银行宁波分行累计办理国际结算业务增幅55%，国际业务结算量连续三年实现年增长超60%，连续四年被宁波市外管局评为外汇管理A类行；发展投行业务，支持优质企业发行短期融资券、中期票据等债务融资工具，尝试开展中小企业集合票据，办理直接融资业务2亿元，加大电子票据业务推广使用，获电子商业汇票业务竞赛活动二等奖；推广"华夏龙网"电子银行服务体系，利用网上结算和支付业务，通过网上银行、手机银行，实现电子银行客户增幅139.95%，交易量增幅18.06%；建立小企业营销专营团队，推广"龙舟计划"特色服务，与村镇银行、小贷公司加大业务合作，利用循环贷、卖断型接力贷等产品和资金支付管理系统，围绕行业龙头、核心企业上下游开展批量服务。

【业务发展】 一是支持实体经济发展。争取贷款规模专项支持本地实体经济发展，该规模占全年投放实体经济贷款的50%，其中配置小企业专项贷款资金；优化信贷结构，对小微企业培育、对中型企业扶持、对大型企业支持实行分类管理原则，实现连续3年客户数量年增长60%以上；严控平台贷款、房地产贷款，压缩异地贷款占比；坚持"有扶有控"，信贷资源向重点项目、涉农企业、中小微企业和涉海企业倾斜，限制对"两高一剩"和落后产能行业的信贷投入。2012年，华夏银行宁波分行中小微企业贷款、涉海贷款和涉农贷款增幅均快于全部贷款增幅，获人民银行"2012年金融支持实体经济服务年活动优胜单位"称号。二是打造"中小企业金融服务商"品牌。发挥中小企业信贷分部的专营作用，完善机制建设，加大产品推广，持续深入乡镇、基层等小微企业密集区域，开展进园区、进市场、进企业、进商户活动，挖掘企业融资需求，通过开展金融服务宣传月活动，信贷支持金额超亿元，截至2012年末，华夏银行宁波分行小企业贷款增幅40.72%，获宁波市金融办小企业考评三等奖。三是支持重点项目和重点企业建设，加大对轨道交通、宁波五路四桥、宁波市场投资等项目，春和集团、雅戈尔集团、杉杉集团、王龙集团等市重点企业的信贷支持，截至2012年末，分行重点项目贷款余额增幅41.38%，重点企业贷款余额增幅30%。四是支持涉海企业发展，尝试"仓单质押"等信贷创新品种，推动船舶抵(质)押贷款、预付保函等金融业务，支持港口旅游、沿海公共交通、渔业服务等新领域发展，截至2012年末，华夏银行宁波分行涉海贷款余额增幅超过40%，高于全行各项贷款增幅。五是扶持三农企业发展。贷款规模向慈溪、余姚等县域支行倾斜，制定“以点带面，点面结合”的支农、扶持和务农政策，扶持当地农业龙头企业发展。截至2012年末，涉农贷款余额增幅26.53%，超过全行各项贷款增幅。

【内部管理】 持续打造优质文明服务品牌。一是提高金融服务水平。进一步细化服务标准，固化服务标准落实；优化个人结算账户批量报备流程，推广上线分行会计管理平台和汇冠金财电子验印系统；组织开展会计业务技能比赛和优质文明服务竞赛等业务培训，提升网点服务水平。2012年，华夏银行宁波分行列总行服务综合排名第二，鄞州支行被评为“2012年度中国银行业文明规范服务千佳示范单位”，鄞州支行和北仑支行被评为2012年宁波市民最满意银行网点。二是扩大服务渠道。推进网点建设，全年新增营业机构2家、自助网点2个、自助设备5台、POS布放123台；推广“华夏龙网”品牌，利用个人电子银行跨行结算优势和手机银行产品，批量服务客户。三是开展金融消费者保护工作。健全组织架构，完善投诉渠道和处理流程，规范投诉处理，推出“保护金融消费者权益、关爱残障人士、彰显爱心服务”特色服务项目；以民主评议行风活动为契机，广泛征求客户意见，找准服务提升点；以营业网点为服务平台，通过调查问卷、电话、座谈会等方式，了解消费者金融诉求。四是结合“四进营销”活动，持续开展普及金融知识万里行、金融知识进社区、青少年金融理财教育等活动，向公众普及金融知识，防范金融风险，2012年分行被评为最具社会责任感银行。

【风险管理】 一是创新方式，强化案防和内控管理体系建设。围绕“制度＋流程＋技术＋人员”案件体系建设核心，加强柜面人员管理，试行一般会计人员委派制，开展网点会计人员轮岗和强制休假，轮岗和强制休假率100%；制定下发《支行行长行为规范》，加强对支行网点的案件防范力度；通过家访、访谈、座谈、走访客户，利用公安系统、个人征信系统、华夏卡查询等开展员工异常行为排查；建立专业案件风险隐患及苗头事项信息报告与反馈工作制度，强化案件风险防范和处置；在会计存单中加入芯片，加大支付密码器推广力度。2012年分行实现零案件目标。二是完善信用风险管理机制。加强风险预警和排查，建立检查标准，开展预警管理和贷后管理检查11次，强化考核和整改；建立问题授信快速处理机制，每周召开风险联席会议，加快处置进程；加强风险审查，充实审查队伍，对风险高发地区慈溪和余姚，及船舶、房地产、平台贷款、钢贸等风险集中领域开展风险排查。三是强化全面风险管理。开展“规范贷款行为、科学合理收费”专项治理活动和“抓合规运行、防案件风险百日活动”，防范违规操作和道德风险；加强操作风险防控，组织票据业务、印章等检查30余次，处罚151人次，堵截会计风险5件，检查问题整改率达100%；加强声誉风险防范，建立舆情联络队伍，明确舆情处置流程，强化投诉机制建设，加大正面宣传力度。2012年下达舆情风险提示单17份，妥善处理舆情事件15起，无重大负面舆情。

【企业文化】 发挥党工团组织作用，增强凝聚力。深入开展创先争优活动，以“责任区、示范岗，攻关项目”为抓手，广泛开展领导点评与群众评议，推动业务发展；

搭建员工成长平台，加大培训力度，组织开展建功立业劳动竞赛活动和合理化建议活动，举行各类培训96次，加强员工向心力建设；加大人才引进，营销人员占比达43.46%，收集、储备各类人才简历，出台经营单位行员编制管理办法，建立经营单位内设机构暂行办法，对现有管理部室员工严格以工作衡量人，提拔干部16人，营造公平、公正的内部竞争环境；结合建行20周年、喜迎党的十八大和三次党代会，组织开展书法摄影比赛、建功立业劳动竞赛、青春闪耀映团徽等活动；加强职工之家建设，将"诚信、规范、和谐"的核心企业文化理念贯穿发展过程，营造和谐发展环境。

华夏银行温州分行经营管理情况综述

2012年,是华夏银行温州分行克难攻坚、爬坡过坎、奋力推进转型发展、极其不平凡的一年。这一年,华夏银行温州分行在市政府、监管部门的正确领导下,紧紧围绕总行年初工作会议精神,坚持"稳中求进,不断深化'三个转变、两个提高、一个发挥'"的指导思想,以"创新发展、精细管理"为重点,广大员工努力拼搏,困境中求生,全力以赴打好应对区域风波冲击下艰苦卓绝的阻击战,全力以赴组织开展工作,取得一定成效。

截至2012年末,全行资产规模为217.93亿元,一般性存款余额为177.46亿元,一般性存款日均为179.475亿元,利润总额4.91亿元,净利润1.72亿元,中间业务收入1.55亿元,各项贷款余额为173.47亿元。

华夏银行温州分行市场份额减少,但盈利和资产质量好于同业。2012年末,在全市九家股份制银行中,华夏银行温州分行一般性存款余额市场份额、对公存款余额市场份额、储蓄存款余额市场份额均排名第四位;贷款余额排名第六位;净利润排名第三位,同比上升四位。华夏银行温州分行不良贷款率为4.99%,略低于同业水平。资产、收入结构进一步改善优化。各项监管指标调控较好,华夏银行温州分行的监管统计考核分别被银监局和人行评为一等机构。"两防"、安全与合规管理有效运行,声誉风险有效防范;全年实现"零案件"。2012年华夏银行温州分行具体经营工作情况回顾如下:

一、有效应对区域金融风波

2012年,温州区域金融风波给华夏银行温州分行发展带来诸多困难:受担保链风险冲击,客户需求减弱、业务回报流失、资源不足,对综合经营、业务收入和利润造成冲击;客户经理心理压力加剧,对队伍稳定造成冲击。华夏银行温州分行竭力开展"灾后自救"工作,采取了以下措施。

1. 加强结构调整,减缓区域风波影响下的业务下行趋势。根据市场变化,华夏银行温州分行进行了业务、客户及收入三大结构调整。运用产品支撑有效破解当前贷款规模等资源限制下如何满足实体经营企业融资需求的难题,切实做到金融服务实体经济;将重点服务中型企业为主的客户分层结构,转变为以重点服务小型企业、区域性龙头企业、地方性重点项目为主的客户分层结构;加大投行等新兴业务的拓展力度及中间业务收入贡献度。

成立"克难攻坚"五十二大项目小组,逐步推进或落实了苍南县沿海投资、永嘉三江新城建设等40户项目,其中审批通过的项目共27户,合计授信敞口40.44亿元。积极运用投行、票据、电子银行、融资共赢链等产品,大力发展新兴业务,优化客户结构,服务客户,支持实体经济发展。截至年末,供应链金融业务累计办理业务量12.6亿元;累计办理票据直贴业务708笔,累计金额58.46亿元;办理票据转贴现593笔,累计金额57.01亿元;新增网银客户数703户;电子银行交易笔数90356笔;

投行业务总量达73.37亿元,投行业务余额33.07亿元,项目数7个。

成立了同业代理代付中心,办理金融机构贸易融资委托付款业务148笔,合计25.93亿元,预计带来利息收入6179万元,代付手续费收入2121万元;成功营销本地最大商业银行的代理开证业务,办理代理开证18笔,金额达6448万美元;实现国际中收3753万元,较上年同期增长60.45%。

2. 加强信用风险管理,控制信贷资产质量。贯彻执行"三办法一指引",加强信贷全流程精细化管理。加强市场调研,审批引领,严把准入;华夏银行温州分行班子带队营销并关注企业动态;加强全面风险排查及贷后管理;重点抓好信贷文件面签和实地见证环节;开展"信贷资产百日攻坚活动",成立"六片四线",动态调整资产保全措施。资产质量保卫战取得成效,全年共现金清收和化解问题贷款合计金额9.09亿元,其中现金清收3.54亿元。

3. 积极转型、创新、寻求出路。2012年下半年,华夏银行温州分行积极谋划推进转型升级,及时调整信贷投放的方向,通过劳动竞赛、同业合作、市区五家小企业特色支行转型升级、客户经理运用产品能力的提升等措施为明年发展做好准备。

4. 狠抓"两防",保合规与安全,不以局部影响大局。2012年同业相继发生案件风险,部分银行人员跑路或被刑拘,这正是温州银行业最容易出案件的时候。在强压下,华夏银行温州分行不断完善全面内控管理体系;落实规范经营治理、严格执行"七不准、四公开";加强全员行为管理,印发《华夏银行温州分行规章制度执行力考核办法》,制作《员工行为警示卡》;深化员工行为分析及排查;加大违规行为责任追究,确保了全年未发生案件和重大舆情事件。

二、着力支持中小企业发展

华夏银行温州分行不断面对社会经济形势变动及金改带来的战略机调期,立足传统业务,紧跟社会实际和总行研发推广脚步,瞄准温州市场变化和客户需求,以创新、业务综合经营去实现转型问题,形成业务特色和核心竞争力,逐步着力将温州分行打造成"服务温州人经济特色行"、"小企业特色行"、"个人业务特色行"。

立足温州,服务地方经济,为客户提供更优质增值服务。在服务企业、支持地方经济发展的过程中,华夏银行温州分行逐步建立起一整套完善的产品服务体系和一支精干的专业队伍。为更好地帮助小微企业解决融资困境,华夏银行温州分行一方面建立了快速审批机制,大大缩短了审批时间,提高了审批效率,为急需融资的小微企业解了燃眉之急;另一方面通过设立小微企业特色支行,到客户家门口去提供小微企业金融服务,改变以往银行"重视大客户轻视小客户"的形象,拉近小微企业与银行之间的距离,为服务实体经济和小微企业进行了有益的探索。

加快小企业机制建设及结构调整。一是机构转型升级。市区5家支行转型为小企业特色支行;向县域及市区共8家支行派驻小企业专职审批人。小企业与个人客户经理队伍进行整合成立零售业务客户经理,提升网点营销作战能力及水平。二是小企业业务和个人业务联动。通过PK赛等手段,持续切实拓宽出国留学、境外旅游、资金托管等18类营销渠道,夯实个人业务五大重点营销项目,深入经营单位周边2000米辐射范围内的商圈、市场和目标客户。三是有效推广资金支付管理系统项目融信通产品,与奥康和珂卡芙两家企业达成合作。截至2012年末,新增无贷户存款3.66亿元。批量开发了39个行业协会和商会平台,共160户企业。通过二手房资金托管业务往来储蓄资金达19亿元,留存月日均金额达1亿元。个人金融资产总量达到73.42亿元,较年初增长9.82亿元。

三、积极承担履行社会责任

华夏银行温州分行在自身企业文化建设的基础上,以服务社会为己任,每年开展"温情灾区"募捐、无偿献血、慈善一日捐、双千结对活动。先后和文成县、泰顺县、永嘉县的贫困乡镇、村结对,加强文明共建。2012年,向永嘉县鹤盛乡岩峰村扶贫帮困捐助5万元,向平阳县青街畲族乡捐助10万元;慈善一日捐65610元;向患有"X染色体"缺陷,导致终身"无齿"、"无汗"、"无颜"的罕见遗传病少年捐助假牙费用;每年的八一建军节,走访慰问驻防部队官兵和军队离休退休干部,给他们送去节日的祝福和亲切的问候。多年来,被市政府授予"爱心奖"、"双千结对、共建文明"先进单位等。

积极参与社会公益和慈善事业,分行干部员工的思想觉悟和社会慈善意识得到大幅提升。自己主动掏钱结对贫困山民、与山村学校建立长期稳定帮扶关系、长期坚守论坛发动网络力量参与社会慈善的员工在我行是层出不穷。各单位每逢大小型活动都不忘传承爱心的精神。有员工个人通过温州慈善总会和义工组织为泰顺贫困山区的孩子们提供帮助;有以开发区支行等单位形式为贫困灾区小学生送去衣物、书包等用品。经营机构经常性进社区开展送金融产品和知识下基层活动、为孤寡老人送温暖、打击非法集资和反洗钱活动、为贫困学生捐书助学、"金融阵地"志愿服务等。这些干部员工不仅支持了社会公益事业、弘扬了社会主义文明、体现了个人的社会价值,更是宣扬了华夏银行浓重的社会责任感和辐射文明创建成果的决心。通过发动员工、营造气氛,弘扬企业文化,鼓舞员工士气,进一步树立了良好的社会形象。

招商银行杭州分行经营管理情况综述

行长　朱新建

2012年，面对国际金融危机、国内宏观调控、区域金融风险带来的挑战，招商银行杭州分行认真贯彻总行“转变观念、加快转型、强力创新、严防风险”的指导思想，突破传统观念，转变经营方式，各项业务总体上继续保持稳健发展的良好势头。截至2012年末，招商银行杭州分行全折人民币总资产1128亿元，比年初新增113.37亿元；全折人民币自营存款余额882.07亿元，比年初新增78亿元；一般性贷款余额945.93亿元，比年初新增63.34亿元。

一、发展“两小”业务，积极支持中小企业、小微企业发展

2012年以来，在区域信用风险明显上升的严峻形势下，招商银行杭州分行认为，支持小企业、小微企业的理念不能变，力度不能减，政策不能退。杭州分行对小企业和小微企业并未采取回避风险、简单否决的授信策略，而是按照收益覆盖风险和风险可控的原则继续积极支持小企业和小微企业市场开拓。一方面，招商银行杭州分行着力调整结构，优化信贷投向，主动为中、小、微企业贷款投放腾挪空间，全力支持中、小、微企业。另一方面，招商银行杭州分行依托中小企业创新基地的优势，着力通过产品的创新大力支持中小企业的发展。杭州分行通过产品创新，大力推广“生意贷”、“生意一卡通”、“周转易”等小微企业客户专属金融产品，为浙江中小企业、小微企业和个人经营户提供全方位的融资服务；推行中小企业专业化经营，创新中小企业1+N产业链融资模式，大力开拓浙江本地市场客户群。截至2012年末，招商银行杭州分行全年累计发放“两小”企业贷款504亿元；“两小”企业贷款余额414.69亿元，比年初增加132.92亿元，增幅47.18%，余额占全部一般性贷款的43.84%。

二、创新金融服务，支持地方经济发展

2012年，招商银行杭州分行通过金融服务创新，积极利用资本市场和银行间金融市场，进一步拓宽企业融资渠道。一是积极推进“千鹰展翼”工作。招商银行杭州分行成功举办多场“千鹰展翼”品牌发布会，累计邀请300余家企业参会，加大创新型成长企业的培育。截至目前，已成功培育6家“千鹰展翼”企业实现上市。二是债券承销业务居浙江同业前列。2012年，招商银行杭州分行为了腾出更多贷款规模支

持浙江中小企业，全年累计为11家企业承销发行16单108亿元短期融资券和中期票据，发行家数和发行金额均比2011年翻一番，在浙江省同业内分别列第2位和第3位。三是积极拓展融资租赁业务。2012年以来，招商银行杭州分行在浙江省内大力推动融资租赁业务，全年新增融资租赁项目8个，投放租赁额10.9亿元。融资租赁以其中长期融资、匹配企业现金流的还款方式、盘活企业固定资产、以小资金启动大项目等优势获得了省内企业的认可。四是大力发展国际业务，满足实体经济需求。截至2012年末，全行国际业务客户数达到4799户，比年初新增883户；累计办理国际结算突破280亿美元，同比增长36%。

三、加强内控服务，全行业务实现安全经营

一是强化规范经营。2012年，招商银行杭州分行制订整治不规范经营专项工作实施方案，坚决贯彻“七不准”和“四公开”要求，并开展了民主评议行风活动，通过电话、网络和信函多种形式，广泛接受社会的评议和监督。二是全面推进合规风险管理。招商银行杭州分行在全行范围内开展了为期3个月的内控合规教育学习活动；积极落实操作风险管理工作，招商银行杭州分行被总行评为“全行操作风险管理体系推广工作优秀分行”；提升反洗钱工作水平，向人民银行上报的石家庄某商贸有限公司重点可疑交易得到了人行书面表扬；继续推进审计监督，全年完成常规、专项和离任审计项目57个，被省审计厅评为股份制银行唯一一家“浙江省内部审计转型创新先进单位”。三是加强案件防控工作。招商银行杭州分行加大安防投入，改造了分行监控中心，增配了发电车，对自助设备加装了防护仓，提高了全行物防和技防水平。加强电话欺诈案件的防控，柜台拦截电话欺诈事件7起，金额22.5万元，受到公安肯定和客户赞扬。四是认真做好服务和品牌提升工作。招商银行杭州分行荣获“2012杭州地区最佳服务明星银行”、“2012杭州地区最佳零售银行”以及“2012浙商最信赖股份制银行”称号；3家支行荣获“首届杭州文明服务百优银行网点”，5家支行荣获“浙江省银行业文明规范服务示范单位”，2家支行荣获“中国银行业文明规范服务千佳示范单位”。

四、推进机构网点建设，完善金融服务网络

浙江具有典型的“块状经济”特点，区域经济发达。为进一步推进渠道建设，更有力地支持小微企业的发展，2012年，招商银行杭州分行在两小企业和个体经营户集中的全国两大商贸市场所在地——义乌和柯桥设立小微企业专营支行。截至2012年末，招商银行杭州分行营业网点覆盖杭州、温州、绍兴、金华、嘉兴、湖州、衢州全省重要经济区域已达52家，并设有自助银行156家，为广大客户提供了快速、便捷、优质的服务，在全省形成了比较完善的金融服务网络。

五、热心慈善事业，奉献社会公益爱心

招商银行杭州分行作为一家有社会责任感的企业，长期以来致力于公益事业的发展，关心社会民生的建设，将“企业社会责任”的理念延伸至扶贫、教育、环境保护、公共卫生等众多领域。2012年，招商银行杭州分行继2011年后再次荣获杭州消费者权益保护委员会颁发的年度最具社会责任企业。一是热心公益受表彰。近年来，招商银行杭州分行在各营业网点设置“爱

心募捐箱”，积极开展“零钱慈善”善款募集活动，5年来已累计为中国儿童少年基金会募集资金数十万元。2012年4月，基于招商银行杭州分行在“零钱慈善”活动中的突出贡献，中国少儿基金会授予杭州分行“优秀爱心单位”荣誉称号。二是“联乡结村”结对帮扶。招商银行杭州分行与淳安县姜家镇白坪村结成“联乡结村”结对伙伴，向白坪村捐献了结对帮扶资金10万元整，用于帮助山区修建公路。三是定点扶贫献爱心。招商银行杭州分行开展了第十四次为武定、永仁两县捐款捐物的活动，捐款总额达237655元，捐赠衣物7969件，新结对子2人，续结对子13人。四是关爱农民工子女送温暖。招商银行杭州分行辖属温州、金华分行纷纷向农民工子女、特困学生家庭送上温暖，认领民工子弟学校“六一班”学生的所有心愿；为特困学生家庭送上了节日慰问金以及文具。这一系列的善举，为实践“企业社会责任”作出了自己的努力。

招商银行宁波分行经营管理情况综述

【经营业绩】 2012年末,招商银行宁波分行本外币各项存款余额322.22亿元,比年初增加21.37亿元,增幅7.10%。本外币各项贷款余额426.93亿元,比年初增加24.42亿元。本外币五级分类不良贷款余额8.08亿元,比年初增加3.08亿元,不良贷款率1.89%,比年初增加了0.65个百分点。实现经营利润12.6亿元,比2011年增加0.8亿元。

【业务发展】 一是对中小企业、小微企业扶持力度不断加大。通过存量调整,将贷款投放重点切实转变到小企业贷款和小微企业贷款领域。2012年小企业一般贷款余额达到近90亿元,较年初增加超过21亿元,小企业贷款占比达32.92%,较上年提升6.62个百分点。小微企业贷款比年初增加34.3亿元,增幅252.2%,占比达34.3%,较2011年提高22.8个百分点,新增绝对额和市场份额排名宁波同业第二位。二是客群建设取得新进步。批发银行基本客户达1890户,比2011年增加109户;零售客户一卡通发卡当年新增13.85万张,新增信用卡客户3.18万户。三是新兴业务实现新突破。批发业务方面,现金管理特色业务优势进一步加强,国内信用证福费廷、电子供应链金融业务快速增长,银关通新一代电子支付系统整体上线,宁波海关财政公务卡项目全面启动,系统内首单买方付息国内证福费廷、首单新银关通系统担保支付业务成功开展。零售业务方面,努力占领移动金融新高地,全年柜面业务替代率达到86.9%,新开网银专业版和手机银行签约客户分别突破5.5万户和8.9万户,手机银行交易客户突破4万户。超级网银自7月份启动以来,新开户逾5000户。

【内部管理】 2012年初,招商银行宁波分行召开了"从严治行"以及"进一步改进机关作风"专题会议,狠抓全行上下管理风貌,整肃队伍纪律和精神面貌。强调合规经营对业务发展的保障作用。一是坚持内控合规教育,通过开好内控评审会、合规培训、案例剖析、行为禁令短信提示等形式,持续加强内控合规理念和文化的行为渗透。二是依托技术手段,针对薄弱环节、突出问题、风险隐患加强检查,切实发挥审计卫士作用。三是实施自行核查,并有针对性地组织开展内控辅导工作,帮助经营机构提升内部管理水平。四是抓好抓实可疑交易监测报送,有条不紊开展反洗钱工作。

【规范经营】 招商银行宁波分行成立了整治不规范经营工作领导小组,制订了《招商银行宁波分行不规范经营专项治理工作实施方案》,全面梳理、规范了现有的服务项目和收费标准,形成了全行统一的服务价格目录,向社会公开,并第一时间组织人员做好学习培训与自查自纠工作,对前期涉嫌违反"七不准"、"四公开"、"两禁两限"的行为进行及时整改。

【机构队伍建设】 在机构建设方面,2012年招商银行宁波分行新设立杭州湾新区支行和三门支行。队伍建设方面,一是优化培训培养机制,加强专业培训力度,推动业务发展，全年共组织各类培训171期，总共培训10148人次。二是积极探索“双维度”绩效考核管理体系，切实加强考核区分度，完善考核反馈机制，激励员工队伍，不断提升人员效能，促进分行业务发展。三是不断完善人才的生成机制，拓宽招聘渠道，充实人才队伍，全年通过社会招聘录用了20余人，通过校园招聘选拔了55名应届毕业生。

【风险管理】 理顺信贷秩序，规范信贷行为，狠抓“三查”质量，真实分类，及时主动暴露风险，信用风险基础管理工作较以前更为扎实。截至2012年末，招商银行宁波分行一般关注类贷款较年初减少2.51亿元，特别关注类贷款较年初减少1.56亿元；重新梳理了集团家谱，“以贷还贷”客户及历史遗留问题基本得到解决，房地产和平台贷款严格控制在总行限额内，对公贷款受托支付比例大幅提高，资产质量真实性得到了有效保障。

【服务提升】 强调提升技能、比拼服务。一方面开展“风采2012”、招商银行宁波分行“葵花之星”、服务知识达人等多项服务评选活动，热烈营造比拼服务的良好氛围，打造和树立服务标杆；另一方面强化柜面人员专业素质提升，深化开展五比活动和岗位大练兵活动，完善柜员考核办法，通过培训和检查，提升员工服务技能。推广了生僻字输入宝、低柜客户端键盘等15项服务创新项目改进营业厅服务环境。自2012年5月以来，招商银行宁波分行连续7个月为系统内投诉率最低的3家分行之一。余姚支行荣获2012年度中银协评比服务“千佳”；钱湖支行在宁波市“文明”杯规范化服务达标竞赛活动中成为银行窗口行业2家代表之一入选候选单位。招商银行宁波分行在总行第十届业务技能比赛中荣获团体第四名，个人赛中取得多项荣誉，创下分行参加总行业务技能比赛历史最好成绩。

【企业文化】 一是组织参加宁波市金融系统职工文化年活动，收获了“支持实体经济发展竞赛活动先进单位”、“学习型企业先进单位”、“文化年活动优秀组织奖”，两位员工被授予“服务标兵”荣誉称号，一位员工获“十佳歌手”荣誉称号。二是围绕总行企业文化节，开展了种植“百年招银林”、行长当一天大堂经理、员工座谈会等活动。三是各体育俱乐部活动每周定期开展，除原有的网球、足球、篮球、羽毛球、乒乓球俱乐部，新成立了瑜伽俱乐部。四是与宁波大学园区图书馆签订了合作协议，正式成立了“宁波大学园区图书馆招商银行宁波分行分馆”，方便员工在分馆和大学园区图书馆内免费借阅。

广发银行杭州分行经营管理情况综述

行长　韩立光

2012年，是广发银行杭州分行成立的第15年，也是15年的发展历程中最为艰难的一年。由于国际国内经济形势的巨大变化，广发银行杭州分行的业务发展与资产质量遭受到巨大冲击，但全行上下紧紧围绕“集约化经营、精细化管理、可持续发展”的经营管理理念，齐心协力，同舟共济，迎难而上，砥砺前行，在改革转型调整结构、优化拓展网点机构、清收处置不良资产、加强内部管理、保证安全运营等方面取得了显著的成绩，尤其是在贸易融资、金融市场、个人理财等中间业务的创新增收方面呈现出不少亮点。

一、2012年主要经营业绩

截至2012年12月31日，广发银行杭州分行实现本外币存款余额697.96亿元，较上年增加40.92亿元。实现本外币贷款余额583.32亿元，较上年增加16.91亿元。全年实现中间业务收入8.5亿元，较上年增加2.3亿元，创下历史新高。

宁波分行积极转变绩效考核方式，条线管理从无到有、从弱到强，通过渠道建设与新业务、新产品运用加快业务转型发展，不良资产清收进展明显，网点建设有序推进，以15周年行庆为契机积极推进企业文化建设，进一步营造了良好的发展氛围。

温州分行坚持不良清收与业务发展两手抓，以全面推进人力资源改革增添发展原动力，组织架构与经营模式进一步理顺，存贷款下滑趋势得到有效遏制，并呈现出信用卡、个贷业务等经营亮点。

台州分行突出重点狠抓客户群建设，加大产品组合推广力度，实施授信客户滚动开发，业务发展迈入当地股份制同业“第一梯队”。

义乌分行在第一个完整经营年度中，存贷款规模双双跃上20亿元的台阶，信用贷特色业务放量增长，独树一帜，成为全国系统内“生意红”贷款的标杆分行。

绍兴分行自2012年10月16日正式开业以来，认真分析研究当地市场，多渠道开展品牌宣传，精确营销目标客户，成为我行优化地市级战略布局一个新的重要支点。

各同城机构也各有特色，在工作中取得了不少亮点。总结回顾2012年的工作，广发银行杭州分行在以下六个方面取得了较为明显的工作成效。

（一）公司业务在转型中优化结构

2012年，广发银行杭州分行积极落实总行大公司改革相关要求，条线与块块相结合的矩阵式管理模式已搭建成形，市场定位更加明确，产品运用能力逐步提升，取得了较好的工作效果。

1. 客户及业务结构逐步优化。旨在开拓大型优质客户的“新优”竞赛活动取得明显成效,异地客户准入与移交工作稳步推进,核心客户管理机制进一步完善;产品组合更加贴近客户需求,核心客户信贷资源投入产出率明显提升;对公存款结构得到较大改善,保证金存款比例逐步下降,系统性客户开发对优化客户结构和存款结构的作用日趋明显。

2. 小企业业务提速发展。在加快专营机构、专营团队建设的基础上,积极发挥考核指挥棒作用,增设小企业业务专项考核指标,信贷资源投放导向更加明确;积极开展小企业业务宣导,学习先进经验,推行客户调查与项目审查平行作业模式,制约小企业业务发展的审批慢、风控难问题得到改善;批量化客户开发工作取得进展,与浙江省广东商会等客户建立了合作关系,积累了一批新优客户资源。

3. 类投行业务全面启动。在总行战略指引下,分行债务融资工具成为新的收入增长点。2012年,广发银行杭州分行以主承销商或联合主承销商身份,综合运用短融中票、私募债、非标、中小企业集合票据等业务品种,成功介入了多个大额融资项目。成功营销并托管了多个私募股权基金,在实现中收的基础上加强投贷联动,与一批拟上市企业建立了业务关系。同时,还在企业融资顾问业务、项目贷款、信托租赁、资产托管等方面有所收获。

4. 多项创新业务填补系统内空白。成功叙做系统内首笔代客期权、出口代付、国内信用证福费廷即时转卖等业务,实现系统内首个跨行现金管理解决方案和CFCA现金管理系统跨行托管。在新业务拓展和新产品推广上的实践与探索,不仅提升了中间业务创新能力,而且通过为客户提供个性化、多样化的金融服务增强了市场竞争力。

(二)零售业务在改革中焕发活力

1. 个金专职营销队伍产能得到有效提升。在总分行的强势推动下,个金改革全面落地,组织架构、管理模式和考核体系与总行全面接轨,过程化管理成为个金条线强化垂直管理的有效工具。个金专职团队盈利能力切实增强,贡献度明显提升。个金条线四支专职营销队伍全部实现人员到位、管理到位、考核到位,储蓄、理财、个贷三支专业团队产能综合达标率从年初的16%跃升至90%,在系统内排名第一。储蓄存款结构调整取得明显成效,对公依赖度由70%下降至34%。贵宾客户营销取得重大突破,网点交叉营销通过全员发动和强势督导,成为系统内首家完成指标的分行,业绩位居系统内首位,受到总行的特别表扬。

2. 信用卡业务继续保持稳健增长。千方百计拓宽发卡渠道,多管齐下提升卡片激活率,全省联动开展更具吸引力的市场活动,全面加强成本费用控制,并组建专门小组实施异地分行对口指导,业务规模及盈利能力不断提升,累计发卡规模已接近200万张,新增发卡量赶超“北、上、广”,跃居系统内首位。信用卡业务仍是全行考核利润与中收的主要贡献者,综合排名位居系统内同类行第一。

3. 电子银行业务综合效益不断提升。开拓了支付宝、腾讯财付通等一大批第三方渠道客户,既为分行客户提供了更多的网上支付平台,更带来了可观的存款和手续费收入。全辖自助设备基本完成布局调整与优化,自助设备达标率创历史最好成绩。电子银行业务各项考核指标全部超额完成,综合排名同样位居系统内同类行首位。

（三）机构建设取得实质性进展

2012年，广发银行杭州分行狠抓战略规划执行，全辖网点布局与机构建设取得重大进展。

1. 综合性网点布局进一步拓展。辖内第五个二级分行绍兴分行，杭州滨江支行、温州乐清支行均喜获开业。温州平阳支行以及台州分行辖内首家机构温岭支行也已正式开业，成为广发银行杭州分行抢占县域市场的生力军。广发银行杭州分行布局浙北市场的重要机构嘉兴分行也已完成选址，正在紧张筹建之中。

2. 小微金融机构建设全面推进。根据总行"建设中国最高效中小企业银行"的战略方针及浙江银监的监管要求，广发银行杭州分行着力搭建小微企业金融全新组织架构，设立小企业中心，并在萧山、余杭设分中心；全辖9家机构挂牌成立"小企业金融中心"；在杭州瓜沥、临浦，温州飞云、柳市，义乌福田五地筹建"小微企业专营支行"，其中杭州临浦小微专营支行已正式开业，成为广发系统内首家小微专营支行；市辖新城支行作为综合型支行转型小微企业专营机构的试点，已经全面完成人员调整及业务划转工作。

3. 紧跟业务发展优化管理部门设置。配合总行个金风险管理体系改革，组建零售风险管理部，对个金业务的授信审批、风险监测、贷后管理实施全流程、专业化的风险管理。

此外，杭城首个自助银行创新项目——广发自助银亭已正式上线并投入使用。

（四）资产清收处置取得重大成效

受经济基本面下行及"担保链"风险拖累，2012年，广发银行杭州分行资产质量急剧下滑，极大地威胁我行经营利润。为此，广发银行杭州分行多措并举、多管齐下，尽最大可能加快处置进度、减少资产损失。一是强化组织领导，组建专项工作团队，实行分片包干、考核到人；二是加强总分行联动，推进诉讼执行进程，采取资产打包、授信重组、核销等多种方式加快清收处置进度；三是坚持清收与管理并重，实施风险预警、提前介入，对各经营机构不良贷款实行统一移交和集中管理，尽最大可能保全信贷资产。

（五）合规管理渐入制度化轨道

2012年，广发银行杭州分行不断夯实内控管理基础，严控合规法律风险，扎实推进合规建设精细化管理。

1. 开展系列主题活动，合规氛围更趋浓厚。组织开展"防范和打击非法集资"宣传教育活动，围绕首个"广发合规日"开展主题征文、制度建言、合规大讲堂等系列合规文化活动，全行员工合规意识进一步强化。

2. 健全完善工作机制，合规基础更加坚实。内控与风险防范联席会议（BRCC）机制实现常态化运行，对强化风险防范与内控管理、定期跟踪解决合规问题发挥了积极的作用。建立覆盖全辖的合规晨会机制，将合规管理纳入了各机构、部门的日常工作之中，合规管理的工作基础进一步夯实。

3. 全面梳理规章制度，合规要求更加明晰。对各项规章制度及规范性文件进行全面梳理，"废、改、立"工作取得阶段性成果。结合"制度建言"活动中员工提出的合规建议，统一进行制度修正与补充，为合规管理奠定了更加有效的制度基础。

（六）外部认可度明显提升

2012年，广发银行杭州分行积极开展多层次、多渠道的工作互动与品牌宣传，营造了更为有利的外部发展环境。

1. 积极寻求监管机构的支持。紧跟

监管导向，响应政府号召，切实履行支持实体经济、服务小微企业的社会责任。密切加强与省金融办及各级监管机构的联系，积极寻求各方对我行的认同与支持。

2. 主动加强与政府部门的联系。根据总行中小企业发展战略和系统性客户开发及机构建设需要，广发银行杭州分行切实加强与省中小企业局、杭州市经信委等政府经济工作部门以及相关县市政府的沟通联系，开展高层互访，增进信息共享，为促进业务发展和交流搭建了更为有效的渠道。

3. 全方位加强品牌宣传。借分行"15周年行庆"及新年音乐会契机，集中资源开展品牌宣传，获得良好的社会反响。配合新业务、新产品上市及大型活动，在萧山国际机场、公共自行车租赁点、巨星演唱会等全新平台，密集投放中小企业融资产品及个人理财、信用卡、手机银行等广告，社会各界对广发品牌的认知度进一步提升。

回顾过去的一年，广发银行杭州分行经受住了市场的考验，经受住了风险的考验，也获得了多项荣誉：喜获"浙江省银行优质服务之星"、"浙江省社会综合治理先进团体"、"下城区消防工作先进单位"和"2012年度浙江金融业传媒大奖之最受小微企业欢迎金融机构"称号；杭州分行营业部、清泰支行、新城支行、温州分行营业部荣获"浙江省银行业文明规范服务示范单位"；杭州分行营业部、宁波宁东支行还摘得"2012年度中国银行业文明规范服务千佳示范单位"的殊荣；"好融通"被评为"浙商最佳融资产品"，"快融通"被评为"浙江小微企业值得信赖的20项最佳创新融资产品(模式)"，信用卡被评为"2012年度浙江金融业传媒大奖之最受消费者欢迎信用卡"。

在新的一年里，广发银行分行将紧紧围绕"改革、发展、管理、效益、文化"五个主题，扎扎实实开展各项工作，抓住新的机遇，谋求新发展，为地方经济建设贡献新的力量。

平安银行杭州分行经营管理情况综述

行长　袁振瑜

2012年，平安银行杭州分行认真贯彻国家监管部门指导意见和总行的整体工作部署，紧紧围绕"加快发展"和"夯实基础"两大主题，深入推进两行整合，强化基础管理，优化资源配置、调整业务结构，在合规经营、风险控制的前提下，通过挖掘创利增长点、快速扩张物理网点等，顶住规模增长和利润指标的压力，基本完成总行下达的各项考核指标，实现各项业务的持续、健康发展。截至2012年12月末，分行各项存款(含离岸)余额727.17亿元，较年初新增80.21亿元，增幅12.4%；各项贷款余额581.91亿元(含贴现)，较年初新增21.47亿元，增幅3.8%；存贷比(不含公司理财，含贴现)为80.2%。2012年实现拨备前考核利润19.23亿元，实现中间业务净收入3.51亿元。

一、顺利完成两行整合，骨干队伍基本稳定

2012年，深圳发展银行与平安银行两行整合进入实质性阶段，作为系统内四个存在平安与深发分行机构重叠的地区之一，平安银行杭州分行面临较为繁重和复杂的整合任务，不仅涉及重叠机构和人员的整合，还有重叠客户与重叠业务的协调统一。为此，平安银行杭州分行积极行动，成立两行整合专项工作小组，先后梳理出工作计划328项，并逐项明确完成时间和责任人，确保了整合工作平稳有序开展。2012年8月22日，原平安银行杭州分行完成工商注销，9月7日，原深圳发展银行杭州分行完成工商更名，新银行名称为平安银行杭州分行，两家分行机构正式合并为一家。

截至目前，平安银行杭州分行已完成新银行组织架构设置和人员整合，发布关键岗位干部任职，实现职场合署办公；在总行统一部署下完成了新银行薪酬福利和职级体系的转套与落地，骨干队伍基本稳定，2012年全行人员流失率相比上年同期有所下降。同时，业务条线先后完成208户公司和个人重叠客户梳理及分配，开展各类培训百余次；外部监管沟通和客户沟通良好，整合期间未发生重大客户投诉和重大负面舆情事件。22家网点换标、换证工作按计划完成，并顺利通过东区合并日检查，整合工作获得好评。2013年1月13日，平安银行业务系统顺利统一，整合收官之战完美落幕。

二、创新发展公司业务，促进结构转型升级

2012年，结合总行公司业务发展战略，平安银行杭州分行及时把握市场形势，

创新发展公司产品类别，改革综拓管理工具，促进业务结构转型，探索全新综合金融发展之路。

1. 充分利用活跃的资本市场发展投行业务。2012年，平安银行杭州分行积极尝试了中期票据、短期融资券、超短融、区域集优中小企业集合票据等各类投行业务，取得较大成效。截至2012年末，平安银行杭州分行全年累计注册金额51亿元(含区域集优)，本年已注册金额31亿元，已发行金额24亿元，完成资产托管49.6亿元，债融业务实现中间业务收入总额位居总行第一。除了债融业务之外，在非债融业务上也进行了全面探索和尝试，自主完成了爱建信托有关常州城投结构化融资项目的财务顾问业务，在建设投资银行业务平台和未来业务发展方面也作了初步的构想。

一是完成浙江省杭州市2012年第一期区域集优中小企业集合票据注册和发行。作为浙江省首单区域集优中小企业集合票据项目，平安银行杭州分行从项目推荐、立项、注册材料制作上报等都得到了杭州市政府、人民银行杭州中心支行和有关中介机构的充分认可和支持。平安银行凭着过硬的专业水平和业务素养得到了包括交易商协会、中债增信投资股份有限公司、杭州市金融办、经信委等有关部门的好评，并且在该领域为平安银行赢得了声誉和品牌。

二是完成参与联席主承销国家开发银行牵头的中国海运集团总公司注册总额为人民币200亿元超短期融资券的组团注册项目，该业务作为2012年总行系统内东区唯一一笔超短融项目注册，获得较大成功。

2. 国际业务深度挖潜。2012年，平安银行杭州分行继续发挥离岸业务优势，利用机构扩张的契机，嘉兴和义乌等地多点开花，促进分行离岸业务继续保持较快增长。2012年国际业务离岸客户数成功破万户，国际业务结算量完成218.2亿美元，比上年同期上升22%，大大超过浙江外贸3%的增长率，结算量在总行系统内仅次于深圳分行排名第二，离岸业务量在杭州同业继续处于领先地位，并取得较好收益。同时，平安银行杭州分行积极探索离岸同业代付业务，全年办理代付4.9亿美元，年末同业代付余额超1.2亿美元，并积极着手开展离岸银团和风险参贷、同业拆借等业务，持续挖掘国际业务发展潜力。

3. 积极探索以行业为主导的贸易融资发展新模式。平安银行杭州分行认真学习研究总行七大行业研究报告，并加强落地实施指导。加强核心企业营销指引，继续扩大与原有吉利控股、苏泊尔电器等核心企业之间的紧密合作，增加其项下的经销商数量，目前吉利控股业务项下经销商达到40户、苏泊尔电器业务项下经销商达到34户。继续开拓“1+N”模式，积极发展预付类下游直接授信企业。进一步促进全行供应链金融核心企业营销效率、明确核心企业营销目标群，推进供应链金融线上化，成功实现20户供应链线上化移行操作，贸易融资业务不良率连续10年保持为零。

4. 改革综拓管理工具。2012年在总行的指引下，平安银行杭州分行逐步退出陈旧的管理工具，试行“E行销系统”科学管理商机及项目管理机制，借助科技力量，更及时、多项、数据化的E行销系统的管理工具，将其演变成渠道客户经理对于商机的营销沟通工具和管理部门管理、统计、分析商机的利器。尝试了供应链金融产品及投行类产品后，平安银行杭州分行确定以发展投行类项目为主要目标客户，开展一系列专题培训引导渠道方按条件梳理锁定目标客户，制订营销方案逐一安排联合拜访，精细化筛选，确立储备客户。截至12月底，平安银行杭州分行已全面达成2012年综拓年度计划目标，整体达成率为143.00%。

三、零售业务转变增长方式，夯实经营管理基础

2012年，平安银行杭州分行零售业务转变业务增长方式，夯实经营管理基础，因地制宜地采取措施，取得了持续的发展。

1. 社区营销项目从试点走向普及。2012年，平安银行杭州分行22家网点分三批先后启动，分行以活动量管理为手段，每月组织240多场各种形式的社区营销活动，取得良好成效。全年提升客户总资产超过10亿元，增加零售存款约7亿元。

2. 创新营销模式，引导和推动支行开展零售业务批量化营销。2012年以来，平安银行杭州分行创新营销模式，引导和推动支行开展零售业务批量化营销，提高零售业务拓展效率，带动产品销售。分行制订了有针对性的批量营销方案，引导支行利用各种资源，针对共性客户进行批量开发，获取更多价值客户。支行在精选潜力目标客户群的基础上，结合保险、信用卡等零售指标的推进，因地制宜组织各类活动，实现批量销售。如通过举办系列理财讲座、沙龙、答谢会、酒会，组织产品说明会等灵活多样的集中宣传推荐方式，不仅节约了营销成本，也实现保险、基金、第三方存管、贵金属交易等零售产品的批量销售。截至12月末，平安银行杭州分行以批量化形式进行的拓展活动多达40场，在保险、理财产品、信用卡、贵金属和第三方存管等零售产品销售上均实现全面开花。截至年末，杭州分行第三方存管预算完成率153%，在总行名列前茅，零售中间业务收入(不含信用卡中收)创历史新高。

3. 大零售客户权益助推零售业务发展。结合总行大零售客户权益项目，2012年，平安银行杭州分行积极搭建VIP客户权益平台，推广大零售客户权益，组织客户活动，为客户提供更好的服务体验。全年结合内、外部资源，组织了四场全行性邀约式客户权益体验活动。其中：3月份组织贵宾客户参加浙江大学EMBA管理前沿高峰论坛；6月份与《都市快报》合作，组织高端客户开展捷豹路虎驾车体验；10月下旬起组织高端客户开展高尔夫体验活动；12月开展“关爱口腔健康”贵宾权益体验活动。同时，为促使客户经理主动推荐客户权益，促动客户的权益使用率，以权益带动零售业务增长，平安银行杭州分行对全新上线的大零售客户权益组织编写了营销指引下发业务一线，还定期提取合格客户名单下发支行进行针对性营销。全年通过系列体验活动的组织开展，通过多渠道、多场合的零售客户权益宣导，对提升零售客户满意度及黏度起到良好推动作用，零售客户总资产快速增长，2012年末，零售客户总资产余额159.52亿元，比年初增加27.48亿元。

4. 加快零售产品的整合创新。在现有条件下，平安银行杭州分行对零售产品线进行了整合，根据不同类别客户实行不同的产品组合营销，使我行服务由统一化、大众化、单一化向层次化、个性化、综合化转变。具体表现在：一是针对特定客户群体提出了组合营销的概念，将我行产品打包销售，如对第三方存管客户营销网上银行、金卡、日添利短期理财、存款等，对信用卡客户营销网上银行、理财产品等；二是进一步利用客户关系管理系统进行数据分析挖掘，通过系统分析客户特点、挖掘客户价值、整合客户资源，在增强客户关系维护能

力，销售特定产品等方面取得良好成效。三是实施多渠道销售策略，强化物理网点的营销功能，着重加强了理财人员与客户的关系管理，引导客户利用远程渠道（如网上银行、自助终端等）进行简单产品的操作。

四、小微金融服务产品创新情况

浙江是“市场大省”，专业交易市场起步早、数量多、种类齐、规模大、综合实力强，市场年成交额连续14年位居全国第一，2008年成交额超100亿元的市场有15个。平安银行杭州分行瞄准了浙江专业市场的发展特点，2012年持续创新小微金融产品，并取得了良好的成效。

1. 政银通——新昌天姥小微企业成长计划。2011年浙江省中小企业局联合东方资产管理公司杭州分公司，依托浙江省投融资协会的平台，推出了总额100亿元的浙江省中小企业成长基金，主要用于支持浙江省内科技型、创新型、成长型中小微企业及省内42个产业集群。2012年6月，平安银行杭州分行联合新昌县人民政府、浙江浙企投资管理有限公司共同研发推出了“新昌天姥小微企业成长计划”，是目前“浙江省中小企业成长基金”项目下三大子项目中第一个采用银行授信模式设立的子项目，并已经被省中小企业局认可，作为省内三种小微金融创新模式之一上报银监会和工信部等相关部委。

“新昌天姥小微企业成长计划”通过浙江省投融资协会的执行机构——浙江浙企投资管理有限公司牵头，成功引入了地方政府对小微企业的扶持，由新昌县财政提供担保支持，并对企业融资锁定综合成本，由平安银行杭州分行利用平安集团综合金融服务平台和专属小微金融服务平台，以政府出资引导、银行授信跟进的方式，以优惠的利率，简便的担保抵押，为新昌县“123企业培育工程”企业以及其他成长型小微企业提供资金支持。第一期天姥基金授信规模为2亿元，期限一年，为新昌的71家小微企业提供无抵押贷款。同时，在总体合作5年的期限内，将实行滚动运行，确保天姥基金高速、稳健的推进。签约日当天，新昌县即有14家中小微企业获得天姥小微基金8700万元授信，此外，有65家小微企业也将陆续分享到2亿元成长基金这块蛋糕，有效支持了新昌当地中小微企业的发展，并带来大量后续联动效应。

2. 小微企业共同基金担保授信产品——中国十大名村·花园小微客户成长计划。该项目是由花园集团有限公司发起，联合平安银行和浙江吉泰投资有限公司，挑选符合东阳花园村成长型要求的小微客户组成共同体，创新地采用了“保证金池”及共同体成员分保的形式，为小微客户有效锁定风险、明确担保责任，是一项全新的金融创新业务平台，也是平安银行全辖内首单获批的共同体业务。在总行的大力推动下，2012年末该项目获批，并在2013年初成功落地实施，业务首日即发放首批40笔贷款，贷款金额超1.4亿元。此次“花园红木家具城”小微金融共同体基金项目的成功投放，规模大、效率高、模式新，在当地小微企业中激发了强烈的共鸣，为平安银行杭州分行带来了社会效应和综合效益双丰收，也为我行对省内专业市场的小微金融服务开创了模式、奠定了基础，意义深远。

五、控风险，促发展，规范信贷管理，控制不良资产

2012年，浙江市场环境变化，担保链引发风险扩散，不良状况全面爆发，信贷风控形势严峻。为此平安银行杭州分行积极

转变思想，注重工作实效，深化风控改革。一是继续做好预警信息收集、处置工作，组织召开信贷风险管理工作例会和风险联席会议，对问题贷款建立一户一策，加强实地走访和风险排查；二是设置区域审批团队架构，制定行业和区域审批指引，重点选取15大行业分析发展现状，揭示行业风险，明确授信导向，坚持现场和非现场调查相结合，对新客户再调查覆盖率达80%以上，并下发《互保圈核查表》，对企业的互保圈进行核查，且至少排查两圈，防范担保代偿风险；三是多渠道、多手段控制和化解不良资产，认真分析不良资产产生原因，"因地制宜、因事而异"制订清收计划，积极寻求第三方债权转让方式化解不良，全年共收回不良贷款15320万元，提前介入化解信贷风险14855万元，有效遏制风险蔓延，保障分行资产安全。

六、加强后台职能转变，支持一线、服务全行

1. 深入开展案件防控工作。平安银行杭州分行成立了案防合规委员会，进一步规范和细化了委员会的工作职责和议事规程。根据总行要求将操作风险管理纳入内控条线，明确兼职合规员，充实案防合规队伍。围绕全行"零案件"战略目标，认真落实"案防人人有责"的要求，2012年，组织学习并签署各类责任书包括"防风险、保稳定"承诺书、案件防控目标责任书、行长尽职指引和承诺、员工案防责任承诺书、新版员工行为守则、员工不介入民间集资行为承诺书和员工不违反职业操守行为承诺书等。大力推进"深筑防线——齐抓共管——案防到支行"行动，通过分行领导到支行的实地走访，及时了解各网点经营情况和案防合规内控情况，传达总分行和监管部门案防工作要求，有效地建立了上下联动的案防工作机制。认真落实总行对分行案防督导要求，强化案防工作监督和问题整改，加强了对分行案防薄弱环节的管控，进一步夯实了案防基础工作。经过多方努力，2012年平安银行杭州分行在总行法律事务工作考评和反洗钱工作考评中被评为A类分行。

2. 平安银行杭州分行运营条线积极开展走动式管理，全面支持流程银行建设，强化DCFC执行检查，建立问题整改督导机制，严格执行运营业务重要事项报告制度，成功堵截重大运营事件10起，加强对新筹建网点的帮扶，探索分行检查辅导新模式，并切实践行"健康工作、快乐生活"的理念，关注员工发展，促进员工成长。

2013年是平安银行杭州分行发展的关键年，总行陆续推行的一系列改革措施将为分行发展创造机遇。未来，平安银行杭州分行将紧跟总行改革步伐，明晰战略定位，积极转变思想、优化资源配置，挖掘市场特色，加快专业队伍建设，积极推进业务创新，快速物理网点扩张，强化基础管理等，以合规经营、风险控制为前提，实现分行市场份额的有效提升和各项业务的高效、持续、健康发展。

平安银行宁波分行经营管理情况综述

【经营业绩】 2012年末，平安银行宁波分行本外币各项存款余额242亿元，比年初增加38亿元，增幅18.71%。本外币各项贷款余额219亿元，比年初增加28亿元。本外币五级分类不良贷款余额6.62亿元，比年初增加5.06亿元，不良贷款率3.03%，比年初上升了2.21个百分点。实现中间业务收入9245万元，同比增加3263万元，增幅54.57%，实现经营利润5.78亿元，比上年减少0.44亿元。

【业务创新】 2012年，平安银行宁波分行依托集团综合金融平台独有优势，推动企业直接融资；办理海域使用权抵押综合授信；协同产品营销，伸展供应链金融产品线；持续营销汇金大通有色金属交易中心、世界废料网网上交易市场、宁波大宗商品交易所的线上供应链金融项目，对华商商品交易公司开展贸易融资、国际业务产品、电子银行产品的组合营销，始创贸易融资线上化作业、电子银行产品镶嵌贸易融资业务；国际业务建立同业代付、福费廷业务渠道，推广离岸智能存款、DA保付业务、掉期业务、国内证承兑电质押项下开证等新产品；推动产品交叉营销，召开银保、银信业务推介会。

【规范经营】 2012年，平安银行宁波分行贯彻"七不准"、"两不"、"三禁止"、"两防"等监管要求，以及公开收费标准、加强产品监管等要求，梳理和公示服务收费标准；减免额度占用费、额度管理费、"新一贷"账户管理费、"公牌贷款"和"二手车贷款"业务的财务顾问费、房地产或二手车评估费、房产和车辆抵押登记费、银行承兑汇票敞口风险管理费、重要空白票据挂失费、贴现凭证工本费、外汇额度占用费、小额业务手续费等费用。

【业务发展】 2012年，平安银行宁波分行扩展供应链电子交易平台，以"检快通"、"银关通"等电子收费系统拓展客户群；调整贸易融资业务结构，调低现货抵押业务，增加预付类和保理类业务比重；国际业务建立同业代付、福费廷业务渠道53家，推广离岸智能存款、DA保付业务、掉期业务、国内证承兑电质押项下开证等新产品；财富、小微、行开个贷、处理团队、大堂5个基本制度及实施细则；加强对客户经理日常销售行为的规范；同业业务从单一的票据、资金等业务拓展到同业代理、代付、投资管理、资金托管等业务，在票据转贴价差、票据资产、理财产品等方面实现中间业务收入。

【信贷导向】 2012年，平安银行宁波分行坚持本地优先原则，加强异地贷款管理——暂停所有异地授信的新增业务；调整异地存量授信，有序退出或减额一批存在潜在风险的授信客户；有效退出一批非主营业务投资过大的中小民营企业，做大、做稳具有较强主营业务的传统制造型企业的授信业务；加强对优质存量授信客户信贷支持；根据借款企业行业特点、资产转变周期等特点合理确定贷款期限，确保信贷周期和企业生产周期相匹配，贷款期限更趋合理。

【机构建设】 2012年，平安银行宁波分行对营业部进行改造，镇海支行、江北支行分别于2月8日、12月18日正式对外营业，营业网点达11家；8—10月，按平安银行标识系统完成辖内所有网点及办公场所换标工作。

【风险管理】 2012年，平安银行宁波分行推进公司业务结构调整步伐，控制异地授信规模、强化异地授信日常管理要求，切实推进贷款期限结构、客户规模结构、行业性结构调整，压缩两高一剩、钢铁行业、船舶行业等相对风险较高行业的授信占比，加大贸易融资业务的支持力度；审批回访、策略分类调整、常规贷后走访、早起预警信号管理、针对性风险排查，持续性开展对授信企业的风险排查工作，重点排查中小民营企业，尤其是对外担保复杂、非主营投资较大、周期不景气行业及资金面出现异常变动的企业；完善早期预警及预警管理，拟定具有区域特点、辨别性强、针对性强、涵盖潜在风险的预警信号清单，便于实施全行的风险管理和监测；2012年全年，账面不良资产累计收回11976万元，其中，对公不良资产收回11200万元，零售(含小微)不良资产收回776万元。

【合规管理】 2012年，平安银行宁波分行围绕“加强案防合规，提升风险管控”这一目标，保障全行依法、合规、稳健经营，确立以“风险为本”工作思路开展案防合规工作，推动各业务条线主动合规，提高全员合规风险意识，使合规理念深入人心；完善案防合规委员会管理架构和案防体系建设，实现“零案件”；落实“案防到支行”行动，行班子成员按季对支行进行现场走访或非现场督导；深入现场审计频度和力度；强化非现场远程审计领域，跟踪落实可疑交易281笔；推进建立纠错整改机制和持续追踪机制；开展全行公司、零售不良贷款问责工作。

【服务提升】 2012年，平安银行宁波分行开展“新银行、心服务”主题活动，全方位执行新银行的服务标准，成立运营大比武工作小组。以点带面抓服务，开展全网点运营人员服务演练，普及网点规范化服务；打造服务示范网点；实施网点规范化服务管理延伸至服务效率管理；开展各种服务技能竞赛，选拔优秀服务标兵参加总行比赛；执行严格服务监督检查体制，按周、月、季度开展暗访、现场检查、监控视频抽查等监督检查方式。

【企业文化】 2012年，平安银行宁波分行实施“业务导师制”；构建信息共享、信息交流的平台；开展“专业创造价值”宣导、合规文化建设、专业知识普及、员工文娱生活等活动；组织红色之旅、廉政教育以及“专业创造价值”民主生活会。

【社会责任】 2012年，平安银行宁波分行配合银监局、人民银行及外管局的各种金融知识宣传活动，开展了宁波外国语学校“中学生理财”讲座、老年大学“普及金融知识万里行”讲座、“中小企业外汇金融服务年”系列活动之汇率避险高端论坛等活动。此外，还引导辖内支行开展敬老院义工活动、义务清洁公交候车厅活动、清理旅游景区义工活动等。

平安银行温州分行经营管理情况综述

2012年,平安银行温州分行在总行和当地党委、政府及人行、银监等有关部门、领导的支持和帮助下,紧紧围绕经营管理目标,突出以稳健发展和合规经营的主题,不断调整市场定位和资产结构,提高资产质量,扩大市场营销份额,进一步完善内控评价制度建设,严密防范经营风险。2012年8月31日,深圳发展银行正式更名为平安银行,顺利实现了两行合并。2012年9月23日,平安银行温州分行乔迁至温州大道亨哈大厦,新银行、新职场、新形象,致力于打造"不一样的平安银行"。

一、2012年主要经营指标情况

(一) 资产情况

1. 资产总额情况。本外币资产总额229.86亿元,比年初减少2.08亿元,减少0.90%。

2. 各项贷款情况。本外币各项贷款180.75亿元,比年初增加18.1亿元,增幅11.13%。

(二) 负债情况

1. 负债总额情况。本外币负债总额230.01亿元,比年初增加3.73亿元,增幅1.65%。

2. 各项存款情况。本外币各项存款158.19亿元,比年初增加8.76亿元,增幅5.86%。

(三) 利润情况

1. 利润。累计实现账面税前利润0.15亿元,同比减少5.81亿元,减少102.6%。

2. 中间业务收入。累计实现中间业务收入0.38亿元,同比减少0.38亿元,减少50%。

二、2012年主要业务工作

(一) 零售业务方面

1. 持续深入贯彻零售基础工作指导方针,高度重视预算考核指导。2012年,平安银行温州分行始终坚持从细小抓起,深入贯彻零售基础工作指导方针,高度重视支行零售业务预算考核指导,推动支行以蚂蚁搬家精神做好零售基础工作,特别是代发工资、客户挽留、金卡网银、信用卡营销等工作,有效扩大我行零售客户群,夯实零售业务基础。

2. 牢固树立存款立行基本思想,紧抓不懈推动零售存款稳步增长。零售存款增长是保证零售市场份额的基础,平安银行温州分行始终坚持存款立行思想,早行动,勤督导,推动零售存款稳步增长。面对异常激烈的揽存竞争,分行充分挖掘日添利、金抵利组合产品优势,指导支行细分市场,吸引潜在客户。

3. 加快渠道业务落地,打造零售业务批量获客新模式。2012年,平安银行温州分行组建渠道管理部的职团团队,大力发展代发工资业务,6月份以来累计新增代发企业107户,代发渠道获客5022个,代发金额2671万元,新增代发客户日均存款1304万元;组建分行个贷团队,积极探索二手房按揭、消费贷款、信用贷款的中介渠道业务拓展模式,首次尝试与汽车销售公司、担保公司进行“新一贷”业务转介，取得较好效果，通过消费贷款获客525个；落实汽融业务落地支行相关事项，全年汽融获客3621个，成为汽融支行的零售客户来源主要渠道。

4. 完善零售制度建设，积极开展合规自查自纠。2012年，平安银行温州分行修订完善《深圳发展银行温州分行保险代理业务管理办法》，同时根据监管机构及总行要求，积极开展零售揽存、理财业务自查，及时发现风险防控薄弱环节，组织部门人员开展了多种形式的案防合规学习与培训，开展支付服务环境工作自查，开展POS机商户营业执照年检及商户日常检查，通过完善零售管理制度，有效减少案件发生可能，保障零售业务长远健康发展。

（二）公司及小微企业金融服务方面

1. 及时传导各类文件，加强政策辅导和培训力度，将监管部门、总分行文件精神、会议精神落到实处，强化政策执行力，保障业务正常运行。

2. 加强内控管理，积极开展各项外汇业务的专项自查和检查工作，及时整改，并积极提出合理化建议，提升内控水平，保障业务健康合规发展。

3. 继续抓好贸易融资产品经理队伍建设，充分发挥专兼职产品经理的专业水平，持续开展“每周一课”活动，在全行普及贸易融资和国际业务，促进业务快速发展。

4. 大力推广电子商业汇票业务。按人民银行大力推广电子商业汇票业务要求，平安银行温州分行通过开展电票业务调研，制订电子商业汇票业务推广方案，在行内开展业务培训，充分利用一年期电子票据融资的优势，指导经营单位办理电子商业承兑汇票贴现业务。

5. 优化授信方式，突破融资瓶颈。一是大力推行共同基金服务，把同一个行业集群下的50家以上企业组成联保体，对联保体进行综合授信，在小微企业不提供抵押物的情况下，批量地解决小微企业贷款难问题。二是给优质圈链会（商圈、供应链、协会等）项目提供小微小额信用贷款，优先支持经济波动影响小、与大众生活密切相关的消费类行业，如餐饮、食品饮料、水产等产业集群。

在优化信用和保证贷款产品的同时，平安银行温州分行将进一步追加投放抵押方式的小微企业贷款，对于优质的企业我们提供续授信服务，即在客户贷款到期时通过续授信，客户无需归还我行贷款资金的情况下完成还贷和借款的手续，实实在在地解决温州小微企业当前面临的实际困难。

6. 坚持创新产品，适当放宽小微企业准入门槛并提高风险容忍度，积极推广信用贷款。在大力推广土地使用权抵押、商用房抵押、小微企业联保、互保类、动产担保、担保公司担保等传统担保方式的同时，平安银行温州分行逐步放开小微企业信用贷款等多种方式。在放宽小微企业担保方式的同时，平安银行温州分行从担保方式的多元化的现实需求入手，为小微企业提供了更大的融资平台。平安银行温州分行坚持实施“收益覆盖风险和成本”及“尽职免责、失职问责”的原则，并适当放宽小微企业贷款风险容忍度。

7. 提高服务水平，积极构建良好的银企关系。一方面是构建小微企业建立良好的银企关系，另一方面则是在政府相关部门的指导帮助下，掌握小微企业真实的资金需求信息，主动了解重点项目和小微企业的融资需求，充分发挥政企合作的桥梁和纽带作用，为企业在结算、汇兑、资金调剂、代收代付、存贷等方面提供方便。此外，平安银行温州分行一直持续开发功能完善的小微业务系统，建立分行专业的小微业务审批渠道，推行全流程、一站式的小微业务放款模式。真正实现小微业务个人、法人一体化，业务营销渠道多样化，产品设计操作标准化、电子化，服务质效形象化，业务增长良性化。

（三）资产质量与风险控制方面

1. 不良贷款移交总行管理。降低账面不良率。2012年，在平安银行总行的大力支持下，温州分行向总行划转问题账20亿元。划转后，平安银行温州分行的不良余额、不良率将出现明显的“双降”。

2. 客户风险监测预警系统零起点报送。2012年，根据银监部门要求，对客户风险监测预警系统报送标准调查为零起点，即上报当前有效授信额度的授信客户风险信息。平安银行温州分行设专人对CMS系统的客户基本信息和业务信息进行梳理，每月跟进，有效提高了系统信息质量。

3. 规范使用政府应急转贷资金。在温州“中小企业债务危机”形势下，平安银行温州分行根据温州市政府《温州市区企业应急转贷专项资金管理办法》、温州市经济和信息化委员会《温州市区企业应急转贷专项资金使用操作细则》等文件规定，为加强温州市区企业应急转贷专项资金管理，规范业务操作，严格防范和控制业务操作风险，对应急转贷专项资金的流程进行系统梳理，明确部门和岗位职责。同时，落实专人跟进应急转贷资金的发放和归还，确保应急转贷资金使用的安全性。

4. 加强监测预警和风险排查力度，根据贷后监测和其他途径收集的信息，对具有风险特征的客户发出预警通知和发起重大事项报告，其间向经营单位发出预警通知书17笔、发出风险提示函8份，审查预警报告370笔，其间开展企业“担保链”风险防控、企业逃废债、汽车销售企业授信风险及顺位抵押等排查工作。定期对重点监测客户跟踪监测，收集客户风险变化情况。

5. 开展清收排摸及问题授信脸谱调查。2012年，平安银行温州分行共开展了2次资产保全业务检查、2次保全业务DCFC执行清单检查和1次零售类不良资产委托律师业务的检查。对检查发现的问题，及时制定具体的整改措施，做好问题的持续跟踪与整改落实。通过所属区域、客户规模、授信规模、所属行业、业务产品、问题成因六个纬度来分析目前分行问题授信客户的结构以及在全行的占比等。

三、强化内部管理，支持一线工作，确保全行各方面工作安全、稳健、合规运行

（一）人力资源工作

1. 招聘。通过校园招聘和实施“猎鹰计划”全年共招聘入职121人，其中：内勤45人，外勤76人。

2. 培训工作。举办中层干部《驻足思考》培训；组织开展分行“传帮带”演讲比赛、“新职场、新形象、新服务”演讲比赛；组织全行开展电子课程竞赛。认定分行内部讲师21名；组织分行干部读书会和客户经理户外拓展会。

3. 定期开展行员薪酬审定和等级审定。完成2012年度薪酬审定，并追溯发放全年；完成分行考勤系统对接及休假系统上线；完成2012年度员工补充医疗保险的投保与日常理赔。

4. 做好年度考核工作和对部门负责人开展每月服务满意度测评。通过考核和测评，督促改进工作能力，提升服务水平。

5. 组织参加平安系统“平安一家亲”运动会；组织系统内“青春有约”联谊会。

（二）计财方面工作

1. 财务方面。一是编制分行开门费

用、营销费用、专项费用分类预算，分类管理控制；定期分析各类费用列支进度，根据分行业绩增长情况和费用列支情况调整费用计划；二是做好财务核算和预算管理，确保费用合理合法合规。三是规范采购行为，加强内控监督。

2. 绩效考核方面。一是结合总行考核要求，拟订经营单位KPI指标体系及考核方案；根据分行实际情况修订绩效考核办法，促进业务结构调整。二是组织KPI考核、绩效奖费方案培训，宣导总、分行绩效考核政策。三是根据区域要求牵头完成支行存款产能提升规划；分析支行产能、客户经理人均产能，推动业务部门提升效率。

3. 统计方面。一是做好统计报表和分析工作，根据相关要求，及时、准确填报各类报表，并与业务条线加强沟通，对经营指标进行预测与监控。二是印发分行2012年统计工作重点、金融及监管统计报表工作要求，梳理流程、明确责任，确保落实统计制度，减少数据差错；拟定、组织实施“工会”杯提升统计数据质量竞赛活动方案。以开展统计数据质量竞赛活动为契机，加强检查、辅导、培训、考核，提高基础数据质量，全年保持统计数据零差错率。三是定期开展统计自查工作并及时上报自查情况。四是2012年统计人员谢余生获得温州银监局组织的“夯实统计信息基础，提升银行业数据质量”竞赛活动先进个人。五是2012年荣获人行金融统计工作一等奖。

（三）运营方面的工作

2012年，平安银行温州分行全年实现了运营零案件、零结算事故，外部各类检查无重大违规问题。

1. 加大检查力度，保证结算安全。按计划、按要求，有步骤地开展各类检查。累计开展了20项检查，检查发现问题数约120个，整改率为85%。检查内容涉及账户管理、保险柜管理、保管箱业务、现金重空管理、运营经理履职、代收代付业务、人行电子对账、对照整改检查等。两次成功堵截利用伪造第二代个人身份证开户业务；发现并没收了一张假银行承兑汇票；堵截伪造的用于票据查询的银行介绍信。获得温州市人行2011年度支付结算业务综合评价第一名。

2. 成立了两行整合运营工作行动小组，保证两行顺利合并工作。制订了行动方案，加强与监管部门沟通，通过数据迁移、PC切换、权限验证、绿灯案例、内外部试营业、紧急支付补录等环节，保证了两行合并工作顺利完成。

3. 完善业务操作流程，集中、优化流程。不断探索流程优化，采取创造性的举措改进流程。推出运营条线推行风险热图管理工具；减少过多AB角岗位设置给网点人员管理带来的束缚，有效释放网点人力，尝试网点凭证库总库零库存管理；推行流程银行单位开户系列优化措施；探索网点排班系统化管理；实施了温州分行独创的银行承兑汇票编号防伪信息识别方法；梳理运营集中业务流程，一步完善个贷抵押登记流程、同城外汇划转流程、优化公司授信业务押品调阅审批流程等。

4. 加强柜面转接营销工作。通过提取全行存量对公账户数据进行分类分析，优选目标客户，下发至相关网点进行精准营销转接，提供数据支持；联合业务主管部门开展营销活动，如新开客户免费赠送USB-KEY活动；做好教育收费系统顺利上线工作；通过统一全行代发工资运营受理流程，编发客户经理版《运营快讯》等，加强柜面转接营销工作。

5. 加强人员培训，提升服务水平。改善培训环境，搭建系统上机操作环境。开展运营文化征文活动，并将优秀作品推荐参加温州市总工会财贸工会组织的“服务在我心中”征文比赛，其中张巧巧《专业创造价值　细节决定成败》获得了三等奖；组织分行的“传、帮、带”主题演讲选拔赛，积极开展运营条线精神文明创建活动，分行营业部、新城支行参加并通过了“市文明示范岗”复评。

四、合规经营文化建设

1. 完善激励约束机制，提升合规领导力。修订了《平安银行温州分行经营单位合规内控工作考评管理办法》(3.0版，2012年)。对各经营单位2012年度的合规内控工作实施了合规工作考评，考评工作的开展为各项业务的开展起到了正面导向作用。

2. 全方位开展合规培训宣导。组织开展案防合规宣导教育与文化建设活动。分行领导在各营业网点开展案防合规宣导；在营业网点张贴“七不准”、“四原则”合规宣传海报；在营业场所公告总行规定的所有服务项目、服务内容和服务价格标准；公布举报投诉电话。

开展“万人千天合规行”案防合规主题活动，学习讨论重要文件，开展网络课程学习；案件秒杀答题；高管话合规；“谈规论道”征文；金融知识进社区大型宣传咨询；反洗钱讲座等等。

全行开展观看廉政宣传片教育活动；通过LED屏、横幅、海报、折页、展架，给客户发送手机短信等，持续开展防范和打击非法集资宣传教育活动；配合运营部召开操作风险管理工作宣导培训会，并制作视频等活动。

3. 积极开展案防工作，防范案件风险。2012年2月28日，平安银行温州分行成立行长领导下的案防合规委员会，建立案防合规风险会议机制。明确各级人员的案防目标和管理职责；组织关键岗位人员签署《案件防控目标责任书》，开展《员工案件防控指引》学习，组织签署《支行行长尽职指引与承诺》、《员工案防责任承诺书》、《员工行为守则》及“二十禁”；开展员工五禁行为排查；就相关业务条线、关键岗位开展风险排查和跟踪整改。2012年，平安银行温州分行多次开展各种检查活动，主要有防范和打击非法集资宣传教育活动、存款业务自查等10余项检查。

4. 及时跟踪传达政策法规，强化业务合规要求。及时跟踪、解读当地监管机构的政策文件，协调相关责任部门采取适当措施予以落实。2012年，平安银行温州分行共收集当地监管新规40项，已完成解读18项、落实跟踪22项。

5. 总分行联动开展制度清理，健全内控制度体系。持续开展制度规划管理，2012年末，总分行上下联动，对现有制度中过于繁杂、束缚手脚、重复环节进行清理，以法律法规和监管要求为底线，风险可控，提高工作效率，促进业务发展。分行上报清理、调整、增加等各项建议共计72项。

6. 风险提示与风险监测、报告及整改跟进。关注、收集监管信息和分行风险事项，及时向业务条线提示风险，全年共出具并发送风险提示12期；并且按照总行要求及时、规范地向分行行长、总行报告分行合规风险事项。如温州分行风险信息快报(2012年01期)、案件风险信息月度跟踪表。

7. 持续提供合规审查与咨询，防范合规风险。持续对新制度、新流程、新产品、新业务开展评审和咨询服务，提出合规意见，为业务发展提供支持。平安银行温州分行全年共完成“四新”评审共58项，其中，新制度17项，新流程6项，新产品4

项;完成其他合规评审 31 项;合规咨询 1 项。并对评审发现的风险、提出的防控策略与重点问题跟进。

8. 组织开展合规检查,跟踪落实问题分析及整改。为加强管理、防惩并举,严格依法合规经营,积极开展重点业务领域滚动检查项目 13 项,认真进行自查,及时整改发现的问题,并向总行报告。平安银行温州分行稽核部先后针对辖内各网点开展运营业务现金尾箱管理突击检查等 7 项检查,并对照 2011 年总行稽核发现的问题开展自查等。

9. 积极推动"啄木鸟"、"飞鸽"行动等,鼓励查找风险隐患。积极在全行范围内开展"啄木鸟"行动宣传,并积极推动、组织员工参与行动,不断发挥"啄木鸟"行动在提高操作风险防范能力和内控管理水平方面的作用。持续宣传、动员员工参与"啄木鸟"、"飞鸽"行动,查找问题,消除管理漏洞和安全隐患。多次下发通知明确各类风险隐患反映沟通渠道,并且发起"案件防控自查与检举倡议"活动;2012 年以来平安银行温州分行直接接收建议 73 份,初审后转发总行的建议 42 份。

10. 深化反洗钱工作。一是完善反洗钱内控制度,重新梳理相关工作要求,截至 12 月 20 日,报送大额交易 212941 笔,可疑交易 306 份,其中,重点可疑报告 2 份。二是根据统一的"客户洗钱风险分类标准"评定相关客户的洗钱风险等级。加强日常管理、持续评级工作。三是每日登录"黑名单"系统对涉嫌恐怖融资客户数据及交易数据进行逐笔核查,按相关规定进行处理。四是制订详细的培训计划,针对不同风险岗位员工组织不同层次和内容的反洗钱专题培训。五是开展反洗钱工作检查,切实履行检查职责,检查面达到 100%。积极配合开展反洗钱调查和案件协查,对协查对象设置高风险,重点关注其日常交易情况,分析被查账户的交易记录。

中国民生银行杭州分行经营管理情况综述

行长 方 舟

2012年，中国民生银行股份有限公司（以下简称“民生银行”）杭州分行认真贯彻落实省委、省政府战略部署和金融工作总体要求，努力加快战略转型，加大金融创新，加强政银企合作，紧紧围绕我行“民营、小微和高端客户”的三大战略定位，坚持“特色银行、效益银行”的经营理念，在积极服务地方经济发展的同时，通过坚持特色，突出重点，强化管理，推动分行经营状况和综合管理水平不断提升。

一、各项业务平稳发展，有效控制资产质量

截至2012年12月末，民生银行杭州分行各项存款余额814.01亿元，比年初增加88.19亿元，增幅12.15%；各项贷款余额911.27亿元，比年初增加13.05亿元，增幅1.45%，其中：中小企业贷款余额146.91亿元，小微企业贷款余额168.29亿元。公司业务授信客户数2564户，比年初增加844户，增幅49%；小微客户数38245户，比年初增加16263户，增幅74%。不良贷款余额6.94亿元，不良率0.76%。

二、抓转型、促发展，坚决执行总行战略

2012年，民生银行杭州分行坚决贯彻总行“民营、小微和高端客户”的三大战略定位，坚持做“特色银行、效益银行”的经营理念，深入分析浙江市场，调整业务结构，结合区域经济特色制订业务规划。

1. 公司业务板块，狠抓四方面工作：一是深入贯彻民企战略，当好金融管家。金融管家客户数迅速增加，重点客户开发实现明显突破，产品运用显著增加。二是做好客户分类。根据客户实际情况，为客户提供更专业化、更有针对性的金融服务。三是把金融市场业务作为攻坚利器。四是积极探索区域特色。根据“一核两翼三圈九区多岛”的总体格局，我分行围绕九大产业集聚区进行战略布局，贷款资源向海洋经济最需要的区域和行业倾斜。我分行已将远洋渔业产业开发作为重点战略项目，积极向总行争取在分行设立了远洋渔业中心，成立海洋渔业特色产业专项推动工作小组，在总行指导下积极开展海洋渔业特色产业营销推动工作。

2. 中小业务坚持“批量营销、属地开发、名单制销售”，当年新增授信852户，户数同比增长一倍；表内外资产余额201亿元，系统内列第二。

3. 深入贯彻总行“聚焦小微、打通两

翼”的指导思想，即：强力聚焦小微金融，带动传统零售银行和产业链金融的两翼发展，积极推动小微金融服务的2.0版提升，小微业务发展坚持小额多户，坚持批量开发，当年审批95个批量新项目，授信总额135亿元。

三、谋篇浙江产业特色，有效支持区域经济发展

2012年，民生银行杭州分行坚持自身的特色业务和经营品牌，加大对浙江省经济建设重点领域和县域、小企业等的金融服务薄弱环节的信贷支持力度，深入开展“金融支持实体经济服务年”活动，积极推动浙江经济的转型升级。

1. 大力支持小微企业。2012年，民生银行杭州分行在同业首家推出了小微企业互助基金模式，先后在金华、绍兴、台州、杭州等地推广，深受小微企业欢迎。各级政府高度评价，朱从玖副省长先后两次在台州市和浙江银监局的专报材料上批示，给予充分肯定；《浙江日报》、《绍兴日报》、《金华日报》、《台州日报》等予以报道，显著提升了银行业金融机构服务小微企业的品牌形象。

2012年，民生银行杭州分行小微特色主要体现在以下几方面：一是根据当前小微企业抵押物有限，资产实力不足等实际条件，根据小微企业的具体情况加快抵质押担保方式创新，试点小企业信用贷款，如我行“流水贷”，即是通过客户的结算情况核定授信额度，“互助合作基金”则是在更广泛的范围内开展群体贷款，打破小微企业贷款中的“抵押物崇拜”。二是对受扶持产业的小微企业采取一定的利率优惠，授信程序在原基础上进一步优化流程，受理、处理、审批、放款均能实现快捷高效，对小微企业的产品定制实现全流程跟踪。三是形成了一套成熟有效的商业模式，民生银行杭州分行立足浙江个私经济发达、块状经济特色、商品交易市场规模发展等特点，形成了商贷通业务发展的一套成熟的商业模式，主要集中在产业集群、产业链开发、市场（商圈）三个方向。四是积极推进小微合作社建设，为小微企业提供更好的合作平台。为进一步丰富和拓展小微授信业务产品，化解担保链较长等风险，民生银行杭州分行按照总行战略强化组织领导、实行名单制营销、建立合作社技术支持团队、进行资源倾斜等措施，大力推进小微合作社建设，此创新模式得到政府领导、有关部门及社会各界的高度评价和认可。五是推进小微专业支行建设步伐。专业化支行是以区域商圈、主导产业链为依托，以小微金融为核心业务的经营单位，对业务专业化经营管理，对客户进行规模化开发，批量化生产的作业模式。

2. 重点支持浙江特色产业。2012年，民生银行杭州分行加强浙江特色行业研究，有针对性地制订开发方案，对每个特色产业项目指定专业团队进行开发，并对每个特色产业提出了开发思路和方案，完成了杭州装备制造产业链、嘉兴临港产业、台州医药化工产业、台州金属资源再生行业四个特色产业开发报备书。目前，民生银行杭州分行已对杭州及金华的文化创意产业、杭州电子商务产业、台州及舟山的海洋渔业等12个特色行业进行了规划。

3. 创新支持浙江省海洋战略实施。在总行现代农业事业部的指导和帮助下，民生银行杭州分行创新运用“船生船”、银团贷款、产业链融资、金融管家等金融模式和金融服务理念；结合台州、舟山地区海洋渔业发达的区域特色，借助现代农业事业部的专业技术支持，对台州、舟山地区的海洋渔业进行密集调研，初步制订了针对海

洋捕捞、水产加工、冷链商户、交易市场商户等几大产业环节的开发方案；以国家政策支持和舟山政府对产业整合意愿较强的契机，民生银行杭州分行拟成立舟山远洋渔业产业升级基金，引进浙江省海洋经济产业基金作为引导基金，用于其整合舟山近期集中的远洋升级渔船，并帮助其完成从捕捞、远洋服务平台、近海码头、冷链、交易平台等全产业链整合；拟在海洋经济的重点区域舟山设立机构，争取更好地贴近市场、服务地方，对海洋经济实现直接支持。

4. 优先支持民营企业。民生银行杭州分行践行总行“做民营企业的银行”的市场定位，继续大力支持浙江民营经济，服务实体经济，对民营企业实行资源倾斜。民生银行杭州分行向总行争取信贷规模，对民营企业实行“专业专营”模式，并单独资源配置，最大限度将新增贷款规模用于支持民营企业。对符合产业发展方向、主营业务明晰、经营管理规范、信用状况良好的企业，民生银行杭州分行大力推行“主办行”策略，对这些企业提供利率优惠、金融管家等服务；对产品有市场、有需求、前景好，经营管理较规范，符合转型升级要求，但出现暂时性困难或暂时出现风险问题的企业，民生银行杭州分行采取稳妥措施，加大帮扶力度，想方设法帮助企业渡过难关。同时，通过优化合作方案、提供“金融管家”服务等方式，坚持与民营企业共渡难关，培育一批民营企业成长壮大，促进实体经济的发展。

截至2012年12月末，民生银行杭州分行共有民营企业公司授信客户2511户，占全部对公授信客户总数的87.09%。民营企业贷款余额519亿元，占全部贷款余额的72.68%，民营企业成为我分行的首要对公客户。

5. 加快推进机构建设，支持地市县域经济发展。2012年，民生银行杭州分行辖属县域支行嘉兴桐乡支行、绍兴柯桥支行已开业，海宁、桐庐等其他县域支行也在紧锣密鼓地筹备中，二级分行及县域支行的不断成立和壮大，是落实监管属地化经营的要求，更是在实际信贷投放上缩小了对县域经济圈的服务半径，提高了对县域经济圈内企业的服务效率，有效地支持了县域经济发展。

四、完善干部选拔任用制度，建立人才培养长效机制

2012年度，民生银行杭州分行组织召开了多场干部选拔竞聘会，通过竞聘演讲、现场问答、在线测评等方式，构建公开透明、竞争择优的用人机制，为业务熟练、积极上进、有工作激情的员工提供良好的发展通道。同时，进一步完善后备干部培养机制，为年轻后备干部提供岗位交流、见习管理岗位等锻炼机会，快速全面提高其综合能力。开通岗位竞聘信息平台，根据岗位配置情况，及时发布岗位竞聘通知，在分行人才选拔的同时，也为员工提供了更多职业发展的通道。

民生银行杭州分行根据员工岗位不同，有针对性地制订培训计划，通过外聘讲师现场授课、开展内部研讨会、E-leaning、学习与考试相结合等多种方式，为员工提供培训学习机会，在全行范围内已逐步营造出主动学习、相互交流的学习氛围。

五、加强合规经营建设，强化内部控制管理

加强合规制度建设，修订了内控合规指导意见。民生银行杭州分行进一步完善补充分行风险管理委员会职能，加强跨部门信息共享，严格落实省委、省政府各项要

求，强化合规经营。严格落实“三法一指引”规定要求，建立了严格规范的贷款审批支付操作流程，防止贷款资金被挪用或外流；进一步规范各项业务收费，杜绝不合规不合理收费现象；严查银行业务人员利用职权以任何名义向企业谋取不当利益。开展风险事件专题警示教育、员工职业道德教育，做到警钟长鸣。

六、积极践行社会责任，打造和谐民生家园文化

2012 年，民生银行杭州分行获首届浙江省最具社会责任金融机构殊荣，将践行社会责任作为企业的一项使命。在行内，持续开展“六个提升”（事业心、责任心、协作精神、创新思想、效率观念、自身形象）学习，深化工作作风建设，倡导“简单文化、竞争文化、风险文化、创新文化、执行文化、和谐文化”的工作氛围，着力强化全员责任感、荣誉感、爱岗敬业意识和高效服务意识。高度重视工会、团委的工作，丰富各项业余活动，从各个层面关心干部员工的工作和生活，建设和谐民生家园文化，着力提高全体员工幸福指数。

中国民生银行宁波分行经营管理情况综述

【经营业绩】 2012年末，中国民生银行宁波分行（含事业部）本外币各项存款余额为301.4亿元，比年初增加60.2亿元，增幅25%。分行本级本外币各项存款余额为249.5亿元，比年初增加46.7亿元，增幅23%。民生银行宁波分行（含事业部）人民币各项贷款余额为285.9亿元，分行本级人民币各项贷款余额为241.3亿元，其中中小企业贷款余额为70.8亿元，小微贷款余额为84.3亿元，小微贷款余额稳居宁波市股份制商业银行首位。不良贷款余额3.5亿元，比年初下降2.4亿元，不良贷款率1.2%，比年初下降了0.85个百分点。实现中间业务收入1.6亿元，实现经营利润8.3亿元。

【特色业务】 一是各职能部门围绕产业链和区县经济做好区域特色业务，以产品为抓手，以建设“特色银行”和“效益银行”为目标，打造专业化团队、打造特色商业模式、打造特色产品，做实做好规划，做大做强各项业务。二是成立分行特色业务规划领导小组，形成明确的制度流程，建立评价体系，进行常态化管理，定期研究评价，及时完善修订。

其一，上下联动，大力开发海洋渔业特色业务。在总行农业部海洋渔业项目调研组的指导、支持下，民生银行宁波分行深入调研，将海洋渔业业务作为分行发展战略重点之一，先后成立了宁波分行海洋渔业特色业务领导小组和海洋渔业金融部，形成了宁波海洋渔业业务发展规划和特色全产业链金融服务方案。并主办了宁波市海洋渔业发展论坛暨宁波分行海洋渔业特色业务全面启动大会，首期与宁波市海洋与渔业局签订了总额30亿元的战略合作协议，举行了海洋渔业特色支行和海洋渔业合作社授牌仪式。截至2012年末，民生银行宁波分行已向海洋渔业客户累计授信18亿元。

其二，做中小企业的“主办行”，创新金融管家服务。2012年，民生银行宁波分行根据宁波民营经济发达的特点，加速拓展中小企业业务，并以“批量开发”和“主办行业务”为重要抓手，切实推进“金融管家式服务、做中小企业‘主办行’”的服务力度。从客户实际需求出发，深化中小企业客户分层级服务体系建设，为企业量身定制金融服务方案，帮助企业获得多元化的融资和结算便利，提高资金管理水平，全年在宁波市区及所辖县市区各地开展中小批量及主办行活动达10场。围绕中小企业“主办行”业务，中小企业评审条线的全体有权审批人还共同签署了“限时服务承诺函”，并陆续推出“柜面快速通道”、“贷款利率优惠”、“贴现利率折扣”、“额度优先提款”等一系列专享服务措施，全面提升中小企业服务质量。同时，继续推行“法人账户透支额度配送”政策，对“主办行”客户根据情况以信用的方式主动给予法人透支授信额度。

其三，聚焦小微金融，专业化建设有序推进。2012年以来，民生银行宁波分行小微金融服务分别从“特色行业、特色市场、特色产品、特色方式”四个方面进行创新，专营专业，大力助推当地小微企业发展。一是开展团队专业化建设。2012 年末，在各支行建立专业小微团队 17 个，团队人数达百余名；并在分行建立了专业规划团队、评审团队、售后服务等团队。二是搭建小微企业服务平台。为解决小微企业“融资难、担保难”和“地位弱、发展窄”问题，分行在宁波市工商联的大力支持下，于 2012 年 9 月 26 日成立“宁波市小微企业互助合作促进会”，搭建了宁波市级的小微企业服务平台，旨在为会员提供便捷的融资服务，实现对分散的小微企业的整合，逐步改变小微企业单兵作战，处于弱势的局面，不断提升区域小微企业整体谈判力和竞争力，实现民生银行与小微企业共同成长的目标。同时还在宁波各区域成立了 8 个分会与 78 家城市商业合作社，为客户提供多种金融与非金融服务。三是贯彻落实总行“小微专业支行”建设要求，持续推进“小微专业支行”建设工作。截至 2012 年 12 月末，分行辖内象山和余姚两家支行正式成为总行级专业支行，分别建成为海洋渔业和裘皮特色的小微专业支行。并于 2012 年 12 月 31 日成立宁波路林水产市场专业支行。

【合规管理】 2012 年，民生银行宁波分行认真贯彻执行“三法一指引”工作要求，继续加强全面风险管理，制订全行年度合规内控工作计划，明确各部门内控管理目标，规范内控流程，不断完善法律与合规管理制度，为全面提高内控管理水平奠定基础。一是组织开展“授信客户风险排查”、“三法一指引”落实情况等专项检查，及时发现风险苗头，提出相应的风险化解措施。二是多途径清收、化解不良贷款和问题贷款，责任到人，同时预防关注类贷款演变为不良贷款，加强关注类贷款的跟踪和风险化解。三是及时做好法律合规审查工作，确保各项业务开展，并保障银行权益。四是开展法律合规指导，防范案件发生。针对日常检查发现的问题及外部监管要求开展法律合规风险提示。五是通过现场检查与非现场检查相结合的方式，提高运营监控力度。对检查发现的问题及时下发整改通知书并跟踪问题整改落实，对规范业务操作行为，防范操作风险起到了较好的效果。六是积极落实“不规范经营”专项治理工作。成立了由分行行长为组长的专项治理工作领导小组和分管行长为组长的三个业务条线专项治理工作小组，全面负责“不规范经营”专项治理工作。并制订了自查整治方案，明确自查范围与分工，及时、全面梳理各项制度、办法，严格按照收费项目、收费标准收费，要求各支行网点严格落实“七不准”、“四公开”规定，及时完成自查整改。2012 年 10 月，民生银行宁波分行获宁波市金融系统支持实体经济发展竞赛活动先进单位。

【企业文化】 2012 年 12 月 19 日，是民生银行宁波分行成立 10 周年的日子。10 年来，民生银行宁波分行紧紧围绕“服务大众、情系民生”的理念，积极创新，锐意进取，进一步履行社会责任，建设民生家园文化，加强企业文化建设，实现和谐发展。一是持续热心关注社会公益事业，组织参与各类赈灾、扶贫捐款活动。宁波分行先后与贵州黔东南学校结对开展助学活动，对河南省滑县、封丘县和甘肃省临洮县、渭源县，贵州省威宁县的学校开展教育扶贫活动。2010 年以来，民生银行宁波分行还本着庆典仪式从简的原则，将迁址、新支行开业仪式上节省的款项分别捐赠给当地慈善机构。二是着力营造和谐民生家园企业文化。坚持以人为本，开展“争先创优”活动，做好工会和青年工作，增强员工凝聚力，促进员工自我激励；积极推进基层民主建设，提升员工参政议政水平。三是深入开展形式多样的员工关爱活动，对员工生病住院、家庭困难、生日喜庆等及时送去组织关怀。四是开展各类文体活动，邀请全国书法家协会主席举行书法专题讲座，获宁波市金融职工文化年活动优秀组织单位等，不断增强民生企业文化的凝聚力，为宁波分行持续健康发展和“二次腾飞”营造良好和谐环境，为更好地服务宁波经济发展贡献力量。

中国民生银行温州分行经营管理情况综述

2012 年以来,面对错综复杂的经济金融形势和不容乐观的市场环境,在总行的正确领导下,在温州市委、市政府及监管部门的关心和帮助下,民生银行温州分行始终坚持"民营企业的银行、小微企业的银行和高端客户的银行"发展战略,牢固树立"发展是第一要务,发展是硬道理"的理念,主动加大对温州实体经济和中小微企业转型升级的支持力度,有力地支持了温州地方经济建设。

一、2012 年经营管理情况综述

1. 负债业务快速增长。2012 年末,民生银行温州分行各项存款余额 209.53 亿元,较年初新增 43.11 亿元,增幅 25.90%,其中,储蓄存款余额 86.49 亿元,较年初新增 35.14 亿元,增幅 68.43%,储蓄存款余额上升至全市股份制银行第一位;存款总量在全市 10 家股份制银行中排名第二,存款增量和增幅均居第一。市场占有率 2.71%,较上年提高 0.51 个百分点。

2. 各项贷款稳健增长。2012 年末,民生银行温州分行各项贷款余额 251.85 亿元,较年初新增 41.37 亿元,增幅 19.65%,高于全市贷款增幅 9.99 个百分点,贷款总量居全市 10 家股份制银行第二位。

3. 不良贷款有所上升。2012 年末,民生银行温州分行不良贷款余额 11.26 亿元,不良率 4.47%。

4. 机构建设卓有成效。2012 年,民生银行温州分行乐清和平阳两家县域支行开业,龙湾和鹿城两家支行迁址,分行迁入新址办公,办公和营业环境大为改善,网点功能逐步完善。

5. 强化和健全内控机制建设。自 2011 年下半年民间借贷危机爆发以来,未发生任何案件或重大违规违纪行为,亦未发现任何员工参与民间借贷行为,受到监管部门的表彰。

二、2012 年主要工作

1. 持续加大信贷规模投放,专项支持温州中小企业发展。自温州民间借贷风波爆发后,民生银行温州分行始终坚持"金融要服务支持实体经济发展"的理念,坚信温州经济总体健康的判断,主动加大信贷投放力度,不抽资、不压贷,积极向总行寻求资源和政策倾斜。在向温州分行核增信贷规模 50 亿元的基础上,总行继续加大对温州分行的支持,基本未调整温州分行的授信政策和权限。截至 2012 年末,民生银行温州分行各项贷款余额 251.85 亿元,较年初新增 41.37 亿元,增幅 19.65%。六年多来,分行累计发放贷款 1093.96 亿元,其中,中小微企业贷款 984.68 亿元。2012 年全年累计新发放贷款 285.94 亿元,其中,中小微企业贷款 252.38 亿元。

2. 坚持"聚焦小微"战略思想,推出各类小微创新服务。始终坚持"聚焦小微、打通两翼"的战略思想,重点在小微金融服务上做好创新文章。一是创新推出城市商业合作社。自 2012 年 6 月 19 日,民生银行温州分行与温州市商务局携手成立温州首家小微企业城市商业合作社以来，截至2012年末，民生银行温州分行城市商业合作社已突破100家，涉及汽摩配、紧固件、制笔、服装、制革、模具等多个温州特色行业，拥有4000多家小微企业社员单位，实现对小微企业的批量化授信。二是创新推出小微互助基金模式。2012年8月13日，民生银行温州分行正式组建首只小微企业互助合作基金——温州文成商会互助合作基金，为51家小微企业提供了有力信贷支持。截至2012年末，分行共成立8只互助合作基金、涉及400多家小微企业，授信总额5.8亿元。三是积极探索推出无抵押微型信用贷款。结合温州实际，民生银行温州分行积极向总行争取，先行推广50万元以内的微型信用贷款，努力解决微型企业及个体户的日常资金需求。

3. 拓宽金融服务内涵，与时俱进提升金融服务质效。结合温州实体经济特征，拓宽金融服务内涵，为中小企业的转型升级提供全方位的金融支持。一是改变传统服务模式，打包提供金融综合服务。推出“乐收银+网银+超级网银资金归集”结算产品包，提供一站式金融服务，增加我行金融服务的深度和广度。二是搭建交流平台，倡导互助合作。成立“合作社社长俱乐部”与“乐收银收银员俱乐部”，搭建城市商业合作社网站，为合作社社员提供信息共享及交易撮合平台，推动小微业务从较为单一的融资业务模式向全面综合的业务模式转变。三是成立法律咨询服务团，提供小微企业法律支持。成立专门服务小微商户的“民生银行小微商户法律咨询服务团”，为小微商户提供包括融资、担保、投资等咨询、诉讼等法律服务，助推小微企业的健康发展。四是创新授信申请方式，为客户提供便捷。创新推出“空中银行”服务，客户可通过小微金融服务专线4008695568、民生网站、城市商业合作社网站向我行提出授信申请。五是启动网点服务提升工程，提高客户满意度。明确厅堂服务牵头部门，梳理完善服务标准，强化服务督导和服务培训，切实改进金融服务品质。

4. 批量设立小微专营支行，提供专业化小微金融服务。积极运用监管部门批量化设置小微专营机构的倾斜政策，全速推进小微企业专营支行的批量化建设。在加快推进瓯海、瑞安塘下小微企业专营支行、专注服务小微企业的同时，结合温州区域特征，选择小微企业集聚地筹建小微业务专营网点，进一步拓展小微金融服务覆盖面。积极请求总行支持分行批量化设立小微专营机构，尤其是在人力资源、财务资源、考核办法以及信贷额度方面予以优先支持。

5. 分类帮扶风险企业，加快不良核销确保信贷投放。恪守“不收贷、不压贷”承诺。在处置不良贷款过程中，与客户充分沟通，在风险中发现机会，坚持将“挽救”、“共赢”作为第一处置原则，积极支持客户渡过难关。区别对待尚处于困难之中的大中小企业，绝不随意抽贷、断贷，对涉及担保链代偿客户，加强对企业担保代偿能力的评估工作，至今尚未发生因我行“收贷、压贷”而引起企业资金链断裂的事件。推动暂时出现资金困难的企业恢复资金流转。加大呆账核销工作力度，腾挪空间加大信贷投放，充分运用二次抵押、追加授信等手段，最大限度地协助保证企业化解担保风险。

兴业银行杭州分行经营管理情况综述

行长　官恒秋

2012年，在中共浙江省委、省政府的正确领导下，在省金融办、人行杭州中心支行和省银监局的大力支持下，兴业银行杭州分行贯彻落实省委、省政府“八八战略”和“创业富民、创新强省”总战略和金融工作总体要求，积极支持我省经济社会发展及转型升级，确保金融服务保障有力，维护社会和谐稳定，各项业务平稳发展。截至2012年末，兴业银行杭州分行本外币总资产1102亿元；本外币各项存款余额711.57亿元，比年初增长6.77%；各项贷款余额697.87亿元，比年初增长12.81%。

一、积极支持地方经济转型升级

2012年，面对贷款规模非常有限的实际情况，兴业银行杭州分行积极向总行争取信贷规模，确保贷款新增额高于2011年。截至2012年末，兴业银行杭州分行本外币各项贷款余额697.87亿元，比年初增加79.25亿元，同比多增18.53亿元，增幅12.81%，同比提高了2个百分点。新增贷款着重向制造业、批发零售业倾斜，对上述实体经济行业新增贷款45.06亿元。同时，主动加强业务创新，积极运用表外信用业务、债务融资工具、结构化融资帮助企业多方拓宽融资渠道。截至2012年末，兴业银行杭州分行表外融资及类信贷业务余额为546.53亿元，全年共承销企业债务融资工具72.4亿元(其中短期融资券20亿元、中期票据44.4亿元、非公开定向发行债券8亿元)，结构化融资业务78.40亿元。

1. 全力支持“四大国家战略”。积极参与金融支持城镇化建设工作，努力探索金融支持海洋经济发展，加大对义乌国际贸易综合改革试点的支持力度。进一步落实兴业银行总行与浙江省政府签署的支持浙江海洋经济发展战略合作协议，认真贯彻支持浙江海洋经济发展示范区建设的工作要求，以九大海洋经济产业聚集区为区域拓展重点，积极开展船舶融资、港航物流融资等产品创新。加强对“中国义乌国际贸易综合改革试点”金融改革配套工作的支持，结合义乌专业市场的发展，充分运用兴业银行杭州分行贸易融资产品，加大对试点工作的支持力度。与温州市政府联合举办投行业务推介会，与温州市国资委以及温州市交通投资集团等9家市级国有集团、2家民营集团签署直接融资规模达130亿元的战略合作协议，已为温州市交投集团、公用集团等国资委项下投资公司开展结构化融资业务和传统信贷业务达11.6亿元。

2. 践行“赤道原则”，扩大绿色金融服务领域。以转型升级和节能环保为切入点，大力推进绿色信贷。优先支持电力、化工、建材、建筑、造纸、拆解、水务等行业的骨干企业，邀请总行可持续金融中心专家走访华东林业产权交易所、中国节能浙江省公司、华电电力研究院、海亮集团等，洽谈林业碳汇合作以及合同能源管理，开展专题培训和业务交流。在系统内首创推出了排污权抵押贷款，为中小企业控制污染物排放、丰富融资手段提供了有力工具。截至2012年末，兴业银行杭州分行绿色金融融资余额65.25亿元，比年初增加22.81亿元，增长53.75%。

3. 积极采取惠企减负措施。帮扶困难企业及参与重组企业23户，贷款总额3.61亿元，比年初增加1.68亿元，贷款利率保持基准，少收利息收入约770万元。完善中小企业利率定价，进一步降低中小企业融资成本。通过整顿不规范经营活动，取消小微企业服务等收费项目7项，减少服务收费约2100万元。

二、为中小企业发展提供有力保障

根据浙江省产业布局和区域经济特点，建立小企业客户链式营销沙盘，锁定专业市场、产业集群、上下游供应链三大目标市场，实现集群批量营销；开展“小微企业金融服务宣传月”活动，推进了中小企业专项信用贷款、迅捷贷、积分贷等一系列中小企业专用金融产品。尝试开展还款期限创新产品“兴业成长贷”业务，满足企业中期生产经营规划需要。截至2012年末，兴业银行杭州分行小微企业及个人经营贷款客户数5391户，比年初增加218户；小企业贷款余额252.39亿元，比年初增加49.86亿元，增幅24.62%，高于贷款平均增幅11.81个百分点；涉农贷款余额339.13亿元，比年初增加59.37亿元，增幅21.22%，高于贷款平均增幅8.41个百分点。

三、加强改革创新，提供优质金融服务

1. 专业化改革全面推进。积极推进企业金融专业化改革，已成立61个企金业务部。深化零售业务改革，打造零售业务专业化团队，支行网点基本实现了零售队伍建设的基础人力配置。推动金融市场条线改革，整合设立同业业务部、金融市场部，加大同业客户和同业存款的营销力度。一年来，条线专业化经营能力和内生增长动力有所加强。

2. 推动政银企合作，提供全方位金融服务。正确把握城镇化发展方向，主动参与浙江省新型城市化建设，进一步加强与省市县区各级政府以及平台公司的合作，积极开展创新服务，通过债务融资工具、结构化融资、城市产业基金等多种金融产品，为杭州土储、杭州工投、杭州城建、萧山国资、绍兴交投等提供包括融资服务在内的全方位金融服务。运用跨行现金管理为萧山国资、海宁皮革城等优质客户提供服务，提高资金使用效率。

3. 加快推进渠道结构的创新。为贯彻落实“金融下乡”、“支农支小”政策要求，兴业银行杭州分行近年来积极向县域地区增设机构网点，目前已在杭州、温州、台州、金华、嘉兴等地设立了14家县域支行。并加大对县域支行业务授权力度和财务资源配置，推进县域支行快速发展。2012年，兴业银行杭州分行下属台州玉环支行正式开业。同时，继续发挥同业银银平台渠道优势，积极扶持中小银行、村镇银行等农村金融机构拓宽业务渠道，银银平台累计签约90家。成立电子银行中心，积极维护并

开发网上银行、手机银行、银商转账等电子服务渠道。

四、依法合规经营，切实履行社会责任

1. 深入推进合规文化建设。实施定点审计制度，建立财务报表核查长效机制。强化异地分支行风险管理矩阵式架构及双线汇报制度，完善异地机构信用审查派驻制。及时开展员工与民间资金往来风险排查和员工重大事项报告工作，教育辖属经营机构及员工务必要坚守法律底线，规范经营行为，建立银行与民间融资的防火墙。

2. 切实履行社会责任。兴业银行杭州分行坚持扶持小微企业、促进社会及环境保护，认真履行社会责任。坚持诚信服务、合规经营的理念，严格落实“三个流向”、禁止“三个乱象”，有效落实银监部门“五禁止”要求，绝不为某些暂时利益失信客户、违背服务承诺，严禁各种乱收费、限制客户资金走账、月末季末违规揽存、强制搭售理财产品等违规竞争行为，对照银监会“七不得”、“四公开”要求，重点检查服务收费清理公示、投诉处理机制运行情况、员工异常行为、相关制度流程与合同文本的规范性，做到依法合规经营，全年投诉事件比上年度减少67起，下降51%。

3. 加强与政府及金融主（监）管部门沟通配合。2012年以来，兴业银行杭州分行严格遵照省委、省政府及省金融办、各级主（监）管部门要求，及时向辖内分支机构传达落实省委、省政府及各级监管部门的会议精神和工作指示，做到了件件有落实，事事有反馈，确保沟通顺畅，配合有效。2012年，兴业银行杭州分行响应杭州市政府号召，与富阳市湖源乡“联乡结村”，给予10万元资金支持乡村建设；深入社区开展“反假币”宣传、“6·14信用记录关爱日”宣传、金融理财知识宣传等活动。

兴业银行宁波分行经营管理情况综述

【经营业绩】 2012年末，兴业银行宁波分行资产总额566.27亿元，比年初增加185.45亿元，增长48.70%。本外币存款余额308.85亿元，比年初增加74.98亿元，增长32.06%；在股份制商业银行中的增量市场占比16.20%，名列第一位。本外币贷款余额234.69亿元，比年初增加12.78亿元，增长5.76%。按照五级分类法，期末不良贷款余额3.58亿元，不良贷款率1.52%。实现税前利润6.54亿元，同比增加1.34亿元，增幅为25.79%。

【业务创新】 2012年，兴业银行宁波分行围绕“六个加快”战略，坚持“脱虚向实”，以有效增加各类信贷和非信贷投入为着力点，以积极创新业务品种、大力发展直接融资业务为有效抓手，通过总分联动、银银平台、银信平台、银证平台的多方合作，引入外部资金，降低企业融资成本，增强企业融资能力，为宁波地方经济提供良好的金融服务。全年，兴业银行宁波分行表内外各项融资总额为571.58亿元，比年初新增204.62亿元，增长55.76%。一方面，通过债务融资工具、结构化融资产品等非信贷产品为企业融资139.05亿元，比上年新增132.55亿元，增幅超过20倍。这些资金全部投放到南站一期、鄞州区下应东南片区（棚户区）改造等重点工程和重点项目，以及宁波城建投资控股有限公司等重点骨干企业，支持了宁波市重点企业、重大项目和重要区域建设的资金需求。2012年10月，兴业银行宁波分行作为主承销商，为宁波开发投资集团有限公司在银行间市场成功发行宁波市首单银行间债券市场私募债，募集资金5亿元人民币，成为宁波区域企业积极探索直接融资渠道的成功典范。另一方面，结合各区域（主要为慈溪、余姚、镇海、宁海）具有地方特色的行业及产能集聚的专业市场、产业园区等，结合小企业集群营销、链式拓展和专业运作，积极探索适合本地企业应用的新型业务模式，加大与实体领域对接力度。截至2012年末，兴业银行宁波分行小微企业贷款（含个人经营性贷款）余额96.85亿元，占贷款总额的41.27%，较年初新增13.78亿元，增长16.59%。

兴业银行宁波分行创新金融与服务、支持地方经济发展的有力举措受到市政府和监管部门肯定。2012年，兴业银行宁波分别荣获宁波市政府颁发的“银行业金融机构综合考评一等奖”和市级金融机构单项先进中的“融资贡献先进奖”；荣获宁波市政府、金融办、银监局、人民银行市中心支行共同颁发的“宁波市金融机构小微企业贷款考评”二等奖；荣获银监局颁发的“千名客户经理进万家”专项活动优秀组织奖；荣获人民银行宁波市中心支行颁发的“金融支持‘六个加快’重大项目先进单位”称号；荣获《宁波日报》评选的“2012年度宁波市金融机构发展杰出贡献金融企业”、“2012年度宁波市金融机构最佳中小企业融资金融企业”、“2012年度宁波市金融机构最佳财富管理金融企业”等荣誉称号。

【业务发展】 一是积极落实“授信铺底、投行突破、贸融跟进、现金加强”营销策略，推动主要业务规模总量的扩张和市场份额的提升，增强企业金融内生增长动力和专业竞争能力。投资银行业务提前完成百亿元目标，其中，发行债务融资工具 9.5 亿元，非标准化融资业务余额 121.02 亿元；加大小企业业务资源倾斜，强化中小微企业专业化运营，加强集群营销和链式营销力度，顺利完成小微企业贷款“两个不低于”目标；贸易金融、现金管理和绿色金融等业务同步启动，重塑了企业金融业务的市场竞争优势。二是以进一步深化零售体系专业化改革为目标，以培育和挖掘零售核心客户为主线，以优势和特色产品为推动，持续提升专业服务能力，加快零售业务发展步伐，在理财业务、信用卡业务等方面均有较大突破。兴业银行宁波分行积极与总行联动创设分行版理财，累计发行 9 期 11 款稳健型人民币理财产品，金额 32.79 亿元，丰富了零售理财产品种类，满足了金融消费者多样化需求。积极开展美丽厅堂活动，加强营业厅环境治理，强化营业厅人员的业务技能和服务能力，提升分行营业厅整体服务形象和市场口碑。兴业银行宁波分行在多项行内外竞赛评选中均获得喜人成绩——分行荣获总行技能比赛团体第四，分行营业厅荣获 2012 年度中国银行业文明规范服务千佳示范单位称号。三是把握金融改革趋势，加快金融创新步伐，在金融市场条线改革、创新盈利、加强联动方面都取得了较好成绩。2012 年末，兴业银行宁波分行同业负债余额 240.90 亿元，比年初增长超过 15 倍；抓住业务创新契机，探索开展以票据为资产的买入返售证券公司定向资产管理计划受益权业务和信托受益权买入返售业务，年末同业资产余额 184.81 亿元，较年初增长 59.36%；条线专业化经营能力和盈利增长能力进一步显现，全年实现中间业务净收入 1695 万元，完成总行计划的 763.86%，实现利润 2.15 亿元，同比增长 104.8%，为分行盈利作出了重要贡献。

【风险管理】 面对区域经济环境复杂、企业经营状况堪忧的局面，兴业银行宁波分行始终坚持稳健经营方针，不断夯实风险管理基础，加强风险管控制度建设，提高重点领域风险防范能力，尤其重视做好党的十八大召开和政府换届的特殊时期的“防风险、保稳定”工作。2012 年，接受内外部检查审计 10 次，组织开展各项业务检查 62 次，建立修订完善制度 70 余项，全面完成银监局 7 项承诺监管指标，顺利通过人行综合执法检查，人行年度综合考评从 C 类上升至 B 类（名次提升 9 名），实现全年无不规范经营行为、全行无案件。加大不良贷款清收处置力度，引入邀标处置、债权打包转让等模式，大力清收处置不良贷款，风险管理工作取得明显成效。强化内控与案防工作，加强票据业务审核控制，落实重要岗位人员的轮岗制度，实现员工异常行为排查全覆盖。牢筑内控防线，成功堵截企业客户利用假证件申请开立结算账户、不法分子利用自助机具预谋诈骗等风险案件共 2 起。

【队伍建设】 兴业银行宁波分行积极探索人力资源管理专业化道路，制订 3 年人才发展规划。积极创新管理工作模式，按照三大条线改革方案做好各专业序列人员规划和配置，提高人才队伍专业能力，为分行持续经营发展提供强有力的人力资源服务支撑。增设人力资源教育培训专岗，累计开展多层次、多形式、个性化教育培训 55 次，累计培训人数 2524 人次。加快网络学院推广学习，网络学院平均得分在全行 34 家分行中名列第二。

【企业文化】 兴业银行宁波分行围绕建党 91 周年和分行 11 周年行庆，开展“真诚在心，服务在行”等多种主题活动，努力推进具有兴业特色的企业文化；努力创建和谐企业和学习型企业，兴业银行宁波分行荣获宁波市政府颁发的“宁波市和谐企业创建先进单位”称号和宁波市财贸工会颁发的“宁波市金融系统学习型企业金融单位”称号。推进行风建设工作，不断提升客户满意度，在27家参评金融机构中名列第9位，在10家股份制商业银行中名列第4位。开展“一十一年兴业心，衣加衣送温暖情”活动、资助贫困学生、向民工子弟学校捐赠电脑、与市总工会联合主办全市职工普法宣传活动等，树立积极承担企业公民责任的良好形象，实现分行文化建设上新台阶。

中国光大银行杭州分行经营管理情况综述

行长　郑学筠

2012年以来，面对中国经济金融领域长期积累的结构性和体制性矛盾在浙江率先爆发，全省经济全面下行，区域内风险持续暴露的困难局面，中国光大银行(以下简称“光大银行”)杭州分行在总行的领导下，认真贯彻落实总行战略调整思路和“稳中求进”的工作精神，积极应对各种挑战，努力转变发展模式，增强内生动力，保持了平稳发展的态势。

一、总体经营情况

2012年，光大银行杭州分行总体经营情况呈现以下特点：

1. 存贷款总量平稳增长，市场份额有所扩大。2012年末，光大银行杭州分行一般性存款余额398.67亿元，比年初增加45.99亿元，增长13.04%，完成年度总行预算的95.28%；一般性存款日均366.95亿元，比年初增加36.63亿元，增长11.09%，完成年度总行预算的99.59%；一般性贷款余额434.95亿元，比年初增加49.05亿元。

2. 中间业务收入持续增长，盈利渠道进一步扩宽。2012年，光大银行杭州分行实现风险调整前利润120336万元，超额完成年度总行预算的102.51%，比2011年增加58062万元，增幅达93.24%；由于不良拨备计提增加，风险调整后利润51821万元，仅完成年度总行预算的74.78%；中间业务净收入36510万元，计划完成率118.13%，增长60.66%。其中，信用卡业务、贸金业务和投行业务等资本节约型业务保持良好发展势头，三者在中间业务收入中合计占比达78.75%，特别是信用卡中间业务净收入大幅增长，达到18366万元，为全行盈利增加作出了重要贡献。

3. 不良资产出现反弹，资产质量面临压力。2012年浙江银行业不良贷款余额和不良率快速攀升，光大银行杭州分行资产质量在此轮危机中也出现问题，截至12月末，分行不良贷款余额129657万元，比年初增加88145万元，不良率2.98%，比年初增加1.9个百分点，不良双升直接侵蚀了分行的经营成果。

二、经营管理主要做法及亮点

2012年初，光大银行杭州分行对宏观经济金融形势和自身的优劣势进行了充分的研判和分析，在此基础上确立了“坚持以发展为主导，加速推进战略转型，进一步下沉市场和客户，努力提高市场占比和盈利水平，持续提升综合管理水平和服务质量，实现稳中求进稳健发展”的总体工作思路，并制定了“用投行业务巩固和做深国有大企业及中大型民营经济，用相对紧缺的信贷资源大力支持模式化项下的中小企业，用富有特色的产品和优质的服务为小微企业和个体经济提供金融服务”的业务经营思路和“指挥前移，重心下沉”的内部管理思路。通过一年的实践，取得了一定的成效，具体从业务发展、风险防控和内部管理三个方面列述。

（一）业务发展方面

1. 投行业务优势进一步巩固。2012年，光大银行杭州分行共承销债务融资工具84.7亿元(不含联席承销部分)，较上年同比增长了37.7%，在当地市场排名第二，受到了地方政府部门、人民银行、监管部门和广大企业的高度肯定。凭借这一业务的强势介入，光大银行杭州分行在温州、嘉兴等地区迅速打响品牌，并上下联动，积极介入地方重点和创业创新项目建设，先后与嘉兴市政府，温州市国资投资集团、金投集团、交投集团等国有重点企业签订了全面战略合作协议，合作前景广阔。

2. 小企业业务、小微金融服务取得阶段性突破。截至12月31日，光大银行杭州分行行标中小企业表内贷款余额149.83亿元，较年初增加24.52亿元，新增占对公贷款增量的80.03%；行标对公小企业表内余额20.28亿元，较年初增加11.66亿元，占比对公贷款新增6.32%，占比较年初提升3.35个百分点；小微贷款余额46.16亿元，较年初增加24.15亿元，增幅109.72%，在个贷中占比从年初的23.43%提升到年末的43.14%。结构调整初显成效。

3. 集团联动步入正轨并逐步扩大深化。2012年，光大银行杭州分行陆续与光大金控、光大证券在浙公司签署战略伙伴合作协议。在光大银行杭州分行的积极推荐下，光大证券成功发行了光大系统内第一单中小企业私募债券，截至12月末，双方联合营销客户已达7家，金额11.5亿元，在同业中处于领先。在IPO客户推荐方面，光大银行杭州分行也已经构建形成了三个梯队的客户层级。二季度开始，分行利用光大麦格理大中华基础设施基金投资浙江本土环保企业的契机，密切联动跟进，打造了一揽子金融服务计划，为赢得该环保企业的主办银行地位奠定了良好的基础，同时也在集团内企业项目投资中发挥了积极的作用。

（二）风险防控方面

1. 信用风险保持整体可控。2012年以来，在异常严峻的风险形势下，光大银行杭州分行在推进日常风险管理各项工作的基础上，进一步从业务转型、结构调整、风险管控以及客户经理管理等方面全面审视和梳理不良贷款形成的深层次原因，并在7月初，根据总行的专项工作指导意见，制定了加强风险管理、推动业务健康发展的一系列整改措施，包括完善客户准入，风险前移、预警、排查和清收化解等一系列工作措施和工作机制，不断提升风险管理水平，做到资产质量情况心中有数，整体可控。2012年，光大银行杭州分行已成功处置化解风险预警客户25户，化解金额3.93亿元，成功避免了地区多起重大风险事件的影响，最大限度地保全了银行资产。为持续改善客户结构，光大银行杭州分行于2012年初对低质量客户逐户制订压缩退出计划，特别关注客户强化授信后管理，动态监控授信客户生产经营情况，择机进行客户退出，全年成功退出和压缩低质量、特别关注客户共18户，合计金额16840万元。同时，根据风险排查、非现场监控以及现场检查的问题、风险隐患，主动增补低质量、特别关注客户。全年新增低质量、特别关注客户38户，金额58882万元，其中全部退出4户，退出金额8700万元。

2. 案件防控整体水平进一步提高。在严峻的金融形势下，光大银行杭州分行强化案件防控和廉洁从业教育、强化制度建设和技能培训、强化各类案件风险排查和处罚问责，有效遏制了案件和事故的发生，确保全行不发生特大、被动、监管责任案件。2012 年以来，光大银行杭州分行组织全辖各基层党委书记、党支部书记、纪委委员召开了党务工作培训会议，邀请省人民检察院副检察长为全行员工作了廉政警示教育报告，制作了贪污受贿案例展板在全行巡展，起到了很好的警示作用。从二季度开始，光大银行杭州分行以银监局组织开展全面风险排查为契机，对每位员工的信息进行了更新，对异常行为进行了排查，并逐级开展了家访，同时，"四位一体"内控监督小组完成了对辖内 22 家分支行的现场稽核检查工作。通过一系列排查，分行对个别支行班子成员、部分客户经理存在一些异常行为和异常线索给予了高度关注。在查实问题后，光大银行杭州分行认真抓好违规违纪事件的查处和责任追究工作。2012 年，光大银行杭州分行共召开 9 次问责委员会会议，经过问责程序，分行共行政降级处分 1 人，免职 2 人，警告 13 人次，解除劳动合同 1 人，通报批评 35 人次，诫勉谈话 2 人，经济处罚 35 人次，处罚金额合计 124000 元。

（三）内部管理方面

1. 考核激励机制指标导向更加明确。为确保集合优势力量完成全年指标，同时确保完成的指标符合总行战略发展的导向，2012 年光大银行杭州分行对经营单位及客户经理绩效考核指标体系进行了较大的调整和改进，在强化存款计划完成率的同时，将经济利润、存贷利差、存贷比、银贷比、风险资产占用等指标一并列入考核，使经营单位负责人和客户经理深刻地认识到，除了用传统业务增加存款、扩大规模外，必须积极进行结构调整和客户优化。

2. "一行两制"的组织架构和管理模式正式构建。为广泛调动各级经营机构的工作积极性，2012 年起，光大银行杭州分行正式实行异地机构和同城机构的差别化管理，并在业务授权、人事管理、行政指导等方面对二级分行和异地机构进行了部分转授权，对授信审批流程也进行了优化，从经营到管理进一步体现了简政放权，较好地调动了二级分行和异地机构的积极性。温州分行、嘉兴分行等机构在当地市场的占比进一步提升。同时，光大银行杭州分行对同城机构实行等级行管理制度，促使机构间彼此竞争、共同进步。

3. 分行干部队伍建设进一步加强。为优化干部成长环境，光大银行杭州分行 2012 年创新干部培养选拔方式，通过搭建三个梯次的后备人才库、选拔年轻干部挂职锻炼、全行公开竞聘同城支行零售分管行长以及干部员工双向选择等方式，使一批年富力强、积极上进的年轻骨干走上了干部岗位，为分行干部队伍增添了生机和活力。为拓宽干部视野，光大银行杭州分行建立健全培训机制，组织中层干部参加各类学习教育培训，如组织了正职干部复旦大学培训班，给中层干部和后备干部发放了学习卡，定期组织中层干部参加高端知识讲座等。

综观 2012 年光大银行杭州分行经营情况，在浙江经济遇到最困难时期的环境中，分行取得上述成绩和进步，总体可以印证分行年初对形势和问题的研判是基本正确的，既定的经营管理思路也是符合区域经济发展规律和现实情况的。但是光大银行杭州分行当前的规模效益和整体竞争力仍偏弱，要实现更快更好的发展需要全体员工加倍努力工作。

中国光大银行宁波分行经营管理情况综述

2012年，面对复杂严峻的经济金融环境和异常激烈的同业竞争，中国光大银行宁波分行紧紧围绕“稳中求进，进中求好，稳字当头，核心是‘稳’字”的工作思路，坚持战略转型发展，强化业务结构调整，做好“客户下沉”，加大中小微金融服务、电子银行业务创新力度，稳步做好风险管控工作，各项业务保持了平稳、健康、快速发展。

【经营业绩】 截至2012年末，光大银行宁波分行一般性存款余额353.86亿元，同比增加50.73亿元，增幅16.7%；贷款余额358.55亿元，同比增加31.46亿元，增幅9.6%；在宁波地区10家全国性股份制商业银行中，存款余额居第三位；贷款余额居第二位。实现中间业务收入2.7亿元，同比增加6100万元，增幅29.2%；不良贷款率0.77%；拨备覆盖率300.21%；实现账面利润10.63亿元，同比增加2.52亿元，增幅31%。

【服务实体经济】 2012年，光大银行宁波分行进一步发挥金融在支持经济社会发展中的核心作用，积极向总行争取信贷政策和信贷规模倾斜，引进市外资金支持宁波市重点项目建设和实体经济重点企业、中小微企业发展全年累计发放贷款556.1亿元，同比新增188.5亿元。利用投行、理财、租赁、资金、信托等创新多元化融资方式，提升综合金融服务水平，其中会同光大金融租赁公司，为江东区、鄞州区、镇海区和奉化市等地卫生系统投放医疗设备融资租赁款11亿元，支持民生医疗服务；将企业项目融资对接阳光理财业务，为宁波本地企业发行阳光理财计划28亿元，拓宽企业融资渠道。

【支持中小微企业】 2012年，光大银行宁波分行成立了小微金融中心，将余姚支行和慈溪支行作为小企业业务特色支行，选择10家支行(5家县域支行+5家同城支行)重点开展小微金融业务，围绕家电、服装、外贸物流、汽车及配件、机械等重点行业，创新推广“阳光设备融易贷”、“小企业商票融易贷”、“小微采购卡”等产品，并实施有效的风险缓释措施和考核激励政策，逐步提升中小微企业业务在整体业务结构中的比重。截至2012年末，光大银行宁波分行中小微企业贷款余额达218亿元，占全部贷款余额的60.8%；中小微企业贷款余额较年初新增52亿元，增幅31.5%，增幅高于全部贷款增幅22个百分点，中小微企业贷款新增额占全部贷款余额新增的165.8%；扶持中小微客户14455户，较年初新增4744户，增幅48.9%。

【业务转型】 2012年，光大银行宁波分行重点推进“一拖四”业务(借记卡支付结算、批量代发、第三方存管、出国金融)，夯实零售业务基础；强化客户激活、商户拓展、发卡促销等工作，推进信用卡业务发展，全年新增信用卡有效客户53164户，其中新增白金卡客户4286户，乐惠金客户新增551户；加大理财业务营销力度，实现理财产品销售257亿元；重点发展国际结算业务，积极推进订单融资、商品融资、国内信用证融资等供应链金融业务，全年实现国际结算业务量57.4亿美元，同比增加

13.2 亿美元，增幅 29.6%；贸易融资发生额 449.2 亿元，贸易融资余额 47.2 亿元。

【电子银行】 2012 年，光大银行宁波分行围绕打造“网络里的光大银行”和“宁波同业最具创新能力的银行”的奋斗目标，加大对电子银行业务的投入和创新力度，通过组建电子银行部、健全电子银行服务专业团队、完善网点电子银行服务区、全国首推“夜市银行”服务、拓展网络缴费与电子支付平台等措施，积极发挥手机银行、电话银行等电子银行渠道与物理网点的有机协同效应，提升客户金融服务体验。截至 2012 年末，光大银行宁波分行电子银行有效客户较年初新增 62177 户；对私和对公客户电子化率分别达到 41.5%和 57.7%；电子渠道替代率达 69.7%；与宁波公运、宁海公运、三江超市、宁波数字电视等 30 家商户搭建的电子支付平台业务交易量达 5.3 万笔，金额达 1458.1 万元，分别为上年同期的 14.5 倍和 5.9 倍；联合第三方支付平台搭建的覆盖水费、电费、煤气费、通信费等 20 项公共事业网络缴费业务交易量 20.2 万笔，交易金额 6356.3 万元，分别为上年同期的 7.1 倍和 13.1 倍。

【规范经营】 2012 年，光大银行宁波分行贯彻银行业经营“七不准”和“四公开”规定，在分行、条线、支行各个层面纵向、横向明确组织架构，成立专项治理工作领导小组和督查小组，开展自查自纠和业务督导工作；按照监管部门要求，全方位、多渠道组织开展服务收费对外公示，并通过收费标价牌、电子银行体验区、电子显示屏、价格手册等方式，公布举报电话和投诉电话，方便客户检索、查询和对照，接受社会公众监督；指定专人专岗负责在工作时间内做好客户投诉的接听、受理、研究、处理、答复、整改等相关工作，做到件件有回音、事事有答复。

【风险管理】 2012 年，光大银行宁波分行通过重检信贷投向政策、制定区域营销指引和风险管理指引、建立应对风险快速反应和预警机制、有效组合和创新风险缓释手段、强化授信后管理等，全力做好信用风险、操作风险、合规风险、道德风险等的管控工作。一是继续实行“风险客户退出补偿”机制，鼓励客户经理主动举手预警，主动化解潜在风险，全年压缩和退出低质项目和不符合国家政策的项目(客户)66 个，金额共计 20.6 亿元；二是坚持实施客户经理和经营单位负责人的“风险基金制”；三是及时布置针对可能涉及民间高利贷和民间借贷以及资金链紧张的企业风险排查工作，积极采取措施加以防范；四是加大授信后管理力度，加大对可能出现风险的客户贷后检查频率；五是成立分行稽核中心，加大对支行行长、客户经理、柜台经理等重要岗位人员的稽核力度；六是落实柜台经理双委派和轮岗制度，强化柜台经理履职管理；七是强化重点岗位人员轮岗和强制休假等制度约束和执行，开展员工异常行为风险排查，密切关注员工八小时以外的异常行为。

【案件防控】 2012 年，光大银行宁波分行通过建立完善“四位一体”机制、制订案件防控工作方案、重签案防目标责任书、强化领导干部廉洁自律工作、建立案件防控“三个四”工作台账、持续开展“三查一教”工作等，深化落实内控指引相关要求，夯实案防工作基础。2012 年，光大银行宁波分行未发生一起经济案件或安全事故，成功堵截柜面结算案件 13 起，其中堵截伪造证件办理业务 11 起，堵截大额假币存现案 1 起、银行承兑汇票变造案 1 起，确保了客户与银行资金的安全。

【队伍建设】 一是坚持“以内部培养为主，外部引进为辅”的原则，采用公推和行内公开竞聘相结合的干部选拔任用方式,进一步优化用人机制,提高用人透明度,全年共有14人在中层干部岗位得到晋升,27人在二级部(副)经理岗位得到晋升。二是完善绩效管理体系,将薪酬绩效重点向一线经营单位倾斜;向战略重点倾斜,向调整业务结构、转变发展方式倾斜;向模式化经营、中间业务、代发类业务、交叉销售等倾斜。三是推行新员工职业导师制,分层次开展业务培训,近3000人次参加,内容涉及柜台业务、风险管理、管理技能等。

【企业文化】 2012年,光大银行宁波分行坚持为员工办10件实事制度,包括推行"阳光关爱基金"制度、开展员工体检和困难员工节日慰问走访等;举办"发扬光大"新春联欢晚会、员工趣味运动会等活动,增强内部凝聚力和向心力;履行企业社会责任,深入开展"母亲水窖"公益活动,募集善款4.9万元;与余姚丈亭中学开展"阳光助学",累计资助贫困学子451人次,送去助学资金27.4万元。

【奖项荣誉】 2012年,光大银行宁波分行荣获宁波市政府"综合考评二等奖"、"优质服务奖"和"小企业贷款考评二等奖";被总行授予"贸金业务先进分行"、"银关业务先进分行"、"科技管理先进分行"、"2012年度托管业务磐石奖"、"信用卡'亿元俱乐部'分行"、"2012年度风险管理条线风险管理创新奖"、"员工职业导师制项目先进单位"等奖项。此外,分行还获评"宁波市金融系统支持实体经济发展劳动竞赛活动先进单位"、"金融支农支小先进单位"、"宁波市银行卡工作先进单位"、"宁波市金融系统职工文化年活动优秀组织单位"、"金融机构信息科技考核一等奖"、"宁波市最佳理财银行"(唯一一家连续五年蝉联)等荣誉20余项。

恒丰银行杭州分行经营管理情况综述

行长　杨林茂

2012年以来，浙江省经济运行稳中有进，转型升级积极推进，实体经济发展势头良好。然而，经济运行仍存在市场有效需求不足、工业经济低位运行、企业生产经营困难的不利局面，对浙江银行业产生一定影响。恒丰银行杭州分行围绕浙江省实施“八八战略”和“两创”总战略，贯彻落实省委、省政府战略部署和金融工作总体要求，牢牢把握发展实体经济这一主线，按照总行姜董事长提出的“防案件、控风险、多创利、育人才”十二字方针和“快、准、狠、变、赚、巧、新、慎、美、感、游、创”十二字精神，全力支持浙江经济，大力推进创新创业，着力防范各类风险，倾力优化文明服务，保持“稳中求进”的发展势态。

——资产规模稳健增长。截至2012年末，恒丰银行杭州分行资产总规模686.16亿元，比年初增加295.46亿元，增长75.63%。

——信贷投放有序进行。截至2012年末，恒丰银行杭州分行各项贷款(含贴现)余额268.62亿元，比年初增加26.04亿元，增长10.74%；其中一般性贷款余额257.31亿元，同比增加28.32亿元，增长12.37%。

——存款规模较快增加。截至2012年末，恒丰银行杭州分行各项存款(含同业)余额640.21亿元，比年初增加268.17亿元，增长72.08%；其中一般性存款余额476.04亿元，比年初增加159.89亿元，增长50.58%。

一、全力支持浙江经济

(一) 力促信贷投放，保持信贷投入增长态势

2012年，恒丰银行杭州分行在用足用好总行下达的信贷规模基础上，力争获得总行更多的信贷规模支持，以有效缓解授信客户的资金需求。为此，恒丰银行杭州分行多次向总行作浙江信贷情况专题汇报，将浙江经济发展情况、分行自身的经营状况及规模瓶颈问题向总行详尽反映，增强对浙江市场的信心，最终获得了总行的大力支持。2012年，恒丰银行杭州分行一般性贷款余额257.32亿元，比年初增加28.32亿元，增幅为12.37%，贷款余额位居系统内第三。

1. 力促金融支农工作，涉农贷款余额位居系统内第一。2012年，恒丰银行杭州分行根据省委、省政府社会主义新农村建设和统筹城乡发展的工作部署，持续加大对县域经济支持力度，特别是农业科技创新、现代农业园区、农村住房改造等重点。

截至2012年末，恒丰银行杭州分行涉农贷款余额为125.30亿元，比年初增加16.45亿元，增幅为15.12%，高于分行一般性贷款增幅。一是给予信贷规模倾斜，根据总行《恒丰银行涉农贷款增量奖励资金管理办法》，加强科学引导，优先信贷投放。二是差异化定位，对“三农”的支持重点放在县域经济上，重点支持农业产业一体化、农产品深加工、规模化养殖、物流体系建设、农业科技创新等方面。三是加强产品开发力度，针对“三农”企业缺乏抵质押物的特点，逐步开发林权抵押贷款、订单融资、应收账款质押贷款、联保贷款、存货质押贷款等业务品种，多渠道满足涉农企业信贷需求。

2. 持续支持小企业，保持小企业业务优势。恒丰银行杭州分行克服市场环境带来的种种不利因素，坚定信心，保持小企业贷款增幅、占比的优势。截至2012年末，恒丰银行杭州分行小企业贷款余额29.84亿元，较年初增长15.76%，小企业贷款余额增幅高于分行全部贷款余额增幅。一是完善相关考核办法和激励约束机制，明确小微企业贷款比例和增幅要求，明确一定比例小微企业户数，在贷款定价上实行利率优惠政策，适度提高贷款风险容忍度。二是严格对大中小微企业认定，凡小微企业安排专项额度优先投放并享受激励。三是向总行争取给予支持中小企业发展的优惠政策。四是先后在辖属绍兴支行和义乌支行设立了专为小微企业服务的专营团队。五是推进小微企业特色支行建设，目前有3家，较年初增加2家。

3. 助推四大国家战略，相关贷款保持较快增幅。恒丰银行杭州分行积极抓住有利时机，重点支持海洋设备制造、新能源新材料、现代制造业等重点行业，创新符合海洋经济、义乌国际贸易综合改革特点的金融产品和担保方式，加大四大国家战略建设的信贷规模支持力度。截至2012年末，恒丰银行杭州分行落实四大国家战略贷款余额为20.47亿元，比年初增加7.22亿元，增幅为35.27%，其中以支持温州金改为主。

4. 支持重点产业建设，集群经济贷款有所增长。恒丰银行杭州分行加大对战略性新兴产业、产业集聚区、现代产业集群转型升级示范区及现代服务业集聚示范区的支持力度。截至2012年末，恒丰银行杭州分行落实集群经济发展贷款余额为107.11亿元，比年初增加26.08亿元，增幅为24.35%，其中：重点产业贷款余额为41.81亿元，比年初增长37.22%；现代产业集群转型升级示范区贷款余额46.35亿元，比年初增长9.3%；现代服务业集聚示范区贷款余额9.58亿元，比年初增长61.72%。

5. 积极帮扶困难企业，减少困难企业利息负担。恒丰银行杭州分行全面排查困难贷款企业状况，实行一户一策，绝不简单抽资或压贷，在当地政府、监管部门指导下，对符合国家产业政策和信贷政策，发展前景较好、信用较好但暂时有困难的企业降息让利；对资金一时有困难的企业开展救助；对已出现危机的企业，支持重组，帮助企业渡过困境。2012年，恒丰银行杭州分行共帮扶困难企业12户，帮扶贷款总额为3.83亿元，比年初增加1.48亿元，少收利息收入0.02亿元；同时，妥善处置重组企业7户，重组贷款总额3.43亿元，比年初增加0.9亿元，少收利息收入0.021亿元。

6. 深化国际业务合作，支持外向型企业转型升级。2012年以来，恒丰银行杭州分行通过国际业务授信服务支持外向型企业发展，加大跨境人民币业务宣传活动，深入企业进行实地调研走访，为企业量身定制融资方案，实现超计划突破，恒丰银行杭州分行国际业务综合考核位居系统内第二名。截至2012年末，恒丰银行杭州分行累计实现贸易融资中间业务收入1.63亿元，完成全年计划的434.66%；累计完成国际业务结算量37.20亿美元，完成全年计划的131.96%；外汇存款年平均余额7835万美元，完成全年计划的663.98%。

7. 挖掘零售业务市场，提升金融服务民众水平。一是稳步发展储蓄存款，抓住储蓄旺季，积极开展储蓄存款、代发奖金等业务服务。并在拓展理财产品、国债销售、代理个人贵金属交易等业务的同时，带来了一定的储蓄存款沉淀。截至2012年末，恒丰银行杭州分行储蓄存款余额69.50亿元，同比增加18.60亿元，增长36.55%。二是大力拓展个人贷款业务，把推动个人贷款业务发展作为支持分行转型升级、服务实体经济的一项重要举措，鼓励资信良好、经营收入稳定且具有足值抵押物但不符合中小企业贷款条件的小企业主通过办理我行个人经营性贷款融资，进一步改进和完善小微客户金融服务。制订和分解实施个贷新增计划，优化个贷业务考核细则，优先安排个贷新增额度投放，保障个人贷款业务投放的计划性和稳定性；报请总行同意分行对同城支行的转授权，提高个人信贷业务审批时效。截至2012年末，恒丰银行杭州分行累计发放个人贷款194笔、金额7.04亿元；个人贷款余额为6.66亿元，较年初增加4亿元，增长151.02%。

（二）履行社会责任，支持和谐社会建设。一是积极组织各类公益活动，2012年度全行先后捐款捐物共计43.51万元。恒丰银行杭州分行参加杭州市“联乡结村”帮扶活动，与桐庐县莪山畲族乡签署《“百团联百乡　千企结千村”帮扶协议书》，从2012年起分四年每年捐赠帮扶资金10万元；辖属分支机构也先后开展了捐助农民工子女学校“心手相牵绘七彩”、为贫困地区孩子送“免费午餐”、捐助贫困大学生学费、爱心夏令营、年终送温暖、无偿献血等帮扶活动。

二、大力推进创新创业

恒丰银行杭州分行结合浙江民营经济活跃的特点，以“业务创新、产品创新、服务创新”为突破口，满足市场多样化金融需求。一是2012年3月成功办理恒丰银行系统内首笔排污权抵押贷款，向绍兴一家纺织企业成功发放了3500万元的排污权抵押贷款，主要用于帮助企业开展技术改造进行工艺升级换代，帮助企业有效盘活无形资产，拓宽融资渠道，优化环境资源配置，创新金融产品，推进地方政府有关排污权有偿使用和交易工作的实施。二是2012年5月成功推出首笔贵金属租赁业务，向富阳当地一家企业成功发放了6000万元敞口融资额度，拓宽了企业融资渠道，减轻企业流动资金压力，满足企业生产周转所需黄金，规避金价波动对企业财务的冲击，降低企业市场风险。三是2012年9月以来在金华银监局的指导下与浦发银行合作，首创“无缝对接”贷款业务，已成功完成了5笔共计金额2283万元的“无缝对接”贷款业务。

三、着力防范各类风险

恒丰银行杭州分行不断提升内控管理水平，一方面狠抓案件防控工作，全面开展风险排查工作、全力做好维稳和应急工作、严格规范员工从业行为；另一方面着力防控信贷风险，有效化解贷款风险，稳步降低平台贷款风险，牢牢管控房地产信贷风险，切实执行贷款新规，全年分行没有发生涉案风险，以安全经营迎接党的十八大。

（一）狠抓案件防控工作

1. 开展全面风险排查。一是按照监管部门要求，成立内控及授信业务、财务会计业务两个检查小组，对各营业网点的风险排查开展情况进行检查，排查要点主要包括内控机制建设、授信业务管理、柜台业务及会计管理、财务管理、计算机系统管理、员工日常行为以及流动性风险管理等，确保实现中央要求的“守住不发生系统性和区域性风险的底线”，具体做到“六个一”，即排查必须覆盖“每一单业务、每一个环节、每一种产品、每一个网点、每一位员工、每一个客户”。二是切实做好常规审计和专项审计工作，先后开展反洗钱专项审计、网上银行业务专项审计，不定期开展突击审计，及时排查潜在的各类风险隐患，切实遏制违法违规行为的发生。三是各条线严格执行恒丰银行的行为禁令、业务“红线”及行为“铁律”。四是恒丰银行杭州分行于年初对各项制度进行修订梳理，印制了八大册、二百三十多万字的《恒丰银行杭州分行内控管理制度汇编》。

2. 全力做好维稳应急。一是重视维稳工作，行领导经常在行长办公会、行务会、业务研讨会等会议上强调维稳工作的重要性，要求巩固早发现、早处置、早化解的维稳理念，切实加强恒丰银行杭州分行情报信息的收集、分析、研判管理工作，全力维护行内外稳定，以安全经营迎接党的十八大。恒丰银行杭州分行每季坚持召开维稳情报信息工作专题会议，建立情报信息联络机制，通报剖析同业案例信息，及时排查不稳定因素。二是完善应急管理机制，重新修订下发了涉及八类34项应急预案的《恒丰银行杭州分行应急预案汇编》，在4月份、6月份开展消防应急演练和防抢劫应急预案演练的基础上，于8—9月份集中开展了安全保卫、信息科技、运营管理、零售业务等各条线的全面应急演练活动，特别是9月12日分行组织辖属各分支机构保卫干部、保安班长来行观摩防抢劫应急演练并召开应急管理工作会议，此次演练是建行以来第一次应急演练观摩活动，得到基层行好评。三是安全评估获得表彰，在2012年4月1日浙江省银行业金融机构安全评估工作总结表彰电视电话会议上，恒丰银行杭州分行一名保卫干部作为“浙江省银行业金融机构安全评估工作先进个人”的5位代表之一上台领奖。四是推进创安示范单位活动取得成效，恒丰银行杭州分行被浙江省公安厅、浙江省社会管理综合治理委员会办公室、浙江省社会治安综合治理协会联合发文授予2012年度“省级治安安全示范单位”称号，成为5家获此荣誉的省级单位之一；同时，辖属6家分支机构中，除1家2012年刚开业不能参评外，有1家支行获得省级、2家支行获得市级、2家支行获得县（市、区）级2012年度“治安安全示范单位”称号。

3. 规范员工从业行为。切实执行“三项制度”，加强员工行为动态管理，特别是针对信贷、现金、票据、理财、财务等重要岗位工作人员，密切关注八小时内外的行为动态，建立相应的行为失范监察制度，不断培育员工合规文化意识；建立行之有效的责任追究机制，按照“分级管理、逐级负责、层层落实、责任到人”原则，签订案件防范责任书，强化奖惩机制。

4. 自觉规范经营行为。恒丰银行杭州分行严格按照总行、监管部门要求，积极开展不规范经营专项整治活动，规范服务收费、坚持合规收费。严格执行总行各项服务收费标准，公布《恒丰银行金融服务价目表》，在营业大厅的LED显示屏上滚动播放各项服务收费标准；专门印制《恒丰银行金融服务价目表》，供客户查阅；在现金区、非现金区、自助服务区制作了专项服务收费标准牌，方便客户及时了解收费标准；指定精通业务、善于沟通、责任心强的大堂经理（含双休日）负责收费标准的解释说明工作，充分履行客户告知义务，切实做到“四公开”，即收费项目公开、服务质价公开、效用功能公开和优惠政策公开。

（二）严密防控信贷风险

1. 有效化解贷款风险。2012 年以来，对浙江 GDP 贡献达 62% 的民营企业发展面临需求减弱、成本上升、利润微薄等诸多困难因素，对浙江银行业产生冲击。在浙江省整个银行业金融机构不良贷款额和不良贷款率呈现上升的严峻势态下，恒丰银行杭州分行群策群力，把加大风险贷款处置力度作为一件大事来抓，密切关注风险贷款处置进度，逐户逐笔落实化解方案，通过多方努力，清收和化解了一部分不良贷款和利息，信贷风险得到了较好的控制。特别是在推进诉讼审理及执行进程中坚持“三到位”，即：客户资质要到位，确保风险化解目标客户自身经营状况和资产质量良好，不因风险化解而降低授信客户准入门槛，保证分行授信客户质量；抵押率要到位，确保新增信贷业务全额抵押；转化不良要到位，确保不良资产化解一步到位，不留后患，不发生后续法律风险。截至 2012 年末，恒丰银行杭州分行不良贷款率为 0.78%，是浙江省不良贷款率较低的金融机构之一。

2. 稳步降低平台贷款风险。恒丰银行杭州分行经过不断努力，地方政府融资平台贷款总余额减少较快，结构趋于合理，潜在信用风险得到有效缓释。截至 2012 年末，恒丰银行杭州分行地方政府融资平台贷款客户 13 户，余额 11.56 亿元，较年初减少 5.91 亿元，占一般性贷款的 4.49%，远低于总行 25% 的比例要求，且贷款风险分类均为正常。一是严格监控，及时化解到期风险，经过对地方政府融资平台贷款对应项目分解梳理、贷款期限合理调整、加强监控力度和整改补充有效担保条件等措施，2012 年到期的贷款全部按期收回，未发生逾期欠息。二是严格标准，有效控制新增贷款，审慎支持政府平台项目，严把信贷准入关，如因项目建设需要资金的，必须满足“五个投向”、“五个前提条件”和监管部门有关要求，报总行审批，单户单议，加强支付监督，防止贷款挪用。三是审慎退出，加强授信后动态管理，严格把握融资平台退出条件，审慎评估退出后平台贷款风险，强化退出类平台贷款的风险管控。四是深化平台贷款管理，在原有“名单制”管理的基础上，对平台贷款按照“支持类、维持类、压缩类”进行分类管理，继续做好平台贷款的动态监测分析，按季做好台账统计。

3. 牢牢管控房地产信贷风险。一是审慎支持房地产行业，加强风险防范力度。经调查，恒丰银行杭州分行现有房地产开发贷款项目资金周转情况均正常，未出现预警信号。二是定期开展压力测试，全面评估潜在风险。恒丰银行杭州分行分别于 2012 年 2 月和 11 月对房地产相关行业进行了二次压力测试，测算了在房地产价格下跌、成交面积下降两个风险因素影响下我行相关贷款的预期损失情况。通过定期的压力测试，充分了解潜在风险因素，并根据压力测试的结果对不同风险情况进行预警，将压力测试结果上报总行，作为信贷风险政策调整的一项依据。三是加强贷后管理，及时增补保全措施。对于房地产开发贷款，恒丰银行杭州分行按月逐户进行实地走访，详细了解项目资金运转情况；对于房地产上下游相关行业贷款，恒丰银行杭州分行加大对行业前景的分析，分析房地产行业变化对这类企业还本付息能力的影响；对于以土地、房产为抵押的贷款，恒丰银行杭州分行对抵押物价值变化跟踪评估，及时测算抵押物价值变化，适时增补保全措施。四是严格贯彻落实差别化住房信贷政策，切实做好贷前“面测、面试和居访”，深入调查借款人家庭还款能力、资信状况、购房交易真实性等情况，严格甄别首套房贷，限制各种投资性、投机性购房，促进个人住房贷款业务稳健发展。

4. 切实执行贷款新规。恒丰银行杭州分行严格执行贷款新规，全面落实“全流程管理”、“实贷实付”等七个核心要义。从贷款资金支付情况看，恒丰银行杭州分行贷款资金受托支付304.68亿元，受托支付比例为99.52%；其中发放固定资产贷款18.36亿元，受托支付比例为99.45%；发放流动资金贷款277.38亿元，受托支付比例为99.50%；发放个人贷款7.04亿元，受托支付比例为100%。

四、倾力优化文明服务

（一）深化文明服务创建

2012年以来，恒丰银行杭州分行大力推进文明规范服务，层层落实责任，分、支行行长签订了文明规范服务目标责任书，在各项业务不断发展的同时，精神文明建设也取得了一定成效。恒丰银行杭州分行争创杭州市文明单位工作已通过杭州市文明办现场考评并向社会进行公示，辖属萧山支行荣获“首届杭州文明服务百优银行网点”、绍兴支行荣获“浙江省银行业2012年度文明规范服务示范单位”，涌现出“中国银行业文明规范服务明星大堂经理”和“魅力之星”王燕同志、杭版“托举哥”杨悦同志等先进典型，在恒丰银行系统内树立了精神文明先进个人的标杆。年初以来，恒丰银行杭州分行通过“软硬兼施”抓好服务工作。一手抓硬件改造，逐步完善网点基础设施、进一步提升服务功能、努力营造舒适的营业环境，目前辖属余杭支行按照中银协关于星级网点标准组织网点进行星级标准装修和升级改造，新设机构的网点装修均按四星级（含）以上网点标准进行硬件配备。一手抓软件升级，采取自查、抽查和从街道、社区、企业中聘请行风监督员相结合的方式，加强对各营业网点的文明规范服务监督；积极开展文明规范服务导入培训，主要涉及厅堂管理、通用服务礼仪规范、规范服务六步法、晨会制度、迎客服务规范、首问负责制、常用金融英语、柜面服务手语操作、现场投诉应对技巧等，并组织半年一次的业务技能大比武，查漏补缺，稳步提升服务技能，在2012年10月浙江省金融机构人民币点钞及反假货币技能竞赛中，恒丰银行杭州分行荣获团体B组（全国性股份制商业银行）第三名的好成绩。

（二）不断扩大服务网络

恒丰银行杭州分行大力推进机构设置工作，不断完善服务网络，取得一定进展，富阳支行于2012年3月22日开业，金华永康支行顺利筹建中；嘉兴分行完成了选址和申请筹建等工作，绍兴支行、义乌支行升格工作在推进中。

（三）大力宣传服务品牌

恒丰银行杭州分行注重服务品牌宣传，不断完善内外宣传机制，一方面创新对内宣传，于2012年初对报纸内刊进行升级，全年出版《钱塘恒丰》杂志内刊5期，营造员工“以行为家”的氛围；另一方面力推对外宣传，2012年共对外发表信息稿件133篇，其中在中央级媒体人民网发表6篇，在省政府金融工作简报、省银协《浙江银苑》杂志、市金融办简报、《金融界》、《中国改革报》等省级媒体发表43篇，同比增长 105%。由于恒丰银行杭州分行信息稿件质量高、数量多、时效强，得到了省银协的肯定，荣获 2012 年浙江省银行业协会信息宣传二等奖，在浙江省 47 家金融机构中位列第 7。

（四）抓好党建带动服务

一是组织全体党员认真学习党的十八大，分层次制订学习方案，在分行范围内兴起学习贯彻党的十八大精神的热潮，把党的十八大精神同分行党建工作、科学发展、履行岗位职责紧密结合起来，推动分行各项工作稳步发展。二是加强党组织建设，2012 年，新建立富阳支行党支部，调整充实支委会 4 个，确保组织健全。开展“建党 91 周年喜迎党的十八大系列活动”，组织参加浙江省银行业协会“喜迎十八大，为浙银添彩”优秀书画摄影作品比赛，选送的作品分别获得摄影组特别奖、摄影组一等奖、书法组优秀奖。三是开展廉政文化建设主题活动，通过开展廉政教育“上手机、上墙面、上屏幕”活动，统筹推进廉政文化建设，构筑党风廉政建设的长效机制。

恒丰银行宁波分行经营管理情况综述

恒丰银行是一家全国性股份制商业银行，总部设在山东省烟台市。2012年3月7日恒丰银行宁波分行正式成立，并于当月27日正式对外营业。恒丰银行宁波分行现下设15个部门，有员工94名。

【经营业绩】 2012年末，恒丰银行宁波分行本外币存款余额160.51亿元，资产总额167.39亿元，其中贷款余额22.43亿元、理财投资余额59.05亿元，买入返售金融资产余额66.92亿元。当年实现账面利润1.86亿元。

【风险管理】 一是加强案防工作，严守风险底线。开业之初，恒丰银行宁波分行就成立案件防控与处置工作领导小组，统筹负责分行案件防控与处置全面工作。全行范围内层层签订《岗位履职责任书》及《员工行为守则遵守承诺书》，承诺遵纪守法，履职尽责。二是完善制度建设，强化执行刚性。恒丰银行宁波分行出台了2012年内控制度梳理活动实施方案，确保分行制度建设的系统性和前瞻性。在日常管理中，恒丰银行宁波分行运用“热炉法则”，坚持用制度管人、管事，抓制度落实。对于银监会“两个意见”、“防范操作风险13条”及总分行案件防控制度中条线行为禁令、业务“红线”和行为“铁律”，组织各部门深入学习，严格执行，违规行为一旦发生，实行“零容忍”。密切关注员工“八小时”以外的活动，规定凡出入高消费场所、离开宁波（含舟山）区域都要向分行报备，分行中层干部每天记录工作日志备查。三是加强检查监督，不断提高防案控险能力。充分利用审计工作平台，加大非现场审计力度，并通过系统对违规业务进行监测、预警、分析、跟踪及报告等处理，以实现对业务操作风险的有效管控。针对总行审计问题库中的1083个问题，开展自查自纠活动，分解到各个条线，并负责跟踪督导，及时掌握活动进度，做好调度及汇报工作。四是创新风险管理，努力前移风险管理关口。恒丰银行宁波分行出台了《恒丰银行宁波分行风险提示函》，并于2012年9月3日起开始向企业寄发，以此提示案件风险及操作风险。《人民网》、《金融时报》、总行和宁波银监局的网站、当地媒体都做了相关报道。

【业务发展】 一是明确市场定位，服务实体经济。恒丰银行宁波分行积极把握产业结构调整这一契机，积极落实金融支持实体经济的发展要求。聚焦产业转型，支持产业结构调整；聚焦增加就业率，着力加强中小企业金融服务。截至12月31日，全行信贷主要投向于批发和零售业、制造业两大行业，占比57.49%。二是发展中间业务，增加盈利能力。充分体现“快”、“准”、“狠”、“变”的经营思路，在项目选择上，坚持以支持实体经济和地方政府建设为着落点。同时，恒丰银行宁波分行将风险控制层层落实、贯穿各个环节、各个部门，对中间业务实行系统性、有效性的监测控制，对于每笔中间业务均由分行法律合规部出具法律审查意见。三是挖掘客户需求，创新传统业务。恒丰银行宁波分行在深入研究和具体分析客户群体的基础上，挖掘金融需求，为普通客户提供标准化服务，为重点优质客户提供特色服务。宁波外贸型企业较多，贸易融资需求大，2012年，恒丰银行宁波分行已办理国际业务结算量2.12亿美元。恒丰银行宁波分行还不断尝试其他新型授信业务，如银票质押项下的保理代付业务、借款保函担保贷款、贵金属租赁业务等。四是加强信息收集，建立风险客户数据库。恒丰银行宁波分行通过各种渠道，充分利用各种工具，对各个县市区域公开或非公开的风险客户实行地毯式排查和梳理。从授信客户、担保企业、关联客户、授信银行及金额等不同角度入手，编织风险数据网，供经营部门和风险管理人员调查和审查时使用。

【企业文化】 一是强化责任理念，倡导敬业精神。在工作上，恒丰银行宁波分行倡导二线为一线服务，一线为客户服务，领导为员工服务的理念，有所作为，敢于担当。恒丰银行宁波分行引导员工常思能力不足，常怀本领恐慌，常找学习差距，树立终身学习的理念。结合《责任比黄金更重要》一书，在全行范围内发起了责任学习和讨论活动。二是强化员工培训，提高胜任能力。坚持“实践中锻炼人才”的培育思路，鼓励人才在“实战”中不断成长。2012年度，恒丰银行宁波分行层面组织的各类培训超过50场次。恒丰银行宁波分行向全体员工下发《胜任才是硬道理》一书，要求大家认真梳理、对照岗位职责，找差距，求对策，不断提升自我。三是以党团工作为抓手，增强分行凝聚力。组织“庆祝建党91周年”和“喜迎党的十八大”等主题活动，召开“防范‘四大危险’ 提高胜任能力”专题学习会。设立员工爱心互助基金，成立了学雷锋志愿服务队，组织环保志愿活动。

渤海银行杭州分行经营管理情况综述

行长　姜乳云

2012年，是渤海银行杭州分行发展史上极不平凡的一年。这一年，受浙江总体经济形势的影响，渤海银行杭州分行经营管理遭受了前所未有的重大挑战。面对严峻复杂的形势，全行上下始终坚持审慎经营、稳健发展的经营理念，认真贯彻总行"三个有针对性"的经营方针，上下同心，积极应对，主动作为，超常付出，总体呈现出"主体业务快速增长、经营效益逆势提升、客户拓展稳步推进、业务转型路径拓宽、风险防控化解危机、基础管理不断精细、社会声誉明显提升"的良好局面。

2012年，渤海银行杭州分行全面和超额完成总行下达的各项经营预算指标。至2012年末，资产总额达269.05亿元，较年初增长27.22%；各项存款余额176.65亿元，较年初增加30.02亿元，年日均存款余额达167.42亿元；各项贷款(含贴现)余额达160.92亿元，较年初增加32.9亿元。

2012年，渤海银行杭州分行实现营业净收入7.87亿元，完成总行全年预算的115.12%；中间业务净收入1.13亿元，同比增长50.94%，完成全年预算的115.21%，中间业务净收入占比14.38%，同比上升2.8个百分点；不良贷款率0.8%，列同类银行第二位。

2012年，渤海银行杭州分行的主要工作呈现出以下几个特点。

一、坚持转型发展，三条主线业务齐头并进

2012年，全行上下围绕支持实体经济、服务核心客户的总体目标，深入推进批发、零售、金融市场业务联动发展、创新发展，全面提升了客户综合金融服务能力，整体业务发展呈现良好态势。

1. 批发业务逐步向资源节约型模式转变。2012年，全行批发业务存款余额达145.13亿元，较年初增长15.05%；批发客户贷款余额(含贴现)达130.61亿元，较年初增长25.1%(对外资产转让9.95亿元，实际较年初增长34.6%)。全行公司客户数1851户，其中有效客户1147户，分别较上年增加177户和271户。在保持存款业务稳步增长的同时，批发条线围绕转型目标，不断探索新的业务增长模式，有的放矢地优化业务结构，推进业务不断向资源节约型方向发展。一是有针对性地拓展重点项目。将具有充足现金流和抵押物的基建项目作为业务拓展重点，加强与优质国有企业及民营行业龙头、当地龙头企业的业务合作。对房地产、政府融资平台等重点行业客户实施"名单制"管理，逐步退出综合贡献低、信用评级低和潜在风险隐患突出的市场领域。二是积极推动小微企业发

展。2012年，渤海银行杭州分行通过制定小微企业业务发展细则与指导意见、开展“小微企业金融服务宣传月”活动、积极推广“小额快捷通”产品、成立两家小微企业专营机构、积极组建专项业务团队，小微企业贷款达到“两个不低于”的要求。2012年末，渤海银行杭州分行中小微企业贷款余额达69.26亿元，较年初增加17.2亿元，增幅达33.03%。中小企业新拓展客户数、新增贷款额、累放贷款额均列总行系统前茅。三是推进业务多元化发展。积极探索境内外联动的贸易融资方式，试点“跨境理财通”业务，较好地促进了国际业务较快增长。2012年，渤海银行杭州分行实现国际结算量10.7亿美元，同比增长152.86%，其中跨境人民币结算量55.6亿元，同比增长371.99%。年末银承业务余额54.11亿元，保函余额0.61亿元，委托贷款余额28.46亿元，信用证余额32.30亿元，成功签署2单中小企业私募债受托管理与资金监管业务。

2. 零售业务向“两个20%”目标稳步推进。2012年，渤海银行杭州分行储蓄存款余额达31.52亿元，个人贷款余额达30.31亿元，全行存贷款日均结构占比分别达到14.48%和17.74%，较总行占比分别高5.29%和3.88%。一是开展主动营销活动，促进零售客户增长。2012年，渤海银行杭州分行零售条线积极开展“渤海产品校园行”、“零售产品进社区”、“刷卡积分”、“刷卡观影”、“炫秀卡发布会”等营销活动，参加浙江省第七届理财博览会，推动零售客户的增长。2012年，渤海银行杭州分行新增个人有效客户6378户、个人中高端客户542户、个人网银有效客户2072户，分别完成总行下达年度预算的159.45%、129.67%和172.67%；新增借记卡13147张、个人网银5534户、手机银行1436户，分别完成总行下达年度预算的109.56%、138.35%和143.6%。二是加强产品研发，推进理财业务较快发展。从产品链完整性、收益率、发行流程等方面着手，加大渤盈、渤盛产品及代理信托业务的开发力度，丰富产品种类和期限结构及高端客户服务工具和手段，理财业务得到快速发展。至12月末，渤海银行杭州分行管理个人财富资产余额达40.61亿元，较年初增长38.45%，累计发行个人理财产品203期，实现销售18.13亿元。三是大力开展业务竞赛，有效推动个贷业务发展。至12月末，渤海银行杭州分行个贷余额30.31亿元，较年初增加6.69亿元，个贷余额在总行系统内列第一。其中，个人经营性贷款余额达14.53亿元，较年初新增6.09亿元，余额、新增均在总行系统保持第一。

3. 金融市场业务和投行业务实现创新发展。2012年，渤海银行杭州分行针对形势变化和客户需求，通过抢抓市场机遇、加强产品创新，金融市场业务和投资银行业务取得新进展。全行金融市场条线实现净收益1.62亿元，同比增长86.75%。其中：金融市场业务净收益6801万元，增幅89.89%，中间业务收入6442万元，增幅169.56%。累计办理国内代付业务9.95亿元；代付同业业务7.02亿元；票据转贴现买（卖）断累计88.74亿元；票据回购业务42.61亿元；累计吸收同业资金117.98亿元。在金融市场业务方面，一是渠道创新，加深与非银行金融机构的合作。通过将交易范围扩展到全国各地的同业，如新增广东省农村信用联社、中国邮政储蓄银行等优质的资金方，同业存款大幅增长。全年共吸收同业存款117.98亿元，与上年同比增长96.98%；二是业务创新，以理财业务扩大资金规模，提升投资收益。至12

月末，共投资非债理财6笔，规模达45亿元，实现收益约5300万元，其中，应收款非债投资买入返售类型理财20亿元。大力拓展非银行机构合作业务和银行同业合作业务，形成新的业务增长点。在投资银行业务方面，加快推进债务融资工具承销业务。成功完成浙江凯喜雅国际股份有限公司3.5亿元的短期融资券发行；渤海银行杭州分行全年新增债务融资工具业务立项86亿元，签署承销协议或上报协会34亿元，完成目标任务的113%。创新性地探索并开展了企业债托管业务和中小企业私募债受托管理与资金监管业务。已经成功签约两单企业债托管业务合作意向书，托管规模达25亿元；成功签署两单中小企业私募债受托管理与资金监管业务，中小企业私募债试点工作初见成效。首开与浙江股权交易中心合作，完成首单中小企业融资挂牌推荐。目前，已经成功签约两单企业债托管业务合作意向书，托管规模达25亿元。

二、坚持稳健发展，有效防控各类风险

2012年，在国内经济趋缓，银行资产质量面临严峻挑战的形势下，渤海银行杭州分行不断增强工作的主动性、预见性和前瞻性，实施一系列积极有效措施，全面强化风险管理工作，成功抵御了各类风险的严峻挑战，确保了资产质量持续稳定。2012年末，渤海银行杭州分行不良贷款余额为12820万元，不良贷款率0.8%，保持当地股份制商业银行较低水平。全年在面临的各类操作风险防范、案件防控、科技信息安全、银行服务管理及舆情风险防范等工作压力巨大的形势下，渤海银行杭州分行实现了无重大业务差错、无安全保卫责任事故、无员工违法违纪案件、无系统中断、无负面舆情的内控管理目标。

1. 加强信贷管理，有效严防信贷风险。一是严把准入关。分阶段实施准入门槛的从严管理。暂停了建筑、钢贸、纺织行业的新增授信，加大了对民间借贷、联保互保的审查力度。渤海银行杭州分行新增客户质量优于往年，信用等级BBB以上客户占比达42%，比上年提高8个百分点。二是慎守审批关。在经济下行压力下，主动实施逆周期风险管理，对重点行业、重点客户、重点产品和重点区域，采取有针对性的风险管控措施，建立限额和集中度管理模式，对建筑、光伏、钢贸、船舶等高风险行业实行“名单制”管理，明确集团、中型、小微客户的认定标准、授信实施细则，不断调整优化信贷结构；三是加强检查关。严格按照九级分类办法做好风险分类，高度重视关注类贷款管理，防止资产质量向下迁徙；制定《杭州分行零售授信业务发放审查操作细则(试行)》，及时做好零售贷款发放审查业务的划转和承接工作；通过信贷监控部人员直接参与项目准入审核会、建立多人换手审核制度、加强每日风险监控等手段，有针对性地展开各项日常贷后管理督导和专项检查工作，做好各项预警方案，及时有效地化解各类信用风险。

2. 加强内控建设，有效严防操作风险。一是进一步完善内控合规管理体系。按照总行内控管理要求，调整渤海银行杭州分行内控管理委员会和分支行内控领导小组，增加专业人员，明确工作职责，充分发挥内控管理职能；二是认真开展各类合规检查。围绕“全覆盖、抓重点、横到边、纵到底”的工作要求，开展“整治不规范经营”专项活动、全面风险排查、全面审计自查自纠、员工行为排查等检查20余次，完成检查内容156项，发现并解决问题390个，涵盖内控管理的方方面面，有效防范了操作

风险；三是构建案件防控长效机制。始终保持案防高压态势，坚持“预防为主，查防结合”的原则，不断完善案防机制，逐级签订承诺书，切实落实案件防控责任，强化执行力，做到全年无重大案件发生。四是积极营造合规经营文化。通过开展柜面业务应急处理、普法教育、反洗钱等不同形式的合规培训，编发《内控合规简报》，及时收集各类政策法规信息，做好风险提示，有效防范风险隐患，在全行牢固树立“合规创造价值”的文化理念。

3. 加强舆情监控，有效严防声誉风险。2012 年，渤海银行杭州分行召开舆情监测工作会议，制定了舆情监测管理办法，建立舆情监督机制和应急预案，落实专人专岗，并加强与新华社浙江分社、《金融时报》、杭州电视台等主流媒体的联系，建立良好的合作关系，有效防范了声誉风险，实现了全年无重大舆情事件发生。

三、坚持长远发展，基础管理水平进一步提升

2012 年，渤海银行杭州分行围绕“实现集约化经营、专业化管理、一体化发展”的总体目标，不断完善基础管理，着力提升“二线服务一线，后台支持前台”的服务保障能力，基础管理水平得到进一步提升。一是加强人力资源管理机制建设，为分行发展提供人力保障。搭建干部公开选拔、任用平台，充实分行骨干力量。通过开展员工“师徒制”、岗位技能培训等方式，提升员工业务技能水平和综合素养，全年共有 70 位员工获得薪酬的提升和职级的晋升。二是加强财务考核体系建设，绩效考核更趋科学性。修订人力费用和营销费用配置办法，进一步完善分行薪酬激励机制，强化“存款立行”的激励导向，提高经营单位创利的积极性和主动性。三是加强业务营运体系建设，工作效率明显提升。通过改善客户回单服务、调整日间库管理模式、创新城区支行现金调缴业务方式、建立重要空白凭证配送机制、优化单位结算账户开户流程，进一步简化工作程序，提高营运工作效率。四是加强安保体系建设，确保经营安全运行。认真落实安全保卫责任制，夯实安保工作基础，实现全行无安全责任事故；五是加强网点服务体系建设，整体服务工作水平迈上新台阶。结合“民主评议行风”活动，渤海银行杭州分行认真组织开展迎五一服务质量月活动、“创千佳”文明示范单位评比活动，网点窗口服务水平得到进一步提高。年末，渤海银行杭州分行在总行年度服务质量检查中以 98.25 的高分名列系统内第一。六是推进党工团和企业文化建设，员工凝聚力得到增强。扎实开展“保持党的纯洁性教育”活动，认真组织“增党性、树形象、促转型”主题实践活动，提高了全行党员干部的党性修养。充分发挥工会、共青团等组织作用，推进分行企业文化建设，渤海“家文化”的氛围更加浓厚。

在全行员工的共同努力下，2012 年渤海银行杭州分行在当地同业各项指标排名中，存款、贷款、营业收入增幅和资产质量均名列前茅。渤海银行杭州分行被天津市总工会授予“五一劳动奖状”；被《当代金融家》杂志评为“最具社会责任分行”；渤海银行杭州分行工会被天津市总工会评为“先进职工之家”；在银行业金融机构第二轮安全评估活动中，渤海银行杭州分行获得全省第一名；在总行第二届职工技能大赛中获得团体第一名；渤海银行杭州分行档案管理达到浙江省档案目标管理省一级；渤海银行杭州分行营业部被评为“首届杭州文明服务百优网点”和“浙江省文明服务示范单位”。

中国邮政储蓄银行浙江省分行经营管理情况综述

行长 王雄飞

2012年是“十二五”规划承上启下的重要一年，也是中国邮政储蓄银行(以下简称“邮储银行”)浙江省分行组建运行五年来，着力推进向现代商业银行转型、全面提升综合竞争能力的关键一年。一年来，在浙江省委、省政府和总行的正确领导下，在监管部门和社会各界的关心、支持下，邮储银行浙江省分行广大干部员工积极应对内外部的严峻挑战，深入贯彻科学发展观，紧紧围绕“深化改革、全面转型、加快发展”三大中心任务，牢牢把握“进中求稳”的工作基调，坚持服务“三农”、服务中小企业、服务社区的大型零售商业银行定位，着力转变发展方式，加快创新体制机制，持续提升管理精细化水平，全面增强风险管控能力，积极营造内外部和谐氛围，促进企业和员工共同成长，实现了邮储银行浙江省分行在科学发展道路上的新跨越。

2012年，邮储银行浙江省分行实现金融业务总收入56.06亿元，同比增长19.01%；实现银行自营收入36.54亿元，同比增长24%；实现考核利润13.54亿元，同比增长24.33%。在保持较快增长的同时，全辖努力推进增长方式由粗放向集约转变，人均创利、收入利润率、成本收入比三项指标均居系统内第一位。

截至2012年末，邮储银行浙江省分行辖内资产规模达到1746.22亿元，比年初增加276.03亿元，增幅18.77%。各项存款余额达到1687亿元，当年新增258亿元，其中储蓄存款增加206亿元，单位存款增加52亿元；人民币储蓄存款余额1478亿元，居全省银行业第四位。至2012年末，邮政储蓄资金通过各种渠道回流浙江余额达到1107亿元；各项贷款余额672亿元，其中零售信贷余额613亿元；当年新增各项贷款余额121亿元，其中零售信贷净增89亿元；全辖零售贷款、小微企业贷款、涉农贷款余额在系统内均列第一。

在各项业务平稳、较快发展的同时，邮储银行浙江省分行高度重视经营管理和风险管控工作，全辖资产质量继续保持良好。截至2012年12月末，辖内贷款不良率为0.32%，低于系统内平均水平和省内银行业平均水平。

2012年，邮储银行浙江省分行秉承普惠金融服务理念，以支农支小为己任，持续探索服务“三农”、服务中小企业的新方式，得到了社会各界的充分肯定和赞扬：浙江省分行被省人民政府授予“金融机构支持浙江经济发展奖”和“金融机构改革创新奖”；丽水市分行被国务院授予“全国新型农村和城镇居民社会养老保险工作先进单位”称号，是浙江省唯一获得该荣誉的金融机构；金华市分行荣获“浙江省城乡居民社会养老保险工作先进单位”。

邮储银行浙江省分行在向小微企业、“三农”客户提供以信贷支持为核心内容的服务的同时，积极满足其存款、汇款、保险、理财等多样化的金融需求，探索出了“普遍服务＋商业可持续”的经营模式，获得中纪委副书记赵洪祝（时任浙江省委书记）、王建满副省长及朱从玖副省长的批示表扬。

一、坚持定位，努力服务浙江经济社会发展

邮储银行浙江省分行坚决贯彻落实国家宏观调控和监管政策，紧密围绕全省“八八战略”和“创业富民、创新强省”总战略，充分发挥点多面广优势，为大众、为百姓提供“普惠”服务，加大服务创新力度，积极履行社会责任，努力服务于浙江经济社会的科学发展。

（一）重点倾斜，大力做好小微企业金融服务

2012年，邮储银行浙江省分行积极贯彻落实省委、省政府“保总量、优结构、拓渠道”的工作要求和“区别对待、有保有压”的工作方法，从规模、政策等多方面给予小微企业重点倾斜，力求将解决小微企业融资难落到实处。

一是规模上重点倾斜。受宏观调控和总行政策影响，2012年总行分配到浙江省分行的信贷规模较2011年有所减少。为此，邮储银行浙江省分行积极调整、优化贷款结构，腾挪贷款规模，以加大对小微企业贷款规模的倾斜力度，年初计划小微企业信贷规模分配占比达85%。同时，积极向总行争取信贷规模，全年实际信贷规模较年初计划增加18.75亿元，且这些新增规模大部分投向小微企业。全年实际小微企业贷款投放占比达91%，至2012年末，小微企业贷款余额412亿元，占各项贷款余额的61.31%。

二是政策上重点支持。让利于小微企业，对小微企业实行差异化的优惠利率政策，最低可执行基准利率。提升贷款处理效率，对小微企业开辟绿色通道，严格控制贷款调查及审查审批时间，如无特殊原因，客户的贷款支用申请原则上在三个工作日内完成，切实满足小微企业“短、频、急”的融资需求。拓宽融资渠道，根据本省小微企业的特点，突破传统房产抵押的局限，因地制宜，创新推出再就业小额贷款、农业机械购置补贴贷款、商位使用权质押、渔船抵押、农房抵押、林权抵押、经营性车辆按揭、小水电抵押贷款等产品，有效拓宽小微企业的融资渠道。此外，利用自身资金和网络优势，与同业合作，通过保函等形式，向同业新增及存量客户授信，增加小微企业的融资渠道。

三是行动上重点帮扶。7—12月，邮储银行浙江省分行与省金融办联合举办了“走进乡镇，服务实体经济——2012·邮储阳光行动”活动。此次活动以走进乡镇、走进企业为切入点，通过政银企三方合作，深入探索并建立金融支持实体经济发展的长效机制。活动期间，推出了电子、窗口和联络员受理三大金融服务平台，出台了创新产品、“阳光信贷”政策等十大配套措施，充分依托邮政储蓄银行遍布城乡的网络优势和群众基础扎实的品牌优势，与各地政府和团体协会联手举办了一系列紧密的银政企联动活动。活动期间，在全省乡镇街道开办推介会超过600场次，为近万家小微企业提供一对一的重点帮扶，累计为6.9万户小微企业提供信贷资金支持268亿元。邮储银行浙江省分行成立五年来，已累计向省内64万家小微企业和农户提供了1667亿元的信贷资金支持，占信贷资金

投放量的85%以上。

（二）注重实效，努力提升农村金融服务水平

邮储银行浙江省分行始终高度重视党和政府寄予的服务“三农”嘱托，充分发挥覆盖城乡的网络优势，积极改善农村支付结算环境，不断创新金融支农方式，提升农村金融服务水平。

一是大力推进“送贷下乡”活动。认真落实省委、省政府“强农惠农富农”的政策导向，大力推行信贷员下沉网点、信贷员送贷到乡等支农新方式，千方百计加大信贷支农力度。2012年共召开送贷座谈会、宣传推介会近千场（次），年末涉农贷款余额245亿元，占全部贷款余额比重的40%，比年初增加32亿元，增幅达15%，实现了县域地区信贷满足率、覆盖率和服务满意率的明显提升。

二是积极支持丽水农村金改。以丽水农村金改为契机，积极争取总行的政策支持，总行和省分行相关领导和负责人员第一时间赴丽水进行现场调研，制定了《结合农村金融改革做好浙江丽水信贷业务发展的区域性指导意见》，针对性地出台了多项支持措施，包括调整小额贷款产品要素、试点推出“公司＋农户”模式小额贷款、探索与专业担保公司和保险公司的合作模式等，极大提高了丽水市分行的农村金融服务能力。对此，新华社记者特地到丽水市分行实地调研并专题报道。

（三）积极开拓，支持重点项目建设

邮储银行浙江省分行认真践行省委、省政府提出的金融机构要支持浙江省大平台、大产业、大项目、大企业建设的要求，加大对全省重点项目建设的信贷支持。2012年，通过不断努力，邮储银行浙江省分行在获得总行公司授信业务准入资格后，组织杭州、温州、嘉兴、绍兴、金华和衢州等地分支机构积极开发关系社会民生的交通、电力等项目贷款，当年累计发放项目贷款30亿元，年末授信余额38.75亿元。

二、积极创新，驱动普惠金融服务转型升级

2012年，邮储银行浙江省分行秉承普惠金融服务理念，积极创新，持续探索服务“三农”、服务中小企业、服务社区的新方式、新产品、新手段，切实把邮政金融普遍服务理念融入到支农支小业务中，持续为广大农村、边远山区的居民以及小微企业提供需求对路、贷款方式普遍可接受的金融服务，不断推进普惠金融服务转型升级。

（一）坚持业务创新，多方位满足客户需求

一是通过丰富信贷产品，进一步满足客户融资需求。强化担保方式创新，突破单纯依赖抵质押物的方式，推出小微企业组合担保贷款（抵押＋保证）、农业机械购置补贴贷款、再就业小额贷款、“公司＋农户”模式小额贷款、市场方担保贷款、经营性车辆按揭贷款、小水电抵押贷款等新产品，有效扩大客户担保方式和融资渠道。推出个人综合消费贷款、个人信用贷款、公积金贷款等产品，调整小企业贷款以及部分地区小额贷款的产品要素，满足客户多样化融资需求。

二是借力直接融资，扩大客户融资渠道。积极探索小微企业直接融资渠道，在省内开展小企业集合债权信托产品的试点工作。通过小企业集合债权信托，为辖内小企业提供信托资金支持3000万元。

三是完善中间业务，提供综合金融服务。积极完善一户通、非税系统和行内中间业务系统，增加对公电费代缴等代收付业务种类，为客户提供综合金融服务。

四是丰富外汇产品，提升国际业务服

务水平。初步具备国际结算、结售汇、国际贸易融资等外汇业务产品体系，2012年实现对公外汇产品零突破，成功办理首笔跨境人民币结算业务，获得总行授权经营管理外汇贷款和国际贸易融资业务，对个人和公司客户本外币协同营销与综合服务能力不断提升。

（二）坚持服务创新，进一步夯实金融服务

一是推行“一站式”惠农金融服务。邮储银行浙江省分行植根浙江区域经济，开发浙江农村市场，弥补农村地区金融服务相对不足、金融基础相对缺失的现状，进一步完善农村金融服务，加大对农村地区个人金融基础知识、国债知识的普及，培育农村地区居民投资理财理念，促进农村经济发展。2012年10月至12月，邮储银行浙江省分行联合人民银行杭州中心支行开展“理财惠农　国债下乡　服务三农　惠及城乡”专项活动，宣传理财基本理念，送金融产品下乡，努力填补农村地区理财、保险、国债等金融服务空白。活动采用调查问卷等形式，发动人民银行和邮储银行各分支行共同走访农户、服务乡村，组织各项宣传活动500余次，覆盖900余个乡镇、街道。

二是深入开展助农取款服务工程。为进一步解决农村地区普遍存在的小额提现难问题，邮储银行浙江省分行继续稳步推进“助农取款服务点”的布放工作，切实改善农村偏远地区的支付服务环境。截至2012年末，已在省内63个县（市、区）设立8320个助农取款点，行政村覆盖率达到50%，惠及农民760多万户。开发助农电力缴费、试点代理转账，不断丰富服务功能；以助农取款服务点作为支农惠农的重要宣传阵地，提示农村金融风险，提高农村金融知识水平。

三是积极发挥网络优势，将惠民服务落到实处。坚持推行绿卡免年费、免省内交易手续费、低跨省跨行交易费用的“两免一低”惠民服务，利用“一折通”渠道为农村居民提供农资综合直补、家电下乡、水稻良种补贴、汽车下乡、畜牧补贴、农机补贴等20多种财政惠农补贴发放服务。2012年，邮储银行浙江省分行“一折通”惠农服务客户数达575万户，累计发放金额61亿元，占全省财政惠农补贴总发放量的50%。辖内62个分支行参与养老金等社保资金代发，服务社保资金客户近190万户，占总代发量的50%；为省内80%的市县代发养老金，1/3县市的代发量占比超过50%。同时，积极参与国家惠农新政“新农保”服务，辖内32个分支行获取资格，在邮储银行浙江省分行参保人数达114万，领取养老金的人数达139万。

（三）坚持管理创新，进一步提升服务质量

一是合理优化网点布局。通过新建增设、迁址重装、调整配置等形式，使网点布局更加优化，网点服务功能更加齐全，客户服务更加便捷、规范。截至2012年末，邮储银行浙江省分行营业网点达1352家。

二是加大自助设备布放和运营维护的力度，提高自助服务对客户的友好性和吸引力，不断提升渠道服务能力。增加ATM（含CRS）等自助设备布放，设备市场份额较上年末提高0.2个百分点，其中CRS数量较上年末增长142%。

三是提升电子银行服务水平。加快建设电子银行体验区，提升客户体验感受，网点配备电子银行体验设备，铺设WiFi无线网络，为客户提供舒适、安全的电子银行交易环境。完善电子银行功能，扩大电子银行使用范围，开发和丰富电子银行的中间业务功能，实现水、电、煤、电视缴费的电子渠道；拓展网上支付商户、手机支付商户、电视支付商户，扩大电子银行功能使用范围。

四是开展服务提升活动，着力提升服务管理能力和网点服务水平。开展“用心服务 您的满意 我的追求”服务主题演讲比赛、业务技能比赛、服务质量评比活动，推动服务质量的提升；通过制定大堂经理管理指导意见、投诉管理办法，加强对网点员工的规范化管理，全面推进柜员标准化培训，探索客户经理标准化培训，夯实服务基础工作；进一步推进示范网点建设，加强规范服务管理，推广柜员标准化服务规范，全辖18家网点荣获“2012年度浙江银行业文明规范服务示范单位”称号，其中富阳、义乌2家支行营业部荣获“2012年度中国银行业文明规范服务千佳示范单位”，临海市东洋支行、乐清市支行营业部在团省委“青年文明号”评选活动中，被评为省级“青年文明号”单位；结合省纠风办民主评议行风活动，严格执行“七不准”、“四公开”要求，重点解决服务收费不规范和“排队长、排队难”等百姓关心的问题，完善服务检查机制和客户监督机制，取得了实实在在的效果，在参评金融机构中群众满意度名列前茅。

三、加快转型，持续推进管理运行效能提升

2012年，邮储银行浙江省分行以“管理年”活动为载体，将管理摆在全行各项工作的重心位置，把管理作为发展提效和能力提升的起点与内核，结合加快转型、转变发展方式的要求，围绕降本增效、管理扁平化、作风建设、规范操作、服务提升、风险排查等方面，逐步形成精细、规范、严格的管理理念，管理水平稳步提升。

（一）精细管理，提高资源配置效率

一是加强财务管理，推进降本增效活动，提升财务资源管理效益。通过建立和完善投资、成本管理内控制度，规范费用使用标准和审批程序，建立成本费用投入后评估机制，全辖成本管控取得良好效果，“成本收入比”比预算目标降低1个百分点。健全了网点建设项目可行性评价模型，提高立项审核科学性。通过绩效考核引导，发挥创新激励办法、新业务推广及新产品创新奖励办法的激励作用，全辖创新驱动力明显增强，2012年全辖共上报总行创新项目42个。

二是加强人力资源管理，重视人力资源的驱动作用，通过调整岗位结构，盘活存量人员，充实营销类人员和管理人员。通过梳理职能，调整优化机构设置，省分行设立资金部、工会、资产保全中心；台州等市分行增设票据中心；乐清等县（市）支行设立公司业务部和个人业务部；临海等支行组建营销团队，有力支撑发展转型的需要。

三是加强渠道管理。通过自助设备投放和电子银行业务发展，在降低人力成本的同时，提供了多样的服务渠道，全年离柜分流率较上年提高9.50个百分点，自助设备单机产能得到提高，同时有效缓解了排队难题。

（二）规范管理，提高运行效率

一是推行规范操作。加强会计结算管理，通过稽核、对账的集中管理，有效控制风险；通过备付金的集中管理，努力提高资金收益。

二是推进流程再造，通过管理扁平化提升效率。突破原有组织框架，逐步探索基于标准流程的集中管控体系。省分行设立会计稽核中心，实现了个金、公司等业务的集中稽核，稽核效率和风险管控作用明显提升。省分行设立采购中心，实行集中采购，降本增效作用显著；杭州、温州市分

行率先探索城市大支行改革，成效明显；在金华市分行设立双审计中心，试点推进审计管理扁平化。

三是推进信息科技建设，优化运营支撑体系。通过加大信息化工程建设与应用开发力度，合理调配信息科技资源，充分结合利用专业供应商的外包服务，提升管理运行效率。在加强系统运维工作基础上，自行研发出多项业务、管理信息系统，投入运行全省集中监控中心，有力支撑了业务发展和管理需要。

（三）严格管理，提高执行力

一是狠抓作风建设。开展机关作风建设活动，着力推进机关效能建设。制定省分行机关员工岗位交流管理暂行办法，组织员工赴基层行交流；制定省分行机关员工蹲点实施制度，建立赴基层蹲点学习和调研的常态化工作机制，改进省分行工作作风，提高服务基层能力。

二是狠抓高效执行。对重要工作建立健全数量化、精细化的监督管理机制，落实督办制度。增强市分行管控能力，着力提高市分行解读、消化、创新、传导、监控、纠偏的能力，提升市分行的管控水平。

三是规范高管管理。健全高管管理机制，完善考核，明确高管人员年度述职述廉工作要求；规范高管人员的因私出国（境）管理；加强高管人员培训教育，实施“411”培训计划；加大高管人员交流调整力度。

四、严控风险，着力构建内控管理长效机制

2012年，面对各类风险事件不断暴露的复杂严峻形势，邮储银行浙江省分行积极推进全面风险管理，以优化流程、固化成果、强化管理、提升能力为着力点，不断丰富风险管理工作内涵、推进风险管理体系建设、提高风险管理工作成效，有效保障各项业务平稳发展。

（一）强化风险管理基础，努力提升风险管控体系效能

一是建立并不断完善风险管理委员会和风险联络员制度，规范和优化风委会的议题和议事规则，强化风委会决策监督作用，发挥风险联络员协同管理作用，加强风险信息的归集、监测、分析和控制；简化和规范风险信息发布机制，共编发风险提示等各类风险信息57篇。

二是推行“1+1”合规管理示范行建设，内部控制体系不断完善。明确市分行管风险、管合规、管法务、管保全的“四管定位”，打造杭州、绍兴市分行为总行级示范行，打造湖州、丽水市分行为省级示范行。

三是规范合规审查平台建设，全年对11项新产品新业务及各类新制度进行合规审查；开展合规咨询；推进规章制度常态化管理；开展外规跟踪分析，针对监管部门新法律、规则和准则的变化，及时提出合规建议；开展合规风险评估，及时整改存在问题。

（二）加强全面管控，筑牢风险防线

一是强化员工的合规理念和风险意识。开展合规经营系列教育活动，采用自我检查、自我剖析、专题教育、整改规范、行为比照、知识竞赛等多种形式，通过不断的教育培训，规范员工行为。

二是加强检查，提升自我管控能力。开展全面风险排查活动，着力防范案件；组织全辖开展规范经营检查，通过开展个人零售业务“分季整治”等活动，进一步提升规范经营水平。

三是深化操作和市场风险的管理。完善新产品、新业务风险评估机制，制订评估方案，细化评估流程；健全市场风险管理体系，按月开展市场风险及价格监测；按季开展网点操作风险监测工作，开展客户身份

识别等风险评估工作。

四是严控贷款风险，降低贷款不良率。实现资产分类工作常态化，对资产分类工作进行自查，确保减值准备计提的准确性；开展信用风险监测，全年开展机构风险评价12次，业务条线风险评价4次。完善信贷检查机制，组织正常类贷款、不良贷款和呆账贷款摸底排查工作；高效开展资产保全和不良贷款清收工作，全年组织不良贷款集中清收4次。

五是推进审计规范化、专业化、信息化建设，持续开展全面的风险排查和针对重点机构、重点业务、重点时段、重点人员的专项检查，审计的再监督职能得到强化。

六是从源头入手，持续推进合规文化建设工作。制定通过并试行《邮储银行浙江省分行员工违规行为处理办法》和《邮储银行浙江省分行员工轻微违规行为积分管理办法》(以下简称"两个办法")，明确"管行为"的风险管理文化，进一步规范员工行为，健全员工约束和退出机制，从根本上遏制风险问题的屡查屡犯。

五、和谐发展，着力打造以人为本企业文化

邮储银行浙江省分行坚持以人为本，强化队伍建设，注重发挥广大员工的积极性和创造性，积极营造内外部和谐融洽、公平公正、进取向上的企业氛围，实现企业与员工共同成长。

(一) 注重员工与企业和谐发展

一是注重教育培训，系统全面提高各层面人员能力。围绕"员工开发年"的主题，巩固"全员培训年"的成果，深入实施"人才兴行"的发展战略，突出重点、学用结合、讲求实效。结合业务发展需要，以内部培训为主要方式，分层次、分类别、多渠道、多形式开展培训，2012年全辖共举办各类培训2423期，培训72380人次，分别比上年增长91.69%和96.49%，平均每名员工全年培训达13次，其中省分行机关共举办各类内部培训97期，培训6579人次。整合培训资源，举办客户经理标准化培训实验班和柜员岗前集训班，提高一线员工业务素质。加强省、市、县三级教育培训体系建设，推进内训师队伍建设，设置培训管理岗，在嘉兴市分行试点建立了市分行实训基地。

二是加强队伍建设，搭建人才事业发展平台。制订并实施员工晋升管理实施办法，分别为管理类、专业类、销售类、操作类员工建立晋升通道。拓宽员工职业发展路径，开展省市分行间、跨部门、跨条线员工多岗位交流。全面推行员工评价工作，鼓励员工持续改进与创新。加大干部交流力度，大胆提拔、使用青年人才，积极引进各类专业人才，2012年引进外部人才30人。

三是关心员工成长，营造团结融洽的内部氛围。提高办公设备现代化水平，改善办公条件，努力提高员工收入；建立行领导薪酬与员工平均收入挂钩的机制，每年开展班子满意度调查并作为绩效考核依据，引导行领导自觉维护职工利益；推行职工代表大会制度和行务公开，倾听员工声音；完善"三重一大"决策机制，有效规范权力运行；认真处理来信来访，做到有信必复，促进内部和谐。

(二) 营造和谐向上的企业氛围

一是积极推进党建工作，营造创先争优氛围。通过加强组织建设、思想政治和建章立制等工作，着重抓好领导班子建设，积极发挥思想政治工作的支撑保障作用，不断增强党组织的凝聚力和战斗力。围绕学习型党组织建设，以学理论、强管理为重点，深入开展创先争优活动，推动党员提高思想理论素养，加强党员服务企业的能力

和水平。深入学习贯彻党的十八大精神，切实把浙江省分行全体干部职工的思想统一到党的十八大精神上来。积极发展党员，不断壮大党的队伍，2012年全辖共发展了23名新党员，转入组织关系199名，为党的队伍增添了新的活力。在浙江省省直机关"争创标杆，彰显责任"主题实践活动和创先争优优秀共产党员评选活动中，邮储银行浙江省绍兴市分行章召刚、湖州市分行朱棣分别被评为实践活动"标杆党员"和创先争优优秀共产党员。

二是认真落实党风廉政建设责任制，持续开展读书活动、反腐倡廉宣传教育和警示教育，积极推进纪检监察组织建设、制度建设和信息系统建设，有效发挥了纪检监察在银行内控管理和案件防控中的积极作用。

三是2012年各级工会正式组建到位，在保障职工权益、发挥桥梁纽带作用的同时，积极开展劳动竞赛、合理化建议活动、"建家"活动，组织全省第一届"邮储"杯乒乓球比赛等丰富多彩的文体活动，广大员工的归属感和凝聚力进一步增强。

杭州银行经营管理情况综述

董事长　吴太普

2012年，杭州银行继续坚持稳健经营原则，推进发展方式转变和业务转型，协调好发展速度与质量的关系，把握好风险管控，注重能力提升，积极应对市场环境发生的重大变化，在复杂多变的外部形势下，推动全行可持续发展，取得良好经营业绩。

一、业务经营情况

（一）业务规模继续增长

2012年末，杭州银行全行资产总额3250亿元，较上年增长33.22%，各项存款余额2207亿元，较上年增长21.23%，各项贷款余额（含贴现）1483亿元，较上年增长19.5%。

（二）盈利能力持续提高

2012年，杭州银行全行实现营业收入97.88亿元，利润总额44.75亿元，净利润35.58亿元，分别比上年增长30.28%、32.53%和32.19%。全面摊薄净资产收益率20.32%，较上年提高8.95个百分点。2012年末，全行不良贷款余额14.82亿元，比年初增加7.29亿元，不良贷款率0.98%，比年初上升0.38个百分点。拨备余额37.98亿元，拨备覆盖率256.22%，年末拨贷比2.50%，拨贷比较上年末提高0.38个百分点。

二、主要工作开展情况

（一）业务转型有力推进

1. 加快推进战略重点业务发展。一是小企业业务较快增长。2012年，杭州银行在城商行中首家成功发行了80亿元小企业专项金融债，全年新增小微企业贷款87亿元，增幅30.8%，比全行贷款平均增幅高出10.9个百分点。单户500万元以下贷款新增79.1亿元，占小企业贷款增量的90.9%。小微企业公司信贷客户数、个人经营性贷款客户数分别较上年增加1313户、556户。异地分行的小微金融得到较快发展，北京分行、上海分行两家机构的新增小微企业贷款规模占全行的50%。并在杭州地区筹建德胜东路、余杭塘栖、温州柳市3家小微企业专营支行，进一步明确定位，细分目标市场。杭州银行小企业业务突破传统思路，针对小微企业的金融服务需求特点，创新产品和流程，2012年，新华社、《银行家》、《中国证券报》、《中国经营报》等中央级媒体、专业财经媒体对杭州银行小微金融创新工作进行了专题报道。

二是公司业务产品和服务进一步丰富。公司业务“起飞计划”和“卓越计划”等优质客户数全年分别新增158户和68户，供应链金融推出“保理信贷”、“保理代付”、“国内信用证福费廷”、“法人账户透支”等产品。推出“打通供应链，服务实体经济”专项活动，新开拓供应链上下游客户705家；携手国际业务部推出针对国际业务客户的“付利宝”和“跨境宝”等本外币联动产品；建立投行与理财良性互动机制，全年通过各种模式共发放70笔信托业务，总金额达131.75亿元。全年共发行76款公司理财，累计发行金额121.4亿元，发行数量和发行金额分别较上年增加34款和58.7亿元。

三是科技金融加快发展。科技金融贷款余额达75.7亿元，比上年末增加41.9亿元，增幅124%；科技金融客户数1094户，比上年末增加712户。2012年，杭州银行积极将科技金融服务和创新模式逐渐在全国各分行复制推广，先后在上海、北京、深圳、宁波、南京、合肥等地设立了科技金融专营支行和专营团队；同时，在公司业务总部设立了投融一站通专业团队，为科技型中小企业客户提供量身定做的金融产品与投行服务，形成科技金融的核心竞争力。为更好地服务科技型中小企业，杭州银行2012年系统梳理并创新设计出包括知识产权质押融资、股权质押融资、订单融资、应收账款融资、保理融资、并购贷款、银投联贷、选择权贷款、风险池贷款、基金宝、租金贷等在内的10多种科技金融特色产品与服务。

四是零售“双基”工作带动业务新增长。储蓄存款较快增长，2012年零售储蓄存款全年新增90.4亿元，余额达到445.6亿元，增幅25.5%，个人中高端客户数新增3.5万户，比上年增长47.3%。零售业务通过坚持产品创新，取得较好综合效益。2012年形成“尊享金钻”、“幸福99”两大理财产品系列；新引入基金产品150只，已与18家基金公司建立合作关系。另一方面零售业务不断促进基础客户和基础存款增长；细分客户群体，开展目标客户分层营销；重点开展以挖掘存量非活跃客户为目的的“电银类”渠道营销和以打造“一卡、一机、一网”为目标的“商圈类”渠道营销工作。通过调整业务结构、网点流程再造，卡内信用贷款的营销优化资源配置，提升零售业务效益。

2. 资产结构持续优化。2012年末，杭州银行小微企业贷款余额占全行贷款的比重24.3%，比年初提高2个百分点，单户500万元以下贷款新增79.1亿元，占比90.9%。零售汽车按揭贷款和信用卡发展较快，年内新增贷款15.2亿元，增幅73.4%。资金业务优化结构，增加了收益相对较高的信托类产品和同业理财产品，适当减持了信用债，全年营运整体收入（不含中间业务收入）29.4亿元，比上年增长54.4%，整体收益率水平达到5.88%。

3. 服务手段更加丰富。2012年，杭州银行理财业务快速发展，全年个人、公司理财累计分别发行529.6亿元、121.4亿元，分别比上年增长80.3%和93.6%。投行业务通过拓展渠道、创新服务，合计融资余额226.7亿元，实现收益7.38亿元。电子渠道产品和功能不断充实，推出网络信贷平台，完成了手机银行系统建设，进行了80多项网上银行功能的新增和优化，客户体验不断改善。本外币联动加快推进，全年办理“付利宝”、“跨境宝”等本外币联动产品125亿元，带动日均存款增长29亿元，带来国际结算量16亿美元。

（二）风险内控管理不断强化

1. 持续开展风险排查。总行风险部、稽核部、运管部等业务管理部门牵头开展了多次信用风险排查、第三方机构的专项检查、大额授信回访、存款滚动检查，年末对十家风险高发机构进行了专项信贷检查。各分支机构也结合辖内实际，加大了风险排查的力度和频度，积极防范风险。

2. 大力推进不良贷款的清收转化。全行多次召开不良贷款专题会议，研究部署清收转化工作，对不良资产进行逐笔分析、落实责任、跟踪督促，加大对不良贷款清收，同时加强诉讼管理，处置了一些不良贷款。

3. 加强风险内控机制建设。推行小企业风险经理平行作业模式，使风险控制环节前移。对一些风险突出的重点行业、重点区域、重点企业的准入和授信政策进行调整。

4. 开展合规经营教育。开展了员工思想道德和职业操守教育、声誉风险学习教育等活动，提高了员工的合规经营意识。

5. 不断提高风险内控管理的技术水平。启动了财务报表项目、非零售内评项目、操作风险标准法计量和管理体系建设项目，开发了非现场稽核系统，为风险内控管理提供了系统支撑。

（三）基础建设扎实推进

1. 科技建设取得重大突破。新核心系统顺利完成开发上线，为杭州银行长远发展提供了重要的基础系统支撑。同时还推动了手机银行、金融IC卡、数据仓库等重点项目建设。

2. 教育培训工作成效明显。加强了对培训工作的统筹安排，开展了多层级、各类别的培训，全年员工受训达15000余人次。加强了上岗资质考试和认证，审核通过客户经理通用上岗资质405人次，各类专业上岗资质2239人次。

3. 机构建设有序推进。全年完成了蒋村支行等三家杭州地区支行和九家分行下设支行的筹建开业。完成衢州分行筹建，目前已试营业。

4. 党工团工作扎实开展。学习贯彻党的十八大精神，开展"奋发有为、走在前列、干在实处"、"进村入企、服务基层"等活动，促进了党建工作与经营工作的有机结合。充分发挥工会职能，召开第二届职工代表大会和第二届工会会员代表大会，开展形式多样的岗位评比、技能比赛活动。开展"青春与奋斗同行"等主题教育活动，增强了青年员工的责任感和使命感。

此外，杭州银行的预算管理、资产负债管理、利率管理等工作得到加强，信息统计质量得到较大提升，影像放款工作流程进一步完善，集中放款工作有序推进。

凭借长期以来良好的经营管理表现，2012年杭州银行在经营、服务、创新、综合竞争力、社会责任等方面获较多荣誉和成绩：在《银行家》杂志举办的2012年度"中国金融创新奖"评比中，杭州银行"小微企业循环贷"和"幸福盈家"品牌分获"十佳金融产品创新奖"和"十佳金融品牌营销活动奖"。在杭州市金融办等组织举办的首届杭州文明服务百优银行网点评选中，杭州银行6家机构获得"首家杭州文明服务百优银行"荣誉称号。在英国《银行家》杂志2012年"全球银行1000强"排行榜中，杭州银行位列全球第339位，排名较上年提升35位。获得了由英国《金融时报》中文网和罗兰贝格管理咨询公司授予的"中国最具潜力区域商业银行"奖项，市场知名度和美誉度进一步提高。

上海银行杭州分行经营管理情况综述

行长　叶继雄

一、2012年业务运营基本情况

(一) 基本数据

2012年，国内和浙江区域的经济金融形势极为复杂，在人行杭州中心支行、浙江银监局和总行的正确领导下，上海银行杭州分行积极推进新三年发展规划，以控风险、调结构、提效益为主线，认真贯彻落实人民银行和上级行各项工作要求，各项经营管理取得了新的成绩。

2012年末，上海银行杭州分行总资产达到373亿元，本外币各项存款余额216亿元(不含同业)，较年初增加26亿元，本外币各项贷款余额284亿元，较年初增加53亿元；实现账面利润4.85亿元。

2012年，上海银行杭州分行新设武林支行、临安支行，启动绍兴支行升格二级分行工作，机构布局更为完善。

(二) 基本特点

2012年，上海银行杭州分行的经营主要体现为四个特点：

1. 传统业务稳步发展。上海银行杭州分行各项存款余额较年初增长13.6%；各项贷款余额较年初增长23%，存贷款增幅高于杭州金融业平均水平。

2. 增长方式进一步转变。全年实现中间业务收入7350万元，其中，投行中间业务收入1060万元。上海银行杭州分行第一笔单一资金信托项目在全行范围内发售，募集资金5亿元，实现中间业务收入1000万元。另有第一单中小企业集合债、第一单政府平台类企业的中期票据业务正在推进实施。实现国际结算量99755万美元，结售汇业务量53664万美元，分别增长31.49%和16.49%，开设远期结售汇业务，办理了首笔跨境人民币项下的海外代付业务，"外债专户"实现零的突破。开辟票据业务和同业经营性存放业务作为新的利润来源，分别实现净利润约1256万元和281万元。上述三项业务合计拉动存款超过20亿元。

3. 经营特色进一步彰显。符合四部委标准小型微型企业贷款余额43.93亿元，同比增加7.8亿元，小微企业贷款户数增至417户。单户授信500万元以内小型微型贷款余额5亿元，同比增加1.44亿元，增幅40.51%；户数142户，较年初增加39户、增幅37.86%。

4. 风险清收化解能力得到加强。上海银行杭州分行采取各种手段清收化解不良资产，全年共清收化解后四类贷款3.03亿元，潜在风险贷款2.63亿元。其中，全额清收了2009年发生的1笔存量不良

1500万元。

二、2012年主要经营管理措施

2012年，上海银行杭州分行的经营管理措施主要围绕“落实总分行三年发展规划要求，以转型发展、特色发展为重点，深化体制改革和机制创新”开展。

（一）调结构、稳增长，积极推进战略转型

1. 调整结构，保持传统业务稳定发展。一是把研究客户有效需求、客户细分和战略调整工作结合起来，推进传统业务转型发展。积极营销新型业态客户，关注大中型优质客户、产业链上下游客户、高平台、国有控股以及优质房企项目，实行“一户一策”，压缩具有风险隐患、综合回报低的低端客户。贷款利率执行情况逐季好转。二是保持负债业务平稳增长，采取措施稳存增存，存款增幅高于浙江和杭州同业平均。三是国际业务取得突破。开设远期结售汇业务，办理了首笔跨境人民币项下的海外代付业务，“外债专户”实现零的突破。

2. 培育优势，持续推进特色业务。深入实践平台、批量化经营的模式，搭建了万华科技园、联想供应链Ⅱ号等一批新平台，开展“群保联贷”项目实践，探索村级经济平台合作模式。在绍兴支行和桐庐支行开展500万元以下小微企业贷款试点工作。单户授信500万元及以下小微企业贷款较年初净增1.3亿元，增幅达37.49%。

3. 抢抓机遇，加快探索创新业务。一是集中资源实现中间业务新突破。集全行之力抓投行业务，已积累了20多个客户（项目），产品种类覆盖面较广。上海银行杭州分行第一笔单一资金信托项目在全行范围内发售，募集资金5亿元，实现中间业务收入1000万元。另有第一单中小企业集合债、第一单政府平台类企业的中期票据业务正在推进实施。二是开辟票据业务作为新的利润来源，实现净利润约1256万元。三是积极推进个人贵金属业务。当年上海银行杭州分行个人贵金属通用客户增量位列各异地分行第一。

（二）控风险、抓清收，全面防控信用风险

一是贯彻落实总行《信贷检查意见书》和对分行检查情况反馈及督导会议要求，组织开展了多次全面风险排查，在排查中进一步发现问题，研究和落实防范措施，尽最大努力控制信用风险。二是着力不良资产的化解和清收工作。集全行之力，成立专门组织，落实清收责任，建立定期监测汇报制度，逐笔确定保全措施。三是推动全面信用风险管控机制建设。开发并投入使用了风险预警信息平台和担保圈（链）信息平台，对民营集团管理授信、担保链（圈）实行名单式管理。四是强化责任追究和违规问责。对发生信用风险和各类信贷违规人员，共颁布6次通报，处罚65人次，计提风险责任金82.8万元。进一步修订信用责任追究办法。

（三）建机制、重内控，增强发展内生动力

一是实施了全面风险管理体制改革。按照总行统一部署和“三道防线”建设的要求，做好无缝对接，实现新体制的平稳运行。推进改革后各部门职能、岗位职责的调整与修订工作，及时出台适应风险管理体制改革的配套业务流程。重新构建了分支行一体化的风险管控模式。二是完善运行机制。新设外汇业务部，强化对外汇、投行、同业、票据等战略性业务的管理。合理调整内设机构的职能划分，形成了总、分、支相互对应，分支行统一的组织架构体系。根据发展战略要求，重构新的考核指标和修订制度体系，重视发展质量和人均指标。出台战略性业务奖励基金配置政策。运用考核和激励等手段，培育特色、调整结构、推进特色业务。三是加强全面风险管理。制定、修订各类制度57个，确保制度的有效性和全覆盖。开展专项风险排查62次，内外部风险条线检查累计超过200余项，审计项目52个。注重日常声誉风险监测。完善应急体系，开展各类应急演练7次。围绕党的十八大召开，完善值班备勤、排查、责任追究、应急处置和信息报送五项机制。落实内控和案防工作，创新案防教育手段。以"整治不规范经营"和行风评议活动为契机，完善道德风险和案防排查工作机制。

（四）创服务、练队伍，务实提升发展品质

一是持续提升综合金融服务能力。整合资源，为客户提供战略规划、引进战略投资者、上市辅导等服务，为客户设计一揽子的金融服务方案，基本形成了小企业培育体系。电子渠道不断完善。积极推进电子商业汇票系统。个人网银和企业网银渗透率均有所提高。实现首笔网银渠道的电子商票业务。持续推进前后台分离，先后开展了重空凭证集中配送、现金统一领缴、银票集中兑付等改革。积极提升分行柜面服务水平，分行营业部和萧山支行分获省市荣誉。二是积极加强科技支撑。先后完成业绩通报、风险管理等多个管理模块的开发。三是重视队伍建设，提升员工的能力与素质。针对性地开展培训工作，共组织各类培训97次，参训人员达到4270人次。优化内部劳动组合，有序开展轮岗轮调工作，引进各类人才74人。

（五）抓党建，塑文化，有效构建发展保障

一是积极推进党建工作。重视班子自身建设，坚持党委中心组学习和"三会一课"制度，坚持深入群众、深入基层，开展调查研究，努力提高领导水平和解决问题能力。部署开展了基层党组织整改提高晋位升级工作。及时开展党的十八大讲话精神学习，提高党员理论水平、政策水平。二是全面加强党风廉政建设。将廉政文化建设融入分行日常工作。严格依纪依法查处违纪违规行为，共处理群众来信两起，处理违规人员1名。三是不断推进文化建设。丰富管理文化、风险文化、人本文化、执行文化的内涵，发挥《尚进》等文化传播平台的积极影响。

（六）落实政策、履行责任，深入开展主题活动

组织开展"服务实体经济"、"整治不规范经营"和"民主评议行风"主题活动。持续加大实体经济信贷投入，帮助企业进行直接融资，积极支持四大国家战略、"十一大转型升级重点产业"。积极实践小微企业金融服务，实现贷款投放"两个不低于"。探索小企业信用贷款，2012年末小企业信用贷款余额0.53亿元，较年初增加0.23亿元，增长90.16%。减轻小微企业融资负担，全年累计减免小企业银行承兑汇票敞口管理费386万元，减免小企业抵押房屋财产损失保险近39万元。积极履行社会责任，帮助困难企业走出困境，在服务实体经济中树立了良好的形象。严禁收取不合理的中间业务收费，严禁高息揽储、买卖存款、参与民间融资等行为，有效地推动不规范行为的整治。以优化金融服务为驱动，提升服务水平，得到了社会的认可。在全省银行系统民主评议行风活动群众满意度调查中，列参评城商行杭州分行第一，居1家国有大型银行和5家全国性股份制商业银行之前。

北京银行杭州分行经营管理情况综述

行长 蒋增浩

2012年，面对困难形势，北京银行杭州分行上下依照“稳中求进”的发展主基调，围绕总行大零售、大投行、大同业的战略方向，以“多措并举、特色经营、管控风险、稳健发展”为目标，打好市场开拓攻坚战、资产质量保卫战、精细管理持久战“三大战役”，确保了各项业务稳健发展。

一、加快发展，影响力实现跨越式提升

2012年，北京银行杭州分行依托总行强大的金融平台，在服务地方经济中快速成长，经营指标全面优化，产品服务日益完善，树立了优质的企业形象，实现了良好的综合效益，为浙江省经济建设和社会发展作出了积极贡献。截至2012年12月31日，北京银行杭州分行总资产突破600亿元，达600.41亿元，比年初增加297.57亿元，增幅98.26%；各项存款、贷款余额分别达到223.18亿元和301.90亿元，较年初分别增加54.18亿元和65.77亿元，分别增长32.06%和27.85%；全年实现中间业务收入1.68亿元，同比增加0.91亿元，增幅117.03%；全年累计实现FTP综合利润7.14亿元，同比增长96.99%。全行员工逾500人，下辖绍兴支行、余杭支行、萧山支行、平海支行、西溪支行、钱江支行、贴沙河支行、滨江小微企业专营支行、富阳支行9家机构，其中绍兴支行是北京银行首家异地支行，滨江小微企业专营支行是浙江省内首家开业的小微企业专营支行，有力地扶持了一大批重点项目和中小微企业。2012年10月26日，北京银行杭州分行顺利迁址至钱江新城，新办公大楼正式启用。北京银行杭州分行通过新大楼充分展示出北京银行作为中国最佳城市商业银行的品牌形象，并以此为契机，真诚服务小微企业、服务实体经济，不断提高对浙江省社会经济建设支持的力度，真诚服务广大客户，打造浙江省中小企业金融服务特色银行。

北京银行杭州分行的发展成绩获得了充分的肯定，2012年荣获“银行业金融机构支持浙江经济发展三等奖”，同时分行营业部被授予“首届杭州文明服务百优网点”称号。

二、积极探索，赢得科学经营之道

1. 明确发展定位。坚持科学发展，打造核心竞争力，就是要根据市场的要求和自身的特色，锻造适应整体发展的战略管理能力。北京银行杭州分行进入浙江市场的时间较晚，“群雄逐鹿”、“四面楚歌”的格局已形成。在初创时期，北京银行杭州分行没有简单复制当地其他银行的做法，而

是在充分把握总行经营战略、业务特色和企业文化的基础上，明确了坚持“服务中小微”的市场定位，提出了“打造浙江省中小企业金融服务特色银行”的工作目标。

2. 强化经营计划。北京银行杭州分行始终将经营计划管理放在引导各项业务发展的重要位置。岁末年初通过务虚会、计划工作会和业务条线专业会，深入分析市场形势，认真研究总行经营计划，根据本地市场竞争态势，通过群策群力、集思广益，形成明确的工作目标和具体的经营计划。从2008年的“开好头、起好步，平地起高楼”到2009年的“强基础，抓规范，经营管理跃台阶”，从2010年的“提升五大能力，践行科学发展”到2011年的“提升五大能力，践行科学发展”，再到2012年的“多措并举、特色经营、管控风险、稳健发展”，分行人紧跟工作目标、明确发展方向、坚定信念，沉着应对国内外形势变化，在严峻的市场环境下，成功抵御了各种风险，战胜了各种困难。早在2011年三季度，北京银行杭州分行就对2012年浙江市场趋势、经营环境进行了正确地分析和预判，主动调整信贷结构，加强风险预警和排查，全行风险敏感性进一步增强。

3. 精细战略布局。支行是银行营销的业务终端，北京银行杭州分行没有平均施力把支行打造成“大而全”，而是集中资源打造“专而精”的特色支行。如绍兴支行积极探索“信贷工厂”模式，针对中国轻纺城市场经营户普遍存在资金需求“短急快”、抵押物少等特点，推行以市场营业房使用权及优先承租权质押的“商户贷”产品，在2个月的时间内，此类贷款已投放10笔共3000万元。同时，通过“信贷工厂”模式已完成审批流程的法人类商圈贷业务16笔，获批金额4392万元。2012年9月，北京银行杭州分行又在杭州高科技开发区滨江区开设了浙江省首家小微企业专营支行，授信对象仅限于小微企业和零售客户，信贷资源将积极向小微企业倾斜。其将作为北京银行在杭服务小微企业的专业窗口，走出一条专业化、精细化、集约化的经营之路，为小微企业营造更加方便、快捷、灵活、高效的小微融资环境，集中力量助推小微企业发展。

三、转型创新，全力确保永续发展

1. 进退有序调结构。在新一轮地方经济建设中，北京银行杭州分行始终将信贷政策与地方产业政策紧密结合，积极引导信贷资金注入实体经济领域。同时，北京银行杭州分行紧抓产业结构调整有利时机，优化信贷资源配置，加快调整分行贷款的区域、行业、客户、品种结构，大力开拓新能源、新材料、新技术等新兴战略性产业以及文化创意产业。积极顺应市场变化，整合信息资源，选取市场上大中型龙头企业和重点项目、筛选产业链和产业集群中的优秀中小微企业进行重点营销，全力配合、支持浙江省“三大国家战略”、“双千工程”等重点项目建设，加大对传统优势产业改造、战略性新兴产业和科技型企业的信贷支持。目前，累计发放贷款5.65亿元用于海洋经济示范区、义乌国际贸易综合改革试点、舟山群岛新区及温州综合改革试验区建设，助推四大国家战略落实，增幅达29.88%；累计发放贷款206.26亿元，用于助推集群经济发展，增幅达42.1%；累计发放“涉农”贷款71.31亿元，用于支持“三农”发展；累计退出“两高一剩”贷款9000万元，助推绿色经济发展；累计发放贷款16.42亿元，用于支持艺术品交易、设计创意、广告会展、出版发行、文艺演出、文化旅游、影视制作七大类文化创意领域的发展；累计为143户高技术产业内中小企业提供金融信贷支持，授信金额58.78亿元，共涉及电子信息技术、资源与环境技术、生物医药、高技术服务业、先进重大装备业、精细化工等产业。

2. 坚持定位助小微。针对浙江民营经济发达的特点，北京银行杭州分行将中小微企业业务作为发展主题，加快机制创新、服务创新、产品创新，全力破解中小企业融资难问题。早在2010年，为适应中小企业业务发展需求，在总行的帮助和支持下，北京银行杭州分行在开业时间不足两年，资源、人员配置相对紧张的情况下，成功设立了中小企业部，专门负责中小企业信贷业务的营销推动和日常管理工作。通过专门机构的专业化管理，提升中小企业金融服务水平。2011年，北京银行杭州分行"中小企业服务中心"成立。2012年，绍兴支行"信贷工厂"成立。经过多年的锻造，北京银行杭州分行已拥有一支团结协作好、业务开拓好、风险管控好、遵章守纪好、客户服务好的"五好"中小企业业务团队。在产品创新上，针对民营企业生产经营特点和"短、频、快"的资金需求，大力推广"短贷宝"、"循环贷"、"设备通"等信贷产品，其中"法人设备按揭"作为分行的特色产品已累计发放26笔、金额1.04亿元，支持了22户小微企业顺利完成技术设备更新，被《浙江日报》财经版评选为"最佳创新融资产品奖"。针对浙江省大力发展文创产业的情况，北京银行杭州分行的"创意贷"系列融资产品累计为61户文创企业发放贷款91笔，贷款金额达16.42亿元，助力浙江文化大繁荣。针对商会、市场类集群类企业，综合运用总体授信，积极推广"商户贷"、"联保贷"，通过整合产品营销方式、发挥批量授信优势，累计为19户中小企业发放1.61亿元"联保贷"，实现风险把控与服务小企业的双赢。针对核心企业产业链关系，推动供应链融资，对处于大型优质企业的上下游及提供配套的优质中小企业推广"商银储"、"厂商银"、"国内保理"等产品。以国内保理为例，2012年分行为3户企业办理该项业务共计4.6亿元。针对B2B类电子商务客户，联合网络平台积极开发企业网上资金管理、支付平台在线融资等综合性金融服务，不断满足企业个性化、多元化及多层次的金融服务需求。

3. 创新服务谋发展。公司业务根据浙江省区域特点，做好产品的创新和落地工作。先后完成了票据池、订单贷、组合贷、商银储、商户贷、保理池等产品的落地工作，其中票据池累计发放4.20亿元；订单贷试水1户，300万元；商户贷发放10户，3000万元；商银储发放6600万元；保理池发放4.50亿元。同时，加强渠道建设，开拓业务发展新模式。分别与钱江新城管委会、青山湖科技城、江干区工商联、绍兴轻纺城、绍兴市经信委中小企业公共服务平台、富阳造纸协会等机构建立了合作联系，广泛获取资源信息，创造合作机遇。目前，已为钱江新城管委会融资11亿元，为青山湖科技城融资3.50亿元；通过绍兴市中小企业服务平台批量营销渠道受理贷款申请共计16家，已发放11笔，合计金额1.07亿元；先后与20多家造纸企业开展了业务，授信总额近10亿元。零售业务成立了私人银行中心，自行创设了短期票据类理财产品、集合信托理财、分级债券投资信托计划等多个高端理财产品，积累高端客户150名，销售量突破4亿元，实现中间业务收入700万元。国际业务适时推动国内信用证同业偿付、跨境人民币双币种信用证等多个适合当前经济形势的新产品。截至2012年12月末，实现中间业务收入人民币4452万元、国际结算量1.42亿美元，分别完成了总行全年任务指标的

131%和104%。更新完善了《国际业务操作手册》和《外汇管理政策指引》,为国际业务稳健快速扩张提供了基础保障。

4. 多元发展促转型。在资本约束和贷款增长受限的市场环境下,北京银行杭州分行主动适应市场需求,加快战略转型,及时完善组织架构,先后设立了同业与票据部、投资银行部。投行业务快速增长,2012年投行业务中间业务收入的完成率位居系统内前列。同业业务刷新业绩,在做好代付同业、存放同业等传统产品的同时,积极研发运用新产品。

四、强化管理,建设风险防范体系

1. 构建风险文化。一是在全行树立"全面、全程、全员"的风险管理理念,构建以规范经营、合规经营与可持续协调发展为核心的风险管理文化。通过召开授信客户分析会、内控与案防暨风险预警案例分析会等形式提高客户经理风险防范能力。在风险管理思路上与总行统一对接,培养共同的风险感受和语言,培育共同的风险理念和风险文化。二是通过培训、案例分析、警示教育等方式强化员工的风险意识,消除了旧的信贷文化惯性和行为习惯导致的风险隐患。三是建立全行上下内外畅通的信息渠道。畅通上下,即梳理好分行内部从基层到领导层的信息报送交流机制,增强应变能力。畅通内外,即构建好与政府相关部门、监管部门、同业、担保机构、小贷公司等第三方的信息获取平台,通过侧面了解和求证客户信息,把握其真实风险。

2. 严把授信准入。一是准确把握信贷投向,主动调整信贷结构,变事后应急化解风险为主动事先避险。结合总行年度信贷政策和省内部分区域信贷政策,制定了北京银行杭州分行授信政策及产品风险指引,主动进行客户结构调整,不断优化分行的基本客户群。二是切实做好客户选择和贷前调查。每一笔授信业务的主办客户经理都必须具备授信业务调查资格。对于新客户授信,各部门及经办机构负责人必须亲自与企业实际控制人面谈。高度重视续贷风险,要将续贷业务视同首笔业务对待。注重调查方式和方法,坚持双人实地调查原则、坚持客户面谈制度、坚持眼见为实、多方求证,增强对信息和变化的敏感性。对长期不专注主业、从事高风险投机业、企业主行为不端、涉及民间融资、富二代无力接班等问题企业,在采取有效的风险隔离措施的前提下,坚决予以退出。三是认真把好审查审批关。提高风险识别和防控能力,不局限于表面资料的审查,从多渠道了解和把握客户真实风险状况,避免因信息掌握不充分,介入实际上已经出现问题的企业。

3. 加强贷后管理。一是加强问责力度。加大对客户经理贷后检查履职情况的考核,对涉及分行风险事件的干部员工严格进行问责及处罚,增强风险管理的责任意识,做到"敢管、谨慎"。二是突出贷后检查重点。在贷后检查报告中,必须反映企业当期实质风险的变化、针对性的风险防范对策、清晰明了的检查结论三方面内容。三是开展重点风险排查。先后开展了"涉房"企业授信风险排查,辖属支行专项贷后检查,针对担保链、互保圈开展的相关风险排查,针对企业环保问题风险排查,针对企业民间借贷、企业主不良行为的风险排查,对分行辖内地区企业关停倒闭及企业主逃逸情况的专项摸底调查,全面风险排查工作等排查工作,有针对性地进行风险防范指导,防止出现系统性的风险。四是强化贷后督查。北京银行杭州分行着手充实贷后力量成立专门的"贷后督查组",真正落实"双线"贷后。"贷后督查组"将直接参与对重点客户的贷后检查，并根据现场检查情况，提出具体授信管理和风险防范方案。同时，督查组要指导机构做深做细贷后管理工作，对全辖各机构贷后管理执行情况、风险预警和化解情况实施督导。五是主动退出高风险贷款。对高风险贷款的退出工作制度化、常态化，择机退出有风险隐患的客户，或加强抵质押担保条件。

4. 加快清收步伐。一是加强组织领导。成立了由分行行长为组长的不良资产清收转化工作领导小组，分行班子成员、业务部门负责人、客户经理参与清收工作。落实专职或兼职清收人员，制定目标、落实责任，提高清收保全水平与效率，确保完成清收任务。二是争取政府支持。积极向省、市、区各级政府汇报相关风险事项，为化解风险争取了有力的政府支持。三是实行“一户一策”。根据客户的风险特征，按照“分类管理、区别对待、逐步化解”的原则，做好分类管理工作。对风险类客户通过现场检查、非现场监测、预警分析等各种措施，有效识别重点风险客户的潜在风险，逐个分析贷款偿还的不确定性，及时采取增加担保、压缩授信等“一对一”的应对措施，及时加以防范、控制和化解。制定清收工作目标，落实专人，先易后难，设计轻重缓急、压力不同的清收方案。四是严格控制进度。实行不良贷款清收工作例会制度，保持对各清收项目进展的日常督促和跟踪，及时反馈清收问题并适时调整清收方案，紧急情况下确保在第一时间采取必要措施化解处置。

五、多措并举，切实增强核心竞争力

1. 建设好管理团队。火车跑得快，全靠车头带。北京银行杭州分行始终将管理团队建设作为团队建设的龙头，围绕能力培养、素质提升与作风建设，大力加强分、支行管理团队建设。在一班之长蒋增浩同志的倡导下，北京银行杭州分行管理人员队伍立足自我培养，打破论资排辈、迁就照顾的观念，从品格素养、知识能力、工作经验、团队特点及梯次配置着眼，既注重长期考察，强调岗位锻炼，又敢于早压担子，大胆启用，通过公开选拔、干部竞聘，培养出一批经营管理专才和团队骨干。管理团队建设的成效得到了全行员工的普遍认同，极大地增强了整体执行力和归属感，使北京银行杭州分行在发展的过程中上下一心、团结一致，为持续发展提供了重要支撑。

2. 打造好员工队伍。人是生产力中最活跃的因素。北京银行杭州分行始终坚持以人为本，把人才引进和队伍建设摆在突出的位置。一是制定分行员工行为规范，对分行员工的职业行为做了详细的规定及要求。出台了《杭州分行员工着装管理办法》，对员工着装细节进行了规范，并建立了员工着装的日常检查监督机制。出台了《杭州分行员工商务礼仪》，对日常礼仪、接待来访、公务拜访、商务会议、媒体应对等重要商务环节进行了礼仪规范，对分行员工的服务提出了更高的要求。二是加强思想作风建设，着力解决目前干部员工中存在的不良思想倾向，从思想根源上克服分行发展中的阻碍和困难，树立“讲正气、顾大局、促创新、重服务、提效率”的积极向上的行风行貌，全面提升分行内部管理水平与经营能力。三是提升服务水平。努力提升管理能力、工作效率与服务水平，做到“一制、二心、三满意”，从而形成上级单位为下级单位服务，中后台为前台服务，全行为客户服务的工作理念。

3. 培养好企业文化。北京银行杭州分行将企业文化建设作为银行持续发展的一项基础工程，以建设和谐家园、实现共同成长为追求，最大限度地让员工参与到分行的建设当中，同时也最大限度地让员工享受分行的发展成果。通过各种形式的座谈、培训、演讲和征文比赛等，为员工描绘分行的发展蓝图，增加认同感。组织开展丰富多彩的文体活动，培养员工阳光健康的生活方式，增强集团荣誉感。定期举办家属联谊、联欢等活动，做到员工生日、结婚有祝福，身体不适有问候，个人学习深造、岗位调整有关切，形成了浓厚的人文关怀和家园文化。

江苏银行杭州分行经营管理情况综述

行长 赵小伟

江苏银行杭州分行自2011年5月18日成立以来，认真贯彻落实省委、省政府的部署和人民银行、银监部门的要求，坚持“服务中小、服务地方”的市场定位，克服了成立时间短、信贷资源紧张、同业竞争激烈等困难，实现了各项业务的稳步发展。截至2012年末，江苏银行杭州分行各项存款余额达到70.08亿元，较年初增加23.87亿元，增幅51.66%；各项贷款余额57.05亿元，较年初增加34.61亿元；在在杭异地城商行中江苏银行杭州分行各项存款增幅始终保持前列，各项贷款增量与增幅名列第一。小微企业信贷客户数及信贷增幅取得了较快发展，不但实现了“两个不低于”的目标，市场占有率也不断提高。初步建立了以本地中小企业为基础，以实体经济为主要投向的客户及业务结构；建立健全了内部组织架构和内控合规体系，为江苏银行杭州分行扎根浙江经济、服务“富民强省”重大战略开好了局，起好了步。

一、积极争取信贷资源，服务地方经济发展

2012年，江苏银行杭州分行始终积极通过各种渠道争取和盘活信贷资源，实现了对浙江省地方经济贷款投放量的持续、稳步、快速增加。截至2012年末，江苏银行杭州分行各项贷款总额达到57亿元，年度新增贷款34.61亿元，平均月度授信增幅达到13%。贷款增幅与增幅均名列在杭异地城商行第一，且江苏银行杭州分行贷款新增量占在杭异地城商行贷款新增总量的36.22%。在江苏银行系统内，在江苏银行杭州分行的积极争取下，总行对浙江地区的信贷资源给予了较好的政策保障，2012年末江苏银行杭州分行存贷比达到81%，较年初大幅增加，存贷比已达到系统内最高水平。

从投向上，江苏银行杭州分行全力服务浙江省“两创”战略，坚持有所为有所不为，结合地方经济实际，注重信贷结构的合理配置，坚持高起点、高标准，遵循当地政府行业导向，选择本地优势行业和战略行业。目前在江苏银行杭州分行客户结构中，制造业占比38.19%，批发和零售业占比26.37%，建筑业占比11.99%，其中涉农贷款9.53亿元，占比16.7%，符合当地客户行业结构特点；在客户股权结构上，民营企业占比87.35%，高于当地同业平均水平，有效确保了信贷资金服务当地实体经济建设。

二、明确自身市场定位，大力服务中小企业

作为最早设立小企业专业条线的银行之一，江苏银行始终坚持“源于城商行，高于城商行”的发展理念，按照“整合资源、创新管理、科学发展”的思路，以服务地方经济、服务中小企业、服务城乡居民为重点，逐步形成了自身服务中小企业的业务特色。为了促进分行小企业信贷业务规模、效益、质量的健康、均衡发展，遵循“积极探索、大胆尝试、逐步完善、风险可控”的原则，根据不同行业和不同区域的客户，制定不同的政策。积极探索发展小企业信贷业务。

1. 业务较快发展，专项市场份额翻番。2012年，江苏银行杭州分行的小微企业授信户数、贷款金额比年初保持了相对一般贷款更快的增长速度。截至12月末，江苏银行杭州分行全口径小企业贷款余额为11.56亿元，较年初增加6.21亿元。根据11月底的数据，在杭州地区12家城商行中，江苏银行杭州分行小企业贷款占城商行同类贷款的比重为2.18%，比年初提高1.09个百分点；实现了贷款增量、市场份额年内“双翻番”，较好地实现了监管部门“两个不低于”的要求。

2. 搭建专营体系，加强专业团队建设。在总行的大力支持下，江苏银行杭州分行于9月份成立了小企业信贷服务中心，该部门是分行小企业业务的经营管理部门，其职责主要为分行小企业信贷业务的组织营销和业务指导、权限内授信业务审查审批、贷后管理督查等工作。江苏银行杭州分行积极筹备设立了拱墅小微企业专营支行，并在萧山支行内设小企业专营团队，基本建立了分支行两级的小企业专营组织架构。

3. 完善内部制度，加强风险管控。根据总行“新四定”要求，江苏银行杭州分行对涉及小企业的各项规章制度进行了梳理，先后下发了《江苏银行杭州分行小企业信贷准入退出指导意见》及《江苏银行杭州分行小企业授信业务审查审批实施细则（试行）》、《江苏银行杭州分行小企业授信业务贷后管理暂行办法》、《江苏银行杭州分行小企业信贷政策指引》等文件，规范了小企业的准入标准、授信审查审批流程和贷后管理制度，在客户经理开展业务的同时切实做到有法可依，有据可查。

4. 优化内部流程，优先配置资源。为了更好地做好小企业金融服务工作，江苏银行杭州分行进一步完善了专项快速审批机制。建立了对小企业贷款采取审查人员与客户经理一起调查的“平行作业”模式，审批采取双签、汇签方式，简化了流程，提高了效率。在资源配置上，优先支持小微企业，尽可能保障小企业的资金需求和转贷需要，有力地保障了“两个不低于”目标的实现。

目前，江苏银行杭州分行的信贷客户中小微企业已成为占比最大的客户群体，这也充分反映了目前江苏银行杭州分行的市场定位。

三、始终坚持合规经营，提升公众服务水平

秉承总行“合规、业绩、责任”的企业文化，江苏银行杭州分行始终坚守合规底线，以“内控提升年”活动专项落实监管部门“规范银行业经营行为”要求，严格落实“三严格、五禁止”和“七不准”、“四公开”。同时将“作风建设年”、“效能建设年”和参与行风评议活动结合起来，旨在通过作风建设，提高员工整体思想认识水平，以作风带效能，以作风带行风，不断提升分行公众服

务水平。

在合规经营方面，2012年以来，江苏银行杭州分行相继优化各项规章制度及业务流程38项。尤其针对重点岗位及重点业务环节，严格执行持证上岗及岗位兼容性相关规范要求。同时，江苏银行杭州分行加强了各项制度的后评价工作，以确保各项制度的及时更新完善。同时分行在廉政建设及纪检监察方面，不断加强基础工作。8月份，江苏银行杭州分行在前期专人专岗、分行办公室对口负责的基础上，正式成立了分行监察室（与分行办公室合署办公），并通过选举产生了分行纪委委员，健全了分行纪检监察条线的组织体系。同时对分行相关工作制度进行了梳理和优化，使得相关工作得到有效加强。

在细化网点服务方面，除了在做好原有价格公示、文明用语、规范服务的基础上，江苏银行在杭州率先推出了“阳光茶点”服务。在上下午业务高峰期，江苏银行杭州分行在营业场专门设置区域提供免费茶点，主动向等候客户递送，以缓解客户等候时间内的焦虑情绪。江苏银行杭州分行首家推出了“阳光午餐”服务，即针对由于业务办理需要而无法返回的客户财务人员，专门为其提供午间简餐，以减少其来回奔波带来的不便。江苏银行杭州分行还针对当前“七不准、四公开”的相关要求，在做好常规性价格公示的基础上，专门制作了“价格台历”，对各项业务的收费情况给予分类公示，并对常见项目给予重点提示，以方便客户快速查阅。

在业务流程优化方面，江苏银行杭州分行为了方便客户业务咨询，为客户提供一站式的服务体验，在进行了相关设施改造升级的基础上将原有的零售信贷业务调整到营业大厅接待办理。既方便了客户，也加强了分行各窗口及业务条线的沟通协作，提升了分行业务服务能力与效率。

坚持“三亮三比”。江苏银行杭州分行始终坚持在日常服务工作中实行“三亮三比”，即做到党员亮承诺、亮身份、亮标准；员工比业绩、比作风、比技能；并建立了客户评前台、前台评中后台的考评机制和分行领导定点帮扶指导的联系机制。

开展“优质文明服务月”活动。江苏银行杭州分行于2012年8月末专门组织落实在9月份开展“优质文明服务月”活动，引入第三方评估机构对分行的内外部服务质量开展明察暗访，积极组织开展各种形式的岗位练兵和技能比武活动，将分行各项服务能力水平和分行长期健康发展结合起来。

四、积极参与公益事业，履行企业社会责任

开业以来，江苏银行杭州分行始终坚持“稳健经营，争创一流”的经营理念，坚决贯彻省委、省政府的决策部署，牢牢把握服务实体经济这一基本方向，在通过产品创新提升金融服务能力的同时，坚持勤俭办行，不断加强与当地政府和相关机构的协作，承担自身应有的社会责任。

面对2012年复杂的外部经营形势，江苏银行杭州分行通过产品创新、让利于民等积极的方式，主动履行银行应有的社会责任。针对企业“融资难”的问题，江苏银行杭州分行在给予资源倾斜的同时，大力做好“小快灵”系列产品的落地与创新工作，优化和推出了“池融资”、“转期贷”等产品，并在前期《浙江日报》进行的“浙江小微企业值得信赖的融资产品（模式）和专营机构”推选活动中，“小快灵”系列产品被评为“最佳创新融资产品”，江苏银行杭州分行营业部还被评为“最佳服务专营机构”。针对“融资贵”的问题，江苏银行杭州分行坚

持"发现客户、培育客户、经营客户"的工作思路，主动降低了针对小微企业的利率要求。全年，剔除贷款基准利率调整因素，江苏银行杭州分行2012年以来通过主动下调贷款利率让利于企，共计少收贷款利息近60万元，有效减轻了企业负担；针对"融资繁"的问题，江苏银行杭州分行积极优化各项业务流程，实行平行作业，减少操作环节，壮大业务队伍。江苏银行杭州分行还对内部审批和防控流程进行了优化，并补充了专职的审查及操作人员以增加内部的服务支撑能力；针对显现的风险事件，江苏银行杭州分行始终坚持充分沟通，一户一策的原则，通过协会、地方政府等多种渠道积极稳妥地做好化解处置工作，全年没有发生一起由于信贷业务导致的纠纷和投诉。

在自身业务发展受到环境制约的情况下，江苏银行杭州分行始终坚持勤俭办行的原则，将新支行开业和简化各项会务活动节省下来的经费用于帮扶等慈善事业。江苏银行杭州分行先后向萧山区总工会和建德西博会组委会捐助各类善款15万元，还与街道一同开展了"春风行动"，向街道辖内的困难群众送去社会的关怀。江苏银行杭州分行团委还组织团员青年参加义务献血，分行领导也亲自前往。《钱江晚报》、《青年时报》等媒体先后对江苏银行杭州分行的社会公益活动进行了报道。

2012年，江苏银行杭州分行成立刚满一年即被西湖区人民政府授予"文明单位"称号并经区文明办推荐，申报参加了杭州"市级文明单位"的评选。

在过去的一年时间里，江苏银行杭州分行克服了种种困难，实现了业务较好的发展，初步建立起了以中小企业为核心的基础客户群体。2013年是全省落实党的十八大精神的开局之年，也是江苏银行落地浙江、服务浙江举足轻重的一年。江苏银行杭州分行将继续以服务地方经济、服务中小企业为己任，坚持合规经营，努力为分行扎根浙江经济、服务"富民强省"重大战略作出新的贡献。

南京银行杭州分行经营管理情况综述

行长 江志纯

2012年，南京银行杭州分行在浙江省委、省政府和浙江银监局、人行杭州中支及总行的正确领导下，以“坚持科学发展、突出率先发展、确保稳健发展”为指导，紧紧围绕浙江市场的金融需求，大力发扬“开拓创业、锐意创新、着力创优”的精神，团结和带领分行全体干部员工，认真贯彻各项工作部署，着力特色经营和转型发展，多策并举加强服务实体经济，提升金融服务水平，严守风险底线，有力有效应对地区经济金融风险，不断强化内控合规、队伍管理和政治、文化等建设，较为圆满地实现了年度各项工作目标任务。

一、2012年度经营管理整体概况

2012年，南京银行杭州分行积极践行“服务实体经济、服务中小企业、服务城市居民”的市场定位，努力探索差异化、特色化和精细化内生增长的新型创业发展模式，获得了较好的发展业绩，截至2012年12月末，南京银行杭州分行各项存款余额为90.14亿元，比年初增加14.81亿元，各类贷款余额为68.14亿元，比年初增加29.62亿元。2012年，南京银行杭州分行竭力调整优化业务结构，促进各项业务科学协调发展，小企业业务、个人业务、投行业务、供应链金融服务等综合金融服务体系更加完备，业务增长更趋合理。大力推进服务实体经济发展，加强对中小企业支持力度，批量经营小企业信贷模式得到了巩固和发展，新增贷款增幅在系统内分支机构中排名第一。始终严守合规经营底线，有力有效防范各类风险，严格规范收费项目和收费标准，加强员工行为排查和内控案防管理，没有发生过一起安全责任事故和违法违纪案件。高度重视思想政治教育和队伍建设，加强员工教育培训，着力打造了一支优秀从业人才队伍和塑造了和谐奋进的伙伴文化和良好内外环境。4月，南京银行杭州分行获得了浙江省人民政府关于2011年度金融机构支持浙江经济社会发展的通报表彰，在全省银行系统民主评议行风活动中名列参评省级城商行综合满意度第一位，先后获得“浙江省银行业文明规范服务示范单位”、“首届杭州文明服务示范单位”、“浙江省优秀金融企业”和“浙商最信赖金融机构”等称号，并在提升银行业数据质量工作方面得到了浙江银监局的通报表扬。

二、2012年度主要工作措施

（一）正确认识和应对严峻复杂的区域经济金融风险，确立“防控风险、特色经

营、加快转型、跑赢大势”的工作目标和思路

2011年下半年以来，面对严峻复杂的区域市场风险形势，南京银行杭州分行没有消极地抱怨、畏难和懈怠，而是冷静客观地调研分析市场形势的变化挑战和自身的条件可能，积极主动地寻找攻坚克难、砥砺前行的办法措施，共同研议确立了“以有力有效防控信贷资产质量和各类风险为核心目标，以稳健特色经营和加快发展方式转型为重要举措，努力以好于同业的业绩跑赢大势”的年度发展目标和基本思路，积极地应对时艰挑战和寻找把握机遇，努力实现质量、效益、规模、特色和可持续的创业发展。

（二）不断推进服务实体经济工作，突出稳健特色经营和加快转型发展，构建可持续竞争发展的新模式和核心能力

一是服务实体经济工作组织推动有力，加大对实体经济有效信贷投入。全力争取总行信贷投入，大力支持实体经济的发展，2012年，南京银行杭州分行新增贷款29.62亿元，增幅达77%，贷款增量大大超过上年同期，在系统内分支机构中均排名第一，并且95%以上信贷资源均投向浙江实体经济。同时年末小企业信用贷款达62户共1.36亿元，比年初增加1.14亿元。在加大有效信贷投入的同时，南京银行杭州分行在利率优惠、收费减免等方面也积极支持实体经济发展，主动降低利润空间，切实减轻企业客户负担。截至2012年12月末，南京银行杭州分行共免除客户网银开户费等各类手续费约340万元。

二是标准化批量经营小企业业务取得实质性突破发展。努力创新小企业发展信贷支持新思路，确定了“1+N”的经营运作模式，梳理构建了标准高效的业务操作机制和无需人工干预的微鑫项目技术贷款审批系统，加强了专业人才队伍建设，建立了统一的小企业绩效考评办法，有力推进了区域内大企业依附型、产业集群型和弱经济周期生活消费行业小微企业的深度批量化开发，并为今后全面复制可持续发展打下了坚实基础。

三是个人金融业务稳步高效发展。着力强化公私联动、交叉营销、考核引导等多种方式，全面推进个人业务持续快速发展。2012年，通过开展金梅花贵宾财富中心财智俪人汇沙龙、“走近社区、走近代发工资单位、走近小企业主”等活动加强与客户间沟通交流，拉近与贵宾客户之间的距离，扩大了基础客户群，加大了对专业市场、商圈的批量开发，推进了联保模式下个人经营贷业务的发展；通过进一步加强与同业的合作，推动中间业务收入的增长。

四是投行与同业业务发展势头良好。结构化融资业务取得突破，成功操作了杭州临江投资发展有限公司等2笔共5.2亿元委债融资项目；债务融资工具代理发行业务稳步推进，吉利控股、卧龙集团、铁牛集团和创亿科技等近10户优质客户短融、中票项目运作顺利；同业合作和对公理财业务成绩显著，有效地运用了低消耗或不消耗传统资源的金融服务技术，增强了服务客户的能力和彰显了业务特色，并且获得了较好的经营效益。

五是贸易融资和供应链金融业务发展迅速。加大了国内福费廷、远期信用证、表内贸易融资贷款等交易类业务的推广，贸易融资和供应链金融业务规模不断扩大，充分发挥了供应链金融产品在我行贸易融资中综合解决方案的优势，深化了与客户的全面合作，有力促进了分行业务结构的转型调整。

（三）多策并举大力清收化解不良贷款，严格内控案防管理，合规严密管控各类

风险。

一是严格遵守国家信贷政策，强化贷后管理监测。根据国家产业和监管部门、总行信贷政策及分行信贷指引，严禁进入控制领域和行业，把准优化信贷投向，试行风险经理平行作业，规范实行专职审查和贷款集体会办制度，严密放款审核和用款受托支付，严防“病从口入”。同时，强化存量信贷资产的贷后管理监测和风险排查，主动优化调整信贷资产结构和质量。

二是加强合规风险防控，有力有效管控各类风险。南京银行杭州分行和相关经营单位均成立了由主要领导挂帅、班子成员等参加的不良资产清收化解和风险防控领导小组，以及具体项目的清收化解攻坚工作组，明确具体工作目标任务和工作进度以及工作绩效考核要求，取得了突出的工作成效。

三是全面加强风险排查和内控案防，严格依法合规经营发展。始终将依法合规经营作为分行创业发展的前提基础，明确工作职责和健全工作机制，主动加强员工教育引导，密切关注员工思想动态和八小时内外行为，组织开展了员工行为全面排查，严控杜绝高息揽存、非法集资、参与民间借贷、与客户发生不正当业务往来等违法违规事件发生。组织开展了员工贷款清理工作，有效解决了员工及其近亲属发放贷款问题，切实防范市场风险、操作风险和声誉风险。组织开展了各专业条线的检查控制和审计监督，实行合规积分管理和问责奖惩，使安全工作关口前移，做到防患于未然和尽早预警除险，及时查漏补缺，确保分行经营管理和人员队伍的安全稳定可持续发展，较好地防范了各类风险的发生。组织开展了整顿规范浙江银行业市场秩序专项活动，按照“服务收费四公开”严格规范收费行为，自开业以来，从没有对客户收取过一笔一分钱利息以外的不合理费用，不断提高了分行在浙江市场的良好形象。

（四）强化基础管理，严格规范服务标准，全面提升金融服务质量

一是坚持制度先行，完善制度规范。南京银行杭州分行始终坚持制度先行，不断整章建制，年内按照工作计划共对92项规章制度进行了修订完善，共制定出台了21项制度规章，并强化学习掌握和执行落实，以制度规章来管人管事和规范业务发展。

二是开展主题活动，全面提升金融服务质量。积极投入全省银行系统民主评议行风、首届杭州文明服务百优银行网点评选、浙江省银行业文明规范服务示范单位评选等各类活动，全面规范服务标准，切实提升网点金融服务质量。积极投入浙江省金融机构人民币点钞及反假币技能大赛和总行开展的“学先进、比服务、争贡献”百日服务竞赛等活动，不断提升员工队伍综合技能水平，通过各类活动进一步强化员工技能水平和服务意识，提高了广大客户的综合满意度。

三是深入开展金融知识宣传，营造安全金融环境。积极投入“普及金融知识万里行”、“打击非法集资宣传教育”、“宣传防范电信诈骗专项行动”等各类主题宣传活动，维护金融消费者合法权益，引导消费者自觉远离非法集资和有效防范电信诈骗，履行公众教育服务的社会责任和义务。

（五）坚持以人为本，着力打造合格从业人才队伍

人才是分行创业发展的决定因素，南京银行杭州分行始终把人才队伍建设作为创业发展最根本性的基础资源。

一是加强员工沟通引导，凝心聚力塑造共同价值观。通过员工座谈会、务虚会、民主生活会、谈心交流等多种途径形式积极开展有针对性的沟通引导和启发教育，坚持原则，讲求方法，努力将干部员工的价值取向和职业行为统一到南京银行的企业文化中来，不断凝心聚力，形成创业发展合力。

二是严把招聘录用关，引进金融英才共同创业发展。根据业务发展和机构发展的需求，在"德才兼备、以德为先"的标准要求下，多种渠道招聘录用了浙江市场优秀金融精英近50名，很好地充实了分行创业发展队伍。

三是强化教育培训，切实提升干部员工专业素质。根据年初制订的加强队伍素质教育培训计划，共组织干部员工开展客户经理培训、财务核算培训、柜面操作培训、安全保卫培训等30余场次，各条线培训面均达到100%，提升了队伍的素质。

四是践行有为有位的用人理念，科学管理实行考评激励。在季度、年度的各类专业条线考评和综合测评中始终坚持公开、公平、公正的原则，充分奖优罚劣，对素质好、业绩优的给予提薪、职级晋升等褒奖，对业绩落后的干部员工给予警示、处罚以至淘汰，非常好地维护促进了分行团结协作和奋发向上的发展环境大局。着力通过多种举措打造了一支谋创业、业务精、作风硬、重协作、有活力、懂感恩的合格队伍，为分行创业发展夯实了人力资源基础。

（六）重视思想政治教育，凝聚优秀企业文化，注重塑造和谐奋进的伙伴文化和内外环境

文化是企业发展的软实力和动力源泉，南京银行杭州分行始终高度重视分行的思想政治教育和企业文化建设。

一是高度重视思想政治教育、党建工作以及党风廉政建设，组织集体收看党的十八大开幕式、开展"七一"专题教育等活动，带头深入学习掌握党的十八大精神和认真贯彻上级党组织的各项决策部署，使分行上下在思想和行动上始终与党中央和上级党组织保持一致，不断提升党员和干部员工的思想政治素质，发挥党组织的战斗堡垒和党员干部的先锋模范作用，以扎实的党建工作促进分行创业发展。

二是积极组织文艺会演和定期开展登山、摄影、瑜伽、篮球、羽毛球俱乐部等各类健康活泼、主题鲜明的文体活动，使干部员工放松身心、增进融合和凝聚精神，营造了以人为本、简单和谐、团结拼搏、共同成长的良好伙伴文化氛围。

三是积极主动加强与各级地方党委、政府、监管部门、客户、金融同业等的沟通联系和互利合作，开展全行员工义务植树、社区帮扶以及"联乡帮扶"等社会公益事业活动，努力与社会各方面实现了互利共赢，创造了良好的创业发展外部环境。

宁波银行经营管理情况综述

【经营业绩】 2012年末，宁波银行本外币各项存款余额2075.77亿元，比年初增加308.4亿元，增幅17.45%。本外币各项贷款余额1456.18亿元，比年初增加228.73亿元，增幅18.63%。本外币五级分类不良贷款余额11.09亿元，比年初增加2.77亿元，不良贷款率0.76%，比年初上升0.08个百分点。实现净利润40.68亿元，比上年增加8.14亿元，增幅25.04%。2012年，宁波银行出色的经营业和管理水平得到了业界的广泛认可，在英国《银行家》杂志评选的2012年度全球银行1000强中，宁波银行位列第279位，较上一年度提升23个位次；在"中国银行家论坛暨2012中国商业银行竞争力评价报告发布会"评选中，该行荣膺2011年度最佳城市商业银行殊荣。

【业务发展】 2012年，宁波银行进一步深化五大利润中心发展战略，不断积累基础客户，增强产品运用能力，进一步丰富盈利来源，盈利结构更趋合理，竞争优势进一步显现。在公司银行业务方面，宁波银行稳步推进"三个专家"建设，不断扩大基础客户群，同时大力推进票据、投行、国内贸易融资业务，拓宽银行收入渠道，并通过各类投行、托管、跨境和现金管理等新渠道、新产品的拉动，实现存款规模稳步增长和盈利能力持续提升。在零售公司业务方面，宁波银行不断简化贷前、贷后流程，并对零售业务实行打分卡自动审批，进一步提高业务处理效率；分行区域结合各自实际，积极探索条线特色化经营，在特色渠道、特色产品应用方面做出一定成效。在个人银行业务方面，宁波银行不断优CRM系统功能，完善业务支持体系；通过分行驻点指导，开展现场交流会等，对重点业务进行突破，不断提升业务拓展的能力水平；通过快速发展理财业务，积极培育理财业务基础客户群，有效带动存款增长。在金融市场业务方面，宁波银行产品体系更加丰富，同业交流合作持续深化，业务资格申请取得新进展。2012年，宁波银行取得了人民币外汇远掉期正式做市商资格和国债期货仿真交易资格，开拓了非银交易对手22家，并与近200家非银同业取得联系，为业务的进一步发展打下良好基础。在信用卡业务方面，宁波银行的特色业务发展势头良好，推出了短期一次到期的万利金和现金分期业务，开发信用卡新产品尊尚卡，得到市场客户的认可和欢迎。

【服务优化】 作为一家上市银行，宁波银行一直在思考和尝试如何更好地改进服务模式、改善客户体验，并将其作为2012年工作的重中之重，不断提升服务的能力水平。一是宁波银行在总行层面成立一级部门流程革新与客户体验部，专门从事业务流程、客户体验改进和提升工作。二是积极利用网点优势，为企业客户和社区居民提供更加便捷的服务；同时，通过技能培训、考核激励、开展业务竞赛和限时服务等多种方式，着力提高营业网点柜员办事效率与服务效能，减少客户排队时间。三是从视觉形象管理、功能分区管理、环境现场管理、设施物品管理、职场形象管理五方面对全行营业网点形象管理进行规范，提升网点品牌形象，改善客户服务体验。四是针对小微企业融资普遍存在的“金额小、频率高、用钱急”等特点，开发上线宁行“E家人”小微企业商务社区（网址：www.ejr.cn），在线为中小企业提供一站式、贯穿企业生命周期的金融服务。五是持续开展“小企业大讲堂”、客户沙龙等活动，不定期邀请各界知名讲师，为小企业主、财务管理人员提供专业培训和讲座，满足企业及管理人员在投资理财、经营管理、生活休闲等方面的需求，提升小企业的经营水平，促进企业升级转型。六是加强消费者权益保护，建立健全金融消费者权益保护相关制度，进一步理顺投诉处理机制，并在全行范围内积极开展“不规范经营问题”专项整治，进一步增强业务人员自律意识，杜绝不规范经营行为，提升金融服务质量。七是大力推进社区支行建设，积极履行企业社会责任。为满足城郊结合部和新兴社区居民的金融服务需求，为市民百姓提供更好的金融服务，该行经监管部门同意，在城郊结合部及新建大型社区开设了多家社区支行，在“便民、利民、惠民”的理念指导下，宁波银行社区支行已得到社区居民的广泛认可，市场口碑和美誉度也逐年提升。在2012年度全市银行业行风民主评议活动中，宁波银行综合满意度在城市商业银行中排名第一。

【机构建设】 2012年，宁波银行不断完善管理组织架构，稳步推进跨区域经营战略，机构网点建设取得明显成效。一是紧跟业务发展趋势，不断优化总行部门设置。成立一级部门流程革新与客户体验部，专门从事业务流程、客户体验的改进和提升工作；根据业务发展需要，不断优化部门二级架构，公司银行、金融市场、授信管理等中前台部门均增设了新的二级部门，财务、审计、科技、行政等中后台部门也对各自的二级部进行了调整，以增强该行的业务拓展与服务支撑能力。二是持续推进跨区域经营战略。目前，宁波银行已先后在上海、杭州、南京、深圳、苏州、温州、北京、无锡开设8家分行，管理架构日臻完善，以长三角为主体、环渤海和珠三角为两翼的分行布局初显雏形。截至2012年末，宁波银行营业机构共计173家，较年初新增27家，其中分行8家、分行下设支行30家、宁波地区支行135家（一级支行22家、二级支行90家、社区支行23家）。

【风险管理】 2012年，宁波银行不断深化风险管理工作，各项举措有效落地，各类风险得到有效防范。一是不断丰富风险管理的手段与工具，推进新资本协议、信贷系统2.0等重点项目建设，积极运用风险预警和授信后管理系统，认真总结推广“操作风险18字”、“预警日志”、“贷款观察池”等成功经验，不断提升风险管理水平。二是紧盯市场变化情况，持续开展重点风险排查。在经济下行趋势下，宁波银行及时对涉房企业、钢贸企业、互联保企业以及该行授信企业进行担保、工资发放及招工开工情况等进行风险排查，结果表明，该行资产质量较好，风险整体可控。三是积极推进集团客户管理，落实行业基础研究工作，在通过开展行业基础研究工作、建立集团家谱和实施存量集团客户分类管理，有效防范集团客户各类风险的同时，积极配合创新业务开展，尝试建立创新业务风险管理体系，有效防范各种新业务带来的风险。四是不断完善内控体系建设，强化审计合规工作，通过建立总分两级内控制度，实现了总分行内控制度的分离；积极利用科技手段，加快审计信息化应用步伐，充分发挥审计第三道防线作用；认真开展反洗钱工作，获得中国人民银行总行授予的“全国反洗钱工作先进集体”称号。五是在加强资产清收工作,积极化解不良资产的同时,通过将资产保全工作前移,加大预警贷款转化工作力度,减少不良贷款的发生,使该行资产质量保持在较好水平。

【科技应用】 2012年,宁波银行不断加大系统建设力度,业务支撑能力明显增强。一是深入开展基础技术平台建设,通过开发影像平台、工作流平台等,提供统一服务,实现快速接入和数据集中管理,提高业务处理能力。二是不断增强项目测试管控能力,通过不断完善系统测试体系建设,稳定科技系统需求团队,为重要系统的开发升级打下坚实基础;同时,通过自动化的投产验证测试,有效保证系统开发上线后的高效、稳健运行。三是完成新核心系统2期、3期,新资金系统,新国结系统,资产托管系统,网上银行4.0版、移动银行iPhone和iPad版,宁行E家人中小企业服务平台等多个重要业务系统的开发上线,为进一步强化核心竞争力,构建更为高效的业务支撑体系打下了坚实基础。

【人力资源】 2012年,宁波银行始终将人力资源放在全行工作的重要位置,精耕细作,不断完善人力资源管理工作,强化人才培养,为银行长远持续发展打下了坚实基础。一是在原有职级薪酬体系的基础上,进一步优化全行的职级薪酬体系,实现全行薪酬体系的统一,并适时组织开展全行性的员工职级、薪档晋升工作,提高员工忠诚度和凝聚力。二是不断提升人事运作的质量、效率,通过开发人力资源报表系统、实施线上考勤管理等,为加强员工队伍精细化管理奠定坚实基础。三是持续完善重点人群培养项目,推进宁波银行大学建设。一方面,不断优化重点人群培养方案,加强人才梯队建设和四类重点人群培养;另一方面,进一步加快宁波银行大学讲师培养与课程开发,为人才持续成长提供智力支持。

【企业文化】 围绕推进企业文化工作、提升企业品牌形象,2012年宁波银行重点推进了以下几项工作。一是转变企业文化工作思路,确立“规定+自选”总分结合的企业文化建设模式,形成企业文化建设合力,由总行明确规定动作,确保总行倡导的价值理念的贯彻实施,各分支行根据总行要求,并结合各自实际自行确定活动形式和内容,扎实有序推进企业文化落地工作。二是通过网络学院推广,讲师面授等方式,持续开展礼仪学习,提升员工素质形象,并在推广过程中遴选出一批优秀的礼仪培训师,为员工职场形象的持续提升奠定基础。三是落实敬业度调研成果,有效满足员工诉求,通过引进咨询公司对员工进行敬业度调研,并针对员工较为关注的问题,实施一系列包括优化制度流程、增加品牌宣传、组织员工晋升等在内的改进措施,提升员工的凝聚力和忠诚度。四是通过开展各具特色的系列品牌活动,提升企业品牌形象,特别是宁波银行苏州分行的“感动苏州”系列活动、南京分行的“感恩南京·文明社区行”活动等,已在各自区域产生一定的品牌效应。

宁波通商银行经营管理情况综述

宁波通商银行成立于2012年4月16日，是一家具有独立法人资格的股份制城市商业银行，也是国内首家由外资银行成功改制的中资城市商业银行，总行地址为中国宁波市江东区民安东路268号国际金融服务中心A座1楼1号、E座16—21楼。在宁波和上海设立分支机构，包括1家总行营业部、1家分行和1家支行。主营范围：吸收公众存款；发放短期、中期和长期贷款；办理国内外结算；办理票据承兑与贴现；发行金融债券；代理发行、代理兑付、承销政府债券；买卖政府债券、金融债券；从事同业拆借；买卖、代理买卖外汇；提供信用证服务及担保；代理收付款项；提供保管箱服务。

【经营业绩】 2012年末，宁波通商银行本外币总资产180.53亿元，比年初增加162.05亿元，增幅877%。本外币各项存款余额60.04亿元，比年初增加50.03亿元，增幅499.86%。本外币各项贷款余额29.07亿元，比年初增加25.18亿元，增幅647%。本外币五级分类不良贷款余额零亿元，不良贷款率0%。2012年全行营业收入13540.34万元，实现中间业务收入1858.04万元。

【业务发展】 改制以后，宁波通商银行面对国内外复杂的经济形势以及开业初期的压力与挑战，围绕打造商贸金融专业银行的市场定位，在"试运行、练队伍、打基础、防风险、开好局"的指导思想下，推进各项业务发展。基础银行业务顺利起步，商贸金融业务逐步推进，金融市场业务立足宁波和上海，面向全国的展开。截至2012年末，宁波通商银行存款余额57.49亿元，比年初增加47.65亿元，增幅483.99%；贷款余额21.67亿元，比年初增加17.84亿元，增幅466.19%；客户数2789户，全年新增552户。储蓄存款余额2.56亿元。2012年9月宁波通商银行开始发行个人理财产品，累计发行7期，募集资金1.74亿元。发展金融市场业务交易客户157家，涵盖国有银行、全国股份制银行、城商行、农商行、外资银行、信用社、证券公司、基金公司、保险公司、财务公司、信托公司、资产管理公司、汽车金融公司、金融租赁公司等各类金融机构。全年本外币资金交易量938亿元，理财产品累计发行16.19亿元。

【队伍建设】 人力资源管理是宁波通商银行经营管理的重要组成部分。2012年，宁波通商银行围绕人才队伍建设，不断提高人力资源管理水平，初步形成具有自身特色的人力资源管理体系。一是统筹做好人员规划，优化人力配置。拓宽招聘渠道，积极引进优秀人才，同时做好内部优化配置工作，动态调优人才结构。截至2012年末，全行在职人员358人，其中管理人员66人，运营管理人员199人，市场人员102人，为银行发展提供了人力支持与保证。二是不断完善人才培养，稳步提升队伍素质。运用分层级、分条线、集中与分散相结合等多种方式，提高人才培养的针对性和有效性；同时不断加强自主培养力度，推进业务导师制度的实施，形成自有的人才培养机制和氛围。三是着力健全激励约束，进一步增强整体活力。推行并倡导“全员绩效管理”理念，强调薪酬与绩效充分挂钩，优化薪酬结构和分配方式，以市场为导向，初步建立全行一体化的、稳健并具竞争力的基础薪酬体系，同时着眼长远，完善考核评价机制，采用短中长期激励保障措施，激发全行员工的创业干事热情。

【机构建设】 自改制以来，宁波通商银行对内搭建组织架构，对外推进机构网点建设。一是精简管理层次，建立扁平化的组织架构。本着“精简高效、制衡有效”原则，建立和完善总分支行三级组织架构。明确各层次、各条线、各部门的职责、权限和相互关系，总行内设职能部门15个和业务经营部门6个。二是推进网点布局，加快机构建设。2012年5月15日，宁波通商银行第一家分行上海分行获批开业。2012年9月25日，宁波通商银行第一家支行海曙支行获批开业，总行营业部也于当日迁址宁波国际金融服务中心。截至2012年末，宁波通商银行已开业的机构网点有3家。

【风险管理】 2012年是宁波通商银行的开局之年，宁波通商银行确立风险管理偏好，按照风险管理“三道防线”原则，搭建分层次的风险管理组织架构，建立全面风险管理体系。一是建立主要风险管理制度，形成垂直信贷管理及嵌入式管理架构，明确授信主体、风险缓释手段和授信方案三位一体的授信理念。二是建立全面风险管理架构，明确各部门在风险管理中的职责分工，采用多维监测指标体系，通过限额设定、定期监测报告等方式管理全面风险。三是实施授信监测预警管理，丰富预警指标，防控各类信用风险。

【企业文化】 宁波通商银行致力于建设积极向上、和谐发展的企业文化，以健康的企业文化培养和带动员工成长，建立一支有理想、有担当、具有较高专业素质和创新精神的员工队伍。2012年7月，宁波通商银行启动“通商之家”主题教育活动，活动以“全心全意依靠员工办银行和银行与员工共同发展”理念为指导，以银行开好局、起好步、实现稳步发展为目标，重点抓人员磨合、服务提升和业务转型三个方面，着力推进人员磨合和文化融合，活动历时一年半时间。

宁波东海银行经营管理情况综述

【经营业绩】 2012年末，宁波东海银行各项存款余额31.09亿元，比年初增加7.46亿元，增长31.57%；各项贷款余额21.91亿元，比年初增加5.09亿元，增幅30.26%；全年实现各项收入19720万元，比2011年同期增长18.97%；资本充足率达到18.34%；拨备覆盖率达到180%。

【业务创新】 一年来，宁波东海银行积极关注和收集实体经济新的金融需求信息，根据市场开发适销对路的金融产品，通过个性化服务，细分客户市场，错位发展，不断加强业务战略转型，提升金融服务水平。

一是通过与业务集团沟通合作，梳理已有的产品和业务，划分传统业务和差异化业务板块，开发贸易链融资业务，从而使业务条线清晰，总体产品框架更加合理。

二是以展销会为平台，组织产品展览，扩大产品知名度。在2012宁波市银行、保险金融产品展上，在组委会金鼎奖评选中，宁波东海银行获得2012宁波市民心目中最佳金融品牌——最受欢迎的银行借记卡、最佳个人贷款服务银行两个荣誉奖项。

三是全面深化银银、银保、银商、银基、银企合作，实现资源共享与优势互补，为有效拓展中间业务，开展中间业务产品创新创造条件。目前，宁波东海银行已与中国人民保险集团财险公司宁波分公司、中国人寿集团有限公司宁波分公司、中国进出口银行宁波分行等建立多元化合作关系，先后推出统保代管贷款担保等业务。

四是与工行宁波市分行合作推出贵金属代销（福鼎金）业务，完成代销相关管理制度、宣传资料、相应的业务培训和测试，并利用象山网点的优势，推广“福鼎金”代销工行实物金业务，进一步丰富产品线。至2012年末，宁波东海银行已成功销售实物金100克。

五是全面推动国际业务开发。先后完成交易融资业务调研与规划、国际结算系统客户化开发、SWIFT入会申请及系统购置、外汇业务资质申请等工作，为今后交易融资产品开发与推广等奠定基础。

六是推出“增贷通”贷款业务。该业务是针对小微企业客户融资难问题而研发的新业务品种，产品通过“1（不动产抵押）+N（其他补充担保措施）”的灵活搭配方式为小企业客户提供了有效的融资担保模式。

七是针对从事海洋捕捞、海产品加工及其上下游产业的小微企业普遍存在规模小、难以提供合格的抵（质）押物的问题，积极拓宽抵押物范围，持续推广渔船抵押贷款、海域使用权抵押贷款等新业务品种，一定程度上拓宽了小企业融资渠道。

【内部管理】 2012年，根据改制要求，宁波东海银行对全行300余个规章制度进行梳理，并对相关内容进行统一，推进全面风险审计。2012年先后组织实施了全行风险、经营状况监管评级自评以及贷款违约情况、贷款风险分类、银企对账、同业往来、票据业务等业务条线项目审计，实行条块连带责任追究机制，增大违规违纪和失职、不尽职行为责任成本；实施柜员、客户经理和科技人员等级制，提高了员工的综合素质；实行严格的问责制度，问责坚持权责统一、赏罚分明、责罚适当、实事求是、公平公正的原则，坚持教育与惩戒相结合、追究责任与改进工作相结合，确保各项经营管理工作和业务操作依法合规、内控有效运行；继续实行安全工作各单位部门"一把手"负责制。

【业务发展】 一年来，宁波东海银行坚持服务中小微企业、服务海洋经济和服务社区居民的市场定位，围绕地方经济发展趋势，积极优化产品创新机制与服务模式，着力促进业务转型，不断提高金融服务效率，推动业务快速发展。

加快信贷服务体系建设，加大实体经济支持力度。一是按照国家信贷货币政策、产业发展政策等宏观经济政策，积极协调好信贷规模与投放节奏的关系，坚持服务地方经济、服务小微企业、服务个体工商户、服务市民的市场定位。重点支持发展优质小微企业客户，在总规模内不对小微企业设规模限制，保证了各项授信业务的稳健发展。同时按照涉农贷款两个"不低于"的要求，积极发挥本土银行业金融机构优势，进一步加大涉农贷款投放力度。二是大力开展票据贴现、银行承兑汇票业务，支持优秀小客户发展。至2012年末，宁波东海银行承兑汇票4.57亿元，票据敞口2.81亿元。三是加大重点领域贷款管理，提高资金运营效率。在地方政府融资平台贷款管理方面，按照银监部门建立"名单制"管理系统要求，对所有平台贷款(包括已整改的一般公司类贷款)按月进行跟踪，并初步建立了持续动态监控机制。同时，为进一步完善对融资平台客户的监管，将贷款审批权限上收至总行。在房地产贷款管理方面，鉴于自身成立时间尚短、资产规模总体偏小的现状，宁波东海银行积极扶持发展公共租赁住房、经济适用住房、廉租住房等保障性安居工程和从事农房两改项目的客户。至2012年末，宁波东海银行房地产行业贷款2000万元，重点支持象山县石浦建设投资开发有限公司"农房两改"项目。至2012年末，宁波东海银行涉农贷款余额130658万元，比年初增加13183万元，增幅11.22%。

【培训教育】 2012年，宁波东海银行制订与实施了员工培训计划，全年开展培训113场，员工参加培训3761人次，培训项目涵盖了新员工入职培训、中层提高培训、员工外派培训、业务骨干培训、总行营业部开业集训、象山支行开业集训、客户经理授信业务系列培训、开业前结算业务集训、内控及风险管理培训、规章制度及合规文化培训等20余项。同时，宁波东海银行积极完善岗位职级体系，梳理和分析组织架构、岗位体系，对原有163个岗位进行分析、整合和评价，完成岗位说明和岗位评价，形成有效的激励机制。

【机构建设】 2012年3月29日，经中国银行业监督管理委员会批准，象山县绿叶城市信用社股份有限公司改制为宁波东海银行股份有限公司，并于2012年4月6日在宁波东部新城落户成立；2012年7月总行营业部对外正式营业，原绿叶城市信用社营业部改为象山支行，其他分社改为支行，共计机构数9家。

【风险管理】 2012年，宁波东海银行制定了全面风险管理战略和政策指引，推行风险限额管理，出台《宁波东海银行股份有限公司2012年风险限额管理规定》，建立了限额指标监测、预警、分析、报告和超限额处理机制；初步建立独立审批官制和信贷后督机制，并实施总行管理的各级信贷出账中心体制；建立派驻风险经理机制，配套出台《宁波东海银行股份有限公司派驻风险经理管理办法(试行)》、《宁波东海银行派驻风险经理考核管理办法》、《宁波东海银行派驻风险经理操作手册》。从准入管理、工作职能、从业自律、培训教育、退出转岗、问责处罚、绩效考核、操作流程等方面规范派驻风险经理日常工作职责，加强贷前、贷中、贷后管理，制定与实施《宁波东海银行客户准入信用简易评级管理办法（试行）》、《宁波东海银行股份有限公司信贷业务放款审核管理办法》、《宁波东海银行股份有限公司信贷资产质量分类管理办法》等制度。

【企业文化】 宁波东海银行坚持一手抓改革与发展，一手抓精神文明建设，以人为本，积极培养以“福”文化、“海”精神为主体的企业精神，推动品牌建设，不断提高企业文化的核心竞争力。

广泛开展与各大媒体、广告宣传等有关部门的合作，通过开业和银企签约等活动，举办媒体见面会，进行开业品牌宣传、产品推广宣传以及企业形象的平面宣传等工作。

以公交站牌、报纸以及LED、机场高架、高速公路广告牌等形式进行宣传，提高东海银行品牌知名度。东部新城金融中心公交车站的各路公交车，已全面冠名“东海银行”站，形成了良好的品牌集聚效应，客户和群众的反应良好，知名度和美誉度得到提升。

宁波东海银行的成立标志着全国最后一家城市信用社成功转制成一级法人的城市商业银行。宁波东海银行以“福”为标识，“福如东海　运通天下”，必将在宁波新一轮“金融支持创新驱动　加快经济转型发展”的浪潮中扬帆远航。

温州银行经营管理情况综述

2012年，温州银行以金融改革为契机，进一步明确差异化市场定位，突出“支小支温”的经营特色，将“服务实体经济，服务地方经济，服务小微经济，服务温商经济”作为主要工作内容，坚持依法合规经营，坚守风险防控底线，坚定转型升级目标，各项工作取得新发展。截至2012年12月末，温州银行各项存款余额630亿元，各项贷款余额450亿元，资产总额832亿元，共辖属78家营业机构，员工2350人。

2012年，温州银行的工作亮点主要有：

一是规模提升，市场份额有效增加。2012年，温州银行顺利实现了“存贷款超1000亿元，总资产超800亿元”两大目标。至2012年末，温州银行存款增量超100亿元，贷款增量超85亿元，存贷款总资产增量创历史新高。

二是招商引资，携手温商共筑金融改革。作为本土银行，温州银行积极引导温商资本回流温州本土金融业。2012年6月，温商企业新明集团以溢价5800万元，总价4.4亿元的价格竞得中国华融拥有的温州银行股权，创地方商业银行股份转让价格的新高。温州银行注册资本增至17.28亿元，并荣获2012年度市级招商引资工作二等奖，是全市金融系统唯一获此殊荣的单位。

三是严控风险，领先同业资产质量水平。温州银行通过清理员工贷款，组织房地产、光伏、钢贸等行业风险排查，上收重点风险行业授信审批权限，走访排查重点客户等方式，有效防控了信贷风险。2012年末，温州银行不良贷款率控制在1.35%，比温州同业平均水平低2.4个百分点，低于全省平均水平约0.2个百分点，经受住了区域性金融风波的考验。

四是跨区经营，丽水分行彰显温州速度。2012年12月，温州银行丽水分行开业。从获批筹建到正式开业，丽水分行仅用了3个月的时间，创下浙江省内设立分行从筹建至开业用时最短的温州速度。开业后，丽水分行主动对接当地温商温企，并将主要信贷资金投向三农经济，以行动强化金融对温商、“三农”和小微企业的支持，短时间内打开了市场，也在当地树立了温州银行品牌。

五是扶持小微，差异化经营赢得口碑。立足小微，是温州银行坚定不移的市场定位。根据小微企业融资特点，温州银行进一步提高审批效率，将单户500万元以下的小微企业贷款业务视同零售贷款进行管理，材料齐全个贷业务当日出账，500万元以内小贷业务三日办结，并对科技含量高、成长性良好、实业型的朝阳行业积极减费让利，力促经济转型升级。同时，温州银行在温州区域设立第一家小企业专营支行。至2012年末，全行小企业贷款增幅40.81%，超各项贷款增幅17.41个百分点，其中温州辖内小企业贷款占各项贷款增量的90.67%。先后荣获全国支持中小企业发展十佳商业银行、2012年最佳中小企业金融服务奖等荣誉，“金鹿生意贷”荣获2012年度全国中小企业最受欢迎金融特色产品。

六是产品创新，破壁担保和还款方式困局。根据小微企业金融需求，温州银行开展了担保方式和还款方式创新探索，为帮助企业"无缝"续贷推出的"续贷通"信贷服务，受到人行与银监部门认可并作为试点推广。同时，温州银行还通过同业合作的方式，为企业融资搭建平台，与进出口银行浙江省分行合作推出"统保代管"服务和福费廷业务，方便小微企业融资。

七是提升形象，文明创建再上新台阶。温州银行于2012年全面推行营业网点由"交易结算中心"向"营销服务中心"转型，在营业环境、功能布局、人员管理、业务流程等方面实现全面转型提升。同时，温州银行文明创建的步伐也不断加快，全年全行新增省级以上文明创建荣誉8个，市级文明创建荣誉10个。在2012年温州万企评行风商业银行服务企业满意度得分中，取得第二名；温州市民主评议行风评比结果，在全市25家参评银行机构中排名第六位。

八是发展共赢，积极履行企业社会责任。2012年，温州银行累计缴纳各项税收3.72亿元，位列温州"纳税百强"第八位，位居金融系统首位，获年度支持地方税收贡献先进单位，而这已经是温州银行连续7年进入温州市纳税大户前10位。同时，温州银行还认捐千万元设立了妇女儿童关爱基金，并支持中华龙舟大赛、全国户外运动锦标赛等大型活动开展。

嘉兴银行经营管理情况综述

2012年，在监管部门的支持指导下，嘉兴银行坚持以科学发展观为统领，以“服务提升年”活动为主线，以银行系统民主评议行风活动为契机，扎实推进“十二五”发展战略，助力支持小微企业，全力服务实体经济，着力防范金融风险，推动经济转型升级，全行各项业务实现了平稳增长。到2012年末，嘉兴银行总资产达到334.73亿元，比年初增长16.39%。本外币各项存贷款余额分别为279.37亿元和202.13亿元，分别比年初增长15.42%和17.74%；年末五级分类不良贷款率1.55%，比年初上升0.65个百分点；2012年累计实现净利润4.37亿元，同比增长20.39%；年末资本充足率和核心资本充足率分别达到13.1%和10.62%，拨备覆盖率181.75%，均达到监管指标要求。

一、千方百计，集中资源，帮扶小微服务实体

截至2012年12月末，嘉兴银行四部委标准小微企业贷款余额(含贴现、个人经营性贷款)为1605924万元，较年初增加266191万元，比上年同期多增了10561万元，增幅为19.87%，高于全部贷款增幅4.61个百分点；小微企业贷款占比为79.45%，较年初上升1.50个百分点。小微企业贷款户数2188户，较年初增加176户，占全部贷款企业户数的90.26%。

1. 开展小微金融宣传，提升特色服务品牌。以“服务提升年”和“民主评议行风活动”为抓手，扎实开展了“小微金融服务宣传月”、“走千企、访百项、增效能、控风险”活动，走访企业、解危济困，举办银企对接会和合作签约，彰显了地方银行的社会责任和品牌特色。中小企业专项信用贷款累计发放11.92亿元，列市区各银行首位。

2. 持续推进产品创新，缓解小微融资困难。在嘉兴市率先推出小微企业无还本续贷业务，到2012年末，已累计发放236笔，金额3.03亿元，惠及企业134户；推出小额贷款保证保险业务、贷款周转金(应急资金)业务，全年累计发放贷款周转金121笔，金额40598万元。

3. 积极拓展资金来源，全力满足融资需求。在表外业务方面，通过委托贷款、信托贷款等方式，千方百计扩大信贷资金来源，为小微企业提供了10亿元的融资支持。另外，积极申报发行10亿元小微企业专项金融债。另外，年末承兑余额64.8亿元，较年初上升了15.38亿元，实现了承兑业务稳中有进。

4. 规范经营管理行为，提升小微服务质效。降低考核指标，合理确定贷款利率，全年让利9000万元；对临时困难企业实行贷款基准利率优惠；对中间业务收费项目进行梳理，对收费标准进行修订，并明码标价，公开公示，共减免费用近1000万元。

5. 出台支持小微措施，落实扶小帮困政策。再次制订了18条支持小微企业发展的意见。

二、协调配合，稳步实施，加快机构建设步伐

1. 加快市镇机构发展，服务重心不断下沉。新设4家新市镇支行，总数达到了9家。2012年末，嘉兴银行9家新市镇支行存贷款余额分别为20.62亿元和18.3亿元，分别比年初新增8.55亿元和10.39亿元，分别占全行存贷款新增总额的21.98%和34.11%。同时，市内3家小微专营支行获准筹建，已经开业1家。

2. 扎实推进跨区发展，启动筹建绍兴分行。嘉兴银行湖州分行开业以来成效显著，两家村镇银行快速发展。同时，完成绍兴分行和湖州安吉、长兴2家县域机构及湖州织里小微专营支行的筹建材料申报工作，绍兴分行已获准筹建，湖州织里小微企业专营支行已经开业。

3. 财富管理中心开业，助推转型升级发展。嘉兴银行财富管理中心、嘉禾支行正式开业，“红船”贵宾卡首发，是嘉兴银行积极推进业务转型、服务升级的新举措。

三、完善治理，精细管理，深化检查强化防控

1. 完成“两会一层”换届，不断完善公司治理。顺利完成换届选聘，产生新一届董事会、监事会、经营班子和各专门委员会。修订“三长”联席会议议事规则、行长工作规则；修订高管履职评价办法，完善考核监督机制，督查提高履职绩效；整改落实年度监管意见和审计《管理建议书》，切实提高公司治理水平。

2. 启动全面预算管理，提升财务管理水平。出台《嘉兴银行财务预决算管理试行办法》、《嘉兴银行财务公开暂行办法》和《嘉兴银行重大工程建设项目实施“3+1”防控体系规范化管理的意见》等制度，成立总行费用中心，升级财务管理系统，启动全面预算管理，加强资产负债管理和流动性管理，切实提高财务管理的科学化规范化水平。

3. 加强授信基础管理，规范票据业务发展。首次制定《2012年授信资源配置及信贷运行框架原则》、《2012年信贷政策指导意见》和《信贷基础管理工作考评试行办法》。建立新增授信面谈制，实行双人现场核保，加强票据业务风险管控。

4. 开展风险排查活动，加强合规风险防控。组织成立六大专项排查小组，全面排查经营管理中存在的突出问题和各类风险。组织开展大额贷款风险排查(自查)工作，启动常态化的合规检查。

5. 集中精力突出重点，加大风险处置力度。一是制订了重大疑难不良(预警)贷款处置目标责任管理办法，按月跟踪处置进度；二是建立不良贷款汇报制度和风险预警报告制度，加强预警考核，完善信贷系统风险客户管理，建立风险提示库，完善存量授信客户分类标准，审慎制定授信策略和压缩退出计划，及时防控企业经营风险；三是建立季度分析例会和大额授信风险约谈制度。成立特别授信审查委员会，及时、有效地应对处置重大疑难不良贷款。

6. 推进问责体系建设，提升问责工作效率。修订《嘉兴银行员工问责实施细则(试行)》；建立分级问责管理体系，及时跟进检查问责，对银监部门全面常规现场检查中发现的问题落实责任部门，明确整改措施和整改时限，加强对相关责任人的问责。

四、突出重点，发挥特色，扎实开展行风评议

2012年，按照嘉兴市银行系统统一部署和要求，嘉兴银行深入开展民主评议行风活动，并突出四大评议内容，努力以“八

个抓”实现“八到位”，经过7个月的不懈努力和4个阶段的活动，取得了显著成效，被省、市检查组认为是“做得最扎实、最好”的一家银行。

1. 围绕经济发展中心，全力服务实体经济。结合“服务提升年”和“走千企、访百项、增效能、控风险”活动，出台走访企业、优化服务、增强效能、控制风险、规范经营5个方面的具体措施，并明确了支持实体经济、小微企业、绿色信贷、转型升级、重点客户五大重点投向领域，服务大局的能力有了进一步提高。

2. 规范业务经营行为，让利于企实惠于民。严格遵守“三严格、五禁止”及“七不准、四公开”要求，落实省市政府和监管部门关于合规经营、减负让利的一系列措施，对中间业务收费项目和收费标准进行了修订，减少收费项目47项，占全部收费项目的28%，按上年同比口径计算，减少收入约1000万元。

3. 深化合作统筹协调，不断拓宽服务领域。进一步拓展银政银企合作空间，注重加强系统客户、重点客户营销合作，与嘉兴市建委、市非税局合作开展市本级“四自工程”通行统缴费的代退工作。截至2012年末，代退四自工程车辆通行统缴费66019笔，代退车辆78835辆，代退金额1742.49万元；扩大与行政事业性单位合作范围，做好罚没款等非税收入代收工作。全年累计新增行政事业性单位31户，代收非税收入金额11086.83万元；与有关街道沟通，开展2012年度新增社会保障资金代收业务，已累计代收两项社会保险3116笔，代收金额1905.7万元。通过扩大代收代付业务范围，较好地承担了社会责任，赢得了政府部门和广大市民的肯定和欢迎。

4. 亮化网点服务窗口，提高文明服务水平。细化规范营业网点窗口服务标准，开展“文明365，嘉银在行动”主题活动；对网点服务进行定期检查，更新、添置硬件设备，提升窗口形象；聘任社会监督员，依托外部力量强化评议效果，及时反馈、整改相关问题和意见建议；重视客户投诉，规范处理流程，公布受理渠道，成立客户投诉调解工作站，有效化解矛盾纠纷。

5. 加强廉政道德建设，促进行风作风转变。组织开展廉洁合规从业警示教育，开展短信颂廉活动，营造全行风清气正的良好氛围。举办廉政知识讲座，进一步提高了干部员工的廉洁自律意识。在全市金融机构中率先开设“道德讲堂”。感恩社会回报客户，热心社会公益事业。资助优秀电影进镇村、街道、社区，向南湖创业学校捐赠“嘉银慈善助学项目”。参加“三关爱”志愿活动启动仪式并现场捐款，协办全市“共克时艰当先锋、百团服务促发展”活动，与一批小微企业及领军人才企业进行授信签约。

五、以人为本，夯实基础，提升嘉银文化品牌

1. 强化人力资源管理，稳妥推进三项改革。从组织体系、岗位体系、薪酬体系和绩效体系方面有序推进人力资源“三项改革”，实行人员总量、序列和结构管理，探索人力成本和薪酬预算管理，推动人才库、内部培训师库以及招聘评价中心专家库建设；健全用工制度，规范实习用工、费用工等管理；创新招聘方式，尝试前置(订单)招聘，规范双向选择就业协议和实习协议，明确双方权利和责任；启动承诺考核和服务期赔偿等措施。

2. 明确重点分层实施，强化全员教育培训。深化学习型组织建设，开展“读一本好书”活动和“我们的价值观”表述语征集活动，健全和完善总行部门月度集中学习

制度，组织举办中高层管理人员“卓越领导力”培训、新员工上岗培训，组织年度业务技能考试。

3. 推进企业文化建设，提升嘉银文化品牌。探索完善企业文化建设体系和有效载体。完成工会和团委换届。举办行庆15周年暨第二届职工文艺会演等，荣获“全国模范职工之家”、“全国企业文化建设优秀企业”荣誉称号。

湖州银行经营管理情况综述

2012年，湖州银行在湖州市委、市政府的正确领导下，在银行业管理部门的关心支持下，面对复杂严峻的经济形势和日趋激烈的竞争环境，积极应对，不断提升发展品质，努力推进差异化、特色化、精细化发展，资产规模持续扩大，服务范围进一步延伸，内部管理基础不断夯实，社会品牌效应明显提升，各项工作呈现良好发展态势。

截至2012年末，湖州银行总资产240.79亿元，比年初增长13.31%。各项存款余额203.17亿元，比年初增长12.86%。储蓄存款65.51亿元，比年初增长21.22%。各项贷款余额142.24亿万元，比年初增长7.80%；不良贷款余额为16855万元，不良贷款率为1.18%；资本充足率13.66%，核心资本充足率13.11%，分别比年初上升1.51、1.50个百分点。连续三年被市银监局评为"湖州市小企业金融服务工作先进单位"；百合花—诚信通产品获《浙江日报》"最佳创新融资产品(模式)奖"，2012年在湖州市金融机构考核中，被市政府评为优胜单位；被银监局评为先进银行优胜单位；在人行的年度综合评价中，列股份制银行类A等行。

一、积极助推地方经济发展

2012年，湖州银行根据省、市政府及监管部门的产业政策与指引，制定出台了《湖州银行支持湖州市实体经济发展的指导意见》，全年工业贷款新增8.1亿元，占全部新增额的65.85%，有效支持重点产业发展。一是充分发挥总行的优势，加强同异地金融机构合作，累计引进22.14亿元用于湖州市基础设施建设、保障性安居工程建设、截污工程、小额贷款公司、科技型中小企业等。二是加大对"3+3"产业的支持力度。在调查研究的基础上，在坚持"成本可算，风险可控，信息充分披露"的前提下，通过银企对接、主动营销、金融创新等方式，加大对先进装备、新能源、生物医药三大战略性新兴产业，金属管道与不锈钢、特色纺织、竹木地板三大特色优势产业的金融支持。全年对3+3产业总授信达21.15亿元，贷款余额13.78亿元。三是加大绿色信贷业务发展。将节能减排、绿色信贷和生态金融建设作为信贷工作重点，稳步开展排污权质押贷款，加大对节能环保等绿色产业的政策倾斜和金融支持，助推低碳经济的发展。

二、不断加强小微企业扶植力度

湖州银行通过明确市场定位，探索"六项机制"建设，帮助小微企业持续健康发展。2012年末，小微企业贷款余额98.06亿元，比年初增加9.09亿元，增长10.21%，高于全部贷款增幅2.41个百分点。小企业占全部贷款的68.94%，比年初上升1.50个百分点。一是加强政策引导。根据各分支行区域经济特点、客户资源、市场竞争、信贷经营管理水平等情况，实行差异化授权管理。适度扩大审批权，提高审批效率，优化审批流程。针对小微企业特点设计侧重于非财务因素的信用评级模型。二是设立小微企业管理中心。在总行公司银行部下设小微企业管理中心，专门负责小微企业业务的发展规划、产品研发、营销管理、营销推进，提高小微企业服务针对性和时效性。三是创新小微企业产品。实现还款与续贷无缝对接，减少贷款期限错配给中小企业流动性带来的压力。推出法人按揭贷款、经营性物业贷款、抵押循环贷、易续贷、全抵贷、票据池业务、商户信用贷7款产品。同时，深化小企业专项信用贷款工作，努力在县域做好专项信用贷款扩面工作。截至2012年末，湖州银行“百合花—诚信通”已累计发放365笔，共计73960万元。四是建立小微企业专营体系。重点培育二级支行作为小微企业重点服务网点，特别是选取县域集镇网点加以重点培育。2012年嘉兴嘉善小微企业专营支行筹建获批，双林小微专营支行已启动筹建，日月城支行、外庄支行、康山支行等一批社区型、专业市场型网点顺利开业。

三、不断强化支农长效机制

服务农业水平进一步提升，建立并完善支农惠农长效机制。一是重点支持农业龙头企业、专业户和科技示范户的正常生产资金需要。选择一批资金实力强、效益优、信誉好、科技含量高的企业，给予重点支持，带动农业产业化的发展。截至2012年末，湖州银行涉农贷款余额约42.27亿元，比年初增加了5.12亿元，增长12.11%。二是推出“百合·新农合卡”。根据新型农村合作医疗发展需要，推出集银行金融服务与农村合作医疗服务与一体的“百合·新农合卡”，成为全省新型农村合作医疗先例。截至2012年12月底，共对7个乡镇(街道)96个自然村发放了53597张卡，真正实现让农民得实惠、为农村办实事的目标。三是加大金融知识下乡宣传力度，有重点选择城乡结合地域的网点设摊，组织举办多种形式的金融知识下乡活动，与当地农民朋友近距离接触和沟通。制作《银行业相关知识》宣传片，5个月内在农村地区放映800场，有效提高农村地区金融知识水平。四是改善农村支付服务环境。按照“便农支付工程”的要求，提高农村地区或城乡结合部网点的服务功能和电子化水平，积极推广手机银行和网上银行。截至2012年末，手机银行在湖州三县的用户达到8267户，较年初增长32.04%。努力在农村形成集物理网点、网上银行、手机银行、自助设备为一体的立体交互式服务网络。

四、不断推行全面风险管理

湖州银行通过加强风险的事前防范、事中控制、事后监督和纠正动态过程等机制建设，树立风险是成本最大理念，培育全行良好的风险管理文化，在严峻复杂的经济金融形势下严控各类风险。一是不断加强内部控制管理。湖州银行新一代核心业务系统于2012年12月8日成功上线，实现重要业务集中授权、集中复核，对一些合规性要求嵌入系统，实行强行控制。二是严格控制信用风险。制定更加审慎的信用风险管理政策，在总量、投向、投量、结构、限额等方面作出了更审慎的安排。组织开展全面风险排查、存款账户检查、安全生产大检查、电子银行业务等多项排查，全面查找风险隐患。在“尽职免责，违规问责”原则下，落实信贷方面的风险责任评议及问责。三是加强操作风险管理。全年操作风险管理措施较为妥当，各项业务运行平稳，未发生重大操作风险损失事件。四是严抓流动性风险控制。从监测数据看，随着资产负债结构的调整，年末流动性管理指标均达到监管标准，未出现突发性支付风险情况。五是强化信息科技风险管理。以落实信息科技监管达标路线图为指引，强化信息科技风险管理。2012年，湖州银行声誉风险控制良好，未发生影响声誉的重大事件。

五、人力资源建设持续加强

2012年，湖州银行通过实施“三大工程”建设，进一步加强队伍建设和企业文化营造。一是实施人力资源素质提升工程。重点做好人力资源提升项目工作，包括设立职位体系、绩效体系、薪酬体系、培训体系等。“以561行动计划”为重点，不断加强班子建设，着力培养中层后备干部，精心选拔优秀年轻人才，更好地引进和培育各类专业管理人才，从而建立一支高素质人才队伍。2012年选拔了45名中层后备干部、42名年轻优秀人才和117名专业管理人才。二是实施企业文化塑造工程。重点培育员工“积极心态、敬业精神、感恩品质、团队协作”的和谐文化和“从我做起、向我看齐、对我监督”的合规文化建设。大力推进CIS建设，使核心理念和企业形象进一步深入人心。三是实施“创先争优”工程。通过开展“八比八看”活动，即比学习看思想，比敬业看责任，比合作看团结，比存款看增长，比贷款看质量，比技能看水平，比服务看作风，比廉洁看品德，鼓励员工在工作中主动创先进、争优秀，团结协作，共同提高工作执行力和效率。

绍兴银行经营管理情况综述

2012 年，是国际政治经济动荡、国内经济结构调整的非凡之年，也是绍兴银行实施“十二五”规划承上启下的关键之年。一年来，绍兴银行以科学发展观为统领，积极应对复杂多变的外部环境对本行主营业务带来的冲击和影响，按照年初确定的工作目标，创新业务品种，强化经营机制，深化案件防控，加强队伍建设，有效推进了各项业务的稳步发展。截至 12 月末，绍兴银行资产总额达 447 亿元，较年初增加 61 亿元，增幅为 16%；各项存款 362 亿元，较年初增加 25 亿元，增幅为 7%；各项贷款 262 亿元，较年初增加 15 亿元，增幅为 6%；不良贷款 3.1 亿元，较年初增加 1.51 亿元，不良率为 1.18%，上升了 0.54 个百分点；资本充足率为 11.43%；利润总额达到 7.43 亿元（含拨备），较上年增加 0.75 亿元，增幅为 11.23%，实现了良好的社会效益和自身效益。

一、突出条线，激活机制，真抓实干促营销

年初以来，绍兴银行坚持“存款立行”的理念，突出营销主线，制订专项方案，出台考核办法，积极推出公司、个金、国际条线竞赛活动，不断激发各条线营销的内在潜力，实现了全行各项业务的稳步发展。

（一）创造氛围，激活营销动力

一是加强领导，健全营销机制。调整总行领导分工，健全分支机构联系点制度，明确各专项活动领导小组，切实加强营销工作的组织领导。同时，加强总—分—支三级架构建设，从“管理建机制，机制强营销”的高度出发，由上到下建立起统一协调的营销体系。

二是明确职能，分工协作拓展。充分发挥总行职能部门在营销方面的指导作用，多次组织召开条线工作会议，研讨产品推介方案；分支行及客户经理团队转变传统营销思路及模式，寻找业务发展切入点，细化营销方案，探求业务拓展新方法。

三是制订方案，推出专项活动。开展了“转型促发展 龙年步步高”劳动竞赛、手机银行竞赛活动、“强营销 促发展”国际业务专项竞赛活动等多个活动，通过明确目标，细化举措，按时通报，定期总结，不断激发全员营销活力，切实打开了营销新局面，推动了各项存款的有效增长。各项存款较上年增加 25 亿元，其中对公存款增加 2 亿元、储蓄存款增加 23 亿元；手机银行开户达 15922 户，较上年增加 10243 户；国际结算量达 6.7 亿美元，较上年增长 0.5 亿美元。

（二）强化考核，提升营销能力

一是严格奖惩，激活揽存效能。细化分支行绩效考核办法，通过定量考核与定性考评相结合的方式，不断完善绩效考核机制，全面提升员工揽存积极性；制定出台客户经理绩效考核指引，明确考核内容及奖惩措施，不断激活客户经理主动营销的自发性。

二是多管齐下，优化信贷投放。细化出台公司业务信贷投向指引，明确行业和限额准入标准，在确保资金用途科学、高

效、安全的基础上，优化信贷结构。同时，通过各项有效措施挤出信贷规模，加大信贷有效投放力度。截至年末，绍兴银行全行各项贷款增加15亿元，其中纯贷款净增长10亿元。大纺织行业贷款占比为16.9%，比年初下降1.3个百分点；房地产贷款占比为1.9%；个人贷款余额达7.1亿元，较年初增加0.4亿元，占比为2.7%，余额呈现出稳定增长态势。

三是深度挖潜，拓展收入渠道。不断加大中间业务拓展力度，从同业合作、系统开发、专项培训、产品推介、联合营销抓起，全面拓展中间业务，不断提高中间业务收入占比。年末，绍兴银行全行中间业务收入达4150万元，较上年增加1506万元，占全部收入的3.7%，较上年提升了1.3个百分点。

（三）增点扩面，拓宽营销领域

按照年度网点规划，深耕辖内网点机构，谋划异地分行网点的下设，推进村镇银行延伸机构。

一是精耕细作，扩张辖内区域。5月份，绍兴银行滨海支行和安昌支行分别对外营业。10月份，平水支行正式开业，不断添补重点乡镇的网点空白，拓宽了主辖营销领域。

二是加快扩面，推进跨区经营。按照跨区经营要求，积极向舟山市政府汇报，在获得同意设立舟山分行的复函后，向浙江银监局提出申请并取得筹建批复，预计明年4月份左右将对外营业。同时，经过精心调研、规划、选址，下大力气做大嘉兴分行及县域支行，目前嘉兴海宁市、嵊州三界镇、上虞小越镇小微企业专营支行正在积极筹备之中。

三是强化指导，延伸村镇银行。持续投入人力物力，紧抓村镇银行下设网点建设工作。5月份，兰溪越商村镇银行首家分支机构—永昌支行正式开业，第二家支行也在筹建之中，预计明年1月份也将开业。

二、紧贴市场，强化合作，革故鼎新增活力

绍兴银行充分把握“创新是商业银行提高核心竞争力的重要途径”这一理念，顺应客户需求的变化，加强同业合作，创新产品种类，丰富服务工具，不断增强市场竞争活力。

（一）创新产品，提升差异化竞争能力

一是立足定位，创新推出“微型贷”。针对微型企业“短、频、急、小”的资金需求，2月份成功推出“微型贷”业务品种，并专设1亿元资金规模用于前期投放。截至12月底，已累计向289户微型企业发放1.3亿元贷款，荣获2012年“最佳创新融资产品”称号。

二是顺应需求，创新推出“年审工厂”。从小微企业需求入手，变更还款方式，改造信贷流程，匹配专项合同，筛选入库产品和名单企业，推行了“年审工厂”新的信贷管理机制，并将小微企业专项信用贷款纳入年审范畴，实现两张“名片”的有机结合。截至年末，已“入库”符合“年审工厂”的小微企业798家，授信总额达到20.9亿元，并已向378家投放10.3亿元信贷资金。

三是因地制宜，创新推出专项贷款品种。结合地域和客户特点，创新推出林权抵押贷款和农户房屋抵押贷款等信贷产品，不断丰富产品种类，提升差异化竞争能力。绍兴银行“金兰情——中小客户系列产品和服务方案”在全国百余家银行的600余个创新案例中脱颖而出，获得“中国金融创新奖”十佳金融产品创新奖殊荣。

（二）丰富工具，健全优化服务载体

一是推出金融IC卡。根据政策导向，

把握市场需求，在5月份获得金融IC借记卡发行资格的基础上，经过基础系统建设、受理环境改造、系统上线、银联入网等一系列前期准备工作，于10月9日正式发卡。同时，积极推进社保领域的发行工作，近期将正式发行社保IC卡。

二是开办国结新品种。以规避汇率风险为要素，推出远期结售汇和跨境人民币结算业务，截至年末，共办理远期结售汇24笔、723万美元；办理跨境人民币结算7笔、3446万元；实现国内信用证业务自营，共办理130笔、17.2亿元，不断满足不同层次、不同性质的客户需求。

三是推行单位公务卡。经过精心准备，对接沟通，分别于8月和11月推出财政集中支付和单位公务卡业务，已为58个局办理财政集中支付，业务笔数达1034笔；为58个局办理单位公务卡开户手续。同时，积极推进住房公积金扩面工作，实现公积金扩面127人(次)。

(三) 加强合作，广开业务经营渠道

一是积极推进，搭建合作平台。本着“优势互补，共同发展”的原则，于8月份和上海浦东发展银行签订全面业务合作协议，全面借鉴学习浦发银行的经营理念、管理模式、服务体系等方面的先进经验。全年共与浦发银行进行了资金业务8亿元，首笔银团贷款也于12月份成功投放，并在国际结算、个金业务方面进行了广泛对接。

二是沟通交流，拓展合作空间。8月份，承办了企业汇率避险暨服务实体经济业务论坛，与多家外贸企业签订了远期结售汇协议。9月份，主办了浙江省城商行金融市场联盟2012年度第一次会议，与省内9家城商行交流探讨了全省城商行金融市场联盟业务开展情况及各成员之间业务合作模式，并就下阶段发展达成一致共识。9月份，又与中国进出口银行浙江省分行签订《中小(微)企业贷款合作协议》，向进出口银行浙江省分行推介了27家超4亿元的贷款意向，已向4家中小企业发放5000万元资金，实现了三方共赢。

三是主动对接，推进合作业务。绍兴银行继续加强与南京银行的合作，全年共代理发行“珠联璧合·金兰花”49期、27.5亿元，自主发行“金兰花理财”8期、9.3亿元，荣获全市2012年度“最佳理财产品奖”。同时，绍兴银行积极与兴业银行合作，开办银银平台贵金属代理交易业务，年末已开户888家，交易达1192笔，金额达2446万元。

三、精心管理，夯实基础，严防强控保发展

2012年初以来，绍兴银行进一步强化从严治行、合规运作的理念，加强内部基础管理，突出信息科技支撑，不断提升经营水平和风险管控能力。

(一) 深化改革，完善管理机制

一是细致谋划，启动增资扩股方案。在加强多方沟通的基础上，积极向市政府和监管机关汇报，拟订方案，获批启动绍兴银行第四次增资扩股方案，确保资本充足率持续达标和满足业务发展需要。

二是稳步推进，开展“三定一评二调整”工作。在多方调研、筛选和考证的基础上，积极推进“三定一评二调整”项目，完成了定编设岗工作，为可持续发展奠定了组织架构基础。

三是集中统一，加强固定资产管理。多次召开专题会议，研究固定资产管理流程，推出分类管理办法，抽调专人集中管理，统一配置，并开发上线固定资产和计算机管理模块，做到“资产有分类，归属到个人”，切实加强了固定资产的管理。

四是深入调研，探索机构分类管理。

在多次召开分支行行长座谈会的前提下，深入基层调研，反复商榷机构分类管理的内容及实施细则，不断推进管理架构构筑工作。同时，为完善统一法人管理体制，规范全行经营管理，研究出台授权管理办法，不断健全内控和自我约束机制。

（二）加快开发改造，提升系统支撑

一是持续投入，加快进程。深入开展轻纺城应用级灾备系统开发测试，实现柜面系统、人行支付业务、银行卡业务和电子渠道业务、中间业务等重要业务系统的应用级灾备建设，并通过实际切换演练的形式进行了局部验证。积极推进前置平台建设，完成电费、银校通等业务移植和IC卡、黄金交易等系统开发，通过整合现有外围系统接口、分配核心系统资源，为新一代核心系统的开发奠定了坚实基础。

二是升级改造，保障运营。改造完成了单位公务卡业务、集中支付TIPS、年审制贷款延期、兰花卡支付宝快捷支付、理财产品等60余个现有系统需求，保障了各项业务平稳运营。

三是开发创新，强化支撑。专门抽调专业人员，历时近1年时间开发完成了新一代信贷管理系统，于4月30日正式上线运行，实现了信贷业务的授信、发放、统计、监测和贷后管理的全流程管理。同时，开发上线新一代事后监督、非现场审计、影像管理平台系统，从前、中、后三道防线加强信息系统管理，不断提高风险管控能力。

（三）加强内部管理，强化执行力建设

一是抓好落实促整改。在深化“管理年”活动后续动作的基础上，对照内部自查和外部检查发现的问题，特别是市银监局全面内控检查的监管意见，列出时间表，明确责任人，开展后督检查，切实整改到位，不断提高经营管理水平。

二是梳理制度建体系。深入开展规章制度评估和修订工作，通过部门自评、法规部复评、主管领导审定，积极开展拟订、修改、汇总工作，有效保障制度的合规性、严密性、可操作性。公司、个金、国际部等部门积极梳理原有条线制度，根据职能划分，顺应形势变化，逐步建立健全条线管理制度体系。全年共制定各类制度78项，完成了公司业务手册和柜面服务手册的编写工作。

三是健全岗位明职责。在深入推动支行“一办三科”进程的基础上，完善岗位职责，明确部门分工，配齐管理人员，努力健全“制度约束—风险排查—严格问责”的合规风险管理机制。同时，出具部门合规及风险提示，不断修正管理流程，防范各类风险。

四是强化追究抓执行。按照“横向到边，纵向到底，三年全覆盖”的内审原则，加大各分支行和重要岗位的审查力度，对检查出的问题，从严从快进行处理，不断完善和优化管理机制。全年共对9家一级支行（部）、18家二级支行开展了全面内检现场稽核；对13家分支行（部）进行了经营目标责任制审计；对46名行管干部及重要岗位人员实施离任离岗稽核；对1358名员工账户进行了风险排查；对75名客户经理进行了“飞检”。同时，严格执行《员工违规行为处罚办法》，全年白牌警告4人，问责201人（次）。

五是做好案防保态势。积极完善各类应急预案，开展全方位演练，切实提高应急能力，并深化落实安全保卫责任制，严格执行案件报告制度，努力促使控险关口前移。同时，严格执行反洗钱工作的各项要求，履行好大额交易、可疑交易汇报等职责，持续推进案件防范的常态化和持续化，保障了全年安全无事故。

四、加强教育，亮化形象，提质争优增后劲

绍兴银行遵循“以人为本”原则，健全激励机制，激活员工潜能，加强业务培训，提升综合技能，招引各类人才，优化队伍结构，不断强化人才强行理念。

一是开展各层各条线业务培训。举办中层干部培训班，提升全行处以上干部对宏观经济形势及发展趋势和金融政策分析能力。利用专设培训中心，对“四类人才”采取课时制菜单式的形式，开展了业务专项培训、专家集中授课、知识竞赛等多样化培训，不断提升全行职工的思想水平、理论素养和业务素质。全年共培训 3207 人(次)。

二是创办“希望之星”研修班。经过部门推荐、行长办公会议讨论，选拔了 25 名员工组成“希望之星”首期研修班，并通过户外拓展训练、集中上课、业务研讨等多种形式，不断提高员工综合素质，切实提升后备干部的新生力量。

三是举办岗位资格认证考试。组织客户经理任职资格考试，强化全体客户经理理论知识，巩固客户经理队伍建设成果。组织全行柜员星级考试，积极培养和提升一线员工的理论知识和技能水平。

四是广招优秀人才，力促可持续发展。本着“人才兴行、人才强行”的理念，继续加大对各类人才的招引力度。通过同业引进、学校招聘等方式，全年共招收各类人才 120 名，其中浙江大学、上海财经等 211 院校的大学毕业生和硕士生 9 名，普通大学本科毕业生 90 人，国有银行及其他股份制银行引进专业人才 21 名，壮大了员工队伍，优化了人力资源。

五是加快形象建设，树立服务新风貌。选派专业人才全方位、全过程跟进工作进度，多角度借鉴吸收，多层次选材选料，积极推进新大楼建设，力求新大楼工程精益求精。同时，按照年初工作计划，共对 9 个网点的营业场实施了新风格装修，不断美化服务环境，亮化企业形象。

浙江稠州商业银行经营管理情况综述

2012年，浙江稠州商业银行按照“强管理、调结构、防风险、促转型”的工作思路，顶住压力，迎难而上，努力推进“市场银行”发展战略，进一步增强差异化的核心竞争优势，各项业务继续保持较快发展。

一、总体经营情况

（一）盈利实现稳健增长

2012年，浙江稠州商业银行实现净利润9.72亿元，比上年同期增加2.17亿元，增长28.79%；资产收益率1.31%，资本收益率15.09%。实现手续费及佣金净收入2.54亿元，比上年同期增加0.81亿元，增长46.85%；手续费及佣金净收入占营业收入比重为8.00%，较年初提高0.37个百分点。

（二）业务规模取得突破

2012年末，浙江稠州商业银行资产总额达864.97亿元，较年初增加244.35亿元，增幅39.37%；存款总额565.93亿元，较年初增加102.26亿元，增幅22.05%；贷款总额416.63亿元，较年初增加97.47亿元，增幅30.54%。

（三）监管指标保持稳定

2012年末，浙江稠州商业银行资本充足率12.32%，核心资本充足率11.82%，继续保持较高水平；受外部形势影响，全行不良贷款管控压力加大，年末不良贷款余额4.43亿元，较年初增加2.41亿元，增幅119.20%，不良率1.06%，较年初上升0.43个百分点；贷款损失准备充足率596.66%，拨备覆盖率236.39%，拨贷比2.51%，风险抵御能力不断提升。全行未发现重大违规问题，无案件发生。

（四）转型发展成效初显

2012年，浙江稠州商业银行小微企业贷款余额297.78亿元，新增75.63亿元，增幅34.04%，增幅高于全部贷款增幅；小微企业贷款占全部贷款比例为72.08%，较年初提高2.47个百分点。全年新增价值客户数20063户，增幅18.54%，客户结构持续改善；电子银行渠道功能进一步完善，交易量增长迅速，大小额支付网上银行单月交易量柜面替代率达470.10%，占全行总交易笔数的82.46%，交易金额替代率为22.73%；国际结算量突破25亿美元，达25.22亿美元，同比增长108.77%；结售汇交易量8.94亿美元；跨境人民币结算量28.39亿元人民币，同比增长223.72%。累计实现票据、投资及资金拆借等交易3336.35亿元，总行资金运营净利润达3.75亿元，同比增加1.25亿元，增幅50%。

（五）机构建设稳步推进

截至2012年末，浙江稠州商业银行已有54家分支机构开业。其中，2012年在福州福清及鼓楼，宁波集士港，南京莫愁湖，丽水松阳、云和及壶镇，金华东阳，温州龙湾，杭州城西，淳安鼓山，上海奉贤新设12家支行，另有湖州分行、上海闸北支行、福州连江支行、宁波慈溪支行，以及永康芝英、兰溪云山、武义桐琴3家小微企业专营支行获批筹建。台州分行筹建工作有序推进。年内在广州花都、江苏东台、四川成都龙泉驿、云南安宁发起设立4家村镇银行，累计已发起设立村镇银行9家。

（六）品牌形象显著提升

在英国《银行家》杂志公布的2012年“全球1000家大银行”排名中，浙江稠州商业银行位居“全球1000家大银行”第600位，较上年上升82位；位列国内银行排名第53位，较上年上升10位。在《银行家》杂志“2012中国金融创新奖”评选中，浙江稠州商业银行“‘商位使用权权利质押贷款业务’产品创新案例”荣获“十佳金融产品创新奖”，“‘财丰理财’人民币理财产品营销案例”荣获“十佳金融产品营销奖”，连续第四年获得“浙江省银行卡交易质量优胜奖”。在“中国年度最佳雇主(2011)”评选中荣获“2011年度华东区最佳雇主”称号，雇主品牌优势不断上升。品牌管理方面，积极打造“市场银行”品牌形象，形成了“市场通”、“如意财富”、“E市通”、“国际通”等子品牌，品牌体系日渐成熟。

二、主要工作措施

（一）支持实体经济发展

深入开展“信贷投向实体经济，突出支持小微企业”、“小微企业金融服务月”、“专业市场深化年”和“小微企业批量营销竞赛”活动，加大对小微企业的支持力度，并以“市场通”专业市场金融服务解决方案为抓手，推动集群业务和批量业务发展。加快小企业融资产品创新，开发“无缝对接贷款”、“铺底贷”(中小企业中期流动资金贷款)和“转型升级贷”(中小企业固定资产贷款)，推动“互助贷”、“急时予”、“国内保理”、“中小企业集合债”等产品的试点工作。进一步完善授信审批授权体系，成立授信项目评审中心，简化小微企业授信审批流程，全面推广小微企业新增流动资金贷款测算模型，提升小微企业服务效率。小微企业贷款快速增长，基础客户群得到巩固。

（二）全面提升服务能力

提升服务覆盖面，积极推进传统支行、小微企业专营支行建设，在弥补区域内网点空白的同时，机构网点向乡镇地区延伸，金融服务进一步下沉。加快电子渠道建设，加大自助机具布放力度，大力营销拓展POS机具，完善网上银行、手机银行、电话银行功能，继续构建物理网点与虚拟网点相结合的多层次高效网络渠道。拓展理财网银销售和村镇银行代销渠道，开通交通银行第三方存管业务、平安银行贵金属交易业务，丰富客户投资理财渠道。继续推动外汇结算、结售汇业务，大力发展跨境人民币结算业务，新建澳元清算路径，拓宽欧元清算渠道，不断提高外汇清算服务水平。积极拓展同业代理国际业务渠道和境外代理渠道，提升外汇业务服务水平。

（三）完善全面风险管理体系

围绕全面风险管理体系建设纲要，完善业务连续性管理、操作风险损失数据收集等制度，建立健全专项风险管理实施小组、全面风险管理中心和总、分行贷后管理中心等组织体系。搭建信息交流平台，开展流动性压力测试和操作风险自评，加强信用风险、流动性风险、操作风险、声誉风险监测和预警，开展“全面风险排查”活动。加快风险计量工具建设，开发完善信用评级系统、风险预警系统、压力测试系统，启动个人评分卡及小企业打分卡项目，以风险计量工具建设和应用为基础，提升风险精细化管理水平。

（四）加强人才培养和储备

实施人才储备计划，加快中高级管理人才的聘用和引进，开展分支行经营班子成员、总行部室管理干部后备人才选拔和培养。结合中长期机构发展规划，持续增加人才储备，加大校园招聘和内部培养力度。加强人才库建设，持续充实内审、信息科技、业务创新等条线的人才储备。启动培训学院建设工作，探索建立模拟银行培训模式。培训管理系统正式投入使用，各项教育培训管理制度相继出台，内训师队伍日益壮大，员工培训体系初步建立。人力资源管理咨询稳步实施，组织架构及岗职位设置落地实施，启动岗位价值评估、薪酬结构调整方案设计工作。

（五）加强企业文化建设

持续丰富和完善《稠州银行报》、《市场银行》、文化墙、网站等企业文化平台，传承企业文化精髓。充分发挥党、团、工、妇等组织作用，开展新年晚会、员工旅游、稠行达人秀、趣味运动、员工篮球赛、业务技能比武等形式多样的企业文化活动，提升队伍凝聚力。深化关爱关怀员工工作，落实员工父母生活补助，关爱困难员工、离退休人员，组织慰问员工和安排员工疗养、休养，创建和谐稠行。扩大工会、互助会组织覆盖面，推进服务型工会、互助会组织建设，落实职工代表大会民主权利，充分调动员工的积极性。

金华银行经营管理情况综述

【概述】 2012年，金华银行认真研究和把握宏观形势，坚定市场定位，加快推进经营方式的转变，着力改善和优化资产负债结构，健全和完善风险管理长效机制，努力提升金融服务水平，各项业务保持持续、稳健发展。年末资产总额344.45亿元；存款余额295.59亿元，增幅20.13%；贷款余额211.09亿元。全行拥有经营机构56家，其中在杭州、衢州分别设有分行各1家。

【明确市场定位，助力实体经济发展】 2012年，金华银行继续坚持“中小企业主办银行”的市场定位，把助推实体经济、服务小微企业作为立足点和出发点。一是组织开展“服务实体经济”主题活动。按照“保总量、调结构、转方式、拓渠道、强规范”的总体要求，优化资源配置，不断提升为实体经济服务的质量和水平，贷款新增量的99%投向制造业、租赁和商业服务业、农业。二是重点支持中小企业。按照市场定位优先支持融资敞口1500万元以下的小企业客户群体，重点拓展融资总量500万元(含)以下的小微企业。截至12月末，金华银行小微企业贷款余额比年初增加21.46亿元，其中单户敞口500万元以下小微企业贷款余额比年初增加14.98亿元，分别实现人民银行和银监部门要求的“两个不低于”目标。2012年，全行共投入帮扶专项贷款近1.4亿元，全年共让利企业各项费用3700多万元。

【创新业务产品，丰富金融服务内涵】 金华银行先后开办国内保理代付业务、国内信用证代付业务、国内信用证偿付业务、并购贷款业务、银团贷款业务、零保证金票据业务，并先后依托“小贷中心”推广“百信通”、“百富通”、“百易通”、“百惠通”等个人信贷产品。开通了银行卡银联无卡支付与支付宝快捷支付业务；金融IC卡改造与发行，实现一卡多用；2012年11月份正式发行社会保障卡，至年末已发卡2万多张；开办推出进口T/T押汇业务、进口项下融资代付业务等贸易融资产品。

【优化服务流程，切实提升服务效率】 一是针对小微企业信贷需求较急，在结算与资金周转上对效率要求较高的实际，金华银行不断优化小微企业信贷流程，把握关键环节，精简其他环节，精细化推进小微企业营销。对融资总额在500万元以下的小微企业实行授信审批“合二为一”。同时，下放小微企业审批权限，扩大“小贷中心”职能，明确限时办理时间。在结算与资金管理上，积极推介中小企业使用电子产品，协助其加强财务管理，尽量缩短业务办理时间，提高服务效率。二是开展民主评议行风活动。详细制定服务承诺，公布监督投诉电话、统一制作民主评议行风活动意见箱(意见簿)，并落实专人处理，聘请行风监督员154人，多次组织明察暗访。通过活动深入开展，有效提升了全行服务水平。

【推进跨区域经营，持续拓宽发展空间】 网点布局日趋合理，跨区经营实现突破性进展。2012年4月，金华银行设立分行的下辖第一家支行衢州开化支行获准开业，10月衢州龙游支行开业。此外，杭州分行及衢州分行下属的4家分支机构，以及金华银行温州分行获准筹建。

浙江民泰商业银行经营管理情况综述

2012年，在各级政府及监管部门的引领和支持下，浙江民泰商业银行认真贯彻落实宏观调控政策，以“转变方式、夯实基础、精细管理，走内涵式可持续发展之路”为主题，审慎经营、深化特色、推进改革，通过全行上下的共同努力，各项业务稳中有升，各项改革稳步开展，各项工作保持良好态势。

一、2012年经营情况概述

至2012年末，浙江民泰商业银行共有员工3897人，比年初增加1099人；资产总额达531.63亿元，比年初增长30.59%；负债总额485.99亿元，比年初增长28.82%；本外币存款余额达414.39亿元，比年初增长31.75%；本外币贷款余额达301.12亿元，比年初增长36.85%；实现经营利润7.26亿元，比上年增长24.96%。各项监管指标中，资本充足率11.8%，拨备覆盖率165.3%，无经济案件和重大安全事故，连续5年监管评级为二级，在2012中国财经峰会上获评“(行业)年度影响力企业”。

二、2012年主要工作措施和成绩

(一) 稳步发展机构网点，区域格局初步成型

2012年，浙江民泰商业银行走分支机构网点布局的内涵式发展与投资控股村镇银行的外延式发展相结合的路线，不断提高县域、社区和乡镇网点的覆盖率，初步建立起以下沉分支机构网点布局为主线，东西部发起设立村镇银行为两翼的“一线双翼”区域发展格局。全年新设嘉兴分行、绍兴分行(已批筹)，增设杭州城东，宁波北仑、象山，舟山普陀山，成都双流、郫县与青白江，金华兰溪，温岭新河，玉环楚门，舟山金塘支行11家支行，并正筹建6家支行。新发起设立重庆九龙坡、浙江桐乡、重庆彭水、广州白云、江苏金湖5家村镇银行。至2012年末，浙江民泰商业银行共有8家分行、48家支行(含筹)，发起设立了9家村镇银行。

(二) 市场定位更加鲜明，小微品牌有效深化

2012年，浙江民泰商业银行着力加强市场定位管理，切实打造小微企业专营银行，增强核心竞争力。一方面加强定位考核宽度和深度，增加贷款户均、新增有效客户数等考核项目，建立市场定位监测通报机制，进一步完善市场定位激励约束机制。在各分支机构设立小额贷款部，实行专项考核，专营小额特色贷款，深化市场定位；另一方面，进一步促进和小微企业之间的沟通合作，及时掌握和解决小微企业所关心的重点，积极开展“服务实体经济”、“千名信贷员进企入户办实事”和“小微企业金融服务宣传月”等活动，深入客户群体，宣传推广小微特色品牌，强化小微企业基础客户群建设。至2012年末，小微企业贷款余额256.58亿元，同比增加87.08亿元，增幅为51.37%，高于全行贷款增幅，占各项贷款余额的85.21%。小微企业贷款增量和增幅均高于上年同期，实现“双高”。

（三）特色产品持续推广，创新业务获得好评

2012年，浙江民泰商业银行全面发行金融IC卡，逐步实现磁条卡向芯片卡迁移，抢占金融IC卡市场先机。与温岭市民卡公司合作发行温岭市民卡，推动了金融IC卡在社会公共服务领域的应用。成功研发按月结息贷款、林权抵押贷款、机械设备分期贷款、注册建造师贷款，进一步丰富了小微融资产品品种。信用卡积分商城试运行，为信用卡客户提供更好的增值服务。加快推广"民泰随意行"特色创新产品，2012年实现在省内地区推行。该产品可通过手机实现7×24小时随时随地在授信额度内自助借款和还款，不受时间和空间的局限，通过信息技术手段有效地拓宽了小微企业金融服务半径，受到农村、海岛等缺少金融服务网点地区客户的欢迎，被浙江日报社评为"浙江小微企业值得信赖的最佳创新融资产品"。

（四）管理基础有效夯实，管理成效明显体现

2012年，浙江民泰商业银行进一步夯实基础管理，优化组织架构，理清流程权责，使管理体系更趋完善。推进绩效薪酬管理，按地区和序列，以点带面逐步实行科学、有效的薪酬激励约束机制。完善了村镇银行管理架构，明确职能，梳理村镇银行发起、管理和服务流程，深入探索和研究村镇银行管控的方法和模式，增强发起行对村镇银行的管控能力。加强合规问责管理，全面实施"三法四禁"违规处罚制度，首次全面细分了员工行为标准，明确了违规行为及处罚标准，健全了违规处罚体系。开展民主评议行风活动，围绕文明优质服务、业务规范经营以及廉洁合规三大主题稳妥有序地开展了一系列活动，在规范服务收费、网点规范化建设、客户经理管理、客服中心建设等方面取得实效，实现了行风建设水平与金融服务水平的双提升。开展企业文化建设活动，通过"优化流程、提高效率"提案征集、精读两本书活动、"我是民泰人"演讲比赛、趣味运动会、责任文化宣讲等一系列活动，在全行掀起"用心工作不抱怨"的思潮，进一步丰富完善"我是民泰人"价值观体系。

（五）风险管理体系健全，风控能力逐步增强

2012年，浙江民泰商业银行持续推进全面风险体系建设。一是抓信用风险，全面推进信用评级，完成率达100%；建立信用风险通报机制，督导做好资产质量管理。二是抓操作风险，开展全面风险排查和全方位、铺开式的授信尽职评价，摸清风险底线，发挥督促监管作用，有效促进授信人员尽职尽责。三是抓案件风险，从案防组织架构、信息交流与反馈、责任落实及责任追究等方面，进一步明确了案防专项工作要求，实施全行案件防控自评估，开展员工行为排查活动，继续保持零案件成果。四是抓声誉风险，强化舆情监测和处理，完善舆情报告和应急机制建设，进一步健全了声誉风险管理体系。五是抓内部审计，强化内部审计独立性和权威性，不断充实委派分行审计队伍，以常规审计与专项审计结合、现场审计与非现场审计并举，不断拓展审计的范围和深度，有效防范和降低风险。六是抓业务检查辅导工作，目前总行和分行职能管理部门基本已建立了检查辅导机制，并不断完善检查辅导前、中、后管理，切实发挥检查辅导对经营管理的规范和促进作用。

（六）保障平台不断巩固，后台支撑有效优化

2012年，浙江民泰商业银行在队伍建设上，加快人力资源储备，高效有序开展招

聘，共新增人员1514人；建设支行行长人才库，形成支行行长人才库入库选拔机制，逐步推广到其他管理岗位；启用青山湖培训中心，搭建了“以集中培训为主，部门与分支机构培训为辅”的培训体系，大幅增强培训能力。在信息科技管理上，根据达标线路图要求，持续进行流程规范和改进；正式启用青山湖数据中心，成功实现数据中心迁移，IT基础架构全面升级，开创全国城商行数据中心整体迁移的先例，形成数据中心、网络次中心和灾备以及备份中心的“两地三中心”格局，IT建设水平有了质的飞跃。品牌宣传成效明显，成功与台州电视台合作推出“四海台州人”栏目，社会反响良好；在新华社、香港《文汇报》、上海“第一财经”、《浙江日报》、浙江经视、新浪财经等各类媒体上均有报道；《民泰银行报》在2012年全国第六届城商行内部刊物交流会上被评为“最佳报纸”和“好新闻”。

（七）党群工作有序开展，党风廉政建设加强

2012年，浙江民泰商业银行党建工作有序开展，分行相继成立二级党委，党的层级和组织管理更加清晰有序，实现党员资料信息化动态管理。注重党风廉政建设，在总分行成立纪检监察部，着力加强党风廉政建设，开展党员学习会、巡回党课宣讲、党日活动、党的十八大精神学习和宣讲等活动，加强党员思想文化教育，提升党员政治思想素质。积极推进工、团、青、妇各项工作，组织召开第三届职工代表大会暨工会会员代表大会，圆满完成了换届选举。浙江民泰商业银行工会被浙江省总工会授予“浙江省五一劳动奖状”。

浙江泰隆商业银行经营管理情况综述

董事长　王　均

【概况】　2012年，浙江泰隆商业银行坚持小企业市场定位，秉承“最重要的是让您满意”的服务理念，坚持以做专做精做透小企业为目标，勇于开拓，务实进取，同心同德，共克时艰，在宏观经济环境不确定的情况下，保持了各项业务的稳健高效发展，创造了良好的经济效益和社会效应。截至12月末，浙江泰隆商业银行资产总额582.59亿元，负债合计544.89亿元，所有者权益37.70亿元；存款余额447.90亿元，贷款余额346.17亿元；截至12月末，浙江泰隆商业银行实现税前利润8.12亿元，净利润6.15亿元；资本充足率11.07%，核心资本充足率8.20%；贷款损失准备充足率186.55%，拨备覆盖率271.43%，全行不良贷款率0.77%；全年新开设机构15家，共有机构62家，形成了横跨长三角，浙江、江苏和上海两省一市的跨区域发展战略格局。党建和内部管理方面均取得较大进步，实现全年经营安全无事故。

【社区化经营深化市场定位】　2012年，浙江泰隆商业银行继续坚定不移地坚持小企业市场定位，进一步梳理经营机制。依照“加强社区梳理、完善考核评估、推动村居营销”的工作思路，职能部门与业务部门协同合作、积极跟进，借助社区模块功能加强社区客户的管理、维护、梳理，逐步实现了社区经营常态化运作。坚持以客户需求为导向，以客户覆盖率为重点，持续、深入推进社区化经营，在社区化经营的深度和广度上均取得了较大突破。在发达地区，坚持社区化经营策略，培育社区、做透社区，形成聚集式发展；在欠发达地区，构建亲缘、地缘、人缘网络，根据客户需求创新担保方式和产品，实行草根式经营，用独特的方式诠释社区化经营。截至12月末，全行社区客户数达43.75万户，较上年年末提高38.66%，社区日均存款余额203.09亿元，贷款余额175.74亿元，分别较上年同期提高1.12%和16.84%，社区经营有效深化。总体而言，全行社区化工作正朝着规范化、系统化运作的方向迈进。

【机制建设提升核心竞争力】　2012年，浙江泰隆商业银行以董事会建设为核心，以机制梳理为抓手，深化“专家决策、专业治行”，谋战略、抓全局、强资本，进一步优化内部管理体系，逐步提升战略决策水平。在战略规划上，把握战略契机，坚持小微特色，分解落实规划；在队伍建设和客户服务上，提出了“善待员工、善待客户”的重要思想；在文化建设上，强调通过沟通增强企业核心价值观的认同；在商业模式上，进行标准化、电子化、专业化建设，把“小社区”做成“大平台”。设立执行委员会，作为落实全行战略决策的专门机构，集中梳理全行关键绩效指标推进、人事管理体制、社区化经营与市场秩序、一线风控体系。全行上下不断推进制度、标准、流程和授权体系建设，不断修正、完善、提升决策体系和管控体系，不断深化社区化经营、队伍建设、过程管理和痕迹管理等关键绩效指标管理工作。各分行立足实际，迎难而上，锐意进取，共克时艰，存款增长成果显著，各项工作开展有创新、有亮点、有声有色，实现了“政府满意、监管放心、同业认可、客户信赖”的跨区域发展要求。2012年，浙江泰隆商业银行积极推进战略落地，高效落实机构筹建工作，调整组织架构，进一步完善总分支三级管理体系，科学提升分支行生产力水平，实现了商业模式创造性落地。完善总分支三级管理体系，以分层管理和归位管理为指导，强化各级机构的角色定位，强调总行要建章立制、指导帮辅、检查评估，发挥“指挥中心”的调统作用；分行要因地制宜，抓好经营管理，创新性地复制和落地泰隆模式；支行作为营销终端，要主抓业务拓展、风险管控和队伍建设。

【产品创新实现差异化服务】 为贯彻“最重要的是让您满意”的服务理念，浙江泰隆商业银行根据客户的个性化需求，对目标客户进行分层，通过构建“一行一策”的灵活营销体系，针对客户需求进行产品创新，提高个性化服务能力。2012年，浙江泰隆商业银行针对社区化推进和村居营销的实际情况，对一本通、创业通等产品进行优化升级，打造“理财超市”，推出收付通、小鲤鱼卡、泰隆公务卡、链融通、“易农贷”、“宅急贷”等创新产品，使产品更具市场特色和竞争优势，有效配合了业务的开展。

为进一步拓宽服务渠道，2012年浙江泰隆商业银行着力推进网上银行、手机银行、电话银行、自助银行和流动银行“五位一体”的电子金融服务体系建设，在国内率先推出晚间银行服务，大力推进多渠道、智能化、立体式的电子银行服务。

【自主培养打造合格人才队伍】 浙江泰隆商业银行不断加大人力资源开发力度。一是明确用人标准，完善招聘机制，加强招聘检查、后评估以及对分支行的管控，建立标准化、科学化的人才引进渠道。二是重点抓面试官队伍建设，对总分行人力资源条线和业务条线的面试官进行了3期集中培训，培训面试官140余人，有效提升管理者识人能力，规范招聘面试工作。三是推动离职员工管理，为更好地控制流失率稳定队伍，对2011年主动离职员工进行回访，并开展“回槽”计划，使离职员工感受到本行关注，有效提升了雇主品牌。同时，浙江泰隆商业银行立足实际，不断完善各项薪酬制度，推动薪酬常态化调整，强化薪酬预算管理和分析，优化薪酬管理体系，增加了横向可比性，员工个人成长与企业长效发展进一步有机结合。

以泰隆学院为主体，构建了多层次、全覆盖的立体培训体系。一是完善发展路径，推行员工分层、分类、分级管理，打通管理序列与专业序列双通道，构建立体化员工分层分类体系，更好地留住人才，实现员工与泰隆共同发展。二是构建立体培训体系，推动员工成长。泰隆学院发挥培训核心平台作用，加强培训统筹，大力推进新员工培训和支行核心人才培养，全年共开展新员工培训5期1580人，新晋业务团队总经理、后备干部、行政员工等各类在职人员培训52次；与此同时，各职能部门和分支机构通过常态化活动、政策解读、案例制度汇编、专项集训等方式方法，形式多样地构建起员工专业化培训体系。

2012年，浙江泰隆商业银行的干部管

理体系向着更加全面、立体的方向发展。一是抓关键人物及关键队伍建设，共举办3期支行行长论坛，支行行长在交流、沟通中互相学习、取长补短，综合素质得到提升；分支行班子建设更加系统化，明确班子建设标准，以班子建设带动队伍建设、机构建设。二是推进后备选拔，抽样访谈与现场测评相结合，确定管理后备人员203名，选拔骨干员工751名，为浙江泰隆商业银行进一步发展和组织机构调整作了较为充足的人才储备。三是创新考评方式，实施管理者“尊重员工”、分支行班子建设考评并强化考评结果的应用，强化管理者“善待员工”履职管理，形成点面结合的干部履职评价机制。

【夯实品牌文化提升全行凝聚力】 为深化“善待员工”理念，浙江泰隆商业银行系统梳理了现行福利体系，对员工购车贷款、车辆补贴、融易通卡办理、异地派遣补贴、借调员工特殊补贴等福利政策作了完善和调整，进一步加大对异地派遣员工的关怀力度，切实提升员工归属感和满意度。为更好地关注员工发展，对全行169位1980年前出生的员工进行了针对性调查和帮辅，深层次了解、分析员工的需求。此外，企划部联合党工团妇举办了“第三届泰隆企业文化月”，推出泰隆吉尼斯技能大比武、“歌王争霸赛”等活动，展示了泰隆人的精神风貌，弘扬了泰隆关爱、包容、开放的家文化。

2012年，企业文化建设以服务市场为工作重心，深挖身边先进人物，树立行内典型榜样，营造争先创优的文化氛围，增强全行凝聚力和战斗力。“存款立行”、“奋战在一线”系列报道，紧跟市场风向标，展示市场一线的成功做法和优秀经验，以一点带动一片，在全行营造了奋战在市场一线、为市场一线服务的舆论强势；紧贴市场一线需求，精心策划了利率下调、晚间银行、电子银行等宣传方案，为业务的全面快速发展造势助威；准确把握一线需求，开辟业务宣传需求绿色通道，极大地提高了对业务需求的响应速度，有力推动了产品推广和业务发展。

【推动慈善公益践行社会责任】 2012年，浙江泰隆商业银行的品牌竞争力和社会影响力持续提升，贯穿全年的民主评议行风活动是一个不断自我提升、自我超越的过程，提升了品牌形象。一年来，各级政府、监管部门、媒体对浙江泰隆商业银行的关注程度不断提高。浙江省副省长朱从玖、浙江省政协副主席黄旭明等领导莅临浙江泰隆商业银行考察指导，充分肯定了浙江泰隆商业银行坚持小微金融服务的做法。2012年新华社、中央广播电台、《解放日报》等中央级媒体、省级重要媒体对浙江泰隆商业银行进行了多篇正面报道；全年对外新闻报道2500余篇次。2012年，浙江泰隆商业银行荣获“2011年度全国银行业金融机构小微企业金融服务先进单位”、“2012年度优秀中小企业服务机构”；作为全省唯一一家金融单位获得了“浙江省民营企业先进文化建设优秀单位”和“浙江省民营企业思想政治工作创新奖”；创业通贷款荣获“年度优秀中小企业服务产品”；客服中心荣获“2011—2012中国最佳呼叫中心奖”、“2011—2012最佳客户服务代表奖”等核心奖项；作为全省银行业金融机构安全评估分数第一名，荣获了“浙江省银行业金融机构安全评估工作先进集体”称号，等等。

台州银行经营管理情况综述

董事长　陈小军

2012 年，台州银行在各级党委、政府和监管部门的指引和支持下，坚持小微企业金融服务市场定位，深化服务机制，加大信贷投放，全力“服务小微企业、服务实体经济”。实施“变革转型、二次创业”，明确战略发展方向，全面提升经营管理能力，各项经营保持了良好态势。

一、业务概况

截至 2012 年末，台州银行全行（包括台州银行及台州银行主发起设立的村镇银行）总资产为 699.82 亿元，负债总额为 634.35 亿元；资本充足率为 14.22%，核心资本充足率为 11.97%；各项存款余额为 579.13 亿元，各项贷款余额为 437.04 亿元，分别较年初增长 22.13%、24.16%。其中台州银行部分总资产为 621.62 亿元，负债为 560.65 亿元，存款余额为 502.18 亿元、贷款余额为 366.62 亿元。2012 年全行共实际入库税收 8.04 亿元（含代扣代缴），同比增长 14.55%，其中国税实际入库 4.88 亿元，同比增长 6.86%。

二、机构发展

2012 年，台州银行宁波分行获准筹建，开设 6 家小微企业专营支行，获准筹建 3 家小微企业专营支行；主发起设立的村镇银行开设 14 家支行，获准筹建 3 家支行。截至 2012 年末，台州银行全行共设有舟山、温州、杭州 3 家分行和 55 家支行、6 家小微企业专营支行，并在北京、重庆、深圳、江西赣州以及浙江三门、景宁等地主发起设立了 7 家村镇银行，共有各类分支机构 100 家（含村镇银行下辖的 29 家支行）。

三、业务特色

台州银行始终保持支持小微企业发展的鲜明经营特色。

2012 年，台州银行组织开展了客户服务大调查。活动旨在深挖客户金融需求，全面了解宏观经济对小微企业发展带来的影响，找准并主动对接企业的金融需求，促进业务发展。全行 1900 多名员工参与走访了 18000 多位客户，深入了解当前小微企业生产经营中存在的问题和困难，采取 185 项措施，解决了 400 多家客户需求。

2012 年，台州银行向乡镇及农村区域延伸机构网络，设立 6 家小微企业专营支行，增设人员配备、成本支出相对节约的有人值守自助银行，打造小微企业金融服务便利店。新设 16 家小额信贷拓展部，在未设立小额信贷拓展部的支行设立小额信贷专岗，拓宽小微企业金融服务覆盖面。依托决策、机构、人员、渠道、产品和服务等社区化营销、差异化服务的营销方式，切实增加了客户黏性、提高了客户满意度。

2012年，台州银行新增贷款的80%左右投向小微企业。2012年，台州银行有余额的贷款6.27万户，户均贷款额仅50.77万元。其中，500万元以下的小企业贷款客户，占全部贷款户数的99.30%，金额占全部贷款的78.51%；100万元以下的贷款客户，户数占91.36%，金额占44.01%。这组数据是台州银行坚持服务小微企业市场定位的最好证明。

四、风险管控

台州银行一直秉承“信贷资产质量是第一生命线”的风险理念以及“又缠又绕、永不放弃”的催收精神。2012年，在信用风险集中爆发，不良贷款额和不良贷款率双双持续攀升的情况下，风险管控工作面临着前所未有的压力。台州银行着手开展了风控模式的转型，探索全面风险管理新技术、新方法，通过完善制度体系、提炼现有经验为标准化工具、优化信贷检辅流程、建设重点行业数据库、实施并表管理等举措，提升整体信贷风险把控能力，初步搭建起全面风险管理体系。

2012年，台州银行(含主发起设立的村镇银行)全年共收回2012年前发生的老不良贷款2613万元；收回当年发生新不良贷款7005万元。不良贷款余额为1.67亿元，不良贷款率为0.38%，依然保持了较低的不良率。

五、产品创新

台州银行大力推广“绿色节能贷款”，将原来只适用于大中型企业的技术改造贷款移植到小微企业领域，贷款金额为5万元至500万元，期限为3个月至3年，统一下浮利率优惠至5.55‰，缓解小微企业转型升级过程中融资难的压力，加快小微企业转型升级的步伐，引导其进行节能减排，提高生产效率，降低生产成本，提高小微企业市场竞争力。截至2012年末，台州银行已向102家企业累计发放绿色节能贷款107笔、累放金额6592.96万元，全年共节约用电量2782.1万度，减少CO_2排放2.1万吨，实现了政府、银行、企业、社会的多方共赢。

“小本贷款”是台州银行在全国首家引进了欧洲复兴银行的小额信贷技术，以低收入群众和初始创业者为主要服务对象，贷款金额从2000元起步，为过去无法从正规金融机构得到贷款的弱势群体创造了平等获取银行贷款的机会。2012年，台州银行积极扩大“小本贷款”受益面，在全行所有营业机构开办该项业务，不设指标限制，鼓励各机构加大投放力度。截至2012年末，“小本贷款”余额34.01亿元。自2006年开办以来台州银行已累放161609笔，金额1886751.56万元。累计支持了16万户农民、城镇下岗群众和外来人口等低收入群众创业，其中60%以上客户是平生第一次获得银行贷款。台州银行的成功实践被专家们誉为在国际小额信贷扶贫领域确立了“中国小本模式”。

六、金融扶持

2012年，台州银行没有出台任何限制贷款的政策，始终保持信贷投放积极态度，全年全行共新增贷款85亿元，努力满足小微企业发展资金需求。创新授信还款方式，继续推行“小本贷款”、自助贷款等产品，灵活的信贷还贷方式，解决企业还贷与续贷难问题。其中保证贷款和信用贷款占全部贷款的90%以上，使更多实体经济客户真正感受“简单、方便、快捷”的金融服务。

台州银行积极拓宽信贷资金来源，提升信贷规模和供应能力。2012年，台州银行获得30亿元小微企业专项金融债额度，首期15亿专项金融债于8月份在全国银行间市场成功发行，募集的资金也全部用于发放小微企业贷款，成为台州首家、浙江第二家、全国第十家在金融同业市场发行小微企业专项金融债券的银行。2012年，台州银行还成为全国城商行系统首批3家信贷资产证券化试点机构之一，首期资产证券化计划规模为5亿元，也将全部用于支持小微企业发展。

2012年3月起，台州银行还向社会公开承诺“服务不收费，服务更到位”，自发主动推出了42项减费让利措施，免去除贷记卡业务外的所有收费项目，让利客户。

七、社会责任

台州银行积极履行社会责任，充分发挥自身的特色与优势，努力将社会扶贫的慈善理念与商业金融的经营方式有机统一，着力创新金融产品和服务渠道，真诚帮贫扶困，努力打造“受人尊敬的银行”。

台州银行为扶持贫困者创业，携手浙江省慈善总会、台州市银监局，推出“台行银座扶贫创业慈善基金”，该基金主要应用于受助人的创业活动，包括生产经营、服务贸易、农业生产、种植、捕捞等行业；同时针对贫困创业者帮扶形式，采用了免息、免抵押、免担保、免任何费用的形式发放，不向受助人收取任何费用，受助人到期一次性将本金返回本基金，实现该慈善项目的可持续性。该基金较其他慈善项目不同的是，其在提供资金支持的同时，注重对创业项目的可行性分析，变单纯的资金支持为资金与技术支持相结合，从根源上帮助提升贫困创业群体的创业成功率。截至2012年末，台州银行已发放该基金近百笔，金额174.5万元。已经有近百名来自不同地区的贫困创业者、贫困大学毕业生成功获得了扶贫创业基金的免费帮扶，在各自的领域开创新的更为广阔的事业。

作为一家富有社会责任感的金融企业，台州银行饮水思源，为社会提供优质金融服务的同时，积极投身各类绿色、慈善活动，引导、鼓励全行员工组织和参与各类公益活动。2012年，台州银行共组织环保公益活动75次，参加人数1600多人次，向社会展示了良好的“绿色银行”形象，与社会和谐发展，与自然和谐相处，实现与社会、经济、环境的全面协调可持续发展。

浙江平湖工银村镇银行经营管理情况综述

2012 年末，浙江平湖工银村镇银行各项存款余额达到 13.21 亿元，其中储蓄存款余额为 2.38 亿元，较上年末上升 1678 万元，占比较上年末的 15.77%提高到 18.02%，存款结构进一步合理；各项贷款余额达到 14.48 亿元，其中个人贷款 3.39 亿元，占比较上年末的 14%提高到 23.38%，贷款结构趋向优化；对公和个人客户数已达到 6378 户，比上年增加 4238 户，客户和业务已覆盖辖内 8 个乡镇、街道；累计开立代发工资的客户达到 111 家，实际已发生代发工资业务的有 95 家，累计办卡 3622 张，代发工资金额 2100 多万元；网银交易累计金额达到 64.4 亿元；实现拨备前利润 9683.37 万元，提取各项贷款损失准备金 4662.48 万元，全年上缴各项税费 1694.94 万元，实现净利润 3746.28 万元，经营成效显著；在 2012 年开展的金融系统民主评议行风活动中，平湖工银村镇银行营业部被评为平湖市银行系统“十佳群众满意网点”。

一、通过强化营销能力建设，多渠道挖掘客户资源，确保经营持续稳定

一年来，平湖工银村镇银行带领全行员工调整存款发展思路，重点在“拓展市场、拓展客户、拓展渠道、拓展合作”上作出努力，争取存款资源。一是积极拓宽合作渠道，争取存款资源。努力争取政府及有关部门的支持，一方面通过自身努力，积极采取措施克服面临的各种困难和不利因素，同时向政府和有关部门进行汇报和沟通，得到政府理解，取得了财政资金大力支持，2012 年末财政资金存款达到 2.47 亿元；继续维护好国开银行新农村建设贷款资金受托支付业务，到 2012 年 12 月末累计受托支付监管资金 1.2 亿元，留存的余额 4000 多万元；另一方面继续加强与工行、担保公司、小额贷款公司、行业协会、商会等方面的业务合作，通过对接，建立“银、保、企”三方合作关系，取得较好效果，在扩大业务合作，增加存款来源方面起到了积极的作用。二是存贷联动，努力提高贷款资源的配置效应。积极开展拓户扩面活动，2012 年末，浙江平湖工银村镇银行开立的对公和个人账户数达到 7941 户，比上年增加 4238 户，其中对公账户数 835 户、个人账户数 7106 户，分别比上年增加客户数 143 户和 4095 户；加大对客户的捆绑营销力度，提高融资客户综合贡献度。通过捆绑融资客户“销售归行”、存贷比挂钩、集零月月存、网上银行、代发工资和联保贷款保证金管理等方面的营销和考核，收到了较好的效果，客户经理捆绑营销意识有了明显提高，客户对银行贡献度的认识开始重视起来，也扭转了个人存款占比过低的不利局面；推行差别化利率政策，对销售归行率较好、存款贡献度高、信用等级好、担保措施落实好的客户，实行差别利率定价机制，以促进销售归行率的提高，从而带动存款的增长。三是组织开展多种形式的存款竞赛活动。先后组织开展了“旺季揽存竞赛”、“月月增存，月月有奖”专项营销竞赛、集零转存、续存等专项竞赛、银行卡专

项营销竞赛、网上银行专项营销竞赛、代发工资竞赛等活动，通过旬度工作推进，月度统计考核，季度分析总结，年度绩效考核，重点抓工作目标的落实和产品的推进工作，带动客户数量、资金流量、存款留存量、个人存款的增加，改善了存款结构，增强了存款稳定性。

二、通过强化创新能力建设，发挥经营特色，深化服务理念，在服务实体经济中发挥积极作用

一年来，平湖工银村镇银行始终坚持"支农、支小"的市场定位和"小额、流动、分散、灵活、快捷"的经营策略，在"合理、优化、适度、有效"的原则下，不断加大对"三农"、小企业和个人贷款的支持力度，将"强村扶贫"、"支农富农"、"创业成长"、"扶商富商"、"农民安居"、"助您圆梦"六个方面的客户作为信贷支持的重点。2012年末，浙江平湖工银村镇银行各项贷款余额14.48亿元，比年初增加5832万元，而支持小微企业、支持农户、支持个体工商户的贷款余额比年初增加了14232万元。一是率先响应政府、人行和银监会提出的"关于金融支持实体经济发展"的要求，在全市金融系统中率先组织开展了"进村入企、温暖小企"金融服务系列活动，通过"三进"服务，实现金融支持实体经济的有效落地。二是结合农村市场的特点，积极调整信贷结构，扩展服务"三农"领域。以村级经济合作社和村级商会为抓手，通过银社、银村、银农对接，继续实施和推行农户联保、"银＋保＋农"、"银＋社＋农"、"银＋企＋农"、"银＋自然人＋农"和流转土地承包经营权质押等担保方式，组织开展"金融服务对接会"、"批量授信"、"送贷下乡"等活动，集中资源支持"三农"，先后为猪农、牛农、渔农、菇农、果农、笋农、农业生态园、农业龙头企业、农民建房、购买农具等消费用品和扶贫强村发放贷款余额达到3.98亿元，占比从2011年的8%提高到18%，到2012年末小微企业的客户数已达到292户，农户和个人客户数已达到957户。三是针对中小企业资金紧、融资难的问题，有重点地选择了五金、箱包、洁具、童车、紧固件、科技型等产业比较集群，小额信贷需求比较旺盛的成长型小企业给予重点支持。四是根据平湖产业结构和块状经济的现状和"小、农"客户规模小、实力弱、透明度低、财务信息和抵押担保缺失等特点，从细分客户市场、创新产品和服务方式、推行"信贷六能服务"操作机制，建立和完善"支农、支小"绩效分配考核机制三方面进行创新突破，以提高差异化的服务功能。五是加强与工行、担保公司、保险公司和行业协会的业务合作，继续推行银票差别保证金、担保保证金和农户、小企业联保贷款保证金管理机制，综合效益有了明显提高。

三、通过强化价值创造能力建设，不断增加收入来源，提高经营业效益

2012年以来，平湖工银村镇银行推行全面价值管理的理念，通过强化内部机制，尤其是绩效考核管理机制，提高价值创造能力，有效促进全行可持续发展能力的提升。一是抓好定价管理。在目前全行存贷倒挂，可用资金紧缺的情况下，强化有限信贷资源的价值创造能力，合理提升新放贷款的定价水平，通过建立营销和考核机制，把利率定价、存贷比、销售归行率、客户综合贡献度与客户经理绩效薪酬考核紧密挂钩，通过客户综合贡献度的提升来提高我行信贷资金使用的回报率，收到了一定效果。二是拓展业务合作，增加收入来源。浙江平湖工银村镇银行着力在银团贷款参与、网上银行、代签银行承兑汇票、代理保

险和委托贷款业务等方面有所突破，努力创造更多的中间业务收入。三是努力挖掘优质客户，提高对低成本消耗业务的营销能力。在信贷投放上，突出资源配置的引导作用，努力降低借用资金成本，合理安排资金，加快资金周转，提高全行资金的使用效益。

四、通过强化风控能力建设，不断完善内部管理，提高全行发展质量

2012年以来，针对全行内部管理和风险防控中存在的薄弱环节，平湖工银村镇银行着重从强化制度和机制建设着手，逐步建立起“责任明确、制度可循、规范操作、风险可控”的管理机制。一是加强制度建设，完善内部管理。根据法人机构风险管理的要求，不断健全董事会、股东大会、监事会和经营班子议事制度，在内部先后成立了风险管理委员会、授信管理委员会、信贷审查委员会、内控管理委员会、财务管理委员会，并履行起董事长的职责，认真抓好问责与把关，内外部各种关系已初步理顺。按照“信用风险、市场风险、操作风险、流动性风险和道德风险”的管理要求，明确了风险管理必须把好“五个环节和三道防线”的要求，全行主动参与、自我约束、自我控制风险的意识有了明显的提高。二是加强检查监督，提高管理能力，防范风险发生。建立定期和不定期地对临柜业务、信贷业务和制度执行等方面的检查制度，强化整改，落实责任。先后组织了支付结算业务、票据业务等方面的检查，通过问责、整改、建立风险责任金、不断健全和完善内控管理机制，有效遏制各类风险的发生；进一步健全各项例会制度，处理风险和发展关系的能力不断提高。三是强化风险考核和审计机制，提高制度执行力。细化岗位职责，明确各部门的工作职责和全行员工的岗位责任。完善了各项检查监督机制，加大对业务、操作、纪律等“不合规”的处罚力度，2012年共处理临柜和客户经理业务不合规操作244人次、处罚金额44724元，有效地控制了各类风险的发生；完善内部控制机制。配备事后监督人员、对公账户对账人员和信贷中台审查控制人员，实现了内外部审计的同步到位，风险的提示和有效防范能力有了进一步的增强和提高；建立了风险责任金制度，按照不同岗位所承担的风险责任大小，从每位员工的绩效工资中提取一定比例作为风险责任金，与个人所承担的风险责任进行考核挂钩，进一步将风险管理的价值观、合规理念贯穿于整个业务流程中，在全行倡导“风险从选择客户开始”的风险理念。四是进一步加强作风建设和党风廉政建设。年初与各部门分别签订“三个责任制”责任书，落实各级风险管控责任，严格要求各部门看好自己的门，管好自己的人；定期组织人员对相关内部管理和劳动纪律情况进行检查，及时提出整改意见，建立员工考核考评制度和员工行为动态排查制度，加强了对员工的行为动态管理。

五、通过队伍能力建设，不断提升员工素质，提高团队凝聚力

一是“以人为本，机制激励”充分调动员工的积极性。结合村镇银行的实际，先后在优化组合、合理调整优化劳动力资源配置、建立和完善各项考核机制，建立风险与责任、经营目标与绩效考核分配挂钩、员工考核评价等机制和全员年金激励机制等方面做了一些积极有效的工作，充分激发员工的工作热情，同时还对工作表现好、业绩突出和管理好的中层和员工提供外出旅游和学习机会，通过表扬和先进激励，“以人为本”的理念深入人心。二是加强学习

培训，努力提高员工队伍素质。落实培训学习计划，抓好内外培训学习，努力提高全员的学习能力。建立了周三固定全员培训学习制度，先后组织了职业道德、企业文化、员工行为规范、各项规章制度和业务知识、业务技能等培训学习。2012年，浙江平湖工银村镇银行先后开展专题系列培训，组织中层以上人员参加了名仕领袖学院的《如何管理80、90后员工》和《卓越领导力》等培训，同时还组织全行员工参加了工商银行网络大学平台的自学和集中学习，通过各种形式的培训学习，使全行员工的综合素质有了明显提高；学以致用，不断提高员工素质和职业技能，认真抓好培训学习效果的考核。在落实学习培训计划的同时，先后组织了全员“业务知识和业务技能”考试、内控防案业务知识考试、员工行为规范知识竞赛等活动，不断检验培训学习的效果。三是开展形式多样的党团工活动，增强团队凝聚力。发挥党委的带头作用，结合“行小、人少、新工多”的特点，积极组织开展形式多样的党、团、工会活动。四是建立和完善管理层与员工的谈心沟通制度。定期组织开展各部门员工工作交流和考核考评活动，通过开展谈心沟通、工作交流和考核考评，不断提高员工的内在活力。五是组织开展丰富多彩活动，如党员活动、“三八妇女节”活动、中层干部读书会、为员工生日祝福、生病探望、节日慰问、员工家访等活动，丰富了员工的业余生活，愉悦了心情，营造了团队氛围。

中国华融资产管理股份有限公司浙江省分公司经营管理情况综述

总经理　胡　英

2012年，在公司党委的正确领导下，中国华融资产管理股份有限公司浙江省分公司（以下简称“华融浙江分公司”）牢牢把握“稳中求进、紧中求新”的发展主基调，紧密围绕公司党委“抓改制、夯基础、控总量、调结构、保重点、促发展”的中心工作，立足浙江经济实际，攻坚克难，着力在“抓主业，做大资产业务；抓合规，夯实管理基础；抓创新，增强业务功能；抓营销，组建业务渠道；抓改革，完善机制体制；抓自身，打造过硬队伍”6个方面主要工作上下功夫，在业务稳健有序发展、内部管理优化、员工队伍建设上取得新的成效。2012年，华融浙江分公司实现净利润4.63亿元，列公司32家分支机构第二位；人均净利润1160万元，列公司32家分支机构第一位。未发生一笔现金回收延期，继续保持无经营风险、无案件的良好态势。

2012年，华融浙江分公司再次荣获“全国金融五一劳动奖状”，业务一部荣获公司“创效突出十佳班组”，业务二部荣获银监会系统“青年文明号”、省财贸工会“工人先锋号”，1名员工荣获银监会系统“青年岗位能手”。华融浙江分公司及内设部门先后荣获公司“业绩贡献奖”、“风险管理专项集体奖”、“创新进步奖”、“产品创新奖”、“管理创新奖”、“法律工作先进单位”等称号。

一、做强资产管理主业，发挥独特作用与优势，打造业务稳健有序发展的基石

2012年，华融浙江分公司资产管理业务取得新进展，有效地发挥了金融资产管理公司安全网和稳定器的作用。全年投放资产管理业务资金占全部业务资金投放额的73.49%。全年资产管理业务收入占全部业务收入的70%。

一是坚守不良资产主业，防范化解金融风险。2012年，华融浙江分公司积极拓展省内银行业金融机构不良资产市场，全年走访、调查了省内国有银行、股份制银行、城商行等主要银行业金融机构不良资产规模约397.42亿元。积极参与中行浙江省分行、广发银行杭州分行、兴业银行杭州分行等7家银行共计38.23亿元不良资产包竞标，成功收购浙江省内不良资产近30亿元。

二是综合运用投资银行手段，支持企业并购重组，变不良资产为优质资产。华融浙江分公司从收购金融机构不良债权着手，综合运用财务顾问、不良资产收购、投资等多种手段，发挥资产管理公司自身一整套金融组合方案优势来解决困扰当地政府、金融机构、开发商和业主之间难题，支持浙商并购重组，不仅盘活了存量资产，做

响了中国华融的品牌，实现了经济效益和社会效益的最大化。

三是发挥金融资产管理公司特有功能，服务实体经济。华融浙江分公司综合运用财务顾问、不良资产收购、处置及重组等多种手段，为从事实体经济的危机企业提供救助性金融服务。通过帮助问题企业走出困局，支持问题企业重组，发挥了金融稳定器和安全网的作用。最重要的是有效激活了企业闲置资产，逐步释放企业被查封的闲置资产，使其重新发挥效用，切实提高社会整体的资产使用效率，进一步发挥了金融资产管理公司服务实体经济的作用，彰显了资产管理公司的社会责任。

二、提升应变市场能力，创新产品、调整结构，丰富业务稳健有序发展的源泉

2012年，国家宏观经济形势趋紧，监管政策趋严，同业竞争进一步加剧，业务开展的难度越来越大。华融浙江分公司坚定发展思路，主动适应变化，创新产品，调整结构，业务稳健有序发展的原动力不断增强。

一是开展增信业务支持企业发展，有力地支持民生工程和基础设施建设。二是充分运用资产管理功能，积极探索与平台公司合作新模式。在发挥“一体两翼”协同效应、打“业务组合拳”方面有了新的实质性突破，主要是体现在与中国华融旗下子公司华融证券的合作，既实现了与平台公司合作的双赢，开创了受托资产管理的盈利模式，又有助于业务结构调整。三是作为批发商与零售商合作，开辟新的业务领域。经多次调研，借鉴信贷资产证券化的做法，支援小微企业，使金融服务深入基层。

三、加强渠道建设，形成体系化、系统化，改变单兵作战局面

2012年，华融浙江分公司以加强与政府机构、金融机构的合作为重点，拓宽业务营销渠道，构建企业客户、同业客户、政府客户一体化的渠道，改变单兵作战的局面，效果鲜明。

一是集团客户渠道发展良好，老客户合作继续巩固，新客户拓展效果明显。二是同业合作发展势头良好，品牌效应进一步增强，与商业银行、信托公司等同业客户保持密切联系。三是努力将公司与浙江省政府战略合作协议转化为生产力。2012年，华融浙江分公司在支持地方经济发展中拓展了政府客户渠道，与政府合作迈出了新步伐。在浙江省金融办牵头下，积极参与推进中小企业私募债增信业务，不断增强政府部门对中国华融品牌的认可度，提升影响力。

四、建立健全体系完整、流程科学的全面风险管理架构

2012年，华融浙江分公司进一步梳理职责、理顺流程，搭建有利于明确职责、有利于风险管控、有利于考核问责的一体化组织架构，实行全面风险管理。

一是在组织架构上形成“前、中、后、保”的格局，在风险管控上继续优化“双线三台”模式。华融浙江分公司业务部门负责业务拓展，经营管理部负责项目审查，法律事务部负责项目法律尽职调查与法律风险审查，风险管理部负责项目后续管理及风险核查督查，计划财务部、综合管理部负责提供服务支持，形成“职责明确、流程科学、管控到位”的组织架构。

二是不断完善制度、优化流程，实现“制度管人、流程管事”。第一，做到“制度管人”。修改部门目标责任制考核、员工收入分配考核、项目经理责任制管理3个办法；制定合同管理实施细则、办公楼管理暂行办法、劳动合同续签考核办法、公务用车

管理办法、不良资产包任务考核办法等5个制度。第二,做到"流程管事"。在项目审查上提高标准,不管是总部权限还是分公司权限项目,均按照公司总部的项目审查标准,强化风险控制的第一道防线功能。组织各岗位编写操作手册,细化每个岗位的工作内容及每项工作的操作步骤,做到流程可控。第三,做到"环节可控"。在审查环节上,要求审查人员出具专业性、独立性风险评估意见;法律事务部尽职调查、法律风险审查相互隔离、相互印证;加强对评估机构的管理,在"源头关"、"审查关"、"勘察关"、"沟通关"4个环节加强管理,保证评估机构的质量与专业水准。

三是不间断地开展检查、核查,狠抓落实,强化执行,提升合规性。全年主要开展的检查、核查工作有:项目回收风险及其合规性的专项核查工作;核查风险排查整改情况,逐条对照公司大排查情况反馈和通报内容,核查对涉及业务风险、内部管理等方面问题或情况的整改落实情况;配合公司现场审计检查组开展了年内到期和新投放项目履约与管理情况专项审计检查、分公司自主审批项目专项检查;以现场检查与非现场检查相结合,跟踪走访有关项目后期管理情况;开展对2012年上半年分公司新投放项目批复落实情况检查;通过检查、核查,跟踪整改落实,进一步提高执行力,真正控制风险。

五、以"思想建设"与"能力建设"为重点,加强队伍建设,提高能力与适应性

近三年来,华融浙江分公司招聘、引进员工23人,占全部员工的53.49%。员工平均年龄37.16岁,35岁以下的员工21人,占48.83%。员工队伍整体上趋于年轻化,商业化业务经验不足、能力不强、适应性不高。2012年,浙江分公司坚持"思想建设"与"能力建设"两条腿走路,着力提高员工能力与适应性。

一是以"思想建设"为先导,统一员工队伍思想认识。党委会统一经营班子思想,总经理办公会议统一中层思想。通过"创业创新创建先进党支部、提升自我争做优秀党员"、"我们的价值观大讨论"、员工读书班等活动统一员工的思想,倡导尽责、倡廉、敬业、务实、专业、创新。

二是以"能力建设"为核心,提高员工队伍适应性。第一,以"相马不如赛马"的用人理念为指导,开展"承诺标的"公开竞聘工作,选拔业务部门负责人,培养、锻炼业务骨干。第二,从内外两个方面加强培训工作,坚持开展每月1次的自主培训,由资深业务人员讲解业务案例。要求员工必须亲自参与项目营销、方案撰写、交易结构设计、后续管理等工作,"在游泳中学会游泳",同时要求每个业务员必须拓展实施1个项目并考核。

三是做实、做细党风廉政、纪检监察工作,营造干活出活、干净干事的文化氛围,做到"不发一案、不倒一人"。第一,落实党风廉政建设责任制,分公司与各部门签订《勤政廉政目标责任书》,与员工签订《合规履职廉洁从业承诺书》。第二,坚持开展2次以党风廉政建设为主题的党委中心组学习。开展党委书记讲党课、纪委书记作廉政报告活动。组织员工观看教育片、赴法院旁听庭审2次员工警示教育活动。开通LED"每周一廉"宣传专栏,滚动播放廉洁自律警示句。第三,开展防控廉政风险专题调研,履职合规性督查等。每季度开展1次员工行为动态分析,组织员工再次填报《信息卡》。坚决在大额费用支出、大宗物资采购、业务营销谈判等关键岗位、环节上执行"双人制"。

中国长城资产管理公司杭州办事处经营管理情况综述

总经理 张范全

2012年，中国长城资产管理公司杭州办事处（以下简称“长城杭办”）紧紧围绕“八八战略”和“两创”总战略，根据浙江省委、省政府“调结构、抓转型、重投入、兴实体”工作思路，把“化解金融风险、提升资产价值、服务经济发展”的公司使命和浙江金融市场实际有机结合，始终坚持走“以资产经营管理为主业、以中小企业综合金融服务为特色”的经营发展道路，不断加大对中小企业和实体经济的扶持力度，在提升自身发展能力和发展水平的同时，较好地为中小企业提供了适销对路的产品和服务，当年新增提供资金31.77亿元（两年累计提供资金支持61.01亿元），一定程度上缓解了中小企业经营困难问题，与企业客户形成了合作共赢的局面，为化解浙江金融风险和经济发展作出了应有贡献。

一、改革创新、转型优化，实现经营利润新突破

2012年是艰辛的一年，也是成绩突出的一年，面对激烈的市场竞争和挑战，长城杭办牢牢把握“稳中求进、好中求快”的工作总基调，紧紧围绕公司郑万春总裁在办事处调研指导工作时提出的“三创二要”希望和要求，坚持工作思路与办事处经营发展合拍，工作举措与改革发展事业合力，工作成效与群众根本利益合拢，以奋勇争先的精神风貌和积极向上的工作姿态，带领全体员工，大力推动商业化业务发展。2012年，长城杭办实现商业化经营收入32678.01万元，实现商业化利润18002.37万元，完成公司下达利润确保目标的180.02%，商业化利润较2011年增加了7200.36万元，同比增长66.66%，顺利突破2011年的利润目标，全面完成当年公司下达的利润力争目标任务。当年长城杭办经营业绩处于长城公司系统前列，是系统内“五个标准办事处”之一。实践证明，长城杭办坚持服务中小企业，不断提升经营利润的经营方向是正确的，业务发展是蓬勃向上的，风控措施是切实有力的，员工队伍是团结有力的。

二、面向市场、勇于承担，助推地方经济发展

2012年中央经济工作会议提出的总基调为“稳中求进”，就是要在优化结构、提高效益的基础上保持经济平稳较快发展。而发展实体经济，支持中小企业是实现该目标的重要途径。长城杭办自成立以来，一直坚持“服务社会、奉献社会、承担社会

责任”，在政策性资产处置期间，就通过最大限度盘活国有资产，支持地方企业脱困减负，减免地方企业债务近100亿元，有效防范和化解了地方金融风险。自国务院4·27会议明确了金融资产管理公司商业化转型方向后，公司以“重点服务中小企业”为特色，致力于为中小企业提供“一站式、一条龙、全生命周期”的综合金融服务。一年来，长城杭办通过大力开展资产经营管理和阶段财务性投资业务，积极推进中小企业财务顾问及不良资产收购综合服务业务，尝试开拓中小企业集合债券（票据）收购承诺与资产管理服务业务，延伸实施金融租赁、评估咨询、信托及保险等业务，敏锐地把握了实体经济对金融服务的需求，为中小企业客户提供了有力的资金支持和保障。2012年，新增提供资金31.77亿元，投放资金总额在公司系统内位居前列。其中，通过资产经营管理业务向中小企业新增15.89亿元资金支持；通过阶段财务性投资业务向中小企业新增8.71亿元资金支持；通过特色化中间服务业务向中小企业新增4.17亿元的资金支持；通过专业化平台业务向中小企业新增3亿元的资金支持。

三、专注创新、培育客户，提升综合金融服务力度

2012年，浙江经济企稳徘徊向上的态势比较明显，但各类企业的信心指标尚未全面恢复，一些企业的经营或重组仍面临较大困难或不确定性。结合地方经济及中小企业的融资现状，长城杭办致力于打造公司提出的“中小企业综合金融服务商”品牌和形象，在公司确定的业务发展方向和类型范围内，努力增加产品和服务种类，变供给导向服务为需求导向服务，专注创新，先后推出多类中小企业综合金融服务业务品种，切实提升了对实体经济服务的贴合度，在一定程度上为地方政府解决中小企业资金难问题起到了积极推动作用，获得了中小企业合作客户的高度认可。

一是灵活运用“四类业务”（资产经营管理、阶段财务性投资、特色化中间服务、专业化平台业务），将不同产品进行组合、互补和渗透，提高了提供全方位金融服务的能力。在资产经营管理方面，发挥“防范化解金融风险”的“金融稳定器”作用，通过收购重组、收购后再追加投资等多样化方式，在解决金融机构信用风险的同时，给中小贷款企业发展提供了难得的喘息之机。在阶段财务性投资方面，认真贯彻全国金融工作会议提出的金融服务实体经济的要求，部署科学的资源分配格局，通过直接投放公司自有资本金方式，快速增强实体经济对资源有效需求的满足度，将资金注入最能产生经济效益和社会效益的企业，增强综合效能。在特色化中间业务方面，发挥“创新探索者”的作用，深入创新开展“中小企业财务顾问及不良资产收购综合服务业务”，并先后与中国中小企业协会及多家银行达成合作意向，筛选了一批发展前景较好的中小民营企业探索开展发行集合债券和集合票据业务，涉及金额20.97亿元，涉及客户21家，表达了长城杭办寻求更好地支持中小企业发展的理念。

二是提升营销能力、加大营销力度，扩大了长城品牌的社会影响力。一年来，长城杭办将专业化的风险防范化解技术与多元化的综合金融服务手段有机结合起来，坚持做好市场细分，通过“强化内海”来巩固已有市场，通过“抢占红海”来拓展共有市场，通过“开发蓝海”来做大新的市场，坚持“走出去、引进来”，切实落实“四个主动”，即主动联系、主动营销、主动介绍、主动跟进，就公司目前已开展的资产收购、资产经营、中小企业特色金融服务、投行业务、金融租赁、融资担保、金融咨询、交易所资产交易、信托业务和人寿保险等11大类、共70余种产品进行了多方宣传，充分利用与各金融机构的良好关系，多方挖掘业务资源潜力，为企业"量身定制"金融服务方案，如在企业初创期，提供中小企业财务顾问及不良资产收购综合服务、资产估值、法律咨询等服务；在企业成长期，提供投融资咨询、财务顾问、信用评级等服务；在企业衰退期，提供风险管理、债务重组咨询等业务，从而全方位、多层次、个性化地有效解决中小企业融资难题。

三是围绕政府提出的重点产业、产业集聚区、产业集群以及重点项目，在上述领域内扩大客户数量，以符合经营稳定、技术领先、成长性好、具有较大发展潜力的中小企业为客户目标，培育形成了一批稳定优质的中小企业客户。长城杭办坚持细化客户分类，区别重点客户、一般客户和潜在客户的不同特点，全面实施"立体式"客户开发战略，通过巩固重点客户、转化一般客户和发展潜在客户来不断培育和壮大优质客户群体，创新开拓不同的合作点，从而充分实现长城杭办经营发展与服务地方经济并重的良好经营模式。

四、完善机制，强化意识，持续完善风控体系

长城杭办始终注重稳字当头，风控在先，以牢固筑立"三道防线"(双人尽职调查、部门间互相制约、审计监督)来加强内控管理，把风险管控作为各项工作的"重中之重"来抓。在开展业务的过程中始终围绕实现可持续发展的战略目标；在速度、效益和质量的关系处理上，始终遵循必须把握"质量第一、效益第二、速度第三"的总体原则；在风险管理上，始终坚持"严管理，控风险"，全面关注并防控"五大风险"，即法律合规风险、道德风险、操作风险、声誉风险和违约风险。首先，及时调整办事处风险管理委员会成员，充分发挥风险总监作用，进一步完善风险总监制度，强化办事处操作风险管理控制，积极参与修改完善《办事处风险总监管理规范》，推进办事处风险总监管理机制建设；其次，秉承"决策科学、管控到位、经营合规"的风险理念，开展项目事前合规性审查，监督项目实施不触合规底线，开展项目风险跟踪检查，并结合事中审计做实项目后期管理，建立风险快速反应机制，加强操作风险管理，严防法律风险，及时纠正交易对手违约，化解各类违约事件，保障项目运作按期回款；最后，及时传达、研究政府机构、银监局和公司系统发布的在资产减值测试、银行押品处置变现、当前行业重点风险防范工作、违规转嫁收费风险提示等风险防控方面的政策和指导性意见，按时定期开展风险自查工作和已出资项目现场检查工作，通过迎接公司系统商业化项目全面风险检查和浙江银监局风险排查，以检查促风控、抓管理，较好地达到杜绝违纪违法违规的保障目的。

五、规范经营、提升素质，实现企业文化反哺实体经济

面对复杂的经济金融形势，为确保实现中央要求的"守住不发生系统性和区域性风险的底线"，营造良好金融环境，推动地方经济平稳运行和稳健发展，长城杭办一是在业务经营和开拓创新过程中，始终秉持"稳字当头，风控在先"，严格落实"三严格、五禁止"和"七不准"、"四公开"要求，严格自律、合规经营，做到事前决策不失误，操作环节不马虎，后期管理不松懈，持续关注并防控合规风险、道德风险、操作风险、违约风险、声誉风险"五大风险"。结合

开展案件防控、整顿规范银行业专项活动和行风评议活动，从严要求员工增强风险意识，建立风险快速反应机制，有效提高风险化解能力。二是加强员工队伍建设，全年组织培训多达723人次，是在职员工总人数的18倍。通过搭建业务经验和风险管理等交流平台，及时将业务新模式、新经验进行推广，将风险监控点进行关注，使得员工队伍整体素质得到明显提升，更加适应当前支持浙江经济发展的要求，促进了经济金融的良性互动。三是奉行“以人为本、效益优先、诚信至上、奉献社会”的核心价值观，以“专业、稳健、开拓、共赢”的经营理念为指引，以基层组织建设年为抓手，深化创先争优、“一迎双争”、“三亮三比三评”等主题活动，进一步加大了对中小企业的帮扶力度，切实履行了社会责任。

中国东方资产管理公司杭州办事处经营管理情况综述

总经理　章建新

一、概述

中国东方资产管理公司杭州办事处(以下简称“东方杭办”)自建办以来,合规守法稳健经营,在化解金融风险、创新金融产品和服务浙江经济方面作出了突出的贡献。2012 年,在公司总部的正确领导和浙江省各级政府及监管部门的大力支持下,全办员工共同努力,围绕转型发展主题,紧盯经营利润目标,建设团队、开拓市场、着力创新、强化管理,努力做到找准方向、人尽其才、物尽其用、安全高效,促进各项业务全面发展。

东方杭办确立了“以利润为中心,以市场为导向,大力开拓商业化新业务”的经营思路,明确了两大具体目标:一是保持在公司各办事处中的盈利领先地位;二是探索打造持续发展模式。坚持不良资产传统业务为基础,开拓创新业务为龙头,严控风险为保障的工作思路,取得不俗业绩,新项目合同净收益 6.55 亿元,实现 2012 年度利润 3.67 亿元,东方杭办还被中华全国总工会授予“工人先锋号”荣誉称号。

二、经营特色

东方杭办的商业化业务体现了鲜明的地域特色,呈现了“小、多、全”的特点,这是与浙江省经济要素活跃,民营经济高度发展的特点相契合的。“小”就是单个项目所投的金额相对较小,“多”就是完成的项目数较多。小而多的项目一方面大大增加了工作量,另一方面则为员工提供了更多的操作业务的锻炼机会,积累了可贵的经验。“全”则体现在办事处所开展的项目种类繁多。既有传统的不良资产商业化收购,又有不良资产过桥业务;既有固定收益类项目,又有银行间市场发行票据提供增信的业务。

(一) 传统不良资产收购处置业务

传统的资产管理公司不良资产的交易模式就是通过国家政策规定全额划拨性收购或者以一定对价一次性打折受让银行的不良资产后进行处置。

1. 三类不良资产处置。截至 2012 年末,东方杭办中行政策性收购不良资产当年收现 2402.24 万元,累计收现 168076.58 万元;中行损失类当年收现 2251.86 万元,累计收现 5818.36 万元;建行可疑类当年收现 249.91 万元,累计收现 112817.38 万元。剩余政策性债转股项目三个，其中浙江化纤联合股份有限公司作为增值运作项目，公司总部已立项；杭州前进齿轮箱集团股份有限公司已实现上市。

2. 中国银行浙江省分行不良资产包。2012年10月，东方杭办通过对中国银行浙江省分行74户不良债权资产包的充分尽调，以2.93亿元成功竞得14.57亿元的不良债权。截至2012年12月底，累计处置收现2248.12万元。

3. 中国银行江苏省分行不良资产包。2009年5月东方杭办收购的本息合计13.9亿元的中行江苏包，实际收购成本5.74亿元，2012年当年收现5918万元，累计收现6.73亿元，扣除处置费用后净回收已超过全部收购成本及资金成本。

（二）创新不良资产交易模式

近年来，商业银行的不良资产状况发生了较大变化，相当多归入不良类的债权，往往具有充足的抵质押保证，回收本金甚至全额回收本息的可能性增大，银行一般也不愿意以较低价格出让，而资产管理公司从风险控制和成本利润的考虑，也难以接受银行的报价。对此，坚持实事求是和开拓创新，在依法合规前提下，通过改革交易模式，锁定风险和收益，促成了与多家银行不良资产（含不良委贷）的转让项目。

（三）其他创新业务

东方杭办根据浙江经济特点，坚持开拓创新，取得良好成果。一是东方杭办增信的诸暨市中小企业票据等成功发行，创立了资产管理公司为银行间市场发行票据提供增信的业务模式，得到省政府的充分肯定，金融同业的充分认可。二是与东兴证券成功合作推荐的露笑科技IPO项目，提升了资产管理公司在浙江地区的影响力，这是办事处与证券首个成功合作的IPO项目。

三、管理特色

1. 完善制度，强化风险管控。东方杭办加强与公司各专业平台公司及其他金融机构业务合作，不断探索和开拓各项业务，业务品种不断丰富，涵盖了传统金融不良资产收购、不良资产远期收购、信托、租赁、IPO、PE等各种金融领域及财务顾问等中间业务项目。随着业务品种的增多，各类风险势必不断增加，办事处党委清醒地看到了这一点，提出了“争创利润保前列，严控风险保安全”的要求。一是制定《杭州办事处投融资项目风险控制办法（试行）》。从制度上对商业化项目前期调查、方案审查和监督检查各方面进行了规范，明确了各部门的岗位职责和风险管理原则，为提高商业化项目工作质量，有效管控风险打下基础。二是认真审查，确保合法合规和投资优化。在项目方案的审查中，重点关注处置方案是否合法合规；尽职调查是否认真到位；创新业务是否符合监管要求。不断提高审查工作标准化，风险管理关口前移，风控人员与项目经理一起赴实地调研，深入了解企业状况，及时掌握业务发展动向，落实风险防空措施，努力实现方案合法合规，经营收益最优化。三是健全和完善中介机构管理机制。遵循公司ISO9001质量管理体系要求，实时管理诉讼案件，加强评估报告审核，强化中介管理、选聘管理、考核评价管理和费用管理。

2. 竞争、合作，强化团队建设。东方杭办共有7个业务经营团队，采用板块式管理，团队之间既有竞争又有合作，增强对外的竞争能力，取得明显成效。板块内部团队取长补短、协调发展，团队人员组成灵活机动适应项目需要；板块之间保持适度的竞争机制，对外互相协助、互通情况，不断增强商业化市场的竞争能力；其他管理部门积极配合业务经营团队工作，在人、财、物等各种保障措施上主动到位，确保各类项目的顺利实施。

3. 因材施用，优化人力资源配置。在商业化业务拓展过程中，办事处党委十分重视员工队伍整体素质的培养提高，不仅摸索出了一些业务新路，还锻炼出了一批优秀的业务人才。一是积极组织员工参加公司举办的各类业务培训，及时掌握各种商业化业务模式和各种金融工具的知识，帮助员工不断更新知识结构。二是利用工作经验交流、案例分析研讨等方式，促进员工熟练掌握各种商业化项目的实际操控能力。三是补充新鲜血液，招录优秀人才进入办事处工作，帮助员工设计职业规划，积极培养、输送业务骨干到办事处或公司的重要岗位工作，优化员工队伍的年龄结构和梯队建设。

4. 完善科学有效的考核激励机制。东方杭办通过网上公示、座谈会和职工大会等方式，在充分征求员工意见的基础上，制定完善适合商业化业务发展特点的《杭州办事处绩效考核办法》，明确了绩效考核原则、分配原则和实际分配方法，简化分配流程，让员工看得明白，分配结果更透明、更公开，有效地调动了员工的积极性。

中国信达资产管理股份有限公司浙江省分公司经营管理情况综述

总经理　涂咸阳

2012 年，中国信达资产管理股份有限公司浙江省分公司(以下简称“信达浙江分公司”)在公司党委的领导下，在人民银行杭州中心支行、浙江银监局等监管部门的指导下，围绕“深化改革、锐意创新、科学发展”这一主线，以市场为导向，以客户为中心，以创新为动力，坚持不良资产经营主业不动摇，在做好不良资产的管理和处置的同时，深化债转股企业管理，积极做好中间业务的拓展。同时，进一步加强内部管理和内控工作，强化员工队伍建设和企业文化建设，推进 ISO 质量管理工作，各项工作均取得良好进展。

一、圆满完成综合经营计划

2012 年，信达浙江分公司实现考核利润 11206 万元，完成目标任务的 303%；资产处置现金回收实现 66756 万元，完成目标任务的 110%；实现中间业务收入 488.85 万元。新增收购 13 个不良资产项目，收购资产原值 374131 万元，收购成本 221368 万元，完成目标任务的 295%。

（一）认真抓好不良资产经营工作

1. 积极拓展金融不良资产收购业务。2012 年，信达浙江分公司加强与各金融机构的联系，建立了业务部门与省内各银行分工联系制度，定期走访沟通，主要了解其不良资产处置意向及其他业务合作方面的需求。全年参与了辖内全部银行批量推出的不良资产包竞标会，共竞得广发银行、民生银行、兴业银行四个资产包，收购成本合计 44934 万元，债权金额合计 162110 万元。银行批量不良资产的收购既拓展了增量资产，也巩固和提升了分公司不良资产经营业务的核心地位。

2. 继续做好非金不良资产经营。2012 年，信达浙江分公司把非金业务作为分公司市场拓展的切入点，进一步拓展市场，创新收购模式；同时坚持“正确规避政策风险，重点预防市场风险，具体避免操作风险，坚决杜绝个人道德风险”的原则，认真做好尽职调查，落实担保措施，加强后续监控，在风险可控的前提下，做大非金业务规模。全年，共完成温州华航能源等 9 个非金不良资产项目的收购，收购金额合计 212021 万元。

3. 坚持业务创新，开拓特色业务领域。一是积极探索基金业务。针对浙江经济转型、产业升级的现状，2012 年，信达浙江分公司向省、市政府提出了合作设立信达浙商重振基金的建议。总部对此十分重视，多次来杭与地方政府洽谈基金设立事宜。信达浙金(浙江)投资管理有限公司已于年底注册成立。

二是重点拓展商业银行中小企业集合票据第三方增信业务。集合票据增信业务是浙江分公司在系统内率先推进的新业务。10月24日,浙江省台州市2012年度第一期中小企业集合票据成功发行。这是信达浙江分公司票据增信服务业务第一单,也开创了信达公司票据增信服务业务的先河。全年,信达浙江分公司与浙商银行合作承销发行中小企业集合票据共3单计5.77亿元。

(二)继续深化股权资产管理,推进财务性投资

1. 努力开拓财务性投资业务。信达浙江分公司重点跟踪并推进浙能电力股权投资项目。9月26日与浙能集团签署了股份认购协议,作为战略投资者成功投资29996.82万元,实现了财务性投资零的突破。

2. 做好债转股企业的管理处置工作。根据总部要求,对信江科技、华塑实业两家债转股企业成立了相应的提升类股权项目组。2012年,信达浙江分公司进一步理顺关系,规范信江科技、华塑实业两家债转股企业的管理工作,维护两公司正常运转。

(三)扎实推进集团协同与客户开发工作

1. 加强客户管理与开发工作。信达浙江分公司研究制订了2012年度客户开发计划,为业务开展提供强有力的客户资源支持。通过对过往有业务往来的客户进行梳理,发掘有潜力的客户;加强与各级政府部门、省内各大金融机构的联系,落实推进战略合作。2012年已与萧山区政府、中投信托公司、浙商银行、中信银行杭州分行等签署战略合作协议,双方将在金融服务、战略投资、资产管理等领域进行全面深入的合作。

2. 扎实推进业务协同,积极寻找利润增长点。信达浙江分公司协同信达租赁与上海新华联公司签订7000万元的售后回租协议,此后又促成信达财险浙江分公司承保上海新华联财产险,实现保费收入12.79万元,并协同幸福人寿浙江分公司与杭州可恩索公司成功续签为期一年的寿险合同,实现保费收入11.02万元。全年,平台公司协同业务确认的收益为1470.81万元。

3. 积极履行地区总监职责。2012年,信达浙江分公司共召开两次驻浙分支机构联席会议,学习贯彻总部2012年工作会议精神,通报集团经营情况,交流各单位工作,确定协同业务和企业文化建设方面具体事宜,并研讨房地产市场走势及其对分公司资产价值的影响。

二、加强内管内控,严格防范风险

1. 严格执行公司各项内控制度。继续抓好质量管理体系文件的学习、贯彻和执行,坚决杜绝不合规操作。接受了总部ISO9001质量管理非现场审核、信息安全和IT管理的远程审查,均没有不符合项。修订完成质量管理手册和岗位角色分布表,并递交总部挂网。开展了2012年度内部控制评价自查工作,确定了资产管理等8个子流程为测试对象,对发现的问题进行缺陷认定并认真整改。

2. 认真做好处置项目估值或评估、审核等工作。2012年共上报资产处置项目方案11个,均批复通过,其中9个项目已得到实施,回收现金4666.13万元。委托多家评估机构评估项目,出具6份评估报告,为资产处置提供了参考依据。估值审查小组召开22次会议,审查33个估值项目。全年共提交拍卖项目方案4个,实施完成拍卖项目 3 个，拍卖成交金额 2777.62 万元。

3. 全面落实监管部门和总部规定各项检查。根据监管部门要求，信达浙江分公司开展了全面风险排查、整顿市场秩序和打击非法集资等活动，均未发现重大风险隐患，各项操作符合规章流程。根据总部要求，分公司开展了商业化收购资产的管理和处置业务自查自纠与重点检查，就 2004 年以来商业化收购资产的管理和处置情况查找各环节潜在问题，没有发现重大风险隐患。根据总部后续管理要求，对项目每季度走访一次，对债务人偿债能力进行分析并形成后续管理报告。对已签约项目实施分类动态管理，完善重大事项报告制度。

4. 加强合规管理及反洗钱工作。按照反洗钱法律法规和公司内部管理制度的要求，做好反洗钱工作。信达浙江分公司业务审核相关部门对客户身份进行识别，全年共完成新客户身份识别的客户数为 2 户，重新识别的客户数为零户，未发现有洗钱嫌疑的客户。及时向公司法律合规部和中国人民银行杭州中心支行报送反洗钱报表。

5. 做好内部审计工作。全年共完成 16 个项目的终结认定和跟进审计工作，审计未发现重大问题。2012 年，信达浙江分公司还按照总部要求对所有新批复项目进行无纸化平台审计监控，从批复文件下达一直跟踪到付款完毕结项为止，到年底共对新增 7 个批复项目 15 个结转项目进行了 109 次批复审计监控，审计监控未发现问题。

6. 认真做好财务工作。及时、准确地完成 2011 年度的财务会计年终决算与 2012 年财务预算的编制；认真执行财务预算，做好季度综合经营分析；做好日常债权处置和现金回收的会计核算工作；完成管理会计核算工作，为资产处置提供合理依据；按时向财专办、银监局、统计局等外部监管机构提供财务信息和备案资料；开展“财务自查”，2011 年 7 月至 2012 年 6 月的全部会计凭证的合法、合规性，经查分公司不存在重大会计错误和会计遗漏。

三、坚持不懈抓好党的建设和队伍建设

1. 积极推进党建工作。一是认真组织中心组学习和民主生活会。2012 年共组织中心组集中学习 8 次，严格按照学习计划执行，学习方法有所创新，坚持理论联系实际，并发挥中心组表率作用。信达浙江分公司党委还认真组织召开了以“认真学习贯彻党的十八大精神，弘扬优良传统保持党的纯洁性”为题的民主生活会。二是继续开展创先争优活动。组织在创先争优活动中开展基层组织建设年活动，三个党支部按季度召开综合讲评会，汇报交流业务工作及党组织和党员发挥作用的情况。三是加强推优入党，2012 年党委批准两名同志为预备党员，两名预备党员转正。四是启动党内统计信息系统，做好组织关系转接工作。此外，信达浙江分公司通过组织学习党的十八大精神、发放道德丛书、开展学习张丽莉等先进人物的征文活动、组织员工参加“悦达杯”党的十八大读书网上竞赛等活动，进一步提高员工的党性修养。

2. 加强党风廉政建设，确保分公司和谐、平安。信达浙江分公司党委、纪委坚持以中纪委十七届七次全会精神为指导，认真学习贯彻胡锦涛同志重要讲话精神，切实把保持党的纯洁性的要求贯彻落实到加强党的建设的各方面。严格执行《党员领导干部廉洁从政若干准则》，不折不扣地贯彻执行 52 个“不准”和“三重一大”等制度，加强执行情况的监督检查。在 2012 年度

工作会议上，信达浙江分公司逐级逐人签订了2012年度反腐倡廉责任书和防范案件责任书，并纳入年度各部门工作目标责任考核。开展多种形式的廉洁从业教育活动。纪委副书记为全体员工上了题为《从刑法角度谈国有企业员工犯罪预防问题》的法纪教育课，组织新入职员工接受廉洁从业法纪课教育，组织全体员工赴萧山南郊监狱（省法纪教育基地）接受反腐倡廉警示教育，通过各类活动，将廉洁从业与业务工作紧密结合。

3. 加强队伍建设。一是严格遵循公司《高级管理人员选拔任用管理办法》选拔任用干部。2012年，新聘任高级经理助理2名、高级副经理3名，充实了分公司干部队伍；同时为加快青年干部的培养和使用，举行了第二次青年员工公开竞聘，在8名近几年新进年轻业务经理级员工中择优选拔4名副经理，竞聘结果由评委集体研究，党委决定。上述干部的提拔任用均符合任用条件和程序，并坚持走群众路线，落实事先考察、任前公示等制度。

二是阳光公开操作人员招聘工作。2012年，经过总部同意，信达浙江分公司向社会公开招聘正式员工5名，分别充实到业务部门和后台部门。整个招聘工作从刊登公告、组织笔试、面试等一系列程序，都做到了公开公平、阳光操作，对员工队伍年轻化和知识结构更新起到了积极作用。同时，信达浙江分公司注重对年轻员工的培养，在新老员工中开展"传、帮、带"结对活动，共结成5对，并签订了新员工培养结对协议。

四、持续推进信达企业文化建设

1. 坚持职工大会制度，充分发挥民主参与及监督的作用。2012年，信达浙江分公司召开三届三次职工大会，深入学习贯彻公司2012年度工作会议精神，认真分析面临的经济形势和经营环境，全面布置2012年分公司各项任务与措施。各部门负责人进行了个人述职，并接受员工的民主评议。与各部门签订了2012年度工作目标责任书，表彰了2011年度先进集体、先进个人。本次职工大会充分发挥了职工大会制度的公开、民主、参政、维权的作用和员工参政议政、民主管理的作用。

2. 充分发挥工会、共青团的联系群众桥梁和纽带作用。一是继续加强共青团和工会组织建设。经公司工会批复，调整了工会副主任，由黄弼辰同志担任该职务；进一步完善了工会相关组织，调整充实了女工委委员，选出经费审查委员，制定了工会工作职责。举行团支部委员换届选举大会，经团员大会民主投票、党委决定，组成了新一届团支部委员会。二是支持工会履行职责，努力建设职工信赖的职工之家。组织开展了多项内容生动、形式丰富的活动，激发员工的活力与朝气，如协助举办信达系统在杭机构春节联欢会，组织三八妇女节踏青活动及摄影比赛，组织员工参与浙江省银行业"喜迎十八大，为浙银添彩"优秀书画摄影作品征集活动等，其中有两幅书法作品、一幅摄影作品获奖。同时，进一步加强人文关怀，继续履行《女职工权益保护专项集体合同》，定期为家庭困难的职工送去温暖。2012年，信达浙江分公司工会获浙江省工会财务会计管理规范单位称号。三是积极开展青年工作。多次组织召开青年员工座谈会、五四青年节业务研讨等活动，通过学习公司领导重要讲话，征求对公司管理、发展的意见和建议，进一步激发了青年员工积极开拓业务、规划职业生涯的激情。此外团支部也积极配合工会、行政部门做好企业文化建设方面的各项工作。

华融金融租赁股份有限公司经营管理情况综述

董事长　胡继良

2012年，在浙江省委、省政府的正确领导和省金融办、人民银行杭州中心支行、省银监局的大力支持下，华融金融租赁股份有限公司（以下简称“华融金融租赁公司”）围绕浙江省实施“八八战略”和“两创”总战略，积极应对复杂严峻的国内外经济金融形势，坚持“稳中求进促发展、紧中求新提质量”，抓利润、防风险、带队伍、促发展，充分发挥融资租赁独特优势，以支持中小企业、服务民生工程为着力点，大力支持浙江经济社会发展，取得较好的成效。

2012年，华融金融租赁公司经营管理各项工作得到了上级党委和有关部门的充分肯定。公司先后被浙江省政府授予“2012年度金融机构支持浙江经济社会发展二等奖”、“2012年度浙江省金融机构改革创新奖”；连续12年荣获“浙江省工商企业信用AAA‘守合同重信用’单位”称号；被杭州市委、市政府授予2011—2012年度“文明单位”称号；荣获中国华融总裁奖励基金“业绩贡献奖”、“市场拓展奖”、“特殊贡献奖”（上述奖项均于2013年获评，故2012年大事记中未体现）。

一、立足租赁主业，经营业绩再创历史新高

2012年，华融金融租赁公司共投放租赁合同835个，同比增加397个；投放金额269.30亿元，同比增加27.92亿元，增长11.57%，完成全年投放180亿元计划的149.61%；实现净利润10.06亿元，同比增加3.03亿元，增长43.13%，完成计划9亿元的111.82%。年末公司资产总额531.62亿元，比上年末增加101.46亿元；所有者权益54.46亿元，在分红2.5亿元后比上年增加7.55亿元；不良资产率0.96%，拨备余额12.79亿元，覆盖率245.67%。

二、发挥租赁独特优势，支持实体经济发展

2012年，华融金融租赁公司认真开展“支持实体经济服务年”活动，扎实落实各级政府和监管部门有关金融支持实体经济发展的要求。

1. 落实“两个协议”，支持产业升级。全面落实中国华融与浙江省政府《战略合作框架协议》和《支持海洋经济发展专项合作协议》，积极支持浙江实施海洋经济发展示范区、舟山群岛新区、义乌市国际贸易综合改革试点、温州金融综合改革试验区建

设“四大国家战略”。全年投放41个海洋经济项目23.83亿元；投放浙江省11个重点产业项目25.02亿元、14个产业集聚区项目42.6亿元、42个现代产业集群转型升级示范区项目10.17亿元。与湖州、金华市和绍兴、德清等26个市县人民政府或主管部门签订服务中小企业及支持民生工程合作协议26个、金额327亿元。积极探索参与温州金融综合改革试验区改革，延伸业务链，与温州市瓯海区政府签订20亿元战略合作协议。

2. 加强专业服务，支持中小企业。建立健全符合中小企业特点的业务管理办法，为中小企业量身定制灵活的租赁业务方案。进一步加强业务一部、金华分公司等中小企业专业服务部门力量；开发小企业风险评级模型，加大授权，简化审批流程；开展金华、义乌、兰溪等区域的集中营销、专项营销活动。全年投放3000万元以下中小项目617个，金额34.85亿元，同比增长38.62%，最小项目租赁融资额仅21.88万元。

3. 发展绿色租赁，助力民生工程。大力支持公交、医疗设备、水务、节能减排、文化创意等公用事业和民生工程，严控“两高一低”行业准入，实行“环保一票否决制”。全年投放民生相关项目127.99亿元，同比增长90.75%，占全部投放项目的47.53%，占比上升19.73个百分点。其中，投放水电气（水务、清洁能源、城市供热）项目93.62亿元，同比增长83.49%；投放城市公交项目14.41亿元，同比增长92.90%；投放医疗设备项目17.78亿元，同比增长181.77%；首创旅游、教育领域租赁，投放项目2.18亿元。

三、加快业务结构调整，持续增强发展能力

2012年，华融金融租赁公司加快行业、业务类别、客户和营销结构、融资渠道调整，核心竞争力进一步增强。

1. 调整业务结构，增强盈利能力。一是积极拓展厂商租赁项目，完善标准化操作流程，全年实施厂商租赁项目433个，同比增加360个，增长493.15%；金额10.89亿元，同比增长312.50%；平均合同金额251.50万元，加权平均内部收益率为14.83%。二是以保税区项目公司为载体，积极扩大船舶、大型工程机械等经营性租赁业务，已将2台汽车吊和经营性租赁船舶“华融1”注入项目公司。三是大力发展直租业务，全年投放直租项目519个，金额40.25亿元，直租项目个数占比62.16%，同比提高22.43个百分点。

2. 调整客户结构，提升竞争优势。以优质民生工程和制造业龙头企业为重点，积极为“产品有市场、资源有保障、企业有信誉”的中小企业提供金融租赁服务。全年投放民生相关项目127.99亿元，占全部投放项目的47.53%；投放3000万元以下中小企业客户617户，占新增客户的73.89%；投放金额34.85亿元，同比增长38.62%。

3. 调整营销结构，提高自营能力。加强考核激励引导，增加业务人员，强化专业领域、区域客户营销，增强自身发展能力。全年投放自营项目746个、金额179.25亿元，占比分别为89.34%、66.56%。

4. 加强融资创新，保障业务投放。一是努力扩大合作机构范围，合作机构达到33家，积极参与银行间同业拆借市场运作，成为同行业交易最活跃的机构。二是不断推进金融创新，滚动发行租金收益权

理财产品信托计划，继续推进发行第三期10亿元金融债券业务，启动市场化融资业务——资产证券化（专项资产管理计划），提高融资工作水平。三是强化资金科学管理，注重流动性风险的分析与管理，实现债务管理稳健运行、融资余额稳定增长、金融创新有序拓展。全年共支持租赁投放269亿元，较好地保障了业务平稳发展。

四、强化项目全程管理，有效防范经营风险

2012年，华融金融租赁公司完善制度，规范操作，加强项目的全过程管理，增强实质性风险防范能力。

1. 严格尽职调查，强化后期管理。面对经济运行质量下降的大环境，进一步强化尽职调查和项目管理工作，认真落实"双人尽调"，推出了"法定代表人（实际控制人）面谈"、核查企业银行借款情况等新制度，重点核查拟租赁物、资金用途和环保准入等内容，密切关注企业资金流向，落实项目责任人管理责任制，通过实地巡访等及时掌握企业和经营者动态，确保租金按时收回。全年共回收租金195.71亿元，同比增加40.02亿元，租金回收率为99.30%。

2. 完善规章制度，健全风控体系。一是组织修订内控制度、租赁业务基本准入标准和16个行业准入标准，新出台《水务行业融资租赁项目操作指引》、《关于加强船舶融资租赁业务管理的暂行规定》以及《强制休假管理办法》等制度。二是加强信息系统的持续开发，调整完善业务审批流程，创建了公司各项审批业务的全流程化业务协同平台，提高流转效率。

3. 加强项目审查，防范各类风险。一是成立12个主要行业研究小组，加强对行业环境特征、现状与趋势、行业总体风险的分析。二是项目评审和法律审查人员提前介入重点项目现场调查。三是进一步完善内部评级系统，完成客户评级745个，债项评级377个。全年召开项目审查会90次，审议项目277个、金额331.84亿元。

4. 加强资产管理，加快风险处置。一是组织"全面风险排查"，以4月30日为时点对所有在执行租赁项目开展为期一个月的风险大排查，查找风险隐患，及时组织整改。二是组织常规稽核、专项稽核和离任审计，提出39条稽核建议并落实整改。三是采取法律强制手段与谈判和解、债权转让等手段相结合灵活处置风险项目，加强不良资产清收。全年诉讼清收完毕项目13个，清收金额3.13亿元；部分清收项目13个，清收金额7256万元。

5. 认真落实监管要求，严格依法合规经营。认真开展"服务实体经济"和"整顿规范市场秩序"主题活动，积极配合监管部门开展现场和非现场监管，抓好各项监管要求的落实，自觉依法合规经营，公司主要经营指标符合监管要求。

五、系统开展品牌宣传，不断提升公司形象

2012年，华融金融租赁公司充分运用营销会议、形象广告、网络渠道及各类平面媒体宣传公司形象，增强社会影响力。

1. 成功举办各类营销会议。先后举办了义乌、兰溪营销会，内蒙古租赁合作会议和浙江省民生项目营销会。较好地宣传了公司的融资租赁业务，扩大了品牌影响。同时积极参与各地政府及各主管部门举办的各类投融资会议、论坛和讲座，宣讲融资租赁支持地方经济社会发展的积极作用。

2. 继续做好品牌传播。在浙江省内五条核心高速公路上发布形象广告，在"浙江之声"电台做好日常业务宣传，在《经济日报》做了服务实体经济专题宣传，受众范

围扩展至全国。积极开展媒体宣传，通过《浙江日报》和“浙江之声”电台等媒体对公司服务民生领域成果进行正面报道，取得了良好的社会效应。同时发挥网络传媒宣传作用，及时在公司网站发布经营管理动态。

六、注重培育人力资源，加强员工队伍建设

2012年，华融金融租赁公司加大人力资源管理改革力度，加强青年员工培养，深入开展党风廉政建设，努力建设一流的员工队伍。

1. 推进选贤任能，优化队伍结构。通过公开竞聘、定标竞聘、人才引进等多种方式，进一步拓宽选人用人渠道。开展宁波、金华分公司法律和评审组长竞聘，选拔任用年轻干部4人；招聘录用应届毕业生20人，其中博士、硕士14名，海归7名。

2. 加强员工培养，加快新人成长。针对5年以下司龄新员工占比48.66%的实际，为帮助青年员工快速成长，出台《新员工导师制管理暂行办法》、《明星员工评选办法》、《重要岗位员工轮岗办法》及《员工考勤管理办法》，举办高中层管理者《80、90后员工管理》培训班，并组织了“群英会”、“海归员工国际租赁行业发展状况论坛”、“五四”座谈会、篮球和羽毛球赛、春游以及与金融机构和监管部门联合举办青年联谊会等多项以青年员工为主体的活动，营造积极向上的良好氛围和适合新生代员工成长的职业环境。为引导青年员工通过“学习、讨论、分享”的形式尽快掌握各项操作技能，在全体团员青年中开展了第一届青年员工技能大赛，收到了良好的学习、检验效果。

3. 加强技能培训，提高员工素质。以“挖掘潜能，提升技能”为指导思想，组织培训班21期，涵盖沟通、管理、营销、心理辅导、税收政策、财务知识、公文写作等专题和新员工任职培训。参训员工总计1363人次，其中境外培训54人次，人均受训7.2次。

4. 加强党风廉政建设，确保稳健发展。以“基层组织建设年”和“保持党的纯洁性”活动为抓手，全面加强党风廉政建设。积极发挥公司党委中心组(扩大)学习的龙头作用，全年开展党委中心组(扩大)学习18次，提升党员领导干部的政策理论水平，增强贯彻党的路线方针政策的自觉性。进一步加强党建工作，发展党员6名，按期转正6名，选送入党积极分子参加党校培训6名。认真落实党风廉政建设责任制，认真执行“三重一大”决策制度，开展形式多样的廉政示范教育和警示教育，紧抓制度执行力督查，做细做实员工行为动态管理，从源头上防范道德风险。全年公司继续保持无案件、无重大违规违纪问题。

华融金融租赁股份有限公司宁波分公司经营管理情况综述

【经营业绩】 2012年，华融金融租赁股份有限公司宁波分公司总资产余额60.27亿元，比上年增加6.96亿元，增长13.06%。其中融资租赁资产余额61.06亿元，比上年增加11.46%；新增经营性租赁资产2.1亿元。2012年，华融金融租赁公司宁波分公司累计回笼租金16.43亿元，实现租赁业务收入4.17亿元、净收入9918万元，实现利润总额2619万元、净利润1961万元。全年共计申报租赁项目10个、项目总金额18.85亿元；共签订租赁合同18个、合同总金额21.37亿元；共实现业务投放16.79亿元，完成全年目标任务的146%。

【业务创新】 2012年，随着宏观经济环境和行业经营环境的变化，华融金融租赁公司宁波分公司积极研究、深入挖掘融资租赁的海洋经济服务功能，将业务重心从市场风险较大的航运、造船行业逐步转移到港口、物流基础设施领域，成功开发了港口作业船舶、大型油库等港航基础设施的租赁业务，当年分公司共计签订了10艘港拖、2艘新型节能型散货船的融资租赁合同，并为国家原油储备基地60万立方米原油储罐提供了融资租赁服务，合同融资总额达到了16.08亿元，进一步提升了分公司租赁业务的海洋经济服务功能，为分公司专业业务发展开启新的市场空间。

【内部管理】 2012年，华融金融租赁公司宁波分公司一是专门设置了两个业务部室和相应的内部管理部室及岗位，着重提升市场服务能力和自身经营管理水平。二是深化行业研究，除继续积累完善行业基础数据库外，进一步加强力量组织行业研究，抽集骨干力量和青年员工组成多个行业研究小组、积极开展行业调研和各种专业课题研究，及时总结业务工作经验，并定期邀请各类专业单位和行业管理部门举行业务研讨会，加强对分公司员工的专业知识培训，促进分公司专业经营和风险管控能力的提升。三是针对船舶租赁业务管理工作较为复杂专业的特点，华融金融租赁公司宁波分公司在总结提炼经验的基础上，吸收多方意见，对船舶租赁业务全流程各管理环节存在的问题进行全面梳理，及时制定出台《关于加强船舶融资租赁业务管理的暂行规定》，强化业务准入门槛，细化风控标准和要求，规范租后管理工作的开展，为船舶租赁项目的操作和租后管理提供了明确的制度指引，其后又进一步制定、完善《融资租赁船舶建造期管理办法》、《租赁船舶营运期管理办法》等一系列船舶租赁业务专业管理制度，逐步实现了专业业务开展、操作和管理工作的制度化。

【业务转型】 2012年，华融金融租赁公司宁波分公司根据公司的政策引导，调集优势业务力量，积极开拓民生领域租赁业务，服务地方经济发展，取得良好成效。当年华融金融租赁公司宁波分公司共投放当地民生领域融资租赁项目3亿元，在洽谈项目总额超过10亿元，有效支持了地方民生建设，融资租赁服务民生工程的产品优势得到市场认可，为分公司调整产品结构促进业务转型打下了良好的基础，一定程度上优化了业务投向和资产结构。

【机构建设】 2012年，华融金融租赁公司宁波分公司一是通过内部部室的合理设置完善组织架构，设立了综合管理办公室、风险管理办公室等后道管理部门，明确职责分工，推进前中后台分离的管理体制和流程建设。二是通过建立完善系列业务管理制度加强内控建设、强化业务风险管控能力。三是积极配合监管部门的现场和非现场检查监管，认真学习监管部门的监管要求，认真组织落实整改，确保合规经营。四是加强对员工队伍的管理和培训，加强党风廉政建设，抓好案防工作，确保稳健发展。

【风险管理】 一是抓好租赁项目日常管理制度的落实，重点加强对在建租赁船舶的现场巡查监管，提高现场巡查频度，通过运用卫星监控手段和现场检查加强对租赁船舶运营动态的监管，确保租赁物安全可控。二是加强租金催收工作，重点加强逾期租金的现场催收，随时掌握客户动态，及时进行风险预警。三是实行风险专管制度，落实风险管理责任和具体工作要求，加强现场巡查监控，及时采取风险应对措施。四是推行监督管理机制，专门成立租赁船舶监督管理工作小组，对船舶租赁项目租后管理情况进行定期监督检查，及时抓好整改，防堵管理漏洞。五是多措并举积极处置和化解风险资产，在总公司的有力领导下，华融金融租赁公司宁波分公司通过盯紧租金催收、及时进行诉讼保全、灵活运用诉讼以及通过谈判和解、债务重组、债权转让等多种手段多种方式，积极处置和化解风险资产。华融金融租赁公司宁波分公司当年共计催收逾期租金1.25亿元，清收和转化风险资产共计3.06亿元，确保了分公司不良资产率总体维持在可控水平，维护了分公司租赁资产质量的总体稳定。

中投信托有限责任公司经营管理情况综述

总经理　刘　屹

2012年，是中投信托有限责任公司(以下简称“中投信托公司”)实现发展战略第一阶段目标的承上启下之年。公司围绕年初确定的经营方针，继续坚持“合规经营、稳健发展”，全力推进调整业务结构、巩固营销成果、充实风控力量、优化激励约束机制等工作，实现各项业务发展工作稳步有序推进，经营管理体制进一步优化，主要经营指标再创历史最好水平，全面超额完成年度综合经营计划。

2012年，中投信托公司实现营业收入5.3亿元。其中：信托业务收入3亿元，固有业务收入2.3亿元；实现利润总额3.8亿元。存续信托项目141个，信托规模436亿元，同比增长60%。其中：新增项目106个，新增项目信托规模335亿元；主动管理型信托业务规模283亿元。

一、高度重视战略执行，细化分解各阶段战略目标

2012年，中投信托公司围绕发展战略要求，结合市场实际，积极研究制定年度经营指标及各项任务安排。2012年6月，在董事会的统一部署下，中投信托公司成立发展战略实施推进工作领导小组并下设战略管理办公室，具体负责战略实施推进落实工作，完成《2011—2020年发展战略分解方案》的拟定工作。

中投信托公司从发展战略分解的目的和意义、组织保障和工作步骤、核心目标及分解、资源配置及政策支持、动态评估和调整机制五方面出发，进一步明确各战略阶段性任务要求及具体举措，为确保实现发展战略进行全面部署和周密规划。

二、加快信托业务创新发展，致力提升中长期价值

2012年，中投信托公司信托业务坚持以投资类业务为重点，以融资类业务为基础，以服务类业务为补充的原则，加快业务转型升级，业务结构持续优化，信托业务收入大幅增长，产品创新拓展效果显著。

1. 以产业投资为核心，提升产品创新能力和资产管理能力。中投信托公司严格执行宏观调控政策和监管要求，着力加强对信托制度和金融工具综合运用的研究，大力发展主动管理型信托业务，努力提高资产管理能力。

中投信托公司加强探索与大企业、大金融机构的战略合作，深度挖掘产业投资机会，创新产品模式，提升投资能力和价值研判能力，加快向以投资型业务为主的业务结构转变。其中，中投能源1号项目首

期规模30亿元，为今后拓展重要产业领域、募集大规模集合资金信托计划进行了业务实践。2012年12月，中投信托公司还成功与中国信达浙江分公司签署战略合作协议，标志着在开拓更广阔的业务合作领域、促进业务模式创新发展方面取得了重大突破。

2. 以重点行业为基础，大力拓展集合资金信托计划。中投信托公司严格按照房地产业务管理指引，审慎开展房地产业务，优先选择大型企业、优质项目开展合作；积极把握政府重点投资项目合作机会。

3. 以专业研发队伍为依托，为公司业务发展提供坚强后盾。为加强对国家宏观经济政策以及产业政策等的研究，完善业务规划布局，提高产品研发创新能力，2012年12月，中投信托公司组建研究发展部，重点开展公司主攻行业、战略规划的研究，加强业务发展规划，跟踪业内前沿创新案例，开展信托产品创新研究，并对具体业务遇到的共性及瓶颈问题提出解决方案。

业务研发机构的设置和专业研发力量的增强，进一步保障了公司业务发展的技术和信息支持，有利于拓宽业务领域和范围，促进业务结构优化，更好地支持业务创新发展。

三、探索固有业务新模式，推动固有资金多元化运作

2012年，中投信托公司密切加强对宏观经济形势的分析研究，探索固有业务发展新模式，优化固有资产配置，逐渐形成以中短期债权为主，金融产品、金融类股权投资、证券投资为辅的业务格局，超额完成年度固有业务指标。

1. 重点开拓债权类业务，审慎开展证券投资业务。以地方政府融资项目为重点展业方向，并逐渐拓展至省外发达城市，促使固有债权类业务在风险和收益间取得较好的平衡。积极开展房地产贷款业务，先后与多家上市公司携手合作，取得良好成效。公司还加强创新债权类业务展业模式，尝试研究附带一定股权分成或期权安排的交易模式，成功与杭州市高新技术产业开发区管委会签署战略合作协议，为下一步提供长期全面的金融服务打下了扎实的基础。

2. 构建固信联动新模式，大力支持信托主业发展。中投信托公司研究确定固信联动项目合作新模式，建立利益分成机制，充分运用固有资金的灵活性，解决信托项目设立与监管审批的"时间差"问题，摆脱单纯认购信托产品和发放贷款的发展思路，进一步满足了客户资金的时间性要求，促进维护公司与交易对手之间的良好合作关系，为优质客户的发掘和维护创造条件。

3. 股权投资业务发展取得新的进展，固有资产配置结构进一步优化。围绕发展战略规划，中投信托公司稳步推进股权投资业务的制度框架建设，努力发掘以投融资相结合为路径的重点产业领域投资机会，助推固有业务创新。加强与浙江省股权交易中心、各专业PE机构、证券机构、会计师事务所等第三方中介机构联系力度，扩大项目信息来源，探索固有资金股权投资创新型业务模式。加强与集团系统内公司的交流合作，充分发挥和利用各自功能优势，探讨业务合作，拟参股设立资产管理公司。

中投信托公司坚持贯彻"稳健经营"的理念，持续优化固有资产配置结构，扩大运用方式，提高使用效率，促进提升固有资产的中长期价值和风险抵御能力。

四、强化营销管理建设，全面提升公司品牌

2012 年，中投信托公司积极构建以自主营销与外部渠道并重的产品营销体系，进一步完善营销管理体制机制建设，努力开拓发展新客户，做好存量客户维护管理，加强营销业务团队战略性布局。

1. 加强营销体系建设，扩大产品营销渠道。2012 年，中投信托公司共完成自主募集集合信托计划资金 32 亿元，自主营销募集规模占公司年度集合资金信托计划募集规模的 40.3%，其中单个集合资金信托计划最大自主募集规模 2.9 亿元。在渠道合作方面，公司成功与多家大中型银行、券商建立业务合作关系，进一步拓展与银行及券商合作渠道。全年合计与 8 家银行、7 家券商开展了代理销售合作。

截至 2012 年末，中投信托公司共完成 59 个集合资金信托计划的发行募集工作，募集资金 125 亿元，集合信托计划推介完成率继续保持 100%。

2. 丰富营销手段，致力实现品牌创造价值。2012 年，中投信托公司通过积极开展各类品牌营销活动，聚焦优势资源和业务特色，努力塑造“最值得信赖的专业受托人”品牌形象。一是增强与高端客户的良性互动，有针对性地组织举办春季、金秋、国庆共三次客户答谢会，充分展示公司品牌特色。二是拓宽品牌宣传建设广度，参展浙江、上海、北京三地金融理财博览会，大力发展和吸引潜在客户，并荣获北京展会“最佳企业形象奖”、“最受媒体关注奖”两项荣誉。三是加大品牌宣传建设力度，改版升级官方网站，突出产品营销和客户服务功能。调整完善公司户外广告、电台广告宣传策略，筹划创办面向客户群体的内部刊物，重新设计品牌标志及视觉识别系统，通过一系列工作举措，致力提升公司品牌形象和产品社会知名度。

3. 完善营销组织架构建设，提高自主营销能力。2012 年上半年，中投信托公司试点成立北京业务团队营销部，同时增加上海专业理财人员，重点拓展北京、上海区域市场。12 月，按照“统一管理、分工协作、区域发展、提升服务”的原则，中投信托公司调整完善了营销运营架构，成立浙江、北京、上海、深圳 4 地 5 个财富中心，重点拓展区域市场的渠道、机构客户以及自然人客户；成立财富运营部，重点负责营销策划、销售管理和客户管理工作，强化对产品销售部门的服务，提升客户满意度。

五、切实做好风险管理工作，全面强化风险管理体系

2012 年，中投信托公司始终高度重视风险管理工作，充分发挥风险管理对业务发展的支持保障作用，促进实现风险管理能力与业务发展的动态平衡。

1. 夯实风险内控基础建设，构筑全方位管控体制。在综合考虑外部宏观市场环境、业务拓展机会和管理要求的基础上，中投信托公司研究确定业务发展方向与重点，开创性制定《2012 年度信托政策》。制订业务审批机制优化方案，项目审批签字流程简化为发起、审查、领导签批三大审批流程；增设立项环节、项目备案工作；调整审批委员会结构和人员范围。

通过明确业务发展方向与重点、调整审批机制、优化审批形式和审查流程、实施公开审批制度、鼓励员工旁听学习等一系列措施，进一步建立公司风险内控全方位机制，提高业务受理工作的审批效率，促进公司业务快速高效发展。

2. 加强风险内控管理，确保风险偏好的准确传导和有效落实。中投信托公司始

终坚持审慎决策，不断丰富风险合规检查的方法和手段，进一步规范操作流程，保证制度执行到位。一是提高业务准入标准，严格执行房地产业务监管要求，积极拓展保障性住房项目，谨慎开展房地产信托基金和商业地产项目。二是加强风险管理研究，按月编辑印发《风险管理政策动态》，及时搜集传达监管部门最新政策法规，探讨研究公司内部风险管理工作，全面总结公司业务拓展经验。三是集中开展风险排查工作，以现场检查为主、案头调查为辅，切实掌握存续集合信托项目风险情况，及时发现隐患、正确纠正缓释、及时妥善处置，确保公司信托业务平稳运行和稳健发展。四是组织开展"风险内控"主题月活动，通过自查自纠、督导检查和后续跟踪，系统性梳理和解决业务发展中遇到的各类问题，逐步建立起风险内控管理长效机制，形成公司"严内控、谋发展"的良好氛围。

从多次检查情况看，中投信托公司以稳健的策略开展了与自身经营环境、资本实力、专业能力及风险控制能力相适应的各项业务，整体业务风险结构符合公司风险偏好及容忍度，风险与收益的平衡态势良好。

3. 完善内控流程管理，健全信后管理与监督机制。一是健全信后管理制度，制定下发《信托业务信后管理办法》等，不断规范信托项目的信后管理工作，严防项目到期兑付风险。二是加强新综合业务信息系统的管理和运用，自4月16日开始上线单轨运行后，持续优化完善具体流程环节，逐步将事前、事中、事后各阶段的风险管理工作纳入系统，基本实现风险管理各项工作的信息化、流程化、规范化。三是完善内控监督，研究建立信托项目合规审计机制。组织开展费用管理、项目审批、营销工作、离任审计等审计稽核工作，并自2012年11月1日起对每个集合信托项目的发行完成和清算结束进行两次专项审计，有效发挥自我监督完善的内控机制作用。

六、优化人力资源管理体系，有效保障经营管理和业务发展

2012年，根据战略目标及阶段重点拓展规划，中投信托公司进一步加强人力资源工作，积极开展组织架构优化、专业人才引进、激励约束机制完善、人才管理培养体系建设等工作，为公司经营管理和业务发展提供人力支持。

1. 优化调整组织机构，完善公司内部架构建设。2012年，中投信托公司共完成了研究发展部、信息技术部以及深圳2个业务部门的新设；撤销北京、上海业务团队，所属业务团队分别更名为北京业务一部、二部、三部、四部，以及上海业务一部、二部，并增设了上海业务三部；整合了信托业务三部、投资银行部的业务；撤销财富管理中心、北京业务团队营销部，优化调整为浙江、北京、上海、深圳4地5个财富中心，并增设了财富运营部。组织架构的调整完善，为公司今后寻求新的业务发展机会、丰富业务体系、扩充客户资源提供了有力的组织保障，也为初步实现全国展业战略布局奠定了扎实的基础。

2. 多方引进专业人才，充实公司优秀人才队伍建设。按照重点前台、保障中台、兼顾后台的原则，中投信托公司不断加强与专业人才招聘机构、行业内专业网站和重点媒体单位的合作，多渠道、多层次招募各类人才，兼顾当期需要和长远储备，发展潜质后备人才梯队，通过以老带新、内部导师制等形式，初步形成持续化的人才引进长效机制。

2012年，中投信托公司通过市场化招聘，进一步提升了管理人员和业务骨干的

整体力量。同时,积极参加中国建投2012年校园招聘活动,组织专门人员赴北京、上海、浙江三地著名高校招聘新生力量,为公司业务发展注入新鲜血液。

3. 完善激励约束机制,促进公司发展合力形成。中投信托公司坚持绩效导向、战略导向和价值观导向,加大绩效考核力度,完善激励约束机制。2012年,制订出台《业务绩效考核方案》、《员工考核实施方案》、《优秀部门及优秀员工评选方案》,及时修订《业务风险准备金管理办法》,进一步明晰了各部门任务指标和公司业务发展方向,提高超额完成指标任务的考核比例,加大未实现指标任务的约束力度,增强业务人员风险防范的责任意识。

4. 加强岗位管理和员工培训,初步建立人才管理培养体系。中投信托公司进一步开放内部岗位竞聘,健全人才选用机制。2012年,圆满完成浙江财富一中心、浙江财富二中心、上海财富中心负责人和理财经理竞聘上岗,以及投资银行部、财富中心、财富运营部、北京4个业务部门人员双向选择工作。以注重实绩、逐级晋升、公平择优为原则,以个人绩效表现为主要维度,做好员工技术职衔晋升聘任工作。以中层管理人员和青年骨干为重点,不断加大培训投入和培训力度。组织举办内部业务交流培训,并试点开展第一期青年骨干培训班,帮助员工实现自我价值。

2013年,将是中投信托公司发展战略第一阶段目标的实现之年。面对外部依然错综复杂、充满变数的经济金融形势,中投信托公司将始终坚持把发展作为第一要务,以争先进位为核心目标,既要力争全面实现公司第一阶段战略任务,也要为公司推进第二阶段战略目标起好步、开好头。

杭州工商信托股份有限公司经营管理情况综述

总裁 丁建萍

2012年，国内外经济金融形势依然复杂多变，世界经济复苏进程缓慢、国内经济兼具周期性和结构性矛盾，经济增幅放缓，房地产市场调控持续，金融混业趋势明显。与此同时，信托行业多个业务板块相继受限、信托业务风险事件频出、外部市场竞争加剧，行业增幅同比大幅放缓。

在此背景下，杭州工商信托股份有限公司(以下简称“杭州工商信托公司”)审时度势，及时修订完善中长期业务发展战略，坚持战略方向推进业务转型与精细化管理，积极拓展以集合资产管理为主要形式的私人财富管理业务，推出丰利系列、飞鹰八号、鸿利7号等基金化产品及“恒利七号”、“杭信纸翡翠1号”等，分别在系列信托基金、商业地产投资与非房地产领域投资等方面进行有效探索与实践。

2012年，杭州工商信托公司实现总业务收入51682万元，其中信托业务收入43185万元，同比增长34%；主营业务收入占比(信托业务收入/总业务收入)83.56%；实现利润总额32087万元，实现净利润24006万元，同比增长32%；资本利润率为26%。

2012年，杭州工商信托公司的风险管理与合规管理稳健有效、管理信托资产规模稳健增长且在行业内具有独特的资产管理特点、私募股权投资基金管理业务有序推进、净利润再创新高，公司继续保持可持续发展势头，为进一步实施发展战略、保持行业领先水平奠定了坚实的基础。

一、信托资产管理业务特点鲜明

2012年，杭州工商信托公司继续实施以分散投资为核心的基金化策略拓展信托业务，信托资产规模显著提高，资产结构进一步优化，主营业务收入占比保持在行业领先水平。

杭州工商信托公司坚定不移地实施“基金化、中长期化、投资化、产品化”的业务策略，注重主动管理能力的提升，主营业务突出，信托业务向基金化及投资方向转型明显，基金化业务比重显著上升。截至2012年12月末，存续集合信托业务中，基金化信托产品规模占比40%；存续信托业务中，主动管理类信托业务规模占比约82.5%；信托业务收入占比83%。2012年，杭州工商信托公司发行了丰利一号、二号、飞鹰八号、十号、鸿利7号、沃能5号等基金化信托产品及“杭信·恒利7号—余政储出(2011)69号地块商业地产项目”股权投资集合资金信托计划、徐州邦润旧城改造城市综合体股权投资集合资金信托计划等投资类信托产品，分别在系列信托基金、商业地产投资、股权投资等方面进行有效探索与实践。

二、PE基金管理业务有序推进

2012年，杭州工商信托公司的私募股权投资基金管理业务有序推进。(1)截至2012年12月末，杭州工商信托公司全资子公司浙江蓝桂资产管理有限公司所管理的两支公司制创投基金——浙江信德丰创业投资有限公司、浙江华石红枫创业投资有限公司已分别投资5家、3家公司。(2)合资PE基金管理公司完成首笔投资。截至2012年12月末，杭州工商信托公司与外资股东摩根士丹利共同成立的人民币私募股权基金管理合资公司——摩根士丹利(中国)股权投资管理有限公司已发起首个人民币私募股权基金。

三、加强风险管理　合规稳健经营

1. 推进精细化管理　加强风险防控。2012年，杭州工商信托公司认真执行并有效落实信托公司净资本监管规定，净资本管理积极有效，各项指标均达标。截至2011年12月底，公司净资本为8.0289亿元(监管标准为:2亿元)；净资本/各项业务风险资本之和为245.03%，高于监管标准1.4倍(监管标准为:100%)；净资本/净资产的比值为82.35%，高于监管标准1倍(监管标准为:40%)，净资本风险控制指标均符合监管要求。

2012年，根据政策与市场变化，按照监管要求并结合业务实际，董事会再次修订公司中长期发展战略规划。结合房地产市场与政策的新变化及信托业务监管要求，2012年初杭州工商信托公司对原有的《房地产信托业务指引》进行了调整与完善，进一步提高了项目、交易对手的选择标准，项目整体质量明显提高。

2012年，杭州工商信托公司加强项目后期管理，对存续房地产信托项目按月开展风险排查、按季进行压力测试，对整体房地产项目和交易对手的流动性风险状况以及投资类项目的运作情况进行了总结和分析，并梳理了各项目后期管理的主要风险控制措施，并逐条部署实施，进一步增强对项目风险的有效预警和控制。

2. 坚持合规经营理念，培养合规文化。杭州工商信托公司持续坚持合规经营的理念，从实质重于形式和有利于防控风险的要求出发，进一步加强合规管理体系建设。2012年，杭州工商信托公司梳理、汇编了最新的业务规章制度；加强合规培训及相关制度修订，继续通过“合规培训”、“合规午餐”、撰写“合规心得”，发送“合规提醒”邮件等多种形式开展合规文化建设，专项合规培训与新员工合规培训成为常态，强调全员合规意识，营造公司合规文化。

四、创新市场营销思路　提高客户服务质量

2012年，杭州工商信托公司继续以财富俱乐部为平台，以培育高端客户、提高客户忠诚度为方向，进一步加强直销力量，在提升客户服务水平的基础上，积极开发新客户，客户结构进一步优化。通过信托产品的营销服务和投资管理业务，客户忠诚度与满意度进一步提高，公司正在市场开发方面逐步建立自己的品牌。

五、积极履行企业社会责任

作为杭州市“社会责任先进企业”，杭州工商信托公司积极参加公益活动，勇于承担社会责任，树立了良好的社会形象。公司已连续十余年参与杭州市“春风行

动”，为社会困难群体献出一份爱心；连续15年与驻杭空军部队开展军民共建活动。2012年是杭州工商信托公司连续第六年开展“联百乡结千村帮万户”活动，除及时到位年度帮扶资金25万元之外，公司还通过调研、走访，再次为三源村出资10万元用于该村基础设施的建设。

六、公司荣誉

2012年12月，在由金融时报社联合中国社会科学院金融研究所共同举办的“2012中国金融机构金牌榜·金龙奖”评选活动中，杭州工商信托公司因积极拓展以集合资产管理为主要形式的私人财富管理业务，被评为“年度最佳财富管理信托公司”，这是继杭州工商信托公司于2010年摘得“年度最佳主动管理信托公司”奖项后在该项评选活动中再度获得的又一殊荣。

2012年8月，在由证券时报社、新财富杂志社联合主办的第五届中国优秀信托公司评选活动中，杭州工商信托公司荣膺第五届“中国优秀信托公司奖”。

七、结语

2012年，面对来自依然严峻的经济形势及日趋激烈的市场竞争格局的双重考验，杭州工商信托公司将继续坚持“专业、精致、恒久”的经营理念与“基金化、投资化、中长期化、产品化”的业务战略方向，稳步推进公司战略实践，风险管理与业务发展齐头并进，进一步构建核心竞争力，力争保持在行业的领先优势。

浙商金汇信托股份有限公司经营管理情况综述

总经理　辛　洁

2012年是浙商金汇信托股份有限公司(以下简称"浙商金汇信托公司")开业经营后第一个完整年度,公司紧紧围绕"立足长远、夯实基础"的工作定位和发展思路,努力引进专业人才,加强团队建设和磨合;优化组织架构,推进制度、流程和系统建设;认真研讨战略发展规划,推进业务架构的战略性布局,积极探索和稳健拓展信托业务;狠抓合规和风险管理,严守合规底线,严控各类风险,各项工作取得了积极成效,为公司今后持续健康发展奠定了良好基础。2012年,浙商金汇信托公司实现收入1.55亿元,利润总额5250万元;到年底公司管理信托资产余额103.73亿元。

除各项日常经营管理事项外,浙商金汇信托公司年内重点开展了以下工作:

一、努力引进专业人才,加强团队建设和磨合

1. 千方百计引进人才,推进团队建设。针对新公司对人才的吸引力欠缺、信托专业人才较为稀缺等困难,公司广泛借助外部招聘机构、专业网站和重点媒体等平台,"内举"和"外荐"相结合,通过各种有效措施,多渠道、多层次招募人才。全年新增员工32人,到年底员工总数增至69人,绝大部分为具有较高专业素质、又有一定过往业绩的高端人才;员工团队年轻且富有战斗力,平均年龄33岁,硕士以上学位的人员占一半以上,员工总体素质进一步提高,结构不断优化。

2. 多措并举加强团队磨合,推进内部理念、文化和工作方式方法等各方面的融合。一是探索推进以信任、包容、分享为核心的内部合伙人文化,形成充分沟通、坦诚交流、求同存异、合力执行的工作氛围,构筑有利于公司长治久安的文化基石。二是建立管理层、管理层与各部门、各部门之间的定期例会制度,及时研究、解决工作中遇到的困难和问题。三是通过业务案例讲解、外部培训、拓展训练、文体活动等方式,加强员工尤其是新进员工的培训学习,提高员工的凝聚力和向心力。

二、优化组织架构,推进制度、流程和系统建设

1. 优化组织架构。按照业务发展实际需要,突出运作专业、职能专注,以前、中、后台相对分离的原则,进一步完善公司组织架构与部门岗位设置;通过强化大中台管理,提高内部控制和运营服务能力,严防操作风险,提高运行效率。

2. 构建和完善管理制度体系。遵循规范化、标准化、市场化的原则,年内增订或修订了20多项规章制度和管理细则,内

容涉及分级授权管理、关联交易管理、业务管理、人力资源管理、薪酬管理以及具体业务决策、项目调查立项、费用管理、行政事务管理等方面，基本形成了较为完善的内部管理制度体系。

3. 检验、梳理流程，推进信息系统建设。结合实际工作情况，认真梳理工作流程，进一步完善业务管理系统、财务管理系统、公司内外部网站以及监管数据报送系统；完成OA系统建设并投入运行；客户资源管理、债券交易等系统建设也正在有序推进中。

三、研究和制定公司三年战略发展规划，推进业务架构的战略性布局

组织人员认真研究和分析宏观经济及信托行业发展、所处区域发展、自身特点和优势等情况，通过内部访谈、外部调研、多次召开内部战略研讨会等方式，积极探讨今后的战略目标、定位、方向以及实现战略的具体措施。经过近一年的努力，浙商金汇信托公司三年战略发展规划研究制定工作基本完成。

根据拟定的主要业务发展方向，浙商金汇信托公司确定了“1＋2＋N”的近期业务策略，并积极推进业务布局的相关工作。“1”是指建立一支受托资产管理团队，负责开展以债券等固定收益类产品为主要投资对象的受托资产管理业务；“2”是指建立两支私募股权投资管理团队，一支负责以PE俱乐部为主的直接投资业务，另一支负责股权投资母基金业务；“N”是指建立健全多支信托业务团队。

四、积极探索和稳健拓展信托业务

在业务拓展的具体过程中，浙商金汇信托公司重点抓好以下四方面工作：第一，借助政府、股东、银行、外部顾问等各种途径，广泛接触、考察各类项目，熟悉市场、锻炼队伍。一年来接触过的项目涵盖了国内信托公司目前已有的大部分信托项目类型，并对一些创新业务作了研究、探讨。第二，积极建立各种客户关系，浙商金汇信托公司与省内有关政府机构、多家大型国企和知名民企、主要国有银行、股份制商业银行和其他金融机构以及省外的一些大型企业集团、金融机构和上市公司建立了合作关系。第三，构建、完善信托项目决策、操作流程和风控机制，谨慎筛选和稳健落实具体信托项目；严格按照有关规范要求进行项目推介和资金募集，在严格落实资金运用条件的前提下进行签约和放款。第四，认真做好存续信托项目管理，严格按照信托文件约定勤勉、尽职地履行受托人义务，及时、完整、准确地实施信息披露。

2012年，浙商金汇信托公司共成立信托项目36个，信托资产规模108.7亿元，信托资金投向主要集中于省内基础产业、工商企业等领域。同时，受托资产管理、股权投资基金业务的起步拓展工作进展顺利。其中：通过固有资金的尝试运作等途径，受托资产管理业务的团队培育取得良好成效，流程构建等工作基本到位；PE俱乐部的各项前期准备工作基本完成，已进入具体操作阶段；积极参与创设浙江省股权投资母基金的前期工作，获得了省委、省政府领导和有关部门的重视与肯定；积极与新设立的浙江股权交易中心对接业务，浙商金汇信托公司已成为该中心首批全牌照的推荐商会员。

五、狠抓合规和风险管理，严守合规底线，严控各类风险

在积极推进合规和风险管理相关的组织建设、制度完善、流程优化等工作的同时，浙商金汇信托公司努力做好以下工作：

一是认真做好业务项目的合规把控、风险审查以及存续项目的动态风险监控，严把风控要点，狠抓工作细节；筛选外部律师事务所为长期合作单位，充分借助第三方力量，由外部律师帮助出具合规意见和法律文本，形成更为严密的合规管理方式。二是注重与外部监管机构的有效互动，加强与银监、人行、信托业协会等部门的日常沟通协调，及时掌握行业动态和监管要求。三是通过内部案例分析、每周定期开展法律政策培训、专题培训等方式，结合行业内有关风险事件，向公司全体员工传达和灌输规范经营、稳健发展的理念，引导和促使员工更深刻地认识和掌握合规管理和风险控制的具体操作。

万向信托有限公司经营管理情况综述

董事长　肖　风

总裁　祝　旸

2012年，万向信托有限公司(以下简称“万向信托公司”)以崭新的面貌进入信托行业，秉承“诚信、专业、精致、协作”的经营理念，致力于成为受人尊敬的专业财富管理机构。

万向信托公司是原浙江省工商信托投资股份有限公司经重新登记后派生分立的新设信托公司。在各方的大力支持和共同努力下，经中国银行业监督管理委员会批准，万向信托公司于2012年8月复牌开业。公司注册资本为6.5亿元，注册地在浙江省杭州市。万向信托公司现有股东为中国万向控股有限公司、浙江烟草投资管理有限责任公司、浙江省邮政公司、巨化集团公司、浙江省财务开发公司。

2012年，面对复杂多变的经营环境和展业伊始的艰巨任务，万向信托公司着力提升业务能力、完善运营体系、强化风险控制、拓展战略合作，克服内外部诸多不确定因素，取得了良好的开局，为长远发展打下坚实基础。

一、公司经营稳健起步，开业当年实现盈利

2012年，万向信托公司从开业至年末的4个月中，经营稳健起步，业务较快发展，截至年末共成立信托项目15个，管理信托资产总规模27.16亿元。其中，集合信托项目6个，信托资产规模8.5亿元；单一信托项目5个，信托资产规模14.3亿元；财产权信托项目4个，信托资产规模4.36亿元。2012年末，万向信托公司实现营业收入2893万元，净利润177万元。

二、建立管理运营体系，优化运营管理流程

2012年，万向信托公司围绕“政策制度化、制度流程化、流程IT化”的核心运营管理理念，制定了信托业务及固有业务的各项内部管理制度及操作规范流程，涉及信托和固有业务的多种资金运用方式及多个投融资领域，涵盖尽职调查、产品设计、

法律文件、期间管理、信息披露、关联交易等各个方面。此外，针对不同业务类别和风险表现形态，在事前、事中、事后确定了项目尽职调查、评审、立项、存续期管理、清算等各个环节的业务流程及基本操作方法，并根据实际需要适时对管理流程进行调整和优化，明确了前中后台各职能部门在项目实施各个环节中的分工与职责，基本实现了对公司开展的所有业务类型、每项业务所有过程的全覆盖。

同时，通过信托业务综合管理系统、协同管理平台、财务系统等信息系统建设，建立工作标准与规范，提高工作效率，较好地实现了业务管理及运营管理的电子化，并根据监管要求启用信托行业 EAST 数据采集与分析系统，初步实现数据自动采集及维护功能，可对需报送的数据进行查询和整理，确保信托报送数据的准确性和完整性。

三、坚持合规经营，严控经营风险

万向信托公司坚持“合规经营、风控优先”的行为准则，严格遵守法律法规及监管规定，秉持恪尽职守、诚实信用、谨慎有效的原则对项目实施尽职管理，努力防控项目风险，以实现受益人利益最大化。

2012 年，万向信托公司建立了合规风险管理框架、流程及相关管理制度，明确合规风险管理组织体系与归口管理部门，形成合规与法律风险管理工作的内外报告和沟通机制、相关岗位的绩效考核机制、问责与激励机制，同时强化了合规与法律风险管理及合规风险评估与识别工作的内部日常执行及汇报机制，建立了与监管机构的联络和沟通机制，为合规与法律风险管理工作的开展营造了较为有利的环境氛围。公司初步建立了以净资本管理为核心的风险控制指标体系，目前已初步构建形成一个事前防范、事中控制、事后监督纠正的动态风险管理机制，有效监控和处置信用风险、市场风险、流动性风险、操作风险、法律风险、声誉风险等各类风险。

2012 年，万向信托公司管理的信托项目未发生风险，且无风险隐患，不良资产余额及不良资产率均为零。截至 2012 年 12 月末，万向信托公司净资本为 115960 万元，符合净资本管理办法监管标准大于等于 2 亿元的规定；各项业务风险资本之和为 16193 万元，净资本/各项业务风险资本之和为 716.11%，符合净资本管理办法监管标准大于等于 100%的规定；净资本和净资产的比例为 89%，符合净资本管理办法监管标准大于等于 40%的规定，净资本风险控制各项指标均符合监管要求。

四、打造优秀人才团队，奠定未来发展根基

2012 年，万向信托公司以打造业内领先的精英团队为目标，构建一套兼具前沿性与传统型、标准化与特色化的人力资源体系，并在公司内部塑造良好的学习及沟通氛围，促进公司与员工的共同发展。

截至 2012 年末，万向信托公司共有员工 59 名，员工忠诚度较高。在录用的新员工中，硕士以上学历的占 67%。公司员工具备广泛的从业经历，来自国内外知名证券、银行、基金及律师事务所、会计师事务所、管理咨询等多个领域，部分员工毕业于美国加州大学、新加坡南洋理工大学、香港中文大学、香港理工大学、浙江大学、中国人民大学、同济大学、中国科技大学等海内外知名院校，团队成员拥有 FRM、CFA、ACCA、注册会计师、律师等专业证书。

五、全面推进战略合作，有效树立品牌形象

2012年，万向信托公司先后与New York Private Bank & Trust（纽约私人银行和信托公司）、民生银行杭州分行和杭州联合银行建立了战略合作伙伴关系，拓展与海内外金融机构的业务合作，并与多家媒体及同业单位保持良好互动。

六、积极履行社会责任

万向信托公司以受益人利益最大化为原则，为客户提供财富管理解决方案和全方位优质服务，为股东创造理想投资回报，为员工打造和谐发展平台，积极履行作为企业公民所应承担的社会责任。公司业务植根和服务于地方经济，所发行的信托产品分别投向公共设施管理业、机械制造业、道路运输业、电信服务业、公共卫生行业、公共资源（水）行业、专业设备制造业等产业，服务和支持地方经济的发展。

2012年10月27日，万向信托公司董事长肖风出席“让爱前行——2012爱佑慈善夜”，并代表公司向爱佑华夏慈善基金捐赠善款，所捐善款用于救助孤残儿童。此次捐赠是公司自成立以来首次积极参与社会公益事业的慈善行为，寄予了公司希望能以商业力量作用于中国慈善机构发展与运作，并以企业精神为慈善事业保驾护航的美好愿景。

2012年11月，万向信托公司积极响应和参加大股东中国万向控股有限公司每年组织的“送温暖献爱心”捐款活动，全体员工踊跃捐款，所捐款项用于资助贫困地区修建学校或敬老院。该次捐款活动展现了万向信托勇担公益责任、传承中华民族乐善好施传统美德的良好形象和风貌。

昆仑信托有限责任公司经营管理情况综述

【经营业绩】 截至2012年末，昆仑信托有限责任公司（以下简称"昆仑信托公司"）资产总额525601万元，负债总额19479万元，净资产506122万元，不良资产2430万元，不良资产率0.46%。总收入126178万元，营业收入121258万元。其中：自营业务收入52747万元，同比增加21747万元；信托业务收入68511万元，同比增加16632万元。利润总额100373万元，同比增加29607万元。营业支出总额25755万元。全年缴纳税费34972万元。

【固有业务】 昆仑信托公司开展信托受益权转让回购业务，加速资金周转，拓宽资金渠道。建立量化分析模型，择优申购新股，申购收益在全国800多家询价机构中排名第一。固有业务全年实现收入5.27亿元，占公司总收入的43.5%，资金收益率达15%。

【信托业务】 截至2012年末，昆仑信托公司存续信托项目146个，信托财产总规模为931.1亿元。其中：单一资金信托项目66个，规模605亿元；集合资金信托项目80个，规模326.1亿元。

【业务创新】 昆仑信托公司成立国联能源产业基金，落实国务院新"三十六条"政策精神，引导民间资本共同投入国家基础设施、能源等领域的优质项目；获得中华人民共和国人力资源和社会保障部批准的企业年金投资信托试点资格，突破我国企业年金投资范围的限制；与宁波市慈善总会发起设立昆仑信托慈善基金，前两期慈善信托计划的捐款100万元，已划至专户，用于帮扶宁波4家养老院、北京太阳村儿童、江东首届"红袖书香节"活动和捐助四川省泸定县助学事业。

【市场营销】 昆仑信托公司继续加强直销渠道建设，充实北京、宁波、上海、杭州、大庆、沈阳、成都、西安的销售力量，同时加强与银行、券商、保险等外部机构合作，拓宽资金和客户渠道。制定《销售管理办法》等制度，实现销售资源的统一集中管理。完善客户服务体系，建立产品流动性转让平台，开发客户维护系统。加强营销队伍建设，开展多次专项培训，提升营销人员的全面素质和专业水平。

【风险管理】 昆仑信托公司制定并推行《交易对手参考标准》，从项目源头上控制风险。加强全面风险管理体系建设，不断完善风险事件收集、问卷设计、目标设置与分解等工作。全面修订《内控与风险管理手册》，调整完善相关流程。规范项目全过程管理，开展中后期管理检查和专项评估，确保风险可控。加大合规审查和法律支持力度，提出矿业权信托、房地产信托、合伙制基金等业务的操作指导。启动法律风险岗位防控项目，编制《法律风险防控指引》，形成全员防控格局。加强稽核审计，实施"重要权证操作风险专项检查"，探索"审计前移"，推进征信和反洗钱工作。

【队伍建设】 昆仑信托公司认真履行工作程序，严格执行职数配备标准，选拔任用领导人员，同时建立业务总监以上人员的绩效考核体系，实行双向选择，坚持竞争上岗、能上能下、能进能出的用人原则。优化人力资源结构，加大优秀人才引进力度，新增员工27人；进一步理顺部门职责，全部岗位设置AB角；推行“干中学、学中干，边学边干”的培训理念，完成培训项目55个，制作网络培训课件34门，累计培训1200余人次。

【企业文化】 昆仑信托公司发扬大庆精神铁人精神，初步形成以“信”为核心的企业文化；召开企业文化推进会，发布《企业文化手册》，在实际工作中发挥文化的引领作用。信文化已经得到公司上下的普遍认同，“信誉无价、托付有道”的企业形象正在树立，“诚信稳健、分享共赢，服务社会、造福民生”的企业品格逐步形成。

浙江省能源集团财务有限责任公司经营管理情况综述

总经理　方　闽

2012年，浙江省能源集团财务有限责任公司(以下简称“浙能财务公司”)紧紧围绕浙能集团“大能源战略”和“十二五”发展规划，以服务集团资金管理为核心，积极开展代理成员单位集中对外支付平台建设和集团系统融资集中管理等工作，充分发挥公司金融和财务管理服务功能，有序推进司库型财务公司建设。

【经营概况】 2012年，浙能财务公司较好地完成了年初制定的经营工作目标，取得了一定的成绩。截至2012年底，浙能财务公司资产总额达134.25亿元，比上年增加10.39亿元，增长8.39%；归集资金121.68亿元，银监会口径归集度74.60%。全年累计实现营业收入4.27亿元，利润总额1.88亿元，净利润1.43亿元。

【信贷业务】 浙能财务公司以“调结构、增效益、防风险”为主线，适时调整信贷策略和资金流向，积极落实“金融支持实体经济”的政策指引和支持小微型企业发展的政策导向，加强对符合集团能源产业长期稳定发展的项目的资金支持，加大对重点建设项目和战略性产业投资项目的信贷服务，并适当增加对小微企业的支持力度。截至2012年底，公司自营贷款余额68.11亿元，增长11.10%，信贷业务稳步开展。

【资金和投资业务】 浙能财务公司审慎开展资金和投资业务。一方面，积极推进银行间同业市场业务，适时开展同业存放和债券质押式逆回购业务等资金业务。2012年，浙能财务公司债券质押式逆回购业务累计成交金额136.87亿元，实现利息收入1121.88万元。另一方面，进一步深化有价证券投资和金融股权投资，以有价证券二级市场业务开展为契机，加强证券市场研究和人才队伍建设，按照“风险控制第一、盈利第二”的投资原则，抓住机遇，审慎投资。2012年，浙能财务公司实现投资收益1335.75万元。

【资金集中】 浙能财务公司按照“集团协调，财务公司具体落实；充分依托和发挥各板块公司的作用，由易入手、先易后难；抓大头、重实效”的工作思路，重点推进资金存量大、归集度低的成员单位的资金归集，加大资金归集工作力度，资金归集率有明显提高。截至2012年底，共有129家成员单位已在财务公司开立结算账户，其中有96家实行“收支两条线”的资金管理模式；归集资金121.68亿元，银监会口径归集度74.6%，月均归集度84.13%。

【新业务开展情况】 浙能财务公司积

极开展代理成员单位集中对外支付工作的前期准备工作，稳步实施代理成员单位集中对外支付。浙能财务公司于年初成立课题小组，对国内多家不同类型的财务公司进行了深入调研和审慎论证，与集团各成员单位进行广泛的沟通和讨论，提出代理支付的具体实施方案，并对业务系统进行升级改造。新业务系统于2012年12月10日如期上线，代理支付试点工作也在12月17日正式实施。

【风险管理和内部控制】 2012年，浙能财务公司积极应对复杂的内外部经营环境，抓牢风险管理和内部控制的工作主线，稳步推进全面风险管理体系建设和合规运行机制建设。按照全面风险管理的要求，不断完善法律审核和监控体系，通过年度合规风险评估、监控和排查风险点、起草和审查各类合同、制作法律风险控制清单等措施，对公司重大投融资项目和易发生纠纷领域进行全方位的风险防控。同时，积极规范内部监督管理机制，提高内审工作效能。以业务和财务稽核为重点，积极开展账项核对和差错纠弊等常规稽核工作，并根据实际工作需要，适时开展各类专项稽核。

【信息化建设】 浙能财务公司对业务管理综合信息系统进行了升级改造，以进一步满足资金管理和代理支付等功能需求。有序推进投资研究决策分析信息系统建设，为投资业务提供技术保障。强化信息安全风险防范，全面实施信息安全风险评估，对办公设备进行安全准入管理，确保网络和信息系统安全运行，保障业务工作高效稳定开展。

【企业文化建设】 2012年，浙能财务公司积极参与集团组织的“浙能文化节”系列活动，加强与集团公司的母子文化衔接，继续巩固和弘扬以“诚实、责任”为核心的价值理念，进一步丰富财务公司特色合规文化内涵。

万向财务有限公司经营管理情况综述

总裁　傅志芳

2012年，万向财务有限公司在监管部门的有效指导和股东会的正确决策下，根据董事会确定的“成为万向全球化资金集约管理中心、金融服务中心、信用增值中心、协同利润中心”的阶段性战略目标，紧密围绕“以筹融资为核心”的经营方针，立足金融创新，开拓全新局面，实现了公司经营发展的稳步上升。

【经营概况】 2012年，万向财务有限公司经营效益保持稳健增长势头，全年经营指标均较上年有不同程度增长，营业收入、利润和净利润三项指标分别完成年度计划的110.73%、73.78%和81.74%，分别较上年同期增长22.93%、4.45%和15.03%。2012年度万向财务有限公司获得“万向集团先进集体”称号；由于资金管理突出，荣获第九届中国国际金融论坛“2012最佳资金管理财务公司奖”荣誉。

【金融和信贷业务】 2012年，万向财务有限公司实行适度、合理的信贷政策，不断加大主营业务规模，有效满足客户经营需求。至年末，万向财务有限公司累计发放贷款同比增长6.86%；贷款余额同比增长18.44%。

【资金和投资业务】 在对金融机构的股权投资上，至2012年12月末，万向财务有限公司合计对浙商银行股权投资占比4.09%。

【电子商业汇票业务】 大力创新、拓展电子商业汇票业务，成为公司业务经营最大“亮点”。至2012年末，万向财务有限公司累计开立电子银行承兑汇票完成年度计划的126%，比上年增长22137%。

【资金集中】 2012年，万向财务有限公司资金统筹功能进一步强化，至年末，公司自身日均存款余额为49.28亿元，同比增长19.93%；存款余额为35.68亿元，同比增长6.57%；年末整个集团的资金集中度为40%。万向财务有限公司“全网覆盖”的目标深入推进，已形成“以工行为核心，中行、建行、农行为重点，其他股份制商业银行为补充”的网银业务综合体系。至年末，网银业务结算金额和结算量分别较上年同比增长52.2%和3.94%，较好满足了客户企业的业务需求。

【筹融资业务】 按照“筹融资为核心”的目标要求，万向财务有限公司2012年完成了万向钱潮15亿元公司债的发行工作；万向钱潮短期融资券续发工作已于11月份正式启动，将于2013年1月份完成。

万向财务有限公司积极贯彻落实“以司定行、以行配司、以司配人”工作，2012

年完成集团企业在各家银行人民币综合授信和实际使用人民币授信余额以及美元授信余额分别上年同比增长23.92%、31.72%、714.29%。持续优化了对集团代理融资的银行负债结构，年末固定资产项目贷款占比22.42%，流动资金贷款占比73.97%，贸易融资余额占比3.61%。争取多渠道低利率融资资金，基准利率下浮10%及以下的贷款占代理融资余额的28.23%，较大幅度地为集团降低了财务成本。

【风险管理和内部控制】 2012年，万向财务有限公司坚持以防范风险、审慎经营为出发点，强化风险内控体系建设。完善合规风险制度和管理体系，坚持事中以风险控制为核心，事后以稽核跟踪为导向的风险内控理念，进一步强化和控制风险薄弱环节，不断实现合规和稽核在风险、控制与治理中的作用。

【人力资源管理】 根据公司发展战略，围绕人力资源管理模块体系，万向财务有限公司重点扎实开展了以下人力资源工作：

（一）绩效考核工作

完善了公司2012年度薪酬分配，万向财务有限公司实行风险金提留制度相结合的分配模式，进一步加大了考核手段在薪酬分配中的作用，使薪酬分配更加理性、科学。风险金提留制度在一定程度上吸引和留住了员工，减少了人才流失。修订完善《各部门责任制考核办法》、《各部门员工岗位考核办法》，层层分解落实2012年度经营目标，明确岗位职责和目标任务，完善公司目标与绩效考核机制。

（二）人员梯队建设工作

积极开展人员梯队建设的准备工作，重点做好新招收员工的培育工作。一方面，对新员工进行岗位培训、确定督导师、定期考评等制度；另一方面，根据新员工特点，开展岗位轮岗等体验式培训的前期准备，为人员梯队建设打下坚实基础。

（三）培训工作

1. 积极创建"学习型组织"建设。2012年度，万向财务有限公司培训结合专业队伍建设规划，重在提升从业人员综合能力和团队整体素质，主要通过"送出去"的方式，分业务、分部门组织骨干人员等累计开展财务公司电子商业汇票业务专题讲座、中国财务公司风险课题调研培训班等20余期培训。

2. 在公司"学习型组织"建设活动的推动下，员工学习热情高涨，积极参加岗位任职资格、职称、学历等学习和考试。截至12月末，万向财务有限公司中级职称人员占比为33%，本科学历以上人员占比为85%，人力资源结构进一步优化。

（四）激励工作

为进一步健全公司激励机制，更好地鼓励员工全身心投入与创新开展工作，完善了《公司季度优秀员工评选办法》，使评选办法更加科学、公正和有效。2012年累计评选11人次季度优秀员工；组织开展年度优秀党团员评选工作，对党团工作中表现出色的员工给予表扬；在2012年度总结评比工作中，对本年度工作中涌现出来的2个先进部门、2名集团劳动模范和8名先进个人进行了表彰通报。万向财务有限公司在对优秀员工、先进部门给予精神和物质奖励的同时，对其先进事迹进行公布表扬、树典型，激励全体员工向优秀党团员及优秀员工学习，此项工作取得了实效。

【企业文化建设】 积极筹划、实施"凝聚力工程"建设，增进公司团队凝聚力、向心力和创造力建设。

1. 积极组织和参加各类文体娱乐活动，丰富员工工作和生活，促进员工身心健康。在万向财务有限公司成立10周年之际，组织开展了10周年庆祝活动，对公司运营情况进行了系统回顾总结，对未来作了展望；组织公司共青团员参加万向集团新年晚会和爬山朗诵活动；三八节来临之际，组织公司妇女同志开展业余文娱活动；以同行交流、学习为主题，组织员工开展财务公司考察学习活动；积极参与2012第二届国际(杭州)毅行大会等活动，获得优良成绩。

2. 开展员工关怀工作，2012年，组织对春节留守员工进行团拜慰问等活动，并持续性开展对生病、产妇和生日员工慰问，让员工充分感受到了大家庭的温暖，进一步激发了员工的主人翁意识。

【信息化建设】 万向财务有限公司为了满足公司电子商业汇票等新业务品种的开拓，及业务信息系统的发展要求，2012年开展了公司业务系统的升级工作，确保了业务系统的安全性和稳定性，提高了业务开展效率。

【社会责任】 响应万向集团党委号召，万向财务有限公司组织全体员工参与2012年度“送温暖献爱心”捐款活动，为萧山区困难员工和贫困山区孩子就学献上一份温暖和爱心；倡议并组织员工踊跃参加无偿献血活动，公司员工以自己的行动体现了自身的优良素质。

宁波港集团财务有限公司经营管理情况综述

【经营概况】 宁波港集团财务有限公司(以下简称"宁波港财务公司")以"依托集团,服务集团"为指导,坚持"稳健经营、科学发展",履行集团资金集中管理、提高资金使用效率职能,为集团公司提供资金结算、存款、票据、信贷、财务顾问等金融服务。2012年末,公司吸收存款24.54亿元,贷款24.63亿元,总资产40.72亿元;全年实现经营收入1.62亿元,实现利润1.2亿元,各项监管指标符合监管要求。

【架构人员】 宁波港财务公司拥有一支专业化高素质的经营运作团队,至2012年末,共有员工20名,本科及以上学历占比90%以上,中高级职称占比60%以上,90%以上人员具有银行、证券、保险等从业资格。同时,宁波港财务公司不断通过内外部培训、行业交流等措施,不断提高员工的业务素质和操作能力。

【资金集中】 宁波港财务公司采用集团联动账户资金管理模式,是集团成员单位主要结算平台。至2012年末,宁波港财务公司已有账户169户,开户面已达集团成员单位的78.57%,日均存款余额超过30亿元,资金归集率超过80%,全年为成员单位办理各类结算业务超过20万笔。

【信贷业务】 宁波港财务公司在取得信贷资质后,努力为成员单位提供资金支持。截至2012年末,累计发放贷款金额30.95亿元,贷款余额24.63亿元;累计办理委托贷款金额19.07亿元,委托贷款余额1.4亿元,累计办理票据贴现0.94亿元,票据余额0.51亿元;累计办理财务公司承兑汇票业务0.21亿元。公司严格落实信贷业务贷前调查、贷款资金用途跟踪、贷后检查的具体细节,完善业务制度,保证信贷资产质量。

【中间业务】 宁波港财务公司积极开展各类中间业务,为集团成员单位提供财务顾问、融资顾问、保函、信用鉴证以及资本金验资等业务。宁波港财务公司已开办财产险、船舶险、车辆险及码头责任险等各类保险代理业务,2012年累计办理保险代理业务涉及保费收入超过3000万元。

【内部控制】 宁波港财务公司内部控制体系完善,建立了完整的内部控制手册和控制矩阵。现有内部控制制度四大类112项,涉及公司行政管理、业务经营等各个工作领域,实现了内控制度的全覆盖。同时,建立内部控制的评价制度,对内部控制的制度建设、执行情况定期进行回顾和检讨,并根据国家法律规定、监管要求、经营状况、市场环境和业务需求的变化不断对内控制度进行修订和完善。公司内控部直接向董事会负责,持续进行稽核和审计,确保制度严格执行。设立内控自评小组,每年度进行内部控制的自我评价,推进公司内控管理体系的不断完善。

【信息化建设】 宁波港财务公司开发建设了与集团联动账户资金管理模式相适应的、具有完善风险控制体系的综合业务管理系统,并不断进行改造优化。综合业务管理系统以集团内部网络为平台,以风险监管为重点,全面支持财务公司资金管理、银企互联、财务核算、资金监控、资金融通、资金分析、风险控制和决策等，为财务公司实现风险控制目标提供科学的技术支持，为财务公司合法、规范和有效地履行金融服务职能提供安全保障。

中国人民财产保险股份有限公司浙江省分公司经营管理情况综述

总经理　吴建林

2012 年，中国人民财产保险股份有限公司浙江省分公司（以下简称"人保财险浙江省分公司"）紧紧围绕省政府与中国人保集团公司签署的战略合作协议内容，紧扣省政府提出的"八八战略"和"两创"总战略，以服务全省经济社会发展大局为己任，积极发挥保险的经济补偿和社会管理职能，不断拓宽保险服务领域，提升保险保障能力和服务水平，为保障企业生产、安定人民生活、促进社会和谐作出了突出贡献。

一、发展势头强劲，经营业绩再攀新高

2012 年，人保财险浙江省分公司抢抓地方经济社会快速发展带来的机遇，克服了政策调控带来的不利影响，各项业务继续稳健发展，发展质量进一步提升，经营业绩再攀新高。可以用快、稳、好、强四个字来概括。

"快"即"增长快"，在前几年连续高位增长的基础上，公司业务继续保持快速增长势头。2012 年全省（不含宁波，下同）累计实现保费收入 125.02 亿元，同比增加 17.14 亿元，增幅为 15.89%，高于市场平均增幅 0.69 个百分点，保费规模居全国系统第三位。"稳"即"运行稳"，公司依托 60 多年来积淀的品牌优势和竞争实力，始终居于浙江省财险业主导地位，2012 年公司市场份额为 35.1%，较 2011 年底上升 0.2 个百分点。"好"即"效益好"，2012 年公司总资产达 28.36 亿元，缴纳各项税收 7.59 亿元，新增就业岗位 830 余个；综合成本率控制良好，继续保持了持续稳定盈利的态势。"强"即"实力强"，2012 年公司累计承担各类风险责任总额达 65598.05 亿元，累计处理各类赔案 124.50 万件，日均处理赔案 3411 件，支付赔款 66.32 亿元，同比增长 33.61%，占浙江财险市场总赔款的 33.75%。公司先后被浙江省财贸工会评为财贸系统年度考核一等奖；被浙江日报报业集团评为"2012 年首届浙江省最具社会责任金融机构"，同时也是唯一一家获此殊荣的保险公司；舟山普陀支公司作为全国唯一一家财险公司荣获中国金融工会颁发的"女职工文明示范岗"。

二、履行经济补偿，服务地方经济社会

2012 年，人保财险浙江省分公司始终致力于为社会提供全方位、高质量的保险

保障服务，较好地满足了社会不同群体、不同层次的保险需求，并大力支持受灾企业和人民群众恢复生产生活，赢得了地方政府和社会各界的广泛赞誉与肯定。一是围绕浙江省“四大国家战略举措”以及民生工程重大项目投资，加强对重点行业企业和建设项目的跟踪服务和配套支持。为浙江电力、浙江移动、舟山国储油、舟山跨海大桥、杭金衢高速公路等项目提供了充足的保险保障，为浙江省重大项目顺利实施打下了良好基础。二是用行动证明一个负责任的企业对社会责任的担当。2012 年，浙江海运集团“浙海 358”轮碰撞象山乌沙山电厂码头案支付赔款 2241.89 万元；路桥集团嘉绍跨江大桥架桥机倒塌案支付赔款 1314.80 万元；浙江省电力公司“海葵”台风案支付赔款 1040.50 万元，等等。三是简化小额案件理赔手续，尤其重视政策性农业保险、农房险等涉及百姓民生的各类保险赔案的赔付工作，优先安排理赔服务。2012 年“海葵”台风中，台州创造了农房倒塌后 4 小时送赔款上门的速度纪录，“海葵”台风预计总赔款将超过 2 亿元。

三、推进战略合作，引导保险资金落地

作为中国人保集团公司在浙江省保险机构的牵头部门，人保财险浙江省分公司按照集团公司与省政府签署的战略协议内容，积极推动保险资金在浙江省开展股权、债权等方式的投资，拓宽了保险资金支持浙江省发展的渠道。一是集团公司旗下投资控股有限公司多次专程来舟山洽谈支持新区建设投融资工作。2012 年 5 月份，人保财险浙江省分公司总经理吴建林陪同人保投资控股有限公司总裁刘虹一行到舟山与舟山海洋综合开发投资有限公司就舟山本岛北部钓梁围垦工程项目债权投资和舟山海洋综合开发投资有限公司股权投资两个项目进行洽谈，经过多次的商洽和探讨，最终确定了投资项目以政府经营的项目收入和农业银行保函作担保的合作模式，签署项目合作《框架协议》，达成投融资 40 亿元合作意向。二是人保资本投资管理有限公司与绍兴市政府就杭绍台高速公路项目进行洽谈，预计投资总额 20 亿元左右。三是积极向人保财险总公司争取到定向存款，在工商银行、建设银行、农业银行的浙江省分行投放存款 11 亿元，有效增强了金融系统支持地方经济发展能力。

四、承担社会责任，建设三农服务体系

2012 年，人保财险浙江省分公司积极深化与地方政府合作，遵循“支农惠农、量力而行、风险可控、规范经营”的原则，大力拓展农村保险市场，不断拓宽保险的服务面，走出了一条政府主导，市场化运作的商业保险服务“三农”的新路子。

浙江省于 2006 年正式启动政策性农业保险试点，人保财险浙江省分公司作为共保体的首席承保人具体负责经营运作。2012 年在省政府的支持下，人保财险浙江省分公司扩大了政策性农业保险的承保品种，增设大麦小麦政策性保险险种，参保率近 100％。在原有政策性农业险种的基础上，人保财险浙江省分公司抓住中央财政补贴政策扩面的大好时机，自主开发了政策性农村住房保险等 17 个符合浙江省农业产业特点的保险产品，拓宽了保险保障品种和范围。据统计，2012 年政策性农险有 3.89 万户次农户受益，获得赔款总额达 1.43 亿元；政策性农房险有 1.87 万户次农户受益，获得赔款总额达 6735 万元。及时、足额、迅速的赔付，在农民抗灾自救、重建家园过程中发挥了积极作用。

此外，人保财险浙江省分公司把农村保险服务网点建设确立为“一号工程”，设立农村营销服务部建设专项费用补助，依托基层政府、农技部门、信用社等机构组建“农村保险服务站”，聘请一批热心保险、威信较高的乡村干部为“农村保险指导员”，到2012年底全省已建成农村营销服务部259家，三农保险服务站655家，三农保险服务点7857家，乡镇覆盖率88%，村级网点覆盖率49%，构建了较为完善的三农保险基层服务体系。

五、拓宽保险领域，创新产品与服务

（一）创新险种，积极参与社会管理

一是针对中小企业融资难，紧紧围绕省政府办公厅《关于扩大小额贷款保证保险试点工作意见的通知》，主动加强与当地政府部门的联系和接洽，积极争取地方财政支持，稳步推进政策性小额贷款保证险试点工作。为确保产品创新工作顺利进行，人保财险浙江省分公司指定专门机构，组建专业化团队，授权进行专管专营。2012年已有温州、衢州、舟山等6个地区启动了小额贷款保证保险试点项目，累计承保1254笔，累计承保金额10143万元。二是积极推进科技保险。2012年2月，科技厅下发《关于在我省科技企业中开展保险试点工作通知》，人保财险浙江省分公司在科技厅的指导下，积极试点科技保险业务新领域，根据各区（县）科技主管部门的推荐企业名录，指定相应的业务经营单位做好上门宣传推广，为企业量身定制投保方案。2012年共收取科技保险保费151万元，提供风险保障19亿元。三是积极参与景宁扶贫小额贷款保证保险试点工作。作为省政府的扶贫项目，人保财险浙江省分公司根据保监局的要求，积极跟进，实地调研，并将合作协议框架、承保条件、使用条款等上报人保财险总公司审核同意，2012年，累计承保1078笔，贷款金额2771万元。四是开发推广国内短期贸易信用保险，助力企业获得贸易融资。2012年已经累计为9家企业7亿多元应收账款提供了保险保障，累计帮助企业向银行获得2亿多元贸易融资。五是启动火灾公众责任险。明确重点发展地区和行业，因地制宜制定区域性统保方案。

（二）创新服务，持续提高客户满意度

2012年，人保财险浙江省分公司主动把工作重心从价格竞争、规模扩张，转移到服务竞争、合规发展上来。并把“客户满意度浙江财产险市场第一”的目标作为年度三大目标之一，从理赔速度入手，有效保护保险消费者权益，全面提升客户服务水平。2012年车险万元以下理赔周期（报案到付款）同比提速53%，非车险万元以下理赔周期同比提速66%。积极打造VIP客户差异化服务体系，加强客户俱乐部建设，统一推出了代办服务等差异化增值服务举措30余项，2012年为VIP客户提供的增值服务数量超过63.3万次，服务VIP客户量超62.8万人次。以开展“携手中国人保，共创美好生活”客户节为契机，与省文明办、省公安厅交通管理局、省广电集团联合举办了“文明出行，人保相伴”全省巡回宣传月大型公益活动，社会反响热烈。根据浙江保监局统计的数据，2012年监管部门受理的客户投诉中，人保财险浙江省分公司亿元保费投诉量仅为0.7件，远低于行业平均的1.3件。

中国人寿保险股份有限公司浙江省分公司经营管理情况综述

总经理　祝　平

中国人寿保险股份有限公司是国内首家在上海、香港、纽约三地上市的金融保险企业，总部位于北京，注册资本282.65亿元人民币。作为《财富》世界500强和世界品牌500强企业——中国人寿保险(集团)公司的核心成员，浙江省分公司以悠久的历史、雄厚的实力、专业领先的竞争优势及世界知名的品牌赢得了社会最广泛客户的信赖，始终占据国内保险市场领导者的地位，被誉为中国保险业的"中流砥柱"。中国人寿保险股份有限公司(以下简称"中国人寿")浙江省分公司是中国人寿保险股份有限公司的省级分支机构，2012年下辖11个市(地)分公司、73个县(市、区)支公司、103个营业部和283个营销服务部，共有员工4203名、保险营销员2.4万名。

2012年，面对复杂严峻的经营形势，中国人寿浙江省分公司认真践行科学发展观，全面落实"攻坚克难、稳中求进、奋力拓展"的总基调，千方百计促增长，坚定不移抓转型，全力以赴提价值，在加快转型中实现平稳较快发展，各项工作取得了显著成绩，分别荣获"浙江市场消费者最满意的保险品牌"称号、中国金融工会全国委员会授予的"全国金融系统职工代表大会制度建设示范单位"称号以及浙江省政府授予的2012年度"金融机构支持浙江经济社会发展三等奖"、"浙江省金融改革创新奖"。

一、加强业务拓展，实现量质并进

2012年，中国人寿浙江省分公司实现总保费收入184.7亿元，同比增长8.17%。从分渠道看，个险渠道实现保费123.88亿元，同比增长12.67%，其中个险首年期交保费22.28亿元，同比增长3.44%；团险渠道实现保费7.47亿元，同比增长7.37%；银保渠道实现保费52.95亿元。2012年底，浙江(不含宁波)寿险市场份额40.85%，市场地位持续巩固。在注重保费规模增长的同时，业务结构不断改善，个险主渠道作用更加突出，个险保费收入占总保费的比重为67%，个险首年期交保费占个险首年保费的比重为84%。续期业务占比持续上升，续期保费达到111亿元，占总保费的比重为60%，提高了持续发展能力。

二、加强管理创新，强化后援保障

2012年，在业务管理上，中国人寿浙江省分公司推广保全统一受理平台和调查管理系统，推进理赔自动化和保全批次生调，启动电话核保，优化了省级集中管理；保全、收付费、新契约端对端处理时间同比均明显减少。在客户服务上，进一步改善柜面服务，优化通知服务，实施100%新单回访，提高投诉处理时效，创新增值特色服务，提高了客户满意度。在信息技术上，继续推进IT省分一体化，全力保障国寿E家推广，推动了销售方式转变。在财务管理上，加强预算统筹，合理调配资源，稳步推进县公司账户上收，实现费用省级集中支付，加强银行转账率管理，不断优化资产配置。在人事管理上，着力优化薪酬激励体系，全面落实薪酬向基层倾斜政策。在行政管理上，组织开展对标奋行业务竞赛活动，加强单证印章管理，钱江新城中国人寿大厦顺利开工建设，进一步优化了发展环境。

三、加强风险管控，确保合规经营

2012年，为进一步完善风险预警体系，中国人寿浙江省分公司在全系统率先实施分支公司风险预警，建立检查结果共享机制，扎实开展404遵循工作，继续保持普华审计“零缺陷”。认真做好反洗钱工作，推进销售误导综合治理，较好防范了销售风险。深入开展“诚信我为先”活动，涌现了一批“诚信服务金牌团队”和“诚信服务标兵”。严格执行集中采购制度，强化采购过程监督，确保了大宗物品采购的依法合规。精心组织2011年度分红派发工作，及时化解非正常退保、保单借款、重大案件、集资诈骗等重大风险，防止了群体性事件和系统性风险发生。

四、加强队伍建设，提升竞争能力

2012年，中国人寿浙江省分公司不断完善干部选拔机制，加大一把手交流力度，加强了市县两级班子建设。广开用人渠道，加强基层锻炼，多层次、全方位培养引进人才，充实了后备干部队伍。加强专业技术队伍建设，开展校园招聘和大学生村官招聘。不断加强销售队伍建设，个险渠道着力开展持续有效新增活动，团险渠道着力落实三年规划，银保渠道着力落实两个新版基本法。积极健全教育培训体系，加强专兼职讲师队伍建设。

五、发挥保障功能，履行社会责任

到2012年底，中国人寿浙江省分公司累计为398万人次长期险客户提供了2135亿元的风险保障，全年共赔(给)付45.44亿元。中国人寿浙江省分公司积极参与省政府在湖州、绍兴进行的城乡居民大病保险试点工作，积极推进温州金融改革试点工作；积极参与丽水农村金融改革试点工作，所辖丽水分公司与龙泉市政府签署《龙泉市保险服务民生示范城市建设合作框架协议》；积极开展重大自然灾害民生保险，所辖杭州市分公司与建德、淳安、富阳市政府合作开展自然灾害保险。中国人寿浙江省分公司热心社会公益事业，坚持开展捐助、扶贫、助学、志愿服务，参与浙江省政府“低收入农户奔小康工程”，5年来所辖各级公司累计向扶贫挂钩点支付扶贫款近500万元。

六、加强党的建设，发挥政治优势

中国人寿浙江省分公司认真贯彻党的十八大精神，推广落实“党委会议事规则”、“总经理(经理)办公会议事规则”，把党的领导与公司经营管理有机结合起来，提高了决策的科学化、民主化、专业化水平。深入开展创先争优活动，组织开展基层组织建设年活动，对全省各党支部实施分类定级、晋位升级，对党支部委员进行专题培训，提高了党建工作水平。不断加强党风廉政建设，开展效能监察和巡视检查。召开三届一次职工代表大会，推进了公司民主管理。加强共青团和离退休干部管理工作，促进了和谐公司建设。

浙商证券股份有限公司经营管理情况综述

董事长　詹小张

总裁　吴承根

2012 年，浙商证券股份有限公司（以下简称“浙商证券”）在省委、省政府高度重视、关心和领导下，在省证监局的正确指导下，深入贯彻落实科学发展观，以科学发展为主题，以浙商证券“十二五”战略规划为主线，以打造最具浙商特色的财富增值服务商为愿景，公司在 2012 年完成营业部架构调整，推进业务多元化、机构网络化、队伍专业化，不断优化企业内部管理，保证各项业务平稳较快发展。

虽然 2012 年受宏观经济处于下行周期、实体企业经营困难等因素影响，证券市场陷于低迷，券商行业进入寒冬。面对严峻局面，浙商证券在董事会的正确领导下，狠抓增收节支，推进业务创新，为今后发展打好基础。2012 年实现营业收入近 13 亿元，实现净利润近 2 亿元，年末净资产比年初增加 3.4%，净资本比年初增长 3.14%。

一、股改上市取得阶段性成果

在省政府、省国资委和控股股东的关心支持下，公司股改上市已成为浙江加快金融产业发展的重点扶持项目。2012 年 9 月，浙商证券完成股改，迈入股份公司时代，并进入上市辅导程序。拟订了上市方案，制定了一系列公司治理重要制度，获得股东大会审议通过。11 月，浙商证券已向中国证监会机构部申报上市监管意见书，向省国资委申报国有股权转持方案，积极推进各项上市准备工作。

二、核心业务、创新业务齐头并进

1. 双经纪模式获得成效。为积极应对证券市场低迷态势，浙商证券推出证券期货双经纪业务模式，带来显著的业务增量。据中国证券业协会统计，浙商证券 2012 年代理买卖证券业务净收入行业排名第 27 位，比 2011 年上升 6 位。营业网点全年销售各类金融产品比2011年上升70%。期货IB业务增长强劲，全年累计开户数占期货公司总开户数的47%；实现IB客户日均权益同比增长86%；留存手续费同比增长68%；总成交金额同比增长92.1%，上述指标在期货公司的占比都从上一年的10%出头提升至20%左右。浙商期货保持快速发展势头，在国内首批获得资产管理业务资格，业务规模和经营效益再创历史新高。期货代理交易量同比增长38%，代理交易额增长25%，实现净利润较上年增长34.2%。各项指标稳居省内前三位，基本保持行业一流期货公司地位。期货网点总数增至19家，并首次辐射至中西部地区。

2. 资产管理规模提升。2012年浙商证券全年发行集合资产管理计划3只，新增定向资产管理计划48单，新增资产管理规模56亿元。产品线日趋丰富，相继设立定向增发型、债券型、现金管理型、预期收益型产品和银证通道类产品，银证、银证信、证信、政府融资类、股票收益权类平台资管产品均实现了业务模式上零到一的突破，资管产品总数增至78只。截至2012年末，浙商证券资产管理业务总规模超过80亿元，同比增长118.5%。浙商证券资产管理子公司于2012年11月获得了中国证监会核准设立，成为业内第五家券商资产管理公司。

3. 融资服务加大力度。在2012年全国IPO家数比2011年下降45%、融资额下降64%，再融资家数下降18%、融资额下降14%的背景下，浙商证券完成股权债权融资项目13单，数量比上年明显增多，总融资额43亿元，同比基本持平。其中，完成保荐主承销IPO项目和再融资项目各1单，融资额近18亿元；公司债主承销项目4单，融资额12亿元；企业债主承销项目1单，融资额7亿元；中小企业私募债主承销项目6单，融资额6.3亿元。截至年末，浙商证券已报证监会在审的股权保荐项目6单、公司债2单，已报发改委在审的企业债6单，已报沪深交易所备案的中小企业私募债项目4单。

4. 两融业务实现良好开局。浙商证券融资融券业务于2012年5月获得业务资格，6月11日正式上线后，获得迅速发展。全年融资融券开户近5000户，日均融资融券余额超过5亿元，期末余额近7亿元，息费收入近3000万元，佣金收入近1000万元，在全行业排名第25位，在同一批上线的券商中排名第二位。

5. 直投公司实现顺利起步。直投子公司浙商资本于2012年3月正式营业，确立了“稳字当先、两头并重、资源整合”的基本思路，充实业务团队，构建管理体系，加快业务布局，建立了20多个项目的储备库。股权投资是长周期的买方业务，根据经济周期变化，特别是2012年下半年一级市场价格明显下行、行业面临洗牌的趋势，浙商证券审时度势，控制投资节奏，并把握产业整合战略机遇，重点推进了2个并购基金项目，其中1个已经与上市公司控股股东联合完成尽职调查和并购方案，房地产基金已开展多轮谈判，正在落实合作协议关键条款，实现了直投业务的顺利起步。

6. 新型业务呈现良好势头。行业首创、首批首单的公司资管创新产品“浙商聚银1号股票质押回购专项资产管理计划”获得中国证监会批准，目前已完成3单；财务顾问项目新签约15单、已完成5单，实现财务顾问收入增长率322%；积极向浙江股交中心推荐挂牌企业，已挂牌企业6家，新三板业务已签约企业4家，其中1家已报至中证协等候挂牌；约定购回业务于2012年9月获得上交所批准资格，已有13

家网点开展了46单约定购回交易，行业排名第十一位；卖方研究实现逆势提升，在全年基金分佣市场整体萎缩33%的背景下，浙商证券分佣收入同比增长7%；金融产品代销业务推出后，浙商证券快速组织项目引进，进行评审、销售、培训及合同签订等工作，实现近1000万元收入；机构业务正式启动，各网点全年累计上报机构业务项目335个，已被业务部门立项19个。

三、管理工作进一步规范科学

2012年，浙商证券全面贯彻“全业务覆盖、全成本核算、全预算管理”的理念，通过科学的预算管理促进转型。将提升盈利能力作为预算和考核的前提，同时预算下达采用宽口径和大指标，给经营单元负责人留出自主权和灵活性。浙商证券将继续加大过程管控和数据分析，采取按季滚动、年中一次修正的方式，通过管理报表，对经营指标和财务预算进行过程管理。

浙商证券制订了交叉销售管理办法，形成了内部转移支付体系，建立了管理报表，为推进融合展业提供了依据；健全了各业务线和网点队伍的投入产出分析制度，为整体加强资源配置和成本控制打好了基础；逐步推行中心营业部管理体制，启动了丽水中心营业部试点，建立了相应的管理办法和实施细则，为建立多层次网点架构探索可行路径。进一步推进网点后台管理创新工作，开户复核向公司集中化发展，财务、IT、合规向区域集中模式发展，提高人均工作效率，节约网点的固定人力成本，为网点转型发展提供支持。

浙商证券严格按照《证券法》、《证券公司监督管理条例》和《证券公司合规管理试行规定》等法律、法规、规章和规范性文件的规定，建立健全合规管理框架和制度，基本建立了全面、系统、有效的合规管理体系，将合规管理覆盖公司所有业务、部门和工作人员，贯穿决策、执行、监督、反馈等各个环节，倡导“全员风险文化”，树立“合法合规经营”理念。公司围绕业务发展目标，总结过往合规管理工作经验，不断完善各项合规管理制度，持续健全各业务线合规风控体系，强化合规培训，细化合规考核，不断推进合规管理的标准化建设。同时，在坚持合规为本的基础上，积极探索建立合规管理新思路、新方法。

2012年，浙商证券积极开展现有60余套系统的运维工作，进一步完善信息技术内部管理制度和各项应急预案，以严谨的工作作风，确保集中交易系统和各业务系统全年稳定、高效、安全运行。同时，为两融业务、可转债回购交易、跨市ETF、股票质押回购、约定购回等新业务及时提供技术支持，并积极探索非现场开户等创新模式，为公司创新发展提供坚实保障。

2012年，浙商证券全年组织现场培训的项目有10大类14场，参训人员达1333人，参加从业资格后续培训的达2040人，实施了总部与网点人才交流的“金色启航”实践性培训项目，有力地促进了人才队伍的建设。

以上这些举措进一步提升了浙商证券内部管理的有效性、科学性，也为公司今后持续发展打下了坚实的基础。

财通证券有限责任公司经营管理情况综述

董事长　沈继宁

财通证券有限责任公司(以下简称"财通证券")前身是成立于 1993 年 5 月的浙江财政证券公司。2003 年 6 月,以浙江财政证券公司为主体,联合省内部分市县国债服务中介机构转制设立财通证券经纪有限责任公司。2006 年 10 月,吸收合并天和证券经纪有限公司。2009 年 3 月,更名为财通证券有限责任公司。2012 年,财通证券有限责任公司营业部数量为 52 家,网点布局已经走出浙江,延伸到上海、北京、深圳、福州、大连、青岛、南京、重庆和无锡等地,共有员工 2219 人。

2012 年,受世界经济复苏缓慢、欧债危机持续蔓延和国内经济增幅放缓等因素的影响,我国证券市场持续低迷,上证综指更是创出自 2009 年以来的新低,证券行业面临较大的经营压力。全年沪深交易所股票基金交易总量 31.7 万亿元,比 2011 年下降 25.16%;上证综合指数从年初最高点 2478 一路下滑至 12 月初的 1949.46 点,跌幅超过 21%。面对诸多不利因素,财通证券有限责任公司上下紧紧围绕落实创新、转型和集约化发展,发扬"弱市练功、强势过冬"的亮剑精神,加快推进公司的转型与创新,攻难克坚,奋发有为,较好地完成了年初确定的经营目标和主要任务,保持了良好的发展势头。全年实现营业收入 14.12 亿元,同比增长 15.26%;实现利润总额 2.27 亿元、净利润 1.58 亿元,同比分别增长 68.46%、70.71%;实现归属母公司的利润 0.98 亿元,同比增长 120.02%。截至 2012 年底,财通证券有限责任公司合并净资产 48.9 亿元,其中母公司净资产 40.6 亿元、净资本 31.5 亿元。

一、证券经纪业务、投资银行业务、资产管理业务的竞争力均实现有效提升

1. 经纪业务的转型发展取得进展,市场竞争力实现了较大提升。一是大力推进经营管理改革的落地,着力激发经营活力,加强投资顾问团队和服务品牌建设,强化营销人员培训和绩效考核,完善各类电子商务平台,深耕客户资产,做大通道业务,实现了市场占有率和代理买卖净收入的双增长。2012 年累计完成股票基金交易量 7268 亿元,市场占有率 1.147%,同比提升 0.62%;实现代理买卖净收入 4.41 亿元,同比下降 21.39%(行业同比下降 26.83%),但行业占比较 2011 年上升 7.43%,行业排名第 34 名,同比提升 6 位。二是加强业务协同,加快产品销售,综合业务收入和金融产品代销收入均取得了增长,经纪业务转型初见成效。全年实现综

合业务收入3,436万元，比上年同期增长35.45%；代销金融产品销售额13.26亿元，实现收入599万元。三是围绕“增强、增效”的目标，推进网点轻型化建设，严控经营成本，优化人员结构，提升盈利能力。全年共压缩营业面积4395平方米，优化、淘汰了52名中后台人员和500余名营销人员，费用支出同比下降7.05%。四是加快推进经纪业务的创新发展，在省内首推“一柜通”业务，同时还向中国证监会和浙江证监局分别申报了“移动柜台业务”和“代销金融产品”业务资格。

2. 投资银行业务快速发展，实现了跻入行业中位数以上的目标。投资银行业务经过近几年的培育、发展，已实现了IPO、再融资、公司债、企业债、并购重组、中小企业私募债、新三板、区域性股权交易市场等的全覆盖。在沪深两市融资规模大幅下降、债券融资“井喷”的市场背景下，及时调整并确立了“股债并举、适度向债券倾斜”的工作思路，抓住市场机遇，取得了较好的经营业绩。全年完成了2单定向增发、2单公司债、4单企业债、2单中小企业私募债、2单“新三板”推荐挂牌及1单重大资产重组独立财务顾问，成功推荐6家企业在浙江股权交易中心挂牌。2012年主承销金额66.96亿元，实现承销业务净收入9224万元，同比增加20.04%，行业排名第39位；实现财务顾问业务收入1118.4万元，行业排名第49位。年底前，在中国证监会审核的项目有5个(IPO 2个、再融资2个、公司债1个)，在国家发改委审批的项目有3个。

3. 资产管理业务发展势头良好，管理规模实现了快速扩张。资产管理业务牢固树立追求绝对收益的理念，在努力提升两支权益类产品净值的基础上，积极与商业银行、信托公司开展合作，大力发展创新业务，以通道业务为突破，实现了资产管理规模的快速扩张。2012年，“核心动力”、“基金优选”两支集合理财产品均实现了正收益，年收益率分别为0.1%和4.1%，分列行业同类产品前1/3、1/5位；成功发行财运连连—季季红集合资产管理计划，募集资金6.37亿元；完成“现金聚财”(现金宝)产品的首期发行，募集资金2.65亿元；成功发行了“财智系”、“钱潮系”定向资产管理产品20多支。截至年底，公司受托管理资产规模180.1亿元，比2011年底增长17.5倍，行业排名第34位；实现资产管理业务净收入1223万元，行业排名第44位。

二、两融业务发展迅速，现金管理能力有所增强，各子公司发展顺利

1. 资本中介业务开局良好。财通证券有限责任公司融资融券业务自2012年6月上线以来，仅半年时间累计开立信用账户2765户，融资融券业务余额7.12亿元，市场占有率0.8%，行业排名第26位，实现利息净收入2632万元，另增加佣金收入1136万元，已成为公司重要的利润增长点；同时，其他资本中介业务顺利开局，上交所约定购回业务已上线展业，深交所约定购回业务实现了第一批上线，转融通和股权质押式融资等业务正在积极申报。

2. 现金管理能力有所增强。统筹财力资源配置，加强资金运行管理，2012年自营业务实现投资收益1966万元，在保障业务需求的同时，通过充分比较银行报价、灵活运用存款期限、协商提高利率等措施，有效提高自有资金收益率。

3. 永安期货稳健发展。顺利完成了股份制改造，有序推进上市进程，逐步扭转了金融期货的不利局面，2012年实现净利润18329.51万元，同比增长7.30%，继续取得优异业绩。

4. 财通基金平稳发展。2012 年完成了 2 只公募和 9 只专户产品的募集发行。其中,“稳健增长”在同类基金中排名前 1/2 位,“保本基金”尚处于建仓期;“永安 1 号”专户成立以来收益已超过 11%,“永安 2 号”一日售罄,塑造了财通基金期货类专户的良好形象,受到市场的关注;截至年底管理规模达 29.1 亿元。

5. 香港公司顺利开业。已取得香港证监会 1 号牌、4 号牌,可以经营港股代理买卖、融资、IPO 分销、账户全权委托、金融产品销售、自营、投资咨询、卖方研究等业务,于 10 月 12 日正式开业。

三、内部管理和创新协同能力得到了加强

1. 实行以“准事业部制”为重点的经营管理改革。在坚持统分结合、权责对等的原则下,实施分类授权、分类激励、分类考核,简政放权,“分灶吃饭”,增强各业务条线在经营管理上的自主权,推动总部职能部门由管理、控制职能向服务、支持职能转变,促进公司整体经营目标的实现和效率的提升。

2. 建立协同与创新机制,推进公司创新发展。公司成立协同与创新工作领导小组,建立了创新管理制度及考核激励机制,并结合公司实际相继成立了现金宝、约定购回、代销金融产品等 12 个专项工作组。其中,现金宝、约定购回业务已顺利推出,代销金融产品上报浙江证监局审批,向中国证监会上报了客户间服务融资、移动柜台两项自主创新方案。2012 年,财通证券有限责任公司荣获浙江省人民政府颁发的浙江省金融机构改革创新奖。

3. 推出总部员工的薪酬制度改革。坚持按岗定薪、人岗匹配及向业务部门、业务骨干倾斜的原则,重新对总部员工进行了定级、定薪,优化了薪酬结构,激励了业务骨干,强化了考核约束。

4. 提高综合运营保障能力。持续推进 IT 治理,提高信息运维质量,基本实现了运营系统的安全稳定运行,推进信息系统建设,适应业务发展、转型和创新需要;交易清算管理工作有序推进,清算交收效率、质量和保障能力有所提升。

5. 强化内部控制。初步建立了绩效导向的预算管理体制,合理控制支出,优化财务分析,加强集团化财务管控,提高了财务信息化水平;进一步增强合规管理能力,强化风险的识别、评估与控制,加大内控审计力度,全年未出现重大风险,合规、风控对业务发展、转型与创新的支持、服务工作有所提高。

6. 加强领导班子、中层干部和人才队伍建设。紧扣组织建设、干部管理和企业文化创建三大主线,增强了领导班子的核心作用,提升了党建工作和干部管理水平,选人用人工作更加公开透明,企业文化体系的搭建基本成型。

7. 积极开展业务知识竞赛活动和丰富多彩的文体活动,营造“弱市练功”的良好氛围,增强了公司凝聚力,促进了和谐劳动关系的建立,助推公司业务转型和创新发展。

2013 年,财通证券有限责任公司立志于牢牢依托浙江省经济发达、金融生态良好的区域优势,充分发挥省金控的大股东背景和各股东的资源优势,深耕浙江市场,兼顾其他区域,抓好创新与转型,转变发展方式,高度重视市场导向和绩效导向,突出以业务竞争力、盈利能力和风险管理能力为核心的“三力”建设,持续推进科学发展。加快推进证券经纪由通道业务向财富管理转型,按照“债股并举、以债为主”的原则快速推进投资银行业务发展,积极把握资产

管理业务大松绑的机会，抓紧打造资产管理的“大平台”，做大资本中介业务，提高资本中介业务的收入贡献度，稳健开展自营业务，切实提升研究所对内服务能力，加快推进永安期货的上市发展，加快提升财通基金的管理规模和经营业绩，加快香港子公司的发展，围绕业务发展做好中后台服务支持工作。财通证券有限责任公司上下将进一步增强忧患意识、责任意识和发展意识，求真务实，真抓实干，确保2012年经营目标和主要任务的顺利完成，为顺利实现公司“十二五”发展规划而不懈努力。

第三部分

2012年浙江省各市经济金融运行概况

ZHEJIANG JINRONG NIANJIAN

杭州市经济金融形势分析报告

2012年，在外需低迷和国内主动调整结构的复杂背景下，杭州市经济保持平稳增长态势；金融总量稳健增长，结构优化调整，对实体经济的支持力度继续加大。2013年，国内外宏观经济环境依然复杂多变，杭州市要在坚持"稳中求进"总基调的基础上，充分结合实际情况，积极培育新的经济增长点，确保经济金融平稳健康运行。

一、全市经济运行情况

(一) 宏观经济企稳趋好，物价涨幅有所回落

2012年，面对内外部环境的不断变化，杭州市经济总体呈现企稳回升的态势。全年实现地区生产总值7804亿元，同比增长9.0%；从走势看，杭州市二季度经济出现了止滑企稳、小幅回升的态势，从一季度的7.2%回升至上半年的7.5%，1—3季度、全年分别升至8.1%和9.0%，全年增幅高于全国1.2个百分点。

物价涨幅持续回落，通胀压力缓和。2012年，全市居民消费价格同比上涨2.5%，涨幅同比下降2.3个百分点；其中消费品价格上涨2.7%，服务项目价格上涨1.9%。工业生产者出厂价格和购进价格同比分别下降2.8%和5.4%；"购销倒挂"为2.6个百分点，比上年缩小3.4个百分点。

(二) 内生动力持续增强，外需增长大幅回落

1. 投资保持较快增长。2012年，全市实现固定资产投资3722.8亿元，增长20.1%，增幅较上年提高3.2个百分点。基础设施投资力度加大，全年完成基础建设投资778.52亿元，增长20.9%，增幅比上年提高21.1个百分点。工业投资增幅稳步回升，全年实现工业投资851.87亿元，增长14.0%，增幅较上年提高5个百分点；其中制造业投资720.68亿元，增长9.2%。

2. 消费增幅稳中有升。2012年，全市实现社会消费品零售额2944.63亿元，比上年增长15.5%，增幅同比下降3.2个百分点，扣除价格因素，实际增长13.3%，较上年下降0.4个百分点。分行业看，批发和零售业实现零售额2630.23亿元，增长15.6%，住宿和餐饮业实现零售额314.40亿元，增长15.0%。全年来看，零售额增幅总体呈平稳回升态势，四个季度的累计增幅分别为12.2%、12.2%、13.6%和15.5%。

3. 进出口增幅双双下滑。2012年，全市实现进出口总额616.8亿美元，同比下降3.6%，其中出口总额412.6亿美元，下降0.6%，进口总额204.2亿美元，下降9.0%。贸易方式方面，一般贸易实现出口332.4亿美元，增长0.7%，高于全市出口增幅1.3个百分点；加工贸易实现出口79.0亿美元，下降6.1%。市场多元化继续推进，与东盟、拉美、非洲和俄罗斯等四大新兴市场出口共计96.9亿美元，同比增幅达9.8%，占出口总额的23.5%，比重较上年提高2.2个百分点。

（三）工业景气逐季回升，房地产市场“价跌量升”

1. 工业增幅逐季回升。2012年，在一系列政策举措的支持下，杭州市工业经济从第三季度开始呈现企稳回升的发展态势。全市规模以上工业实现增加值2393.59亿元，增长10.9%，增幅比一季度、上半年和前三季度高1.5个、2.6个和2.3个百分点，但同比回落1.8个百分点。实现工业总产值12884.26亿元，销售产值12723.67亿元，分别增长7.3%和7.2%，比上年分别回落13.2个和13个百分点，但比上半年提高1.4个百分点。出口交货值增长减缓。全市规模以上工业实现出口交货值1943.53亿元，增长1.7%，增幅比上年回落11.5个百分点。

2. 产业结构调整稳步推进。2012年，全市实现十大产业增加值3511.85亿元，增长13.6%，增幅高于全市GDP增幅4.6个百分点，拉动全市经济增幅5.8个百分点。其中先进装备制造业、新能源、节能环保和生物医药产业合计实现工业增加值1405.13亿元，增长10.3%，高于工业增加值增幅1.2个百分点；实现电子商务增加值233.38亿元，增长55.1%，增幅比上年提高7.9个百分点；文创产业、物联网、信息软件增加值分别增长15.6%、15.3%、18.5%。

3. 房地产市场“价跌量升”。12月份，杭州市新建商品住宅销售价格同比下降7.3%，跌幅居全国70个大中城市的第二位。与此同时，商品房销售额增幅从9月份开始由负转正（当月增长4.8%），且逐月上升，全年新建商品房销售面积1089.62万平方米，增长48.4%，其中住宅销售面积920.26万平方米，增长54%，比一季度和上半年分别提高70.6个和23.2个百分点。值得注意的是，随着销售回暖，下半年部分地市房价环比有所上升，12月全市新建商品住宅销售价格环比分别上升0.3个百分点。

（四）企业效益持续下滑，居民收入稳定增长

1. 企业利润持续负增长。2012年，全市规模以上工业实现利润751.8亿元，同比下降4.8%，比上半年利润降幅收窄4.7个百分点。亏损企业个数达到901个，同比增长20.3%。

2. 地方财政收支增幅逐季回升。2012年，全市实现财政总收入1627.89亿元，增长9.3%，其中地方财政收入859.99亿元，增长9.5%，增幅比一季度、上半年和前三季度分别提高11.8个、12.2个和8.6个百分点，呈现较快回升态势。从四大税种看，营业税、企业所得税和增值税分别增长23.3%、10.7%和7.5%，个人所得税下降2.3%，营业税对地方财政收入增长贡献率高达74.9%。

3. 城乡居民收入稳步增长。2012年，全市市区城镇居民年人均可支配收入和农村居民年人均纯收入分别达到37511元和17017元，同比分别增长10.1%和11.6%。扣除物价上涨因素，城镇居民人均可支配收入实际增长7.4%，农村居民人均纯收入实际增长8.9%。

二、全市金融运行概况

（一）金融总量持续扩大，表外融资交易活跃

1. 存贷款规模平稳增长。2012年末，全市金融机构本外币存款余额20148.8亿元，同比增长9.5%；本外币贷款余额18090.9亿元，同比增长9.2%。全省各地市中，杭州市存贷款余额均据首位。2012年末，全市余额存贷比达到89.8%，资金运用较为充分。从走势看，自

2009年四季度的阶段性高点之后，全市存贷款增幅总体呈缓慢下行态势。2012年以来贷款增长较为均衡，存款增幅则波动较大，下半年逐步企稳。

2. 表外融资交易活跃。2012年末，全市银行承兑汇票余额达到3029.2亿元，同比增长1.7%，增幅同比上升3.6个百分点；信托贷款余额290.3亿元，同比大幅增长367.7%，全年新增228.2亿元，其中房地产信托贷款新增53.6亿元，余额同比增长172.8%；委托贷款余额1581.5亿元，同比增长14.6%，全年新增202亿元。

（二）贷款投向趋于多元化，充分满足经济增长需求

2012年，杭州市累计新增本外币贷款1512.4亿元，同比少增158亿元。分结构看，信贷投向重点突出，对实体经济和中小企业支持力度进一步加大。一是实体经济成为信贷投放的重点领域。2012年，全市批发和零售业本外币贷款新增310.3亿元，余额同比增长18.4%，高于同期贷款增幅9.2个百分点。用于企业流动资金的短期贷款增幅较大。2012年末，全市短期贷款同比增长10.1%，增幅高于中长期贷款6.1个百分点。二是中小企业贷款保持快速增长。2012年，全市中小微企业贷款①新增621.6亿元，占全部企业贷款增量的72.1%，比重分别比三季度提高5.6个百分点；其中，新增小型和微型企业贷款分别达到187.1亿元和44.4亿元，合计占企业贷款增量的26.9%，比三季度提高5.4个百分点。三是合理控制房地产贷款。2012年，金融机构严格执行各项房贷政策，全市新增购房贷款105.9亿元，余额同比增长4.8%，低于全部贷款增幅4.4个百分点。

（三）存款增长总体乏力，季末冲高迹象明显

2012年，杭州市累计新增本外币存款1752.6亿元，同比多增298.8亿元；全年增幅同比上升0.9个百分点。从结构看，单位存款新增993.2亿元，同比多增305.2亿元；个人存款新增537.3亿元，同比少增193.8亿元；财政性存款新增51.8亿元，同比多增95.6亿元。与省内各地市相比，杭州市全年存款增量居第1位，增幅均居第8位。

由于存款增长较为乏力，商业银行运用理财业务锁定存款、以贷揽存、银证和银期转账、高息揽存等方式在关键时点突击揽存，月末、季末等时点冲高现象突出，新增存款波动性较大。3月、6月、9月、12月各项存款分别增加585.7亿、532亿、347.7亿和329.3亿元，而1月、7月、10月三个月分别为－599.2亿、－230.8亿和－43.9亿元，与季末月大幅增加的状况形成鲜明反差。

三、2013年宏观经济金融形势判断

（一）从国际看，全球经济环境仍将复杂多变，保持低速增长的可能性较大

2012年，全球经济在欧债危机的影响下面临二次衰退的风险，复苏进程显著放缓。展望2013年，发达国家仍将面临多重债务危机考验，新兴市场国家则需要在保增长与控通胀之间寻求平衡。根据IMF的预测，2013年全球经济增长率将达到3.6%，略高于2012年0.3个百分点。其中，美国、欧元区、日本三大发达经济体的经济增幅预期分别为2.1%、0.2%与1.2%，对新兴经济体和发展中国家的经济增长预期为5.6%。总体来看，2013年的国际经济环境

① 由于企业规模分类标准调整，中小微企业贷款数据与上年同期不可比。

仍将复杂多变,并保持低速增长态势。

表 1　三大机构对全球主要经济体 2012 年和 2013 年的预测[①](%)

	IMF		世界银行		OECD	
	2012	2013	2012	2013	2012	2013
全球	3.3	3.6	2.3	2.4		
先进经济体[②]	1.3	1.5	1.3	1.3	1.4	1.4
美国	2.2	2.1	2.2	1.9	2.2	2.0
欧元区	−0.4	0.2	−0.4	−0.1	−0.4	−0.1
日本	2.2	1.2	1.9	0.8	1.6	0.7
新兴经济体	5.3	5.6	5.1	5.5		
俄罗斯	3.7	3.8	3.5	3.6	3.4	3.8
中国	7.8	8.2	7.9	8.4	7.5	8.5
巴西	1.5	4.0	0.9	3.4	1.5	4.0

美国方面,从四季度开始经济开始出现持续复苏迹象,但未来前景的不确定性仍然较大。12 月份,美国供应管理协会(ISM)制造业 PMI 和非制造业 PMI 分别为 50.7%和 56.1%,比上月分别提高 1.2 个和 1.4 个百分点,显示经济处于扩张阶段;其中非制造业 PMI 创下 10 个月以来的最高值。12 月份美国非农业部门失业率为 7.8%,低于年初 0.5 个百分点,连续 4 个月低于 8%。房地产市场也持续好转,数据显示,今年 1 月份美国有 242 个城市地区的住宅市场持续改善,比上月增加 41 个城市。但另一方面,持续多年实施扩张性政策的负面效应开始显现,高企的债务水平致使政府面临"财政悬崖"威胁。根据美国国会预计,财政悬崖将使美国 2013 年财政支出减少 5020 亿美元,2014 年减少 6820 亿美元,占 GDP 的 3.9%。一旦"财政悬崖"爆发,将使 2013 年美国 GDP 下降 2.9%,就业岗位减少 340 万个,美国经济或将陷入二次衰退。同时,在连续推出四轮量化宽松政策后,扩张性货币政策的边际效应正在逐步递减,这意味着未来美联储动用政策的空间已经较小,一旦经济再度滑坡,极有可能出现无计可施的局面。

欧元区方面,在下半年欧央行一系列积极措施下,欧债危机出现明显缓和,但经济复苏与债务危机解决之路依旧漫长。一方面,经济景气度尚未出现明显好转。数据显示,12 月份欧元区制造业和服务业 PMI 分别为 46.1%和 47.8%,分别比上月下降 0.1 个和上升 1.1 个百分点,均位于荣枯线 50%下方,显示欧元区商业活动仍处于萎缩状态。11 月欧元区失业率达 11.8%,同比上升 1.2%,环比上升 0.1%;其中西班牙和希腊失业率分别达 26.6%

① 数据来自于 2012 年 10 月份 IMF 发布的《世界经济前景展望》、2012 年 11 月 OECD 发布的《全球经济展望》和 2013 年 1 月世界银行发布的《全球经济展望》。

② OECD 发布的先进经济体经济增幅仅包括 OECD 国家。

和26%。另一方面,欧元区国家多年累积的矛盾和财政赤字问题在短期内仍难以化解。据统计,2013年欧元区边缘国家到期偿还的债务规模依然较大,西班牙、意大利和希腊当年到期债务分别占总债务的20.1%、17.5%和15.6%,这些高债务将对其财政政策以及欧元区金融市场形成较长时期的制约。同时欧央行现有政策大多是在短期内缓解债务危机国的再融资压力,要建立相互协调的财政政策机制、真正意义上的银行业统一监管体系等长期目标尚待时日,这也意味着制度性缺陷将继续影响欧元区国家的经济增长水平。

新兴经济体方面,受国内结构性矛盾制约和发达国家经济低迷影响,近期经济增幅已开始明显放缓。为应对经济下行压力,韩国、巴西等国央行连续降息,印度央行也两次下调银行存款准备金率。印度、巴西还分别出台一系列促进投资的改革法案以解决结构性问题,但这些改革和经济刺激计划能否达到预期效果还有待观察。同时,在欧美发达国家多次实施量化宽松政策的背景下,国际投机资本流出流入更加频繁,新兴经济体货币汇率波动幅度明显加大,国内面临的通胀压力重新抬头,2013年新兴经济体将继续在应对外部挑战和加快内部结构性改革之间艰难平衡。

(二)从国内看,在经济初步企稳的基础上,一系列扩内需政策的实施将继续推动经济平稳较快增长

四季度以来,我国经济呈现初步企稳迹象。数据显示,12月份制造业PMI为50.6%,在此前连续三个月上升后保持平稳。其中新订单指数连续三个月位于荣枯线之上,购进价格、进口、采购量等指标回升较为明显,显示企业需求状况改善。同时工业增加值、消费、投资等主要经济指标均逐渐回暖,分别连续3个月、4个月和3个月出现上升,显示经济增长动能持续回升。值得注意的是,伴随着居民在住房、汽车、医疗和旅游等方面的消费结构升级,消费可能成为经济增长的第一拉动力,前三季度最终消费支出对GDP的拉动力达到4.2个百分点,高于资本形成总额0.3个百分点。

与此同时,党的十八大确定了我国未来经济社会发展的新思路,一系列有利因素将推动明年我国经济继续保持平稳较快增长。一是财政和货币政策仍有一定空间。中央经济工作会议提出,2013年"适当扩大社会融资规模,保持贷款适度增加",稳健货币政策基调不变,并且更加注重提高灵活性和针对性,加之我国直接融资比重仍然偏低,而货币存量很大,因此在扩大直接融资、盘活信贷存量方面仍有很大空间。同时,2012年中央经济工作会议已明确继续实施积极的财政政策,要结合税制改革完善结构性减税政策。二是一系列扩内需政策的实施将对经济增长起到积极作用。四季度开始,发改委及时启动了一批带动作用大的重点建设项目,对固定资产投资的效应将在今后两到三年中得以显现;同时,2013年是"十二五"规划中期评估年份,属于投资加速年。从大部分地区公布的投资目标及规划看,2013年固定资产投资增幅的目标普遍在20%以上,部分中西部地区甚至达到30%—40%,预计2013年投资对我国经济的拉动力将有所增强。此外,党的十八大明确提出"收入倍增计划"①,这意味着"十二五"期间最低工资标准将年均增长13%以上,为扩大消费奠定坚实的收入基础。在此背景下,我国

---

① 党的十八大报告提出:"2020年实现国内生产总值和城乡居民人均收入比2010年翻一番。"

经济增长模式将逐步向消费拉动型转变。三是新型城镇化建设将为中长期经济增长带来新动力。2011年末，我国城镇化率已达到51.3%，但相比发达国家普遍高于65%的城镇化率水平，还有很大的发展空间。从过去的模式看，我国城镇化进程主要受工业化拉动，在目前人口红利下降、外需低迷的背景下，这种粗放型发展方式面临严峻的总量、资源与环境约束，未来难以持续。党的十八大报告中提出的新型城镇化①将成为我国经济增长方式转化的一条主线。与以往不同，新型城镇化不是简单的城市人口比例增加和面积扩张，而是以城乡统筹、城乡一体、产城互动、节约集约、生态宜居、和谐发展为基本特征的城镇化。从中长期看，围绕"新型城镇化"进行的一系列政策措施将成为拉动我国经济的关键，以此为基础不断地创造内需，支撑整个经济社会的持续健康发展。

（三）从杭州市看，经济总体保持向好态势，但如何排除不稳定、不确定因素仍面临挑战

当前，杭州市经济总体保持向好态势。一是主要经济指标企稳回升。三季度以来全市工业增加值与工业出口交货值增幅处于上升通道，连续出现回升；固定资产投资增幅同比提高3.2个百分点，有力拉动了全市经济平稳运行；社会消费品零售额实际增幅高于GDP增幅4.3个百分点。自下半年以来，增幅呈现逐月走高的良好态势。二是企业景气度开始上升。据中国人民银行杭州中心支行500户工业企业调查数据，四季度全省企业产品市场需求指数回升8.7点，开始扭转此前连续7个季度下滑势头；国内订货水平指数和产品销售情况指数分别回升1.7和6.7点；企业盈利情况指数回升2.7点，同比降幅较三季度收窄5.1点，这意味着杭州市工业发展环境将有所改善。三是一系列扩投资、促转型政策效应开始显现。2012年以来各级政府扩大有效投资、推进国家战略、推动转型升级等一系列政策的成效显著，十大产业完成投资718.97亿元，增长25.9%，增幅高于全市固定资产投资5.8个百分点，其中文创、信息软件、物联网和金融服务产业投资分别增长28.1%、51.2%、90.8%和158.9%。同时投资环境的改善也促进了一批浙商回归项目的落地。2012年，全市引进浙商回归项目649个，到位资金418.86亿元，居全省第一位，超额完成省下达目标任务。2013年，杭州市将继续深入推进"两富"现代化建设、"四大国家战略举措"和"四大建设"，加快实施鼓励浙商创业创新、扩大有效投资、优化发展环境等一系列政策举措，经济回升向好的动力将持续增强，有望实现较快增长。

但也应该看到，当前影响杭州市经济金融的不稳定、不确定因素仍然较多，保持经济平稳增长依然面临多重挑战。一方面，企业投资信心尚显不足，推进转型升级面临压力。当前工业企业投资意愿依旧低

① 党的十八大报告提出："坚持走中国特色新型工业化、信息化、城镇化、农业现代化道路，推动信息化和工业化深度融合、工业化和城镇化良性互动、城镇化和农业现代化相互协调，促进工业化、信息化、城镇化、农业现代化同步发展。"2013年中央经济工作会议也强调，"城镇化是我国现代化建设的历史任务，也是扩大内需的最大潜力所在，要围绕提高城镇化质量，因势利导、趋利避害，积极引导城镇化健康发展。要构建科学合理的城市格局，大中小城市和小城镇、城市群要科学布局，与区域经济发展和产业布局紧密衔接，与资源环境承载能力相适应。要把有序推进农业转移人口市民化作为重要任务抓实抓好。要把生态文明理念和原则全面融入城镇化全过程，走集约、智能、绿色、低碳的新型城镇化道路。"

迷，投资前景尚不明朗。中国人民银行杭州中心支行500户工业企业调查显示，四季度企业固定投资指数、设备投资指数环比分别下降2.3、1.9点，同比分别下降8.8、12.4点，创2009年四季度以来的新低；企业固定资产投资预期指数连续三个季度下降。从调查的情况看，部分地区高耗能、高污染行业投资有抬头迹象。当前正值经济企稳回升的关键时期，如何引导杭州市企业有效扩大投资，进而引领产业转型升级，关系到今后一个时期内我省经济的增长质量和发展潜力，应予以重视。另一方面，金融风险仍处高位，阻断担保链风险面临挑战。2012年末，杭州市不良贷款余额为273亿元，比年初增加136.1亿元，不良率为1.50%，比年初提高0.68个百分点。尤其二季度以来，部分企业担保链风险集中暴露，对全市信贷资产质量影响较大。虽然在各级部门的共同努力下，四季度担保链风险有所缓和，但仍未根本好转。下阶段，如何通过多方合作，联合阻断担保链风险的蔓延趋势，减少金融风险对经济波动的影响，仍需冷静思考、合理应对。

四、对2013年经济金融工作的措施建议

2013年是全面深入贯彻落实党的十八大精神的开局之年，是实施“十二五”规划承前启后的关键一年，各金融机构要按照稳中求进的工作总基调，把稳增长放在更加重要的位置，继续认真贯彻执行稳健的货币政策，着力保持货币信贷平稳适度增长，继续优化信贷结构，不断拓宽企业融资渠道，深化对实体经济的金融服务，防范金融领域存在的风险隐患，确保全省经济金融平稳健康发展。

（一）切实贯彻落实稳健货币政策，适当扩大社会融资规模

2013年，各金融机构一是要正确贯彻稳健的货币政策，合理把握信贷节奏，避免对局部地区、行业的过度授信或集中抽贷。二是要充分利用直接融资保持金融对经济的支持力度，有效解决信贷资金受到的存贷双重约束。三是要继续鼓励优质企业上市，积极培育上市后备资源，推动企业在境内外资本市场多渠道上市；要发挥好短期融资券和中期票据等金融产品的作用，并大力推动中小企业集合票据的发行工作，并进一步推动“区域集优”债券发行，优化企业融资结构。

（二）着力优化信贷结构，进一步提升信贷资金配置效率

在货币存量已经十分庞大的背景下，下阶段要突出强调优化信贷结构，提升信贷资金配置效率。一是要继续确保重点项目、现代服务业、新兴产业等的资金需求。二是要认真做好“支农支小”金融服务工作，要继续加大对“三农”的信贷支持力度，积极开发适合中小企业经营和融资特点的金融产品和信贷模式，进一步深化中小企业抵押担保方式创新，增加对中小企业的信贷投入。三是要积极稳妥推进城镇化，重点支持城镇化过程中集约、智能、绿色、低碳型项目的资金保障工作。

（三）切实防范金融风险，有效维护辖内金融稳定

当前，经济回升基础仍需夯实，金融风险仍存在反弹压力。要密切关注经济金融发展中出现的新情况、新问题，妥善应对和处置各类风险隐患。各金融机构一是要继续加强信贷资金流向监测和金融风险排查，做到金融风险隐患早发现、早提示。二是要加强同业间沟通协调，防止风险蔓延，守住不发生系统性和区域性风险的底线，要妥善处置各类风险，不随意抽贷，不简单

追偿。三是要严格规范信贷资金流向。要加强信贷资金流向监测，强化对项目建设、贸易背景等的真实性审查，严防银行信贷被挪用于高利贷和非法集资等领域。

（四）着力解决“两多两难”问题，深化金融创新

杭州市要以温州金融综合改革和丽水农村金融改革试点为契机，继续深化金融创新，着力改变过度依赖信贷融资的方式，坚定地依靠改革创新破解“两多两难”问题。一方面，要引入民资加快推动地方金融机构发展，鼓励和支持民间资本投资地方金融业，增强金融服务经济的实力与能力。另一方面，要积极推动股权投资基金机构创新发展。遵循“政府引导、民间参与、市场运作”的基本原则，通过政府财政性引导资金的注入，创设一系列支持战略性新兴产业、创业创新活动和地方金融产业发展的创业投资基金、产业投资基金和兼并重组基金，引导和鼓励社会资本投资于成长性的中小企业、主导性产业、战略性新兴产业。

（五）不断提升外汇管理和服务水平，进一步推动跨境人民币结算业务

各金融机构要继续为杭州市企业提供成本低廉、便捷有效的外汇结算和增值服务，要运用买方信贷、项目贷款等金融工具，支持机电产品、成套设备等资本性货物出口，支持优势企业“走出去”并购境外企业和知名品牌；要充分利用人民币外汇远期、掉期、期权等创新组合产品，开发出符合市场主体需求的外汇融资与避险工具，帮助涉汇企业和个人提高资金周转效率和汇率避险能力。同时，要进一步推动跨境人民币结算业务，继续推动杭州市个人参与跨境贸易人民币结算，满足外贸企业合理的资金需求。

杭州市主要经济金融统计

单位:亿元

项目	2008年	2009年	2010年	2011年	2012年
国内生产总值	4781.16	5098.66	5945.17	7011.80	7803.98
第一产业	178.64	190.51	208.41	236.07	255.93
第二产业	2389.38	2387.12	2844.07	3322.15	3626.88
第三产业	2213.14	2509.92	2896.69	3453.58	3921.17
固定资产投资	1980.50	2291.65	2753.13	3105.16	3722.75
房地产开发投资	615.41	704.68	956.20	1302.27	1597.36
社会消费品零售总额	1558.38	1804.93	2146.08	2548.36	2944.63
进出口总额(亿美元)	480.65	404.20	523.55	639.72	616.83
出口总额(亿美元)	336.14	271.80	353.37	415.21	412.62
进口总额(亿美元)	144.51	132.40	170.18	224.50	204.22
地方财政收入	455.35	520.79	671.34	785.15	859.99
地方财政支出	419.67	490.40	616.58	747.50	786.28
商品零售物价总指数(%)	106.00	98.60	103.70	105.70	101.90
居民消费价格总指数(%)	104.90	98.60	103.90	104.80	102.50
金融机构各项存款余额	11333.35	14284.21	17084.35	18396.57	20148.77
企业存款余额	4690.71	6876.36	8110.20	11648.10	12644.93
储蓄存款余额	3476.59	4286.92	4990.97	5547.48	6089.98
金融机构各项贷款余额	10069.03	13113.30	15078.73	16573.74	18090.90
短期贷款余额	4796.81	5694.38	6500.78	7947.96	8748.39
中长期贷款余额	4413.89	6354.76	7609.84	7956.66	8272.12

说明:1. 因统计口径变更,2011年及以后的企业存款为单位存款数据。

2. 金融机构存贷款数据均为本外币存贷款数据。

宁波市经济金融形势分析报告

一、全市金融运行情况

2012年，宁波市金融机构认真贯彻落实稳健货币政策，拓宽渠道、增加总量、把控节奏、优化结构，切实加大对实体经济的支持力度。全年本外币存贷款分别新增1321.65亿元、1285.75亿元，同比分别多增419.54亿元、22.55亿元；存贷款分别增长12.40%、12.03%，增幅分别高于全省2.9个、0.25个百分点。

（一）融资总量快速增长，存贷款增长相对均衡

据统计，2012年宁波市社会融资规模达1795.19亿元，比上年同期多增79.07亿元。其中：金融机构本外币贷款新增1287.79亿元，同比多增0.23亿元；银行表外融资（委托贷款、信托贷款和银行承兑汇票）新增244.81亿元，同比多增0.21亿元；直接融资（企业债券和股票融资）新增180.03亿元，同比多增51.93亿元；其他融资（投资性房地产、保险公司赔偿与其他等）新增82.56亿元，同比多增26.71亿元。

从增幅情况看，存款增长与信贷投放相对均衡。2012年存贷款增幅分别为12.40%、12.03%，存款增幅比上年提高3.28个百分点，贷款增幅与上年基本持平。从信贷投放时序看，2012年上半年新增贷款804亿元，占全年信贷增量的63%，与上年基本相当（2011年上半年新增贷款803亿元，占全年的64%）；另一方面，从月度增量看，2012年存在较明显的季末冲高现象，3月、6月、9月合计增加贷款522亿元，占全年信贷增量的41%（见图1）。

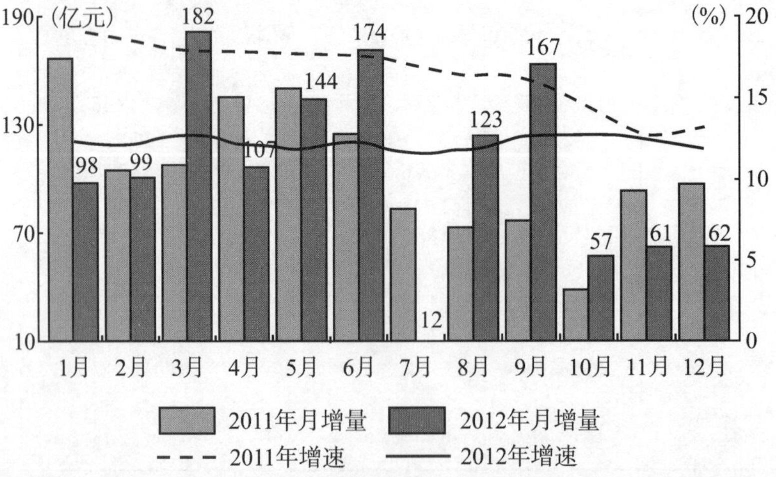

图1　2011—2012年宁波市金融机构贷款增幅及月度增量情况

（二）融资结构调整优化，存贷比依然高企

从融资结构看，一是银行表内融资占比有所下降，全市新增本外币贷款占比71.74%，比上年同期下降3.29个百分点。二是银行表外融资比重略有回落。全市金融机构表外融资占比为13.64%，比上年同期回落0.62个百分点。其中，未贴现的银行承兑汇票占比1.15%，比上年同期下降14.63个百分点。三是直接融资比重略有提高。全市直接融资占社会融资规模比重为10.03%，比上年同期提高2.56个百分点，其中企业债券占比为4.29%，比上年同期提高1.34个百分点。四是其他融资比重有所上升。全市其他融资占社会融资规模比重为4.60%，比上年同期提高1.34个百分点，其中保险公司赔偿占比2.31%，比上年同期提高0.73个百分点。

从存贷比看，在金融脱媒进程加快背景下，宁波市存贷比一直居高不下。截至12月末，宁波市金融机构本外币存款余额11980.50亿元，全年新增1321.65亿元，同比多增419.54亿元（见图2）；本外币贷款余额11961.01亿元，全年新增1285.75亿元，同比多增22.55亿元。12月末，余额、增量存贷比均接近100%，分别为99.84%、97.28%。宁波存贷比一直高企，银行对资金的运用已较为充分。另一方面，由于有效拓宽了其他融资渠道，从全年来看，存贷比有所降低，显示出社会融资结构不断趋于优化。例如，2012年全市累计18家企业发行债务融资工具90.1亿元，有效优化了融资结构。

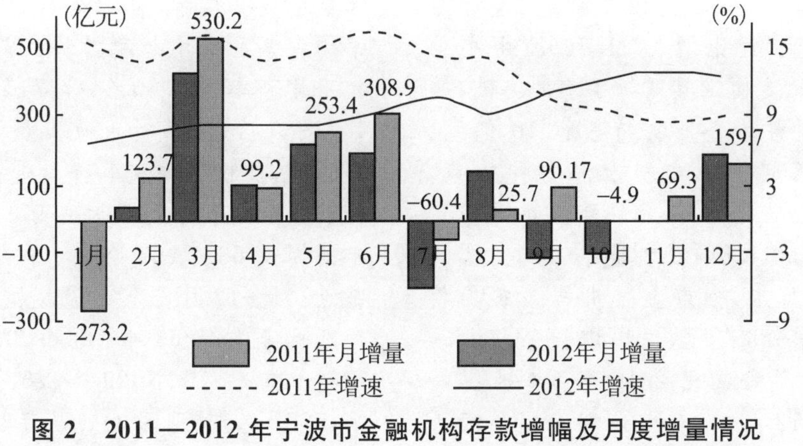

图2　2011—2012年宁波市金融机构存款增幅及月度增量情况

（三）信贷投向重点突出，支持经济成效显著

从信贷投向看，实体经济持续得到有力支持。一是企业生产经营资金需求得到较好满足。12月末，单位经营贷款余额5085.87亿元，全年新增541.73亿元，同比多增16.20亿元。二是外向型经济得到有效支持。12月末，贸易融资余额836.15亿元，新增191.90亿元，同比多增15.04亿元。三是个人住房贷款增长较快。12月末，个人住房贷款余额1081.18亿元，增长6.39%，增幅比上年提高5.14个百分点；全年新增个人住房贷款64.64亿元，同比多增49.59亿元。从期限结构看，短期和中长期贷款同比少增，票据融资快速增长。一是短期贷款同比少增。12月末，全市短期贷款余额6760.27亿元，比年初增加817.21亿元，同比少增83.33亿元。二

是中长期贷款较快增长。12月末，全市中长期贷款余额4790.07亿元，同比增长6.79%，比年初增加304.23亿元。三是票据融资大幅增长。12月末，全市票据融资余额308.83亿元，比年初增加128.97亿元，同比多增117.85亿元；同比增长71.71%，增幅较上年提高65.12个百分点。

从支持成效看，一是确保重点项目资金需求。按照“4+4+4”的产业战略，引导金融机构以总行直贷、银团贷款等形式增强对大项目、大企业的融资服务能力，优先满足重点在建续建项目资金需求。据调查，截至10月末，对重点项目的贷款余额达到865亿元，比年初新增259亿元。二是积极推进“区域集优”，开辟企业融资新渠道。截至12月末，已有18家非金融企业注册债务融资工具130.1亿元，累计发行90.1亿元，同比增长21.76%；中小企业集合票据、定向工具取得了零的突破，并发行了全国首单资产支持票据10亿元。三是认真落实支小支农涉海支持政策。2012年中小微企业贷款较年初新增759亿元，增长11.8%，增量占总增量的91.8%；12月末，全市金融机构涉农贷款较年初新增526亿元，同比增长14.59%，比各项贷款增幅高出2.19个百分点。据调查，截至12月末，全辖涉海贷款余额达到788.23亿元，比年初新增150.37亿元，增长23.57%。

（四）贷款条件有所改善，利率水平降中趋稳

中国人民银行宁波市中心支行银行家问卷数据显示，四季度贷款审批条件景气指数为47.37，比上年同期上升5.26点，其中制造业贷款审批条件景气指数为47.37，比上年同期上升5.26点。中国人民银行宁波市中心支行企业家问卷数据显示，四季度银行贷款掌握情况指数为47.16%，较上年同期回升12.78个百分点，并创2010年四季度以来的新高。从问卷数据看，总体上银行对企业的贷款条件有所改善。

从利率看，企业家问卷调查显示，四季度企业借款利率水平指数为39.03%，较上年同期回升10.9个百分点，并创2011年二季度以来新高，企业借款利率水平有所下降。中国人民银行宁波市中心支行利率监测数据显示，全年全市金融机构加权平均利率呈降中趋稳态势。前3个月，加权平均利率在7.60%—7.74%之间振荡；4月份以后，随着货币政策微调和基准利率下调，加权平均利率持续走低，8—12月份加权平均利率均约为6.97%，分别比上年同期低63个、62个、61个、67个、66个基点。1—12月份全市贷款加权平均利率分别比全省低65个、33个、32个、35个、38个、36个、70个、26个、25个、19个、23个、59个基点（见图3）。从浮动区间看，12月份上浮类贷款占比78.08%，分别比9月末、上年同期下降1.35个、1.68个百分点。整体来看，利率水平降中趋稳。

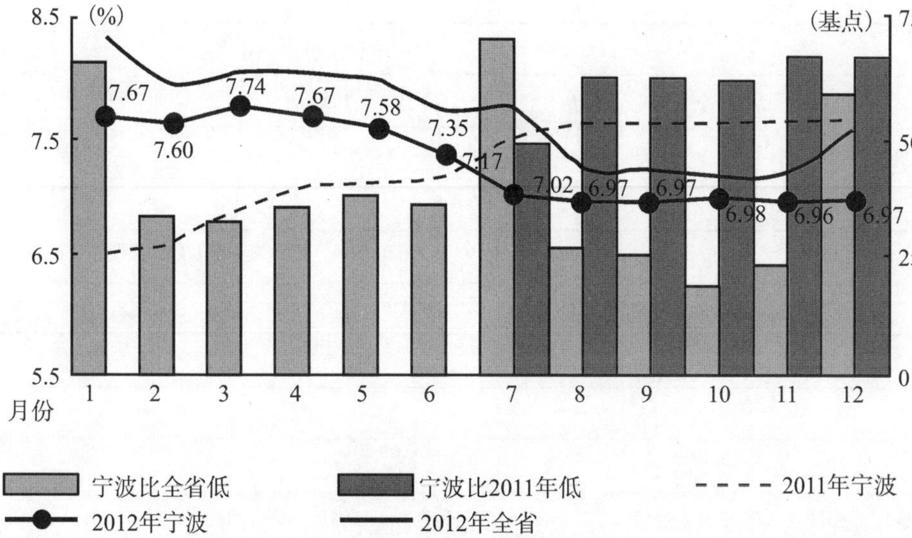

图3 2012年金融机构加权平均利率比较

（五）顺差呈现回升态势，汇率弹性日渐增强

2012年，宁波市跨境收入956.8亿美元，同比增长13.4%；跨境支出606.6亿美元，增长23.3%；收支顺差350.2亿美元，下降0.4%。从跨境收支顺差结构看，货物贸易占比为81.7%，其收支顺差下降1.4%，是导致总体收支顺差减少的主要交易项目；转口贸易收支顺差占比5.4%，但增长51.1%，对总体收支顺差降幅缩窄产生了重要影响。跨境收支顺差自2011年四季度跌至低谷以来，总体呈现回升态势。其中，下半年跨境收支顺差由上半年下降11.1%转为增长10.8%。

2012年，宁波市银行结汇580.8亿美元，较上年增长1.1%；售汇292.9亿美元，增长12.1%；结售汇顺差287.9亿美元，下降8.1%。从银行结售汇结构看，货物贸易占总体结售汇顺差减少额的15.9%，直接投资占31.2%，是导致结售汇顺差下降的主要两个交易项目。银行结售汇顺差也呈现类似降幅缩窄走势。其中，下半年银行结售汇顺差由上半年下降21.9%转为增长9%。

人民币汇率基本保持双向浮动态势。4月16日起银行间即期外汇市场人民币兑美元交易价浮动幅度由5‰扩大到1%，这是人民币汇率市场化改革的重要步骤。QE3导致人民币短期内升值，9月14日以来，人民币兑美元交易价格逐渐走高。9月28日一度触及6.2840，但当日一年期远期汇率报6.4115，显示较明显贬值预期。12月31日，人民币对美元汇率中间价6.2855，较上日下降41个基点。总的来看，人民币汇率双向波动明显，弹性增强（见图4）。

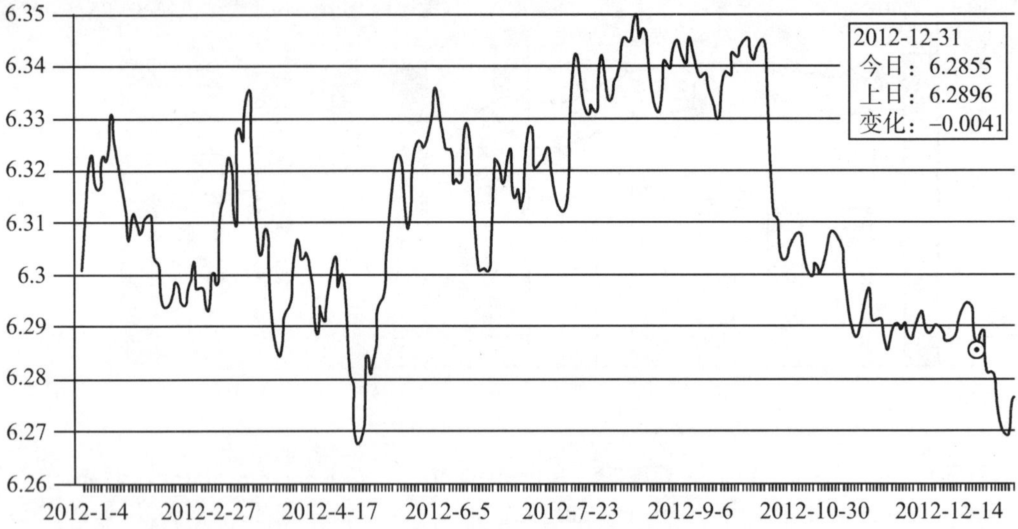

图 4　2012 年人民币对美元中间价走势

（六）人民币跨境结算发展迅速，节省汇兑成本显著

2012 年，宁波市跨境人民币结算金额 1229.63 亿元，同比增长 111.03%，其中贸易项下结算量 841.28 亿元，位居全国 36 个省（市、自治区）和计划单列市的第八位。全市 1600 余家企业运用人民币结算开展对外投资和贸易，节省汇兑成本超过 3 亿元。资本项目项下人民币结算业务稳步推进，企业"走出去"更加方便。2012 年，17 家企业共发生 47 笔境外直接投资人民币结算业务，合计 7.26 亿元。

二、当前值得关注的四个问题

宁波经济发展面临严峻复杂的形势。既面临外需不足以及发达国家货币政策溢出效应的问题，也面临内需难以拉动以及地方经济内生动力不足的困难；既面临多重约束的考验，也面临产业升级的倒逼；既需要企业创新转型，也需要金融机构转变经营模式；既要求金融机构大力支持实体经济发展，也需要持续防范金融风险。面对复杂严峻的发展环境以及金融风险隐患增加的态势，金融部门应继续加大支持力度、持续创新支持方式、密切关注金融风险，确保地方经济持续发展与区域金融稳定。

（一）主要经济体减速常态化，发达国家货币政策溢出效应增加

受欧债危机影响，欧洲经济持续低迷。Markit Institute 数据显示，7 月份欧元区 PMI 降至 44%，创 37 个月以来的最低水平；12 月份该指数环比下跌 0.1 至 46.1 点。其中，德国 PMI 已连续 10 个月下滑，12 月份为 46%；2013 年 1 月 15 日德国统计局数据显示，2012 年德国经济增长 0.7%，比上年回落 2.3 个百分点。欧元区国家获得的外贸订单量已连续 18 个月下降，且目前仍未有好转迹象；据欧盟统计局数据显示，2012 年 11 月欧元区失业率 11.8%，再创历史新高。世界经济不景气影响国际贸易，BDI 自年初大幅回落后，一直在低位震荡。8、9 月份再度回落到 1000 点以下，9 月 17 日收于 663 点（见图 5）。12 月 28 日下跌至 699 点，比年初下跌 57%，国际贸易形势不容乐观。在全球经济发展减速常态化背景下，BDI 很难获得持续反弹。与此同时，主要经济体由于增

长动力疲弱，不断加大宽松货币政策力度，全球潜在通货膨胀和资产泡沫的压力增加，新兴国家将面临较大的国际资本流动冲击和输入性通货膨胀压力。宁波经济外向度很高，发达国家货币政策的溢出效应值得持续关注。

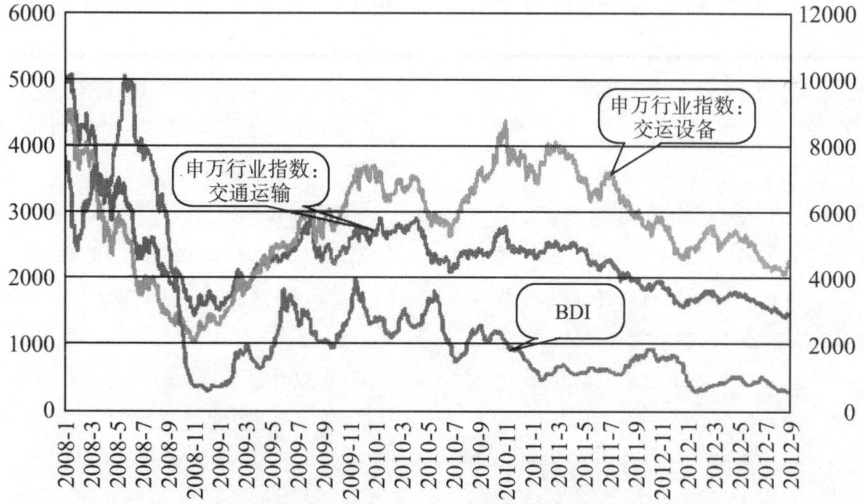

图5 BDI指数与交通运输股指数走势

（二）区域经济内生动力不强，产业结构优化升级任务依然艰巨

受外部环境、产能过剩等影响，宁波市经济发展形势依然严峻，内生动力有待进一步增强。从商品销售看，消费动力不足。全市社会消费品零售总额增幅比上年同期下降3.0个百分点。从经济绩效看，全市规模以上工业企业利润和利税总额分别同比减少15.2%和8.3%。与此同时，宁波经济增长方式也亟待转变。当前全市经济发展主要依赖于出口或投资的高速增长（见图6）。外需一旦不振，经济即受很大冲击。应逐渐转变成靠消费、有效投资以及出口均衡拉动的模式。因此，区域经济内生动力有待进一步提高，产业结构亟须优化升级。

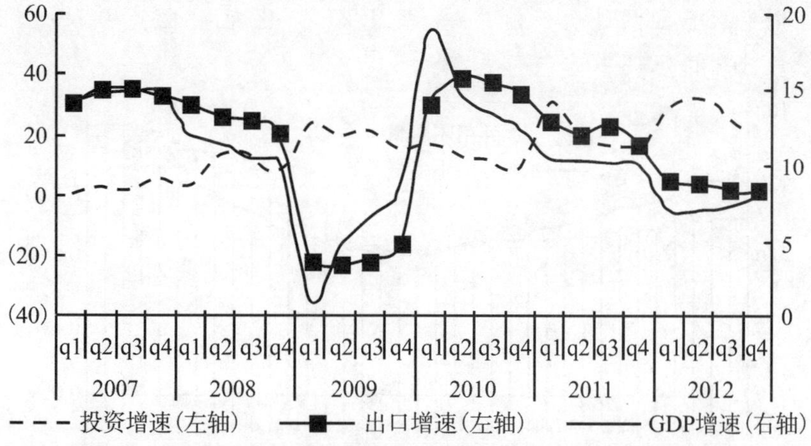

图6 2007—2012年宁波市GDP、出口与投资增长情况

（三）银企发展受到多重约束，金融支持实体经济发展面临挑战

从银行看，一是资金筹集难度增加。金融脱媒改变了社会融资格局，也改变了社会资金流向，导致银行存款增长相对不快，使存贷比居高不下。2012年以来，宁波市余额存贷比一直处于98%以上高位，其中，1—4月末均超过100%。9月末余额、9月份增量存贷比双双超过100%，分别为100.21%、184.76%。二是利率市场化进程加快。6月8日，央行在下调存贷款基准利率的同时，首次允许存款利率上浮，上浮空间达到10%，贷款利率下浮空间扩大至20%；7月6日，存贷款基准利率进一步下调，贷款利率下浮空间进一步扩大至30%，标志着我国利率市场化进程取得重大进展。利率政策调整后，商业银行的利差空间收窄，商业银行经营模式将面临很大挑战。从企业看，一是融资需求分化明显。由于经济下行的压力与预期的不乐观，导致企业扩大再生产的投资需求以及信贷需求不旺。二是其他要素资源制约对信贷产出率的影响不断加大。除资金要素外，企业生产还依赖于人力、原材料等要素投入与效率。据对131家进出口企业的调查显示，接近半数企业反映生产所需原材料、水电等合计支出成本较上年同期提高；70%的企业反映综合用工成本较上年同期明显提高。在其他要素资源成本提高、投入受限的情况下，企业过度依赖资金要素的投入，不仅会使资金报酬率呈边际递减，还造成资金面紧张的表象，进而影响金融支持实体经济发展的成效。

（四）地方经济尚未全面回暖，区域金融风险隐患值得持续关注

目前，地方经济全面回暖的基础还不牢固。从宁波工业用电量看，2012年减少1.04%，增幅比上年同期下降10.7个百分点。从中国人民银行宁波市中心支行监测企业数据看，四季度企业当期固定投资景气指数、当期设备投资景气指数分别为40.66%、36.99%，分别比三季度回落4.06个、3.66个百分点，比上年同期回落10.52个、15.36个百分点。经济基本面的变化以及企业市场风险、经营风险的增加，势必会影响到银行信贷资产质量。四季度宁波市银行家问卷调查显示，本季度贷款资产质量景气指数和预期指数分别为23.68%和44.74%，同比分别回落31.58个百分点和10.52个百分点。12月末，全市金融机构本外币不良贷款余额144.65亿元，比年初增加49.93亿元；不良贷款率1.21%，比年初提高0.32个百分点（见图7）。

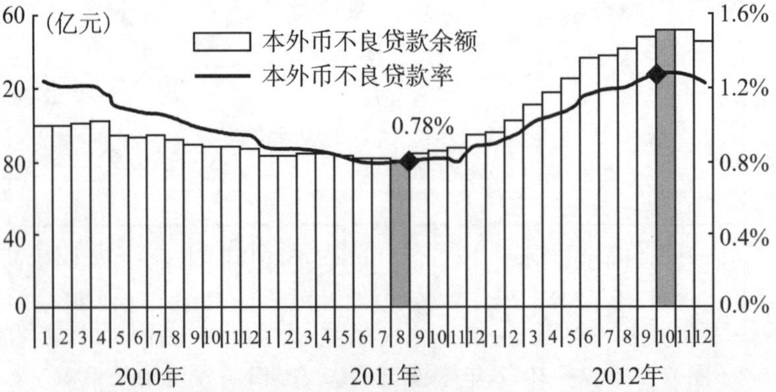

图7　2010—2012年宁波市金融机构不良贷款增长情况

三、政策建议

2013年,随着国际经济的温和回暖以及内需的进一步启动,宁波市经济将迎来新的发展机遇。金融部门将一如既往地发挥资金要素的保障作用,主动服务地方经济发展战略,积极引导企业升级、推进结构调整,促进全市经济持续健康发展。

1. 保持融资规模平稳增长,保障资金合理需求。要贯彻落实稳健的货币政策,通过"确保总量、调整结构、把控节奏、拓宽渠道",满足实体经济的合理需要。要坚持"有扶有控"的原则,加大对"六个加快"重大项目、"三农"、小微企业、现代服务业、新兴产业等的信贷支持。要继续发展民生金融,努力支持就业、扶贫、助学等民生工程。同时,要在利率市场化改革稳步推进的同时,尽力促使存款稳定增长,减轻对信贷可持续增长的制约。

2. 持续创新支持方式,进一步提升金融服务水平。要结合宁波实际,进一步提升金融对经济发展的导向作用。深入落实"强化创新驱动 加快经济转型发展"的战略部署,促进金融与创新融合发展。要探索金融产品与服务创新,促进银行业转型升级,助推地方经济发展。要继续加快推广应收账款、林权、海域使用权等创新产品,着力解决小微企业、"三农"融资中存在的抵押担保难题。要根据中小企业生产经营需求和现金流特点,积极推广循环贷款、年审贷款等创新模式。要创新中小企业融资方式,积极推进、支持中小企业发行短期融资券、中期票据和中小企业集合债券,拓宽融资渠道。

3. 加强信贷风险监测与防控,维护区域金融稳定。进一步健全金融风险监测与预警体系,完善风险防范处置应急预案,牢牢守住不发生区域性金融风险的底线。金融机构一方面要加强信贷管理,完善风险监测制度,控制风险发生源头,要特别关注特定行业风险、担保企业群风险以及信用风险;另一方面要从大局出发,帮助企业渡过暂时难关。要关注非正规金融,防止民间借贷及相关领域风险向正规金融体系的传递,切实维护区域金融稳定。

4. 注重政策协调配合,夯实经济企稳回升基础。扩大有效投资是当前夯实企稳回升基础的重要途径。要以结构调整为导向,加大战略性新兴产业、现代服务业以及海洋经济等领域重点项目的投资力度;以推进新型城镇化契机,加大对城镇基础设施、社会事业、文化产业等方面的投资;要贯彻落实国家鼓励引导民间投资政策及实施细则,引导民间资本更多进入基础设施、社会事业、金融服务等领域。金融部门要积极参与"有效投资提升年"活动,做好对有效投资项目的资金配套,促进重点项目顺利推进,促进经济持续回升。

宁波市经济金融统计简表

单位：亿元

项　目	2008 年	2009 年	2010 年	2011 年	2012 年
国内生产总值	3964.10	4214.60	5125.80	6010.48	6524.70
第一产业	167.40	183.80	218.40	255.76	270.00
第二产业	2196.70	2247.80	2848.20	3335.37	3516.70
第三产业	1600.00	1783.00	2059.20	2419.35	2738.00
固定资产投资	1728.20	2004.20	2206.50	2392.90	2901.40
房地产开发投资	307.80	374.50	557.30	756.90	884.40
社会消费品零售总额	1238.00	1434.40	1704.50	2018.90	2329.30
进出口总额(亿美元)	678.40	608.10	829.00	981.90	965.70
出口总额(亿美元)	463.30	221.60	519.70	373.60	351.30
进口总额(亿美元)	215.10	386.50	309.30	608.30	614.40
地方财政收入	390.40	432.80	530.90	657.60	725.50
地方财政支出	439.40	506.10	600.70	750.70	828.40
商品零售物价总指数(%)	107.10	98.80	103.90	105.70	101.80
居民消费价格总指数(%)	105.00	99.40	103.70	105.30	101.70
金融机构各项存款余额	6353.60	8083.94	9755.52	10659.27	11980.50
企业存款余额	2173.39	2899.05	3410.43	6220.07	6961.10
储蓄存款余额	2396.31	2869.56	3312.17	3696.28	4208.80
金融机构各项贷款余额	5820.80	7424.87	9414.20	10676.84	11961.00
短期贷款余额	3242.92	3893.50	4811.29	5945.05	6760.30
中长期贷款余额	2184.77	3176.14	4150.68	4485.41	4790.10

注：因统计口径变更，2011 年企业存款更改为单位存款。

温州市经济金融形势分析报告

2012年，温州经济承受国际市场复杂变化、国内市场产能过剩、民间借贷风波效应持续的压力，全年经济运行呈前三季度下行筑底、四季度回升的态势，企业订单、销售和设备利用率都有所好转。全年经济下行力度较全省和全国明显，GDP同比增长6.7%，分别较全省和全国低1.3个和1.1个百分点。投资成为拉动经济增长的主要引擎，2012年限额以上固定资产投资同比增长37.0%；出口交易额下滑，消费增幅低位运行。全市金融运行趋缓，银行业本外币存款较年初新增199亿元，较上年少增840亿元；本外币贷款较年初新增618亿元，较上年少增260亿元。贷款投放在缓增中向实体经济倾斜，实体经济新增贷款占比较上年上升5.2个百分点。银行表外业务、民间借贷规模收缩，市场流动性依然紧张，不良贷款较快上升。未来经济运行依然面临市场有效不足、盈利空间收窄、企业信用受损等压力，经济回升力度可能较全国和全省偏弱。在此情况下，出险企业和借贷纠纷案件引发的担保链风险变化仍需关注。

一、经济运行情况

（一）投资保持较快增长，出口、消费疲软

三大需求中投资成为拉动经济增长的主要引擎，工业、出口、消费疲软，地方财政收入面临较大压力。2012年，限额以上固定资产投资2110亿元，同比增长37.0%；外贸进出口总额204亿美元，同比下降5.3%，其中出口总额177亿美元，同比下降2.6%，较上年增幅低27.5个百分点；限额以上消费零售总额768亿元，同比增长2.3%，较上年增幅低17.9个百分点。全市财政一般预算收入500亿元，地方一般预算收入279亿元，同比均增长3.0%，分别较上年同期下降15个和15.5个百分点。

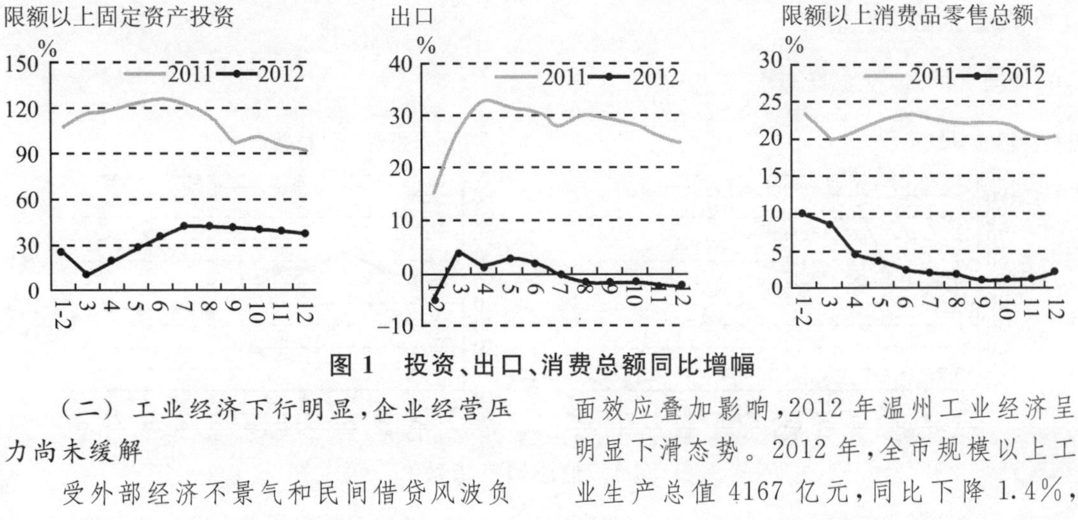

图1 投资、出口、消费总额同比增幅

（二）工业经济下行明显，企业经营压力尚未缓解

受外部经济不景气和民间借贷风波负面效应叠加影响，2012年温州工业经济呈明显下滑态势。2012年，全市规模以上工业生产总值4167亿元，同比下降1.4%，

较金融危机背景下的2008年和2009年增幅分别低9.5个和1.8个百分点。企业经营压力尚未明显缓解，企业经济效益下降，生产经营活动收缩。2012年，全市规模以上工业企业主营业务收入同比下降4.8%，利润总额同比下降9.4%。据中国人民银行温州市中心支行工业企业问卷调查显示，企业订单、产品销售、设备利用水平等景气指数均处在历史低位运行，产成品库存压力较大。但四季度以来国内订单初现止跌企稳迹象，销售有所好转，库存呈高位回落态势。

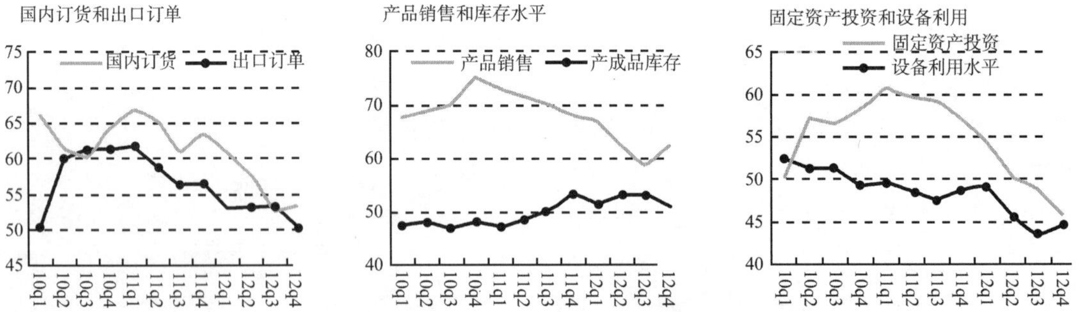

图2 订单、销售、设备利用景气指数

注：景气指数范围[0,100]，50以上表示经济扩张，50以下表示经济萎缩，下同。

（三）市场信心总体有所好转，居民消费投资意愿下降

据中国人民银行温州市中心支行工业企业、银行家、储户问卷调查显示，四季度，受市政设施投资力度加大、不良贷款增幅放缓等因素影响，企业家预期宏观经济形势趋于稳定，银行家信心指数止跌回升，但居民景气指数较三季度回落。居民消费动力减弱，投资意愿创近3年来新低。

二、金融运行情况

2012年，温州金融运行面临经济下行和社会信用受损双重压力，全市金融机构克服多重困难全力支持实体经济发展。受个人财富缩水、企业经营困难、跨区域流入资金减少等因素影响，存款增长乏力；贷款增长面临存贷比高位运行、信贷有效需求不足等困难；银行表外业务和民间借贷规模萎缩，市场流动性依然紧张；企业出险仍在反复，不良贷款率持续上升。

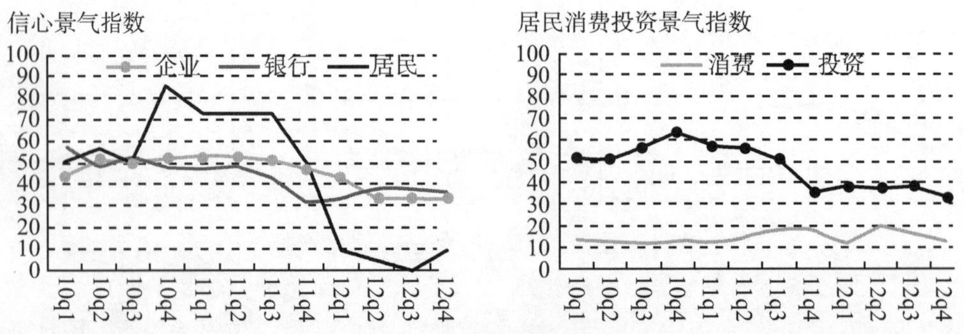

图3 信心景气指数

（一）存款增长乏力，信贷资金运用充分

12月末，温州银行业本外币各项存款余额7745亿元，同比增长2.6%；存款增量占全省全部增量的3.4%，较上年占比下降12.6个百分点。剔除年末冲高因素①，截至12月25日，全市商业银行本外币各项存款余额7342亿元，较年初减少97亿元，较上年同期少增787亿元。

2012年本外币存贷款增量同比增幅(%)

	本外币存款增量	本外币贷款增量
温州市	－81	－30
浙江省	－11	－3
全国	25	25

在存款同比大幅少增情况下，金融机构努力增加信贷投放，资金运用充分。12月末，全市本外币各项贷款余额7013亿元，同比增长9.7%；较年初新增618亿元，占全省贷款增量的9.9%，较上年占比低3.6个百分点。全市金融机构本外币余额存贷比90.5%，较年初上升5.8个百分点。

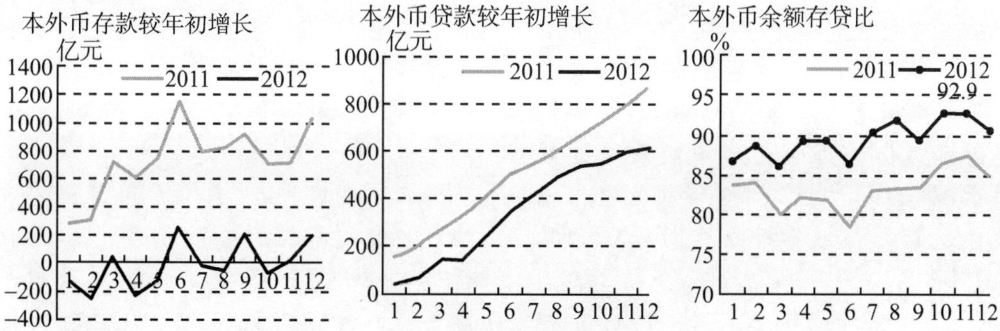

图4 银行信贷指标

（二）贷款增长放缓，增量结构向实体经济倾斜

全市银行机构加大对实体经济信贷支持力度，全年实体经济新增贷款473亿元，较上年同期少增153亿元；实体经济新增贷款占全部贷款增量的76.5%，较上年同期提高5.2个百分点。贷款“泡沫”受到抑制，主要表现为炒房和民间借贷的个人贷款相应减少，个人本外币贷款较年初新增145亿元，较上年同期少增107亿元，占比较上年同期下降5.2个百分点。

受经济下行和信贷抵押物价格缩水、银行资产经营审慎意识转变等因素影响，贷款增长放缓。若考虑到表外业务收缩后部分资金需求转化为表内贷款的情况，贷款实际新增量较为有限。据5月份对全市开具信用证的企业调查显示，其中562家企业信用证融资余额较年初减少151亿元，而贷款新增83亿元，新增贷款占信用证减少额的55%。12月末，全市信用证余额231亿元，较年初减少467亿元。照此推算，全年新增贷款中有257亿元为信用证下降引起的贷款被动增长。

① 2012年12月26日至31日存款增加277亿元。

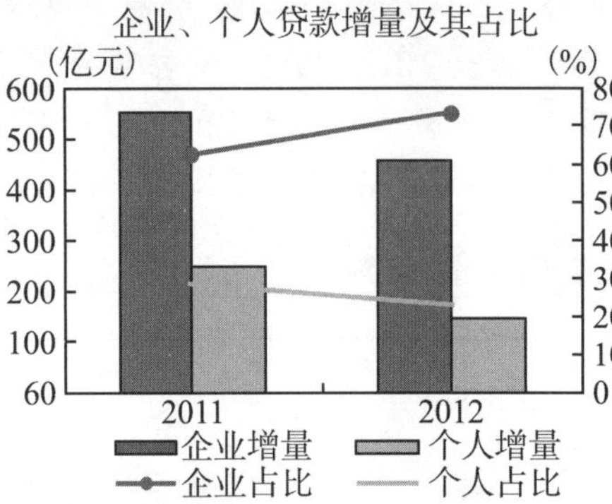

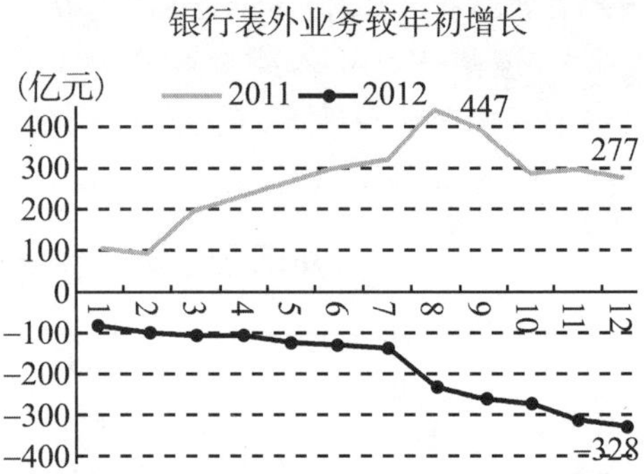

图 5　银行信贷相关指标

注：银行表外业务主要包括信用证、银行承兑汇票、资产转让。

（三）债务违约率上升，信贷潜在风险增大

全市企业出险数量上升，企业个人债务违约风险陆续暴露。据中国人民银行温州市中心支行统计监测显示，12 月末全市出险企业 390 家，较年初新增 119 家；其中下半年以来新增出险企业 66 家，占今年新增量的 55.5%。据温州市中级法院的数据显示，截至 11 月 7 日，全市共受理借贷类案件 22250 件，收案标的额 373 亿元；其中，民间借贷类案件 17707 件，金额 201 亿元，分别是 2011 年全年的 1.5 倍和 3.7 倍。

（四）货币调控效应显现，资金价格稳中趋降

"稳增长"是 2012 年宏观调控主基调，货币政策多次微调。2 月、5 月两次下调存款准备金率累计 1 个百分点；6 月、7 月两次下调一年期人民币存贷款基准利率，累计下调存款基准利率 0.5 个百分点、贷款基准利率 0.56 个百分点，同时将存款利率上浮区间扩大到基准利率的 1.1 倍，贷款利率的下浮区间调整为基准利率的 0.7 倍。

二季度以来，随着货币政策微调效应和市场有效需求不足的问题显现，商业银行"以价补量"策略难以持续，贷款利率逐季小幅回落。12 月份全市金融机构贷款加权年化利率为 7.34%，较全年高点的 2 月份下降 1.54 个百分点；12 月份民间借贷综合利率为 20.73%，较年初下降 3.53 个百分点。

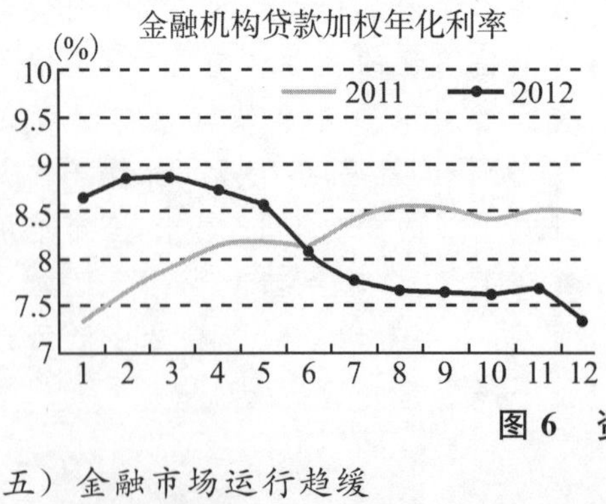

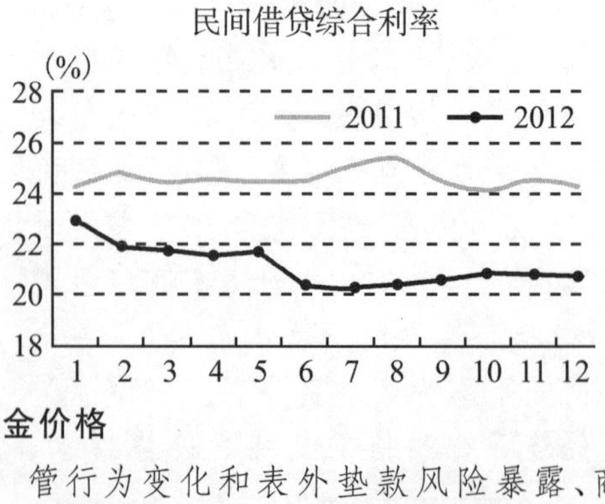

图 6　资金价格

（五）金融市场运行趋缓

1. 票据规模萎缩。由于表外业务监管行为变化和表外垫款风险暴露、商业银行资产带动负债业务发展受阻，银行承兑

汇票规模出现萎缩。12月末，全市银行承兑汇票余额1296亿元，同比下降8.4%，较年初减少119亿元；2012年累计签发银行承兑汇票2937亿元，同比下降12.6%。

2. 外汇顺差下降。在世界经济复苏乏力和人民币汇率走高背景下，温州外汇收支顺差和结售汇顺差大幅下降。2012年全市涉外收支467亿美元，同比下降5.7%；外汇收支顺差175亿美元，同比下降14.6%。银行结售汇总额313亿美元，同比下降18.7%；结售汇顺差163亿美元，同比下降26.9%。

3. 证券交易下滑。股市行情低迷，股民投资热情下降导致证券交易明显下滑，12月份行情反弹带动交易量走高。2012年全市证券交易累计总额6126亿元，同比下降37.9%；其中12月份交易额576亿元，同比增长23.1%。12月末，证券资金开户数64.7万户，较年初新增4.9万户，较上年同期新开户数下降30%。

4. 保险增长放缓。2012年温州全市保费总收入119亿元，同比增长7.2%。其中，财产险保费收入49亿元，同比增长10.8%；寿险保费收入70亿元，同比增长4.2%。

三、关注问题

（一）多重因素导致存款增长困难趋于常态化

2012年温州存款增长遭遇历史性困难，既表现出全省的共性也有自身的特性，其下降幅度也较全省更为突出。主要原因：一是存款、贷款、票据、信用证之间“做多机制”受到抑制。受表外业务风险暴露、监管政策趋严等影响，票据和信用证业务快速萎缩导致保证金存款相应下降。12月末，全市保证金存款余额562亿元，较年初减少101亿元。二是受外需疲软和经济下行影响，外汇收入资金减少。2012年全市外汇净收入175亿美元，较上年同期少增30亿美元，约合人民币190亿元。另外，由于社会信用受损，温州在区外经济往来中现金支付增加导致企业可支配存款大幅下降。12月末，企业可支配存款①余额1809亿元，较年初减少290亿元。三是个人投资偏好趋于谨慎，理财产品热销分流了大量存款，2012年全市银行代客理财净发售②553亿元，较上年同期多增122亿元。此外，在外地经营环境的比较优势引导下陆续有企业迁往外地，导致存款资金外流。

总之，今年温州存款增长困难既有本地经济下行因素影响，也与银行自律性增强、表外业务逐步规范和资金跨区域流动有关，后两者影响更为突出。民间借贷风波后，银行不良贷款仍在持续上升，社会信用受损短期内难以恢复，在温州商业银行信贷倾斜政策正被逐步取消的情况下，原先凭借资金外流建立的温州与在外温州经济的资金纽带被淡化。因此，未来依靠表外业务虚增和资金跨区域流动做大存款变得十分困难，存款增长困难可能趋于常态，这对一些小型城商行、法人金融机构吸储能力形成挑战，也给地方改善投资环境增加了压力。

（二）企业资金周转趋紧导致资金链断裂风险增大

在全球经济艰难复苏和国内房地产调控持续背景下，温州企业资金周转趋紧现状短期内难以根本扭转，企业资金链断裂

① 企业可支配存款＝企业存款－各种保证金。
② 代客理财净发售数＝发售－到期及提前赎回。

风险仍在增大。一方面，受人力成本、资金、市场需求等因素制约，企业停产、半停产数量可能增多。另一方面，欠息企业数量增多，正常企业通过担保链被传染风险增大。此外，企业主营业务盈利能力没有明显好转，续贷能力下降、资金占用增加和资产变现困难导致财务压力增大。

由于抵押物价值缩水、担保企业难落实等原因企业续贷规模有所下降，自2010年以来贷款增量呈逐年下降态势。贷款增量下降虽然有挤泡沫成分，但是原有贷款资金或已经投入使用成为固定资产或卷入借贷纠纷，短期内难以变现或收回。同时，企业其他融资渠道也有所收缩。受表外垫款风险逐步暴露和表外业务监管政策趋严影响，银行表外资产余额和占比自2011年8月进入下行通道，2012年银行表外资产较年初减少328亿元。另外，随着温州民间金融炒钱泡沫消退和融资性中介机构减少，民间借贷交易量也在低位波动。

企业货款拖欠现象持续增加。2012年，全市规模以上工业企业应收账款余额同比增长10.4%，分别较同期主营业务收入和工业销售产值增幅高15.2个和11.9个百分点。一些企业反映2012年货款回笼周期较往年明显延长，订货企业的预付款占比则有所下降。同时，产成品库存资金占用上升。2012年，温州规模以上工业企业流动资产周转率为1.44，较上年同期下降0.19个百分点。据中国人民银行温州市中心支行工业企业监测显示，四季度企业资金周转状况指数和支付能力指数①均处于2009年以来低位。受房地产市场调控影响，房地产交易量骤降，企业资产变现和应急还款能力下降。据国家统计局发布的70个大中城市新建住宅销售价格变动情况显示，12月份温州二手房价格同比降幅达6.4%。

（三）银行信贷资产质量面临严峻考验

2012年，温州金融运行的经济基础和信用环境发生了根本变化，银行信贷资产质量和经营利润面临严峻挑战。

一是不良贷款余额和不良贷款率持续上升，不良贷款向下迁徙势头明显。在民间借贷风波发生初期，银行不良资产形成主要表现为民间借贷和银行融资规模收缩带来的企业资金链断裂，但随着借贷风波的发展演变，信贷市场上错综复杂的担保链关系成为主要的风险传播源。温州信贷市场上连环保、循环保、关联保情况较为严重，大约40%以上企业贷款为担保保证类贷款。这使得企业资金链断裂风险存在较大传染性，一些生产经营正常企业往往由于互保问题引发的代偿风险致使其资金链断裂。另外，不良贷款向下迁徙预示不良贷款上升压力仍然较大。12月末，损失类贷款占比由年初3.5%小幅下降到2.2%；但可疑类由14.9%上升到38.4%，次级类由81.6%下降到59.4%。可疑类贷款的风险程度和损失概率要大于次级类贷款，不良贷款类别的这种变化表明不良贷款处置难度将加大。当前，由于处置缓慢，一些企业纷纷将财产转移隐匿，银行损失比率不断提高。

二是从银行经营利润看，在经济下行、社会信用受损和民间金融逐步回归理性背景下，商业银行盈利能力随之下降。尤其是受表外贸易融资和票据业务风险逐步暴露导致垫款大幅增加，银行经营利润面临

① 2012年四季度企业资金周转状况指数和支付能力指数分别为66.7和71.2，较2010年四季度分别下降13.8个和14.5个百分点。

较大冲击。12月末，温州各项垫款余额82.7亿元，较年初新增54.5亿元。2012年，全市银行业营业利润总额为143.6亿元，同比下降36.2%。

值得关注的是，当前，在上级行的不良率容忍度考核下，部分银行千方百计将一些实际上已经出现不良贷款的企业通过担保公司盘活资金获得续贷，或者通过“以新还旧”形式将不良贷款进行跨年转移，以期将风险暂时推延。在企业盈利能力不能得到根本改善的情况下，这种以“时间换空间”的做法使得未来的信贷潜在风险明显增大。

温州市经济金融统计简表

单位：亿元

项　　目	2008年	2009年	2010年	2011年	2012年
国内生产总值	2424.29	2527.88	2925.57	3350.87	3650.06
第一产业	76.68	79.89	92.78	107.01	112.90
第二产业	1286.76	1287.75	1535.12	1750.65	1843.06
第三产业	1060.85	1160.24	1297.66	1493.21	1694.10
社会固定资产投资	758.44	837.78	925.98	1751.52	2110.34
房地产开发投资	219.39	253.34	270.50	680.55	687.50
社会消费品零售总额	1096.21	1264.72	1498.10	778.75	768.14
进出口总额（亿美元）	139.92	132.79	170.94	215.72	204.38
出口总额(亿美元)	119.04	109.36	145.43	181.65	176.96
进口总额(亿美元)	20.89	13.43	25.51	34.06	27.42
地方财政收入	180.15	195.64	228.49	270.90	279.00
地方财政支出	209.67	251.56	311.05	370.40	387.80
商品零售物价总指数(%)	105.50	99.10	104.00	102.50	96.70
居民消费价格指数(%)	104.70	99.00	104.30	106.10	102.30
金融机构各项存款余额	4121.79	5191.24	6222.74	7271.27	7425.62
企业存款余额	971.37	1463.52	1924.72	3445.22	3289.74
储蓄存款余额	2085.02	2617.22	2916.12	3342.26	3616.96
金融机构各项贷款余额	3306.13	4393.71	5381.57	6195.11	6839.37
短期贷款余额	2461.61	3357.98	4181.89	5039.30	5544.89
中长期贷款余额	763.83	984.04	1172.58	1083.78	1156.82

嘉兴市经济金融形势分析报告

一、2012年嘉兴市经济运行概况

2012年，嘉兴市经济总体呈现“止跌、企稳、回升”态势，特别是四季度以来主要经济指标改善趋势进一步显现，经济结构总体优化。

（一）工业经济企稳回升，企业效益降幅收窄

2012年，全市规模以上工业产值6004.1亿元，同比增长7.7%，增幅比前三季度回升4.1个百分点；其中新产品产值1853.1亿元，增长12.4%。2012年，规模以上工业实现利润255.9亿元，同比下降10.8%，降幅比前三季度收窄8.5个百分点。

（二）投资增幅总体企稳，消费增幅有所回升

2012年，全市固定资产投资完成1642.3亿元，同比增长10.4%，增幅比前三季度回落0.1个百分点。2012年，全市社会消费品零售总额1083.7亿元，同比增长14.3%，增幅比上半年回升0.3个百分点。2012年，全市商品房销售额322.5亿元，同比增长16.9%，增幅比前三季度回升27.0个百分点。

（三）出口增幅有所回落，利用外资同比下降

2012年，全市进出口总额287.4亿美元，同比增长0.9%，增幅比前三季度回落0.8个百分点；其中出口总额196.0亿美元，增长1.7%，增幅比前三季度回落1.1个百分点。2012年，全市合同利用外资28.1亿美元，同比下降9.6%；实际利用外资17.8亿美元，同比下降3.5%。

（四）财政收入保持增长，物价水平总体回落

2012年，全市财政一般预算收入471.9亿元，同比增长13.4%，增幅比前三季度回升5.9个百分点；其中地方一般预算收入257.7亿元，增长13.8%，增幅比前三季度回升6.4个百分点。2012年，市区居民消费价格累计同比上涨2.2%，涨幅比前三季度回落0.4个百分点。

二、2012年嘉兴市金融运行情况

2012年，嘉兴市金融运行总体平稳，金融总量不断扩大；信贷结构有所调整，重点支持实体经济发展。

——存款同比少增。2012年12月末，全市金融机构本外币各项存款余额4597.3亿元，比年初增加429.8亿元，同比少增146.4亿元，余额同比增长10.3%，比上年同期回落5.6个百分点。与各地市比较，12月末存款余额、增量、增幅分列第6、第5、第6位。

——贷款适度增长。2012年12月末，全市金融机构本外币各项贷款余额3670.5亿元，比年初增加457.8亿元，同比少增3.9亿元，余额同比增长14.3%，比上年同期回落2.4个百分点。与各地市比较，12月末贷款余额、增量、增幅分列第7、第6、第5位。

——国际收支顺差缩小，跨境人民币业务持续扩大。2012年，全市国际收支总

计413.6亿美元，同比增长10.6%，其中收入264.1亿美元，增长3.0%；支出149.5亿美元，增长27.5%；顺差114.7亿美元，下降17.7%。2012年，全市跨境人民币结算量达304.0亿元，同比增长53.6%

——保险业增长放缓，证券业总体低迷。2012年，全市累计保费收入74.7亿元，同比增长6.6%；累计赔款和给付支出25.9亿元，同比增长32.7%。2012年，全市累计证券交易额4050.8亿元，同比下降19.2%；12月末，全市证券保证金余额26.7亿元，同比下降15.5%。

——银行不良贷款有所上升。2012年12月末，全市金融机构本外币不良贷款余额46.1亿元，比年初增加21.1亿元；不良贷款率1.26%，比年初上升0.48个百分点。

金融运行主要特点：

（一）社会融资总量适度增长，融资结构有所变化

初步统计，2012年12月末，嘉兴市社会融资总规模5312.4亿元，同比增长12.3%。2012年新增645.3亿元，同比少增194.3亿元，其中银行贷款新增457.8亿元，同比少增3.8亿元；银行表外融资新增65.2亿元，同比少增158.3亿元；企业直接融资新增85.2亿元，同比少增36.8亿元；非银行融资机构新增37.1亿元，同比多增4.6亿元。

从融资结构看，呈现出“二升二降”特点。一是银行贷款占比上升。2012年新增银行贷款占同期新增社会融资总规模的70.9%，同比上升15.9个百分点。二是非银行融资机构占比上升。2012年新增小额贷款公司贷款、保险公司赔偿融资合计占同期新增社会融资总规模的5.7%，同比上升1.8个百分点。三是直接融资占比下降。2012年企业通过股市和债市新增融资占同期新增社会融资总规模的13.2%，同比下降1.3个百分点，其中股市融资占比0.7%，同比下降8.4个百分点。四是银行表外融资占比下降。2012年新增银行表外融资占同期新增社会融资总规模的10.1%，同比下降16.5个百分点。

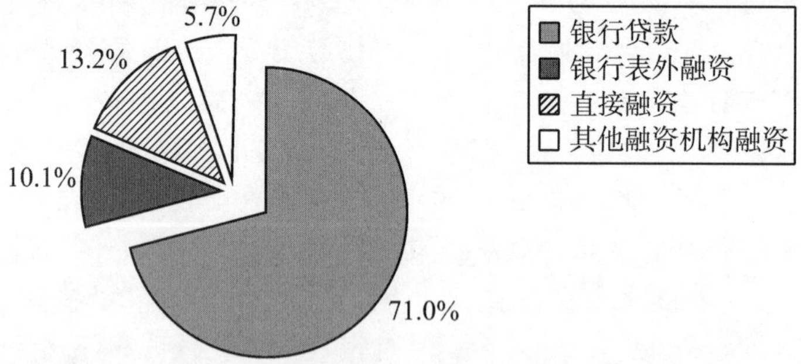

图1　2012年嘉兴市新增社会融资总量占比情况图

值得指出的是，嘉兴市区域经济金融生态环境总体良好，对市外资金吸引力较强。2012年，全市新增异地贷款75.6亿元，同比多增40.0亿元；全市金融机构累计向市外净转出信贷资产（贷款+票据）90.0亿元，同比多转出34.8亿元。因此，如果考虑异地贷款、资产转出等因素，2012年嘉兴市新增融资总量同比少增119.5亿元。

（二）存款增长乏力，波动较大

从存款来源看，2012年以来，嘉兴市存款增长乏力，其主要原因：一是经济主体资金积累能力明显下降。2012年以来，嘉兴市经济增长放缓，全年规模以上工业企业净利润与地方财政收入增速分别同比下降10.2、14.2个百分点，经济效益下滑使经济主体资金积累能力下降，相应存款增长较少。二是金融产品对存款分流更趋多元化。今年以来银行、证券、保险及相关投资公司均推出金融产品，收益率普遍高于存款利率，部分资金通过金融产品进入银行间市场及资本市场。12月末，全市银行理财产品余额312.1亿元，同比增长44.1%。三是企业资金占用仍然较多。12月末，规模以上工业企业应收账款同比增长11.2%，高于主营业务收入增幅7.5个百分点。此外，房地产及政府融资平台调控、表外业务增长放缓、资金跨区域流动等对存款也产生一定影响。

从存款结构看，主要呈现三个特点：一是存款"定期化"趋势明显。2012年以来受企业结算资金需求量下降、企业家信心较低及理财产品发行等影响，活期存款下降较多，存款定期化趋势明显。12月末单位定期存款占比为33.8%，同比提高4.7个百分点。二是存款"储蓄化"趋势明显。2012年以来受经济下行，企业资金占用增加等影响，单位及财政性存款增长明显低于储蓄存款，储蓄存款占比明显上升。2012年，全市新增储蓄存款275.0亿元，占新增存款总额的64.0%，同比提高20.4个百分点。三是存款行际间"差别化"趋势明显。受金融产品、客户结构、存款上浮幅度、贷款投放等影响，2012年以来各行之间存款增长差别较大，国有银行存款同比少增较多。全市国有银行新增存款111.6亿元，同比少增118.9亿元。

从时间序列看，存款季末冲高现象总体明显。3、6、9、12月份新增存款总计558.3亿元，超过全年新增存款总额。存款季末冲高原因除了考核因素以外，还与存款"理财化"趋势有关。调查显示，2012年四个季度季末存款增量中，平均有38.3%是银行通过设定理财产品发行或到期在季末的方式吸引和锁定存款。

（三）信贷结构有所调整，重点领域投入增加较多

从信贷结构看，一是贷款"短期化"趋势明显。受房地产、政府融资平台调控及项目储备不足等影响，中长期贷款增长放缓，满足企业流动资金需求的短期融资占比上升，2012年全市新增短期贷款及票据融资363.0亿元，占新增贷款总额的79.3%，同比提高2.7个百分点。二是贷款"外币化"趋势明显。2012年以来，嘉兴市外币贷款利率较低，投放较多，全年新增外币贷款12.3亿美元，占新增贷款的16.9%，同比提高7.3个百分点。三是贷款"县域化"趋势明显。2012年，五县市新增贷款328.5亿元，同比多增20.8亿元，占比达到71.8%，同比提高5.2个百分点。

从信贷投向看，一是重点支持实体经济发展。2012年，全市制造业、批发和零售业、租赁和商务服务业总计新增贷款319.3亿元，占新增贷款总额的69.8%，同比提升1.8个百分点。二是不断增加"三农"贷款。12月末，全市统筹城乡农村基础设施项目贷款余额217.9亿元，比年初增加41.7亿元；2012年，全市新增农、林、牧、渔业贷款77.5亿元，同比多增17.0亿元。三是合理控制房地产开发贷款。2012年，全市房地产开发贷款下降10.4亿元，其中保障性住房开发贷款新增6.0亿元。

（四）政策预调微调效应显现，资金价格总体下降

11月，嘉兴市金融机构贷款加权平均利率6.01%，比年初下降1.42个百分点。

其中，企业贷款加权平均利率6.86%，比年初下降0.82个百分点；贴现加权平均利率6.03%，比年初下降3.23个百分点；个人住房贷款加权平均利率5.75%，比年初下降2.12个百分点；美元贷款加权平均利率1.80%，比年初下降2.74个百分点。

与此同时，社会资金价格总体下降。12月，嘉兴市小额贷款公司加权平均利率17.12%，比年初下降1.40个百分点；三季度民间借贷监测加权平均利率23.17%，同比下降3.20个百分点。

三、当前经济金融运行中需要关注的问题

当前经济金融领域一些深层次问题仍然突出，随着经济周期及政策周期的波动，一些现象仍有可能反复加剧。当前需要重点关注区域经济持续增长动力、资金结构性矛盾、金融风险等方面问题，并采取措施积极应对。

（一）关注区域经济持续增长动力问题

尽管2012年嘉兴市经济实现“筑底回升”，但经济内生性增长动力没有得到明显改善，经济回升更多是受经济及政策等“周期性”因素影响，持续性不强，主要包括：一是部分项目审批速度有所加快。2012年下半年以来，为“稳增长”，部分项目审批有所加快，全年嘉兴市项目投资同比增长11.0%，比上半年回升5.4个百分点。二是企业“去库存化”压力有所缓解。经历1年多“去库存化”，企业“去库存化”压力有所缓解，部分企业开始补库存，12月末嘉兴市规模以上工业存货同比增长13.8%，比9月末回升8.8个百分点。三是政策效应有所显现。今年以来央行两次下调存款准备金率，两次降息，两次下调贷款下浮区间，财政税收刺激政策等有利于缓解实体经济成本压力。

目前，嘉兴市经济增长面临的制约仍然较大。一是全球经济复苏仍不稳固。国际金融危机的后续影响还在继续显现，世界经济复苏曲折漫长，国际贸易保护主义盛行，我市外向型经济形势总体严峻。2012年，嘉兴市出口仅增长1.7%，特别是对欧盟出口同比下降6.9%。二是企业经营困难仍在持续。2012年，全市规模以上工业亏损企业同比增长49.0%，相当一部分企业处于很困难的境地。此外，融资难融资贵、用工难用工贵、汇率波动、利润薄等多种困境短期内难以彻底改善，在一定程度上制约企业生产、投资的持续扩大。三是要素制约仍然较大。2012年以来，嘉兴市经济发展中土地、能源、资金等要素制约依然明显。工业投资项目落地与土地指标紧缺的矛盾较为突出，优势企业生产受到电力资源不足的制约依然存在，部分政府性项目资金来源不足等仍然较为突出。

值得注意的是，高新技术产业、战略性新兴产业等作为新的经济增长点对我市经济持续拉动力仍需要加强。一是产业稳定性仍需提高。过去几年经验表明，嘉兴市高新技术产业稳定性较低，在经济下行中经营状况往往急速下滑。2009年和2012年，全市高新技术产业利润增幅分别低于平均水平51.5和13.4个百分点；2012年，全市高新技术产业主营业务收入、利润增幅分别低于平均水平0.2个和15.5个百分点。二是产业发展中存在的诸多问题仍需破解。部分新兴产业面临产业链低端，技术及装备大都依赖进口，企业自主研发能力不强，市场需求低迷等问题，如光伏产业等，需要逐步破解发展中面临的难题。三是产业对经济增长贡献度仍需提升。2012年，全市战略性新兴产业总产值1998.6亿元，占比33.3%，传统产业仍占

主导地位，对经济增长的贡献度仍需提升。

在此背景下，在稳定传统经济增长动力的同时，积极培育和加强区域经济新的增长点，对于促进嘉兴市经济可持续发展至关重要。

（二）关注区域资金结构性问题

2012年，货币政策预调微调效应显现，资金供求总体有所缓和，但结构性矛盾较为突出，流动性不平衡现象明显，主要表现为：一是银行存贷款增长不对称现象突出。2012年，全市存款增幅低于贷款增幅4.0个百分点，近几年首次出现新增存款总额小于新增贷款总额的现象。二是信贷供需不对称现象普遍。部分银行有规模而需求乏力，部分企业有需求而缺乏融资条件，部分领域银行有意愿而受政策制约等现象较为明显。三是投融资不对称现象明显。12月末，嘉兴市银行贷款增幅高于投资增幅3.9个百分点。从产业分类看，嘉兴市工业经济信贷增幅高于投资增幅11.7个百分点，而第三产业信贷增幅低于投资增幅2.0个百分点。

当前资金结构性矛盾反映了资金供求关系中一些深层次问题，主要包括：一是区域投融资体系建设仍需完善。一方面，部分资金进入金融市场，这些资金能否通过金融市场回流地方形成存款，在很大程度上取决于区域投融资渠道的扩展。另一方面，区域信息共享体系、信用体系、风险分担体系等仍存在诸多不完善地方，在一定程度上造成资金结构性问题。二是政策导向与市场需求存在差别。一方面，宏观政策往往具有"逆周期性"，与市场需求节奏存在差别，在经济景气度较高时，信贷需求旺盛而供给往往趋紧，在经济景气度较低时，往往信贷供给有所改善而有效需求不足；另一方面，信贷结构政策上，受多方面影响，往往是政策支持领域实际有效需求不足，而政策限制领域资金需求较为旺盛，如2012年以来实体经济信贷政策倾斜较大而有效需求不足，政府融资平台资金需求旺盛而政策制约明显。三是融资能力与融资需求存在不一致。一方面，部分上市公司、行业龙头、稳健型中小企业融资能力较强，但在经济活跃度较低背景下，企业扩张意愿较低，资金需求不足；另一方面，部分市场竞争力不强，盈利能力减弱甚至陷入亏损的企业，现金流日趋紧张，这些企业融资需求强烈，但由于负债率上升，财务指标恶化，难以符合银行审贷要求。

资金结构性矛盾在较大程度上加剧了区域资金问题，主要表现为：一是增加了融资难度。资金结构性矛盾在一定程度上制约资金进入实体经济，在资金总供给不变情况下，加剧了部分领域融资难问题。二是提高了实际融资成本。为缓解信贷供需矛盾，部分经济主体通过信托、私募债等形式募集资金，资金成本达到12%，明显高于银行贷款利率。三是降低了资金效率。资金结构性矛盾导致资金供需不对称，在一定程度上降低了资金总体效率。2012年，嘉兴市GDP与信贷之比在0.81左右，同比下降5.6%，已经连续多年下降。

针对区域资金结构性矛盾较为突出的现象，一方面要通过扩大资金总供给来缓和矛盾，另一方面要在力所能及范围内采取措施，解决问题，提高区域资金整体运行效率，促进区域经济健康发展。

（三）关注区域金融风险问题

2012年以来，嘉兴市金融风险总体可控，但压力明显增加。一是不良贷款"双升"。12月末，全市金融机构不良贷款余额46.1亿元，比年初增加21.1亿元；不良贷款率1.26%，比年初上升0.48个百分点。二是各项垫款大幅增加。12月末，全市金融机构各项垫款余额11.4亿元，其中承兑垫款 9.2 亿元；2012 年新增垫款 10.6 亿元，是上年同期的 72.2 倍。三是企业风险暴露较多。据中国人民银行调查，2012 年，嘉兴市出现信贷风险波及面较大的企业有 47 家，总负债达到 38.7 亿元，涉及银行信贷 25.7 亿元。其中四季度出现信贷风险波及面较大的企业有 4 家，企业总负债达到 3.3 亿元，涉及银行信贷 2.3 亿元。

尽管四季度金融风险暴露有所缓和，但金融风险形势整体仍然严峻。一是当前银行不良贷款对金融风险反映是不足和滞后的。部分企业信贷风险已经显现，但由于银行贷款没有到期而没有在不良贷款里反映；部分企业问题贷款转让给其他企业，增大其他企业风险；部分银行由于考核压力，推迟不良贷款披露等。二是当前金融风险点仍然较多。房地产、政府融资平台等潜在风险依然存在；部分行业经营环境仍然严峻，经营性风险较为突出，如光伏、钢贸行业等。三是金融风险往往具有连锁效应。企业间债务及相互担保可能扩大金融风险，企业"多元化"经营可能传递金融风险，房地产产业链错综复杂可能引发关联性风险等。

值得注意的是，临近年末，部分企业资金支付增加，资金链风险可能上升。一是企业资金面总体仍然趋紧。2012 年，全市新增单位存款 135.2 亿元，同比少增 140.0 亿元，其中活期存款净下降 28.1 亿元。二是春节前企业面临大量支付。春节前企业普遍面临工资、奖金、货款等大量支付，2012 年 1 月，全市单位存款下降达到 141.5 亿元，部分收入来源减少，利润下滑的企业面临支付压力。三是企业面临大量贷款到期。年末年初是银行贷款投放和回笼的高峰期，月贷款到期超过 250 亿元，部分企业贷款偿还压力增加。

区域金融环境建设对区域经济金融发展意义重大，要密切关注经济形势及政策变化，加强合作，同舟共济，正确处置已暴露的金融风险，积极化解潜在金融风险，不断改善区域金融环境。

四、趋势预测及对策建议

（一）2013 年全市金融运行趋势预测

2013 年国际经济形势依然错综复杂、充满变数，世界经济低速增长态势仍将延续，国内经济企稳回升基础仍需巩固。中央经济工作会议明确指出，2013 年将继续实施积极的财政政策和稳健的货币政策，要适当扩大社会融资总规模，保持贷款适度增加，切实降低实体经济发展的融资成本，继续坚持房地产市场调控政策不动摇。在此背景下，预计 2013 年嘉兴市主要金融指标可能呈现以下特点：

1. 存款增长形势总体严峻，结构分化继续显现。2013 年，制约存款增长的因素依然较多，银行存款增长形势总体严峻。一是经济主体资金状况改善程度有限。企业、财政资金状况对银行存款有着重要影响，2013 年经济企稳回升基础仍需巩固，企业资金状况、财政收入增幅等改善程度总体有限，对存款增长形成制约。二是金融产品对存款分流趋势仍将显现。近几年，银行理财、证券、信托、私募等金融产品增长较快，对存款分流效应明显，预计 2013 年这一趋势仍将延续。三是存款实际利率可能下降。明年物价水平可能上升，存款实际利率可能下降，存款对资金吸引力可能下降。

从存款行际结构看，目前影响银行存款增长的因素更趋复杂，贷款客户资金状况、金融产品、金融服务、存款上浮幅度、营业网点等均对银行存款产生重要影响，随着利率市场化的不断推进及金融业的不断发展，传统的依靠贷款带动存款的模式面临挑战，商业银行存款"综合力"竞争趋势逐步显现，预计2013年银行间存款差异化趋势将继续显现。

2. 新增贷款同比多增，实体经济信贷投入增加较多。2013年将继续实行稳健货币政策，保持贷款适度增加，政策环境可能有所改善。从嘉兴市信贷占比情况看，2007—2012年嘉兴市人民币信贷增量占全国比例在0.53%—0.59%之间，考虑到近几年浙江省新增信贷占全国比重总体呈下降态势，预计2013年嘉兴市新增贷款在480亿元左右。从金融机构计划预测情况看，2013年全市新增本外币贷款470亿元左右。从时间序列模型分析结果看，2013年嘉兴市新增贷款490亿元左右。总体而言，2013年嘉兴市新增贷款规模480亿元左右。

从信贷投向看，信贷支持实体经济仍是2013年金融工作的重点，对实体经济信贷倾斜将保持较大力度；与此同时，随着经济的回升，实体经济信贷有效需求将温和放大，制造业、批发和零售业、租赁和商务服务业等领域信贷将保持较快增长。

3. 资金价格逐步趋稳，企业利息支出增幅继续下降。经过两次降息，两次下调贷款下浮区间，2012年银行贷款利率下降趋势总体明显，特别是前三季度贷款利率下降较快，四季度下降速度有所趋缓。2013年在稳健货币政策下，尽管贷款利率仍有下调可能，但空间不大，且经过2012年的较快下降，目前企业贷款利率已经离近几年的底部不远(2009年企业贷款利率为6.0%)，预计2013年嘉兴市贷款利率总体呈现趋稳态势，贷款加权平均利率在6.0%左右，企业人民币贷款加权平均利率在6.8%左右。

从企业利息支出角度看，一方面由于贷款利率与企业利息支出两者存在一定的时滞，利息支出增长具有明显的滞后效应，2012年贷款利率的下降将对2013年企业利息支出有较大影响；另一方面，2012年企业利息支出增幅尽管逐步下降，但仍处于较高区间，基数较高。在此背景下，预计2013年企业利息支出增幅较2012年将明显下降，可能低于10%，明显低于贷款增幅。

（二）金融支持区域经济发展对策建议

2013年，嘉兴市金融机构要深刻领会中央经济工作会议精神，按照市委、市政府的要求和指示，在增加资金供给、优化信贷结构、降低企业负担、加强金融创新、优化金融服务、防范金融风险等方面狠下功夫，促进区域经济金融平稳健康发展。

1. 增加资金供给，保障区域经济发展。全市金融机构要结合自身实际，多渠道增加资金供应，为经济企稳回升提供资金保障。一是积极向上级行争取资金支持。全国性银行分支机构要积极向上级行争取信贷政策、资金倾斜，争取相对较多的信贷规模，不断提升区域信贷占比。二是继续拓展表外融资规模。通过信贷资产转让、签发银行承兑汇票、信托产品创新、委托贷款、海外贸易融资等方式加大对企业的信用支持力度。三是努力扩大融资渠道。支持符合条件的企业发行债务融资工具，推进"区域集优"项目，鼓励并规范发展社会融资机构，培育和发展私募股权投资、创业投资、产业投资基金等，畅通民间资本直接投融资渠道，加快多元化、多层次融资体系建设。

2. 优化信贷结构，加大重点领域投入。在扩大融资规模的同时，全市金融机构要继续优化信贷投向，加大重点领域信贷投入。一是大力支持重点项目建设。围绕"三大倍增"、"四大建设"的总体要求，主动对接、推荐、协调一批重点项目，支持“两退两进”、“三个千亿”、“五个一批”、统筹城乡、海洋经济、浙商回归等重点项目建设，促进我市投资增长。二是加大对科技型企业的支持力度。全市金融机构要加强与相关部门合作，建立科技型企业风险分担机制，加大对科技型企业信贷支持力度，鼓励创新创业，为区域产业转型升级和引进科技型人才创造良好的金融生态环境。三是继续支持统筹城乡发展。全市金融机构要不断探索城乡统筹发展中新的金融业务增长点，加大农村基础设施建设投入，有效支持地方经济社会发展。

3. 加快金融创新，缓解融资障碍。全市金融机构要把金融创新放在更加突出的位置，以金融创新为突破口，缓解融资障碍。一是推进抵押产品创新。要进一步推动应收账款质押、知识产权质押、股权质押贷款等发展，着力抓好扩面增量工作；推进不动产余值再抵押贷款，完善相关制度，扩大融资规模；发展各类税收挂钩贷款，增强企业融资能力。二是加强担保方式创新。继续支持担保机构发展，促进担保业规范发展，发挥好再担保公司作用，缓解企业间互保压力；深化银行与保险合作，推进出口信保贷款、“易保贷”等业务发展。三是探索融资制度创新。建立并扩大转贷基金规模，缓解企业资金周转困难；开展无还本续贷、偿还期调整等各类贷款方式创新。

4. 降低企业负担，增强实体经济竞争力。全市金融机构要采取实质性措施，切实降低企业负担，更加注重长期效益。一是继续规范贷款利率定价。充分考虑企业的承受能力和生产经营状况，主动让利企业，特别是部分经营前景较好的中小企业，贷款利率尽可能少上浮或不上浮。二是继续降低金融服务收费。要切实做到“六个不得”，规范中间业务收费；降低或取消部分金融服务项目收费，降低企业负担，为企业提供便利。三是创新降低企业财务成本。探索优化企业负债结构，针对部分企业或平台公司信托、私募等融资方式成本较高的情况，可加强与各方协调，通过置换等方式降低企业融资成本；为企业资金开展理财服务，努力增加企业资金效率和收益率。

5. 加强金融服务，优化区域金融环境。全市金融机构要在力所能及的范围内加强金融服务，努力改善企业经营环境。一是进一步推进跨境人民币业务。完善现有制度，提高管理效率，扩大人民币在对外直接投资和国际经济合作中的使用。二是继续提升外汇管理和服务水平。继续为企业提供成本低廉、便捷有效的外汇结算和增值服务，为企业“走出去”提供综合性服务方案，充分利用人民币外汇远期、掉期、期权等创新组合产品，开发出符合市场主体需求的外汇融资与避险工具。三是不断改善农村金融环境。深化实施“便农支付工程”，改善农村地区支付服务环境；继续推进农村信用体系建设，优化农村信用环境。

6. 强化金融风险监控，确保经济金融平稳运行。全市金融机构要加强沟通协作，防范金融风险，维护区域经济金融稳定。一是构建风险预警和监控机制。要进一步完善金融风险报告制度、金融业重大事项及重要信息报告制度、企业倒闭和企业主逃逸信息周报制度，做到及时掌握风险事件发展变化情况，准确评估风险事件对区域金融稳定的负面影响。二是采取坚决措施防止风险扩散和蔓延。各金融机构对资金困难企业要区别对待，一户一策，不随意抽贷、压贷，防止风险扩散和蔓延。鼓励建立应急救助基金、临时周转资金池等。同时，对已经暴露的信贷风险，要加强与相关部门及同业沟通，服从相关部门的协调，努力化解风险，维护区域经济金融稳定。三是加强区域信用环境建设。加强金融生态建设，积极推动企业主体信用评级，完善担保机构信用评价机制，加快中小企业和农村信用体系建设，营造良好的区域信用环境。

嘉兴市经济金融统计简表

单位:亿元

项　　目	2008 年	2009 年	2010 年	2011 年	2012 年
国内生产总值	1815.30	1917.96	2296.00	2668.06	2884.94
第一产业	105.52	107.01	126.30	146.09	150.05
第二产业	1085.29	1111.74	1342.12	1536.18	1620.82
第三产业	624.49	699.21	827.58	985.79	1114.07
社会固定资产投资	1006.70	1233.34	1518.60	1502.48	1642.31
基本建设投资	180.70	294.20	330.38	281.85	234.56
更新改造投资					
房地产开发投资	181.23	187.18	270.70	384.76	415.88
社会消费品零售总额	599.61	694.30	799.40	948.57	1083.74
进出口总额（亿美元）	198.33	172.04	228.20	284.84	287.44
出口总额(亿美元)	141.04	123.41	160.41	192.72	196.03
进口总额(亿美元)	57.29	48.63	67.79	92.12	91.41
地方财政收入	126.87	141.70	176.83	226.40	257.73
地方财政支出	135.92	161.11	199.06	240.61	260.70
商品零售物价总指数(%)	106.60	98.20	104.00	105.00	101.70
居民消费价格指数(%)	105.20	99.10	104.00	105.50	102.20
金融机构各项存款余额	2227.82	2904.21	3590.82	4168.17	4597.34
企业存款余额	659.83	996.31	1151.16	2130.87	2265.45
储蓄存款余额	1163.77	1385.62	1629.71	1910.30	2181.17
金融机构各项贷款余额	1668.42	2278.65	2753.64	3212.74	3670.52
短期贷款余额	916.68	1156.87	1390.05	1831.14	2167.67
中长期贷款余额	689.89	1029.32	1252.27	1359.05	1444.41

湖州市经济金融形势分析报告

一、2012年湖州市经济运行概况

2012年，由于宏观经济面持续吃紧，经济增长下行趋势较为明显，湖州市经济也不可避免地受到多方面的冲击和影响。从全年情况来看，湖州市经济发展的增幅有所放缓。各大产业增幅均有不同程度的回落。全年实现地区生产总值1661.97亿元，增长9.7%。

（一）三大产业增长总体增幅放缓，工业生产有所分化

——农业生产同比回落。2012年，湖州市农林牧渔业全年实现总产值209.15亿元，同比增长5.4%，从季度波动情况看呈逐季回落的态势。其中，农业产值94.94亿元，同比增长6.2%；林业产值23.30亿元，同比增长8.8%；牧业产值45.72亿元，同比下降1.1%；渔业产值37.26亿元，同比增长9.3%。各大产业增幅均较2011年同期有较大幅度的下降。

——工业生产增长分化。2012年，湖州市规模以上工业增加值555.55亿元，同比增长13.2%，增幅同比基本持平。其中，六大特色产业和高新技术产业工业增加值的增幅分别为22.3%和19.2%，分别较同期增幅水平提高6.3个和8.2个百分点。2012年，湖州市工业用电量同比增长3.2%，同比大幅下降10.1个百分点。从分行业看，湖州市各大行业工业增加值增幅超过10%的行业数与上年基本持平，34个行业中有20个行业超过10%的增长水平。

——第三产业下滑较快。2012年，湖州市第三产业增加值累计实现650.46亿元，同比增长9.6%，与2011年同期水平相比较下滑3.9个百分点。现代商贸业、休闲旅游业、文化创意业、现代物流业、信息服务业等的增幅均低于2011年同期水平。

（二）三大需求增长动力减速，出口需求继续回落

——投资需求稳中趋缓。由于受到宏观经济增长下行的影响，湖州市固定资产投资增幅有所放缓。2012年，湖州市固定资产投资总额970.73亿元，同比增长20.6%。从投资领域看，全市工业固定资产投资保持稳定，但整体增幅水平略低于2011年。2012年，湖州市累计完成工业投资527.84亿元，同比增长19.5%。房地产开发投资则继续下降，2012年商品房销售和新开工面积分别同比下降17.4%和10.5%。从投资主体看，国有投资回升较快，而民间投资力度基本稳定。2012年，湖州市国有投资累计完成175.28亿元，同比增长7.2%，较4月末上升6.4个百分点。而非国有投资累计完成795.45亿元，同比增长24.1%，较年初有所下滑。

——消费需求保持稳定。2012年，湖州市社会消费品零售总额703.87亿元，同比增长15.4%。从分类别看，2012年以来，受经济不景气影响，奢侈品类消费增幅持续减缓，其中，金银珠宝类支出增幅和汽车类支出增幅分别从年初的45.9%和55.9%下降至12月的12.3%和20.6%。

而从居民的基本生活消费支出看，随着物价水平的持续回落，居民在食品类方面的支出稳步回升，食品类支出增幅从年初的14.5%回升至12月的19%。

——出口需求继续探底。2012年，湖州市进出口总额87.37亿美元，同比增长0.9%，同比大幅滑落24.3个百分点，其中出口总额73.96亿美元，仅增长0.6%，较2011年同期水平大幅下降24.9个百分点。从出口市场看，对日出口由于受到中日关系趋紧的影响，出口增幅一直呈现快速回落的态势，同比增幅从年初的28.2%大幅回落至12月的3.8%。而对欧洲市场的出口则在欧洲经济无法企稳的状况下也一直维持负增长。另外，对美洲市场的出口则出现分化，对北美市场出口稳定在10%以上的增长水平，而对拉美市场出口不断减速，并在近几个月出现负增长。另从贸易方式看，一般贸易和加工贸易增幅均较2011年同期大幅下滑，其中，一般贸易下滑27.1个百分点，而加工贸易则下滑22.1个百分点。

（三）三大收入增长减速，物价水平持续下降

——财政收入增长放缓。2012年，湖州市实现财政总收入246.88亿元，增长12.7%，低于2011年同期水平14.4个百分点。其中，地方财政收入138.55亿元，增长13.5%，较2011年同期下降12.1个百分点。从各大税种看，税收收入增幅均较2011年同期水平有较大幅度的下降，个人所得税甚至出现负增长。尽管纵向比较2012年全年财政收入增幅不甚理想，但从横向比较来看，湖州市财政收入增幅在全省依然名列前茅。

——企业整体效益有所下滑。2012年，湖州市规模以上工业企业利税总额为256.69亿元，同比增长8.2%，较2011年同期下降9.6个百分点。其中，利润158.79亿元，增长6.9%，同比下降12.7个百分点。规模以上工业企业亏损家数为171家，较2011年增加21家。但是，值得注意的是，尽管受到宏观经济增长下行的不利影响，但湖州市高新技术产业和六大特色产业利税增长速度依然较2011年同期有一定程度的提高。从一个方面反映出湖州市经济结构转型的成效。

——居民收入增幅同比减缓。2012年，湖州市城镇居民人均可支配收入32987元，同比增长12.3%，低于2011年同期水平2.1个百分点。其中，工资性收入和经营性收入分别同比增长9.3%和19.8%，均低于2011年同期增幅。农村居民人均纯收入17188元，同比增长11.7%。与城镇居民收入类似，也均低于2011年同期增幅水平。

——物价水平持续走低。2012年，湖州市居民消费价格指数（CPI）涨幅为2%，延续了自2011年四季度以来的持续走低态势，已从2011年9月份5%的水平下降3个百分点。食品类和居住类价格指数较2011年同期大幅下降，成为拉低CPI的主要动力。

二、2012年湖州市金融运行基本情况

2012年，湖州市各金融机构继续认真贯彻执行稳健的货币政策。在经济增幅放缓、宏观经济环境相对不利的情况下，为全市企业尤其是小微企业应对经营困难和转型升级提供了较为稳定的保障和支持。尽管贷款增幅较2011年有所放缓，但是信贷投放更为均衡，结构调整也比较合理。此外，随着经济形势的有所好转，四季度以来金融发展形势也出现向好势头。总体来看，湖州市金融业保持正常平稳运行。

（一）社会融资结构变化明显，表外融

资业务支持效果显著

截至2012年12月末，湖州市社会融资总规模余额2699.03亿元(地方口径)，比年初新增301.27亿元，同比增长12.48%。其中，金融机构本外币贷款依然占据社会融资总规模的主要地位，2012年新增贷款200.23亿元，同比增长11.69%，与社会融资总规模保持同步增长，此外，小额贷款公司贷款余额43.62亿元，同比增长9.33%。

表1　湖州市社会融资总规模　单位：亿元

	余额	当年新增	新增占比(%)
社会融资总规模	2699.03	301.27	
其中：本外币贷款	1912.40	200.23	66.46
委托贷款	123.90	18.04	5.99
银行承兑汇票(敞口)	148.14	−20.55	−6.82
信用证	94.03	−12.89	−4.28
境内外同业代付	19.95	−14.81	−4.92
保函	29.37	2.15	0.71
企业债券	151.00	59.00	19.58
企业境内股票融资	50.23	0.00	0.00
保险公司赔偿	13.06	13.06	4.33
小额贷款公司贷款	43.62	3.72	1.23
其他融资性产品	113.34	53.31	17.70

2012年以来，湖州市社会融资总规模结构变化的一个明显特点，是表外融资业务在整体规模不断扩大的前提下通过结构微调为社会提供了多元化的融资支持。也就是说，在2012年存款增长乏力形势下，金融机构通过大力拓展不计入资产负债表、不占用或较少占用自有资金的表外业务，为企业提供了实实在在的信用和资金支持。这主要反映在以下一些方面：

首先是通过开展同业代付业务，加强与境内外其他银行的合作，以获得资金用于支持全市企业经营发展。12月末，湖州市境内外同业代付余额19.95亿元。其次是委托贷款业务规模持续稳定增长，将社会闲置资金输送到急需资金的企业。12月末，该项贷款余额达123.9亿元，新增18.04亿元，同比增长21.1%。再次是为企业贸易融资提供承兑、保证等信用支持。12月末，银行保函余额29.37亿元，新增2.15亿元；银行承兑汇票(敞口)和国内外信用证余额则分别达到148.14亿元和94.03亿元。最后是其他融资产品的创新成效显著。除了上述表外融资业务之外，其他种类繁多的融资性产品例如商票保贴业务等进一步拓宽了企业的融资渠道。截至12月末，其他类融资性产品余额达到113.34亿元，新增53.31亿元。

值得关注的是，间接融资依然是社会融资总规模的主体。如何进一步拓展直接融资渠道将成为湖州市实体经济发展资金支持多元化的关键之一。目前，湖州市已在中期票据和短期融资券等方面取得一些突破,力争为拓宽企业融资渠道闯出一些新路。

(二)新增贷款水平保持相对稳定,贷款投放较为均衡,结构性调整趋于合理

截至2012年12月末,湖州市本外币各项贷款余额1912.4亿元,比年初增加200.23亿元,同比少增50.61亿元。12月末,贷款同比增长11.69%,增幅低于2011年同期5.48个百分点,低于全省0.09个百分点,列全省第8位。

1. 贷款投放时间和机构分布更趋均衡。一是从2012年的情况看,贷款投放整体均衡性高于上年。月度各项贷款投放新增额的标准差远小于2011年同期数,显示投放更为平稳。另从上下半年的投放来看,上半年新增各项贷款102.44亿元,下半年新增97.8亿元,分别占全年新增贷款的51.16%和48.84%,相对于2011年上下半年60.06%和39.94%水平也显示出2012年全年贷款投放更趋平稳。二是贷款投放在各金融机构之间的分布也日趋均衡。2012年,四大国有商业银行本外币新增贷款69.01亿元,约占全部机构新增贷款的34.47%,同比有所下降,股份制商业银行和农村合作金融机构新增贷款占比则分别为23.04%和35.97%,均高于2011年同期水平,特别是股份制商业银行的新增贷款占比出现大幅提升。这充分显示出随着湖州市银行业市场份额的划分,竞争程度的不断加深正在使市场效率得以有效提高。

2. 贷款投放政策目标达成更具针对性。根据金融切实支持实体经济发展的总体要求,2012年以来,湖州市金融机构进一步加大了对实体经济行业的贷款投放,相关行业在全市新增贷款中的占比不断提高。一是制造业贷款投放占比不断提升。截至2012年12月末,湖州市本外币制造业贷款余额649.67亿元,较年初新增88.37亿元,占全部新增贷款的46.36%。自2011年以来,湖州市金融机构对制造业的贷款投放在全部新增贷款中的占比稳步提升,从2012年各月情况看,绝大多数月份中其占比均高于2011年同期水平。这表明通过贷款投放结构的有效调整,湖州市金融机构对实体经济的支持力度正在持续加大。二是对制造业小微型企业的贷款投放力度不断加强。截至2012年12月末,湖州市金融机构对制造业小微型企业新增贷款投放58.81亿元,占全部制造业企业新增贷款的69.34%,较2011年同期数提高4.49个百分点。这进一步表明,湖州市金融机构对制造业企业尤其是小微型制造业企业的支持不断加大。

3. 贷款投放支持的及时性调整更趋合理。一是将信贷投放的重心之一及时调整到对企业经营的保障性支持上来。尽管2012年以来湖州市企业经营风险不断加大,但是银行依然在存款增长乏力的情况下保持了对企业流动性贷款的较大投放力度,为企业在宏观经济下行形势下维持正常的生产经营甚至渡过生存难关提供了关键的支持和保障。截至2012年12月末,湖州市企业经营性短期贷款新增130.05亿元,占全部新增贷款的64.95%,较上年同期水平大幅提升8.58个百分点。此外,在中长期贷款方面,银行对企业经营的保障力度也大幅提升。截至12月末,湖州市经营性中长期贷款新增3.9亿元,相比于2011年同期的负增长,同比多增16.03亿元。二是将资金成本及时调整到企业相对能承受的水平上来。从2012年以来的情况看,湖州市贷款加权平均利率呈整体下降趋势,从1月份的8.32%下降至12月份的7.38%,降幅达0.94个百分点。并且从每个月的情况看,除3月份以外,月环比均为负增长，表现为逐月走低的趋势。由此可见，湖州市银行在企业整体经营形势不佳的情况下，通过减少利率上浮幅度甚至不上浮和清理利息外不合理收费等多种途径降低企业经营成本，为企业应对经济困境提供了切实的支持。

（三）存款持续增长动能减弱，走势波动显著加大，结构分化趋势明显

截至2012年12月末，湖州市本外币各项存款余额2285.66亿元，比年初增加183.75亿元，同比少增115.93亿元。12月末，存款同比增长8.73%，增幅低于2011年同期7.53个百分点，低于全省0.77个百分点，列全省第8位。

1. 从存款增长量能看，呈动力减弱的特点：2012年，湖州市本外币存款增幅较2011年出现明显的回落，最高回落幅度为2012年6月份，同比大幅回落16.92个百分点。并且，与2011年月均24.97亿元的存款新增水平相比较，2012年平均每月新增存款15.31亿元的水平仅为其六成左右。从各类存款增长情况看也均存在低于2011年同期水平的现象。截至2012年12月末，单位存款、个人存款、财政性存款和其他存款分别比2011年同期少增60.4亿元、39.5亿元、1.88亿元和15.21亿元。由此可见，与经济走势一致，2012年全年湖州市各项存款增长的动能也出现全面减弱。但值得注意的是，与2011年湖州市本外币存款增长全年总体逐步回落的走势有所不同的是，2012年全年存款增长在经历了上半年惯性滑落的过程之后，在下半年还是出现了企稳回升的势头，截至11月末的增幅仅落后于2011年同期1.77个百分点。这与下半年以来宏观经济的微妙变化不无关系。当然这种回升是否具有可持续性，或者说在一段较长的时期内保持整体的稳定性，依然取决于包括宏观经济面和企业经营结构调整等多方面的因素。

2. 从存款增长分项看，呈结构分化的特点：一是受企业经营状况趋紧的影响，单位存款成为拖累湖州市存款总体增长的主要因素。截至2012年12月末，湖州市本外币单位存款余额1128.95亿元，较年初新增61.27亿元，同比少增60.4亿元，占全部新增存款的33.34%，同比下降7.26个百分点。受2011年下半年以来经济增长下行的影响，多数企业出现程度不同的经营形势困难，各项成本支出上升，存货和应收账款增加，企业经营运转流动性收紧。这些均拖累了单位存款的增长，并进而影响了2012年以来湖州市存款的总体增长。二是在单位存款增长有限的情况下，储蓄存款为湖州市存款的总体增长提供了稳定的保障。截至2012年12月末，湖州市本外币储蓄存款余额1082.79亿元，较年初新增128.35亿元，尽管同比略有少增，但是其占全部新增存款的比例却由2011年同期的44.39%大幅提高25.46个百分点至69.85%，成为2012年以来存款总体增长的主要贡献来源。

3. 从存款增长走势看，呈波动加大的特点：2012年以来，湖州市本外币存款增长的波动性较2011年增大。主要体现在以下两个方面：一方面是月度波动幅度增大。最高和最低单月增幅分别为96.31亿元和—72.26亿元，分别大于2011年最高和最低水平16.5亿元和7.97亿元，并且，从月度增幅的标准差来看，2012年湖州市存款的月度增幅波动也远大于2011年的水平。另一方面是存款季末冲高幅度增大。从2012年1至12月情况看，在上级行考核压力不减的现状下，湖州市各银行机构为完成指标任务，不得不通过各种手段在季末加大揽存吸存的力度，这也使得存款季末冲高现象在2012年依然十分显著,季节性特征十分明显。一至三季度季末月的月度增幅分别为2.85%、4.54%和3.81%,而各季度后第一个月的增幅则分别为-2.38%、-3.26%和-1.73%,上述增幅除了个别季度以外均远高于2011年同期增长水平。

(四)金融机构经营风险有所抬头,金融市场运行总体平稳

1. 银行资产质量风险持续累积,国有大银行不良水平上升较快。截至2012年12月末,金融机构不良贷款余额26.48亿元,比年初增加18.5亿元;不良贷款率1.38%,比年初增加0.91个百分点。工、农、中、建、交五家国有商业银行不良贷款余额14.46亿元,新增10.65亿元,不良贷款率1.37%,较年初上升0.61个百分点。国有大银行依然是推动湖州市信贷资产不良水平的主要力量,占湖州市新增不良贷款的57.53%,比2011年年底增加5.27个百分点。而成立时间相对较短的各家股份制商业银行的不良率相对较低。地方法人金融机构不良贷款余额9.23亿元,新增5.47亿元,不良贷款水平也远低于国有商业银行。

2. 保险市场发展保持稳定,证券市场交易持续走低。从整体上看,2012年的保费收入增幅要远低于2011年的水平。截至12月末,湖州市保险机构保费收入47.55亿元,同比增长3.3%。但同时湖州市保险理赔支出增幅却高于2011年整体水平。截至12月末,湖州市理赔款支出14.59亿元,同比增长34.44%。其中财产险保费收入19.85亿元,增长12.47%;寿险保费收入27.7亿元,下降2.41%。2012年股市疲软不振,投资者深套其中,从而导致证券市场交易持续走低。2012年,湖州市累计实现证券交易额1441.28亿元,同比下降27.75%。其中,A股交易额和基金交易额分别同比下降37.69%和50.23%,并分别较2011年同期增幅下滑10.12个百分点和4.73个百分点。

3. 银行贷款利率和民间资金价格双双走低。2012年12月份,湖州市银行业机构人民币贷款加权平均利率为7.38%,环比下降0.09个百分点,较1月份大幅下降0.94个百分点。从贷款期限结构看,短期贷款利率和长期贷款利率较1月份均有不同程度下降。其中,短期贷款利率水平下降0.87个百分点,长期贷款利率水平下降0.68个百分点。民间借贷利率也呈下降走势。截至2012年12月末,民间借贷各期限加权平均利率为28.39%,比1月份下滑2.47个百分点。

湖州市经济金融统计简表

单位:亿元

项　　目	2008年	2009年	2010年	2011年	2012年
国内生产总值	1034.89	1111.50	1301.56	1518.83	1661.97
第一产业	82.63	89.74	104.61	116.02	123.31
第二产业	593.56	617.76	714.61	824.55	888.20
第三产业	358.70	554.24	482.34	578.26	650.50
固定资产投资	525.24	637.84	717.83	809.65	970.73
基本建设投资	103.96	140.47	120.74	144.21	166.71
房地产开发投资	103.29	110.47	142.79	189.66	211.17
社会消费品零售总额	382.11	442.57	516.09	609.89	703.87
进出口总额(亿美元)	55.88	48.33	69.28	86.62	87.37
出口总额(亿美元)	49.01	40.76	58.61	73.56	73.96
进口总额(亿美元)	6.87	7.57	10.67	13.06	13.40
地方财政收入	71.61	80.01	97.27	122.12	138.55
地方财政支出	86.42	108.51	127.12	151.73	167.51
居民消费价格总指数(%)	105.10	99.20	104.00	104.80	102.05
金融机构各项存款余额	1013.73	1397.68	1805.61	2102.05	2285.66
企业存款余额	274.33	444.04	558.92	1067.82	1128.95
储蓄存款余额	542.18	688.32	821.68	954.44	1082.79
金融机构各项贷款余额	786.04	1150.71	1461.32	1712.17	1912.40
短期贷款余额	449.53	624.98	812.49	1057.63	1202.74
中长期贷款余额	316.41	477.41	600.84	629.46	666.11

注:1. 基本建设投资为"基础设施投资"统计指标。
2. 存贷款全部采用本外币口径。

绍兴市经济金融形势分析报告

2012年,绍兴市经济缓中趋稳,稳中有升,但外需低迷的局面没有明显改变。金融运行总体平稳,存贷款增幅回升,但表外信贷收缩,不良贷款有所反弹。

一、经济运行概况

2012年,绍兴市经济平稳发展,工业增加值增幅回升,利润降幅收窄,投资和消费持续增长,但外贸形势依然严峻。全年全市GDP为3620.1亿元,同比增长9.7%,高于全省平均增幅1.7个百分点,列全省第四位,增幅逐季提高。其中第一产业增加值184.7亿元,增长2.9%;第二产业增加值1949.1亿元,增长9.7%;第三产业增加值1486.3亿元,增长10.8%。

1. 工业经济缓中趋稳,运行状况好于全省。绍兴市规模以上工业增加值累计增幅自下半年以来逐月回升,全年累计同比增长11.0%,累计增幅高于全省平均3.9个百分点。工业用电增幅继续回升,全年同比增长3.0%,比三季度回升0.4个百分点。全年利润总额同比下降0.2%,降幅分别比6月末和9月末收窄6.3个和5.1个百分点,尤其是8月份后当月利润连续5个月正增长,累计降幅小于全省平均5.9个百分点。分行业看,全市15个工业行业有8个行业利润同比减少,7个行业实现正增长。主营业务收入处于首位的纺织业和第五位的有色金属冶炼及压延加工业增长较快,分别为12.1%和18.6%。

2. 投资实现较快增长,房地产投资增幅回升。全年全市固定资产投资1722.6亿元,同比增长20.8%,增幅较上年同期回落4.4个百分点。其中,工业投资881.4亿元,增长18.4%;基础设施投资284.1亿元,增长17.9%;服务业投资831.8亿元,增长23.2%;商品房销售回暖,房地产投资连续5个月实现正增长,累计同比增长16%,增幅比9月末回升8.4个百分点。

3. 消费市场增长平稳,汽车类消费持续增长。全年全市消费品市场实现社会消费品零售总额1158.7亿元,同比增长15.1%,增幅分别比6月末和9月末加快1.7个和0.6个百分点。汽车类零售额持续增长,同比增长13.1%,增幅比上半年提高4.3个百分点。住宿业和餐饮业营业额增长相对较快,同比分别增长22.9%和27.3%。

4. 外贸形势依然严峻,主要指标全线下降。全年外贸进出口总额321亿美元,其中出口总额256亿美元,进口总额65亿美元,同比分别下降4.2%、1.7%和13%。12月当月进出口下降较为明显,同比下降10.5%,其中出口下降4.19%,进口下降23.5%。从出口产品看,受欧美市场持续低迷、纺织产业向东南亚地区转移、中日钓鱼岛争端等影响,中国·柯桥纺织外贸销售额指数全年跌去一半。

5. 财政收入保持增长,增幅出现回落。全年全市财政总收入469.3亿元,同比增长10.5%,增幅较上年同期提高2个百分点。其中公共财政预算收入同比增长11.6%;地方上划中央四税同比增长9%。

四大主体税种“三升一降”，增值税同比增长10.1%，企业所得税增长11.0%，营业税增长9.0%，而个人所得税下降3.2%。

6. CPI涨幅有所回落，PPI持续下降。受翘尾因素及食品价格稳中略降影响，绍兴市居民消费价格指数(CPI)从1月份的4.3%回落至12月份的2.8%。工业品价格总体回落，其中工业生产者购进价格12月同比下降1.5%，累计下降3.1%；工业生产者出厂价格同比下降1.8%，累计下降2.2%，出厂价格和购进价格指数继续倒挂。

二、金融运行概况

2012年，绍兴市存款持续低位徘徊，各项贷款平稳增加，增幅明显高于全省平均水平，但表外信贷收缩，不良贷款有所反弹。

(一) 存款低位徘徊，增势疲软

2012年末，绍兴市各项存款余额5923.6亿元，比年初增加415.5亿元，同比少增148.8亿元。余额同比增长7.5%，比5月末的历史低点略提高1.6个百分点，比上年同期回落3.7个百分点，低于全省平均增幅2.0个百分点。增量居全省第6位，增幅居全省第9位，均与上年同期持平。主要特点是：

1. 个人资金回流银行。由于股市房市不景气、民间借贷风险案例频发，股市房市分流减弱，前两年流失到杭州、温州等周边城市和省外的资金回流银行。全年绍兴市个人存款新增302.7亿元，同比少增3.8亿元。其中，储蓄存款新增275.7亿元，同比仅少增6.8亿元，下半年有5个月多增，余额同比增长12.4%；结构性存款余额50.5亿元，新增26.5亿元，更多资金用于购买保本型理财产品。

2. 单位存款大幅少增。绍兴市主导产业处于产业链的下游，企业存货积压，应收账款上升，活期存款下降。政府融资平台等限控行业用银行存款还本付息，导致银行存款纷纷下降。绍兴市土地出让收入同比明显减少，全年土地出让收入238.5亿元，同比下降32.04%。上述因素导致单位存款大幅少增，新增81.6亿元，同比少增144.2亿元，余额同比仅增长2.6%。其中单位活期存款下降20.1亿元，上年同期为增加54亿元，意味着实体企业现金流趋紧。

3. 理财产品分流存款已常态化。商业银行开发收益率较高的理财产品，既满足企业多元化信贷需求，又符合个人和单位资产增值要求。绍兴市全年累计发售理财产品2072亿元，低于2011年的2471亿元。到期及提前赎回1929.3亿元，未赎回余额达477.9亿元。剔除已反映为结构性存款的保本型理财产品50.5亿元，全市有超过400多亿元资金以理财产品形式游离在绍兴市银行体系之外。

(二) 贷款持续多增，资源配置得到优化

绍兴市贷款量持续多增，回升势头良好。2012年12月末，全市各项贷款余额5129.2亿元，比年初增加666.1亿元，同比多增137.3亿元。余额同比增长14.9%，高出全省平均增幅3.1个百分点，并高于存款增幅7.4个百分点，也高于全市主要经济指标。增量居全省第4位，同比上升1位；增幅居全省第4位，同比上升5位。主要特点是：

1. 存贷比处历史高位。增量存贷比达160.3%，比上年同期提高66.6个百分点。其中13家商业银行增量存贷比超过100%，比上年同期增加4家；余额存贷比86.6%，比上年同期提高5.6个百分点，其中6家商业银行余额存贷比超过100%，

银行资金运用充分。

2. 投放均衡度为近年最优。贷款总量与实体经济发展需求基本相适应、投放节奏与实体经济运行规律得到较好衔接。2012年一至四季度贷款分别新增173.8亿元、166.4亿元、183.1亿元和142.8亿元，投放量分别占全年的26.1%、25.0%、27.5%和21.4%。其中2012年一季度投放比重比前五年(2007—2011年)同期投放比重的平均值少10.57个百分点，而四季度比前五年同期投放比重的平均值多投放4.88个百分点。不再像往年那样年初大投放、而年末基本不投放，各季投放量更趋均衡。

3. 贷款资金回归实体经济。2012年，商业银行重视存量贷款结构调整和增量优化，腾出空间和资源用于支持工业、商贸服务业和小微企业，信贷资金逐渐从投资领域向生产经营领域回归。一是工业贷款比重不断提高，一至四季度末工业贷款余额占全部贷款的比重分别为50.2%、50.2%、50.3%和50.5%，全年新增372.7亿元，同比多增87.8亿元。二是商贸服务业贷款比重逐季回升，一至四季度末余额占比分别为12.2%、12.4%、12.6%和12.8%，全年新增105.2亿元，同比多增31.2亿元。三是小微企业贷款比重稳步增加，一至四季度末余额占比分别为27%、27.1%、27.3%和28.4%。四是建筑房地产贷款比重逐季回落，一至四季度末余额占比分别为9.2%、8.9%、8.7%和8.66%，全年新增34.7亿元，同比少增4.3亿元。

4. 抵质押贷款比重上升。按企业贷款的担保方式分，信用贷款、保证贷款和抵(质)押贷款占比分别为3.4%、41.6%和55%。保证贷款和抵(质)押贷款是企业主要贷款方式，占全部贷款担保方式的九五成以上。由于2012年风险企业增多，担保圈问题较为严峻，商业银行从严控制担保，更偏向于发放抵(质)押贷款、追加有效资产抵押或更换不合规抵押物。全市企业信用贷款比重同比下降0.68个百分点，保证贷款比重下降1.69个百分点，而抵(质)押贷款比重上升2.37个百分点。

(三) 表外信贷敞口收缩，社会融资规模少增

据中国人民银行绍兴市中心支行监测，绍兴市金融机构银行承兑汇票、信用证和保函等表外信贷净(敞口)大幅收缩。12月末表外信贷净(敞口)余额为1077.2亿元，比年初下降45.4亿元，上年同期为增361.1亿元，余额同比增长-4.0%，增幅比年初回落51.4个百分点，主要原因：一是银行适度收缩表外信贷业务、多放贷款增加盈利；二是表外监管力度加大，包括票据真实性检查、保存比监管、同业代付到期转表内等影响，表外业务发展受限；三是表外垫款增多，银行对表外业务发展趋向更加谨慎；四是经济下行，国际信用证和银行承兑汇票等表外业务自然收缩。综合表内表外因素的全部信贷余额为6093.2亿元，比年初新增620.7亿元，同比少增269.3亿元，增幅逐月回落创新低，年末余额同比仅增长11.1%，比年初回落7.8个百分点。从中国人民银行绍兴市中心支行直接监测的社会融资规模指标(不包括股票发行、企业债、保险赔偿，剔除银行承兑汇票等保证金)看，全年社会融资规模为781.5亿元，比上年同期少增144.8亿元。其中，一季度少增41.8亿元，二季度多增32.5亿元，三季度少增89.4亿元，四季度少增18.9亿元。债务融资工具发展迅猛，全年实际发行98.45亿元，同比增加105.5%，占社会融资规模的比重由上年同期的5.2%提升至12.6%。其中，发行短期融资券60.75亿元，中期票据26.5亿元，非公开定向债务融资工具8亿元及中小企业集合票据3.2亿元。

（四）异地信贷流入持续增加，增幅回落

2012年12月末，绍兴市异地信贷资金流入余额为1704.3亿元，比年初增加61.5亿元，同比少增163.3亿元，一至四季度增量分别为48.5亿元、108.8亿元、—52.7亿元和—43.1亿元；余额同比增长3.74%，同比回落了12.11个百分点。其中，异地流入的贷款余额1223.6亿元，比年初增加53.9亿元，一至四季度增量分别为6亿元、61.4亿元、—7.1亿元和—6.4亿元；余额同比增长4.61%，比9月末又回落了4.37个百分点，同比回落了4.65个百分点，比同期本地贷款增幅低10.3个百分点。异地贷款少增的原因：一是异地贷款本地化，部分银行在绍设立分支机构后，异地贷款从上级行划转到绍兴；二是部分异地银行担心风险，收贷、惜贷现象也增多。

（五）资金价格回落，企业满意度提高

2012年，"稳增长"成为宏观调控的主基调，两次降息后银行贷款利率趋降。人民币贷款平均利率从2011年12月的7.48%回落到2012年12月的6.8%，降幅为10%。贴现利率为6.1%，同比回落3.12个百分点，降幅达33.2%。存款贴息价格整体也处于逐季下行态势，四季度算术平均约为2.2%，同比回落2.3个百分点。同时，中国人民银行督促商业银行利率定价透明，免收小微企业财务费、咨询费等，全年金融机构财务顾问收入同比下降45%，真正帮企业降息减负。据中国人民银行绍兴市中心支行对全市72家工业企业监测显示，2012年，绍兴市企业财务费用涨幅低于长短期借款增幅4.1个百分点，认为借款利率"适中"的企业家数同比增加8.4%，银行贷款满意度指数同比上升21.7点。

（六）信贷质量下降，银行利润增幅回落

信贷风险已进入高发周期，个别地区风险仍有蔓延趋势，账面不良贷款和表外垫款均上升。2012年12月末，绍兴市市金融机构五级分类不良贷款率1.33%，比年初上升0.50个百分点。但与全省相比，总体尚可，不良率低于全省平均水平。各项垫款率为1.04%，比年初上升0.80个百分点。全市银行业金融机构实现结益163.1亿元，同比增长11.6%，比贷款增幅低3.3个百分点，比上半年回落6.4个百分点。

绍兴市经济金融统计简表

单位:亿元

项　　目	2008年	2009年	2010年	2011年	2012年
国内生产总值	2223	2375	2783	3291	3620
第一产业	117	124	149	172	185
第二产业	1329	1380	1583	1844	1949
第三产业	777	872	1051	1275	1486
固定资产投资	913	1055	1254	1426	1723
基本建设投资	115	173	201	241	284
房地产开发投资	200	210	298	403	468
社会消费品零售总额	619	718	853	1007	1159
进出口总额(亿美元)	239	205	270	335	321
出口总额(亿美元)	175	158	211	260	256
进口总额(亿美元)	63	47	59	75	65
地方财政收入	144	160	193	240	266
地方财政支出	144	170	222	253	289
商品零售物价总指数(%)	107	100	101	105	101
居民消费价格总指数(%)	105	99	104	105	102
金融机构各项存款余额	3263	4140	4948	5510	5923
企业存款余额	817	1418	1815	3094	3274
储蓄存款余额	1416	1707	1946	2228	2503
金融机构各项贷款余额	2491	3297	3934	4463	5129
短期贷款余额	1885	2404	2840	3392	3957
中长期贷款余额	499	733	952	1024	1117

金华市经济金融形势分析报告

2012年，金华市经济实现了稳中有进，金融支持实体经济赶超发展力度明显增强。下一时期，内外形势依然错综复杂，受内核增长带动和有利因素支撑作用，我市经济金融运行有望保持平稳，但存在的结构性和素质性矛盾尚需引起各方关注。

一、经济运行概况

过去的一年，是金华市赶超发展的一年，全市经济继续朝着宏观调控的预期方向发展，总体呈现"低开企稳回升"态势，主要经济指标运行情况良好。

（一）经济运行企稳回升，企业利润降幅缩小

经初步核算，2012年金华市实现地区生产总值2700.12亿元，增长10.2%，分别较一季度、上半年、前三季度加快1.5个、0.9个、0.6个百分点，经济运行回升向上势头良好。工业生产较快增长，质量和效益逐步好转。全年规模以上工业完成增加值784.51亿元，增长10.9%，快于全省平均增幅3.8个百分点；实现利润179.58亿元，下降2.4%，较二季度末和三季度末缩小7.7个和6.0个百分点；规模以上工业科技活动经费支出增长33.7%，新产品产值增长36.1%。

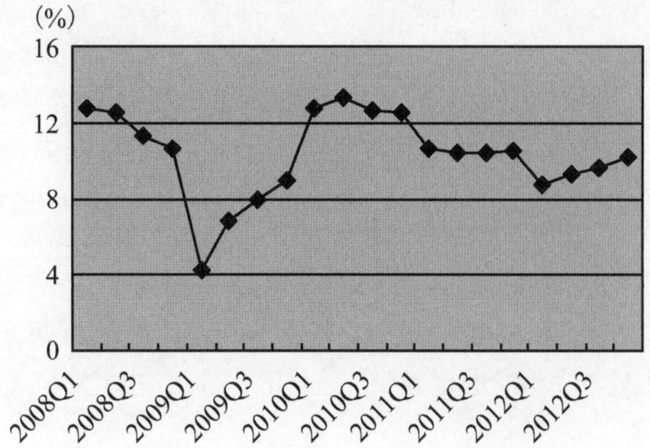

图1　2008年以来GDP累计增幅走势图

（二）投资规模高速扩张，项目结构渐趋优化

2012年内，金华市固定资产投资1133.18亿元，增长31.3%，比上年加快9.8个百分点。其中，民间投资923.38亿元，增长33.7%，占全部投资的比重较上年提高了1.5个百分点，有利于促进产业升级。分产业看，第三产业投资560.35亿元，同比增长40.2%，对固定资产投资增长的贡献率为59.4%。分行业看，制造业投资增长23.1%，生产性服务业投资增长67.9%。

（三）外贸出口亮点突出，招商引资稳中有进

2012年，金华市实现出口总额213.13亿美元，增长40.7%，高于全省平均增幅

36.9个百分点。从出口地域看,对美国出口增幅回升,同比增长16.8%;对日本出口形势严峻,全年下降21.2%。受刚性消费需求的带动,小商品出口增势明显,其中以“市场采购”贸易方式出口52.7亿美元,拉动全市出口增幅提高34.8个百分点。全市实际利用外资28314万美元,同比增长21.4%;签约内资项目162个,协议引进资金1078.37亿元。

(四)收入水平继续提高,消费市场平稳运行

2012年,金华市财政预算总收入376.47亿元,增长14.7%。全市城镇居民人均可支配收入33164元,增长11.6%,农民人均纯收入13286元,增长11.9%,均高于同期经济增幅。居民收入的提高促进了消费的较快增长。年内,全市实现社会消费品零售总额1260.41亿元,增长15.7%。其中,城镇零售额增长15.7%,乡村零售额增长15.8%。市区居民消费价格总指数累计同比上涨2.2%,涨幅较上年缩小3.4个百分点。

(五)农业生产小幅增长,经济作物种植减少

2012年,金华市实现农业总产值213.42亿元,增长4.4%。粮食总产量达到89.8万吨,增长0.8%;猪牛羊禽肉类总产量25.6万吨,增长7.6%,其中猪肉产量增长10.6%。全市经济作物种植面积除花卉苗木和蔬菜略有增长外,棉花和甘蔗种植面积保持稳定,油菜子种植面积较上年减少2.1%,产量减少4.0%;药材种植面积略低于上年,但产量和价格均稳中有升。

二、金融运行概况

2012年,金华市金融机构按照“稳中求进”的总基调,认真贯彻落实稳健的货币政策,努力推进金融改革创新,加大对实体经济的支持力度,金融运行总体平稳。

(一)存款增长低于预期,波动特征较为明显

12月末,金华市金融机构本外币存款余额5324.39亿元,同比增长12.17%,较上年回落6.80个百分点,比年初增加577.70亿元,同比少增176.00亿元。受绩效考核和信贷调控等因素影响,存款持续出现“季末冲高、季初回落”现象,3月份、6月份、9月份和12月份共新增存款630.62亿元,各季度首月存款余额除1月份外均为下降态势,4月份、7月份和10月份合计下降369.50亿元。从存款部门分布情况看,个人新增存款同比基本持平,企业存款增长乏力,全年仅增长了11.73%。财政性存款较年初下降33.66亿元,可能与土地出让收入的大幅减少有关。

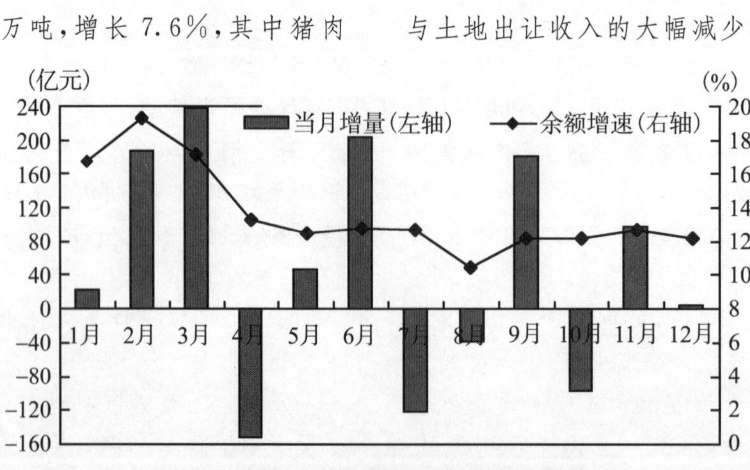

图2 2012年金华市各项存款增势图

（二）贷款投放创出新高，短期贷款增加较多

12月末，金华市金融机构本外币贷款余额4346.85亿元，比年初增加667.97亿元，创历史新高，同比多增84.01亿元，为货币政策转向稳健以来首个贷款多增的年份。从期限结构看，金融机构“贷短”偏好较强，新增短期贷款688.82亿元，同比多增153.88亿元；中长期贷款减少23.32亿元，为近十年来从未有过的现象。外币贷款投放力度加大，年内新增6.67亿美元，多增比例高达83.44%。从部门分布看，个人贷款比年初增加165.52亿元，少增43.41亿元；单位经营贷款新增419.76亿元，同比多增123.55亿元。

（三）资金价格总体下行，民间借贷有所降温

2012年12月，金华市金融机构全部期限人民币贷款加权平均利率为7.26%，比1月份下降0.99个百分点，高于年内贷款基准利率累计下调幅度0.43个百分点。受持续调控作用下购房主体变化等因素影响，金华市个人住房贷款利率稳步下行，12月加权平均利率为6.52%，同比下降1.67个百分点。据中国人民银行金华市中心支行监测，四季度全市民间借贷发生额同比下降12.91%，借贷综合利率为25.39%，同比下降2.22个百分点。

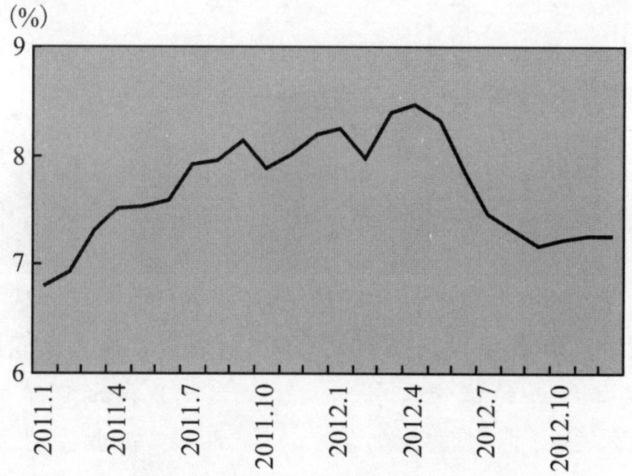

图3　2011—2012年人民币贷款利率走势图

（四）外汇收支总量减少，汇率弹性显著增强

2012年，金华市涉外经济活动减缓，全年跨境收支总额309.83亿美元，同比下降4.13%；顺差244.46亿美元，下降14.88%，其中货物贸易顺差228.68亿美元，下降17.18%。一年来，人民币对美元汇率“先贬后升”，双向波动特征明显，至年末人民币对美元汇率中间价6.2855元，比上年末升值0.25%。2012年，全市累计发生跨境人民币结算量469.47亿元，是上年的2.76倍；2012年末，全市参加跨境业务企业874家，比上年末增加477家。

（五）证券交易大幅萎缩，保险业务较快发展

2012年，金华市证券交易额为6776.30亿元，同比下降33.77%，其中股票交易额同比下降36.62%；客户证券资金总额586.31亿元，同比增长8.08%。保险需求继续增长。2012年，全市保费收入106.52亿元，增长13.98%，其中产险收入44.77亿元，增长16.18%；累计赔款、给付32.95亿元，增长33.44%；政策性农业保险保费3517.57万元，是上年的

2.11倍，提供风险保障金额246.02亿元，2012年末，全市农房保险参保率达到99.86%。

三、对全年信贷运行情况的分析

2012年，金华市信贷投放再上新台阶，新增贷款主要投向实体经济领域和中小企业等薄弱环节，信贷结构继续优化，对金华推进赶超发展起到了重要作用。

（一）支撑赶超发展的信贷环境宽松

一是信贷资源争取的份额继续提高。2012年，金华市贷款同比增长18.16%，列全省各市首位，新增贷款居全省第三位，占全省新增贷款的10.66%，较上年提高了1.65个百分点。二是贷款审批条件放宽。根据经济企稳回升的形势，金华市金融机构放宽了信贷风险容忍度，四季度贷款审批景气指数为54.55，较上年同期提高9.09个百分点，有效增强了市场主体的信心。三是信贷保障水平领先。2012年内，金华市每百元GDP新增贷款24.74元，投放力度列各市第一位，高出全省平均水平36.61%，比上年多投入贷款0.88元，为金华经济社会赶超发展注入了强大的动力。

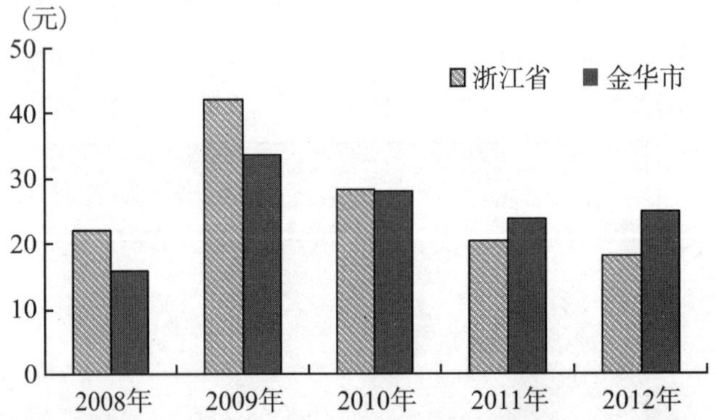

图4 2008年以来每百元GDP新增贷款投入比较图

（二）重点保障实体经济的信贷需求

一是对制造业的信贷支持力度加大。全年制造业贷款新增382.89亿元，占金融机构全部新增贷款总额的56.95%，创近年来新高，其中对装备制造业和汽车产业贷款余额分别增长29.08%和25.31%。二是服务业贷款规模扩大。2012年12月末，全市服务业贷款余额617.11亿元，比年初增加93.64亿元，其中批发零售业贷款新增89.30亿元，文化、卫生等领域贷款增加6.51亿元。三是满足"三农"信贷需求。2012年内新增涉农贷款514.13亿元，同比增长21.76%，其中农户贷款新增59.88亿元，占当年个人新增贷款的36.18%。

（三）薄弱环节的信贷服务有所改善

一是中小企业扶持政策有效落实。2012年，全市小型微型企业新增贷款257.03亿元，占全部企业新增贷款的51.8%，较上半年提高4.7个百分点，先后有3847户无贷款中小企业获得了贷款授信支持，银行累计为中小企业减少贷款利息支出1.74亿元。二是对高新技术企业的贷款快速增长。2012年末，全市高新技术企业贷款余额252.65亿元，较年初增加了24.96亿元，同比增长26.12%，明显高于全部企业贷款增幅。三是强化绿色信贷机制。全年新增能效贷款0.93亿元，发放排污权抵押贷款2962万元，同时，累计退出环境违法企业贷款4.35亿元，高耗能企业贷款减少 0.52 亿元。

四、经济金融运行中值得关注的问题

2012 年,金华市经济呈现赶超发展的良好态势,但经济发展中不平衡、不协调的问题还比较多。当前,需要重点关注以下问题,并积极研究相关对策。

（一）经济企稳回升面临诸多挑战

当前,金华市经济已开始步入企稳回升轨道,企业效益下滑态势有所好转,但从部分先行指标分析,经济增长下行压力和企业经营困难可能还将持续一段时间。

1. 信贷有效需求仍处于较低水平。2012 年,金华市贷款需求指数呈波动下行走势,四季度贷款需求指数为 81.82,虽然比二季度、三季度分别上升 4.55 和 13.64 点,但比上年同期、一季度分别下降 4.54 和 9.09 点。信贷需求减弱是经济活跃状况的客观反映,表明当前金华市企业经营依然较为低迷,经济企稳回升的基础还比较脆弱。

2. 企业资金链断裂风险仍在延续。2012 年内,中国人民银行金华市中心支行监测到全市有 65 家企业出现资金链问题,比上年增加 26 家。其中,由外部环境变化引发的占 51%,因经营不善导致的占 38%。分季度看,二季度是企业资金链断裂风险的高发期,自三季度开始情况稍有好转,但下半年仍发生 3 起企业主逃匿事件,有 29 家企业发生资金链断裂事件,且尚未出现见底的迹象。

3. 市场需求与信心未见明显好转。2012 年 12 月,中国制造业采购经理指数(PMI)为 50.6%,与上月持平,但新出口订单指数为 50%,比 11 月回落 0.2 个百分点。由于国内外经济环境复杂多变,导致企业家信心持续走低,企业扩大生产或追加投资的意愿不强。据调查显示,四季度金华市企业家信心指数为 18.66,分别比上年同期、一季度下降 19.22 和 13.16 点;年内,全市新增技术改造贷款项目 7 个,较年初减少 11 个。

（二）房地产市场异动的问题较多

中央“稳增长”政策措施出台以来,房地产市场出现了“价升量增”的迹象,特别是四季度以来回暖现象又有所加剧,在当前形势下,房地产市场的异动隐藏着较多的问题。

1. 容易助推房产盲目投资。“量价齐升”的市场信号,可能误导市场预期,助推房地产非理性投资冲动。全年,市区房地产开发投资增长 35.7%,直接导致了商品房库存的上升。12 月末,市区累计有可售库存新房 16529 套,可售面积 364 万平方米,为近年来库存新高。目前,金华市房价收入比在 9 倍左右,远超出 6 倍的通常警戒线,房产交易的大幅增长缺乏购买力支持。

2. 开发商资金将难以为继。据统计,市区房地产开发企业的资金来源中,自有资金与股东投入约占 7.5%,五成以上资金来自定金及预收款、个人按揭贷款,17%左右依靠银行贷款,另有 10%以上的资金来自民间借贷。这种对市场与外部融资强依赖的资金结构,应对市场变化的能力相当脆弱,很容易引起房地产开发企业的资金链断裂,甚至导致“跑路”事件的发生。

3. 可能连带引发金融风险。目前,金华市企业可充当贷款的抵押物仍以房产为主,其比例高达 56%左右,加上个人住房按揭贷款和个人经营性房产抵押贷款,全市与房地产相挂钩的贷款有 2600 多亿元,占金融机构全部贷款总额的 61%,说明房地产市场风险极易向银行体系传导。若市场下行、房价下滑,势必会加大房地产金融风险,不利于经济金融的稳定运行。

从总体上来看，目前金华市房地产市场的异动现象还处于苗头状态，对市场主体行为未形成大的冲击，但任其发展，将会引起房地产市场的虚假繁荣和泡沫，对经济金融运行产生一系列消极影响，需要引起有关方面的高度关注。

（三）小型微型企业融资依旧困难

近年来，在政策引导和有关各方的共同努力下，金华市在缓解中小企业融资难问题上取得了一定成效，但也存在一些亟待解决的结构性矛盾和薄弱环节。

1. 企业信贷不平衡的现象依然突出。目前，全市共有小型微型企业5万多家，已与银行建立信贷关系的有14763家，贷款覆盖率为28.2%，低于大中型企业64.4个百分点，其中微型企业贷款覆盖率仅为4.9%。不同规模企业间的信贷受益面不平衡的现象仍然较为突出。年末，全市小型微型工业企业对工业增加值的贡献率为61.2%，但其占用的贷款份额为50.1%，信贷资源存在明显的“顺规模”配置现象。

2. 对小型微型企业的贷款条件偏高。近些年，金融机构对中小企业信贷实行资源倾斜，但在贷款准入、授信管理、资信评级等方面，还缺乏专门针对小型微型企业的操作办法，特别是不动产抵押偏好降低了小型微型企业的贷款机会。12月末，全市大型、中型、小型微型企业以土地或房产抵押的贷款比例分别为49.52%、58.64%、62.74%，与企业规模呈反向走势，说明银行对小型微型企业的授信要求相对较高，缺少抵押品是制约小型微型企业贷款融资的主要瓶颈。

3. 直接融资未能惠及小型微型企业。资本市场和债券市场是企业融资的重要渠道，但在现行的制度安排下，企业上市或发债都设有一定的资产门槛，加上信息披露等规定，使小型微型企业还难以分享直接融资带来的便利。统计数据显示，2009年以来，金华市在创业板或中小板上市融资的企业有10家，通过债券融资的企业有18家，募集资金分别为54.47亿元和230.45亿元，均无小型微型企业的身影。

五、下一阶段经济金融运行趋势及对策

（一）宏观经济形势展望

综合各方面情况看，预计2013年宏观环境将略有好转，金华市经济平稳较快发展具备不少有利条件，但国内外经济环境依然十分复杂。具体表现在以下四个方面：

1. 全球经济有望延续缓慢复苏态势。在量化宽松政策的作用下，美国房地产市场持续回暖，私人部门去杠杆化影响也正在逐步减弱，有利于刺激就业和消费增长。2013年欧洲债务危机将可能出现阶段性缓和，欧元区经济将略微好转。新兴经济体经济近期趋向企稳，增长前景相对积极乐观。从总体上来看，金华市面临的外部市场略有好转或可预期。

2. 国内经济运行的基本面没有改变。当前，我国经济尚未明显低于潜在的增长率，物价相对稳定，扩大内需对经济的拉动效应显现，内生性增长动力有所恢复，这些都为下一阶段经济平稳运行打下了坚实基础。预计未来在城镇化和居民收入“倍增计划”的推进过程中，投资和消费需求仍有很大空间，在较长时期内我国经济发展面临的机遇还很多。

3. 经济发展的内外部环境仍然复杂。由于我国经济既有模式的增长动力趋弱，产能相对过剩的矛盾比较突出，资源和环境约束增强，经济增长的下行压力依然存在。同时，主要发达经济体主权债务问题的不确定性较大，未来“紧财政”可能成为

一种常态，贸易保护主义明显抬头，全球经济再平衡对我国经济增长的影响仍将延续较长时间。

4. 人民币或将面临一定的升值压力。欧美等中央银行的量化宽松政策已先后加码，近期日本央行又推出非常规货币宽松举措，决定引入开放式资产购买计划。在发达经济体流动性过剩和较低增长率的背景下，我国的发展环境对国际资本具有很强的吸引力，这势必会助推人民币升值预期，另外汇率"政治化"带来的对外贸易风险也不可低估。

（二）货币信贷政策趋势

2013年，货币政策将继续保持稳健基调，要求着力提高调控的前瞻性、针对性和灵活性，处理好"稳增长、调结构、控物价、防风险"的关系。具体要点如下：

1. 保持货币信贷平稳增长。2013年广义货币供应量M2预期目标增长13%左右，低于上年调控目标1个百分点，也较上年实际增幅下降0.8个百分点。这一安排是综合考虑物价、经济增长和就业等因素确定的，不能简单地理解为银根收紧。而且人民银行工作会议提出要把握好货币政策调控的弹性，保持货币信贷总量和社会融资规模平稳适度增长。因此，继续实施稳健的货币政策，既能够满足实体经济发展的合理资金需求，也能够为市场经济自身的调整和稳定机制发挥作用创造良好的货币条件。

2. 着力信贷资源优化配置。贷款主要投向"三农"和小型微型企业等实体经济领域，大力支持自主创新、节能环保和产业结构调整，增加对带动性强的重大项目、技术改造以及战略性新兴产业、文化传媒和现代服务业的信贷投放。继续实行差别化的住房信贷政策，支持保障性住房、中小套型普通商品房建设，满足居民首套自住普通商品住房的贷款需求。严格控制对低水平重复建设项目和高耗能、高排放行业的新增贷款，严禁对资产投机行为提供信贷资金支持。

3. 注重搭配使用政策工具。根据形势发展变化，货币政策操作将运用数量型工具，适时调控银行体系的流动性以及货币信贷总量和结构。继续推进利率市场化改革，引导金融机构用好利率浮动定价机制合理定价，促进市场利率平稳运行。结合新资本协议和宏观审慎政策的实施，评估和调整差别准备金政策参数，对经济社会发展的薄弱环节给予定向支持。加强对跨境资本流动的监管，增强人民币汇率弹性，推动汇率风险管理工具创新，扩大人民币在跨境贸易和投资中的使用规模。

4. 拓宽实体经济融资渠道。鼓励金融机构开展金融产品和服务方式创新，为中小企业提供多样化的融资便利。允许证券和保险机构接入信贷征信系统，支持有条件的企业通过发行公司债、可转化债、股票等筹集资金，鼓励保险资金扩大对企业债券或股权的投资规模。创新银行间债券市场债务融资工具，加大中小企业"区域集优"债、非公开定向债务融资工具、资产支持票据的发行力度。同时，防范金融机构同业及表外业务风险，加强对"影子银行"的监测和管理。

（三）金融支持经济发展的主要举措

2013年，是全面贯彻落实党的十八大精神的开局之年，也是实施"十二五"规划承前启后的关键一年。金华市金融部门将继续加强金融保障，全力支持金华市经济社会赶超发展。

1. 保持信贷总量适度增长。金华市金融部门将深刻领会党的十八大和中央经济工作会议精神，紧密结合金华实际，切实把服务"稳中求进、赶超发展"放在金融工作更加突出的位置，认真谋划好2013年的金融保障工作。要围绕“婺商回归”和金义都市区建设，积极向上级争取信贷资源和倾斜政策，增强金融支持实体经济发展的针对性和有效性。要加强和改进信贷调控，科学编制信贷规划和投放节奏，努力使金华市信贷增长与经济转型发展的需求相适应。综合考虑各方面情况，年内全市金融机构计划新增贷款650亿元，争取达到680亿元。

2. 着力信贷资源优化配置。一是增加对实体经济的信贷投入。进一步增强金融与经济良性互动的发展理念，将信贷资源优先配置到实体经济领域，确保制造业和批发零售业贷款增幅不低于上年水平。二是提高“三农”贷款比例。努力满足规模化农产品生产、加工领域的信贷需求，加大对“美丽乡村”和农田水利建设的金融支持，继续通过“惠农卡”、“丰收卡”等有效方式增加农户小额信贷投放。三是加大对转型升级的信贷支持。对企业节能环保和自主创新的资金需求要重点保障，对市场较为成熟的战略性新兴产业要做好金融服务，对技术、产品一般的扩张项目要从严控制新增贷款授信。

3. 改善中小企业融资服务。一是扩大中小企业信贷投放规模和覆盖面。切实转变信贷经营理念，优先受理和审批符合条件的小型微型企业贷款需求，确保年内全市中小企业新增贷款不低于400亿元，贷款覆盖面提高5个百分点。二是放宽贷款抵押担保条件。加大信用贷款试点力度，把出口退税池、排污权等纳入质押的准入范围，拓展权利质押、组合担保贷款和供应链金融业务。三是规范贷款利率定价机制。中小企业贷款利率应根据信贷资金成本和客户承受能力，在人民银行规定的浮动区间内合理定价，对暂时遇到困难但信用良好的中小企业要继续给予让利帮扶。四是拓展债务融资业务。在做好短期融资券、中期票据推广工作的基础上，抓紧启动中小企业“区域集优债”机制，全年金华市企业债务融资要达到60亿元。

4. 深化金融重点领域改革。一是发展新型金融组织。鼓励民间资本进入金融业，重点培育和引进村镇银行、第三方支付等小法人机构，扶持保险代理、经纪行业发展。二是深化农村金融领域改革。实施助农支付网络全覆盖工程，推动农村合作金融机构加快向农村商业银行过渡，继续做好农业银行“三农金融事业部”改革试点工作。三是推动涉外金融服务改革。简化跨境人民币结算手续和审核流程，允许境外投资者用人民币到境内开展直接投资，在义乌启动个人跨境人民币业务，争取推出“市场采购”贸易方式外汇管理新政策。四是加快建设金融商务区。以促进金融业集聚发展为目标，落实相关配套政策和举措，积极推进金华、义乌等地建设金融商务区。

5. 加强金融生态环境建设。一是健全金融消费者权益保护机制。严格监督管理措施，巩固信贷不规范经营整治成果，重点查处附加不合理贷款条件和服务收费等违规行为，防止中小企业融资成本非正常反弹。二是推进信用体系建设。深入开展中小企业和农村信用体系试验区创建活动，实施金融业统一征信平台建设，联合惩戒逃废银行债务行为，并以机构信用代码的推广应用为契机，完善企业“经济身份证”制度。三是切实防范化解金融风险。加强对企业突发担保链风险的预警和化解，规范商品房预售资金监管，严密防范非法金融风险向金融机构传导，守住不发生区域性和系统性金融风险的底线。

金华市经济金融统计简表

单位:亿元

项目	2008年	2009年	2010年	2011年	2012年
国内生产总值	1681.85	1765.94	2094.70	2447.71	2700.12
第一产业	89.61	92.13	107.19	124.71	134.44
第二产业	903.07	920.74	1085.46	1245.97	1344.67
第三产业	689.17	753.07	902.05	1077.03	1221.02
社会固定资产投资	586.93	635.45	777.71	873.71	1133.18
房地产开发投资	140.55	132.76	164.45	206.37	285.19
社会消费品零售总额	675.66	780.99	916.23	1088.95	1260.41
进出口总额（亿美元）	95.48	93.43	131.99	164.34	227.39
出口总额(亿美元)	89.69	85.98	121.88	151.46	213.13
进口总额(亿美元)	5.79	7.45	10.11	12.89	14.26
地方财政收入	119.70	129.28	155.93	185.77	214.89
地方财政支出	137.58	165.36	211.52	235.08	271.95
商品零售物价总指数(%)	100.30	99.80	103.90	104.80	101.50
居民消费价格指数(%)	100.00	99.70	104.00	105.60	102.20
金融机构各项存款余额	2576.31	3220.83	3986.99	4746.69	5324.39
企业存款余额	636.91	878.47	1095.72	1629.21	1778.42
储蓄存款余额	1365.52	1718.21	2027.62	2314.15	2684.35
金融机构各项贷款余额	1916.99	2510.35	3096.47	3678.88	4346.85
短期贷款余额	1359.50	1777.54	2213.84	2792.93	3481.94
中长期贷款余额	506.52	680.42	812.21	837.16	813.63

衢州市经济金融形势分析报告

2012年初以来，面对复杂多变的国际国内经济形势，衢州市各金融机构按照“总量适度、审慎灵活、定向支持”的总体思路，以“金融要素保障年”活动为抓手，紧紧围绕地方经济社会发展战略，主动把握机遇，积极应对挑战，从做大总量、健全体系、改善服务，优化环境入手，努力将衢州市建设成为“绿色金融的示范区、金融创新的先行区、金融生态的优质区”，并以此来带动衢州市经济平稳健康发展。

一、全市经济运行基本情况

2012年，衢州市实现全市生产总值(GDP)982.75亿元，按可比价计算，同比增长8.7%。分三次产业看：第一产业增加值79.85亿元，增长3.1%；第二产业增加值531.91亿元，增长8.7%，其中工业增加值457.56亿元，增长9.2%；第三产业增加值370.99亿元，增长10%。全市实现人均GDP38891元(按户籍人口计算)，合6161美元，比上年增长8.4%。

(一) 三大产业发展态势良好

一是农业生产发展平稳。随着各项支农惠农政策的落实，农民生产的积极性不断提高，蔬菜、生猪等农产品价格大幅上涨，农业生产形势良好，全年实现农林牧渔业总产值135.30亿元，同比增长4.2%。二是工业生产增幅稳定回升。2012年，衢州市规模以上工业企业全年完成产值1356.11亿元，增长4.8%，其中：重工业948.29亿元，下降0.6%；轻工业407.82亿元，增长20%。实现工业销售产值1322.17亿元，增长3.7%，产销率97.5%，比上年降低1.02个百分点。全年完成工业出口交货值97.11亿元，增长4.3%。三是第三产业稳定增长。衢州市第三产业增加值370.99亿元，同比增长10%。

(二) 固定资产投资较快增长

2012年，衢州市完成固定资产投资570.76亿元，同比增长13.1%。主要特点有：一是工业投资成支撑。全年完成工业投资305.31亿元，占到全部投资总量的53.49%，增长8.8%。二是基础设施建设投资增长明显。全年完成基础设施投资127.27亿元，增长26%。三是房地产开发投资低速增长。完成房地产开发投资75.79亿元，增长7.3%。实现商品房销售面积104.12万平方米，增长31.1%。

(三) 消费市场需求平稳

2012年，衢州市全年实现社会消费品零售总额396.36亿元，比上年增长15.2%。分城乡看，城镇消费品市场零售额342.64亿元，增长14.7%；乡村消费品市场零售额53.72亿元，增长29.3%。分行业看，批发和零售业分别实现零售额62.53亿元和289.53亿元，增长20.1%和13.5%；住宿和餐饮业分别实现零售额4.44亿元和39.86亿元，增长9.4%和21.5%。主要商品零售额均较快增长，其中：食品、饮料、烟酒类增长18.4%，服装鞋帽、针织品、纺织品类增长16.8%，日用品类增长21.8%，家用电器和音像制品类增长4.9%，汽车类零售额增长15%。

（四）外贸出口低位企稳

据海关统计，2012年，衢州市全年进出口总额30.18亿美元，比上年增长12.3%。其中：进口11.59亿美元，增长25.1%；出口18.59亿美元，增长5.6%。全市有出口实绩的企业616家，比上年增加66家，其中当年新启动出口业务的企业132家。

（五）财政金融较快增长

2012年，衢州市全年实现财政总收入106.39亿元，比上年增长12%，其中地方财政收入63.42亿元，增长10.1%。在地方财政收入中，实现税收收入57.12亿元，增长10.3%，其中主体税种增值税、营业税、企业所得税和个人所得税分别增长6.1%、11.5%、41.9%和5.3%。全年财政支出138.89亿元，增长10.7%。

（六）城乡居民收入稳步提高

2012年，衢州市城镇居民人均可支配收入26232元，比上年增长12.9%；全市农村居民人均纯收入10714元，增长11.2%。市区城镇居民人均消费性支出17514元，增长5.8%；全市农村居民人均生活消费支出6887元，增长9.6%。

（七）居民消费价格企稳

2012年，衢州市市区居民消费价格指数累计同比上涨2.4%。八大类商品累计指数七涨一跌：食品类价格同比上涨5.0%，居住类价格同比上涨1.9%，烟酒及用品类上涨1.8%，家庭设备类上涨3.3%，医疗保健和个人用品类上涨1.3%，衣着类上涨3.7%，交通和通信类上涨0.2%，娱乐教育文化用品类同比下降0.8%。

二、全市金融运行基本情况

（一）各项贷款平稳增长，增幅快于全省平均水平

2012年末，衢州市金融机构本外币各项贷款余额1078.53亿元，比年初新增144.02亿元，同比少增2.26亿元，同比增长15.41%，增幅比上年同期回落3.15个百分点，较全省平均增幅高3.63个百分点，居全省第3位。受存款少增较多影响，全市存贷比明显上升。2012年末，衢州市新增存贷比达到101.21%，同比提高26.49个百分点；余额存贷比达到82.99%，同比提高2.24个百分点。

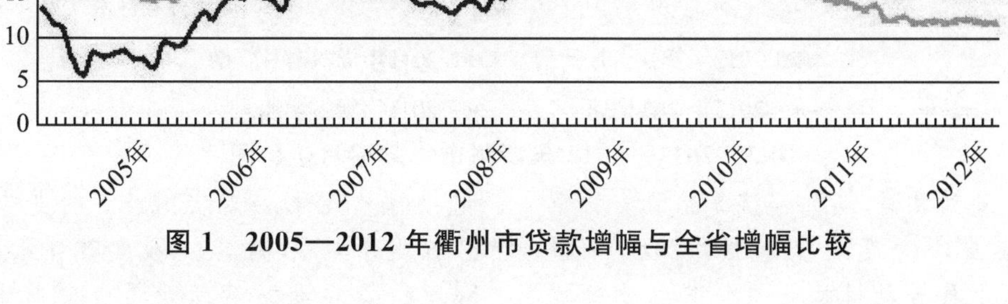

图1 2005—2012年衢州市贷款增幅与全省增幅比较

1. 从时间看，全市各项贷款增势平稳，均衡性较强。从历史数据看，近五年是衢州市金融业快速发展的重要历史时期，突出表现为金融机构家数增多，金融产品日益丰富，信贷总量不断扩大。2009年，国家执行适度宽松的货币政策，全市的贷款增量较2008年的69.45亿元翻了一番多，达到146.73亿元。由此，衢州市的信贷总量迈上了一个新的台阶。2012年，信贷投放虽然面临经济整体下行，房地产市场与政府投融资平台受限等带来的信贷有效需求不足的负面影响，但衢州市本外币贷款依然保持平稳较快增长势头，始终高于全省平均水平。2012年，衢州市信贷投放均衡性进一步增强，年初集中投放的问题得到较好解决。就当月新增量来说，2011年1月份集中投放量达到31.56亿元，是全年增量的21.57%，是其他月份平均增量的3倍。而2012年各月增量则保持相对稳定，均衡性指数为0.31，较2011年提高0.15个点。

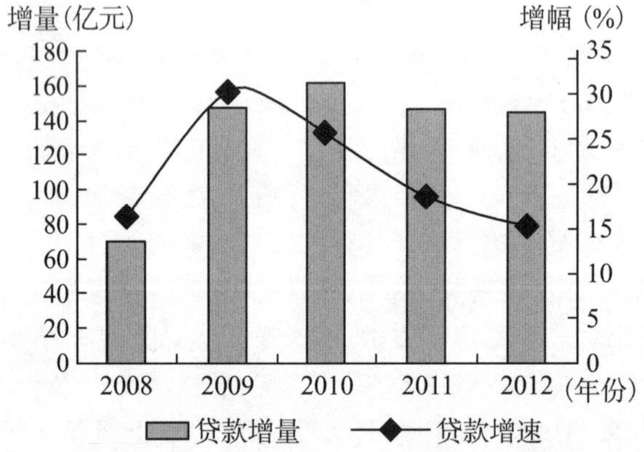

图2 2008—2012年衢州市贷款增量、增幅走势图

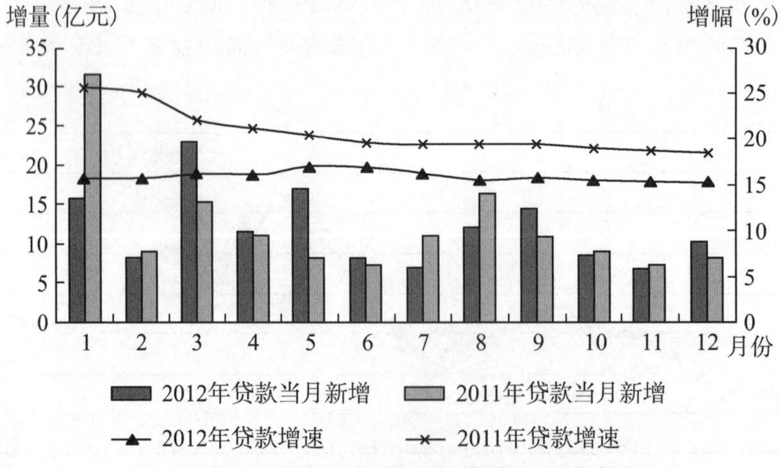

图3 2011—2012年衢州市贷款逐月走势图

2. 从结构看，实体经济是信贷支持重点，支农支小力度明显加强。2012年以来，衢州市各金融机构注重信贷结构的优化，加强信贷投放对实体经济的支持力度。从行业分类看，制造业、批发零售业、水利、环境和公共设施管理业是信贷投放的重点。2012年，全市制造业本外币贷款新增41.79亿元，占全部贷款（本外币各项贷款剔除票据融资，下同）增量的29.72%，余额同比增长13.58%；批发零售业本外币贷款新增23.44亿元，新增占比为16.67%，余额同比增长27.48%，高出全部贷款增幅12.28个百分点；水利、环境和公共设施管理业贷款新增7.05亿元，占全部贷款增量的5.01%，余额同比增长59.61%，高出全部贷款增幅44.41个百分点。各行业中，房地产业贷款比年初下降2.01亿元，同比少降3.44亿元，同比下降8.83%。从投放对象看，小微企业和涉农贷款保持较快增长。随着各商业银行中小企业专营机构和村镇银行、贷款公司、小额贷款公司的成立，信贷支持小微企业生产经营和农村经济发展的力度显著增强。截至12月末，全市小微企业贷款余额368.93亿元，比年初新增47.66亿元，占全部企业贷款增量的60.49%，余额占比为58.04%，较年初提高0.35个百分点。在涉农贷款方面，12月末余额582.36亿元，当月新增4.06亿元，新增占比为39.49亿元，同比增长21.47%，高于全市各项贷款平均增幅6.06个百分点。其中农村企业及各类组织贷款和城市企业及各类组织贷款合计新增4.27亿元，占当月新增涉农贷款的105.15%。

3. 从期限看，短期贷款同比实现多增，中长期贷款少增较多。2012年12月末，衢州市本外币短期贷款余额688.48亿元，比年初新增136.82亿元，同比多增11.91亿元，同比增长24.80%。其中，单位短期贷款比年初新增85.59亿元，同比多增9.84亿元，同比增长25.02%；个人短期贷款新增49.48亿元（其中个人短期生产经营性贷款新增46.62亿元、个人短期消费贷款比年初新增2.86亿元），同比多增11.20亿元，同比增长30.99%。需要关注的是，衢州市中长期贷款增长乏力，多降显著。受政府投融资平台贷款清理以及房地产调控影响，衢州市中长期贷款同比多降较多。12月末，全市本外币中长期贷款余额376.05亿元，比年初新增2.90亿元，同比少增17.29亿元，同比增长0.78%。其中，单位中长期贷款比年初下降7.46亿元，同比多降5.09亿元，同比下降3.93%；个人中长期贷款比年初新增9.98亿元，同比少增11.87亿元，同比增长5.59%。

4. 从机构看，国有商业银行、农合机构实现多增，股份制商业银行与异地城商行保持较快增长。四大国有商业银行比年初新增贷款48.00亿元，同比多增2.20亿元，占全市新增额的33.33%；农合机构比年初新增贷款44.64亿元，同比多增8.56亿元，占全市贷款新增额的30.99%。股份制银行和异地城市商业银行分别新增22.46亿元和10.50亿元，分别同比少增3.35亿元和1.61亿元，增幅为36.00%和30.74%。涉农金融机构和其他商业银行在贷款增长方面出现的分化一定程度体现了当前经济环境下，农村较城市在信贷需求方面相对稳定。

（二）存款增长动力不足，内部结构分化明显

2012年12月末，衢州市本外币各项存款余额1299.52亿元，同比增长12.30%，增幅比上年同期大幅回落9.06个百分点，但较全省平均增幅高2.80个百分点，居全省第4位。本外币各项存款比年初新增142.29亿元，同比少增53.47亿元。其主要特点有：

1. 从时间上来看，存款增长渐趋乏力。全市各项贷款新增144.02亿元，同比少增2.26亿元，增幅为15.41%，存款增长大大低于贷款增长，是多年来未发生的新情况。从月度波动情况来看，全市本外币存款增幅与上年同期相比明显减缓，今年各项存款月度平均增幅为 13.79%，低于上年月度平均增幅 10.54 个百分点。分析其主要原因，一是经济持续低迷，市场需求总体不足，企业生产经营规模缩小与盈利能力偏弱导致资金周转速度较慢，企业资金面偏紧。问卷数据显示，四季度企业资金周转状况指数、支付能力指数同比分别回落 15.56 点、4.44 点至 8.89 点、26.67 点，企业销货款回笼情况指数同比下降 8.89 点至 28.89 点。二是受“实贷实付”监管政策的影响，贷款对存款的派生效益减弱，存款增长的规律有所改变。截至 12 月末，国有商业银行新增贷款前 10 户贷款比重为 8.55%，而对全市企业存款的贡献度仅为 1.02%。三是银行理财产品快速增长对存款替代效应明显。截至 2012 年末，衢州市理财产品余额为 73.03 亿元，为各项存款余额的 5.62%。全年的理财产品新增余额近 51.15 亿元，为同期各项存款增量的 35.95%。理财资金除小部分结构性产品在表内反映外，绝大部分在表外反映，分流了表内存款，成为影响存款少增的重要因素。

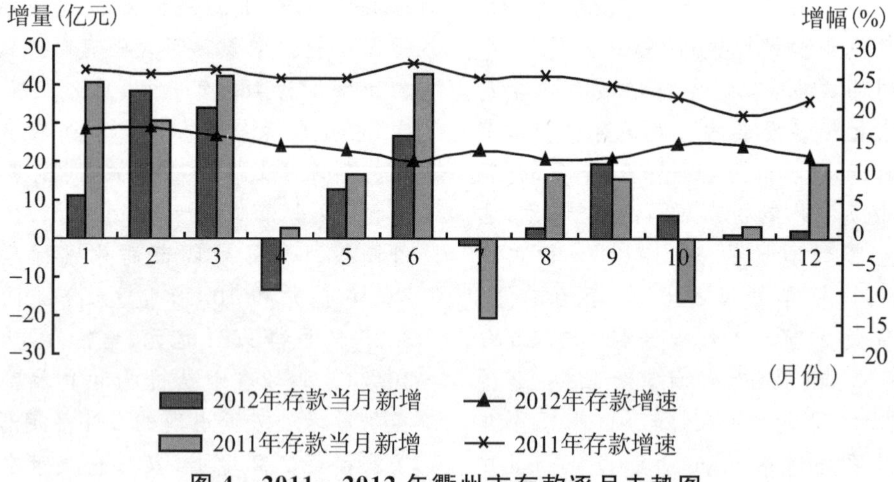

图 4　2011—2012 年衢州市存款逐月走势图

2. 从类别上来看，呈现“三多一少”的特点。一是个人存款同比多增显著。2012 年 12 月末，个人存款余额 611.83 亿元，比年初新增 93.48 亿元，同比多增 6.42 亿元。其中储蓄存款比年初新增 95.66 亿元，同比多增 13.89 亿元，同比增长 18.65%，高于全市各项存款增幅 6.35 个百分点。二是财政性存款实现多增。四季度财政性存款增长较快，累计新增 3.37 亿元。12 月末，全市财政性存款比年初新增 0.74 亿元，同比多增 4.07 亿元，同比增长 3.03%。三是委托存款大幅增长。受 12 月农合机构委托贷款基金增加的影响，委托存款比年初新增 2.39 亿元，同比多增 1.79 亿元，同比增长 361.73%。四是单位存款新增量少于往年。从 2008 年以来存款增长结构看，单位存款向储蓄存款转移的特征明显。截至 12 月末，全市单位存款新增 44.48 亿元，同比少增 55.15 亿元，同比增长 7.44%，低于各项存款增幅 4.86 个百分点。其中企业存款全年仅新增 22.06 亿元，同比少增 7.73 亿元。

3. 从机构上来看，多数银行存款少增明显。2012 年，农村合作机构新增存款

60.89亿元，占全部存款新增量的42.79%，同比多增14.63亿元，邮政储蓄银行新增存款13.67亿元，同比多增6.71亿元，金华银行新增6.06亿元，同比多增0.91亿元，其他金融机构存款均出现同比少增。全市国有银行存款新增28.06亿元，仅占全部机构新增存款的19.72%，同比少增53.43亿元；股份制银行存款新增21.39亿元，占全部机构新增存款的15.03%，同比少增13.29亿元；城市商业银行存款新增9.50亿元，占全部机构新增存款的6.68%，同比少增11.02亿元。

（三）跨境收支总额保持小幅增长，净流入同比大幅下滑

2012年，衢州市跨境收支总额35.62亿美元，同比增长16.06%，顺差7.40亿美元，同比下降34.72%；结售汇总额24.29亿美元，同比下降1.06%，顺差9.11亿美元，同比下降15.56%；结汇率（剔除人民币因素，下同）下滑至77.64%，同比回落6.46个百分点；售汇率（剔除人民币因素，下同）亦下滑至53.79%，同比回落17.28个百分点。其主要特点有：一是货物贸易跨境收支顺差明显下降。全市货物贸易跨境收支顺差7.66亿美元，同比下降17.87%。二是服务贸易外汇收入增长较快。全市服务贸易外汇收入9634万美元，同比增长106.33%。服务贸易外汇净流出1881万美元，同比减少2263万美元。三是资本项目外汇收支顺差大幅下降，境外投资规模增长迅猛。全市资本与金融项目收支顺差3428万美元，同比下降83.54%。直接投资项下外汇收入4055万美元，同比下降40.59%，外汇支出5968万美元，同比增长109.41%。

（四）贷款利率整体下行，利率上浮贷款比例下降

2012年末，衢州市贷款加权平均利率为7.67%，较年初下降了0.96个百分点。主要是受央行降息政策影响，2012年以来人民银行先后于6月8日和7月6日两次下调存贷款基准利率，其中一年期贷款利率累计下调了0.56个百分点。年末，利率上浮贷款占比为86.9%，占比较6月份和9月份相比分别减少2.99个和1.3个百分点。年末，执行基准利率的贷款占比较6月份和9月份分别提高了2.66个和0.96个百分点。

（五）国库收支同比双降，库存余额小幅下滑

2012年，衢州市实现各级预算收入（不含调拨）入库173.77亿元，同比下降14.76%；实现地方转移性收入103.09亿元，同比增长27.48%。实现各级国库预算支出（不含调拨）189.07亿元，同比下降12.85%；实现转移性支出45.76亿元，同比增长26.27%。年末，各级国库库存现金余额16.1亿元，较上年同期减少0.64亿元，同比下降3.83%。

（六）证券交易总量下降，保险业稳步发展

2012年末，衢州市证券交易额为862.32亿元，同比下降27.66%；全市实现佣金收入7274.92万元，同比下降27.95%；实现利润2050.8万元，同比下降52.51%；新开户数10712户，同比下降30.85%。

2012年，衢州市产、寿险保费总收入26.13亿元，同比增长7.59%。全市产险保费收入10.93亿元，同比增长17.52%，全市产险赔款支出5.63亿元，赔付率为51.51%；寿险保费收入15.20亿元，同比增长1.43%，全市人寿业务的健康险、人身意外险赔款0.41亿元，赔付率为31.76%。

三、2013年经济金融形势分析与判断

(一) 从国际看,全球经济环境仍将复杂多变,保持低速增长的可能性较大

展望2013年,发达国家仍将面临多重债务危机考验,新兴市场国家则需要在保增长与控通胀之间寻求平衡。根据IMF的预测,2013年全球经济增长率将达到3.6%,略高于2012年0.3个百分点。其中,美国、欧元区、日本三大发达经济体的经济增幅预期分别为2.1%、0.2%与1.2%,对新兴经济体和发展中国家的经济增长预期为5.6%。从总体上来看,2013年的国际经济环境仍将复杂多变,并保持低速增长态势。

三大机构对全球主要经济体2012年和2013年的预测(%)

机构	IMF		世界银行		OECD	
年份	2012	2013	2012	2013	2012	2013
全球	3.3	3.6	2.3	2.4		
美国	2.2	2.1	2.2	1.9	2.2	2.0
欧元区	−0.4	0.2	−0.4	−0.1	−0.4	−0.1
日本	2.2	1.2	1.9	0.8	1.6	0.7
新兴经济体	5.3	5.6	5.1	5.5		
俄罗斯	3.7	3.8	3.5	3.6	3.4	3.8
中国	7.8	8.2	7.9	8.4	7.5	8.5
巴西	1.5	4.0	0.9	3.4	1.5	4.0

美国方面,从四季度开始经济出现持续复苏迹象,但未来前景的不确定性仍然较大。2012年12月份,美国供应管理协会(ISM)制造业PMI和非制造业PMI分别为50.7%和56.1%,比上月分别提高1.2个和1.4个百分点,显示经济处于扩张阶段。房地产市场也持续好转,数据显示,2013年1月份美国有242个城市地区的住宅市场持续改善,比上月增加41个城市。但另一方面,持续多年实施扩张性政策的负面效应开始显现,高企的债务水平致使政府面临"财政悬崖"威胁。根据美国国会预计,财政悬崖将使美国2013年财政赤字减少5020亿美元,2014年减少6820亿美元,占GDP的3.9%。一旦"财政悬崖"爆发将使2013年美国GDP下降2.9%,就业岗位减少340万个,美国经济或将陷入二次衰退。同时,在连续推出四轮量化宽松政策后,扩张性货币政策的边际效应正在逐步递减,这意味着未来美联储动用政策的空间已经较小。

欧元区方面,在下半年欧央行一系列积极措施下,欧债危机出现明显缓和,但经济复苏与债务危机解决之路依旧漫长。一方面,经济景气度尚未出现明显好转。数据显示,2012年12月份欧元区制造业和服务业PMI分别为46.1%和47.8%,比上月分别下降0.1个和上升1.1个百分点,均位于荣枯线50%下方,显示欧元区商业活动仍处于萎缩状态。11月欧元区失业率达11.8%,同比上升1.2%,环比上升0.1%;另一方面,欧元区国家多年累积

的矛盾和财政赤字问题在短期内仍难以化解。欧央行现有政策大多是在短期内缓解债务危机国再融资压力，要建立相互协调的财政政策机制、真正意义上的银行业统一监管体系等长期目标尚待时日。

新兴经济体方面，受国内结构性矛盾制约和发达国家经济低迷影响，近期经济增幅已开始明显放缓。为应对经济下行压力，韩国、巴西等国央行连续降息，印度央行也两次下调银行存款准备金率。印度、巴西还分别出台了一系列促进投资的改革法案以解决结构性问题，但这些改革和经济刺激计划能否达到预期效果还有待观察。同时，在欧美发达国家多次实施量化宽松政策的背景下，国际投机资本流出流入更加频繁，新兴经济体货币汇率波动幅度明显加大，国内面临的通胀压力重新抬头，2013年新兴经济体将继续在应对外部挑战和加快内部结构性改革之间艰难平衡。

（二）从国内看，在经济初步企稳的基础上，一系列扩内需政策的实施将继续推动经济平稳较快增长

2012年四季度以来，我国经济呈现初步企稳迹象。数据显示，12月份制造业PMI为50.6%，在此前连续三个月上升后保持平稳。其中新订单指数连续三个月位于荣枯线之上，购进价格、进口、采购量等指标回升较为明显，显示企业需求状况改善。同时工业增加值、消费、投资等主要经济指标均逐渐回暖，分别连续3个月、4个月和3个月出现上升，显示经济增长动能持续回升。值得注意的是，伴随着居民在住房、汽车、医疗和旅游等方面的消费结构升级，消费将超越投资成为经济增长的第一拉动力，前三季度最终消费支出对GDP的拉动力达到4.2个百分点，高于资本形成总额0.3个百分点。

与此同时，党的十八大确定的我国未来经济社会发展新思路将进一步激发全国上下加快发展的热情，一系列有利因素将推动明年我国经济继续保持平稳较快增长。一是稳增长的政策空间仍然较大。货币政策方面，由于存款准备金率仍然保持在20%的高位，随着出口增幅下降以及资本流动双向性增强，货币政策的对冲压力将明显减轻，存款准备金率仍有较大下调空间；同时与主要发达经济体相比，我国基准利率相对较高，存贷款利率也有下调的空间。财政政策方面，2012年中央经济工作会议已明确继续实施积极的财政政策，当前我国财政赤字率仅为1.5%左右，这意味着我国仍具有一定结构性减税空间，同时基础设施建设、民生社会保障等财政支出需求也较高，因此采取积极财政政策的空间仍然较大。二是一系列扩内需政策的实施将对经济增长起到积极作用。从2012年四季度开始，发改委及时启动了一批带动作用大的重点建设项目，对固定资产投资的效应将在今后两到三年中得以显现；同时，2013年将是“十二五”规划中期评估年份，属于投资加速年。从大部分地区公布的投资目标及规划看，2013年固定资产投资增幅的目标将普遍在20%以上，部分中西部地区甚至达到30%—40%，预计2013年投资对我国经济的拉动力将有所增强。此外，党的十八大明确提出“收入倍增计划”，这意味着“十二五”期间最低工资标准将年均增长13%以上，为扩大消费奠定坚实的收入基础。在此背景下，我国经济增长模式将逐步向消费拉动型转变。三是新型城镇化建设将为中长期经济增长带来新动力。2011年末，我国城镇化率已达到51.3%，但相比发达国家普遍高于65%的城镇化率水平，还有很大的发展空间。从过去的模式看，我国城镇化进程主要受工业化拉动，在目前人口红利下降、外需低迷的背景下，这种粗放型发展方式面临严峻的总量、资源与环境约束，未来难以持续。党的十八大报告中提出的新型城镇化将成为我国经济增长方式转化的一条主线。与以往不同，新型城镇化不是简单的城市人口比例增加和面积扩张，而是以城乡统筹、城乡一体、产城互动、节约集约、生态宜居、和谐发展为基本特征的城镇化。从中长期看，围绕"新型城镇化"进行的一系列政策措施将成为拉动我国经济的关键，以此为基础不断地创造内需，支撑整个经济社会的持续健康发展。

（三）从衢州市的情况看，有利因素与不利因素并存

山区科学发展试验区的实施，会对衢州经济发展产生积极的推动作用。随着国家及衢州市出台一系列支农惠农措施的落实，加上农业发展态势较好，有利于全市农业农村经济保持平稳增长。工业生产企稳向上，根据"十二五"规划部署，公路、铁路、地铁、水利等基建投资明年仍有一定增长潜力，衢州市的重工产品价格有望回升。随着政府扶持中小企业和实体经济的措施逐步到位，企业的融资环境会继续改善，财务成本会继续降低。不利因素主要有，衢州市产业结构调整与经济转型升级压力较大，投资增长也面临一定压力。在金融层面，需要关注的问题主要有：

1. 信贷风险化解压力凸显。2012 年以来，经济持续不景气，企业经营效益大幅下滑，企业出险情况随之攀升。据统计，全市出现涉贷关停企业 58 家，四季度新增 14 家，全年与上年同比增加 46 家。企业资产规模总计达 38.14 亿元，同比增加 28.68 亿元。截至年末，全市不良贷款余额 15.14 亿元，较年初上升 4.05 亿元，不良率 1.42%，较年初上升 0.23 个百分点。出险企业家数增多，通过银行信贷渠道，影响到银行资金安全。同时，企业之间正常的商业信用受到破坏，尤其是担保链风险出险后，正常的融资担保体系受到冲击，"脱保"现象增加。

2. 金融"支小"难度加大。近年来，随着各行中小企业专营机构的设立，金融支持小微企业发展的力度明显加大，小微企业贷款长期保持较快增长。但与此同时，部分中小企业由于自身实力不足，技术含量低，市场竞争力弱，担保措施不到位等，银行信贷资金难以有效介入，进一步做大小微企业贷款的难度增加。

3. 信贷规模较快增长或受制约。2010 年一季度，衢州市的贷款增幅开始快于全省平均水平，并长期位列全省前 3 位。2013 年，受新设机构减少以及存贷比的影响，衢州市信贷投放在全省的相对优势可能将有所弱化。经历多年来的快速发展，衢州市金融机构存贷比高企。尤其是 2012 年末，全市余额存贷比达到 82.99%，同比提高 2.24 个百分点，新增存贷比达到 101.21%，同比提高 26.49 个百分点。这也是近年来所罕见的。受存贷比制约，衢州市的"资金洼地"效应或将逐步减弱。

四、相关政策建议

（一）突出"服务实体经济"的中心，推动经济金融良性互动发展

实体经济是金融业发展的坚实基础。当前，衢州正处于工业化、城镇化快速发展的阶段和产业结构转型升级的重要时期，更加需要金融的大力支持。为此，要牢牢把握"服务实体经济"这一中心工作，以继续贯彻执行稳健的货币政策为主线，以加快地方经济发展方式转变为宗旨，努力探索金融工作的区域化、本土化、特色化，全力保障地方实体经济发展的金融需求。一是要做大总量，确保“两个衔接”。即确保信贷总量与经济社会发展相衔接，投放节奏与实体经济运行规律相衔接。要全力支持重点项目建设，大力推动战略性新兴产业发展，不断深化对科技型、绿色型、服务型企业的信贷支持。二是创新方式，拓宽“两个渠道”。即拓宽直接融资渠道，积极支持符合条件的企业申请发行短期融资券、中期票据等债务融资工具。着力推进“区域集优”中小企业债务融资合作框架和机制建设。鼓励金融机构大力拓展信托、租赁、保理等表外融资业务，促进融资渠道多元化，满足实体经济多种融资需求，适当降低实体经济的融资成本。扩大抵押担保渠道。推动信贷产品和融资方式创新，积极争取省级金融机构把衢州作为信贷创新的实验区，在衢州先行先试新型信贷品种和信贷模式。实施中小企业信贷创新工程，扩大中小企业抵押担保物范围，积极开展存货、仓单、股权、应收账款、商位使用权等质押贷款和在建工程抵押贷款、产业链融资业务。要充分利用人民银行应收账款质押登记公示系统、融资租赁登记公示系统，灵活多样地创新信用模式和扩大贷款抵押担保范围，提高金融服务的差异化、细分化和专业化程度。推动跨境直接投资人民币结算及相关业务发展，积极创新各种跨境人民币贸易融资产品，促进企业进出口贸易稳步增长。

同时，优化利率管理，实施合理定价。引导金融机构不断适应利率市场化改革需要，增强风险定价能力，用好利率浮动定价权合理定价，正确处理保持持续发展和让利实体经济的关系。

（二）以“普惠金融推进年”为抓手，推动金融资源向弱势群体倾斜

重点突出“支农支小”。一是支持小微企业更快发展。深入贯彻落实《国务院关于进一步支持小型微型企业健康发展的意见》（国发〔2012〕14号），对信用程度高、财务管理规范、经营状况良好、现金流有保障的小微企业，积极给予信用贷款支持。积极开展无形资产质押、动产质押、供应链融资等金融产品和信贷模式创新。灵活设计贷款期限和还款方式，推广循环贷款、年审制贷款无还款续贷、宽限期等模式，减轻企业集中还款压力，实现小微企业贷款到期与续贷的无缝对接。二是创新金融支农工作机制。以支持衢州市现代农业园区、粮食功能区建设以及中心镇建设、农田水利建设、农村住房改造等为重点，引导涉农金融机构与特色产业项目对接，持续加大支农信贷投入。完善金融服务“一村一品”机制，全面提高支农服务的普惠性和针对性。全年涉农贷款增幅高于全部贷款增幅。三是增强“支农支小”实力。要按照宏观审慎管理的要求，灵活运用差别准备金动态调整工具，引导地方法人金融机构信贷合理适度增长。继续用足用好再贷款、再贴现工具，确保再贷款、再贴现指标主要用于支持“三农”和小微企业发展，切实壮大“支农支小”能力。要努力完善民生金融。支持就业、扶贫、助学等民生工程。推进小额扶贫贷款、农村住房改造贷款，扶持和引导小额担保贷款、国家助学贷款、妇女创业贷款。推动农村消费信贷市场的发展，改进和完善金融服务。落实好差别化住房信贷政策，加大对中小套型普通商品住房和保障房建设的支持力度。

（三）健全保障机制，维护区域金融稳健发展

有效健全系统性和区域性金融风险监测评估和预警体系，完善风险防范处置应对预案。对法人金融机构经营状况和风险状况以及跨行业交叉性金融工具开展持续性监测，及时发现和预警区域性、系统性风险苗头。建议在政府层面建立金融风险应急处置、协调机制，坚持“早发现、早化解、早处置”的原则，提前介入，加强协调，有效保护银行债权；要通过政府性担保公司的介入，来化解企业的担保链风险。各金融机构一方面要坚持“早发现、早化解、早处置”的原则，另一方面也要按照“区别对待、分类帮扶”的原则，对有潜力、有市场前景、出现暂时困难的中小企业既不抽贷，也不压贷。一是要加强风险预警和排查工作，建立和完善风险监测制度。二是要提高对不良贷款的容忍度，在政策允许的范围内，做到延贷和增贷。三是要提高不良贷款的处置效率，在风险处置过程中探索建立政银企共同参与的联保处置机制。四是要积极推进信用体系建设，增强金融环境吸附力。探索推动中小企业信用体系建设，改善中小企业融资环境。规范商业银行和征信机构的征信相关行为，加大对侵犯个人信用信息主体权益行为的查处力度，规范征信业秩序。深化农村信用体系建设，在全市推广农民专业合作社信用评定，扩大农户的信用信息采集面。

衢州市经济金融统计简表

单位：亿元

项　目	2008年	2009年	2010年	2011年	2012年
国内生产总值	580.05	617.50	752.78	890.29	982.75
第一产业	61.71	60.02	64.25	75.95	79.85
第二产业	317.85	337.24	413.99	489.62	531.91
第三产业	200.49	220.24	274.54	324.71	370.99
固定资产投资(全社会)	361.17	415.40	489.62	511.62	570.76
房地产开发投资	45.62	37.59	63.71	71.13	75.79
社会消费品零售总额	215.61	250.25	290.82	344.34	396.36
进出口总额(亿美元)	13.25	11.84	18.89	26.87	30.18
出口总额(亿美元)	8.99	7.30	12.05	17.61	18.59
进口总额(亿美元)	4.26	4.54	6.84	9.26	11.59
地方财政收入	34.39	37.85	46.98	57.57	63.42
地方财政支出	67.93	95.39	107.09	125.44	138.89
居民消费价格总指数(%)	105.00	99.20	104.20	105.60	102.40
金融机构各项存款余额	577.65	755.09	953.12	1157.23	1299.52
单位存款余额	165.97	241.87	280.96	597.41	641.88
储蓄存款余额	309.45	269.64	431.29	513.07	608.73
金融机构各项贷款余额	480.25	626.98	788.22	934.51	1078.53
短期贷款余额	258.35	329.80	410.92	551.65	688.48
中长期贷款余额	207.55	271.28	353.01	373.16	376.05

台州市经济金融形势分析报告

2012年以来，台州经济总体呈现前低后稳的增长格局，积极因素逐步增多，但不确定性仍然存在，工业生产缓慢回升，投资增幅有所放缓，消费持续回暖，进出口形势较为严峻；金融运行整体平稳，存款增长有所回升，贷款增长低位企稳，信贷支持重点突出，不良贷款年末双降，利率总体下行，但经济增长的市场动能不足，企业关停反弹、转型艰难等问题值得关注。

一、经济运行概况

2012年，台州经济保持平稳增长，全年共实现生产总值2927.34亿元，比上年增长7.5%。其中，第一产业增加值201.12亿元，增长2.5%；第二产业增加值1435.04亿元，增长7.1%；第三产业增加值1291.18亿元，增长8.6%。全年完成全社会固定资产投资1242.56亿元，比上年增长23.3%。消费品市场持续活跃，2012年，全市实现社会消费品零售总额1304.30亿元，比上年增长15.2%。对外贸易较快增慢。全年外贸进出口总额206.22亿美元，比上年仅增长0.6%，其中自营出口总额172.39亿美元，增长1.2%。城乡居民生活水平进一步提高，全年城镇居民人均可支配收入33979元，比上年增长11.4%，全年农村居民人均纯收入14567元，比上年增长11.1%。2012年全市实现财政总收入408.95亿元，比上年同期增长10.4%，其中地方财政收入220.42亿元，增长10.1%，增幅比前三季度回落4个百分点。

二、金融运行情况

（一）存款同比多增，增幅有所回升

1. 存款增量高于上年水平。2012年下半年，台州市金融机构本外币存款增长有所改善，由上半年同比少增转为全年的同比多增，全市全年新增存款510.28亿元，同比多增114.33亿元。

2. 存款冲高回落现象仍未改观。从月度存款增量看，2012年存款增长延续了2010年以来的“季末冲高、季初回落”的运行状态，存款余额分别在4月、7月、10月三个季初月份出现负增长，可见存款增长仍缺乏稳定性。

3. 存款增幅有所回升。2012年12月末，台州市金融机构本外币存款余额4509.17亿元，同比增长12.8%。全年存款增幅呈现前低后稳的态势，下半年有所回升，9月份后连续4个月超越贷款增幅，12月末的增幅比年内最低点6月末的增幅高出4.8个百分点，比年初增幅高出1.4个百分点。

（二）各项存款多增，影响因素不尽相同。

1. 单位存款同比多增。2012年，台州市单位存款新增178.18亿元，由上半年的同比少增58.2亿元转为全年的同比多增54.98亿元。这主要与单位定期存款多增有关，由于企业票据融资需求增加，相应用于质押的企业定期存单增加，导致全年单位定期存款同比多增119.35亿元。

2. 个人存款同比多增。2012年，台

州市个人存款新增295.3亿元，同比多增33.58亿元。个人存款多增主要是个人储蓄存款多增，全年个人储蓄存款增加316.35亿元，同比多增96.12亿元。

3. 财政性存款同比多增。2012年，台州市财政性存款新增19.75亿元，同比多增14.92亿元，主要与上年财政性存款基数较低有关，上年财政性存款仅增4.83亿元。

（三）贷款弱势增长，投向重点突出

1. 贷款增量同比略有增加，增幅低位企稳。2012年，台州市金融机构本外币贷款新增422.4亿元，同比多增7.11亿元。受调控因素影响，2012年贷款仍保持弱势增长格局，增量与上年基本持平，是近四年来增量较少的一年。12月末，全市金融机构本外币贷款余额3893.16亿元，同比增长12.2%，比年初下降1.4个百分点，但比年内最低点7月份的10.3%上升了1.9个百分点。全年的贷款增幅虽然整体处于2010年以来的下降通道，各月增幅仅略高于10%，但四季度以来增幅有所回升，表明贷款增长低位企稳的态势有所显现。

2. 工业、建筑业、水利环境和公共设施管理业贷款同比多增。2012年12月末，台州市工业贷款余额（不含票据）1173.83亿元，比年初增加132.6亿元，同比多增3.1亿元。在全部贷款弱势增长的格局下，工业贷款增势相对稳定，工业贷款新增额（不含票据）占全部贷款（不含票据）的比重为34.9%，比上年提高3.5个百分点；全市建筑业贷款余额（不含票据）120.56亿元，比年初增加31.67亿元，同比多增10.5亿元；全市水利、环境和公共设施管理业贷款余额（不含票据）116.15亿元，比年初增加8.38亿元，同比多增15.93亿元。

3. 房地产贷款增量与上年基本持平。受房地产调控影响，房地产贷款增长总体偏弱。2012年，台州市房地产贷款新增20.18亿元，同比略增1.12亿元，增量处于历史较低水平。其中，购房贷款和房开贷款一增一减：全年全市购房贷款新增26.33亿元，而房地产开发贷款减少6.15亿元。

4. 批发和零售业贷款同比少增。2012年12月末，台州市批发和零售业贷款余额（不含票据）151.66亿元，比年初增加15.55亿元，同比少增18.22亿元。

（四）不良贷款“双升”势头逆转，信贷风险得到初步控制

2012年，台州市金融机构的不良贷款逐月“双升”局面在年末得到初步控制。从2012年年初开始，全市不良贷款额和不良贷款率基本上呈现逐月上升的态势，10月末达到顶点，不良贷款余额46.99亿元，不良贷款率1.24%。此后连续两个月不良贷款出现“双降”，12月末不良贷款余额44.63亿元，比10月末下降2.36亿元，不良贷款率1.14%，比10月末下降0.1个百分点，信贷风险得到初步控制。

（五）银行贷款利率走低，民间借贷量增价跌

1. 银行机构人民币贷款利率低位企稳。不同于2011年渐进式的攀升，2012年，台州市银行机构人民币贷款加权利率呈现先高后低的走势。年初受市场资金面趋紧的影响，贷款利率持续上扬，5月份达到8.96%的历史高点。此后，在贷款基准利率2次下调和存款准备金率再次下调的影响下，市场资金面紧张的状况不断缓解，带动贷款利率逐步下行。10月份，人民币贷款加权利率跌至8.35%的谷底，创下自2011年3月份以来的新低。11月和12月份的贷款利率继续在低位盘整，12月份浮动贷款和固定贷款加权平均利率分别为

7.06%和 8.45%，比年初分别下降 36 个和 73 个基点。

2. 民间借贷利率总体下行。2012 年以来，台州市民间借贷加权综合利率总体呈震荡下行态势。前 4 个月仍保持在 20%左右的水平，但 5 月份出现大幅下降，单月环比下跌 150 个基点。此后，基本在 18.5%到 19.5%的区间内小幅震荡。12 月份的民间借贷加权综合利率为 18.79%，比年初大幅下降 228 个基点。监测的借贷规模则呈持续上升态势，12 月份的借贷规模为 11791 万元，比全年月平均借贷规模高出 2055 万元。

（六）跨境人民币结算增长较快，进出口贸易结算发展不平衡

2012 年，台州市累计叙做跨境人民币结算金额 272.91 亿元，同比增长 27.17%。实收实付中，2012 年货物进出口贸易人民币结算金额 50.29 亿元，同比上升 101.72%；服务贸易及其他经常项目人民币结算金额 60.06 亿元，是 2011 年的 10.4 倍；人民币贸易融资金额 162.14 亿元，同比上升 10.77%。但是，进出口贸易人民币结算发展不平衡值得关注，全年出口贸易人民币结算金额 35.62 亿元，同比上升 251.28%，而进口贸易人民币结算金额为 14.67 亿元，同比下降 0.81%。

（七）保险机构持续增加，保险市场稳步发展

2012 年，台州市保险业持续扩张，2012 年底保险机构 50 家。至年末，全年保费总收入 84.40 亿元，比上年增长 11.2%。其中财产险保费收入 39.14 亿元，人寿险保费收入 45.26 亿元，分别比上年增长 14.4%和 8.6%。全年各类赔款、给付支出 29.17 亿元，比上年上升 27.8%，保险深度和密度也分别达到了 2.87%和 1428.2 元/人。

三、经济金融运行中值得关注的问题

（一）关注企业关停倒闭现象反弹问题

一是关停倒闭企业数量出现反弹。据中国人民银行台州市中心支行的涉贷关停企业监测数据显示，2012 年四季度，台州新增涉贷关停企业 8 家、银行负债 2.33 亿元。从关停家数看，10 月份当月新增 5 家关停企业，关停企业家数自三季度逐步下降后出现反弹；从欠贷金额看，四季度新增银行负债比第三季度增加 1.12 亿元，比上年同期增加 1.1 亿元，占 2012 年以来新增银行负债的 41.17%。企业关停出现反复，表明当前经济状况仍未完全脱离底部，企业生存状况仍不容乐观。二是担保链问题持续发酵，“担保代偿”成为企业关停的首要因素。从关停原因看，四季度以来“担保偿债”已超过“经营不善”成为企业关停的首要因素。8 家关停企业中有 4 家均因代偿债务导致资金链断裂，占比 50%，累计对外担保 8520 万元。

（二）关注经济稳增长的市场动能不足问题

2012 年以来，市场需求下滑问题成为企业生产经营的主要困难。2012 年一季度的形势分析报告中曾提示关注“市场需求下滑对企业经营压力上升”的问题，三季度的报告再次提示关注“市场需求下降导致小微企业经营困难逐渐传导至行业核心企业”的问题。虽然，最近对辖内 95 家中小微企业的问卷调查显示市场需求有筑底企稳迹象，但是，市场需求回暖的持续性和力度有待进一步观察，市场动能不足依然是当前经济增长的主要问题之一。一方面，订单减少的企业比例下降显示需求下滑势头得到初步遏制。最近调查的数据显示，企业内外销订单减少的比例出现小幅下降，内销、外销订单减少的企业占比分别为6.7%和7.54%，较二季度下降0.18个和12.71个百分点，表明市场需求下降的势头得到初步遏制。另一方面，内外销订单增长的情况尚不理想。一是外需仍难止下行步伐，台州是典型的外向型经济，出口增幅震荡下行态势显示出当前外贸形势严峻，而调查显示四季度32.08%的企业外销订单增长，较二季度继续下降2.1个百分点，表明未来形势仍不容乐观；二是在"扩内需"政策和企业极力拓展国内市场的情况下，内销订单增长仍低于预期，四季度有37.78%的企业内销订单增长，较二季度仅小幅上升4.2个百分点。

（三）关注企业转型意愿低难度大问题

一般来说，经济下行周期是企业转型升级的良好时机，然而近期的调查发现，台州企业在本轮经济周期下转型意愿较低、难度较大。一是有转型经历的企业较少。据调查，即使是不存在资金限制的细分行业龙头企业中，经历过转型的企业仅占30.3%，对于资金制约较大的大量小微企业来说，经历过转型的则更少。二是转型意愿不高，市场风险过高是首要影响因素。据调查，没有经历过转型的样本企业中，63.04%的企业并不考虑转型问题，主要是受"市场风险太大"(89.66%)、"缺乏进入产业的门路"(39.13%)、"缺乏高端人才"(34.78%)影响。由此可见，由于企业对进入新行业的风险识别能力有限，同时仅靠国家出台的政策规划为导向存在一定的盲目性和不确定性，市场风险过高已成为企业转型的主要障碍。如经历转型的某鞋业集团，之前专注主业制鞋工艺，虽然利润率不高但经营效益一直尚可，但转型投入光伏产业之后，随着该行业出现系统性风险，目前勉强依靠主业维持集团运转。

四、政策建议

（一）继续贯彻执行稳健的货币政策

2013年人民银行工作会议提出坚持稳中求进，继续实施稳健的货币政策。下阶段，应贯彻落实稳健的货币政策要求，促进地方经济持续健康发展。一是保持货币信贷总量的适度增长。合理规划全市金融机构的信贷增量，既体现对台州实体经济的信贷支持，又避免贷款无序、突兀式的增长。二是进一步优化信贷结构。2013年应继续重点支持小微企业和"三农"发展，并突出对城镇化建设、农业合作社、生态文明、科技创新等领域的支持力度，推动台州经济加快转型升级步伐。

（二）深入推进小微企业金融改革创新

台州市关于创建"浙江省小微企业金融服务改革创新试验区"的申请已经省政府原则同意，下一步要为加快推进试验区建设，不断完善小微企业的金融生态环境。一是深入研究改革创新政策举措。在"打造一个中心、创新五大体系、构建四大平台"的框架基础上，进一步细化研究具体的配套政策措施。二是部门协作形成改革创新合力。各相关职能部门在积极向上级争取政策、结合台州实际出台政策的同时，应积极协调合作，做好小微企业支持政策间的有效配合衔接，形成共同支持的良性局面。

（三）持续加强金融风险防范化解

2012年，不良贷款反映出的银行信贷风险在年末得到初步控制，但是，临近年关的企业资金断链风险和隐性的担保链风险仍未完全暴露和释放，2013年金融风险的防范化解工作仍不容放松。一是继续加强风险监测。各相关部门应重点加强对企业资金链风险、民间融资、银行表外业务等的监测分析，及时掌握风险变化动态。二是继续加强风险排查。各金融机构要利用春节前的时间对不同行业、不同规模的客户风险进行全面排查，并强化内部风险控制，尽力避免市场风险和道德风险，努力做到风险可知可控。三是提前做好重点投放领域的风险评估测试。2013 年与城镇化相关的基础设施、房地产等领域的信贷投入可能加大，各金融机构应在对相关政府融资平台、个人消费等支持的基础上提前做好风险压力的评估测试。

台州市经济金融统计简表

单位：亿元

项　目	2008年	2009年	2010年	2011年	2012年
国内生产总值	1946.23	2040.45	2415.12	2794.91	2927.34
第一产业	122.95	132.22	159.99	188.90	201.12
第二产业	1041.87	1057.73	1262.66	1443.97	1435.04
第三产业	784.41	850.50	992.47	1162.04	1291.18
全社会固定资产投资	759.58	834.10	950.24	1104.08	1242.56
基本建设投资	149.87	190.54	218.96	245.02	294.27
房地产开发投资	126.25	152.27	196.08	319.16	357.38
社会消费品零售总额	718.43	817.88	960.45	1132.37	1304.30
进出口总额(亿美元)	138.11	120.32	170.01	205.04	206.22
出口总额(亿美元)	117.64	100.67	139.63	170.35	172.39
进口总额(亿美元)	20.47	19.65	30.38	34.69	33.83
地方财政收入	126.05	136.02	164.88	200.12	220.42
地方财政支出	153.81	175.95	222.76	265.53	287.93
商品零售物价总指数(%)	106.20	99.30	104.80	106.90	101.90
居民消费价格总指数(%)	104.90	99.20	104.60	106.30	102.30
金融机构各项存款余额	2371.70	2935.60	3588.48	3998.90	4509.17
企业存款余额	606.94	865.17	982.70	1758.76	1936.93
储蓄存款余额	1210.04	1449.72	1725.08	2110.37	2408.68
金融机构各项贷款余额	1926.27	2518.06	3055.82	3470.76	3893.16
短期贷款余额	1248.89	1578.58	1932.49	2354.77	2661.14
中长期贷款余额	612.37	852.00	984.53	1089.62	1158.38

丽水市经济金融形势分析报告

2012年，面对国际经济环境复杂多变和国内经济下行压力加大的严峻形势，丽水市上下以科学发展观为指导，按照市委"绿色崛起、科学跨越"的战略总要求，继续深入实施"三市并举"发展战略，紧紧围绕建设生态文明和全面小康社会两大目标，坚持"稳增长、调结构、惠民生、促和谐"相结合，经济结构不断优化，社会事业持续发展，民生不断改善，全市经济金融实现了平稳较快增长。

一、经济运行概况

2012年，丽水市经济运行总体呈现稳步回升的态势，多项主要经济指标增幅位居全省前列，基本实现了"稳中求进，好中求快"的目标。据初步核算，2012年全市实现生产总值885.17亿元，按可比价计算，比上年增长10.5%，增幅分别高于全国、全省2.7个和2.5个百分点，位居全省11个市的第一位。其中第一产业增加值79.35亿元，增长3.6%；第二产业增加值446.09亿元，增长12.6%；第三产业增加值359.73亿元，增长9.6%。

（一）农业生产平稳增长

2012年，丽水市进一步落实强农惠农政策，扎实推进农业"两区"建设和八大主导产业发展。2012年末，全市实现农业总产值121.70亿元，比上年同期增长9.5%。其中，种植业产值80.22亿元，增长10.2%；林业产值18.77亿元，增长8.3%；牧业产值19.70亿元，增长9.3%；渔业产值2.14亿元，下降0.6%。

1. 农业生产发展基础进一步加强。2012年末，全市金融系统涉农贷款余额559.05亿元，增长31.6%，林权抵押贷款余额达30.2亿元，增长18.3%，财政用于农林水事务支出增长8.5%。

2. 农业生产组织化、规模化水平进一步提升。2012年底，全市年销售收入1000万元以上农业龙头企业284家，其中超亿元的31家。全市实有农民专业合作社2448户，共有社(会)员8.25万人，带动农户42.80万户。全市共有173个农产品获有机食品认证，102个农产品获绿色食品认证，494个农产品获无公害农产品认证。规模以上工业中农副产品加工业实现产值21.27亿元，增长19.10%，农业生产产业链的延伸，进一步带动了农业生产发展和效益提高。

3. 农业产业结构进一步调整。食用菌、茶叶、蔬菜等八大主导产业实现产值89.17亿元，比上年增长11.8%，占农业总产值比重达到73.2%，同比提高5.2个百分点。食用菌产业中黑木耳产值增长19.6%；优势产业中，蔬菜种植面积增长1.9%，茶叶面积增长1.4%。在产品结构调整中，特色优质农产品加快发展，有效促进了农业生产效益的提高。

（二）工业生产平稳较快增长

2012年，丽水市实现全部工业总产值1921.91亿元，比上年增长16.30%，增幅同比回落8.1个百分点。其中规模以上工业总产值1533.76亿元，增长16.60%，规模以上工业增加值327.19亿元，增长

15.2%，双双位居全省第一位。工业对经济增长贡献率达到53.6%。

1. 企业做大做强成效明显。产值超1亿元企业达311家，其中超10亿元企业21家，亿元以上企业户均规模达到4.08亿元，实现产值1107.75亿元，增长12.2%。

2. 园区推力稳步增强。全年全市工业园区共有规模企业518家(占全市规模企业家数的54%)，累计实现产值939.45亿元，增长19.5%，增幅高于全市2.9个百分点，占全市规模工业产值的61.3%，比上年提高5.1个百分点。与此同时，园区平台建设加快推进。全年全市新开发可供工业用地面积1.74万亩，累计出让工业用地247宗，出让面积8997亩，创出历史新高。

3. 结构调整稳步推进。工业企业加大科技投入，积极推进技术创新。规模以上工业企业新产品产值增长41.3%，连续三年实现高增长(2010年增长67.2%；2011年增长81.3%)，新产品产值率达到21.0%，比上年提高3.7个百分点；高新技术产业实现产值195.58亿元，增长10.4%；装备制造业实现产值527.49亿元，增长20.7%；科技活动经费支出增长12.3%；工业投资中技术改造投资比重达到53.6%，比上年提高18.4个百分点。

4. 销售效益稳步改善。全年全市规模以上工业完成销售产值1462.21亿元，增长16.7%，产销率95.3%，产销衔接平稳。实现外贸出口19.8亿美元，同比增长8.9%，实现出口交货值139.04亿元，增长18.1%，相比上半年分别回落9.4个和1.3个百分点，进入下半年我市外贸市场回落压力加大，不过12月份以来呈现企稳态势。全市规模工业实现利润总额107.79亿元，增长15.5%，实现利税总额149.28亿元，增长14.5%，效益水平处于全省前列。

(三) 服务业增势良好

2012年，丽水市实现服务业增加值359.73亿元，按可比价计算，比上年增长9.6%，对GDP增长贡献率为37.4%，服务业占GDP比重为40.6%。随着“秀山丽水、养生福地”区域发展定位的确立和品牌宣传推广，丽水养生休闲旅游业得到较快发展。全年全市接待国内外旅游总人数3581.97万人次，增长30.1%，实现旅游总收入205.84亿元，增长32.0%，增幅连续七年居全省第一。新增百山祖风景区1家国家4A级景区，累计创建15家4A级景区。

(四) 投资保持快速增长

2012年，丽水市固定资产投资始终保持较高增长态势。一季度以21.2%的速度稳健开局，上半年达到32.1%，全年累计完成固定资产投资471.98亿元，以31.7%的增幅完美收官，创下丽水市“十一五”以来的固定资产投资最高增幅，增幅比上年提高11.4个百分点。

1. 各领域投资均实现较快增长。从项目投资看，基础设施投资171.68亿元，增长21.5%；工业投资156.87亿元，增长32%，其中制造业投资133.27亿元，增长32.4%。完成房地产开发投资84.99亿元，增长55.5%。工业投资和房地产投资增幅分别位居全省第二位和第一位。从产业投资看，第一产业投资增长40.2%，第二产业投资增长32.9%，第三产业投资增长30.6%，三次产业投资结构从上年的2.8:33.3:63.7调整为3.0:33.7:63.3。

2. 各投资主体均实现较快增长。国有控股投资增长19.9%，增幅比上年提高0.5个百分点，非国有投资在上年较快增长(23.3%)的基础上增长41.4%。各地积极落实扩大民间投资的政策，民间投资比重进一步扩大，完成民间投资 276.40 亿元，增长 42.9%，增幅比上年提高 22.2 个百分点，拉动固定资产投资增长 23.1 个百分点，比重达到 58.6%，比上年提高 5.0 个百分点。非国有投资主体的投资渠道主要为工业(142.25 亿元，增长 33.9%)和房地产开发(81.35 亿元，增长 80.1%)。旅游景点开发也逐渐成为非国有投资的新兴渠道，全年共完成旅游景点类开发投资 16.59 亿元，增长 32.5%。

3. 投资项目明显增加。投资施工项目个数达 1876 个，比上年增加 91 个，其中本年新开工施工项目 892 个，增加 170 个。施工项目平均完成投资 2673 万元。

(五) 消费市场逐步回暖

2012 年，丽水市消费市场增长整体呈现先抑后扬、稳步回升的发展态势，实现社会消费品零售总额 371.09 亿元，比上年增长 17.5%，其中全市新增 45 家限额以上单位，实现限额以上消费品零售总额 132 亿元，增长 25.5%，占全社会消费品零售总额的 35.6%，比上年提高 2.2 个百分点。消费中刚性消费增长较快。作为生活必需品，限上批零企业中食品饮料烟酒、服装鞋帽针纺织品、日用品零售额增势较好，分别增长 67.9%、5.7%和 22.6%；书报杂志、通信器材等消费升级换代类商品继续快速增长，分别增长了 30.7%和 65.3%。

(六) 财政收入稳定增长，民生支出力度不断加大

2012 年，丽水市财政一般预算总收入 112.66 亿元，其中地方一般预算收入 64.61 亿元，均比上年增长 12.6%。在地方财政收入中，实现税收收入 56.72 亿元，增长 12.3%，占地方财政收入的 87.8%。从税收收入结构看，四大税种增值税、营业税、企业所得税和个人所得税分别增长 18%、24.7%、0.6%和 3.4%。全市财政支出 167.94 亿元，增长 8.9%，其中用于教育、文化、社保、医疗、农林水等民生支出 121.77 亿元，增长 12.5%，占财政支出总额的 72.5%，比上年提高 2.4 个百分点。

(七) 城乡居民收入保持较快增长

2012 年，丽水市委、市政府出台了一系列增加收入、保障民生的政策措施，城乡居民收入保持较快增长。全市城镇居民实现人均可支配收入 26309 元，比上年名义增长 12.5%，扣除价格因素实际增长 9.8%，增幅比上年提高 3.2 个百分点。城镇居民收入增长主要由工资性收入与转移性收入拉动，两者占到总收入的 84.5%，拉动总收入增长 12.8 个百分点。实现农村居民人均纯收入 8855 元，比上年名义增长 13.4%，扣除价格上涨因素，实际增长 10.6%，比上年回落 2.9 个百分点。其中，工资性收入 3855 元，增长 15%，增加 502 元；家庭经营收入 3931 元，增长 11.9%，增加 420 元。工资性收入和家庭经营收入占到纯收入的 87.9%，对纯收入增长贡献率分别达到 48.0%和 40.1%，是拉动农民收入增长的最主要力量。

(八) 新农村建设成效明显

丽水市围绕“农民增收六大目标”，坚持统筹城乡发展，积极实施各项惠民工程，农村生产生活条件进一步改善。2012 年创建“美丽乡村”示范村 20 个，农村垃圾收集率达到 93.33%，比上年提高 1.6 个百分点。全年异地转移农民 2.09 万人。农家乐休闲旅游业发展较快，累计发展农家乐休闲旅游特色村(点)304 个，从业人员 1.86 万人，营业总收入 6.36 亿元。全市实施农村危旧房改造 2.57 万户，拆除危旧房建筑占地面积 116.09 万平方米，新增建设用地面积 19.33 万平方米。累计实施旧村改造 571 个，其中新启动旧村改造 3 个，完成投资28.45亿元。年末，金融系统涉农贷款余额559.05亿元，比上年增长21.6%，林权抵押贷款余额达30.2亿元，增长18.7%。

二、金融运行概况

面对极为复杂和严峻的经济形势，丽水市各金融机构齐心协力，努力克服各种困难，实现了经济金融平稳较快增长，超额完成年初制定的“两个高于，两个不低于”目标，存款增幅位居全省第一，贷款增幅位居全省第二，新增贷款占社会融资总量比重上升，有力地支持了实体经济的发展。

（一）社会融资总量适度增长，信贷支撑力度增强

2012年，丽水市社会融资总量新增166.16亿元，结构呈现“一升二降”：一是表内信贷融资大幅上升。全市金融机构本外币贷款新增158.87亿元，同比多增21.07亿元；占社会融资总量比重达到95.61%，比上年同期大幅上升25.54个百分点。二是表外融资大幅下降。全市金融机构表外融资（委托贷款、信托贷款和银行承兑汇票）2011年新增39.17亿元，而2012年则萎缩2.05亿元。三是直接融资有所下降。直接融资（企业债券和非金融企业股票融资）新增1.7亿元，同比少增8.3亿元；占社会融资总量比重为1.02%，比上年同期下降4.06个百分点。

（二）贷款平稳增长，投向结构持续优化

2012年末，丽水市金融机构本外币各项贷款余额1117.86亿元，同比增长16.57%，增幅居全省第二位，高于全省平均水平4.85个百分点。从投放节奏看，各月贷款增幅均保持在17%左右，信贷投放总体较为均衡。从投向行业看，重点支持实体经济发展。2012年末，全市制造业本外币贷款余额323.87亿元，同比增长17.60%，高于各项贷款增幅1.03个百分点；比年初新增48.46亿元，占全部贷款增量的30.50%。从贷款企业规模看，2012年，全市中小微企业贷款新增67.02亿元，占全部企业贷款增量的95.23%。其中，小微企业新增贷款32.30亿元，占中小微企业贷款增量的48.19%，扶持力度较大。从期限结构看，满足企业流动性需求的短期贷款增幅较快。2012年，丽水市短期贷款同比增长21.88%，高于各项贷款增幅5.31个百分点。

（三）存款稳步回升，增幅居全省第一

2012年末，丽水市金融机构本外币各项存款余额1475.23亿元，比年初增加181.67亿元，同比多增18.04亿元；余额同比增长14.04%，增幅高出全省平均水平4.53个百分点，居全省第一位。且在全省各项存款同比少增的情况下，丽水市存款增幅于5月份开始稳步回升，7月开始连续同比多增，增幅在全省的排名也由1月份的第六位前移至12月份的第一位。存款稳步回升的主要原因：一是储蓄存款增长较快。由于经济缺乏热点，投资风险加大，居民投资渠道收窄，体系外资金回流。2012年末，全市储蓄存款余额831.89亿元，同比增长16.30%，高于各项存款增幅2.26个百分点；全年新增116.59亿元，占全部新增存款的64.18%，同比提高17.48个百分点；二是存款派生能力较强的中长期贷款多增导致派生存款增加，全年中长期贷款增加30.33亿元，同比多增25.42亿元。

（四）结售汇顺差缩小，跨境人民币结算快速扩张

2012年以来，人民币兑美元汇率双向波动加剧，2012年末，人民币对美元汇率中间价为6.2855元，全年升值0.25%。

在此背景下，丽水市涉汇主体持汇意愿上升，结售汇顺差缩小。2012 年，全市结售汇总额为 57.94 亿美元，同比下降 16.31%，结售汇顺差 48.90 亿美元，同比下降 21.22%。

丽水市跨境人民币结算量快速扩张，有效降低了进出口企业汇率风险和汇兑损失，进一步促进了贸易和投资的便利化。2012 年，全市累计发生跨境人民币结算业务 17.3 亿元，是上年同期的 3 倍。其中，外商直接投资业务实现零突破并稳步发展，目前已成功办理 4 笔外商直接投资业务。2012 年末，全市参加跨境人民币结算业务的企业 105 家，比上年末增加 53 家；办理跨境人民币业务银行 7 家，比上年末增加 2 家。

（五）农村金融改革试点全面推进，金融支农成效显著

2012 年 3 月 30 日，人民银行和浙江省政府联合印发了《关于在浙江省丽水市开展农村金融改革试点工作的通知》（银发〔2012〕82 号），丽水市成为全国首个经央行批准开展农村金融改革的试点市。2012 年，通过完善金融组织体系、推动金融支农产品创新、优化农村金融生态环境、争取农村金融发展优惠政策等一系列措施，着力解决“三农”需求大、融资难，城乡差距大、普惠难的“两大两难”问题，农村金融服务的广度和深度进一步拓展，农村金融改革试点工作全面推进。截至 2012 年末，全市林权抵押贷款余额达到 30.2 亿元，惠及林农 20 余万；有 17.7 万信用农户累计获得贷款 159.7 亿元，同比增长 52.4%；已在 2114 个行政村设立了助农取款服务点，累计办理小额取现 54.63 万笔、金额 1.11 亿元，惠及 130 余万农民；全市涉农贷款余额 559.05 亿元，同比增长 21.56%，高出全部贷款增幅 4.99 个百分点。

丽水市经济金融统计简表

单位:亿元

项　　目	2008年	2009年	2010年	2011年	2012年
国内生产总值	515.06	546.55	644.04	784.37	885.17
第一产业	55.38	58.66	62.84	72.57	79.35
第二产业	253.64	261.10	322.23	391.45	446.09
第三产业	206.04	226.79	258.97	320.35	359.73
全社会固定资产投资	248.85	279.19	320.38	362.21	471.98
基本建设投资	94.82	107.15	112.81	141.37	171.68
房地产开发投资	39.99	41.30	46.84	58.26	84.99
社会消费品零售总额	202.98	232.62	266.13	315.89	371.09
进出口总额(亿美元)	12.68	11.11	15.33	21.25	22.29
出口总额(亿美元)	10.31	9.35	13.49	18.14	19.76
进口总额(亿美元)	2.37	1.76	1.84	3.11	2.53
地方财政收入	36.15	37.42	44.94	57.36	64.61
地方财政支出	85.77	112.87	135.20	154.40	167.94
商品零售物价总指数(%)	106.90	98.70	104.10	105.60	102.50
居民消费价格总指数(%)	105.20	98.90	104.00	105.30	102.50
金融机构各项存款余额	683.20	937.03	1128.23	1293.56	1475.23
企业存款余额	141.81	211.91	265.75	530.04	574.14
储蓄存款余额	407.64	551.51	638.81	722.77	835.00
金融机构各项贷款余额	472.55	672.30	821.46	958.99	1117.86
短期贷款余额	234.04	326.76	430.15	576.24	702.31
中长期贷款余额	232.15	321.80	370.61	372.13	402.46

注:2010年以后由于统计口径调整,企业存款数据为单位存款。

舟山市经济金融形势分析报告

一、经济运行基本态势

2012年，舟山市经济运行态势较为复杂，各项主要经济指标虽总体平稳，但船舶、海运等传统支柱产业持续低迷，经济增长下行压力仍然较大。

（一）三大需求稳定增长，下行压力依然存在

一是投资增长较快，但2012年三季度以来投资增幅有所回落。2012年，舟山市完成固定资产投资600.81亿元，同比增长26.2%，增幅比上半年回落3.2个百分点。分产业看，第二产业投资201亿元，同比增长18.1%，其中，工业投资增长18%；第三产业投资392.87亿元，增长30.9%。2012年，舟山市完成房地产投资158.94亿元，同比增长36.1%，增幅比上半年回落19.7个百分点。

二是消费市场持续发展，延续年初以来的增长态势。2012年，舟山市实现社会消费品零售总额290.54亿元，同比增长16%，继续保持平稳增长态势。2012年，全市限额以上批发零售业商品销售总额1083.1亿元，同比增长51.7%；限额以上住宿餐饮业营业额62.85亿元，同比增长13%。

三是进出口增长放缓，不确定性增加。2012年，舟山市实现进出口总额153.56亿美元，同比增长15.8%，增幅比上半年回落9.5个百分点。其中，出口总额92.24亿美元，同比增长23.4%，增幅比上半年回落10.6个百分点；进口总额61.32亿美元，同比增长5.9%，增幅比上半年回落16.7个百分点。从季度情况看，外贸进出口呈下降态势，增幅从一季度增长39.6%下滑到四季度的15.8%，降幅近24个百分点，且后续增长乏力。

（二）工业经济平稳运行，企业经营效益下滑

2012年，舟山市实现工业总产值1585.35亿元，同比增长10%，增幅比上半年提高0.2个百分点。规模以上工业总产值1215.66亿元，同比增长11.3%，增幅比上半年提高3.2个百分点。其中，临港工业完成总产值996.42亿元，同比增长9.2%。规模以上工业实现增加值223.63亿元，同比增长14.5%。从主要行业工业总产值增长情况看，电子电机业、水产加工业、化纤制造业增长较快，同比分别增长21.9%、13.8%、8.9%；石油化工业、船舶修造业、机械制造业、电力生产供应业、纺织服装业实现小幅增长，同比分别增长12.0%、8.1%、4.3%、3.3%、0.3%；医药制造业则明显下降，同比下降18.2%。2012年前11个月，舟山市规模以上工业企业中亏损企业的亏损额达17.85亿元，同比增加92.9%，比上半年扩大35.3个百分点，企业亏损面达到30.3%，比上年同期扩大7.3个百分点。同时，2012年全年工业用电量同比下降11%，企业生产经营情况不佳。

（三）港口吞吐量平稳增长，海运业困难加剧

2012年，舟山市港口货物吞吐量为

2.91亿吨，同比增长11.7%，增幅比上半年提高2.5个百分点。从主要品种吞吐量看，煤炭3115万吨，同比增长28.9%；金属矿石9651万吨，同比增长7.8%；粮油706万吨，同比增长5.4%；石油及天然气5038万吨，同比下降3.4%。2012年集装箱运输形势较好，全年累计完成集装箱吞吐量50.34万标箱，同比增长1.43倍，其中，出口25.53万标箱，同比增长1.42倍。同时，据舟山市统计局数据，2012年舟山市海运货运量和周转量分别为1.52亿吨和1870.52亿吨公里，同比分别增长13.2%和15.1%，增幅比上半年分别回落1.6个和12.6个百分点；海运运力规模持续扩大，12月末全市运力规模505.72万载重吨，比年初增加53.46万载重吨。

（四）财政增收压力加大，财政支出增幅回落

2012年，舟山市财政总收入133.45亿元，同比增长4.9%。其中，公共财政预算收入85.56亿元，同比增长11.9%。从四大主体税种增长情况看，营业税同比增长10.1%，增值税同比增长3.1%，企业所得税同比下降1.3%，个人所得税同比上升1.3%。2012年，全市公共财政预算支出155.22亿元，同比增长4.8%，增幅比上半年回落0.8个百分点。

二、金融运行基本情况

2012年，舟山市银行融资总量稳步增长，信贷运行态势总体平稳，但存款增长明显乏力，对银行造成较大的资金压力，信贷风险有所上升。截至12月末，舟山市银行融资总量余额2224.65亿元，比年初增加262.77亿元。

（一）信贷运行总体平稳，表内贷款同比少增

2012年12月末，舟山市金融机构本外币贷款余额1295.83亿元，同比增长11.5%；新增贷款133.17亿元，同比少增11.76亿元。12月末，全市银行业金融机构余额存贷比为93.2%，新增存贷比已达到177.6%。

1. 企业流动资金贷款同比明显增加，银行对企业流动资金投入保持较快增长态势。12月末，舟山市企业流动资金贷款余额627.96亿元，比年初增加115.46亿元，同比增长22.5%，高出全市企业贷款增幅11个百分点，同比多增42.21亿元。从企业流动资金贷款结构来看，全部短期贷款中企业经营性贷款余额463.08亿元，比年初增加75.61亿元，同比多增22.95亿元；贸易融资余额123.87亿元，比年初增加41.77亿元，同比多增21.91亿元；全部中长期贷款中企业经营性贷款余额41亿元，比年初下降1.92亿元，同比少增2.65亿元。

2. 新发放企业项目贷款与上年基本持平，项目贷款余额下降。2012年初以来，金融机构新发放企业项目贷款与上年基本持平。对八家主要项目贷款发放行的监测数据显示，全年项目贷款新发放86.96亿元，同比少增2.43亿元。同时，基于多方面因素全市项目贷款余额下降。截至2012年12月末，全市项目贷款余额324.33亿元，比年初减少4.20亿元，同比少增13.72亿元。

3. 个人贷款同比大幅少增，中小机构少增情况尤为突出。2012年12月末，舟山市个人贷款余额为341.33亿元，比年初增加23亿元，同比大幅少增39.3亿元。从贷款用途来看，2012年12月末，个人经营性贷款余额为136.19亿元，比年初增加16.58亿元，同比少增16.89亿元；个人消费贷款余额为205.14亿元，比年初增加6.41亿元，同比少增22.41亿元。从期限结构看，2012年12月末，个人短期贷款余额为144.13亿元，比年初增加8.03亿元，同比少增19.99亿元；个人中长期贷款余额为197.19亿元，比年初增加14.97亿元，同比少增19.31亿元。从银行分类看，2012年12月末，六家中小金融机构个人贷款余额为130.24亿元，仅比年初增加6.58亿元，同比少增21.02亿元，占全部少增量的53.5%；五家国有商业银行个人贷款余额为211.09亿元，比年初增加16.42亿元，同比少增18.28亿元。

4. 外币贷款快速增长，主要用于大宗商品贸易企业与造船企业。2012年12月末，舟山市银行业金融机构外币贷款余额9.29亿美元，比年初增加2.53亿美元，同比多增1.34亿美元，余额同比增长37.4%，外币贷款增长速度高出人民币贷款增长速度26.9个百分点。从各行外币贷款增长情况来看，农行和中行外币贷款增长较为明显。其中，农行新增外币贷款1.56亿美元，同比多增0.94亿美元；中行新增外币贷款0.3亿美元，同比多增0.25亿美元。外币贷款快速增长主要基于银行为大宗商品贸易企业与船舶企业办理进出口押汇业务。

5. 贷款重点投向实体经济，保障重点行业和领域资金需求。一是海洋经济相关产业信贷投入保持较快增长。从贷款增量看，对商业贸易业、海运业、港口物流业、政府及公共事业、船舶修造业等行业的投入保持较快增长，分别比年初新增73.62亿元、17.76亿元、9.94亿元、8.23亿元和7.93亿元。二是对中小微企业贷款投入持续较快增长。12月末，舟山市中小微企业贷款余额达到810.82亿元，比年初新增88.51亿元，占全部企业贷款增量的81.5%，继续保持快速增长势头。三是房地产贷款继续保持适度增长态势。12月末，全市房地产开发贷款余额48.91亿元，比年初增加4.88亿元；全市个人住房按揭贷款余额153.98亿元，比年初增加9.51亿元，同比少增12.82亿元。

（二）银行表外融资稳步增长，主要业务品种增长态势良好

2012年12月末，舟山市银行机构表外融资业务余额302.79亿元，比年初增加72.95亿元。从表外融资业务单季增长情况看，表外融资业务总体处于稳步增长态势，一至四季度分别增加11.15亿元、26.36亿元、22.21亿元和13.19亿元，其中工行、农行、交行及浙商银行增长较快，比年初分别增加37.95亿元、19.56亿元、17.21亿元和5.67亿元。从业务品种增量看，收益权信托、委托贷款和其他创新类融资明显增长，12月末余额分别比年初增加34.4亿元、19.76亿元和19.71亿元，其中工行和浙商银行为海投公司办理收益权信托13.4亿元；银行承兑汇票（风险敞口）、跨境人民币贸易融资、转贴现（转出）、融资租赁等业务稳步增长，12月末余额分别比年初增加11.89亿元、8.81亿元、6.53亿元和4.44亿元。

（三）市外融资持续增长，资金投入聚集工业、房地产等领域

截至2012年12月末，舟山市企业市外融资余额为618.38亿元，比年初增加53.83亿元。从增长结构看，贷款保持较快增长，表外融资业务稍有回落。12月末，市外融资中的贷款余额412.23亿元，比年初增加44.07亿元；市外融资中的表外融资余额206.15亿元，比年初增加9.76亿元，其中，银行承兑汇票比年初增加21.52亿元，票据贴现比年初增加7.61亿元，信用证比年初略增0.99亿元，其他表外融资业务如保函、贸易融资、保理等略降。从资金投向看，重点流入工业和港口物流、房地产、批发零售等行业。12月末，市外融资余额中，工业企业、港口物流企业、批发零售企业和房地产企业分别为300.77亿元、160.57亿元、66.44亿元和45.83亿元，分别占全部市外融资的48.6%、26.0%、10.7%和7.4%，其中工业企业和房地产企业的市外融资增长较快，分别比年初新增40.40亿元和20.25亿元。

（四）金融机构存款同比大幅少增，存款月度波动明显

2012年12月末，舟山市金融机构本外币存款余额1389.97亿元，比年初增加75.01亿元，同比少增88.15亿元，同比增长5.7%，低于全省平均水平3.8个百分点。从月度变化情况看，存款“大进大出”的现象明显，4月、7月和10月存款分别下降27.10亿元、46.88亿元、29.94亿元，3月、6月和9月分别新增43.66亿元、52.78亿元、67.07亿元。从结构上看，三大类存款增长情况较差：企业存款比年初下降19.98亿元，同比少增67.92亿元；个人存款比年初增加46.88亿元，同比少增7.72亿元；机关团体存款比年初增加9.14亿元，同比少增24.78亿元。

（五）涉外经济稳中有升，外资实际流入和对外投资快速增长

1. 跨境收支与银行结售汇均实现较快增长。2012年，舟山市涉外经济稳中有升，外汇收支顺差有所上升，结售汇顺差继续下降。数据显示：2012年全市跨境收支总额103.56亿美元，同比上升22.94%。其中，跨境收入总额58.22亿美元，同比上升22.73%；跨境支出总额45.34亿美元，同比上升23.20%；跨境收支顺差12.87亿美元，同比上升21.09%。全市银行结售汇总额43.93亿美元，同比上升1.76%，其中，结汇收入28.15亿美元，同比下降4.28%；售汇支出15.78亿美元，同比上升14.67%；净结汇12.37亿美元，同比下降20.94%。

2. 舟山市外资实际流入快速增长、境外投资稳步发展。在外商投资方面，全年辖内实际外资流入1.97亿美元，同比增长80.6%。从行业布局来看，油品仓储业和船舶修造业分别实现外资流入达7639万美元和1.13亿美元，合计占同期实到外资总额的96.6%。在境外投资方面，全年新设境外直接投资总额4903万美元，同比增长91%；境外直接投资外汇资金汇出3816万美元，同比增长0.6%，其中以跨境人民币方式对外投入投资款达1.84亿元。

（六）证券市场交易规模减小，保险行业运行平稳

1. 证券市场交易规模逐步减小。2012年12月末，华宝证券、浙商证券和华泰证券共有交易客户59088户，全年累计新开户3657户，同比减少1639户，证券交易额550.78亿元，同比减少142.93亿元。在舟山市证券营业部开户的个人进入股市资金56.00亿元，比上年同期减少40.59亿元，企业累计进入股市资金2190万元，比上年同期减少1880万元。全年累计转出资金55.00亿元，其中，个人转出资金54.86亿元，企业转出资金1368万元。截至2012年12月末，股市累计沉淀资金3.52亿元，同比减少0.2亿元。

2. 保险行业运行平稳。2012年，舟山市保险业共实现保费收入21.33亿元，同比增长6.9%。其中，产险收入9.73亿元，同比增长5.0%；寿险收入11.6亿元，同比增长8.8%。2012年，寿险业退保金额2.10亿元，占同期寿险业务保费收入的18.1%。2012年，舟山市保险公司保费给赔付支出7.29亿元，同比增长19.7%。其中，财险赔款支出5.34亿元，同比增长15.3%；寿险给赔付1.95亿元，同比增长33.6%。

舟山市经济金融统计简表

单位:亿元

项　　目	2008 年	2009 年	2010 年	2011 年	2012 年
国内生产总值	490.25	533.26	633.45	765.30	851.92
第一产业	49.18	51.41	62.44	76.09	83.05
第二产业	226.44	248.25	288.55	344.82	385.42
第三产业	214.63	233.60	282.46	344.39	383.48
社会固定资产投资	339.43	400.66	413.84	500.53	600.81
房地产开发投资	38.95	48.99	58.98	119.46	158.94
社会消费品零售总额	155.82	181.69	212.54	251.71	290.54
进出口总额(亿美元)	60.53	70.23	107.33	132.64	153.56
出口总额(亿美元)	32.86	37.39	69.37	74.73	92.24
进口总额(亿美元)	27.67	32.84	37.95	57.91	61.32
地方财政收入	43.15	48.78	61.04	76.48	85.56
地方财政支出	76.78	82.74	105.03	148.10	155.22
商品零售物价总指数(%)	106.70	99.20	104.30	104.30	101.70
居民消费价格指数(%)	105.60	99.20	104.10	105.80	101.70
金融机构各项存款余额	746.65	943.93	1143.25	1314.97	1389.97
企业存款余额	268.15	367.23	402.66	497.50	474.63
储蓄存款余额	301.72	356.36	410.80	461.30	508.59
金融机构各项贷款余额	647.39	854.02	1017.72	1162.66	1295.83
短期贷款余额	333.68	415.74	475.99	610.26	733.89
中长期贷款余额	302.82	414.33	507.02	549.11	559.77

第四部分

浙 江 省 经 济 金 融 统 计 资 料

ZHEJIANG JINRONG NIANJIAN

浙江省国民经济主要统计指标

指　　标	单位	2008 年	2009 年	2010 年	2011 年	2012 年
年末总人口	万人	4687.85	4716.18	4747.95	4781.31	4799.34
农村人口	万人	3761.72	3778.86	3813.24	3845.61	3856.87
年末从业人员数	万人	3486.53	3591.98	3636.02	3674.11	3691.24
在岗职工合计	万人	689.35	749.57	812.14	882.51	1022.32
城镇私营和个体从业人员	万人	685.34	748.44	878.59	916.54	952.07
乡村从业人员	万人	2009.99	2006.63	1845.53	1780.40	1711.01
其他从业人员	万人	101.85	87.34	99.75	94.66	5.84
全省生产总值	亿元	21462.69	22990.35	27722.31	32318.85	34665.33
第一产业	亿元	1095.96	1163.08	1360.56	1583.04	1667.88
第二产业	亿元	11567.42	11908.49	14297.93	16555.58	17316.32
第三产业	亿元	8799.31	9918.78	12063.82	14180.23	15681.13
人均生产总值	元	41405.00	43842.00	51711.00	59249.00	63374.00
规模以上工业总产值	亿元	40832.10	41035.29	51394.20	56406.06	59124.16
按注册登记注册类型分						
其中:国有企业	亿元	2609.20	2786.63	3331.26	3528.05	3831.55
集体企业	亿元	141.17	123.23	123.12	100.13	91.68
在总计中:国有及国有控股	亿元	5308.87	5369.11	6721.77	8132.62	8384.48
按轻重工业分						
轻工业	亿元	16943.47	17196.43	20896.40	21953.08	23228.18
重工业	亿元	23888.63	23838.86	30497.80	34452.98	35895.98
按规模分						
大型工业企业	亿元	7399.10	7348.65	9483.63	17089.96	15886.56
中型工业企业	亿元	15117.26	14851.53	18906.70	16961.51	18522.53
小型工业企业	亿元	18315.74	18835.12	23003.87	22354.59	24715.07
主要工业产品产量						
发电量	亿千瓦小时	1861.43	2193.27	2496.19	2774.18	2717.32
原煤	万吨	13.10	13.20	15.05	15.06	15.01
生铁	万吨	473.65	535.96	915.60	1002.17	1006.13
水泥	万吨	10162.77	10796.49	11275.31	12122.29	11539.61
化学纤维	万吨	1057.75	1207.16	1366.13	1505.54	1677.27
纱	万吨	168.16	195.62	214.87	198.77	231.23

续表

指　　标	单位	2008 年	2009 年	2010 年	2011 年	2012 年
汽车	辆	245350	281749	319117	306300	329819
家用洗衣机	万台	1591.78	1572.51	1765.02	1775.07	1906.43
家用电冰箱	万台	724.21	761.81	889.72	626.79	887.16
电视机	万台	372.06	518.35	477.03	497.30	573.28
农林牧渔业总产值	亿元	1780.01	1873.40	2172.86	2534.90	2658.66
农业产值	亿元	813.10	879.05	1041.30	1152.04	1229.36
林业产值	亿元	106.95	117.64	119.35	134.07	142.14
牧业产值	亿元	418.86	404.88	448.42	546.33	549.04
渔业产值	亿元	407.82	435.48	522.18	655.75	687.05
农林牧渔服务产值	亿元	33.28	36.35	41.61	46.71	51.08
主要农产品产量						
粮食	万吨	775.55	789.15	770.67	781.60	769.80
谷物	万吨	706.04	716.13	698.98	704.62	677.96
棉花	万吨	2.82	2.81	2.94	3.24	2.99
油料	万吨	41.27	43.24	39.47	39.85	38.30
茶叶	万吨	16.23	16.74	16.27	16.97	17.48
蚕茧	万吨	8.22	6.83	6.39	6.53	6.11
柑橘	万吨	238.36	197.54	190.78	194.44	193.56
猪、牛、羊肉	万吨	129.67	130.95	134.90	138.82	142.53
生猪年末存栏头数	万头	1161.85	1225.80	1248.40	1281.93	1338.30
水产品	万吨	418.79	440.31	477.95	515.81	539.58
建筑业总产值	亿元	8268.60	9746.21	12210.90	15171.80	17656.00
国有	亿元	155.60	156.80	125.90	166.10	181.90
集体	亿元	108.50	128.51	128.51	146.05	184.10
其他	亿元	8004.50	9460.90	11956.49	14859.65	17290.00
交通运输						
旅客周转量	亿人公里	1118.60	1152.38	1250.74	1296.25	1317.58
铁路	亿人公里	289.76	291.30	362.67	381.66	390.25
公路	亿人公里	821.57	853.63	882.04	908.15	921.18
水运	亿人公里	7.29	7.45	6.03	6.44	6.16
货物周转量	亿吨公里	5476.30	5659.78	7117.04	8626.91	9183.30
铁路	亿吨公里	339.74	323.30	342.08	312.24	291.26

续表

指　　标	单位	2008 年	2009 年	2010 年	2011 年	2012 年
公路	亿吨公里	1114.50	1188.70	1298.71	1434.82	1525.59
水运	亿吨公里	4022.01	4147.78	5476.24	6887.75	7366.45
固定资产投资总额	亿元	9323.00	10742.32	12376.04	14077.25	17095.96
城镇以上投资	亿元	6551.10	7454.33	8438.08	10350.45	12180.12
农村投资	亿元	2771.90	3288.00	3937.96	3726.80	4915.84
总投资中房地产开发	亿元	2023.12	2254.27	3025.43	4474.35	5226.27
按构成分						
建筑安装工程	亿元	5332.22	6190.23	7127.41	8006.03	9763.11
设备工器具购置	亿元	2122.52	2396.73	2552.90	2428.09	2888.90
其他费用	亿元	1868.26	2155.36	2695.73	3643.13	4443.95
总投资中:住宅投资	亿元	1883.63	2154.25	2785.53	3289.51	3860.06
财政收支						
财政总收入	亿元	3730.06	4122.04	4895.41	5925.00	6408.49
地方财政收入	亿元	1933.40	2142.51	2608.47	3150.80	3441.23
财政支出	亿元	2208.58	2653.35	3207.88	3842.59	4161.88
人民币储蓄存款年末余额	亿元	14501.49	17833.44	20612.16	23470.25	26406.81
社会消费品零售总额	亿元	7533.30	8622.26	10163.20	11930.60	13588.34
市	亿元	5021.44	5770.67	8931.67	10025.19	11450.68
县	亿元	735.99	839.12			
县以下	亿元	1775.86	2012.47	1231.53	1905.41	2137.66
出口总额	亿美元	1542.67	1330.10	1804.65	2163.49	2245.19
进口总额	亿美元	568.42	547.25	730.68	930.28	878.84
价格指数						
商品零售价格指数	上年=100	106.30	98.80	103.90	105.50	101.90
居民消费价格指数	上年=100	105.00	98.50	103.80	105.40	102.20
城市	上年=100	104.80	98.70	104.00	105.30	102.20
农村	上年=100	105.30	98.20	103.70	105.60	102.30
城乡居民收入						
城镇居民人均可支配收入	元	22727.00	24611.00	27359.00	30971.00	34550.00
农村居民人均纯收入	元	9258.00	10007.00	11303.00	13071.00	14552.00
教育和文化						
高等学校在校学生数	万人	86.80	91.00	93.30	95.90	98.70

续表

指　　标	单位	2008 年	2009 年	2010 年	2011 年	2012 年
中等职业学校在校学生	万人	59.36	59.02	60.64	61.59	58.40
普通中学在校学生数	万人	269.80	262.30	255.20	244.50	236.90
小学在校学生数	万人	332.30	325.10	333.30	344.10	346.70
报纸出版数量	万份	298677.00	314033.00	325048.00	359090.00	347100.00
杂志出版数量	万份	7407.00	7596.00	7201.00	8001.00	8312.00
图书出版数量	万份	29564.00	31221.00	28179.00	32608.00	37250.00
卫生机构数	个	15291	15618	29941	30515	30267
医院	家	635	652	687	731	782
卫生技术人员	万人	24.29	26.00	28.85	30.69	32.87
医生	万人	10.19	10.79	12.04	12.45	13.00
床位合计数	万张	16.12	17.02	18.41	19.48	21.33
医院床位数	万张	12.98	13.75	15.10	16.29	18.07

注：1. 本表价值量指标按当年价格计算。

2. 工业企业规模 2011 年起按新的划分标准划分，规模以上工业指主营业务收入为 2000 万元及以上工业企业。

3. 水产品产量数据为国家核定数(含远洋)。

4. 固定资产投资口径范围 2011 年前为“全社会投资”，2011 年起为“固定资产投资”，即计划总投资 500 万元及以上的投资项目和全部房地产开发投资。

全国金融机构人民币存贷款情况表

单位:亿元

项　　目	2011 年	2012 年
、各项存款	800368.33	917554.77
1. 单位存款	410912.05	458821.04
其中:活期存款	191968.20	203448.39
定期存款	104169.11	125446.87
通知存款	15816.55	17484.33
保证金存款	45265.20	49768.54
2. 个人存款	353536.43	411002.77
储蓄存款	343635.89	399551.04
保证金存款	292.69	517.84
结构性存款	9607.85	10933.89
3. 财政性存款	26223.06	24426.41
4. 临时性存款	1570.14	1632.54
5. 委托存款	308.47	226.86
6. 其他存款	16818.18	21445.16
一、各项贷款	547946.69	629909.64
(一) 境内贷款	546398.25	628100.53
1. 短期贷款	203132.62	248272.76
2. 中长期贷款	323806.52	352907.42
3. 融资租赁	4151.70	5930.98
4. 票据融资	15124.45	20433.24
5. 各项垫款	182.96	556.13
(二) 境外贷款	1548.44	1809.11

注:1. 本表机构包括中国人民银行、银行业存款类金融机构、信托投资公司、金融租赁公司和汽车金融公司。

2. 银行业存款类金融机构包括银行、信用社和财务公司。

3. 自 2011 年起,将财务公司、信托投资公司、金融租赁公司委托存款轧减委托贷款后计入各项存款。

全国金融机构本外币存贷款情况表

单位：亿元

项　　目	2011 年	2012 年
一、各项存款	826701.35	943102.27
1. 单位存款	423086.61	478730.20
其中：活期存款	199222.05	211576.12
定期存款	107104.58	132050.45
通知存款	16234.16	17890.20
保证金存款	46567.74	54372.10
2. 个人存款	357901.58	415549.87
储蓄存款	347400.79	403704.44
保证金存款	301.10	529.65
结构性存款	10199.69	11315.78
3. 财政性存款	26223.11	24426.88
4. 临时性存款	1859.99	1926.03
5. 委托存款	309.70	227.91
6. 其他存款	17320.36	22241.38
一、各项贷款	581892.50	672874.61
(一) 境内贷款	570862.58	659210.00
1. 短期贷款	217480.10	268152.19
2. 中长期贷款	333746.51	363894.22
3. 融资租赁	4262.17	6081.60
4. 票据融资	15153.51	20447.41
5. 各项垫款	220.29	634.58
(二) 境外贷款	11029.92	13664.61

注：1. 本表机构包括中国人民银行、银行业存款类金融机构、信托投资公司、金融租赁公司和汽车金融公司。

2. 银行业存款类金融机构包括银行、信用社和财务公司。

3. 自 2011 年起，将财务公司、信托投资公司、金融租赁公司委托存款轧减委托贷款后计入各项存款。

浙江省历年人民币主要金融统计指标
（1949—2012 年）

单位：亿元

年 份	存 款	其中		贷 款	其中	
		企业存款	储蓄存款		短期贷款	中长期贷款
1949	0.05	0.01		0.01	0.01	
1950	0.31	0.12	0.02	0.02	0.02	
1951	0.98	0.33	0.20	0.26	0.26	
1952	1.75	0.50	0.37	0.87	0.87	
1953	1.81	0.51	0.44	1.59	1.59	
1954	2.42	0.58	0.52	2.85	2.85	
1955	2.77	0.51	0.72	5.86	5.86	
1956	3.08	0.92	0.82	6.81	6.81	
1957	4.35	0.89	1.08	7.32	7.32	
1958	7.20	1.40	1.23	13.72	13.72	
1959	7.43	1.11	1.67	21.37	21.37	
1960	6.88	1.27	1.73	23.76	23.76	
1961	8.96	2.11	1.91	19.89	19.89	
1962	9.92	2.92	1.33	17.49	17.49	
1963	9.44	3.12	1.60	14.06	14.06	
1964	11.16	3.61	2.08	14.50	14.50	
1965	12.67	4.05	2.40	16.27	16.27	
1966	13.51	3.87	2.70	20.09	20.09	
1967	13.56	4.39	2.74	20.70	20.70	
1968	14.66	5.13	2.85	24.94	24.94	
1969	14.78	5.01	2.69	26.90	26.90	
1970	16.18	5.50	2.80	30.27	30.27	
1971	17.70	5.76	3.27	32.98	32.98	
1972	19.12	5.81	3.85	33.38	33.38	
1973	21.81	6.65	4.50	34.66	34.66	
1974	23.04	7.22	5.12	36.49	36.49	
1975	25.40	8.39	5.52	38.56	38.56	
1976	26.67	9.64	5.58	39.83	39.83	
1977	31.44	11.46	6.32	42.45	42.45	
1978	35.79	11.34	7.73	48.90	48.90	
1979	44.92	13.83	11.79	54.91	54.91	
1980	60.74	19.56	16.94	73.30	70.95	2.35

续表

年　份	存　款	其　中		贷　款	其　中	
		企业存款	储蓄存款		短期贷款	中长期贷款
1981	74.26	22.31	21.47	85.85	82.13	3.29
1982	88.20	25.19	28.52	97.88	93.41	3.97
1983	108.14	31.44	37.26	109.42	103.77	4.47
1984	143.17	45.39	49.58	161.39	148.71	7.14
1985	185.66	61.72	67.74	210.81	179.71	17.94
1986	252.57	80.89	98.07	295.71	245.46	25.04
1987	307.97	94.46	129.15	365.87	297.06	30.38
1988	354.26	121.58	144.06	433.41	351.74	43.52
1989	441.13	126.73	214.99	505.48	415.71	47.94
1990	606.01	153.68	306.74	618.14	510.25	57.90
1991	789.64	208.88	402.07	749.93	606.65	79.35
1992	1036.72	290.69	514.50	972.09	749.78	100.22
1993	1316.53	350.60	664.64	1247.76	939.55	132.33
1994	1910.98	717.92	990.26	1627.84	1208.98	217.57
1995	2623.60	972.55	1377.22	2103.65	1570.89	275.93
1996	3400.19	1269.65	1849.80	2584.09	1927.13	339.33
1997	4297.07	1587.63	2293.55	3273.73	2643.19	415.04
1998	5264.21	1948.93	2847.29	3897.12	3068.51	556.71
1999	6273.15	2411.82	3261.34	4650.50	3468.71	848.82
2000	7299.57	2889.08	3594.65	5423.52	3958.25	1076.66
2001	8823.12	3475.65	4262.38	6482.22	4184.40	1874.23
2002	11242.84	4314.47	5233.73	8612.81	5320.15	2522.02
2003	14758.15	5714.55	6452.21	12014.28	7036.28	4031.40
2004	17236.62	6558.11	7364.06	14350.75	8118.14	5205.22
2005	20494.16	7088.27	8746.02	16557.67	9283.91	6237.66
2006	24413.94	8376.87	10473.47	20153.94	11808.26	7420.18
2007	28517.03	10193.85	11163.07	24165.23	14607.79	8894.85
2008	34806.43	11152.34	14501.49	28967.81	17060.14	10617.33
2009	44336.49	16398.00	17833.44	37997.98	21382.81	15100.77
2010	53441.45	19544.41	20612.16	45288.07	25715.19	18468.99
2011	59727.91	25571.86	23470.25	51276.64	30818.25	19354.38
2012	64886.28	26016.00	26406.81	56982.64	34864.43	20347.65

注:1. 本表数据含外资金融机构。
2. 1999 年全省剥离人民币不良贷款 47.19 亿元。
3. 2000 年全省剥离人民币不良贷款 262.03 亿元。
4. 2004 年全省剥离人民币不良贷款 56.99 亿元,央行专项票据置换不良贷款 30.00 亿元。
5. 2005 年全省剥离人民币不良贷款 1.17 亿元。
6. 2008 年全省剥离人民币不良贷款 54.47 亿元。

浙江省历年本外币主要金融统计指标
(1949—2012年)

单位:亿元

年份	存款	其中		贷款	其中	
		企业存款	储蓄存款		短期贷款	中长期贷款
1949	0.05	0.01		0.01	0.01	
1950	0.31	0.12	0.02	0.02	0.02	
1951	0.98	0.33	0.20	0.26	0.26	
1952	1.75	0.50	0.37	0.87	0.87	
1953	1.81	0.51	0.44	1.59	1.59	
1954	2.42	0.58	0.52	2.85	2.85	
1955	2.77	0.51	0.72	5.86	5.86	
1956	3.08	0.92	0.82	6.81	6.81	
1957	4.35	0.89	1.08	7.32	7.32	
1958	7.20	1.40	1.23	13.72	13.72	
1959	7.43	1.11	1.67	21.37	21.37	
1960	6.88	1.27	1.73	23.76	23.76	
1961	8.96	2.11	1.91	19.89	19.89	
1962	9.92	2.92	1.33	17.49	17.49	
1963	9.44	3.12	1.60	14.06	14.06	
1964	11.16	3.61	2.08	14.50	14.50	
1965	12.67	4.05	2.40	16.27	16.27	
1966	13.51	3.87	2.70	20.09	20.09	
1967	13.56	4.39	2.74	20.70	20.70	
1968	14.66	5.13	2.85	24.94	24.94	
1969	14.78	5.01	2.69	26.90	26.90	
1970	16.18	5.50	2.80	30.27	30.27	
1971	17.70	5.76	3.27	32.98	32.98	
1972	19.12	5.81	3.85	33.38	33.38	
1973	21.81	6.65	4.50	34.66	34.66	
1974	23.04	7.22	5.12	36.49	36.49	
1975	25.40	8.39	5.52	38.56	38.56	
1976	26.67	9.64	5.58	39.83	39.83	
1977	31.44	11.46	6.32	42.45	42.45	
1978	35.79	11.34	7.73	48.90	48.90	
1979	44.92	13.83	11.79	54.91	54.91	
1980	60.74	19.56	16.94	73.30	70.95	2.35

续表

年　份	存　款	其　中		贷　款	其　中	
		企业存款	储蓄存款		短期贷款	中长期贷款
1981	74.26	22.31	21.47	85.85	82.13	3.29
1982	88.20	25.19	28.52	97.88	93.41	3.97
1983	108.14	31.44	37.26	109.42	103.77	4.47
1984	143.17	45.39	49.58	161.39	148.71	7.14
1985	185.66	61.72	67.74	210.81	179.71	17.94
1986	252.57	80.89	98.07	295.71	245.46	25.04
1987	307.97	94.46	129.15	365.87	297.06	30.38
1988	354.26	121.58	144.06	433.41	351.74	43.52
1989	441.13	126.73	214.99	505.48	415.71	47.94
1990	606.01	153.68	306.74	618.14	510.25	57.90
1991	789.64	208.88	402.07	749.93	606.65	79.35
1992	1036.72	290.69	514.50	972.09	749.78	100.22
1993	1316.53	350.60	664.64	1247.76	939.55	132.33
1994	1910.98	717.92	990.26	1627.84	1208.98	217.57
1995	2623.60	972.55	1377.22	2103.65	1570.89	275.93
1996	3400.19	1269.65	1849.80	2584.09	1927.13	339.33
1997	4297.07	1587.63	2293.55	3273.73	2643.19	415.04
1998	5264.21	1948.93	2847.29	3897.12	3068.51	556.71
1999	6273.15	2411.82	3261.34	4650.50	3468.71	848.82
2000	7299.57	2889.08	3594.65	5423.52	3958.25	1076.66
2001	8823.12	3475.65	4262.38	6482.22	4184.40	1874.23
2002	11242.84	4314.47	5233.73	8612.81	5320.15	2522.02
2003	15423.47	5894.68	6889.28	12445.64	7309.98	4373.49
2004	17857.57	6759.90	7741.66	14995.10	8372.36	5618.92
2005	21127.18	7304.24	9123.17	17129.99	9455.82	6641.17
2006	25019.27	8616.38	10802.34	20768.37	11961.17	7534.12
2007	29059.02	10472.50	11385.21	24975.21	14841.11	8986.48
2008	35481.20	11490.12	14804.54	29658.67	17219.69	10742.81
2009	45112.01	16791.70	18169.41	39223.91	21684.27	15324.49
2010	54482.29	20046.57	21093.62	46938.54	26044.53	18800.18
2011	60893.14	26177.09	23945.23	53239.34	32289.92	19761.27
2012	66679.08	27192.00	26902.40	59509.12	36796.36	20765.98

注：1. 本表数据含外资金融机构；自2003年起为本外币合计口径。
2. 1999年全省剥离人民币不良贷款47.19亿元。
3. 2000年全省剥离人民币不良贷款262.03亿元。
4. 2004年全省剥离人民币不良贷款56.99亿元，央行专项票据置换不良贷款30.00亿元。
5. 2005年全省剥离人民币不良贷款1.17亿元。
6. 2008年全省剥离人民币不良贷款54.47亿元。

浙江省金融机构(含外资)人民币信贷收支统计

单位:亿元

项　目	2011年	2012年	项　目	2011年	2012年
一、各项存款	59727.91	64886.28	一、各项贷款	51276.64	56982.64
1. 单位存款	32890.75	34697.37	(一)境内贷款	51257.06	56966.21
其中:活期存款	10834.22	11092.78	1. 短期贷款	30818.25	34864.43
定期存款	11355.06	12733.25	(1)个人贷款及透支	7993.03	8779.87
其中:企业存款	25571.86	26015.60	其中:个人消费贷款	2328.91	2471.33
机关团体存款	4723.07	5434.54	(2)单位普通贷款及透支	21425.58	24391.78
2. 个人存款	24013.70	26955.13	其中:经营贷款	21239.01	24214.14
其中:储蓄存款	23470.25	26406.81	固定资产贷款	181.47	170.51
结构性存款	522.73	523.83	(3)普通并购贷款	4.22	2.05
3. 财政性存款	1324.24	1404.57	(4)银团贷款	27.64	50.56
4. 临时性存款	89.76	121.81	(5)贸易融资	1367.78	1640.17
5. 委托存款	114.63	158.66	(6)境外筹资转贷款		
6. 其他存款	1294.83	1548.74	2. 中长期贷款	19354.38	20347.65
二、金融债券	172.10	362.28	(1)个人贷款	7252.52	7736.02
三、中长期借款	115.51	170.77	其中:个人消费贷款	6370.15	6697.29
四、应付及暂收款	1435.02	1607.93	(2)单位普通贷款	11154.38	11372.19
五、同业往来(来源方)	414.05	510.48	其中:经营贷款	1990.46	1808.28
六、系统内资金往来(来源方)			固定资产贷款	9163.92	9563.91
七、外汇买卖(来源方)	10548.78	5578.18	(3)普通并购贷款	40.58	56.72
八、各项准备	940.22	1253.37	(4)银团贷款	776.27	1021.88
九、所有者权益	2661.07	2938.49	(5)贸易融资	130.61	160.82

续表

项　目	2011 年	2012 年	项　目	2011 年	2012 年
十、其他	－5775.88	－7145.87	(6) 境外筹资转贷款	0.02	0.02
			3. 融资租赁	394.33	493.75
			4. 票据融资	639.96	1061.56
			5. 各项垫款	50.14	198.82
			(二) 境外贷款	19.58	16.43
			二、有价证券	1289.50	1579.31
			三、股权及其他投资	437.20	1153.55
			四、应收及预付款	853.98	564.46
			五、同业往来(运用方)	133.51	351.51
			六、系统内资金往来(运用方)	4806.47	3012.22
			七、金银占款		
			八、外汇买卖(运用方)	10379.73	5330.32
			九、固定资产	628.88	720.79
			十、库存现金	429.07	463.79
			十一、投资性房地产	3.80	3.32
资金来源总计	**70238.78**	**70161.91**	**资金运用总计**	**70238.78**	**70161.91**

注:1. 本表机构包括中国人民银行、银行业存款类金融机构、信托投资公司和金融租赁公司。其中银行业存款类金融机构包括银行、信用社和财务公司。

2. 2011 年起,境内贷款项下增设境外筹资转贷款。

3. 2011 年起,将“中央/地方政府委托基金存款”与“中央/地方政府委托贷款”、“代理政府委托投资基金”与“代理政府投资”分别轧差后的政府委托存款净值计入全金融机构信贷收支表中的“财政性存款”;将“汇出汇款”、“汇入汇款”纳入“各项存款”项下的“临时性存款”。

4. 2011 年起,将财务公司、信托投资公司、金融租赁公司委托存款轧减委托贷款后计入各项存款中的“委托存款”。

浙江省金融机构(含外资)外汇信贷收支统计

单位:亿元

项　目	2011年	2012年	项　目	2011年	2012年
一、各项存款	184.93	285.23	一、各项贷款	311.50	401.95
1. 单位存款	103.49	200.15	(一) 境内贷款	300.78	380.96
其中:活期存款	77.44	89.57	1. 短期贷款	233.56	307.36
定期存款	12.12	51.17	(1) 个人贷款及透支	0.08	0.1
其中:企业存款	96.05	187.16	其中:个人消费贷款	0.08	0.1
机关团体存款		6.56	(2) 单位普通贷款及透支	52.82	59.62
2. 个人存款	76.65	80.33	其中:经营贷款	52.82	59.58
其中:储蓄存款	75.38	78.85	固定资产贷款		0.04
结构性存款	1.10	1.09	(3) 普通并购贷款		0.01
3. 财政性存款	−0.14	−0.13	(4) 银团贷款		
4. 临时性存款	4.03	3.82	(5) 贸易融资	180.66	247.63
5. 委托存款	0.13	0.05	(6) 境外筹资转贷款		
6. 其他存款	0.77	1.01	2. 中长期贷款	64.58	66.55
二、金融债券			(1) 个人贷款		
三、中长期借款	0.20	0.52	其中:个人消费贷款		
四、应付及暂收款	12.66	14.45	(2) 单位普通贷款	50.73	47.94
五、同业往来(来源方)	2.60	4.94	其中:经营贷款	17.09	16.53
六、系统内资金往来(来源方)	111.16	79.36	固定资产贷款	33.64	31.41
七、外汇买卖(来源方)	904.04	834.73	(3) 普通并购贷款	2.02	2.14
八、各项准备	4.32	7.36	(4) 银团贷款	2.17	3.31
九、所有者权益	7.99	1.07	(5) 贸易融资	6.01	10

续表

项　目	2011 年	2012 年	项　目	2011 年	2012 年
十、其他	35.09	67.75	(6) 境外筹资转贷款	3.65	3.16
			3. 融资租赁		
			4. 票据融资	0.02	0.03
			5. 各项垫款	2.62	7.02
			(二) 境外贷款	10.72	20.99
			二、有价证券		
			三、股权及其他投资		0.03
			四、应收及预付款	11.89	8.64
			五、同业往来(运用方)	5.70	7.35
			六、系统内资金往来(运用方)		
			七、金银占款		
			八、外汇买卖(运用方)	930.64	873.73
			九、固定资产	0.06	0.05
			十、库存现金	3.20	3.66
			十一、投资性房地产		
资金来源总计	**1262.99**	**1295.41**	**资金运用总计**	**1262.99**	**1295.41**

注:1. 本表机构包括中国人民银行、银行业存款类金融机构、信托投资公司和金融租赁公司。其中银行业存款类金融机构包括银行、信用社和财务公司。

2. 2011 年起,境内贷款项下增设境外筹资转贷款。

3. 2011 年起,将“中央/地方政府委托基金存款”与“中央/地方政府委托贷款”、“代理政府委托投资基金”与“代理政府投资”分别轧差后的政府委托存款净值计入全金融机构信贷收支表中的“财政性存款”;将“汇出汇款”、“汇入汇款”纳入“各项存款”项下的“临时性存款”。

4. 2011 年起,将财务公司、信托投资公司、金融租赁公司委托存款轧减委托贷款后计入各项存款中的“委托存款”。

浙江省金融机构(含外资)本外币信贷收支统计

单位:亿元

项目	2011 年	2012 年	项目	2011 年	2012 年
一、各项存款	60893.14	66679.08	一、各项贷款	53239.34	59509.12
1. 单位存款	33542.82	35955.43	(一) 境内贷款	53152.25	59360.72
其中:活期存款	11322.13	11655.74	1. 短期贷款	32289.91	36796.36
定期存款	11431.40	13054.89	(1) 个人贷款及透支	7993.54	8780.52
其中:企业存款	26177.09	27192.00	其中:个人消费贷款	2329.44	2471.99
机关团体存款	4731.80	5475.80	(2) 单位普通贷款及透支	21758.40	24766.51
2. 个人存款	24496.65	27460.05	其中:经营贷款	21571.83	24588.61
其中:储蓄存款	23945.23	26902.40	固定资产贷款	181.47	170.76
结构性存款	529.68	530.68	(3) 普通并购贷款	4.22	2.13
3. 财政性存款	1323.35	1403.72	(4) 银团贷款	27.64	50.56
4. 临时性存款	115.18	145.81	(5) 贸易融资	2506.11	3196.64
5. 委托存款	115.43	158.97	(6) 境外筹资转贷款		
6. 其他存款	1299.71	1555.10	2. 中长期贷款	19761.27	20765.98
二、金融债券	172.10	362.28	(1) 个人贷款	7252.52	7736.04
三、中长期借款	116.77	174.06	其中:个人消费贷款	6370.15	6697.29
四、应付及暂收款	1514.81	1698.77	(2) 单位普通贷款	11474.02	11673.52
五、同业往来(来源方)	430.41	541.50	其中:经营贷款	2098.17	1912.20
六、系统内资金往来(来源方)			固定资产贷款	9375.85	9761.32
七、外汇买卖(来源方)	16245.06	10824.89	(3) 普通并购贷款	53.29	70.15
八、各项准备	967.44	1299.63	(4) 银团贷款	789.95	1042.70
九、所有者权益	2711.42	2945.19	(5) 贸易融资	168.46	223.69

续表

项　　目	2011 年	2012 年	项　　目	2011 年	2012 年
十、其他	－5554.80	－6720.02	(6) 境外筹资转贷款	23.03	19.88
			3. 融资租赁	394.33	493.75
			4. 票据融资	640.06	1061.72
			5. 各项垫款	66.68	242.91
			(二) 境外贷款	87.09	148.40
			二、有价证券	1289.50	1579.31
			三、股权及其他投资	437.20	1153.74
			四、应收及预付款	928.88	618.74
			五、同业往来(运用方)	169.43	397.69
			六、系统内资金往来(运用方)	4106.05	2513.41
			七、金银占款		
			八、外汇买卖(运用方)	16243.61	10822.18
			九、固定资产	629.28	721.08
			十、库存现金	449.26	486.79
			十一、投资性房地产	3.80	3.32
资金来源总计	**77496.35**	**77805.38**	**资金运用总计**	**77496.35**	**77805.38**

注：1. 本表机构包括中国人民银行、银行业存款类金融机构、信托投资公司和金融租赁公司。其中银行业存款类金融机构包括银行、信用社和财务公司。

2. 2011 年起，境内贷款项下增设境外筹资转贷款。

3. 2011 年起，将"中央/地方政府委托基金存款"与"中央/地方政府委托贷款"、"代理政府委托投资基金"与"代理政府投资"分别轧差后的政府委托存款净值计入全金融机构信贷收支表中的"财政性存款"；将"汇出汇款"、"汇入汇款"纳入"各项存款"项下的"临时性存款"。

4. 2011 年起，将财务公司、信托投资公司、金融租赁公司委托存款轧减委托贷款后计入各项存款中的"委托存款"。

浙江省金融机构(不含外资)人民币信贷收支统计

单位:亿元

项　目	2011 年	2012 年	项　目	2011 年	2012 年
一、各项存款	59575.07	64719.71	一、各项贷款	51132.48	56793.60
1. 单位存款	32770.48	34572.02	(一) 境内贷款	51113.30	56777.68
2. 个人存款	23981.13	26913.91	1. 短期贷款	30760.51	34784.56
其中:储蓄存款	23437.68	26365.59	(1) 个人贷款及透支	7992.40	8778.98
3. 财政性存款	1324.24	1404.57	其中:个人消费贷款	2328.29	2470.45
4. 临时性存款	89.76	121.81	(2) 单位普通贷款及透支	21368.47	24313.20
5. 委托存款	114.63	158.66	其中:经营贷款	21181.90	24135.55
6. 其他存款	1294.83	1548.74	固定资产贷款	181.47	170.51
二、金融债券	172.10	362.28	(3) 普通并购贷款	4.22	2.05
三、中长期借款	115.51	170.77	(4) 银团贷款	27.64	50.56
四、应付及暂收款	1423.77	1597.13	(5) 贸易融资	1367.78	1639.77
五、同业往来(来源方)	414.05	510.48	(6) 境外筹资转贷款		
六、系统内资金往来(来源方)			2. 中长期贷款	19298.29	20273.76
七、外汇买卖(来源方)	10548.78	5578.18	(1) 个人贷款	7235.75	7702.41
八、各项准备	939.59	1250.67	其中:个人消费贷款	6353.39	6663.66
九、所有者权益	2646.87	2921.64	(2) 单位普通贷款	11115.06	11331.92
十、其他	−5700.31	−7100.63	其中:经营贷款	1990.46	1808.28
			固定资产贷款	9124.60	9523.64
			(3) 普通并购贷款	40.58	56.72
			(4) 银团贷款	776.27	1021.88
			(5) 贸易融资	130.61	160.81

续表

项目	2011 年	2012 年	项目	2011 年	2012 年
			(6) 境外筹资转贷款	0.02	0.02
			3. 融资租赁	394.33	493.75
			4. 票据融资	610.03	1026.79
			5. 各项垫款	50.14	198.82
			(二) 境外贷款	19.18	15.92
			二、有价证券	1289.50	1579.31
			三、股权及其他投资	437.20	1153.55
			四、应收及预付款	851.59	561.19
			五、同业往来(运用方)	133.51	351.51
			六、系统内资金往来(运用方)	4850.16	3053.36
			七、金银占款		
			八、外汇买卖(运用方)	10379.73	5330.33
			九、固定资产	628.62	720.52
			十、库存现金	428.84	463.54
			十一、投资性房地产	3.80	3.32
资金来源总计	**70135.43**	**70010.23**	**资金运用总计**	**70135.43**	**70010.23**

注:1. 本表机构包括中国人民银行、中资银行业存款类金融机构、信托投资公司和金融租赁公司。其中中资银行业存款类金融机构包括中资银行、信用社和财务公司。

2. 2011 年起,境内贷款项下增设境外筹资转贷款。

3. 2011 年起,将"中央/地方政府委托基金存款"与"中央/地方政府委托贷款"、"代理政府委托投资基金"与"代理政府投资"分别轧差后的政府委托存款净值计入全金融机构信贷收支表中的"财政性存款";将"汇出汇款"、"汇入汇款"纳入"各项存款"项下的"临时性存款"。

4. 2011 年起,将财务公司、信托投资公司、金融租赁公司委托存款轧减委托贷款后计入各项存款中的"委托存款"。

浙江省金融机构(不含外资)外汇信贷收支统计

单位:亿元

项　目	2011年	2012年	项　目	2011年	2012年
一、各项存款	179.45	280.37	一、各项贷款	305.76	395.08
1. 单位存款	99.06	196.66	(一) 境内贷款	295.77	375.04
其中:活期存款	73.62	86.60	1. 短期贷款	231.36	303.50
定期存款	11.51	50.65	(1) 个人贷款及透支	0.08	0.10
其中:企业存款	96.05	187.16	其中:个人消费贷款	0.08	0.10
机关团体存款	1.39	6.56	(2) 单位普通贷款及透支	50.62	56.05
2. 个人存款	75.60	78.96	其中:经营贷款	50.62	56.01
其中:储蓄存款	74.33	77.47	固定资产贷款		0.04
结构性存款	1.10	1.09	(3) 普通并购贷款		0.01
3. 财政性存款	−0.14	−0.13	(4) 银团贷款		
4. 临时性存款	4.03	3.82	(5) 贸易融资	180.66	247.34
5. 委托存款	0.13	0.05	(6) 境外筹资转贷款		
6. 其他存款	0.77	1.01	2. 中长期贷款	61.77	64.49
二、金融债券			(1) 个人贷款		
三、中长期借款	0.20	0.52	其中:个人消费贷款		
四、应付及暂收款	12.59	14.30	(2) 单位普通贷款	47.92	45.88
五、同业往来(来源方)	2.35	4.78	其中:经营贷款	17.09	16.53
六、系统内资金往来(来源方)	107.04	77.35	固定资产贷款	30.83	29.35
七、外汇买卖(来源方)	904.04	834.74	(3) 普通并购贷款	2.02	2.14
八、各项准备	4.28	7.34	(4) 银团贷款	2.17	3.31
九、所有者权益	5.43	−0.64	(5) 贸易融资	6.01	10.00

续表

项目	2011 年	2012 年	项目	2011 年	2012 年
十、其他	41.22	69.14	(6) 境外筹资转贷款	3.65	3.16
			3. 融资租赁		
			4. 票据融资	0.02	0.03
			5. 各项垫款	2.62	7.02
			(二) 境外贷款	9.99	20.04
			二、有价证券		
			三、股权及其他投资		0.03
			四、应收及预付款	11.67	8.39
			五、同业往来(运用方)	5.38	7.06
			六、系统内资金往来(运用方)		
			七、金银占款		
			八、外汇买卖(运用方)	930.64	873.73
			九、固定资产		
			十、库存现金	3.15	3.61
			十一、投资性房地产		
资金来源总计	**1256.60**	**1287.90**	**资金运用总计**	**1256.60**	**1287.90**

注:1. 本表机构包括中国人民银行、中资银行业存款类金融机构、信托投资公司和金融租赁公司。其中中资银行业存款类金融机构包括中资银行、信用社和财务公司。

2. 2011 年起,境内贷款项下增设境外筹资转贷款。

3. 2011 年起,将“中央/地方政府委托基金存款”与“中央/地方政府委托贷款”、“代理政府委托投资基金”与“代理政府投资”分别轧差后的政府委托存款净值计入全金融机构信贷收支表中的“财政性存款”;将“汇出汇款”、“汇入汇款”纳入“各项存款”项下的“临时性存款”。

4. 2011 年起,将财务公司、信托投资公司、金融租赁公司委托存款轧减委托贷款后计入各项存款中的“委托存款”。

浙江省金融机构(不含外资)本外币信贷收支统计

单位:亿元

项目	2011年	2012年	项目	2011年	2012年
一、各项存款	60705.82	66481.96	一、各项贷款	53059.06	59276.89
1. 单位存款	33394.67	35808.16	(一)境内贷款	52976.89	59135.00
其中:活期存款	11268.41	11609.14	1. 短期贷款	32218.26	36692.24
定期存款	11336.98	12954.21	(1)个人贷款及透支	7992.92	8779.64
其中:企业存款	26177.09	27192.00	其中:个人消费贷款	2328.81	2471.11
机关团体存款	4731.80	5475.80	(2)单位普通贷款及透支	21687.43	24665.48
2. 个人存款	24457.47	27410.20	其中:经营贷款	21500.86	24487.58
其中:储蓄存款	23906.06	26852.56	固定资产贷款	181.47	170.76
结构性存款	529.68	530.68	(3)普通并购贷款	4.22	2.13
3. 财政性存款	1323.35	1403.72	(4)银团贷款	27.64	50.56
4. 临时性存款	115.18	145.81	(5)贸易融资	2506.05	3194.43
5. 委托存款	115.43	158.97	(6)境外筹资转贷款		
6. 其他存款	1299.72	1555.10	2. 中长期贷款	19687.49	20679.15
二、金融债券	172.10	362.28	(1)个人贷款	7235.75	7702.42
三、中长期借款	116.77	174.06	其中:个人消费贷款	6353.39	6663.67
四、应付及暂收款	1503.06	1687.00	(2)单位普通贷款	11417.01	11620.31
五、同业往来(来源方)	428.84	540.55	其中:经营贷款	2098.17	1912.20
六、系统内资金往来(来源方)			固定资产贷款	9318.84	9708.11
七、外汇买卖(来源方)	16245.06	10824.89	(3)普通并购贷款	53.29	70.15
八、各项准备	966.55	1296.80	(4)银团贷款	789.95	1042.70
九、所有者权益	2681.08	2917.65	(5)贸易融资	168.46	223.69

续表

项　　目	2011 年	2012 年	项　　目	2011 年	2012 年
十、其他	−5440.58	−6666.06	(6) 境外筹资转贷款	23.03	19.88
			3. 融资租赁	394.33	493.75
			4. 票据融资	610.13	1026.95
			5. 各项垫款	66.68	242.91
			(二) 境外贷款	82.17	141.89
			二、有价证券	1289.50	1579.32
			三、股权及其他投资	437.20	1153.74
			四、应收及预付款	925.14	613.90
			五、同业往来(运用方)	167.40	395.86
			六、系统内资金往来(运用方)	4175.72	2567.16
			七、金银占款		
			八、外汇买卖(运用方)	16243.60	10822.18
			九、固定资产	628.62	720.52
			十、库存现金	448.66	486.24
			十一、投资性房地产	3.80	3.32
资金来源总计	**77378.70**	**77619.13**	**资金运用总计**	**77378.70**	**77619.13**

注:1. 本表机构包括中国人民银行、中资银行业存款类金融机构、信托投资公司和金融租赁公司。其中中资银行业存款类金融机构包括中资银行、信用社和财务公司。

2. 2011 年起,境内贷款项下增设境外筹资转贷款。

3. 2011 年起,将“中央/地方政府委托基金存款”与“中央/地方政府委托贷款”、“代理政府委托投资基金”与“代理政府投资”分别轧差后的政府委托存款净值计入全金融机构信贷收支表中的“财政性存款”;将“汇出汇款”、“汇入汇款”纳入“各项存款”项下的“临时性存款”。

4. 2011 年起,将财务公司、信托投资公司、金融租赁公司委托存款轧减委托贷款后计入各项存款中的“委托存款”。

浙江省金融机构(含外资)本外币分地区存款余额

单位:亿元

地区	2008年	2009年	2010年	2011年	2012年
杭州	11333.34	14284.21	17084.35	18396.57	20148.77
宁波	6353.63	8241.43	9755.52	10659.27	11980.50
温州	4262.60	5352.44	6497.59	7545.60	7744.94
嘉兴	2227.82	2904.21	3590.82	4168.17	4597.34
湖州	1013.73	1397.69	1805.61	2102.05	2285.66
绍兴	3263.10	4139.54	4948.32	5510.14	5923.60
金华	2576.32	3220.83	3986.99	4746.69	5324.39
衢州	577.66	755.09	953.12	1157.23	1299.52
台州	2371.71	2935.61	3588.48	3998.90	4509.17
丽水	684.08	937.03	1128.23	1293.56	1475.23
舟山	746.68	943.93	1143.25	1314.97	1389.97

浙江省金融机构(含外资)本外币分地区贷款余额

单位:亿元

地区	2008年	2009年	2010年	2011年	2012年
杭州	10066.89	13113.30	15078.73	16573.74	18090.80
宁波	5814.60	7715.91	9414.20	10676.84	11961.02
温州	3347.75	4486.68	5516.68	6394.96	7013.00
嘉兴	1668.42	2278.65	2753.64	3212.74	3670.52
湖州	786.02	1150.71	1461.32	1712.17	1912.40
绍兴	2490.86	3296.95	3934.27	4463.09	5129.15
金华	1916.73	2510.35	3096.47	3678.88	4346.85
衢州	480.25	626.98	788.22	934.51	1078.53
台州	1926.26	2518.06	3055.82	3470.76	3893.16
丽水	472.55	672.30	821.46	958.99	1117.86
舟山	647.39	854.02	1017.72	1162.66	1295.83

浙江省金融机构(不含外资)人民币分地区存款余额

单位:亿元

地　区	2008 年	2009 年	2010 年	2011 年	2012 年
杭　州	11108.43	13999.51	16741.42	17988.91	19466.49
宁　波	6168.94	8078.70	9528.88	10409.60	11569.11
温　州	4121.76	5191.24	6222.74	7271.27	7425.62
嘉　兴	2186.26	2853.30	3526.61	4075.18	4453.07
湖　州	1001.80	1383.82	1789.70	2083.01	2233.34
绍　兴	3232.19	4103.54	4910.85	5461.83	5845.95
金　华	2552.12	3193.44	3948.77	4698.99	5270.71
衢　州	574.52	750.89	949.15	1150.45	1289.22
台　州	2353.37	2915.12	3562.80	3959.06	4457.35
丽　水	632.33	881.12	1019.54	1187.15	1358.74
舟　山	730.83	920.79	1121.07	1223.11	1350.10

浙江省金融机构(不含外资)人民币分地区贷款余额

单位:亿元

地　区	2008 年	2009 年	2010 年	2011 年	2012 年
杭　州	9747.89	12636.12	14396.78	15765.08	17052.08
宁　波	5701.87	7419.47	8985.24	10189.66	11275.03
温　州	3305.09	4393.71	5381.92	6195.11	6839.37
嘉　兴	1603.85	2170.58	2615.92	3038.69	3419.53
湖　州	775.83	1122.07	1419.97	1672.55	1852.28
绍　兴	2419.89	3186.38	3820.13	4327.50	4934.17
金　华	1894.64	2477.77	3046.15	3608.10	4234.33
衢　州	473.69	616.78	770.41	920.50	1064.37
台　州	1893.08	2422.09	2940.51	3354.59	3783.97
丽　水	470.53	666.02	809.11	940.66	1101.04
舟　山	635.43	828.96	980.77	1057.67	1237.42

浙江省分地区储蓄存款余额

(2012年)

单位:亿元

地区	本外币	其中:定期类	人民币	其中:定期类
浙江	26902.40	15745.11	26406.81	15494.20
杭州	6089.98	3675.66	6022.08	3646.02
宁波	4208.81	2700.84	4175.96	2687.38
温州	3843.30	1776.10	3616.96	1656.44
嘉兴	2155.49	1462.33	2144.49	1457.16
湖州	1082.79	635.48	1078.46	633.58
绍兴	2503.32	1741.72	2492.09	1735.57
金华	2684.35	1305.67	2668.17	1302.51
衢州	608.73	401.14	606.38	400.27
台州	2385.14	1204.56	2371.99	1202.05
丽水	831.89	491.04	726.54	425.84
舟山	508.59	350.56	503.69	347.36

注:定期类包括个人定期存款、个人定活两便存款、个人通知存款。

政策性银行浙江省人民币信贷收支统计

单位：亿元

项目	2011 年	2012 年	项目	2011 年	2012 年
一、各项存款	233.16	342.52	一、各项贷款	2615.33	3199.53
1. 单位存款	213.16	322.48	（一）境内贷款	2612.70	3198.04
2. 个人存款			1. 短期贷款	464.58	571.03
其中：储蓄存款			（1）个人贷款及透支	1.20	1.07
3. 临时性存款		0.04	其中：个人消费贷款		
4. 其他存款	20.00	20.00	（2）单位普通贷款及透支	363.83	406.85
二、代理财政性存款	22.84	23.54	其中：经营贷款	322.63	389.38
三、金融债券			固定资产贷款	41.20	17.48
四、中长期借款			（3）普通并购贷款		
五、应付及暂收款	6.26	7.80	（4）银团贷款	8.00	25.12
六、卖出回购资产			（5）贸易融资	91.55	137.99
七、向中央银行借款			（6）境外筹资转贷款	2147.49	
八、同业往来（来源方）	8.61	11.90	2. 中长期贷款		2626.27
其中：同业拆借		5.00	（1）个人贷款		
九、境外联行往来（来源方）			其中：个人消费贷款		
十、外汇买卖（来源方）	2.36	2.38	（2）单位普通贷款	1716.98	2013.52
十一、委托存款及委托投资基金（净）			其中：经营贷款	135.80	128.18
1. 委托存款及委托投资基金			固定资产贷款	1581.18	1885.34
2. 减：委托贷款及委托投资			（3）普通并购贷款	3.75	2.75
十二、代理金融机构委托贷款基金	0.02	0.26	（4）银团贷款	300.67	459.25

续表

项　目	2011 年	2012 年	项　目	2011 年	2012 年
十三、各项准备	46.66	65.26	(5) 贸易融资	126.07	150.73
十四、所有者权益	43.00	48.40	(6) 境外筹资转贷款	0.02	0.02
十五、其他	2294.65	2743.68	3. 融资租赁		
			4. 票据融资	0.63	0.52
			5. 各项垫款		0.22
			(二) 境外贷款	2.63	1.49
			二、有价证券		
			三、股权及其他投资	1.02	1.02
			四、应收及预付款	8.61	8.77
			五、买入返售资产		
			六、存放中央准备金存款	17.31	17.99
			七、存放中央银行特种存款		
			八、缴存中央银行财政性存款		
			九、同业往来	12.70	15.56
			其中:拆放同业		
			十、境外联行往来(运用方)		
			十一、代理金融机构贷款	0.02	0.26
			十二、库存现金	0.03	0.03
			十三、外汇买卖(运用方)	2.54	2.58
			十四、投资性房地产		
资金来源总计	**2657.56**	**3245.74**	**资金运用总计**	**2657.56**	**3245.74**

注:1. 本表机构范围包括农业发展银行、国家开发银行、进出口银行。

2. 2011 年起境内贷款项下增设境外筹资转贷款。

3. 2011 年起,将“中央/地方政府委托基金存款”与“中央/地方政府委托贷款”、“代理政府委托投资基金”与“代理政府投资”分别轧差后的政府委托存款净值计入单家行信贷收支表中的“代理财政性存款”;将“汇出汇款”、“汇入汇款”纳入“各项存款”项下的“临时性存款”。

中资四家银行浙江省人民币信贷收支统计

单位：亿元

项　　目	2011 年	2012 年	项　　目	2011 年	2012 年
一、各项存款	26976.65	27611.08	一、各项贷款	22901.08	24685.43
1. 单位存款	14580.01	14361.36	(一) 境内贷款	22887.46	24674.04
2. 个人存款	11777.66	12521.61	1. 短期贷款	11535.99	12907.80
其中：储蓄存款	11366.82	12378.53	(1) 个人贷款及透支	2484.68	2657.13
3. 临时性存款	48.06	73.80	其中：个人消费贷款	1397.14	1538.15
4. 其他存款	570.92	654.31	(2) 单位普通贷款及透支	7860.40	9016.19
二、代理财政性存款	133.81	133.58	其中：经营贷款	7822.63	8989.91
三、金融债券			固定资产贷款	35.82	24.87
四、中长期借款			(3) 普通并购贷款	0.65	0.05
五、应付及暂收款	454.28	534.61	(4) 银团贷款	9.22	13.80
六、卖出回购资产			(5) 贸易融资	1181.04	1220.63
七、向中央银行借款	0.24		(6) 境外筹资转贷款		
八、同业往来(来源方)	1223.72	1019.79	2. 中长期贷款	11193.29	11380.19
其中：同业拆借		50.11	(1) 个人贷款	4917.11	5187.30
九、境外联行往来(来源方)		10.04	其中：个人消费贷款	4534.29	4731.29
十、外汇买卖(来源方)	9253.23	4259.69	(2) 单位普通贷款	5995.13	5848.78
十一、委托存款及委托投资基金(净)	1.03	0.11	其中：经营贷款	775.76	687.52
1. 委托存款及委托投资基金	1274.84	1014.78	固定资产贷款	5219.37	5161.26
2. 减：委托贷款及委托投资	1273.82	1014.67	(3) 普通并购贷款	20.51	35.26
十二、代理金融机构委托贷款基金	162.19	129.94	(4) 银团贷款	260.54	304.80

续表

项目	2011年	2012年	项目	2011年	2012年
十三、各项准备	308.01	391.74	(5) 贸易融资		4.05
十四、所有者权益	499.35	408.26	(6) 境外筹资转贷款		
十五、其他	−5566.63	−4197.09	3. 融资租赁		
			4. 票据融资	137.62	306.18
			5. 各项垫款	20.56	79.87
			(二) 境外贷款	13.62	11.39
			二、有价证券	46.02	52.99
			三、股权及其他投资	44.9	85.74
			四、应收及预付款	100.68	115.68
			五、买入返售资产	3.59	59.97
			六、存放中央准备金存款	92.89	111.80
			七、存放中央银行特种存款		
			八、缴存中央银行财政性存款	163.89	118.93
			九、同业往来	494.32	464.94
			其中:拆放同业	372.26	166.71
			十、境外联行往来(运用方)		
			十一、代理金融机构贷款	162.18	129.93
			十二、库存现金	203.66	217.83
			十三、外汇买卖(运用方)	9232.67	4258.51
			十四、投资性房地产		
资金来源总计	**33445.88**	**30301.75**	**资金运用总计**	**33445.88**	**30301.75**

注:1. 本表机构范围包括工商银行、农业银行、中国银行、建设银行。

2. 2011年起境内贷款项下增设境外筹资转贷款。

3. 2011年起,将“中央/地方政府委托基金存款”与“中央/地方政府委托贷款”、“代理政府委托投资基金”与“代理政府投资”分别轧差后的政府委托存款净值计入单家行信贷收支表中“代理财政性存款”;将“汇出汇款”、“汇入汇款”纳入“各项存款”项下的“临时性存款”。

股份制银行浙江省人民币信贷收支统计

单位：亿元

项目	2011年	2012年	项目	2011年	2012年
一、各项存款	14202.94	15960.75	一、各项贷款	13009.70	14274.39
1. 单位存款	10529.93	11841.99	(一) 境内贷款	13006.84	14271.44
2. 个人存款	2773.99	3107.67	1. 短期贷款	8857.82	9977.96
其中：储蓄存款	2652.75	2812.39	(1) 个人贷款及透支	1484.93	1561.79
3. 临时性存款	20.13	20.41	其中：个人消费贷款	234.24	156.70
4. 其他存款	878.89	990.68	(2) 单位普通贷款及透支	7274.54	8220.34
二、代理财政性存款	1.99	3.72	其中：经营贷款	7226.58	8156.52
三、金融债券			固定资产贷款	44.88	58.12
四、中长期借款			(3) 普通并购贷款	3.57	2.00
五、应付及暂收款	456.59	352.92	(4) 银团贷款	2.32	3.02
六、卖出回购资产	390.31	155.39	(5) 贸易融资	92.46	190.81
七、向中央银行借款		1.25	(6) 境外筹资转贷款		
八、同业往来(来源方)	1342.60	2666.40	2. 中长期贷款	3961.06	3966.43
其中：同业拆借		84.83	(1) 个人贷款	1419.88	1489.31
九、境外联行往来(来源方)	0.80	2.27	其中：个人消费贷款	1197.16	1237.01
十、外汇买卖(来源方)	363.04	16.08	(2) 单位普通贷款	2350.55	2247.25
十一、委托存款及委托投资基金(净)	111.70	153.82	其中：经营贷款	717.96	543.95
1. 委托存款及委托投资基金	560.27	875.89	固定资产贷款	1632.59	1703.30
2. 减：委托贷款及委托投资	448.57	722.07	(3) 普通并购贷款	16.32	17.99
十二、代理金融机构委托贷款基金	5.36	3.57	(4) 银团贷款	169.77	207.29

续表

项　目	2011 年	2012 年	项　目	2011 年	2012 年
十三、各项准备	189.39	281.58	(5) 贸易融资	4.54	4.59
十四、所有者权益	350.14	288.85	(6) 境外筹资转贷款		
十五、其他	-1427.66	-1699.25	3. 融资租赁		
			4. 票据融资	167.46	240.35
			5. 各项垫款	20.50	86.70
			(二) 境外贷款	2.86	2.95
			二、有价证券	10.22	216.30
			三、股权及其他投资	51.81	233.62
			四、应收及预付款	407.39	186.32
			五、买入返售资产	897.87	2090.48
			六、存放中央准备金存款	240.18	289.60
			七、存放中央银行特种存款		
			八、缴存中央银行财政性存款	4.47	5.75
			九、同业往来	958.93	820.31
			其中:拆放同业	423.28	273.78
			十、境外联行往来(运用方)		
			十一、代理金融机构贷款	5.36	5.07
			十二、库存现金	37.48	45.47
			十三、外汇买卖(运用方)	363.79	19.61
			十四、投资性房地产		0.43
资金来源总计	**15987.20**	**18187.35**	**资金运用总计**	**15987.20**	**18187.35**

注:1. 本表机构范围包括浙商银行、交通银行、中信银行、上海浦东发展银行、华夏银行、招商银行、广发银行、平安银行、中国民生银行、兴业银行、中国光大银行、恒丰银行、渤海银行。

2. 2011 年起境内贷款项下增设境外筹资转贷款。

3. 2011 年起,将“中央/地方政府委托基金存款”与“中央/地方政府委托贷款”、“代理政府委托投资基金”与“代理政府投资”分别轧差后的政府委托存款净值计入单家行信贷收支表中“代理财政性存款”;将“汇出汇款”、“汇入汇款”纳入“各项存款”项下的“临时性存款”。

中国人民银行浙江省信贷收支表

单位：亿元

	2011年	2012年		2011年	2012年
一、财政存款	1031.97	1091.30	一、金融机构贷款	60.22	59.31
其中：中央财政存款			1. 中资大型银行贷款	0.24	
地方财政存款	1031.97	1091.30	2. 中资中小型银行贷款	30.54	33.26
二、金融机构存款	4108.50	5003.62	3. 城市信用社贷款		
1. 中资大型银行存款	126.24	150.17	4. 农村信用社贷款	23.92	22.48
2. 中资中小型银行存款	3458.27	4238.75	5. 财务公司贷款		
3. 城市信用社存款	2.99		6. 外资金融机构贷款		
4. 农村信用社存款	480.84	578.00	7. 其他金融机构贷款	5.52	3.57
5. 财务公司存款	26.19	27.85	二、专项贷款		
6. 外资金融机构存款	13.06	8.44	三、金银占款		
7. 其他金融机构存款	0.91	0.41	四、外汇占款		
三、金融机构特种存款			五、有价证券及投资		
四、邮政储蓄转存款			六、买入返售证券		
五、商业银行划来财政性存款	203.06	149.89	七、存放金融机构		
六、卖出回购证券					
七、中央银行债券					
八、国家资本					
九、其他	-5283.31	-6185.50			
资金来源总计	**60.22**	**59.31**	**资金运用总计**	**60.22**	**59.31**

中国工商银行浙江省人民币信贷收支统计

单位:亿元

项目	2011年	2012年	项目	2011年	2012年
一、各项存款	8211.25	8877.85	一、各项贷款	6900.97	7551.46
1. 单位存款	4839.46	5180.96	(一) 境内贷款	6892.67	7544.70
2. 个人存款	3318.85	3650.91	1. 短期贷款	3171.98	3752.05
其中:储蓄存款	3301.28	3602.02	(1) 个人贷款及透支	632.89	573.38
3. 临时性存款	10.10	16.48	其中:个人消费贷款	253.33	249.23
4. 其他存款	42.84	29.50	(2) 单位普通贷款及透支	1833.95	2394.33
二、代理财政性存款	67.66	74.33	其中:经营贷款	1826.33	2388.11
三、金融债券			固定资产贷款	7.62	6.22
四、中长期借款			(3) 普通并购贷款		
五、应付及暂收款	196.09	235.23	(4) 银团贷款		
六、卖出回购资产			(5) 贸易融资	705.14	784.34
七、向中央银行借款	0.02		(6) 境外筹资转贷款		
八、同业往来(来源方)	335.56	453.71	2. 中长期贷款	3679.82	3663.07
其中:同业拆借		10.95	(1) 个人贷款	1438.98	1594.63
九、境外联行往来(来源方)			其中:个人消费贷款	1258.71	1352.62
十、外汇买卖(来源方)	8810.36	2494.50	(2) 单位普通贷款	2082.05	1935.41
十一、委托存款及委托投资基金(净)			其中:经营贷款	164.53	80.64
1. 委托存款及委托投资基金	230.18	264.56	固定资产贷款	1917.52	1854.77
2. 减:委托贷款及委托投资	230.18	264.56	(3) 普通并购贷款	4.20	16.20
十二、代理金融机构委托贷款基金	150.82	115.08	(4) 银团贷款	154.59	116.83

续表

项目	2011年	2012年	项目	2011年	2012年
十三、各项准备	124.24	140.87	(5) 贸易融资		
十四、所有者权益	190.33	189.66	(6) 境外筹资转贷款		
十五、其他	—1992.92	—2135.28	3. 融资租赁		
			4. 票据融资	37.68	119.34
			5. 各项垫款	3.19	10.24
			(二) 境外贷款	8.30	6.76
			二、有价证券	17.42	11.24
			三、股权及其他投资		
			四、应收及预付款	27.45	29.91
			五、买入返售资产	1.13	24.93
			六、存放中央准备金存款	12.84	16.61
			七、存放中央银行特种存款		
			八、缴存中央银行财政性存款	82.56	66.38
			九、同业往来	63.65	83.62
			其中:拆放同业		
			十、境外联行往来(运用方)		
			十一、代理金融机构贷款	150.82	115.08
			十二、库存现金	45.53	49.22
			十三、外汇买卖(运用方)	8791.04	2497.50
			十四、投资性房地产		
资金来源总计	**16093.41**	**10445.95**	**资金运用总计**	**16093.41**	**10445.95**

注:1. 2011年起,“境内贷款”项下增设“境外筹资转贷款”。

2. 2011年,将“中央/地方政府委托基金存款”与“中央/地方政府委托贷款”、“代理政府委托投资基金”与“代理政府投资”分别轧差后的政府委托存款净值计入单家行信贷收支表中的“代理财政性存款”;将“汇出汇款”、“汇入汇款”纳入“各项存款”项下的“临时性存款”。

中国农业银行浙江省人民币信贷收支统计

单位:亿元

项　目	2011 年	2012 年	项　目	2011 年	2012 年
一、各项存款	7866.04	8422.45	一、各项贷款	5985.99	6562.17
1. 单位存款	3402.51	3316.37	(一) 境内贷款	5985.83	6561.83
2. 个人存款	4279.86	4826.41	1. 短期贷款	3543.53	4003.75
其中:储蓄存款	3914.59	4789.74	(1) 个人贷款及透支	1057.92	1205.93
3. 临时性存款	10.31	25.71	其中:个人消费贷款	718.82	807.22
4. 其他存款	173.36	253.96	(2) 单位普通贷款及透支	2329.28	2661.44
二、代理财政性存款	49.10	45.02	其中:经营贷款	2314.14	2648.48
三、金融债券			固定资产贷款	14.52	12.56
四、中长期借款			(3) 普通并购贷款		
五、应付及暂收款	97.02	123.76	(4) 银团贷款	0.71	2.53
六、卖出回购资产			(5) 贸易融资	155.62	133.85
七、向中央银行借款			(6) 境外筹资转贷款		
八、同业往来(来源方)	197.7	196.23	2. 中长期贷款	2400.07	2513.06
其中:同业拆借		38.59	(1) 个人贷款	916.76	1008.07
九、境外联行往来(来源方)			其中:个人消费贷款	855.87	941.29
十、外汇买卖(来源方)	442.87	1765.19	(2) 单位普通贷款	1435.97	1408.18
十一、委托存款及委托投资基金(净)	0.57	0.11	其中:经营贷款	130.59	64.61
1. 委托存款及委托投资基金	323.04	449.75	固定资产贷款	1305.38	1343.57
2. 减:委托贷款及委托投资	322.47	449.64	(3) 普通并购贷款	2.60	1.90
十二、代理金融机构委托贷款基金	11.37	14.87	(4) 银团贷款	44.74	94.91

续表

项目	2011 年	2012 年	项目	2011 年	2012 年
十三、各项准备	96.38	133.43	(5) 贸易融资		
十四、所有者权益	211.50	189.83	(6) 境外筹资转贷款		
十五、其他	−2292.46	−2219.84	3. 融资租赁		
			4. 票据融资	38.65	34.89
			5. 各项垫款	3.58	10.13
			(二) 境外贷款	0.16	0.34
			二、有价证券	7.88	33.31
			三、股权及其他投资		1.07
			四、应收及预付款	17.51	22.02
			五、买入返售资产		28.18
			六、存放中央准备金存款	21.73	19.40
			七、存放中央银行特种存款		
			八、缴存中央银行财政性存款	66.42	34.69
			九、同业往来	49.98	107.04
			其中:拆放同业	19.28	21.98
			十、境外联行往来(运用方)		
			十一、代理金融机构贷款	11.36	14.86
			十二、库存现金	77.59	87.31
			十三、外汇买卖(运用方)	441.63	1761.00
			十四、投资性房地产		
资金来源总计	**6680.09**	**8671.05**	**资金运用总计**	**6680.09**	**8671.05**

注:1. 2011 年起,“境内贷款”项下增设“境外筹资转贷款”。

2. 2011 年,将“中央/地方政府委托基金存款”与“中央/地方政府委托贷款”、“代理政府委托投资基金”与“代理政府投资”分别轧差后的政府委托存款净值计入单家行信贷收支表中的“代理财政性存款”;将“汇出汇款”、“汇入汇款”纳入“各项存款”项下的“临时性存款”。

中国银行浙江省人民币信贷收支统计

单位:亿元

项目	2011年	2012年	项目	2011年	2012年
一、各项存款	4449.43	4040.64	一、各项贷款	4329.84	4551.38
1. 单位存款	2496.94	2218.14	(一) 境内贷款	4325.39	4547.66
2. 个人存款	1698.09	1561.52	1. 短期贷款	2212.30	2385.94
其中:储蓄存款	1697.26	1560.48	(1) 个人贷款及透支	376.06	435.97
3. 临时性存款	22.22	27.77	其中:个人消费贷款	308.79	359.12
4. 其他存款	232.18	233.21	(2) 单位普通贷款及透支	1634.76	1761.31
二、代理财政性存款	1.24	1.78	其中:经营贷款	1628.78	1755.95
三、金融债券			固定资产贷款	5.48	5.14
四、中长期借款			(3) 普通并购贷款	0.65	0.05
五、应付及暂收款	77.53	80.83	(4) 银团贷款	8.52	11.27
六、卖出回购资产			(5) 贸易融资	192.31	177.34
七、向中央银行借款	0.22		(6) 境外筹资转贷款		
八、同业往来(来源方)	329.38	301.63	2. 中长期贷款	2072.85	2014.97
其中:同业拆借		0.56	(1) 个人贷款	1129.29	1120.68
九、境外联行往来(来源方)		3.25	其中:个人消费贷款	1077.75	1066.92
十、外汇买卖(来源方)			(2) 单位普通贷款	868.62	780.03
十一、委托存款及委托投资基金(净)			其中:经营贷款	28.96	33.54
1. 委托存款及委托投资基金	199.65	241.36	固定资产贷款	839.66	746.49
2. 减:委托贷款及委托投资	199.65	241.36	(3) 普通并购贷款	13.71	17.15
十二、代理金融机构委托贷款基金			(4) 银团贷款	61.23	93.06

续表

项　　目	2011 年	2012 年	项　　目	2011 年	2012 年
十三、各项准备	85.95	116.03	(5) 贸易融资		4.05
十四、所有者权益	92.08	80.87	(6) 境外筹资转贷款		
十五、其他	—330.84	221.88	3. 融资租赁		
			4. 票据融资	35.19	128.93
			5. 各项垫款	5.05	17.82
			(二) 境外贷款	4.45	3.72
			二、有价证券	8.58	4.29
			三、股权及其他投资		
			四、应收及预付款	22.20	22.05
			五、买入返售资产		
			六、存放中央准备金存款	26.63	27.97
			七、存放中央银行特种存款		
			八、缴存中央银行财政性存款	6.97	8.26
			九、同业往来	271.00	194.23
			其中:拆放同业	248.29	142.45
			十、境外联行往来(运用方)		
			十一、代理金融机构贷款		
			十二、库存现金	39.77	38.73
			十三、外汇买卖(运用方)		
			十四、投资性房地产		
资金来源总计	**4704.99**	**4846.91**	**资金运用总计**	**4704.99**	**4846.91**

注:1. 2011 年起,“境内贷款”项下增设“境外筹资转贷款”。

2. 2011 年,将“中央/地方政府委托基金存款”与“中央/地方政府委托贷款”、“代理政府委托投资基金”与“代理政府投资”分别轧差后的政府委托存款净值计入单家行信贷收支表中的“代理财政性存款”;将“汇出汇款”、“汇入汇款”纳入“各项存款”项下的“临时性存款”。

中国建设银行浙江省人民币信贷收支统计

单位:亿元

项目	2011年	2012年	项目	2011年	2012年
一、各项存款	6449.93	6270.14	一、各项贷款	5684.29	6020.42
1. 单位存款	3841.11	3645.89	(一) 境内贷款	5683.57	6019.85
2. 个人存款	2480.86	2482.77	1. 短期贷款	2608.17	2766.06
其中:储蓄存款	2453.69	2426.29	(1) 个人贷款及透支	417.82	441.86
3. 临时性存款	5.43	3.84	其中:个人消费贷款	116.20	122.59
4. 其他存款	122.53	137.64	(2) 单位普通贷款及透支	2062.40	2199.11
二、代理财政性存款	15.81	12.45	其中:经营贷款	2053.39	2197.38
三、金融债券			固定资产贷款	8.21	0.95
四、中长期借款			(3) 普通并购贷款		
五、应付及暂收款	83.64	94.78	(4) 银团贷款		
六、卖出回购资产			(5) 贸易融资	127.95	125.09
七、向中央银行借款			(6) 境外筹资转贷款		
八、同业往来(来源方)	361.08	68.22	2. 中长期贷款	3040.57	3189.07
其中:同业拆借			(1) 个人贷款	1432.08	1463.92
九、境外联行往来(来源方)		6.79	其中:个人消费贷款	1341.96	1370.46
十、外汇买卖(来源方)			(2) 单位普通贷款	1608.49	1725.15
十一、委托存款及委托投资基金(净)	0.45		其中:经营贷款	451.68	508.73
1. 委托存款及委托投资基金	521.97	59.11	固定资产贷款	1156.81	1216.42
2. 减:委托贷款及委托投资	521.52	59.11	(3) 普通并购贷款		
十二、代理金融机构委托贷款基金			(4) 银团贷款		

续表

项　目	2011 年	2012 年	项　目	2011 年	2012 年
十三、各项准备	1.45	1.41	(5) 贸易融资		
十四、所有者权益	5.44	−52.11	(6) 境外筹资转贷款		
十五、其他	−950.40	−63.85	3. 融资租赁		
			4. 票据融资	26.08	23.03
			5. 各项垫款	8.75	41.69
			(二) 境外贷款	0.72	0.57
			二、有价证券	12.14	4.15
			三、股权及其他投资	44.90	84.67
			四、应收及预付款	33.53	41.70
			五、买入返售资产	2.46	6.86
			六、存放中央准备金存款	31.70	47.82
			七、存放中央银行特种存款		
			八、缴存中央银行财政性存款	7.94	9.60
			九、同业往来	109.68	80.04
			其中:拆放同业	104.69	2.27
			十、境外联行往来(运用方)		
			十一、代理金融机构贷款		
			十二、库存现金	40.76	42.57
			十三、外汇买卖(运用方)		
			十四、投资性房地产		
资金来源总计	**5967.40**	**6337.83**	**资金运用总计**	**5967.40**	**6337.83**

注:1. 2011 年起,“境内贷款”项下增设“境外筹资转贷款”。

2. 2011 年,将“中央/地方政府委托基金存款”与“中央/地方政府委托贷款”、“代理政府委托投资基金”与“代理政府投资”分别轧差后的政府委托存款净值计入单家行信贷收支表中的“代理财政性存款”;将“汇出汇款”、“汇入汇款”纳入“各项存款”项下的“临时性存款”。

中国农业发展银行浙江省人民币信贷收支统计

单位：亿元

项　目	2011 年	2012 年	项　目	2011 年	2012 年
一、各项存款	79.66	109.46	一、各项贷款	492.40	629.24
1. 单位存款	79.66	109.44	(一) 境内贷款	492.40	629.24
2. 个人存款			1. 短期贷款	211.09	234.11
其中：储蓄存款			(1) 个人贷款及透支		
3. 临时性存款		0.02	其中：个人消费贷款		
4. 其他存款			(2) 单位普通贷款及透支	210.96	234.11
二、代理财政性存款	22.84	23.54	其中：经营贷款	210.96	234.11
三、金融债券			固定资产贷款		
四、中长期借款			(3) 普通并购贷款		
五、应付及暂收款	1.03	1.30	(4) 银团贷款		
六、卖出回购资产			(5) 贸易融资	0.13	
七、向中央银行借款			(6) 境外筹资转贷款		
八、同业往来(来源方)	4.26	6.04	2. 中长期贷款	281.07	394.55
其中：同业拆借			(1) 个人贷款		
九、境外联行往来(来源方)			其中：个人消费贷款		
十、外汇买卖(来源方)		−0.01	(2) 单位普通贷款	270.97	384.43
十一、委托存款及委托投资基金(净)			其中：经营贷款	0.09	
1. 委托存款及委托投资基金			固定资产贷款	270.88	384.43
2. 减：委托贷款及委托投资			(3) 普通并购贷款		
十二、代理金融机构委托贷款基金	0.02	0.26	(4) 银团贷款	10.10	10.12

续表

项　目	2011 年	2012 年	项　目	2011 年	2012 年
十三、各项准备			(5) 贸易融资		
十四、所有者权益	9.98	13.93	(6) 境外筹资转贷款		
十五、其他	391.51	497.26	3. 融资租赁		
			4. 票据融资	0.24	0.36
			5. 各项垫款		0.22
			(二) 境外贷款		
			二、有价证券		
			三、股权及其他投资		
			四、应收及预付款	0.02	0.11
			五、买入返售资产		
			六、存放中央准备金存款	5.21	6.65
			七、存放中央银行特种存款		
			八、缴存中央银行财政性存款		
			九、同业往来	11.62	15.49
			其中:拆放同业		
			十、境外联行往来(运用方)		
			十一、代理金融机构贷款	0.02	0.26
			十二、库存现金	0.03	0.03
			十三、外汇买卖(运用方)		
			十四、投资性房地产		
资金来源总计	**509.30**	**651.78**	**资金运用总计**	**509.30**	**651.78**

注:1. 2011 年起,“境内贷款”项下增设“境外筹资转贷款”。

2. 2011 年,将“中央/地方政府委托基金存款”与“中央/地方政府委托贷款”、“代理政府委托投资基金”与“代理政府投资”分别轧差后的政府委托存款净值计入单家行信贷收支表中的“代理财政性存款”;将“汇出汇款”、“汇入汇款”纳入“各项存款”项下的“临时性存款”。

国家开发银行浙江省人民币信贷收支统计

单位：亿元

项　目	2011 年	2012 年	项　目	2011 年	2012 年
一、各项存款	144.36	224.51	一、各项贷款	1750.46	2097.33
1. 单位存款	124.36	204.48	(一) 境内贷款	1750.36	2097.33
2. 个人存款			1. 短期贷款	130.12	163.93
其中:储蓄存款			(1) 个人贷款及透支	1.20	1.07
3. 临时性存款		0.03	其中:个人消费贷款		
4. 其他存款	20.00	20.00	(2) 单位普通贷款及透支	120.93	128.64
二、代理财政性存款			其中:经营贷款	79.72	111.16
三、金融债券			固定资产贷款	41.20	17.48
四、中长期借款			(3) 普通并购贷款		
五、应付及暂收款	3.89	5.10	(4) 银团贷款	7.99	23.87
六、卖出回购资产			(5) 贸易融资		10.35
七、向中央银行借款			(6) 境外筹资转贷款		
八、同业往来(来源方)	4.35	5.86	2. 中长期贷款	1619.85	1933.22
其中:同业拆借		5.00	(1) 个人贷款		
九、境外联行往来(来源方)			其中:个人消费贷款		
十、外汇买卖(来源方)	2.36	2.38	(2) 单位普通贷款	1330.83	1493.78
十一、委托存款及委托投资基金(净)			其中:经营贷款	43.32	20.89
1. 委托存款及委托投资基金			固定资产贷款	1287.51	1472.89
2. 减:委托贷款及委托投资			(3) 普通并购贷款	3.75	2.75
十二、代理金融机构委托贷款基金			(4) 银团贷款	284.87	435.22

续表

项　目	2011 年	2012 年	项　目	2011 年	2012 年
十三、各项准备	43.86	61.82	(5) 贸易融资	0.40	1.47
十四、所有者权益	25.70	25.83	(6) 境外筹资转贷款		
十五、其他	1544.69	1791.84	3. 融资租赁		
			4. 票据融资	0.39	0.18
			5. 各项垫款		
			(二) 境外贷款	0.10	
			二、有价证券		
			三、股权及其他投资	1.02	1.02
			四、应收及预付款	6.94	7.89
			五、买入返售资产		
			六、存放中央准备金存款	7.18	8.46
			七、存放中央银行特种存款		
			八、缴存中央银行财政性存款		
			九、同业往来	1.08	0.07
			其中:拆放同业		
			十、境外联行往来(运用方)		
			十一、代理金融机构贷款		
			十二、库存现金		
			十三、外汇买卖(运用方)	2.53	2.57
			十四、投资性房地产		
资金来源总计	**1769.21**	**2117.34**	**资金运用总计**	**1769.21**	**2117.34**

注:1. 2011 年起,“境内贷款”项下增设“境外筹资转贷款”。

2. 2011 年,将“中央/地方政府委托基金存款”与“中央/地方政府委托贷款”、“代理政府委托投资基金”与“代理政府投资”分别轧差后的政府委托存款净值计入单家行信贷收支表中的“代理财政性存款”;将“汇出汇款”、“汇入汇款”纳入“各项存款”项下的“临时性存款”。

中国进出口银行浙江省人民币信贷收支统计

单位：亿元

项　　目	2011 年	2012 年	项　　目	2011 年	2012 年
一、各项存款	9.14	8.56	一、各项贷款	372.47	472.96
1. 单位存款	9.14	8.56	(一) 境内贷款	369.93	471.48
2. 个人存款			1. 短期贷款	123.36	172.99
其中：储蓄存款			(1) 个人贷款及透支		
3. 临时性存款			其中：个人消费贷款		
4. 其他存款			(2) 单位普通贷款及透支	31.94	44.11
二、代理财政性存款			其中：经营贷款	31.94	44.11
三、金融债券			固定资产贷款		
四、中长期借款			(3) 普通并购贷款		
五、应付及暂收款	1.34	1.40	(4) 银团贷款		1.24
六、卖出回购资产			(5) 贸易融资	91.42	127.64
七、向中央银行借款			(6) 境外筹资转贷款		
八、同业往来(来源方)			2. 中长期贷款	246.57	298.49
其中：同业拆借			(1) 个人贷款		
九、境外联行往来(来源方)			其中：个人消费贷款		
十、外汇买卖(来源方)			(2) 单位普通贷款	115.18	135.31
十一、委托存款及委托投资基金(净)			其中：经营贷款	92.40	107.30
1. 委托存款及委托投资基金			固定资产贷款	22.78	28.01
2. 减：委托贷款及委托投资			(3) 普通并购贷款		
十二、代理金融机构委托贷款基金			(4) 银团贷款	5.70	13.90

续表

项　目	2011 年	2012 年	项　目	2011 年	2012 年
十三、各项准备	2.80	3.44	(5) 贸易融资	125.67	149.26
十四、所有者权益	7.33	8.63	(6) 境外筹资转贷款	0.02	0.02
十五、其他	358.43	454.59	3. 融资租赁		
			4. 票据融资		
			5. 各项垫款		
			(二) 境外贷款	2.54	1.48
			二、有价证券		
			三、股权及其他投资		
			四、应收及预付款	1.65	0.78
			五、买入返售资产		
			六、存放中央准备金存款	4.92	2.87
			七、存放中央银行特种存款		
			八、缴存中央银行财政性存款		
			九、同业往来		0.01
			其中:拆放同业		
			十、境外联行往来(运用方)		
			十一、代理金融机构贷款		
			十二、库存现金		
			十三、外汇买卖(运用方)		
			十四、投资性房地产		
资金来源总计	**379.04**	**476.62**	**资金运用总计**	**379.04**	**476.62**

注:1. 2011 年起,“境内贷款”项下增设“境外筹资转贷款”。

2. 2011 年,将“中央/地方政府委托基金存款”与“中央/地方政府委托贷款”、“代理政府委托投资基金”与“代理政府投资”分别轧差后的政府委托存款净值计入单家行信贷收支表中的“代理财政性存款”;将“汇出汇款”、“汇入汇款”纳入“各项存款”项下的“临时性存款”。

浙商银行浙江省人民币信贷收支统计

单位:亿元

项　　目	2011 年	2012 年	项　　目	2011 年	2012 年
一、各项存款	836.70	949.81	一、各项贷款	736.06	858.94
1. 单位存款	643.93	739.84	(一) 境内贷款	736.06	858.94
2. 个人存款	140.93	166.13	1. 短期贷款	588.81	694.10
其中:储蓄存款	140.93	166.13	(1) 个人贷款及透支	184.16	211.25
3. 临时性存款	0.88	0.63	其中:个人消费贷款	4.27	1.89
4. 其他存款	50.96	43.21	(2) 单位普通贷款及透支	403.46	482.68
二、代理财政性存款	0.01		其中:经营贷款	401.52	478.18
三、金融债券			固定资产贷款	1.95	4.50
四、中长期借款			(3) 普通并购贷款	1.01	
五、应付及暂收款	5.43	4.54	(4) 银团贷款		
六、卖出回购资产	12.02	16.61	(5) 贸易融资	0.18	0.17
七、向中央银行借款			(6) 境外筹资转贷款		
八、同业往来(来源方)	92.07	149.47	2. 中长期贷款	146.50	146.09
其中:同业拆借		1.19	(1) 个人贷款	14.78	13.48
九、境外联行往来(来源方)			其中:个人消费贷款	5.42	5.03
十、外汇买卖(来源方)			(2) 单位普通贷款	117.95	119.69
十一、委托存款及委托投资基金(净)			其中:经营贷款	41.51	28.42
1. 委托存款及委托投资基金	18.81	112.01	固定资产贷款	76.44	91.27
2. 减:委托贷款及委托投资	18.81	112.01	(3) 普通并购贷款	9.65	9.96
十二、代理金融机构委托贷款基金			(4) 银团贷款	4.12	2.96

续表

项　目	2011年	2012年	项　目	2011年	2012年
十三、各项准备			(5) 贸易融资		
十四、所有者权益	14.11	14.55	(6) 境外筹资转贷款		
十五、其他	−53.18	14.78	3. 融资租赁		
			4. 票据融资	0.19	17.29
			5. 各项垫款	0.56	1.46
			(二) 境外贷款		
			二、有价证券		
			三、股权及其他投资	51.77	38.88
			四、应收及预付款	4.59	4.34
			五、买入返售资产	56.75	168.00
			六、存放中央准备金存款	5.24	9.52
			七、存放中央银行特种存款		
			八、缴存中央银行财政性存款	0.01	
			九、同业往来	50.90	68.75
			其中:拆放同业	15.78	1.29
			十、境外联行往来(运用方)		
			十一、代理金融机构贷款		
			十二、库存现金	1.84	1.33
			十三、外汇买卖(运用方)		
			十四、投资性房地产		
资金来源总计	**907.16**	**1149.76**	**资金运用总计**	**907.16**	**1149.76**

注:1. 2011年起,“境内贷款”项下增设“境外筹资转贷款”。

2. 2011年,将“中央/地方政府委托基金存款”与“中央/地方政府委托贷款”、“代理政府委托投资基金”与“代理政府投资”分别轧差后的政府委托存款净值计入单家行信贷收支表中的“代理财政性存款”;将“汇出汇款”、“汇入汇款”纳入“各项存款”项下的“临时性存款”。

交通银行浙江省人民币信贷收支统计

单位:亿元

项目	2011 年	2012 年	项目	2011 年	2012 年
一、各项存款	2507.65	2769.44	一、各项贷款	1963.88	2144.64
1. 单位存款	1705.99	1904.81	(一) 境内贷款	1963.71	2144.45
2. 个人存款	590.25	651.93	1. 短期贷款	1196.08	1260.10
其中:储蓄存款	550.22	541.63	(1) 个人贷款及透支	110.37	105.23
3. 临时性存款	3.11	2.67	其中:个人消费贷款	18.47	20.32
4. 其他存款	208.30	210.03	(2) 单位普通贷款及透支	1076.29	1135.73
二、代理财政性存款	0.65	0.37	其中:经营贷款	1076.26	1135.72
三、金融债券			固定资产贷款		
四、中长期借款			(3) 普通并购贷款		
五、应付及暂收款	65.93	58.38	(4) 银团贷款	0.32	0.37
六、卖出回购资产			(5) 贸易融资	9.10	18.77
七、向中央银行借款			(6) 境外筹资转贷款		
八、同业往来(来源方)	164.62	114.44	2. 中长期贷款	761.37	860.78
其中:同业拆借		4.97	(1) 个人贷款	252.52	287.23
九、境外联行往来(来源方)	0.80	2.27	其中:个人消费贷款	213.14	246.41
十、外汇买卖(来源方)		0.01	(2) 单位普通贷款	462.39	500.31
十一、委托存款及委托投资基金(净)	40.91	8.88	其中:经营贷款	100.82	69.38
1. 委托存款及委托投资基金	101.39	85.31	固定资产贷款	361.57	430.93
2. 减:委托贷款及委托投资	60.49	76.44	(3) 普通并购贷款	4.00	4.70
十二、代理金融机构委托贷款基金			(4) 银团贷款	42.46	68.54

续表

项　目	2011 年	2012 年	项　目	2011 年	2012 年
十三、各项准备	17.75	24.09	(5) 贸易融资		
十四、所有者权益	64.01	68.85	(6) 境外筹资转贷款		
十五、其他	−805.23	−814.24	3. 融资租赁		
			4. 票据融资	3.15	8.28
			5. 各项垫款	3.11	15.29
			(二) 境外贷款	0.17	0.19
			二、有价证券		
			三、股权及其他投资		
			四、应收及预付款	35.20	44.42
			五、买入返售资产		
			六、存放中央准备金存款	20.39	20.85
			七、存放中央银行特种存款		
			八、缴存中央银行财政性存款	2.46	1.96
			九、同业往来	24.49	5.59
			其中:拆放同业		2.98
			十、境外联行往来(运用方)		
			十一、代理金融机构贷款		1.50
			十二、库存现金	10.63	13.47
			十三、外汇买卖(运用方)	0.04	0.06
			十四、投资性房地产		
资金来源总计	**2057.09**	**2232.49**	**资金运用总计**	**2057.09**	**2232.49**

注:1. 2011 年起,“境内贷款”项下增设“境外筹资转贷款”。

2. 2011 年,将“中央/地方政府委托基金存款”与“中央/地方政府委托贷款”、“代理政府委托投资基金”与“代理政府投资”分别轧差后的政府委托存款净值计入单家行信贷收支表中的“代理财政性存款”;将“汇出汇款”、“汇入汇款”纳入“各项存款”项下的“临时性存款”。

中信银行浙江省人民币信贷收支统计

单位：亿元

项　目	2011 年	2012 年	项　目	2011 年	2012 年
一、各项存款	1972.84	2231.20	一、各项贷款	1581.95	1787.12
1. 单位存款	1542.65	1713.96	(一) 境内贷款	1581.95	1786.72
2. 个人存款	368.76	425.05	1. 短期贷款	1148.25	1279.50
其中：储蓄存款	353.73	377.16	(1) 个人贷款及透支	94.19	116.09
3. 临时性存款	2.42	2.76	其中：个人消费贷款	8.67	9.39
4. 其他存款	59.01	89.43	(2) 单位普通贷款及透支	1046.62	1152.93
二、代理财政性存款	0.86	0.35	其中：经营贷款	1038.41	1139.71
三、金融债券			固定资产贷款	7.60	10.10
四、中长期借款			(3) 普通并购贷款	2.50	2.00
五、应付及暂收款	35.57	50.74	(4) 银团贷款		1.65
六、卖出回购资产			(5) 贸易融资	4.94	6.83
七、向中央银行借款			(6) 境外筹资转贷款		
八、同业往来(来源方)	206.28	246.87	2. 中长期贷款	399.02	425.00
其中：同业拆借		0.37	(1) 个人贷款	131.26	150.26
九、境外联行往来(来源方)			其中：个人消费贷款	126.56	141.75
十、外汇买卖(来源方)	254.58	4.26	(2) 单位普通贷款	246.31	250.98
十一、委托存款及委托投资基金(净)	54.40	126.50	其中：经营贷款	128.27	113.42
1. 委托存款及委托投资基金	127.29	219.34	固定资产贷款	118.04	137.56
2. 减：委托贷款及委托投资	72.89	92.84	(3) 普通并购贷款	1.50	2.13
十二、代理金融机构委托贷款基金			(4) 银团贷款	19.95	21.63

续表

项　　目	2011 年	2012 年	项　　目	2011 年	2012 年
十三、各项准备	17.14	25.78	(5) 贸易融资		
十四、所有者权益	32.14	32.10	(6) 境外筹资转贷款		
十五、其他	−488.31	−601.08	3. 融资租赁		
			4. 票据融资	33.76	76.39
			5. 各项垫款	0.92	5.83
			(二) 境外贷款		0.40
			二、有价证券	6.18	1.84
			三、股权及其他投资		
			四、应收及预付款	18.15	21.94
			五、买入返售资产	11.09	22.93
			六、存放中央准备金存款	27.04	39.60
			七、存放中央银行特种存款		
			八、缴存中央银行财政性存款	0.65	0.23
			九、同业往来	181.08	230.66
			其中:拆放同业	102.05	139.83
			十、境外联行往来(运用方)		
			十一、代理金融机构贷款		
			十二、库存现金	4.19	5.10
			十三、外汇买卖(运用方)	255.17	7.30
			十四、投资性房地产		
资金来源总计	**2085.50**	**2116.72**	**资金运用总计**	**2085.50**	**2116.72**

注:1. 2011 年起,“境内贷款”项下增设“境外筹资转贷款”。

2. 2011 年,将“中央/地方政府委托基金存款”与“中央/地方政府委托贷款”、“代理政府委托投资基金”与“代理政府投资”分别轧差后的政府委托存款净值计入单家行信贷收支表中的“代理财政性存款”;将“汇出汇款”、“汇入汇款”纳入“各项存款”项下的“临时性存款”。

上海浦发银行浙江省人民币信贷收支统计

单位：亿元

项目	2011年	2012年	项目	2011年	2012年
一、各项存款	2273.93	2422.76	一、各项贷款	2006.36	2181.64
1. 单位存款	1681.94	1743.02	(一) 境内贷款	2006.16	2181.25
2. 个人存款	427.18	476.73	1. 短期贷款	1478.92	1634.40
其中：储蓄存款	400.30	442.64	(1) 个人贷款及透支	345.05	331.93
3. 临时性存款	1.95	2.50	其中：个人消费贷款	103.32	84.38
4. 其他存款	162.86	200.51	(2) 单位普通贷款及透支	1128.20	1242.43
二、代理财政性存款	0.11	0.64	其中：经营贷款	1127.48	1241.41
三、金融债券			固定资产贷款	0.65	0.80
四、中长期借款			(3) 普通并购贷款		
五、应付及暂收款	53.79	87.92	(4) 银团贷款		
六、卖出回购资产			(5) 贸易融资	5.67	60.04
七、向中央银行借款		0.64	(6) 境外筹资转贷款		
八、同业往来(来源方)	96.23	230.24	2. 中长期贷款	504.65	486.75
其中：同业拆借		19.49	(1) 个人贷款	141.92	149.05
九、境外联行往来(来源方)			其中：个人消费贷款	120.64	126.33
十、外汇买卖(来源方)	0.11	0.04	(2) 单位普通贷款	338.38	304.75
十一、委托存款及委托投资基金(净)	5.16	1.37	其中：经营贷款	76.87	46.72
1. 委托存款及委托投资基金	111.77	153.23	固定资产贷款	261.51	258.03
2. 减：委托贷款及委托投资	106.61	151.86	(3) 普通并购贷款	0.10	0.10
十二、代理金融机构委托贷款基金	5.36	3.57	(4) 银团贷款	24.25	32.85

续表

项　　目	2011 年	2012 年	项　　目	2011 年	2012 年
十三、各项准备	35.20	62.72	(5) 贸易融资		
十四、所有者权益	56.89	34.59	(6) 境外筹资转贷款		
十五、其他	−240.22	−373.37	3. 融资租赁		
			4. 票据融资	18.61	42.97
			5. 各项垫款	3.98	17.13
			(二) 境外贷款	0.20	0.39
			二、有价证券	2.26	22.67
			三、股权及其他投资		
			四、应收及预付款	28.33	55.53
			五、买入返售资产		93.74
			六、存放中央准备金存款	67.55	48.42
			七、存放中央银行特种存款		
			八、缴存中央银行财政性存款	0.07	0.40
			九、同业往来	170.28	58.26
			其中:拆放同业	134.63	22.62
			十、境外联行往来(运用方)		
			十一、代理金融机构贷款	5.36	3.57
			十二、库存现金	6.22	6.80
			十三、外汇买卖(运用方)	0.13	0.09
			十四、投资性房地产		
资金来源总计	**2286.56**	**2471.12**	**资金运用总计**	**2286.56**	**2471.12**

注:1. 2011 年起,“境内贷款”项下增设“境外筹资转贷款”。

2. 2011 年,将“中央/地方政府委托基金存款”与“中央/地方政府委托贷款”、“代理政府委托投资基金”与“代理政府投资”分别轧差后的政府委托存款净值计入单家行信贷收支表中的“代理财政性存款”;将“汇出汇款”、“汇入汇款”纳入“各项存款”项下的“临时性存款”。

华夏银行浙江省人民币信贷收支统计

单位:亿元

项目	2011 年	2012 年	项目	2011 年	2012 年
一、各项存款	905.73	946.00	一、各项贷款	784.00	873.12
1. 单位存款	703.26	739.25	(一) 境内贷款	784.00	873.11
2. 个人存款	163.36	167.35	1. 短期贷款	546.67	636.52
其中:储蓄存款	163.36	167.35	(1) 个人贷款及透支	28.09	27.22
3. 临时性存款	1.11	1.40	其中:个人消费贷款	3.34	1.53
4. 其他存款	38.00	38.00	(2) 单位普通贷款及透支	517.08	594.76
二、代理财政性存款	0.26	1.49	其中:经营贷款	516.82	592.76
三、金融债券			固定资产贷款	0.26	1.81
四、中长期借款			(3) 普通并购贷款		
五、应付及暂收款	31.13	32.66	(4) 银团贷款	0.50	
六、卖出回购资产	212.09	25.58	(5) 贸易融资	1.00	14.54
七、向中央银行借款			(6) 境外筹资转贷款		
八、同业往来(来源方)	143.72	279.04	2. 中长期贷款	236.11	232.19
其中:同业拆借		11.43	(1) 个人贷款	42.40	62.46
九、境外联行往来(来源方)			其中:个人消费贷款	38.33	53.71
十、外汇买卖(来源方)	96.02		(2) 单位普通贷款	187.26	163.54
十一、委托存款及委托投资基金(净)			其中:经营贷款	95.98	66.79
1. 委托存款及委托投资基金	12.54	30.16	固定资产贷款	91.28	96.75
2. 减:委托贷款及委托投资	12.54	30.16	(3) 普通并购贷款		
十二、代理金融机构委托贷款基金			(4) 银团贷款	6.45	6.19

续表

项　目	2011 年	2012 年	项　目	2011 年	2012 年
十三、各项准备	11.64	17.61	(5) 贸易融资		
十四、所有者权益	16.46	12.61	(6) 境外筹资转贷款		
十五、其他	−50.16	−225.78	3. 融资租赁		
			4. 票据融资	0.89	0.42
			5. 各项垫款	0.33	3.98
			(二) 境外贷款		0.01
			二、有价证券	0.67	0.26
			三、股权及其他投资		
			四、应收及预付款	26.32	22.75
			五、买入返售资产	393.66	128.16
			六、存放中央准备金存款	16.71	16.26
			七、存放中央银行特种存款		
			八、缴存中央银行财政性存款	0.24	1.07
			九、同业往来	47.73	45.60
			其中:拆放同业	0.16	16.21
			十、境外联行往来(运用方)		
			十一、代理金融机构贷款		
			十二、库存现金	1.44	1.89
			十三、外汇买卖(运用方)	96.12	0.10
			十四、投资性房地产		
资金来源总计	**1366.89**	**1089.21**	**资金运用总计**	**1366.89**	**1089.21**

注:1. 2011 年起,“境内贷款”项下增设“境外筹资转贷款”。

2. 2011 年,将“中央/地方政府委托基金存款”与“中央/地方政府委托贷款”、“代理政府委托投资基金”与“代理政府投资”分别轧差后的政府委托存款净值计入单家行信贷收支表中的“代理财政性存款”;将“汇出汇款”、“汇入汇款”纳入“各项存款”项下的“临时性存款”。

招商银行浙江省人民币信贷收支统计

单位:亿元

项目	2011年	2012年	项目	2011年	2012年
一、各项存款	1084.90	1177.73	一、各项贷款	1283.47	1348.47
1. 单位存款	792.59	867.31	(一)境内贷款	1282.08	1347.24
2. 个人存款	246.11	266.15	1. 短期贷款	765.24	887.34
其中:储蓄存款	246.11	265.96	(1) 个人贷款及透支	141.81	217.17
3. 临时性存款	1.60	0.96	其中:个人消费贷款	46.13	18.63
4. 其他存款	44.60	43.31	(2) 单位普通贷款及透支	622.63	669.21
二、代理财政性存款		0.01	其中:经营贷款	622.53	669.07
三、金融债券			固定资产贷款	0.10	0.14
四、中长期借款			(3) 普通并购贷款		
五、应付及暂收款	21.79	20.78	(4) 银团贷款		
六、卖出回购资产			(5) 贸易融资	0.80	0.96
七、向中央银行借款		0.61	(6) 境外筹资转贷款		
八、同业往来(来源方)	47.48	53.21	2. 中长期贷款	451.47	416.20
其中:同业拆借			(1) 个人贷款	324.00	310.41
九、境外联行往来(来源方)			其中:个人消费贷款	271.97	252.57
十、外汇买卖(来源方)			(2) 单位普通贷款	118.73	95.45
十一、委托存款及委托投资基金(净)			其中:经营贷款	18.54	10.40
1. 委托存款及委托投资基金	27.20	16.16	固定资产贷款	100.19	85.05
2. 减:委托贷款及委托投资	27.20	16.16	(3) 普通并购贷款	0.44	
十二、代理金融机构委托贷款基金			(4) 银团贷款	8.30	10.34

续表

项目	2011年	2012年	项目	2011年	2012年
十三、各项准备	26.43	33.25	(5) 贸易融资		
十四、所有者权益	29.19	26.39	(6) 境外筹资转贷款		
十五、其他	122.11	226.26	3. 融资租赁		
			4. 票据融资	65.18	41.84
			5. 各项垫款	0.19	1.86
			(二) 境外贷款	1.39	1.23
			二、有价证券		
			三、股权及其他投资		
			四、应收及预付款	3.48	3.80
			五、买入返售资产	5.18	5.32
			六、存放中央准备金存款	16.19	16.91
			七、存放中央银行特种存款		
			八、缴存中央银行财政性存款	0.48	0.31
			九、同业往来	19.67	159.15
			其中:拆放同业	14.47	3.91
			十、境外联行往来(运用方)		
			十一、代理金融机构贷款		
			十二、库存现金	3.43	3.85
			十三、外汇买卖(运用方)		
			十四、投资性房地产		0.43
资金来源总计	**1331.90**	**1538.24**	**资金运用总计**	**1331.90**	**1538.24**

注:1. 2011年起,“境内贷款”项下增设“境外筹资转贷款”。

2. 2011年,将“中央/地方政府委托基金存款”与“中央/地方政府委托贷款”、“代理政府委托投资基金”与“代理政府投资”分别轧差后的政府委托存款净值计入单家行信贷收支表中的“代理财政性存款”;将“汇出汇款”、“汇入汇款”纳入“各项存款”项下的“临时性存款”。

广发银行浙江省人民币信贷收支统计

单位：亿元

项　　目	2011 年	2012 年	项　　目	2011 年	2012 年
一、各项存款	653.53	692.29	一、各项贷款	561.88	569.45
1. 单位存款	441.48	463.60	(一) 境内贷款	561.88	569.45
2. 个人存款	134.46	127.44	1. 短期贷款	420.50	430.60
其中：储蓄存款	128.41	105.38	(1) 个人贷款及透支	55.92	44.05
3. 临时性存款	2.13	3.49	其中：个人消费贷款	0.34	0.13
4. 其他存款	75.46	97.76	(2) 单位普通贷款及透支	362.08	384.44
二、代理财政性存款	0.01	0.01	其中：经营贷款	362.08	384.44
三、金融债券			固定资产贷款		
四、中长期借款			(3) 普通并购贷款		
五、应付及暂收款	17.08	10.93	(4) 银团贷款		
六、卖出回购资产			(5) 贸易融资	2.50	2.11
七、向中央银行借款			(6) 境外筹资转贷款		
八、同业往来(来源方)	0.39	14.32	2. 中长期贷款	135.79	127.99
其中：同业拆借		8.78	(1) 个人贷款	92.45	90.72
九、境外联行往来(来源方)			其中：个人消费贷款	89.04	85.23
十、外汇买卖(来源方)	4.44	3.83	(2) 单位普通贷款	33.46	25.84
十一、委托存款及委托投资基金(净)			其中：经营贷款	11.26	6.14
1. 委托存款及委托投资基金	6.09	5.13	固定资产贷款	22.20	19.70
2. 减：委托贷款及委托投资	6.09	5.13	(3) 普通并购贷款		
十二、代理金融机构委托贷款基金			(4) 银团贷款	9.88	11.43

续表

项　目	2011 年	2012 年	项　目	2011 年	2012 年
十三、各项准备	7.87	11.90	(5) 贸易融资		
十四、所有者权益	11.52	−2.08	(6) 境外筹资转贷款		
十五、其他	−102.69	−122.42	3. 融资租赁		
			4. 票据融资	3.58	2.86
			5. 各项垫款	2.01	8.00
			(二) 境外贷款		
			二、有价证券	0.64	0.49
			三、股权及其他投资		
			四、应收及预付款	10.32	4.78
			五、买入返售资产	1.97	6.87
			六、存放中央准备金存款	8.79	16.12
			七、存放中央银行特种存款		
			八、缴存中央银行财政性存款	0.03	0.03
			九、同业往来	1.90	4.36
			其中:拆放同业		
			十、境外联行往来(运用方)		
			十一、代理金融机构贷款		
			十二、库存现金	2.18	2.57
			十三、外汇买卖(运用方)	4.44	4.11
			十四、投资性房地产		
资金来源总计	**592.15**	**608.78**	**资金运用总计**	**592.15**	**608.78**

注:1. 2011 年起,“境内贷款”项下增设“境外筹资转贷款”。

2. 2011 年,将“中央/地方政府委托基金存款”与“中央/地方政府委托贷款”、“代理政府委托投资基金”与“代理政府投资”分别轧差后的政府委托存款净值计入单家行信贷收支表中的“代理财政性存款”;将“汇出汇款”、“汇入汇款”纳入“各项存款”项下的“临时性存款”。

平安银行浙江省人民币信贷收支统计

单位:亿元

项目	2011年	2012年	项目	2011年	2012年
一、各项存款	848.01	1069.60	一、各项贷款	805.64	973.99
1. 单位存款	699.79	920.25	(一)境内贷款	805.26	973.78
2. 个人存款	103.31	96.21	1. 短期贷款	604.92	757.90
其中:储蓄存款	102.69	95.48	(1)个人贷款及透支	74.08	59.60
3. 临时性存款	0.91	1.84	其中:个人消费贷款	2.75	1.27
4. 其他存款	44.00	51.30	(2)单位普通贷款及透支	527.66	678.49
二、代理财政性存款	0.08	0.14	其中:经营贷款	527.42	676.75
三、金融债券			固定资产贷款	0.24	1.74
四、中长期借款			(3)普通并购贷款		
五、应付及暂收款	164.37	13.27	(4)银团贷款		
六、卖出回购资产			(5)贸易融资	3.18	19.81
七、向中央银行借款			(6)境外筹资转贷款		
八、同业往来(来源方)	14.27	174.49	2. 中长期贷款	177.82	186.50
其中:同业拆借		16.57	(1)个人贷款	116.14	118.20
九、境外联行往来(来源方)			其中:个人消费贷款	94.87	97.26
十、外汇买卖(来源方)			(2)单位普通贷款	56.28	65.08
十一、委托存款及委托投资基金(净)			其中:经营贷款	32.66	21.47
1. 委托存款及委托投资基金	23.13	19.35	固定资产贷款	23.62	43.61
2. 减:委托贷款及委托投资	23.13	19.35	(3)普通并购贷款		
十二、代理金融机构委托贷款基金			(4)银团贷款	4.12	2.37

续表

项　目	2011 年	2012 年	项　目	2011 年	2012 年
十三、各项准备	14.97	23.28	(5) 贸易融资	1.28	0.85
十四、所有者权益	21.64	19.41	(6) 境外筹资转贷款		
十五、其他	18.59	-121.51	3. 融资租赁		
			4. 票据融资	16.92	16.65
			5. 各项垫款	5.06	12.73
			(二) 境外贷款	0.38	0.21
			二、有价证券		
			三、股权及其他投资		18.80
			四、应收及预付款	253.96	3.90
			五、买入返售资产		134.70
			六、存放中央准备金存款	7.51	13.68
			七、存放中央银行特种存款		
			八、缴存中央银行财政性存款	0.07	0.13
			九、同业往来	13.95	31.57
			其中:拆放同业		29.05
			十、境外联行往来(运用方)		
			十一、代理金融机构贷款		
			十二、库存现金	0.80	1.91
			十三、外汇买卖(运用方)		
			十四、投资性房地产		
资金来源总计		**1178.68**	**资金运用总计**		**1178.68**

注:深圳发展银行(属股份制银行)于 2012 年 9 月吸收合并深圳平安银行(属城市商业银行),并更名为平安银行(属股份制银行)。本表 2012 年数据为合并后数据,与 2011 年不可比。

中国民生银行浙江省人民币信贷收支统计

单位:亿元

项目	2011年	2012年	项目	2011年	2012年
一、各项存款	1129.07	1320.75	一、各项贷款	1394.35	1448.79
1. 单位存款	854.27	996.38	(一)境内贷款	1393.69	1448.38
2. 个人存款	237.39	311.31	1. 短期贷款	898.54	966.38
其中:储蓄存款	227.95	297.06	(1)个人贷款及透支	335.38	321.98
3. 临时性存款	1.41	1.06	其中:个人消费贷款	14.83	4.77
4. 其他存款	36.00	12.00	(2)单位普通贷款及透支	563.08	644.40
二、代理财政性存款			其中:经营贷款	540.99	623.72
三、金融债券			固定资产贷款	22.09	20.68
四、中长期借款			(3)普通并购贷款	0.07	
五、应付及暂收款	18.80	30.82	(4)银团贷款		
六、卖出回购资产		39.56	(5)贸易融资	0.01	
七、向中央银行借款			(6)境外筹资转贷款		
八、同业往来(来源方)	74.98	334.00	2. 中长期贷款	492.52	471.98
其中:同业拆借		14.80	(1)个人贷款	38.85	33.36
九、境外联行往来(来源方)			其中:个人消费贷款	31.48	27.40
十、外汇买卖(来源方)	7.89	7.94	(2)单位普通贷款	418.12	405.99
十一、委托存款及委托投资基金(净)		0.02	其中:经营贷款	95.19	78.79
1. 委托存款及委托投资基金	35.42	46.99	固定资产贷款	322.93	327.20
2. 减:委托贷款及委托投资	35.42	46.97	(3)普通并购贷款	0.63	
十二、代理金融机构委托贷款基金			(4)银团贷款	34.92	32.63

续表

项　　目	2011 年	2012 年	项　　目	2011 年	2012 年
十三、各项准备	23.89	43.72	(5) 贸易融资		
十四、所有者权益	53.70	27.01	(6) 境外筹资转贷款		
十五、其他	327.85	505.30	3. 融资租赁		
			4. 票据融资	1.12	2.71
			5. 各项垫款	1.51	7.31
			(二) 境外贷款	0.66	0.41
			二、有价证券		
			三、股权及其他投资		
			四、应收及预付款	7.87	10.66
			五、买入返售资产	36.52	745.45
			六、存放中央准备金存款	33.97	62.63
			七、存放中央银行特种存款		
			八、缴存中央银行财政性存款	0.31	0.62
			九、同业往来	153.50	30.80
			其中:拆放同业		
			十、境外联行往来(运用方)		
			十一、代理金融机构贷款		
			十二、库存现金	1.77	2.23
			十三、外汇买卖(运用方)	7.89	7.94
			十四、投资性房地产		
资金来源总计	**1636.18**	**2309.12**	**资金运用总计**	**1636.18**	**2309.12**

注:1. 2011 年起,“境内贷款”项下增设“境外筹资转贷款”。

2. 2011 年,将“中央/地方政府委托基金存款”与“中央/地方政府委托贷款”、“代理政府委托投资基金”与“代理政府投资”分别轧差后的政府委托存款净值计入单家行信贷收支表中的“代理财政性存款”;将“汇出汇款”、“汇入汇款”纳入“各项存款”项下的“临时性存款”。

兴业银行浙江省人民币信贷收支统计

单位：亿元

项　目	2011 年	2012 年	项　目	2011 年	2012 年
一、各项存款	895.15	983.85	一、各项贷款	835.33	893.59
1. 单位存款	594.11	691.50	（一）境内贷款	835.32	893.58
2. 个人存款	169.16	159.39	1. 短期贷款	528.20	614.71
其中：储蓄存款	168.65	158.89	(1) 个人贷款及透支	72.85	72.16
3. 临时性存款	0.68	1.76	其中：个人消费贷款	6.05	6.07
4. 其他存款	131.20	131.20	(2) 单位普通贷款及透支	451.14	534.16
二、代理财政性存款		0.71	其中：经营贷款	439.15	516.03
三、金融债券			固定资产贷款	11.98	17.13
四、中长期借款			(3) 普通并购贷款		
五、应付及暂收款	17.77	18.91	(4) 银团贷款		
六、卖出回购资产	111.59	14.26	(5) 贸易融资	4.21	8.39
七、向中央银行借款			(6) 境外筹资转贷款		
八、同业往来（来源方）	310.30	521.14	2. 中长期贷款	300.14	270.41
其中：同业拆借		2.30	(1) 个人贷款	111.93	105.69
九、境外联行往来（来源方）			其中：个人消费贷款	101.57	97.40
十、外汇买卖（来源方）			(2) 单位普通贷款	185.22	156.26
十一、委托存款及委托投资基金（净）	0.03	0.01	其中：经营贷款	25.37	17.79
1. 委托存款及委托投资基金	25.95	100.10	固定资产贷款	159.85	138.47
2. 减：委托贷款及委托投资	25.92	100.10	(3) 普通并购贷款		1.10
十二、代理金融机构委托贷款基金			(4) 银团贷款	2.99	7.36

续表

项　　目	2011 年	2012 年	项　　目	2011 年	2012 年
十三、各项准备	14.28	16.38	(5) 贸易融资		
十四、所有者权益	21.76	20.32	(6) 境外筹资转贷款		
十五、其他	−144.08	−90.34	3. 融资租赁		
			4. 票据融资	5.85	5.05
			5. 各项垫款	1.13	3.41
			(二) 境外贷款	0.01	0.01
			二、有价证券	0.08	35.56
			三、股权及其他投资	0.04	0.04
			四、应收及预付款	8.67	5.11
			五、买入返售资产	273.03	495.06
			六、存放中央准备金存款	7.87	5.62
			七、存放中央银行特种存款		
			八、缴存中央银行财政性存款	0.01	0.80
			九、同业往来	99.00	46.01
			其中：拆放同业	96.31	8.01
			十、境外联行往来(运用方)		
			十一、代理金融机构贷款		
			十二、库存现金	2.77	3.45
			十三、外汇买卖(运用方)		
			十四、投资性房地产		
资金来源总计	**1226.08**	**1485.24**	**资金运用总计**	**1226.08**	**1485.24**

注：1. 2011 年起，“境内贷款”项下增设“境外筹资转贷款”。

2. 2011 年，将“中央/地方政府委托基金存款”与“中央/地方政府委托贷款”、“代理政府委托投资基金”与“代理政府投资”分别轧差后的政府委托存款净值计入单家行信贷收支表中的“代理财政性存款”；将“汇出汇款”、“汇入汇款”纳入“各项存款”项下的“临时性存款”。

中国光大银行浙江省人民币信贷收支统计

单位:亿元

项目	2011年	2012年	项目	2011年	2012年
一、各项存款	637.97	706.36	一、各项贷款	686.52	745.66
1. 单位存款	494.91	517.27	(一) 境内贷款	686.47	745.56
2. 个人存款	121.73	158.29	1. 短期贷款	408.28	464.17
其中:储蓄存款	99.22	94.94	(1) 个人贷款及透支	36.55	38.95
3. 临时性存款	1.13	0.69	其中:个人消费贷款	23.43	7.05
4. 其他存款	20.20	30.11	(2) 单位普通贷款及透支	309.38	370.28
二、代理财政性存款			其中:经营贷款	307.02	368.17
三、金融债券			固定资产贷款		0.96
四、中长期借款			(3) 普通并购贷款		
五、应付及暂收款	10.92	13.04	(4) 银团贷款	1.50	1.00
六、卖出回购资产			(5) 贸易融资	60.85	53.94
七、向中央银行借款			(6) 境外筹资转贷款		
八、同业往来(来源方)	116.83	217.94	2. 中长期贷款	272.64	264.39
其中:同业拆借			(1) 个人贷款	133.82	147.54
九、境外联行往来(来源方)			其中:个人消费贷款	93.01	93.46
十、外汇买卖(来源方)			(2) 单位普通贷款	125.16	103.21
十一、委托存款及委托投资基金(净)	11.22	17.05	其中:经营贷款	81.73	75.95
1. 委托存款及委托投资基金	27.46	37.57	固定资产贷款	43.43	27.26
2. 减:委托贷款及委托投资	16.24	20.52	(3) 普通并购贷款		
十二、代理金融机构委托贷款基金			(4) 银团贷款	10.40	9.90

续表

项　　目	2011 年	2012 年	项　　目	2011 年	2012 年
十三、各项准备	17.81	19.90	(5)贸易融资	3.26	3.74
十四、所有者权益	17.74	19.01	(6) 境外筹资转贷款		
十五、其他	14.28	85.53	3. 融资租赁		
			4. 票据融资	4.61	9.65
			5. 各项垫款	0.94	7.35
			(二) 境外贷款	0.05	0.10
			二、有价证券	0.40	0.16
			三、股权及其他投资		175.91
			四、应收及预付款	2.59	4.86
			五、买入返售资产	55.90	94.89
			六、存放中央准备金存款	15.90	31.74
			七、存放中央银行特种存款		
			八、缴存中央银行财政性存款	0.12	0.21
			九、同业往来	63.58	22.92
			其中:拆放同业	55.20	18.84
			十、境外联行往来(运用方)		
			十一、代理金融机构贷款		
			十二、库存现金	1.76	2.48
			十三、外汇买卖(运用方)		
			十四、投资性房地产		
资金来源总计	**826.77**	**1078.83**	**资金运用总计**	**826.77**	**1078.83**

注:1. 2011 年起,“境内贷款”项下增设“境外筹资转贷款”。

2. 2011 年,将“中央/地方政府委托基金存款”与“中央/地方政府委托贷款”、“代理政府委托投资基金”与“代理政府投资”分别轧差后的政府委托存款净值计入单家行信贷收支表中的“代理财政性存款”;将“汇出汇款”、“汇入汇款”纳入“各项存款”项下的“临时性存款”。

恒丰银行浙江省人民币信贷收支统计

单位:亿元

项目	2011年	2012年	项目	2011年	2012年
一、各项存款	315.95	516.08	一、各项贷款	242.26	289.32
1. 单位存款	254.98	402.55	(一) 境内贷款	242.26	289.32
2. 个人存款	50.88	70.20	1. 短期贷款	180.92	230.17
其中:储蓄存款	50.88	70.20	(1) 个人贷款及透支	2.19	6.16
3. 临时性存款	2.79	0.52	其中:个人消费贷款	0.14	0.17
4. 其他存款	7.30	42.81	(2) 单位普通贷款及透支	178.73	223.69
二、代理财政性存款	0.02		其中:经营贷款	178.72	223.43
三、金融债券			固定资产贷款	0.01	0.26
四、中长期借款			(3) 普通并购贷款		
五、应付及暂收款	6.33	7.32	(4) 银团贷款		
六、卖出回购资产	16.90	30.76	(5) 贸易融资		0.32
七、向中央银行借款			(6) 境外筹资转贷款		
八、同业往来(来源方)	55.79	278.07	2. 中长期贷款	47.76	42.50
其中:同业拆借			(1) 个人贷款	0.46	0.60
九、境外联行往来(来源方)			其中:个人消费贷款	0.34	0.32
十、外汇买卖(来源方)			(2) 单位普通贷款	45.35	40.83
十一、委托存款及委托投资基金(净)			其中:经营贷款	2.81	3.39
1. 委托存款及委托投资基金	13.33	22.07	固定资产贷款	42.54	37.44
2. 减:委托贷款及委托投资	13.33	22.07	(3) 普通并购贷款		
十二、代理金融机构委托贷款基金			(4) 银团贷款	1.95	1.07

续表

项目	2011年	2012年	项目	2011年	2012年
十三、各项准备	2.42	2.94	(5) 贸易融资		
十四、所有者权益	8.56	13.00	(6) 境外筹资转贷款		
十五、其他	−23.48	−177.70	3. 融资租赁		
			4. 票据融资	13.58	15.32
			5. 各项垫款		1.33
			(二) 境外贷款		
			二、有价证券		145.14
			三、股权及其他投资		
			四、应收及预付款	1.21	2.67
			五、买入返售资产	16.90	121.49
			六、存放中央准备金存款	11.56	6.83
			七、存放中央银行特种存款		
			八、缴存中央银行财政性存款	0.02	
			九、同业往来	110.28	104.75
			其中:拆放同业		25.66
			十、境外联行往来(运用方)		
			十一、代理金融机构贷款		
			十二、库存现金	0.26	0.27
			十三、外汇买卖(运用方)		
			十四、投资性房地产		
资金来源总计	**382.49**	**670.47**	**资金运用总计**	**382.49**	**670.47**

注:1. 2011年起,“境内贷款”项下增设“境外筹资转贷款”。

2. 2011年,将“中央/地方政府委托基金存款”与“中央/地方政府委托贷款”、“代理政府委托投资基金”与“代理政府投资”分别轧差后的政府委托存款净值计入单家行信贷收支表中的“代理财政性存款”;将“汇出汇款”、“汇入汇款”纳入“各项存款”项下的“临时性存款”。

渤海银行浙江省人民币信贷收支统计

单位:亿元

项目	2011年	2012年	项目	2011年	2012年
一、各项存款	141.52	174.90	一、各项贷款	128.02	159.66
1. 单位存款	120.02	142.26	(一)境内贷款	128.02	159.66
2. 个人存款	20.47	31.51	1. 短期贷款	92.48	122.08
其中:储蓄存款	20.31	29.56	(1)个人贷款及透支	4.28	10.00
3. 临时性存款	0.03	0.13	其中:个人消费贷款	2.48	1.10
4. 其他存款	1.00	1.00	(2)单位普通贷款及透支	88.20	107.16
二、代理财政性存款			其中:经营贷款	88.20	107.16
三、金融债券			固定资产贷款		
四、中长期借款			(3)普通并购贷款		
五、应付及暂收款	7.67	3.59	(4)银团贷款		
六、卖出回购资产	37.71	28.61	(5)贸易融资		4.92
七、向中央银行借款			(6)境外筹资转贷款		
八、同业往来(来源方)	19.64	53.17	2. 中长期贷款	35.28	35.64
其中:同业拆借		4.92	(1)个人贷款	19.34	20.31
九、境外联行往来(来源方)			其中:个人消费贷款	10.79	10.14
十、外汇买卖(来源方)			(2)单位普通贷款	15.94	15.33
十一、委托存款及委托投资基金(净)			其中:经营贷款	6.96	5.30
1. 委托存款及委托投资基金	29.92	28.46	固定资产贷款	8.98	10.03
2. 减:委托贷款及委托投资	29.92	28.46	(3)普通并购贷款		
十二、代理金融机构委托贷款基金			(4)银团贷款		

续表

项　目	2011 年	2012 年	项　目	2011 年	2012 年
十三、各项准备			(5) 贸易融资		
十四、所有者权益	2.41	3.08	(6) 境外筹资转贷款		
十五、其他	−3.18	−4.68	3. 融资租赁		
			4. 票据融资	0.01	0.90
			5. 各项垫款	0.25	1.04
			(二) 境外贷款		
			二、有价证券		10.18
			三、股权及其他投资		
			四、应收及预付款	6.68	1.57
			五、买入返售资产	46.87	73.85
			六、存放中央准备金存款	1.45	1.41
			七、存放中央银行特种存款		
			八、缴存中央银行财政性存款		
			九、同业往来	22.56	11.90
			其中:拆放同业	4.68	5.38
			十、境外联行往来(运用方)		
			十一、代理金融机构贷款		
			十二、库存现金	0.19	0.10
			十三、外汇买卖(运用方)		
			十四、投资性房地产		
资金来源总计	**205.77**	**258.67**	**资金运用总计**	**205.77**	**258.67**

注:1. 2011 年起,“境内贷款”项下增设“境外筹资转贷款”。

2. 2011 年,将“中央/地方政府委托基金存款”与“中央/地方政府委托贷款”、“代理政府委托投资基金”与“代理政府投资”分别轧差后的政府委托存款净值计入单家行信贷收支表中的“代理财政性存款”;将“汇出汇款”、“汇入汇款”纳入“各项存款”项下的“临时性存款”。

中国邮政储蓄银行浙江省人民币信贷收支统计

单位：亿元

项　　目	2011 年	2012 年	项　　目	2011 年	2012 年
一、各项存款	1727.02	2005.73	一、各项贷款	626.67	781.65
1. 单位存款	176.56	225.80	(一) 境内贷款	626.67	781.65
2. 个人存款	1550.43	1778.93	1. 短期贷款	383.68	457.79
其中：储蓄存款	1550.43	1778.93	(1) 个人贷款及透支	323.76	355.92
3. 临时性存款			其中：个人消费贷款	0.43	3.19
4. 其他存款	0.03	1.00	(2) 单位普通贷款及透支	59.92	101.87
二、代理财政性存款			其中：经营贷款	59.74	101.76
三、金融债券			固定资产贷款		0.11
四、中长期借款			(3) 普通并购贷款		
五、应付及暂收款	30.18	40.91	(4) 银团贷款		
六、卖出回购资产	1.80	9.92	(5) 贸易融资		
七、向中央银行借款			(6) 境外筹资转贷款		
八、同业往来(来源方)	2.06	5.18	2. 中长期贷款	219.75	289.84
其中：同业拆借			(1) 个人贷款	219.68	261.26
九、境外联行往来(来源方)			其中：个人消费贷款	217.73	258.09
十、外汇买卖(来源方)			(2) 单位普通贷款	0.07	23.28
十一、委托存款及委托投资基金(净)			其中：经营贷款		4.90
1. 委托存款及委托投资基金	9.85	28.34	固定资产贷款	0.07	18.38
2. 减：委托贷款及委托投资	9.85	28.34	(3) 普通并购贷款		
十二、代理金融机构委托贷款基金			(4) 银团贷款		5.30

续表

项　　目	2011 年	2012 年	项　　目	2011 年	2012 年
十三、各项准备	9.90	12.28	(5) 贸易融资		
十四、所有者权益	0.82	12.52	(6) 境外筹资转贷款		
十五、其他	—1071.53	—1097.25	3. 融资租赁		
			4. 票据融资	23.24	34.02
			5. 各项垫款		
			(二) 境外贷款		
			二、有价证券		
			三、股权及其他投资		
			四、应收及预付款	12.85	18.40
			五、买入返售资产	27.05	148.50
			六、存放中央准备金存款	5.78	10.37
			七、存放中央银行特种存款		
			八、缴存中央银行财政性存款	0.01	0.02
			九、同业往来	8.05	8.44
			其中:拆放同业		
			十、境外联行往来(运用方)		
			十一、代理金融机构贷款		
			十二、库存现金	19.84	21.91
			十三、外汇买卖(运用方)		
			十四、投资性房地产		
资金来源总计	**700.25**	**989.29**	**资金运用总计**	**700.25**	**989.29**

注:1. 2011 年起,“境内贷款”项下增设“境外筹资转贷款”。

2. 2011 年,将“中央/地方政府委托基金存款”与“中央/地方政府委托贷款”、“代理政府委托投资基金”与“代理政府投资”分别轧差后的政府委托存款净值计入单家行信贷收支表中的“代理财政性存款”;将“汇出汇款”、“汇入汇款”纳入“各项存款”项下的“临时性存款”。

外资银行浙江省人民币信贷收支统计

单位:亿元

项目	2011年	2012年	项目	2011年	2012年
一、各项存款	152.84	166.57	一、各项贷款	144.16	189.04
1. 单位存款	120.27	125.35	(一) 境内贷款	143.76	188.53
2. 个人存款	32.57	41.22	1. 短期贷款	57.73	79.86
其中:储蓄存款	32.57	41.22	(1) 个人贷款及透支	0.62	0.87
3. 临时性存款			其中:个人消费贷款	0.62	0.87
4. 其他存款			(2) 单位普通贷款及透支	57.11	78.59
二、代理财政性存款			其中:经营贷款	57.11	78.59
三、金融债券			固定资产贷款		
四、中长期借款			(3) 普通并购贷款		
五、应付及暂收款	11.25	10.79	(4) 银团贷款		
六、卖出回购资产			(5) 贸易融资		0.40
七、向中央银行借款			(6) 境外筹资转贷款		
八、同业往来(来源方)	2.36	1.87	2. 中长期贷款	56.09	73.90
其中:同业拆借			(1) 个人贷款	16.76	33.63
九、境外联行往来(来源方)			其中:个人消费贷款	16.76	33.63
十、外汇买卖(来源方)			(2) 单位普通贷款	39.33	40.27
十一、委托存款及委托投资基金(净)			其中:经营贷款		
1. 委托存款及委托投资基金			固定资产贷款	39.33	40.27
2. 减:委托贷款及委托投资			(3) 普通并购贷款		
十二、代理金融机构委托贷款基金			(4) 银团贷款		

续表

项目	2011 年	2012 年	项目	2011 年	2012 年
十三、各项准备	0.63	2.69	(5) 贸易融资		
十四、所有者权益	14.20	16.84	(6) 境外筹资转贷款		
十五、其他	58.86	41.59	3. 融资租赁		
			4. 票据融资	29.94	34.77
			5. 各项垫款		
			(二) 境外贷款	0.40	0.51
			二、有价证券		
			三、股权及其他投资		
			四、应收及预付款	2.39	3.27
			五、买入返售资产		
			六、存放中央准备金存款	12.79	8.43
			七、存放中央银行特种存款		
			八、缴存中央银行财政性存款		
			九、同业往来	80.57	39.37
			其中:拆放同业	7.00	5.93
			十、境外联行往来(运用方)		
			十一、代理金融机构贷款		
			十二、库存现金	0.23	0.24
			十三、外汇买卖(运用方)		
			十四、投资性房地产		
资金来源总计	**240.14**	**240.35**	**资金运用总计**	**240.14**	**240.35**

注:1. 2011 年起,“境内贷款”项下增设“境外筹资转贷款”。

2. 2011 年,将“中央/地方政府委托基金存款”与“中央/地方政府委托贷款”、“代理政府委托投资基金”与“代理政府投资”分别轧差后的政府委托存款净值计入单家行信贷收支表中的“代理财政性存款”;将“汇出汇款”、“汇入汇款”纳入“各项存款”项下的“临时性存款”。

城市商业银行浙江省人民币信贷收支统计

单位：亿元

项目	2011 年	2012 年	项目	2011 年	2012 年
一、各项存款	6108.62	6954.06	一、各项贷款	4827.51	5554.07
1. 单位存款	3895.11	4296.81	(一) 境内贷款	4827.45	5553.97
2. 个人存款	1981.46	2388.20	1. 短期贷款	3816.57	4316.85
其中：储蓄存款	1971.98	2363.93	(1) 个人贷款及透支	1323.60	1488.75
3. 临时性存款	9.59	14.30	其中：个人消费贷款	457.42	532.30
4. 其他存款	222.46	254.75	(2) 单位普通贷款及透支	2490.52	2738.74
二、代理财政性存款	12.44	7.35	其中：经营贷款	2471.51	2714.34
三、金融债券	137.69	307.66	固定资产贷款	18.94	24.37
四、中长期借款			(3) 普通并购贷款		
五、应付及暂收款	125.44	197.04	(4) 银团贷款	1.50	0.50
六、卖出回购资产	391.68	421.89	(5) 贸易融资	0.95	88.86
七、向中央银行借款	15.76	14.60	(6) 境外筹资转贷款		
八、同业往来(来源方)	610.08	1187.78	2. 中长期贷款	864.34	985.68
其中：同业拆借	102.10	314.64	(1) 个人贷款	278.33	318.31
九、境外联行往来(来源方)			其中：个人消费贷款	235.67	258.97
十、外汇买卖(来源方)	653.59	1035.96	(2) 单位普通贷款	563.30	642.18
十一、委托存款及委托投资基金(净)	0.78	1.64	其中：经营贷款	118.07	138.16
1. 委托存款及委托投资基金	361.97	711.46	固定资产贷款	445.23	504.02
2. 减：委托贷款及委托投资	361.19	709.82	(3) 普通并购贷款		0.72
十二、代理金融机构委托贷款基金	8.55	4.68	(4) 银团贷款	22.71	23.03

续表

项　　目	2011 年	2012 年	项　　目	2011 年	2012 年
十三、各项准备	96.57	137.56	(5) 贸易融资		1.44
十四、所有者权益	625.92	767.86	(6) 境外筹资转贷款		
十五、其他	526.03	719.61	3. 融资租赁		
			4. 票据融资	139.43	232.03
			5. 各项垫款	7.11	19.41
			(二) 境外贷款	0.06	0.10
			二、有价证券	930.57	1107.80
			三、股权及其他投资	256.40	731.57
			四、应收及预付款	77.64	80.50
			五、买入返售资产	247.53	482.74
			六、存放中央准备金存款	1456.73	1808.03
			七、存放中央银行特种存款		
			八、缴存中央银行财政性存款	31.71	20.28
			九、同业往来	932.40	1137.42
			其中:拆放同业	184.70	196.81
			十、境外联行往来(运用方)		
			十一、代理金融机构贷款	8.54	4.68
			十二、库存现金	44.31	50.44
			十三、外汇买卖(运用方)	498.78	779.25
			十四、投资性房地产	1.03	0.91
资金来源总计	**9313.15**	**11757.69**	**资金运用总计**	**9313.15**	**11757.69**

注:1. 2011 年起,“境内贷款”项下增设“境外筹资转贷款”。

2. 2011 年,将“中央/地方政府委托基金存款”与“中央/地方政府委托贷款”、“代理政府委托投资基金”与“代理政府投资”分别轧差后的政府委托存款净值计入单家行信贷收支表中的“代理财政性存款”;将“汇出汇款”、“汇入汇款”纳入“各项存款”项下的“临时性存款”。

村镇银行浙江省人民币信贷收支统计

单位：亿元

项　目	2011 年	2012 年	项　目	2011 年	2012 年
一、各项存款	208.78	294.72	一、各项贷款	231.18	332.56
1. 单位存款	120.93	152.37	(一) 境内贷款	231.18	332.56
2. 个人存款	87.37	141.66	1. 短期贷款	215.44	314.19
其中：储蓄存款	87.37	141.61	(1) 个人贷款及透支	106.73	165.69
3. 临时性存款	0.48	0.69	其中：个人消费贷款	8.08	11.20
4. 其他存款			(2) 单位普通贷款及透支	108.71	148.40
二、代理财政性存款	0.17	0.20	其中：经营贷款	108.71	148.40
三、金融债券			固定资产贷款		
四、中长期借款			(3) 普通并购贷款		
五、应付及暂收款	3.05	5.08	(4) 银团贷款		0.10
六、卖出回购资产			(5) 贸易融资		
七、向中央银行借款	2.27	9.73	(6) 境外筹资转贷款		
八、同业往来(来源方)	51.51	56.49	2. 中长期贷款	6.03	8.20
其中：同业拆借	0.30	0.48	(1) 个人贷款	1.94	3.33
九、境外联行往来(来源方)			其中：个人消费贷款	1.19	1.99
十、外汇买卖(来源方)			(2) 单位普通贷款	4.03	4.83
十一、委托存款及委托投资基金(净)			其中：经营贷款	1.86	3.03
1. 委托存款及委托投资基金	14.88	17.90	固定资产贷款	2.17	1.80
2. 减：委托贷款及委托投资	14.88	17.90	(3) 普通并购贷款		
十二、代理金融机构委托贷款基金	0.50	0.15	(4) 银团贷款	0.06	0.04

续表

项　　目	2011 年	2012 年	项　　目	2011 年	2012 年
十三、各项准备	4.73	8.60	(5) 贸易融资		
十四、所有者权益	56.84	75.86	(6) 境外筹资转贷款		
十五、其他	－2.94	－4.59	3. 融资租赁		
			4. 票据融资	9.65	9.98
			5. 各项垫款	0.06	0.19
			(二) 境外贷款		
			二、有价证券	0.60	0.60
			三、股权及其他投资		
			四、应收及预付款	1.47	1.35
			五、买入返售资产	7.55	
			六、存放中央准备金存款	31.93	50.35
			七、存放中央银行特种存款		
			八、缴存中央银行财政性存款		
			九、同业往来	48.92	57.92
			其中:拆放同业		
			十、境外联行往来(运用方)		
			十一、代理金融机构贷款	0.50	0.15
			十二、库存现金	2.76	3.31
			十三、外汇买卖(运用方)		
			十四、投资性房地产		
资金来源总计	**324.91**	**446.24**	**资金运用总计**	**324.91**	**446.24**

注:1. 2011 年起,“境内贷款”项下增设“境外筹资转贷款”。

2. 2011 年,将“中央/地方政府委托基金存款”与“中央/地方政府委托贷款”、“代理政府委托投资基金”与“代理政府投资”分别轧差后的政府委托存款净值计入单家行信贷收支表中的“代理财政性存款”;将“汇出汇款”、“汇入汇款”纳入“各项存款”项下的“临时性存款”。

农村合作金融机构浙江省人民币信贷收支统计

单位：亿元

项　目	2011 年	2012 年	项　目	2011 年	2012 年
一、各项存款	8898.34	10170.58	一、各项贷款	6391.90	7283.34
1. 单位存款	3032.15	3154.92	(一) 境内贷款	6391.90	7283.34
2. 个人存款	5801.97	6975.85	1. 短期贷款	5429.41	6158.83
其中：储蓄存款	5800.09	6890.21	(1) 个人贷款及透支	2261.09	2548.64
3. 临时性存款	11.42	12.57	其中：个人消费贷款	228.43	228.92
4. 其他存款	52.80	27.24	(2) 单位普通贷款及透支	3159.93	3600.69
二、代理财政性存款	3.56	4.25	其中：经营贷款	3119.83	3555.12
三、金融债券	14.50	34.67	固定资产贷款	40.10	45.57
四、中长期借款			(3) 普通并购贷款		
五、应付及暂收款	225.54	270.88	(4) 银团贷款	6.60	8.02
六、卖出回购资产	261.30	294.55	(5) 贸易融资	1.79	1.48
七、向中央银行借款	36.43	30.16	(6) 境外筹资转贷款		
八、同业往来(来源方)	51.66	86.87	2. 中长期贷款	835.34	919.70
其中：同业拆借	0.15	4.01	(1) 个人贷款	398.29	442.90
九、境外联行往来(来源方)			其中：个人消费贷款	166.85	176.31
十、外汇买卖(来源方)	276.57	264.07	(2) 单位普通贷款	414.53	454.62
十一、委托存款及委托投资基金(净)	1.15	3.12	其中：经营贷款	210.95	240.98
1. 委托存款及委托投资基金	67.16	134.52	固定资产贷款	203.58	213.64
2. 减：委托贷款及委托投资	66.01	131.40	(3) 普通并购贷款		
十二、代理金融机构委托贷款基金	0.15	0.15	(4) 银团贷款	22.52	22.18

续表

项目	2011年	2012年	项目	2011年	2012年
十三、各项准备	275.81	341.94	(5) 贸易融资		
十四、所有者权益	885.11	1108.44	(6) 境外筹资转贷款		
十五、其他	−214.25	−253.37	3. 融资租赁		
			4. 票据融资	125.23	192.38
			5. 各项垫款	1.92	12.43
			(二) 境外贷款		
			二、有价证券	763.47	975.87
			三、股权及其他投资	20.48	25.52
			四、应收及预付款	149.24	65.13
			五、买入返售资产	347.00	463.03
			六、存放中央准备金存款	1801.85	2135.91
			七、存放中央银行特种存款		
			八、缴存中央银行财政性存款	2.95	3.60
			九、同业往来	835.40	1007.80
			其中:拆放同业	34.91	52.90
			十、境外联行往来(运用方)		
			十一、代理金融机构贷款	0.15	0.15
			十二、库存现金	120.29	124.55
			十三、外汇买卖(运用方)	281.96	270.36
			十四、投资性房地产	1.18	1.05
资金来源总计	**10715.87**	**12356.31**	**资金运用总计**	**10715.87**	**12356.31**

注:1. 本表机构范围包括农村商业银行、农村合作银行和农村信用合作社。

2. 2011年起,“境内贷款”项下增设“境外筹资转贷款”。

3. 2011年,将“中央/地方政府委托基金存款”与“中央/地方政府委托贷款”、“代理政府委托投资基金”与“代理政府投资”分别轧差后的政府委托存款净值计入单家行信贷收支表中的“代理财政性存款”;将“汇出汇款”、“汇入汇款”纳入“各项存款”项下的“临时性存款”。

农村商业银行浙江省人民币信贷收支统计

单位：亿元

项目	2011年	2012年	项目	2011年	2012年
一、各项存款	1236.93	2101.71	一、各项贷款	909.45	1521.20
1. 单位存款	542.74	794.45	(一) 境内贷款	909.45	1521.20
2. 个人存款	686.06	1299.58	1. 短期贷款	696.19	1190.61
其中：储蓄存款	685.18	1277.69	(1) 个人贷款及透支	189.94	363.97
3. 临时性存款	3.13	2.68	其中：个人消费贷款	21.45	33.71
4. 其他存款	5.00	5.00	(2) 单位普通贷款及透支	505.82	825.53
二、代理财政性存款			其中：经营贷款	499.84	816.44
三、金融债券	8.00	8.00	固定资产贷款	5.99	9.10
四、中长期借款			(3) 普通并购贷款		
五、应付及暂收款	25.07	46.01	(4) 银团贷款		0.30
六、卖出回购资产	114.93	56.47	(5) 贸易融资	0.43	0.81
七、向中央银行借款	2.00		(6) 境外筹资转贷款		
八、同业往来(来源方)	29.54	37.86	2. 中长期贷款	202.70	290.14
其中：同业拆借			(1) 个人贷款	61.19	124.04
九、境外联行往来(来源方)			其中：个人消费贷款	33.49	60.79
十、外汇买卖(来源方)	11.55	18.88	(2) 单位普通贷款	135.78	161.24
十一、委托存款及委托投资基金(净)		0.01	其中：经营贷款	38.56	57.21
1. 委托存款及委托投资基金	34.49	63.98	固定资产贷款	97.22	104.03
2. 减：委托贷款及委托投资	34.49	63.97	(3) 普通并购贷款		
十二、代理金融机构委托贷款基金			(4) 银团贷款	5.73	4.86

续表

项目	2011 年	2012 年	项目	2011 年	2012 年
十三、各项准备	34.00	62.70	(5) 贸易融资		
十四、所有者权益	138.20	258.88	(6) 境外筹资转贷款		
十五、其他	—41.26	—94.03	3. 融资租赁		
			4. 票据融资	10.08	33.86
			5. 各项垫款	0.48	6.59
			(二) 境外贷款		
			二、有价证券	157.93	220.36
			三、股权及其他投资	8.48	10.66
			四、应收及预付款	20.39	11.19
			五、买入返售资产	114.13	106.00
			六、存放中央准备金存款	234.34	447.94
			七、存放中央银行特种存款		
			八、缴存中央银行财政性存款	0.23	0.07
			九、同业往来	90.20	140.60
			其中:拆放同业	3.13	14.31
			十、境外联行往来(运用方)		
			十一、代理金融机构贷款		
			十二、库存现金	12.08	18.95
			十三、外汇买卖(运用方)	11.63	19.09
			十四、投资性房地产	0.10	0.43
资金来源总计	**1558.96**	**2496.49**	**资金运用总计**	**1558.96**	**2496.49**

注:1. 2011 年起,“境内贷款”项下增设“境外筹资转贷款”。

2. 2011 年,将“中央/地方政府委托基金存款”与“中央/地方政府委托贷款”、“代理政府委托投资基金”与“代理政府投资”分别轧差后的政府委托存款净值计入单家行信贷收支表中的“代理财政性存款”;将“汇出汇款”、“汇入汇款”纳入“各项存款”项下的“临时性存款”。

农村合作银行浙江省人民币信贷收支统计

单位：亿元

项　　目	2011年	2012年	项　　目	2011年	2012年
一、各项存款	5711.45	5956.16	一、各项贷款	4102.51	4266.61
1. 单位存款	1913.16	1790.25	(一) 境内贷款	4102.51	4266.61
2. 个人存款	3744.28	4135.52	1. 短期贷款	3554.28	3670.09
其中：储蓄存款	3743.28	4075.53	(1) 个人贷款及透支	1500.65	1564.75
3. 临时性存款	6.21	8.15	其中：个人消费贷款	123.75	125.46
4. 其他存款	47.80	22.24	(2) 单位普通贷款及透支	2050.63	2102.78
二、代理财政性存款	3.09	3.23	其中：经营贷款	2026.77	2076.48
三、金融债券	6.50	26.67	固定资产贷款	23.85	26.30
四、中长期借款			(3) 普通并购贷款		
五、应付及暂收款	135.94	144.88	(4) 银团贷款	1.64	1.90
六、卖出回购资产	76.37	98.58	(5) 贸易融资	1.36	0.66
七、向中央银行借款	10.51	7.68	(6) 境外筹资转贷款		
八、同业往来(来源方)	14.59	38.20	2. 中长期贷款	436.75	445.52
其中：同业拆借	0.15	4.01	(1) 个人贷款	213.47	217.40
九、境外联行往来(来源方)			其中：个人消费贷款	86.71	71.28
十、外汇买卖(来源方)	214.35	192.78	(2) 单位普通贷款	212.31	217.81
十一、委托存款及委托投资基金(净)	0.53	0.03	其中：经营贷款	125.80	131.57
1. 委托存款及委托投资基金	28.98	53.97	固定资产贷款	86.51	86.24
2. 减：委托贷款及委托投资	28.45	53.94	(3) 普通并购贷款		
十二、代理金融机构委托贷款基金			(4) 银团贷款	10.97	10.31

续表

项目	2011 年	2012 年	项目	2011 年	2012 年
十三、各项准备	171.24	193.84	(5) 贸易融资		
十四、所有者权益	571.61	644.73	(6) 境外筹资转贷款		
十五、其他	—303.66	—324.16	3. 融资租赁		
			4. 票据融资	110.17	146.53
			5. 各项垫款	1.31	4.47
			(二) 境外贷款		
			二、有价证券	421.17	522.91
			三、股权及其他投资	11.20	14.07
			四、应收及预付款	95.49	24.30
			五、买入返售资产	211.96	306.18
			六、存放中央准备金存款	1086.68	1140.76
			七、存放中央银行特种存款		
			八、缴存中央银行财政性存款	2.25	2.96
			九、同业往来	381.65	429.94
			其中:拆放同业	28.29	35.50
			十、境外联行往来(运用方)		
			十一、代理金融机构贷款		
			十二、库存现金	79.38	76.43
			十三、外汇买卖(运用方)	219.22	197.91
			十四、投资性房地产	1.01	0.55
资金来源总计	**6612.52**	**6982.62**	**资金运用总计**	**6612.52**	**6982.62**

注:1. 2011 年起,“境内贷款”项下增设“境外筹资转贷款”。

2. 2011 年,将“中央/地方政府委托基金存款”与“中央/地方政府委托贷款”、“代理政府委托投资基金”与“代理政府投资”分别轧差后的政府委托存款净值计入单家行信贷收支表中的“代理财政性存款”;将“汇出汇款”、“汇入汇款”纳入“各项存款”项下的“临时性存款”。

农村信用合作社浙江省人民币信贷收支统计

单位：亿元

项　目	2011 年	2012 年	项　目	2011 年	2012 年
一、各项存款	1949.96	2112.72	一、各项贷款	1379.94	1495.53
1. 单位存款	576.26	570.23	(一) 境内贷款	1379.94	1495.53
2. 个人存款	1371.63	1540.75	1. 短期贷款	1178.94	1298.13
其中:储蓄存款	1371.63	1537.00	(1) 个人贷款及透支	570.50	619.92
3. 临时性存款	2.07	1.74	其中:个人消费贷款	83.23	69.75
4. 其他存款			(2) 单位普通贷款及透支	603.48	672.38
二、代理财政性存款	0.47	1.02	其中:经营贷款	593.23	662.20
三、金融债券			固定资产贷款	10.26	10.18
四、中长期借款			(3) 普通并购贷款		
五、应付及暂收款	64.53	79.99	(4) 银团贷款	4.96	5.83
六、卖出回购资产	70.00	139.50	(5) 贸易融资		
七、向中央银行借款	23.92	22.48	(6) 境外筹资转贷款		
八、同业往来(来源方)	7.52	10.81	2. 中长期贷款	195.88	184.04
其中:同业拆借			(1) 个人贷款	123.63	101.46
九、境外联行往来(来源方)			其中:个人消费贷款	46.65	44.24
十、外汇买卖(来源方)	50.67	52.41	(2) 单位普通贷款	66.43	75.57
十一、委托存款及委托投资基金(净)	0.62	3.09	其中:经营贷款	46.57	52.21
1. 委托存款及委托投资基金	3.69	16.58	固定资产贷款	19.86	23.36
2. 减:委托贷款及委托投资	3.07	13.49	(3) 普通并购贷款		
十二、代理金融机构委托贷款基金	0.15	0.15	(4) 银团贷款	5.82	7.01

续表

项目	2011年	2012年	项目	2011年	2012年
十三、各项准备	70.57	85.41	(5) 贸易融资		
十四、所有者权益	175.30	204.82	(6) 境外筹资转贷款		
十五、其他	130.68	164.80	3. 融资租赁		
			4. 票据融资	4.98	11.99
			5. 各项垫款	0.14	1.37
			(二) 境外贷款		
			二、有价证券	184.37	232.60
			三、股权及其他投资	0.79	0.79
			四、应收及预付款	33.36	29.64
			五、买入返售资产	20.91	50.85
			六、存放中央准备金存款	480.84	547.22
			七、存放中央银行特种存款		
			八、缴存中央银行财政性存款	0.47	0.56
			九、同业往来	363.55	437.27
			其中:拆放同业	3.49	3.09
			十、境外联行往来(运用方)		
			十一、代理金融机构贷款	0.15	0.15
			十二、库存现金	28.83	29.17
			十三、外汇买卖(运用方)	51.11	53.36
			十四、投资性房地产	0.07	0.06
资金来源总计	**2544.39**	**2877.20**	**资金运用总计**	**2544.39**	**2877.20**

注:1. 2011年起,“境内贷款”项下增设“境外筹资转贷款”。

2. 2011年,将“中央/地方政府委托基金存款”与“中央/地方政府委托贷款”、“代理政府委托投资基金”与“代理政府投资”分别轧差后的政府委托存款净值计入单家行信贷收支表中的“代理财政性存款”;将“汇出汇款”、“汇入汇款”纳入“各项存款”项下的“临时性存款”。

信托投资公司浙江省人民币信贷收支统计

单位:亿元

项目	2011年	2012年	项目	2011年	2012年
一、各项存款	0.01	0.01	一、各项贷款	8.10	17.75
1. 单位存款	0.01	0.01	(一) 境内贷款	8.10	17.75
2. 个人存款			1. 短期贷款	0.55	0.95
其中:储蓄存款			(1) 个人贷款及透支		
3. 临时性存款			其中:个人消费贷款		
4. 其他存款			(2) 单位普通贷款及透支	0.55	0.95
二、代理财政性存款			其中:经营贷款	0.55	0.95
三、金融债券			固定资产贷款		
四、中长期借款			(3) 普通并购贷款		
五、应付及暂收款	4.32	6.67	(4) 银团贷款		
六、卖出回购资产			(5) 贸易融资		
七、向中央银行借款			(6) 境外筹资转贷款		
八、同业往来(来源方)	0.06	0.06	2. 中长期贷款	7.55	16.80
其中:同业拆借	0.06	0.06	(1) 个人贷款		
九、境外联行往来(来源方)			其中:个人消费贷款		
十、外汇买卖(来源方)			(2) 单位普通贷款	7.55	16.80
十一、委托存款及委托投资基金(净)			其中:经营贷款	4.05	13.30
1. 委托存款及委托投资基金	2.91	2.13	固定资产贷款	3.50	3.50
2. 减:委托贷款及委托投资	2.91	2.13	(3) 普通并购贷款		
十二、代理金融机构委托贷款基金			(4) 银团贷款		

续表

项　目	2011 年	2012 年	项　目	2011 年	2012 年
十三、各项准备	0.20	0.32	(5) 贸易融资		
十四、所有者权益	89.82	106.10	(6) 境外筹资转贷款		
十五、其他	−1.73	−2.98	3. 融资租赁		
			4. 票据融资		
			5. 各项垫款		
			(二) 境外贷款		
			二、有价证券	4.26	4.50
			三、股权及其他投资	52.42	65.21
			四、应收及预付款	4.62	4.67
			五、买入返售资产		
			六、存放中央准备金存款		
			七、存放中央银行特种存款		
			八、缴存中央银行财政性存款		
			九、同业往来	22.30	17.10
			其中:拆放同业		
			十、境外联行往来(运用方)		
			十一、代理金融机构贷款		
			十二、库存现金		
			十三、外汇买卖(运用方)	0.01	0.01
			十四、投资性房地产	0.97	0.94
资金来源总计	**92.68**	**110.18**	**资金运用总计**	**92.68**	**110.18**

注:1. 2011 年起,“境内贷款”项下增设“境外筹资转贷款”。

2. 2011 年,将“中央/地方政府委托基金存款”与“中央/地方政府委托贷款”、“代理政府委托投资基金”与“代理政府投资”分别轧差后的政府委托存款净值计入单家行信贷收支表中的“代理财政性存款”;将“汇出汇款”、“汇入汇款”纳入“各项存款”项下的“临时性存款”。

金融租赁公司浙江省人民币信贷收支统计

单位：亿元

项　目	2011 年	2012 年	项　目	2011 年	2012 年
一、各项存款	37.70	1.92	一、各项贷款	394.33	493.75
1. 单位存款	37.70	1.92	(一) 境内贷款	394.33	493.75
2. 个人存款			1. 短期贷款		
其中：储蓄存款			(1) 个人贷款及透支		
3. 临时性存款			其中：个人消费贷款		
4. 其他存款			(2) 单位普通贷款及透支		
二、代理财政性存款			其中：经营贷款		
三、金融债券	19.91	19.95	固定资产贷款		
四、中长期借款	115.51	170.77	(3) 普通并购贷款		
五、应付及暂收款	116.82	179.84	(4) 银团贷款		
六、卖出回购资产	67.42	80.67	(5) 贸易融资		
七、向中央银行借款			(6) 境外筹资转贷款		
八、同业往来(来源方)	73.64	82.90	2. 中长期贷款		
其中：同业拆借	73.64	82.90	(1) 个人贷款		
九、境外联行往来(来源方)			其中：个人消费贷款		
十、外汇买卖(来源方)			(2) 单位普通贷款		
十一、委托存款及委托投资基金(净)			其中：经营贷款		
1. 委托存款及委托投资基金			固定资产贷款		
2. 减：委托贷款及委托投资			(3) 普通并购贷款		
十二、代理金融机构委托贷款基金			(4) 银团贷款		

续表

项　　目	2011 年	2012 年	项　　目	2011 年	2012 年
十三、各项准备	7.32	8.10	(5) 贸易融资		
十四、所有者权益	46.91	54.46	(6) 境外筹资转贷款		
十五、其他	7.98	6.95	3. 融资租赁	298.14	493.75
			4. 票据融资		
			5. 各项垫款		
			(二) 境外贷款		
			二、有价证券		
			三、股权及其他投资	0.03	
			四、应收及预付款	66.58	79.39
			五、买入返售资产		
			六、存放中央准备金存款	0.90	0.41
			七、存放中央银行特种存款		
			八、缴存中央银行财政性存款		
			九、同业往来	30.77	32.01
			其中:拆放同业		8.00
			十、境外联行往来(运用方)		
			十一、代理金融机构贷款		
			十二、库存现金		
			十三、外汇买卖(运用方)		
			十四、投资性房地产	0.60	
资金来源总计	**493.21**	**605.56**	**资金运用总计**	**493.21**	**605.56**

注:1. 2011 年起,“境内贷款”项下增设“境外筹资转贷款”。

2. 2011 年,将“中央/地方政府委托基金存款”与“中央/地方政府委托贷款”、“代理政府委托投资基金”与“代理政府投资”分别轧差后的政府委托存款净值计入单家行信贷收支表中的“代理财政性存款”;将“汇出汇款”、“汇入汇款”纳入“各项存款”项下的“临时性存款”。

中资财务公司浙江省人民币信贷收支统计

单位：亿元

项　目	2011 年	2012 年	项　目	2011 年	2012 年
一、各项存款	169.61	214.36	一、各项贷款	109.85	171.14
1. 单位存款	169.61	214.36	(一) 境内贷款	109.85	171.14
2. 个人存款			1. 短期贷款	42.20	79.17
其中：储蓄存款			(1) 个人贷款及透支		
3. 临时性存款			其中：个人消费贷款		
4. 其他存款			(2) 单位普通贷款及透支	42.20	79.17
二、代理财政性存款			其中：经营贷款	42.20	79.17
三、金融债券			固定资产贷款		
四、中长期借款			(3) 普通并购贷款		
五、应付及暂收款	1.10	1.38	(4) 银团贷款		
六、卖出回购资产	1.13	4.89	(5) 贸易融资		
七、向中央银行借款			(6) 境外筹资转贷款		
八、同业往来(来源方)	11.06	10.82	2. 中长期贷款	62.90	80.66
其中：同业拆借	10.00	10.00	(1) 个人贷款		
九、境外联行往来(来源方)			其中：个人消费贷款		
十、外汇买卖(来源方)			(2) 单位普通贷款	62.90	80.66
十一、委托存款及委托投资基金(净)	200.28		其中：经营贷款	26.00	48.26
1. 委托存款及委托投资基金	200.28	131.41	固定资产贷款	36.90	32.40
2. 减：委托贷款及委托投资		131.41	(3) 普通并购贷款		
十二、代理金融机构委托贷款基金			(4) 银团贷款		

续表

项　　目	2011 年	2012 年	项　　目	2011 年	2012 年
十三、各项准备	0.68	3.30	(5) 贸易融资		
十四、所有者权益	43.59	50.90	(6) 境外筹资转贷款		
十五、其他	−0.91	−5.86	3. 融资租赁		
			4. 票据融资	4.75	11.31
			5. 各项垫款		
			(二) 境外贷款		
			二、有价证券		
			三、股权及其他投资	10.16	10.87
			四、应收及预付款	22.40	0.99
			五、买入返售资产		5.87
			六、存放中央准备金存款	26.19	27.84
			七、存放中央银行特种存款		
			八、缴存中央银行财政性存款		
			九、同业往来	57.66	63.08
			其中:拆放同业		
			十、境外联行往来(运用方)		
			十一、代理金融机构贷款		
			十二、库存现金		
			十三、外汇买卖(运用方)		
			十四、投资性房地产		
资金来源总计	**226.26**	**279.79**	**资金运用总计**	**226.26**	**279.79**

注:1. 2011 年起,“境内贷款”项下增设“境外筹资转贷款”。

2. 2011 年,将“中央/地方政府委托基金存款”与“中央/地方政府委托贷款”、“代理政府委托投资基金”与“代理政府投资”分别轧差后的政府委托存款净值计入单家行信贷收支表中的“代理财政性存款”;将“汇出汇款”、“汇入汇款”纳入“各项存款”项下的“临时性存款”。

杭州市金融机构(含外资)人民币信贷收支统计

单位:亿元

项　目	2011年	2012年	项　目	2011年	2012年
一、各项存款	18115.44	19599.85	一、各项贷款	15888.92	17215.83
1. 单位存款	11444.67	12182.93	(一) 境内贷款	15880.89	17208.27
2. 个人存款	5672.22	6202.28	1. 短期贷款	7566.08	8239.02
其中:储蓄存款	5487.14	6022.08	(1) 个人贷款及透支	1156.90	1290.89
3. 财政性存款	427.18	478.97	其中:个人消费贷款	361.55	392.36
4. 临时性存款	36.68	61.35	(2) 单位普通贷款及透支	6029.49	6450.88
5. 委托存款	42.88	64.55	其中:经营贷款	5940.68	6384.28
6. 其他存款	491.81	609.77	固定资产贷款	84.80	60.47
二、金融债券	57.80	137.57	(3) 普通并购贷款	3.22	2.05
三、中长期借款	115.08	170.72	(4) 银团贷款	12.02	24.83
四、应付及暂收款	513.71	559.50	(5) 贸易融资	364.45	470.37
五、同业往来(来源方)	336.22	406.14	(6) 境外筹资转贷款		
六、系统内资金往来(来源方)			2. 中长期贷款	7714.87	8036.86
七、外汇买卖(来源方)	5336.26	976.73	(1) 个人贷款	2402.14	2521.95
八、各项准备	360.81	459.25	其中:个人消费贷款	2136.20	2208.20
九、所有者权益	717.61	697.66	(2) 单位普通贷款	4840.65	4919.40
十、其他	−1610.13	−2482.55	其中:经营贷款	1000.99	829.21
			固定资产贷款	3839.66	4090.19
			(3) 普通并购贷款	23.73	30.85
			(4) 银团贷款	355.74	459.57

续表

项目	2011年	2012年	项目	2011年	2012年
			(5) 贸易融资	92.59	105.07
			(6) 境外筹资转贷款	0.02	0.02
			3. 融资租赁	333.59	416.64
			4. 票据融资	256.57	449.18
			5. 各项垫款	9.78	66.57
			(二) 境外贷款	8.03	7.56
			二、有价证券	485.81	515.94
			三、股权及其他投资	70.00	224.96
			四、应收及预付款	310.15	265.44
			五、同业往来(运用方)	26.10	134.08
			六、系统内资金往来(运用方)	1557.26	878.64
			七、金银占款		
			八、外汇买卖(运用方)	5330.89	988.06
			九、固定资产	194.09	213.74
			十、库存现金	77.87	87.08
			十一、投资性房地产	1.71	1.10
资金来源总计	**23942.80**	**20524.87**	**资金运用总计**	**23942.80**	**20524.87**

注:1. 本表机构包括中国人民银行、银行业存款类金融机构、信托投资公司和金融租赁公司。其中银行业存款类金融机构包括银行、信用社和财务公司。

2. 2011年起,“境内贷款”项下增设“境外筹资转贷款”。

3. 2011年起,将“中央/地方政府委托基金存款”与“中央/地方政府委托贷款”、“代理政府委托投资基金”与“代理政府投资”分别轧差后的政府委托存款净值计入全金融机构信贷收支表中的“财政性存款”;将“汇出汇款”、“汇入汇款”纳入“各项存款”项下的“临时性存款”。

4. 2011年起,将财务公司、信托投资公司、金融租赁公司委托存款轧减委托贷款后计入各项存款中的“委托存款”。

杭州市金融机构(不含外资)人民币信贷收支统计

单位:亿元

项目	2011年	2012年	项目	2011年	2012年
一、各项存款	17988.91	19466.49	一、各项贷款	15765.08	17052.08
1. 单位存款	11341.80	12080.22	(一)境内贷款	15757.42	17045.01
2. 个人存款	5648.56	6171.64	1. 短期贷款	7520.21	8174.27
其中:储蓄存款	5463.48	5991.44	(1)个人贷款及透支	1156.29	1290.02
3. 财政性存款	427.17	478.97	其中:个人消费贷款	360.94	391.49
4. 临时性存款	36.68	61.35	(2)单位普通贷款及透支	5984.23	6387.41
5. 委托存款	42.89	64.55	其中:经营贷款	5895.42	6320.80
6. 其他存款	491.81	609.76	固定资产贷款	84.80	60.47
二、金融债券	57.80	137.57	(3)普通并购贷款	3.22	2.05
三、中长期借款	115.08	170.72	(4)银团贷款	12.02	24.83
四、应付及暂收款	503.30	549.09	(5)贸易融资	364.45	469.96
五、同业往来(来源方)	336.22	406.14	(6)境外筹资转贷款		
六、系统内资金往来(来源方)			2. 中长期贷款	7661.26	7965.93
七、外汇买卖(来源方)	5336.26	976.73	(1)个人贷款	2385.56	2488.51
八、各项准备	360.19	456.58	其中:个人消费贷款	2119.62	2174.76
九、所有者权益	706.26	684.72	(2)单位普通贷款	4803.62	4881.91
十、其他	—1538.42	—2442.45	其中:经营贷款	1000.99	829.21
			固定资产贷款	3802.63	4052.70
			(3)普通并购贷款	23.73	30.85
			(4)银团贷款	355.74	459.57

续表

项　　目	2011年	2012年	项　　目	2011年	2012年
			(5) 贸易融资	92.59	105.07
			(6) 境外筹资转贷款	0.02	0.02
			3. 融资租赁	333.59	416.64
			4. 票据融资	232.58	421.60
			5. 各项垫款	9.78	66.57
			(二) 境外贷款	7.66	7.07
			二、有价证券	485.82	515.94
			三、股权及其他投资	70.00	224.96
			四、应收及预付款	308.31	262.68
			五、同业往来(运用方)	26.10	134.08
			六、系统内资金往来(运用方)	1606.19	926.32
			七、金银占款		
			八、外汇买卖(运用方)	5330.89	988.06
			九、固定资产	193.83	213.50
			十、库存现金	77.67	86.87
			十一、投资性房地产	1.71	1.10
资金来源总计	**23865.60**	**20405.59**	**资金运用总计**	**23865.60**	**20405.59**

注:1. 本表机构包括中国人民银行、中资银行业存款类金融机构、信托投资公司和金融租赁公司。其中中资银行业存款类金融机构包括中资银行、信用社和财务公司。

2. 2011年起,“境内贷款”项下增设“境外筹资转贷款”。

3. 2011年起,将“中央/地方政府委托基金存款”与“中央/地方政府委托贷款”、“代理政府委托投资基金”与“代理政府投资”分别轧差后的政府委托存款净值计入全金融机构信贷收支表中的“财政性存款”;将“汇出汇款”、“汇入汇款”纳入“各项存款”项下的“临时性存款”。

4. 2011年起,将财务公司、信托投资公司、金融租赁公司委托存款轧减委托贷款后计入各项存款中的“委托存款”。

杭州市金融机构(含外资)本外币信贷收支统计

单位:亿元

项目	2011 年	2012 年	项目	2011 年	2012 年
一、各项存款	18396.57	20148.77	一、各项贷款	16573.74	18090.80
1. 单位存款	11648.10	12644.93	(一) 境内贷款	16507.33	17968.18
其中:活期存款	3483.38	3657.71	1. 短期贷款	7947.96	8748.28
定期存款	4397.79	4944.97	(1) 个人贷款及透支	1156.98	1291.01
其中:企业存款	9654.96	10186.81	其中:个人消费贷款	361.63	392.48
机关团体存款	1163.10	1479.69	(2) 单位普通贷款及透支	6154.89	6594.02
2. 个人存款	5736.67	6273.92	其中:经营贷款	6066.08	6527.16
其中:储蓄存款	5547.48	6089.98	固定资产贷款	84.80	60.72
结构性存款	177.94	174.01	(3) 普通并购贷款	3.22	2.05
3. 财政性存款	427.18	478.97	(4) 银团贷款	12.02	24.83
4. 临时性存款	48.15	72.57	(5) 贸易融资	620.85	836.37
5. 委托存款	43.45	64.80	(6) 境外筹资转贷款		
6. 其他存款	493.02	613.58	2. 中长期贷款	7956.73	8272.12
二、金融债券	57.80	137.57	(1) 个人贷款	2402.14	2521.96
三、中长期借款	115.51	171.16	其中:个人消费贷款	2136.20	2208.20
四、应付及暂收款	546.58	597.43	(2) 单位普通贷款	5031.40	5101.51
五、同业往来(来源方)	343.17	419.31	其中:经营贷款	1080.96	908.74
六、系统内资金往来(来源方)			固定资产贷款	3950.44	4192.77
七、外汇买卖(来源方)	6620.09	2058.22	(3) 普通并购贷款	27.97	35.06
八、各项准备	371.28	478.64	(4) 银团贷款	355.74	459.57

续表

项　　目	2011 年	2012 年	项　　目	2011 年	2012 年
九、所有者权益	732.55	688.70	(5) 贸易融资	116.95	134.99
十、其他	−1553.22	−2452.96	(6) 境外筹资转贷款	22.53	19.03
			3. 融资租赁	333.59	416.63
			4. 票据融资	256.59	449.25
			5. 各项垫款	12.46	81.90
			(二) 境外贷款	66.41	122.62
			二、有价证券	485.81	515.94
			三、股权及其他投资	70.00	225.15
			四、应收及预付款	329.32	283.00
			五、同业往来(运用方)	37.35	146.13
			六、系统内资金往来(运用方)	1236.98	622.52
			七、金银占款		
			八、外汇买卖(运用方)	6619.74	2057.53
			九、固定资产	194.31	213.93
			十、库存现金	81.37	90.74
			十一、投资性房地产	1.71	1.10
资金来源总计	**25630.33**	**22246.84**	**资金运用总计**	**25630.33**	**22246.84**

注:1. 本表机构包括中国人民银行、银行业存款类金融机构、信托投资公司和金融租赁公司。其中银行业存款类金融机构包括银行、信用社和财务公司。

2. 2011 年起,“境内贷款”项下增设“境外筹资转贷款”。

3. 2011 年起,将“中央/地方政府委托基金存款”与“中央/地方政府委托贷款”、“代理政府委托投资基金”与“代理政府投资”分别轧差后的政府委托存款净值计入全金融机构信贷收支表中的“财政性存款”;将“汇出汇款”、“汇入汇款”纳入“各项存款”项下的“临时性存款”。

4. 2011 年起,将财务公司、信托投资公司、金融租赁公司委托存款轧减委托贷款后计入各项存款中的“委托存款”。

杭州市金融机构(不含外资)本外币信贷收支统计

单位:亿元

项　目	2011 年	2012 年	项　目	2011 年	2012 年
一、各项存款	18244.35	19990.57	一、各项贷款	16421.66	17896.93
1. 单位存款	11524.19	12523.10	(一) 境内贷款	16359.26	17776.99
其中:活期存款	3441.33	3618.80	1. 短期贷款	7891.82	8663.42
定期存款	4315.94	4862.06	(1) 个人贷款及透支	1156.37	1290.14
其中:企业存款	9654.96	10186.81	其中:个人消费贷款	361.01	391.61
机关团体存款	1163.10	1479.69	(2) 单位普通贷款及透支	6099.41	6511.89
2. 个人存款	5708.36	6237.55	其中:经营贷款	6010.60	6445.03
其中:储蓄存款	5519.17	6053.61	固定资产贷款	84.80	60.72
结构性存款	177.94	174.01	(3) 普通并购贷款	3.22	2.05
3. 财政性存款	427.18	478.97	(4) 银团贷款	12.02	24.83
4. 临时性存款	48.15	72.57	(5) 贸易融资	620.80	834.51
5. 委托存款	43.45	64.80	(6) 境外筹资转贷款		
6. 其他存款	493.02	613.58	2. 中长期贷款	7888.79	8193.38
二、金融债券	57.80	137.57	(1) 个人贷款	2385.56	2488.52
三、中长期借款	115.51	171.16	其中:个人消费贷款	2119.62	2174.77
四、应付及暂收款	535.88	586.18	(2) 单位普通贷款	4980.04	5056.21
五、同业往来(来源方)	342.05	418.65	其中:经营贷款	1080.96	908.74
六、系统内资金往来(来源方)			固定资产贷款	3899.08	4147.47
七、外汇买卖(来源方)	6620.09	2058.22	(3) 普通并购贷款	27.97	35.06
八、各项准备	370.58	475.85	(4) 银团贷款	355.74	459.57

续表

项　目	2011 年	2012 年	项　目	2011 年	2012 年
九、所有者权益	716.04	669.33	(5) 贸易融资	116.95	134.99
十、其他	−1460.33	−2407.98	(6) 境外筹资转贷款	22.53	19.03
			3. 融资租赁	333.59	416.63
			4. 票据融资	232.60	421.66
			5. 各项垫款	12.46	81.90
			(二) 境外贷款	62.40	119.94
			二、有价证券	485.81	515.94
			三、股权及其他投资	70.00	225.15
			四、应收及预付款	326.89	278.71
			五、同业往来(运用方)	35.77	144.43
			六、系统内资金往来(运用方)	1305.67	675.96
			七、金银占款		
			八、外汇买卖(运用方)	6619.72	2057.54
			九、固定资产	193.83	213.50
			十、库存现金	80.91	90.29
			十一、投资性房地产	1.71	1.10
资金来源总计	**25541.97**	**22099.55**	**资金运用总计**	**25541.97**	**22099.55**

注:1. 本表机构包括中国人民银行、中资银行业存款类金融机构、信托投资公司和金融租赁公司。其中中资银行业存款类金融机构包括中资银行、信用社和财务公司。

2. 2011 年起,“境内贷款”项下增设“境外筹资转贷款”。

3. 2011 年起,将“中央/地方政府委托基金存款”与“中央/地方政府委托贷款”、“代理政府委托投资基金”与“代理政府投资”分别轧差后的政府委托存款净值计入全金融机构信贷收支表中的“财政性存款”;将“汇出汇款”、“汇入汇款”纳入“各项存款”项下的“临时性存款”。

4. 2011 年起,将财务公司、信托投资公司、金融租赁公司委托存款轧减委托贷款后计入各项存款中的“委托存款”。

宁波市金融机构(含外资)人民币信贷收支统计

单位:亿元

项目	2011年	2012年	项目	2011年	2012年
一、各项存款	10435.92	11602.32	一、各项贷款	10209.99	11300.32
1. 单位存款	6039.59	6623.47	(一) 境内贷款	10208.04	11299.51
2. 个人存款	3711.61	4289.89	1. 短期贷款	5583.09	6215.96
其中:储蓄存款	3666.23	4175.96	(1) 个人贷款及透支	1138.75	1208.18
3. 财政性存款	251.80	238.92	其中:个人消费贷款	514.99	533.73
4. 临时性存款	13.80	17.07	(2) 单位普通贷款及透支	4098.97	4644.57
5. 委托存款	35.71	37.47	其中:经营贷款	4055.76	4595.14
6. 其他存款	383.41	395.50	固定资产贷款	42.89	49.27
二、金融债券	81.24	131.42	(3) 普通并购贷款		
三、中长期借款	0.43	0.06	(4) 银团贷款	5.37	11.33
四、应付及暂收款	304.02	334.92	(5) 贸易融资	340.00	351.88
五、同业往来(来源方)	16.23	33.38	(6) 境外筹资转贷款		
六、系统内资金往来(来源方)	874.33	789.86	2. 中长期贷款	4393.50	4696.47
七、外汇买卖(来源方)	1459.60	1405.40	(1) 个人贷款	1321.94	1407.63
八、各项准备	174.36	225.36	其中:个人消费贷款	1188.66	1258.95
九、所有者权益	563.21	659.88	(2) 单位普通贷款	2730.82	2811.95
十、其他	−1401.99	−1052.69	其中:经营贷款	361.17	338.77
			固定资产贷款	2369.65	2473.18
			(3) 普通并购贷款	13.07	12.91
			(4) 银团贷款	289.64	408.23

续表

项目	2011 年	2012 年	项目	2011 年	2012 年
			(5) 贸易融资	38.03	55.75
			(6) 境外筹资转贷款		
			3. 融资租赁	41.95	53.01
			4. 票据融资	179.86	308.83
			5. 各项垫款	9.64	25.24
			(二) 境外贷款	1.95	0.81
			二、有价证券	339.44	494.04
			三、股权及其他投资	228.79	734.77
			四、应收及预付款	230.30	110.55
			五、同业往来(运用方)	13.75	120.63
			六、系统内资金往来(运用方)		
			七、金银占款		
			八、外汇买卖(运用方)	1293.88	1145.26
			九、固定资产	133.49	154.25
			十、库存现金	57.48	69.50
			十一、投资性房地产	0.23	0.59
资金来源总计	**12507.35**	**14129.91**	**资金运用总计**	**12507.35**	**14129.91**

注:1. 本表机构包括中国人民银行、银行业存款类金融机构、信托投资公司和金融租赁公司。其中银行业存款类金融机构包括银行、信用社和财务公司。

2. 2011 年起,“境内贷款”项下增设“境外筹资转贷款”。

3. 2011 年起,将“中央/地方政府委托基金存款”与“中央/地方政府委托贷款”、“代理政府委托投资基金”与“代理政府投资”分别轧差后的政府委托存款净值计入全金融机构信贷收支表中的“财政性存款”;将“汇出汇款”、“汇入汇款”纳入“各项存款”项下的“临时性存款”。

4. 2011 年起,将财务公司、信托投资公司、金融租赁公司委托存款轧减委托贷款后计入各项存款中的“委托存款”。

宁波市金融机构(不含外资)人民币信贷收支统计

单位:亿元

项目	2011年	2012年	项目	2011年	2012年
一、各项存款	10409.60	11569.11	一、各项贷款	10189.66	11275.03
1. 单位存款	6022.18	6600.83	(一) 境内贷款	10187.74	11274.23
2. 个人存款	3702.70	4279.31	1. 短期贷款	5571.22	6200.84
其中:储蓄存款	3657.32	4165.39	(1) 个人贷款及透支	1138.74	1208.18
3. 财政性存款	251.80	238.92	其中:个人消费贷款	514.98	533.73
4. 临时性存款	13.80	17.07	(2) 单位普通贷款及透支	4087.11	4629.46
5. 委托存款	35.71	37.47	其中:经营贷款	4043.90	4580.02
6. 其他存款	383.41	395.51	固定资产贷款	42.89	49.27
二、金融债券	81.24	131.42	(3) 普通并购贷款		
三、中长期借款	0.43	0.06	(4) 银团贷款	5.37	11.33
四、应付及暂收款	303.17	334.54	(5) 贸易融资	340.00	351.87
五、同业往来(来源方)	16.23	33.38	(6) 境外筹资转贷款		
六、系统内资金往来(来源方)	879.57	796.41	2. 中长期贷款	4391.01	4693.50
七、外汇买卖(来源方)	1459.60	1405.40	(1) 个人贷款	1321.76	1407.44
八、各项准备	174.35	225.34	其中:个人消费贷款	1188.47	1258.76
九、所有者权益	560.37	655.97	(2) 单位普通贷款	2728.52	2809.17
十、其他	—1398.12	—1047.57	其中:经营贷款	361.17	338.77
			固定资产贷款	2367.35	2470.40
			(3) 普通并购贷款	13.07	12.91
			(4) 银团贷款	289.64	408.23

续表

项　　目	2011 年	2012 年	项　　目	2011 年	2012 年
			(5) 贸易融资	38.02	55.75
			(6) 境外筹资转贷款		
			3. 融资租赁	41.95	53.01
			4. 票据融资	173.92	301.64
			5. 各项垫款	9.64	25.24
			(二) 境外贷款	1.92	0.80
			二、有价证券	339.44	494.04
			三、股权及其他投资	228.79	734.77
			四、应收及预付款	229.74	110.04
			五、同业往来(运用方)	13.77	120.64
			六、系统内资金往来(运用方)		
			七、金银占款		
			八、外汇买卖(运用方)	1293.88	1145.26
			九、固定资产	133.48	154.22
			十、库存现金	57.45	69.47
			十一、投资性房地产	0.23	0.59
资金来源总计	**12486.44**	**14104.06**	**资金运用总计**	**12486.44**	**14104.06**

注:1. 本表机构包括中国人民银行、中资银行业存款类金融机构、信托投资公司和金融租赁公司。其中中资银行业存款类金融机构包括中资银行、信用社和财务公司。

2. 2011 年起,“境内贷款”项下增设“境外筹资转贷款”。

3. 2011 年起,将“中央/地方政府委托基金存款”与“中央/地方政府委托贷款”、“代理政府委托投资基金”与“代理政府投资”分别轧差后的政府委托存款净值计入全金融机构信贷收支表中的“财政性存款”;将“汇出汇款”、“汇入汇款”纳入“各项存款”项下的“临时性存款”。

4. 2011 年起,将财务公司、信托投资公司、金融租赁公司委托存款轧减委托贷款后计入各项存款中的“委托存款”。

宁波市金融机构(含外资)本外币信贷收支统计

单位:亿元

项目	2011年	2012年	项目	2011年	2012年
一、各项存款	10659.26	11980.50	一、各项贷款	10676.84	11961.02
1. 单位存款	6220.07	6961.10	(一) 境内贷款	10665.77	11943.30
其中:活期存款	2093.78	2275.46	1. 短期贷款	5945.06	6760.27
定期存款	1567.89	1919.59	(1) 个人贷款及透支	1138.85	1208.35
其中:企业存款	4764.91	5314.47	其中:个人消费贷款	515.10	533.90
机关团体存款	885.53	980.98	(2) 单位普通贷款及透支	4208.29	4777.28
2. 个人存款	3743.65	4324.46	其中:经营贷款	4165.07	4727.84
其中:储蓄存款	3696.28	4208.81	固定资产贷款	42.89	49.27
结构性存款	40.37	107.76	(3) 普通并购贷款		
3. 财政性存款	251.80	238.92	(4) 银团贷款	5.37	11.33
4. 临时性存款	20.77	20.44	(5) 贸易融资	592.55	763.31
5. 委托存款	35.90	37.52	(6) 境外筹资转贷款		
6. 其他存款	387.07	398.06	2. 中长期贷款	4485.41	4790.07
二、金融债券	81.24	131.42	(1) 个人贷款	1321.94	1407.64
三、中长期借款	0.49	0.52	其中:个人消费贷款	1188.66	1258.95
四、应付及暂收款	321.84	352.47	(2) 单位普通贷款	2792.94	2864.97
五、同业往来(来源方)	24.41	46.29	其中:经营贷款	385.35	358.03
六、系统内资金往来(来源方)	1133.09	980.70	固定资产贷款	2407.59	2506.94
七、外汇买卖(来源方)	2443.91	2499.61	(3) 普通并购贷款	21.55	20.95
八、各项准备	182.40	237.83	(4) 银团贷款	298.15	423.14

续表

项　目	2011 年	2012 年	项　目	2011 年	2012 年
九、所有者权益	577.69	661.59	(5) 贸易融资	50.70	72.84
十、其他	-1263.22	-702.31	(6) 境外筹资转贷款	0.13	0.53
			3. 融资租赁	41.95	53.01
			4. 票据融资	179.86	308.83
			5. 各项垫款	13.49	31.12
			(二) 境外贷款	11.07	17.72
			二、有价证券	339.44	494.04
			三、股权及其他投资	228.79	734.77
			四、应收及预付款	249.34	125.71
			五、同业往来(运用方)	28.43	145.00
			六、系统内资金往来(运用方)		
			七、金银占款		
			八、外汇买卖(运用方)	2444.71	2501.30
			九、固定资产	133.67	154.35
			十、库存现金	59.66	71.84
			十一、投资性房地产	0.23	0.59
资金来源总计	**14161.11**	**16188.62**	**资金运用总计**	**14161.11**	**16188.62**

注:1. 本表机构包括中国人民银行、银行业存款类金融机构、信托投资公司和金融租赁公司。其中银行业存款类金融机构包括银行、信用社和财务公司。

2. 2011 年起,“境内贷款”项下增设“境外筹资转贷款”。

3. 2011 年起,将“中央/地方政府委托基金存款”与“中央/地方政府委托贷款”、“代理政府委托投资基金”与“代理政府投资”分别轧差后的政府委托存款净值计入全金融机构信贷收支表中的“财政性存款”;将“汇出汇款”、“汇入汇款”纳入“各项存款”项下的“临时性存款”。

4. 2011 年起,将财务公司、信托投资公司、金融租赁公司委托存款轧减委托贷款后计入各项存款中的“委托存款”。

宁波市金融机构(不含外资)本外币信贷收支统计

单位:亿元

项目	2011年	2012年	项目	2011年	2012年
一、各项存款	10624.17	11941.57	一、各项贷款	10648.65	11922.66
1. 单位存款	6195.83	6935.65	(一)境内贷款	10638.49	11908.78
其中:活期存款	2082.11	2267.77	1. 短期贷款	5929.54	6741.02
定期存款	1555.32	1901.82	(1)个人贷款及透支	1138.84	1208.34
其中:企业存款	4764.91	5314.47	其中:个人消费贷款	515.08	533.89
机关团体存款	885.53	980.98	(2)单位普通贷款及透支	4192.80	4758.39
2. 个人存款	3732.79	4310.99	其中:经营贷款	4149.58	4708.96
其中:储蓄存款	3685.42	4195.33	固定资产贷款	42.89	49.27
结构性存款	40.37	107.76	(3)普通并购贷款		
3. 财政性存款	251.80	238.92	(4)银团贷款	5.37	11.33
4. 临时性存款	20.77	20.44	(5)贸易融资	592.54	762.96
5. 委托存款	35.90	37.52	(6)境外筹资转贷款		
6. 其他存款	387.08	398.05	2. 中长期贷款	4479.59	4781.98
二、金融债券	81.24	131.42	(1)个人贷款	1321.76	1407.44
三、中长期借款	0.49	0.52	其中:个人消费贷款	1188.47	1258.76
四、应付及暂收款	320.80	351.96	(2)单位普通贷款	2787.30	2857.08
五、同业往来(来源方)	23.96	46.00	其中:经营贷款	385.35	358.04
六、系统内资金往来(来源方)	1132.11	980.39	固定资产贷款	2401.95	2499.04
七、外汇买卖(来源方)	2443.91	2499.61	(3)普通并购贷款	21.55	20.95
八、各项准备	182.21	237.80	(4)银团贷款	298.15	423.14

续表

项目	2011年	2012年	项目	2011年	2012年
九、所有者权益	563.85	653.41	(5) 贸易融资	50.70	72.84
十、其他	−1241.90	−693.34	(6) 境外筹资转贷款	0.13	0.53
			3. 融资租赁	41.95	53.02
			4. 票据融资	173.92	301.64
			5. 各项垫款	13.49	31.12
			(二) 境外贷款	10.17	13.88
			二、有价证券	339.44	494.04
			三、股权及其他投资	228.79	734.77
			四、应收及预付款	248.03	125.16
			五、同业往来(运用方)	27.98	144.86
			六、系统内资金往来(运用方)		
			七、金银占款		
			八、外汇买卖(运用方)	2444.71	2501.30
			九、固定资产	133.48	154.22
			十、库存现金	59.53	71.74
			十一、投资性房地产	0.23	0.59
资金来源总计	**14130.84**	**16149.34**	**资金运用总计**	**14130.84**	**16149.34**

注:1. 本表机构包括中国人民银行、中资银行业存款类金融机构、信托投资公司和金融租赁公司。其中中资银行业存款类金融机构包括中资银行、信用社和财务公司。

2. 2011年起,“境内贷款”项下增设“境外筹资转贷款”。

3. 2011年起,将“中央/地方政府委托基金存款”与“中央/地方政府委托贷款”、“代理政府委托投资基金”与“代理政府投资”分别轧差后的政府委托存款净值计入全金融机构信贷收支表中的“财政性存款”;将“汇出汇款”、“汇入汇款”纳入“各项存款”项下的“临时性存款”。

4. 2011年起,将财务公司、信托投资公司、金融租赁公司委托存款轧减委托贷款后计入各项存款中的“委托存款”。

温州市金融机构人民币信贷收支统计

单位:亿元

项目	2011年	2012年	项目	2011年	2012年
一、各项存款	7271.27	7425.62	一、各项贷款	6195.11	6839.37
1. 单位存款	3445.22	3289.74	(一) 境内贷款	6191.90	6836.79
其中:活期存款			1. 短期贷款	5039.30	5544.89
定期存款			(1) 个人贷款及透支	2232.99	2324.15
其中:企业存款			其中:个人消费贷款	670.00	728.80
机关团体存款			(2) 单位普通贷款及透支	2715.56	3139.93
2. 个人存款	3463.34	3723.47	其中:经营贷款	2705.82	3130.40
其中:储蓄存款	3342.26	3616.96	固定资产贷款	9.74	9.53
结构性存款			(3) 普通并购贷款		
3. 财政性存款	147.85	145.92	(4) 银团贷款		
4. 临时性存款	5.88	9.40	(5) 贸易融资	90.75	80.81
5. 委托存款	6.07	7.40	(6) 境外筹资转贷款		
6. 其他存款	202.91	249.69	2. 中长期贷款	1083.78	1156.82
二、金融债券	5.58	11.94	(1) 个人贷款	616.75	670.18
三、中长期借款			其中:个人消费贷款	585.55	614.85
四、应付及暂收款	175.54	163.48	(2) 单位普通贷款	456.66	474.42
五、同业往来(来源方)	13.09	13.40	其中:经营贷款	73.55	87.72
六、系统内资金往来(来源方)			固定资产贷款	383.11	386.70
七、外汇买卖(来源方)	586.50	522.14	(3) 普通并购贷款		
八、各项准备	85.17	166.27	(4) 银团贷款	10.37	12.22

续表

项　目	2011 年	2012 年	项　目	2011 年	2012 年
九、所有者权益	303.31	280.09	(5) 贸易融资		
十、其他	−483.31	−796.94	(6) 境外筹资转贷款		
			3. 融资租赁		
			4. 票据融资	48.23	69.13
			5. 各项垫款	20.59	65.95
			(二) 境外贷款	3.21	2.58
			二、有价证券	81.59	98.38
			三、股权及其他投资	19.95	14.04
			四、应收及预付款	143.70	54.82
			五、同业往来(运用方)	28.73	24.96
			六、系统内资金往来(运用方)	760.52	82.32
			七、金银占款		
			八、外汇买卖(运用方)	587.33	523.36
			九、固定资产	72.63	80.23
			十、库存现金	67.22	68.19
			十一、投资性房地产	0.37	0.33
资金来源总计	**7957.15**	**7786.00**	**资金运用总计**	**7957.15**	**7786.00**

注:1. 本表机构包括中国人民银行、银行业存款类金融机构、信托投资公司和金融租赁公司。其中银行业存款类金融机构包括银行、信用社和财务公司。

2. 2011 年起,“境内贷款”项下增设“境外筹资转贷款”。

3. 2011 年起,将“中央/地方政府委托基金存款”与“中央/地方政府委托贷款”、“代理政府委托投资基金”与“代理政府投资”分别轧差后的政府委托存款净值计入全金融机构信贷收支表中的“财政性存款”;将“汇出汇款”、“汇入汇款”纳入“各项存款”项下的“临时性存款”。

4. 2011 年起,将财务公司、信托投资公司、金融租赁公司委托存款轧减委托贷款后计入各项存款中的“委托存款”。

温州市金融机构本外币信贷收支统计

单位:亿元

项目	2011年	2012年	项目	2011年	2012年
一、各项存款	7545.60	7744.94	一、各项贷款	6394.96	7013.00
1. 单位存款	3494.17	3379.45	(一) 境内贷款	6391.74	7010.42
其中:活期存款	1090.20	1098.58	1. 短期贷款	5230.08	5692.41
定期存款	1393.46	1394.36	(1) 个人贷款及透支	2233.15	2324.29
其中:企业存款	2798.33	2421.13	其中:个人消费贷款	670.16	728.95
机关团体存款	522.37	704.74	(2) 单位普通贷款及透支	2747.73	3164.89
2. 个人存款	3688.12	3952.65	其中:经营贷款	2737.99	3155.36
其中:储蓄存款	3566.31	3843.30	固定资产贷款	9.74	9.53
结构性存款	120.73	106.16	(3) 普通并购贷款		
3. 财政性存款	147.85	145.92	(4) 银团贷款		
4. 临时性存款	6.47	9.83	(5) 贸易融资	249.20	203.23
5. 委托存款	6.09	7.40	(6) 境外筹资转贷款		
6. 其他存款	202.90	249.69	2. 中长期贷款	1085.23	1166.21
二、金融债券	5.58	11.94	(1) 个人贷款	616.75	670.18
三、中长期借款	0.33	0.33	其中:个人消费贷款	585.55	614.85
四、应付及暂收款	180.86	171.07	(2) 单位普通贷款	458.02	477.24
五、同业往来(来源方)	13.23	13.70	其中:经营贷款	74.38	88.15
六、系统内资金往来(来源方)			固定资产贷款	383.64	389.09
七、外汇买卖(来源方)	1148.54	1032.41	(3) 普通并购贷款		
八、各项准备	87.49	172.40	(4) 银团贷款	10.37	12.22

续表

项　目	2011 年	2012 年	项　目	2011 年	2012 年
九、所有者权益	308.84	277.72	(5) 贸易融资	0.09	6.57
十、其他	−481.84	−813.78	(6) 境外筹资转贷款		
			3. 融资租赁		
			4. 票据融资	48.23	69.12
			5. 各项垫款	28.20	82.68
			(二) 境外贷款	3.22	2.58
			二、有价证券	81.59	98.37
			三、股权及其他投资	19.95	14.04
			四、应收及预付款	158.11	60.04
			五、同业往来(运用方)	31.59	27.81
			六、系统内资金往来(运用方)	826.72	210.27
			七、金银占款		
			八、外汇买卖(运用方)	1148.32	1031.90
			九、固定资产	72.63	80.23
			十、库存现金	74.39	74.74
			十一、投资性房地产	0.37	0.33
资金来源总计	**8808.63**	**8610.73**	**资金运用总计**	**8808.63**	**8610.73**

注:1. 本表机构包括中国人民银行、银行业存款类金融机构、信托投资公司和金融租赁公司。其中银行业存款类金融机构包括银行、信用社和财务公司。

2. 2011 年起,“境内贷款”项下增设“境外筹资转贷款”。

3. 2011 年起,将“中央/地方政府委托基金存款”与“中央/地方政府委托贷款”、“代理政府委托投资基金”与“代理政府投资”分别轧差后的政府委托存款净值计入全金融机构信贷收支表中的“财政性存款”;将“汇出汇款”、“汇入汇款”纳入“各项存款”项下的“临时性存款”。

4. 2011 年起,将财务公司、信托投资公司、金融租赁公司委托存款轧减委托贷款后计入各项存款中的“委托存款”。

嘉兴市金融机构人民币信贷收支统计

单位：亿元

项　　目	2011 年	2012 年	项　　目	2011 年	2012 年
一、各项存款	4075.18	4453.07	一、各项贷款	3038.69	3419.53
1. 单位存款	2047.91	2137.65	(一) 境内贷款	3037.72	3418.72
2. 个人存款	1900.17	2170.00	1. 短期贷款	1688.96	1951.00
其中:储蓄存款	1870.56	2144.49	(1) 个人贷款及透支	260.61	285.46
3. 财政性存款	62.60	52.20	其中:个人消费贷款	48.27	39.27
4. 临时性存款	5.53	5.06	(2) 单位普通贷款及透支	1335.72	1539.98
5. 委托存款	16.11	23.85	其中:经营贷款	1326.00	1523.79
6. 其他存款	42.86	64.31	固定资产贷款	9.65	16.08
二、金融债券	3.50	3.50	(3) 普通并购贷款		
三、中长期借款			(4) 银团贷款	5.63	6.27
四、应付及暂收款	75.18	100.16	(5) 贸易融资	87.00	119.29
五、同业往来(来源方)	4.45	9.11	(6) 境外筹资转贷款		
六、系统内资金往来(来源方)			2. 中长期贷款	1327.40	1410.22
七、外汇买卖(来源方)	642.05	445.44	(1) 个人贷款	425.10	447.85
八、各项准备	51.10	68.41	其中:个人消费贷款	358.71	377.24
九、所有者权益	153.33	173.89	(2) 单位普通贷款	833.29	884.32
十、其他	－309.41	－416.27	其中:经营贷款	141.39	160.47
			固定资产贷款	691.90	723.85
			(3) 普通并购贷款	1.00	5.10
			(4) 银团贷款	68.01	72.95

续表

项　　目	2011年	2012年	项　　目	2011年	2012年
			(5) 贸易融资		
			(6) 境外筹资转贷款		
			3. 融资租赁		
			4. 票据融资	20.68	46.09
			5. 各项垫款	0.68	11.41
			(二) 境外贷款	0.97	0.81
			二、有价证券	86.47	83.99
			三、股权及其他投资	4.97	8.35
			四、应收及预付款	24.31	24.92
			五、同业往来(运用方)	18.10	10.54
			六、系统内资金往来(运用方)	821.68	782.17
			七、金银占款		
			八、外汇买卖(运用方)	641.44	444.10
			九、固定资产	33.37	35.72
			十、库存现金	26.35	27.99
			十一、投资性房地产		
资金来源总计	**4695.38**	**4837.31**	**资金运用总计**	**4695.38**	**4837.31**

注:1. 本表机构包括中国人民银行、银行业存款类金融机构、信托投资公司和金融租赁公司。其中银行业存款类金融机构包括银行、信用社和财务公司。

2. 2011年起,“境内贷款”项下增设“境外筹资转贷款”。

3. 2011年起,将“中央/地方政府委托基金存款”与“中央/地方政府委托贷款”、“代理政府委托投资基金”与“代理政府投资”分别轧差后的政府委托存款净值计入全金融机构信贷收支表中的“财政性存款”;将“汇出汇款”、“汇入汇款”纳入“各项存款”项下的“临时性存款”。

4. 2011年起,将财务公司、信托投资公司、金融租赁公司委托存款轧减委托贷款后计入各项存款中的“委托存款”。

嘉兴市金融机构本外币信贷收支统计

单位:亿元

项目	2011年	2012年	项目	2011年	2012年
一、各项存款	4168.17	4597.34	一、各项贷款	3212.74	3670.52
1. 单位存款	2130.87	2265.45	(一) 境内贷款	3211.77	3669.71
其中:活期存款	859.80	826.67	1. 短期贷款	1831.14	2167.66
定期存款	619.69	766.66	(1) 个人贷款及透支	260.65	285.49
其中:企业存款	1572.31	1611.42	其中:个人消费贷款	48.31	39.31
机关团体存款	408.44	450.02	(2) 单位普通贷款及透支	1346.88	1559.51
2. 个人存款	1910.30	2181.17	其中:经营贷款	1337.16	1543.33
其中:储蓄存款	1880.45	2155.49	固定资产贷款	9.65	16.08
结构性存款	29.23	24.47	(3) 普通并购贷款		0.08
3. 财政性存款	61.71	51.37	(4) 银团贷款	5.63	6.27
4. 临时性存款	6.32	11.19	(5) 贸易融资	217.98	316.31
5. 委托存款	16.10	23.85	(6) 境外筹资转贷款		
6. 其他存款	42.87	64.31	2. 中长期贷款	1359.05	1444.41
二、金融债券	3.50	3.50	(1) 个人贷款	425.10	447.85
三、中长期借款			其中:个人消费贷款	358.71	377.24
四、应付及暂收款	81.59	109.75	(2) 单位普通贷款	859.77	912.06
五、同业往来(来源方)	4.54	11.89	其中:经营贷款	141.73	162.35
六、系统内资金往来(来源方)			固定资产贷款	718.04	749.71
七、外汇买卖(来源方)	1076.98	821.10	(3) 普通并购贷款	1.00	5.34
八、各项准备	52.48	70.31	(4) 银团贷款	73.18	78.19

续表

项目	2011年	2012年	项目	2011年	2012年
九、所有者权益	156.53	177.43	(5) 贸易融资		0.97
十、其他	−297.16	−398.03	(6) 境外筹资转贷款		
			3. 融资租赁		
			4. 票据融资	20.75	46.19
			5. 各项垫款	0.83	11.45
			(二) 境外贷款	0.97	0.81
			二、有价证券	86.46	83.99
			三、股权及其他投资	4.97	8.35
			四、应收及预付款	30.18	30.77
			五、同业往来(运用方)	19.12	11.84
			六、系统内资金往来(运用方)	756.10	702.89
			七、金银占款		
			八、外汇买卖(运用方)	1076.65	820.49
			九、固定资产	33.37	35.72
			十、库存现金	27.04	28.72
			十一、投资性房地产		
资金来源总计	**5246.63**	**5393.29**	**资金运用总计**	**5246.63**	**5393.29**

注：1. 本表机构包括中国人民银行、银行业存款类金融机构、信托投资公司和金融租赁公司。其中银行业存款类金融机构包括银行、信用社和财务公司。

2. 2011年起，"境内贷款"项下增设"境外筹资转贷款"。

3. 2011年起，将"中央/地方政府委托基金存款"与"中央/地方政府委托贷款"、"代理政府委托投资基金"与"代理政府投资"分别轧差后的政府委托存款净值计入全金融机构信贷收支表中的"财政性存款"；将"汇出汇款"、"汇入汇款"纳入"各项存款"项下的"临时性存款"。

4. 2011年起，将财务公司、信托投资公司、金融租赁公司委托存款轧减委托贷款后计入各项存款中的"委托存款"。

湖州市金融机构人民币信贷收支统计

单位:亿元

项目	2011年	2012年	项目	2011年	2012年
一、各项存款	2083.01	2233.34	一、各项贷款	1672.55	1852.28
1. 单位存款	1053.59	1081.20	(一) 境内贷款	1672.41	1852.02
2. 个人存款	974.40	1090.86	1. 短期贷款	1018.00	1144.39
其中:储蓄存款	950.59	1078.46	(1) 个人贷款及透支	280.48	283.20
3. 财政性存款	25.61	35.47	其中:个人消费贷款	54.75	46.35
4. 临时性存款	3.06	4.02	(2) 单位普通贷款及透支	673.38	805.23
5. 委托存款	1.50	2.10	其中:经营贷款	667.58	800.30
6. 其他存款	24.85	19.69	固定资产贷款	5.79	4.93
二、金融债券			(3) 普通并购贷款		
三、中长期借款			(4) 银团贷款		
四、应付及暂收款	42.16	47.73	(5) 贸易融资	64.14	55.96
五、同业往来(来源方)	1.72	4.32	(6) 境外筹资转贷款		
六、系统内资金往来(来源方)			2. 中长期贷款	629.46	664.54
七、外汇买卖(来源方)	296.88	192.88	(1) 个人贷款	301.04	327.22
八、各项准备	21.53	31.28	其中:个人消费贷款	248.69	269.52
九、所有者权益	120.20	137.60	(2) 单位普通贷款	321.85	329.29
十、其他	−190.03	−268.08	其中:经营贷款	57.08	59.85
			固定资产贷款	264.77	269.44
			(3) 普通并购贷款		0.55
			(4) 银团贷款	6.57	7.48

续表

项　　目	2011 年	2012 年	项　　目	2011 年	2012 年
			(5) 贸易融资		
			(6) 境外筹资转贷款		
			3. 融资租赁		
			4. 票据融资	24.60	34.21
			5. 各项垫款	0.35	8.88
			(二) 境外贷款	0.14	0.26
			二、有价证券	58.67	57.27
			三、股权及其他投资	4.95	6.93
			四、应收及预付款	17.70	13.07
			五、同业往来(运用方)	15.84	13.64
			六、系统内资金往来(运用方)	259.87	188.78
			七、金银占款		
			八、外汇买卖(运用方)	296.81	192.76
			九、固定资产	28.61	36.13
			十、库存现金	20.18	17.94
			十一、投资性房地产	0.29	0.27
资金来源总计	**2375.47**	**2379.07**	**资金运用总计**	**2375.47**	**2379.07**

注:1. 本表机构包括中国人民银行、银行业存款类金融机构、信托投资公司和金融租赁公司。其中银行业存款类金融机构包括银行、信用社和财务公司。

2. 2011 年起,“境内贷款”项下增设“境外筹资转贷款”。

3. 2011 年起,将“中央/地方政府委托基金存款”与“中央/地方政府委托贷款”、“代理政府委托投资基金”与“代理政府投资”分别轧差后的政府委托存款净值计入全金融机构信贷收支表中的“财政性存款”;将“汇出汇款”、“汇入汇款”纳入“各项存款”项下的“临时性存款”。

4. 2011 年起,将财务公司、信托投资公司、金融租赁公司委托存款轧减委托贷款后计入各项存款中的“委托存款”。

湖州市金融机构本外币信贷收支统计

单位:亿元

项　　目	2011 年	2012 年	项　　目	2011 年	2012 年
一、各项存款	2102.05	2285.66	一、各项贷款	1712.17	1912.40
1. 单位存款	1067.82	1128.95	(一) 境内贷款	1712.03	1912.14
其中:活期存款	447.32	471.91	1. 短期贷款	1057.62	1202.75
定期存款	321.77	354.62	(1) 个人贷款及透支	280.49	283.21
其中:企业存款	844.26	847.99	其中:个人消费贷款	54.76	46.36
机关团体存款	173.72	176.35	(2) 单位普通贷款及透支	679.77	808.75
2. 个人存款	978.32	1095.26	其中:经营贷款	673.98	803.81
其中:储蓄存款	954.44	1082.79	固定资产贷款	5.79	4.93
结构性存款	23.76	12.30	(3) 普通并购贷款		
3. 财政性存款	25.61	35.48	(4) 银团贷款		
4. 临时性存款	3.95	4.19	(5) 贸易融资	97.36	110.79
5. 委托存款	1.50	2.10	(6) 境外筹资转贷款		
6. 其他存款	24.85	19.68	2. 中长期贷款	629.46	666.11
二、金融债券			(1) 个人贷款	301.04	327.22
三、中长期借款			其中:个人消费贷款	248.69	269.52
四、应付及暂收款	46.98	51.40	(2) 单位普通贷款	321.85	330.42
五、同业往来(来源方)	1.78	4.34	其中:经营贷款	57.08	60.98
六、系统内资金往来(来源方)			固定资产贷款	264.77	269.44
七、外汇买卖(来源方)	555.26	369.06	(3) 普通并购贷款		0.55
八、各项准备	22.06	31.78	(4) 银团贷款	6.57	7.48

续表

项　　目	2011年	2012年	项　　目	2011年	2012年
九、所有者权益	121.39	138.62	(5) 贸易融资		0.44
十、其他	－188.75	－258.42	(6) 境外筹资转贷款		
			3. 融资租赁		
			4. 票据融资	24.60	34.21
			5. 各项垫款	0.35	9.07
			(二) 境外贷款	0.14	0.26
			二、有价证券	58.67	57.27
			三、股权及其他投资	4.95	6.93
			四、应收及预付款	22.68	15.18
			五、同业往来(运用方)	15.99	13.92
			六、系统内资金往来(运用方)	241.77	193.20
			七、金银占款		
			八、外汇买卖(运用方)	555.18	368.91
			九、固定资产	28.61	36.13
			十、库存现金	20.46	18.23
			十一、投资性房地产	0.29	0.27
资金来源总计	**2660.77**	**2622.44**	**资金运用总计**	**2660.77**	**2622.44**

注:1. 本表机构包括中国人民银行、银行业存款类金融机构、信托投资公司和金融租赁公司。其中银行业存款类金融机构包括银行、信用社和财务公司。

2. 2011年起,“境内贷款”项下增设“境外筹资转贷款”。

3. 2011年起,将“中央/地方政府委托基金存款”与“中央/地方政府委托贷款”、“代理政府委托投资基金”与“代理政府投资”分别轧差后的政府委托存款净值计入全金融机构信贷收支表中的“财政性存款”;将“汇出汇款”、“汇入汇款”纳入“各项存款”项下的“临时性存款”。

4. 2011年起,将财务公司、信托投资公司、金融租赁公司委托存款轧减委托贷款后计入各项存款中的“委托存款”。

绍兴市金融机构人民币信贷收支统计

单位:亿元

项目	2011年	2012年	项目	2011年	2012年
一、各项存款	5461.83	5845.95	一、各项贷款	4327.50	4934.17
1. 单位存款	3056.55	3108.21	(一)境内贷款	4327.37	4934.08
2. 个人存款	2242.45	2543.95	1. 短期贷款	3260.35	3775.62
其中:储蓄存款	2217.64	2492.09	(1)个人贷款及透支	462.70	528.90
3. 财政性存款	97.69	112.61	其中:个人消费贷款	68.67	69.28
4. 临时性存款	9.27	9.00	(2)单位普通贷款及透支	2673.58	3073.09
5. 委托存款	7.47	14.40	其中:经营贷款	2664.02	3062.99
6. 其他存款	48.40	57.78	固定资产贷款	9.35	9.88
二、金融债券			(3)普通并购贷款	1.00	
三、中长期借款			(4)银团贷款		2.20
四、应付及暂收款	88.88	115.69	(5)贸易融资	123.07	171.43
五、同业往来(来源方)	15.50	12.31	(6)境外筹资转贷款		
六、系统内资金往来(来源方)			2. 中长期贷款	1022.07	1105.97
七、外汇买卖(来源方)	485.12	423.09	(1)个人贷款	503.29	562.96
八、各项准备	74.15	87.78	其中:个人消费贷款	424.44	457.47
九、所有者权益	222.15	256.23	(2)单位普通贷款	510.51	524.81
十、其他	-513.60	-486.25	其中:经营贷款	94.25	104.07
			固定资产贷款	416.26	420.74
			(3)普通并购贷款	2.16	2.44
			(4)银团贷款	6.11	15.76

续表

项目	2011年	2012年	项目	2011年	2012年
			(5) 贸易融资		
			(6) 境外筹资转贷款		
			3. 融资租赁		
			4. 票据融资	43.11	43.93
			5. 各项垫款	1.84	8.56
			(二) 境外贷款	0.13	0.09
			二、有价证券	102.23	131.03
			三、股权及其他投资	19.34	18.75
			四、应收及预付款	39.56	29.18
			五、同业往来(运用方)	12.81	17.20
			六、系统内资金往来(运用方)	759.17	604.50
			七、金银占款		
			八、外汇买卖(运用方)	485.68	423.23
			九、固定资产	49.74	53.20
			十、库存现金	37.32	42.91
			十一、投资性房地产	0.68	0.63
资金来源总计	**5834.03**	**6254.80**	**资金运用总计**	**5834.03**	**6254.80**

注:1. 本表机构包括中国人民银行、银行业存款类金融机构、信托投资公司和金融租赁公司。其中银行业存款类金融机构包括银行、信用社和财务公司。

2. 2011年起,“境内贷款”项下增设“境外筹资转贷款”。

3. 2011年起,将“中央/地方政府委托基金存款”与“中央/地方政府委托贷款”、“代理政府委托投资基金”与“代理政府投资”分别轧差后的政府委托存款净值计入全金融机构信贷收支表中的“财政性存款”;将“汇出汇款”、“汇入汇款”纳入“各项存款”项下的“临时性存款”。

4. 2011年起,将财务公司、信托投资公司、金融租赁公司委托存款轧减委托贷款后计入各项存款中的“委托存款”。

绍兴市金融机构本外币信贷收支统计

单位：亿元

项目	2011年	2012年	项目	2011年	2012年
一、各项存款	5510.14	5923.60	一、各项贷款	4463.09	5129.15
1. 单位存款	3094.26	3173.85	（一）境内贷款	4462.96	5129.06
其中：活期存款	1006.94	980.57	1. 短期贷款	3392.21	3957.21
定期存款	1058.16	1167.57	（1）个人贷款及透支	462.73	528.94
其中：企业存款	2568.55	2528.51	其中：个人消费贷款	68.70	69.32
机关团体存款	297.21	354.89	（2）单位普通贷款及透支	2699.26	3106.08
2. 个人存款	2252.60	2555.35	其中：经营贷款	2689.71	3095.99
其中：储蓄存款	2227.67	2503.32	固定资产贷款	9.35	9.88
结构性存款	23.95	50.49	（3）普通并购贷款	1.00	
3. 财政性存款	97.69	112.61	（4）银团贷款		2.20
4. 临时性存款	9.69	9.60	（5）贸易融资	229.22	319.99
5. 委托存款	7.50	14.41	（6）境外筹资转贷款		
6. 其他存款	48.40	57.78	2. 中长期贷款	1024.20	1116.78
二、金融债券			（1）个人贷款	503.29	562.97
三、中长期借款			其中：个人消费贷款	424.44	457.47
四、应付及暂收款	95.65	122.33	（2）单位普通贷款	512.35	526.83
五、同业往来（来源方）	15.57	12.39	其中：经营贷款	94.25	105.09
六、系统内资金往来（来源方）			固定资产贷款	418.10	421.74
七、外汇买卖（来源方）	887.04	794.38	（3）普通并购贷款	2.15	3.38
八、各项准备	76.23	91.29	（4）银团贷款	6.11	16.43

续表

项　　目	2011 年	2012 年	项　　目	2011 年	2012 年
九、所有者权益	225.67	260.13	(5) 贸易融资	0.30	7.17
十、其他	−508.89	−463.17	(6) 境外筹资转贷款		
			3. 融资租赁		
			4. 票据融资	43.12	43.93
			5. 各项垫款	3.43	11.14
			(二) 境外贷款	0.13	0.09
			二、有价证券	102.23	131.02
			三、股权及其他投资	19.34	18.75
			四、应收及预付款	46.04	34.37
			五、同业往来(运用方)	15.20	19.86
			六、系统内资金往来(运用方)	680.35	516.72
			七、金银占款		
			八、外汇买卖(运用方)	886.81	793.73
			九、固定资产	49.74	53.20
			十、库存现金	37.93	43.52
			十一、投资性房地产	0.68	0.63
资金来源总计	**6301.41**	**6740.95**	**资金运用总计**	**6301.41**	**6740.95**

注:1. 本表机构包括中国人民银行、银行业存款类金融机构、信托投资公司和金融租赁公司。其中银行业存款类金融机构包括银行、信用社和财务公司。

2. 2011 年起,“境内贷款”项下增设“境外筹资转贷款”。

3. 2011 年起,将“中央/地方政府委托基金存款”与“中央/地方政府委托贷款”、“代理政府委托投资基金”与“代理政府投资”分别轧差后的政府委托存款净值计入全金融机构信贷收支表中的“财政性存款”;将“汇出汇款”、“汇入汇款”纳入“各项存款”项下的“临时性存款”。

4. 2011 年起,将财务公司、信托投资公司、金融租赁公司委托存款轧减委托贷款后计入各项存款中的“委托存款”。

金华市金融机构人民币信贷收支统计

单位：亿元

项目	2011年	2012年	项目	2011年	2012年
一、各项存款	4698.99	5270.71	一、各项贷款	3608.10	4234.33
1. 单位存款	2199.78	2433.54	（一）境内贷款	3607.60	4233.93
2. 个人存款	2349.61	2695.04	1. 短期贷款	2723.22	3370.72
其中：储蓄存款	2294.90	2668.17	(1) 个人贷款及透支	755.17	905.43
3. 财政性存款	123.72	90.27	其中：个人消费贷款	120.00	135.13
4. 临时性存款	5.25	3.69	(2) 单位普通贷款及透支	1873.50	2309.69
5. 委托存款	1.58	3.58	其中：经营贷款	1872.42	2308.31
6. 其他存款	19.05	44.59	固定资产贷款	1.07	1.37
二、金融债券	9.07	9.00	(3) 普通并购贷款		
三、中长期借款			(4) 银团贷款		0.30
四、应付及暂收款	110.58	126.47	(5) 贸易融资	94.55	155.30
五、同业往来（来源方）	11.83	13.64	(6) 境外筹资转贷款		
六、系统内资金往来（来源方）			2. 中长期贷款	836.43	812.66
七、外汇买卖（来源方）	718.70	662.97	(1) 个人贷款	482.18	497.43
八、各项准备	63.25	75.73	其中：个人消费贷款	413.04	426.04
九、所有者权益	221.64	283.81	(2) 单位普通贷款	338.70	302.81
十、其他	−554.06	−593.82	其中：经营贷款	95.78	74.85
			固定资产贷款	242.92	227.96
			(3) 普通并购贷款		3.69
			(4) 银团贷款	15.55	8.73

续表

项目	2011年	2012年	项目	2011年	2012年
			(5) 贸易融资		
			(6) 境外筹资转贷款		
			3. 融资租赁	18.78	24.10
			4. 票据融资	27.70	23.33
			5. 各项垫款	1.47	3.12
			(二) 境外贷款	0.50	0.40
			二、有价证券	47.32	62.19
			三、股权及其他投资	16.82	66.97
			四、应收及预付款	47.08	26.85
			五、同业往来(运用方)	5.70	10.66
			六、系统内资金往来(运用方)	757.04	695.94
			七、金银占款		
			八、外汇买卖(运用方)	719.11	662.95
			九、固定资产	36.33	41.65
			十、库存现金	42.07	46.59
			十一、投资性房地产	0.43	0.38
资金来源总计	**5280.00**	**5848.51**	**资金运用总计**	**5280.00**	**5848.51**

注:1. 本表机构包括中国人民银行、银行业存款类金融机构、信托投资公司和金融租赁公司。其中银行业存款类金融机构包括银行、信用社和财务公司。

2. 2011年起,“境内贷款”项下增设“境外筹资转贷款”。

3. 2011年起,将“中央/地方政府委托基金存款”与“中央/地方政府委托贷款”、“代理政府委托投资基金”与“代理政府投资”分别轧差后的政府委托存款净值计入全金融机构信贷收支表中的“财政性存款”;将“汇出汇款”、“汇入汇款”纳入“各项存款”项下的“临时性存款”。

4. 2011年起,将财务公司、信托投资公司、金融租赁公司委托存款轧减委托贷款后计入各项存款中的“委托存款”。

金华市金融机构本外币信贷收支统计

单位：亿元

项　　目	2011 年	2012 年	项　　目	2011 年	2012 年
一、各项存款	4746.69	5324.39	一、各项贷款	3678.88	4346.85
1. 单位存款	2227.02	2469.87	(一) 境内贷款	3678.38	4346.45
其中：活期存款	717.42	731.02	1. 短期贷款	2792.93	3481.94
定期存款	901.94	1113.47	(1) 个人贷款及透支	755.21	905.49
其中：企业存款	1616.79	1813.65	其中：个人消费贷款	120.04	135.19
机关团体存款	362.58	359.88	(2) 单位普通贷款及透支	1875.91	2316.34
2. 个人存款	2368.93	2711.28	其中：经营贷款	1874.83	2314.97
其中：储蓄存款	2314.15	2684.35	固定资产贷款	1.07	1.37
结构性存款	54.50	25.95	(3) 普通并购贷款		
3. 财政性存款	123.72	90.27	(4) 银团贷款		0.30
4. 临时性存款	6.40	4.80	(5) 贸易融资	161.81	259.81
5. 委托存款	1.57	3.58	(6) 境外筹资转贷款		
6. 其他存款	19.05	44.59	2. 中长期贷款	837.16	813.64
二、金融债券	9.07	9.00	(1) 个人贷款	482.18	497.43
三、中长期借款	0.37	0.33	其中：个人消费贷款	413.04	426.04
四、应付及暂收款	112.25	130.67	(2) 单位普通贷款	339.06	303.46
五、同业往来(来源方)	11.95	13.74	其中：经营贷款	95.78	75.48
六、系统内资金往来(来源方)			固定资产贷款	243.28	227.98
七、外汇买卖(来源方)	1387.29	1329.63	(3) 普通并购贷款		3.69
八、各项准备	64.05	76.48	(4) 银团贷款	15.55	8.73

续表

项　　目	2011 年	2012 年	项　　目	2011 年	2012 年
九、所有者权益	223.61	286.98	(5) 贸易融资		
十、其他	−551.31	−589.15	(6) 境外筹资转贷款	0.37	0.33
			3. 融资租赁	18.78	24.10
			4. 票据融资	27.72	23.33
			5. 各项垫款	1.79	3.44
			(二) 境外贷款	0.50	0.40
			二、有价证券	47.33	62.19
			三、股权及其他投资	16.82	66.97
			四、应收及预付款	47.57	27.67
			五、同业往来(运用方)	7.44	11.63
			六、系统内资金往来(运用方)	739.16	648.09
			七、金银占款		
			八、外汇买卖(运用方)	1386.78	1328.79
			九、固定资产	36.33	41.65
			十、库存现金	43.23	47.85
			十一、投资性房地产	0.43	0.38
资金来源总计	**6003.97**	**6582.07**	**资金运用总计**	**6003.97**	**6582.07**

注:1. 本表机构包括中国人民银行、银行业存款类金融机构、信托投资公司和金融租赁公司。其中银行业存款类金融机构包括银行、信用社和财务公司。

2. 2011 年起,“境内贷款”项下增设“境外筹资转贷款”。

3. 2011 年起,将“中央/地方政府委托基金存款”与“中央/地方政府委托贷款”、“代理政府委托投资基金”与“代理政府投资”分别轧差后的政府委托存款净值计入全金融机构信贷收支表中的“财政性存款”;将“汇出汇款”、“汇入汇款”纳入“各项存款”项下的“临时性存款”。

4. 2011 年起,将财务公司、信托投资公司、金融租赁公司委托存款轧减委托贷款后计入各项存款中的“委托存款”。

衢州市金融机构人民币信贷收支统计

单位:亿元

项目	2011年	2012年	项目	2011年	2012年
一、各项存款	1150.45	1289.22	一、各项贷款	920.50	1064.37
1. 单位存款	592.68	634.09	(一) 境内贷款	920.46	1064.34
2. 个人存款	516.34	609.47	1. 短期贷款	537.81	674.48
其中:储蓄存款	511.06	606.38	(1) 个人贷款及透支	159.67	209.15
3. 财政性存款	24.55	25.29	其中:个人消费贷款	24.78	27.64
4. 临时性存款	1.24	1.84	(2) 单位普通贷款及透支	340.92	426.71
5. 委托存款	0.66	3.05	其中:经营贷款	337.65	421.21
6. 其他存款	14.98	15.48	固定资产贷款	3.28	5.49
二、金融债券			(3) 普通并购贷款		
三、中长期借款			(4) 银团贷款	4.63	5.63
四、应付及暂收款	19.55	25.18	(5) 贸易融资	32.59	32.99
五、同业往来(来源方)	0.23	0.39	(6) 境外筹资转贷款		
六、系统内资金往来(来源方)			2. 中长期贷款	373.16	376.05
七、外汇买卖(来源方)	50.68	40.82	(1) 个人贷款	178.70	188.68
八、各项准备	16.64	21.17	其中:个人消费贷款	148.49	157.98
九、所有者权益	42.98	52.78	(2) 单位普通贷款	189.85	182.39
十、其他	—78.46	—95.58	其中:经营贷款	40.21	30.76
			固定资产贷款	149.64	151.63
			(3) 普通并购贷款		0.43
			(4) 银团贷款	4.61	4.55

续表

项　目	2011 年	2012 年	项　目	2011 年	2012 年
			(5) 贸易融资		
			(6) 境外筹资转贷款		
			3. 融资租赁		
			4. 票据融资	9.36	12.79
			5. 各项垫款	0.13	1.02
			(二) 境外贷款	0.04	0.03
			二、有价证券	15.84	18.50
			三、股权及其他投资	1.15	3.25
			四、应收及预付款	2.92	4.32
			五、同业往来(运用方)	0.50	0.50
			六、系统内资金往来(运用方)	189.51	177.80
			七、金银占款		
			八、外汇买卖(运用方)	50.65	40.77
			九、固定资产	12.39	13.54
			十、库存现金	8.61	10.93
			十一、投资性房地产		
资金来源总计	**1202.07**	**1333.98**	**资金运用总计**	**1202.07**	**1333.98**

注:1. 本表机构包括中国人民银行、银行业存款类金融机构、信托投资公司和金融租赁公司。其中银行业存款类金融机构包括银行、信用社和财务公司。

2. 2011 年起,“境内贷款”项下增设“境外筹资转贷款”。

3. 2011 年起,将“中央/地方政府委托基金存款”与“中央/地方政府委托贷款”、“代理政府委托投资基金”与“代理政府投资”分别轧差后的政府委托存款净值计入全金融机构信贷收支表中的“财政性存款”;将“汇出汇款”、“汇入汇款”纳入“各项存款”项下的“临时性存款”。

4. 2011 年起,将财务公司、信托投资公司、金融租赁公司委托存款轧减委托贷款后计入各项存款中的“委托存款”。

衢州市金融机构本外币信贷收支统计

单位:亿元

项目	2011年	2012年	项目	2011年	2012年
一、各项存款	1157.23	1299.52	一、各项贷款	934.51	1078.53
1. 单位存款	597.41	641.88	(一) 境内贷款	934.47	1078.49
其中:活期存款	230.44	240.30	1. 短期贷款	551.65	688.48
定期存款	238.32	260.63	(1) 个人贷款及透支	159.68	209.16
其中:企业存款	325.95	347.10	其中:个人消费贷款	24.79	27.64
机关团体存款	212.53	210.90	(2) 单位普通贷款及透支	341.77	427.27
2. 个人存款	518.35	611.83	其中:经营贷款	338.50	421.77
其中:储蓄存款	513.07	608.73	固定资产贷款	3.28	5.49
结构性存款	5.24	3.03	(3) 普通并购贷款		
3. 财政性存款	24.55	25.29	(4) 银团贷款	4.63	5.63
4. 临时性存款	1.28	1.98	(5) 贸易融资	45.57	46.42
5. 委托存款	0.66	3.05	(6) 境外筹资转贷款		
6. 其他存款	14.98	15.49	2. 中长期贷款	373.16	376.05
二、金融债券			(1) 个人贷款	178.70	188.68
三、中长期借款			其中:个人消费贷款	148.49	157.98
四、应付及暂收款	19.57	25.31	(2) 单位普通贷款	189.85	182.39
五、同业往来(来源方)	0.24	0.40	其中:经营贷款	40.21	30.76
六、系统内资金往来(来源方)			固定资产贷款	149.64	151.63
七、外汇买卖(来源方)	98.63	82.63	(3) 普通并购贷款		0.43
八、各项准备	16.78	21.33	(4) 银团贷款	4.61	4.55

续表

项　　目	2011 年	2012 年	项　　目	2011 年	2012 年
九、所有者权益	43.47	53.12	(5) 贸易融资		
十、其他	−78.08	−94.88	(6) 境外筹资转贷款		
			3. 融资租赁		
			4. 票据融资	9.37	12.79
			5. 各项垫款	0.29	1.17
			(二) 境外贷款	0.04	0.04
			二、有价证券	15.83	18.50
			三、股权及其他投资	1.15	3.25
			四、应收及预付款	3.10	4.43
			五、同业往来(运用方)	0.50	0.50
			六、系统内资金往来(运用方)	182.92	174.92
			七、金银占款		
			八、外汇买卖(运用方)	98.60	82.58
			九、固定资产	12.39	13.54
			十、库存现金	8.84	11.18
			十一、投资性房地产		
资金来源总计	**1257.84**	**1387.43**	**资金运用总计**	**1257.84**	**1387.43**

注:1. 本表机构包括中国人民银行、银行业存款类金融机构、信托投资公司和金融租赁公司。其中银行业存款类金融机构包括银行、信用社和财务公司。

2. 2011 年起,“境内贷款”项下增设“境外筹资转贷款”。

3. 2011 年起,将“中央/地方政府委托基金存款”与“中央/地方政府委托贷款”、“代理政府委托投资基金”与“代理政府投资”分别轧差后的政府委托存款净值计入全金融机构信贷收支表中的“财政性存款”;将“汇出汇款”、“汇入汇款”纳入“各项存款”项下的“临时性存款”。

4. 2011 年起,将财务公司、信托投资公司、金融租赁公司委托存款轧减委托贷款后计入各项存款中的“委托存款”。

台州市金融机构人民币信贷收支统计

单位：亿元

项目	2011年	2012年	项目	2011年	2012年
一、各项存款	3959.06	4457.35	一、各项贷款	3354.59	3783.97
1. 单位存款	1729.21	1899.04	(一) 境内贷款	3354.53	3783.91
2. 个人存款	2100.40	2392.51	1. 短期贷款	2274.02	2587.37
其中：储蓄存款	2058.84	2371.99	(1) 个人贷款及透支	1164.98	1300.28
3. 财政性存款	78.89	98.64	其中：个人消费贷款	344.58	366.87
4. 临时性存款	5.70	7.46	(2) 单位普通贷款及透支	1014.48	1178.20
5. 委托存款	2.27	1.35	其中：经营贷款	1006.64	1168.13
6. 其他存款	42.59	58.35	固定资产贷款	7.39	9.67
二、金融债券	14.90	68.86	(3) 普通并购贷款		
三、中长期借款			(4) 银团贷款		
四、应付及暂收款	68.26	88.72	(5) 贸易融资	94.56	108.89
五、同业往来(来源方)	9.67	12.49	(6) 境外筹资转贷款		
六、系统内资金往来(来源方)			2. 中长期贷款	1054.23	1125.83
七、外汇买卖(来源方)	684.57	702.03	(1) 个人贷款	651.66	702.16
八、各项准备	64.46	79.94	其中：个人消费贷款	549.39	583.65
九、所有者权益	232.79	293.90	(2) 单位普通贷款	401.68	418.85
十、其他	−461.16	−714.64	其中：经营贷款	43.03	50.92
			固定资产贷款	358.65	367.93
			(3) 普通并购贷款		0.25
			(4) 银团贷款	0.89	4.57

续表

项　目	2011 年	2012 年	项　目	2011 年	2012 年
			(5) 贸易融资		
			(6) 境外筹资转贷款		
			3. 融资租赁		
			4. 票据融资	22.14	64.66
			5. 各项垫款	4.14	6.05
			(二) 境外贷款	0.06	0.06
			二、有价证券	64.32	109.42
			三、股权及其他投资	69.29	65.05
			四、应收及预付款	31.11	26.18
			五、同业往来(运用方)	10.40	17.55
			六、系统内资金往来(运用方)	244.98	150.84
			七、金银占款		
			八、外汇买卖(运用方)	685.88	703.52
			九、固定资产	45.34	66.49
			十、库存现金	66.56	65.60
			十一、投资性房地产	0.08	0.03
资金来源总计	**4572.55**	**4988.65**	**资金运用总计**	**4572.55**	**4988.65**

注:1. 本表机构包括中国人民银行、银行业存款类金融机构、信托投资公司和金融租赁公司。其中银行业存款类金融机构包括银行、信用社和财务公司。

2. 2011 年起,“境内贷款”项下增设“境外筹资转贷款”。

3. 2011 年起,将“中央/地方政府委托基金存款”与“中央/地方政府委托贷款”、“代理政府委托投资基金”与“代理政府投资”分别轧差后的政府委托存款净值计入全金融机构信贷收支表中的“财政性存款”;将“汇出汇款”、“汇入汇款”纳入“各项存款”项下的“临时性存款”。

4. 2011 年起,将财务公司、信托投资公司、金融租赁公司委托存款轧减委托贷款后计入各项存款中的“委托存款”。

台州市金融机构本外币信贷收支统计

单位：亿元

项　目	2011 年	2012 年	项　目	2011 年	2012 年
一、各项存款	3998.90	4509.17	一、各项贷款	3470.76	3893.16
1. 单位存款	1758.76	1936.93	（一）境内贷款	3470.70	3893.10
其中：活期存款	861.88	859.86	1. 短期贷款	2354.77	2661.14
定期存款	491.85	629.08	（1）个人贷款及透支	1165.02	1300.32
其中：企业存款	1228.29	1320.50	其中：个人消费贷款	344.62	366.91
机关团体存款	334.37	365.62	（2）单位普通贷款及透支	1026.32	1183.59
2. 个人存款	2110.37	2405.68	其中：经营贷款	1018.48	1173.51
其中：储蓄存款	2068.79	2385.14	固定资产贷款	7.39	9.67
结构性存款	41.52	18.96	（3）普通并购贷款		
3. 财政性存款	78.89	98.64	（4）银团贷款		
4. 临时性存款	6.01	8.22	（5）贸易融资	163.43	177.23
5. 委托存款	2.28	1.35	（6）境外筹资转贷款		
6. 其他存款	42.59	58.35	2. 中长期贷款	1089.62	1158.38
二、金融债券	14.90	68.86	（1）个人贷款	651.66	702.17
三、中长期借款	0.07	1.73	其中：个人消费贷款	549.39	583.65
四、应付及暂收款	72.13	91.13	（2）单位普通贷款	436.66	450.68
五、同业往来（来源方）	10.08	13.25	其中：经营贷款	43.66	50.96
六、系统内资金往来（来源方）			固定资产贷款	393.00	399.72
七、外汇买卖（来源方）	1338.40	1368.66	（3）普通并购贷款		0.25
八、各项准备	65.55	80.95	（4）银团贷款	0.89	4.57

续表

项目	2011 年	2012 年	项目	2011 年	2012 年
九、所有者权益	235.51	295.97	(5) 贸易融资	0.41	0.71
十、其他	−458.72	−713.39	(6) 境外筹资转贷款		
			3. 融资租赁		
			4. 票据融资	22.14	64.66
			5. 各项垫款	4.17	8.92
			(二) 境外贷款	0.06	0.06
			二、有价证券	64.32	109.42
			三、股权及其他投资	69.29	65.05
			四、应收及预付款	33.83	27.75
			五、同业往来(运用方)	12.24	18.49
			六、系统内资金往来(运用方)	175.84	101.81
			七、金银占款		
			八、外汇买卖(运用方)	1338.05	1368.07
			九、固定资产	45.34	66.49
			十、库存现金	67.07	66.06
			十一、投资性房地产	0.08	0.03
资金来源总计	**5276.82**	**5716.33**	**资金运用总计**	**5276.82**	**5716.33**

注:1. 本表机构包括中国人民银行、银行业存款类金融机构、信托投资公司和金融租赁公司。其中银行业存款类金融机构包括银行、信用社和财务公司。

2. 2011 年起,“境内贷款”项下增设“境外筹资转贷款”。

3. 2011 年起,将“中央/地方政府委托基金存款”与“中央/地方政府委托贷款”、“代理政府委托投资基金”与“代理政府投资”分别轧差后的政府委托存款净值计入全金融机构信贷收支表中的“财政性存款”;将“汇出汇款”、“汇入汇款”纳入“各项存款”项下的“临时性存款”。

4. 2011 年起,将财务公司、信托投资公司、金融租赁公司委托存款轧减委托贷款后计入各项存款中的“委托存款”。

丽水市金融机构人民币信贷收支统计

单位:亿元

项目	2011年	2012年	项目	2011年	2012年
一、各项存款	1187.15	1358.74	一、各项贷款	940.66	1101.04
1. 单位存款	525.22	563.57	(一) 境内贷款	936.14	1097.27
2. 个人存款	621.20	729.15	1. 短期贷款	558.04	685.50
其中:储蓄存款	614.33	726.54	(1) 个人贷款及透支	244.18	300.09
3. 财政性存款	28.07	47.44	其中:个人消费贷款	79.99	94.32
4. 临时性存款	0.98	0.98	(2) 单位普通贷款及透支	285.88	360.54
5. 委托存款	0.38	0.91	其中:经营贷款	282.00	359.44
6. 其他存款	11.30	16.69	固定资产贷款	3.83	1.07
二、金融债券			(3) 普通并购贷款		
三、中长期借款			(4) 银团贷款		
四、应付及暂收款	18.48	23.69	(5) 贸易融资	27.98	24.87
五、同业往来(来源方)	4.26	2.02	(6) 境外筹资转贷款		
六、系统内资金往来(来源方)			2. 中长期贷款	372.13	402.46
七、外汇买卖(来源方)	184.34	146.48	(1) 个人贷款	187.96	212.77
八、各项准备	15.84	21.07	其中:个人消费贷款	159.61	175.83
九、所有者权益	36.65	48.27	(2) 单位普通贷款	173.65	179.16
十、其他	−76.13	−106.40	其中:经营贷款	42.27	30.66
			固定资产贷款	131.38	148.50
			(3) 普通并购贷款		
			(4) 银团贷款	10.52	10.53
			(5) 贸易融资		
			(6) 境外筹资转贷款		

续表

项　目	2011 年	2012 年	项　目	2011 年	2012 年
			3. 融资租赁		
			4. 票据融资	5.19	7.62
			5. 各项垫款	0.78	1.69
			（二）境外贷款	4.52	3.77
			二、有价证券	6.73	5.55
			三、股权及其他投资	1.03	1.66
			四、应收及预付款	3.77	5.38
			五、同业往来(运用方)	1.07	1.05
			六、系统内资金往来(运用方)	208.16	204.23
			七、金银占款		
			八、外汇买卖(运用方)	184.14	146.35
			九、固定资产	12.47	13.48
			十、库存现金	12.56	15.13
			十一、投资性房地产		
资金来源总计	**1370.59**	**1493.87**	**资金运用总计**	**1370.59**	**1493.87**

注:1. 本表机构包括中国人民银行、银行业存款类金融机构、信托投资公司和金融租赁公司。其中银行业存款类金融机构包括银行、信用社和财务公司。

2. 2011 年起,“境内贷款”项下增设“境外筹资转贷款”。

3. 2011 年起,将“中央/地方政府委托基金存款”与“中央/地方政府委托贷款”、“代理政府委托投资基金”与“代理政府投资”分别轧差后的政府委托存款净值计入全金融机构信贷收支表中的“财政性存款”;将“汇出汇款”、“汇入汇款”纳入“各项存款”项下的“临时性存款”。

4. 2011 年起,将财务公司、信托投资公司、金融租赁公司委托存款轧减委托贷款后计入各项存款中的“委托存款”。

丽水市金融机构本外币信贷收支统计

单位：亿元

项目	2011 年	2012 年	项目	2011 年	2012 年
一、各项存款	1293.56	1475.23	一、各项贷款	958.99	1117.86
1. 单位存款	530.04	574.14	（一）境内贷款	954.47	1114.09
其中：活期存款	255.21	273.54	1. 短期贷款	576.24	702.31
定期存款	153.08	172.38	（1）个人贷款及透支	244.19	300.11
其中：企业存款	305.25	325.79	其中：个人消费贷款	80.00	94.34
机关团体存款	167.08	177.82	（2）单位普通贷款及透支	285.88	362.89
2. 个人存款	722.77	835.00	其中：经营贷款	282.00	361.79
其中：储蓄存款	715.30	831.89	固定资产贷款	3.83	1.07
结构性存款	7.21	2.73	（3）普通并购贷款		
3. 财政性存款	28.07	47.44	（4）银团贷款		
4. 临时性存款	1.00	1.04	（5）贸易融资	46.17	39.31
5. 委托存款	0.38	0.91	（6）境外筹资转贷款		
6. 其他存款	11.30	16.70	2. 中长期贷款	372.13	402.47
二、金融债券			（1）个人贷款	187.96	212.78
三、中长期借款			其中：个人消费贷款	159.61	175.83
四、应付及暂收款	18.60	24.41	（2）单位普通贷款	173.65	179.16
五、同业往来（来源方）	4.57	2.05	其中：经营贷款	42.27	30.66
六、系统内资金往来（来源方）			固定资产贷款	131.38	148.50
七、外汇买卖（来源方）	486.57	344.50	（3）普通并购贷款		
八、各项准备	16.04	21.25	（4）银团贷款	10.52	10.53
九、所有者权益	38.37	49.89	（5）贸易融资		
十、其他	−76.28	−106.70	（6）境外筹资转贷款		

续表

项　目	2011 年	2012 年	项　目	2011 年	2012 年
			3. 融资租赁		
			4. 票据融资	5.19	7.62
			5. 各项垫款	0.91	1.69
			（二）境外贷款	4.52	3.77
			二、有价证券	6.72	5.55
			三、股权及其他投资	1.03	1.66
			四、应收及预付款	4.00	5.58
			五、同业往来(运用方)	1.07	1.81
			六、系统内资金往来(运用方)	294.54	298.62
			七、金银占款		
			八、外汇买卖(运用方)	486.55	344.46
			九、固定资产	12.47	13.48
			十、库存现金	16.06	21.61
			十一、投资性房地产		
资金来源总计	**1781.43**	**1810.63**	**资金运用总计**	**1781.43**	**1810.63**

注：1. 本表机构包括中国人民银行、银行业存款类金融机构、信托投资公司和金融租赁公司。其中银行业存款类金融机构包括银行、信用社和财务公司。

2. 2011 年起，“境内贷款”项下增设“境外筹资转贷款”。

3. 2011 年起，将“中央/地方政府委托基金存款”与“中央/地方政府委托贷款”、“代理政府委托投资基金”与“代理政府投资”分别轧差后的政府委托存款净值计入全金融机构信贷收支表中的“财政性存款”；将“汇出汇款”、“汇入汇款”纳入“各项存款”项下的“临时性存款”。

4. 2011 年起，将财务公司、信托投资公司、金融租赁公司委托存款轧减委托贷款后计入各项存款中的“委托存款”。

舟山市金融机构人民币信贷收支统计

单位：亿元

项　目	2011 年	2012 年	项　目	2011 年	2012 年
一、各项存款	1223.11	1350.10	一、各项贷款	1057.67	1237.42
1. 单位存款	715.04	743.94	(一) 境内贷款	1057.64	1237.36
2. 个人存款	436.78	508.50	1. 短期贷款	513.36	675.48
其中：储蓄存款	431.52	503.69	(1) 个人贷款及透支	112.86	144.13
3. 财政性存款	56.26	78.83	其中：个人消费贷款	37.83	37.57
4. 临时性存款	2.35	1.95	(2) 单位普通贷款及透支	351.83	462.96
5. 委托存款			其中：经营贷款	348.23	460.16
6. 其他存款	12.68	16.88	固定资产贷款	3.60	2.76
二、金融债券			(3) 普通并购贷款		
三、中长期借款			(4) 银团贷款		
四、应付及暂收款	17.93	22.39	(5) 贸易融资	48.67	68.39
五、同业往来(来源方)	0.86	3.28	(6) 境外筹资转贷款		
六、系统内资金往来(来源方)			2. 中长期贷款	541.02	559.77
七、外汇买卖(来源方)	104.06	60.22	(1) 个人贷款	180.92	197.19
八、各项准备	11.98	17.10	其中：个人消费贷款	156.68	167.56
九、所有者权益	45.90	54.36	(2) 单位普通贷款	351.20	344.79
十、其他	−98.14	−132.66	其中：经营贷款	37.63	41.01
			固定资产贷款	313.57	303.78
			(3) 普通并购贷款	0.63	0.50
			(4) 银团贷款	8.27	17.29
			(5) 贸易融资		
			(6) 境外筹资转贷款		

续表

项　目	2011 年	2012 年	项　目	2011 年	2012 年
			3. 融资租赁		
			4. 票据融资	2.51	1.77
			5. 各项垫款	0.75	0.34
			（二）境外贷款	0.03	0.06
			二、有价证券	1.09	3.01
			三、股权及其他投资	0.90	8.83
			四、应收及预付款	3.23	3.74
			五、同业往来(运用方)	0.50	0.70
			六、系统内资金往来(运用方)	116.05	36.87
			七、金银占款		
			八、外汇买卖(运用方)	103.91	59.94
			九、固定资产	10.23	12.36
			十、库存现金	12.12	11.92
			十一、投资性房地产		
资金来源总计	**1305.70**	**1374.79**	**资金运用总计**	**1305.70**	**1374.79**

注：1. 本表机构包括中国人民银行、银行业存款类金融机构、信托投资公司和金融租赁公司。其中银行业存款类金融机构包括银行、信用社和财务公司。

2. 2011 年起，"境内贷款"项下增设"境外筹资转贷款"。

3. 2011 年起，将"中央/地方政府委托基金存款"与"中央/地方政府委托贷款"、"代理政府委托投资基金"与"代理政府投资"分别轧差后的政府委托存款净值计入全金融机构信贷收支表中的"财政性存款"；将"汇出汇款"、"汇入汇款"纳入"各项存款"项下的"临时性存款"。

4. 2011 年起，将财务公司、信托投资公司、金融租赁公司委托存款轧减委托贷款后计入各项存款中的"委托存款"。

舟山市金融机构本外币信贷收支统计

单位:亿元

项目	2011年	2012年	项目	2011年	2012年
一、各项存款	1314.97	1389.97	一、各项贷款	1162.66	1295.83
1. 单位存款	774.31	778.87	(一) 境内贷款	1162.63	1295.77
其中:活期存款	275.74	240.13	1. 短期贷款	610.26	733.89
定期存款	287.44	331.56	(1) 个人贷款及透支	136.59	144.13
其中:企业存款	497.50	474.63	其中:个人消费贷款	41.34	37.58
机关团体存款	204.88	214.91	(2) 单位普通贷款及透支	391.70	465.88
2. 个人存款	466.57	513.44	其中:经营贷款	388.03	463.08
其中:储蓄存款	461.30	508.59	固定资产贷款	3.67	2.76
结构性存款	5.26	4.82	(3) 普通并购贷款		
3. 财政性存款	56.26	78.83	(4) 银团贷款		
4. 临时性存款	5.15	1.96	(5) 贸易融资	81.97	123.88
5. 委托存款			(6) 境外筹资转贷款		
6. 其他存款	12.68	16.87	2. 中长期贷款	549.11	559.77
二、金融债券			(1) 个人贷款	181.76	197.19
三、中长期借款			其中:个人消费贷款	157.39	167.56
四、应付及暂收款	18.76	22.79	(2) 单位普通贷款	358.45	344.79
五、同业往来(来源方)	0.86	4.14	其中:经营贷款	42.49	41.01
六、系统内资金往来(来源方)			固定资产贷款	315.96	303.78
七、外汇买卖(来源方)	202.36	124.67	(3) 普通并购贷款	0.63	0.50
八、各项准备	13.08	17.38	(4) 银团贷款	8.27	17.29
九、所有者权益	47.79	55.02	(5) 贸易融资		
十、其他	−97.33	−127.22	(6) 境外筹资转贷款		

续表

项目	2011年	2012年	项目	2011年	2012年
			3. 融资租赁		
			4. 票据融资	2.51	1.77
			5. 各项垫款	0.75	0.34
			(二) 境外贷款	0.03	0.06
			二、有价证券	1.09	3.01
			三、股权及其他投资	0.90	8.82
			四、应收及预付款	4.71	4.25
			五、同业往来(运用方)	0.50	0.70
			六、系统内资金往来(运用方)	104.75	25.06
			七、金银占款		
			八、外汇买卖(运用方)	202.23	124.41
			九、固定资产	10.43	12.36
			十、库存现金	13.22	12.31
			十一、投资性房地产		
资金来源总计	**1500.49**	**1486.75**	**资金运用总计**	**1500.49**	**1486.75**

注:1. 本表机构包括中国人民银行、银行业存款类金融机构、信托投资公司和金融租赁公司。其中银行业存款类金融机构包括银行、信用社和财务公司。

2. 2011年起,“境内贷款”项下增设“境外筹资转贷款”。

3. 2011年起,将“中央/地方政府委托基金存款”与“中央/地方政府委托贷款”、“代理政府委托投资基金”与“代理政府投资”分别轧差后的政府委托存款净值计入全金融机构信贷收支表中的“财政性存款”;将“汇出汇款”、“汇入汇款”纳入“各项存款”项下的“临时性存款”。

4. 2011年起,将财务公司、信托投资公司、金融租赁公司委托存款轧减委托贷款后计入各项存款中的“委托存款”。

政策性银行浙江省分地区人民币存贷款统计

（2012 年）

单位：万元

项目 \ 地区	浙江省	杭州市	宁波市	温州市	嘉兴市	湖州市	绍兴市	金华市	衢州市	台州市	丽水市	舟山市
一、各项存款	**3425221**	**1737450**	**930848**	**75190**	**145109**	**54611**	**105171**	**101216**	**79979**	**79935**	**78676**	**37036**
1. 单位存款	3224810	1537380	930657	75190	145109	54601	105121	101146	79959	79935	78676	37036
其中：活期存款	1780533	751089	467769	53884	112384	40935	54781	74176	62621	70515	73217	19162
定期存款	713718	429152	138860	20985	24035	11261	31127	16458	15515	8703	4812	12810
通知存款	22420		6520			100	11300	1500				3000
保证金存款	86206	42214	10500	321	8690	2305	7914	9012	1823	717	647	2063
2. 个人存款												
储蓄存款												
保证金存款												
结构性存款												
3. 临时性存款	411	70	191			10	50	70	20			
4. 其他存款	200000	200000										
一、各项贷款	**31995331**	**18307536**	**9734268**	**324358**	**847919**	**477458**	**612707**	**485863**	**338761**	**344630**	**295172**	**226659**
（一）境内贷款	31980449	18292654	9734268	324358	847919	477458	612707	485863	338761	344630	295172	226659
1. 短期贷款	5710289	3191431	1214496	141895	176877	120713	215942	266803	139242	110912	56686	75292
（1）个人贷款及透支	10650	10650										
其中：个人消费贷款												
（2）单位普通贷款及透支	4068552	1886107	878113	141895	176877	120713	215942	266803	139242	110912	56686	75262

续表

项目 \ 地区	浙江省	杭州市	宁波市	温州市	嘉兴市	湖州市	绍兴市	金华市	衢州市	台州市	丽水市	舟山市
其中:经营贷款	3893752	1777107	812313	141895	176877	120713	215942	266803	139242	110912	56686	75262
固定资产贷款	174800	109000	65800									
(3) 普通并购贷款												
(4) 银团贷款	251174	213554	37620									
(5) 贸易融资	1379913	1081120	298763									30
(6) 境外筹资转贷款												
2. 中长期贷款	26262718	15101223	8514527	182463	671042	356745	396765	219060	199120	231920	238486	151367
(1) 个人贷款												
其中:个人消费贷款												
(2) 单位普通贷款	20135215	11541457	6048040	154463	597792	356745	396765	219060	199120	231920	238486	151367
其中:经营贷款	1281856	1264856	17000									
固定资产贷款	18853359	10276601	6031040	154463	597792	356745	396765	219060	199120	231920	238486	151367
(3) 普通并购贷款	27500	27500										
(4) 银团贷款	4592536	2507432	1983854	28000	73250							
(5) 贸易融资	1507267	1024634	482633									
(6) 境外筹资转贷款	200	200										
3. 融资租赁												
4. 票据融资	5245		5245									
5. 各项垫款	2197								399	1798		
(二) 境外贷款	14882	14882										

中资四家银行浙江省分地区人民币存贷款统计

（2012 年）

单位：万元

项目 \ 地区	浙江省	杭州市	宁波市	温州市	嘉兴市	湖州市	绍兴市	金华市	衢州市	台州市	丽水市	舟山市
一、各项存款	**276110796**	**73694317**	**44456202**	**34027622**	**21360789**	**10105681**	**23582245**	**26002723**	**7046667**	**19452521**	**7988858**	**8393171**
1. 单位存款	143613606	41616398	24656811	13353546	10114818	5081052	13242661	12041207	4104435	9823999	4004039	5574640
其中：活期存款	48338149	11849921	7909232	5342913	3791968	2054351	4671217	3909267	1394595	4092395	1757417	1564873
定期存款	53280362	16081468	8267297	5368664	3109043	1622567	4514490	5198241	1712143	3817676	1214021	2374752
通知存款	4424870	1725961	722903	369211	302184	132717	566507	200608	43756	91396	122624	147003
保证金存款	12708213	2418416	2936454	738010	1082162	411427	2129838	1368549	189229	1043750	84901	305477
2. 个人存款	125216121	28908498	18657280	19682204	10804179	4904017	10105068	13657436	2809038	9205586	3845856	2636959
储蓄存款	123785331	28440451	18351033	19547371	10727280	4839776	10068660	13505703	2788625	9084747	3827183	2604502
保证金存款	20585	3289	2178	8671	424	1258	1189	1492	331	1233	323	197
结构性存款	1410205	464758	304069	126162	76475	62983	35219	150241	20082	119606	18350	32260
3. 临时性存款	737973	464691	56427	43938	7454	18752	55332	17683	8342	38773	7683	18898
4. 其他存款	6543096	2704730	1085684	947934	434338	101860	179184	286397	124852	384163	131280	162674
一、各项贷款	**246854261**	**57370695**	**47924419**	**31475379**	**17207327**	**8963155**	**21213825**	**22485454**	**6092067**	**18108646**	**6999997**	**9013297**
（一）境内贷款	246740448	57338955	47919643	31451363	17199425	8961254	21213548	22481476	6091694	18108112	6962254	9012724
1. 短期贷款	129077953	21275158	21950103	23457695	6860505	4076756	14552666	16340979	3153673	9284676	3725414	4400328
（1）个人贷款及透支	26571304	2858914	2800892	9610525	894146	655094	1839856	3631416	501832	2307146	982689	488794
其中：个人消费贷款	15381466	2119784	1980694	6316505	333563	311785	521773	1109630	141335	1560470	670277	315650
（2）单位普通贷款及透支	90161856	15640835	16500131	13302223	4884392	2912729	11260001	11633869	2342135	5959061	2495105	3231375

续表

项目＼地区	浙江省	杭州市	宁波市	温州市	嘉兴市	湖州市	绍兴市	金华市	衢州市	台州市	丽水市	舟山市
其中:经营贷款	89899128	15619799	16394376	13284961	4835549	2905929	11259730	11623726	2324188	5935611	2489778	3225481
固定资产贷款	248683	10519	104984	17252	48789	6800	100	10062	17900	21450	5327	5500
(3) 普通并购贷款	500	500										
(4) 银团贷款	137994	16590	75694		40710		5000					
(5) 贸易融资	12206299	2758319	2573386	544947	1041257	508933	1447809	1075694	309706	1018469	247620	680159
(6) 境外筹资转贷款												
2. 中长期贷款	113801853	34574623	24905290	7520320	10187298	4775072	6537910	6068628	2836941	8617302	3169924	4608545
(1) 个人贷款	51872973	13424376	9833182	4741380	3552255	2457722	3950394	3757498	1446745	5360161	1743986	1605274
其中:个人消费贷款	47312922	12337827	9245196	4552473	3064689	2163188	3361432	3390376	1308634	4845988	1562211	1480908
(2) 单位普通贷款	58487794	19896249	13633575	2705790	6331849	2311850	2539110	2248230	1385896	3210330	1342372	2882543
其中:经营贷款	6875213	1982474	1213843	484130	951539	430362	294910	559357	187040	369379	227554	174625
固定资产贷款	51612581	17913775	12419732	2221660	5380310	1881488	2244200	1688873	1198856	2840951	1114818	2707918
(3) 普通并购贷款	352552	155837	124515		25000	5500		29900	4300	2500		5000
(4) 银团贷款	3047979	1095048	1276576	73150	278194		48406	33000		44311	83566	115728
(5) 贸易融资	40555	3113	37442									
(6) 境外筹资转贷款												
3. 融资租赁												
4. 票据融资	3061906	1166979	1011524	190680	131887	82867	91717	59215	98713	168494	56952	2878
5. 各项垫款	798736	322195	52726	282668	19735	26559	31255	12654	2367	37640	9964	973
(二) 境外贷款	113813	31740	4776	24016	7902	1901	277	3978	373	534	37743	573

注:本表机构范围包括中国工商银行、中国农业银行、中国银行、中国建设银行。

股份制银行浙江省分地区人民币存贷款统计

（2012 年）

单位：万元

项目＼地区	浙江省	杭州市	宁波市	温州市	嘉兴市	湖州市	绍兴市	金华市	衢州市	台州市	丽水市	舟山市
一、各项存款	**159607512**	**64204188**	**34644997**	**19216078**	**8052875**	**2567156**	**15313857**	**7782830**	**888262**	**5656859**	**652549**	**627861**
1. 单位存款	118419927	49851205	25528564	12714316	6359179	1816476	10648473	5662010	714169	4157631	422505	545399
其中：活期存款	24587091	10126477	6255043	1921992	1549125	464694	2150693	600563	135643	1169981	92491	120389
定期存款	45979788	20649202	6473946	6050987	2690608	527318	4086498	3289632	330689	1407242	226169	247497
通知存款	4244258	2265155	606266	334779	238972	60852	457913	108181	17673	88795	1106	64566
保证金存款	28334953	9111849	8054153	3681626	1002267	505627	3075668	1319999	175588	1303093	87730	17353
2. 个人存款	31076716	10538808	5982249	4962980	1431473	603410	4073193	1782365	132436	1320714	183154	65934
储蓄存款	28123853	9415384	5279087	4554213	1254105	544996	3772717	1709791	122204	1238042	175936	57378
保证金存款	212087	92193	73336	6713	11408	101	14237	1335	7	12753		4
结构性存款	2740774	1031231	629826	402053	165959	58314	286239	71238	10225	69918	7218	8553
3. 临时性存款	204120	64377	49814	35759	14410	3239	22119	3445	657	9402	890	8
4. 其他存款	9906749	3749798	3084370	1503023	247813	144031	570072	335010	41000	169112	46000	16520
一、各项贷款	**142743914**	**52057147**	**30021686**	**21924297**	**6750218**	**2524227**	**13920202**	**7100992**	**830008**	**6352131**	**757526**	**505480**
（一）境内贷款	142714383	52034026	30018636	21922535	6750061	2523532	13919555	7100972	830008	6352052	757526	505480
1. 短期贷款	99779637	31190579	19581626	18458569	4809040	1903264	11238614	6343196	666525	4676133	606277	305814
（1）个人贷款及透支	15617942	3530492	2823156	4399692	529545	235814	1272829	1208798	146426	1265014	135921	70255
其中：个人消费贷款	1567010	240146	476597	338295	16483	41072	64541	23523	14746	328451	16668	6488
（2）单位普通贷款及透支	82203370	27056557	16143492	13873391	4169008	1620863	9778336	5014841	499899	3342068	469356	235559

续表

项目 \ 地区	浙江省	杭州市	宁波市	温州市	嘉兴市	湖州市	绍兴市	金华市	衢州市	台州市	丽水市	舟山市
其中：经营贷款	81565213	26766126	15949251	13863254	4086708	1620863	9719783	5014841	499799	3340071	468958	235559
固定资产贷款	581156	239538	193606	10137	81300		56575					
(3) 普通并购贷款	20000	20000										
(4) 银团贷款	30190	13190					17000					
(5) 贸易融资	1908135	570340	614978	185486	110487	46587	170449	119557	20200	69051	1000	
(6) 境外筹资转贷款												
2. 中长期贷款	39664270	19541582	9602834	2872945	1811352	554130	2572377	707916	145393	1528304	127771	199666
(1) 个人贷款	14893086	7357946	3139356	1434694	527742	264226	888989	367566	56989	822673	24571	8334
其中：个人消费贷款	12370081	6200129	2480115	1327258	417647	190734	744256	232522	42937	706244	21315	6924
(2) 单位普通贷款	22472540	11241141	5688464	1417251	1015581	235432	1560074	284050	84004	704211	103200	139132
其中：经营贷款	5439541	3015321	1139861	233646	307960	42599	471762	73088	16120	111350	7400	20434
固定资产贷款	17032999	8225820	4548603	1183605	707621	192833	1088312	210962	67884	592861	95800	118698
(3) 普通并购贷款	179893	122888	4600		26000		24405	2000				
(4) 银团贷款	2072808	811057	733021	21000	242029	54472	98909	54300	4400	1420		52200
(5) 贸易融资	45943	8550	37393									
(6) 境外筹资转贷款												
3. 融资租赁												
4. 票据融资	2403497	1093875	709195	254951	58884	22883	58525	38243	16167	133627	17147	
5. 各项垫款	866979	207990	124981	336070	70785	43255	50039	11617	1923	13988	6331	
(二) 境外贷款	29531	23121	3050	1762	157	695	647	20		79		

中国工商银行浙江省分地区人民币存贷款统计

（2012 年）

单位：万元

项目 \ 地区	浙江省	杭州市	宁波市	温州市	嘉兴市	湖州市	绍兴市	金华市	衢州市	台州市	丽水市	舟山市
一、各项存款	**88778504**	**29816518**	**11958080**	**8760361**	**5834127**	**3536434**	**6571048**	**7748486**	**2388934**	**6828577**	**2327134**	**3008805**
1. 单位存款	51809649	18436187	7247099	4353054	3069994	1931595	4082471	4087020	1298136	3912984	1287901	2103208
其中：活期存款	18440456	5876905	2463931	1731703	1267388	812156	1657122	1365947	464784	1563460	622285	614775
定期存款	21682217	7508451	3246585	1710378	1021804	634174	1730880	1997196	602916	1917519	346614	965700
通知存款	1440477	720303	80219	210694	72086	49821	105629	67143	1100	47695	28200	57587
保证金存款	2746145	591214	512732	233353	297754	91608	375685	275736	50795	162492	37967	116809
2. 个人存款	36509064	11194524	4635038	4328367	2758547	1582586	2453108	3654517	1088255	2892248	1033492	888382
储蓄存款	36020188	10866918	4608219	4302534	2751153	1557453	2448435	3627855	1084287	2870978	1030209	872147
保证金存款	9291	2506	1228	792	165	1225	1049	1052	319	745	99	111
结构性存款	479585	325100	25591	25041	7229	23908	3624	25610	3649	20525	3184	16124
3. 临时性存款	164775	67895	13992	20334	3220	12017	31258	3730	1566	5977	4599	187
4. 其他存款	295016	117912	61951	58606	2366	10236	4211	3219	977	17368	1142	17028
一、各项贷款	**75514570**	**19532963**	**15597892**	**8053653**	**4456189**	**2798737**	**6083162**	**6176345**	**1809801**	**6035816**	**1970260**	**2999752**
（一）境内贷款	75447017	19513404	15596055	8041066	4453073	2797514	6083053	6172556	1809462	6035642	1945548	2999644
1. 短期贷款	37520463	6022272	6214811	6479967	1979968	1407952	4372703	4471805	1047135	2956266	1003352	1564232
（1）个人贷款及透支	5733778	351007	442295	2431621	167848	148109	381353	784368	171085	484565	191365	180162
其中：个人消费贷款	2492259	54510	294486	1602318	15793	28545	27863	20972	38369	204804	115154	89445
（2）单位普通贷款及透支	23943290	4203775	3946572	3800786	1148300	909837	3020667	2976981	665869	1746776	671066	852661

续表

项目 \ 地区	浙江省	杭州市	宁波市	温州市	嘉兴市	湖州市	绍兴市	金华市	衢州市	台州市	丽水市	舟山市
其中:经营贷款	23881091	4203775	3900072	3800786	1139101	909837	3020667	2975981	663869	1746276	671066	849661
固定资产贷款	62199		46500		9199			1000	2000	500		3000
(3) 普通并购贷款												
(4) 银团贷款												
(5) 贸易融资	7843395	1467490	1825944	247560	663820	350006	970683	710456	210181	724925	140921	531409
(6) 境外筹资转贷款												
2. 中长期贷款	36630831	13000076	8704252	1502565	2455626	1378424	1705581	1699360	756561	3061259	932688	1434439
(1) 个人贷款	15946324	4613558	2791065	909392	947491	748157	1172365	1100120	406682	2205045	528217	524232
其中:个人消费贷款	13526152	3974287	2641149	869306	719670	597272	732869	902066	345553	1857358	432073	454549
(2) 单位普通贷款	19354144	7958301	5178165	588023	1446235	624767	528416	536340	345579	851903	404471	891944
其中:经营贷款	806398	227058	115125	53938	25414	25229	11953	147744	65771	23101	38432	72633
固定资产贷款	18547746	7731243	5063040	534085	1420821	599538	516463	388596	279808	828802	366039	819311
(3) 普通并购贷款	162020	64920	57400			5500		29900	4300			
(4) 银团贷款	1168343	363297	677622	5150	61900		4800	33000		4311		18263
(5) 贸易融资												
(6) 境外筹资转贷款												
3. 融资租赁												
4. 票据融资	1193357	476152	672956		9133	5200	1227	200	5111	14869	8509	
5. 各项垫款	102366	14904	4036	58534	8346	5938	3542	1191	655	3248	999	973
(二) 境外贷款	67553	19559	1837	12587	3116	1223	109	3789	339	174	24712	108

中国农业银行浙江省分地区人民币存贷款统计

（2012 年）

单位：万元

项目＼地区	浙江省	杭州市	宁波市	温州市	嘉兴市	湖州市	绍兴市	金华市	衢州市	台州市	丽水市	舟山市
一、各项存款	**84224491**	**20024283**	**12338997**	**13948538**	**7122568**	**2784769**	**7649530**	**8110022**	**1871269**	**6016053**	**2017167**	**2341295**
1. 单位存款	33163655	8853017	5356069	3769303	2681105	1003883	3559674	2388674	1025561	2251185	890927	1384257
其中：活期存款	11482129	2161665	2046605	1515665	1096393	416946	1344748	790655	378974	965137	412692	352649
定期存款	11690953	3634519	1469310	1548368	829762	292116	1026283	959549	365364	720284	244275	601123
通知存款	1342945	574946	222816	81834	42338	45986	215364	59166	22108	15739	16926	45722
保证金存款	2283110	225717	453852	131206	214751	48611	442998	196911	46446	388037	13315	121266
2. 个人存款	48264145	9888026	6964181	9761545	4299604	1740034	3929509	5469614	740443	3587924	1059136	824129
储蓄存款	47897429	9845803	6853212	9710581	4274504	1725585	3922457	5442943	736120	3508479	1056566	821179
保证金存款	611	2		609								
结构性存款	366105	42221	110969	50355	25100	14449	7052	26671	4323	79445	2570	2950
3. 临时性存款	257131	234573	10995	76	33		3585	801	159	5513	1	1395
4. 其他存款	2539560	1048667	7752	417614	141826	40852	156762	250933	105106	171431	67103	131514
一、各项贷款	**65621663**	**13911375**	**11556822**	**9936103**	**5175875**	**2206489**	**6058750**	**6055130**	**1633226**	**4686806**	**1558150**	**2842937**
（一）境内贷款	65618337	13911058	11556404	9934728	5175451	2206244	6058729	6055130	1633192	4686755	1558071	2842575
1. 短期贷款	40037502	6684906	6883127	7809960	2523394	1020567	3963480	4861218	839352	2929033	839441	1683024
（1）个人贷款及透支	12059253	1924807	1810989	3605571	462738	259727	587897	1500451	229138	1098275	357457	222203
其中：个人消费贷款	8072177	1657149	1301199	2774671	224260	170688	228661	505255	70237	768742	197474	173841
（2）单位普通贷款及透支	26614390	4492335	4951451	4054176	1878282	709673	3092075	3196048	594541	1744714	474724	1426371

续表

项目 \ 地区	浙江省	杭州市	宁波市	温州市	嘉兴市	湖州市	绍兴市	金华市	衢州市	台州市	丽水市	舟山市
其中:经营贷款	26484780	4489057	4899040	4045174	1848961	709673	3091942	3195983	579541	1727914	473624	1423871
固定资产贷款	125596		51906	9000	29290				15000	16800	1100	2500
(3) 普通并购贷款												
(4) 银团贷款	25330	11590			8740		5000					
(5) 贸易融资	1338529	256174	120687	150213	173634	51167	278508	164719	15673	86044	7260	34450
(6) 境外筹资转贷款												
2. 中长期贷款	25130598	6977070	4606569	2058658	2646153	1170031	2090004	1188381	786059	1737085	712183	1158405
(1) 个人贷款	10080716	2312986	1909402	1142251	793297	428398	975362	712103	310804	956302	288289	251522
其中:个人消费贷款	9412900	2175827	1804212	1076940	720051	401658	932353	652320	291939	862373	262118	233109
(2) 单位普通贷款	14081807	4365359	2414911	856407	1731899	741633	1087036	476278	475255	780783	340328	811918
其中:经营贷款	646104	72422	192733	104487	46530	25040	54892	82580	3030	39940	5100	19350
固定资产贷款	13435703	4292937	2222178	751920	1685369	716593	1032144	393698	472225	740843	335228	792568
(3) 普通并购贷款	19000		19000									
(4) 银团贷款	949075	298725	263256	60000	120957		27606				83566	94965
(5) 贸易融资												
(6) 境外筹资转贷款												
3. 融资租赁												
4. 票据融资	348935	239837	61348	27906	3889	1479	2183	345	6559	1844	2399	1146
5. 各项垫款	101302	9245	5360	38204	2015	14167	3062	5186	1222	18793	4048	
(二) 境外贷款	3326	317	418	1375	424	245	21		34	51	79	362

中国银行浙江省分地区人民币存贷款统计

（2012 年）

单位：万元

项目 \ 地区	浙江省	杭州市	宁波市	温州市	嘉兴市	湖州市	绍兴市	金华市	衢州市	台州市	丽水市	舟山市
一、各项存款	**40406386**	**9168578**	**8928283**	**3551745**	**2940034**	**1105986**	**4517823**	**3647587**	**954990**	**3087606**	**1696074**	**807680**
1. 单位存款	22181352	5746741	5070300	1444569	1310938	640636	2572662	2014778	579922	1550369	726995	523442
其中：活期存款	6476727	1390385	1279369	554651	353879	199485	811481	605799	207933	677297	268039	128409
定期存款	7893852	2194396	1688403	612652	436912	215851	681606	694123	244290	483962	325676	315981
通知存款	537343	125893	123797	14415	77256	12466	119527	34341	3400	14000	10748	1500
保证金存款	4227360	804460	1031496	144899	279164	149854	817102	593626	53221	292370	21569	39599
2. 个人存款	15615238	2694777	3050941	1658643	1386658	409915	1925043	1618744	369656	1326628	906893	267340
储蓄存款	15604838	2694052	3050045	1651408	1386425	409908	1924913	1618324	369645	1326184	906670	267264
保证金存款	10400	725	896	7235	233	7	130	420	11	444	223	76
结构性存款												
3. 临时性存款	277667	152308	24821	18516	2362	5182	15112	9055	5406	25896	2173	16836
4. 其他存款	2332129	574752	782221	430017	240076	50253	5006	5010	6	184713	60013	62
一、各项贷款	**45513796**	**10296015**	**9018479**	**5503269**	**2899320**	**1252544**	**4572299**	**4176857**	**1174571**	**3859818**	**1719628**	**1040996**
（一）境内贷款	45476562	10285233	9017101	5494407	2895178	1252185	4572186	4176677	1174571	3859758	1708374	1040892
1. 短期贷款	23859399	3952350	3861748	3794212	1279048	615636	3210273	3196453	542819	2020419	1021410	365031
（1）个人贷款及透支	4359679	200478	208092	1847044	118003	60812	459994	736591	27840	452387	211674	36764
其中：个人消费贷款	3591176	158949	174226	1716273	78943	52217	233704	542935	19986	389194	192508	32241
（2）单位普通贷款及透支	17613125	3024472	3223048	1897220	978515	543066	2641972	2380916	462490	1434684	752813	273929

续表

项目 \ 地区	浙江省	杭州市	宁波市	温州市	嘉兴市	湖州市	绍兴市	金华市	衢州市	台州市	丽水市	舟山市
其中：经营贷款	17559474	3013953	3216206	1888968	968215	542966	2641872	2374654	461590	1428535	748586	273929
固定资产贷款	51388	10519	6578	8252	10300	100	100	6262	900	4150	4227	
（3）普通并购贷款	500	500										
（4）银团贷款	112664	5000	75694		31970							
（5）贸易融资	1773431	721900	354914	49948	150560	11758	108307	78946	52489	133348	56923	54338
（6）境外筹资转贷款												
2. 中长期贷款	20149680	5829384	4920248	1544959	1513659	564802	1266868	942260	555878	1682439	653322	675861
（1）个人贷款	11206730	2958061	2317097	1171662	708683	358520	955385	593590	316212	1106223	442058	279239
其中：个人消费贷款	10669237	2813286	2168486	1144429	662389	334383	917380	563475	294872	1075375	426632	268530
（2）单位普通贷款	7800324	2344286	2181898	365297	684639	206282	295483	348670	239666	533717	211264	389122
其中：经营贷款	335390	181791	74935	7730	8880	8300	450	30144	9690	9070	3800	600
固定资产贷款	7464934	2162495	2106963	357567	675759	197982	295033	318526	229976	524647	207464	388522
（3）普通并购贷款	171531	90917	48115		25000					2499		5000
（4）银团贷款	930560	433027	335696	8000	95337		16000			40000		2500
（5）贸易融资	40535	3093	37442									
（6）境外筹资转贷款												
3. 融资租赁												
4. 票据融资	1289272	430189	198842	112033	99546	69863	88307	33958	75702	149011	31821	
5. 各项垫款	178211	73310	36263	43203	2925	1884	6738	4006	172	7889	1821	
（二）境外贷款	37234	10782	1378	8862	4142	359	113	180		60	11254	104

中国建设银行浙江省分地区人民币存贷款统计

（2012 年）

单位：万元

项目＼地区	浙江省	杭州市	宁波市	温州市	嘉兴市	湖州市	绍兴市	金华市	衢州市	台州市	丽水市	舟山市
一、各项存款	**62701418**	**14684938**	**11230842**	**7766978**	**5464061**	**2678492**	**4843844**	**6496629**	**1831474**	**3520285**	**1948483**	**2235392**
1. 单位存款	36458949	8580453	6983343	3786620	3052781	1504938	3027854	3550735	1200815	2109461	1098216	1563733
其中：活期存款	11938833	2420965	2119328	1540893	1074307	625763	857866	1146866	342903	886501	454402	469039
定期存款	12013338	2744101	1863000	1497266	820564	480427	1075720	1547373	499572	695911	297456	491948
通知存款	1104108	304820	296071	62268	110504	24445	125987	39958	17148	13963	66750	42194
保证金存款	3451595	797025	938374	228551	290492	121354	494053	302276	38766	200851	12049	27804
2. 个人存款	24827673	5131171	4007120	3933650	2359370	1171482	1797407	2914562	610684	1398786	846333	657108
储蓄存款	24262876	5033679	3839556	3882848	2315199	1146830	1772854	2816581	598574	1379106	833737	643912
保证金存款	281	55	55	36	25	25	9	21		44		11
结构性存款	564516	97437	167509	50766	44146	24627	24544	97960	12110	19636	12596	13185
3. 临时性存款	38402	9915	6618	5010	1839	1553	5378	4096	1212	1388	912	481
4. 其他存款	1376394	963399	233761	41698	50071	519	13205	27236	18763	10650	3022	14070
一、各项贷款	**60204235**	**13630342**	**11751226**	**7982355**	**4675943**	**2705386**	**4499614**	**6077122**	**1474469**	**3526206**	**1751959**	**2129613**
（一）境内贷款	60198530	13629260	11750082	7981162	4675723	2705311	4499580	6077113	1474469	3525956	1750261	2129613
1. 短期贷款	27660589	4615630	4990417	5373557	1078095	1032600	3006211	3811503	724366	1378958	861211	788041
（1）个人贷款及透支	4418593	382622	339516	1726288	145557	186446	410612	610007	73769	271919	222193	49664
其中：个人消费贷款	1225853	249176	210783	223243	14566	60335	31545	40468	12743	197730	165141	20123
（2）单位普通贷款及透支	21991050	3920254	4379059	3550042	879294	750152	2505287	3079924	619235	1032887	596502	678414

续表

项目 \ 地区	浙江省	杭州市	宁波市	温州市	嘉兴市	湖州市	绍兴市	金华市	衢州市	台州市	丽水市	舟山市
其中:经营贷款	21973787	3913015	4379059	3550033	879273	743452	2505249	3077108	619189	1032886	596502	678021
固定资产贷款	9500					6700		2800				
(3) 普通并购贷款												
(4) 银团贷款												
(5) 贸易融资	1250946	312754	271842	97227	53244	96002	90312	121572	31362	74152	42516	59963
(6) 境外筹资转贷款												
2. 中长期贷款	31890743	8768093	6674220	2414137	3571861	1661815	1475457	2238626	738444	2136519	871731	1339840
(1) 个人贷款	14639209	3539771	2815619	1518076	1102785	922648	847282	1351685	413048	1092592	485422	550281
其中:个人消费贷款	13704634	3374428	2631350	1461799	962580	829874	778829	1272515	376270	1050882	441388	524719
(2) 单位普通贷款	17251514	5228302	3858601	896061	2469076	739167	628175	886941	325396	1043927	386309	789559
其中:经营贷款	5087318	1501203	831051	317974	870715	371792	227615	298888	108549	297268	180221	82042
固定资产贷款	12164196	3727099	3027550	578087	1598361	367375	400560	588053	216847	746659	206088	707517
(3) 普通并购贷款												
(4)银团贷款												
(5) 贸易融资	20	20										
(6) 境外筹资转贷款												
3. 融资租赁												
4. 票据融资	230341	20800	78378	50741	19319	6325		24712	11341	2770	14223	1732
5. 各项垫款	416857	224737	7067	142727	6448	4571	17912	2272	318	7709	3096	
(二) 境外贷款	5705	1082	1144	1193	220	75	34	9		250	1698	

中国农业发展银行浙江省分地区人民币存贷款统计

（2012 年）

单位：万元

项目 \ 地区	浙江省	杭州市	宁波市	温州市	嘉兴市	湖州市	绍兴市	金华市	衢州市	台州市	丽水市	舟山市
一、各项存款	**1094541**	**177586**	**160032**	**75190**	**145109**	**54611**	**105171**	**101216**	**79979**	**79935**	**78676**	**37036**
1. 单位存款	1094370	177565	160032	75190	145109	54601	105121	101146	79959	79935	78676	37036
其中：活期存款	830083	128085	140323	53884	112384	40935	54781	74176	62621	70515	73217	19162
定期存款	190828	34672	10450	20985	24035	11261	31127	16458	15515	8703	4812	12810
通知存款	19900		4000			100	11300	1500				3000
保证金存款	53559	14808	5259	321	8690	2305	7914	9012	1823	717	647	2063
2. 个人存款												
储蓄存款												
保证金存款												
结构性存款												
3. 临时性存款	171	21				10	50	70	20			
4. 其他存款												
一、各项贷款	**6292418**	**1259952**	**1078939**	**324358**	**847919**	**477458**	**612707**	**485863**	**338761**	**344630**	**295172**	**226659**
（一）境内贷款	6292418	1259952	1078939	324358	847919	477458	612707	485863	338761	344630	295172	226659
1. 短期贷款	2341107	628402	408343	141895	176877	120713	215942	266803	139242	110912	56686	75292
（1）个人贷款及透支												
其中：个人消费贷款												
（2）单位普通贷款及透支	2341077	628402	408343	141895	176877	120713	215942	266803	139242	110912	56686	75262

续表

项目＼地区	浙江省	杭州市	宁波市	温州市	嘉兴市	湖州市	绍兴市	金华市	衢州市	台州市	丽水市	舟山市
其中：经营贷款	2341077	628402	408343	141895	176877	120713	215942	266803	139242	110912	56686	75262
固定资产贷款												
（3）普通并购贷款												
（4）银团贷款												
（5）贸易融资	30											30
（6）境外筹资转贷款												
2. 中长期贷款	3945548	631550	667030	182463	671042	356745	396765	219060	199120	231920	238486	151367
（1）个人贷款												
其中：个人消费贷款												
（2）单位普通贷款	3844298	631550	667030	154463	597792	356745	396765	219060	199120	231920	238486	151367
其中：经营贷款												
固定资产贷款	3844298	631550	667030	154463	597792	356745	396765	219060	199120	231920	238486	151367
（3）普通并购贷款												
（4）银团贷款	101250			28000	73250							
（5）贸易融资												
（6）境外筹资转贷款												
3. 融资租赁												
4. 票据融资	3566		3566									
5. 各项垫款	2197								399	1798		
（二）境外贷款												

国家开发银行浙江省分地区人民币存贷款统计

（2012 年）

单位：万元

项目＼地区	浙江省	杭州市	宁波市
一、各项存款	**2245073**	**1491417**	**753656**
1. 单位存款	2044831	1291367	753464
其中：活期存款	901150	586427	314723
定期存款	515377	386967	128410
通知存款	2520		2520
保证金存款	3854	3050	804
2. 个人存款			
储蓄存款			
保证金存款			
结构性存款			
3. 临时性存款	242	50	192
4. 其他存款	200000	200000	
一、各项贷款	**20973265**	**13499891**	**7473374**
（一）境内贷款	20973265	13499891	7473374
1. 短期贷款	1639339	1178049	461290
（1）个人贷款及透支	10650	10650	
其中：个人消费贷款			
（2）单位普通贷款及透支	1286377	912707	373670
其中：经营贷款	1111577	803707	307870
固定资产贷款	174800	109000	65800
（3）普通并购贷款			
（4）银团贷款	238774	201154	37620
（5）贸易融资	103538	53538	50000
（6）境外筹资转贷款			
2. 中长期贷款	19332246	12321842	7010404
（1）个人贷款			
其中：个人消费贷款			
（2）单位普通贷款	14937778	9836948	5100830
其中：经营贷款	208897	191897	17000
固定资产贷款	14728881	9645051	5083830
（3）普通并购贷款	27500	27500	
（4）银团贷款	4352247	2442673	1909574
（5）贸易融资	14721	14721	
（6）境外筹资转贷款			
3. 融资租赁			
4. 票据融资	1680		1680
5. 各项垫款			
（二）境外贷款			

中国进出口银行浙江省分地区人民币存贷款统计

（2012 年）

单位：万元

项目 \ 地区	浙江省	杭州市	宁波市
一、各项存款	**85607**	**68447**	**17160**
1. 单位存款	85607	68447	17160
其中：活期存款	49299	36577	12722
定期存款	7513	7513	
通知存款			
保证金存款	28795	24357	4438
2. 个人存款			
储蓄存款			
保证金存款			
结构性存款			
3. 临时性存款			
4. 其他存款			
一、各项贷款	**4729649**	**3547693**	**1181956**
（一）境内贷款	4714767	3532811	1181956
1. 短期贷款	1729844	1384981	344863
（1）个人贷款及透支			
其中：个人消费贷款			
（2）单位普通贷款及透支	441098	344998	96100
其中：经营贷款	441098	344998	96100
固定资产贷款			
（3）普通并购贷款			
（4）银团贷款	12400	12400	
（5）贸易融资	1276346	1027583	248763
（6）境外筹资转贷款			
2. 中长期贷款	2984923	2147830	837093
（1）个人贷款			
其中：个人消费贷款			
（2）单位普通贷款	1353139	1072959	280180
其中：经营贷款	1072959	1072959	
固定资产贷款	280180		280180
（3）普通并购贷款			
（4）银团贷款	139039	64759	74280
（5）贸易融资	1492545	1009912	482633
（6）境外筹资转贷款	200	200	
3. 融资租赁			
4. 票据融资			
5. 各项垫款			
（二）境外贷款	14882	14882	

浙商银行浙江省分地区人民币存贷款统计

（2012 年）

单位：万元

项目 \ 地区	浙江省	杭州市	宁波市	温州市	嘉兴市	湖州市	绍兴市	金华市	衢州市	台州市	丽水市	舟山市
一、各项存款	**9498055**	**3519257**	**1296409**	**1326683**	**403389**	**173426**	**1043035**	**833194**	**171748**	**325236**	**106162**	**299516**
1. 单位存款	7398404	2986255	1026640	875521	375764	146235	692210	576983	155536	254036	33241	275983
其中：活期存款	1365052	560982	268586	114262	63940	28042	173442	71975	21871	34111	7738	20103
定期存款	4233838	1714382	383401	566255	237451	84159	402748	419402	109072	125172	24416	167380
通知存款	263166	115367	39661	24189	10497	6450	33966	1038	5158	800		26040
保证金存款	790448	105720	287380	124994	25113	18936	74865	72696	4568	73588	1048	1540
2. 个人存款	1661287	430496	170110	371000	27264	26076	298930	205836	16168	20982	71901	22524
储蓄存款	1661287	430496	170110	371000	27264	26076	298930	205836	16168	20982	71901	22524
保证金存款												
结构性存款												
3. 临时性存款	6287	2439	659	162	361	115	1885	375	44	218	20	9
4. 其他存款	432077	100067	99000	80000		1000	50010	50000		50000	1000	1000
一、各项贷款	**8589385**	**2984091**	**1105899**	**1239944**	**346343**	**178833**	**942066**	**848843**	**202970**	**321633**	**144738**	**274025**
（一）境内贷款	8589385	2984091	1105899	1239944	346343	178833	942066	848843	202970	321633	144738	274025
1. 短期贷款	6941033	2110362	885318	1160406	271754	145448	843556	790852	159284	254963	134290	184800
（1）个人贷款及透支	2112513	599405	244588	455094	72914	22821	204198	256715	37832	104525	53812	60609
其中：个人消费贷款	18894	2661	6114		245	280	1490	108		4303	420	3273
（2）单位普通贷款及透支	4826792	1510957	639632	704812	198840	122627	639358	534137	121452	150308	80478	124191

续表

项目 \ 地区	浙江省	杭州市	宁波市	温州市	嘉兴市	湖州市	绍兴市	金华市	衢州市	台州市	丽水市	舟山市
其中:经营贷款	4781792	1465957	639632	704812	198840	122627	639358	534137	121452	150308	80478	124191
固定资产贷款	45000	45000										
(3) 普通并购贷款												
(4) 银团贷款												
(5) 贸易融资	1728		1098	500						130		
(6) 境外筹资转贷款												
2. 中长期贷款	1460866	760234	204690	70061	74589	30491	98510	27432	43686	51500	10448	89225
(1) 个人贷款	134836	109380	5370	8792	4719	530	460	1301	3036		48	1200
其中:个人消费贷款	50250	40517	1399	8202		80		22				30
(2) 单位普通贷款	1196835	580859	194720	61269	54870	29961	88050	23731	40650	51500	10400	60825
其中:经营贷款	284193	129125	37500	22409	22370	1511	20000	15378	14000	21500	400	
固定资产贷款	912642	451734	157220	38860	32500	28450	68050	8353	26650	30000	10000	60825
(3) 普通并购贷款	99595	69995	4600		15000		10000					
(4) 银团贷款	29600							2400				27200
(5) 贸易融资												
(6) 境外筹资转贷款												
3. 融资租赁												
4. 票据融资	172846	109286	15341	2990				30059		15170		
5. 各项垫款	14640	4209	550	6487		2894		500				
(二) 境外贷款												

交通银行浙江省分地区人民币存贷款统计

（2012 年）

单位：万元

项目＼地区	浙江省	杭州市	宁波市	温州市	嘉兴市	湖州市	绍兴市	金华市	衢州市	台州市	丽水市	舟山市
一、各项存款	**27694372**	**8460523**	**5474266**	**3426764**	**2269682**	**1348063**	**3772758**	**1227845**	**242457**	**1069950**	**100866**	**301198**
1. 单位存款	19048051	6245717	3933053	1945244	1630695	846750	2421238	857179	158546	703141	63200	243288
其中：活期存款	5110094	1804117	1052578	455615	481666	215270	619035	124756	38641	188897	31411	98108
定期存款	4659826	1744599	640769	649032	514379	127447	459464	238757	22764	195646	7801	59168
通知存款	717135	246749	85748	71714	85792	35904	110024	31210	8450	6018		35526
保证金存款	4804750	943443	1179333	623454	267221	291575	745474	383077	74318	261911	19131	15813
2. 个人存款	6519273	1504442	1135248	1071372	507491	361644	1246140	330184	42689	250558	27115	42390
储蓄存款	5416251	1182121	1015476	822601	453670	321380	1031121	295889	34709	201454	23996	33834
保证金存款	3411	637	1248	462	222	101	462	15	7	253		4
结构性存款	1099611	321683	118524	248309	53600	40162	214557	34280	7973	48851	3119	8553
3. 临时性存款	26711	8491	3658	2136	2984	1639	5321	482	222	1227	551	
4. 其他存款	2100337	701873	402307	408012	128512	138030	100059	40000	41000	115024	10000	15520
一、各项贷款	**21446400**	**6095629**	**4459861**	**2955558**	**1872968**	**1069492**	**2790521**	**883776**	**177736**	**839341**	**88064**	**213454**
（一）境内贷款	21444472	6095029	4459649	2955444	1872881	1068797	2790302	883776	177736	839341	88064	213454
1. 短期贷款	12600958	2644260	2253504	2294010	1091269	753855	1987726	708992	143404	567304	51620	105014
（1）个人贷款及透支	1052259	18213	73481	645206	23830	65653	93451	30067	11354	68844	12514	9646
其中：个人消费贷款	203244	8506	52421	60533	1763	25992	21386		311	27546	1571	3215
（2）单位普通贷款及透支	11357274	2569841	2175061	1645476	1043037	659415	1880093	633573	127350	488954	39106	95368

续表

项目 \ 地区	浙江省	杭州市	宁波市	温州市	嘉兴市	湖州市	绍兴市	金华市	衢州市	台州市	丽水市	舟山市
其中:经营贷款	11357174	2569841	2175061	1645476	1043037	659415	1880093	633573	127250	488954	39106	95368
固定资产贷款												
(3) 普通并购贷款												
(4) 银团贷款	3690	3190					500					
(5) 贸易融资	187735	53016	4962	3328	24402	28787	13682	45352	4700	9506		
(6) 境外筹资转贷款												
2. 中长期贷款	8607827	3404484	2143377	624559	751816	284510	790291	174080	32658	257168	36444	108440
(1) 个人贷款	2872278	789444	593729	384836	291060	167228	383232	86350	9938	156983	2344	7134
其中:个人消费贷款	2464141	646354	533509	361433	223919	121851	339741	73939	8214	146085	2202	6894
(2) 单位普通贷款	5003148	2456952	1251904	239723	296287	117282	346859	65230	18320	100185	34100	76306
其中:经营贷款	693773	318946	113146	25290	95100	22138	54730	6080	2120	37790		18433
固定资产贷款	4309375	2138006	1138758	214433	201187	95144	292129	59150	16200	62395	34100	57873
(3) 普通并购贷款	46993	44993						2000				
(4) 银团贷款	685408	113095	297744		164469		60200	20500	4400			25000
(5) 贸易融资												
(6) 境外筹资转贷款												
3. 融资租赁												
4. 票据融资	82790	28278	41607	1174	1949		1066	212	1674	6830		
5. 各项垫款	152897	18007	21161	35701	27846	30432	11219	492		8039		
(二) 境外贷款	1928	600	212	114	88	695	219					

中信银行浙江省分地区人民币存贷款统计

（2012 年）

单位：万元

项目 \ 地区	浙江省	杭州市	宁波市	温州市	嘉兴市	湖州市	绍兴市	金华市	台州市	丽水市
一、各项存款	**22312036**	**10635398**	**3327420**	**1880128**	**2192016**	**380675**	**2450242**	**737984**	**498967**	**209206**
1. 单位存款	17139628	8568980	2456629	1151231	1715997	294489	1865303	530281	413367	143351
其中：活期存款	3485419	1618774	543923	213052	473964	100705	324912	39673	141664	28752
定期存款	7606235	4647122	477309	489275	712830	117033	583307	408715	63600	107044
通知存款	603847	412387	48342	25487	43811	1300	64378	2250	5792	100
保证金存款	3505467	803755	1151273	296301	235687	44721	751579	42616	176115	3420
2. 个人存款	4250451	1765611	601825	562664	420399	85441	531110	167629	85186	30586
储蓄存款	3771573	1542066	540957	520334	324443	76041	507889	152481	80875	26487
保证金存款	10	3					7			
结构性存款	478868	223542	60868	42330	95956	9400	23214	15148	4311	4099
3. 临时性存款	27617	6802	8641	1233	5620	744	3827	67	414	269
4. 其他存款	894340	294005	260325	165000	50000	1	50002	40007		35000
一、各项贷款	**17871204**	**7803831**	**2781110**	**1874083**	**1719372**	**412147**	**1948220**	**665166**	**456843**	**210432**
（一）境内贷款	17867232	7799905	2781110	1874083	1719335	412147	1948211	665166	456843	210432
1. 短期贷款	12794995	4466601	1937199	1696547	1403212	372692	1683379	652560	409351	173454
（1）个人贷款及透支	1160916	233876	148810	333976	122449	50936	120793	81238	50587	18251
其中：个人消费贷款	93892	22250	31174	17207	907	9752	1253	430	3871	7048
（2）单位普通贷款及透支	11529304	4173400	1786183	1359751	1267553	321516	1536802	570132	358764	155203

续表

项目＼地区	浙江省	杭州市	宁波市	温州市	嘉兴市	湖州市	绍兴市	金华市	台州市	丽水市
其中:经营贷款	11397060	4041555	1786183	1359751	1267553	321516	1536802	570132	358764	154804
固定资产贷款	101000	101000								
(3) 普通并购贷款	20000	20000								
(4) 银团贷款	16500						16500			
(5) 贸易融资	68275	39325	2206	2820	13210	240	9284	1190		
(6) 境外筹资转贷款										
2. 中长期贷款	4250034	2800601	662818	144564	272709	33551	245188	12606	47492	30505
(1) 个人贷款	1502555	915204	214934	134814	69148	17051	102246	8006	28247	12905
其中:个人消费贷款	1417516	865345	192855	133313	67073	14629	99528	7206	27586	9981
(2) 单位普通贷款	2509826	1769334	388058	9750	167201	11500	122538	4600	19245	17600
其中:经营贷款	1134155	859624	182748	2250	47550	3500	14638	4600	19245	
固定资产贷款	1375671	909710	205310	7500	119651	8000	107900			17600
(3) 普通并购贷款	21304	6900					14404			
(4) 银团贷款	216349	109163	59826		36360	5000	6000			
(5) 贸易融资										
(6) 境外筹资转贷款										
3. 融资租赁										
4. 票据融资	763879	532703	171889	8584	25653	3974	14603			6473
5. 各项垫款	58324		9204	24388	17761	1930	5041			
(二) 境外贷款	3972	3926			37		9			

上海浦东发展银行浙江省分地区人民币存贷款统计

（2012 年）

单位：万元

项目 \ 地区	浙江省	杭州市	宁波市	温州市	嘉兴市	湖州市	绍兴市	金华市	衢州市	台州市	丽水市	舟山市
一、各项存款	**24227550**	**6846804**	**6827650**	**2900508**	**1036158**	**352339**	**2682913**	**1541859**	**316276**	**1459580**	**236316**	**27147**
1. 单位存款	17430147	5361971	4810208	1881377	808348	278021	1864775	977692	267016	971899	182712	26128
其中：活期存款	3135082	850062	1140696	218242	101007	55136	284671	57068	32603	368829	24590	2178
定期存款	6600260	1978386	1594954	752287	294051	93926	830560	571044	138143	239051	86908	20950
通知存款	543431	211788	158381	33431	16396	5898	59642	9107	200	44582	1006	3000
保证金存款	4725606	1470773	885816	764644	297122	107721	584047	189047	80989	281316	64131	
2. 个人存款	4767326	1200925	1101131	664417	165721	68664	615242	364048	48975	483632	53552	1019
储蓄存款	4426442	1099205	998091	596103	158585	59913	574825	354794	46723	483632	53552	1019
保证金存款	4487	1070	347	3070								
结构性存款	336397	100650	102693	65244	7136	8751	40417	9254	2252			
3. 临时性存款	24970	6324	3803	4705	2089	654	2896	118	285	4044	52	
4. 其他存款	2005107	277584	912508	350009	60000	5000	200000	200001		5		
一、各项贷款	**21816406**	**5486770**	**5049619**	**4568646**	**794795**	**397555**	**1966770**	**1008645**	**269087**	**1942226**	**314293**	**18000**
（一）境内贷款	21812471	5483022	5049525	4568553	794795	397555	1966770	1008645	269087	1942226	314293	18000
1. 短期贷款	16343995	3540836	3648122	3621747	621095	269758	1816389	876792	238615	1447727	246914	16000
（1）个人贷款及透支	3319354	408447	736345	828071	83037	32510	262105	192951	42923	681621	51344	
其中：个人消费贷款	843785	66415	253279	234306	9041	4246	31944	13262	4425	219238	7629	
（2）单位普通贷款及透支	12424251	3031280	2572287	2768310	516943	237248	1521878	638746	180192	746797	194570	16000

续表

项目 \ 地区	浙江省	杭州市	宁波市	温州市	嘉兴市	湖州市	绍兴市	金华市	衢州市	台州市	丽水市	舟山市
其中：经营贷款	12414079	3030108	2571287	2765310	515943	237248	1517878	638746	180192	746797	194570	16000
固定资产贷款	8000		1000	3000			4000					
（3）普通并购贷款												
（4）银团贷款												
（5）贸易融资	600390	101109	339490	25366	21115		32406	45095	15500	19309	1000	
（6）境外筹资转贷款												
2. 中长期贷款	4867514	1827147	1155215	816924	158858	119206	141081	131853	28314	436542	50374	2000
（1）个人贷款	1490546	755631	184779	230446	54662	11687	19421	21640	9680	193326	9274	
其中：个人消费贷款	1263326	695724	102417	219916	34127	6534	14369	17914	8482	154711	9132	
（2）单位普通贷款	3047533	932336	913806	565478	79196	58047	111660	83480	18634	241796	41100	2000
其中：经营贷款	467198	188060	101423	65325	25000	8000	12750	40790		16850	7000	2000
固定资产贷款	2580335	744276	812383	500153	54196	50047	98910	42690	18634	224946	34100	
（3）普通并购贷款	1000	1000										
（4）银团贷款	328435	138180	56630	21000	25000	49472	10000	26733		1420		
（5）贸易融资												
（6）境外筹资转贷款												
3. 融资租赁												
4. 票据融资	429709	89983	240644	26974	4146	1090	1500		235	54463	10674	
5. 各项垫款	171253	25056	5544	102908	10696	7501	7800		1923	3494	6331	
（二）境外贷款	3935	3748	94	93								

华夏银行浙江省分地区人民币存贷款统计

（2012 年）

单位：万元

项目 \ 地区	浙江省	杭州市	宁波市	温州市	嘉兴市	湖州市	绍兴市	金华市	台州市
一、各项存款	**9460025**	**4362290**	**1438805**	**1765645**	**177077**	**144229**	**1183104**	**187711**	**201164**
1. 单位存款	7392574	3620923	1248535	1154024	143884	117964	790860	145419	170965
其中：活期存款	1228949	610623	151830	223060	21278	22367	145010	25354	29427
定期存款	3492758	1576152	596046	686468	101888	54395	300658	48565	128586
通知存款	314244	158830	18655	54565	5890	3000	61304	10000	2000
保证金存款	1553391	649040	416037	131220	4525	28072	257315	59366	7816
2. 个人存款	1673451	638586	189349	477622	33183	26210	236215	42192	30094
储蓄存款	1673451	638586	189349	477622	33183	26210	236215	42192	30094
保证金存款									
结构性存款									
3. 临时性存款	14000	2781	921	3999	10	55	6029	100	105
4. 其他存款	380000	100000		130000			150000		
一、各项贷款	**8731210**	**3850420**	**1195743**	**1713683**	**161531**	**199672**	**1146294**	**230872**	**232995**
（一）境内贷款	8731153	3850363	1195743	1713683	161531	199672	1146294	230872	232995
1. 短期贷款	6365244	2377617	984761	1475320	123331	179503	869928	202080	152704
（1）个人贷款及透支	272192	40631	14800	152916	900	3575	44681	12799	1890
其中：个人消费贷款	15332	7140	6030	260		20	1854	28	
（2）单位普通贷款及透支	5947616	2296069	965116	1288310	122431	158368	782227	184281	150814

续表

项目＼地区	浙江省	杭州市	宁波市	温州市	嘉兴市	湖州市	绍兴市	金华市	台州市
其中:经营贷款	5927567	2282016	965116	1284310	122431	158368	782227	184281	148818
固定资产贷款	18053	14053		4000					
(3) 普通并购贷款									
(4) 银团贷款									
(5) 贸易融资	145436	40917	4845	34094		17560	43020	5000	
(6) 境外筹资转贷款									
2. 中长期贷款	2321919	1472746	201906	205948	38200	20169	274654	28792	79504
(1) 个人贷款	624610	295902	92040	85626	23540	1527	106494	5152	14329
其中:个人消费贷款	537071	267043	79319	83787	23540	29	71164	18	12171
(2) 单位普通贷款	1635422	1139209	85614	120322	14660	18642	168160	23640	65175
其中:经营贷款	667950	417204	53980	73322	1200	7450	105730	6240	2824
固定资产贷款	967472	722005	31634	47000	13460	11192	62430	17400	62351
(3) 普通并购贷款									
(4) 银团贷款	61887	37635	24252						
(5) 贸易融资									
(6) 境外筹资转贷款									
3. 融资租赁									
4. 票据融资	4197			4038			159		
5. 各项垫款	39793		9076	28377			1553		787
(二) 境外贷款	57	57							

招商银行浙江省分地区人民币存贷款统计

（2012年）

单位：万元

项目＼地区	浙江省	杭州市	宁波市	温州市	嘉兴市	湖州市	绍兴市	金华市	衢州市	台州市
一、各项存款	**11777265**	**4795598**	**2421835**	**1226120**	**472330**	**168424**	**1198859**	**592154**	**157781**	**744164**
1. 单位存款	8673124	3328555	1620098	1052238	373422	133017	1002381	455818	133071	574524
其中：活期存款	2204632	888134	574684	140472	104287	43174	193113	63522	42528	154718
定期存款	2760559	961727	298386	535107	153971	50358	329208	231929	30710	139163
通知存款	430293	230893	36343	15450	27439	8300	63989	24514	3865	19500
保证金存款	2052660	458755	510343	308144	22464	14601	353462	120398	15713	248780
2. 个人存款	2661498	1288214	571270	172560	89063	35376	185344	130726	24604	164341
储蓄存款	2659575	1288214	569347	172560	89063	35376	185344	130726	24604	164341
保证金存款	1923		1923							
结构性存款										
3. 临时性存款	9573	3348	1267	1321	544	30	1133	608	106	1216
4. 其他存款	433070	175481	229200	1	9301	1	10001	5002		4083
一、各项贷款	**13484727**	**4183399**	**3169893**	**2103180**	**343673**	**266530**	**1537007**	**814624**	**180215**	**886206**
（一）境内贷款	13472423	4174106	3168379	2102153	343641	266530	1536589	814604	180215	886206
1. 短期贷款	8873436	2448040	1813396	1712752	216274	182008	1148682	688559	125222	538503
（1）个人贷款及透支	2171735	509678	424905	511790	69838	60319	175166	259585	54317	106137
其中：个人消费贷款	186288	62854	73826	11668	704	782	1481	8914	10010	16049
（2）单位普通贷款及透支	6692086	1933988	1388291	1197628	146436	121689	973429	428354	70905	431366

续表

地区 项目	浙江省	杭州市	宁波市	温州市	嘉兴市	湖州市	绍兴市	金华市	衢州市	台州市
其中:经营贷款	6690686	1933988	1388291	1197628	145036	121689	973429	428354	70905	431366
固定资产贷款	1400				1400					
(3) 普通并购贷款										
(4) 银团贷款										
(5) 贸易融资	9615	4374	200	3334			87	620		1000
(6) 境外筹资转贷款										
2. 中长期贷款	4162042	1613670	1269346	308988	100883	66203	352593	117073	40735	292551
(1) 个人贷款	3104117	1465254	633480	251242	61709	66203	230564	112723	34335	248607
其中:个人消费贷款	2525672	1141936	517718	215069	53659	47610	195415	94925	26241	233099
(2) 单位普通贷款	954528	114668	582869	57746	30974		113577	4350	6400	43944
其中:经营贷款	103996	1200	44395	33450			22951			2000
固定资产贷款	850532	113468	538474	24296	30974		90626	4350	6400	41944
(3) 普通并购贷款										
(4) 银团贷款	103397	33748	52997		8200		8452			
(5) 贸易融资										
(6) 境外筹资转贷款										
3. 融资租赁										
4. 票据融资	418420	112396	84432	66874	24792	17819	34725	7972	14258	55152
5. 各项垫款	18525		1205	13539	1692	500	589	1000		
(二) 境外贷款	12304	9293	1514	1027	32		418	20		

广发银行浙江省分地区人民币存贷款统计

（2012 年）

单位：万元

项目＼地区	浙江省	杭州市	宁波市	温州市	绍兴市	金华市	台州市
一、各项存款	**6922941**	**3475071**	**1850853**	**1025893**	**68990**	**219780**	**282354**
1. 单位存款	4636006	2058776	1387087	721453	55168	186386	227136
其中：活期存款	761103	265229	354960	80660	17779	15649	26826
定期存款	1801392	1035992	156796	285091	32458	123857	167198
通知存款	99723	50223	29371	7471	4821	2230	5607
保证金存款	1066379	158847	567375	298302	110	29881	11864
2. 个人存款	1274362	523998	352193	296331	13822	33374	54644
储蓄存款	1053841	404295	295129	261489	13648	27907	51373
保证金存款	2905	1683	853	269	14	7	79
结构性存款	217616	118020	56211	34573	160	5460	3192
3. 临时性存款	34912	15637	10572	8109		20	574
4. 其他存款	977661	876660	101001				
一、各项贷款	**5694515**	**2303185**	**1526655**	**1199035**	**54565**	**242251**	**368824**
（一）境内贷款	5694515	2303185	1526655	1199035	54565	242251	368824
1. 短期贷款	4305974	1403432	1204227	1082786	54515	210960	350054
（1）个人贷款及透支	440475	35566	91861	235687	60	29740	47561
其中：个人消费贷款	1281	246	330		10		695
（2）单位普通贷款及透支	3844363	1355853	1107813	842529	54455	181220	302493

续表

项目 \ 地区	浙江省	杭州市	宁波市	温州市	绍兴市	金华市	台州市
其中：经营贷款	3844363	1355853	1107813	842529	54455	181220	302493
固定资产贷款							
(3) 普通并购贷款							
(4) 银团贷款							
(5) 贸易融资	21136	12013	4553	4570			
(6) 境外筹资转贷款							
2. 中长期贷款	1279894	866219	299230	65234	50	31291	17870
(1) 个人贷款	907199	683382	109372	65234	50	31291	17870
其中：个人消费贷款	852332	669559	103575	61407		941	16850
(2) 单位普通贷款	258368	128510	129858				
其中：经营贷款	61397	61397					
固定资产贷款	196971	67113	129858				
(3) 普通并购贷款							
(4) 银团贷款	114327	54327	60000				
(5) 贸易融资							
(6) 境外筹资转贷款							
3. 融资租赁							
4. 票据融资	28693	14484	9503	4706			
5. 各项垫款	79954	19050	13695	46309			900
(二) 境外贷款							

平安银行浙江省分地区人民币存贷款统计

（2012 年）

单位：万元

项目＼地区	浙江省	杭州市	宁波市	温州市	嘉兴市	金华市	台州市
一、各项存款	**10695949**	**5457578**	**2348608**	**1544309**	**502349**	**836109**	**6996**
1. 单位存款	9202472	4995058	1871844	1150357	463391	715622	6200
其中：活期存款	1491969	769780	426979	126423	97995	64592	6200
定期存款	4358620	2576841	217114	840837	284559	439269	
通知存款	421303	330267	63136	14800	10900	2200	
保证金存款	2155682	857179	965700	101607	36435	194761	
2. 个人存款	962085	394517	255146	153790	37956	119880	796
储蓄存款	954836	391767	253400	152352	36666	119855	796
保证金存款	7249	2750	1746	1438	1290	25	
结构性存款							
3. 临时性存款	18411	5022	1618	10162	1002	607	
4. 其他存款	512981	62981	220000	230000			
一、各项贷款	**9739878**	**4625410**	**2093331**	**1780898**	**279280**	**959759**	**1200**
（一）境内贷款	9737789	4624140	2092826	1780584	279280	959759	1200
1. 短期贷款	7578973	3474354	1434396	1530305	272236	866482	1200
（1）个人贷款及透支	595967	114800	73942	288738	26439	92048	
其中：个人消费贷款	12715	3961	7459	1079	205	11	
（2）单位普通贷款及透支	6784891	3282222	1342880	1160658	245797	752134	1200

续表

项目 \ 地区	浙江省	杭州市	宁波市	温州市	嘉兴市	金华市	台州市
其中:经营贷款	6767520	3282222	1326509	1159658	245797	752134	1200
固定资产贷款	17371		16371	1000			
(3) 普通并购贷款							
(4) 银团贷款							
(5) 贸易融资	198115	77332	17574	80909		22300	
(6) 境外筹资转贷款							
2. 中长期贷款	1865015	1057037	562101	153922	7044	84911	
(1) 个人贷款	1181977	666127	287973	135922	7044	84911	
其中:个人消费贷款	972605	567622	242895	131813	6123	24152	
(2) 单位普通贷款	650809	363161	269648	18000			
其中:经营贷款	214698	125550	89148				
固定资产贷款	436111	237611	180500	18000			
(3) 普通并购贷款							
(4) 银团贷款	23680	19200	4480				
(5) 贸易融资	8549	8549					
(6) 境外筹资转贷款							
3. 融资租赁							
4. 票据融资	166521	50372	53986	62163			
5. 各项垫款	127280	42377	42343	34194		8366	
(二) 境外贷款	2089	1270	505	314			

中国民生银行浙江省分地区人民币存贷款统计

（2012 年）

单位：万元

项目 \ 地区	浙江省	杭州市	宁波市	温州市	嘉兴市	绍兴市	台州市
一、各项存款	**13207438**	**6644812**	**3003206**	**2086235**	**338660**	**936056**	**198469**
1. 单位存款	9963756	5457840	2233510	1220588	293086	609321	149411
其中：活期存款	2327246	1182601	668376	156445	94487	194036	31301
定期存款	2948664	1861147	450596	125962	139275	330474	41210
通知存款	271182	189264	19003	4779	20296	37840	
保证金存款	3708575	1807859	874095	923222	17028	20471	65900
2. 个人存款	3113075	1183129	646247	862466	45479	326735	49019
储蓄存款	2970640	1122806	588689	862451	37561	314463	44670
保证金存款	142435	60323	57558	15	7918	12272	4349
结构性存款							
3. 临时性存款	10607	3843	3449	3181	95		39
4. 其他存款	120000		120000				
一、各项贷款	**14487887**	**6658781**	**2859369**	**2517152**	**656073**	**1548492**	**248020**
（一）境内贷款	14483792	6654900	2859369	2516938	656073	1548492	248020
1. 短期贷款	9663827	3730252	2070246	2167226	400575	1082833	212695
（1）个人贷款及透支	3219868	1236635	845954	668898	94399	309132	64850
其中：个人消费贷款	47729	38573	7037	400	515	1204	
（2）单位普通贷款及透支	6443959	2493617	1224292	1498328	306176	773701	147845

续表

项目 \ 地区	浙江省	杭州市	宁波市	温州市	嘉兴市	绍兴市	台州市
其中:经营贷款	6237199	2453732	1182892	1498328	226276	728126	147845
固定资产贷款	206760	39885	41400		79900	45575	
(3) 普通并购贷款							
(4) 银团贷款							
(5) 贸易融资							
(6) 境外筹资转贷款							
2. 中长期贷款	4719757	2899039	765053	305349	250482	464509	35325
(1) 个人贷款	333559	252028	42934	34693	209	3695	
其中:个人消费贷款	274031	200095	40666	33161	32	77	
(2) 单位普通贷款	4059859	2377929	687119	270656	242273	446557	35325
其中:经营贷款	787831	452815	81326		107990	142500	3200
固定资产贷款	3272028	1925114	605793	270656	134283	304057	32125
(3) 普通并购贷款							
(4) 银团贷款	326339	269082	35000		8000	14257	
(5) 贸易融资							
(6) 境外筹资转贷款							
3. 融资租赁							
4. 票据融资	27116		12115	15001			
5. 各项垫款	73092	25609	11955	29362	5016	1150	
(二) 境外贷款	4095	3881		214			

兴业银行浙江省分地区人民币存贷款统计

（2012 年）

单位：万元

项目＼地区	浙江省	杭州市	宁波市	温州市	嘉兴市	绍兴市	金华市	台州市
一、各项存款	**9838493**	**2948566**	**2920445**	**1200158**	**475302**	**567616**	**1043973**	**682433**
1. 单位存款	6914969	1701095	2095796	991561	391739	355321	821266	558191
其中：活期存款	1545445	456054	525652	144619	81277	71638	97941	168264
定期存款	3619370	716001	1028124	740135	189308	152784	513275	279743
通知存款	197651	92030	42086	25013	8751	9444	16832	3495
保证金存款	630346	26929	143295	36565	36303	112782	176561	97911
2. 个人存款	1593878	443629	302449	208111	82045	212223	222285	123136
储蓄存款	1588896	439931	301465	208111	82045	212073	222285	122986
保证金存款	4982	3698	984			150		150
结构性存款								
3. 临时性存款	17646	1842	12200	486	1518	72	422	1106
4. 其他存款	1312000	802000	510000					
一、各项贷款	**8935947**	**2553861**	**2216681**	**1259270**	**413292**	**637591**	**1093836**	**761416**
（一）境内贷款	8935828	2553821	2216681	1259270	413292	637591	1093836	761337
1. 短期贷款	6147068	1308153	1271797	1159577	261924	585056	998585	561976
（1）个人贷款及透支	721584	55242	51286	227419	26801	21731	236363	102742
其中：个人消费贷款	60719	4450	3444	8595	332	94	770	43034
（2）单位普通贷款及透支	5341581	1231664	1192692	931138	235123	563325	762222	425417

续表

项目 \ 地区	浙江省	杭州市	宁波市	温州市	嘉兴市	绍兴市	金华市	台州市
其中:经营贷款	5160250	1191668	1058357	931138	235123	556325	762222	425417
固定资产贷款	171334	30000	134334			7000		
(3) 普通并购贷款								
(4) 银团贷款								
(5) 贸易融资	83903	21247	27819	1020				33817
(6) 境外筹资转贷款								
2. 中长期贷款	2704072	1214961	925071	89781	141250	42435	93992	196582
(1) 个人贷款	1056853	554126	286792	71106	8880	17125	16192	102632
其中:个人消费贷款	973988	512116	266613	66713	7988	14451	13405	92702
(2) 单位普通贷款	1562559	630253	595201	18675	121370	25310	77800	93950
其中:经营贷款	177899	125261	32788			15000		4850
固定资产贷款	1384660	504992	562413	18675	121370	10310	77800	89100
(3) 普通并购贷款	11000				11000			
(4) 银团贷款	73660	30582	43078					
(5) 贸易融资								
(6) 境外筹资转贷款								
3. 融资租赁								
4. 票据融资	50569	15497	14574	9670	2344	6473		2011
5. 各项垫款	34119	15210	5239	242	7774	3627	1259	768
(二) 境外贷款	119	40						79

中国光大银行浙江省分地区人民币存贷款统计

（2012 年）

单位：万元

项目 \ 地区	浙江省	杭州市	宁波市	温州市	嘉兴市	绍兴市	金华市	台州市
一、各项存款	**7063588**	**2626290**	**3277824**	**308084**	**185912**	**374929**	**103003**	**187546**
1. 单位存款	5172710	1960614	2400316	238731	162854	206130	75302	128763
其中：活期存款	790971	245980	435876	25998	29225	29031	5116	19745
定期存款	1381315	544117	522443	109570	62896	78515	35900	27874
通知存款	233490	98021	64739	51380	9200	2350	6800	1000
保证金存款	2023558	829710	901907	41795	60370	84514	27370	77892
2. 个人存款	1582919	590899	645335	69085	22871	168701	27701	58327
储蓄存款	949392	319724	345128	56029	11626	160727	19317	36841
保证金存款	44684	22027	8677	1460	1978	1332	1288	7922
结构性存款	588843	249148	291530	11596	9267	6642	7096	13564
3. 临时性存款	6882	3729	2144	268	187	98		456
4. 其他存款	301077	71048	230029					
一、各项贷款	**7456608**	**2646385**	**3346863**	**450937**	**162891**	**482402**	**73702**	**293428**
（一）境内贷款	7455577	2646079	3346138	450937	162891	482402	73702	293428
1. 短期贷款	4641655	1564522	1915850	383349	147371	377203	73702	179658
（1）个人贷款及透支	389441	180133	116186	30877	8938	10072	6977	36258
其中：个人消费贷款	70458	14205	35483	4246	2771	37		13716
（2）单位普通贷款及透支	3702810	1204394	1588818	322929	86673	295161	66725	138110

续表

项目 \ 地区	浙江省	杭州市	宁波市	温州市	嘉兴市	绍兴市	金华市	台州市
其中:经营贷款	3681717	1185914	1588183	322929	86673	293183	66725	138110
固定资产贷款	9600	9600						
(3) 普通并购贷款								
(4) 银团贷款	10000	10000						
(5) 贸易融资	539404	169995	210846	29543	51760	71970		5290
(6) 境外筹资转贷款								
2. 中长期贷款	2643937	984599	1400327	43582	15520	86139		113770
(1) 个人贷款	1475448	681889	687953	31982	6770	6175		60679
其中:个人消费贷款	934580	497028	399150	12444	1186	1732		23040
(2) 单位普通贷款	1032082	302710	575967	11600	8750	79964		53091
其中:经营贷款	759522	262710	400907	11600	8750	72464		3091
固定资产贷款	272560	40000	175060			7500		50000
(3) 普通并购贷款								
(4) 银团贷款	99014		99014					
(5) 贸易融资	37393		37393					
(6) 境外筹资转贷款								
3. 融资租赁								
4. 票据融资	96539	60057	24954	11528				
5. 各项垫款	73446	36901	5007	12478		19060		
(二) 境外贷款	1031	306	725					

恒丰银行浙江省分地区人民币存贷款统计

(2012 年)

单位:万元

项目＼地区	浙江省	杭州市	宁波市	温州市	绍兴市	金华市
一、各项存款	**5160810**	**3037704**	**457675**	**525552**	**680660**	**459219**
1. 单位存款	4025481	2391462	444849	331990	537117	320063
其中:活期存款	971052	748954	110902	23144	53135	34917
定期存款	2150738	1044302	108008	270968	468541	258919
通知存款	88484	75185	800	6500	3999	2000
保证金存款	656545	417899	171598	31379	11442	24227
2. 个人存款	702041	355336	11946	53562	142688	138509
储蓄存款	702041	355336	11946	53562	142688	138509
保证金存款						
结构性存款						
3. 临时性存款	5189	2807	880		855	647
4. 其他存款	428099	288099		140000		
一、各项贷款	**2893157**	**1594612**	**216662**	**261910**	**540455**	**279518**
(一) 境内贷款	2893157	1594612	216662	261910	540455	279518
1. 短期贷款	2301685	1207644	162812	174541	483055	273633
(1) 个人贷款及透支	61597	20495	1000	21019	8768	10315
其中:个人消费贷款	1710	1390			320	
(2) 单位普通贷款及透支	2236900	1185345	160428	153522	474287	263318

续表

项目 \ 地区	浙江省	杭州市	宁波市	温州市	绍兴市	金华市
其中:经营贷款	2234263	1185345	159928	151385	474287	263318
固定资产贷款	2637		500	2137		
(3) 普通并购贷款						
(4) 银团贷款						
(5) 贸易融资	3188	1804	1384			
(6) 境外筹资转贷款						
2. 中长期贷款	425023	304005	13700	44033	57400	5885
(1) 个人贷款	6040	6040				
其中:个人消费贷款	3197	3197				
(2) 单位普通贷款	408272	291920	13700	44033	57400	1219
其中:经营贷款	33930	20430	2500		11000	
固定资产贷款	374342	271490	11200	44033	46400	1219
(3) 普通并购贷款						
(4) 银团贷款	10711	6045				4666
(5) 贸易融资						
(6) 境外筹资转贷款						
3. 融资租赁						
4. 票据融资	153219	71820	40150	41249		
5. 各项垫款	13230	11143		2087		
(二) 境外贷款						

渤海银行浙江省分地区人民币存贷款统计

（2012 年）

单位：万元

项目 \ 地区	浙江省	杭州市	绍兴市
一、各项存款	**1748991**	**1394296**	**354695**
1. 单位存款	1422609	1173960	248649
其中：活期存款	170077	125187	44890
定期存款	366216	248434	117782
通知存款	60305	54150	6155
保证金存款	661546	581939	79607
2. 个人存款	315067	219025	96042
储蓄存款	295630	200837	94793
保证金存款			
结构性存款	19437	18188	1249
3. 临时性存款	1315	1311	4
4. 其他存款	10000		10000
一、各项贷款	**1596593**	**1270774**	**325819**
（一）境内贷款	1596593	1270774	325819
1. 短期贷款	1220799	914506	306293
（1）个人贷款及透支	100044	77371	22673
其中：个人消费贷款	10964	7496	3468
（2）单位普通贷款及透支	1071548	787928	283620
其中：经营贷款	1071548	787928	283620
固定资产贷款			
（3）普通并购贷款			
（4）银团贷款			
（5）贸易融资	49207	49207	
（6）境外筹资转贷款			
2. 中长期贷款	356365	336839	19526
（1）个人贷款	203065	183539	19526
其中：个人消费贷款	101372	93594	7778
（2）单位普通贷款	153300	153300	
其中：经营贷款	53000	53000	
固定资产贷款	100300	100300	
（3）普通并购贷款			
（4）银团贷款			
（5）贸易融资			
（6）境外筹资转贷款			
3. 融资租赁			
4. 票据融资	9000	9000	
5. 各项垫款	10429	10429	
（二）境外贷款			

中国邮政储蓄银行浙江省分地区人民币存贷款统计

（2012 年）

单位：万元

项目 \ 地区	浙江省	杭州市	宁波市	温州市	嘉兴市	湖州市	绍兴市	金华市	衢州市	台州市	丽水市	舟山市
一、各项存款	**20057251**	**3016160**	**3205392**	**2032153**	**1752913**	**951714**	**1733751**	**3100374**	**627677**	**1943966**	**1024058**	**669093**
1. 单位存款	2257948	465812	197685	212482	217532	165081	264907	239632	104532	158837	141555	89893
其中：活期存款	1452175	319341	116122	149496	112465	117012	136711	139277	72770	132899	116519	39563
定期存款	678680	106311	69281	57876	93839	33719	104461	95710	26338	18621	23805	48719
通知存款	111712	36073	12282	5110	10535	14350	13314	4496	5425	7317	1200	1610
保证金存款	15381	4087			693		10421	150			30	
2. 个人存款	17789278	2540324	3007706	1819671	1535381	786633	1468844	2860742	523145	1785129	882503	579200
储蓄存款	17789278	2540324	3007706	1819671	1535381	786633	1468844	2860742	523145	1785129	882503	579200
保证金存款												
结构性存款												
3. 临时性存款												
4. 其他存款	10025	10024	1									
一、各项贷款	**7816544**	**1640644**	**1095891**	**990924**	**502558**	**420359**	**658874**	**890785**	**350485**	**657112**	**345642**	**263270**
（一）境内贷款	7816544	1640644	1095891	990924	502558	420359	658874	890785	350485	657112	345642	263270
1. 短期贷款	4577869	484837	503793	844852	353583	276299	382467	617830	238608	467997	285535	122068
(1) 个人贷款及透支	3559171	370829	397526	709630	258568	183631	242480	500155	173909	362254	258441	101748
其中：个人消费贷款	31853	14537	822	2137	60	3216	769	348	143	537	5562	3722
(2) 单位普通贷款及透支	1018698	114008	106267	135222	95015	92668	139987	117675	64699	105743	27094	20320

续表

项目 \ 地区	浙江省	杭州市	宁波市	温州市	嘉兴市	湖州市	绍兴市	金华市	衢州市	台州市	丽水市	舟山市
其中：经营贷款	1017628	114008	106267	135222	95015	92668	139387	117675	64229	105743	27094	20320
固定资产贷款	1070						600		470			
(3) 普通并购贷款												
(4) 银团贷款												
(5) 贸易融资												
(6) 境外筹资转贷款												
2. 中长期贷款	2898379	1052207	526237	122791	126931	123457	221905	249926	104516	169148	60107	141154
(1) 个人贷款	2612617	766607	526164	122791	126931	123457	221905	249926	104516	169148	60107	141065
其中：个人消费贷款	2580868	765204	509436	122164	126167	122345	220245	248935	103140	167598	56731	138903
(2) 单位普通贷款	232762	232600	73									89
其中：经营贷款	49000	49000										
固定资产贷款	183762	183600	73									89
(3) 普通并购贷款												
(4) 银团贷款	53000	53000										
(5) 贸易融资												
(6) 境外筹资转贷款												
3. 融资租赁												
4. 票据融资	340296	103600	65861	23281	22044	20603	54502	23029	7361	19967		48
5. 各项垫款												
(二) 境外贷款												

外资银行浙江省分地区人民币存贷款统计

（2012 年）

单位：万元

项目 \ 地区	浙江省	杭州市	宁波市
一、各项存款	**1665684**	**1333557**	**332127**
1. 单位存款	1253481	1027096	226385
其中：活期存款	279378	222165	57213
定期存款	974103	804931	169172
通知存款			
保证金存款			
2. 个人存款	412203	306461	105742
储蓄存款	412203	306461	105742
保证金存款			
结构性存款			
3. 临时性存款			
4. 其他存款			
一、各项贷款	**1890430**	**1637512**	**252918**
（一）境内贷款	1885292	1632569	252723
1. 短期贷款	798625	647471	151154
（1）个人贷款及透支	8756	8735	21
其中：个人消费贷款	8756	8735	21
（2）单位普通贷款及透支	785869	634736	151133
其中：经营贷款	785869	634736	151133
固定资产贷款			
（3）普通并购贷款			
（4）银团贷款			
（5）贸易融资	4000	4000	
（6）境外筹资转贷款			
2. 中长期贷款	738972	709267	29705
（1）个人贷款	336238	334358	1880
其中：个人消费贷款	336238	334358	1880
（2）单位普通贷款	402734	374909	27825
其中：经营贷款			
固定资产贷款	402734	374909	27825
（3）普通并购贷款			
（4）银团贷款			
（5）贸易融资			
（6）境外筹资转贷款			
3. 融资租赁			
4. 票据融资	347695	275831	71864
5. 各项垫款			
（二）境外贷款	5138	4943	195

城市商业银行浙江省分地区人民币存贷款统计

（2012 年）

单位：万元

项目 \ 地区	浙江省	杭州市	宁波市	温州市	嘉兴市	湖州市	绍兴市	金华市	衢州市	台州市	丽水市	舟山市
一、各项存款	**69540556**	**23803003**	**15096963**	**4744601**	**3145187**	**2001369**	**4695455**	**5624188**	**589341**	**8550579**	**597383**	**692487**
1. 单位存款	42968111	16987879	9831000	2585796	2244784	1302710	2974254	3267222	371561	2710986	225765	466154
其中：活期存款	15284079	6150498	3236765	797440	857523	527305	870265	804091	129157	1659411	93975	157649
定期存款	16898592	7906526	2217710	1305969	864332	584186	1578361	1514997	184750	510383	56522	174856
通知存款	1243390	513878	273313	59569	101715	13074	79339	117805	4874	16143	1870	61810
保证金存款	5936943	1400404	2104108	253580	400939	68126	382790	738800	34104	433342	50467	70283
2. 个人存款	23881983	5720341	4889336	1850539	835123	693820	1362302	2225766	180554	5527140	370821	226241
储蓄存款	23639297	5509794	4879616	1846408	834370	692456	1361453	2219635	180262	5525384	370821	219098
保证金存款	11743	1190	1490	652		232		6131	292	1756		
结构性存款	230943	209357	8230	3479	753	1132	849					7143
3. 临时性存款	143003	58083	21614	3266	15280	4839	1399	11197	7226	19210	797	92
4. 其他存款	2547459	1036700	355013	305000	50000		357500	120003	30000	293243		
一、各项贷款	**55540650**	**19473578**	**12168341**	**3986667**	**2258125**	**1454337**	**3981406**	**4212721**	**444115**	**6384455**	**496077**	**680828**
（一）境内贷款	55539658	19472686	12168241	3986667	2258125	1454337	3981406	4212721	444115	6384455	496077	680828
1. 短期贷款	43168494	12797748	9481898	3466160	1696302	1111236	3290978	3836673	384188	6047556	485685	570070
（1）个人贷款及透支	14887497	3011670	3025387	1360477	203361	269839	92641	1197079	149193	5029097	332104	216649
其中：个人消费贷款	5323014	1240270	2225212	244799	6577	30097	1889	136542	31264	1329988	63517	12859
（2）单位普通贷款及透支	27387384	9491299	6431535	2027985	1455817	841397	3102238	2281826	234995	1017040	153581	349671

续表

项目＼地区	浙江省	杭州市	宁波市	温州市	嘉兴市	湖州市	绍兴市	金华市	衢州市	台州市	丽水市	舟山市
其中:经营贷款	27143396	9357334	6376430	2026910	1446654	835597	3091588	2280526	233875	993360	153581	347541
固定资产贷款	243692	133965	54840	1044	9163	5800	10650	1300	1120	23680		2130
(3) 普通并购贷款												
(4) 银团贷款	5000	5000										
(5) 贸易融资	888613	289779	24976	77698	37124		96099	357768		1419		3750
(6) 境外筹资转贷款												
2. 中长期贷款	9856771	5648894	2270248	369706	378414	227816	504010	274853	53600	23430	8159	97641
(1) 个人贷款	3183077	2301806	322689	118137	87209	83263	117103	100481	14744	15624	2593	19428
其中:个人消费贷款	2589689	2004901	229349	18732	50965	80765	103028	70483	6525	11099	2557	11285
(2) 单位普通贷款	6421807	3240739	1858687	251569	253580	130512	386907	169372	38856	7806	5566	78213
其中:经营贷款	1381558	647387	444278	93872	4156	12031	70650	39237	13330	5668		50949
固定资产贷款	5040249	2593352	1414409	157697	249424	118481	316257	130135	25526	2138	5566	27264
(3) 普通并购贷款	7249	2249						5000				
(4) 银团贷款	230226	89688	88872		37625	14041						
(5) 贸易融资	14412	14412										
(6) 境外筹资转贷款												
3. 融资租赁												
4. 票据融资	2320278	959413	348919	122645	171898	109927	183472	96796	3682	309829	2135	11562
5. 各项垫款	194115	66631	67176	28156	11511	5358	2946	4399	2645	3640	98	1555
(二) 境外贷款	992	892	100									

村镇银行浙江省分地区人民币存贷款统计

（2012 年）

单位：万元

项目 \ 地区	浙江省	杭州市	宁波市	温州市	嘉兴市	湖州市	绍兴市	金华市	衢州市	台州市	丽水市	舟山市
一、各项存款	**2947161**	**191370**	**373351**	**504234**	**287886**	**364336**	**202343**	**191444**	**174526**	**367129**	**197165**	**93377**
1. 单位存款	1523727	116226	218098	192250	208790	207729	110189	84514	112141	120857	92122	60811
其中：活期存款	662289	47680	106363	85493	59181	102911	43663	55364	40258	45328	63298	12750
定期存款	598551	54158	54291	99903	71820	80328	48742	22813	65082	28961	24873	47580
通知存款	22121	2290	8000	850	3939	1000	2500	1150	406	101	1885	
保证金存款	221689	12098	49444	6004	66698	23489	15284	5187	6394	34543	2067	481
2. 个人存款	1416494	74839	153984	311381	77572	155245	92034	106910	61970	244950	105043	32566
储蓄存款	1416070	74839	153984	311381	77572	155245	92034	106690	61970	244950	104839	32566
保证金存款	424							220			204	
结构性存款												
3. 临时性存款	6940	305	1269	603	1524	1362	120	20	415	1322		
4. 其他存款												
一、各项贷款	**3325582**	**187800**	**361622**	**667300**	**322951**	**396387**	**201166**	**211567**	**221147**	**438939**	**210798**	**105905**
（一）境内贷款	3325582	187800	361622	667300	322951	396387	201166	211567	221147	438939	210798	105905
1. 短期贷款	3141902	172687	321424	659791	283496	354599	198566	199784	212843	424350	210006	104356
(1) 个人贷款及透支	1656888	60138	140900	489630	102828	142121	54341	71158	71028	317728	148265	58751
其中：个人消费贷款	111965	5314	16002	12236	9305	15731	11284	4429	2872	15652	13317	5823
(2) 单位普通贷款及透支	1483964	112549	180524	170161	180618	212478	144225	128626	140815	106622	61741	45605

续表

项目 \ 地区	浙江省	杭州市	宁波市	温州市	嘉兴市	湖州市	绍兴市	金华市	衢州市	台州市	丽水市	舟山市
其中：经营贷款	1483964	112549	180524	170161	180618	212478	144225	128626	140815	106622	61741	45605
固定资产贷款												
（3）普通并购贷款												
（4）银团贷款	1050				50				1000			
（5）贸易融资												
（6）境外筹资转贷款												
2. 中长期贷款	82020	9690	10177	2671	19894	17002	665	11783	6292	2555	792	499
（1）个人贷款	33326	390	3480	2671	1582	10283	665	10277	722	2315	442	499
其中：个人消费贷款	19933	190	1716	2338	1172	7036	515	5047	375	1131	102	311
（2）单位普通贷款	48294	9300	6697		17912	6719		1506	5570	240	350	
其中：经营贷款	30258	9300	6181		3282	5444		1506	4070	125	350	
固定资产贷款	18036		516		14630	1275			1500	115		
（3）普通并购贷款												
（4）银团贷款	400				400							
（5）贸易融资												
（6）境外筹资转贷款												
3. 融资租赁												
4. 票据融资	99808	5423	30021	4838	18023	24629	1935		2012	11877		1050
5. 各项垫款	1852				1538	157				157		
（二）境外贷款												

农村合作金融机构浙江省分地区人民币存贷款统计

（2012 年）

单位：万元

项目 \ 地区	浙江省	杭州市	宁波市	温州市	嘉兴市	湖州市	绍兴市	金华市	衢州市	台州市	丽水市	舟山市
一、各项存款	**101705777**	**22287121**	**14730666**	**12400158**	**9114447**	**5961825**	**12135570**	**9261271**	**3243364**	**7785617**	**2575539**	**2210199**
1. 单位存款	31549245	8318226	4391734	3763779	2086245	2184339	3736526	2939676	854095	1938102	671007	665516
其中：活期存款	17646057	4538190	2577491	2399579	1236985	1248032	1592043	1520364	524563	1126976	478387	403447
定期存款	7999183	1970991	917153	775637	512456	582876	1156390	934035	266908	494900	154413	233424
通知存款	466800	174386	16319	37282	17419	20795	129769	41111	6880	10255	2144	10440
保证金存款	4710129	1618369	522812	551281	319385	317709	666399	378730	44964	250037	22238	18205
2. 个人存款	69758508	13933570	10102582	8607967	7016237	3765511	8338100	6317122	2387573	5841602	1904101	1544143
储蓄存款	68902114	13933570	9982466	8090581	7016237	3765511	8157183	6279147	2387573	5841602	1904101	1544143
保证金存款												
结构性存款	856394		120116	517386			180917	37975				
3. 临时性存款	125624	25925	41350	10412	11965	11975	10944	4473	1696	5913	431	540
4. 其他存款	272400	9400	195000	18000			50000					
一、各项贷款	**72833374**	**15754962**	**10587119**	**9024805**	**6306166**	**4286894**	**8753559**	**6714901**	**2367154**	**5553812**	**1905229**	**1578773**
（一）境内贷款	72833374	15754962	10587119	9024805	6306166	4286894	8753559	6714901	2367154	5553812	1905229	1578773
1. 短期贷款	61588263	11885588	8898524	8419971	5330127	3601048	7876996	6101946	1949680	4862109	1485361	1176913
（1）个人贷款及透支	25486364	3057513	2893941	6671511	866129	1345493	1786868	2445664	1049120	3721559	1143483	505083
其中：个人消费贷款	2289215	294821	637974	374069	26735	61598	92543	76864	85996	433605	173851	31159
（2）单位普通贷款及透支	36006914	8828075	5997928	1748460	4438038	2251455	6090128	3653282	845290	1140550	341878	671830

续表

项目 \ 地区	浙江省	杭州市	宁波市	温州市	嘉兴市	湖州市	绍兴市	金华市	衢州市	台州市	丽水市	舟山市
其中:经营贷款	35551195	8716432	5924506	1681615	4416505	2214722	6059209	3650952	809910	1088960	336554	651830
固定资产贷款	455719	111643	73422	66845	21533	36733	30919	2330	35380	51590	5324	20000
(3) 普通并购贷款												
(4) 银团贷款	80230				21960			3000	55270			
(5) 贸易融资	14755		6655		4000	4100						
(6) 境外筹资转贷款												
2. 中长期贷款	9197010	3021272	840996	497322	907283	591167	826053	594424	414650	685648	419359	398836
(1) 个人贷款	4429000	1034012	249555	282170	182759	333244	450564	488508	263097	651692	296058	197341
其中:个人消费贷款	1763123	439370	121768	125578	111713	131108	145240	313014	118220	104435	115391	37286
(2) 单位普通贷款	4546196	1947760	591441	215152	626546	251673	365212	105916	110439	33956	101606	196495
其中:经营贷款	2409825	937872	336795	65598	337787	108065	203381	75356	87019	22606	71277	164069
固定资产贷款	2136371	1009888	254646	149554	288759	143608	161831	30560	23420	11350	30329	32426
(3) 普通并购贷款												
(4) 银团贷款	221814	39500			97978	6250	10277		41114		21695	5000
(5) 贸易融资												
(6) 境外筹资转贷款												
3. 融资租赁												
4. 票据融资	1923786	779177	840113	94928	58205	81210	49186	16008		2777		2182
5. 各项垫款	124315	68925	7486	12584	10551	13469	1324	2523	2824	3278	509	842
(二) 境外贷款												

注:农村合作金融机构包括农村商业银行、农村合作银行、农村信用合作社。

农村商业银行浙江省分地区人民币存贷款统计

（2012 年）

单位：万元

项目 \ 地区	浙江省	杭州市	宁波市	嘉兴市	湖州市	绍兴市	金华市	台州市	舟山市
一、各项存款	**21017054**	**7120806**	**505939**	**230151**	**2821091**	**4820546**	**3384972**	**1255931**	**877618**
1. 单位存款	7944490	3187317	153258	187869	838433	1782876	1109581	363598	321558
其中：活期存款	3737379	1619221	100462	47457	443391	667401	482762	195329	181356
定期存款	2252776	772390	27871	70310	211107	453110	449848	138042	130098
通知存款	220535	99555		5096	11203	89536	7045	500	7600
保证金存款	1582807	679861	24925	65006	157805	478927	169426	4353	2504
2. 个人存款	12995783	3923086	352370	40185	1976467	2981763	2273793	892332	555787
储蓄存款	12776891	3923086	352370	40185	1976467	2800846	2235818	892332	555787
保证金存款									
结构性存款	218892					180917	37975		
3. 临时性存款	26781	10403	311	2097	6191	5907	1598	1	273
4. 其他存款	50000					50000			
一、各项贷款	**15212028**	**5095322**	**366094**	**317057**	**2030233**	**3430244**	**2494828**	**851093**	**627157**
（一）境内贷款	15212028	5095322	366094	317057	2030233	3430244	2494828	851093	627157
1. 短期贷款	11906148	3273822	338154	197867	1779096	3097919	2275045	486005	458240
（1）个人贷款及透支	3639705	975225	73305	22885	638521	573632	891917	306326	157894
其中：个人消费贷款	337129	162659	17672	1213	20621	60068	6186	61672	7038
（2）单位普通贷款及透支	8255343	2298597	264849	170982	1136475	2524287	1380128	179679	300346

续表

项目 \ 地区	浙江省	杭州市	宁波市	嘉兴市	湖州市	绍兴市	金华市	台州市	舟山市
其中:经营贷款	8164361	2230227	261393	170082	1131045	2520861	1380128	177779	292846
固定资产贷款	90982	68370	3456	900	5430	3426		1900	7500
(3) 普通并购贷款									
(4) 银团贷款	3000						3000		
(5) 贸易融资	8100			4000	4100				
(6) 境外筹资转贷款									
2. 中长期贷款	2901356	1571028	24608	95386	177403	297497	204002	365088	166344
(1) 个人贷款	1240353	552948	1213	6906	66908	23581	170062	355183	63552
其中:个人消费贷款	607920	289424	563	5947	38641	19536	166638	67150	20021
(2) 单位普通贷款	1612376	978580	23395	88480	104245	272639	33940	9905	101192
其中:经营贷款	572069	243952	17895	4762	45555	147629	23690	9905	78681
固定资产贷款	1040307	734628	5500	83718	58690	125010	10250		22511
(3) 普通并购贷款									
(4) 银团贷款	48627	39500			6250	1277			1600
(5) 贸易融资									
(6) 境外筹资转贷款									
3. 融资租赁									
4. 票据融资	338617	192814	3332	22916	67226	34817	15781		1731
5. 各项垫款	65907	57658		888	6508	11			842
(二) 境外贷款									

农村合作银行浙江省分地区人民币存贷款统计

（2012 年）

单位：万元

项目 \ 地区	浙江省	杭州市	宁波市	温州市	嘉兴市	湖州市	绍兴市	金华市	衢州市	台州市	丽水市	舟山市
一、各项存款	**59561565**	**13012989**	**10339237**	**10846387**	**4323023**	**2139741**	**7315024**	**3771090**	**811896**	**5753773**	**501152**	**747253**
1. 单位存款	17902477	4554605	3026860	3350222	1047061	937204	1953650	1160153	150537	1364429	133781	223975
其中：活期存款	10085293	2529522	1622393	2042909	694773	509825	924642	653452	98943	765088	92390	151356
定期存款	4318701	1092834	609786	733660	213146	302980	703280	237737	31910	315366	23044	54958
通知存款	213461	73481	9629	34469	9213	9592	40233	23789		9755	1050	2250
保证金存款	2733544	858768	427093	539184	129929	114807	187472	180239	19684	243660	17297	15411
2. 个人存款	41355183	8435826	7080839	7468447	3272809	1197586	5356337	2608462	661172	4383460	367188	523057
储蓄存款	40755273	8435826	6960723	6988653	3272809	1197586	5356337	2608462	661172	4383460	367188	523057
保证金存款												
结构性存款	599910		120116	479794								
3. 临时性存款	81505	13158	36538	9718	3153	4951	5037	2475	187	5884	183	221
4. 其他存款	222400	9400	195000	18000								
一、各项贷款	**42666086**	**9143654**	**7467609**	**7898596**	**2928434**	**1514852**	**5323315**	**2721810**	**584932**	**4165212**	**362547**	**555125**
（一）境内贷款	42666086	9143654	7467609	7898596	2928434	1514852	5323315	2721810	584932	4165212	362547	555125
1. 短期贷款	36700894	7350971	6126862	7325014	2461667	1183017	4779077	2484437	415113	3941384	233576	399776
（1）个人贷款及透支	15647498	1444536	1889957	5667176	465648	483532	1213236	819722	290296	3016635	187784	168976
其中：个人消费贷款	1254597	64484	399639	290311	21041	21019	32475	47388	21717	315229	33804	7490
（2）单位普通贷款及透支	21027791	5906435	4230250	1657838	1984639	699485	3565841	1664715	117247	924749	45792	230800

续表

项目＼地区	浙江省	杭州市	宁波市	温州市	嘉兴市	湖州市	绍兴市	金华市	衢州市	台州市	丽水市	舟山市
其中：经营贷款	20764811	5869261	4194132	1593993	1970284	684955	3538348	1663685	111407	875204	44542	219000
固定资产贷款	262980	37174	36118	63845	14355	14530	27493	1030	5840	49545	1250	11800
(3) 普通并购贷款												
(4) 银团贷款	18950				11380				7570			
(5) 贸易融资	6655		6655									
(6) 境外筹资转贷款												
2. 中长期贷款	4455249	1214076	592512	468877	428972	316203	528556	235024	169738	217773	128462	155056
(1) 个人贷款	2174076	342832	99063	268445	105822	230374	426983	200510	115037	194512	107195	83303
其中：个人消费贷款	712815	86892	64272	114341	62931	62455	125704	83615	52074	29788	25255	5488
(2) 单位普通贷款	2178089	871244	493449	200432	252752	85829	92573	34514	38301	23261	15581	70153
其中：经营贷款	1315665	619427	259898	57846	157139	24169	55752	19854	35581	11911	12735	61353
固定资产贷款	862424	251817	233551	142586	95613	61660	36821	14660	2720	11350	2846	8800
(3) 普通并购贷款												
(4) 银团贷款	103084				70398		9000		16400		5686	1600
(5) 贸易融资												
(6) 境外筹资转贷款												
3. 融资租赁												
4. 票据融资	1465237	569800	741936	93790	29790	12482	14369			2777		293
5. 各项垫款	44706	8807	6299	10915	8005	3150	1313	2349	81	3278	509	
(二) 境外贷款												

农村信用合作社浙江省分地区人民币存贷款统计

（2012 年）

单位：万元

项目＼地区	浙江省	杭州市	宁波市	温州市	嘉兴市	湖州市	金华市	衢州市	台州市	丽水市	舟山市
一、各项存款	**21127158**	**2153326**	**3885490**	**1553771**	**4561273**	**1000993**	**2105209**	**2431468**	**775913**	**2074387**	**585328**
1. 单位存款	5702278	576304	1211616	413557	851315	408702	669942	703558	210075	537226	119983
其中：活期存款	3823385	389447	854636	356670	494755	294816	384150	425620	166559	385997	70735
定期存款	1427706	105767	279496	41977	229000	68789	246450	234998	41492	131369	48368
通知存款	32804	1350	6690	2813	3110		10277	6880		1094	590
保证金存款	393778	79740	70794	12097	124450	45097	29065	25280	2024	4941	290
2. 个人存款	15407542	1574658	2669373	1139520	3703243	591458	1434867	1726401	565810	1536913	465299
储蓄存款	15369950	1574658	2669373	1101928	3703243	591458	1434867	1726401	565810	1536913	465299
保证金存款											
结构性存款	37592			37592							
3. 临时性存款	17338	2364	4501	694	6715	833	400	1509	28	248	46
4. 其他存款											
一、各项贷款	**14955260**	**1515986**	**2753416**	**1126209**	**3060675**	**741809**	**1498263**	**1782222**	**537507**	**1542682**	**396491**
（一）境内贷款	14955260	1515986	2753416	1126209	3060675	741809	1498263	1782222	537507	1542682	396491
1. 短期贷款	12981221	1260795	2433508	1094957	2670593	638935	1342464	1534567	434720	1251785	318897
（1）个人贷款及透支	6199161	637752	930679	1004335	377596	223440	734025	758824	398598	955699	178213
其中：个人消费贷款	697489	67678	220663	83758	4481	19958	23290	64279	56704	140047	16631
（2）单位普通贷款及透支	6723780	623043	1502829	90622	2282417	415495	608439	728043	36122	296086	140684

续表

项目 \ 地区	浙江省	杭州市	宁波市	温州市	嘉兴市	湖州市	金华市	衢州市	台州市	丽水市	舟山市
其中:经营贷款	6622023	616944	1468981	87622	2276139	398722	607139	698503	35977	292012	139984
固定资产贷款	101757	6099	33848	3000	6278	16773	1300	29540	145	4074	700
(3) 普通并购贷款											
(4) 银团贷款	58280				10580			47700			
(5) 贸易融资											
(6) 境外筹资转贷款											
2. 中长期贷款	1840405	236168	223876	28445	382925	97561	155398	244912	102787	290897	77436
(1) 个人贷款	1014571	138232	149279	13725	70031	35962	117936	148060	101997	188863	50486
其中:个人消费贷款	442388	63054	56933	11237	42835	30012	62761	66146	7497	90136	11777
(2) 单位普通贷款	755731	97936	74597	14720	285314	61599	37462	72138	790	86025	25150
其中:经营贷款	522091	74493	59002	7752	175886	38341	31812	51438	790	58542	24035
固定资产贷款	233640	23443	15595	6968	109428	23258	5650	20700		27483	1115
(3) 普通并购贷款											
(4) 银团贷款	70103				27580			24714		16009	1800
(5) 贸易融资											
(6) 境外筹资转贷款											
3. 融资租赁											
4. 票据融资	119932	16563	94845	1138	5499	1502	227				158
5. 各项垫款	13702	2460	1187	1669	1658	3811	174	2743			
(二) 境外贷款											

金融租赁公司浙江省分地区人民币存贷款统计

（2012 年）

单位：万元

项目＼地区	浙江省	杭州市	宁波市	金华市
一、各项存款	**19246**	**11206**	**8040**	
1. 单位存款	19246	11206	8040	
其中：活期存款				
定期存款				
通知存款				
保证金存款	19246	11206	8040	
2. 个人存款				
储蓄存款				
保证金存款				
结构性存款				
3. 临时性存款				
4. 其他存款				
一、各项贷款	**4937482**	**4166358**	**530103**	**241021**
（一）境内贷款	4937482	4166358	530103	241021
1. 短期贷款				
（1）个人贷款及透支				
其中：个人消费贷款				
（2）单位普通贷款及透支				
其中：经营贷款				
固定资产贷款				
（3）普通并购贷款				
（4）银团贷款				
（5）贸易融资				
（6）境外筹资转贷款				
2. 中长期贷款				
（1）个人贷款				
其中：个人消费贷款				
（2）单位普通贷款				
其中：经营贷款				
固定资产贷款				
（3）普通并购贷款				
（4）银团贷款				
（5）贸易融资				
（6）境外筹资转贷款				
3. 融资租赁	4937482	4166358	530103	241021
4. 票据融资				
5. 各项垫款				
（二）境外贷款				

信托投资公司浙江省分地区人民币存贷款统计

（2012 年）

单位：万元

项目 \ 地区	浙江省	杭州市	宁波市
一、各项存款	**63**	**63**	
1. 单位存款	63	63	
其中：活期存款			
定期存款			
通知存款			
保证金存款	63	63	
2. 个人存款			
储蓄存款			
保证金存款			
结构性存款			
3. 临时性存款			
4. 其他存款			
一、各项贷款	**177500**	**102500**	**75000**
（一）境内贷款	177500	102500	75000
1. 短期贷款	9500	9500	
（1）个人贷款及透支			
其中：个人消费贷款			
（2）单位普通贷款及透支	9500	9500	
其中：经营贷款	9500	9500	
固定资产贷款			
（3）普通并购贷款			
（4）银团贷款			
（5）贸易融资			
（6）境外筹资转贷款			
2. 中长期贷款	168000	93000	75000
（1）个人贷款			
其中：个人消费贷款			
（2）单位普通贷款	168000	93000	75000
其中：经营贷款	133000	93000	40000
固定资产贷款	35000		35000
（3）普通并购贷款			
（4）银团贷款			
（5）贸易融资			
（6）境外筹资转贷款			
3. 融资租赁			
4. 票据融资			
5. 各项垫款			
（二）境外贷款			

中资财务公司浙江省分地区人民币存贷款统计

（2012 年）

单位：万元

项目＼地区	浙江省	杭州市	宁波市
一、各项存款	**2143551**	**1897829**	**245722**
1. 单位存款	2143551	1897829	245722
其中：活期存款	898025	676374	221651
定期存款	209487	190277	19210
通知存款	29400	24900	4500
保证金存款	15905	15543	362
2. 个人存款			
储蓄存款			
保证金存款			
结构性存款			
3. 临时性存款			
4. 其他存款			
一、各项贷款	**1711376**	**1459555**	**251821**
（一）境内贷款	1711376	1459555	251821
1. 短期贷款	791745	735170	56575
（1）个人贷款及透支			
其中：个人消费贷款			
（2）单位普通贷款及透支	791745	735170	56575
其中：经营贷款	791745	735170	56575
固定资产贷款			
（3）普通并购贷款			
（4）银团贷款			
（5）贸易融资			
（6）境外筹资转贷款			
2. 中长期贷款	806548	616848	189700
（1）个人贷款			
其中：个人消费贷款			
（2）单位普通贷款	806548	616848	189700
其中：经营贷款	482548	292848	189700
固定资产贷款	324000	324000	
（3）普通并购贷款			
（4）银团贷款			
（5）贸易融资			
（6）境外筹资转贷款			
3. 融资租赁			
4. 票据融资	113083	107537	5546
5. 各项垫款			
（二）境外贷款			

金融机构人民币存款基准利率

单位：年利率，%

项目 \ 日期	2006.8.19	2007.3.18	2007.5.19	2007.7.21	2007.8.22	2007.9.15	2007.12.21	2008.10.09	2008.10.30	2008.11.27	2008.12.23	2010.10.20	2010.12.26	2011.2.9	2011.4.6	2011.7.7	2012.6.8	2012.7.6
个人储蓄存款																		
活期	0.72	0.72	0.72	0.81	0.81	0.81	0.72	0.72	0.72	0.36	0.36	0.36	0.36	0.40	0.50	0.50	0.40	0.35
定期(整存整取)																		
3个月	1.80	1.98	2.07	2.34	2.61	2.88	3.33	3.15	2.88	1.98	1.71	0.91	2.25	2.60	2.85	3.10	2.85	2.60
6个月	2.25	2.43	2.61	2.88	3.15	3.42	3.78	3.51	3.24	2.25	1.98	2.20	2.50	2.80	3.05	3.30	3.05	2.80
1年	2.52	2.79	3.06	3.33	3.60	3.87	4.14	3.87	3.60	2.52	2.25	2.50	2.75	3.00	3.25	3.50	3.25	3.00
2年	3.06	3.33	3.69	3.96	4.23	4.50	4.68	4.41	4.14	3.06	2.79	3.25	3.55	3.90	4.15	4.40	4.10	3.75
3年	3.69	3.96	4.41	4.68	4.95	5.22	5.40	5.13	4.77	3.60	3.33	3.85	4.15	4.50	4.75	5.00	4.65	4.25
5年	4.14	4.41	4.95	5.22	5.49	5.76	5.85	5.58	5.13	3.87	3.60	4.20	4.55	5.00	5.25	5.50	5.10	4.75
企业单位																		
活期	0.72	0.72	0.72	0.81	0.81	0.81	0.72	0.72	0.72	0.36	0.36	0.36	0.36	0.40	0.50	0.50	0.40	0.35
定期																		
3个月	1.80	1.98	2.07	2.34	2.61	2.88	3.33	3.15	2.88	1.98	1.71	0.91	2.25	2.60	2.85	3.10	2.85	2.60
6个月	2.25	2.43	2.61	2.88	3.15	3.42	3.78	3.51	3.24	2.25	1.98	2.20	2.50	2.80	3.05	3.30	3.05	2.80
1年	2.52	2.79	3.06	3.33	3.60	3.87	4.14	3.87	3.60	2.52	2.25	2.50	2.75	3.00	3.25	3.50	3.25	3.00

注：2012年6月8日起，允许金融机构存款利率上浮，存款利率浮动区间由基准利率的(0,1)倍调整为(0,1.1)倍。

金融机构人民币贷款基准利率

单位：年利率，%

项目 \ 日期	2006.4.28	2006.8.19	2007.3.18	2007.5.19	2007.7.21	2007.8.22	2007.9.15	2007.12.21	2008.9.16	2008.10.9	2008.10.30	2008.11.27	2008.12.23	2010.10.20	2010.12.26	2011.2.9	2011.4.6	2011.7.7	2012.6.8	2012.7.6
一、短期贷款																				
六个月以内（含六个月）	5.4	5.58	5.67	5.85	6.03	6.21	6.48	6.57	6.21	6.12	6.03	5.04	4.86	5.10	5.35	5.60	5.85	6.10	5.85	5.60
六个月以上至一年（含一年）	5.85	6.12	6.39	6.57	6.84	7.02	7.29	7.47	7.20	6.93	6.66	5.58	5.31	5.56	5.81	6.06	6.31	6.56	6.31	6.00
二、中长期贷款																				
一年以上至三年（含三年）	6.03	6.30	6.57	6.75	7.02	7.20	7.47	7.56	7.29	7.02	6.75	5.67	5.40	5.60	5.85	6.10	6.40	6.65	6.40	6.15
三年以上至五年（含五年）	6.12	6.48	6.75	6.93	7.20	7.38	7.65	7.74	7.56	7.29	7.02	5.94	5.76	5.96	6.22	6.45	6.65	6.90	6.65	6.40
五年以上	6.39	6.84	7.11	7.20	7.38	7.56	7.83	7.83	7.74	7.47	7.20	6.12	5.94	6.14	6.40	6.60	6.80	7.05	6.80	6.55

注：1. 2008年10月27日起，商业性个人住房贷款下限扩大为贷款基准利率的0.7倍。

2. 2012年7月6日起，金融机构贷款利率下限调整为贷款基准利率的0.7倍。

中国人民银行对金融机构存贷款利率

单位：年利率，%

项目＼日期	1998.3.21	1998.7.1	1998.12.7	1999.6.10	2002.2.21	2003.12.21	2004.3.25	2005.3.17	2007.12.21	2008.11.27	2008.12.23	2010.12.26	2012.12.31
准备金账户													
法定准备金	5.22	3.51	3.24	2.07	1.89	1.89	1.89	1.89	1.89	1.62	1.62	1.62	1.62
超额准备金						1.62	1.62	0.99	0.99	0.72	0.72	0.72	0.72
对金融机构贷款													
再贷款（不含农合机构）													
二十天以内	6.39	5.22	4.59	3.24	2.70	2.70	3.33	3.33	4.14	3.06	2.79	3.25	3.25
三个月以内	6.84	5.49	4.86	3.51	2.97	2.97	3.60	3.60	4.41	3.33	3.06	3.55	3.55
六个月以内	7.02	5.58	5.04	3.69	3.15	3.15	3.78	3.78	4.59	3.51	3.24	3.75	3.75
一年期	7.92	5.67	5.13	3.78	3.24	3.24	3.87	3.87	4.68	3.60	3.33	3.85	3.85
再贴现	6.03	4.32	3.96	2.16	2.97	2.97	3.24	3.24	4.32	2.97	1.80	2.25	2.25

注：1998 年 3 月法定准备金和超额准备金两个账户合并为准备金账户，2003 年 12 月准备金账户分为法定准备金和超额准备金两个账户。

中国人民银行对农村信用社再贷款利率

单位:年利率,%

日期 项目	1998.6.20	1998.7.1	1998.12.7	1999.6.10	2002.2.21	2005.1.1	2006.1.1	2007.12.21	2008.11.27	2008.12.23	2012.12.31
二十天以内	5.40	4.23	3.60	2.25	1.71	2.70	3.015	3.42	2.88	2.34	2.34
三个月以内	5.85	4.50	3.87	2.52	1.98	2.97	3.285	3.69	3.15	2.61	2.61
六个月以内	6.03	4.59	4.05	2.70	2.16	3.15	3.465	3.87	3.33	2.79	2.79
一年以内	6.93	4.68	4.14	2.79	2.25	3.24	3.555	3.96	3.42	2.88	2.88

注:农村信用社再贷款(不含紧急贷款)浮息采取逐步到位的政策。2004 年保持现行农村信用社再贷款利率政策不变,即在再贷款基准利率基础上下浮 0.99 个百分点;2005 年 1 月 1 日起,执行再贷款基准利率;2006 年 1 月 1 日起,在再贷款基准利率基础上加点,加点幅度按同期人民银行确定的流动性再贷款利率加点幅度减半执行。农村信用社再贷款按合同利率执行到期,合同期内不分段计息。

中国工商银行浙江省分行资产负债表

（2012 年 12 月 31 日）

单位：万元（本外币合并）

项目	期末数	比年初增减	项目	期末数	比年初增减
现金	477560	54795	单位存款	43474285	4097805
贵金属	150132	－2863	储蓄存款	32551496	3089645
存放央行款项	103406	12310	向中央银行借款		
存放同业款项	877560	206917	同业存放款项	4527329	1344501
存放系统内款项	23255357	2810379	系统内存放款项		
拨付营运资金			同业拆入	66687	66687
应收利息	160604	10704	卖出回购款项		－200
贷款	53456731	4070003	汇出汇款	97918	45795
贸易融资	8034522	1239572	应解汇款	55306	20471
贴现	520406	211743	存入保证金	2438280	－432046
其他贷款			其他存款		
拆放同业			应付利息	958617	312080
其他应收款	145530	46817	应交税金	641047	21190
投资	89228	－67585	应付工资	54282	6202
买入返售资产	249319	237985	应付利润（股利）		
长期待摊费用	12887	3390	其他应付款	332014	－31407
固定资产原价	797036	67573	递延收益	25431	－24326
减：累计折旧	295797	42098	预计负债		－230
固定资产清理	559	－71	应付债券		

续表

项　目	期末数	比年初增减	项　目	期末数	比年初增减
在建工程	219561	51611	其他负债	148379	76406
无形资产	255487	—9191	递延所得税负债	—31369	—31369
抵债资产	2970	2970	**负债合计**	**85339702**	**8561204**
递延所得税资产	—75546	—23332	实收资本	355703	25545
其他资产	14985	—132065	资本公积	568	1267
减:各项资产减值损失准备	1102682	104379	未分配利润	1653842	57169
			其中:本年利润	5776	5776
			所有者权益合计	**2010113**	**83981**
资产总计	**87349815**	**8645185**	**负债及所有者权益总计**	**87349815**	**8645185**

中国农业银行浙江省分行资产负债表

（2012 年 12 月 31 日）

单位：万元

项目	A	B	C	项目	A	B	C
	人民币	外币折人民币	本外币合计		人民币	外币折人民币	本外币合计
Ⅰ．资产				Ⅱ．负债及所有者权益			
1. 现金	741118.13	23280.33	764398.46	26. 单位存款	28510133.14	978204.01	29488337.15
2. 贵金属				27. 储蓄存款	41299351.96	383398.91	41682750.87
3. 存放中央银行款项	163614.55		163614.55	28. 向中央银行借款			
4. 存放同业款项	650610.43	45110.36	695720.79	29. 同业存放款项	1064378.31	220041.79	1284420.10
4.1 境内同业	650610.43	45110.36	695720.79	29.1 境内同业	1064378.31	220041.79	1284420.10
4.2 境外同业				29.2 境外同业			
70. 存放系统内款项	19494754.44	574885.70	20069640.14	72. 系统内存放款项			
71. 拨付营运资金				30. 同业拆入	301168.20	255439.77	556607.97
5. 应收利息	138484.21	21090.33	159574.54	31. 卖出回购款项			
6. 贷款	52552233.09	164291.19	52716524.28	31.1 境内外金融机构			
7. 贸易融资	1129078.15	1713003.62	2842081.77	31.2 境内外非金融机构			
8. 贴现及买断式转贴现	287587.17		287587.17	32. 汇出汇款	234215.23	205.77	234421.00
9. 其他贷款				33. 应解汇款	11919.83	174.99	12094.82
10. 拆放同业	201860.00		201860.00	34. 存入保证金	1829871.71	539466.51	2369338.22
11. 其他应收款	63829.27	22771.89	86601.15	35. 其他存款			
12. 投资	133251.23		133251.23	36. 应付利息	635120.03	36015.28	671135.31
12.1 债券	21236.13		21236.13	37. 应交税费	75341.30	7.41	75348.71
12.2 股票				38. 应付职工薪酬	169438.87		169438.87
12.3 其他	112015.10		112015.10	40. 应付股利			
12.3.1 其中：长期股权投资	10710.00		10710.00	41. 其他应付款	116234.87	8492.08	124726.95

续表

项目	A 人民币	B 外币折人民币	C 本外币合计	项目	A 人民币	B 外币折人民币	C 本外币合计
13. 买入返售资产	281786.59		281786.59	43. 递延收益	44072.33		44072.33
13.1 境内外金融机构	281786.59		281786.59	44. 预计负债	3631.51		3631.51
13.2 境内外非金融机构				46. 应付债券			
14. 长期待摊费用	36240.54		36240.54	47. 其他负债	94211.24	154696.19	181873.27
15. 固定资产原价	972919.80		972919.80	47.1 衍生金融负债	15.37		15.37
16. 减:累计折旧	303009.43		303009.43	48. 递延所得税负债			
17. 固定资产净值	669910.37		669910.37	**49. 负债合计**	**74389088.53**	**2576142.71**	**76898197.09**
18. 固定资产清理				50. 少数股东权益			
19. 在建工程	256304.36		256304.36	51. 所有者权益			
20. 无形资产	221481.67		221481.67	52. 实收资本	134557.94		134557.94
21. 抵债资产				53. 资本公积	557.18		557.18
22. 递延所得税资产				53.1 其中:重估储备			
23. 其他资产	166508.62	64090.86	163565.33	54. 盈余公积			
23.1 投资性房地产				55. 一般风险准备			
23.2 衍生金融资产		40887.11	40887.11	56. 信托赔偿准备			
23.3 商誉				57. 未分配利润	1533578.33	51921.84	1585500.17
24. 减:各项资产减值损失准备	1130870.84	459.73	1131330.56	57.1 其中:本年利润	1550063.13	36074.00	1586137.13
				58. 外币报表折算差额			
				59. 所有者权益合计	**1668693.46**	**51921.84**	**1720615.30**
				60. 负债及所有者权益总计	**76057781.99**	**2628064.54**	**78618812.38**
				附注项目			
				61. 各项存款	71885491.88	1901450.19	73786942.07
25. 资产总计	**76057781.99**	**2628064.54**	**78618812.38**	62. 各项贷款	54064840.65	1892072.79	55956913.44

中国银行浙江省分行资产负债表

（2012 年 12 月 31 日）

单位：万元

项目	期末数	占比	项目	期末数	占比
现金及存放中央银行款项	640875.84	1.51%	向中央银行借款		
存放同业款项	749800.52	1.77%	同业及其他金融机构存放款项	6503531.23	15.35%
贵金属	12637.07	0.03%	拆入资金	13597.10	0.03%
拆出资金	991571.50	2.34%	交易性金融负债		
交易性金融资产			衍生金融负债		
衍生金融资产			卖出回购金融资产款		
买入返售金融资产			吸收存款	34257815.41	80.86%
应收利息	177834.32	0.42%	应付职工薪酬	104444.83	0.25%
发放贷款和垫款	39285947.18	92.73%	应交税费	51014.16	0.12%
可供出售金融资产			应付利息	388744.32	0.92%
持有至到期投资			预计负债	9233.42	0.02%
贷款及应收款项类债券	63459.32	0.15%	发行债券	1.79	0.00%
长期股权投资			递延所得税负债		
投资性房地产			其他负债	60810.73	0.14%
固定资产	313774.16	0.74%	**负债合计**	**41389192.99**	**97.69%**

续表

项　目	期末数	占比	项　目	期末数	占比
无形资产	55128.16	0.13%			
商誉			股本(营运资金)	259139.74	0.61%
递延税资产			资本公积		
其他资产	76644.03	0.18%	减:库藏股		
			盈余公积		
			一般风险准备		
			未分配利润	719339.37	1.70%
			外币折算差额		
			归属于母公司股东权益合计	**978479.11**	**2.31%**
			少数股东权益		
			股东权益合计	**978479.11**	**2.31%**
资产总计	**42367672.10**	**100.00%**	**负债和股东权益总计**	**42367672.10**	**100.00%**

中国建设银行浙江省分行资产负债表

（2012 年 12 月 31 日，不含宁波）

单位：万元

项　目	期初数	期末数	项　目	期初数	期末数
资产：			负债：		
现金及存放中央银行款项	740888.22	908804.37	向中央银行借款		
存放同业款项	59587.60	443326.84	同业及其他金融机构存放款项	4195917.54	961475.61
贵金属	—12.83	547.16	拆入资金		
拆出资金	361959.96	20000.00	交易性金融负债		
交易性金融资产	409301.30	603375.04	衍生金融负债	14115.09	6846.61
衍生金融资产	16455.66	10671.13	卖出回购金融资产款		
买入返售金融资产	24600.00	—	吸收存款	55646951.29	52910677.04
发放贷款和垫款	47407118.52	50553056.61	应付利息	383364.49	519448.05
应收利息	166634.74	184773.67	应付职工薪酬	113904.83	74201.77
可供出售金融资产			应交税费	75339.16	79099.29
应收款项投资			预计负债	1741.25	1048.22
持有至到期投资	109456.90	36752.14	应付债券		
长期股权投资			递延所得税负债		
资产支持证券			其他负债	194626.63	169406.38
投资性房地产			**负债合计**	**60625960.28**	**54722202.97**
固定资产	520520.13	554244.26			
在建工程	59234.60	59009.38			
无形资产	208231.31	200957.30	股东权益：		

续表

项　目	期初数	期末数	项　目	期初数	期末数
商誉			股本		
递延所得税资产			资本公积		
其他资产	10580533.15	450568.72	减:库存股		
			盈余公积		
			一般风险准备		
			未分配利润	38548.98	－696116.35
			外币报表折算差额		
			股东权益合计	**38548.98**	**－696116.35**
资产总计	**60664509.26**	**54026086.62**	**负债和股东权益总计**	**60664509.26**	**54026086.62**

浙商银行资产负债表

（2012 年 12 月 31 日）

单位：万元

项　目	期初数	期末数	项　目	期初数	期末数
资产：			负债：		
现金及存放中央银行款项	4793663.0	6101767.5	同业及其他金融机构存放款项	4133611.7	6216051.1
存放同业及其他金融机构款项	2345430.2	3922251.7	拆入资金	29466.0	1044689.2
拆出资金	1298718.2	1261840.4	衍生金融负债	6050.1	605.9
交易性金融资产	148225.2	165933.9	卖出回购金融资产款	878531.1	1913660.8
衍生金融资产	2430.1	783.9	吸收存款	21468233.3	26688791.9
买入返售金融资产	3783446.6	6588492.6	应付职工薪酬	100770.0	91088.3
应收利息	63733.1	123620.8	应交税费	61040.1	78692.6
发放贷款及垫款，净额	14642599.3	17874017.6	应付利息	197630.8	289595.4
可供出售金融资产	780957.5	609617.6	应付债券	445000.0	445000.0
持有至到期投资	609947.7	1359439.1	其他负债	796848.8	344811.9
应收款项类投资	1425121.2	1043528.2	**负债合计**	**28117181.9**	**37112987.1**
长期股权投资	2500.0	2500.0	所有者权益：		
固定资产	109175.0	125298.2	股本	1000687.2	1000687.2
无形资产	41658.3	51134.3	资本公积		
递延所得税资产	31665.4	47886.6	股本溢价	494585.8	494585.8
其他资产	106494.8	105814.6	可供出售金融资产公允价值变动储备	(288.2)	(364.1)
			盈余公积	66777.8	107034.7
			一般风险准备	203089.1	203089.1
			未分配利润	303732.0	465907.2
			所有者权益合计	**2068583.7**	**2270939.9**
资产总计	**30185765.6**	**39383927.0**	**负债和所有者权益总计**	**30185765.6**	**39383927.0**

浙江省农村信用社联社资产负债表

（2012 年 12 月 31 日）

单位：万元

项目	期初数	期末数	项目	期初数	期末数
现金及存放中央银行款项	19279452	22691669	向中央银行借款	363413	301574
贵金属			联行存放款项	3465	7177
存放联行款项			同业及其他金融机构存放款	5113254	4861312
存放同业款项	13621879	14258220	拆入资金	630982	862983
拆出资金	891884	1024160	交易性金融负债		
交易性金融资产	1058554	1862185	衍生金融负债		
衍生金融资产			卖出回购金融资产款	2613032	2945510
买入返售金融资产	3469979	4630265	吸收存款	88638678	101584646
应收款项类金融资产	164263	259049	应付职工薪酬	276859	345577
应收利息	160788	265721	应交税费	480856	454417
应收股利			应付利息	964335	1408520
其他应收款	397091	373869	应付股利	4208	7173
发放贷款和垫款	62198452	69761105	其他应付款	513267	453669
可供出售金融资产	2171105	3131454	预计负债		
持有至到期投资	4226391	4486588	应付债券	147035	346746
长期股权投资	204083	255192	递延所得税负债	12519	20953
投资性房地产	11787	10514	其他负债	1077780	582246
固定资产	745356	857462	**负债总计**	**100839683**	**114182502**
在建工程	300610	427700			

续表

项　　目	期初数	期末数	项　　目	期初数	期末数
固定资产清理	486	—225	实收资本(股本)	2227581	3085673
无形资产	268055	294481	其中:法人股股本	905959	1369874
长期待摊费用	35582	51672	自然人股股本	1321058	1708683
抵债资产	32511	35785	资本公积	531841	797294
递延所得税资产	458942	601196	减:库存股	93	78
待处理财产损溢	2197	1028	盈余公积	1338552	1789641
其他资产			一般风险准备	1849205	2206343
			未分配利润	2912680	3217715
			所有者权益合计	**8859765**	**11096587**
资产总计	**109699448**	**125279089**	**负债及所有者权益总计**	**109699448**	**125279089**

中国农业发展银行浙江省分行资产负债表

（2012 年 12 月 31 日）

单位：万元

项　　目	期初数	期末数	项　　目	期初数	期末数
资产：			负债：		
现金及银行存款	406	545	向中央银行借款		
存放中央银行款项	52087	66549	联行存放款项	3925223	4987995
贵金属			同业及其他金融机构存放款项	42594	60386
存放联行款项			拆入资金		
存放同业款项	116204	154849	交易性金融负债		
拆出资金			衍生金融负债		
交易性金融资产			卖出回购金融资产款		
衍生金融资产			吸收存款	1026421	1330006
买入返售金融资产			应付职工薪酬	3316	3999
应收款项类金融资产			应交税费	4623	5533
应收利息	25	543	应付利息	423	859
其他应收款	185	526	其他应付款	1930	2588
发放贷款和垫款	4924029	6292417	预计负债		
可供出售金融资产			应付债券		
持有至到期投资			递延所得税负债		
长期股权投资			其他负债	31712	31864
投资性房地产			**负债合计**	**5036243**	**6423230**
固定资产	40631	40343	所有者权益（或股东权益）：		

续表

项　目	期初数	期末数	项　目	期初数	期末数
在建工程	1981	6343	实收资本(或股本)		
固定资产清理			国家资本		
无形资产	188	181	集体资本		
商誉			法人资本		
长期待摊费用	117	77	其中:国有法人资本		
抵债资产			个人资本		
递延所得税资产			外商资本		
其他资产	171	163	资本公积		
			减:库存股		
			盈余公积		
			一般风险准备		
			未分配利润	99782	139306
			外币报表折算差额		
			归属于母公司所有者权益合计	**99782**	**139306**
			少数股东权益		
			所有者权益(或股东权益)合计	**99782**	**139306**
资产总计	**5136024**	**6562536**	**负债和所有者权益(或股东权益)总计**	**5136024**	**6562536**

国家开发银行浙江省分行资产负债表

（2012 年 12 月 31 日，不含宁波）

单位：万元

项　目	期初数	期末数	项　目	期初数	期末数
资产：			负债：		
现金			向中央银行借款		
银行存款	12943	3821	联行存放款项	13606718	16016668
存放中央银行款项	36885	13647	向政府和其他金融机构借款		
贵金属			同业及其他金融机构存放款项	212037	202774
存放联行款项	1586904	2167427	拆入资金		
存放同业款项	10709		交易性金融负债		
拆出资金			衍生金融负债		
交易性金融资产			卖出回购金融资产款		
衍生金融资产			吸收存款	908268	1323383
买入返售金融资产			应付职工薪酬	1158	468
应收款项类投资			应交税费	23328	26281
应收利息	40898	42577	应付利息	1545	6032
其他应收款	852	111	其他应付款	128	211
发放贷款和垫款	13196159	15397399	预计负债		
可供出售金融资产			应付债券		
持有至到期投资			递延所得税负债		
长期股权投资			其他负债	20214	10273
投资性房地产			**负债合计**	**14773397**	**17586089**
固定资产	12609	12762	所有者权益		
在建工程	49904	54897	实收资本（或股本）		
固定资产清理			国家资本		
无形资产	3	3	集体资本		
商誉			法人资本		

续表

项　　目	期初数	期末数	项　　目	期初数	期末数
长期待摊费用	13		其中:国有法人资本		
抵债资产			个人资本		
递延所得税资产			外商资本		
其他资产	88	66	资本公积		
			减:库存股		
			盈余公积		
			一般风险准备		
			未分配利润	174570	106622
			外币报表折算差额		
			归属于母公司所有者权益合计	**174570**	**106622**
			少数股东权益		
			所有者权益合计	**174570**	**106622**
资产总计	**14947967**	**17692711**	**负债及所有者权益总计**	**14947967**	**17692711**

中国进出口银行浙江省分行资产负债表

（2012 年 12 月 31 日）

单位：元

项　目	期初数	期末数	项　目	期初数	期末数
资产：			负债：		
现金及银行存款	777614.88	1328376.79	向中央银行借款		
存放中央银行款项	421382179.38	227855419.56	联行存放款项	41667075335.98	46175626541.10
贵金属			同业及其他金融机构存放款项		
存放联行款项			拆入资金		
存放同业款项	6596156.25	38629066.64	交易性金融负债		
拆出资金			衍生金融负债		
交易性金融资产			卖出回购金融资产款		
衍生金融资产			吸收存款	865975238.18	1150395858.29
买入返售金融资产			应付职工薪酬		
应收款项类金融资产	2328334909.50	18039150.00	应交税费	58901759.05	66590190.40
应收利息	113552371.02	69148168.94	应付利息	50493128.48	48822254.60
其他应收款	14514134.76	436410.90	应付股利（利润）		
发放贷款和垫款	39647807605.43	47728426701.80	其他应付款	8510780.03	8248520.36
可供出售金融资产			预计负债	62196302.27	47809046.95
持有至到期投资			应付债券		
长期股权投资			递延所得税负债		
投资性房地产			其他负债	165943083.40	172716554.69
固定资产	6290515.61	347811724.18	**负债合计**	**42879095627.39**	**47670208966.39**

续表

项　　目	期初数	期末数	项　　目	期初数	期末数
在建工程	338430743.82		所有者权益(或股东权益)：		
固定资产清理	35856.78		实收资本(或股本)		
无形资产		16263.68	其中：国有资本		
商誉			外商资本		
长期待摊费用			资本公积		
抵债资产			减：库存股		
递延所得税资产			盈余公积		
其他资产	1373539.96	819719.47	一般风险准备		
			未分配利润		762302035.58
			外币报表折算差额		—0.01
			归属于母公司所有者权益合计		**762302035.57**
			少数股东权益		
			所有者权益(或股东权益)合计		**762302035.57**
资产总计	**42879095627.39**	**48432511001.96**	**负债和所有者权益(或股东权益)总计**	**42879095627.39**	**48432511001.96**

交通银行浙江省分行资产负债表

（2012 年 12 月 31 日，不含宁波）

单位：万元

项　目	期末数	比年初增减	项　目	期末数	比年初增减
流动资产：			流动负债：		
现金及银行存款	119255	25236	短期存款	10611065	274567
其中：现金	118440	25225	短期储蓄存款	4306682	－66461
贵金属	4615	2269	财政性存款	4010	－1320
存中央银行款项	183186	10453	向中央银行借款		
其中：准备金存款			同业存放款项	1044394	－543671
其中：备付金存款	177027	20165	联行存放款项		
存放同业款项	27994	－223232	拆入资金	97655	97655
存放联行款项	6935513	89553	应解汇款	19231	－119
拆出资金	10000	10000	汇出汇款	5015	－4125
短期贷款	9940416	323934	委托存款	10619	8604
应收进出口押汇	401741	292822	应付代理证券款项		
应收账款	10929	1753	卖出回购证券款		
其他应收款	17153	9834	应付账款	202924	21435
贴现	41674	12210	其他应付款	54840	－51468
短期投资		254687	存入短期保证金	3728563	463005
委托贷款及委托投资			应付工资	20116	－834
自营证券			应付福利费		
代理证券			应交税金	－6759	－556
买入返售证券			应付利润	2	
待处理流动资产净损失			预提费用	324	322
其他流动资产	5062	933	发行短期债券		
一年内到期的长期投资	24	8	其他流动负债	251524	44622

续表

项目	期末数	比年初增减	项目	期末数	比年初增减
流动资产合计	**17697561**	**810461**	一年内到期的长期负债	517054	94308
长期资产：			**流动负债合计**	**20867260**	**335965**
中长期贷款	6492138	668842	长期负债：		
逾期贷款	440687	311585	长期存款	1987505	578110
减：呆账准备	202824	55516	长期储蓄存款	244727	96268
应收租赁款			存入长期保证金	1006342	691918
减：未收租赁收益			应付转租赁租金		
应收转租赁款			发行长期债券		
租赁资产			长期借款		
减：待转租赁资产			长期应付款		
经营租赁资产			其他长期负债		
减：经营租赁资产折旧			**长期负债合计**	**3238574**	**1366295**
长期投资			所有者权益		
固定资产原值	298919	1809	实收资本		
减：累计折旧	102505	9707	资本公积		
减：固定资产减值准备			盈余公积		
固定资产净值	196414	－7899	一般准备		
固定资产清理	1		未分配利润	542404	33635
在建工程	9281	3632	其中：本年利润	542404	33635
待处理固定资产净损失			**所有者权益合计**	**542404**	**33635**
长期资产合计	**6935696**	**920644**			
无形、递延及其他资产					
无形资产	6804	6649			
递延资产	6818	1216			
其他长期资产	1357	－3074			
其他资产合计	**14980**	**4792**			
资产总计	**24648237**	**1735896**	**负债及所有者权益总计**	**24648237**	**1735896**

交通银行宁波分行资产负债表

（2012 年 12 月 31 日）

单位：元（本外币合并）

项　　目	期末数	项　　目	期末数
流动资产：		流动负债：	
现金及银行存款	201461967.07	短期存款	28325674681.17
其中：现金	199106508.51	短期储蓄存款	9356558986.51
贵金属	1135257.47	财政性存款	1442094.64
存中央银行款项	449335166.35	向中央银行借款	
其中：准备金存款		同业存放款项	921944470.62
其中：备付金存款	315121166.35	联行存放款项	
存放同业款项	100961387.92	拆入资金	208278159.90
存放联行款项	9910364531.53	应解汇款	43940956.14
拆出资金	198000000.00	汇出汇款	1500743.49
短期贷款	23070298323.89	委托存款	14949337.39
应收进出口押汇	2457734667.78	应付代理证券款项	
应收账款	31447459.03	卖出回购证券款	
其他应收款	39443124.09	应付账款	508005320.04
贴现	416066751.46	其他应付款	84283761.27
短期投资		存入短期保证金	11799899043.67
委托贷款及委托投资		应付工资	52273045.88
自营证券		应付福利费	
代理证券		应交税金	—23739823.46
买入返售证券		应付利润	
待处理流动资产净损失		预提费用	
其他流动资产	7030472.23	发行短期债券	
一年内到期的长期投资	131317.16	其他流动负债	237466519.30

续表

项　　目	期末数	项　　目	期末数
流动资产合计	**36883410425.98**	一年内到期的长期负债	1521396710.51
长期资产：		**流动负债合计**	**53083874007.07**
中长期贷款	21426662667.29	长期负债：	
逾期贷款	773410426.96	长期存款	1863573000.00
减：呆账准备	398080050.50	长期储蓄存款	881695567.91
应收租赁款		存入长期保证金	1993847776.80
减：未收租赁收益		应付转租赁租金	
应收转租赁款		发行长期债券	
租赁资产		长期借款	
减：待转租赁资产		长期应付款	
经营租赁资产		其他长期负债	
减：经营租赁资产折旧		**长期负债合计**	**4739116344.71**
长期投资		所有者权益：	
固定资产原值	826096700.55	实收资本	
减：累计折旧	318682564.67	资本公积	
减：固定资产减值准备		盈余公积	
固定资产净值	507414135.88	一般准备	
固定资产清理		未分配利润	1595278369.12
在建工程	86552840.99	其中：本年利润	1595278369.11
待处理固定资产净损失		**所有者权益合计**	**1595278369.12**
长期资产合计	**22395960020.62**		
无形、递延及其他资产：			
无形资产	119337609.13		
递延资产	10899454.44		
其他长期资产	8661210.73		
其他资产合计	**138898274.30**		
资产总计	**59418268720.90**	**负债及所有者权益总计**	**59418268720.90**

中信银行杭州分行资产负债表

（2012 年 12 月 31 日）

单位：万元（本外币合并）

项目	期初数	期末数	项目	期初数	期末数
现金及存放中央银行款项	280768.00	423705.00	同业及其他金融机构存放款项	1521637.00	2060132.00
存放同业款项	543524.00	397676.00	联行存放	60.00	175.00
存放联行	3678829.00	4301623.00	拆入资金		15992.00
拆出资金	960734.00	1398322.00	交易性金融负债	48096.00	
买入返售金融资产		89581.00	衍生金融负债		9.00
应收利息	59135.00	86852.00	吸收存款	16980994.00	19746953.00
发放贷款和垫款	13473925.00	15671876.00	应付职工薪酬	53966.00	64062.00
持有至到期投资	50377.00	14637.00	应交税费	103386.00	110690.00
固定资产	86294.00	88073.00	应付利息	125298.00	233709.00
无形资产	1616.00	1730.00	递延所得税负债	266.00	
递延所得税资产	8731.00	26067.00	其他负债	20594.00	15295.00
其他资产	120543.00	137115.00	**负债合计**	**18854297.00**	**22247017.00**
			未分配利润	285690.00	265766.00
			拨入营运资金	124488.00	124475.00
			股东权益合计	**410178.00**	**390240.00**
资产总计	**19264475.00**	**22637258.00**	**负债及股东权益总计**	**19264475.00**	**22637258.00**

中信银行宁波分行资产负债表

（2012 年 12 月 31 日）

单位：元

项　目	期初数	期末数	项　目	期初数	期末数
流动资产：			流动负债：		
货币资金	61796866.50	59635601.86	短期存款	7549201717.11	9368567595.00
存放中央银行款项	344008779.69	220652516.83	短期储蓄存款	2161326897.06	2106823385.12
存放同业款项	4036475027.02	6409349941.61	委托存款	1522828349.16	1887366705.87
减：存放同业减值准备			财政性存款		
存放联行款项	6852645396.78	14462951369.44	向中央银行借款		
拆放同业	598002090.76		同业存放款项	6524030804.33	13566358391.90
其中：拆放金融性公司			联行存放款项	22444026.74	19640421.47
减：拆放同业减值准备			同业拆入		10000000.00
短期贷款	17821699216.56	19917174171.33	其中：金融性公司拆入		
委托贷款	1522828348.16	1887366674.85	票据融资		
短期投资			应解汇款	41128026.64	47851963.26
减：短期投资跌价准备			汇出汇款	1519907.52	52742485.82
贴现	511958565.92	1723021616.64	应付账款	289102072.89	589774547.18
应收进出口押汇	643829805.47	837301583.10	其他应付款	40623024.14	55822305.69
应收利息	111892382.26	94649231.79	预收利税		
其他应收款	16805682.44	22575573.06	应付薪酬	136744071.15	155468920.38
减：坏账准备	100000.00		应付福利费		
存出保证金			应交税金	158497624.02	185774229.10

续表

项　目	期初数	期末数	项　目	期初数	期末数
买入返售资产	1108979061.65	1390926363.28	应付利润		
待摊费用	12165780.64	16091228.95	卖出回购资产		
一年内到期的长期债券投资			存入短期保证金	1081715992.98	1010324555.51
其他流动资产			预提费用		
流动资产合计	**33642987003.85**	**47041695872.74**	一年内到期的长期负债		
长期资产：			外币兑换	111581.37	72.27
中长期贷款	6761987044.37	6607838919.89	其他流动负债	312217063.99	625638207.67
逾期贷款	186365749.66	315244504.86	**流动负债合计**	**19841491159.10**	**29682153786.24**
减：呆账准备	320648530.66	372545480.81	长期负债：		
应收租赁款			长期存款	7452444852.13	8452753580.71
减：未实现租赁收益			长期存款	2823615316.03	3342936264.87
租赁资产			长期借款		
减：租赁减值准备	—4401382.19	—13509727.75	发行长期债券		
衍生产品公允价值正值			存入长期保证金	9793926800.57	11659836851.07
可供出售金融资产			衍生产品公允价值负值		
减：可供出售减值准备			其他长期负债		
持有至到期金融资产	114639644.28	37578988.62	**长期负债合计**	**20069986968.73**	**23455526696.65**
减：持有至到期减值准备			递延税款贷项		
长期股权投资			**负债合计**	**39911478127.83**	**53137680482.89**
减：长期投资减值准备			少数股东权益		
拨付所属资本			所有者权益：		
固定资产原值	296432478.83	331971076.12	营运资金	233340000.00	233340000.00

续表

项　目	期初数	期末数	项　目	期初数	期末数
减:累计折旧	66031013.52	81250158.10	本年利润		
固定资产净值	230401465.31	250720918.02	未分配利润	516946268.91	568575892.79
减:固定资产减值准备			外币报表折算差额		
在建工程			**所有者权益合计**	**750286268.91**	**801915892.79**
减:在建工程减值准备					
在建工程净值					
固定资产清理					
待处理固定资产净损失					
长期资产合计	**6972745372.96**	**6838837850.58**			
无形资产及其他资产:					
无形资产	871212.25	1063669.13			
减:无形资产减值准备					
无形资产净值	871212.25	1063669.13			
长期待摊费用	23022022.16	20757220.92			
抵债资产					
减:抵债资产减值准备	4401382.19	13509727.75			
外币兑换	256192.23	3.83			
其他资产					
无形资产及其他资产合计	**19748044.45**	**8311166.13**			
递延税款借项	26283975.48	50751486.23			
资产总计	**40661764396.74**	**53939596375.68**	**负债及所有者权益总计**	**40661764396.74**	**53939596375.68**

上海浦东发展银行杭州分行资产负债表

（2012 年 12 月 31 日）

单位：元

项　　目	期初数	期末数	项　　目	期初数	期末数
现金	389605177.81	428964671.38	向中央银行借款		
存放中央银行款项	4189588789.36	2442725005.21	同业存放款项	7303192319.20	16091832878.56
存放同业	2478733663.45	2962514565.85	拆入资金		1945082912.94
贵金属			衍生金融负债		
拆出资金	6802028196.07	1885237242.07	卖出回购金融资产款		
交易性金融资产			短期存款	67726701131.45	63664221745.32
加或减：交易性金融资产公允价值调整			短期储蓄存款	19630073726.83	23719451588.55
衍生金融资产			存入短期保证金	6592806618.11	4491512132.11
买入返售金融资产		9374448753.33	长期存款	7966809221.94	12563608134.42
应收利息	192653789.17	401854159.12	长期储蓄存款	1101257809.38	1222714813.72
短期贷款	64558040326.87	83219950183.58	存入长期保证金	11369141106.33	30734372354.61
贴现	257110262.13	971559258.46	应解汇款及临时存款	100992072.33	124278513.56
进出口押汇	2252419692.67	4980808318.66	汇出汇款	10748403.19	18623355.86
中期贷款	12008836955.89	10624348468.94	资产托管存款	386478933.72	624098083.87
长期贷款	11979586482.55	13464151255.92	应付职工薪酬		4753477.20
逾期贷款	429738593.87	1441450743.24	应交税费	109484860.51	139188302.12
减：贷款呆账准备	1527588547.36	1972380826.67	应付利息	1182692772.07	1704522123.78
可供出售金融资产	31371222.82	30631553.30	发行长期债券		
加或减：可供出售金融资产公允价值调整			递延所得税负债		

续表

项　　目	期初数	期末数	项　　目	期初数	期末数
减：可供出售金融资产减值准备			委托资金		
持有至到期投资			财政性存款		
减：持有至到期投资减值准备			其他应付款	113434490.23	157989830.93
分为贷款和应收款的金融资产	81258015.99	2193021972.74	应付利润		
长期股权投资			预提费用		
减：长期股权投资减值准备			其他流动负债	5681791.10	97490213.60
固定资产	626860087.67	737377972.77	其他长期负债		
减：累计折旧	213709113.11	241269541.77			
减：固定资产减值准备					
固定资产清理					
在建工程			**负债合计**	**123599495256.39**	**157303740461.15**
减：在建工程减值准备					
无形资产	36902905.00	36902905.00			
减：无形资产累计摊销	10540278.37	11688329.34	实收资本		
减：无形资产减值准备			资本公积		
递延所得税资产			盈余公积		
其他应收款	128293204.08	53904236.43	一般风险准备		
减：坏账准备	3268102.75	7986662.57	未分配利润	2480577338.87	2740860264.22
其他流动资产	19676670513.66	24989074751.50			
长期待摊费用	75522612.49	74888288.22	**所有者权益合计**	**2480577338.87**	**2740860264.22**
待处理抵债资产		12341200.00			
减：抵债资产跌价准备		2819420.00			
其他长期资产	1639958145.30	1954590000.00			
减：其他非贷款资产减值准备					
资产合计	**126080072595.26**	**160044600725.37**	**负债和所有者权益合计**	**126080072595.26**	**160044600725.37**

上海浦东发展银行宁波分行资产负债表

（2012 年 12 月 31 日）

单位：元

项　　目	期初数	期末数	项　　目	期初数	期末数
现金	141215908.93	145653793.32	向中央银行借款		
存放中央银行款项	1785794700.70	1465053481.28	同业存放款项	1383415761.89	4944976009.79
存放同业	1098661649.80	615243631.91	拆入资金		15800000.00
贵金属			衍生金融负债		
拆出资金	5262045289.39	376820144.00	卖出回购金融资产款		64095455.40
交易性金融资产			短期存款	33850419324.63	34363601517.26
加或减：交易性金融资产公允价值调整			短期储蓄存款	8875138493.76	10165849115.21
衍生金融资产			存入短期保证金	1013600543.69	1199178834.09
买入返售金融资产			长期存款	13695808403.40	15213281627.36
应收利息	195412829.29	185438194.41	长期储蓄存款	618564990.60	947176786.62
短期贷款	36008269497.64	39245248027.33	存入长期保证金	5309706683.07	8176905615.63
贴现	1504515551.80	2406453660.62	应解汇款及临时存款	58858302.92	65500822.51
进出口押汇	667290902.81	1402833627.17	汇出汇款	3034128.11	6096547.49
中期贷款	9083409846.03	7440593210.66	资产托管存款	110000.00	116269066.21
长期贷款	4203272840.03	4388022012.14	应付职工薪酬		2038565.38
逾期贷款	79274065.61	155278690.44	应交税费	92034564.12	68498763.72
减：贷款呆账准备	621006482.83	690379218.84	应付利息	907547486.87	1108422572.10
可供出售金融资产			发行长期债券		
加或减：可供出售金融资产公允价值调整			递延所得税负债		
减：可供出售金融资产减值准备			委托资金		

续表

项　　目	期初数	期末数	项　　目	期初数	期末数
持有至到期投资			财政性存款	6950.48	
减:持有至到期投资减值准备			其他应付款	92251202.19	83582528.17
分为贷款和应收款的金融资产	112891235.75	42914453.77	应付利润		
长期股权投资			预提费用		
减:长期股权投资减值准备			其他流动负债	30543820.66	41334520.11
固定资产	272538227.26	281590217.21	其他长期负债		
减:累计折旧	136039232.59	149594026.30			
减:固定资产减值准备					
固定资产清理					
在建工程			**负债合计**	**65931040656.39**	**76582608347.05**
减:在建工程减值准备					
无形资产	13174792.47	13174792.47			
减:无形资产累计摊销	13174792.47	13174792.47	实收资本		
减:无形资产减值准备			资本公积		
递延所得税资产			盈余公积		
其他应收款	22609496.41	34386920.90	一般风险准备		
减:坏账准备	541432.75	1286170.50	未分配利润	1200850276.48	1442030368.40
其他流动资产	6396848269.19	19426034237.42			
长期待摊费用	40500153.51	49401828.51	**所有者权益合计**	**1200850276.48**	**1442030368.40**
减:抵债资产跌价准备待处理抵债资产	14206690.00	357612.32			
其他长期资产	5204789.51	357612.32			
减:其他非贷款资产减值准备	1005925716.40	1204932000.00			
资产总计	**67131890932.87**	**78024638715.45**	**负债和所有者权益合计**	**67131890932.87**	**78024638715.45**

上海浦东发展银行温州分行资产负债表

（2012 年 12 月 31 日）

单位：元

项目	期初数	期末数	项目	期初数	期末数
现金	102596533.22	111520786.56	向中央银行借款		
存放中央银行款项	709247316.71	880560445.85	同业存放款项	865140445.47	260921600.45
存放同业	652156160.64	114478257.88	拆入资金		213660000.00
贵金属			衍生金融负债		
拆出资金	1398765236.16		卖出回购金融资产款		
交易性金融资产			短期存款	11915980204.84	11944266194.53
加或减：交易性金融资产公允价值调整			短期储蓄存款	8861330256.03	7394243360.17
衍生金融资产			存入短期保证金	1887385125.72	459790767.05
买入返售金融资产			长期存款	3759862787.27	4115858700.00
应收利息	165487508.60	146708809.82	长期储蓄存款	129066246.78	149221779.30
短期贷款	37126146231.66	36875902050.52	存入长期保证金	12460532093.43	7897664344.65
贴现	13978530.00	376480000.00	应解汇款及临时存款	20959291.64	50657915.17
进出口押汇	488682628.85	352069733.34	汇出汇款	81015.00	1171322.66
中期贷款	5995549464.71	5131389613.82	资产托管存款	17233425.09	4650446.10
长期贷款	3073851430.64	3759461649.65	应付职工薪酬		2486064.78
逾期贷款	790655697.67	4181711153.87	应交税费	101558537.83	82980402.95
减：贷款呆账准备	1067758059.20	3269073141.22	应付利息	392987864.32	356259859.10
可供出售金融资产			发行长期债券		
加或减：可供出售金融资产公允价值调整			递延所得税负债		
减：可供出售金融资产减值准备			委托资金	992.87	992.87

续表

项目	期初数	期末数	项目	期初数	期末数
持有至到期投资			财政性存款		2374.64
减:持有至到期投资减值准备			其他应付款	83322345.74	65452766.30
分为贷款和应收款的金融资产			应付利润		
长期股权投资			预提费用		
减:长期股权投资减值准备			其他流动负债	8280451579.99	17623223237.67
固定资产	134712194.05	135693449.40	其他长期负债		
减:累计折旧	74261211.06	79419630.95			
减:固定资产减值准备					
固定资产清理					
在建工程		5681958.19	**负债合计**	**48775892212.02**	**50622512128.39**
减:在建工程减值准备					
无形资产	115234384.34	115669384.34			
减:无形资产累计摊销	9166223.51	11991613.48	实收资本		
减:无形资产减值准备			资本公积		
递延所得税资产			盈余公积		
其他应收款	16580772.09	26233603.92	一般风险准备		
减:坏账准备	1789890.50	12914538.51	未分配利润	1395418003.19	—1064526310.57
其他流动资产		9195754.57			
长期待摊费用	53127646.14	54098360.05	**所有者权益合计**	**1395418003.19**	**—1064526310.57**
待处理抵债资产		6962434.00			
减:抵债资产跌价准备		4873703.80			
其他长期资产	487513864.00	652441000.00			
减:其他非贷款资产减值准备					
资产合计	**50171310215.21**	**49557985817.82**	**负债和所有者权益合计**	**50171310215.21**	**49557985817.82**

华夏银行杭州分行资产负债表

（2012 年 12 月 31 日）

单位：元（本外币合并）

项　　目	期初数	期末数	项　　目	期初数	期末数
资产：			负债：		
现金及存放中央银行款项	618419625.93	639811722.71	向中央银行借款		
存放同业款项	2817280727.38	83960456.63	同业及其他金融机构存放款项	11360488173.16	16758908259.38
贵金属	254516.96	375230.77	拆入资金		705152396.10
拆出资金	15583300.19	2087122.50	交易性金融负债		
交易性金融资产			衍生金融负债		
衍生金融资产			卖出回购金融资产	11730488559.35	
买入返售金融资产	18282598753.16	1673497330.71	吸收存款	48610119590.81	51938873748.69
应收利息	378306191.12	128068167.60	应付职工薪酬	102861666.41	83173885.85
发放贷款及垫款	44362685534.42	46644767961.67	应交税费	106743517.51	115246313.23
可供出售金融资产			应付利息	535380382.43	497724866.85
应收款项类投资			预计负债		
持有至到期投资	44265561.75	15691698.61	应付债券		
长期股权投资			递延所得税负债		
投资性房地产			其他负债	512708284	507794984.58
固定资产	134531296.95	131144537.67			
无形资产			**负债合计**	**72958790173.67**	**70606874454.68**
递延所得税资产			所有者权益：		
其他资产	7318288494.61	22004747108.27	股本		
			资本公积		
			减：库存股		
			盈余公积		
			一般风险准备		
			未分配利润	1013423828.80	717276882.46
			所有者权益合计	**1013423828.80**	**717276882.46**
资产合计	**73972214002.47**	**71324151337.14**	**负债与所有者权益合计**	**73972214002.47**	**71324151337.14**

华夏银行宁波分行资产负债表

（2012 年 12 月 31 日）

单位：元（本外币合并）

项　目	期初数	期末数	项　目	期初数	期末数
资产：			负债：		
现金及存放中央银行款项	398965531.43	370597748.30	向中央银行借款		
存放同业款项	40718095.17	29613451.58	同业及其他金融机构存放款项	63049048.39	7617046630.95
贵金属			拆入资金		422366245.52
拆出资金			交易性金融负债		
交易性金融资产			衍生金融负债		
衍生金融资产			卖出回购金融资产款	9478509918.48	2558057976.83
买入返售金融资产	14434663192.28	11142539832.34	吸收存款	11265691365.08	14648042194.48
应收利息	217252738.58	83912422.02	应付职工薪酬	23573306.77	29578989.99
发放贷款及垫款	9840003488.68	12389103007.23	应交税费	17153512.60	12359556.73
可供出售金融资产			应付利息	174240451.57	174535178.43
持有至到期投资	7127549.69	3072892.36	预计负债		
应收款项类投资			应付债券		
长期股权投资			递延所得税负债		
投资性房地产			其他负债	3907578373.94	104549506.39
固定资产	175002187.35	198257535.85			
无形资产			**负债合计**	**24929795976.83**	**25566536279.32**
递延所得税资产			股东权益：		
其他资产	27838487.58	1522335433.55	股本		
			资本公积		
			减：库存股		
			盈余公积		
			一般风险准备		
			未分配利润	211775293.93	172896043.91
			股东权益合计	**211775293.93**	**172896043.91**
资产合计	**25141571270.76**	**25739432323.23**	**负债与股东权益合计**	**25141571270.76**	**25739432323.23**

华夏银行温州分行资产负债表

（2012 年 12 月 31 日）

单位：元

项　目	期初数	期末数	项　目	期初数	期末数
资产：			负债：		
现金及存放中央银行款项	529050387.82	545891655.48	向中央银行借款		
存放同业款项	1725672352.42	2526230525.33	同业及其他金融机构存放款项	2316053358.80	2010123123.61
贵金属			拆入资金		364178833.30
拆出资金		1618855324.08	交易性金融负债		
交易性金融资产			衍生金融负债		
衍生金融资产			卖出回购金融资产		
买入返售金融资产			吸收存款	19774431468.89	17891977781.13
应收利息	91830349.30	103362118.19	应付职工薪酬	5873272.62	10587689.61
发放贷款及垫款	15782360534.43	16818287757.23	应交税费	44204066.11	44763717.05
可供出售金融资产			应付利息	191663096.01	180516292.15
应收款项类投资			预计负债		
持有至到期投资	12808547.28	5385436.94	应付债券		
长期股权投资			递延所得税负债		
投资性房地产			其他负债	235441416.43	1118865018.74
固定资产	143217011.00	56812354.83			
无形资产		92092457.35	**负债合计**	**22567666678.86**	**21621012455.59**
递延所得税资产			所有者权益：		
其他资产	4563452490.36	25658289.26	股本		
			资本公积		
			减：库存股		
			盈余公积		
			一般风险准备		
			未分配利润	280724993.75	171563463.10
			所有者权益合计	**280724993.75**	**171563463.10**
资产总计	**22848391672.61**	**21792575918.69**	**负债与所有者权益总计**	**22848391672.61**	**21792575918.69**

招商银行杭州分行资产负债表

（2012年12月31日）

单位：万元（本外币合并）

项　　目	期初数	期末数	项　　目	期初数	期末数
流动资产：			流动负债：		
现金及银行存款	25791	30721	短期存款	5166584	5237810
贵金属			短期储蓄存款	1806589	1852484
存放中央银行款项	136626	151332	财政性存款	39630	28893
存放同业款项	54810	1226627	向中央银行借款		
存放联行款项	601833	191982	票据融资		
拆放同业	142765	20050	同业存放款项	416051	515879
拆放金融性公司			联行存放款项	1304739	1574251
短期贷款	5649147	6435492	同业拆入		
应收进出口押汇	273497	298889	金融性公司拆入		
应收账款	26657	26790	应解汇款	13929	13113
减：坏账准备	324	861	汇出汇款	4192	893
其他应收款	672	1269	委托存款		
贴现	418332	274005	应付代理证券款项		
短期投资			卖出回购证券款		
减：短期投资跌价准备			卖出回购贷款		
委托贷款及委托投资			应付账款	51863	58639
自营证券			存入短期保证金	708693	1288878

续表

项目	期初数	期末数	项目	期初数	期末数
代理证券			其他应付款	29894	34139
买入返售款项	51848	53235	应付工资	25042	19048
待处理流动资产净损失			应付福利费		
一年内到期的长期投资			应付税金	44294	40439
待摊费用	3952	4292	应付股利		
流动资产合计	**7385606**	**8713824**	预提费用	159	167
长期资产：			发行短期债券		
中期贷款	525399	420308	一年内到期的长期负债		
长期贷款	2334408	2185601	**流动负债合计**	**9611659**	**10664630**
逾期贷款	43411	118990	长期负债：		
减：贷款呆账准备	189199	236983	长期存款	227108	296274
应收租赁款			长期储蓄存款	77407	105795
减：未收租赁收益			保证金	3069	3179
租赁资产			应付转租赁租金		
减：待转租赁资产			发行长期债券		
经营租赁资产			长期借款		
减：经营租赁资产折旧			长期次级债		
长期投资			长期应付款		
减：长期投资减值准备			**长期负债合计**	**307585**	**405247**
固定资产原值	86503	99080	其他负债：		
减：累计折旧	31389	36091	其他负债	20921	

续表

项目	期初数	期末数	项目	期初数	期末数
固定资产净值	55113	62989	递延税项：		
减：固定资产减值准备			递延税款贷项		
固定资产净额	55113	62989	负债合计	9940165	11069878
固定资产清理			所有者权益：		
在建工程			实收资本		
减：在建工程减值准备			资本公积		
待处理固定资产净损失			盈余公积		
长期资产合计	**2769132**	**2550905**	其中：法定公益金		—
无形、递延及其他资产			一般准备		
无形资产			未分配利润		
减：无形资产减值准备			本年利润	221663	208051
长期待摊费用	6420	3508	**所有者权益合计**	**221663**	**208051**
其他资产	1337	10360			
减：其他资产减值准备	667	667			
其他资产合计	**7090**	**13200**			
递延税项：					
递延税款借项					
资产总计	**10161828**	**11277929**	**负债及所有者权益总计**	**10161828**	**11277929**

招商银行宁波分行资产负债表

（2012年12月31日）

单位：元（含折人民币）

项目	期初数	期末数	项目	期初数	期末数
流动资产：			流动负债：		
现金及银行存款	80561008.88	90149061.99	短期存款	11801810369.13	11098087847.25
贵金属			短期储蓄存款	4830253135.94	5449051249.88
存放中央银行款项	228107617.43	196833201.89	财政性存款	103957596.66	256459316.07
存放同业款项	257974614.69	3280749686.24	向中央银行借款		
存放联行款项			票据融资		60985452.28
拆放同业	19000000.00	190852000.00	同业存放款项	376661091.19	7910840.33
拆放金融性公司			联行存放款项	7634300158.82	11094945605.78
短期贷款	14725147696.28	17800671908.90	同业拆入	9679612.78	
应收进出口押汇	1202844508.83	1448039040.97	金融性公司拆入		
应收账款	75438964.10	79864837.95	应解汇款	115442200.03	23396321.49
坏账准备	—1577400.50	—1899928.02	汇出汇款	56600141.41	10426434.92
其他应收款	1809093.67	2986682.82	委托存款		
贴现	2213936466.05	821739528.99	应付代理证券款项		
短期投资			卖出回购证券款		
持有至到期投资减值准备			卖出回购贷款		
委托贷款及委托投资			应付账款	121291378.06	150985835.85
自营证券			存入短期保证金	4453146574.79	5113494423.46
代理证券			其他应付款	20555169.44	52781768.00
买入返售款项			应付工资	84884785.85	92390943.68
待处理流动资产损失			应付福利费		
一年内到期的长期投资			应付税金	104080577.72	91107384.26

续表

项目	期初数	期末数	项目	期初数	期末数
待摊费用	18640975.84	20909454.67	应付股利		
流动资产合计	**18821883545.27**	**23930895476.40**	预提费用		28749.00
长期资产：			发行短期债券		
中期贷款	5406445495.41	4944967610.62	一年内到期的长期负债		
长期贷款	8595814635.96	7726251161.51	**流动负债合计**	**29712662791.82**	**33502052172.25**
逾期贷款	426020938.45	610102546.01	长期负债：		
呆账准备	—754908466.60	—929837705.62	长期存款	2398965580.00	2436864580.00
应收租赁款			长期储蓄存款	170395287.52	296191532.67
未收租赁收益			保证金	94090895.36	19110814.69
租赁资产			应付转租赁租金		
待转租赁资产			发行长期债券		
经营租赁资产			长期借款		
经营租赁资产折旧			长期次级债		
长期投资			长期应付款		
可供出售金融资产减值准备			交易性金融负债		
固定资产原值	517946377.10	504416134.69	**长期负债合计**	**2663451762.88**	**2752166927.36**
累计折旧	—68042111.71	—99730749.14	其他负债：		
固定资产净值	449904265.39	404685385.55	其他负债		
固定资产减值准备			**其他负债合计**		
固定资产净额	449904265.39	404685385.55	递延税项：		
投资性房地产		45985067.38	递延税款贷项		
减：投资性房地产累计折旧		—2787285.84	**负债合计**	**32376114554.70**	**36254219099.61**
减：投资性房地产减值准备			所有者权益：		
投资性房地产净额		43197781.54	实收资本		
固定资产清理			资本公积		

续表

项　　目	期初数	期末数	项　　目	期初数	期末数
在建工程			盈余公积		
在建工程减值准备			其中：法定公益金		
待处理固定资产净损失			一般准备		
长期资产合计	**14123276868.61**	**12756168998.07**	未分配利润		
无形、递延及其他资产			本年利润	595877159.97	488990363.07
无形资产			**所有者权益合计**	**595877159.97**	**488990363.07**
无形资产减值准备					
长期待摊费用	26831300.77	12947084.98			
其他资产		121.69			
其他资产减值准备					
无形、递延及其他资产合计	**26831300.77**	**12947206.67**			
递延税项：					
递延税项借项					
交易性金融资产					
可供出售金融资产					
持有至到期金融资产					
减：持有至到期投资减值准备					
其他应收投资款					
减：其他应收投资减值准备					
减：长期股权投资减值准备					
存放境外央行国别风险准备					
存放境外同业或其他金融机构国别风险准备					
买入返售国别风险准备					
拆放境外同业或其他金融机构国别风险准备					
资产总计	**32971991714.65**	**36743209462.68**	**负债及所有者权益合计**	**32971991714.67**	**36743209462.68**

广发银行杭州分行资产负债表

（2012 年 12 月 31 日）

单位：元

项目	期初数	期末数	项目	期初数	期末数
资产：			负债：		
现金及存放中央银行款项	1117245805.41	1888316709.03	向中央银行借款		
存放同业款项	221469518.49	481253821.13	同业及其他金融机构存放款项	3102305120.46	553921509.58
贵金属			拆入资金		1255297519.38
拆出资金			交易性金融负债		
交易性金融资产			衍生金融负债	16283662.39	31705300.49
衍生金融资产	17983263.68	40805991.59	卖出回购金融资产款		
买入返售金融资产	196856400.00	687318805.07	吸收存款	62704313218.16	69796671288.63
应收利息	232047704.72	188537354.76	应付职工薪酬	69360269.45	57427531.10
发放贷款和垫款	55855920647.39	57147630262.10	应交税费	92364915.84	76499222.99
应收款项投资	63607200.00	48745200.00	应付利息	638399818.58	676450968.91
可供出售金融资产			预计负债	31380000.00	2000000.00
持有至到期投资			应付债券		
长期股权投资			递延所得税负债		
固定资产	529969127.96	534042817.28	其他负债	1702470797.44	99793120.88
在建工程	194021386.00	270900743.00	**负债合计**	**68356877802.32**	**72549766461.96**
无形资产	191669460.20	184889598.36	所有者权益(或股东权益)：		
递延所得税资产			实收资本(或股本)	733500000.00	916740000.00
其他资产	11740713091.81	11663097927.04	资本公积		
			减：库存股		
			盈余公积		
			一般风险准备		
			未分配利润	1271125803.66	—330967232.51
			外币报表折算差额	—0.32	—0.09
			所有者权益(或股东权益)合计	**2004625803.34**	**585772767.40**
资产总计	**70361503605.66**	**73135539229.36**	**负债和所有者权益(或股东权益)总计**	**70361503605.66**	**73135539229.36**

平安银行杭州分行资产负债表

（2012 年 12 月 31 日）

单位：元（本外币合并）

项　　目	期初数	期末数	项　　目	期初数	期末数
现金及存放中央银行款项	941965535.77	1169530552.00	同业及其他金融机构存放款项	1334968108.44	8602460330.69
贵金属			拆入资金		977654888.98
存放同业款项	232371613.75	264368185.94	联行存放款项		
拆出资金		838063518.90	交易性金融负债		
存放联行款项	7203616793.33		衍生金融负债		
交易性金融资产			卖出回购金融资产款		
衍生金融资产			吸收存款	59753804952.51	68448950380.91
买入返售金融资产	2982177308.44	3252099778.82	应付职工薪酬	133522726.25	142114367.25
应收利息	108696746.84	156996931.72	应交税费	53613476.78	77572027.80
发放贷款和垫款	49473150297.07	58113095527.10	应付利息	283959754.08	507111319.09
应收款项类投资			预计负债		
可供出售金融资产			应付债券		
持有至到期投资			递延所得税负债		
长期股权投资			其他负债	707528982.64	873640571.49
商誉			**负债合计**	**62267398000.70**	**79629503886.21**
固定资产	51509460.53	64322555.61	资本公积		
投资性房地产			盈余公积		
无形资产	159733.77	32666.63	未分配利润	1068757346.19	1365972264.09
递延所得税资产			**归属于母公司股东权益合计**	**1068757346.19**	**1365972264.09**
其他资产	2342507857.39	17136966433.58	少数股东权益		
			股东权益	1068757346.19	1365972264.09
资产总计	**63336155346.89**	**80995476150.30**	**负债和股东权益总计**	**63336155346.89**	**80995476150.30**

平安银行宁波分行资产负债表

（2012 年 12 月 31 日）

单位：元（本外币合并）

项　目	期初数	期末数	项　目	期初数	期末数
现金及存放中央银行款项	233231078.86	209082045.27	向中央银行借款		
贵金属			同业及其他金融机构存放款项	141519377.77	7079980710.39
存放同业款项	1292224918.02	175061612.23	拆入资金		34616822.54
拆出资金		1348448154.72	联行存放款项	5347694658.08	
存放联行款项			交易性金融负债		
交易性金融资产			衍生金融负债		
衍生金融资产			卖出回购金融资产款		
买入返售金融资产		5647905009.57	吸收存款	20427615854.44	24253257644.87
应收利息	252509521.97	125373039.64	应付职工薪酬	52628026.54	42715551.30
发放贷款和垫款	18667139940.59	21317634175.13	应交税费	36938106.30	31384663.63
应收款项类投资		1880000000.00	应付利息	259638411.68	232743416.95
可供出售金融资产			预计负债		
持有至到期投资			应付债券		
长期股权投资			递延所得税负债		
商誉			其他负债	4171208315.48	221961096.39
固定资产	20237968.65	22910465.49	**负债合计**	**30437242750.29**	**31896659906.07**
投资性房地产			股东权益		
无形资产	719146.00	463604.97	股本		
递延所得税资产			资本公积		
其他资产	10592807358.09	1747697509.36	盈余公积		
			一般风险准备		
			未分配利润	621627181.89	577915710.31
			归属于母公司股东权益合计	**621627181.89**	**577915710.31**
			少数股东权益		
			股东权益	621627181.89	577915710.31
资产总计	**31058869932.18**	**32474575616.38**	**负债和股东权益总计**	**31058869932.18**	**32474575616.38**

平安银行温州分行资产负债表

（2012 年 12 月 31 日）

单位：元（本外币合并）

项　目	期初数	期末数	项　目	期初数	期末数
现金及存放中央银行款项	246653572.06	311306844.26	向中央银行借款		
贵金属			同业及其他金融机构存放款项	6798792.84	3909400206.85
存放同业款项	12475213.00	33086225.00	拆入资金		746319750.00
拆出资金		718047062.55	联行存放款项		
存放联行款项			交易性金融负债		
交易性金融资产			衍生金融负债		
衍生金融资产			卖出回购金融资产款		
买入返售金融资产		4570282783.94	吸收存款	14942745566.27	15819122790.98
应收利息	150554041.40	60557153.17	应付职工薪酬	50531870.69	32147858.15
发放贷款和垫款	15876697031.97	17174947819.13	应交税费	65752308.59	41367977.80
应收款项类投资			应付利息	236787643.22	183600321.63
可供出售金融资产			预计负债		
持有至到期投资			应付债券		
长期股权投资			递延所得税负债		
商誉			其他负债	7324852302.07	2268860412.08
固定资产	28949632.96	42418963.29	**负债合计**	**22627468483.68**	**23000819317.49**
投资性房地产			股东权益		
无形资产	60971.02	19750.07	股本		
递延所得税资产			资本公积		
其他资产	6878767255.54	75392446.39	盈余公积		
			一般风险准备		
			未分配利润	566689234.27	－14760269.69
			归属于母公司股东权益合计	**566689234.27**	**－14760269.69**
			少数股东权益		
			股东权益	566689234.27	－14760269.69
资产总计	**23194157717.95**	**22986059047.80**	**负债和股东权益总计**	**23194157717.95**	**22986059047.80**

中国民生银行杭州分行资产负债表

（2012 年 12 月 31 日，含异地）

单位：元（本外币合并）

项　　目	期初数	期末数	项　　目	期初数	期末数
资产：			负债：		
现金及存放中央银行款项	1904799605.51	3790971229.09	向中央银行借款		
存放同业及其他金融机构款项	14984516717.11	2990247353.34	同业及其他金融机构存放款项	8053492927.56	21507097678.09
贵金属	14558080.01	18009540.01	拆入资金		1480000000.00
拆出资金			交易性金融负债		
交易性金融资产			衍生金融负债		
衍生金融资产			卖出回购金融资产款		277500000.00
买入返售金融资产	2525840000.00	46993196666.67	吸收存款	72467211321.57	81400125007.09
应收利息	260038949.89	231102402.18	应付职工薪酬	53287594.05	93610752.80
发放贷款和垫款	88423216378.55	88886650972.63	应交税费	239560908.27	278806027.99
可供出售金融资产			应付利息	684110301.27	797012391.83
持有至到期投资			预计负债	68187190.30	157534658.72
应收款项类投资			应付债券		
长期股权投资			递延所得税负债		
固定资产	58688311.15	81293761.01	其他负债	22008996210.31	34019486593.06
投资性房地产			**负债合计**	**103574846453.33**	**140011173109.58**
无形资产	568780.15	375563.92	股东权益：		
递延所得税资产			股本	1483330000.00	1483330000.00
其他资产	391133593.01	740526711.86	资本公积		
			减：库存股		
			盈余公积		
			一般风险准备		
			未分配利润	3505183962.05	2237871091.13
			股东权益合计	**4988513962.05**	**3721201091.13**
资产总计	**108563360415.38**	**143732374200.71**	**负债和股东权益总计**	**108563360415.38**	**143732374200.71**

中国民生银行宁波分行资产负债表

（2012 年 12 月 31 日）

单位：元（本外币合并）

项　目	期初数	期末数	项　目	期初数	期末数
资产：			负债：		
现金及存放中央银行款项	1434372890.29	1871081486.34	向中央银行借款		
存放同业及其他金融机构款项	540444628.47	131485220.31	同业及其他金融机构存放款项	686130654.11	4195361351.35
贵金属	4430720.00	14007420.00	拆入资金		
拆出资金			交易性金融负债		
交易性金融资产			衍生金融负债		
衍生金融资产			卖出回购金融资产款		2680447276.48
买入返售金融资产		11875038540.02	吸收存款	24114016438.56	30136355235.19
应收利息	94105649.52	75444789.51	应付职工薪酬	8012798.70	24540583.28
发放贷款和垫款	27938295926.86	27847741227.56	应交税费	47293498.02	69419473.91
可供出售金融资产			应付利息	208524361.71	278569052.73
持有至到期投资			预计负债	24816575.70	57711667.94
应收款项类投资			应付债券		
长期股权投资			递延所得税负债		
固定资产	29332907.42	95833105.63	其他负债	3742598280.79	3534270225.67
投资性房地产			**负债合计**	**28831392607.59**	**40976674866.55**
无形资产	485158.26	293464.85	股东权益：		
递延所得税资产			股本	316670000.00	333330000.00
其他资产	92519819.88	210509340.09	资本公积		
			减：库存股		
			盈余公积		
			一般风险准备		
			未分配利润	985925093.11	811429727.76
			股东权益合计	**1302595093.11**	**1144759727.76**
资产总计	**30133987700.70**	**42121434594.31**	**负债和股东权益总计**	**30133987700.70**	**42121434594.31**

中国民生银行温州分行资产负债表

（2012 年 12 月 31 日）

单位：元（本外币合并）

项　目	期初数	期末数	项　目	期初数	期末数
资产：			负债：		
现金及存放中央银行款项	308505535.37	934795847.53	向中央银行借款		
存放同业及其他金融机构款项	31683584.84	24441468.93	同业及其他金融机构存放款项	600000000.00	6218035927.27
贵金属	13608639.99	12339870.00	拆入资金		
拆出资金			交易性金融负债		
交易性金融资产			衍生金融负债		
衍生金融资产			卖出回购金融资产款		997974981.70
买入返售金融资产	1126097249.99	15676481714.70	吸收存款	16142388864.79	20952537752.32
应收利息	73031698.85	72470217.91	应付职工薪酬	22610594.22	10414277.56
发放贷款和垫款	20685779602.47	23801395251.63	应交税费	53309729.32	69066974.01
可供出售金融资产			应付利息	147433970.40	226156692.35
持有至到期投资			预计负债	12866439.13	34180984.41
应收款项类投资			应付债券		
长期股权投资			递延所得税负债		
固定资产	11742967.48	18954414.38	其他负债	4292381353.31	12596980145.97
投资性房地产			**负债合计**	**21270990951.17**	**41105347735.59**
无形资产	61793.17	10925.00	股东权益：		
递延所得税资产			股本	216670000.00	216670000.00
其他资产	91358924.49	434079061.37	资本公积		
			减：库存股		
			盈余公积		
			一般风险准备		
			未分配利润	854209045.48	—347048964.14
			股东权益合计	**1070879045.48**	**—130378964.14**
资产总计	**22341869996.65**	**40974968771.45**	**负债和股东权益总计**	**22341869996.65**	**40974968771.45**

兴业银行杭州分行资产负债表

（2012 年 12 月 31 日）

单位：元

项　　目	期初数	期末数	项　　目	期初数	期末数
现金及存放中央银行款项	550517933.36	657905040.16	向中央银行借款		
存放同业款项	1222121596.78	3233965937.05	同业及其他金融机构存放款项	38047149752.88	27814056205.29
贵金属			拆入资金		139789580.00
拆出资金	768675000.00	800650000.00	交易性金融负债		
交易性金融资产			衍生金融负债		
衍生金融资产			卖出回购金融资产款	8067896089.43	7525564006.75
买入返售金融资产	22395783959.66	32225006765.44	吸收存款	70864238689.98	71157051421.54
其中：买入企事业单位回售证券			应付职工薪酬	197370424.36	273883959.69
应收利息	774510573.20	402267170.82	应交税费	90393665.07	124117576.62
发放贷款及垫款	67670848910.91	68480291046.88	应付利息	907246723.13	850088384.86
可供出售金融资产			预计负债		
持有至到期投资			应付债券		
长期股权投资	3680000.00	3680000.00	递延所得税负债		
投资性房地产			其他负债	910699476.34	941298739.62
固定资产	337736175.00	341869947.21	**负债合计**	**119084994821.19**	**108825849874.37**
无形资产	804688.59	691828.59	所有者权益（或股东权益）：		
递延所得税资产			股本		
其他资产	26849414374.55	4036115766.83	资本公积		
			盈余公积		
			一般风险准备		
			未分配利润	1489098390.86	1356593628.61
			减：库存股		
			所有者权益（或股东权益）合计	**1489098390.86**	**1356593628.61**
资产总计	**120574093212.05**	**110182443502.98**	**负债及所有者权益总计**	**120574093212.05**	**110182443502.98**

兴业银行宁波分行资产负债表

（2012 年 12 月 31 日）

单位：元

项　　目	期初数	期末数	项　　目	期初数	期末数
现金及存放中央银行款项	384010571.65	344558905.54	向中央银行借款		
存放同业款项	3978093075.98	1276081232.93	同业及其他金融机构存放款项	14280489117.74	24090065100.96
贵金属			拆入资金		90680000.00
拆出资金			交易性金融负债		
交易性金融资产			衍生金融负债		
衍生金融资产			卖出回购金融资产款	1081079412.89	
买入返售金融资产	11484207327.74	17281314977.44	吸收存款	29156241037.98	30957075075.91
其中：买入企事业单位回售证券			应付职工薪酬	43855930.72	66989060.40
应收利息	381803258.06	123494107.64	应交税费	41714329.35	56768880.65
发放贷款及垫款	22779669939.70	23044457212.62	应付利息	473708463.17	521701681.76
可供出售金融资产			预计负债		
持有至到期投资			应付债券		
长期股权投资			递延所得税负债		
投资性房地产			其他负债	226488409.68	189881849.87
固定资产	132904932.39	132964733.53	**负债合计**	**45303576701.53**	**55973161649.55**
无形资产			所有者权益（或股东权益）：		
递延所得税资产			股本		
其他资产	6757164034.69	14423832676.82	资本公积		
			盈余公积		
			一般风险准备		
			未分配利润	594276438.68	653542196.97
			减：库存股		
			所有者权益（或股东权益）合计	**594276438.68**	**653542196.97**
资产总计	**45897853140.21**	**56626703846.52**	**负债及所有者权益总计**	**45897853140.21**	**56626703846.52**

中国光大银行杭州分行资产负债表

（2012 年 12 月 31 日）

单位：元（本外币合并）

项目	期初数	期末数	项目	期初数	期末数
资产：			负债：		
现金及银行存款	103493789.42	131720196.94	对公存款	27757462152.31	30081486314.78
贵金属			储蓄存款	7542430013.52	9730974318.01
存放中央银行款项	994834708.61	1090130954.42	财政性存款	1183574.65	3707208.18
存放同业款项	557717933.85	431057222.03	向中央银行借款		
存放联行款项			同业存放款项	11580835247.01	13655265964.59
拆出资金	5168582677.04	1556875750.95	联行存放款项	1512440703.18	4986398497.92
买入返售金融资产	5555321486.65	4104614040.42	同业拆入款项	164319426.18	290873066.50
发放贷款和垫款	34938919112.55	38530312092.24	卖出回购金融资产款		
贸易融资	3395046192.70	4226294642.38	应解汇款	59937356.02	54377654.94
贴现	190305421.74	710914695.06	汇出汇款	785482.67	207497.00
信贷资产减值准备	1150396092.79	1309479043.49	应付利息	399154619.41	517280587.80
应收利息	195447453.28	302152993.53	其他应付款	23113925.52	17382355.54
其他应收款	10758636.12	16669964.42	交易性金融负债		
交易性金融资产			衍生金融负债		
衍生金融资产	1166598.09	278921.56	应付债券		
可供出售金融资产			长期借款		
持有至到期投资	13563807.00	6506952241.27			
长期股权投资			应付职工薪酬	79506844.50	95372757.27

续表

项　目	期初数	期末数	项　目	期初数	期末数
应收类投资		4090500000.00	应交税费	113306274.46	128785805.93
			应付股利		
固定资产原值	665496398.57	680829614.46	预计负债		
减:累计折旧	52475680.91	77363752.75	递延所得税负债		
固定资产净值	613020717.66	603465861.71	其他负债	395777047.39	599384378.87
投资性房地产			**负债合计**	**49630252666.82**	**60161496407.33**
固定资产清理			股东权益:		
在建工程			股本		
无形资产	2059915.02	930256.01	资本公积		
商誉			盈余公积		
长期待摊费用	29972498.17	39067470.72	一般风险准备		
抵债资产			未分配利润	1014767804.94	905872226.99
递延所得税资产			其中:本年利润		
其他资产	25205616.65	34910374.15	**股东权益合计**	**1014767804.94**	**905872226.99**
资产总计	**50645020471.76**	**61067368634.32**	**负债和股东权益总计**	**50645020471.76**	**61067368634.32**

中国光大银行宁波分行资产负债表

（2012 年 12 月 31 日）

单位：元（本外币合并）

项 目	期初数	期末数	项 目	期初数	期末数
资产：			负债：		
现金及银行存款	91730184.20	133762290.69	对公存款	25062466493.67	28745904448.32
贵金属			储蓄存款	5308962998.42	6618828986.54
存放中央银行款项	607547747.34	2104492187.39	财政性存款	6232.24	10199.13
存放同业款项	423535679.55	264072879.06	向中央银行借款		
存放联行款项			同业存放款项	1302416816.57	8139033804.29
拆出资金	351703592.77	327302914.01	联行存放款项	73412679.88	4401519963.64
买入返售金融资产		5350536064.09	同业拆入款项	223410908.89	
发放贷款和垫款	30975045541.23	32882118893.14	卖出回购金融资产款		
贸易融资	1443933916.29	2716219117.90	应解汇款	49766173.97	18565399.49
贴现	254811871.34	245130171.05	汇出汇款	3878694.87	2946269.38
信贷资产减值准备	747072102.21	828348905.44	应付利息	217368101.03	297829367.79
应收利息	96754764.97	215502355.95	其他应付款	4427486.77	3136110.34
其他应收款	2071348.64	832089.58	交易性金融负债		
交易性金融资产			衍生金融负债		
衍生金融资产	1499603.78	271715.23	应付债券		
可供出售金融资产			长期借款		
持有至到期投资	30210673.61	7010630728.45			
长期股权投资			应付职工薪酬	82878726.64	121125861.36

续表

项　目	期初数	期末数	项　目	期初数	期末数
应收类投资			应交税费	71995622.65	78272122.40
			应付股利		
固定资产原值	263747900.68	271317283.18	预计负债		
减:累计折旧	66594721.36	84829749.59	递延所得税负债		
固定资产净值	197153179.32	186487533.59	其他负债	632120287.92	1249321573.33
投资性房地产			**负债合计**	**33033111223.52**	**49676494106.01**
固定资产清理			股东权益:		
在建工程			股本		
无形资产	2100365.95	1632579.13	资本公积		
商誉			盈余公积		
长期待摊费用	25216896.13	20336032.55	一般风险准备		
抵债资产			未分配利润	736960337.98	967153746.56
递延所得税资产			其中:本年利润		
其他资产	13828298.59	12669206.20	**股东权益合计**	**736960337.98**	**967153746.56**
资产总计	**33770071561.50**	**50643647852.57**	**负债和股东权益总计**	**33770071561.50**	**50643647852.57**

恒丰银行杭州分行资产负债表

（2012 年 12 月 31 日）

单位：万元

项目	A	B	C	项目	A	B	C
	人民币	外币折人民币	本外币合计		人民币	外币折人民币	本外币合计
Ⅰ. 资产				Ⅱ. 负债及所有者权益			
1. 现金	2424	69	2493	26. 单位存款	3523783	13329	3537112
2. 贵金属				27. 储蓄存款	690096	4932	695028
3. 存放中央银行款项	63481		63481	28. 向中央银行借款			
4. 存放同业款项	730764	43435	774199	29. 同业存放款项	1641726	1	1641727
4.1 境内同业	730764	43435	774199	29.1 境内同业	1641726	1	1641727
4.2 境外同业				29.2 境外同业			
70. 存放系统内款项	1627636	9219	1636855	72. 系统内存放款项		79	79
71. 拨付营运资金				30. 同业拆入			
5. 应收利息	21116	216	21332	31. 卖出回购款项	243273		243273
6. 贷款	2561622	5052	2566674	31.1 境内外金融机构	243273		243273
7. 贸易融资	1804	4684	6488	31.2 境内外非金融机构			
8. 贴现及买断式转贴现	113069		113069	32. 汇出汇款	2256		2256
9. 其他贷款				33. 应解汇款	2052	476	2528
10. 拆放同业	256599		256599	34. 存入保证金	484947	38551	523498
11. 其他应收款	1457		1457	35. 其他存款			
12. 投资	860958		860958	36. 应付利息	47700	276	47976
12.1 债券				37. 应交税费	7139		7139
12.2 股票				38. 应付职工薪酬			
12.3 其他	860958		860958	40. 应付股利			

续表

项目	A	B	C	项目	A	B	C
	人民币	外币折人民币	本外币合计		人民币	外币折人民币	本外币合计
12.3.1 其中:长期股权投资				41. 其他应付款	11082	4684	15766
13. 买入返售资产	544362		544362	43. 递延收益	3328		3328
13.1 境内外金融机构	544362		544362	44. 预计负债			
13.2 境内外非金融机构				46. 应付债券			
14. 长期待摊费用	838		838	47. 其他负债	1		1
15. 固定资产原价	33570		33570	47.1 衍生金融负债			
16. 减:累计折旧	6923		6923	48. 递延所得税负债			
17. 固定资产净值	26646		26646	**49. 负债合计**	**6657384**	**62328**	**6719712**
18. 固定资产清理				50. 少数股东权益			
19. 在建工程	13448		13448	51. 所有者权益			
20. 无形资产				52. 实收资本	30000		30000
21. 抵债资产				53. 资本公积			
22. 递延所得税资产				53.1 其中:重估储备			
23. 其他资产	55		55	54. 盈余公积			
23.1 投资性房地产				55. 一般风险准备			
23.2 衍生金融资产				56. 信托赔偿准备			
23.3 商誉				57. 未分配利润	111631	287	111918
24. 减:各项资产减值损失准备	27266	59	27325	57.1 其中:本年利润	111631	292	111923
				58. 外币报表折算差额			
				59. 所有者权益合计	**141631**	**287**	**141918**
				60. 负债及所有者权益总计	**6799015**	**62614**	**6861629**
				附注项目			
				61. 各项存款	4703134	57288	4760422
25. 资产总计	**6799015**	**62614**	**6861629**	62. 各项贷款	2676496	9735	2686231

渤海银行杭州分行资产负债表

（2012 年 12 月 31 日）

单位：元

项目	期初数	期末数	项目	期初数	期末数
资产：			负债：		
现金及银行存款	19872753.02	11052497.09	向中央银行借款		
存放中央银行款项	145473842.51	141540554.32	同业及其他金融机构存放款项	1964315629.06	4824783381.31
存放同业款项	1790764290.67	669949614.38	拆入资金		510456510.70
贵金属			交易性金融负债		
拆出资金	468260000.00	538340600.00	衍生金融负债		
买入返售金融资产	4686756970.10	7384513654.47	卖出回购金融资产款	3770897405.01	2861435572.89
应收利息	114964825.22	149355288.58	客户存款	14162651103.32	17663574067.93
发放贷款和垫款	12801817871.85	16089393264.88	应解及汇出款	2976100.00	13978600.00
减：贷款损失准备			应付职工薪酬	19970201.39	51987495.32
发放贷款和垫款净值	12801817871.85	16089393264.88	应交税费	19834620.85	29938524.22
交易性金融资产			应付利息	182221055.32	270503727.56
衍生金融资产			预计负债		
可供出售金融资产			应付债券		
持有至到期投资			递延所得税负债		
应收款项投资		1017884931.51	其他负债	304709108.20	474086579.60
长期股权投资			**负债合计**	**20427575223.15**	**26700744459.53**
投资性房产			股东权益：		
固定资产原值	22477539.10	30761526.25	股本		
减：累计折旧和减值准备	11594116.71	17518038.83	资本公积		
固定资产净值	10883422.39	13243487.42	盈余公积		
无形资产原值			一般风险准备		
减：累计摊销和减值准备			未分配利润	237339251.41	309126898.35
无形资产净值			本年利润		
递延所得税资产			**股东权益合计**	**237339251.41**	**309126898.35**
其他资产	626120498.80	994597465.23			
资产总计	**20664914474.56**	**27009871357.88**	**负债和股东权益总计**	**20664914474.56**	**27009871357.88**

中国邮政储蓄银行浙江省分行资产负债表

（2012 年 12 月 31 日，不含宁波）

单位：万元

项　目	期初数	期末数	项　目	期初数	期末数
资产：			负债：		
现金及银行存款	170914.24	189090.29	向中央银行借款		
存放中央银行款项	28356.44	24110.86	联行存放款项		
贵金属			同业存放款项	13780.34	61837.76
存放联行款项	8722181.08	9092923.34	拆入资金		
存放同业款项	73627.63	82629.58	交易性金融负债		
拆出资金			衍生金融负债		
交易性金融资产			卖出回购金融资产款		
衍生金融资产			吸收存款	14283223.13	16859597.20
买入返售金融资产	19444.17	490653.85	应付职工薪酬	2159.02	4760.02
应收款项类金融资产			应交税费	9008.89	8832.27
应收利息	23049.67	23582.88	应付利息	123421.91	185072.44
其他应收款	1444.52	3102.80	其他应付款	17271.03	10661.50
发放贷款和垫款	5421773.54	6613945.50	预计负债		
可供出售金融资产			应付债券		
持有至到期投资			递延所得税负债		

续表

项目	期初数	期末数	项目	期初数	期末数
长期股权投资			其他负债	256046.31	334414.80
投资性房地产			**负债合计**	**14704910.63**	**17465175.99**
固定资产	187631.08	183701.26	所有者权益(或股东权益):		
在建工程	2698.72	2463.90	实收资本(或股本)		
固定资产清理			资本公积		
无形资产	5865.00	6116.18	盈余公积		
商誉			一般风险准备		
长期待摊费用	8051.24	9145.03	未分配利润		
抵债资产			外币报表折算差额		
递延所得税资产			**归属于母公司所有者权益合计**		
其他资产	39873.30	743710.52	少数股东权益		
			所有者权益合计		
资产总计	**14704910.63**	**17465175.99**	**负债和所有者权益总计**	**14704910.63**	**17465175.99**

杭州银行资产负债表

（2012 年 12 月 31 日）

单位：万元

项目	期初数	期末数	项目	期初数	期末数
资产：			负债：		
现金及存放中央银行款项	4357824	5535299	向中央银行借款	6409	4000
存放同业款项	1345028	5432324	同业及其他金融机构存放款项	2978670	5260485
拆出资金	1025487	511997	拆入资金	478000	1618759
交易性金融资产	348239	206287	衍生金融负债	14084	17175
衍生金融资产	15301	11632	卖出回购金融资产款	529201	74057
买入返售金融资产	694770	1004008	吸收存款	18204531	22068942
应收利息	97730	151543	应付债券	298906	1096230
发放贷款和垫款	12415996	14834143	应付职工薪酬	76469	123921
可供出售金融资产	374596	1238997	应交税费	60850	88811
持有至到期投资	2362326	2034084	应付利息	220388	297690
应收款项类投资	1057059	1210700	递延所得税负债	7898	2533
长期股权投资	30986	41720	其他负债	75485	94568
固定资产	83646	111433	**负债合计**	**22950891**	**30747171**
在建工程	9327	6689	股东权益：		
无形资产	19334	21557	股本	167142	167142
递延所得税资产	39923	80955	资本公积	499554	485641
其他资产	116155	65079	盈余公积	110382	145838
			一般风险准备	169664	377948
			未分配利润	491160	569174
			归属于母公司股东权益合计	**1437902**	**1745743**
			少数股东权益	4934	5534
			股东权益合计	**1442836**	**1751276**
资产总计	**24393727**	**32498447**	**负债和股东权益总计**	**24393727**	**32498447**

上海银行杭州分行资产负债表

（2012 年 12 月 31 日）

单位：元（本外币合并）

项　　目	期初数	期末数	项　　目	期初数	期末数
流动资产：			流动负债：		
现金及银行存款	37799930.97	36035744.47	短期存款	13615997424.41	14494081338.10
其中：现金	37799930.97	36035744.47	短期储蓄存款	1458127313.49	1883579551.95
贵金属			财政性存款		
存放中央银行款项	643963946.98	567939778.46	向中央银行借款		
存放同业款项	161357864.80	7542742068.24	同业存放款项	500422636.72	843412243.85
存放联行款项	2105490162.89		联行存放款项	6586477713.72	13098339779.07
拆出资金	1000000000.00	300000000.00	拆入资金		60062359.05
短期贷款	18453117841.45	21835090640.29	应解汇款	24370743.22	59035169.63
应收进出口押汇	27756540.00	34757820.00	汇出汇款		386141.76
应收账款	89957279.21	176428496.91	委托存款	358300000.00	238493099.64
减坏账准备			应付代理证券款项		
其他应收款	15671457.63	12032262.55	衍生金融负债		
贴现	32164646.40	2925795557.38	卖出回购证券款		
短期投资			交易性金融负债		
委托贷款及委托投资	358300000.00	238493099.64	应付账款	267385946.86	310920855.12
自营证券			其他应付款	39086521.23	10112887.08
代理证券			存入短期保证金	837608103.69	2184285918.89

续表

项　　目	期初数	期末数	项　　目	期初数	期末数
衍生金融资产			应付工资		
买入返售证券			应付福利费		
待处理流动资产净损失	－400.00	－1200.00	应缴税金	22365839.32	24990823.67
其他流动资产		9729691.20	应付利润		
一年内到期的长期投资			预提费用		
流动资产合计	**22925579270.33**	**33679043959.14**	发行短期债券		
长期资产：			其他流动负债	1480129.72	37791375.79
中长期贷款	4407999763.00	3010654638.42	一年内到期的长期负债		
逾期贷款	82520268.37	530845822.52	**流动负债合计**	**23711622372.38**	**33245491543.60**
减：贷款呆账准备	113255256.02	325547946.70			
应收租赁款			长期负债：		
减：未收租赁收益			长期存款	3035618238.97	3058015372.28
应收转租赁款			长期储蓄存款	21282865.87	38248573.82
租赁资产			存入长期保证金		
减：待转租赁资产			应付转租赁租金		
经营租赁资产			发行长期债券		
减：经营租赁资产折旧			长期借款		
长期投资			长期应付款		
减：投资风险准备			其他长期负债	150000000.00	250000000.00
固定资产原值	145036381.62	157027131.16			
减：累计折旧	32967860.28	45839840.63			

续表

项目	期初数	期末数	项目	期初数	期末数
固定资产净值	112068521.34	111187290.53	**长期负债合计**	**3206901104.84**	**3346263946.10**
固定资产清理			所有者权益：		
在建工程			实收资本		
待处理固定资产净损失			资本公积		
持有至到期债券			盈余公积		
贷款及应收账款债券			一般准备		
长期资产合计	**4489333296.69**	**3327139804.77**	未分配利润	526555459.82	454224394.11
无形、递延及其他资产：			其中：本年利润	526555459.82	454224394.11
无形资产	631332.64	844230.98	**所有者权益合计**	**526555459.82**	**454224394.11**
递延资产	29535037.38	38951888.92	外币报表折算差额		
其他长期资产					
其他资产合计	**30166370.02**	**39796119.90**			
资产总计	**27445078937.04**	**37045979883.81**	**负债及所有者权益总计**	**27445078937.04**	**37045979883.81**

北京银行杭州分行资产负债表

（2012 年 12 月 31 日）

单位：万元（本外币合并）

项　　目	期初数	期末数	项　　目	期初数	期末数
资产：			负债：		
现金及存放中央银行款项	51186.10	179136.81	向中央银行借款		
存放同业款项	201104.95	458533.09	同业及其他金融机构存放款项	1143064.67	2687196.36
贵金属			拆入资金		29333.41
拆出资金	355755.27	704348.80	交易性金融负债		
交易性金融资产			衍生金融负债		
衍生金融资产			卖出回购金融资产款		
买入返售金融资产	18000.00	1192706.44	吸收存款	1689923.20	2231762.65
应收利息	7857.19	43555.98	应付职工薪酬	133.83	112.19
发放贷款和垫款	2327684.74	2959573.10	应交税费	5173.80	5373.68
可供出售金融资产			应付利息	18946.33	46421.22
持有至到期投资			预计负债		
应收投资款项		212985.48	应付债券		
长期股权			递延所得税负债		
投资性房地产			其他负债	143595.56	970175.85
固定资产	1960.64	112958.92	**负债合计**	**3000837.39**	**5970375.35**
无形资产					
递延所得税资产			所有者权益（或股东权益）：		
其他资产	64848.90	140280.08	实收资本（或股本）		
			资本公积		
			减：库存股		
			盈余公积		
			一般风险准备		
			未分配利润	27560.40	33703.34
			所有者权益（或股东权益）合计	**27560.40**	**33703.34**
资产总计	**3028397.79**	**6004078.69**	**负债和所有者权益（或股东权益）总计**	**3028397.79**	**6004078.69**

江苏银行杭州分行资产负债表

（2012 年 12 月 31 日）

单位：元

项　目	期初数	期末数	项　目	期初数	期末数
资产：			负债：		
现金及存放中央银行款项	96572699.70	125391376.77	向中央银行借款		
存放同业款项	427972938.42	148985390.66	同业及其他金融机构存放款项	4107585291.85	2322346477.50
存放联行款项			联行存放款项	67140.00	
贵金属			拆入资金	408940000.00	637940000.00
拆出资金	620500000.00	612830000.00	交易性金融负债		
交易性金融资产			衍生金融负债		
衍生金融资产			卖出回购金融资产款		
买入返售金融资产	2723452712.60	2947932683.99	吸收存款	7489318333.36	7008075447.07
应收利息	20927077.11	24230673.60	应付职工薪酬	20104532.43	28558459.82
发放贷款和垫款	5246224935.73	5612977324.49	应交税费	4893356.95	3714316.73
可供出售金融资产			应付利息	73375004.70	80058078.34
持有至到期投资			应付债券		
长期股权投资			预计负债		
投资性房地产			递延所得税负债		
固定资产	6707572.89	6908708.46	其他负债	111698014.25	111389546.21
无形资产	419166.70	400000.04	**负债总计**	**12215981673.54**	**10192082325.67**
递延所得税资产			所有者权益	25279283.51	14019684.25
其他资产	3098483853.90	726445851.91	股本		
			资本公积		
			减：库存股		
			盈余公积		
			一般风险准备		
			未分配利润	25279283.51	14019684.25
			所有者权益合计	**25279283.51**	**14019684.25**
资产总计	**12241260957.05**	**10206102009.92**	**负债及所有者权益总计**	**12241260957.05**	**10206102009.92**

南京银行杭州分行资产负债表

（2012 年 12 月 31 日）

单位：万元（本外币合并）

项　目	期末数	比年初增减	项　目	期末数	比年初增减
现金	499.53	295.50	单位存款	574049.65	188509.38
贵金属			储蓄存款	139152.56	39752.04
存放央行款项	11680.10	2572.40	向中央银行借款		
存放同业款项	1754.97	－38958.96	同业存放款项	453194.18	237392.89
存放系统内款项	308384.07	－51280.79	系统内存放款项		
拨付营运资金			同业拆入	48279.74	48279.74
应收利息	5219.96	－360.18	卖出回购款项		－47916.10
贷款	587948.18	219652.89	汇出汇款		－1000.00
贸易融资	93492.74	91992.74	应解汇款	48.76	48.76
贴现		－15444.54	存入保证金	188186.60	－79191.50
其他贷款			其他存款		
拆放同业			应付利息	8200.86	－1571.26
其他应收款	332.81	325.11	应交税金	987.87	567.10
投资			应付工资	930.19	189.07
买入返售资产	434629.27	186962.18	应付利润（股利）		
长期待摊费用	1100.52	305.56	其他应付款	944.06	790.05
固定资产原价	1160.56	288.00	递延收益		
减：累计折旧	392.35	204.36	预计负债		
固定资产清理			应付债券		
在建工程			其他负债		
无形资产	9.10	－2.70	递延所得税负债		
抵债资产			**负债合计**	**1413974.47**	**385850.17**
递延所得税资产			实收资本	10062.18	－0.51
其他资产	1292.76	3.11	资本公积		
减：各项资产减值损失准备	57.57	－56.65	未分配利润	23018.01	10352.95
			其中本年利润		
			所有者权益合计		
资产总计	**1447054.66**	**396202.61**	**负债及所有者权益总计**	**1447054.66**	**396202.61**

宁波银行资产负债表

（2012 年 12 月 31 日）

单位：元

项目	期初数	期末数	项目	期初数	期末数
资产：			负债：		
现金及存放中央银行款项	41582445000.00	45493814133.65	向中央银行借款		
存放同业款项	38932780000.00	33222960679.08	同业及其他金融机构存放款项	16175464000.00	44543618410.94
拆出资金	1000000000.00	6667508500.00	拆入资金	11924128000.00	22203240195.13
交易性金融资产	1980194000.00	1784414628.10	衍生金融负债	1883333000.00	3357488069.04
衍生金融资产	1687630000.00	3375273951.08	卖出回购金融资产款	23067793000.00	55458492423.59
买入返售金融资产	3355324000.00	35712104803.98	吸收存款	176736656000.00	207577269875.19
应收利息	1327836000.00	1552767688.10	应付职工薪酬	423909000.00	624031203.99
发放贷款和垫款	120741933000.00	142564628729.99	应交税费	655101000.00	599693811.46
可供出售金融资产	26504955000.00	57201901285.06	应付利息	1790994000.00	3055741668.08
持有至到期投资	17555337000.00	16987697134.45	应付债券	7474222000.00	10474150175.84
应收款项类投资	2137747000.00	22306411888.88	递延所得税负债	471072000.00	839242960.70
长期股权投资	13250000.00	13250000.00	其他负债	1180898000.00	2686659956.54
投资性房地产	22051000.00	14738155.00	**负债合计**	**241783570000.00**	**351419628750.50**
固定资产	1365957000.00	2397820187.30	股东权益：		
无形资产	88641000.00	87898350.67	股本	2883821000.00	2883820529.00
递延所得税资产	628352000.00	1225131562.30	资本公积	7987736000.00	7899257550.25
其他资产	1573205000.00	2928267576.12	盈余公积	1079489000.00	1486301674.52
			一般风险准备	1244847000.00	1499933626.08
			未分配利润	5518174000.00	8347647123.41
			股东权益合计	**18714067000.00**	**22116960503.26**
资产总计	**260497637000.00**	**373536589253.76**	**负债和股东权益总计**	**260497637000.00**	**373536589253.76**

宁波通商银行资产负债表

（2012 年 12 月 31 日）

单位：元

项　目	期初数	期末数	项　目	期初数	期末数
资产：			负债：		
现金及存放中央银行款项	84776049.00	1957949326.84	同业及其他金融机构存放款项	19407844.29	7116530384.21
存放同业款项	476752192.20	3764995678.87	拆入资金		
拆出资金	818860186.22	1523947581.30	卖出回购金融资产款		
交易性金融资产		176149730.00	吸收存款	1000969624.76	6004442353.69
买入返售金融资产		142500000.00	应付职工薪酬	1171801.25	44560640.73
应收利息	8956082.18	64292841.82	应交税费	4042852.83	1043388.19
发放贷款及垫款	389109441.94	2866686464.82	应付利息	219099.62	59259340.22
可供出售金融资产			预计负债		
持有至到期投资		80208920.00	应付债券		
应收款项类投资		6779700000.00	递延所得税负债		
投资性房地产			其他负债	47145670.05	4127583569.62
长期股权投资			**负债合计**	**1072956892.80**	**17353419676.66**
固定资产	4658396.51	273740966.59	所有者权益：		
无形资产	815964.28	17722473.87	股本	639220000.00	639220000.00
递延所得税资产		22240983.21	资本公积	119652774.74	120736273.44
其他资产	64825953.11	383136408.90	盈余公积		
			一般风险准备	16924597.90	16924597.90
			未分配利润		(77029171.78)
			股东权益合计	**775797372.64**	**699851699.56**
资产总计	**1848754265.44**	**18053271376.22**	**负债和股东权益总计**	**1848754265.44**	**18053271376.22**

宁波东海银行资产负债表

（2012 年 12 月 31 日）

单位：元

项　　目	期初数	期末数	项　　目	期初数	期末数
资产：			负债：		
现金及存放中央银行款项	347592178.78	543174952.50	向中央银行借款		
存放同业款项	668119533.33	1189231492.94	同业及其他金融机构存放款		580000000.00
贵金属			拆入资金		
拆出资金			交易性金融负债		
交易性金融资产			衍生金融负债		
衍生金融资产			卖出回购金融资产款		300856193.84
买入返售金融资产		400000000.00	吸收存款	2362762701.51	3109209879.44
应收利息	3978019.46	7769422.40	应付职工薪酬	34354.02	812710.24
发放贷款和垫款	1651225936.99	2078815141.47	应交税费	6968323.88	2294500.21
可供出售金融资产			应付利息	11232642.61	19562020.87
持有至到期投资	41680748.90	41508102.35	预计负债		
应收款项类投资			应付债券		
长期股权投资			递延所得税负债	48489433.79	48865325.74
投资性房地产	1138537.60	1096194.88	其他负债	39934376.27	56898600.69
固定资产	59216665.58	60051170.64	**负债合计**	**2469421832.08**	**4118499231.03**
无形资产	192633280.96	187570413.13			
递延所得税资产			股东权益：		
其他资产	40529476.42	53912049.58	股本	509000000.00	509000000.00
			资本公积	29.29	29.29
			盈余公积	1616977.67	1616977.67
			一般风险准备	23501514.86	23501514.86
			未分配利润	2574024.12	—89488812.96
			股东权益合计	**536692545.94**	**444629708.86**
资产总计	**3006114378.02**	**4563128939.89**	**负债及股东权益总计**	**3006114378.02**	**4563128939.89**

温州银行资产负债表

（2012 年 12 月 31 日）

单位：万元

项　目	期初数	期末数	项　目	期初数	期末数
现金及存放中央银行款项	1214740	1449256	向中央银行借款	50000	75000
存放同业款项	362590	567677	同业及其他金融机构存放款项	265011	650167
拆出资金	269236	203000	拆入资金	8821	51699
交易性金融资产	15256	73750	卖出回购金融资产款	396330	234290
买入返售金融资产	424986	99315	吸收存款	5217612	6235875
应收利息	21813	29221	应付职工薪酬	22023	26990
发放贷款及垫款	3579424	4402713	应交税费	26813	17332
可供出售金融资产	176171	351016	应付利息	45763	63952
持有至到期投资	335129	272138	应付债券	54933	119397
应收款项类投资	57525	475117	递延所得税负债	155	195
投资性房地产	1227	1186	其他负债	33271	311204
长期股权投资	3684	4078	**负债合计**	**6120734**	**7786101**
固定资产	63944	73753	股本	150899	172770
无形资产	8831	9742	资本公积	102457	146664
递延所得税资产	7340	13205	盈余公积	96394	128388
其他资产	23259	308149	一般风险准备	36652	50054
			未分配利润	58022	49337
			股东权益合计	**444424**	**547213**
资产总计	**6565158**	**8333314**	**负债和股东权益总计**	**6565158**	**8333314**

嘉兴银行资产负债表

（2012 年 12 月 31 日）

单位：元

项目	期初数	期末数	项目	期初数	期末数
资产			负债		
现金及存放中央银行款项	4948161677.00	6389704920.00	同业及其他金融机构存放款项	34095448.00	653316844.00
存放同业款项	438334907.00	1102443569.00	卖出回购金融资产款	1307620659.00	500000000.00
拆出资金	215000000.00	244856500.00	吸收存款	24205172549.00	27937215840.00
买入返售金融资产	962252890.00	102603068.00	应付职工薪酬	144841668.00	163016065.00
应收利息	145787406.00	172652899.00	应交税费	132225871.00	157896288.00
发放贷款及垫款	16659468132.00	19562717406.00	应付利息	232673906.00	356742602.00
可供出售金融资产	1685457834.00	2120507219.00	应付债券	349702048.00	349818674.00
持有至到期投资	2533434610.00	2632568306.00	其他负债	69504922.00	504300388.00
长期股权投资	58080481.00	61462670.00	**负债合计**	**26475837071.00**	**30622306701.00**
固定资产	190185044.00	217227345.00	股东权益		
无形资产	58949517.00	56096686.00	股本	1015275000.00	1015275000.00
递延所得税资产	111703844.00	139353897.00	资本公积	403406398.00	436068838.00
其他资产	765349741.00	415537472.00	盈余公积	187530896.00	243985425.00
			一般风险准备	163000000.00	214566000.00
			未分配利润	527116718.00	685529993.00
			股东权益合计	**2296329012.00**	**2595425256.00**
资产总计	**28772166083.00**	**33217731957.00**	**负债及股东权益总计**	**28772166083.00**	**33217731957.00**

湖州银行资产负债表

（2012 年 12 月 31 日）

单位：万元

项　　目	期初数	期末数	项　　目	期初数	期末数
资产：			负债：		
现金及存放中央银行款项	461135	506898	向中央银行借款	30000	30000
存放同业款项	14897	78055	同业及其他金融机构存放款项	5189	57407
贵金属			拆入资金		
拆出资金			交易性金融负债		
交易性金融资产	116549	111503	衍生金融负债		
衍生金融资产			卖出回购金融资产款	49900	
买入返售金融资产	12861	66940	吸收存款	1800280	2031660
应收利息	4993	10476	应付职工薪酬	5280	5227
发放贷款和垫款	1286422	1379402	应交税费	16215	14648
可供出售金融资产			应付利息	28563	36703
持有至到期投资	186261	193901	预计负债		
长期股权投资	12607	12607	递延所得税负债		
投资性房地产			其他负债	54074	83121
固定资产	18860	31490	**负债合计**	**1989501**	**2258766**
无形资产	389	333	股东权益：		
递延所得税资产	4529	7164	股本	54702	60802
其他资产	50407	81322	资本公积	36172	46009
			盈余公积	17675	20941
			一般风险准备	11484	13376
			未分配利润	60376	80197
			股东权益合计	**180409**	**221325**
资产总计	**2169910**	**2480091**	**负债和股东权益总计**	**2169910**	**2480091**

绍兴银行资产负债表

（2012 年 12 月 31 日）

单位：万元

项目	期初数		期末数		项目	期初数		期末数	
	合并	母公司	合并	母公司		合并	母公司	合并	母公司
资产：					负债：				
现金及存放中央银行款项	757974	750355	861747	848185	向中央银行借款	40000	40000	41000	41000
存放同业款项	288869	287383	242876	244108	同业及其他金融机构存放款项	226029	227201	256836	261210
贵金属					拆入资金				
拆出资金					交易性金融负债				
交易性金融资产	32628	32628	81103	81103	衍生金融负债				
衍生金融资产					卖出回购金融资产款	30000	30000	210426	210426
买入返售金融资产			229913	229913	吸收存款	3255052	3217782	3523918	3457938
应收利息	9531	9531	13389	13304	应付职工薪酬	5237	5191	4996	4954
发放贷款和垫款	2434826	2398388	2602925	2542475	应交税费	3165	3057	6554	5997
可供出售金融资产	70246	70246	75735	75735	应付利息	38933	38876	50656	50060
持有至到期投资	189932	189932	246730	246730	预计负债				
应收款项类投资	41400	41400	83268	83268	应付债券				
长期股权投资	3501	8601	3501	8601	递延所得税负债			83	83
投资性房地产	6842	6842	6282	6282	其他负债	16408	16370	122196	122166

续表

项目	期初数		期末数		项目	期初数		期末数	
	合并	母公司	合并	母公司		合并	母公司	合并	母公司
固定资产	39591	39296	51010	50769	**负债合计**	**3614824**	**3578477**	**4216665**	**4153836**
无形资产	11582	11582	12277	12149	所有者权益(或股东权益):				
递延所得税资产	12137	12078	14178	13945	实收资本(或股本)	98366	98366	98366	98366
其他资产	6010	5526	11103	10441	资本公积	24334	24334	24231	24231
					减:库存股				
					盈余公积	36450	36450	45624	45624
					一般风险准备	35800	35800	47800	47800
					未分配利润	90378	90361	97815	97151
					归属于母公司所有者权益合计	**285328**	**285311**	**313836**	**313172**
					少数股东权益	4917		5538	
					所有者权益合计	**290245**	**285311**	**319374**	**313172**
资产总计	**3905069**	**3863788**	**4536037**	**4467008**	**负债和所有者权益总计**	**3905069**	**3863788**	**4536039**	**4467008**

浙江稠州商业银行资产负债表

（2012 年 12 月 31 日）

单位：元

项目	期初数	期末数	项目	期初数	期末数
资产：			负债：		
现金及存放中央银行款项	11286113928.48	15477665850.99	向中央银行借款	52000000.00	50000000.00
存放同业款项	6532072821.05	6825812055.48	同业及其他金融机构存放款项	4185316342.73	9742667851.47
拆出资金	165000000.00	290710000.00	拆入资金	591568500.00	4427954000.00
交易性金融资产		101751643.48	卖出回购金融资产款	3678490000.00	6435442000.00
买入返售金融资产	9850586490.92	18988568556.07	吸收存款	46367364444.00	56592746486.09
应收利息	145372201.97	249923605.76	应付职工薪酬	6749932.95	18212527.22
发放贷款和垫款	31323154763.40	40615846843.96	应交税费	161829847.67	203214084.63
持有至到期投资	880642579.25	1167682110.85	应付利息	348601287.56	598414644.59
应收款项类投资	422400000.00	1319728600.00	应付债券	500000000.00	500000000.00
长期股权投资	336917839.25	452893061.35	其他负债	383694936.26	832910832.90
固定资产	164247802.72	174100333.40	**负债合计**	**56275615291.17**	**79401562426.90**
无形资产	33286693.41	41829233.20	股东权益：		
递延所得税资产	68467208.11	158076987.31	股本	1200000000.00	1337827279.00
其他资产	853606193.09	632610133.80	资本公积	2733898020.13	3221806587.79
			盈余公积	232001248.55	329570813.36
			一般风险准备	397128577.43	756692747.41
			未分配利润	1223225384.37	1403778570.43
			归属于母公司的股东权益合计	**5786253230.48**	**7049675997.99**
			少数股东权益		45960590.76
			股东权益合计	**5786253230.48**	**7095636588.75**
资产总计	**62061868521.65**	**86497199015.65**	**负债和股东权益总计**	**62061868521.65**	**86497199015.65**

金华银行资产负债表

（2012 年 12 月 31 日）

单位：元

项目	期初数	期末数	项目	期初数	期末数
资产：			负债：		
现金及存放中央银行款项	5854534349.42	7738883582.87	向中央银行借款		
存放同业款项	2178747411.96	1963726292.27	同业及其他金融机构存放款项	1061660740.18	1053522058.07
贵金属			拆入资金		453610000.00
拆出资金		500000000.00	交易性金融负债		
交易性金融资产			衍生金融负债		
衍生金融资产			卖出回购金融资产款	438500000.00	493000000.00
买入返售金融资产	50000000.00		吸收存款	24298687250.20	29259074112.52
应收利息	88115136.39	128743332.65	应付职工薪酬	69969308.02	95069797.21
发放贷款和垫款	17469382720.86	20497519114.64	应交税费	135160180.59	112099586.40
可供出售金融资产	60000000.00	60000000.00	应付利息	179280262.90	293447347.04
应收款项类投资			预计负债		
持有至到期投资	2223925493.23	3075505186.21	应付债券	400000000.00	400000000.00
长期股权投资	22899430.46	26023697.77	递延所得税负债		
投资性房地产			其他负债	125714102.26	165960496.23
固定资产	163266514.67	167193427.64	**负债合计**	**26708971844.15**	**32325783397.47**
无形资产	28366921.02	27148050.47	股东权益：		
递延所得税资产	80328660.28	104062934.18	股本	732697245.00	732697245.00
其他资产	276432880.86	144382556.55	资本公积	22244306.70	22244306.70
			减：库存股		
			盈余公积	136523439.41	175888122.19
			一般风险准备	205950881.46	249508569.49
			未分配利润	689611802.43	927066534.40
			股东权益合计	**1787027675.00**	**2107404777.78**
资产总计	**28495999519.15**	**34433188175.25**	**负债和股东权益合计**	**28495999519.15**	**34433188175.25**

浙江民泰商业银行资产负债表

（2012 年 12 月 31 日）

单位：万元

项目	期初数	期末数	项目	期初数	期末数
资产：			负债：		
现金及存放中央银行款项	707028	987994	向中央银行借款	500	4100
存放同业款项	320406	688850	同业及其他金融机构存放款项	561670	600775
贵金属			拆入资金	29000	
拆出资金	129513	24000	交易性金融负债		
交易性金融资产	206000	6000	衍生金融负债		
衍生金融资产			卖出回购金融资产款	80000	91783
买入返售金融资产	11000	122083	吸收存款	3118980	4380989
应收利息	15035	28648	应付职工薪酬	5579	13971
发放贷款和垫款	2258561	3204185	应交税费	9736	21216
可供出售金融资产	372	2603	应付利息	20651	43200
应收款项类投资	145510	64600	预计负债		
持有至到期投资	248376	343999	应付债券	30000	30000
长期股权投资	6075	6075	递延所得税负债		
投资性房地产			其他负债	9180	13265
固定资产	73563	156937	**负债合计**	**3865295**	**5199298**
无形资产	9153	11734	股东权益：		
递延所得税资产	878	9332	股本	130500	147855
其他资产	42171	43364	资本公积	53300	140074
			减：库存股		
			盈余公积	13073	18472
			一般风险准备	34057	49694
			未分配利润	68483	101873
			归属于母公司所有者权益合计	**299413**	**457968**
			少数股东权益	8932	43136
			股东权益合计	**308345**	**501105**
资产总计	**4173640**	**5700403**	**负债和股东权益总计**	**4173640**	**5700403**

浙江泰隆商业银行资产负债表

（2012 年 12 月 31 日）

单位：元

项目	期初数	期末数	项目	期初数	期末数
资产：			负债：		
现金及存放中央银行款项	9561872020.05	10646706284.10	向中央银行借款		
存放同业款项	4389917868.34	3487600280.64	同业及其他金融机构存放款项	3530990940.47	1565453290.69
贵金属			拆入资金	524035297.50	900000000.00
拆出资金		31427500.00	交易性金融负债		
交易性金融资产			衍生金融负债		
衍生金融资产			卖出回购金融资产款	644000000.00	2164700000.00
买入返售金融资产		1171699041.10	吸收存款	38507657996.89	44409581552.45
应收利息	235196751.10	312905318.40	应付职工薪酬	165341808.17	101886489.58
发放贷款和垫款	27388918428.51	33896635825.77	应交税费	147063234.12	128531762.72
可供出售金融资产		1634131905.93	应付利息	204495118.41	405451034.72
持有至到期投资	4736437398.28	4765664642.48	预计负债		
长期股权投资	65200000.00	196490909.57	应付债券	590000000.00	4489806849.32
投资性房地产			递延所得税负债	17424013.43	
固定资产	430156368.16	1300938825.77	其他负债	121327761.25	320876803.29
无形资产	86639848.90	86691558.18	**负债合计**	**44452336170.24**	**54486287782.77**
递延所得税资产	67083985.81	89536220.55	股东权益：		
其他资产	645193659.76	642671970.22	股本	1200000000.00	1200000000.00
			资本公积	4971640.05	5965341.97
			减：库存股		
			盈余公积	251901949.27	314055813.21
			一般风险准备	361405848.74	431905848.74
			未分配利润	1336000720.61	1824885496.02
			股东权益合计	**3154280158.67**	**3776812499.94**
资产总计	**47606616328.91**	**58263100282.71**	**负债和股东权益总计**	**47606616328.91**	**58263100282.71**

台州银行资产负债表

（2012年12月31日）

单位：万元

项　目	期末数	比上月增减	比年初增减	项　目	期末数	比上月增减	比年初增减
现金	108861.19	24169.16	-10001.21	单位存款	1438882.93	110297.29	206396.96
贵金属				储蓄存款	3494948.92	-68441.88	449057.99
存放中央银行款项	1116045.07	24581.87	230648.21	向中央银行借款		-30000.00	-30000.00
存放同业款项	311964.82	48405.13	-197036.71	同业存放款项	105382.45	-48777.83	-197281.06
存放系统内款项		-169.76		系统内存放款项			
拨付营运资金	46195.25	2000.00	4000.00	同业拆入			
应收利息	26013.97	-28748.32	-219.99	卖出回购款项	119800.00	119800.00	119800.00
贷款	3430571.62	146512.86	300289.30	汇出汇款	982.02	28.92	-765.46
贸易融资	6030.07	2184.15	6030.07	应解汇款	4591.08	-2768.13	928.31
贴现	229627.11	-100099.46	138625.41	存放保证金	82438.15	-480.93	10186.17
其他贷款				其他存款			
拆放同业				应付利息	46192.38	-1761.14	18133.90
其他应收款	2715.26	-2875.38	-4447.67	应交税金	21239.43	7142.40	5707.74
投资	762113.31	57002.79	234072.58	应付工资	7835.47	7430.51	1329.90
买入返售资产	234396.57	-18916.01	213895.03	应付利润（股利）	143.96		

续表

项　目	期末数	比上月增减	比年初增减	项　目	期末数	比上月增减	比年初增减
长期待摊费用	4413.27	1172.52	—662.31	其他应付款	2269.60	—8878.71	915.60
固定资产原价	41211.36	1473.49	5453.29	递延收益	6010.20	—1144.07	1860.02
减:累计折旧	21953.22	341.27	4115.82	预计负债			
固定资产清理		68.84		应付债券	209603.75	12.50	149603.75
在建工程	14855.78	217.15	9000.66	其他负债	66215.45	65649.62	42045.61
无形资产	7178.26	1806.41	1666.79	递延所得税负债			
抵债资产	395.24			**负债合计**	**5606535.79**	**148108.55**	**777919.43**
递延所得税资产	9518.22	5229.81	9518.22	实收资本	180000.00		
其他资产	9019.55	—4581.55	8761.78	资本公积	208.62		
				盈余公积	46002.46		13128.03
				一般准备	40956.55		8881.83
减:各项资产减值损失准备	76749.85	—2532.33	21458.37	未分配利润	342524.28	11686.07	120090.07
				其中本年利润	139253.91	11686.08	10819.70
				所有者权益合计	**609691.91**	**11686.07**	**142099.93**
资产总计	**6216227.70**	**159794.62**	**920019.36**	**负债及所有者权益总计**	**6216227.70**	**159794.62**	**920019.36**
各项贷款	3666228.80	48597.55	444944.78	各项存款	5021843.10	38635.27	665803.97

中国华融资产管理股份有限公司浙江省分公司资产负债表

（2012 年 12 月 31 日）

单位：万元

项目	期初数	期末数	项目	期初数	期末数
资产：			负债：		
货币资金	14264.71	15306.41	短期借款		
存放中央银行款项			其中：质押借款		
拆出资金			拆入资金		
交易性金融资产			交易性金融负债		
衍生金融资产			衍生金融负债		
买入返售金融资产			卖出回购金融资产款		
应收款项	140.97	130.87	应付款项	1383.45	11519.72
应收利息			应付职工薪酬	275.57	344.87
贷款			应交税费	573.01	1215.09
可供出售金融资产	101250.00		应付利息		
持有至到期投资	246396.19	593959.74	预计负债		
长期股权投资		38827.42	长期借款		
投资性房地产			应付债券		
固定资产	2583.33	2427.00	系统内往来	310785.08	581365.44
无形资产			递延所得税负债		
商誉			其他负债		
递延所得税资产			**负债合计**	**313017.11**	**594445.12**
其他资产			所有者权益（或股东权益）：		
系统内往来			实收资本（或股本）		
			资本公积		－30.02
			减：库存股		
			盈余公积		
			一般风险准备		
			未分配利润	51618.09	56236.34
			所有者权益(或股东权益)合计	**51618.09**	**56206.32**
资产总计	**364635.20**	**650651.44**	**负债和所有者权益(或股东权益)总计**	**364635.20**	**650651.44**

中国长城资产管理公司杭州办事处资产负债表

（2012 年 12 月 31 日）

单位：万元

项　　目	期初数	期末数	项　　目	期初数	期末数
资产：			负债：		
货币资金	3049.00	4092.00	短期借款		
存放中央银行款项			其中：质押借款		
拆出资金	6661.00	1850.00	拆入资金	143185.00	278046.00
其中：存放系统内款项	6661.00	1850.00	其中：系统内存放款项	143185.00	278046.00
交易性金融资产			交易性金融负债		
衍生金融资产			衍生金融负债		
买入返售金融资产			卖出回购金融资产款		
应收款项	74560.00	146794.00	应付款项	66.00	536.00
应收利息			应付职工薪酬	506.00	645.00
贷款			应交税费	306.00	702.00
可供出售金融资产	72800.00	160853.00	应付利息		
其中：待处置贷款	69800.00	150871.00	预计负债		
持有至到期投资			长期借款		
持有待售非流动资产			应付债券		
抵债资产			递延所得税负债		
长期股权投资			其他负债		829.00
投资性房地产	1761.00	1664.00	**负债合计**	**144063.00**	**280758.00**
固定资产	201.00	229.00	所有者权益（或股东权益）：		

续表

项　目	期初数	期末数	项　目	期初数	期末数
无形资产			实收资本		
商誉			国家资本		
递延所得税资产			集体资本		
其他资产			法人资本		
			其中：国有法人资本		
			个人资本		
			外商资本		
			资本公积		
			减：库存股		
			减：待处置不良贷款损失（政策性业务）		
			盈余公积		
			一般风险准备		
			未分配利润	11397.00	31147.00
			拨入营运资金	3573.00	3575.00
			减：拨付营运资金		
			外币报表折算差额		
			归属于母公司所有者权益合计	**14970.00**	**34723.00**
			少数股东权益		
			所有者权益（或股东权益）合计	**14970.00**	**34723.00**
资产总计	**159033.00**	**315481.00**	**负债和所有者权益(或股东权益)总计**	**159033.00**	**315481.00**

中国东方资产管理公司杭州办事处资产负债表

（2012 年 12 月 31 日）

单位：元

项　目	期初数	期末数	项　目	期初数	期末数
资产：			负债：		
货币资金	4070408.23	13275743.55	短期借款		
存放中央银行款项			其中：质押借款		
拆出资金			拆入资金		
交易性金融资产	133504753.08	406054731.15	交易性金融负债		
衍生金融资产			衍生金融负债		
买入返售金融资产			卖出回购金融资产款		
应收款项	1399434973.54	2734524399.50	应付款项	37256741.55	101393160.20
应收利息	9417721.24	17192044.55	应付职工薪酬	675553.78	4350509.93
贷款			应交税费	443934.72	1756134.20
可供出售金融资产			应付利息		
持有至到期投资			预计负债		27112500.00
持有待售非流动资产			长期借款		
长期股权投资	537305233.09	537305233.09	应付债券		
投资性房地产			递延所得税负债		

续表

项　目	期初数	期末数	项　目	期初数	期末数
固定资产	26266245.27	24989793.41	其他负债	6957554320.50	8275751524.70
无形资产			**负债合计**	**6995930550.55**	**8410363829.03**
商誉			所有者权益(或股东权益)：		
递延所得税资产			实收资本(或股本)		
其他资产	9959166.82	4516191.21	其中：国有资本		
			外商资本		
			资本公积	—4751525120.08	—4745682132.71
			减：库存股		
			盈余公积		
			一般风险准备		
			未分配利润	—124446929.20	73176440.14
			外币报表折算差额		
			归属于母公司所有者权益合计		
			少数股东权益		
			所有者权益(或股东权益)合计	**—4875972049.28**	**—4672505692.57**
资产总计	**2119958501.27**	**3737858136.46**	**负债和所有者权益(或股东权益)总计**	**2119958501.27**	**3737858136.46**

中国信达资产管理股份有限公司浙江省分公司资产负债表

（2012 年 12 月 31 日）

单位：元

项　　目	期初数	期末数	项　　目	期初数	期末数
资产：			负债：		
货币资金	6033585.00	2174154.58	短期借款		
存放中央银行款项			其中：质押借款		
拆出资金			拆入资金		
交易性金融资产	101006365.39	508213736.11	交易性金融负债		
衍生金融资产			衍生金融负债		
买入返售金融资产			卖出回购金融资产款		
应收款项	659615704.17	1922479203.65	应付款项	14695790.53	1585301.63
应收利息			应付职工薪酬	7089435.11	10031067.31
贷款			应交税费	255312.53	1449832.94
可供出售金融资产	133969677.67	433937877.67	应付利息		
持有至到期投资			预计负债	590368.02	590368.02
持有待售非流动资产			长期借款	339716.44	1248162.76
抵债资产			应付债券		
长期股权投资			递延所得税负债		
投资性房地产			其他负债	758950215.66	2690003739.09
固定资产	2602150.23	2378196.97	**负债合计**	**781920838.29**	**2704908471.75**

续表

项目	期初数	期末数	项目	期初数	期末数
无形资产			所有者权益(或股东权益):		
商誉			实收资本		
递延所得税资产			国家资本		
其他资产	191612795.79	195229297.14	集体资本		
			法人资本		
			其中:国有法人资本		
			个人资本		
			外商资本		
			资本公积		
			减:库存股		
			盈余公积		
			一般风险准备		
			未分配利润		
			外币报表折算差额		
			归属于母公司所有者权益合计		
			少数股东权益		
			所有者权益(或股东权益)合计	**312919439.96**	**359503994.37**
资产总计	**1094840278.25**	**3064412466.12**	**负债和所有者权益(或股东权益)总计**	**1094840278.25**	**3064412466.12**

华融金融租赁股份有限公司资产负债表

（2012 年 12 月 31 日）

单位：万元

项目	期末数	比上月增减	比年初增减	项目	期末数	比上月增减	比年初增减
资产：				负债：			
现金		－5	－2	银行借款	2536693	204001	645227
存放中央银行款项	4147	21	－4867	预收账款			－614223
存放同业款项	240086	57412	－67877	拆入资金			
应收票据	1905	1386	1905	应付票据			
拆出资金	80000	10000	80000	其他应付款	5990	－1245	－161
交易性金融资产				交易性金融负债			
衍生金融资产				衍生金融负债	1117797	－16010	1117797
买入返售金融资产				卖出回购金融资产款	806743	－72365	132573
应收利息	37771	2167	3837	租赁保证金	19245	－3950	－357737
其他应收款	6965	547	4665	应付职工薪酬	14488	－3014	1611
预付账款	144179	105661	7651	应交税费	9802	3392	－1724
经营租赁资产	4	－878	－6857	应付利息	24357	－26272	－5853
应收融资租赁款	4726814	－72919	965019	预计负债			
应收经营租赁款	8422	－114	8229	应付债券	199450	28	322
可供出售金融资产			－8536	递延所得税负债	1427	48	575
持有至到期资产				其他负债	35760	14938	20830
长期股权投资	32738	5614	32738	**负债合计**	**4771752**	**99551**	**939237**
投资性房地产		－5781	－6043	所有者权益(或股东权益)：			
固定资产	935	－16	53	实收资本(或股本)	250000		
在建工程	1195	403	539	资本公积	75734	－86	－86
无形资产	8077	－19	－226	减：库存股			
递延所得税资产				盈余公积	28400	10118	10118
其他资产	23108	8137	4527	一般风险准备	46659	44821	44821
				未分配利润	143801	－42788	20665
				所有者权益(或股东权益)合计	**544594**	**12065**	**75518**
资产总计	**5316346**	**111616**	**1014755**	**负债及所有者权益(或股东权益)总计**	**5316346**	**111616**	**1014755**

中投信托有限责任公司资产负债表

（2012 年 12 月 31 日）

单位：万元

项目	期初数	期末数	项目	期初数	期末数
现金及存放中央银行款项	12	4	向中央银行借款		
存放同业款项	46606	34542	同业及其他金融机构存放款项		
贵金属			拆入资金	550	550
拆出资金			交易性金融负债		
交易性金融资产	2346	2481	衍生金融负债		
衍生金融资产			卖出回购金融资产款		
买入返售金融资产			应付账款	174	174
发放贷款和垫款	40095	92070	预收款项		4999
可供出售金融资产	78337	92873	应付职工薪酬	3381	5834
应收款项类投资	67070	61888	应交税费	2309	9456
持有至到期投资			应付利息		
长期股权投资			应付股利		
投资性房地产	7863	7562	其他应付款	2686	3589
固定资产	2439	2360	预计负债		
无形资产	216	231	应付债券		
其他资产	6431	6177	递延所得税负债	2763	3631
			其他负债		
			负债合计	**11863**	**28233**
			所有者权益		
			实收资本	150000	150000
			资本公积	11101	14503
			减：库存股		
			盈余公积	9793	12693
			一般风险准备	6191	9221
			未分配利润	62467	85538
			所有者权益合计	**239552**	**271955**
资产总计	**251415**	**300188**	**负债和所有者权益总计**	**251415**	**300188**

杭州工商信托股份有限公司资产负债表

（2012 年 12 月 31 日）

单位：万元

项　　目	期初数	期末数	项　　目	期初数	期末数
资产：			负债：		
现金及存放中央银行款项	4	1	向中央银行借款		
存放同业款项	22110	36387	同业及其他金融机构存放款项		
贵金属			拆入资金		
拆出资金			交易性金融负债		
交易性金融资产			衍生金融负债		
衍生金融资产			卖出回购金融资产款		
买入返售金融资产			吸收存款		
应收利息	34	22	应付职工薪酬	1804	2267
发放贷款和垫款	29581	35094	应交税费	9086	8043
可供出售金融资产	31050	29396	应付利息		
持有至到期投资			预计负债		
长期股权投资	1250	1250	应付债券		
投资性房地产	1886	1787	递延所得税负债	6	12
固定资产	731	831	其他负债	1369	7298
无形资产	172	217	**负债合计**	**12265**	**17620**
递延所得税资产	458	863	股东权益：		
其他资产	9071	9472	或股本	50000	50000
			资本公积	814	940
			减：库存股		
			盈余公积	8091	10510
			一般风险准备	4548	6158
			未分配利润	20629	30092
			股东权益合计	**84082**	**97700**
资产总计	**96347**	**115320**	**负债和股东权益总计**	**96347**	**115320**

万向信托有限公司资产负债表

（2012 年 12 月 31 日）

单位：万元

项　目	期初数	期末数	项　目	期初数	期末数
资产：			负债：		
现金及存放中央银行款项		1	向中央银行借款		
存放同业款项		63164	同业及其他金融机构存放款项		
贵金属			拆入资金		
拆出资金			交易性金融负债		
交易性金融资产			衍生金融负债		
衍生金融资产			卖出回购金融资产款		
买入返售金融资产			吸收存款		
应收利息			应付职工薪酬		1349
发放贷款和垫款			应交税费		156
可供出售金融资产		35760	应付利息		
持有至到期投资		30000	预计负债		
长期股权投资			应付债券		
投资性房地产			递延所得税负债		
固定资产		303	其他负债		192
无形资产		13	**负债合计**		**1697**
递延所得税资产			所有者权益（或股东权益）：		
其他资产		2633	实收资本（或股本）		65000
			资本公积		65000
			减：库存股		
			盈余公积		18
			一般风险准备		159
			未分配利润		
			所有者权益（或股东权益）合计		**130177**
资产总计		**131874**	**负债和所有者权益（或股东权益）总计**		**131874**

昆仑信托有限责任公司资产负债表

（2012 年 12 月 31 日）

单位：元

项　目	期初数	期末数	项　目	期初数	期末数
资产：			负债：		
货币资金	478673902.55	220096847.27	向中央银行借款		
贵金属			同业及其他金融机构存放款项		
拆出资金			拆入资金		
交易性金融资产	281776415.57		交易性金融负债		
衍生金融资产			衍生金融负债		
买入返售金融资产			卖出回购金融资产款		
应收利息	24255512.48	28202228.04	吸收存款		
发放贷款和垫款	346500000.00	742500000.00	应付职工薪酬	1564055.56	2001772.86
可供出售金融资产	3170357729.36	3657700000.00	应交税费	193432560.12	167044769.55
持有至到期投资			应付利息		
长期股权投资	413993250.00	429609111.38	预计负债		
投资性房地产			应付债券		
在建工程	53902363.00	112226230.70	递延所得税负债		
固定资产	11201228.61	19827012.50	其他负债	27615331.57	25747656.20
无形资产	1619220.91	12784370.53	**负债合计**	**222611947.25**	**194794198.61**
固定资产清理			所有者权益：		
递延所得税资产	20653838.15	2773610.17	实收资本	3000000000.00	3000000000.00
其他资产	27699660.84	30291555.50	资本公积	601524005.01	626637405.96
			减：库存股		
			盈余公积	154333830.72	228351344.07
			一般风险准备	74918686.56	111927443.24
			未分配利润	777244651.93	1094300574.21
			所有者权益合计	**4608021174.22**	**5061216767.48**
资产总计	**4830633121.47**	**5256010966.09**	**负债和所有者权益总计**	**4830633121.47**	**5256010966.09**

浙江省能源集团财务有限责任公司资产负债表

（2012 年 12 月 31 日）

单位：万元

项　　目	期初数	期末数	项　　目	期初数	期末数
资产：			负债：		
现金	0.30	0.36	同业及其他金融机构存放款项		
存放中央银行款项	171488.45	181597.81	拆入资金		
存放同业款项	428264.29	409386.50	交易性金融负债		
拆出资金			衍生金融负债		
交易性金融资产			卖出回购金融资产款		
衍生金融资产			吸收存款	1127429.26	1216849.76
买入返售金融资产		58666.30	应付职工薪酬	16.69	29.80
应收利息	927.58	1316.49	应交税费	4178.21	4261.42
应收股利			应付利息	426.83	531.05
其他应收款	23.03	9.11	其他应付款	146.61	174.40
贴现资产	9855.00		预计负债		
发放贷款和垫款	601986.00	662818.50	应付股利		
可供出售金融资产			应付债券		
持有至到期投资			递延所得税负债		
长期股权投资	24800.00	24800.00	其他负债		
投资性房地产			**负债合计**	**1132197.61**	**1221846.43**
固定资产	1028.41	822.42	所有者权益：		
无形资产	67.52	189.90	实收资本	80174.00	97074.00
递延所得税资产		2867.63	资本公积		
其他资产	110.73	20.81	盈余公积	8000.73	9430.30
			一般风险准备	1201.36	1344.31
			未分配利润	16977.62	12800.78
			所有者权益合计	**106353.71**	**120649.39**
资产总计	**1238551.32**	**1342495.82**	**负债及所有者权益总计**	**1238551.32**	**1342495.82**

万向财务有限公司资产负债表

（2012 年 12 月 31 日）

单位：元

项　目	期初数	期末数	项　目	期初数	期末数
资产：			负债：		
现金及存放中央银行款项	438764859.81	527459267.06	拆入资金	1000000000.00	1000000000.00
存放同业款项	140606897.70	234299519.28	卖出回购金融资产款	113343521.16	489117647.00
可供出售金融资产	255694200.00	326943000.00	吸收存款	3241803690.00	3485650553.73
应收利息			同业存放	106131535.57	82142059.56
发放贷款和垫款	4811592912.90	5201012873.53	应付职工薪酬	7233478.36	7410885.51
长期股权投资	512112282.00	512112282.00	应交税费	35533224.79	45994151.05
固定资产	27426848.02	26598504.36	应付利息	4226126.10	6874271.62
无形资产			递延所得税负债		
递延所得税资产	49375009.09	42367618.93	其他负债	5743238.79	30968841.58
其他资产	1369980.00	25445.72	**负债合计**	**4514014814.77**	**5148158410.05**
			所有者权益：		
			实收资本	1200000000.00	1200000000.00
			资本公积	245359972.74	301620792.77
			盈余公积	97574818.12	114421928.73
			一般风险准备	39578825.48	94268524.61
			未分配利润	140414558.41	12348854.72
			所有者权益合计	**1722928174.75**	**1722660100.83**
资产总计	**6236942989.52**	**6870818510.88**	**负债和所有者权益总计**	**6236942989.52**	**6870818510.88**

宁波港集团财务有限公司资产负债表

（2012 年 12 月 31 日）

单位：元

项　　目	期初数	期末数	项　　目	期初数	期末数
资产：			负债：		
现金及存放中央银行款项	465228837.98	438598001.95	向中央银行借款		
存放同业款项	1344392575.47	1133888713.23	同业及其他金融机构存放款项		
贵金属			拆入资金		
拆出资金			交易性金融负债		
交易性金融资产			衍生金融负债		
衍生金融资产			卖出回购金融资产款		
买入返售金融资产			吸收存款	2444110619.61	2453607486.99
应收利息	3633997.36	4254310.61	应付职工薪酬	8043.00	4235.30
发放贷款和垫款	18584765.59	2492378012.23	应交税费	10286997.94	8832038.08
可供出售金融资产			应付利息	3493228.48	1850377.23
持有至到期投资			预计负债		
长期股权投资			应付债券		
投资性房地产			递延所得税负债		
固定资产	1651078.91	1730650.14	其他负债	2131446.78	4573328.00
无形资产	1085203.35	892993.35	**负债合计**	**2460030335.81**	**2468867465.60**
递延所得税资产			所有者权益（或股东权益）：		
其他资产	2225126837.52	257189.85	实收资本（或股本）	1500000000.00	1500000000.00
			资本公积		
			减：库存股		
			盈余公积	11811430.86	20825414.04
			一般风险准备	1181143.08	2082541.40
			未分配利润	86680386.43	80224450.32
			所有者权益（或股东权益）合计	**1599672960.37**	**1603132405.76**
资产总计	**4059703296.18**	**4071999871.36**	**负债及所有者权益总计**	**4059703296.18**	**4071999871.36**

中国人民财产保险股份有限公司资产负债表

（2012 年 12 月 31 日）

单位：万元（折人民币）

项　目	期初数	期末数	项　目	期初数	期末数
资产：			负债：		
库存现金			拆入资金		
银行存款	22554.00	22223.00	衍生金融负债		
其他货币资金			卖出回购金融资产款		
拆出资金			预收保费	37187.00	33855.00
备用金			应付手续费	10269.00	14161.00
交易性金融资产			应付保费	4057.00	8336.00
衍生金融资产			应付利息		
买入返售金融资产			应付分保账款	28766.00	43357.00
应收保费	18145.00	18200.00	系统往来	—600238.00	—621022.00
应收股利			其中：分保内部往来	—234547.00	—257536.00
应收利息	1.00		存入分保保证金		
应收票据	20.00	96.00	存入保证金	819.00	723.00
应收代位追偿款			应付职工薪酬	23586.00	26388.00
应收分保账款	21832.00	37641.00	应付股利		
预付手续费		18.00	应交税费	15289.00	23792.00
存出分保保证金			应付赔付款	10447.00	7094.00
应收分保未到期责任准备金	38792.00	54072.00	应付保单红利	454.00	356.00
应收分保未决赔款准备金	38722.00	38922.00	预计负债		
存出保证金	1094.00	1208.00	其他应付款	6162.00	6300.00
代付赔款	7653.00	16201.00	保户储金及投资款	9283.00	8679.00
预付赔款	11053.00	12391.00	未到期责任准备金	469427.00	511581.00
其他应收款	2369.00	3560.00	未决赔款准备金	451672.00	472099.00
减：坏账准备	8108.00	4218.00	农险巨灾准备金	2072.00	5863.00

续表

项　目	期初数	期末数	项　目	期初数	期末数
低值易耗品	21.00		长期借款		
可供出售金融资产			应付债券		
持有至到期投资			独立账户负债		
减:持有至到期投资减值准备			货币兑换		—14.00
长期股权投资			递延所得税负债		
减:长期股权投资减值准备			长期应付款		
存出资本保证金			**负债合计**	**246647.00**	**259006.00**
投资性房地产			所有者权益:		
固定资产	90455.00	94729.00	股本		
减:累计折旧	35914.00	40474.00	资本公积		
固定资产净值	54541.00	54255.00	盈余公积		
减:固定资产减值准备			一般风险准备		
在建工程	5975.00	7365.00	未分配利润	203.00	34170.00
减:在建工程减值准备			其中:本年利润	203.00	34170.00
固定资产合计	**60516.00**	**61620.00**	**所有者权益合计**	**203.00**	**34170.00**
无形资产	40450.00	40447.00			
减:无形资产累计摊销	8474.00	9489.00			
无形资产净值	31976.00	30958.00			
减:无形资产减值准备					
长期待摊费用	210.00	285.00			
损余物资					
减:损余物资减值准备					
独立账户资产					
递延所得税资产					
其他资产					
减:其他资产减值准备					
资产总计	**246850.00**	**293176.00**	**负债及所有者权益总计**	**246850.00**	**293176.00**

浙商证券股份有限公司资产负债表

（2012 年 12 月 31 日）

单位：元

项　　目	期初数	期末数	项　　目	期初数	期末数
资产：			负债：		
货币资金	8630668834.38	7636151255.07	短期借款		
其中：客户资金存款	5362863829.77	5434974729.59	其中：质押借款		
结算备付金	891453734.81	903226554.80	拆入资金		
其中：客户备付金	849403253.51	759068605.82	交易性金融负债		
拆出资金			衍生金融负债		
交易性金融资产	1180021269.29	1428152307.05	卖出回购金融资产款		19100000.00
衍生金融资产			代理买卖证券款	5113469092.78	4895017588.30
买入返售金融资产		280066000.00	代理承销证券款		
应收利息	66642001.97	63660215.71	应付职工薪酬	175116215.95	215283400.54
存出保证金	961759522.39	1322737577.10	应交税费	76071615.73	36033165.66
可供出售金融资产	60274105.87	173518483.19	应付利息	45611.87	58694.06
持有至到期投资			预计负债		
长期股权投资	9373235.25	57452365.34	长期借款		
投资性房地产			应付债券		
固定资产	341205487.25	311758929.75	递延所得税负债		5146689.82

续表

项　目	期初数	期末数	项　目	期初数	期末数
无形资产	31720277.95	32670154.01	其他负债	2117823971.08	2687810939.33
其中:交易席位费	215000.00		**负债合计**	**7482526507.41**	**7858450477.71**
递延所得税资产	18391001.53	19041500.21	所有者权益:		
商誉	19845342.58	19845342.58	实收资本	2914701986.00	3000000000.00
其他资产	446757138.95	957523003.65	资本公积	447747530.35	1556800829.19
			减:库存股		
			盈余公积	216420396.68	1948144.90
			一般风险准备	475916899.53	484660243.55
			未分配利润	1120798632.25	303943993.11
			外币报表折算差额		
			归属于母公司所有者权益合计	**5175585444.81**	**5347353210.75**
			少数股东权益		
			所有者权益合计	**5175585444.81**	**5347353210.75**
资产总计	**12658111952.22**	**13205803688.46**	**负债和所有者权益总计**	**12658111952.22**	**13205803688.46**

财通证券有限责任公司资产负债表

（2012年12月31日）

单位：元

项　目	期初数	期末数	项　目	期初数	期末数
资产：			负债：		
货币资金	10979533718.60	10511260976.09	短期借款		
其中：客户资金存款	7582564883.20	7564675634.26	其中：质押借款		
结算备付金	2201442497.16	1856789171.99	拆入资金		
其中：客户备付金	1984780101.42	1739869287.99	交易性金融负债		
拆出资金			衍生金融负债		
交易性金融资产	343692961.85	262155161.61	卖出回购金融资产款		
衍生金融资产			代理买卖证券款	5345306872.10	4776622436.70
买入返售金融资产	17000000.00	8060000.00	代理承销证券款		
应收利息	17094476.22	32484733.20	应付职工薪酬	89659622.49	140144908.89
存出保证金	2991807629.49	3423512370.01	应交税费	52227001.50	75648382.16
可供出售金融资产	510386718.61	352902955.89	应付利息	196938.15	
持有至到期投资			预计负债		
长期股权投资	67330646.32	89011137.50	长期借款		
投资性房地产	68814934.50	67733586.86	应付债券		
固定资产	297581118.74	274061028.80	递延所得税负债		1780624.70

续表

项目	期初数	期末数	项目	期初数	期末数
无形资产	29867538.90	31823354.61	其他负债	7532005927.18	7899434759.88
其中:交易席位费		408754.42	**负债合计**	**13019396361.42**	**12893631112.33**
递延所得税资产	11098523.03	8082905.18	所有者权益:		
商誉	9998091.42	9998091.42	实收资本	1400000000.00	1400000000.00
其他资产	171237944.06	859688804.41	资本公积	1019406107.19	1012365209.18
			减:库存股		
			盈余公积	208746117.30	214157750.02
			一般风险准备	417492234.60	428315500.04
			未分配利润	1083406094.31	1165424890.53
			外币报表折算差额	—1776998.21	—1771713.83
			归属于母公司所有者权益合计	**4127273555.19**	**4218491635.94**
			少数股东权益	570216882.29	675441529.30
			所有者权益合计	**4697490437.48**	**4893933165.24**
资产总计	**17716886798.90**	**17787564277.57**	**负债和所有者权益总计**	**17716886798.90**	**17787564277.57**

中国人民银行在浙机构、人员统计

（2012 年末）

单位：个、人

地区 / 级别	机构		人员	
	合计	县市支行	合计	县市支行
合计	**73**	**62**	**3260**	**1404**
杭州	8	7	611	194
宁波	7	6	430	185
温州	9	8	341	170
嘉兴	6	5	270	137
湖州	4	3	183	60
绍兴	5	4	230	99
金华	8	7	283	156
衢州	5	4	202	75
台州	8	7	274	131
丽水	9	8	266	140
舟山	4	3	170	57

中国工商银行在浙机构、人员统计

（2012年末，不含宁波）

单位：个、人

地区 级别	合计		省级		杭州		温州		嘉兴		湖州		绍兴		金华		义乌		衢州		台州		丽水		舟山	
	机构	人员	机构	人员	机构	人员	机构	人员	机构	人员	机构	人员	机构	人员	机构	人员	机构	人员	机构	人员	机构	人员	机构	人员	机构	人员
合计	**790**	**20732**	**1**	**800**	**193**	**5791**	**119**	**2631**	**73**	**1600**	**48**	**1167**	**91**	**1995**	**62**	**1571**	**24**	**557**	**33**	**908**	**84**	**2067**	**30**	**860**	**32**	**785**
一、省级分行	1	800	1	800																						
二、二级分行	11	4454			1	946	1	507	1	398	1	333	1	439	1	307	1	203	1	295	1	397	1	260	1	369
三、支行	106	8280			32	3133	15	918	5	508	7	426	9	772	9	735			7	354	10	896	7	333	5	205
同城支行	56	4061			25	2389	8	444			4	191	4	202	3	202			3	107	4	304	2	99	3	123
县市支行	50	4219			7	744	7	474	5	508	3	235	5	570	6	533			4	247	6	592	5	234	2	82
四、二级支行	525	5975			160	1712	57	816	52	572	36	382	68	671	34	360	20	335	15	167	49	568	19	247	15	145
五、分理处	144	1203					46	390	15	122	4	26	13	113	17	161	3	19	10	92	22	194	3	20	11	66
六、储蓄所	3	20													1	8					2	12				

注：人员数为从业人员数。

中国农业银行在浙机构、人员统计

（2012年末，不含宁波）

单位：个、人

地区 级别	合计		省级		杭州		温州		嘉兴		湖州		绍兴		金华		衢州		台州		丽水		舟山		义乌	
	机构	人员	机构	人员	机构	人员	机构	人员	机构	人员	机构	人员	机构	人员	机构	人员	机构	人员	机构	人员	机构	人员	机构	人员	机构	人员
合计	**932**	**22817**	**2**	**767**	**204**	**4539**	**149**	**3674**	**103**	**2309**	**50**	**1201**	**111**	**2542**	**86**	**2061**	**35**	**866**	**96**	**2341**	**33**	**909**	**38**	**961**	**25**	**647**
一、省级分行	1	767	1	767																						
二、二级分行	11	3842			1	619	1	577	1	369	1	282	1	351	1	345	1	218	1	314	1	226	1	300	1	241
三、一级支行	114	8495			25	1756	15	1312	9	785	8	483	10	1049	11	859	8	416	11	1026	11	448	6	361		
四、二级支行	653	8326			157	1986	102	1477	67	910	41	436	83	996	57	690	5	52	73	891	20	235	24	247	24	406
五、分理处	145	1358			18	164	30	308	26	245			17	146	17	167	20	175	10	100	1		6	53		
六、储蓄所	5	29			3	14											1	5	1	10						
七、其他机构	3		1				1																1			

中国银行在浙机构、人员统计

（2012年，不含宁波）

单位：个、人

级别＼地区	合计		省级		杭州		温州		嘉兴		湖州		绍兴		金华		衢州		台州		丽水		舟山	
	机构	人员	机构	人员	机构	人员	机构	人员	机构	人员	机构	人员	机构	人员	机构	人员	机构	人员	机构	人员	机构	人员	机构	人员
合计	**574**	**14573**	**1**	**1391**	**122**	**2537**	**71**	**1856**	**60**	**1248**	**29**	**645**	**82**	**1959**	**66**	**1499**	**24**	**550**	**68**	**1592**	**30**	**800**	**21**	**496**
一、省级分行	1	1391	1	1391																				
二、二级分行	10	2695					1	454	1	283	1	231	1	436	2	452	1	174	1	271	1	205	1	189
三、支行（办事处）	74	4578			14	1140	12	598	5	391	5	176	6	612	8	414	5	177	9	663	6	279	4	128
同城支行	25	1529			9	827	6	230					1	55	3	94	1	27	3	229			2	67
县市支行	49	3049			5	313	6	368	5	391	5	176	5	557	5	320	4	150	6	434	6	279	2	61
四、分理处	4	39					3	29									1	10						
五、储蓄所																								
六、其他（二级支行）	485	5870			108	1397	55	775	54	574	23	238	75	911	56	633	17	189	58	658	23	316	16	179

中国建设银行在浙机构、人员统计

（2012年末，不含宁波）

单位：个、人

级别 \ 地区	合计		省级		杭州		温州		嘉兴		湖州		绍兴		金华		衢州		台州		丽水		舟山		义乌	
	机构	人员	机构	人员	机构	人员	机构	人员	机构	人员	机构	人员	机构	人员	机构	人员	机构	人员	机构	人员	机构	人员	机构	人员	机构	人员
合 计	**721**	**17831**	**2**	**1301**	**159**	**3399**	**131**	**2942**	**72**	**1584**	**40**	**937**	**73**	**1708**	**57**	**1466**	**26**	**750**	**74**	**1570**	**33**	**900**	**30**	**748**	**24**	**526**
一、省级分行	1	889	1	889																						
二、省分行营业部	1	412	1	412																						
三、二级分行	10	3411					1	711	1	364	1	260	1	370	1	394	1	267	1	303	1	249	1	288	1	205
四、支行（办事处）	613	12202			119	3018	122	2161	66	1174	37	649	66	1275	51	1023	18	409	66	1210	25	580	21	390	22	313
同城支行	301	5562			97	2446	65	996	19	234	19	277	18	269	16	275	11	162	29	467	10	150	17	286		
县市支行	312	6640			22	572	57	1165	47	940	18	372	48	1006	35	748	7	247	37	743	15	430	4	104	22	313
五、分理处	84	824			29	295	7	63	5	46	2	28	6	63	5	49	7	74	7	57	7	71	8	70	1	8
六、储蓄所	12	93			11	86	1	7																		

浙商银行机构、人员统计

（2012 年末）

单位：个、人

地区 级别	合计		总行本级		杭州		宁波		舟山(升格)		温州		绍兴		义乌		台州	
	机构	人员	机构	人员	机构	人员	机构	人员	机构	人员	机构	人员	机构	人员	机构	人员	机构	人员
合计	**93**	**5223**	**1**	**590**	**22**	**953**	**8**	**312**	**1**	**52**	**7**	**342**	**4**	**201**	**5**	**197**	**1**	**104**
一、总行	1	590	1	590														
二、一级分行	17	2473			1	245	1	157	1	52	1	163	1	118	1	104		
三、二级分行	7	417			4	201											1	104
四、支行	68	1743			17	507	7	155			6	179	3	83	4	93		

地区 级别	北京		天津		上海		南京		苏州		济南		深圳		重庆		成都		西安		兰州	
	机构	人员	机构	人员	机构	人员	机构	人员	机构	人员	机构	人员	机构	人员	机构	人员	机构	人员	机构	人员	机构	人员
合计	**4**	**264**	**8**	**429**	**9**	**342**	**5**	**319**	**1**	**81**	**2**	**174**	**3**	**182**	**2**	**115**	**6**	**282**	**3**	**191**	**1**	**93**
一、总行																						
二、一级分行	1	232	1	209	1	145	1	154	1	81	1	158	1	136	1	115	1	158	1	153	1	93
三、二级分行							2	112														
四、支行	3	32	7	220	8	197	2	53			1	16	2	46	1		5	124	2	38		

浙江省农村信用社联合社机构、人员统计

（2012 年末）

单位：个、人

项目 地区	人员	机构数	省级联社	地级办事处	县级农信联社（农合行、农商行）			信用社（支行、营业部）	信用分社（分理处）	储蓄所	非全日制网点
					农村信用联社	农村合作银行	农村商业银行				
合　计	**48900**	**4134**	**1**	**11**	**36**	**37**	**8**	**1243**	**2590**	**150**	**58**
省　级	647	1	1								
杭　州	8046	679		1	3	4	1	185	452	33	
宁　波	7430	675		1	5	3	1	170	434	61	
温　州	6099	512		1	4	7		185	284		31
嘉　兴	3519	307		1	3	3		73	199	28	
湖　州	2905	190		1	1	2	2	89	95		
绍　兴	4844	385		1		5	1	103	260	15	
金　华	4352	389		1	3	4	1	115	259	1	5
衢　州	2207	212		1	5	1		50	151		4
台　州	4813	390		1	2	6	1	148	221	6	5
丽　水	2416	254		1	8	1		89	141	1	13
舟　山	1622	140		1	2	1	1	36	94	5	

中国农业发展银行在浙机构、人员统计

（2012年末）

单位：个、人

级别＼地区	合计		省级		杭州		宁波		温州		湖州		嘉兴		绍兴		金华		衢州		舟山		台州		丽水	
	机构	人员	机构	人员	机构	人员	机构	人员	机构	人员	机构	人员	机构	人员	机构	人员	机构	人员	机构	人员	机构	人员	机构	人员	机构	人员
合计	**76**	**1490**	**1**	**105**	**8**	**181**	**9**	**196**	**8**	**114**	**4**	**103**	**6**	**148**	**5**	**113**	**8**	**147**	**5**	**95**	**4**	**67**	**9**	**133**	**9**	**88**
一、省级分行	1	105	1	105																						
二、二级分行	11	531			1	65	1	40	1	46	1	46	1	58	1	46	1	51	1	49	1	45	1	44	1	41
三、支行	44	765			7	116	8	156	2	45	3	57	5	90	3	62	6	93	2	37	1	19	6	79	1	11
同城支行	1	15					1	15																		
县市支行	43	750			7	116	7	141	2	45	3	57	5	90	3	62	6	93	2	37	1	19	6	79	1	11
四、信贷组	20	89							5	23					1	5	1	3	2	9	2	3	2	10	7	36
五、储蓄所																										

国家开发银行浙江省分行机构、人员统计

（2012年末）

单位：个、人

级别＼地区	合计		杭州	
	机构	人员	机构	人员
合计	**1**	**165**	**1**	**165**
一、省级分行	1	165	1	165
二、二级分行				
三、支行				
同城支行				
县市支行				
四、二级支行				
五、分理处				
六、储蓄所				

中国进出口银行浙江省分行机构、人员统计

（2012 年末）

单位：个、人

地区 级别	合计		省级	
	机构	人员	机构	人员
合　计	**1**	**85**	**1**	**85**
一、省级分行	1	85	1	85
二、二级分行				
三、支行(办事处)				
同城支行				
县市支行				
四、分理处				
五、储蓄所				

注：不含宁波。

交通银行浙江省分行机构、人员统计

（2012 年末，不含宁波）

单位：个、人

地区 级别	合计		杭州		温州		绍兴		嘉兴		湖州		台州		金华		衢州		舟山		丽水		义乌	
	机构	人员	机构	人员	机构	人员	机构	人员	机构	人员	机构	人员	机构	人员	机构	人员	机构	人员	机构	人员	机构	人员	机构	人员
合　计	**140**	**4317**	**43**	**1249**	**22**	**716**	**34**	**869**	**13**	**483**	**10**	**372**	**6**	**215**	**5**	**170**	**2**	**64**	**2**	**72**	**1**	**46**	**2**	**61**
一、省级分行	1	1249	1	1249																				
二、二级分行	10	3055			1	716	1	869	1	483	1	372	1	215	1	170	1	64	1	59	1	46	1	61
三、支行	105	2855	30	906	20	532	15	445	13	364	9	243	6	142	5	113	2	33	2	30	1	20	2	27
同城支行	74	1587	24	525	16	380	10	163	8	165	7	190	1	26	2	42	1	19	2	30	1	20	2	27
县市支行	32	1268	7	381	4	152	5	282	5	199	2	53	5	116	3	71	1	14						
四、二级支行	39	440	19	218	2	30	18	192																
五、分理处																								
六、储蓄所																								

中信银行在浙机构、人员统计

（2012年末，不含宁波）

单位：个、人

地区 级别	合计		杭州		温州		嘉兴		绍兴		义乌		台州		湖州		丽水	
	机构	人员	机构	人员	机构	人员	机构	人员	机构	人员	机构	人员	机构	人员	机构	人员	机构	人员
合　计	**66**	**2665**	**23**	**1190**	**10**	**300**	**9**	**383**	**9**	**343**	**5**	**145**	**5**	**145**	**3**	**91**	**2**	**68**
一、省级分行	1	498	1	498														
二、二级分行	6	590			1	130	1	130	1	130	1	85	1	70			1	45
三、支行(办事处)	59	1577	22	692	9	170	8	253	8	213	4	60	4	75	3	91	1	23
同城支行	38	948	21	640	5	76	3	65	4	78	2	15	2	29	1	45		
县市支行	21	629	1	52	4	94	5	188	4	135	2	45	2	46	2	46	1	23
四、分理处																		
五、储蓄所																		

上海浦东发展银行在浙机构、人员统计

（2012年末，不含宁波、温州）

单位：个、人

地区 级别	合计		杭州		绍兴		嘉兴		湖州		金华		衢州		舟山	
	机构	人员	机构	人员	机构	人员	机构	人员	机构	人员	机构	人员	机构	人员	机构	人员
合　计	**46**	**1610**	**22**	**932**	**8**	**221**	**6**	**139**	**3**	**80**	**4**	**156**	**2**	**56**	**1**	**27**
一、省级分行	1	358	1	358												
二、二级分行	4	219			1	62	1	70			1	60			1	27
三、支行(办事处)	41	1033	21	573	7	159	5	69	3	80	3	96	2	56		
同城支行	26	638	18	484	3	41	2	17	1	40	1	14	1	39		
县市支行	15	395	3	89	4	118	3	52	2	40	2	82	1	17		
四、分理处																
五、储蓄所																

华夏银行在浙机构、人员统计

（2012年末，不含宁波、温州）

单位：个、人

级别＼地区	合计		杭州	
	机构	人员	机构	人员
合计	**25**	**950**	**25**	**950**
一、省级分行	1	283	1	283
二、二级分行	2	134	2	134
三、支行（办事处）	22	533	22	533
同城支行	20	463	20	463
县市支行	2	70	2	70
四、分理处				
五、储蓄所				

招商银行在浙机构、人员统计

（2012年末，不含宁波）

单位：个、人

级别＼地区	合计		杭州		温州		绍兴		金华		嘉兴		衢州		湖州	
	机构	人员	机构	人员	机构	人员	机构	人员	机构	人员	机构	人员	机构	人员	机构	人员
合计	**54**	**2103**	**23**	**984**	**10**	**391**	**9**	**326**	**5**	**158**	**4**	**126**	**1**	**47**	**2**	**71**
一、省级分行	1	319	1	319												
二、二级分行	3	432			1	160	1	133	1	80		32				27
三、支行（办事处）	50	1352	22	665	9	231	8	193	4	78	4	94	1	47	2	44
同城支行	36	1020	21	631	6	148	4	99	1	22	2	50	1	47	1	23
县市支行	14	332	1	34	3	83	4	94	3	56	2	44			1	21
四、分理处																
五、储蓄所																

广发银行在浙机构、人员统计

（2012 年末）

单位：个、人

级别＼地区	合计		杭州		宁波		温州		台州		义乌		绍兴	
	机构	人员	机构	人员	机构	人员	机构	人员	机构	人员	机构	人员	机构	人员
合　计	**46**	**1830**	**15**	**751**	**15**	**480**	**13**	**393**	**1**	**82**	**1**	**75**	**1**	**49**
一、省级分行	1	422	1	422										
二、二级分行	5	595			1	217	1	172	1	82	1	75	1	49
三、支行	40	813	14	329	14	263	12	221						
同城支行	33	659	14	329	10	163	9	167						
县市支行	7	154			4	100	3	54						
四、分理处														
五、储蓄所														

平安银行在浙机构、人员统计

（2012 年末，不含宁波、温州）

单位：个、人

级别＼地区	合计		杭州		金华		嘉兴		台州	
	机构	人员	机构	人员	机构	人员	机构	人员	机构	人员
合　计	**26**	**1626**	**15**	**1164**	**6**	**258**	**4**	**144**	**1**	**60**
一、省级分行	1	556	1	556						
二、二级分行	2	211			1	151			1	60
三、支行(办事处)	23	859	14	608	5	107	4	144		
同城支行	13	570	13	570						
县市支行	10	289	1	38	5	107	4	144		
四、分理处										
五、储蓄所										

中国民生银行在浙机构、人员统计

（2012 年末，不含宁波、温州）

单位：个、人

级别＼地区	合计		杭州		绍兴		嘉兴		台州	
	机构	人员	机构	人员	机构	人员	机构	人员	机构	人员
合计	**49**	**1969**	**43**	**1677**	**3**	**157**	**2**	**76**	**1**	**59**
省级分行	1	405	1	405						
二级分行	3	476		238	1	115	1	64	1	59
支行	21	517	21	517						
同城支行	19	488	19	488						
县市支行	5	83	2	29	2	42	1	12		

注：2012 年没有金华分行。

兴业银行在浙机构、人员统计

（2012 年末，不含宁波）

单位：个、人

级别＼地区	合计		杭州		温州		台州		义乌		嘉兴		绍兴	
	机构	人员	机构	人员	机构	人员	机构	人员	机构	人员	机构	人员	机构	人员
合计	**42**	**1813**	**15**	**648**	**9**	**375**	**7**	**255**	**7**	**261**	**3**	**155**	**1**	**119**
一、省级分行	1	252	1	252										
二、二级分行	4	446			1	121	1	98	1	120	1	107		
三、一级支行	1	119											1	119
同城支行	22	541	10	256	5	148	3	68	4	69				
县市支行	14	455	4	140	3	106	3	89	2	72	2	48		
四、分理处														
五、储蓄所														

中国光大银行在浙机构、人员统计

（2012 年末，不含宁波）

单位：个、人

级别＼地区	合计		杭州		温州		台州		绍兴		嘉兴		金华	
	机构	人员	机构	人员	机构	人员	机构	人员	机构	人员	机构	人员	机构	人员
合　计	**23**	**980**	**17**	**647**	**1**	**88**	**2**	**75**	**1**	**68**	**1**	**57**	**1**	**45**
一、省级分行	1	311	1	311										
二、二级分行	3	190			1	88					1	57	1	45
三、一级支行	18	462	16	336			1	58	1	68				
同城支行	15	377	13	251			1	58	1	68				
县市支行	3	85	3	85										
四、分理处	1	17					1	17						
五、储蓄所														

恒丰银行杭州分行机构、人员统计

（2012 年末）

单位：个、人

级别＼地区	合计		杭州	
	机构	人员	机构	人员
合　计	**8**	**378**	**5**	**197**
一、省级分行	1	105	1	105
二、二级分行	1	80		
三、支行(办事处)	6	193	4	92
同城支行	4	92	4	92
县市支行	2	101		
四、分理处				
五、储蓄所				

渤海银行在浙机构、人员统计

（2012 年末，不含宁波）

单位：个、人

地区 级别	合计		杭州		绍兴	
	机构	人员	机构	人员	机构	人员
合计	**7**	**314**	**6**	**277**	**1**	**37**
一、分行	1	181	1	181		
二、一级支行	6	133	5	96	1	37
同城支行	4	88	3	51	1	37
县市支行	2	45	2	45		

中国邮政储蓄银行浙江省分行机构、人员统计

（2012 年末，不含宁波）

单位：个、人

地区 级别	合计		省级		杭州		温州		嘉兴		湖州		绍兴		金华		衢州		台州		丽水		舟山	
	机构	人员	机构	人员	机构	人员	机构	人员	机构	人员	机构	人员	机构	人员	机构	人员	机构	人员	机构	人员	机构	人员	机构	人员
合计	**727**	**5656**	**1**	**237**	**118**	**681**	**109**	**816**	**73**	**481**	**32**	**369**	**87**	**537**	**90**	**686**	**35**	**357**	**95**	**662**	**55**	**512**	**32**	**318**
省级分行	1	237	1	237																				
二级分行	10	909			1	111	1	95	1	97	1	64	1	91	1	104	1	84	1	96	1	88	1	79
县支行	55	1487			7	177	8	216	5	122	3	112	4	151	7	232	4	102	6	155	8	164	3	56
二级支行	661	3023			110	393	100	505	67	262	28	193	82	295	82	350	30	171	88	411	46	260	28	183

杭州银行机构、人员统计

（2012 年末）

单位：个、人

级别＼地区	合计		杭州		北京		上海		深圳		舟山		绍兴		温州		宁波		合肥		南京	
	机构	人员	机构	人员	机构	人员	机构	人员	机构	人员	机构	人员	机构	人员	机构	人员	机构	人员	机构	人员	机构	人员
合计	**90**	**5148**	**81**	**3110**	**1**	**397**	**1**	**371**	**1**	**291**	**1**	**173**	**1**	**120**	**1**	**78**	**1**	**269**	**1**	**139**	**1**	**200**
一、总行	1	819	1	819																		
二、分行	9	2038			1	397	1	371	1	291	1	173	1	120	1	78	1	269	1	139	1	200
三、支行	80	2291	80	2291																		

上海银行在浙机构、人员统计

（2012 年末）

单位：个、人

级别＼地区	合计		杭州		绍兴	
	机构	人员	机构	人员	机构	人员
合计	**9**	**456**	**8**	**406**	**1**	**50**
一、省级分行	1	244	1	244		
二、二级分行						
三、支行	8	212	7	162	1	50
同城支行	3	54	3	54		
县市支行	5	158	4	108	1	50
四、二级支行						
五、分理处						
六、储蓄所						

北京银行在浙机构、人员统计

（2012 年末）

单位：个、人

级别＼地区	合计		杭州		绍兴	
	机构	人员	机构	人员	机构	人员
合　计	**7**	**359**	**6**	**295**	**1**	**64**
一、省级分行	1	172	1	172		
二、二级分行						
三、支行(办事处)	9	187	9	187		
同城支行	5	66	5	66		
县市支行	3	121	2	57	1	64
四、分理处						
五、储蓄所						

江苏银行杭州分行机构、人员统计

（2012 年末）

单位：个、人

级别＼地区	合计		杭州	
	机构	人员	机构	人员
一、省级分行	1	145	1	145
二、二级分行				
三、支行(办事处)	1	22	1	22
同城支行				
县市支行				
四、分理处				
五、储蓄所				

南京银行杭州分行机构、人员统计

（2012年末）

单位：个、人

级别＼地区	合计		省级		杭州	
	机构	人员	机构	人员	机构	人员
合　计	**3**	**185**	**1**	**147**	**2**	**38**
一、省级分行	1	147	1	147		
二、支行	2	38			2	38

宁波银行机构、人员统计

（2012年末）

单位：个、人

	机　构	人　员
合　计	**174**	**5329**
一、总行	1	1043
二、一级支行	22	1323
同城支行	15	901
县市支行	7	422
异地支行	30	644
三、二级支行	113	1151
四、分理处		
五、储蓄所		
六、异地分行	8	1168

宁波东海银行机构、人员统计

（2012 年末）

单位：个、人

	机　构	人　员
合　计	**10**	**344**
一、总部	1	129
二、营业部	1	64
三、支行	8	151
四、储蓄所		

温州银行机构、人员统计

（2012 年末）

单位：个、人

	机　构	人　员
合　计	**78**	**2350**
一、总部	1	388
其中：营业部	1	48
二、分行	5	713
三、支行	72	1249

嘉兴银行机构、人员统计

（2012 年末）

单位：个、人

	机　构	人　员
合　计	**36**	**840**
一、总部	1	241
其中：营业部	1	41
二、支行	34	541
三、分行	1	58
四、分理处		

湖州银行机构、人员统计

（2012 年末）

单位：个、人

	机　构	人　员
合　计	**34**	**699**
一、总部	1	130
其中：营业部	1	31
二、分行	1	57
三、支行	32	512

绍兴银行机构、人员统计

（2012 年末）

单位：个、人

	机 构	人 员
合 计	**40**	**1113**
一、总部	1	344
其中：营业部	1	75
二、分行	1	63
三、支行	38	706

浙江稠州商业银行机构、人员统计

（2012 年末）

单位：个、人

	机 构	人 员
合 计	**53**	**2459**
一、总部	1	313
其中：营业部	1	200
二、分行	7	850
三、支行	45	1296

金华银行机构、人员统计

（2012 年末）

单位：个、人

	机构	人员
合　计	**56**	**1300**
一、总部	1	316
其中：营业部	1	67
二、分行	2	161
三、支行	53	823

浙江民泰商业银行机构、人员统计

（2012 年末）

单位：个、人

地区 / 级别	合计		台州		杭州		舟山		义乌		嘉兴		宁波		成都		上海	
	机构	人员	机构	人员	机构	人员	机构	人员	机构	人员	机构	人员	机构	人员	机构	人员	机构	人员
合　计	**56**	**3897**	**21**	**1626**	**8**	**496**	**7**	**288**	**2**	**231**	**1**	**39**	**5**	**366**	**10**	**576**	**2**	**275**
总行	1	558	1	558														
分行	7	1162			1	211	1	125	1	147	1	39	1	181	1	187	1	272
支行	48	2177	20	1068	7	285	6	163	1	84			4	185	9	389	1	3

注：含宁波、成都、上海分行；含获准筹建支行。

浙江泰隆商业银行机构、人员统计

（2012 年末）

单位：个、人

地区 级别	合计		总行		丽水		杭州		宁波		金华		上海		衢州		苏州	
	机构	人员	机构	人员	机构	人员	机构	人员	机构	人员	机构	人员	机构	人员	机构	人员	机构	人员
合计	**63**	**5439**	**21**	**2112**	**8**	**534**	**8**	**532**	**7**	**513**	**3**	**414**	**11**	**836**	**3**	**276**	**1**	**222**
一、总行	1	880	1	880														
二、分行	7	1651			1	218	1	218	1	198	1	290	1	317	1	188	1	222
三、支行	55	2908	20	1232	7	316	7	314	6	315	2	124	10	519	3	88		

台州银行机构、人员统计

（2012 年末）

单位：个、人

合计		台州		杭州		温州		舟山	
机构	人员	机构	人员	机构	人员	机构	人员	机构	人员
65	3985	49	3061	6	341	6	299	4	127

备注：其中台州银行员工有157人借用其主发起设立的村镇银行。

宁波国际银行机构、人员统计

（2012 年末）

单位：个、人

	机　构	人　员
合　计	**3**	**358**
一、总行（总部）	1	235
二、分行	1	99
三、支行	1	24

各资产管理公司在杭机构、人员统计

（2012 年末）

单位：个、人

机构 级别	中国华融资产管理公司		中国长城资产管理公司		中国东方资产管理公司		中国信达资产管理股份有限公司	
	机构	人员	机构	人员	机构	人员	机构	人员
合　计	**1**	**45**	**1**	**44**	**1**	**38**	**1**	**47**
分公司	1	45						
办事处			1	44	1	38	1	47

在浙金融信托、租赁和财务公司机构、人员统计

（2012年末）

单位：个、人

级别＼机构	中投信托有限责任公司		杭州工商信托投资有限公司		昆仑信托有限责任公司		万向信托有限公司		浙商金汇信托股份有限公司		华融金融租赁股份有限公司		万象财务有限公司		浙江能源集团财务有限公司		宁波港集团财务有限公司	
	机构	人员	机构	人员	机构	人员	机构	人员	机构	人员	机构	人员	机构	人员	机构	人员	机构	人员
合计	**1**	**105**	**1**	**121**	**1**	**216**	**1**	**59**	**1**	**69**	**3**	**188**	**1**	**55**	**1**	**105**	**1**	**48**
一、总公司	1	105	1	121	1	216	1	59	1	69	1	158	1	55	1	105	1	48
二、分公司											2	30						

浙江省城市商业银行机构、人员统计

（2012年末）

单位：个、人

级别＼地区	合计		杭州		宁波		温州		嘉兴		湖州		绍兴		金华		台州	
	机构	人员	机构	人员	机构	人员	机构	人员	机构	人员	机构	人员	机构	人员	机构	人员	机构	人员
合计	**468**	**18803**	**125**	**3110**	**31**	**5376**	**78**	**2350**	**39**	**839**	**34**	**730**	**40**	**1113**	**56**	**1300**	**65**	**3985**
一、总部	8	4077	1	819	1	1090	1	388	1	238	1	161	1	344	1	316	1	721
其中：营业部	6	389			1	109			1	41	1	31	1	75	1	67	1	66
二、分行	30	4448	9	1155	8	1812	5	713	1	60	1	57	1	63	2	161	3	427
三、支行	430	10121	115	1136	22	2474	72	1249	37	541	32	512	38	706	53	823	61	2680
四、分理处																		
五、储蓄所																		
六、派出村镇银行		157																157

中国人民财产保险股份有限公司浙江省分公司机构、人员统计

（2012 年末，不含宁波）

单位：个、人

地区 级别	合计		省本部		杭州		温州		台州		金华		嘉兴		绍兴		湖州		衢州		丽水		舟山		义乌	
	机构	人员	机构	人员	机构	人员	机构	人员	机构	人员	机构	人员	机构	人员	机构	人员	机构	人员	机构	人员	机构	人员	机构	人员	机构	人员
合　计	**536**	**2739**	**1**	**202**	**107**	**696**	**75**	**300**	**40**	**271**	**55**	**206**	**51**	**214**	**68**	**218**	**38**	**188**	**25**	**128**	**39**	**147**	**29**	**110**	**8**	**59**
一、省本部	1	202	1	202																						
二、市分公司（含三个中心）	11	961			1	281	1	86	1	108	1	86	1	70	1	79	1	80	1	48	1	55	1	38	1	30
三、县支公司	52	777			5	80	8	156	6	88	6	74	5	94	5	101	3	55	4	57	8	59	2	13		
区支公司	27	342			9	159	3	16	3	52	2	22	2	11	2	9	2	21	2	18			2	34		
市分公司营业部	33	301			5	136	2	20	1	11	2	22	3	15	2	8	1	17	1	5	5	19	4	19	7	29
四、县区以下营业部	122	80			24	29	17	13	15	8	14	2	2	2	21	12	14	12	9		6	2				
营销服务部	290	76			63	11	44	9	14	4	30		38	22	37	9	17	3	8		19	12	20	6		

注：1. 本表人员口径是指劳动合同工；机构口径是市分公司营业部含内设，县区以下营业部不含内设。

2. 相关数据请与 2012 年度人力资源年报核对一致。

中国人寿保险股份有限公司浙江省分公司机构、人员统计

（2012年末，不含宁波）

单位：个、人

地区 级别	合计		省本部		杭州		温州		台州		金华		嘉兴		湖州		衢州		绍兴		丽水		舟山		义乌	
	机构	人员	机构	人员	机构	人员	机构	人员	机构	人员	机构	人员	机构	人员	机构	人员	机构	人员	机构	人员	机构	人员	机构	人员	机构	人员
合计	**471**	**4203**	**1**	**402**	**67**	**623**	**59**	**614**	**49**	**425**	**68**	**411**	**48**	**383**	**44**	**324**	**43**	**237**	**29**	**321**	**34**	**226**	**16**	**150**	**13**	**87**
一、省本部	1	402	1	402																						
二、市分公司	11	1500			1	249	1	209	1	127	1	140	1	129	1	144	1	108	1	122	1	106	1	79	1	87
三、县支公司	52	2301			5	374	8	405	6	298	6	271	5	254	3	180	4	129	5	199	8	120	2	71		
四、区支公司	21				8		2		3		1		2		2		1						2			
五、营业部	103				22		15		15		9				12		13		13						4	
六、营销服务部	283				31		33		24		51		40		26		24		10		25		11		8	

注：人员统计口径是指签订劳动合同人员。

浙商证券股份有限公司在浙机构、人员统计

（2012 年末）

单位：个、人

地区 级别	合计		总部		杭州		温州		嘉兴		湖州		绍兴		金华		义乌		衢州		台州		宁波		丽水		舟山	
	机构	人员	机构	人员	机构	人员	机构	人员	机构	人员	机构	人员	机构	人员	机构	人员	机构	人员	机构	人员	机构	人员	机构	人员	机构	人员	机构	人员
合计	**69**	**1684**	**24**	**336**	**7**	**243**	**4**	**120**	**2**	**70**	**1**	**27**	**4**	**170**	**6**	**168**	**1**	**52**	**4**	**69**	**8**	**250**	**2**	**85**	**5**	**74**	**1**	**20**
总部	24	336	24	336																								
营业部	45	1348			7	243	4	120	2	70	1	27	4	170	6	168	1	52	4	69	8	250	2	85	5	74	1	20

财通证券有限责任公司在浙机构、人员统计

（2012 年末）

单位：个、人

地区 级别	合计		总部		杭州		宁波		温州		绍兴		湖州		嘉兴		金华		衢州		台州		丽水	
	机构	人员	机构	人员	机构	人员	机构	人员	机构	人员	机构	人员	机构	人员	机构	人员	机构	人员	机构	人员	机构	人员	机构	人员
合计	**44**	**2017**	**1**	**389**	**13**	**530**	**2**	**71**	**2**	**73**	**6**	**259**	**4**	**134**	**3**	**96**	**4**	**137**	**2**	**51**	**5**	**244**	**2**	**31**
总部	1	389	1	389																				
营业部	43	1628			13	530	2	71	2	73	6	259	4	134	3	96	4	137	2	51	5	244	2	31

第五部分

2012 年浙江省金融大事记

ZHEJIANG JINRONG NIANJIAN

2012年浙江省金融大事记

1月

4日 由浙江省青年企业家协会、《青年时报》、新华社浙江分社新闻信息中心、新浪浙江共同主办的“2011年度新锐浙商颁奖典礼”在杭州举行，中国农业银行浙江省分行小企业简式贷获得了“2011年度新锐浙商金融合作伙伴奖”。

浙江省农信联社受到省委书记、省人大常委会主任赵洪祝的重要批示：“近年来，省农信社按照省委、省政府的部署要求，立足支农支小，坚持本土经营，注重统分结合，深化内部管理，优化金融服务，取得了良好的经济效益和社会效益，成为浙江金融体系中的生力军和佼佼者，可喜可贺。希望新的一年，紧紧围绕‘两创’总战略，把握‘稳中求进’总基调，坚持改革创新，优化信贷结构，服务小微企业，不断提升浙江农信品牌品质，为我省经济平稳较快发展作出新的贡献。”

中国农业发展银行浙江省分行行长王玉高主持召开行长办公会议，学习贯彻总行《关于严格农业农村基础设施建设贷款准入有关问题的通知》精神，研究部署全省系统政府融资平台贷款准入实施意见。

5日 中国人民银行杭州中心支行刘仁伍行长赴北京参加全国金融工作会议、总行工作会议暨全国外汇管理工作会议。

中国农业发展银行总行国际业务座谈会在杭州召开，专题研究《关于下放部分单证业务审核权限的暂行办法》。

6日 南京银行杭州分行第一家支行——萧山支行正式对外试营业。

8日 华融金融租赁股份有限公司荣获“2010—2011年度银监会系统文明单位”称号，华融金融租赁股份有限公司党委副书记、总经理胡继良出席中国银监会召开的精神文明建设暨评先创优工作总结表彰大会，并作为全国24家受奖代表之一接受颁奖。

9日 中国银行浙江省分行投产中小企业系统（SMES），标志该行中小企业业务流程实现电子化操作。

由广发银行总行主办、杭州分行承办的“携手广发 成长共赢”中小企业融资与发展群英会（杭州站）在杭州凯悦酒店成功举办。本次活动邀请了省政协、省工商联、省中小企业局、省银监局相关领导和总行利明献行长、宗乐新副行长出席并作致辞。此外，有近200家中小企业客户嘉宾及南京、上海、武汉、长沙等兄弟分行领导共300余人与会。

10日 由金融界网站主办的首届（2011年度）金融界慧眼金榜获奖名单正式公布，浙商证券荣获“金融界《慧眼识券商》2011券商金股排行榜”年度最高收益第一名。

中国人民财产保险股份有限公司浙江省分公司在杭州召开全省分支公司经理会议，吴建林总经理作了题为《奋勇拼搏，超越自我，为全面提升公司科学发展能力而努力奋斗》的工作报告。

11日 中国人民银行杭州中心支行召开2012年工作会议，中心支行全体领导班子成员参加会议。

中国银行业协会下发《关于表彰2011年度中国银行业文明规范服务“明星大堂经理”的决定》(银协发[2012]4号),授予恒丰银行杭州分行王燕“明星大堂经理”和“魅力之星”称号。

13日 浙江证监局与天健会计师事务所签订《协作备忘录》,构建协作监管的长效机制。

14日 信达系统在杭机构召开联欢会。中国信达资产管理股份有限公司浙江省分公司总经理、浙江地区业务总监涂咸阳同志在联欢会的开始作了新年致辞。参加联欢会的有中国信达浙江分公司、幸福人寿浙江分公司、信达期货有限公司、信达财险浙江分公司、信达证券杭州体育场路营业部、浙江信达资产管理有限公司的负责人及干部员工共约460余人。

16日 浙江银监局召开2012年工作会议。局党委书记、局长韩沂同志作了题为《稳中求进 科学监管 努力开创浙江银行业监管工作新局面》的主题报告。

财通证券责任有限公司召开2012年度工作会议,董事长沈继宁作了题为《坚定信心,奋发有为,努力开创公司创新发展新局面》的年度工作报告。

18日 中国工商银行浙江省分行沈荣勤行长参加中国工商银行2012年国际化工作会议并作为唯一代表进行经验介绍并领取“2011年度国际业务综合贡献奖”、“跨境人民币业务先进奖”两个奖项。

中国进出口银行浙江省分行工作得到浙江省副省长龚正批示肯定:“进出口银行浙江分行去年一年想方设法、创新举措,加大支持我省经济发展的力度,全年实现贷款余额近400亿元。尤其是在支持企业转型升级、帮扶企业‘走出去’发展和帮助企业增加取得出口订单等方面,做了大量卓有成效的工作,值得充分肯定。并希望在新的一年内:量上,继续增长;质上,继续优化;服务水平上,继续提升。”

北京银行杭州西溪支行开业。

中国人寿保险股份有限公司浙江省分公司召开全省系统2012年工作会议,祝平总经理作了题为《加快转型 对标发展 持续提高公司核心竞争力》的工作报告,浙江保监局吴勉坚局长应邀出席会议并作重要讲话。省分公司领导班子成员、各部门总经理助理以上人员,各地市分公司总经理室成员,各县支公司主要负责人参加会议,全省10个营销团队经理列席会议,省分公司本部二级部经理和高级主管列席18日上午的会议。

19日 广发银行杭州分行召开企业文化建设工作领导小组会议,全面总结杭州分行2011年企业文化建设的工作经验,为2012年的企业文化建设工作开好头、布好局、谋好篇。

中国光大银行杭州绍兴路支行举行迁址仪式并更名为德胜支行。

中国人民财产保险股份有限公司浙江省分公司首开全省系统海外项目工程险第一单,为某企业海外工程项目提供近4亿元人民币的保险保障。

20日 浙江银监局召开了以“坚持以人为本执政为民理念,发扬密切联系群众优良作风”为主题的党员领导干部民主生活会,银监会组织部部长吴跃等领导到会指导。会议由党委书记、局长韩沂同志主持,全体党委委员参加会议,副巡视员及有关人员列席会议。

上海银行杭州分行完成票据影像交换系统升级工作,升级后系统支持票据号码位数由原来的8位提高到16位,更好地满足票据业务发展要求。

30日 浙江银监局韩沂局长、曹鸣凤纪委书记会见澳新银行(中国)首席执行官李权一行。

招商银行杭州分行召开小微企业贷款业务营销推动大会。

31日 中国人民银行杭州中心支行印发《浙江省银行卡发卡业务管理办法(试行)》。

1月末 浙江保监局指导省协会在2012年春节前采购了一批浙江保险业“爱心大米”和“爱心食用油”,与《青年时报》及有关社区街道一起,送给生活困难家庭和儿童福利院。

上海浦东发展银行杭州分行成功办理总行系统和当地银行同业首笔个人股权质押贷款。

中国人民财产保险股份有限公司浙江省分公司被浙江省保监局授予“浙江保险伴你文明出行”活动先进集体和“2011年度浙江保险政务信息工作先进集体”。

2月

2日 浙江省委书记赵洪祝在中国农业银行浙江省分行上报的《关于我省农行2011年支持浙江经济发展情况的报告》上作重要批示,充分肯定农行浙江省分行支持经济发展工作:“2011年,省农行围绕全省发展大局,加大信贷投放力度,积极调整信贷结构,着力推进金融创新,竭诚服务三农,各项工作富有成效,为我省经济平稳较快发展作出了积极贡献。谨此致以感谢。”

招商银行杭州分行召开2012年工作会议,部署全行2012年工作目标与措施。

3日 中国银行浙江省分行专项支持丽水龙泉地区青瓷、宝剑等非物质文化遗产的中小企业产品——“龙泉通宝”正式投产。

浙江省农信联社荣获浙江省社会主义新农村建设优秀单位称号。

浙江省委副书记、省长夏宝龙对中国农业发展银行浙江省分行作出批示:“感谢农发行浙江省分行对浙江‘三农’事业发展的支持。望继续发挥政策性银行优势,以支持‘三农’为己任,加大金融支农惠农力度,与浙江农业农村改革发展同进步,为浙江新农村建设添砖加瓦!”

4日 中国光大银行唐双宁董事长视察杭州分行。

5日 中国全省农业银行2012年工作会议在杭州召开。省分行党委书记、行长赵忠世同志在会上作了题为《持续推进二次创业 努力追求长期成功 在高平台新起点上实现浙江分行各项工作新跨越》的重要讲话。

6日 中国人民银行杭州中心支行印发《关于金融支持浙江省实体经济发展的指导意见》。

中国银行浙江省分行与万向集团签署2012年度银企合作协议,在公司业务、国际结算、直接融资等方面进一步扩大双方合作范围。

浙江省委常委、组织部长蔡奇到淳安农信联社调研,肯定浙江农信支持“三农”发展的各项工作,要求今后进一步加大对“三农”和小微企业的支持力度,帮扶小微企业走出生产困境。

7日 中国农业发展银行杭州市萧山支行被中国金融思想政治工作研究会评为2010—2011年度“全国金融系统思想政治工作先进单位”。

8日 中国光大银行杭州分行私人银行(杭州)中心开业,林立副行长主持仪式。

中国邮政储蓄银行浙江省分行营业部成立。

台州市政府对台州市金融机构支持地方经济发展的先进单位进行了表彰,浙江泰隆商业银行荣获2011年银行支持地方发展业绩考评第二名。

9 日 中国人民银行杭州中心支行刘仁伍行长主持召开经济金融形势分析会，研究当前经济金融形势。

浙江银监局召开 2012 年第一次浙江银行业监管情况通报(电视电话)会议。韩沂局长代表浙江银监局动员部署了“完善金融服务、支持实体经济”主题活动和“整顿规范浙江银行业市场秩序”专项活动，通报了当前辖内银行业面临的主要风险，提出了针对性监管意见。

浙江证监局吕逸君局长、傅敏副局长一行到财通证券责任有限公司调研指导。

渤海银行绍兴支行被授予 2012—2014 年度“区级文明单位”称号。

浙商证券全资子公司浙江浙商资本管理有限公司注册成立。

10 日 浙江银监局召开 2012 年纪检监察工作会议，韩沂局长作重要讲话，曹鸣凤纪委书记主持会议。

浙江省委副书记、省长夏宝龙向浙江省农信联社作出重要批示：“过去一年，省农信联社坚持支农支小，措施得力，成绩突出，存贷款增量均居全省银行业第一，为服务‘三农’和中小企业发展做出了重要贡献。望再接再厉，继续深化改革，以更大的力度推进农村金融的健康发展，在支持‘三农’、服务我省经济社会发展中发挥更大的作用。”

兴业银行杭州分行在杭州举办“银企携手并进　助力浙江经济”2012 年银企合作推进会。

11 日 浙江省委统战部副部长蒋学基一行莅临浙江民泰商业银行考察调研。

广发银行杭州分行在杭州红星剧院召开 2012 年度全行工作会议。杭州分行行长韩立光在会上作了题为《立足现实，创造性地开展工作　着眼未来，可持续推进发展》的工作报告。

12 日 上海银行杭州桐庐支行对外营业。

13 日 招商银行杭州分行召开整治不规范经营暨内控合规教育活动动员大会，部署“整治银行业金融机构不规范经营专项活动”。

14 日 浙江保监局下发《关于加强保险营销员突发事件应急管理工作的通知》。浙江保监局中介处联合产险处、稽查处对太保产险浙江分公司及所属嘉兴市中支、桐乡支公司及平湖支公司开展历时 2 个月的 2012 年保险公司中介业务检查。

全省农信系统 2012 年度工作会议暨省农信联社二届四次社员大会在省农信联社培训中心召开。省农信联社党委书记、理事长姚世新向大会作题为《稳增长、防风险、促转型、强服务，以文化引领新型浙江农信建设》的工作报告。

北京银行绍兴支行“中小企业信贷工厂”落户绍兴，并举行了盛大的“信贷工厂”揭牌仪式。浙江省银监局副局长傅平江和绍兴中小企业局局长金志奇为北京银行绍兴支行信贷工厂揭牌。

15 日 浙江上市公司协会应邀参加中国上市公司协会第一次会员代表大会暨成立大会。在 23 家地方上市公司协会中，浙江和上海上市公司协会当选为首届常务理事单位，浙江上市公司协会会长陈国平当选为首届常务理事代表。

中国银行浙江省分行举行“中国银行成立 100 周年纪念大会”，浙江省委副书记、省长夏宝龙专门发来贺信，副省长陈加元出席大会并致辞。

浙江民泰商业银行主发起设立的江苏惠山民泰村镇银行正式开业。

由中央纪委党风室副局级纪律检查员、监察专员(副厅级)王健带领的中央调研组一行到浙江泰隆商业银行考察指导。

16日 中国人民银行杭州中心支行刘仁伍行长出席浙江省金融学会第七届常务理事会第三次会议。

中国银行2011年度“中银创新奖”评选揭晓，中国银行浙江省分行14项产品创新获“中银产品创新奖”，其中独家署名产品“影视通宝”获一等奖。

中国光大银行杭州分行与光大金控(浙江)资产管理有限公司签署战略伙伴合作协议。

17日 浙江辖区证券期货监管工作会议召开，并举行了辖区证券期货业“诚信建设年”活动启动仪式。

中国银行与浙江省工商业联合会签署战略合作协议，为各会员企业及企业家提供融资、结算、财富管理等全方位金融服务，支持浙商企业“走出去”。

浙江省高级人民法院在中国建设银行浙江省分行举办“审理信用证案件疑难问题研讨会”。省高院朱深远副院长、总行法律合规部吴胜春副总经理、省分行张民副行长、省银监局、省银行业协会以及各兄弟行专家出席了会议。

国家开发银行浙江省分行参与省委组织部“百人计划”，选派干部赴舟山挂职。

浙江泰隆商业银行王钧董事长出席上海银监局组织召开的部分在沪中外金融机构座谈会。介绍了小微企业金融服务的经营体会和相关设想，受到了与会中国银监会主席尚福林的充分肯定和极大鼓励。

18日 浙江保监局下发《关于表彰2011年度浙江保险业科学发展综合考评优秀机构的决定》，并向各保险公司省级分公司和中介机构反馈2011年度科学发展综合考评结果。

21日 中国人民银行杭州中心支行刘仁伍行长主持召开2012年浙江省货币信贷政策通报会。

中国人民银行杭州中心支行召开2012年纪检监察工作会议，刘仁伍行长出席会议并讲话。

中国农业发展银行浙江省分行印发《关于支持我省海洋经济发展的若干意见》，发挥政策性银行优势，着力支持现代海洋产业体系、“三位一体”港航物流服务体系、舟山新区建设等三大领域。

22日 浙江省农村信用社联合社外币储蓄通存通兑系统上线，并与中国银行浙江省分行签订外汇资金清算协议，在温州地区7家行社共76个营业网点开办外币储蓄通存通兑业务。

中国进出口银行副行长徐建华、许小勇带队赴义乌开展国际贸易综合改革试点调研；与义乌市市长进行会谈，并组织召开了银政企座谈会。

中国人民银行杭州中心支行反洗钱处高建林副处长一行4人到渤海银行杭州分行指导反洗钱工作。

23日 浙江银监局韩沂局长、袁亚敏副局长一行到浙江省农村信用社联合社进行专题调研，充分肯定浙江农信近年来在改革、发展、稳定、品牌建设等方面取得的突出成绩。

招商银行杭州分行召开2012年批发银行工作会议，部署2012年批发银行业务重点工作。

浙江泰隆商业银行行长王官明接受香港《文汇报》采访。

24日 中国银行业监督管理委员会纪委书记王华庆同志在《浙江银监局关于银行信贷客户参与民间借贷识别方法参考的报告》上批示肯定“浙江局做法很好”。

浙江银监局在杭州召开2012年大型银行监管工作会议，韩沂局长、周松方副局长出席会议并作重要讲话。

浙江大型银行机构行长俱乐部成立暨首次全体会议举行。浙江省银监局韩沂局长、曹鸣凤纪委书记、周松方副局长到会并讲话，工、农、中、建等10家大型银行机构负责人出席会议。

中国建设银行金华分行为一外贸进口企业成功办理了全国建行系统内的首单人民币对外汇期权风险逆转期权组合业务。

27日 浙江省委书记赵洪祝同志批示肯定浙江银监局工作："浙江银监局围绕全省工作大局，充分发挥职能作用，积极推进金融改革，切实加强风险防控，着力完善金融服务，突出抓好对中小企业和'三农'发展的信贷支持，为促进我省经济平稳较快发展作出了重要贡献。今年经济形势复杂严峻，希望银监局继续努力，务实创新，着力在'支持实体经济'和'完善金融服务'上下功夫，更好地为浙江转型发展、和谐发展提供金融支持。感谢国家银监会和省银监局长期以来对浙江工作的大力支持。"

中国银行浙江省分行与浙江省体育局签署战略合作协议，在体育产业、体育彩票等方面开展深层次、宽领域、可持续的业务合作。

中国人民银行杭州中心支行召开反洗钱先进集体和先进个人表彰大会，上海银行杭州分行会计结算部被评选为"全国反洗钱工作先进集体"，上海银行杭州分行会计结算部柏国强同志被评选为"反洗钱先进个人"。

台州银行与国际知名咨询公司——麦肯锡公司启动"台州银行战略规划项目"，平安信托公司副董事长王佳芬，资深管理专家、IES发展研究所执行董事钟清宇，台州市金融办主任郑金法，台州银监分局局长林奇等领导以及麦肯锡咨询公司全球资深董事白德范等出席了启动仪式。

28日 广发银行杭州分行行长韩立光赴宁波分行调研，先后走访考察了慈溪、鄞州、邱隘、海曙等支行，并与宁波分行领导班子等进行了座谈，对宁波分行发展提出了指导意见，为宁波分行下一步工作开展指明了方向。

29日 浙江银监局召开2012年浙江辖内外资银行第一次经济金融形势及监管情况通报会，曹鸣凤纪委书记作重要讲话。

浙江保监局开展保险公司中介业务自查自纠工作。

2月末 浙江保监局对保险专业中介机构进行2个月的外部审计和分类监管。

中国银联浙江分公司举办2011年度浙江省银行卡跨行交易质量评比活动，中国农业银行浙江省分行荣获银行卡跨行"交易质量单项奖"，北京银行杭州分行荣获银行卡跨行"交易质量优胜奖"。

浙江省农村信用社联合社科技服务中心IT信息管理体系通过ISO20000国际认证。

上海银行杭州分行与交通银行浙江省分行签订《代理进口开证业务合同》。

3月

1日 中国光大银行杭州分行与光大证券签署战略伙伴合作协议。

杭州银行蒋村支行正式开业。

北京银行杭州钱江支行举行了隆重的开业庆典。

江苏银行杭州分行荣获"杭州市西湖区区级文明单位"荣誉称号。

2日 中国光大银行杭州分行与工商银行浙江省分行营业部签署全面业务合作协议。

杭州银行与杭州市文创办联合主办的2012"意江南"杭州市文化创意产业投融资对接会成功举行。

5日 浙江银监局韩沂局长、曹鸣凤纪委书记带队赴浙江省衢州市衢江区开展“进村入企”大走访活动。

浙江保监局组织全省保险业开展了非法集资风险排查活动，排查期间全省共有11万余名保险从业人员完成了《保险从业人员自觉抵制非法集资活动承诺书》签署工作。

国家开发银行浙江省分行会同省商务厅举办“银企合作助力企业‘走出去’座谈会”。

招商银行总行丁伟副行长一行视察杭州分行。

中国银监会政策法规部徐文胜处长一行在浙江银监局政策法规处陈志法处长的陪同下莅临杭州银行科技支行调研。

6日　浙江省外汇管理工作会议在金华东阳召开，浙江省外管局刘仁伍局长参加会议并讲话。

平安银行嘉兴海宁支行(原深圳发展银行嘉兴海宁支行)举行开业仪式。

渤海银行总行张士明副行长率总行公司业务部、贸易金融部、中小企业部和投资银行部相关负责人莅临渤海银行杭州分行调研指导工作。

7日　全省人民银行调查统计、金融研究、征信管理工作会议在余杭(临平)召开，中国人民银行杭州中心支行刘仁伍行长参加会议并讲话。

招商银行杭州分行召开2012年监保工作会议，部署2012年的监保工作。

8日　浙江保监局推动省政府下发《关于鼓励开展特色农业保险品种试点工作的通知》。

2012年中国建设银行浙江省分行风险条线工作会议暨不良资产攻坚战动员大会在杭州召开，会议由劳新江副行长主持，侯建培副行长、张俊风险总监作重要讲话。

浙江省农村信用社联合社互联网网站正式上线。

9日　浙江省农信联社研发的黄金销售平台在绍兴瑞丰、德清两家行社成功上线试点运行。

中国光大银行杭州分行承销的国内首单集体所有制企业短期融资券在交易商协会成功注册。

中国信达资产管理股份有限公司浙江省分公司工会荣获“浙江省工会财务会计管理规范单位”称号。

12日　中国工商银行浙江省分行召开首届五次职工代表大会。沈荣勤行长、田大章、叶定金、郁炯彦、吴翔江副行长、刘岩方纪委书记、蔡航雁工委主任、侯念东、俞龙行长助理出席。沈荣勤行长在大会上作重要讲话。

中信银行总行与国家商务部投资促进事务局在杭州联合举办“金融支持地方企业走出去”研讨会。中信银行总行欧阳谦副行长、国家商务部投资与经济合作司刘迎军副司长、商务部投资促进事务局刘殿勋局长、中信银行杭州分行魏安义副行长、总分行国际业务和资金资本市场业务相关领导、西班牙对外银行、中信银行(国际)、中信证券的相关领导和专家出席，新华社、《金融时报》、《21世纪经济报道》等多家全国知名媒体和省内各大主流媒体到场采访报道。参加本次研讨会的还有来自北京、上海、浙江、福建、广东、江苏等10多个省市的近150家大型企业代表。

中国人寿浙江省分公司举行2012年度“诚信·沟通·维权”恳谈会暨服务社会监督员聘任仪式，省分公司祝平总经理通报了公司经营管理及客户服务工作情况，并为监督员颁发了聘书。浙江保监局、省消保委、省保险行业协会、新闻媒体有关嘉宾受邀出席，省分公司总经理室成员及本部各部门负责人参加会议。

13日 中国工商银行总行易会满副行长在浙江分行调研指导工作。

中信银行总行孙德顺副行长在总行零售银行部、会计部总经理陪同下莅临中信银行杭州分行视察指导，并参加分行网点零售业务销售化转型项目启动大会。

中国人民财产保险股份有限公司纪委书记王乐枢对浙江省分公司、杭州市分公司领导班子进行2011年度综合考评。

14日 浙江保监局局长吴勉坚赴绍兴、舟山开展保险业领导干部基层接访。浙江保监局巡视员、副局长邓季达赴金华、台州开展保险业领导干部基层接访。浙江保监局副局长刘钢赴嘉兴、湖州开展保险业领导干部基层接访。浙江保监局副局长汤学斌赴衢州、丽水开展保险业领导干部基层接访。

中国工商银行浙江省分行俞龙行长助理率队赴北京参加《2011年度中国银行业服务改进情况报告》发布会暨文明规范服务表彰大会。工行杭州解放路支行荣获2011年度中国银行业文明规范服务"百佳示范单位"称号；杭州庆春路支行袁顺香和温州市中心支行陈爱忠两位大堂经理分别荣获2011年度中国银行业文明规范服务"明星大堂经理——亲善之星"、"明星大堂经理——财富之星"称号。

15日 2012年全省货币信贷、跨境人民币工作会议在金华兰溪召开，中国人民银行杭州中心支行刘仁伍行长参加会议并作重要讲话。

浙江保险消费者满意度调查系统上线运行。

《2011年度中国银行业服务改进情况报告》发布会暨文明规范服务表彰大会在京召开，中国银行浙江省分行营业部荣获中国银行业文明规范服务"百佳示范单位"，该行陈石行长应大会特邀作为全国银行业唯一代表介绍文明规范服务先进经验。

中国光大银行总行李杰副行长莅临中国光大银行杭州分行调研指导。

16日 渤海银行总行张华监事长一行莅临渤海银行杭州分行视察工作。

财通证券责任有限公司作为主办券商推荐北京中航讯科技股份有限公司在深圳证券交易所"新三板"系统正式挂牌，这是浙江省内券商从事"新三板"推荐挂牌的首单业务。

18日 中国证监会主席郭树清一行调研浙江资本市场，对财通证券、永安期货、海宁皮革城等公司进行现场调研。

19日 中国证监会郭树清主席一行，在省政府冯波声副秘书长、省金融办丁敏哲主任、浙江证监局吕逸君局长等领导陪同下，到永安期货和财通证券责任有限公司龙井路营业部调研指导。

浙江保监局印发《浙江保险公司分支机构规范化建设指引》。

中国民生银行总行党委委员、副行长邵平出席杭州分行党委中心组理论学习扩大会议，指导"六个提升"思想教育实践活动并对杭州分行提出了一些具体要求：一是要深刻认识"六个提升"思想教育实践活动的重要意义。二是要密切联系实际。三是要按规定动作切实落实到位，不要走过场。四是领导班子要带头。五是要用"六个提升"思想教育实践活动丰硕成果来促进杭州分行各项工作。

浙江省银行业协会专职副会长沈遥明、秘书长缪维红一行到中国长城资产管理公司杭州办事处进行走访调研，就如何推进转型创新，提升经营品质，服务中小企业，共同打造"浙银品牌"等内容进行了热烈的交流和探讨。

20日 浙江保监局组织保险专业代

理机构开展自查自纠和清理整顿工作。

中国工商银行浙江省分行沈荣勤行长接受新华社、中央人民广播电台、《经济日报》、人民网、新华网等五家媒体记者有关工行小企业金融、网络融资业务发展情况的专题采访。

浙江泰隆商业银行王钧董事长参加台州市地方金融改革座谈会。浙江省政协常委杨小苹、浙江银监局非现场监管四处科长胡斌一行赴台州调研，并在台州银监分局组织召开地方金融改革座谈会。本次座谈会由台州银监分局局长林奇主持，台州市三家城市商业银行主要负责人参会。杨小苹高度肯定了台州三家城商行服务小企业的做法。

21日 杭州市西湖区“桥隧工程”政银企座谈会在黄龙饭店召开，中国建设银行浙江省分行劳新江副行长与西湖区朱党其区长就加强银政企合作，共同促进西湖区金融经济发展等问题达成共识，并签订了银政战略合作协议书。

浙江省委书记、省人大常委会主任赵洪祝视察鹿城农村合作银行，充分肯定浙江农信系统改革发展成就，并对下一阶段改革发展工作提出要求。

浙江银监局印发《浙江银监局关于上海银行股份有限公司杭州武林支行开业的批复》(浙银监复〔2012〕155号)，上海银行杭州分行辖属武林支行获准开业。

中国人民银行杭州中心支行朱文剑副行长一行到浙江农信绍兴瑞丰农商行调研票据及支付结算业务。

22日 中国进出口银行浙江省分行在浙江银监局2011年度杭州辖内银行业金融机构监管统计工作竞赛中荣获二等奖；在浙江银监局2011年度杭州辖内银行业金融机构非现场监管报表考核结果评比中荣获三等奖。

恒丰银行杭州富阳支行开业，成为恒丰银行杭州分行在杭州地区设立的第4家分支机构。

23日 国家开发银行与浙江省政府举行高层联席会暨合作协议签字仪式。国家开发银行王用生副行长与龚正副省长代表双方签署了《共同推进浙江省“三大国家战略”实施合作备忘录》，浙江分行分别与省经信委、商务厅、温州市、义乌市政府签署了《共同支持浙江省产业转型升级和中小企业发展战略合作协议》、《共同支持浙江省企业“走出去”战略合作协议》、《共同推进温州金融综合改革试验区建设合作备忘录》以及《共同推进义乌国际贸易综合改革试点建设合作备忘录》，总行市场与投资局与正泰集团签署了《综合金融服务协议》。

26日 上海浦东发展银行杭州分行为长安国际信托股份有限公司开立国内信用证，标志着全国浦发系统首单挂钩国内信用证信托收益权理财产品成功落户杭州。

上海银行桐庐支行正式开业，临安支行获准筹建。

万向财务有限公司获得浙江省银监局组织的2011年度杭州辖内银行业金融机构非现场监管报表考核二等奖和2011年度杭州辖内银行业金融机构监管统计工作竞赛三等奖。

27日 中国银行业协会农合委员会三届四次常委会议在浙江省农信联社培训中心召开。中国银行业协会副秘书长、农合委员会专职副主任张芳、银监会合作部董闫主任助理出席会议。

上海浦东发展银行杭州分行辖属湖州德清支行开业。

华夏银行总行王耀庭副行长一行赴杭州分行调研，拜访了东方通信股份有限公司,与公司高层进行了工作会谈。

28日 浙江保监局设立行政许可服务中心。

中国人民银行科技司在北京主持召开2011年度全国科技成果鉴定会,中国农业银行浙江省分行研发的"中国农业银行中小企业服务平台"系统,顺利通过技术鉴定,并获专家高度评价,一致认为该系统达到了国内同业领先水平。浙商银行基于企业级SOA(面向服务)的新一代业务处理系统被专家委员会鉴定为"该系统理念先进、设计合理、功能丰富,在企业级SOA架构与流程银行实现中达到国内领先水平",并荣获科技发展二等奖,是目前国内银行业机构唯一一个以企业级整体信息系统架构和流程银行建设为内容参评并获奖的项目。

温州获批建立国家首个金融综合改革试验区。

29日 中国工商银行浙江省分行沈荣勤行长出席全省扩大有效投资暨重点建设推进大会,代表工行与省电力公司签署了项目合作意向书,并代表金融机构发言。会上,工行浙江省分行还被授予"2011年度全省重点建设立功竞赛先进集体"。

国家开发银行浙江省分行、中国工商银行浙江省分行、中国建设银行浙江省分行、中国银行浙江省分行、中信银行杭州分行分别与宁杭铁路公司、省电力公司、舟山港保税区管委会、桐昆集团、蒙牛集团在浙项目签约。

国家开发银行浙江省分行、中国工商银行浙江省分行被省政府评为"2011年度省重点建设立功竞赛先进集体"。

浙江省政府在之江饭店召开2012年全省扩大有效投资暨重点建设推进大会。省委副书记、省长夏宝龙在会上作重要讲话,副省长陈加元、杭州市市长邵占维、宁波市市长刘奇等出席会议。

广发银行杭州分行、上海银行杭州分行工会在省财贸工会组织的省财贸直属单位工会财务经审年度工作会议上,获得"工会财务会计管理规范化建设达标单位"的荣誉称号。

中国民生银行杭州分行荣获2011年度杭州银行业统计竞赛一等奖。

国家统计局局长马建堂率领国家统计局调研组到浙江泰隆商业银行考察,董事长王钧、风险总监金学良热情接待了来宾,马建堂表示"泰隆的路走得非常好,说明小银行前途无量"。

华融金融租赁股份有限公司在杭州召开2011年年度股东大会,股东代表们审议通过2012年经营计划等相关议案并听取了独立董事的述职报告。

30日 中国银行总行张林纪委书记视察中国银行浙江省分行,并赴义乌考察调研中小企业业务。

招商银行杭州分行召开2012年度审计工作会议,部署2012年审计工作。召开分行民主评议行风动员大会,部署分行民主评议行风活动。

31日 中国建设银行浙江省分行劳新江副行长参加了由浙江省文化厅与新华社浙江分社主办、中国建设银行浙江省分行协办的"建行杯"第三届文化新浙商评选活动新闻发布会暨卓越浙商文化产业基金揭牌仪式。中国建设银行浙江省分行与浙商文化促进会签订了投资银行业务框架性合作协议。

3月末 浙江保监局开展中国保监会系统出席党的十八大代表候选人初步人选推荐人选及出席保监会系统党代表会议代表选举工作;推荐出五名同志为保监会系统出席党的十八大代表候选人初步人选推荐人,选举出2名同志参加5月份保监会系统党代表会议。

浙江保险业配合公安机关开展“破案会战”工作，其间，全省保险业共排查梳理案件线索300余条，核查存在重大嫌疑的案件103件，经由公安机关追回、客户放弃索赔和退回赔款等途径，全省保险业共避免或挽回经济损失近2000万元。

中国进出口银行浙江省分行制定印发《贸易金融业务内部流程及相关部门职责划分的暂行规定》，简化了贸易金融业务操作流程，大大提高服务效率。

浙商银行全面部署开展了“强化一体两翼，服务实体经济”主题活动和“规范经营行为，促进和谐发展”专项活动，加大产品与服务创新，多方式支持实体经济发展，在浙江省银行系统民主评议行风活动中，总满意度排名第三。获评“金融机构支持浙江中小企业发展优胜奖”。

中国人民财产保险股份有限公司浙江省分公司成功中标成为浙江省公安警务直升机保险项目唯一指定保险供应商。另外，被浙江省地方税务局和省社保中心授予“2011年度行业养老保险缴费先进单位”。

4月

1日 浙江银监局联合省公安厅召开浙江银行业安全评估总结表彰会议，包祖明副局长出席会议并作重要讲话。

2日 中央巡视组赴浙考察调研，交通银行浙江省分行向中央巡视组汇报工作。

5日 中国信达资产管理股份有限公司董事长侯建杭、总裁助理吴松云视察浙江分公司，并与分公司领导班子成员以及高级经理助理以上干部举行座谈。侯建杭就主业经营、业务协同、客户管理、项目审核审批机制、创新业务及队伍建设等方面作了讲话。

6日 浙江银监局系统党代表会议在杭州召开，局党委书记、局长韩沂作重要讲话，局党委副书记、副局长袁亚敏主持会议，77名党员代表参加了会议。

中信银行杭州分行在浙江省公安厅、浙江省社会管理综合治理委员会办公室和浙江省社会治安综合治理协会联合召开的年度省级治安安全示范单位表彰大会上再次荣获“省级治安安全示范单位”称号，成为浙江省同业中唯一连续七年获此殊荣的金融机构。

万向财务有限公司第三届董事会第四次、第五次会议在公司会议室召开。公司管大源董事长、鲁永明董事、丁兴贤董事、程小正董事参加了会议，钟斌国董事委托丁兴贤董事与会。会议由管大源董事长主持。

7日 中国建设银行浙江省分行黄先俊行长在嘉兴会晤嘉兴市委书记李卫宁，双方就深化银政合作、促进互利共赢进行了深入沟通和交流。嘉兴市政府分管金融的副市长盛全生、人行嘉兴市中心支行行长王中佳、嘉兴市银监分局纪委书记俞建平等列席座谈会。

8日 中国建设银行浙江省分行黄先俊同志、劳新江同志应邀参加中核集团秦山核电二期4号机组投入商业运行暨扩建工程全面建成专题汇报会，并会晤了中核集团孙勤总经理，双方就继续全面深化战略合作进行了探讨。

9日 中国人民银行周小川行长率领调研组赴浙江温州深入了解金融综合改革试验区建设有关工作情况，听取意见建议，指导试点工作，与浙江方面共同研究落实国务院常务会议精神，启动温州金融综合改革试验区有关工作。中国人民银行杭州中心支行刘仁伍行长陪同调研。

浙江银监局在杭州召开浙江银行业小微企业金融服务峰会暨宣传月活动启动仪式，浙江省政府副秘书长冯波声到会指导，浙江银监局韩沂局长作主题演讲，包祖明副局长主持会议。浙江银监局局领导、省政府相关部门负责人、辖内各银行业金融机构主要负责人、部分企业及浙江银监局系统有关干部180余人参加了会议。

中国工商银行总行小企业信贷业务座谈会在杭州召开。总行魏国雄首席风险官出席会议并讲话，沈荣勤行长致辞。

11日 中国银行总行祝树民副行长莅临中国银行浙江省分行视察调研。

由国家开发银行浙江省分行开发、并协同国开证券担任主承销商的“12温州安居房债”获得国家发改委正式核准。本期债券期限7年，金额12亿元，资金全部用于温州市保障房建设，这是温州市级融资平台公司首次发行企业债券。

12日 中国民生银行杭州分行城东支行为某客户顺利签约“流动利C”产品，成为杭州分行第一家成功办理对公“流动利”系列产品的经营机构。

浙江省高级人民法院执行局傅松苗局长一行到渤海银行杭州分行开展调研工作。分行行长姜乳云、副行长刘瑶君及法律事务相关人员参加了会议。

夏宝龙省长在财通证券责任有限公司提交的关于推进证券公司改革开放、创新发展的工作汇报上，作出重要批示：“要做大、做强、做广、做深。”

13日 中信银行义乌支行升格分行庆典暨支持实体经济发展签约仪式在义乌国际会议中心举行。中国人民银行杭州中心支行副行长郑南源，浙江银监局副局长傅平江，中信银行总行党委委员、杭州分行党委书记、行长王利亚，义乌市市长何美华等领导亲临活动现场。义乌市各部、委、办、局和人行、监管部门的主要负责人以及客户单位代表近300人参加了活动。中信银行义乌分行与义乌市商务局、经济和信息化委员会签署了支持实体经济发展协议。

“中央电视台财经频道高峰论坛——探路温州金融改革”在温州香格里拉酒店举行，来自当地政府、金融机构和民间资本领域的代表，与经济学家、温州企业家一道共同探讨温州金融改革的话题。浙江泰隆商业银行王官明行长作为论坛城市商业银行的唯一代表应邀参加。

16日 中国农业发展银行浙江省分行开展小微企业金融服务宣传月活动。

中国民生银行董事长董文标来杭州分行开展调研指导。提出当前分行应抓好三项核心工作：第一是区域特色业务。第二是小微企业金融业务。第三是零售银行业务。

万向财务有限公司2011年度股东会会议以书面形式召开。股东万向集团公司、万向钱潮股份有限公司、万向三农有限公司、万向德农股份有限公司等对股东会材料进行了审议。

中国人民财产保险股份有限公司浙江省分公司成功签出全省系统车辆维修企业责任险第一单，为某企业提供100万元的风险保障。

17日 中国人民银行杭州中心支行刘仁伍行长主持召开专题会议，研究讨论温州市金融综合改革实验区建设有关事宜。

浙江保监局、浙江省保险行业协会与浙江省公安厅联合召开“浙江保险业反保险欺诈中心”成立大会。浙江保险业反保险欺诈中心设在省保险行业协会，主要有情报汇集、信息共享、办案协作、交流宣传等四项职能。

18日 浙江证监局召开辖区上市公司规范发展工作会议，浙江省副省长龚正、浙江证监局局长吕逸君出席会议并作重要讲话。

中国工商银行浙江省分行召开全省二级分行行长工作会议。沈荣勤行长，田大章、叶定金、郁炯彦、吴翔江副行长，刘岩方纪委书记，蔡航雁工委主任，应国光、卜克强高级专家，侯念东、俞龙行长助理，潘复生专家，平湖工银村镇银行傅祖元董事长，私人银行杭州分部傅伟光总经理出席会议。会议期间，又举行了二级分行行长2012年度个人绩效合约、与县域重点支行行长签订了三年竞争力提升目标合约的签字仪式。

浙江省公安厅和浙江省银监局召开全省银行业金融机构安全评估工作总结表彰电视电话会议，对安全评估工作先进集体和先进个人进行了表彰，中国农业银行浙江省分行辖属省分行营业部、金华分行、衢州分行、台州分行等四家单位的安全保卫部荣获“浙江省银行业金融机构安全评估工作先进集体”称号，另有六名同志被评为先进个人。

全国农信银董、监事会议在宁波召开，浙江省农信联社冯俭青副主任参加会议。

湖州银行发起设立的临海湖星村镇银行第一家分支行网点——杜桥支行开业。

19日 浙江保监局召开全省综合治理车险理赔难工作会议，进行全行业动员，全面部署综合治理车险理赔难各项工作，明确工作目标。

20日 中国人民银行杭州中心支行刘仁伍行长主持召开一季度全省经济金融形势分析会。

中国人民财产保险股份有限公司浙江省分公司成功签发小额贷款保证保险第一单，这是浙江省金融办在全省试点扩面以来除宁波地区外的第一单。

23日 浙江保监局与省政府法制办、卫生厅、司法厅、公安厅联合下发《关于对〈浙江省医疗纠纷预防与处理办法〉实施情况进行专项检查的通知》。

中国农业发展银行总行办公室副主任皇甫树彤率办公室工作综合督导检查组在浙江省分行督导检查。

中国进出口银行浙江省分行办公地址迁至下城区教场路18号。

24日 杭州银行与杭州文广集团举行战略合作协议签约仪式。吴太普董事长在签约仪式上致辞，俞胜法行长与文广集团方建生董事长共同签署协议。

26日 浙江保监局12378保险消费者投诉维权热线开通运行。

全省金融工作会议暨温州市金融综合改革试验区工作动员大会召开，会上，中国工商银行浙江省分行荣获“2011年度金融机构支持浙江经济社会发展一等奖”和“2011年度金融机构支持浙江中小企业发展优秀奖”，中国农业银行浙江省分行荣获“2011年度金融机构支持浙江经济社会发展一等奖”，国家开发银行浙江省分行荣获“2011年度金融机构支持浙江经济社会发展一等奖”和“2011年度金融机构金融改革创新奖”，中国邮政储蓄银行浙江省分行荣获“金融机构支持浙江经济发展奖”和“金融机构改革创新奖”，杭州银行荣获“2011年度浙江省金融机构改革创新奖”，招商银行杭州分行荣获“2011年度浙江省金融机构支持地方经济发展二等奖”，浙江省农村信用社联合社荣获“2011年度金融机构支持浙江经济社会发展一等奖”。恒丰银行杭州分行等多家金融机构荣获“2011年度金融机构支持浙江经济社会发展三等奖”，中国人民财产保险股份有限公司浙江省分公司荣获“2011年度金融机构支持浙江经济社会发展二等奖”与“2011年度金融机构支持浙江中小企业发展优秀奖”。

中国人民银行杭州中心支行发文通报表彰浙江省“便农支付工程”实施先进集体和先进个人，中国农业银行浙江省分行、中国邮政储蓄银行浙江省分行等荣获浙江省“便农支付工程”实施先进集体称号。

中国光大集团工会副主席、中国光大银行总行工会副主任陈元生到中国光大银行温州分行视察指导工作。

27日 中国银监会在北京召开2011年度全国小微企业金融服务评优表彰大会，浙江银监局辖内有关机构共获得7项殊荣。其中：台州银监分局被评为全国银监系统小微企业金融服务先进单位；省银行业协会被评为全国银行业协会小微企业金融服务先进单位；工商银行浙江省分行、台州银行等5家银行机构分别获得了全国银行业金融机构小微企业金融服务先进单位、先进个人和特色产品的奖项。

中国保监会项俊波主席一行与温州市委书记陈德容一行座谈温州金改工作。

28日 中国人民银行杭州中心支行刘仁伍行长主持召开温州市金融综合改革试验区建设领导小组专题会议。

浙江省委、省政府召开庆祝“五一”国际劳动节暨劳模先进表彰大会，财通证券责任有限公司湖墅南路营业部获得浙江省“工人先锋号”荣誉称号。

中国人民财产保险股份有限公司浙江省分公司成功签发2012年国内短期贸易信用险第一单，为某企业提供4000万元的贷款支持。

4月末 中国建设银行温州分行摘获温州市政府颁发的“支持地方经济发展先进单位”荣誉奖项。

浙江省农村信用社联合社荣获中国慈善领域最高奖项——第七届中华慈善奖。浙江省农信系统开展小微企业金融服务月宣传活动，其间举办专场宣传活动851场，走访小微企业达31036人次，以实际行动宣传助力我省小微企业发展。

中国进出口银行浙江省分行加大扶贫贷款力度，向国家级扶贫龙头企业——浙江采云间茶业有限公司发放了3000万元的出口基地建设贷款，用于企业5500亩优质出口茶基地的建设改造。

中国进出口银行浙江省分行实行信贷合同电子化。

台州银行被2012中国金融大典组织委员会、中国金融(专家)年会组织委员会、中国金融研究院、中国金融网评为“2011年度品牌竞争力小企业服务银行”，陈小军董事长荣获“2011年中国银行业年度人物”称号。

中国人民财产保险股份有限公司浙江省分公司被浙江省财贸工会评选授予“重点工作考核结果一等奖”、“财务工作考核结果三等奖”、“经费审查工作考核结果一等奖”。

在金华市银行业小微企业金融服务宣传活动启动仪式上，金华银行被授予“全国送金融知识下乡宣传服务站”称号。

5月

1日 中国民生银行绍兴支行荣获总行“2010—2011年度先进集体二级分行贡献奖”。

2日 浙江民泰商业银行董事会决定，免去郭伯成同志浙江民泰商业银行行长职务，免去陈明岳同志、李骏同志浙江民泰商业银行副行长职务；由杨小波同志代理浙江民泰商业银行行长职务，主持全行工作，聘任金官铭同志为浙江民泰商业银行常务副行长；聘任李骏同志为浙江民泰商业银行村镇银行管理总部主任(总行副行级)。成立浙江民泰商业银行发展研究委员会(总行正行级),并聘任郭伯成同志为浙江民泰商业银行发展研究委员会主任(总行正行级)。

3日　浙江保监局在温州召开浙江保险业参与温州金融综合改革试验区建设暨保险机构规范化建设动员大会,局长吴勉坚出席会议并讲话,巡视员、副局长邓季达列席会议。

中国农业银行总行对2011年度一级分行内部控制评价情况进行了通报,浙江省分行内部控制评价得分94.49分,继续保持全国农行系统第一名,继续保持内控评价一类行。

6日　中国光大银行总行单建保副行长视察中国光大银行温州分行。

7日　中国进出口银行李若谷行长莅临浙江调研,其间会见了浙江省副省长龚正,并召开银企座谈会,就进出口银行支持浙江企业开拓国际市场进行座谈。

8日　浙江保监局推动省政府出台《关于加强和改进消防工作的实施意见》(浙政发〔2012〕40号),明确"容易造成群死群伤火灾的人员密集场所、易燃易爆单位和高层、地下公共建筑等高危单位,要投保火灾公众责任保险"。

中国证监会证监许可【2012】608号文件正式核准浙商证券有限责任公司融资融券业务资格。

9日　中国银行总行李军监事长视察中国银行浙江省分行,并赴义乌、东阳等地考察调研。

中国农业发展银行浙江省分行成立法律合规处。

杭州市人民政府对2011年度在杭银行机构支持杭州市经济社会发展予以表彰通报,国家开发银行浙江省分行、杭州银行、中国银行浙江省分行、中信银行杭州分行、中国工商银行浙江省分行营业部、中国农业银行浙江省分行营业部被杭州市政府授予"2011年度支持杭州市经济社会发展突出贡献奖"。

10日　中国银行间市场交易商协会、中国人民银行杭州中心支行、浙江省政府金融工作办公室在杭州签署《借助银行间市场助推浙江省经济发展合作备忘录》。

中国建设银行嘉兴分行与海宁市政府战略合作签约仪式在海宁举行。

中国农业发展银行浙江省分行明确2012年度签约保险公司名单,中国人保、中国人寿等成为签约公司。

上海浦东发展银行杭州分行辖属绍兴嵊州支行开业。

浙江省政协常委杨小苹、浙江省政协常委(浙商银行董事长)张达洋以及浙江省政协经济委员会办公室、浙江省银监局政策法规处、非银处、浙江金融学院、交通银行浙江省分行有关领导到中投信托调研。

11日　交通银行义乌支行升格为分行。

中国证监会核准财通证券责任有限公司融资融券业务资格。

14日　中国银行浙江省分行与浙江省省直单位住房基金管理中心签署住房公积金金融业务委托协议,加快推进省直单位公积金归集,积极发展公积金贷款、公积金联名卡等业务。

中国光大银行唐双宁董事长会见浙江省副省长、温州市委书记陈德荣一行。

15日　浙江省委书记赵洪祝同志在《浙江信息》(第87期)上批示赞扬"省银监局服务意识强,加大支持海洋经济发展力度,做法很好"。

广发银行总行董建岳董事长、宗乐新副行长一行到温州分行调研指导。董事长一行会见了温州市市长陈金彪，交换了对温州经济形势和金融改革的看法；认真听取了温州分行的工作情况汇报，积极应对地区金融风波对广发银行温州分行发展带来的严峻挑战。

中国人民财产保险股份有限公司浙江省分公司总经理吴建林陪同人保投资控股有限公司总裁刘虹与舟山海洋综合开发投资有限公司就舟山本岛北部钓梁围垦工程项目债权投资和舟山海洋综合开发投资有限公司股权投资两个项目进行洽谈，并共同出席了项目合作《框架协议》签署仪式。

16日 浙江保监局下发《关于开展2012年浙江保险业信息系统安全自查自纠工作的通知》，在全辖范围内开展信息系统安全自查自纠工作，并对人保浙江省分公司开展现场检查。

中国银行总行李礼辉行长会见浙江省副省长、温州市委书记陈德荣，中国银行浙江省分行陈石行长陪同。

上海浦东发展银行杭州分行辖属金华永康支行开业。

中国民生银行总行党委副书记、副行长邢本秀在总行公司银行部副总经理徐瑞泽陪同下，出席杭州分行营销工作会议暨“六个提升”座谈会，并指导工作。

17日 丽水市政府召开丽水市农村金融改革试点工作动员大会。中国人民银行研究局局长张健华，丽水市委书记、市人大常委会主任卢子跃出席会议并讲话，中国人民银行杭州中心支行刘仁伍行长、郭安娜助理巡视员及省金融办包纯田副主任出席会议。

浙江银监局曹鸣凤纪委书记带队赴衢州市衢江区开展“进村入企”回访活动，出席相关银行机构、部分村及企业负责人参加的座谈会并作重要讲话。

浙江保监局出台《关于开展浙江寿险业重大退保风险联防联控工作的通知》。

18日 广发银行杭州分行第十三家市辖机构滨江支行正式开业。

平安银行金华东阳支行（原深圳发展银行金华东阳支行）举行捐赠暨开业仪式。

兴业银行台州玉环支行正式开业。

20日 浙江日报《内部参考》第56期刊登的“多渠道融资为实体经济服务——中信银行杭州分行贷款增量名列全省股份制银行第一”的文章引起省政府领导关注和重视。浙江省省长夏宝龙批示：“中信银行杭州分行的做法值得推广。”

21日 中国建设银行浙江省分行与丽水市政府举行支持低丘缓坡开发利用项目建设暨服务实体经济发展合作签约仪式。黄先俊同志、丽水市委书记卢子跃出席仪式并分别致辞，侯建培代表中国建设银行浙江省分行与丽水市常务副市长陈瑞商签订战略合作协议。

招商银行总行马蔚华行长、汤小青副行长赴杭州分行调研并出席系列活动。

22日 中国银监会王兆星副主席一行莅临浙江银监局调研指导工作，与局机关副处级以上干部进行座谈，听取了韩沂局长关于当前浙江经济金融形势和浙江银监局2012年以来主要工作的汇报，并就当前形势下银行业风险防范和改革创新等问题组织了讨论。

浙江证监局吕逸君局长带队赴温州调研，对接服务温州金融综合改革试验区建设。

省委书记赵洪祝、省长夏宝龙分别视察中国银行浙江省分行设于中国（舟山）大宗商品交易所的网点——舟山千岛路支行。

丽水莲都建信村镇银行开业庆典仪式在丽水举行，中国建设银行总行村镇银行管委会主任顾京圃，浙江省分行黄先俊、侯建培，丽水市委书记卢子跃，市委常委、副市长陈瑞商，市委常委、莲都区委书记等出席开业庆典仪式。

“恒丰·桐庐”帮扶结对签约仪式暨桐庐恒丰村镇银行开业庆典在桐庐县开元大酒店举行，恒丰银行杭州分行行长杨林茂、副行长陈乐群，桐庐县人大常委会主任游宏、政协主席程春明、县委副书记吴玉凤、副县长潘立铭等参加了庆典。

23日 中国银行业协会周永发副秘书长与来自全国各地银行业协会、“百佳示范单位”的150余位会议代表莅临中国银行浙江省分行营业部观摩交流。

中国建设银行总行小企业业务部余江总经理一行赴温州开展小企业业务调研，走访温州市金融办、经信委，并参加了部分分支行小企业业务调研座谈会。

国家开发银行浙江省分行组织召开光伏产业政策培训暨座谈会。省经信委、省可再生能源协会、浙江大学、中国光电发展中心等部门的相关专家参会。

24日 中国人民银行在北京召开温州金融综合改革部际协调会，中国人民银行周小川行长主持会议。会上，浙江省副省长龚正和温州市市长陈金彪分别介绍了温州市金融综合改革进展情况及需要国家部委支持的若干事项。发改委、工信部、财政部、人社部、商务部、银监会、证监会、保监会和外汇局等部门负责同志通报了本部门支持温州金融综合改革的落实情况。会议深入讨论了温州金融综合改革试验区需要协调的事项，并对下一步改革提出了建设性意见。

《浙江海洋经济发展示范区建设系统性融资规划》由浙江省发改委、省金融办和国家开发银行浙江省分行三家联合发文正式颁布实施。

渤海银行2012年监管联动会议在杭州召开。天津银监局李均锋副局长、浙江银监局傅平江副局长、总行李毅副行长出席会议。

25日 浙江银监局召开浙江银行业风险排查（电视电话）会议，韩沂局长作动员部署讲话。韩局长深入分析了当前浙江银行业的经济金融形势和主要风险点，就案防重点领域和关键环节风险隐患，资金链、担保链断裂带来的风险等八个方面的风险排查进行了重点部署。

第七届浙江金融理财博览会暨第四届中小企业金融产品展示会顺利召开。中国建设银行浙江省分行被评为“浙江金融服务之星”和“优秀中小企业服务机构”。南京银行杭州分行被授予“第七届浙江金融理财博览会最佳组织奖”。

中信银行全国首家村镇银行——浙江临安中信村镇银行股份有限公司开业庆典在临安举行。该行是国内为数不多的、注册资本达到2亿元的村镇银行，中信银行控股51%，其余49%股份主要由民营骨干企业持股。

中国光大银行绍兴支行成功办理总行系统内首笔支票透支业务。

中国邮政储蓄银行名誉董事长刘安东到邮储银行温州市分行考察温州金融体制改革工作。

在2012年度“中国金融创新奖”颁奖典礼上，杭州银行“小微企业循环贷”和“幸福盈家”品牌分获“十佳金融产品创新奖”和“十佳金融品牌营销活动奖”。

浙江省农村信用社联合社、浙江泰隆商业银行、台州银行、浙江民泰银行、宁波银行荣获中国银联颁发的“2011年度银联卡跨行交易突出贡献奖”；台州银行荣获“2011年度银联卡规范标准最佳推行奖”。

浙商证券获得《21世纪经济报道》和《证券时报》两大权威主流媒体“2011年度

中国最具成长性投行"称号。

28日 浙江省农信联社联合省农办在德清召开省级信用村镇授牌仪式，共授牌省级信用村148个，省级信用镇28个。

中国民生银行杭州分行开展"菁英2012"后备管理梯队建设向全体员工公开招募支行零售分管行长等中级管理人员，并启动"新竹100"零售人才库计划，向省内以及全国"211"重点高校招募优秀大学生。

29日 浙江保监局下发《关于印发浙江保监局支持温州市金融综合改革试验区建设的一揽子举措的通知》。

浙江省纪委常委、省监察厅副厅长施彩华到中国邮政储蓄银行浙江省分行调研指导民主评议行风工作。

浙江农信史料馆在浙江农信大楼一楼开馆，省政府副秘书长冯波声、浙江银监局局长韩沂、副局长袁亚敏、浙江银行业协会专职副会长沈遥明出席开馆仪式。浙江农信史料馆历时两年建设，共征集入库史料4000余件，首批展出422件，是全国农信系统首个省级的史料馆，也是富有浙江农信特色的行业陈列馆。

30日 国家开发银行浙江省分行与衢州市政府签订开发性金融合作备忘录。

全国社会保障基金理事会以信托贷款形式向杭州市保障房项目发放的6亿元信托贷款资金，期限3年，浦发银行杭州分行为借款人提供担保、单一信托计划托管、贷款资金监管、销售回款资金监管和项目融资财务顾问等多项服务。该笔信托贷款是全国社保基金向国内保障房项目发放的第六笔信托贷款，也是浦发银行全总行范围内首次与全国社保基金进行合作的保障房项目信托贷款。

31日 浙江省农信联社印发浙江农信企业文化2012—2014年行动计划。

杭州市金融办、文明办及中国人民银行杭州中心支行、浙江银监局、杭州日报报业集团联合下发《关于表彰首届杭州文明服务百优银行网点的通报》，中国工商银行、中国农业银行、中国银行、中国建设银行、交通银行、浙商银行等在杭31家金融机构的100个银行服务网点荣获"首届杭州文明服务百优银行网点"称号。

5月末 浙江省首家市级反保险欺诈中心在丽水成立。

浙江保监局组织开展2012年高管培训工作，共举办三期产险班、两期寿险班和一期中介班，历时5个月，共组织689名高管参加培训。5—12月，浙江保监局指导省保险行业协会开展寿险营销员分级管理试点扩面工作。

华融金融租赁股份有限公司被评为浙江省2009—2010年度AA级纳税信誉企业。2006年重组以来，华融金融租赁坚持依法经营、诚信纳税，已累计纳税10.64亿元，为浙江经济和社会发展作出了较大贡献，被授予"浙江省服务业重点企业"和"杭州市服务业企业100强"等荣誉。

6月

1日 浙江银监局韩沂局长、曹鸣风纪委书记会见东亚银行(中国)执行董事兼行长关达昌。

浙江省公安厅、省社会治安综合治理委员会办公室、省社会治安综合治理协会联合发文表彰2011年度省级治安安全示范单位，中国农业银行浙江省分行被授予"2011年度省级治安安全示范单位"。

4日 浙江银监局副局长傅平江到恒丰银行杭州分行听取民主评议行风工作情况汇报。

5日 浙江保监局印发《浙江保险业创新试点项目推进办法(试行)》及其实施

细则。

6日 中国银行浙江省分行私人银行旗舰店在杭州世贸丽晶城欧美中心开业。

7日 浙江泰隆商业银行行长王官明、董事会办公室主任尤定海参加了在成都召开的全国城市商业银行发展论坛第十二次会议，中国银监会主席尚福林、中国银监会主席助理阎庆民出席会议并讲话。全国147家城市商业银行董事长、行长和各银监局负责人参加了会议。

财通证券责任有限公司《中小企业私募债券承销业务试点实施方案》顺利通过中国证券业协会专业评价，成为首批通过专业评价的20家证券公司之一。

8日 中小企业私募债试点正式启动，在浙江证监局推动下，浙江成为首批试点区域之一，省内浙商证券、财通证券首批获得中小企业私募债承销资格。

温州银行股权在天津产权交易中心拍卖，新明集团以4.4亿元，约合每股4.11元的价格入股温州银行，该价格溢价5800余万元。这是温州银行自2002年开创国内银行业金融机构引民资入股先河以来，在引进民资方面的又一次大动作，也为民资进军金融业提供了有益探索。

11日 浙江银监局在绍兴举办全系统第一期监管办主任培训班，袁亚敏副局长作开班动员讲话。

在2012中国民营企业投融资大会上，中国农业银行浙江省分行“小企业简式快速信贷业务”荣获“2012浙商最佳融资产品”奖项。

中国人民财产保险股份有限公司浙江省分公司联合浙江省文明办、浙江省公安厅交通管理局、浙江广播电视集团举办“2012中国人保‘文明出行’全省巡回宣传月大型公益活动”，标志着为期一个多月，六大系列活动，行程3000多公里的浙江省规模最大、影响最大的文明出行宣传活动正式拉开序幕。

12日 中国人民银行杭州中心支行刘仁伍行长主持召开温州市金融综合改革试验区建设第六次专题会议。

中国建设银行党委书记、董事长王洪章在副行长陈佐夫、投资理财总监王贵亚，以及总行有关部门负责人的陪同下，来浙调研。浙江省委书记赵洪祝、副省长朱从玖，杭州市委书记黄坤明、市长邵占维，绍兴市委书记张金如，金华市委书记陈一新等领导同志分别会见了王洪章一行，就进一步促进浙江经济社会发展和业务合作进行了深入探讨和交流。

浙江省农村信用社联合社正式出台《支持温州市金融综合改革试验区建设若干意见》，从信贷投向等6个方面全面助力温州金融综合改革试验区建设。

朱波同志任华夏银行杭州分行委员会书记。免去杨素法同志华夏银行杭州分行委员会书记职务。

13日 浙江省副省长朱从玖率省金融办、中国人民银行杭州中心支行、浙江银监局等相关部门负责人一行赴温州调研金融综合改革情况。其间，考察了中国建设银行温州分行、华夏银行温州分行、温州银行、鹿城农村合作银行、乐清联合村镇银行、马屿镇农村资金互助社、申银万国证券股份有限公司温州分公司、中国人民财产保险股份有限公司浙江省分公司等8家金融机构。

浙江银监局傅平江副局长出席萧山监管办恢复属地办公揭牌仪式，宣读了关于恢复萧山监管办属地办公的文件，并实地查看了有关筹备工作情况。

14日 浙江民泰商业银行成都双流支行隆重开业。

15日 浙江省副省长葛慧君同志批

示赞扬“省银监局开展的‘进村入企’活动，成效明显，提出的建议很有见地，充分体现了银监部门服务‘三农’的责任感和使命感”。

中国建设银行浙江省分行企业自助服务系统2.0优化版本顺利切换上线。

平安银行、深圳发展银行两行整合重点项目“代理签约”系统正式对外推广。

湖州银行嘉兴海宁支行开业。海宁支行是湖州银行嘉兴分行设立的第一家异地支行，海宁支行的顺利开业，标志着湖州银行“立足湖州，辐射长三角”跨区域发展战略又迈出了坚实的一步。

浙江省副省长朱从玖先后到鹿城农合行、定海农合行和绍兴瑞丰农商行调研金融工作，充分肯定浙江农信支持实体经济发展。

16日 广发银行杭州分行十五周年行庆系列活动之一的“我和浪漫有个约会”英伦主题电影周在浙江省人民大会堂顺利举行。

中国邮政储蓄银行浙江省分行会计稽核中心正式启用，实现稽核业务全省集中运营。

18日 浙江省人民政府在浙江农信大楼会议中心举行浙江省农村信用社成立60周年新闻发布会，专题介绍我省农村信用社成立60年来走过的不平凡历程和改革发展取得的辉煌成就。浙江省委书记、省人大常委会主任赵洪祝，省委副书记、省长夏宝龙分别发来贺信对浙江农村信用社成立60周年表示祝贺。省农信联社党委书记、理事长姚世新做主发布，省委宣传部副部长、省政府新闻办主任吕建楚主持发布会。

杭州银行严华好书记一行参加了缙云杭银村镇银行开设的首家支行——壶镇支行的开业典礼。

南京银行杭州分行党委书记、行长江志纯全票当选为第十届浙江省工商联执行委员和省工商联常务委员，成为浙江省工商业联合会常委会和执委会中唯一的省级银行业机构代表。

中国保监会副主席陈文辉在温州市副市长朱忠明的陪同下，考察温州市民间借贷登记服务中心，看望了中国人民财产保险股份有限公司温州市分公司驻中心服务窗口工作人员，详细询问了公司相关服务项目以及信用保证险等有关险种开(筹)办的情况，并对公司作为国有骨干保险企业积极参与和支持地方金融改革所做的工作给予了充分肯定。

19日 浙江省副省长朱从玖在省农信联社报送的专报信息《浙江农信六大政策支持温州金融改革》上作出重要批示：“积极支持支农、惠农的各项金融服务，为‘三农’创造更好的金融环境。支持创新，关注内控。”

上海浦东发展银行杭州分行成功发放总行系统内首笔沃尔沃工程机械设备沃尔沃浙江地区经销商浙江立洋机械有限公司按揭贷款。

在浙江银监局指导下、浙江日报社主办的评选活动中，江苏银行杭州分行“小快灵”系列产品荣获“最佳创新融资产品”称号，分行营业部被评选为最佳服务机构。

20日 浙江省政府召开改善金融发展环境确保经济稳定增长视频会议。浙江省委副书记、省长夏宝龙，省委常委、常务副省长龚正出席会议并讲话，副省长朱从玖主持会议。中国人民银行杭州中心支行、浙江银监局、省法院、中信银行杭州分行、杭州市政府、诸暨市政府在大会上发言。省级各有关单位、金融机构主要负责人，各市、县(市、区)政府、有关单位、金融机构主要负责人，部分重点企业负责人近万人参加会议。

21日 浙江银监局召开银行业支持“三农”科学发展会议暨“三大工程”启动仪式，袁亚敏副局长出席会议并作重要讲话。

浙江省财政厅王广兵副厅长一行走访调研常山农信联社公共财政信息服务平台建设工作。

平安银行杭州分行联合新昌县人民政府及相关单位成立的全省中小企业成长基金“新昌天姥小微企业成长计划”(即“天姥基金”)在新昌落户。

在浙江省重点拟上市企业暨现代服务业企业上市培训会暨优秀中介机构表彰会上，浙商证券荣获“2011年度浙江省优秀证券中介机构”称号；在《上海证券报》举行的第五届中国最佳证券经纪商颁奖典礼上，浙商证券获得“2011年度最具成长性证券经纪商”称号。

25日 浙江银监局系统领导干部读书班在富阳举办，局党委书记、局长韩沂同志给全体学员上了题为《关于在当前形势下做好银行监管工作的若干思考》的党课，百余名副处(局)级以上干部分两期参加了学习。

中国银行浙江省分行与开元酒店集团举行“中银开元商祺信用卡”签约暨首发仪式，为客户提供快捷、安全的银行金融支付服务和IC卡功能性支持。

国家开发银行浙江省分行向浙江盾安禾田金属有限公司发放首笔供应链融资保理资金5000万元，是开行系统内的第一笔融资保理业务。该项业务无需额外提供抵(质)押担保，大幅度降低了中小企业的融资成本。

北京银行杭州分行迁址杭州江干区香樟路2号，并在分行原址设立贴沙河支行。

26日 中国工商银行浙江省分行田大章副行长出席由《理财周报》举办的第五届中国上市公司最佳董事会颁奖晚会并代总行领取“2012年中国主板上市公司最佳董事会十强”、“2012年央企控股上市公司最佳董事会十强”两个奖项。

中国银行温州市分行举行小微企业融资服务推进会暨百年中行“万家百亿”小微企业培育计划启动仪式，将在未来3年内向万家小微企业、个体工商户新增信贷投放100亿元，努力缓解小微企业融资难题。

中国民生银行台州分行正式开业。

浙江太子龙实业有限公司中小企业私募债成功发行，是光大银行和光大证券的第一个中小企业私募债发行成功项目。

27日 浙江保监局出台《浙江保险业非正常集中退保应急预案》。

28日 浙江城商行2012年度联动监管工作会议在台州召开，浙江银监局韩沂局长看望与会代表，傅平江副局长出席会议并作重要讲话。4家属地银监局(分局)、9家异地银监局(分局)就城商行经营管理和监管情况进行了座谈交流。

浙江保监局组织召开综合治理寿险销售误导研讨会，邀请外资公司介绍国际人身险销售误导治理经验。

浙江永康农银村镇银行开业仪式在金华永康举行，是农行主发起设立的全国第六家、浙江省第一家村镇银行，注册资本2.1亿元。

29日 浙江银监局局长韩沂一行到浙江民泰商业银行、椒江农合行开展专题调研。

6月末 2012年上半年中国民生银行杭州分行共发行短期融资券3笔，其中：某集团有限公司注册9亿元、续发5亿元，浙江某集团有限公司注册4亿元、首发2亿元，浙江某实业股份有限公司注册4亿元、首发2亿元，合计发行规模9亿元，实现承销费收入360万元，打开了企业直接融资渠道，为分行实现了良好的综合效益。

温州银行存贷款余额首次突破千亿元大关。

7月

2日 浙江保监局下发《关于全省保险公司分支机构营业场所调查情况的通报》，全面开展保险公司分支机构营业场所整改工作。

中国人寿浙江省分公司召开2012年防范化解群体性事件风险工作视频会议，部署2012年防范化解群体性事件风险工作，省分公司祝平总经理作重要讲话。省分公司总经理室成员、各部门负责人、2011年度红利派发工作小组成员、防范化解群体性事件风险工作办公室成员以及各地市分公司总经理室成员、本部各部门负责人、县支公司经理室成员、客户服务中心负责人、各销售部门人员参加会议。

3日 中国人民银行行长助理李东荣率一行在宁波调研宁波金融IC卡多应用试点工作，并重点了解了浙江民泰商业银行金融IC卡在手机信贷方面的创新工作。

4日 朱从玖副省长、省金融办丁敏哲主任、省政府冯波声副秘书长一行到中国人民银行杭州中心支行调研。

朱从玖副省长一行到浙江银监局视察工作，慰问全局干部职工，并同浙江银监局处级以上领导干部和部分银行机构负责人进行座谈。

浙江证监局与杭州市金融办共同召开杭州上市公司合作监管工作会议。

5日 中国人民银行杭州中心支行刘仁伍行长主持召开非金融机构支付业务许可审查工作小组会议。

6日 中国建设银行浙江省分行个人银行业务工作座谈会在杭州召开，侯建培副行长出席会议并做上半年工作小结，黄先俊行长参加了分组讨论。

浙江省副省长陈加元就浙江农信热心社会慈善公益作出重要批示："省农信社节约庆典费用用于慈善捐赠，体现了企业的社会责任，值得宣传和提倡。"

交通银行董事长胡怀邦在杭州会见浙江省委书记、省人大常委会主任赵洪祝。浙江省委常委、省委秘书长赵一德，浙江省副省长朱从玖，省金融办主任丁敏哲参加会见。交通银行表示将坚定不移地围绕"两化一行"发展战略和"十二五"规划既定目标，不断加大金融创新力度，深入对接浙江省"三大国家战略"和"四大建设"，积极支持"温州金融综合改革试验区"和"丽水农村金融改革试验区"建设，助力浙江经济社会持续健康发展。

9日 中国农业发展银行总行人力资源部副总经理李昆仑一行4人到苍南、开化、常山、龙泉、松阳、遂昌等6个信贷组进行机构调整为县级支行的可行性论证。

浙江省农信联社金融后台基地教育培训中心大楼开工仪式在德清举行，副省长朱从玖，湖州市委书记马以，省政府副秘书长冯波声，省农信联社党委书记、理事长姚世新等出席，标志着浙江农信金融后台基地建设翻开新的一页。

浙江民泰商业银行成都郫县支行盛大开业。

11日 上海浦东发展银行杭州分行辖属衢州江山支行开业。

12日 浙江省农村信用社联合社与省财政厅合作开展全省财政涉农补贴一折通集中发放业务，完成财政补贴一折通集中发放平台建设工作并与财政部门成功上线对接。

13日 中国人民银行杭州中心支行刘仁伍行长组织召开专题会议，研究丽水农村金融改革有关工作。

浙江银监局印发《浙江银监局关于上海银行股份有限公司杭州临安支行开业的批复》(浙银监复〔2012〕481号),上海银行杭州分行辖属临安支行获准开业;同日,上海银行杭州分行聘任邹红为临安支行行长(兼)。

中国光大银行凤起路支行成功办理系统内首单小微企业设备贷款。

14日 广发银行杭州分行15周年行庆员工大会在杭州剧院隆重举行。杭州分行韩立光行长作了“意气风发、开拓未来”的主题报告。

15日 广发银行杭州分行年中工作会议暨债务资本市场业务会议在杭州顺利召开。杭州分行及各异地分行领导班子、分行各部门负责人、全辖各支行行长参加了会议。总行金融市场部、分行金融市场部及公司银行部针对债务资本市场业务进行了培训,通过以会代训的形式,提高全行对此项业务的全面了解和深刻认识,并在下半年工作中积极推进。

17日 国家开发银行浙江省分行与义乌小商品城集团签署《小微商户贷款合作备忘录》。

18日 中国建设银行浙江省分行与金华市政府支持低丘缓坡开发利用项目暨支持金义都市新区开发建设签约仪式在金华举行。签约仪式由金华市市长徐加爱主持,金华市委书记陈一新、省分行行长黄先俊分别致辞。金华市副市长傅利常、劳新江副行长在协议上签字。

交通银行浙江省分行与上海浦东发展银行杭州分行签订《全面业务合作协议》,同时签订了10亿元互换项目资源的《银团业务合作协议》。

上海浦东发展银行杭州分行与中国美旗控股(集团)就供应链金融业务签署了战略合作协议。分行赵峥嵘行长出席签约仪式并致辞,俞军副行长及中国美旗控股(集团)战略决策委员会主席谢秉臻先生代表双方签订战略合作协议。

中国邮政储蓄银行浙江省分行与省金融办联合举办“走进乡镇,服务实体经济——2012邮储阳光行动”。

19日 中国人民银行杭州中心支行机关四届一次职工代表大会暨机关工会五届一次会员代表大会召开。

20日 中国人民银行杭州中心支行刘仁伍行长主持召开上半年全省经济金融形势分析会,浙江省政府朱从玖副省长、冯波声副秘书长出席会议。

中国银监会批准分立后的万向信托有限公司开业,批准公司中文名称为“万向信托有限公司”。

23日 中国人民银行杭州中心支行刘仁伍行长参加浙江省政府关于温州市综合改革实验区工作推进情况汇报会。

中央政治局常委、国务院总理温家宝实地考察中国农业发展银行浙江省分行贷款支持企业五芳斋集团等,关注企业生存与发展,倾听企业困难和呼声,把脉经济运行最真实的情况。

中国工商银行浙江省分行召开全省二级分行行长工作会议。会议传达贯彻总行行长会议精神,总结分析上半年全行经营情况,研究部署年内重点工作。沈荣勤行长出席会议并作重要讲话。

湖州银行正式发行“百合·新农合卡”。通过加强与吴兴区政府的合作,根据新型农村合作医疗发展需要,湖州银行成功开发了面向农民,集银行金融服务与农村合作医疗服务于一体的“百合·新农合卡”,成为全省新型农村合作医疗先例。

华融金融租赁股份有限公司应邀参加温州市政府在上海举办的“温州金融综合改革试验区招商推介会”,与温州瓯海区政府签订战略合作协议金额20亿元。

24日　中国工商银行浙江省分行召开全省县域重点支行行长座谈会。沈荣勤行长、田大章、叶定金、郁炯彦、吴翔江副行长，刘岩方纪委书记，俞龙副行长出席。

中国人民财产保险股份有限公司浙江省分公司在舟山召开全省系统上半年经营形势分析会议，吴建林总经理作了题为《加强能力建设，落实目标管理，为全面完成各项目标任务而努力奋斗》的讲话。

25日　浙江保监局组织召开辖内上半年寿险工作座谈会，及时通报上半年辖区人身险市场运行情况和部署下半年工作。

中国银行衢州市分行启动"百亿贷款联千企结万户"计划，将在3年内向衢州市千家以上企业和万户以上个体工商户、农户、创业者提供超过100亿元的信贷资金。

中国建设银行浙江省分行黄先俊行长、劳新江副行长赴舟山，与舟山市周国辉市长率领的政府有关部门负责人和企业家团队就舟山群岛新区的重大项目推进、金融支持服务等发展大事进行交流和座谈，并达成了多项共识。定海区政府与舟山分行战略合作签约仪式在临城新区举行，舟山分行与定海区政府、定海区一批产业区块和具体企业项目的银企合作协议签约。

中国光大银行浙江省分行与嘉兴市政府签署政银战略合作协议。

浙江民泰商业银行主发起设立的重庆九龙坡民泰村镇银行盛大开业。

26日　浙江银监局召开2012年第二次浙江银行业监管情况通报会，韩沂局长作重要讲话。

27日　浙江银监局召开2012年年中监管工作(电视电话)会议，韩沂局长主持会议，局机关全体干部在主会场、各银监分局相关人员在分会场参加会议。

28日　浙江省委书记赵洪祝在《浙江信息》上对浙江省农信联社的《我省农信贷款新增552亿元98%投向实体经济》信息作出重要批示："省农信联社加大对实体经济的贷款力度，做得好。"副省长朱从玖也作出重要批示："中小微企业及'三农'金融服务体系化发展，需要从已经开展的业务中归纳、提升，不断丰富。请将赵书记批示传达给省农信社。"

29日　中国人民银行决定，张健华同志任中国人民银行杭州中心支行党委书记、行长。

31日　中国工商银行浙江省分行郁炯彦副行长出席由浙江日报社、杭州市经济和信息化委员会举办的"服务实体经济携手企业成长"——2012浙江小微企业金融创新推选活动颁奖典礼暨杭州银企融资对接会并致辞。

国家开发银行浙江省分行"担保公司抱团增信"小企业贷款模式荣获"2012浙江小微企业金融创新推选活动"最佳创新融资产品。

上海银行杭州城东支行荣获"浙江小微企业值得信赖的融资产品(模式)"和专营机构"最佳服务专营机构"称号。

湖州银行"百合花——诚信通"产品荣获最佳创新融资产品(模式)奖。

台州银行绿色节能贷款、临海农信联社银泰信用社企业贷款服务中心荣获"浙江小微企业值得信贷的最佳创新融资产品"称号。

7月末　作为首批四个试点辖区之一，浙江证监局启动期货公司监管综合信息系统试点测试工作。

浙江省农信联社联合部分办事处和行社开展了舆情风险、支付风险等8个专业条线应急演练，进一步提升突发事件应急处置能力。

在英国《银行家》杂志公布的“全球银行业1000强”排行榜上，浙商银行排名提高38位至第241位。浙江稠州商业银行位居第600名。台州银行位居第670名。

8月

1日　浙江省政协副主席黄旭明一行到省农信联社调研，并就“浙江省农村信用社改革与创新发展研究”召开专题座谈会。

浙江省委副书记、省长夏宝龙对省农信联社支持和服务实体经济工作作出重要批示：“省农信联社‘千方百计促实体、调整结构助实体、贷款让利帮实体’的做法有特色、措施实、成效好。望认真总结经验，乘势而上，再创佳绩，在支持和服务实体经济、推动我省加快发展高质量发展中有更大作为。”

广发银行总行利明献行长、罗杰副行长一行赴杭州分行调研指导。杭州分行韩立光行长、王鑫炎副行长及党委委员郑海陪同并出席业务发展与风险管理研讨会。

南京银行总行领导走访杭州分行重要战略合作客户浙江吉利控股集团，与吉利控股集团董事长李书福等集团领导进行了亲切的会面洽谈。

中国人民保险集团公司副总裁丁运洲到中国人民财产保险股份有限公司浙江省分公司、杭州市分公司调研基层党建、创先争优和基层组织建设年活动。

2日　经浙江省政府同意，省金融办、省财政厅、中国人民银行杭州中心支行、浙江银监局、省农信联社5部门联合出台《关于推进我省农村合作金融机构股份制改革的若干意见》(浙金融办〔2012〕60号)，规范有序推进全省农信社股份制改革试点。

3日　中国人民银行杭州中心支行刘仁伍行长赴北京参加总行分支行行长座谈会。

中国银行浙江省分行韩竹副行长会见来访的密克罗尼西亚联邦约翰·艾萨州长一行，介绍了中行百年辉煌历程及优势业务，希望为中密两国经济贸易往来提供全方位、高品质的金融服务。

在2012中国商业银行竞争力评价报告发布会上，杭州银行在资产规模1000亿元以上的27家大型城市商业银行中位居综合竞争力排行榜第二位，并摘取“2011年度最具成长性城市商业银行”奖。江波副行长出席会议并代表杭州银行领取奖项。

台州银行在“中国商业银行竞争力排名”中荣获2011年度全国城市商业银行竞争力排名第五。

6日　在浙江日报社和杭州市经济与信息化委员会主办的2012年度浙江小微企业金融创新推选活动典礼暨杭州银企融资对接会上，中国农业银行浙江省分行小微企业简式快速信贷业务荣获“浙江小微企业值得信赖的融资产品”称号，金华分行小企业金融服务中心荣获“最佳服务专营机构”称号。浙江稠州商业银行的“市场通”被评为最佳创新融资产品。

2012年中国建设银行浙江省分行夏季工作座谈会在杭州召开。黄先俊行长作工作报告，侯建培副行长、林顺辉副行长、张民副行长、劳新江副行长、傅春兰工会主席、王爱玲总审计师、何向东行长助理、王叶毅行长助理出席会议。

7日　浙江保监局召开上半年产险工作座谈会，通报上半年产险市场运行情况，布置下半年工作。

浙江省副省长朱从玖一行赴省农信联社视察，高度评价省农信联社近年来所做的工作和取得的成绩，要求全省农信系统进一步加大对实体经济的服务力度，进一步完善对“三农”和小微企业的金融服务体系，进一步做深做透农村金融市场，切实发挥好农村金融“主渠道、主力军”的作用。

8日 国家开发银行浙江省分行徐勇行长赴温州参加温州金融改革广场开业仪式，并与温州国投、浦发银行及担保公司签署了温州中小微企业集合贷款项目四方合作协议。

中国光大银行张华宇副行长出席中国光大银行杭州分行与温州市国资投资集团《战略合作协议》签约仪式并视察温州分行。

中国人寿浙江省分公司祝平总经理陪同中国人寿董事长杨明生先后拜会浙江省委书记赵洪祝，省委副书记、省长夏宝龙，副省长朱从玖等省委、省政府领导。双方就商业保险服务社会民生、促进社会保障体系建设、保险资金参与地方基础设施建设进行了深入的沟通与交流。

9日 为进一步促进广发银行杭州分行中小企业业务的发展，努力建设“最高效中小企业银行”，杭州分行召开“中小企业业务发展研讨会”。会上，各业务一线的行长及客户经理代表对分行中小企业业务拓展进行了交流发言。韩立光行长出席会议并作重要讲话。

10日 国家外汇管理局在杭州举行对浙江公安、外汇局系统破获重大案件先进集体、个人慰问表彰会，国家外汇管理局邓先宏副局长出席会议。

浙江保监局出台《关于实施人身保险消费提示卡制度的通知》。

渤海银行“小额快捷通”产品新闻发布暨产品推介活动在杭州分行隆重举行。会议邀请了浙江银监局、浙江省中小企业协会、余杭区总商会、绍兴诸暨市总商会及省内主流媒体和小微企业客户代表共50余人参加。

11日 由国家外汇管理局浙江省分局主办、中信银行杭州分行承办的“中信杯”银行外汇知识竞赛在省人民大会堂隆重举行。浙江省人民政府朱从玖副省长、国家外汇管理局邓先宏副局长、杭州市人民政府佟桂莉副市长等领导莅临指导。北京银行杭州分行在本次外汇知识竞赛笔试中取得了团体第2名，平安银行杭州分行(原深圳发展银行杭州分行)荣获浙江省外汇指定银行外汇知识竞赛团体三等奖。

中国人民财产保险股份有限公司浙江省分公司顺利完成信息系统全国大集中工作。

12日 浙江省农信联社二届八次理事会和全省农信系统年中工作会议暨省农信联社二届五次社员大会在余杭召开。

18日 万向信托有限公司获得浙江省工商行政管理局核发的《营业执照》，公司完成工商注册登记手续，正式对外营业。

21日 中国农业银行浙江省分行召开干部大会，宣布冯建龙同志任中国农业银行浙江省分行党委书记、行长。

中国建设银行浙江省分行黄先俊行长出席了在义乌召开的全省农村住房改造建设工作现场会。

江苏银行杭州分行首款自行设计研发的理财产品正式发售。

浙江省副省长朱从玖等一行在台州市委副书记、市长吴蔚荣等陪同下，到台州银行考察指导。

22日 中国人民银行杭州中心支行张健华行长陪同浙江省政府领导赴温州调研。

中国银行总行陈四清副行长视察中国银行浙江省分行，并在杭州、义乌等地开展调研。

23日 浙江省委、省政府在省人民大会堂召开全省扩大有效投资推进大会，中国农业银行浙江省分行与省交投集团等五家企业签订了总额达67亿元的项目融资意向协议。中信银行杭州分行与中广核、中国南车等企业签订意向性合作协议。华夏银行杭州分行与杭州余杭交通集团有限公司签订了银企合作协议。

浙江保监局指导省保险行业协会举办注册保险培训师继续教育培训班。

24日　上海浦东发展银行杭州分行获得浙江省政府采购支持中小企业融资试点金融机构资格并签约。

中国光大银行杭州分行与浙江省财政厅签约政府采购信用融资项目合作协议。

25日　中国进出口银行浙江省分行与嘉兴市政府签署战略合作协议。

招商银行杭州分行举办第十一届业务技术比赛。

26日　中国人民银行总行手机银行业务调研组到浙江民泰商业银行指导工作。

27日　浙江省农村信用社联合社与省农业厅、省工商局等部门联合下发《关于开展农民专业合作社信用评价试点工作的通知》，并在嘉兴、湖州、台州和衢州开展试点。

31日　中国银行总行风险管理总部王建强总裁在中国银行浙江省分行视察调研。

中国建设银行浙江省分行营业部升格庆典（升格后级别为省分行副行级）仪式在杭州举行。

浙江省政协副主席陈艳华一行到浙江民泰商业银行视察指导工作。

8月末　丽水成为全国首个林木、水稻、油菜保险“三覆盖”的地级市。

财政部门通报浙商银行经营绩效评价为AAA级，跻身全国银行业绩效评价优秀单位中的最高等级。

浙江省委副书记、省长夏宝龙在《嘉兴市首创农信社股权出质登记，打开小微企业融资新通道成效明显》上作出重要批示：“在中小微企业融资上都要积极地探索。”

全省农信系统各项存款余额率先突破万亿元大关，各项贷款余额首次跨上7000亿元台阶。

在由证券时报社、新财富杂志联合主办的第五届中国优秀信托公司评选活动中，杭州工商信托荣膺“中国优秀信托公司奖”。

9月

1日　“浙江人身保险服务网”正式运行。

3日　中国信达资产管理股份有限公司浙江省分公司总经理涂咸阳同志主持召开座谈会，向前来调研的公司副总裁许志超同志等一行汇报了浙江分公司上半年经营状况及市场开拓等方面的工作和经验，并就企业重振基金的设立事宜进行了汇报。

4日　浙江省保险行业人民调解委员会建设试点工作座谈会召开。

5日　中国人民银行杭州中心支行张健华行长参加省政府关于温州市金融综合改革实验区工作专题会议。

浙江保监局召开行业大病保险研讨会，听取中国人寿、太保寿险、人保健康、平安养老、人保财险对《关于开展城乡居民大病保险工作的实施方案》（讨论稿）的意见和建议。

6日　浙江省副省长朱从玖到丽水市调研指导保险服务民生示范区建设工作。中国人民财产保险股份有限公司丽水市分公司在调研座谈会上就推进政保合作项目、涉农保险项目及“八网”建设工作做了汇报。

恒丰银行杭州分行辖属义乌支行在金

华银监局指导下，积极创新信贷方式和还款方式，成功与浦发银行义乌分行共同办理首笔“无缝对接”合作贷款，对当地一家企业贷款483万元，这是金华地区也是恒丰银行系统内的首笔“无缝对接”合作贷款。

渤海银行杭州分行以渤银浙发〔2012〕97号发文，筹建渤海银行股份有限公司温州分行。

7日 中国农业银行总行车迎新监事长在浙江省分行上报的《关于进一步加强和改进党建工作的若干意见》上作出重要批示：“发简报，向全系统介绍浙江分行党委加强党建工作意见。”

原深圳发展银行杭州分行正式完成工商营业执照更名，新银行名称为“平安银行股份有限公司杭州分行”。

8日 中国光大银行首家海外发展工作室落户中国光大银行绍兴支行。

10日 万向信托有限公司获得中国人民银行杭州中心支行出具的《同意加入金融管理与服务体系的函》，成功加入人行金融管理与服务体系。

11日 中国银行浙江省分行与省台办签署《共同支持台资企业融资合作战略协议》，并与晋亿实业有限公司、顶益（开曼岛）控股有限公司、东风裕隆汽车有限公司等重点台资客户签订授信协议。

浙江省台资企业创业创新推进大会在嘉善县举行。中国建设银行浙江省分行黄先俊行长应邀出席会议，并代表省分行与省台办签订共同支持台资企业融资合作战略协议，与3家台资企业签订银企全面合作协议。

由信息技术部牵头，总行运营管理部、总行市场管理部、总行风险管理部共同参与，浙江泰隆商业银行链融通业务顺利上线。

12日 浙江银监局韩沂局长一行赴金华调研经济金融形势，考察金华银行，分别召开金华主要银行机构负责人和金华银监分局中层以上干部座谈会，并与金华市委书记陈一新、市长徐加爱、市委副书记陶诚华、常务副市长金中梁等领导同志分别进行了工作会谈。

中国建设银行总行与浙江省分行在杭州共同举办了建行私人银行“私享家”之财富讲堂——财富传承主题客户活动。林顺辉副行长陪同总行财富管理与私人银行部杨刚副总经理共同出席本次活动，来自美国银行的财富传承专家组和清华大学家族企业研究中心主任高皓博士，与到场客户进行了经验分享和深入交流。

13日 金融支持浙中崛起战略合作暨重点项目（企业）融资对接洽谈会在金华召开，中国农业银行浙江省分行与金华市政府签订了《政银合作框架协议》。

中国银行浙江省分行与金华市政府签署战略合作协议，为金华市推进产业转型升级、做大做强现代服务业、构筑产业发展平台、加快城市群发展、完善基础设施网络、保障改善社会民生、加强生态文明建设等多个领域提供金融支持。

中国建设银行浙江省分行张民副行长参加金华市委、金华市政府举办的金融支持浙中崛起战略合作暨重点项目（企业）融资对接洽谈会，并与金华市市长徐加爱现场签订战略合作协议书（意向书）。

浙江稠州商业银行举行总行机关及下属分行（管理部）党委成立大会暨授牌仪式。

浙江民泰商业银行主发起设立的重庆彭水民泰村镇银行开业。

15日 中国工商银行浙江省分行举行全省第十三届业务技术比赛。共有11个代表队参加11个项目进行比赛。沈荣勤行长，田大章、叶定金、郁炯彦、吴翔江副行长，刘岩方纪委书记，蔡航雁工委主任为获奖个人和集体颁奖。

16日 浙江证监局推动浙江省政府出台《省政府关于进一步加强上市公司内幕信息管理切实做好内幕交易综合防控工作的通知》。

17日 中国证监会纪委书记黎晓宏一行到浙江证监局调研。

在“第四届中国银行业‘好分行’评选”活动中，中国农业银行浙江省分行荣获本届“好分行”评选中的最高奖——“经营管理十佳分行”称号，全国农行系统仅两家分行获此殊荣。

国家开发银行浙江省分行被杭州市政府授予“2011年度现代服务业先进企业”称号。

交通银行行长牛锡明在杭州会见浙江省委副书记、省长夏宝龙。牛锡明表示交行将充分发挥“两化一行”优势，更好地支持浙江经济社会发展。夏宝龙对交行近年来改革发展情况及对浙江经济的支持表示赞赏，希望进一步加强彼此之间的沟通交流，携手共进。

18日 中国人民银行杭州中心支行印发《浙江省支农再贷款管理办法(试行)》。

浙江银监局傅平江副局长一行到华夏银行杭州分行调研委托贷款业务和资产质量运行情况。傅平江副局长与杭州分行班子成员、相关专业部门负责人就委托贷款业务和资产质量运行情况进行了深入交流和探讨。

招商银行杭州分行开展“联乡结村”共建活动，向白坪村捐献结对帮扶资金十万元整。

青田农村信用联社在青田县方山乡龙现村开办全国首个村级外币代兑点。

中国证监会证监许可〔2012〕494号文件正式核准浙商证券有限责任公司约定购回式证券交易业务资格。

19日 中国农业发展银行浙江省分行行长王玉高出席浙江省金融控股有限公司成立大会暨浙江省海洋产业投资基金启动仪式。

中信银行总行朱小黄行长率总行各部门负责人到杭州分行调研，与分行班子和部分中层干部进行座谈，并深入基层网点看望一线员工，开展实地调研。在杭期间，朱小黄行长还与浙江省政府夏宝龙省长、朱从玖副省长进行了会谈，并走访了总行级战略客户浙江省铁路投资集团和阿里巴巴集团。

20日 中国银行浙江省分行与嘉兴市政府签署“走出去”金融服务合作协议，发挥全球化、多元化优势，助力在禾企业持续快速发展。

中国建设银行浙江省分行与衢州市政府“十二五”时期重大建设项目金融合作协议签约仪式在衢州饭店隆重举行。

中国人民人寿保险股份有限公司副总裁王慧轩带领中国人民保险集团公司青联考察团到中国人民财产保险股份有限公司嘉兴市分公司开展司情调研。

21日 浙江保监局下发《关于加强和改进保险中介机构服务工作的通知》。

浙江省财政厅招标发行2012年浙江省政府债券，发行总额为87亿元，其中5年期43.5亿元，票面年利率3.30%；7年期43.5亿元，票面年利率3.47%。中信银行成功中标14亿元，中标量位居7家主承销商之首。上海浦东发展银行杭州分行首次以非主承销商身份进入2012年度浙江省政府债券并中标2亿元。

22日 中国工商银行浙江省分行行长、杭院院长沈荣勤，杭院常务副院长所向东等，陪同朱从玫副省长出席浙江省金融人员高级研修班开班典礼。

万向信托有限公司与 New York Private Bank & Trust（纽约私人银行与信托公司）在杭州江南会签订战略合作协议，标志着公司一开业就迈出了国际化战略的第一步，为建立公司长期国际战略合作伙伴、拓展国际客户关系、促进中外金融人才交流引进奠定了良好基础。

23日 万向信托"私人银行与财富管理论坛"在杭州黄龙饭店举办。中国银监会非银部副主任闵路浩，浙江省人大常委会秘书长姚民声，浙江省人民政府副秘书长、省政研室主任李学忠，浙江省政协常委陈国平，中国人民银行杭州中心支行副行长郑南源，浙江银监局纪委书记曹鸣凤，省金融办副主任包纯田，省金融办副巡视员张海淮及国内外金融机构代表，投资公司代表等150余人出席本次论坛。论坛邀请了纽约私人银行与信托公司副董事长 John R. Hart、美国移民艺术品银行总裁 Andy Augenblick、香港中文大学联席教授范博宏、清华大学及北京大学客座教授李青云分别作主题演讲。与会嘉宾围绕私人银行、艺术品投资、家族事业传承及私人信托等时下金融热点展开了热烈探讨。

24日 中国人民银行杭州中心支行印发《浙江省支付系统参与者密押设备使用管理办法》。

浙江银监局在绍兴上虞市召开浙江省小微企业金融还款与担保方式创新现场推进会，韩沂局长、包祖明副局长出席会议，省金融办、省中小企业局、各银监分局和100多家银行机构负责人与会。

浙江苍南建信村镇银行被省银监局评为"标杆村镇银行"，全省村镇银行中仅有两家获此殊荣。

25日 浙江省农信联社支持温州实体经济发展推进会在温州召开，省农信联社与温州市政府签署战略合作协议，并出台"六大举措"，加大支持温州实体经济发展力度。同日，又在鹿城农合行南门支行举行浙江农信速汇金国际汇款业务开业仪式。

平安银行杭州分行举行零售"五项技能大比武"达人选拔赛。

26日 中国人民银行杭州中心支行张健华行长赴总行汇报温州、丽水金融改革和新建钞票处理中心、中心支库等工作。

浙江保监局参加省医改办会议，研讨《关于开展城乡居民大病保险工作的指导意见》（征求意见稿草稿）。

中国银行浙江省分行与好易购家庭购物有限公司签署战略合作协议，联手打造电视购物业务，树立了"不打烊的银行"市场形象。

浙江省委常务、组织部长蔡奇走访调研衢江农信联社库区金融服务点，对浙江农信以设立金融服务点的方式填补偏远山乡金融服务空白的做法给予了充分肯定，要求浙江农信花大力气支持"三农"，帮助农民创业致富，推动地方经济发展。

浙江省农业厅和省农信联社在浙江农信大楼举行"支持村级集体经济发展"签约仪式。

中信银行成功与阿里巴巴集团合作发行理财产品，标志着中信银行与阿里巴巴集团的战略合作取得了新的进展。这次首期上线的两只理财产品受让阿里巴巴集团下属小额贷款公司的信贷资产，由阿里小贷进行滚动放贷投资管理并为理财产品兑付提供担保。

由杭州银行首次牵头组织的北京市海淀科技中小企业2012年度第一期集合票据在中国银行间市场成功发行。本次中小企业集合票据发行业务共4家中小企业联合发行，募集资金1.6亿元，期限3年。

经国家级行业协会中国电子商会呼叫中心与客户关系管理专业委员会(CNCCA)评审，浙商证券呼叫中心荣获"2012年中国最佳呼叫中心"称号，雷曙妙获得"2012中国最佳呼叫中心优秀管理者"称号。

中国信达资产管理股份有限公司浙江省分公司与浙江浙能电力股份有限公司签署了29996.82万元的股份认购协议，实现了分公司财务性投资零的突破，有助于发挥信达的专业经验及多元化金融服务优势，标志着双方开展全面合作、共谋发展战略迈上新台阶。

27日　中国进出口银行浙江省分行与绍兴银行签订中小企业贷款合作协议，成功搭建分行第一家城商行服务平台——绍兴银行平台。

28日　中国人民银行杭州中心支行张健华行长主持召开三季度经济金融形势座谈会，方志敏副行长、郭安娜助理巡视员参会。会议邀请省统计局王杰副局长、省发改委谢晓波副巡视员、省经信委周申健处长、浙江大学王维安教授、浙江工商大学钱水土教授、浙江金融职业学院周建松书记等专家参会，就当前经济金融形势进行座谈。

中国建设银行浙江省分行深化前后台业务分离项目全省推广工作顺利完成。

章国华同志被中国光大银行总行党委任命为中国光大银行杭州分行委员会委员。

9月末　《浙江邮储探索"普遍服务＋商业可持续"模式》发表于新华社《国内动态清样》，浙江省委书记赵洪祝，副省长王建满、朱从玖对邮储银行浙江省分行批示表扬。

南京银行杭州分行萧山支行首单北交所委债项目——萧山临江投资2年期4亿元的融资项目顺利完成了募集并资金到账。

温州银行启动了新一轮增资扩股，对原有股东按每股3.02元的价格配售了2.2亿股，国家股、国有法人股、其他法人股大部分都参与了配股。

10月

4日　浙江民泰商业银行数据中心成功搬迁。

8日　浙江保监局对浙江省邮政公司开展邮政企业代理保险业务专项检查，并延伸检查了正德人寿浙江分公司。

全省农业银行2012年员工视频大会在杭州召开，全行共10600人参加会议。省分行党委书记、行长冯建龙同志代表省分行新一届党委在会上作了题为《更新观念理念　转变发展方式　努力开创可持续质量效益型新路子》的重要讲话。

9日　中国人民银行杭州中心支行张健华行长陪同总行潘功胜副行长一行赴温州、丽水调研指导工作，并于10月11日在杭州召开温州、丽水金融改革座谈会，会议邀请朱从玖副省长出席。

中国工商银行浙江省分行沈荣勤行长、吴翔江副行长出席浙江省人民政府召开的全省商品交易市场提升发展大会。沈荣勤行长代表工行浙江省分行与省工商局签订了《金融服务浙江商品交易市场战略合作框架协议》。

10日　中国人民银行潘功胜副行长一行到丽水调研农村金融改革试点工作推进情况。

中国银行浙江省分行陈石行长会见嘉兴市政府鲁俊市长、盛全生副市长一行，表示将依托中行全球化业务优势，进一步为嘉兴经济发展提供全面、优质金融服务。

11日　浙江银监局组织召开杭州银

行业发展与监管恳谈会。韩沂局长作主题发言，杭州市委常委、常务副市长杨戌标到会作重要讲话。会议还举行了杭州市重点项目融资和信用贷款、还贷方式创新等创新项目签约仪式。

全国政协副主席、科技部部长万钢出席温州国家高新技术产业开发区建设动员大会，会后考察了龙湾合行科技支行展厅，对浙江农信开展的金融创新工作表示充分肯定。

渤海银行总行黄丽芬副行长率调研组一行三人到渤海银行杭州分行调研指导工作。

12日 财通证券（香港）有限公司在香港正式开业。

13日 广发银行杭州分行召开三季度经营分析会。分行领导班子成员、各部室负责人，各异地分行及杭州市辖支行行长参加会议。会议分析研究了当前经济形势下的经营管理整体情况，并围绕“如何改善经营管理，谋求业务发展”这一主题进行了交流。

14日 中国光大银行杭州分行主办的“光大杯·浙江省杰出经理人TOP20”颁奖典礼在杭州举行。

15日 中国人民银行杭州中心支行印发《浙江省国库会计管理实施细则》和《浙江省商业银行代理国库及国债业务现场检查操作指引（试行）》。

16日 广发银行绍兴分行隆重开业。总行行长利明献、杭州分行行长韩立光、绍兴分行行长沈葵揆以及绍兴市政府领导、银监绍兴分局领导、人民银行绍兴市中心支行领导共同出席了开业庆典仪式，并为绍兴分行开业剪彩。绍兴分行是广发银行杭州分行辖内继宁波、温州、台州、义乌之后的第五家异地分行。

17日 中国银行浙江省分行与浙江新农都实业有限公司举行银企合作签约仪式，为新农村建设项目提供现金管理、资金结算、授信融资、财务顾问等一揽子金融服务。

中国建设银行浙江省分行与浙江省工商局首次签订战略合作协议，联合打造“工商事务金融服务通”，发挥银政协同优势，全方位为民企发展营造最优环境。

国家外汇管理局副局长王小奕一行到瑞丰农村商业银行调研。

18日 在浙江证监局的推动、支持与指导下，浙江股权交易中心正式挂牌成立。

中国银行浙江省分行与浙江网新数码有限公司联合召开经销商线上融资项目推广会，与网新数码及其50余家经销商签订《销易达线上融资三方合作协议》，标志着该行供应链金融业务正式进入电子化时代。

交通银行浙江省分行与中信证券（浙江）有限责任公司签订银证业务战略合作仪式。在此基础上，双方的网点开展紧密合作，突破传统业务、传统营销模式、传统的产品销售，以客户为中心，通过产品创新、服务创新，营销模式创新，共同打造财富管理品牌。

南京银行杭州城北支行盛大开业，成为杭州分行继萧山支行之后开设的第二家支行，也是分行设立的首家城区支行。

19日 浙江银监局在台州主办了第六次长三角经济金融形势分析会，上海银监局廖岷局长、江苏银监局于学军局长、浙江银监局韩沂局长等参加会议，银监会办公厅刘宏宇副主任到会指导。江浙沪三个银监局局长分别介绍了辖内经济金融运行情况，并就经济金融热点问题进行了讨论。

中国农业发展银行浙江省分行行长王玉高在杭州会见泰国农业银行前行长提拉蓬一行。副行长姜大刚出席，办公室主任朱建中陪同。泰国农业银行前行长提拉蓬一行先后访问湖州安吉浙江永裕竹业有限公司、竹博园和杭州。

交通银行浙江省分行“交通银行财富管理走遍浙江”巡回路演启动仪式在嘉兴市南湖隆重举行。

上海银行杭州临安支行正式开业。

中国银监会陈国汪处长一行莅临浙江民泰商业银行开展调研工作。

20日 中国人民财产保险股份有限公司浙江省分公司成立全省系统首家非车险人才培育学院——嘉兴市分公司非车险启航学院。

22日 浙江保监局与省政府法制办、卫生厅、司法厅、公安厅联合向省政府提交《关于〈浙江省医疗纠纷预防与处理办法〉执法检查情况的报告》，明确提出“从长远来看，医疗责任保险在专业技术、规模经济、资金管理等方面具有相对优势，保险理赔机制将会是一种趋势”的建议。

23日 上海银行杭州分行叶继雄行长会见临安市副市长吴春法一行，洽谈青山湖科创城后期合作事宜。

24日 中国人民银行杭州中心支行张健华行长主持召开三季度全省经济金融形势分析会，浙江省政府朱从玖副省长出席会议并作重要讲话。

平安银行杭州分行营业部、西湖支行荣获总行运营大比武“标杆网点”称号。

恒丰银行杭州分行辖属富阳支行举行开业庆典。

浙江省台州市2012年度第一期中小企业集合票据成功发行。这是自中国信达资产管理股份有限公司浙江省分公司与浙商银行签订的开展中小企业集合票据业务合作协议以来，分公司市场化票据增信服务业务第一单，也开创了信达公司市场化票据增信服务业务第一单。

在台州市银行业协会秘书长邵广群的陪同下，威海银监分局副局长杨鸿祥、威海市银行业协会相关领导以及威海当地各家银行负责人一行20人到浙江泰隆商业银行考察指导，副行长金学良与办公室主任孟凡武、风险管理部总经理张兴忠等热情接待了来宾。

25日 中国人民银行杭州中心支行张健华行长陪同总行胡晓炼副行长赴萧山调研。

浙江银监局召开2012年第三次浙江银行业监管情况通报会，韩沂局长作重要讲话。

浙江省政府朱从玖副省长在省政府副秘书长、省政府金融办主任丁敏哲，浙江银监局副局长周松方、省政府金融办副主任盛益军、中国人民银行杭州中心支行助理巡视员郭安娜等陪同下在中国建设银行浙江省分行、中国农业银行浙江省分行、中国银行浙江省分行调研，就强化县域金融服务、支持实体经济、风险防控和处置等工作提出了指导意见。

国家开发银行浙江省分行联合总行风险局、评审三局以及浙江省金融办举办了“小额贷款公司风险管理业务培训会”，全省共有45家小贷公司参会。

国家开发银行浙江省分行和省监察厅联合发文，开展2012年度国开行贷款项目联合监督检查。检查范围涉及保障性安居工程、水利、节能减排、“三农”以及文化产业等领域53个项目，合同金额总计426亿元。

华夏银行杭州分行党委书记朱波一行参观考察了华数数字电视传媒集团有限公司，并与该公司总裁曹强先生进行了洽谈，双方通过充分交流，达成了合作意向，将在金融服务、在线支付、华夏宣传等方面进行广泛深入合作。

26日 浙江银监局党委书记、局长韩沂同志率党委中心组（扩大）学习成员近30人，赴浙江省博物馆（武林馆区）参观学习，悉心听取浙江省博物馆志愿者、全国人大财经委副主任委员、原浙江省省长吕祖善同志讲解“越地长歌——浙江历史文化”。

中信股份有限公司董事于贞生、曲永兰、杨晋明、曹圃一行来到中信银行杭州分行考察调研。调研组此行旨在进一步加深对中信股份华东地区业务开展情况的了解，探讨和交流业务发展路径，更好地丰富和完善中信股份发展战略。

上海浦东发展银行杭州分行扶贫帮困小分队第五次赴丽水市莲都区雅溪镇开展结对帮扶工作。2008年至2012年，杭州分行共为浙江丽水雅溪镇9个“低收入农户”集中村提供扶贫资金225万元，并与各级政府、有关部门一起，为雅溪镇9个村争取帮扶项目50余个，发展特色产业基地720亩，带动77户低收入农户脱贫。

中国光大银行温州分行与温州金投集团、交投集团签署战略合作框架协议。

杭州银行私人银行正式揭牌，此举标志着杭州地区首家由城商行主办的私人银行正式成立。

北京银行杭州分行在钱江新城香樟路2号泛海国际中心C座举行了新大楼入驻仪式，标志着杭州分行正式入驻钱江新城。

27日　中国人民银行杭州中心支行联合在杭州的29家商业银行在吴山广场举办了“金融服务民生银行卡走进芯时代”金融IC卡广场宣传活动。

招商银行杭州分行参加招商银行第十届业务技术比赛，勇夺比赛团体第一名。

28日　浙江省委书记赵洪祝同志在中国农业银行浙江省分行汇报材料上作出批示：“今年以来，省农行围绕地方经济发展大局，着力拓展融资渠道，着力加大有效信贷投入，着力创新金融服务，着力支持中小微企业发展，各项工作扎实有效，为促进我省经济平稳较快发展作出了贡献。最近又拟定了支持实体经济发展的十六条意见，明确具体，实在管用。建龙同志就此专门作了汇报。谨向农总行和超良同志表示感谢。”

万向财务有限公司在第九届中国国际金融论坛上，荣获“2012最佳资金管理财务公司奖”。

29日　中国银行总行举办了首届“创新周”活动，中国银行浙江省分行成为包揽“最佳组织奖”、“金苹果”奖和“金种子”奖的两家分行之一。

钱江新城中国人寿大厦奠基典礼隆重举行，总公司总裁万峰、副总裁刘家德，浙江保监局副局长刘钢，浙江省委常委、杭州市委书记、市人大常委会主任黄坤明，杭州市委副书记、市长邵占维等领导出席奠基典礼。浙江省分公司祝平总经理致欢迎词，邵市长、万总作重要讲话，监理单位代表作发言，黄书记宣布钱江新城中国人寿大厦正式开工，主席台领导共同为项目培土奠基。

30日　浙江保监局召开维护全省产险市场平稳运行工作会议，分析当前产险市场运行形势和社会环境大局，明确要求公司加强内部管理，强化优质服务，切实维护产险市场的平稳运行。

中国农业银行浙江省分行2012年新闻媒体联谊座谈会在杭州召开。中共浙江省委常委、副省长、宣传部部长葛慧君同志专门作出批示，并委托省委宣传部鲍洪俊副部长亲临会议指导。人民日报社浙江分社、新华社浙江分社、经济日报浙江记者站、光明日报浙江记者站、中央人民广播电台浙江记者站、中央电视台浙江记者站等32家中央及全国性媒体单位；《浙江日报》、浙江卫视、浙江在线、今日浙江等26

家省级媒体单位;《杭州日报》、杭州电视台、杭州网等13家杭州市级媒体单位的主要领导参加会议。

浙江省人民政府副省长朱从玖接见上海浦东发展银行吉晓辉董事长、朱玉辰行长,杭州、宁波、温州三家分行行长,并与浦发银行杭州分行领导班子成员就业务发展、风险控制等问题进行座谈交流,对分行下一步发展提出了希望和要求。

由中国光大银行杭州分行自主营销并主承销的中原信托——长兴交投信托项目募集成立。

31日　全省农信系统文化建设成果交流会在杭州举行,会上首发《浙江农信　印象60年》画册、《浙江农信　记忆60年》纪录片;举行了浙江农信社成立60周年改革发展成果展、员工摄影作品展和"庆祝浙江农信社成立60周年文艺会演"。

浙江省金融控股有限公司董事长兼总经理杜祖国等领导到财通证券责任有限公司调研指导。

10月末　浙江保监局推进财产险积压未决赔案清理,开展未决赔案专项检查。全省共清理未决赔案335336件,涉及赔案金额23.4亿元,组织5个检查组,对辖内10家产险分支机构开展了未决赔案清理现场检查工作,促进了辖内保险公司对未决赔案的规范化管理。

温州保监分局推动浙南三地保险业分别向相关部门申报,以联合规范管理为前提,设立覆盖各级保险机构客户服务区窗口的爱心募捐箱912个,成立志愿者服务大队3支,下设志愿者服务队71支,志愿者人数近1000人。

南京银行杭州分行营业部荣获"2012年度浙江省银行业文明规范服务示范单位"先进称号。

11月

1日　浙江省委书记赵洪祝、省委副书记李强等领导到丽水出席"深化千万工程、建设美丽乡村"现场会,肯定浙江农信助农取款服务做得很好。

中国民生银行主发起设立的天台民生村镇银行正式开业。

中国光大银行武青副行长出席2012年度全行统一保险培训会并莅临杭州分行调研指导。

金华银行李渔支行的金华社会保障卡办理中心正式对外服务。

2日　由衢州市人民政府主办,上海市银行同业公会、浙江省银行业协会协办的衢州与在沪外资银行合作恳谈会在衢州市举行。在沪6家外资法人银行总行和2家外国银行分行,6家外资银行杭州分行,衢州市委、市人大、市政府、市政协四套班子领导和各区县政府及部分企业负责人参加了会议。衢州市委书记陈新致欢迎词,浙江银监局局长韩沂、上海银监局局长廖岷到会指导并作重要讲话。

3日　江苏银行杭州分行《浙江省跨境人民币业务项下贸易金融产品专题研究》调研报告获总行"跨境人民币业务中贸易金融产品的研究与运用"课题论文评选一等奖。

5日　交通银行浙江省分行根据交银任〔2012〕145号文件,聘任陆涛为交通银行浙江省分行行长;聘任俞炯玲为交通银行浙江省分行高级督察,解聘其交通银行浙江省分行行长职务。

6日　浙江证监局参与配合的浙江交易场清理整顿工作获得中国证监会验收通过。

由中国证监会纪委主办,浙江证监局、深圳证券交易所承办的"内幕交易警示教育展”巡展在杭州开幕。浙江省政府朱从玖副省长出席开幕式。

浙江省国税局局长周广仁一行到省农信联社调研，充分肯定省农信联社作为浙江农信总部，对基层行社所发挥的不可替代的生产和服务职能，并指出浙江农信实现了新的跨越式发展。

中国证监会核准浙商证券设立全资子公司——浙江浙商证券资产管理有限公司。

7日 中国银监会中小商业银行重点风险防控督导会议在杭州召开。银监会银行监管二部张金萍副巡视员、浙江银监局傅平江副局长等领导出席会议，辖内部分股份制商业银行和城市商业银行行长参加了会议。

中国建设银行小企业业务部余江总经理一行到浙江分行进行调研。

中国进出口银行朱鸿杰副行长一行赴舟山就支持舟山群岛新区建设和浙江海洋经济发展示范区建设进行调研，与舟山市常务副市长马国华等进行会谈，交换了双方合作意见。

中国银监会二部张海川处长一行在浙江银监局相关领导陪同下到北京银行杭州分行开展调研工作，并与分行领导班子以及中层干部开展座谈。

浙江省人民政府副省长朱从玖、浙江保监局副局长邓季达、浙江省金融办副主任盛益军一行到中国人寿浙江省分公司视察调研。省分公司领导祝平、李佳龙、孙大庆、叶锋、胡宏伟以及各部门负责人参加座谈会。

8日 浙江银监局联合省金融办、省高院召开“加快金融机构不良资产处置相关问题座谈会”。省高院朱深远副院长就金融审判和债权处置相关问题作专题讲座。浙江银监局傅平江副局长分析了当前浙江银行业不良贷款的形势，要求各银行业金融机构加快对亟须处理金融债权案件的全面摸底，积极与法院等部门沟通交流，加大不良贷款核销力度，共同维护经济金融的稳健发展。

中国银监会二部张金萍副主任一行到浙江民泰商业银行视察指导工作。

9日 浙江民泰商业银行成都青白江支行盛大开业。

10日 中国工商银行浙江省分行召开全省高级管理人员读书班暨改革发展研讨会。会议期间，省分行营业部、各二级分行和省分行本部各部室作研讨发言；邀请浙江大学王维安教授、浙江省银监局韩沂局长、中国人民银行杭州中心支行张健华行长作专题讲座；沈荣勤行长作《社会转型下商业银行的机遇与挑战》重要报告。

中国光大银行总行专职董事武剑到杭州分行调研指导。

12日 中国进出口银行浙江省分行与杭州市对外贸易经济合作局、余杭区政府共同商讨建立了杭州金桥外贸企业服务有限公司中小企业融资服务平台。该平台以余杭区作为试点，对杭州市外向型中小企业提供融资服务。

招商银行总行张光华副行长一行赴招商银行杭州分行调研。

交通银行牛锡明行长在杭州会见浙江省副省长朱从玖。

浙江省农信联社自主研发的丰收e网个人理财业务在富阳合行成功试点上线运行，标志着理财产品销售具有了网银销售渠道。

中国长城资产管理公司杭州办事处召开专题座谈会，与到访的民生银行总行、民生银行资产保全部华东分部以及民生银行宁波分行、杭州分行、温州分行、苏州分行等有关负责人，就合作事宜进行了广泛、热烈的交流和洽谈。

13日　中国银监会联合环保部、安监总局在浙江监管局召开绿色信贷信息共享经验现场交流会。全国36个银监局参加会议，浙江等10个银监局作交流发言。

中国人民银行杭州中心支行张健华行长一行到省农信联社调研并召开座谈会，充分肯定浙江农信支持经济社会发展、自身改革发展和省农信联社积极履职取得的成绩，要求省农信联社继续坚持支农支小定位，强化服务职能，提升全系整体竞争力，积极借鉴国内外银行业先进经验，走出一条符合浙江实际的改革发展之路。

浙江省政府副省长朱从玖在省政府副秘书长冯波声、浙江省证监局局长吕逸君、省金融办副主任包纯田的陪同下，到浙商证券公司、财通证券责任有限公司、中国人民财产保险股份有限公司调研指导工作。

中国信达资产管理股份有限公司浙江省分公司参加了由广发银行召开的“广发杭资转2012金融不良债权资产包”的竞价会，最终成功以24330万元的价格一举中标。

14日　浙江省政府召开全省银行系统民主评议行风总结大会，通报了全省银行系统20项“惠企便民”新举措评选结果和全省银行系统群众满意度测评结果。中国工商银行浙江省分行沈荣勤行长出席全省银行系统民主评议行风大会并代表优秀银行作典型发言。中国工商银行浙江省分行群众满意度在全省23家参评银行中排名第一。中国农业银行浙江省分行在“惠企便民”新举措和群众满意度测评方面均取得佳绩，“惠农卡”、“惠农通”被评为本次“惠企便民”新举措之一。

15日　浙江省常务副省长龚正同志批示赞扬浙江银行系统民主评议行风活动“时间不长，成效明显。望充分利用评议成果，切实落实整改措施，不断推动银行系统行风建设取得新的成绩”。

16日　浙江保监局下发《关于开展保险公司分支机构证照管理自查自纠工作的通知》，要求各公司针对亮证经营和证照相符情况开展自查自纠工作。

平安银行总行新任行长邵平莅临杭州分行调研走访，指导分行深入探索综合金融发展机遇。

北京银行杭州分行与青山湖科技城签署了总额为20亿元的战略合作协议。浙江省科技厅副厅长丁康生、浙江省财政厅副厅长魏跃华，临安市委副书记、青山湖科技城党工委副书记、管委会副主任黄海峰等领导参加了战略合作签约仪式。

18日　北京银行杭州分行举行了私人银行中心揭牌仪式。总行姚克满副行长一行参加了揭牌仪式。

19日　中国工商银行浙江省分行召开贯彻学习党的十八大会议精神大会。省分行领导出席会议，十八大代表、温州分行营业部副总经理金颖颖同志传达党的十八大会议相关情况，沈荣勤行长在会议上作重要讲话。

中国人寿浙江省分公司在海南博鳌举行了浙江国寿第五届营销组织发展论坛，对参加博鳌论坛的正式会员、大会讲师、主席团成员以及连续五届入围博鳌论坛的会员进行了颁奖，省分公司祝平总经理为国寿争霸赛中表现突出的6家获胜方地市分公司总经理颁奖。总公司个险销售部詹忠总经理、省分公司胡宏伟营销总监、浙江省保监局人身保险处负责人出席会议开幕式。各地市分公司总经理、分管个险副总经理，省分公司相关部门负责人、个险销售部相关人员，以及全省博鳌会员、营管人员共250余人参加会议。

20日　中国人民银行杭州中心支行

领导参加总行学习宣传贯彻党的十八大精神动员部署电视会议(杭州分会场)。

国家开发银行主承销杭州市城市建设投资集团有限公司10亿元私募债成功发行。

参加完2012海峡两岸小微金融发展研讨会的台湾学者一行到浙江泰隆商业银行考察交流,行长王官明、办公室主任孟凡武、计划财务部副总经理郑徐兵接待了来宾,并带领来宾参观了营业大厅、党群活动中心以及行史展厅。

21日 浙江保监局向环保厅发函《关于进一步推进环境污染责任保险工作的商榷函》,建议研究建立长效机制以推动环境污染责任险科学发展。

在由浙江省政府纠风办组织的全省银行系统民主评议行风活动中,浙江农信系统以总满意度93.65分排名第一的成绩获评群众满意度最高的银行。

22日 中国农业银行浙江省分行与温州市政府全面战略合作签约仪式在温州举行,双方就支持温州金融改革、重大基础设施建设、产业转型升级、小微企业发展和城镇化建设等签署了一揽子战略合作框架协议。

衢州市委常委、衢州绿色产业集聚区管委会党工委书记傅根友携党工委副书记、常务副主任徐长青,集聚区财政局局长兼衢州通盛投资开发有限公司董事长何荣第,集聚区财政局副局长汪铮一行在中国建设银行浙江省分行洽谈深化低丘缓坡合作事宜,双方就深化低丘缓坡开发合作达成一致。

中国光大银行金华分行举行开业仪式。

23日 温州金改实施细则出台。在温州金改12条中,"推动温州银行引进战略投资者、增资扩股、上市融资"成为深化地方金融机构改革发展的重要内容。

浙江省委组织部庄跃成副部长一行到省农信联社调研。

广发银行杭州分行召开了全辖战略指标推进视频会议。会议强调了存款、交叉营销、中小企业金融和债务融资工具等业务的重要战略意义。会议指出,分行在遇到诸多不利因素的困难局面下,经过全辖动员,全员行动,各项指标正在有序向前推进。

24日 由浙江省广东商会主办、广发银行杭州分行协办的浙江省广东商会成立庆典大会在杭州大剧院隆重召开。广发银行总行宗乐新副行长代表广发银行在商会成立庆典大会上致辞,杭州分行副行长王鑫炎与商会执行会长杜勤泽分别代表广发银行杭州分行、浙江省广东商会在战略合作协议上签字并互换签约文本,杭州分行行长韩立光与商会首任会长高宁为签约仪式鉴证。

25日 浙江保监局和省保险行业协会一起代表浙江保险业参加浙江电视台民生休闲频道《1818黄金眼》栏目主办的2012"彩虹计划"现场结对大会,为现场的42位困难学子提供了专门定制的保险产品和学习用品。

26日 平安银行台州分行(二级分行)正式对外试营业。

中国人寿浙江省分公司在杭州召开三届一次职工(会员)代表大会。会议审议通过了祝平总经理作的题为《奋力拓展创建卓越,推动公司持续较快发展》的工作报告。全省系统122名正式代表、15名列席代表、4名特邀嘉宾代表参加会议。

27日 浙江保监局与交通厅联合下发《关于调整道路客运车辆承运人责任险最低投保限额的通知》。

交通银行浙江省分行陆涛行长拜见浙

江省委副书记李强。李强副书记充分肯定了该行近年来改革发展和支持地方经济社会建设作出的贡献，对发展供应链金融服务、建设财富管理银行的创新理念和做法表示赞赏，希望浙江交行进一步发挥自身特色，不断完善金融服务质量，为浙江经济发展做出新的更大贡献。

上海浦东发展银行杭州分行成功办理总行系统内首个个人养老消费信贷项目，为入住“杭州市紫荆老年养生公寓”的优质客户发放首期贷款300万元。

平安银行总行首席内控执行官周立莅临杭州分行召开制度清理工作会议，检视分行合规内控工作。

28日 浙江银行业服务农民专业合作社现场推进会暨2012年浙江银行业“送金融知识下乡”活动在丽水举行，浙江省银监局包祖明副局长出席活动，省、市农办负责人，浙江银监局团委委员、机关团委和各银监分局团委书记，辖内相关银行业金融机构、农民专业合作社和市银行业协会负责人，共计130余人参加活动。

浙江省人大副主任、浙江大学党委书记金德水一行到省农信联社考察，指出浙江农信成绩来之不易，发展大有前途。省农信联社向浙大捐款支持浙大学子完成学业和参与国际交流。

29日 由《理财周报》主办的“2012第五届中国最受尊敬银行暨最佳零售银行评选”活动在北京揭晓，杭州银行幸福99理财继2011年收获“2011中国最佳银行财富管理品牌”外，再次获“2012中国最佳银行财富管理品牌”，同时斩获“2012中国最受欢迎城商行理财产品”及“2012中国最佳城商行零售银行”共三项大奖。

中国人民财产保险股份有限公司浙江省分公司在杭州召开第一届职工代表大会第二次会议，吴建林总经理作了题为《以人为本，推进科学发展；激流勇进，建设价值强司》的行政工作报告。

30日 中国人民银行杭州中心支行举办2012年青年课题组暨青年学术沙龙活动，张健华行长出席活动并讲话。

浙江银监局邀请省高院民二庭庭长章恒筑作“金融审判的若干问题”专题讲座。

中国银行浙江省分行中小企业业务部荣获全国金融五一劳动奖状，成为中行系统内获此殊荣的2家单位之一。

中国农业发展银行杭州市余杭支行、奉化市支行被授予“农发行系统文明单位”荣誉称号（农发银党〔2012〕162号）。

上海浦东发展银行杭州分行辖属桐庐支行开业。

中国民生银行杭州分行发起并成立了小微合作社社长俱乐部，并召开首次座谈会。首批来自杭州市的13家社长代表、浙江省中小企业局相关领导及部分经营机构客户经理参加会议。

上海银行杭州分行向安吉天子湖膨润土批量营销平台首批9户小微企业发放信贷资金。这是分行将小企业平台建设和“1＋N”供应链金融相结合，实现批量营销的又一创新模式。

中投信托有限责任公司在第八届北京国际金融博览会上荣获展会组委会颁发的“最佳企业形象奖”和“最受媒体关注奖”两个奖项。

11月末 浙江省委书记赵洪祝、省委副书记李强等领导到丽水出席“深化千万工程、建设美丽乡村”现场会，肯定浙江农信助农取款服务做得很好。浙江省农信系统各项贷款余额7202.11亿元，跻身全国农信首位。

华夏银行杭州分行在《钱江晚报》推出的“首届浙江省银行服务满意度”大型调查活动中，被授予了“2012年浙江省优质服务之星”称号。

中国邮政储蓄银行丽水市分行被国务院授予“全国新型农村和城镇居民社会养老保险工作先进单位”称号，金华市分行被浙江省人民政府授予“浙江省城乡居民社会养老保险工作先进单位”称号。

金华银行正式加入长三角票据联席会，是浙江省内继杭州银行后的第二家城商行会员。

永安期货、南华期货和浙商期货成为全国首批18家取得期货资产管理业务资格的公司。

中国信托业协会第二届会员大会第十一次会议审议通过了万向信托有限公司的入会申请，万向信托有限公司正式加入中国信托业协会，成为中国信托业协会的会员单位。

12月

1日 华融金融租赁股份有限公司再次被浙江省工商局评为“浙江省工商企业信用AAA级‘守合同重信用’”单位。

3日 浙江省社会科学界首届学术年会暨浙江省金融学会年会“金融改革与创新”学术专场召开。浙江省政府朱从玖副省长、中国人民银行杭州中心支行张健华行长出席会议并致辞。

中国农业银行浙江省分行与嘉兴市政府全面战略合作签约仪式在嘉兴举行，双方就支持嘉兴海洋经济发展和重点项目建设、实体经济发展和转型升级、城镇化建设、“科学发展示范点”建设等签署了一揽子战略合作框架协议。

浙江省副省长朱从玖到中国进出口银行浙江省分行调研分行经营发展等情况，就该行立足浙江实际，充分发挥政策性银行职能，为浙江经济金融发展所作出的贡献表示肯定。

杭州银行与杭州市慈善总会、长河高级中学三方在杭州长河高级中学举行了“杭州银行宏志班”专项慈善项目签约仪式。杭州银行吴太普董事长、杭州市教育局沈建平局长、杭州市民政局副局长、慈善总会会长余岱以及长河高级中学毛伟民校长在会上分别致辞。

5日 浙江省农信联社成功上线远期结售汇业务系统。

杭州银行年度国际业务结算量近日突破100亿美元，正式跻身年度国际结算量百亿美元的银行行列。

6日 浙商证券获得由《和讯网—第十届中国财经风云榜》评选颁发的“2012年最佳资产管理券商”称号。

7日 中国建设银行浙江省分行召开全省村镇银行工作会议，侯建培副行长作重要讲话。会议还特邀浙江银监农村中小金融机构非现场监管处郑联胜处长参加。

国家开发银行浙江省分行在浙江省中小企业协会会员大会上，当选为浙江省中小企业协会第一届常务理事单位。

江苏银行杭州分行首家综合性支行萧山支行开业并举办隆重开业仪式。

11日 浙江银监局邀请浙江省财经领导小组办公室专职副主任、省委政研室副主任沈建明同志联系浙江实际解读党的十八大精神。

中国银监会刘实副局长一行在浙江银监局包祖明副局长及相关人员陪同下，到中信银行杭州分行调研。中信银行杭州分行王利亚行长代表分行班子作了专题汇报，分行领导班子成员及相关部门负责人参加了调研会议。刘实副局长对中信银行杭州分行的案防工作给予充分肯定。

中国建设银行赵欢副行长在个人存款与投资部康义总经理、金融市场部谷裕总经理等陪同下到中国建设银行浙江省分行调研。

华融金融租赁股份有限公司在浙江省人民大会堂举行“民生领域融资租赁业务推介暨客户恳谈会”。浙江省人民政府金融工作办公室徐素荣副主任、浙江省财政厅魏跃华副厅长、中国人民银行杭州中心支行方志敏副行长、浙江银监局曹鸣凤纪委书记到会指导并作重要讲话；全省11个地级市及53个市县区政府办、金融办、财政、国资、教育、住房和城乡建设、交通、民政等主管部门以及相关企事业单位代表、新闻媒体200余人应邀出席会议。

12日 中国工商银行浙江省分行沈荣勤行长会见浙江省住房和城乡建设厅厅长谈月明同志等一行，双方共同商谈推进全省城镇化建设中的银政合作。

银监会案件稽查局刘实副局长一行到桐乡和北仑农信联社检查案件防控工作。

上海浦东发展银行杭州分行辖属舟山分行开业，标志着浦发银行在12家全国性股份制商业银行中，率先在浙江全省地级市实现了网点全覆盖。浙江省副省长朱从玖，浙江省副省长、舟山市委书记梁黎明，舟山市市长周国辉出席了舟山市政府和浦发银行杭州分行战略合作交流会。人民银行杭州中心支行副行长郑南源、浙江银监局副局长傅平江、人民银行舟山市中心支行行长吴勇敏、舟山银监分局局长郑子凯等参加了舟山分行开业典礼。

13日 作为佛教盛会的第十届观音文化节活动之一，中国建设银行普陀金全球首发仪式在舟山普陀岛成功举行。

2012年度中国电子银行年会暨中国电子银行年度金榜颁奖领奖典礼在北京举行，浙江农信荣获“2012年区域性商业银行最佳网上银行用户体验奖”。

华夏银行杭州分行组织参加“2012中国杭州十大产业展示交流会”，充分展示了华夏银行的良好品牌形象。

中国信达资产管理股份有限公司浙江省分公司参加了2012萧山金融环境推介会，并与萧山区政府签订全面战略合作协议。

中国人民财产保险股份有限公司杭州市分公司作为金融企业代表中唯一一家保险公司应邀参加了2012中国杭州十大产业展示交流会及发展论坛。

15日 由浙江省国际金融学会和浙江青年传媒集团共同举办的“2012年度十佳理财师、金牌理财团队和私人银行团队”总决赛上，中国农业银行浙江省分行私人银行部团队荣获“浙江省金牌私人银行团队”称号，1名员工荣获“浙江省十佳理财师”称号。

广发银行杭州分行为杭城居民和广大客户倾力打造的新年文化大餐——“广发之夜”上海爱乐乐团新年音乐会在浙江省人民大会堂举行，同时特邀青海玉树的老师及孩子们前来欣赏上海爱乐交响乐团的精彩演出，并向孩子们送去了新年礼物和文化体育用品，受到了广大忠实观众和各大媒体的广泛好评。

17日 浙江保监局出台《关于加强人身保险高龄客户权益保护工作的指导意见》。

由金融时报社与中国社会科学院金融研究所联手打造的权威评选品牌——中国金融机构金牌榜“金龙奖”在京举行了颁奖盛典。杭州银行同时荣获“年度最佳公司治理中小银行”和“年度最具品牌价值中小银行”两项殊荣。

18日 中国建设银行杭州第一家村镇银行淳安建信村镇银行隆重开业。建行股权投资与战略合作部谢瑞平副总经理及中国建设银行浙江省分行侯建培副行长出席庆典并致辞。

中国民生银行绍兴柯桥支行正式开业。

浙江银监局下发《浙江银监局办公室关于"夯实统计信息基础，提升银行业数据质量"竞赛活动评比结果的通报》（浙银监办〔2012〕423号），恒丰银行杭州分行员工曲丽燕获得"提升银行业数据质量突出贡献个人"荣誉称号。

中国信达资产管理股份有限公司浙江省分公司与中投信托有限责任公司签订全面合作协议。根据协议，双方将在融资、信贷资产转让与回购、资产处置、融资租赁、信托、投资银行、保险、期货、基金、业务创新、客户共享、共享渠道等领域开展合作。

19日 中信银行陈小宪常务副董事长到杭州开展工作调研，与杭州分行领导班子及相关部门负责人进行了座谈。

20日 江苏银行杭州分行"小快灵"系列产品荣获2012年度新锐浙商合作伙伴榜暨"最受新锐浙商喜爱的金融服务产品品牌"。

中投信托有限责任公司"中投·能源1号现金管理集合资金信托计划"成功设立，首期募集资金规模30亿元，投资于山西省能源项目。该项目是中投信托完成重组以来最大单体规模集合资金信托计划。

万向信托有限公司与民生银行杭州分行成功签署战略合作协议，双方正式结为战略合作伙伴。

21日 中国工商银行浙江省分行沈荣勤行长参加总行改革发展研讨会并就《浙江经济社会转型对银行的机遇和挑战》作主题发言。

24日 中国人民银行杭州中心支行副行长王利平一行到华夏银行杭州分行进行了反洗钱现场检查并召开了检查见面会。

25日 江苏银行杭州分行在杭州电视台组织的评奖活动中荣获"2012年最佳城市商业银行"称号。

26日 平安银行台州分行（二级分行）正式对外试营业。

浙江银行业协会下发《关于表彰"浙江省银行业2012年度文明规范服务示范单位"的决定》（浙银协〔2012〕96号），中国民生银行杭州分行、恒丰银行杭州分行辖属绍兴支行、上海银行萧山支行营业部、台州银行杭州支行营业部荣获"2012年度浙江省银行业文明规范服务示范单位"称号。

27日 浙江保监局出台《关于加强人身险客户信息资料真实性管理的指导意见》。

国家开发银行浙江省分行与省农业厅签订《共同推进开发性金融支持浙江农业现代化建设合作协议》。根据协议，双方将结合政府组织协调优势和开行融资服务优势，创新机制，加大信贷支农力度，重点支持国家现代农业示范区、省级粮食生产功能区、省级现代农业园区建设。

平安银行总行首席内控执行官周立莅临杭州分行召开制度清理工作会议，检视分行合规内控工作。

温州银行丽水分行作为温州银行跨区设立的第5家分行隆重开业。丽水分行的设立，是温州银行加快推进"立足温州、布局浙江、进军长三角"跨区域经营发展战略的又一重要举措。

28日 国家开发银行浙江省分行向统贷平台——温州金融投资集团有限公司发放专项中小企业贷款930万元。该业务通过构筑小微企业社会融资平台，缓解小微企业融资难问题，是国开行探索普惠金融，支持温州金融改革的实质性成果。

信达浙金（浙江）投资管理有限公司注册成立，注册地为杭州萧山。中国信达资产管理股份有限公司浙江省分公司将以信达浙金（浙江）投资管理有限公司为载体，在信达资本的指导下，在浙江地区大力开展重振基金业务。

万向信托有限公司与杭州联合银行成功签署战略合作协议，双方正式结为战略合作伙伴。

中国人民财产保险股份有限公司浙江省分公司成功签下机动车机械部件延长保修责任保险试点地区内第一单。

30日 2012年第五届浙商年会暨浙商发展研究院（浙商智库）成立大会在杭州召开，中国工商银行浙江省分行、杭州工商信托荣获“2012浙商最信赖金融机构”奖牌，中国农业银行浙江省分行荣获“2012浙商最信赖国有控股银行”荣誉称号，上海银行杭州分行、南京银行杭州分行荣获“2012浙商最信赖城市商业银行”称号，台州银行被评为最佳中小企业服务银行。

江苏银行杭州分行首家小微企业专营支行拱墅支行正式获批。

万向财务有限公司荣获浙江省国际金融学会、浙江国际金融专家委员会组织评选的“2012浙江金融优秀企业”奖牌。公司总裁傅志芳荣获“2012年度浙江金融功勋人物”称号。

31日 浙江省委副书记、代省长李强，副省长朱从玖，杭州市市长邵占维等领导一行来到中国人民银行杭州中心支行慰问年终决算工作。张健华行长主持召开市领导年终决算慰问汇报会。

浙江省委副书记、代省长李强一行到中国建设银行浙江省分行，视察了中国建设银行钱江支行并对支行营业大厅的员工们进行年终慰问。副省长朱从玖、省政府秘书长张鸿铭、省政府副秘书长、省金融办主任丁敏哲、省政府副秘书长冯波声、中国人民银行杭州中心支行行长张健华、浙江银监局局长韩沂、省政府办公厅副主任朱重烈、省金融办副主任盛益军等陪同。中国建设银行浙江省分行黄先俊行长等陪同视察。

浙江省省委副书记、代省长李强，副省长朱从玖一行亲切慰问交通银行浙江省分行、杭州银行等行干部员工。李强一行代表省政府慰问了正在年终决算的干部员工，并通过视频向所有网点员工致以新年祝福。

宁波银监局下发了《关于同意筹建台州银行股份有限公司宁波分行的批复》（甬银监复〔2012〕691号），同意台州银行筹建宁波分行。

12月末 浙江保监局以“破两难”为重点，组织各保险行业协会以规定动作和自选动作相结合的“3＋N”为主题，在辖区开展了“浙江保险知识宣传接力”活动，并在活动中统一印制了《车险理赔一册通》和《人寿保险一册通》，分发了保险漫话图册和书签。

浙江农信被全国农信银授予“2012年度全国农信银支付清算系统运维管理先进单位”称号和“2012年度农信银共享电子商业汇票系统应用突出贡献奖”。在浙江省委组织的“万人评组工”满意度测评活动中，浙江省农信联社满意度排名连续3年位居省属企业前五名。

浙江农信联社资金业务管理系统中债直联通过验收，成为全国首家通过验收的农信机构。

德清、义乌、镇海、定海、临海五家农商行相继挂牌开业。

浙商银行2012年新增小企业专营机构11家，开发“放得快”等小贷产品超额完成国标小微企业贷款“两个不低于”的监管要求，余额占全部贷款比重超1/4，达到25.18%，占比在12家全国性股份制银行中名列前茅。全年承销债务融资工具212.

77亿元，同比增长336.90%，其中发行中小企业集合票据6只、11.27亿元，分别占全国银行间市场集合票据发行只数和金额的13.64%和11.46%；成功主承销浙江股权交易中心首单私募债。获评“2012年中国区最具竞争力银行投行”大奖及“最佳中期票据”项目奖。开展了“2012浙商银行彩虹计划”、捐赠百万资助苏州大学优秀贫困学生，积极履行企业社会责任，获评“最佳社会责任实践案例奖”。

在《银行家》杂志年度“中国金融创新奖”评选中，浙江稠州商业银行荣获“十佳金融产品创新奖”和“十佳金融产品营销奖”。

浙江泰隆商业银行被浙江省人民政府授予“浙江省就业先进企业”荣誉称号，是全省获此殊荣的唯一一家金融机构。

2012年中国东方资产管理公司杭州办事处结合浙江经济发展特点，创新业务模式，产品不断丰富，创利能力不断提升，使杭州办事处商业化新业务有了实质性的推进和发展，在全辖区内处于领先地位。

中国信达资产管理股份有限公司浙江省分公司为浙商银行承销发行的浙江省2012年度中小企业集合票据共3单共计5.77亿元的票据提供增信服务和收购承诺。该项业务既开拓了金融服务范围，又为中国信达资产管理股份有限公司浙江省分公司创造了中间业务收入。

在由金融时报社联合中国社会科学院金融研究所共同举办的“2012中国金融机构金牌榜·金龙奖”评选活动中，杭州工商信托被评为“年度最佳财富管理信托公司”，是继公司于2010年摘得“年度最佳主动管理信托公司”奖项后在该项评选活动中再度获得的又一殊荣。在浙江经视主办的“浙江资本力量年度盛典”暨“2012年度浙江金融业传媒大奖”、“2012年度浙江地产风云榜”颁奖典礼上，杭州工商信托荣获浙江金融业传媒大奖“最佳财富管理金融机构”奖项。

第六部分

2012 年浙江省金融机构名录

ZHEJIANG JINRONG NIANJIAN

2012年浙江省金融机构名录

中国人民银行在浙机构

杭州中心支行

行　　长：张健华
巡 视 员：刘仁伍
副 行 长：李　虹　王利平　方志敏
　　　　　郑南源　朱文剑
纪委书记：应兆祥
工会主任：萧　鸣
助理巡视员：郭安娜
地　　址：杭州市延安路149号
邮政编码：310001
电　　话：87686688

萧山区支行

行　　长：楼　航
地　　址：杭州市萧山区金城路258号
邮政编码：311200
电　　话：83869989

余杭区支行

行　　长：郑如忠
地　　址：杭州市余杭区临平镇九曲营路21号
邮政编码：311100
电　　话：86220918

富阳市支行

行　　长：王健敏
地　　址：富阳市春秋北路118号
邮政编码：311400
电　　话：63322534

临安市支行

行　　长：楼　华
地　　址：临安市锦城镇城中街235号
邮政编码：311300
电　　话：63722746

桐庐县支行

行　　长：戴茂青
地　　址：桐庐县桐庐街道迎宾路56号
邮政编码：311500
电　　话：64624670

建德市支行

行　　长：顾锦杰
地　　址：建德市新安东路67号
邮政编码：311600
电　　话：64796921

淳安县支行

行　　长：阙洪潮
地　　址：淳安县千岛湖镇排岭南路16号
邮政编码：311700
电　　话：64813976

宁波市中心支行

行　　长：宋汉光
副 行 长：谢伟江　王海龙　胡春霖
　　　　　周伟军
纪委书记：刘　孟
工会主任：宋建江
地　　址：宁波市江东北路138号
邮政编码：315040
电　　话：87333266

宁波经济技术开发区支行

行　　长：胡菁菁
地　　址：宁波市北仑区新碶明州西路185号
邮政编码：315800
电　　话：86221948

慈溪市支行

行　　长：杨　奕
地　　址：慈溪市寺山路173号
邮政编码：315300
电　　话：63027265

余姚市支行
行　　长：龚柏新
地　　址：余姚市长城路 1 号
邮政编码：315400
电　　话：62634236

奉化市支行
行　　长：卓祖勇
地　　址：奉化市庄山路 38 号
邮政编码：315500
电　　话：88524915

宁海县支行
行　　长：谢幸福
地　　址：宁海县跃龙街道中山中路 91 号
邮政编码：315600
电　　话：65583531

象山县支行
行　　长：周传聪
地　　址：象山县丹城靖南路 259 号
邮政编码：315700
电　　话：65722571

温州市中心支行
行　　长：吴国联
副 行 长：钱敏泽　蔡灵跃　周松山
　　　　　周　智
纪委书记：章利平
助理调研员：周道林
地　　址：温州市行政中心区府东路东侧
邮政编码：325009
电　　话：88015671

乐清市支行
行　　长：许道飞
副 行 长：金　毅　王剑波
地　　址：乐清市乐成镇建设中路 70 号
邮政编码：325600
电　　话：62524334

瑞安市支行
行　　长：王连国
副 行 长：丁建设　金朝培
地　　址：瑞安市万松路 75 号
邮政编码：325200
电　　话：65611821

苍南县支行
行　　长：张步湘
副 行 长：叶高超　郑　群
地　　址：苍南县灵溪镇玉苍路 88 号
邮政编码：325800
电　　话：64761985

永嘉县支行
行　　长：宋征威
副 行 长：倪志杰　李建国
地　　址：永嘉县上塘镇永建路 281 号
邮政编码：325100
电　　话：67223306

平阳县支行
行　　长：林肖亮
副 行 长：蔡家传　吴建胜
地　　址：平阳县敖江镇吉祥路 100 号
邮政编码：325401
电　　话：63657058

文成县支行
行　　长：郑维坚
副 行 长：赵海尉　陈明玉
地　　址：文成县邮政路 72 号
邮政编码：325300
电　　话：67861673

泰顺县支行
行　　长：夏剑武
副 行 长：林小云　盛普凡
地　　址：泰顺县罗阳镇建设路 66 号
邮政编码：325500
电　　话：67582010

洞头县支行
行　　长：王振炎
副 行 长：黄招勇　葛少渊
地　　址：洞头县北岙镇迎宾路 7 号
邮政编码：325700
地　　址：63483274

嘉兴市中心支行
行　　长：褚小平
副 行 长：朱　宏　张一兵
地　　址：嘉兴市中环南路 1385 号
邮政编码：314050
电　　话：82166123

海宁市支行
行　　长：左国良
地　　址：海宁市勤俭路3号
邮政编码：314400
电　　话：87222723

平湖市支行
行　　长：裴洁萍
地　　址：平湖市当湖街道南市路124号
邮政编码：314200
电　　话：85116326

嘉善县支行
行　　长：沈　伟
地　　址：嘉善县魏塘街道解放东路28号
邮政编码：314100
电　　话：84026006

桐乡市支行
行　　长：胡菊新
地　　址：桐乡市梧桐街道园林路36号
邮政编码：314500
电　　话：88021052

海盐县支行
行　　长：张星荃
地　　址：海盐县武原镇秦山路99号
邮政编码：314300
电　　话：86021267

湖州市中心支行
行　　长：王维强
副 行 长：刘红庆　郑锦国　喻晓岚
地　　址：湖州市东街91号
邮政编码：313000
电　　话：2362665

德清县支行
行　　长：陈　航
副 行 长：吴鸿权
地　　址：湖州市德清县武康镇永安街42号
邮政编码：313200
电　　话：8065292

长兴县支行
行　　长：陈爱忠
副 行 长：郭正江　邱建中
地　　址：湖州市长兴县金陵中路666号
邮政编码：313100
电　　话：6201878

安吉县支行
行　　长：李　钢
副 行 长：顾世伟　石荣海
地　　址：湖州市安吉县递铺镇胜利路266号
邮政编码：313300
电　　话：5128803

绍兴市中心支行
行　　长：陈　隆
地　　址：绍兴市人民中路339号
邮政编码：312000
电　　话：85209001

诸暨市支行
行　　长：周琼英
地　　址：诸暨市艮塔路23号
邮政编码：311800
电　　话：87017333

上虞市支行
行　　长：葛菁菁
地　　址：上虞市百官街道新建路218号
邮政编码：312300
电　　话：82216776

嵊州市支行
行　　长：郑善彪
地　　址：嵊州市西前街88号
邮政编码：312400
电　　话：83018108

新昌县支行
行　　长：陈林妃
地　　址：新昌县城关镇鼓山中路48号
邮政编码：312500
电　　话：86022943

金华市中心支行
行　　长：李晓叶
副 行 长：金桂华　翁国华　沈　州
　　　　　孙忠喜　付　赞
纪委书记：蒋国忠
工会主任：胡尚林
助理调研员：骆守明
地　　址：金华市光南路726号

邮政编码：321015
电　　话：82178618

兰溪市支行

行　　长：徐　宏
地　　址：兰溪市丹溪大道19号
邮政编码：321100
电　　话：88885042

义乌市支行

行　　长：傅　赞
地　　址：义乌市篁园路112号
邮政编码：322000
电　　话：85459293

东阳市支行

行　　长：沈伟新
地　　址：东阳市人民路74号
邮政编码：322100
电　　话：86622694

永康市支行

行　　长：应　儿
地　　址：永康市金城路9号
邮政编码：321300
电　　话：87216119

浦江县支行

行　　长：黄立新
地　　址：浦江县中山北路1号
邮政编码：322200
电　　话：84111712

武义县支行

行　　长：黄兴强
地　　址：武义县武阳西路8号
邮政编码：321200
电　　话：87669267

磐安县支行

行　　长：陈旭林
地　　址：磐安县海螺街12号
邮政编码：322300
电　　话：84662091

衢州市中心支行

行　　长：周　丽
副 行 长：阮建明　徐韶华
纪委书记：汪　毅
工委主任：郑　卫
地　　址：衢州市白云街道三江东路10号
邮政编码：324000
电　　话：3386002

龙游县支行

行　　长：郑登四
地　　址：龙游县城荣昌路
邮政编码：324400
电　　话：7022798

江山市支行

行　　长：吴金龙
地　　址：江山市解放路112号
邮政编码：324100
电　　话：4018165

常山县支行

行　　长：曹　英
地　　址：常山县胜利街21号
邮政编码：324200
电　　话：5014173

开化县支行

行　　长：吴国庆
地　　址：开化县芹北路11号
邮政编码：324300
电　　话：6014204

台州市中心支行

行　　长：肖宗富
副 行 长：蒋文超　江婉芬
纪委书记：吴慧敏
工会主任：杨齐利
助理调研员：蔡国玲　李宏成
地　　址：台州市椒江区东环大道310号
邮政编码：318000
电　　话：83978818　88869151

临海市支行

行　　长：戴永平
地　　址：临海市巾山中路81—2号
邮政编码：317000
电　　话：85111509

三门县支行

行　　长：丁平安
地　　址：三门县海游镇交通路下洋巷1号
邮政编码：317100
电　　话：83335864

天台县支行

行　　长：张碧荣
地　　址：天台县城关镇人民西路1号
邮政编码：317200
电　　话：83881657

仙居县支行

行　　长：叶肖剑
地　　址：仙居县城关镇光明路1号
邮政编码：317300
电　　话：87773312

黄岩区支行

行　　长：陈正达
地　　址：台州市黄岩区横街路269号
邮政编码：318020
电　　话：84112019

温岭市支行

行　　长：于战平
地　　址：温岭市万寿路113号
邮政编码：317500
电　　话：86223213

玉环县支行

行　　长：叶　程
地　　址：玉环县城关镇玉兴西路10号
邮政编码：317600
电　　话：87222528

丽水市中心支行

行　　长：孔祖根
副 行 长：王筱琴　陈明亮　汤春玉
纪委书记：刘宣祥
工会主任：应国虎
助理调研员：朱海山
地　　址：丽水市丽阳街561号
邮政编码：323000
电　　话：2134900

龙泉市支行

行　　长：王培林
地　　址：龙泉市龙渊镇中山西路37号
邮政编码：323700
电　　话：7123157

缙云县支行

行　　长：朱兴枝
地　　址：缙云县五云镇黄龙路29号
邮政编码：321400
电　　话：3216330

青田县支行

行　　长：叶晓东
地　　址：青田县鹤城镇龙津路120号
邮政编码：323900
电　　话：6832314

遂昌县支行

行　　长：吕晓锋
地　　址：遂昌县妙高镇公园路97号
邮政编码：323300
电　　话：8124644

云和县支行

行　　长：何献平
地　　址：云和县云和镇中山路9号
邮政编码：323600
电　　话：5122991

松阳县支行

行　　长：张益农
地　　址：松阳县西屏镇新华路105号
邮政编码：323400
电　　话：8063349

景宁县支行

行　　长：潘华珠
地　　址：景宁县鹤溪镇建设路9号
邮政编码：323500
电　　话：5082655

庆元县支行

行　　长：李　斌
地　　址：庆元县松源镇云鹤路20号
邮政编码：323800
电　　话：6057600

舟山市中心支行

行　　长：吴勇敏
地　　址：舟山市定海区昌国路26号
邮政编码：316000
电　　话：2061108

普陀区支行

行　　长：陈飞达
地　　址：舟山市普陀区东港麒麟街233号
邮政编码：316100
电　　话：3012750

岱山县支行

行　　长：韩　平
地　　址：舟山市岱山县高亭镇人民路116号
邮政编码：316200
电　　话：4472675

嵊泗县支行

行　　长：俞　晖
地　　址：舟山市嵊泗县菜园镇沙河路239号
邮政编码：202450
电　　话：5084324

中国银行业监督管理委员会在浙机构

浙江监管局

负 责 人：韩　沂
地　　址：杭州市解放路187号
邮政编码：310003
电　　话：87189900

温州监管分局

负 责 人：赵秀乐
地　　址：温州市车站大道福森大厦2楼
邮政编码：325000
电　　话：88108888

嘉兴监管分局

负 责 人：周立新
地　　址：嘉兴市秀洲区新城街道新平路21号
邮政编码：314031
电　　话：82066511

湖州监管分局

负 责 人：徐卫国
地　　址：湖州市益民路33号
邮政编码：313000
电　　话：2288104

绍兴监管分局

负 责 人：夏朝光
地　　址：绍兴市延安路226号
邮政编码：312000
电　　话：88588200

金华监管分局

负 责 人：陈兆水
地　　址：金华市八一南路123号
邮政编码：321017
电　　话：82320073

衢州监管分局

负 责 人：赵益洪
地　　址：衢州市斗潭西安路42号
邮政编码：324000
电　　话：3053365

台州监管分局

负 责 人：毛长才
地　　址：台州市椒江区中山西路2号
邮政编码：318000
电　　话：88553600

丽水监管分局

负 责 人：周明强
地　　址：丽水市中山街505号
邮政编码：323000
电　　话：2161061

舟山监管分局

负 责 人：郑子凯
地　　址：舟山市定海西大街44号
邮政编码：316000
电　　话：2061037

宁波监管局

负 责 人：吉　明
地　　址：宁波市江东北路138号
邮政编码：315040
电　　话：87737580

中国证券监督管理委员会在浙机构

浙江监管局

局　　长：吕逸君
副 局 长：蔡建春　傅　敏　蒋潇华　韩　薇
地　　址：杭州市文三路90号1号楼3楼
邮政编码：310012
电　　话：88473333

宁波监管局

局　　长：邵锡秋
副 局 长：陆意琴　王章明
地　　址：宁波市江东区中兴路737号天润商座A座10层

邮政编码：315040
电　　话：87325107

中国保险监督管理委员会在浙机构

浙江监管局

局　　长：吴勉坚
副 局 长：邓季达　刘　钢　汤学斌
纪委书记：刘　钢(兼)
地　　址：杭州市体育场路105号凯喜雅大厦12楼
邮政编码：310004
电　　话：85777751

温州监管分局

局　　长：孙峥嵘
副 局 长：潘　军
局长助理：任　虹
纪委书记：潘　军(兼)
地　　址：温州市锦绣路锦绣中城大厦11楼
邮政编码：325002
电　　话：89887315

宁波监管局

局　　长：邓俊辉
副 局 长：姜国富　杨立旺
纪委书记：姜国富(兼)
地　　址：宁波市惊驾路555号泰富广场A座16—17楼
邮政编码：315042
电　　话：87848525

中国工商银行在浙机构

浙江省分行

行　　长：沈荣勤
副 行 长：田大章　叶定金　吴翔江
　　　　　李海明　宋关昶　侯念东
纪委书记：刘岩方
行长助理：张松财　邵锦华
工委主任：蔡航雁
高级专家：卜克强
专　　家：潘复生
地　　址：杭州市中河中路150号
邮政编码：310009
电　　话：87803888

省分行营业部

总 经 理：杨　忆
副总经理：李蒙飞　王夫守　刘树浙
　　　　　朱文彪　郁　晨　胡　敏
纪委书记：朱文彪(兼)
总经理助理：胡　寅　包伶捷
地　　址：杭州市庆春路90号
邮政编码：310003
电　　话：87227000

营业部本级

行　　长：沈维嘉
地　　址：杭州市庆春路90号
邮政编码：310003
电　　话：87227498

羊坝头支行

行　　长：钟伟刚
地　　址：杭州市中山中路261号
邮政编码：310001
电　　话：87132866

解放路支行

行　　长：徐立维
地　　址：杭州市解放路223号
邮政编码：310001
电　　话：87925508

庆春路支行

行　　长：方　晓
地　　址：杭州市下城区庆春路188号
邮政编码：310003
电　　话：87792988

江城支行

行　　长：汤　铭
地　　址：杭州市上城区江城路348号
邮政编码：310002
电　　话：86079015

湖墅支行

行　　长：李震宇
地　　址：杭州市拱墅区湖墅南路377号
邮政编码：310005
电　　话：88377166

西湖支行
行　　长：张　杭
地　　址：杭州市上城区延安路300号
邮政编码：310006
电　　话：87781866

半山支行
行　　长：张超尔
地　　址：杭州市拱墅区半山路66—70号
邮政编码：310022
电　　话：88130031

武林支行
副 行 长：陈　晓（主持工作）
地　　址：杭州市下城区体育场路399号
邮政编码：310006
电　　话：28988168

高新支行
行　　长：王晓澜
地　　址：杭州市西湖区文二路391号
邮政编码：310012
电　　话：89961388

保俶支行
副 行 长：马　玲（主持工作）
地　　址：杭州市西湖区天目山路48号
邮政编码：310012
电　　话：28115966

城站支行
行　　长：张　飚
地　　址：杭州市上城区解放路20号
邮政编码：310009
电　　话：87171058

艮山支行
行　　长：蒋顺根
地　　址：杭州市下城区环城北路4号
邮政编码：310004
电　　话：85195515

经济开发区支行
行　　长：方　晓（兼）
地　　址：杭州市经济技术开发区迎宾路
邮政编码：310018
电　　话：86837858

钱江支行
副 行 长：周继明（主持工作）
地　　址：杭州市滨江区江晖路1761—1767号
邮政编码：310053
电　　话：86732600

朝晖支行
行　　长：林金平
地　　址：杭州市下城区朝晖路220号
邮政编码：310014
电　　话：85300965

开元支行
副 行 长：夏　明（主持工作）
地　　址：杭州市西湖区求是路公元大厦
邮政编码：310013
电　　话：87833730

浣纱支行
行　　长：孙亦楠
地　　址：杭州市上城区将军路1号
邮政编码：310001
电　　话：87227378

众安支行
行　　长：龙卫东
地　　址：杭州市上城区庆春路159号
邮政编码：310006
电　　话：85860113

之江支行
行　　长：徐锡茂
地　　址：杭州市下城区凤起路98号
邮政编码：310003
电　　话：85802068

延中支行
行　　长：王卫东
地　　址：杭州市下城区延安路314号
邮政编码：310006
电　　话：87077855

拱宸支行
行　　长：吕　群
地　　址：杭州市拱墅区台州街19号
邮政编码：310015
电　　话：88285901

城东支行
行　　长：汪德亮
地　　址：杭州市江干区新塘路17—1、

17—2、17—3号
邮政编码：310016
电　　话：86036133

萧山支行

行　　长：施锡昌
地　　址：杭州市萧山区城河街54号
邮政编码：311201
电　　话：82626049

江南支行

行　　长：汪忠良
地　　址：杭州市萧山区市心北路191—193号
邮政编码：311500
电　　话：83696901

萧东支行

行　　长：张昱人
地　　址：杭州市萧山区瓜沥镇东灵北路1号
邮政编码：311241
电　　话：83525200

桐庐支行

行　　长：郑　斌
地　　址：桐庐县城广场路169号
邮政编码：311500
电　　话：64615988

富阳支行

行　　长：余爱萍
地　　址：富阳市富阳镇富春路47号
邮政编码：311400
电　　话：63321655

临安支行

行　　长：顾　钧
地　　址：临安市锦城镇城中街101号
邮政编码：311300
电　　话：63721350

余杭支行

行　　长：俞英姿
地　　址：杭州市余杭区邱山大街251号
邮政编码：311100
电　　话：86225534

城西支行

行　　长：陆　峰
地　　址：杭州市余杭区仓前镇科技创业中心6幢6单元101室
邮政编码：310007
电　　话：85833666

建德支行

行　　长：沈春平
地　　址：建德市新安江镇新安路74号
邮政编码：311600
电　　话：64799021

淳安支行

行　　长：张晓华
地　　址：淳安县千岛湖镇排岭南路14号
邮政编码：311700
电　　话：64813385

宁波分行

行　　长：俞　龙
副 行 长：董继松　江甬辉　蔡志文　陈　霄　郑东林　郑　晔
纪委书记：严爱兵
地　　址：宁波市中山西路218号
邮政编码：315010
电　　话：87361135

分行营业部

负 责 人：潘海英
地　　址：宁波市中山西路218号
邮政编码：305010
电　　话：87361890

东门支行

负 责 人：刘　忠
地　　址：宁波市江厦街43号
邮政编码：315000
电　　话：87346431

鼓楼支行

负 责 人：徐　艳
地　　址：宁波市中山西路69号
邮政编码：315010
电　　话：87324899

江东支行

负 责 人：林宜国
地　　址：宁波市中兴路759—773号(单号)
邮政编码：315040

电　　话：87336286

兴宁支行

负 责 人：尤寅生

地　　址：宁波市兴宁路44—1号

邮政编码：315040

电　　话：87852919

新城支行

负 责 人：毛虹波

地　　址：宁波市江东区中兴路572—578号

邮政编码：315040

电　　话：87727066

江北支行

负 责 人：朱逸文

地　　址：宁波市人民路73号

邮政编码：315020

电　　话：87356220

国家高新区支行

负 责 人：夏建平

地　　址：宁波市江南路582—586号

邮政编码：315040

电　　话：87909870

镇海支行

负 责 人：孔建国

地　　址：宁波市镇海区苗圃路28号

邮政编码：315200

电　　话：86298818

北仑支行

负 责 人：陈庆华

地　　址：宁波市北仑区中河路15号

邮政编码：315800

电　　话：86882802

经济技术开发区支行

负 责 人：贺明国

地　　址：宁波开发区金融大楼

邮政编码：315803

电　　话：86223693

保税区支行

负 责 人：徐　明

地　　址：宁波市北仑区庐山西路158号保税南区弘基广场5—8号

邮政编码：315800

电　　话：86885119

大榭支行

负 责 人：孙　卫

地　　址：宁波大榭开发区行政商务区C—5地块

邮政编码：315812

电　　话：86768855

镇海石化支行

负 责 人：范黔影

地　　址：宁波市镇海区蛟川街道炼化路218号

邮政编码：315207

电　　话：86456971

鄞州支行

负 责 人：戴立荣

地　　址：宁波市鄞州区天银路1号

邮政编码：315040

电　　话：87378733

余姚支行

负 责 人：张伟明

地　　址：余姚市新建路58号

邮政编码：315400

电　　话：62623933

慈溪支行

负 责 人：张一飞

地　　址：慈溪市浒山街道三北西大街198号

邮政编码：315300

电　　话：63810885

象山支行

负 责 人：裘建雄

地　　址：象山县靖南大街318号

邮政编码：315700

电　　话：65711588

奉化支行

负 责 人：周绍崇

地　　址：奉化市公园路19号

邮政编码：315500

电　　话：88522396

宁海支行

负 责 人：王旭东

地　　址：宁海县跃龙街道桃源中路185号

邮政编码：315600

电　　话：65562130

温州分行

行　　长：侯念东(兼)
副 行 长：张田茜　卓仲强　陶　飚
　　　　　颜晓春　金小山　杨小武
　　　　　邓逢春
纪委书记：卓仲强
工会主席：戴　坚
地　　址：温州市人民东路2号工行大厦
邮政编码：325003
电　　话：88871071

分行营业部

总 经 理：陈　锋
地　　址：温州市人民东路2号工行大厦
邮政编码：325003
电　　话：88823214

鹿城支行

行　　长：叶傲霜
地　　址：温州市车站大道神力大厦
邮政编码：325000
电　　话：88998390

城东支行

行　　长：徐克加
地　　址：温州市环城东路东门大厦
邮政编码：325000
电　　话：88186777

马鞍池支行

行　　长：董志伟
地　　址：温州市飞霞南路银霞大厦
邮政编码：325003
电　　话：88829488

城西支行

行　　长：蔡　丰
地　　址：温州市杏花路188号
邮政编码：325000
电　　话：88531570

市中支行

行　　长：叶小舟
地　　址：温州市吴桥路口利府花苑
邮政编码：325000
电　　话：88631451

经济技术开发区支行

副 行 长：钱　斌(主持工作)
地　　址：温州市新城大道新城大厦
邮政编码：325003
电　　话：88917390

瓯海支行

行　　长：李战胜
地　　址：温州市瓯海区振瓯路33号
邮政编码：325005
电　　话：88534543

龙湾支行

副 行 长：叶笃林(主持工作)
地　　址：温州市龙湾区永中街道永强路32号
邮政编码：325024
电　　话：86889006

永嘉支行

行　　长：刘华锋
地　　址：永嘉县瓯北镇双塔路工行大楼
邮政编码：325102
电　　话：67999801

瑞安支行

行　　长：邓逢春(兼)
地　　址：瑞安市万松路74号
邮政编码：325200
电　　话：65613387

乐清支行

行　　长：杨小武(兼)
地　　址：乐清市宁康东路168号
邮政编码：325600
电　　话：62573119

平阳支行

行　　长：黄向东
地　　址：平阳县鳌江镇新河中路68—70号
邮政编码：325401
电　　话：63620801

苍南支行

行　　长：郑思全
地　　址：苍南县灵溪镇玉苍路127—151号
邮政编码：325800
电　　话：68711002

文成支行

行　　长：王汉勇

地　　址：文成县大峃镇县前街 139 号

邮政编码：325300

电　　话：67861719

泰顺支行

行　　长：陈忠理

地　　址：泰顺县罗阳镇东大街 12 号

邮政编码：325500

电　　话：67582388

洞头支行

行　　长：蔡　鹏

地　　址：洞头县北岙镇连城大道迪特大楼

邮政编码：325700

电　　话：63382108

五马支行

行　　长：陈　骊

地　　址：温州市大南门诚达大厦

邮政编码：325000

电　　话：88869801

城南支行

行　　长：姜　来

地　　址：温州市学院西路 83 号

邮政编码：325000

电　　话：56802222

嘉兴分行

行　　长：沈　忻

副 行 长：洪跃庆　马敏娟

纪委书记：洪跃庆(兼)

行长助理：艾　欣　朱华斌　吕　忠

地　　址：嘉兴市禾兴南路 419 号

邮政编码：314001

电　　话：82067166

嘉善支行

行　　长：顾金华

地　　址：嘉善县魏塘镇解放东路 8 号

邮政编码：314100

电　　话：84025068

平湖支行

行　　长：张晓峰

地　　址：平湖市人民西路 300 号

邮政编码：314200

电　　话：85038188

海宁支行

行　　长：吕　忠(兼)

地　　址：海宁市海昌路 106 号

邮政编码：314400

电　　话：87224421

海盐支行

行　　长：徐建煜

地　　址：海盐县武原镇新桥南路 87 号

邮政编码：314300

电　　话：86031617

桐乡支行

副 行 长：冯小华(主持工作)

地　　址：桐乡市梧桐街道振兴西路 3 号

邮政编码：314500

电　　话：88109039

湖州分行

行　　长：李　强

副 行 长：宋　军　王锦平

纪委书记：王乃瑶

行长助理：张志平

工会主席：许　勤

地　　址：湖州市红旗路 48 号

邮政编码：313000

电　　话：2021095

分行营业部

总 经 理：朱志明

地　　址：湖州市红旗路 48 号

邮政编码：313000

电　　话：2021671

吴兴支行

行　　长：王震乾

地　　址：湖州市苕溪东路 355 号

邮政编码：313000

电　　话：2021628

开发区支行

行　　长：王立敏

地　　址：湖州市青铜路 108 号

邮政编码：313000

电　　话：2129917

德清支行

行　　长：戴克英

地　　址：德清县武康镇永安街56号
邮政编码：313200
电　　话：8073678

长兴支行

行　　长：王　勇
地　　址：长兴县雉城镇金陵中路218号
邮政编码：313100
电　　话：6022820

安吉支行

行　　长：宋　波
地　　址：安吉县递铺镇玉华路23号
邮政编码：313300
电　　话：5021001

南浔支行

副 行 长：俞婴红（主持工作）
地　　址：湖州市南浔镇泰安路368号
邮政编码：313009
电　　话：3913638

织里支行

行　　长：田立新
地　　址：湖州市织里镇珍贝路587—589号
邮政编码：313008
电　　话：3920137

绍兴分行

行　　长：邵锦华（兼）
副 行 长：赵意平　张德君　李幼平　沈旦丹　周建钢
行长助理：俞美霞　郭世清
纪委书记：王金荣
地　　址：绍兴市胜利东路180号
邮政编码：312000
电　　话：85208599

城东支行

行　　长：宣欲兵
地　　址：绍兴市鲁迅中路483号
邮政编码：312000
电　　话：85137254

城北支行

行　　长：汤爱萍
地　　址：绍兴市人民西路52号
邮政编码：312000
电　　话：85086281

越城支行

行　　长：董晓江
地　　址：绍兴市解放南路655号
邮政编码：312000
电　　话：88325274

绍兴支行

行　　长：俞美霞
地　　址：绍兴县柯桥镇鉴湖路29号
邮政编码：312030
电　　话：84566039

诸暨支行

行　　长：郭世清
地　　址：诸暨市暨阳路158号
邮政编码：311800
电　　话：87014183

上虞支行

行　　长：张宏炬
地　　址：上虞市新建路2号
邮政编码：312300
电　　话：82118165

嵊州支行

行　　长：傅锡炎
地　　址：嵊州市鹿山路178号
邮政编码：312400
电　　话：83031341

新昌支行

行　　长：吕伟军
地　　址：新昌南明街道鼓山中路159号
邮政编码：312500
电　　话：86229987

袍江支行

行　　长：孙　杰
地　　址：绍兴市袍江世纪东街87号
邮政编码：312000
电　　话：88133515

金华分行

行　　长：赵丹蓓
副 行 长：刘关兵　郑　昕　章明广　陈　钢
纪委书记：陈跃英
工会主席：黄　熙

行长助理：蔡万钿
地　　址：金华市八一北路595号
邮政编码：321000
电　　话：82308092

铁岭头支行
行　　长：黄　熙(兼)
地　　址：金华市中山路138号
邮政编码：321000
电　　话：82339226

婺城支行
副 行 长：楼雪君(主持工作)
地　　址：金华市解放西路399号
邮政编码：321000
电　　话：82354681

经济开发区支行
行　　长：陈美华
地　　址：金华市宾虹路500号
邮政编码：321017
电　　话：82370139

兰溪支行
副 行 长：姜剑纲(主持工作)
地　　址：兰溪市丹溪大道23号
邮政编码：321100
电　　话：88884266

武义支行
行　　长：张　伟
地　　址：武义县武阳中路8号
邮政编码：321200
电　　话：87631303

永康支行
行　　长：朱东清
地　　址：永康市九铃东路3027号
邮政编码：321300
电　　话：87112032

东阳支行
行　　长：楼巧云
地　　址：东阳市人民路88号
邮政编码：322100
电　　话：86632746

浦江支行
副 行 长：林益楠(主持工作)
地　　址：浦江县人民东路79号
邮政编码：322200
电　　话：84112728

磐安支行
副 行 长：厉月照(主持工作)
地　　址：磐安县海螺街5号
邮政编码：322300
电　　话：84663918

衢州分行

行　　长：方必平
副 行 长：黄宇飞　吴建民　黄荆和
纪委书记：汪文军
行长助理：江　俊　胡跃武
地　　址：衢州市上街66号
邮政编码：324000
电　　话：3022969

南区支行
行　　长：邓新川
地　　址：衢州市荷花中路216号
邮政编码：324002
电　　话：3083046

柯城(原北区)支行
行　　长：李益民
地　　址：衢州市西安路41号
邮政编码：324000
电　　话：3020062

衢化支行
行　　长：沈　萍
地　　址：衢化南一道6号
邮政编码：324004
电　　话：3066951

江山支行
行　　长：毛绍余
地　　址：江山市中山路3号
邮政编码：324100
电　　话：4022374

龙游支行
行　　长：吴乐云
地　　址：龙游县太平东路448号
邮政编码：324400
电　　话：7021000

常山支行
行　　长：吴国俊

地　　址：常山县大街71号
邮政编码：324200
电　　话：5022103

开化支行

行　　长：谷　峰
地　　址：开化县芹南路11号
邮政编码：324300
电　　话：6013143

衢江支行

行　　长：周朝晖
地　　址：衢江区振兴中路78号
邮政编码：3240022
电　　话：3026713

台州分行

行　　长：王国才
副 行 长：张丽君　陈文伟
纪委书记：孙保华
行长助理：皇甫佳俊　俞鉴峰　陈　霖
　　　　　应海卿
工会主席：陈文杰
地　　址：台州市市府大道609号
邮政编码：318000
电　　话：88588007

市分行营业部

副总经理：徐　洁(主持工作)
地　　址：台州市市府大道609号
邮政编码：318000
电　　话：88588322

经济开发区支行

行　　长：胡　虹
地　　址：台州市市府大道299号
邮政编码：318000
电　　话：88528506

椒江支行

行　　长：余海国
地　　址：台州市椒江区解放北路1号
邮政编码：318000
电　　话：88882918

路桥支行

行　　长：蔡　宁
地　　址：台州市路桥区西路桥大道150号
邮政编码：318050
电　　话：82588688

黄岩支行

行　　长：王佳宁
地　　址：台州市黄岩区青年东路122号
邮政编码：318020
电　　话：84228791

温岭支行

行　　长：应海卿(兼)
地　　址：温岭市太平街道万寿路2号
邮政编码：317500
电　　话：86206548

玉环支行

行　　长：张仕乾
地　　址：玉环县珠港镇广陵路107号
邮政编码：317600
电　　话：87250618

临海支行

行　　长：袁　军
地　　址：临海市回浦路28号
邮政编码：317000
电　　话：85112811

仙居支行

副 行 长：李献平(主持工作)
地　　址：仙居县城关城北西路1号
邮政编码：317300
电　　话：87772374

三门支行

副 行 长：阮晓俊(主持工作)
地　　址：三门县海游镇湫水大道25号
邮政编码：317100
电　　话：83356603

天台支行

副 行 长：金　滔(主持工作)
地　　址：天台县赤城街道劳动路65号
邮政编码：317200
电　　话：83882292

丽水分行

行　　长：徐晓伟
副 行 长：赵志德　叶莉玲　叶燕春
　　　　　许　寅
纪委书记：戴春景
工会主席：叶莉玲(兼)

行长助理：姚　润
地　　址：丽水市丽阳街555号
邮政编码：323000
电　　话：2141693

莲城支行

行　　长：林　青
地　　址：丽水市解放街346号
邮政编码：323000
电　　话：2121890

莲都支行

行　　长：吴庆青
地　　址：丽水市解放街78号
邮政编码：323000
电　　话：2113081

青田支行

行　　长：陈剑锋
地　　址：青田县圣旨街1号
邮政编码：323900
电　　话：6822265

缙云支行

行　　长：李伟胜
地　　址：缙云县仙都路137号
邮政编码：321400
电　　话：3216506

龙泉支行

行　　长：郑亚林
地　　址：龙泉市中山西路12号
邮政编码：323700
电　　话：7123507

遂昌支行

行　　长：王心军
地　　址：遂昌县西街2号
邮政编码：323300
电　　话：8123552

云和支行

行　　长：叶　秋
地　　址：云和县中山路129号
邮政编码：323600
电　　话：5122730

舟山分行

行　　长：谢素薇
副 行 长：李松国　黄　辉　王冬松
　　　　　虞英松
行长助理：钱　皓
工委主任：姜志强
地　　址：舟山市定海区人民南路16号
邮政编码：316000
电　　话：2026096

解放路支行

行　　长：陈　波
地　　址：舟山市定海区解放西路26号
邮政编码：316000
电　　话：2031440

定海支行

行　　长：韩荻璘
地　　址：舟山市定海区人民中路101号
邮政编码：316000
电　　话：2051030

普陀支行

行　　长：柴志安
地　　址：舟山市普陀区沈家门同济路45号
邮政编码：316100
电　　话：3012752

岱山支行

行　　长：孙国虎
地　　址：岱山县高亭镇人民路76号
邮政编码：316200
电　　话：4484288

嵊泗支行

行　　长：董　雷
地　　址：嵊泗县菜园镇云龙路8号
邮政编码：202450
电　　话：5084342

义乌分行

行　　长：沈初阳
副 行 长：田　真　周有民　楼创新
　　　　　蔡亚娟
行长助理：沈　川
地　　址：义乌市篁园路128号
邮政编码：322000
电　　话：85459000

中国农业银行在浙机构

浙江省分行

行　　长：冯建龙
副 行 长：汗水云　杨高明　顾兆铭
　　　　　陈福良
行长助理：陈锡忠　李智馨
地　　址：杭州市长庆街55号
邮政编码：310003
电　　话：87226000

省分行营业部

总 经 理：陈庆飞
副总经理：舒身正　屠煜林　沈锦伟
　　　　　陈介伟　蒋伟法　杨子华
地　　址：杭州市庆春路30号
邮政编码：310003
电　　话：87228659

萧山支行

副 行 长：丁胖珍(主持工作)
地　　址：杭州市萧山区城厢镇人民路156号
邮政编码：311201
电　　话：82623041

余杭支行

行　　长：王　火
地　　址：杭州市余杭区临平丘山大街500号
邮政编码：311100
电　　话：86240161

富阳市支行

副 行 长：陈　飚(主持工作)
地　　址：富阳市迎宾路80号
邮政编码：311400
电　　话：63322973

临安市支行

行　　长：汤一峰
地　　址：临安市锦城镇钱王街960号
邮政编码：311300
电　　话：63758153

桐庐县支行

行　　长：姚骁勇
地　　址：桐庐县城南街道迎春南路200号
邮政编码：311500
电　　话：64623582

建德市支行

行　　长：汪维明
地　　址：建德市新安江街道国信路79号
邮政编码：311600
电　　话：64723581

淳安县支行

行　　长：李昌杰
地　　址：淳安县千岛湖镇新安大街90号
邮政编码：311700
电　　话：64813045

城东支行

行　　长：刘冬林
地　　址：杭州市凤起路74号
邮政编码：310003
电　　话：28866055

中山支行

行　　长：李　萌
地　　址：杭州市西湖大道35号万新大厦
邮政编码：310009
电　　话：87828822

西湖支行

行　　长：郑　磊
地　　址：杭州市体育场路454号
邮政编码：310007
电　　话：85211027

之江支行

行　　长：尤伟华
地　　址：杭州市湖墅南路418号
邮政编码：310005
电　　话：88077955

城西支行

行　　长：汪国平
地　　址：杭州市文二路391号
邮政编码：310012
电　　话：88867259

解放路支行

行　　长：缪文林
地　　址：杭州市建国中路11号
邮政编码：310009

电　　话：87169668

延安路支行

行　　长：徐　萍

地　　址：杭州市延安路 521 号

邮政编码：310006

电　　话：85062839

滨江支行

副 行 长：徐丽霞(主持工作)

地　　址：杭州市滨江区江南大道 288 号

邮政编码：310051

电　　话：86686028

下沙支行

副 行 长：孙国峰(主持工作)

地　　址：杭州市经济技术开发区三号路

邮政编码：310018

电　　话：86911836

浙大支行

行　　长：娄国海

地　　址：杭州市西湖区申花路 743—745 号

邮政编码：310058

电　　话：87985437

保俶支行

行　　长：郑海国

地　　址：杭州市中山北路 308 号

邮政编码：310003

电　　话：85774008

城东新城支行

行　　长：刘金潮

地　　址：杭州市江干区新风路 396 号

邮政编码：310021

电　　话：88801508

九堡支行

行　　长：施法祥

地　　址：杭州市江干区彭埠镇明月桥路 4 号

邮政编码：310017

电　　话：86911799

良渚支行

行　　长：王炜红

地　　址：杭州市余杭区良渚镇勾庄路 53 号

邮政编码：311112

电　　话：88759008

半山支行

行　　长：徐　越

地　　址：杭州市拱墅区半山路 119 号

邮政编码：310022

电　　话：88132329

西溪支行

行　　长：黄善杰

地　　址：杭州市余杭区仓前镇文一西路 1500 号科技创业中心 6 幢 4 单元 101、201 室

邮政编码：321121

电　　话：88601902

上泗支行

行　　长：金晓光

地　　址：杭州市西湖区转塘街道江口 218 号

邮政编码：310024

电　　话：87095181

宁波分行

行　　长：彭超英

副 行 长：殷志云　胡炜铭　徐立君　钱　婷

纪委书记：钱　婷(兼)

地　　址：宁波市中山东路 518 号

邮政编码：315040

电　　话：87363537

分行营业部

负 责 人：许惠光

地　　址：宁波市江东区彩虹北路 88 号

邮政编码：315040

电　　话：87293900

海曙支行

负 责 人：吕　源

地　　址：宁波市海曙区中山西路 239 号

邮政编码：315000

电　　话：87318834

江北支行

负 责 人：李志江

地　　址：宁波市江北区人民路 79 号

邮政编码：315020

电　　话：87386071

江东支行

负 责 人：傅　祥

地　　址：宁波市中山东路325号

邮政编码：315040

电　　话：87992000

鄞州支行

负 责 人：孙国锋

地　　址：宁波市鄞州中心区惠风东路188号

邮政编码：315100

电　　话：87973008

镇海支行

负 责 人：钱建伟

地　　址：宁波市镇海区城河西路328号

邮政编码：315200

电　　话：86273328

北仑区支行

负 责 人：徐文金

地　　址：宁波市北仑区新矸街道明州路195号

邮政编码：315800

电　　话：86863686

大榭支行

负 责 人：孙惠刚

地　　址：宁波大榭行政商务区信拓路227号

邮政编码：315812

电　　话：86763299

杭州湾支行

负 责 人：何力威

地　　址：宁波市杭州湾新区商贸街6号楼

邮政编码：315336

电　　话：63071616

慈溪市支行

负 责 人：范　勇

地　　址：慈溪市古塘街道青少年宫北路777号

邮政编码：315300

电　　话：63899932

余姚市支行

负 责 人：韩朝阳

地　　址：余姚市南滨江路238号

邮政编码：315400

电　　话：62625424

奉化市支行

负 责 人：朱国耀

地　　址：奉化市锦屏街道体育场路14号

邮政编码：315500

电　　话：88965039

象山县支行

负 责 人：陈建明

地　　址：象山丹城靖南路218号

邮政编码：315700

电　　话：65724485

宁海县支行

负 责 人：周乾文

地　　址：宁海县跃龙街道桃源南路238号

邮政编码：315600

电　　话：65563523

温州分行

行　　长：吴建伟

副 行 长：陈绍桂　程　凯　詹云国　柯茜茜

纪委书记：黄有富

地　　址：温州市小南路农行大厦

邮政编码：325000

电　　话：88222738

乐清市支行

行　　长：王益盛

地　　址：乐清市宁康东路1号

邮政编码：325600

电　　话：62573167

瑞安市支行

行　　长：詹丰杰

地　　址：瑞安市安阳街道万松东路587号

邮政编码：325200

电　　话：65613229

永嘉县支行

行　　长：卢立楚

地　　址：永嘉县瓯北镇罗浮村垟儿工业区

邮政编码：325102

电　　话：67222961

平阳县支行

行　　长：冯卫兵

地　　址：平阳县鳌江镇新河中路 1 号

邮政编码：325401

电　　话：63630030

苍南县支行

行　　长：韩永忠

地　　址：苍南县灵溪镇玉苍路 125 号

邮政编码：325800

电　　话：64700150

文成县支行

行　　长：熊　倩

地　　址：文成县大峃镇建设路 141 号

邮政编码：325300

电　　话：67836550

泰顺县支行

行　　长：池长营

地　　址：泰顺县罗阳镇城北路 80 号

邮政编码：325500

电　　话：67580268

洞头县支行

行　　长：金星义

地　　址：洞头县新城区新城大道 68 号

邮政编码：325700

电　　话：63483819

温州中山支行

行　　长：金　安

地　　址：温州市飞霞北路 175 号

邮政编码：325000

电　　话：88181805

温州市中支行

副 行 长：陈延德(主持工作)

地　　址：温州市车站大道裕达大厦一楼

邮政编码：325000

电　　话：88231108

温州城东支行

行　　长：谢　敏

地　　址：温州经济技术开发区汤家桥路 88 号

邮政编码：325011

电　　话：88912582

温州鹿城支行

行　　长：汪剑雄

地　　址：温州市鹿城区学院西路 208 号

邮政编码：325000

电　　话：88826070

温州开发区支行

行　　长：姜方洪

地　　址：温州市经济技术开发区滨海园区二道六路 2258 号

邮政编码：325025

电　　话：86809758

温州龙湾支行

行　　长：吴宝善

地　　址：温州市龙湾区永中东路 148 号

邮政编码：325011

电　　话：86887003

温州瓯海支行

行　　长：郑　广

地　　址：温州市将军桥兴海路 2 号

邮政编码：325005

电　　话：88520880

嘉兴分行

行　　长：金烈祥

副 行 长：应勤文　单伟平

纪委书记：宋社宝

行长助理：潘韶亮

地　　址：嘉兴市斜西街 461 号

邮政编码：314000

电　　话：82051818

桐乡市支行

行　　长：胡　隽

地　　址：桐乡市振兴东路金东大厦 158 号

邮政编码：314500

电　　话：88103136

海宁市支行

行　　长：金新根

地　　址：海宁市海昌路 100 号

邮政编码：314400

电　　话：87233027

平湖市支行

行　　长：李风华

地　　址：平湖市当湖街道城南东路 172 号

邮政编码：314200
电　　话：85114245

嘉善县支行

行　　长：顾志军
地　　址：嘉善县魏塘镇解放东路285号
邮政编码：314100
电　　话：84123093

海盐县支行

副 行 长：卓少平
地　　址：海盐县武原镇海滨西路89号
邮政编码：314300
电　　话：86037555

嘉兴秀洲支行

行　　长：周益丰
地　　址：嘉兴市东升东路1358号
邮政编码：314000
电　　话：82209112

嘉兴南湖支行

行　　长：胡　晓
地　　址：嘉兴市景湖路336号
邮政编码：314000
电　　话：82058766

嘉兴经济开发区支行

行　　长：朱建峰
地　　址：嘉兴市经济开发区友谊街290号
　　　　　茧丝绸交易市场三期南裙房
邮政编码：314001
电　　话：82110366

湖州分行

行　　长：孙宏卫
副 行 长：谭卓勇　陈　吉　闵云忠
纪委书记：吴　伟
地　　址：湖州市人民路88号
邮政编码：313000
电　　话：2502056

德清县支行

行　　长：许　海
地　　址：德清县武康镇永安街115号
邮政编码：313200
电　　话：8065690

长兴县支行

行　　长：雷程望
地　　址：长兴县雉城镇解放东路289号
邮政编码：313100
电　　话：6025744

安吉县支行

行　　长：姚纳中
地　　址：安吉县递铺镇胜利东路223号
邮政编码：313300
电　　话：5021818

湖州南浔支行

副 行 长：沈伟伟(主持工作)
地　　址：湖州市南浔镇嘉业路138号
邮政编码：313009
电　　话：3912724

湖州织里支行

副 行 长：王丹萍(主持工作)
地　　址：湖州市织里镇富民路58号
邮政编码：313008
电　　话：3920171

湖州城中支行

行　　长：郑培荣
地　　址：湖州市红旗路87号
邮政编码：313000
电　　话：2026613

湖州开发区支行

行　　长：潘海龙
地　　址：湖州市太湖路41号
邮政编码：313000
电　　话：2100638

湖州吴兴支行

行　　长：王　坤
地　　址：湖州市东街91号
邮政编码：313000
电　　话：2035793

绍兴分行

行　　长：朱文达
副 行 长：俞仲雄　石　峰　阮剑良
　　　　　金　强
纪委书记：袁忠钜
地　　址：绍兴市人民西路297号
邮政编码：312000
电　　话：85209229

绍兴县支行
行　　长：陈　军
地　　址：绍兴市金柯桥大道333号
邮政编码：312000
电　　话：84131288

上虞市支行
行　　长：沈建明
地　　址：上虞市人民中路497号
邮政编码：312300
电　　话：82214617

诸暨市支行
行　　长：陈学军
地　　址：诸暨市暨阳街道艮塔路9号
邮政编码：311800
电　　话：87013323

嵊州市支行
副 行 长：张锋云
地　　址：嵊州市东南路2号
邮政编码：312400
电　　话：83032343

新昌县支行
行　　长：丁望阳
地　　址：新昌县南明街道鼓山中路1号
邮政编码：312500
电　　话：86024728

绍兴越城支行
行　　长：葛建良
地　　址：绍兴市人民中路349号
邮政编码：312000
电　　话：85147682

绍兴越中支行
行　　长：徐宏伟
地　　址：绍兴市解放北路600号
邮政编码：312000
电　　话：85209296

绍兴城西支行
行　　长：高建峰
地　　址：绍兴市中兴南路459号
邮政编码：312000
电　　话：88361298

绍兴稽山支行
行　　长：裘坚敏
地　　址：绍兴市解放南路1155号
邮政编码：312000
电　　话：85134669

绍兴袍江支行
行　　长：唐建立
地　　址：绍兴市袍江工业区教育路66—8号
邮政编码：312000
电　　话：88137810

金华分行

行　　长：贾正生
副 行 长：陈　义　陈国荣　胡　乐　孔仙娥
纪委书记：楼　凯
地　　址：金华市八一北街433号
邮政编码：321000
电　　话：82305188

东阳市支行
行　　长：马政良
地　　址：东阳市吴宁镇人民路79号
邮政编码：322100
电　　话：86623949

永康市支行
行　　长：吕晓东
地　　址：永康市九铃东路3388号
邮政编码：321300
电　　话：87102966

浦江县支行
行　　长：傅金波
地　　址：浦江县人民东路59号
邮政编码：322200
电　　话：84117872

兰溪市支行
行　　长：陈中清
地　　址：兰溪市丹溪大道17号
邮政编码：321100
电　　话：88884681

武义县支行
行　　长：徐海春
地　　址：武义县县前街2号
邮政编码：321200
电　　话：87662977

磐安县支行
行　　长：金　屏
地　　址：磐安县文明街6号
邮政编码：322300
电　　话：84660088

金华经济开发区支行
行　　长：朱雄文
地　　址：金华市八一南街216号
邮政编码：321017
电　　话：82374489

金华婺城支行
行　　长：夏昌宾
地　　址：金华市八一北街248号
邮政编码：321000
电　　话：82322507

金华江北支行
行　　长：章如军
地　　址：金华市中山路319号
邮政编码：321000
电　　话：82312943

金华金东支行
行　　长：虞浩然
地　　址：金华市人民东路438号
邮政编码：321000
电　　话：82111516

金华城西支行
副 行 长：张　静(主持工作)
地　　址：金华市人民西路763号
邮政编码：321001
电　　话：82345981

衢州分行

行　　长：章增强
副 行 长：吴渭云　张志永　周孟斌
纪委书记：徐建元
地　　址：衢州市下街60号
邮政编码：324000
电　　话：3055802

龙游县支行
行　　长：严永胜
地　　址：龙游县龙游镇太平东路108号
邮政编码：324400
电　　话：7021832

江山市支行
行　　长：钱江清
地　　址：江山市解放路1号
邮政编码：324100
电　　话：4021563

常山县支行
行　　长：周国宾
地　　址：常山县天马镇文峰东路35号
邮政编码：324200
电　　话：5021371

开化县支行
行　　长：程晓峰
地　　址：开化县城关镇解放街51号
邮政编码：324300
电　　话：6013415

衢州柯城支行
总支书记：张小燕
地　　址：衢州市西安路38号
邮政编码：324000
电　　话：3029753

衢州衢化支行
行　　长：徐金平
地　　址：衢州市巨化文昌路
邮政编码：324004
电　　话：3067411

衢州南区支行
行　　长：徐廷河
地　　址：衢州市荷花二路107号
邮政编码：324002
电　　话：8589030

衢州衢江支行
副 行 长：吾利民(主持工作)
地　　址：衢州市衢江区宾港北路1号
邮政编码：324022
电　　话：2931271

丽水分行

行　　长：陈忠献
副 行 长：应根淼　饶新光　金仁樟
　　　　　周兆祥　朱子龙
地　　址：丽水市解放街260号
邮政编码：323000
电　　话：2130061

青田县支行

副 行 长：郭琳琅(主持工作)
地　　址：青田县鹤城镇鹤城中路 48 号
邮政编码：323900
电　　话：6822385

缙云县支行

行　　长：陈金卫
地　　址：缙云县五云镇永宁路 1 号
邮政编码：321400
电　　话：3216201

龙泉市支行

行　　长：刘李建
地　　址：龙泉市华楼街 225 号
邮政编码：323700
电　　话：7111618

庆元县支行

副 行 长：吴心毅(主持工作)
地　　址：庆元县松源镇石龙街 96 号
邮政编码：323800
电　　话：6124920

遂昌县支行

行　　长：王芝夏
地　　址：遂昌县妙高镇公园路 140 号
邮政编码：323300
电　　话：8128899

松阳县支行

副 行 长：夏克胜(主持工作)
地　　址：松阳县西屏镇新华路 41 号
邮政编码：323400
电　　话：8064206

云和县支行

行　　长：张前进
地　　址：云和县中山路 162 号
邮政编码：323600
电　　话：5121737

景宁县支行

行　　长：雷励雄
地　　址：景宁县鹤溪镇人民中路 208 号
邮政编码：323500
电　　话：5821881

丽水处州支行

行　　长：夏银光
地　　址：丽水市中东路 557 号
邮政编码：323000
电　　话：2129188

丽水莲都支行

行　　长：刘晓海
地　　址：丽水市城关镇解放街 126 号
邮政编码：323000
电　　话：2132861

丽水开发区支行

副 行 长：王　丽(主持工作)
地　　址：丽水市水阁开发区绿谷大道 236 号
邮政编码：323000
电　　话：2600366

台州分行

行　　长：金跃强
副 行 长：鲍敏冲　李时景　陈维钢　吴章强
纪委书记：蔡肖辉
地　　址：台州市椒江区市府大道 529 号
邮政编码：318000
电　　话：88839511

临海市支行

行　　长：谢　文
地　　址：临海市鹿城路 227 号
邮政编码：317000
电　　话：85117000

温岭市支行

行　　长：周　斌
地　　址：温岭市太平街道三星大道 41 号
邮政编码：317500
电　　话：86082001

玉环县支行

行　　长：郑荣伟
地　　址：玉环县玉城街道玉兴东路 30 号
邮政编码：317600
电　　话：87222537

三门县支行

行　　长：王　昆
地　　址：三门县海游镇人民路 212 号
邮政编码：317100
电　　话：83332678

天台县支行

行　　长：王崇勇
地　　址：天台县人民东路15号
邮政编码：317200
电　　话：83889838

仙居县支行

行　　长：尹先标
地　　址：仙居县西门街5号
邮政编码：317300
电　　话：87773686

台州椒江支行

行　　长：何　波
地　　址：台州市椒江区解放南路156号
邮政编码：317700
电　　话：88881280

台州黄岩支行

行　　长：沈军正
地　　址：台州市黄岩区天长南路83号
邮政编码：318020
电　　话：84220277

台州路桥支行

行　　长：陈荣华
地　　址：台州市路桥区商海南街1号
邮政编码：318050
电　　话：82420200

台州开发区支行

行　　长：叶　志
地　　址：台州市市府大道361号
邮政编码：318000
电　　话：88551001

台州海门支行

行　　长：黄阳波
地　　址：台州市椒江区洪家街道车站街243号
邮政编码：318015
电　　话：88016990

舟山分行

副 行 长：陆央华　郑方彪　任海涛　王金春
纪委书记：陈礼岳
地　　址：舟山市定海区环城东路66号
邮政编码：316000
电　　话：2023685

岱山县支行

行　　长：倪剑平
地　　址：岱山县高亭镇人民路72号
邮政编码：316200
电　　话：4476215

嵊泗县支行

行　　长：车海定
地　　址：嵊泗县菜园镇沙河路78号
邮政编码：202450
电　　话：5082490

舟山定海支行

行　　长：王永毅
地　　址：舟山市定海区解放西路119号
邮政编码：316000
电　　话：2025302

舟山普陀支行

副 行 长：陈　辉(主持工作)
地　　址：舟山市普陀区滨港路268号
邮政编码：316100
电　　话：3055089

舟山普陀山支行

行　　长：应万军
地　　址：舟山市普陀山梅岑路85号—11
邮政编码：316107
电　　话：6091205

舟山南珍支行

行　　长：周松合
地　　址：舟山市定海区解放西路21号
邮政编码：316000
电　　话：2055177

义乌分行

副 行 长：张山明(主持工作)　金元春　陈湘文　宣铭罗
行长助理：龚志坚　骆文斌
地　　址：义乌市宾王路181号
邮政编码：322000
电　　话：85582686

中国银行在浙机构名录

浙江省分行

行　　长：陈　石
副 行 长：季震环　姚　华　刘旭伟
　　　　　韩　竹
纪委书记：孙鲁伟
行长助理：朱强标
总 稽 核：赵永顺
地　　址：杭州市凤起路 321 号
邮政编码：310003
电　　话：85011888

延安路支行

行　　长：吴春华(临时负责人)
地　　址：杭州市延安路 320 号 12—14 楼
邮政编码：310006

杭大支行

行　　长：姚惠英
地　　址：杭州市教工路 36 号 C 座 1—3 层
邮政编码：310007

庆春支行

行　　长：徐巍巍
副 行 长：富宏伟　王　雅　邓勇航　金　溢
地　　址：杭州市延安路 320 号
邮政编码：310006

钱塘支行

行　　长：包玉球
地　　址：杭州市西湖大道 58 号
邮政编码：310009

西湖支行

行　　长：田　卓
地　　址：杭州市华光巷 44 号
邮政编码：310002

望江支行

行　　长：冯　喆
地　　址：杭州市江城路 560 号
邮政编码：310002

中山支行

行　　长：陈　博
地　　址：杭州市中山中路 131—133 号
邮政编码：310002

新中国支行

行　　长：李萌枝
地　　址：杭州市开元路 50 号
邮政编码：310001

解放路支行

行　　长：宋　琳
地　　址：杭州市解放路 122 号
邮政编码：310009

涌金支行

行　　长：韩　婕
地　　址：杭州市劳动路 177 号
邮政编码：310002

复兴支行

行　　长：徐　君
地　　址：杭州市紫花路 8 号
邮政编码：310008

近江支行

行　　长：俞　勇
地　　址：杭州市秋涛路 473 号
邮政编码：310016

钱江路支行

行　　长：包文鲜
地　　址：杭州市滨江四号区在水一方公
　　　　　寓一楼
邮政编码：310016

飞云江路支行

行　　长：马建军
地　　址：杭州市飞云江路 45 号
邮政编码：310008

高新技术开发区支行

行　　长：许文醉
副 行 长：周　俊　蔡　勇　叶常青
　　　　　郑妮妮
地　　址：杭州市文三路 388 号
邮政编码：310012

文一支行

行　　长：付依黎
地　　址：杭州市文一路 310 号
邮政编码：310012

中晖支行

行　　长：谢　芳
地　　址：杭州市文三路 2 号

邮政编码：310006

世贸支行

行　　长：王　南

地　　址：杭州市曙光路122号

邮政编码：310007

德迦支行

行　　长：胡海英

地　　址：杭州市文二西路327号德迦公寓东区一楼

邮政编码：310012

浙大支行

行　　长：俞小萍

地　　址：杭州市求是路28—30号

邮政编码：310013

西城支行

行　　长：应　健

地　　址：杭州市文二西路551号西城广场一楼

邮政编码：310012

世纪新城支行

行　　长：李　嫵

地　　址：杭州市文二西路62号世纪新城底层商铺

邮政编码：310012

府苑支行

行　　长：廖文胜

地　　址：杭州市紫荆花路2号联合大厦一楼

邮政编码：310012

教工路支行

行　　长：柳　杭

地　　址：杭州市文一路183—185号

邮政编码：310012

紫金港支行

行　　长：谢惠祥

地　　址：杭州市申花路798号

邮政编码：310030

白马大厦支行

行　　长：徐　祎

地　　址：杭州市密渡桥路2号白马大厦1—2层

邮政编码：310005

保俶路支行

行　　长：包　芸

地　　址：杭州市保俶路172号

邮政编码：310007

经济技术开发区支行

行　　长：邹应军

副 行 长：李　峰　王　伟　张建华

地　　址：杭州经济技术开发区3号大街17号

邮政编码：310018

下沙支行

行　　长：范明磊(临时负责人)

地　　址：杭州市经济技术开发区学林街1254—1256号

邮政编码：310018

杭州出口加工区支行

行　　长：陈俊达

地　　址：杭州经济技术开发区12号大街18号楼

邮政编码：310018

九堡支行

行　　长：邱　翔

地　　址：杭州市杭海路1189号

邮政编码：310019

新客站支行

行　　长：唐振辉

地　　址：杭州市德胜东路3355号

邮政编码：310019

大学城支行

行　　长：阮凌云

地　　址：杭州经济技术开发区文泽路99号福雷德广场5幢1层108号

邮政编码：310012

开元支行

行　　长：李勇明

副 行 长：孙　波　徐　静　周　俊

地　　址：杭州市凤起路88号

邮政编码：310003

中大支行

行　　长：冯伟莉

地　　址：杭州市中山北路366号中大广场A座1—2层

邮政编码：310003

武林支行

行　　长：高俊文

地　　址：杭州市环城西路89号

邮政编码：310007

秋涛支行

行　　长：朱元红

地　　址：杭州市凯旋街道太平门直街271号2单元101室

邮政编码：310020

国都支行

行　　长：莫际平

地　　址：杭州市上塘路1号

邮政编码：310014

建中支行

行　　长：张立萍

地　　址：杭州市庆春路39号

邮政编码：310009

建北支行

行　　长：高　峰

地　　址：杭州市建国北路591—593号

邮政编码：310004

仙林桥支行

行　　长：蒋黎峰

地　　址：杭州市中山北路110—112号

邮政编码：310003

体育场路支行

行　　长：舒春霖

地　　址：杭州市体育场路60号

邮政编码：310004

望湖支行

行　　长：楼咏梅

地　　址：杭州市武林路408号

邮政编码：310006

东方支行

行　　长：李　振

地　　址：杭州市庆春路145号

邮政编码：310003

和平支行

行　　长：卢丽娜

地　　址：杭州市朝晖路109号

邮政编码：310004

朝源支行

行　　长：张彩红

地　　址：杭州市文晖路283号

邮政编码：310014

城北支行

行　　长：夏晓冬

副 行 长：姚　涌　徐漫红

地　　址：杭州市金华路58号

邮政编码：310015

文晖支行

行　　长：李伟东

地　　址：杭州市香积寺路221—223号

邮政编码：310014

潮王支行

副 行 长：叶弋露（主持工作）

地　　址：杭州市潮王路51号

邮政编码：310014

拱北支行

行　　长：郭顺华

地　　址：杭州市拱北小区蚕花园永和坊12幢底层

邮政编码：310015

信义坊支行

行　　长：祝宏炜

地　　址：杭州市湖墅南路信义坊步行街珠潭楼底层241—243、249—250号

邮政编码：310011

湖墅支行

行　　长：汪鹏飞

地　　址：杭州市湖墅南路304号

邮政编码：310005

杭行路支行

行　　长：张裕斌

地　　址：杭州市祥符街道三六零空间大厦2幢101、102室

邮政编码：310015

城东支行

行　　长：许海峰

副 行 长：胡晓鹏　郑作群　周卓芸

地　　址：杭州市新塘路99号

邮政编码：310020

天元支行
行　　长：居彤文
地　　址：杭州市钱潮路2号天元大厦一楼
邮政编码：310020

沁园支行
行　　长：高永利
地　　址：杭州市机场路163号
邮政编码：310004

双菱支行
行　　长：余晓栋
地　　址：杭州市双菱路116号
邮政编码：310020

濮家支行
行　　长：张　蕾
地　　址：杭州市濮家新村20幢底层
邮政编码：310004

东站支行
行　　长：马　俊
地　　址：杭州市艮山西路162号
邮政编码：310017

德胜支行
行　　长：吴红缨
地　　址：杭州市绍兴路331号
邮政编码：310004

现代城支行
行　　长：李仲江
地　　址：杭州市绍兴路168号和平大厦一楼
邮政编码：310004

清泰支行
行　　长：严　瑾
地　　址：杭州市杭海路13号
邮政编码：310020

冠盛支行
行　　长：胡晓鹏
地　　址：杭州市望江东路299号冠盛大厦一楼
邮政编码：310008

滨江支行
行　　长：朱玲香
副 行 长：沈　刚　俞　航　董延毅
地　　址：杭州市滨江区江南大道3806号
邮政编码：310053

星光大道支行
行　　长：汪　洋
地　　址：杭州市滨江区江南大道228号星光国际广场3—101、102室
邮政编码：310053

彩虹城支行
行　　长：董延毅
地　　址：杭州市滨江区浦沿街道滨盛路3050号
邮政编码：310053

萧山支行
行　　长：方　正
副 行 长：陈少锋　张　健　吴宇锋　高瞰宇
地　　址：杭州市萧山区人民路288号
邮政编码：311201

萧山开发区支行
行　　长：谢　坚
地　　址：杭州市萧山经济技术开发区市心北路99号
邮政编码：311215

萧山瓜沥支行
行　　长：韩国炬
地　　址：杭州市萧山区瓜沥镇东灵路418号
邮政编码：311241

萧山义蓬支行
行　　长：王栋峰
地　　址：杭州市萧山区义蓬街道金融路159号
邮政编码：311225

萧山衙前支行
行　　长：张弋律
地　　址：杭州市萧山区衙前镇衙前路620号
邮政编码：311209

萧山临浦支行
行　　长：卢韩平
地　　址：杭州市萧山区临浦镇东藩中路13号
邮政编码：311251

萧山绿都支行
副 行 长：谢国新
地　　址：杭州市萧山区金城路698号
邮政编码：311201

萧山汽车城支行
行　　长：严　静
地　　址：杭州市萧山区兴园路118号浙江世纪汽车市场3—14号
邮政编码：311215

萧山四季花城支行
副 行 长：傅建江
地　　址：杭州市萧山区南环路1186号
邮政编码：311201

萧山桥南支行
行　　长：李家亮
地　　址：杭州市萧山经济技术开发区鸿兴路188号
邮政编码：311232

萧山城中支行
行　　长：蔡　伟
地　　址：杭州市萧山区体育路99号
邮政编码：311201

萧山北干支行
行　　长：娄建松
地　　址：杭州市萧山区北干街道金城路928号
邮政编码：311201

萧山崇化支行
行　　长：葛　锋
地　　址：杭州市萧山区蜀山街道潘水路425号
邮政编码：311201

萧山金惠路支行
行　　长：蔡　峰
地　　址：杭州市萧山区金惠路773号
邮政编码：311201

萧山湘湖支行
行　　长：沈善振
地　　址：杭州市萧山区城厢街道乐园路63号
邮政编码：311201

萧山河庄支行
行　　长：金　燕
地　　址：杭州市萧山区河庄街道河庄路903号
邮政编码：311221

萧山闻堰支行
行　　长：任新展
地　　址：杭州市萧山区闻堰镇万达中路127号
邮政编码：311258

萧山临江新城支行
行　　长：缪　芳
地　　址：杭州市萧山区临江工业园区新世纪大道1755号
邮政编码：311228

余杭支行
行　　长：翁晓波
副 行 长：陶旭平　潘海波　俞晓琴
地　　址：杭州市余杭区南苑街道世纪大道1号
邮政编码：311100

余杭乔司支行
行　　长：程　敏
地　　址：杭州市余杭区乔莫东路54号
邮政编码：311101

余杭宝塔支行
行　　长：邵晓红
地　　址：杭州市余杭区余杭镇禹航路811号
邮政编码：311121

余杭闲林支行
行　　长：曹永华
地　　址：杭州市余杭区闲林街道闲林中路202号
邮政编码：311122

余杭塘栖支行
行　　长：陈旭平
地　　址：杭州市余杭区塘栖镇西小河街17幢
邮政编码：311106

余杭瓶窑支行
行　　长：祝　群

地　　址：杭州市余杭区瓶窑镇凤溪路255—261号
邮政编码：311115

余杭临平支行

行　　长：徐　军
地　　址：杭州市余杭区临平街道龙王塘路88号
邮政编码：311100

余杭新大地支行

行　　长：何美玉
地　　址：杭州市余杭区临平街道九曲营路(西)62号
邮政编码：311100

余杭府前支行

行　　长：吕　宽
地　　址：杭州市余杭区南苑街道藕花洲大街236号
邮政编码：311100

余杭东湖支行

行　　长：施晓燕
地　　址：杭州市余杭区东湖北路471号
邮政编码：311100

钱江科技城支行

行　　长：沈剑平
地　　址：杭州市余杭区顺风路528号
邮政编码：311106

临安支行

行　　长：陆云佳
副 行 长：喻卫东　胡　临
地　　址：临安市锦城街道万马路233号
邮政编码：311300

临安青山支行

行　　长：朱海珍
副 行 长：陈　军
地　　址：临安市青山街道鹤亭路138号
邮政编码：311305

临安於潜支行

行　　长：张建峰
副 行 长：潘晓军
地　　址：临安市於潜镇潜洲街158号
邮政编码：311311

临安人民广场支行

行　　长：王爱娟
副 行 长：吴洲群
地　　址：临安市锦城街道汇锦华庭南区南块101号营业房
邮政编码：311300

临安城中街支行

行　　长：史向阳
副 行 长：李　林
地　　址：临安市锦城街道城中街372号
邮政编码：311300

桐庐支行

行　　长：严　俊
副 行 长：周兴荣　杨立雁　金　茵
地　　址：杭州市桐庐县迎春南路269号
邮政编码：311500

桐庐迎春街支行

行　　长：朱志华
地　　址：桐庐县桐君街道迎春南路575号
邮政编码：311500

桐庐分水支行

行　　长：邵文娟
地　　址：桐庐县分水镇县前街201号
邮政编码：311519

桐庐横村支行

行　　长：吴　燕
地　　址：桐庐县横村镇县锦华路口
邮政编码：311512

桐庐广场路支行

行　　长：方　莹
地　　址：桐庐镇迎春路70号
邮政编码：311500

富阳支行

行　　长：张　明
副 行 长：吕元旦　叶胜峰
地　　址：富阳市富春街道桂花西路25—1号
邮政编码：311400

富阳富春支行

行　　长：张岳芳
地　　址：富阳市富春街道孙权路84—92号

邮政编码：311400

富阳新登支行

行　　长：倪　军

地　　址：富阳市新登镇新兴路122号

邮政编码：311400

富阳春江支行

行　　长：徐　鸣（临时负责人）

地　　址：富阳市春江街道江南路168号

邮政编码：311400

富阳迎宾北路支行

行　　长：陆一新

地　　址：富阳市富春街道迎宾北路58号

邮政编码：311400

富阳世纪大厦支行

行　　长：于　恬

地　　址：富阳市富春街道桂花西路86号

邮政编码：311400

富阳天马大厦支行

行　　长：楼朝军

地　　址：富阳市富春街道桂花路28号

邮政编码：311400

富阳镬子山支行

行　　长：何伟栋

地　　址：富阳市富春街道龙山路224号

邮政编码：311400

富阳城西支行

主　　任：姜小龙

地　　址：富阳市富春街道横凉亭路71号

邮政编码：311400

建德支行

行　　长：王贞义

副 行 长：唐小健　王　岚

地　　址：建德市新安江街道新安路193号

邮政编码：311600

建德梅城支行

行　　长：胡轶群

地　　址：建德市梅城镇西门街119号

邮政编码：311604

建德寿昌支行

行　　长：王　军

地　　址：建德市寿昌镇东昌路22—A号

邮政编码：311612

建德新广场支行

行　　长：谢晓萍

地　　址：建德市新安江街道新安东路231—1号

邮政编码：311600

建德新安支行

行　　长：郑攻文

地　　址：建德市新安江街道新安路129号

邮政编码：311600

建德城东支行

主　　任：施文莉

地　　址：建德市新安江街道新安东路67号

邮政编码：311600

淳安支行

行　　长：方世彦

副 行 长：严海涛

地　　址：淳安县千岛湖镇新安大街92号

邮政编码：311700

淳安南山支行

行　　长：王　君

地　　址：淳安县千岛湖镇南山大街41号

邮政编码：311700

宁波市分行

行　　长：钱建忠

副 行 长：钟小琦　李叔诚　毛俊平
　　　　　徐　慧

纪委书记：王锡钢

地　　址：宁波市药行街139号

邮政编码：315000

电　　话：87196666

江东支行

负 责 人：黄波涛

地　　址：宁波市百丈路178号

邮政编码：315040

海曙支行

负 责 人：吴玮华

地　　址：宁波市海曙区解放北路11、13号

邮政编码：315010

江北支行

负 责 人：郑　波

地　　址：宁波市江北区人民路725号
邮政编码：315020

慈溪支行

负 责 人：金玲丽
地　　址：慈溪市环城南路250号
邮政编码：315300

余姚支行

负 责 人：邵德明
地　　址：余姚市舜水南路58号
邮政编码：315400

北仑支行

负 责 人：孙曙光
地　　址：宁波市北仑区华山路588号
邮政编码：315800

鄞州支行

负 责 人：方　颖
地　　址：宁波市江东区百丈东路796号
邮政编码：315041

镇海支行

负 责 人：叶　菁
地　　址：宁波市镇海区城河西路369号
邮政编码：315200

象山支行

负 责 人：徐　驰
地　　址：象山天安路258号
邮政编码：315700

奉化支行

负 责 人：朱永盛
地　　址：奉化市南山路159号
邮政编码：315500

宁海支行

负 责 人：应肖萍
地　　址：宁海县城关中山中路99号
邮政编码：315600

科技支行

负 责 人：吕　治
地　　址：宁波市高新区广贤路96号
邮政编码：315040

中山支行

负 责 人：袁卫勇
地　　址：宁波市江东区中山东路373—2号
邮政编码：315040

温州市分行

行　　长：陶灵富
副 行 长：吴少宁　刘晓辉　张　旭
　　　　　郑　杰　华允朝
纪委书记：郑　杰(兼)
地　　址：温州市市府路600号
邮政编码：325000
电　　话：88265566

经济技术开发区支行

行　　长：张震峰
地　　址：温州市鹿城区新城豪都大厦1—3层
邮政编码：325011

温迪支行

行　　长：姜青青
地　　址：温州市鹿城区南浦街道温迪路9号
邮政编码：325000

黎明支行

行　　长：倪琴曼
地　　址：温州市鹿城区黎明中路51号
邮政编码：325000

海关支行

行　　长：余　雷
地　　址：温州市经济技术开发区钱江路海关报关厅一楼
邮政编码：325011

瓯海区支行

行　　长：包邦和
地　　址：温州市雪山路205号
邮政编码：325005

梧田支行

行　　长：蔡景赛
地　　址：温州市瓯海区梧慈路口梧慈新村A幢22—26号
邮政编码：325014

丽岙支行

行　　长：任春丽
地　　址：温州市瓯海区丽岙镇北路1号
邮政编码：325202

高教园区支行

行　　长：王爱聪

地　　址：温州市瓯海区茶山镇梅泉路238号
邮政编码：325000

仙岩支行

行　　长：李国锋
地　　址：温州市瓯海区仙岩镇繁荣中路81—91号
邮政编码：325005

将军桥支行

行　　长：江平凡
地　　址：温州市瓯海区振瓯商厦122—125室
邮政编码：325005

新桥支行

行　　长：薛成卫
地　　址：温州市瓯海区新桥街道金虹西街149号
邮政编码：325000

茶堂支行

行　　长：黄海哨
地　　址：温州市瓯海区丽岙街道茶堂花苑A幢112号
邮政编码：325002

鹿城支行

行　　长：洪滨峰
地　　址：温州市鹿城区环城东路米莉莎花苑A座
邮政编码：325000

国贸支行

行　　长：孙　曼
地　　址：温州市鹿城区黎明西路8号温州国际贸易中心大楼一楼
邮政编码：325000

七都支行

行　　长：郑式彪
地　　址：温州市鹿城区七都镇老涂南路2—5号归国华侨联合会大楼
邮政编码：325000

城西支行

行　　长：叶　隆
地　　址：温州市鹿城区勤奋路东4号地块A区瑞德锦园一楼
邮政编码：325000

兴文里支行

行　　长：夏一民
地　　址：温州市鹿城区县前头54号
邮政编码：325000

新城支行

行　　长：孔万健
地　　址：温州市汤家桥路68号
邮政编码：325000

欧洲城支行

行　　长：张晓伟
地　　址：温州市鹿城区江滨西路丽都大楼1幢111—114室
邮政编码：325000

龙湾支行

行　　长：林　峰
地　　址：温州市瓯海区永中街道一号横街商业大楼一楼
邮政编码：325024

汤家桥支行

行　　长：姜彩媚
地　　址：温州市汤家桥路荣德家园D幢一楼102室
邮政编码：325000

南城支行

行　　长：徐根富
地　　址：温州市鹿城区飞霞南路阳光花园一层16号
邮政编码：325003

民航路支行

行　　长：金　瓯
地　　址：温州市鹿城区民航路奥林匹克大酒店
邮政编码：325000

吴桥支行

行　　长：余良德
地　　址：温州市鹿城区锦绣路银都花苑现代15幢101室
邮政编码：325000

上陡门支行

行　　长：季苏策
地　　址：温州市鹿城区黎明中路280号

邮政编码：325000

南浦支行

行　　长：章建勇

地　　址：温州市鹿城区南浦路天利嘉园3—6幢105室

邮政编码：325000

松台支行

行　　长：张　赟

地　　址：温州市鹿城区小南路荷花大楼

邮政编码：325000

信河支行

行　　长：陈　翔

地　　址：温州市鹿城区人民西路西湖锦园一楼11号

邮政编码：325000

蝉街支行

行　　长：陈　微

地　　址：温州市鹿城区蝉街113号

邮政编码：325000

人民路支行

行　　长：尤茉莉

地　　址：温州市鹿城区人民西路群艺39—43号

邮政编码：325000

水心支行

行　　长：戴　君

地　　址：温州市鹿城区马鞍池西路220—230号

邮政编码：325000

瑞安市支行

行　　长：林晓东

地　　址：瑞安市虹桥南路271号

邮政编码：325200

瑞安长春支行

行　　长：余继存

地　　址：瑞安市安阳街道安阳路401号

邮政编码：325200

瑞安塘下支行

行　　长：韩明锦

地　　址：瑞安市塘下镇朝阳东路125号

邮政编码：325004

瑞安莘塍支行

行　　长：张晓海

地　　址：瑞安市莘塍镇富民北路6—14号

邮政编码：325206

瑞安万松支行

行　　长：黄献木

地　　址：瑞安市万松路35号

邮政编码：325200

瑞安安阳支行

行　　长：陈震东

地　　址：瑞安市拱瑞山路101—105号

邮政编码：325200

瑞安商城支行

行　　长：池媚除

地　　址：瑞安市商城北路86号

邮政编码：325200

瑞安解放路支行

行　　长：薛蓓莉

地　　址：瑞安市解放中路102号

邮政编码：325200

瑞安塘川支行

行　　长：张晓静

地　　址：瑞安市塘下镇塘下大道建设路口(东海汽车配件厂一楼)

邮政编码：325200

瑞安汀田支行

行　　长：郑　育

地　　址：瑞安市汀田镇镇中路346—356号

邮政编码：325206

瑞安滨江支行

行　　长：杨圆悦

地　　址：瑞安经济技术开发区银都花园2—3号楼

邮政编码：325206

乐清市支行

行　　长：金建英

地　　址：乐清市乐成镇宁康东路100号

邮政编码：325600

乐清虹桥支行

行　　长：钱　海

地　　址：乐清市虹桥镇飞虹大道维也纳花园一楼30号

邮政编码：325608

乐清柳市支行

行　　长：季育杰

地　　址：乐清市柳市镇车站路 588 号吕庄大厦 C 幢 1—2 楼

邮政编码：325604

乐清乐成支行

行　　长：赵　胜

地　　址：乐清市乐成镇清远路万顺花园一楼 101—110 号

邮政编码：325600

乐清北白象支行

行　　长：朱天晓

地　　址：乐清市北白象镇东大街 346—364 号

邮政编码：325603

乐清上园支行

行　　长：张海强

地　　址：乐清市柳市镇兴达路 30 号

邮政编码：325604

乐清清远支行

行　　长：陈旭然

地　　址：乐清市乐成镇清远路 167 号广播电视大厦一楼

邮政编码：325600

乐清新丰远支行

行　　长：缪建林

地　　址：乐清市虹桥镇幸福东路 38 号时代广场一层 101—104 号

邮政编码：325608

乐清柳青远支行

行　　长：王旭舟

地　　址：乐清市柳市镇柳青路 988 号温州富丽豪商业大厦一楼

邮政编码：325604

平阳县支行

行　　长：蔡永志

地　　址：平阳县敖江镇江滨路

邮政编码：325401

平阳昆阳支行

行　　长：邱海珍

地　　址：平阳县昆阳镇解放街 235 号

邮政编码：325400

平阳水头支行

行　　长：黄兆松

地　　址：平阳县水头镇江山中路 25 号

邮政编码：325400

平阳敖江支行

行　　长：黄益选

地　　址：平阳县敖江镇新河南路 192 号

邮政编码：325400

苍南县支行

行　　长：黄向阳

地　　址：苍南县龙港镇龙港大道 95 号

邮政编码：325802

苍南灵溪支行

行　　长：黄小玲

地　　址：苍南县灵溪镇玉苍路 609 号

邮政编码：325802

苍南建兴支行

行　　长：章东晓

地　　址：苍南县灵溪镇江湾路 320 号

邮政编码：325800

苍南龙港支行

行　　长：林守海

地　　址：苍南县龙港镇龙跃路 160—170 号

邮政编码：325800

苍南时代支行

行　　长：陈贤斌

地　　址：苍南县灵溪镇时代都市广场商业 B 幢店铺 114 号

邮政编码：325800

永嘉县支行

行　　长：刘其先

地　　址：永嘉县瓯北镇双塔路 1089 号

邮政编码：325102

永嘉桥头支行

行　　长：朱千祥

地　　址：永嘉县桥头镇桥头大厦

邮政编码：325107

永嘉上塘支行

行　　长：叶　青

地　　址：永嘉县上塘镇广场路开元嘉园 25 幢 104 号

邮政编码：315200

永嘉瓯北支行
行　　长：杨张义
地　　址：永嘉县东瓯街道和田大厦A幢104、105室
邮政编码：315200

文成县支行
行　　长：谢维法
地　　址：文成县大峃镇县前街中银大厦
邮政编码：325300

文成大峃支行
行　　长：林高莲
地　　址：文成县大峃镇建设路71号
邮政编码：325300

文成玉壶支行
行　　长：程　辉
地　　址：文成县玉壶镇玉壶街28—40号
邮政编码：325300

嘉兴市分行

行　　长：郭　林
副 行 长：曹根源　顾　宇　陆　强
纪委书记：曹根源(兼)
地　　址：嘉兴市中山东路218号
邮政编码：314000
电　　话：82056188

经济开发区支行
行　　长：孙　宏
地　　址：嘉兴市中山西路511号财富广场D座103室
邮政编码：314001

王江泾支行
行　　长：徐宏红
地　　址：嘉兴市王江泾镇北虹路42号
邮政编码：314016

东升支行
行　　长：黄　敏
地　　址：嘉兴市阳明公寓9幢商办楼东升东路1610号
邮政编码：314001

秀城支行
行　　长：黄海东
地　　址：嘉兴市中山东路583号
邮政编码：314001

中山支行
行　　长：钟　伟
地　　址：嘉兴市中山东路1104－1108号中央花园商铺
邮政编码：314001

洪兴支行
行　　长：严　峰
地　　址：嘉兴市洪兴路审计局大楼底层
邮政编码：314001

凯旋支行
行　　长：费丹铮
地　　址：嘉兴市洪兴路611、613号名人国际花园1幢
邮政编码：314001

禾兴支行
行　　长：涂胜忠
地　　址：嘉兴市南湖区禾兴南路868号
邮政编码：314001

禾兴北路支行
行　　长：王宇人
地　　址：嘉兴市禾兴北路福临新家园9幢01—05室
邮政编码：314000

纺工路支行
行　　长：叶红伟
地　　址：嘉兴市南湖区纺工路921号底楼东侧5—9号
邮政编码：314000

民丰支行
行　　长：师　勇
地　　址：嘉兴市三水湾天凤阁3幢商铺1—3号
邮政编码：314000

蓝天嘉苑支行
行　　长：万鹏飞
地　　址：嘉兴市经济开发区新气象路889—893号蓝天嘉苑商铺
邮政编码：314000

文昌支行
行　　长：陈琴华
地　　址：嘉兴市文昌路与吉水路交叉口
邮政编码：314001

建国路支行
行　　长：沈　磊
地　　址：嘉兴市南湖区建国南路 609 号
邮政编码：314000
南湖支行
行　　长：汪　昱
地　　址：嘉兴市南湖区望湖路与双溪路交叉口东北侧罗马都市二期第 2 组团 2 幢商 10—13 号
邮政编码：314000
海宁支行
行　　长：傅劲松
地　　址：海宁市海洲街道文苑路 124—128 号
邮政编码：314400
海宁长安支行
行　　长：薛建华
地　　址：海宁市长安镇修川路 857 号
邮政编码：314408
海宁家纺城支行
行　　长：金　晔
地　　址：海宁市许村镇市场路 281—289 号
邮政编码：314409
海宁袁花支行
行　　长：钱利松
地　　址：海宁市袁花镇南街路 2 号
邮政编码：314416
海宁文苑支行
行　　长：陆丽珍
地　　址：海宁市海洲街道文苑路 134 号
邮政编码：314400
海宁海昌支行
行　　长：朱海静
地　　址：海宁市海洲街道海昌路 118 号
邮政编码：314400
海宁南苑支行
行　　长：程晓波
地　　址：海宁市硖石街道海昌南路 135—143 号
邮政编码：314400
海宁硖石支行
行　　长：黄　铭
地　　址：海宁市硖石镇工人路 79 号
邮政编码：314400
海宁皮革城支行
主　　任：洪少君
地　　址：海宁市海洲街道海洲西路 201 号 1A07 号
邮政编码：314400
海宁工业园区支行
主　　任：杨慧霞
地　　址：海宁市硖石塘南东路 368—370 号
邮政编码：314400
海宁经济开发区支行
主　　任：金剑秋
地　　址：海宁市海洲街道文苑路 420—426 号
邮政编码：314400
桐乡支行
行　　长：韩惠良
地　　址：桐乡市梧桐街道园林路 44 号
邮政编码：314500
桐乡崇福支行
行　　长：李跃飞
地　　址：桐乡市崇福镇崇德路 91 号
邮政编码：314511
桐乡濮院支行
行　　长：张　萍
地　　址：桐乡市濮院镇永乐路 98 号
邮政编码：314502
桐乡振东支行
行　　长：郑宵笑
地　　址：桐乡市梧桐街道振兴东路凤凰城 119—120 号
邮政编码：314500
桐乡茅盾路支行
行　　长：杨静艳
地　　址：桐乡市梧桐街道庆丰北路 88 号
邮政编码：314500
桐乡开发区支行
行　　长：金玉良

地　　址：桐乡市梧桐街道复兴南路56号
邮政编码：314500

桐乡庆丰路支行
行　　长：潘培琴
地　　址：桐乡市梧桐街道庆丰北路181号
邮政编码：314500

桐乡濮院市场支行
行　　长：陈　磊
地　　址：桐乡市濮院镇工贸大道中兴路口世贸大厦底层2号
邮政编码：314502

桐乡洲泉支行
行　　长：张其星
地　　址：桐乡市洲泉镇新洲路1号
邮政编码：314513

海盐支行
行　　长：周　亮
地　　址：海盐县武原镇秦山路130号
邮政编码：314300

海盐勤俭支行
行　　长：杨丽琴
地　　址：海盐县武原镇勤俭南路205号
邮政编码：314300

海盐城北支行
行　　长：蒋云树
地　　址：海盐县武原镇新桥路与城北路交叉口西南侧
邮政编码：314300

海盐澉浦支行
行　　长：吴叶宗
地　　址：海盐县澉浦镇东大街28号
邮政编码：314302

海盐大桥新区支行
行　　长：殷红良
地　　址：海盐经济开发区东西大道西场路口
邮政编码：314304

海盐秦山支行
行　　长：袁颖杰
地　　址：海盐县秦山镇长丰中路
邮政编码：314303

海盐百尺支行
行　　长：胡　文
地　　址：海盐武原镇朝阳西路1号
邮政编码：314300

平湖支行
行　　长：徐海峰
地　　址：平湖市当湖镇城南西路40号
邮政编码：314200

平湖乍浦支行
行　　长：张晓川
地　　址：嘉兴港区乍浦镇天妃路1号
邮政编码：314201

平湖黄姑支行
行　　长：王　准
地　　址：平湖市黄姑镇南大街
邮政编码：314203

平湖新仓支行
行　　长：陆　杰
地　　址：平湖市新仓镇建新路与芦川新街口
邮政编码：314205

平湖全塘支行
行　　长：张永飞
地　　址：平湖市全塘镇全公亭大街广场路277—282号
邮政编码：314204

平湖东湖支行
行　　长：陆明杰
地　　址：平湖市商业文化广场A区123、125商铺
邮政编码：314200

平湖解放西路支行
行　　长：顾伟利
地　　址：平湖市当湖街道解放西路景乐花苑大门西侧(原解放西路168号)
邮政编码：314200

平湖当湖路支行
行　　长：李　琴
地　　址：平湖市当湖街道东湖大道1462、1466、1470号
邮政编码：314200

平湖城南路支行
行　　长：陆跃平
地　　址：平湖市当湖街道城南路88号底层店面
邮政编码：314200

嘉善支行
行　　长：吴会权
地　　址：嘉善县魏塘街道解放东路269号
邮政编码：314100

嘉善西塘支行
行　　长：杨　爽
地　　址：嘉善县西塘镇邮电西路75号
邮政编码：314102

嘉善晋阳支行
行　　长：徐　俊
地　　址：嘉善县罗星街道晋阳东路331—337号
邮政编码：314100

嘉善中山支行
行　　长：黄　亮
地　　址：嘉善县魏塘街道中山西路18号
邮政编码：314100

嘉善新街口支行
行　　长：陈佳频
地　　址：嘉善县魏塘街道解放东路29号
邮政编码：314100

嘉善玉兰支行
行　　长：张燕秋
地　　址：嘉善县罗星街道谈公南路273号
邮政编码：314100

嘉善亭桥路支行
行　　长：鲍国萍
地　　址：嘉善县罗星街道亭桥南路380、382、384号
邮政编码：314100

嘉善体育路支行
行　　长：夏　蔚
地　　址：嘉善县魏塘街道体育南路83—87号
邮政编码：314100

湖州市分行
行　　长：董瑞芳
副 行 长：王　承　钱建英　姚备勇　范黎明
纪委书记：范黎明(兼)
地　　址：湖州市人民路208号
邮政编码：313000
电　　话：2501111

南街支行
行　　长：袁　枫
地　　址：湖州市南街358号
邮政编码：313000

新华路支行
行　　长：潘卓君
地　　址：湖州市新华路29—31号
邮政编码：313000

城中支行
行　　长：吴永良
地　　址：湖州市东街27号
邮政编码：313000

吉山支行
行　　长：陈　敏
地　　址：湖州市苕溪东路270—276号
邮政编码：313000

开发区支行
行　　长：史　彬
地　　址：湖州市龙王山路1216、1218、1220号
邮政编码：313000

凤凰路支行
行　　长：钟卫锋(临时负责人)
地　　址：湖州市凤凰路865号
邮政编码：313000

红丰支行
行　　长：叶　晖(临时负责人)
地　　址：湖州市环城西路297号
邮政编码：313000

爱山支行
行　　长：仲　锋
地　　址：湖州市百合公寓5幢红旗路225—233号
邮政编码：313000

潜庄支行
行　　长：张凌云

地　　址：湖州市潜庄公寓白鱼潭路501—513号第一层
邮政编码：313000

青塘路支行

行　　长：徐　霆
地　　址：湖州市凤凰路579、581号第一层
邮政编码：313000

南浔区支行

行　　长：屠骏祥
地　　址：湖州市南浔镇嘉业路485—495号
邮政编码：313009

南西街支行

行　　长：朱　娟
地　　址：湖州市南浔镇泰安路1号
邮政编码：313009

练市支行

行　　长：施晓明
地　　址：湖州市练市镇能源路西侧
邮政编码：313013

泰安路支行

行　　长：陈　政
地　　址：湖州市南浔镇泰安路357—361号
邮政编码：313009

双林支行

行　　长：许永星
地　　址：湖州市双林镇爱国路186号
邮政编码：313012

吴兴支行

行　　长：潘顺林
地　　址：湖州市织里镇富民中路2—8号
邮政编码：313008

德清支行

行　　长：方艳文
地　　址：湖州市德清县武康镇永安街36号
邮政编码：313200

德清乾元支行

行　　长：莫奕奕
地　　址：湖州市德清县乾元镇直街63—67号
邮政编码：313216

德清新市支行

行　　长：高　翔
地　　址：湖州市德清县新市镇仙潭路西侧
邮政编码：313201

德清永安街支行

行　　长：钱怡新
地　　址：湖州市德清县武康镇永安街216—226号
邮政编码：313200

德清桂花城支行

行　　长：徐　翔
地　　址：湖州市德清县武康镇曲园南路245—253号
邮政编码：313200

安吉县支行

行　　长：杨　晟
地　　址：湖州市安吉县递铺镇递铺路598号
邮政编码：313300

安吉胜利西路支行

行　　长：胡鑫华
地　　址：湖州市安吉县递铺镇胜利西路368号
邮政编码：313300

长兴县支行

行　　长：沈耀辉
地　　址：湖州市长兴县雉城镇金陵南路51号
邮政编码：313100

长兴绿城广场支行

行　　长：查飞星
地　　址：湖州市长兴县雉城街道县前西街116—120号
邮政编码：313100

长兴煤山支行

行　　长：钱　莉
地　　址：湖州市长兴县煤山镇新街
邮政编码：313117

长兴解放中路支行

行　　长：董利峰
地　　址：湖州市长兴县雉城镇解放中路92、94、96号

邮政编码：3131000

长兴金陵北路支行

行　　长：奚　宏

地　　址：湖州市长兴县雉城镇金陵北路6号

邮政编码：3131000

绍兴市分行

行　　长：朱鸿飞

副 行 长：赵星海　吴莲萍　阮烈锋　叶其江

纪委书记：叶其江(兼)

行长助理：周才成

地　　址：绍兴市人民中路201号

邮政编码：312000

电　　话：85222888

越城支行

行　　长：袁忠诚

地　　址：绍兴市大校场沿187号

邮政编码：312000

江桥支行

行　　长：方国华

地　　址：绍兴市解放北路194号

邮政编码：312000

迪荡支行

行　　长：王建峰

地　　址：绍兴市越城区胜利东路360号一层A3区域1—A—17号

邮政编码：312000

城东支行

行　　长：王青峰

地　　址：绍兴市中兴中路劳动路口

邮政编码：312000

城南支行

行　　长：赵国龙

地　　址：绍兴市解放南路高立大厦一楼

邮政编码：312000

人民路支行

行　　长：姜李辉

地　　址：绍兴市越城区人民西路92号

邮政编码：312000

绍兴东浦支行

行　　长：缪悦烽

地　　址：绍兴市东浦镇锡麟路体育场路

邮政编码：312069

城中支行

行　　长：胡晓敏

地　　址：绍兴市北后街136号

邮政编码：312000

福全支行

行　　长：陈金林

地　　址：绍兴县福全镇金三角商城路

邮政编码：312046

大龙支行

行　　长：吴佳奇

地　　址：绍兴市环城西路336号

邮政编码：312000

马山支行

行　　长：杜国平

地　　址：绍兴市越城区马山镇车站路牛角溇

邮政编码：312085

城北支行

行　　长：王　颖

地　　址：绍兴市中兴北路279号洪欣花园

邮政编码：312000

大云支行

行　　长：黄建国

地　　址：绍兴市越城区解放南路685号

邮政编码：312000

放翁桥支行

行　　长：陈　炜

地　　址：绍兴市鲁迅中路653号

邮政编码：312000

摩尔城支行

行　　长：车世梁

地　　址：绍兴市越城区环城北路19—23号

邮政编码：312000

越州支行

行　　长：王伟强

地　　址：绍兴市中兴南路112号

邮政编码：312000

袍江开发区支行

行　　长：陈煜桥

地　　址：绍兴市中兴大道与329国道交叉

口华欣大厦一楼
邮政编码：312071

城西支行
行　　长：虞　雁
地　　址：绍兴市西郭西霞路188号
邮政编码：312000

鉴湖支行
行　　长：徐晓丹
地　　址：绍兴市胜利东路金盾大厦101—102号
邮政编码：312000

经济开发区支行
行　　长：诸　刚
地　　址：绍兴市鹤池苑47幢1号、鹤池苑47幢南5—8号
邮政编码：312000

稽山支行
行　　长：钱　东
地　　址：绍兴市城南亚太新村4幢16号
邮政编码：312000

嵊州支行
行　　长：马东平
地　　址：嵊州市剡湖街道东南路1号
邮政编码：312400

嵊州甘霖支行
行　　长：钱　泳
地　　址：嵊州市甘霖镇桃源路2号
邮政编码：312462

嵊州城东支行
行　　长：邹志江
地　　址：嵊州市三江街道中国领带城一楼45—46号
邮政编码：312400

嵊州城西支行
行　　长：崔　涛
地　　址：嵊州市鹿山街道富豪路162号
邮政编码：312400

嵊州开发区支行
行　　长：孙　斌
地　　址：嵊州市三江街道一景路615—623号
邮政编码：312400

嵊州长乐支行(机构已撤销)
行　　长：周建宏
地　　址：嵊州市长乐镇环城东路18号
邮政编码：312467

嵊州剡南支行
行　　长：周建宏
地　　址：嵊州市三江街道四海路194号
邮政编码：312400

嵊州剡湖支行
行　　长：潘建新
地　　址：嵊州市剡湖街道官河路688号
邮政编码：312400

上虞支行
行　　长：傅惠平
地　　址：上虞市百官街道新建路119号
邮政编码：312300

上虞松厦支行
行　　长：沈建锋
地　　址：上虞市松厦镇
邮政编码：312365

上虞杭州湾支行
行　　长：魏文广
地　　址：上虞市盖北镇盖北路587号
邮政编码：312369

上虞道墟支行
行　　长：郭　灿
地　　址：上虞市道墟镇人民西路景苑小区西侧
邮政编码：312300

上虞经济开发区支行
行　　长：谷杨华
地　　址：上虞市曹娥经济开发区舜杰路389号
邮政编码：312300

上虞环宇支行
行　　长：奕向阳
地　　址：上虞市百官街道龙山路17号
邮政编码：312300

上虞凤山支行
行　　长：钱　盛
地　　址：上虞市百官街道人民中路75号
邮政编码：312300

上虞环山支行

行　　长：贺建潮

地　　址：上虞市百官街道上百万和城购物中心内

邮政编码：312300

上虞东关支行

行　　长：林茂济

地　　址：上虞市东关街道永兴路69号

邮政编码：312352

上虞城北支行

行　　长：吕　峰

地　　址：上虞市百官街道峰山路400—402号

邮政编码：312300

上虞城东支行

行　　长：陈伟松

地　　址：上虞市百官街道灵运路329号

邮政编码：312300

上虞恒利支行

行　　长：王兰军

地　　址：上虞市百官镇舜江东路农垦大厦

邮政编码：312300

上虞沥海支行

行　　长：金时彪

地　　址：上虞市沥海镇北门大塘外

邮政编码：312366

上虞江扬路支行

行　　长：姚立冬

地　　址：上虞市百官街道江扬路720—728号

邮政编码：312300

诸暨支行

行　　长：杨仁芳

地　　址：诸暨市暨阳路102号

邮政编码：311800

诸暨枫桥支行

行　　长：王七平

地　　址：诸暨市天竺街37号

邮政编码：311811

诸暨大唐支行

行　　长：王文东

地　　址：诸暨市大唐镇轻纺袜业城B区588号

邮政编码：311801

诸暨暨阳支行

行　　长：卢佳玲

地　　址：诸暨市西施大街25号

邮政编码：311800

诸暨开发区支行

行　　长：成　晨

地　　址：诸暨市艮陶朱街道艮塔西路88号

邮政编码：311800

诸暨店口支行

行　　长：黄文刚

地　　址：诸暨市店口镇政安东路86号

邮政编码：311814

诸暨新城支行

行　　长：张剑飞

地　　址：诸暨市暨阳街道永兴路2号

邮政编码：311800

诸暨五角广场支行

行　　长：黄菊燕

地　　址：诸暨市浣东北路21号

邮政编码：311800

诸暨永昌支行

行　　长：赵　诚

地　　址：诸暨市暨阳北路42号

邮政编码：311800

诸暨步行街支行

行　　长：朱　蕾

地　　址：诸暨市人民南路148号

邮政编码：311800

诸暨越新支行

行　　长：朱成军

地　　址：诸暨市暨阳街道艮塔东路36号

邮政编码：311800

诸暨浣江支行

行　　长：金　丽

地　　址：诸暨市暨阳街道暨阳路181号

邮政编码：311800

诸暨新世纪支行

行　　长：章　超

地　　址：诸暨市暨阳街道苎萝东路273—283号

邮政编码：311800

新昌支行

行　　长：李　江

地　　址：新昌县南明街道鼓山中路125号

邮政编码：312500

新昌城东支行

行　　长：王少春

地　　址：新昌县南明街道人民东路125号

邮政编码：312500

新昌南岩支行

行　　长：吕林灿

地　　址：新昌县七星街道南岩工业区质监大楼

邮政编码：312500

新昌石城支行

行　　长：赵悦华

地　　址：新昌县南明街道人民中路139号

邮政编码：312500

新昌钟楼支行

行　　长：何纯艳

地　　址：新昌县南明街道鼓山中路89号

邮政编码：312500

新昌鼓山支行

行　　长：陈文婕

地　　址：新昌县七星街道七星路122号

邮政编码：312500

新昌礼泉支行

行　　长：周伟斌

地　　址：新昌县七星街道新昌大道西路9幢47—49号

邮政编码：312500

绍兴县支行

行　　长：娄永海

地　　址：绍兴县柯桥山阴路299号

邮政编码：312030

绍兴柯北支行

行　　长：朱志栋

地　　址：绍兴市绍兴县柯桥街道兴越路100—103号

邮政编码：312030

绍兴轻纺城北交易区支行

行　　长：施　骏

地　　址：绍兴市绍兴县柯桥街道中国轻纺城北三区一楼圆厅1—5号

邮政编码：312030

绍兴轻纺城中心支行

行　　长：王　利

地　　址：绍兴县柯桥街道东升路1号金桥大厦附楼(西)一楼

邮政编码：312030

绍兴钱清支行

行　　长：马建军

地　　址：绍兴县钱清镇永通国贸大厦北附楼一楼

邮政编码：312025

绍兴安昌支行

行　　长：吴张梁

地　　址：绍兴县安昌镇中兴路宏市桥头

邮政编码：312080

绍兴华舍支行

行　　长：金飞英

地　　址：绍兴县华舍镇华纺大厦8号

邮政编码：312033

绍兴轻纺城联合市场支行

行　　长：庄　旭

地　　址：绍兴县中国轻纺城联合市场B区一楼323—324号

邮政编码：312033

绍兴轻纺城西市场支行

行　　长：陈　骏

地　　址：绍兴县柯桥街道东升路一期市场A区1楼57号

邮政编码：312030

绍兴柯桥支行

行　　长：陈丽红

地　　址：绍兴市绍兴县柯桥街道金柯桥大道金昌商务大厦101—104号

邮政编码：312030

绍兴轻纺城团结支行

行　　长：吴建强

地　　址：绍兴市绍兴县柯桥街道时代广场H座一楼105—111号

邮政编码：312030

绍兴杨汛桥支行

行　　长：吴东海

地　　址：绍兴县杨汛桥镇宝业花园东北转角

邮政编码：312028

绍兴齐贤支行

行　　长：石灵华

地　　址：绍兴县齐贤镇振贤街66号

邮政编码：312065

绍兴东交易区支行

行　　长：周　斌

地　　址：绍兴县柯桥东交易区C幢276—313号

邮政编码：312030

绍兴百福园支行

行　　长：傅建伟

地　　址：绍兴县柯桥街道鉴湖路387—391号丽都港湾一楼

邮政编码：312030

绍兴马鞍支行

行　　长：韩成鸿

地　　址：绍兴市绍兴县马鞍镇车站北路与园驾桥西路交叉口

邮政编码：312072

绍兴钱门支行

行　　长：孙亚峰

地　　址：绍兴市绍兴县钱清镇华清大厦底层

邮政编码：312072

绍兴柯岩支行

行　　长：盛建松

地　　址：绍兴市绍兴县柯岩街道梅泽嘉园21幢1楼106—108号

邮政编码：312000

金华市分行

行　　长：吴　越

副 行 长：王　澍　袁　鹰

纪委书记：俞子庆

地　　址：金华市婺城区双溪西路59号

邮政编码：321017

电　　话：82386188

经济开发区支行

行　　长：童燕萍

地　　址：金华市婺城区八一南街456号

邮政编码：321017

广苑支行

行　　长：吴文军

地　　址：金华市婺城区双龙南街307号

邮政编码：321017

江南支行

行　　长：陈　炜

地　　址：金华市婺城区八一南街1317号

邮政编码：321017

东莱路支行

行　　长：金志宣

地　　址：金华市婺城区义乌街757号至东莱路586—590号

邮政编码：321017

商城支行

行　　长：蒋嘉璐

地　　址：金华市婺城区八一南街718号

邮政编码：321017

婺城支行

行　　长：陈　果

地　　址：金华市婺城区双龙南街1159号丽晶国际大厦附楼

邮政编码：321017

丹溪支行

行　　长：陈　欢

地　　址：金华市丹溪路819、821、823号

邮政编码：321017

锦都支行

行　　长：诸葛磊

地　　址：金华市婺城区解放东路483号

邮政编码：321000

汇金支行

行　　长：许　多

地　　址：金华市婺城区八一北街116号

邮政编码：321000

解放西路支行

行　　长：刘俊杰

地　　址：金华市婺城区解放西路755号

邮政编码：321000

金磐路支行
行　　长：张　琦
地　　址：金华市婺城区兰溪街营业房928号
邮政编码：321017

金东支行
行　　长：石文俭
地　　址：金华市婺城区人民东路560号
邮政编码：321000

江北支行
行　　长：高宏辉
地　　址：金华市婺城区人民东路77号
邮政编码：321000

双龙支行
行　　长：雷　锦
地　　址：金华市婺城区劳动路46—48号
邮政编码：321000

孝顺支行
行　　长：苏　颖
地　　址：金华市金东区孝顺镇荷园路28号
邮政编码：321035

浙师大支行
行　　长：鲍　燕
地　　址：金华市婺城区新狮乡骆家塘畅达街46号
邮政编码：321004

通汇支行
行　　长：何　爽
地　　址：金华市婺城区人民西路55号
邮政编码：321000

兰溪支行
行　　长：宛俊红
地　　址：兰溪市丹溪大道62号
邮政编码：321100

兰溪经济开发区支行
行　　长：郎晓云
地　　址：兰溪市丹溪大道62号
邮政编码：321100

兰溪劳动路支行
行　　长：柳　玲
地　　址：兰溪市劳动路61号
邮政编码：321100

兰溪开源支行
行　　长：许　莺
地　　址：兰溪市延安路165号
邮政编码：321100

东阳支行
行　　长：费　东
地　　址：东阳市吴宁东路86号
邮政编码：322100

东阳横店支行
行　　长：吕广斌
地　　址：东阳市横店镇江南中路1号
邮政编码：322118

东阳中山路支行
行　　长：胡永进
地　　址：东阳市白云街道中山路227号
邮政编码：322100

东阳黉门广场支行
行　　长：卢国红
地　　址：东阳市黉门广场26号
邮政编码：322100

东阳城西支行
行　　长：斯云芬
地　　址：东阳市东义路2号希宝广场一楼
邮政编码：322100

东阳吉祥路支行
行　　长：金　婷
地　　址：东阳市金玉巷61、63、65号
邮政编码：322100

东阳南马支行
行　　长：赵辉明
地　　址：东阳市南马镇振兴东路8号
邮政编码：322121

东阳振兴路支行
行　　长：李震华
地　　址：东阳市振兴路60号
邮政编码：322100

东阳兴平支行
行　　长：马向亮
地　　址：东阳市白云街道望江北路153—155号
邮政编码：322100

永康市支行
行　　长：金亚南
地　　址：永康市丽州中路28号
邮政编码：321300

永康街心支行
行　　长：叶　靖
地　　址：永康市华丰中路30号
邮政编码：321300

永康芝英支行
行　　长：胡洪海
地　　址：永康市芝英郭山畈东1号楼
邮政编码：321306

永康三马路支行
行　　长：陈冬宜
地　　址：永康市九铃中路2052号
邮政编码：321300

永康新世纪支行
行　　长：楼雄山
地　　址：永康市中国科技五金城五金大街12—18号
邮政编码：321300

永康金胜支行
行　　长：陈继敦
地　　址：永康市金胜路443—449号
邮政编码：321300

永康站前支行
行　　长：胡文俊
地　　址：永康市九铃西路1044—1、1046号
邮政编码：321300

永康望春路支行
行　　长：董　艳
地　　址：永康市望春东路233、235、237、239号
邮政编码：321300

永康城西新区支行
行　　长：应　旭
地　　址：永康市松石西路1111号
邮政编码：321300

永康九铃支行
行　　长：胡　建
地　　址：永康市九铃东路3294号
邮政编码：321300

武义县支行
行　　长：毛晓平
地　　址：武义县壶山下街71号
邮政编码：321200

浦江县支行
行　　长：张若平
地　　址：浦江县人民东路77—1号
邮政编码：322200

浦江和平路支行
行　　长：陈超芳
地　　址：浦江县和平南路2号
邮政编码：322200

浦江月泉路支行
行　　长：张巧英
地　　址：浦江县和平北路112、118号
邮政编码：322200

浦江人民路支行
行　　长：芮伟平
地　　址：浦江县时代广场一楼
邮政编码：322200

磐安县支行
行　　长：姜　军
地　　址：金华市磐安县安文镇东溪街12号
邮政编码：322300

义乌市分行

行　　长：章昕宇
地　　址：义乌市稠州北路500号
邮政编码：322000
电　　话：85550005

义乌篁园支行
行　　长：韩洪盛
地　　址：义乌市国际商贸城四区西辅F023(一至四层)
邮政编码：322000

义乌商都支行
行　　长：吴华建
地　　址：义乌市国际商贸城四区东辅F008(二至四层)
邮政编码：322000

义乌东江支行
行　　长：金艳艳
地　　址：义乌市义乌国际商贸城F区辅

1—08、辅 2—08、辅 3—08 号
邮政编码：322000

义乌香岛支行
行　　长：周红丽
地　　址：义乌市江东路五爱村 1 号楼一楼南侧
邮政编码：322000

义乌福通支行
行　　长：王文钦
地　　址：义乌市福田市场东辅房 B 区 048—052 号
邮政编码：322000

义乌廿三里支行
行　　长：吕志强
地　　址：义乌市廿三里街道开元南街 27 号
邮政编码：322000

义乌长春支行
行　　长：龚政洪
地　　址：义乌市工人北路 670－680 号
邮政编码：322000

义乌宾州支行
行　　长：吴高强
地　　址：义乌市国际商贸城五区市场西辅房 F011—F012 号
邮政编码：322000

义乌经开支行
行　　长：金召君
地　　址：义乌市稠州西路 136 号
邮政编码：322000

义乌湖西支行
行　　长：朱冬梅
地　　址：义乌市丹溪北路 194—200 号
邮政编码：322000

义乌商贸区支行
行　　长：陶海芳
地　　址：义乌市化工路 361 号
邮政编码：322000

义乌越通支行
行　　长：喻燕娟
地　　址：义乌市国际商贸城二期 H 区二单元 1—2 号
邮政编码：322000

义乌顺通支行
行　　长：朱小芳
地　　址：义乌市江滨中路 266 号
邮政编码：322000

义乌越阳支行
行　　长：黄艳琳
地　　址：义乌市江东中路 497 号
邮政编码：322000

义乌福田支行
行　　长：吴长征
地　　址：义乌市工人北路 1149—1155 号
邮政编码：322000

义乌嘉和支行
行　　长：陈丽华
地　　址：义乌市雪峰西路 443 号
邮政编码：322000

义乌佛堂镇支行
行　　长：朱剑强
地　　址：义乌市佛堂镇朝阳路 88 号
邮政编码：322000

衢州市分行

行　　长：严　斌
副 行 长：钱晓敏　高志贤
纪委书记：王志强
地　　址：衢州市蛟池街 1 号
邮政编码：324000
电　　话：3131000

衢江支行
行　　长：丁月红
地　　址：衢州市衢江区振兴中路 202 号
邮政编码：324022

经济开发区支行
行　　长：林华巍
地　　址：衢州市三衢路 505 号
邮政编码：324000

柯城支行
行　　长：徐　霞
地　　址：衢州市市区下街 56 号
邮政编码：324000

南港支行
行　　长：郑建光

地　　址：衢州市南区荷花中路 188 号
邮政编码：324002

紫荆支行

行　　长：王　敏
地　　址：衢州市新安路 55、57 号
邮政编码：324000

西区支行

行　　长：王慧军
地　　址：衢州市区九华北大道 205—215 号
邮政编码：324000

衢化支行

行　　长：郑剑峰
地　　址：衢州市衢化南一道 1 号
邮政编码：324004

衢化北苑支行

行　　长：江向丽
地　　址：衢州市衢化北苑村 2 号
邮政编码：324004

龙游县支行

行　　长：邓柏松
地　　址：龙游县龙洲街道太平西路 246 号
邮政编码：324400

龙游龙洲支行

行　　长：诸葛素萍
地　　址：龙游县龙洲街道兴龙北路 165 号
邮政编码：324400

龙游北门支行

行　　长：王云和
地　　址：龙游县龙洲街道平政路 32 号
邮政编码：324400

龙游荣昌路支行

行　　长：胡宇芬
地　　址：龙游县龙洲街道荣昌大道 671 号
邮政编码：324400

龙游太平路支行

行　　长：周颖波
地　　址：龙游县龙洲街道太平东路 281 号
邮政编码：324400

江山支行

行　　长：蒋茹霞
地　　址：江山市中山路 64 号
邮政编码：324100

江山鹿溪中路支行

行　　长：应向荣
地　　址：江山市鹿溪中路 227 号
邮政编码：324100

江山贺村支行

行　　长：傅　晓
地　　址：江山市贺村镇新华街 28—34 号
邮政编码：324109

江山解放路支行

行　　长：王莉仙
地　　址：江山市解放南路 47 号
邮政编码：324100

江山支行城中分理处

主　　任：罗蔡萍
地　　址：江山市虎山街道东岳路 493 号
邮政编码：324100

常山县支行

行　　长：叶丽丽
地　　址：常山县天马镇大街 62 号
邮政编码：324200

常山红旗街支行

行　　长：叶剑明
地　　址：常山县天马镇红旗街 29 号
邮政编码：324200

开化支行

行　　长：蒋荣福
地　　址：开化县城关镇芹北路 12 号
邮政编码：324300

开化华埠支行

行　　长：郑文涛
地　　址：开化县华埠镇解放路 207 号
邮政编码：324302

开化解放街支行

行　　长：曾　健
地　　址：开化县城关镇解放街 58 号
邮政编码：324300

台州市分行

行　　长：郑剑荣
副 行 长：王　琪　蒋中良　叶　炜　陆小丽
地　　址：台州市椒江区解放南路 281 号

邮政编码：318000
电　　话：8825111

椒江支行
行　　长：何方益
地　　址：台州市中心大道269号
邮政编码：318000

椒江洪家支行
行　　长：任　茜
地　　址：台州市椒江区洪家街道鸿洲大道312号
邮政编码：318015

椒江海门支行
行　　长：何晓峰
地　　址：台州市椒江区中山西路86号
邮政编码：318000

台州经济开发区支行
行　　长：王金国
地　　址：台州市市府大道406号(台州市总工会大楼西段)
邮政编码：318000

椒江花园支行
副 行 长：郑素萍(主持工作)
地　　址：台州市椒江区花园新村26号楼
邮政编码：318000

椒江经中路支行
行　　长：杨卫平
地　　址：台州市开发区经中路328号
邮政编码：318000

椒江万济池支行
行　　长：吴丹红
地　　址：台州市椒江区工人东路6—8号
邮政编码：318000

黄岩支行
行　　长：童　辉
地　　址：台州市黄岩区横街东路2号
邮政编码：318020

黄岩青年东路支行
行　　长：梁宇烽
地　　址：台州市黄岩区青年东路108号
邮政编码：318020

黄岩北城支行
行　　长：池贤庆
地　　址：台州市黄岩区北城街道大桥路631号
邮政编码：318020

黄岩橘乡支行
行　　长：张文光
地　　址：台州市黄岩区东城街道朱砂街2号
邮政编码：318020

黄岩西城支行
行　　长：柯善腾
地　　址：台州市黄岩区黄长路2号
邮政编码：318020

黄岩新世纪支行
行　　长：徐　莎
地　　址：台州市黄岩区横街路173号
邮政编码：318020

黄岩澄江支行
行　　长：杨　奎
地　　址：台州市黄岩区澄江街道镇东路
邮政编码：318020

黄岩青年西路支行
行　　长：潘莜婷
地　　址：台州市黄岩区青年西路37号
邮政编码：318020

黄岩院桥支行
行　　长：袁华平
地　　址：台州市黄岩区院桥镇新春北路57—61号
邮政编码：318020

黄岩十里铺支行
行　　长：王　欣
地　　址：台州市黄岩区南城丰立路8号
邮政编码：318020

路桥区支行
行　　长：汪江令
地　　址：台州市路桥区南官大道39—53号
邮政编码：318050

路桥珠光街支行
行　　长：杨海强
地　　址：台州市路桥区珠光街140—148号
邮政编码：318050

路桥路南支行
行　　长：胡建英
地　　址：台州市路桥区路南永长路与路泽太公路交叉口
邮政编码：318050

路桥城中支行
行　　长：李　挺
地　　址：台州市路桥区银座街中段 413—417 号
邮政编码：318050

路桥商城支行
行　　长：王兵军
地　　址：台州市路桥区中国日用品商城内
邮政编码：318050

路桥市场支行
行　　长：王涛力
地　　址：台州市路桥区卖芝桥东路 206 号
邮政编码：318050

路桥石曲支行
行　　长：汪庆乐
地　　址：台州市路桥区新安南街 433—441 号
邮政编码：318050

路桥金清支行
行　　长：陈　曦
地　　址：台州市路桥区金清镇人民路 176—180 号
邮政编码：318058

临海支行
行　　长：杨分国
地　　址：临海市巾山中路 79 号
邮政编码：317000

临海开发区支行
行　　长：邬卫洲
地　　址：临海市张洋路与东方大道交叉中城公寓 1 号楼
邮政编码：317000

临海东塍支行
行　　长：曹　科
地　　址：临海市东塍镇川津路 228 号
邮政编码：317005

临海杜桥支行
行　　长：王　剑
地　　址：临海市杜桥镇杜北路阳光家园 B 幢 562 号
邮政编码：317016

临海台州府路支行
行　　长：王祖望
地　　址：临海市台州府路 161 号
邮政编码：317000

临海崇和门支行
行　　长：钱玲红
地　　址：临海市钱喧路 3 号
邮政编码：317000

临海金桥支行
行　　长：邵　娟
地　　址：临海市赤城路 39—1 号
邮政编码：317000

临海新客站支行
行　　长：李　艳
地　　址：临海市柏叶西路 200—2 号
邮政编码：317000

温岭支行
行　　长：郑声龙
地　　址：温岭市太平街道万昌中路 88 号
邮政编码：317500

温岭松门支行
行　　长：俞　勇
地　　址：温岭市松门镇天竺路 1 号
邮政编码：317511

温岭泽国支行
行　　长：许长松
地　　址：温岭市泽国镇幸福街 23—25 号
邮政编码：317523

温岭大溪支行
行　　长：方丽萍
地　　址：温岭市大溪镇大石一级公路和 104 国道交叉口（大溪镇下村村综合楼）
邮政编码：317525

温岭牧屿支行
行　　长：王维国
地　　址：温岭市泽国镇牧屿管理区欧风

路85号
邮政编码：317521
温岭万寿路支行
行　　长：陈音丹
地　　址：温岭市太平街道万寿路154号
邮政编码：317500
温岭横峰支行
行　　长：潘连军
地　　址：温岭市横峰街道宅前路199—201号
邮政编码：317520
温岭东辉路支行
行　　长：杜丽雅
地　　址：温岭市太平街道东辉北路118号
邮政编码：317500
温岭文化桥支行
行　　长：颜晨红
地　　址：温岭市太平街道人民中路225号
邮政编码：317500
温岭锦屏路支行
行　　长：於伟欣
地　　址：温岭市太平街道锦屏路150—156号
邮政编码：317500
温岭南泉支行
行　　长：陈　瑶
地　　址：温岭市太平街道东辉北路118号
邮政编码：317500
温岭新河支行
行　　长：王　楷
地　　址：温岭市新河镇锦山东路9—21号
邮政编码：317502
温岭箬横支行
行　　长：王佳俊
地　　址：温岭市箬横镇横滨大道箬横村村部
邮政编码：317507
温岭九龙支行
行　　长：潘儒海
地　　址：温岭市城东街道九龙大道数码城
邮政编码：317500
玉环支行
行　　长：虞颖华
地　　址：玉环县玉城街道玉兴西路2号
邮政编码：317600
玉环大麦屿支行
行　　长：陈水松
地　　址：台州市玉环县大麦屿街道兴港西路1号
邮政编码：317604
玉环楚门支行
行　　长：蔡文青
地　　址：玉环县楚门镇南兴西路213—2号
邮政编码：317605
玉环坎门支行
行　　长：黄德钦
地　　址：玉环县坎门街道海城路93号
邮政编码：317602
玉环清港支行
行　　长：钱柏宏
地　　址：玉环县清港镇迎宾路27号
邮政编码：317606
玉环龙溪支行
行　　长：徐时彬
地　　址：台州市玉环县龙溪乡龙翔南路79号
邮政编码：317609
玉环城中路支行
行　　长：徐汤峰
地　　址：台州市玉环县玉城街道城中路财务开发公司大楼底层
邮政编码：317600
玉环沙门支行
行　　长：李　明
地　　址：玉环县沙门镇桐兴路22—26号
邮政编码：317600
仙居支行
行　　长：郑智勇
地　　址：仙居县穿城中路108号
邮政编码：317300
仙居下各支行
行　　长：张光甫
地　　址：仙居县下各镇穿镇路598号
邮政编码：317321

仙居安洲支行
行　　长：方伟萍
地　　址：仙居县穿城北路 2—2 号
邮政编码：317300
仙居南峰支行
行　　长：杨　瑞
地　　址：仙居县环城南路 445—447 号
邮政编码：317300
天台县支行
行　　长：程志明
地　　址：天台县城关人民西路 167 号
邮政编码：317200
天台平桥支行
行　　长：洪庆阳
地　　址：天台县平桥镇中心广场旁
邮政编码：317203
天台劳动路支行
行　　长：黄晓军
地　　址：天台县城关劳动路 118—124 号
邮政编码：317200
天台工人西路支行
行　　长：许　颖
地　　址：天台县赤城街道工人西路 84—88 号
邮政编码：317200
三门县支行
行　　长：应美根
地　　址：三门县海游镇上洋路 19 号
邮政编码：317100
三门核电支行
行　　长：王利芬
地　　址：三门县健跳镇三门核电厂区南区会所一层南侧
邮政编码：317111
三门龙山支行
行　　长：郑灵华
地　　址：三门县海游镇人民路 194 号
邮政编码：317100
三门南山支行
行　　长：柯小星
地　　址：三门县海游镇建民路 80 号
邮政编码：317100

丽水市分行
行　　长：毛海滨
副 行 长：雷献军　陈伟中　吴　刚
纪委书记：郑　勉
地　　址：丽水市丽阳街 440 号
邮政编码：323000
电　　话：2381888
莲都支行
行　　长：楼英雄
地　　址：丽水市解放街 399 号
邮政编码：323000
灯塔支行
行　　长：杨秀文
地　　址：丽水市灯塔街 63 号
邮政编码：323000
经济开发区支行
行　　长：陈　霞
地　　址：丽水市水阁工业区枫岭街 11—17 号
邮政编码：323000
中东支行
行　　长：刘淑艳
地　　址：丽水市中东路 140 号
邮政编码：323000
金汇广场支行
行　　长：金　晶
地　　址：丽水市城东路 241 号—1
邮政编码：323000
紫金路支行
行　　长：凌　云
地　　址：丽水市万丰小区 18 号
邮政编码：323000
怡景支行
行　　长：胡雪花
地　　址：丽水市囿山路 426 号
邮政编码：323000
人民路支行
行　　长：陈丽玉
地　　址：丽水市人民路 600—620 号
邮政编码：323000
青田县支行
行　　长：江丰伟

地　　址：青田县鹤城镇新大街66号
邮政编码：323900

青田江南支行
行　　长：郭玉琴
地　　址：青田县龙津路70—72号
邮政编码：323900

青田塔山支行
行　　长：季仙明
地　　址：青田县校场路70号
邮政编码：323900

青田温溪支行
行　　长：单高翔
地　　址：青田县温溪镇处州街27号
邮政编码：323903

青田上店街支行
行　　长：冯　伟
地　　址：青田县上店街7号
邮政编码：323903

青田东苑支行
行　　长：夏海雷
地　　址：青田县马鞍山路48号
邮政编码：323904

青田山口支行
行　　长：吴安安
地　　址：青田县山口镇永安街163号
邮政编码：323903

青田油竹支行
行　　长：陈　卫
地　　址：青田县油竹新区青岱路211号
邮政编码：323903

青田水南支行
行　　长：严　隽
地　　址：青田县水南新区江南大道108号
邮政编码：323903

青田涌金支行
行　　长：程敏华
地　　址：青田县鹤城镇涌金街2号
邮政编码：323903

青田学士路支行
行　　长：叶炜来
地　　址：青田县鹤城中路99号
邮政编码：323903

龙泉市支行
行　　长：林水长
地　　址：龙泉市中山东路116号
邮政编码：323700

龙泉西寺支行
行　　长：张　莉
地　　址：龙泉市新华街60号
邮政编码：323700

遂昌县支行
行　　长：吕美英
地　　址：浙江遂昌县妙高镇南街99号
邮政编码：323300

松阳县支行
行　　长：朱晓东
地　　址：松阳县太平坊路31号
邮政编码：323400

缙云县支行
行　　长：张浩军
地　　址：缙云县问渔路110号
邮政编码：321400

缙云壶镇支行
行　　长：陶敏东
地　　址：缙云县壶镇镇安居东路28号
邮政编码：321404

缙云新碧支行
行　　长：丁朝兵
地　　址：缙云县新碧镇镇南路308号
邮政编码：321404

缙云胜利支行
行　　长：麻茜慧
地　　址：缙云县五云镇胜利街78号
邮政编码：321404

庆元县支行
行　　长：邓　琳
地　　址：庆元县蒙洲街160号
邮政编码：323800

景宁县支行
行　　长：徐屈伟
地　　址：景宁县人民中路85号
邮政编码：323500

舟山市分行
行　　长：陈旭卉

副 行 长：杨励刚　郭新元　曾小海
纪委书记：曾小海(兼)
地　　址：舟山市定海区解放东路33号
邮政编码：316000
电　　话：2068188

千岛路支行

行　　长：王　莹
地　　址：舟山市定海区临城街道中昌国际大厦一楼
邮政编码：316021

解放路支行

行　　长：戴敏君
地　　址：舟山市定海区人民中路1号
邮政编码：316000

六横支行

行　　长：张　燕
地　　址：舟山市普陀区六横镇东海路232—234号
邮政编码：316131

人民路支行

行　　长：李佩红
地　　址：舟山市定海区人民南路115号
邮政编码：316000

白泉支行

行　　长：徐　娜
地　　址：舟山市定海区白泉镇万金湖路商业街4幢
邮政编码：316012

西园支行

行　　长：刘灵芝
地　　址：舟山市定海区解放西路230号
邮政编码：316000

北园支行

行　　长：洪　梅
地　　址：舟山市定海区人民北路80号
邮政编码：316000

金塘支行

行　　长：姜　伟
地　　址：舟山市定海区金塘镇新道西路97号
邮政编码：316033

昌东支行

行　　长：戴孟杰
地　　址：舟山市定海区昌国路119号—1
邮政编码：316000

普陀山支行

行　　长：刘海雄
地　　址：舟山市普陀山梅岑路85号—7
邮政编码：316107

沈家门支行

行　　长：刘国芬
地　　址：舟山市普陀区沈家门街道同济路85号
邮政编码：316100

沈家门东港支行

行　　长：王　辉
地　　址：舟山市普陀区东港街道香榭街141、143号
邮政编码：316100

沈家门平阳浦支行

行　　长：钱玲琳
地　　址：舟山市普陀区平阳浦舟渔基建大楼103号
邮政编码：316101

沈家门蒲湾支行

行　　长：屠敏雅
地　　址：舟山市普陀区东海中路789号
邮政编码：316100

岱山支行

行　　长：张笔颖
地　　址：舟山市岱山县高亭镇沿港中路218号
邮政编码：316200

嵊泗县支行

行　　长：赵　安
地　　址：舟山市嵊泗县菜园镇沙河路278号
邮政编码：202450

嵊泗洋山支行

行　　长：吴小辉
地　　址：舟山市嵊泗县洋山镇小洋山同欣一路3号
邮政编码：202461

定海支行
行　　长：沈万里
地　　址：舟山市定海区环城东路96号
邮政编码：316000

中国建设银行在浙机构

浙江省分行
行　　长：黄先俊
副 行 长：侯建培　林顺辉　张　民
纪委书记：张　民(兼)
工会主席：傅春兰
总审计师：王爱玲
行长助理：何向东
公司机构委员会常务副主任：陈根海
地　　址：杭州市解放东路33号
邮政编码：310016
电　　话：85313000

省分行营业部
总 经 理：劳新江
副总经理：胡荻萍　陶小勇　王卫成
　　　　　章　奇
党委副书记：赵建萍
纪委书记：赵建萍(兼)
风险主管：孙　斌
地　　址：杭州市延安路526号
邮政编码：310006
传　　真：86829220

营业部营业室
主　　任：孙　葳
副 主 任：任　春　杨敏华
风险经理：张滨蕾
地　　址：杭州市延安路526号
邮政编码：310006
传　　真：85774845

杭州吴山支行
行　　长：苏继鸿
副 行 长：雷　鸣　兰　颖
风险经理：钱　芳
纪检监察特派员：冯林华
地　　址：杭州市延安路118号
邮政编码：310001
传　　真：87709881

杭州之江支行
行　　长：李　磊
副 行 长：唐　蕾　许　宏
风险经理：郑　镭
纪检监察特派员：王建清
地　　址：杭州市体育场路290号
邮政编码：310003
传　　真：85313456

杭州秋涛支行
行　　长：童建荣
副 行 长：杨　杰　朱新奎
风险经理：平红艳
地　　址：杭州市庆春东路5号
邮政编码：310020
传　　真：86959630

杭州文晖支行
行　　长：韦霞萍
副 行 长：姚军伟　张向良
风险经理：王健美
地　　址：杭州市湖墅南路277号
邮政编码：310005
传　　真：88396916

杭州宝石支行
行　　长：曹　平
副 行 长：何　晓　徐千里
风险经理：陈婺佳
地　　址：杭州市体育场路588号
邮政编码：310007
传　　真：85215218

杭州滨江支行
行　　长：鱼　海
副 行 长：卢欢烈　姜晓彦
风险经理：冯　敏
地　　址：杭州市滨江区江南大道480号
邮政编码：310052
传　　真：87795927

杭州高新支行
行　　长：施建华
副 行 长：陶　燕　单　亮
风险经理：俞玲玲
地　　址：杭州市文三路250号

邮政编码：310012
传　　真：88869957

杭州经开支行

行　　长：张仁国
副 行 长：王勇强　潘明霞
风险经理：陈　兵
地　　址：杭州市经济开发区三号大街
邮政编码：310018
传　　真：89909050

杭州钱江支行

行　　长：冯勍骋
地　　址：杭州市解放东路 33 号
邮政编码：310016
传　　真：85314690

杭州西湖支行

行　　长：邢国亮
副 行 长：韦　雯
风险经理：叶荣奇
地　　址：杭州市保俶路 55 号
邮政编码：310007
传　　真：85113349

杭州中山支行

行　　长：盛　勇
副 行 长：陈青慧
风险经理：叶荣奇
地　　址：杭州市中山北路 297 号
邮政编码：310003
传　　真：87796915

杭州萧山支行

行　　长：章徐英
副 行 长：周天丰　陈育新　方　群
风险经理：叶培伦
地　　址：杭州市萧山区城厢镇人民路 213 号
邮政编码：311201
传　　真：82663398

杭州余杭支行

行　　长：姜莉菁
副 行 长：李一文
风险经理：鲁越翔
行长助理：丁建荣　陈　坚
地　　址：杭州市余杭区东湖中路 232 号
邮政编码：311100
传　　真：86225845

建德支行

行　　长：苏志春
副 行 长：吴海林
风险经理：徐松文
行长助理：叶笑丰
地　　址：建德新安江街道新安路 6 号
邮政编码：311600
传　　真：64721455

富阳支行

行　　长：申屠玉儿
副 行 长：陈　伟　徐亮健
风险经理：朱利锋
地　　址：富阳市桂花路 23 号
邮政编码：311400
传　　真：63326830

临安支行

行　　长：王云水
副 行 长：俞小河
风险经理：黄　群
行长助理：余宝辉
地　　址：临安市锦城镇钱王大街 415 号
邮政编码：311300
传　　真：63721034

桐庐支行

行　　长：谢信军
风险经理：程　伟
行长助理：王　鹏　郭生苗
地　　址：桐庐县桐君街道迎春路 118 号
邮政编码：311500
传　　真：64638258

淳安支行

行　　长：沈　震
副 行 长：余武平
行长助理：王学伟
地　　址：淳安县千岛湖镇新安大街 75 号
邮政编码：311700
传　　真：64812298

宁波市分行

行　　长：苏　克

副 行 长：任国正　陈恒星　陈慧芳
　　　　　卢　冲
总审计师：黄品良
风险总监：叶　进
地　　址：宁波市广济街31号
邮政编码：315010
电　　话：87323757

市分行营业部
负 责 人：韩国辉
地　　址：宁波市广济街31号
邮政编码：315010
电　　话：87313888

第一支行
负 责 人：陈岳辉
地　　址：宁波市海曙区马园路29号
邮政编码：315010
电　　话：87158983

第二支行
负 责 人：张琐琐
地　　址：宁波市江北区大庆南路6号
邮政编码：315020
电　　话：87385042

第三支行
负 责 人：张　威
地　　址：宁波市彩虹北路62号
邮政编码：315040
电　　话：87718319

住房城市建设支行
负 责 人：胡谨俊
地　　址：宁波市开明街417—427号
邮政编码：315010
电　　话：87311854

国家高新区支行
负 责 人：钱航宜
地　　址：宁波市江南公路289号
邮政编码：315040
电　　话：87903800

镇海支行
负 责 人：林佩珍
地　　址：宁波市镇海区聪园路118号
邮政编码：315200
电　　话：86275832

北仑支行
负 责 人：包建军
地　　址：宁波市北仑区新矸镇新大路
　　　　　251号
邮政编码：315800
电　　话：86882297

鄞州支行
负 责 人：王宏伟
地　　址：宁波市鄞州区首南街道泰康中
　　　　　路500号
邮政编码：315100
电　　话：87372686

慈溪支行
负 责 人：张一敏
地　　址：宁波市浒山镇寺山路279号
邮政编码：315300
电　　话：63812797

余姚支行
负 责 人：施根法
地　　址：宁波市余姚大黄桥路2号
邮政编码：315400
电　　话：62712583

奉化支行
负 责 人：杨雄明
地　　址：奉化市长春路18号
邮政编码：315500
电　　话：8528540

象山支行
负 责 人：吴志刚
地　　址：象山丹城靖南路320号
邮政编码：315700
电　　话：65725692

宁海支行
负 责 人：方伟杰
地　　址：宁波市宁海城关中山中路87号
邮政编码：315600
电　　话：65583513

外滩支行
负 责 人：陈　路
地　　址：宁波市江北区外马路69号
邮政编码：315000
电　　话：87172342

温州市分行

行　　长：诸葛衍权
纪委书记：林　诤
党委委员：王如来
副 行 长：戴佚义　刘　建　来利剑
风险主管：余永峰
行长助理：冯茂慧　夏　雷
地　　址：温州市车站大道701号建行大厦
邮政编码：325027
电　　话：88080011

温州瓯海支行

行　　长：黄晓海
风险经理：刘万来
副 行 长：张　敏　王乐阳
行长助理：马湖丹
地　　址：温州市过境路1586号
邮政编码：325005
电　　话：88538483

温州鹿城支行

行　　长：郑巨龙
副 行 长：陈锦丽　戴立智　刘笑笑
地　　址：温州市鹿城区飞霞南路439号
邮政编码：325003
电　　话：88811889

温州龙湾支行

行　　长：金江桂
副 行 长：毛欣华
风险经理：董善泽
行长助理：曹昌勤
地　　址：温州市龙湾区永梅公路永强电业大厦
邮政编码：325024
电　　话：86865807

温州开发区支行

行　　长：温兴平
风险经理：徐昭雄
副 行 长：江文平
行长助理：周利战
地　　址：温州经济技术开发区钱江路170号
邮政编码：325011
电　　话：86531228

温州瓯江支行

行　　长：黄国杰
副 行 长：陈庆辉　叶荣华　张　徐
风险经理：林晓群
地　　址：温州市鹿城区江滨街道黎明西路342号
邮政编码：325003
电　　话：88833042

温州分行营业部

经　　理：袁晓晟
副 经 理：吴克龙
风险经理：董然定
副 行 长：徐才文　何长宽　叶　丛
经理助理：李小曼
地　　址：温州市车站大道701号建行大厦
邮政编码：325027
电　　话：88080514

温州中山支行

行　　长：陈国多
副 行 长：陈向东　吴爱雪
地　　址：温州市鹿城区南门街道人民东路153号
邮政编码：325000
电　　话：88828120

温州府前支行

行　　长：虞中考
副 行 长：杨国柱　张　强
地　　址：温州市鹿城区五马街道府前街4号利府大楼
邮政编码：325000
电　　话：88294318

温州新城支行

行　　长：王美加
副 行 长：吴智勇　詹新峰
地　　址：温州市鹿城区府东路禾源大厦
邮政编码：325000
电　　话：88917706

温州小南支行

行　　长：蔡向群
副 行 长：方建良　麻立跃
地　　址：温州市鹿城区小南路205号
邮政编码：325000

电　　话：88251251

温州南城支行

行　　长：林瑞新

副 行 长：章　群　陈　琰

地　　址：温州市瓯海区梧田街道梧田大道330号

邮政编码：325014

电　　话：86361644

瑞安支行

行　　长：吴招程

风险经理：郑新标

副 行 长：赵建春　洪　雷

纪委书记：赵建春(兼)

行长助理：黄雪飞

地　　址：瑞安市万松东路383号

邮政编码：325200

电　　话：65811173

乐清支行

行　　长：夏良德

风险经理：杨五一

副 行 长：包义俊　余擎天　吴晓东　沈加权

地　　址：乐清市乐成镇宁康东路60—68号

邮政编码：325600

电　　话：62539645

平阳支行

行　　长：张振响

副 行 长：蔡炳通　王建宇

风险经理：戴峰波

地　　址：平阳县昆阳镇雅河路246号

邮政编码：325400

电　　话：63718122

永嘉支行

副 行 长：李文勇(主持工作)

风险经理：黄建友

副 行 长：黄宗肯

行长助理：高　碧

地　　址：永嘉县瓯北镇双塔路码道大厦二楼

邮政编码：325107

电　　话：67258320

苍南支行

行　　长：林小兵

副 行 长：黄友共

风险经理：林长缨

行长助理：诸　昕

地　　址：苍南县灵溪镇玉苍路555号

邮政编码：325800

电　　话：64765919

文成支行

行　　长：周洪峰

副 行 长：傅华文

地　　址：文成县建设路75号

邮政编码：325300

电　　话：67831008

泰顺支行

行　　长：夏诒恒

副 行 长：张来敬　王永军

地　　址：泰顺县罗阳镇城北路78号

邮政编码：325500

电　　话：67586912

洞头支行

行　　长：李焕章

副 行 长：陈　磊

行长助理：郑胜雄

地　　址：洞头县北岙镇中心街234号

邮政编码：325700

电　　话：63488445

嘉兴市分行

行　　长：陈　强

副 行 长：袁龙豫　程能平　俞　璇　朱金明

纪委书记：程能平(兼)

风险主管：许　华

地　　址：嘉兴市紫阳街208号

邮政编码：314000

电　　话：82032706

市分行营业部

主　　任：吴铁雁

副 主 任：徐咏梅

地　　址：嘉兴市紫阳街208号

邮政编码：314000

电　　话：82032515

嘉兴南湖支行
行　　长：陈桂泉(负责人)
地　　址：嘉兴市中山东路121号
邮政编码：314000
电　　话：82089268

嘉兴秀洲支行
行　　长：沈　高
副 行 长：王　昕
地　　址：嘉兴市中山西路860号
邮政编码：314031
电　　话：82711093

嘉兴南湖新区支行
行　　长：钱明夫
地　　址：嘉兴市凌公塘路巴黎都市住宅区凯旋门商场2号楼1号商铺
邮政编码：314000
电　　话：82811501

嘉兴中山路支行
行　　长：袁亚明
地　　址：嘉兴市中山东路478号
邮政编码：314000
电　　话：82086391

海宁支行
行　　长：翁文强
副 行 长：赵　英　邢　瑛
纪委书记：赵　英(兼)
风险经理：杨慧玲
行长助理：胡丰民
工会主席：杨慧玲(兼)
地　　址：海宁市海昌路116号
邮政编码：314400
电　　话：87221922

桐乡支行
行　　长：葛明洲
副 行 长：周林甫　徐建新　申建荣　陈　杰
纪委书记：徐建新(兼)
工会主席：申建荣(兼)
地　　址：桐乡市庆丰中路15号
邮政编码：314500
电　　话：88023502

平湖支行
副 行 长：富晓建(主持工作)　孙　萍　冯建明　许　骏
纪委书记：冯建明(兼)
风险经理：魏青峰
工会主席：张雅春
行长助理：徐海平
地　　址：平湖市当湖街道当湖路86—108号
邮政编码：314200
电　　话：85114106

海盐支行
行　　长：顾徐刚
副 行 长：冯　路　沈　钢　蔡舒忠
纪检特派员：王土新
行长助理：钱子良
工会主席：戚浩明
地　　址：嘉兴市海盐县武原街道朝阳西路32号
邮政编码：314300
电　　话：86028959

嘉善支行
行　　长：姚献峰
副 行 长：叶　林　韩　俊
纪检监察特派员：杜建华
行长助理：杨　欢
工会主席：叶　林(兼)
地　　址：嘉善县魏塘街道解放西路163号
邮政编码：314100
电　　话：84024222

湖州市分行

行　　长：王剑雄
副 行 长：岳俊健　陈　硕　周　迎　刘志伟
纪委书记：岳俊健(兼)
工会主席：陈　硕(兼)
风险主管：沈桂芳
地　　址：湖州市红旗路118号
邮政编码：313000
电　　话：2500218

湖州分行营业部
主　　任：沈　霞

副 主 任：黄　江　解建军
地　　址：湖州市红旗路118号
邮政编码：313000
电　　话：2500063

湖州城中支行

行　　长：赵振华
副 行 长：刘　丹　严海瑛
地　　址：湖州市北街53号
邮政编码：313000
电　　话：2212057

湖州经济开发区支行

行　　长：张爱民
副 行 长：张　民
地　　址：湖州市凤凰路800号
邮政编码：313000
电　　话：2104021

湖州吴兴支行

行　　长：林乃海
副 行 长：汪静霞
地　　址：湖州市东街425号
邮政编码：313000
电　　话：2063780

湖州南浔支行

行　　长：张建强
副 行 长：葛　平　李庆伟
风险经理：傅　军
地　　址：湖州市南浔镇泰安路439号
邮政编码：313009
电　　话：3913771

湖州织里支行

行　　长：朱建勇
副 行 长：沈剑峰
地　　址：湖州市织里镇吴兴大道4355号
邮政编码：313008
电　　话：3928728

德清支行

行　　长：王丽琴
副 行 长：饶卫东　汪　英
风险经理：李　莹
地　　址：湖州市德清县武康镇永安街199号
邮政编码：313200
电　　话：8074689

长兴支行

行　　长：凌旭康
副 行 长：徐　芬　蔡拥军
风险经理：朱佩荣
地　　址：湖州市长兴县雉城镇县前西街18号
邮政编码：313100
电　　话：6036123

安吉支行

行　　长：杨　杰
副 行 长：徐永芳　朱文斌
风险经理：王必恺
地　　址：湖州市安吉县递铺镇胜利东路289号
邮政编码：313300
电　　话：5127091

绍兴市分行

行　　长：刘雁群
副 行 长：李　钢　颜　赴　沈源钢
　　　　　娄卫东　王黎红
纪委书记：颜　赴(兼)
工会主席：颜　赴(兼)
风险主管：许海龙
地　　址：绍兴市中兴南路2号
邮政编码：312000
电　　话：88162998

绍兴分行营业部

主　　任：陈　苑
副 主 任：吴绍元　鲁亚因
地　　址：绍兴市中兴南路2号
邮政编码：312000
传　　真：88162114

绍兴鉴湖支行

行　　长：赵　靖
副 行 长：陈　岚
地　　址：绍兴市延安路251号
邮政编码：312000
传　　真：88162160

绍兴大通支行

副 行 长：吕军辉(主持工作)　陈　军
地　　址：绍兴市越城区胜利西路605号
邮政编码：312000

传　　真：88162204

绍兴经济开发区支行

副 行 长：龚祥法(主持工作)　金　英

地　　址：绍兴市越城区人民东路 333 号

邮政编码：312001

传　　真：88162243

绍兴城中支行

行　　长：周灿珍

副 行 长：徐雪静

地　　址：绍兴市人民中路 6 号

邮政编码：312000

传　　真：88162258

绍兴支行

行　　长：娄卫东(兼)

副 行 长：楼奎军　余建军　金敏强

风险经理：马季华

地　　址：绍兴县柯桥鉴湖路 27 号

邮政编码：312030

传　　真：81189000

诸暨支行

行　　长：黄小敏

副 行 长：何岳明　郑文坚

风险经理：郭革锋

行长助理：韩立江

地　　址：诸暨市暨东路 68 号

邮政编码：311800

传　　真：87917015

上虞支行

行　　长：朱　骅

副 行 长：吴志明

风险经理：季　珂

行长助理：朱奕枫　柴晓伟

地　　址：上虞市百官街道人民中路 270 号

邮政编码：312300

传　　真：81225015

嵊州支行

行　　长：韩　星

副 行 长：王志强　裘立英

风险经理：邢静东

纪检监察特派员：周跃展

地　　址：嵊州市城中路 2 号

邮政编码：312400

传　　真：83333018

新昌支行

行　　长：徐晓明

副 行 长：章永富

风险经理：张立忠

行长助理：潘昊翔

纪检监察特派员：王立平

地　　址：新昌县城关镇人民中路 263 号

邮政编码：312500

传　　真：86166022

金华市分行

行　　长：陈根海

副 行 长：黄旭东　夏明龙　李英姿
　　　　　赵小忠

纪委书记：黄旭东(兼)

工会主任：黄旭东(兼)

风险主管：奚梅林

地　　址：金华市解放东路 1 号

邮政编码：321000

电　　话：82302078

市分行营业部

经　　理：姜浙庆

副 经 理：杜晓斌　褚福军

经理助理：杨　波

地　　址：金华市解放东路 1 号

邮政编码：321000

电　　话：82302392

婺城支行

行　　长：楼应飞

副 行 长：陈志国

行长助理：季锋雷

地　　址：金华市解放东路 260 号

邮政编码：321000

电　　话：82304007

开发区支行

副 行 长：徐忠忠(主持工作)

行长助理：厉俏俊

地　　址：金华市八一南街 387 号信华大楼

邮政编码：321017

电　　话：82391106

金东支行

行　　长：陈　平

副 行 长：程中省
地　　址：金华市李渔路265号
邮政编码：321017
电　　话：82347722

江北支行

行　　长：徐春生
行长助理：黄小升
地　　址：金华市解放西路233号
邮政编码：321000
电　　话：82356523

金西支行

行　　长：陈永明
副 行 长：姜根法　孙宗华
地　　址：金华市婺城区白龙桥镇通江路128号
邮政编码：321017
电　　话：82211664

东阳支行

行　　长：张伟青
副 行 长：陈宁归　李向红　陈航军　徐国栋
风险经理：许侃鸣
地　　址：东阳市吴宁东路22号
邮政编码：322100
电　　话：86644278

永康支行

行　　长：钟国友
副 行 长：黄永忠
风险经理：郑跃平
行长助理：贾振敏
地　　址：永康市丽州中路63号
邮政编码：321300
电　　话：87113707

兰溪支行

行　　长：黄　炜
副 行 长：季志东　赵卫芳
风险经理：王国强
地　　址：兰溪市丹溪大道25号
邮政编码：321100
电　　话：88884870

武义支行

行　　长：徐新忠
副 行 长：李颖高
风险经理：钱红华
行长助理：黄惠平
地　　址：武义县武阳中路2号
邮政编码：321200
电　　话：87622091

浦江支行

行　　长：何少峰
副 行 长：王顺吉　李　英
风险经理：程　巍
行长助理：祝文然
地　　址：浦江县浦阳镇和平南路12号
邮政编码：322200
电　　话：84112245

磐安支行

行　　长：卜燎斐
副 行 长：王琳煌
地　　址：磐安县安文镇中街1号
邮政编码：322300
电　　话：84661539

衢州市分行

副 行 长：李建林(主持工作)　周勇前　周雪炎　吴晓东
纪委书记：花　开
工会主任：花　开(兼)
风险主管：周　俊
地　　址：衢州市柯城区上街56号
邮政编码：324000
电　　话：3055758

市分行营业部

主　　任：童刚良
副 主 任：吴作为
地　　址：衢州市柯城区上街56号
邮政编码：324000
电　　话：3055564

衢州开发区支行

行　　长：黎　莉
副 行 长：汪　政
纪检监察特派员：余一生
地　　址：衢州市柯城区世纪大道195号
邮政编码：324002
电　　话：3024167

衢州柯城支行

行　　长：邵丽华

副 行 长：郑惠敏

地　　址：衢州市柯城区县学街 15 号

邮政编码：324000

电　　话：3031706

衢州衢江支行

行　　长：余　彬

副 行 长：郑　胜

地　　址：衢州市衢江区樟潭路 62 号

邮政编码：324022

电　　话：2830307

衢州衢化支行

行　　长：王建平

副 行 长：郑　静

地　　址：衢州市巨化南一道 3 号

邮政编码：324004

电　　话：3062343

衢州荷花支行

行　　长：汪伟炬

副 行 长：叶韩英

地　　址：衢州市柯城区荷花中路 210 号

邮政编码：324002

电　　话：3081464

衢州斗潭支行

行　　长：周博俊

地　　址：衢州市柯城区西安路 42 号

邮政编码：324000

电　　话：3025361

衢州南孔支行

行　　长：姜　琦

地　　址：衢州市柯城区荷花中路 411 号

邮政编码：324000

电　　话：3026135

衢州昌苑支行

行　　长：杜　炜

地　　址：衢州市巨化南苑村 1 号

邮政编码：324004

电　　话：3062344

衢州车站支行

行　　长：徐艰新

地　　址：衢州市柯城区劳动路 112 号

邮政编码：324000

电　　话：3024820

衢州荷西支行

行　　长：曾雪红

地　　址：衢州市柯城区荷花三路 36 号

邮政编码：324002

电　　话：3890102

衢州大南门支行

行　　长：姚忠勇

地　　址：衢州市柯城区通荷路 160 号

邮政编码：324000

电　　话：3024760

衢州河西分理处

主　　任：方娟娟

地　　址：衢州市柯城区九华北大道 6 号

邮政编码：324000

电　　话：3012961

江山支行

行　　长：应向阳

副 行 长：何丽俊　周小飞　周杨飞

纪检监察特派员：王晓靖

地　　址：江山市中山路 16 号

邮政编码：324100

电　　话：4021251

江山中山路分理处

主　　任：毛冬敏

地　　址：江山市中山路 68 号

邮政编码：324100

电　　话：4021244

江山虎山分理处

主　　任：毛景丛

地　　址：江山市东岳路 18 号

邮政编码：324100

电　　话：4073576

江山鹿溪路分理处

主　　任：林永忠

地　　址：江山市鹿溪中路 242 号

邮政编码：324100

电　　话：4019252

江山小南门分理处

主　　任：周　军

地　　址：江山市解放路 173 号

邮政编码：324100
电　　话：4023217

江山贺村支行

行　　长：郑林源
地　　址：江山市贺村镇贺福北路1号
邮政编码：324109
电　　话：4551016

龙游支行

行　　长：周　武
副 行 长：徐志军　王茜茜
地　　址：龙游县太平西路196号
邮政编码：324400
电　　话：7021924

龙游银星分理处

主　　任：黎　冰
地　　址：龙游县太平西路2号
邮政编码：324400
电　　话：7111009

龙游华夏分理处

主　　任：吴菊兰
地　　址：龙游县荣昌大道479号
邮政编码：324400
电　　话：7111007

龙游北门分理处

主　　任：徐　鹰
地　　址：龙游县大众路61号
邮政编码：324400
电　　话：7022681

常山支行

行　　长：孙晖波
副 行 长：何华平
地　　址：常山县定阳北路18号
邮政编码：324200
电　　话：5022374

常山城区分理处

主　　任：王世龙
地　　址：常山县柚香路5号
邮政编码：324200
电　　话：5019258

开化支行

行　　长：干秋红
副 行 长：丁喜岷
地　　址：开化县解放街76号
邮政编码：324300
电　　话：6022713

台州市分行

行　　长：郑　浩
副 行 长：许　超　徐曙鹰　徐　谦
　　　　　何国宝
纪委书记：何国宝(兼)
工会主席：徐曙鹰(兼)
风险主管：詹学真
地　　址：台州市椒江区广场西路1号
邮政编码：318000
电　　话：88818283

椒江支行

行　　长：郑仁勇
副 行 长：丁荣斌　牟英姿
工会主席：丁荣斌(兼)
地　　址：椒江区青年路7—2号
邮政编码：318000
电　　话：88222011

开发区支行

行　　长：王　辉
副 行 长：陈　健　王东波
工会主席：王东波(兼)
地　　址：椒江区东环大道0238号
邮政编码：318000
电　　话：88208680

温岭支行

行　　长：葛世龙
副 行 长：吕亮亮　周云翔　丁　枫
行长助理：邵引欢
纪委书记：吕亮亮(兼)
工会主席：吕亮亮(兼)
风险经理：潘善龙
地　　址：温岭市东辉北路135号
邮政编码：317500
电　　话：86206909

黄岩支行

行　　长：陈晨曦
副 行 长：王　凯　李和电
行长助理：卢媛丽
纪委书记：李和电(兼)

工会主席：李和电(兼)
风险经理：董炜珺
地　　址：黄岩天长北路209号
邮政编码：318020
电　　话：84273216

路桥支行

行　　长：潘以将
副 行 长：苏一农　李宗撑
纪委书记：苏一农(兼)
工会主席：苏一农(兼)
风险经理：王　淮
地　　址：路桥区卖芝桥西路30号
邮政编码：318050
电　　话：82449519

临海支行

行　　长：陈文贵
副 行 长：杨群芳　丁一峰　梅玲慧
纪委书记：杨群芳(兼)
工会主席：杨群芳(兼)
风险经理：胡志勇
地　　址：临海市城关镇崇和路246号
邮政编码：317000
电　　话：85113733

玉环支行

行　　长：梅振辉
副 行 长：徐玲明
行长助理：叶桂彪
工会主席：徐玲明(兼)
地　　址：玉环县康育南路311—1号
邮政编码：317600
电　　话：87216023

天台支行

行　　长：叶文强
副 行 长：陈　萍　金崇利
工会主席：陈　萍(兼)
地　　址：天台县赤城街道劳动路口恒昌大厦
邮政编码：317200
电　　话：83892268

仙居支行

行　　长：包昌兴
副 行 长：杨　剑
行长助理：郑伟斌
工会主席：杨　剑(兼)
地　　址：仙居穿城北路1—1号
邮政编码：317300
电　　话：87773581

三门支行

行　　长：彭海峰
副 行 长：林惠东　郑志刚
工会主席：林惠东(兼)
地　　址：三门县海游镇光明路1号
邮政编码：317100
电　　话：83335309

丽水市分行

行　　长：徐小康
副 行 长：罗叔秋　赵建革　王洪民
　　　　　王旭东
纪委书记：罗叔秋(兼)
工会主席：罗叔秋(兼)
风险主管：李松恭
地　　址：丽水市大洋路430号
邮政编码：323000
电　　话：2272918

市分行营业部

主　　任：曾宙红
副 主 任：王建云
地　　址：丽水市解放街177号
邮政编码：323000
传　　真：2272533

丽水莲城支行

行　　长：郑　芳
副 行 长：胡浩源
地　　址：丽水市解放街115号
邮政编码：323000
传　　真：2154001

丽水瓯江支行

行　　长：孙　坚
副 行 长：郎美红　李水英
地　　址：丽水市中东路408号
邮政编码：323000
传　　真：2129658

丽水开发区支行

行　　长：陈建斌
行长助理：何雄飞

地　　址：丽水市经济开发区绿谷大道208号
邮政编码：323000
传　　真：2185977

丽水中山支行

行　　长：杨　俊
地　　址：丽水市中山街435号
邮政编码：323000
传　　真：2130727

丽水城东支行

行　　长：周纪芳
地　　址：丽水市灯塔街157号
邮政编码：323000
传　　真：2128259

丽水莲都支行

行　　长：陈旭明
地　　址：丽水市丽青路25号
邮政编码：323000
传　　真：2278255

丽水处州支行

行　　长：陆晏之
地　　址：丽水市人民路533—537号
邮政编码：323000
传　　真：2669517

丽水纳爱斯支行

行　　长：吴　婕
地　　址：丽水市上水南3号
邮政编码：323000
传　　真：2131501

丽水万丰支行

行　　长：沈建丽
地　　址：丽水市万丰南路1号
邮政编码：323000
传　　真：2351203

丽水白云支行

行　　长：寿红燕
地　　址：丽水市中山街207号
邮政编码：323000
传　　真：2131702

丽水紫金分理处

主　　任：陈林霞
地　　址：丽水市中东路118号
邮政编码：310003
传　　真：2138161

丽水东方分理处

主　　任：吴　勇
地　　址：丽水市解放街482号
邮政编码：323000
传　　真：2112916

青田支行

行　　长：徐子伟
副 行 长：吴坚迅　周永海
地　　址：青田县鹤城镇龙津路116号
邮政编码：323900
传　　真：6837441

缙云支行

行　　长：杜晋杭
副 行 长：郑翠华　朱晓波
地　　址：缙云县五云镇溪滨北路100号
邮政编码：321400
传　　真：3316251

龙泉支行

行　　长：徐伟勇
副 行 长：吴明耀　刘文庆
地　　址：龙泉市中山东路140号
邮政编码：323700
传　　真：7122006

遂昌支行

行　　长：刘文亮
副 行 长：涂明亮　张树宏
地　　址：遂昌县妙高镇南街31号
邮政编码：323300
传　　真：8125597

松阳支行

副 行 长：潘　俊（主持工作）　杨卫俊
　　　　　张春来
地　　址：松阳县新华路44号
邮政编码：323400
传　　真：8064990

云和支行

副 行 长：叶兆阳（主持工作）　江　舟
行长助理：叶继伟
地　　址：云和县云和镇中山路21号
邮政编码：323600
电　　话：5121094

景宁支行

行　　长：柯建俊
副 行 长：李叁丰　朱松美
地　　址：景宁畲族自治县鹤溪镇人民中路202号
邮政编码：323500
电　　话：5081063

庆元支行

行　　长：姜黎明
副 行 长：胡小青
行长助理：吴学松
地　　址：庆元县云鹤路18号
邮政编码：323800
电　　话：6123554

舟山市分行

行　　长：杨锡舟
副 行 长：潘鹏年　陆荣富　陈　涛　金伟强
纪委书记：陈　涛(兼)
风险主管：丁乃安
地　　址：舟山市定海区人民中路68号
邮政编码：316000
电　　话：2066068

市分行营业部

经　　理：林　军
副 经 理：张　敏　谢　泓
地　　址：舟山市定海区人民中路68号
邮政编码：316000
电　　话：2066009

舟山定海支行

行　　长：周晓驰
副 行 长：王啸涛
行长助理：崔　银
地　　址：舟山市定海区解放西路38号
邮政编码：316000
电　　话：2027218

舟山普陀支行

行　　长：黄　伟
副 行 长：王韶勇
行长助理：周　燕　金允其
地　　址：舟山市普陀区同济路118号
邮政编码：316100
电　　话：3053173

舟山城关支行

行　　长：李　瑜
副 行 长：周　威
行长助理：王培荣
地　　址：舟山市定海区昌国路215号
邮政编码：316000
电　　话：2026819

舟山普陀山支行

行　　长：徐水海
副 行 长：孙　骏
地　　址：舟山市普陀山梅岑路85号—9
邮政编码：316107
电　　话：6092471

岱山支行

行　　长：林忠海
副 行 长：韩　俊　王岱县
地　　址：岱山县高亭镇沿港中路311号
邮政编码：316200
电　　话：4474217

嵊泗支行

行　　长：董　斌
副 行 长：任武毅
行长助理：胡　波
地　　址：嵊泗县菜园镇东海路147号
邮政编码：202450
电　　话：5082813

义乌市分行

行　　长：王井平
副 行 长：王重阳　卢根喜　李　健
纪委书记：李　健(兼)
风险主管：何仲元
行长助理：张永平　黄嘉斌
地　　址：义乌市稠州北路468号
邮政编码：322000
电　　话：85428086

市分行营业部

负 责 人：张旭瑾
地　　址：义乌市稠州北路468号
邮政编码：322000
电　　话：85428016

新市场支行
负 责 人：王国庆
地　　址：义乌国际商贸城三期市场东辅房82号门
邮政编码：322000
电　　话：81561153

乐园支行
负 责 人：方笑声
地　　址：义乌市丹溪路178号
邮政编码：322000
电　　话：85335315

江滨支行
负 责 人：何燕波
地　　址：义乌市经发大道230—1号
邮政编码：322000
电　　话：85327411

新世界支行
负 责 人：潘莉莉
地　　址：义乌国际商贸城二期G区东42号门
邮政编码：322000
电　　话：85181768

宏源支行
负 责 人：楼红标
地　　址：义乌国际商贸城三期市场西辅房F—013B号
邮政编码：322000
电　　话：81561011

朝阳支行
负 责 人：黄　武
地　　址：国际商贸城五区市场西辅房F026—F027号
邮政编码：322000
电　　话：85543163

商贸支行
负 责 人：傅迎春
地　　址：义乌国际商贸城三区60号门
邮政编码：322000
电　　话：85161101

之江支行
负 责 人：王春金
地　　址：义乌市江东南路109—113号
邮政编码：322000
电　　话：85273750

信商支行
负 责 人：傅海坚
地　　址：义乌市工人北路882—896号
邮政编码：322000
电　　话：81572172

兴源分理处
负 责 人：虞满芳
地　　址：义乌市西城路88号B区东
邮政编码：322000
电　　话：85414256

福源支行
负 责 人：丁亦斌
地　　址：义乌国际商贸城东辅房E区166号
邮政编码：322000
电　　话：85290908

农贸支行
负 责 人：杨　林
地　　址：义乌市西城路533—537号
邮政编码：322000
电　　话：85432643

孝子祠支行
负 责 人：杜凯航
地　　址：义乌市城中北路3—7号
邮政编码：322000
电　　话：85522872

兴东支行
负 责 人：蒋建顺
地　　址：义乌市江东中路300号
邮政编码：322000
电　　话：85386951

工人路支行
负 责 人：王卫军
地　　址：义乌市工人西路156号
邮政编码：322000
电　　话：85523464

县前街支行
负 责 人：郑国政
地　　址：义乌市香山路42号
邮政编码：322000

电　　话：85437502

北苑支行

负 责 人：刘宏伟

地　　址：义乌市北苑路 82—92 号

邮政编码：322000

电　　话：85358003

兴业支行

负 责 人：吴丽萍

地　　址：义乌市新马路 8 号

邮政编码：322000

电　　话：85525063

信达支行

负 责 人：陈坚贞

地　　址：义乌市春江路 2—1 号

邮政编码：322000

电　　话：85312396

廿三里支行

负 责 人：陈建明

地　　址：义乌市廿三里镇中心西街 18 号

邮政编码：322000

电　　话：85013099

佛堂支行

负 责 人：王　进

地　　址：义乌市佛堂镇建设中路 108 号

邮政编码：322000

电　　话：85715863

大陈支行

负 责 人：徐杨义

地　　址：义乌市大陈镇镇中南路 92 号

邮政编码：322000

电　　话：85995618

后宅支行

负 责 人：朱大勇

地　　址：义乌市后宅街道城北路 N16—22 号

邮政编码：322000

电　　话：85680230

浙商银行

浙商银行总行

董 事 长：张达洋

行　　长：龚方乐

地　　址：杭州市庆春路 288 号

邮政编码：310006

电　　话：95527

北京分行

行　　长：冯剑松

地　　址：北京市西城区金融大街甲 1 号

邮政编码：100133

电　　话：010—88006088

北京中关村支行

副 行 长：余幼敏(主持工作)

地　　址：北京市海淀区中关村南大街甲 12 号寰太大厦

邮政编码：100081

电　　话：010—62109926

北京丰台支行

行　　长：张达一

地　　址：北京市丰台区南四环西路 188 号 17 区 1 号楼

邮政编码：100070

电　　话：010—83739401

北京五方支行

行　　长：张克祥

地　　址：北京市朝阳区王四营甲 2 号观音堂文化大道观 68 号

邮政编码：100070

电　　话：010—87661355

天津分行

行　　长：周　平

地　　址：天津市河西区友谊北路 37 号

邮政编码：300204

电　　话：022—23271316

天津滨海支行

行　　长：杨　忠

地　　址：天津开发区新城东路第三大街 20 号—滨海金融街东区 E7B7107 号

邮政编码：300457

电　　话：022—66285700

天津空港支行

副 行 长：曹建华(主持工作)

地　　址：天津空港物流加工区西三道 158 号金融中心 5 号楼 1 门 101 室

邮政编码：300308
电　　话：022—84908700

天津南开支行
行　　长：曹　卓
地　　址：天津市南开区密云一支路新南马路五金城一区33栋104增1号
邮政编码：300112
电　　话：022—87880235

天津河西支行
行　　长：刘桂松
地　　址：天津市河西区解放南路477号增1号
邮政编码：300223
电　　话：022—88245675

天津津南支行
行　　长：王金生
地　　址：天津市津南区咸水沽镇月牙河西侧左岸名邸9号商铺
邮政编码：300350
电　　话：022—88919822

天津北辰支行
行　　长：同福和
地　　址：天津市北辰区北辰大厦D—E座临街一、二层底商
邮政编码：300400
电　　话：022—26875188

天津东丽支行
负 责 人：薛兆义
地　　址：天津市东丽经济开发区二纬路9号财智大厦1—101号
邮政编码：300300
电　　话：022—84472610

上海分行

行　　长：骆航鲁
地　　址：上海市威海路567号
邮政编码：200041
电　　话：021—61333333

上海闵行支行
行　　长：邵建宏
地　　址：上海市闵行区报春路239号
邮政编码：201100
电　　话：021—61915999

上海陆家嘴支行
行　　长：陈劼超
地　　址：上海市浦东新区浦东大道288号
邮政编码：200120
电　　话：021—60933999

上海嘉定支行
行　　长：潘德安
地　　址：上海市嘉定区环城路188号
邮政编码：201800
电　　话：021—60836133

上海长宁支行
行　　长：李　铭
地　　址：上海市长宁区古北路258号
邮政编码：200051
电　　话：021—61733288

上海徐汇支行
行　　长：王佑常
地　　址：上海市徐汇区肇嘉浜路680号
邮政编码：200031
电　　话：021—61922379

上海松江支行
行　　长：黄　明
地　　址：上海市松江区新松江路292、294号
邮政编码：201620
电　　话：021—31271288

上海普陀支行
行　　长：丁国海
地　　址：上海市普陀区曹杨路860号
邮政编码：200063
电　　话：021—60717688

上海闸北支行
行　　长：忻海国
地　　址：上海市闸北区广中路927号
邮政编码：200072
电　　话：021—36567128

南京分行

行　　长：刘英明
地　　址：江苏省南京市中山北路9号
邮政编码：210008
电　　话：025—86823636

南京秦淮支行

副 行 长：杨 凌(主持工作)
地　　址：江苏省南京集庆路 80 号—1
邮政编码：210006
电　　话：025—82226599

南京江宁支行

行　　长：郁 华
地　　址：南京市江宁区天元东路 188 号
邮政编码：211112
电　　话：025—82798955

无锡分行

行　　长：谭龙彬
地　　址：江苏省无锡市湖滨路 688 号华东大厦
邮政编码：214071
电　　话：0510—81801500

南通分行

行　　长：徐爱民
地　　址：南通市崇川区工农路 358 号
邮政编码：226001
电　　话：0513—81558022

苏州分行

行　　长：徐正方
地　　址：苏州工业园区翠薇街 9 号月亮湾国际商务中心 19 楼
邮政编码：215123
电　　话：0512—67995527

济南分行

行　　长：李玉波
地　　址：山东省济南市历下区黑虎泉西路 185 号
邮政编码：250011
电　　话：0531—80961701

济南历下支行

行　　长：苏 军
地　　址：济南市历下区山大路 205 号
邮政编码：250013
电　　话：0531—55583898

深圳分行

行　　长：温晓惠
地　　址：广东省深圳市福田区深南大道 7028 号时代科技大厦 17 楼
邮政编码：518040
电　　话：0755—82760666

深圳宝安支行

副 行 长：杨运标(主持工作)
地　　址：广东省深圳市宝安区新安一路中怡名苑 C 栋一楼大厅东侧和二楼
邮政编码：518101
电　　话：0755—23006070

深圳龙岗支行

行　　长：苏文波
地　　址：广东省深圳市龙岗区长兴北路 6 号博深科技大厦一楼和四楼
邮政编码：518172
电　　话：0755—28381888

重庆分行

行　　长：陈朝平
地　　址：重庆市北部新区星光大道 1 号星光大厦 A 座
邮政编码：401121
电　　话：023—88280888

重庆巴南支行

负 责 人：吴 江
地　　址：重庆市巴南区龙海大道 5 号
邮政编码：400055
电　　话：023—88966266

成都分行

行　　长：张汝龙
地　　址：成都市武侯区洗面桥街 39 号
邮政编码：610041
电　　话：028—85579955

成都双楠支行

副 行 长：蔡 潼(主持工作)
地　　址：成都市武侯区龙腾西路 1 号
邮政编码：610041
电　　话：028—87038370

成都双流支行

行　　长：谷 磊
地　　址：成都市双流县东升镇长顺路荷塘北街 188 号
邮政编码：610200

电　　话：028—85839661

成都金牛支行

副 行 长：赖成燕(主持工作)
地　　址：四川省成都市金牛区金府路669号金府旺角
邮政编码：610036
电　　话：028—87605511

成都经济技术开发区支行

行　　长：冯　健
地　　址：四川省成都市龙泉驿区星光东路418号
邮政编码：610100
电　　话：028—88456765

成都郫县支行

行　　长：闫仁波
地　　址：四川省郫县郫筒镇杜鹃路85号
邮政编码：611730
电　　话：028—87913553

西安分行

行　　长：刘贵山
地　　址：陕西省西安市西大街311号
邮政编码：710002
电　　话：029—88121212

西安高新开发区支行

副 行 长：张　龙(主持工作)
地　　址：陕西省西安市雁塔区科技路259号“枫韵蓝湾”小区23号楼
邮政编码：710065
电　　话：029—68655320

西安经济技术开发区支行

行　　长：常国平
地　　址：西安市未央区文景路与凤城八路交汇西北角“海璟新世纪”一、二层
邮政编码：710021
电　　话：029—65698099

兰州分行

行　　长：傅贤生
地　　址：甘肃省兰州市城关区白银路308号
邮政编码：730030
电　　话：0931—8172110

杭州分行

行　　长：王卫华
地　　址：杭州市建国北路736号
邮政编码：310004
电　　话：87330733

杭州萧山支行

行　　长：楼瞿华
地　　址：杭州市萧山区市心北路36号
邮政编码：311200
电　　话：82890186

杭州余杭支行

行　　长：王　俭
地　　址：杭州市余杭区临平镇星光街873号
邮政编码：311100
电　　话：89188201

杭州城西支行

行　　长：徐　安
地　　址：杭州市古翠路76号
邮政编码：310012
电　　话：88929500

杭州建国支行

行　　长：钟向向
地　　址：杭州市建国北路281号
邮政编码：310003
电　　话：87258330

杭州玉泉支行

行　　长：鲍仕松
地　　址：杭州市求是路52号
邮政编码：310007
电　　话：87965333

杭州西湖支行

负 责 人：王　谦
地　　址：杭州市庆春路290号
邮政编码：310006
电　　话：87659578

杭州城东支行

行　　长：任　戟
地　　址：杭州市新塘路88号天星龙大厦B楼
邮政编码：310016
电　　话：86883737

杭州富阳支行
行　　长：章文牧
地　　址：富阳市迎宾路45—1号
邮政编码：311400
电　　话：61739028

杭州九堡支行
负 责 人：陈铁龙
地　　址：杭州市江干区杭海路1199号
邮政编码：310019
电　　话：86907920

杭州萧东支行
行　　长：金裕昌
地　　址：杭州市萧山区靖江镇青六南路10号江盛大楼
邮政编码：311223
电　　话：82190800

杭州良渚支行
副 行 长：夏张平(主持工作)
地　　址：杭州市余杭区勾庄金恒路88号
邮政编码：311112
电　　话：88782332

杭州滨江支行
行　　长：华炜平
地　　址：杭州市滨江区滨康路321号
邮政编码：310052
电　　话：87118799

杭州西溪支行
行　　长：杨振国
地　　址：杭州市天目山西路15号
邮政编码：310023
电　　话：89087733

杭州九沙支行
负 责 人：程永红
地　　址：杭州市金沙大道1808号杭州瑞纺联合轻纺城东北角
邮政编码：310018
电　　话：85892188

宁波分行

行　　长：张叶艺
地　　址：宁波江东区中兴路739号
邮政编码：315010
电　　话：81855678

宁波鄞州支行
行　　长：王碧海
地　　址：宁波市鄞州区天童北路935号
邮政编码：315092
电　　话：88145101

宁波北仑支行
行　　长：李毓慧
地　　址：宁波市北仑区长江路968号
邮政编码：315800
电　　话：86986900

宁波慈溪支行
行　　长：吴自力
地　　址：慈溪市古塘街道三北西大街328号
邮政编码：315300
电　　话：63883555

宁波江东支行
行　　长：陈学群
地　　址：宁波市中山东路617—621号
邮政编码：315040
电　　话：87976789

宁波余姚支行
行　　长：严　栋
地　　址：余姚市四明西路542—556号
邮政编码：315400
电　　话：62859888

宁波鼓楼支行
行　　长：陈建军
地　　址：宁波市中山西路88号
邮政编码：315010
电　　话：87245678

宁波周巷支行
负 责 人：唐红文
地　　址：宁波慈溪市周巷镇兴业北路399号
邮政编码：315324
电　　话：63335200

温州分行

行　　长：王成良
地　　址：温州市新城大道319号中通大厦
邮政编码：325001
电　　话：88079900

温州瑞安支行

行　　长：徐国珍

地　　址：瑞安市安阳国税大楼一楼

邮政编码：325200

电　　话：66805972

温州龙湾支行

行　　长：李　超

地　　址：温州市龙湾区永强大道2988号(围垦大楼)

邮政编码：325000

电　　话：85989779

温州瓯海支行

行　　长：胡仕汉

地　　址：温州市瓯海区新桥街道六虹桥路1229号

邮政编码：325006

电　　话：86185551

温州苍南支行

行　　长：金宇翔

地　　址：温州市龙港镇龙港大道和谐花苑1—2层

邮政编码：325802

电　　话：68621166

温州塘下支行

负 责 人：彭进达

地　　址：温州市瑞安塘下镇赵宅村数码城大厦

邮政编码：325204

电　　话：66008005

温州乐清支行

副 行 长：夏　旭(主持工作)

地　　址：温州乐清市乐成镇宁康西路361号

邮政编码：325600

电　　话：61518021

嘉兴分行

行　　长：曹志元

地　　址：嘉兴市南湖区梅湾街1号

邮政编码：314000

电　　话：82038000

嘉兴桐乡支行

行　　长：沈悦莽

地　　址：桐乡市世纪大道779号马德里花园3号楼

邮政编码：314500

电　　话：88622990

嘉兴海宁支行

行　　长：蔡红英

地　　址：海宁市海洲街道文宗南路96号

邮政编码：314400

电　　话：87295527

湖州分行

行　　长：曹秀双

地　　址：湖州市人民路136号

邮政编码：313000

电　　话：2777333

绍兴分行

行　　长：龚国强

地　　址：绍兴县金柯桥大道1418号

邮政编码：312030

电　　话：81166066

绍兴越城支行

行　　长：王　寒

地　　址：绍兴市环城东路2014号

邮政编码：312000

电　　话：88586868

绍兴上虞支行

行　　长：周　镔

地　　址：上虞市百官街道德盛路73—79号

邮政编码：312300

电　　话：80277079

绍兴诸暨支行

行　　长：傅涤峰

地　　址：诸暨市江东路38号

邮政编码：311800

电　　话：87917707

义乌分行

行　　长：钱晓南

地　　址：义乌市商城大道国际商贸城二期南大厅

邮政编码：322000

电　　话：85190218

金华永康支行

行　　长：钱　敏
地　　址：永康市花园大道 585 号
邮政编码：321300
电　　话：87576778

金华浦江支行

行　　长：黄照强
地　　址：浦江县大桥北路 8 号
邮政编码：322200
电　　话：88088300

义乌北苑支行

行　　长：吴裕祥
地　　址：义乌市望道路 156 号
邮政编码：322000
电　　话：85258579

金华东阳支行

行　　长：陈海君
地　　址：东阳市平川路 222 号金立大厦 1—3
邮政编码：322100
电　　话：86222960

衢州分行

行　　长：钱春平
地　　址：衢州市新安路 20 号国税大楼
邮政编码：324000
电　　话：3397007

衢州龙游支行

负 责 人：许　芬
地　　址：衢州龙游县荣昌路 575 号环达科技大楼
邮政编码：324400
电　　话：7787123

台州分行

行　　长：赵洁平
地　　址：台州市市府大道 509—517 号
邮政编码：318000
电　　话：81886111

丽水分行

行　　长：董卫平
地　　址：丽水市丽阳街 651 号
邮政编码：323000
电　　话：2295527

舟山分行

行　　长：应继红
地　　址：舟山市临城海宇道 111 号二号馆
邮政编码：316021
电　　话：2260306

浙江省农村信用社联合社

总部

理 事 长：姚世新
主　　任：金丽丽
地　　址：杭州市秋涛路 660 号
邮政编码：310016
电　　话：85866910

省农村信用社联合社杭州办事处

主要负责人：高建军
地　　址：杭州市西湖大道 85 号
邮政编码：310009
电　　话：87082761

杭州联合农村商业银行

董 事 长：张　晨
地　　址：杭州市建国中路 99 号
邮政编码：310009
电　　话：87923220

萧山农村合作银行

董 事 长：单仲飞
地　　址：杭州市萧山区人民路 258 号
邮政编码：311201
电　　话：82712929

余杭农村合作银行

董 事 长：萧震海
地　　址：杭州市余杭区临平南大街 72 号
邮政编码：311100
电　　话：86225829

临安市农村信用联社

理 事 长：曹关跃
地　　址：临安市锦城街道钱王街 821 号
邮政编码：311300
电　　话：63723042

富阳农村合作银行

董 事 长：马富华
地　　址：富阳市桂花西路 187 号

邮政编码：311400
电　　话：63334386

桐庐农村合作银行
董 事 长：胡红群
地　　址：桐庐县城南街道迎春南路278号
邮政编码：311501
电　　话：64218816

建德市农村信用联社
理 事 长：倪鸿斌
地　　址：建德市新安江镇新安东路126号
邮政编码：311600
电　　话：64735564

淳安县农村信用联社
理 事 长：陈全水
地　　址：淳安县千岛湖镇环湖北路369号
邮政编码：311700
电　　话：64813958

省农村信用社联合社宁波办事处
主　　任：张初础
地　　址：宁波市育才路15号
邮政编码：315016
电　　话：87201288

宁波市市区农村信用联社
理 事 长：罗建国
地　　址：宁波市育才路15号
邮政编码：315016
电　　话：87662888

鄞州农村合作银行
董 事 长：陈耀芳
地　　址：宁波市民惠西路88号
邮政编码：315100
电　　话：87412558

北仑区农村信用联社
理 事 长：马朝晖
地　　址：宁波市新大路177号
邮政编码：315800
电　　话：86986568

镇海农村商业银行
理 事 长：叶　军
地　　址：宁波市沿江东路552号
邮政编码：315200
电　　话：86253508

慈溪农村合作银行
董 事 长：吴　政
地　　址：慈溪市浒山街道南城路25号
邮政编码：315300
电　　话：63814356

余姚农村合作银行
董 事 长：沈红波
地　　址：余姚市新建路69—87号
邮政编码：315400
电　　话：62628801

象山县农村信用联社
理 事 长：谢语诚
地　　址：象山县靖南路342号
邮政编码：315700
电　　话：65724947

宁海县农村信用联社
理 事 长：林嘉良
地　　址：宁海县兴宁中路290号
邮政编码：315600
电　　话：65590942

奉化市农村信用联社
理 事 长：吕卫平
地　　址：奉化市中山路27号
邮政编码：315500
电　　话：88598237

省农村信用社联合社温州办事处
主　　任：陈少云
地　　址：温州市车站大道信合大厦A幢
邮政编码：325000
电　　话：88077099

鹿城农村合作银行
董 事 长：陈宏强
地　　址：温州市车站大道信合大厦A幢
邮政编码：325000
电　　话：88077669

龙湾农村合作银行
董 事 长：刘少云
地　　址：温州市永强大道衙前段龙湾合作银行大楼
邮政编码：325024
电　　话：86923311

瓯海农村合作银行
董 事 长：潘志坚
地　　址：温州市车站大道福森大厦
邮政编码：325000
电　　话：88364758

瑞安农村合作银行
董 事 长：郑　锋
地　　址：瑞安市万松东路148号
邮政编码：325200
电　　话：65833588

乐清农村合作银行
董 事 长：高剑飞
地　　址：乐清市乐成镇清远路280号
邮政编码：325600
电　　话：61527999

永嘉农村合作银行
董 事 长：苏加标
地　　址：永嘉县上塘镇县前路112号
邮政编码：325100
电　　话：67257666

平阳县农村信用联社
理 事 长：王光领
地　　址：平阳县鳌江镇吉祥路100号
邮政编码：325401
电　　话：63657181

苍南农村合作银行
董 事 长：施贤军
地　　址：苍南县灵溪镇建兴东路72号
邮政编码：325800
电　　话：64709828

文成县农村信用联社
理 事 长：叶为民
地　　址：文成县大峃镇建设路162号
邮政编码：325300
电　　话：67866555

泰顺县农村信用联社
理 事 长：赖立明
地　　址：泰顺县罗阳镇泰景路79号
邮政编码：325500
电　　话：67591608

洞头县农村信用联社
理 事 长：王志刚
地　　址：洞头县新城区海滨大道2号
邮政编码：325700
电　　话：63361035

省农村信用社联合社嘉兴办事处
主　　任：吴建伟
地　　址：嘉兴市越秀南路903号
邮政编码：314001
电　　话：82070988

禾城农村合作银行
董 事 长：景文学
地　　址：嘉兴市中山西路735号
邮政编码：314031
电　　话：82719529

嘉善农村合作银行
董 事 长：刘卫华
地　　址：嘉善县魏塘镇晋阳东路168号
邮政编码：314100
电　　话：84226028

平湖农村合作银行
董 事 长：何雪根
地　　址：平湖市当湖东路112—150号
邮政编码：314200
电　　话：85111481

海宁市农村信用联社
理 事 长：孙卫国
地　　址：海宁市海昌路225号
邮政编码：314400
电　　话：87047771

海盐县农村信用联社
理 事 长：包永良
地　　址：海盐县武原镇枣园西路176号
邮政编码：314300
电　　话：86113253

桐乡市农村信用联社
理 事 长：魏　良
地　　址：桐乡市梧桐街道校场东路59号
邮政编码：314500
电　　话：88197898

省农村信用社联合社湖州办事处
主　　任：赵兴意
地　　址：湖州市环城东路215号
邮政编码：313000

电　　话：2073828

南浔农村商业银行

董 事 长：郭　樑
地　　址：湖州市南浔镇人瑞路1188号
邮政编码：313009
电　　话：3919672

吴兴农村合作银行

董 事 长：沈旭荣
地　　址：湖州市环城东路215号
邮政编码：313000
电　　话：2068169

德清农村商业银行

董 事 长：郑　毓
地　　址：德清县武康镇永安街119号
邮政编码：313200
电　　话：8068511

安吉县农村信用合作联社

理 事 长：周盛东
地　　址：安吉县递铺镇玉华路150号
邮政编码：313300
电　　话：5038729

长兴农村合作银行

董 事 长：余　建
地　　址：长兴县太湖街道明珠路1298号
邮政编码：313100
电　　话：6043530

省农村信用社联合社绍兴办事处

主　　任：林雨青
地　　址：绍兴市环城北路33号
邮政编码：312000
电　　话：85134865

绍兴瑞丰农村商业银行

董 事 长：俞俊海
地　　址：绍兴县柯桥笛扬路1363号
邮政编码：312030
电　　话：84788388

上虞农村合作银行

董 事 长：程其海
地　　址：上虞市百官街道德盛路55号
邮政编码：312300
电　　话：82119788

嵊州农村合作银行

董 事 长：吴智晖
地　　址：嵊州市官河路398号
邮政编码：312400
电　　话：83123268

新昌农村合作银行

董 事 长：赵学夫
地　　址：新昌县七星街道七星路18号
邮政编码：312500
电　　话：86266999

诸暨农村合作银行

董 事 长：冯华良
地　　址：诸暨市暨阳街道大桥东路2号
邮政编码：311800
电　　话：87014615

绍兴恒信农村合作银行

董 事 长：王火金
地　　址：绍兴市中兴中路159号
邮政编码：312000
电　　话：85085999

省农村信用社联合社金华办事处

主　　任：祝晓平
地　　址：金华市胜利北街501号
邮政编码：321000
电　　话：82118501

金华成泰农村合作银行

董 事 长：鲍金标
地　　址：金华市八一南街123号
邮政编码：321017
电　　话：82055159

义乌农村商业银行

董 事 长：朱云峰
地　　址：义乌市稠州北路488号
邮政编码：322000
电　　话：85562001

兰溪农村合作银行

董 事 长：游　尧
地　　址：兰溪市丹溪大道18号
邮政编码：321100
电　　话：88894989

永康农村合作银行

董 事 长：刘国梁

地　　址：永康市九铃东路 3259 号
邮政编码：321300
电　　话：87169079

东阳市农村信用联社

理 事 长：韦凯华
地　　址：东阳市吴宁镇双岘路 18 号
邮政编码：322100
电　　话：86627000

武义农村合作银行

董 事 长：裘　豪
地　　址：武义县武阳中路 37 号
邮政编码：321200
电　　话：87679001

磐安县农村信用联社

理 事 长：廖根勇
地　　址：磐安县安文北街 26 号
邮政编码：322300
电　　话：84668766

浦江县农村信用联社

理 事 长：王才有
地　　址：浦江县人民东路 90 号
邮政编码：322200
电　　话：84111926

省农村信用社联合社衢州办事处

主　　任：杨中萱
地　　址：衢州市区荷花一路 49 号
邮政编码：324002
电　　话：3089905

柯城农村信用联社

理 事 长：甘文智
地　　址：衢州市区上街 92 号
邮政编码：324000
电　　话：3028349

衢江农村信用联社

理 事 长：宋献礼
地　　址：衢州市新桥街 113 号
邮政编码：324000
电　　话：3025758

龙游县农村信用联社

理 事 长：徐祖俊
地　　址：龙游县荣昌路 197 号
邮政编码：324400
电　　话：7020711

江山农村合作银行

董 事 长：孙　赤
地　　址：江山市江滨路 188 号
邮政编码：324100
电　　话：4029254

常山县农村信用联社

理 事 长：徐水华
地　　址：常山县城人民路 125 号
邮政编码：324200
电　　话：5022633

开化县农村信用联社

理 事 长：吴晓平
地　　址：开化县城关镇解放街 60 号
邮政编码：324300
电　　话：6019211

省农村信用社联合社台州办事处

主　　任：杜立岳
地　　址：台州椒江区云西路葭芷大转盘金茂中心 14 楼
邮政编码：318000
电　　话：88833851

椒江农村合作银行

董 事 长：蔡卫玲
地　　址：台州市椒江区工人东路 322 号
邮政编码：318000
电　　话：88812482

黄岩农村合作银行

董 事 长：章正平
地　　址：台州市黄岩区横街路 251 号
邮政编码：318020
电　　话：84025188

路桥农村合作银行

董 事 长：金时江
地　　址：台州市路桥区西路桥大道 328 号
邮政编码：318050
电　　话：82915999

临海农村商业银行

董 事 长：张　宇
地　　址：临海市巾山中路 2 号
邮政编码：317000
电　　话：85226655

温岭农村合作银行
董 事 长：王慧敏
地　　址：温岭市城东街道下保路100号
邮政编码：317500
电　　话：80689899

仙居县农村信用联社
理 事 长：叶仙万
地　　址：仙居县穿城中路21号
邮政编码：317300
电　　话：87793001

天台农村合作银行
董 事 长：陈达友
地　　址：天台县赤城街道飞鹤路358号
邮政编码：317200
电　　话：83803888

三门县农村信用联社
理 事 长：张善考
地　　址：三门县城关平安路5号
邮政编码：317100
电　　话：83330103

玉环农村合作银行
董 事 长：王为春
地　　址：玉环县玉兴西路10号
邮政编码：317600
电　　话：87222587

省农村信用社联合社丽水办事处
主　　任：叶慧萍
地　　址：丽水市解放街526号
邮政编码：323000
电　　话：2528116

莲都农村合作银行
董 事 长：郑　伟
地　　址：丽水市解放街438号
邮政编码：323000
电　　话：2174918

龙泉市农村信用联社
理 事 长：宋武龙
地　　址：龙泉市水南张家弄口
邮政编码：323700
电　　话：7110999

青田县农村信用联社
理 事 长：周章法
地　　址：青田县鹤城东路180号
邮政编码：323900
电　　话：6838055

缙云县农村信用联社
理 事 长：刘日东
地　　址：缙云县五云镇仙都路68号
邮政编码：321400
电　　话：3318101

云和县农村信用联社
理 事 长：吴慧来
地　　址：云和县新建路72号
邮政编码：323600
电　　话：5123571

景宁县农村信用联社
理 事 长：陈小龄
地　　址：景宁县鹤溪镇人民中路201号
邮政编码：323500
电　　话：5087099

庆元县农村信用联社
理 事 长：陈文炎
地　　址：庆元县松源镇云鹤路3号
邮政编码：323800
电　　话：6271201

遂昌县农村信用联社
理 事 长：洪日强
地　　址：遂昌县妙高镇南门路81号
邮政编码：323300
电　　话：8133739

松阳县农村信用联社
理 事 长：季大设
地　　址：松阳县紫荆路17号
邮政编码：323400
电　　话：8060108

省农村信用社联合社舟山办事处
主　　任：沈平安
地　　址：舟山市定海区环城东路81号
邮政编码：316000
电　　话：2060336

定海海洋农村商业银行
董 事 长：黄成双
地　　址：舟山市定海区环城东路81号
邮政编码：316000

电　　话：2061765

普陀农村合作银行

董 事 长：周仕跃

地　　址：舟山市普陀区滨港路164号

邮政编码：316100

电　　话：3032476

岱山县农村信用联社

理 事 长：黄思俊

地　　址：岱山县高亭镇安澜路338号

邮政编码：316200

电　　话：4400368

嵊泗县农村信用联社

理 事 长：张海军

地　　址：嵊泗县菜园镇沙河路110号

邮政编码：202450

电　　话：5088981

中国农业发展银行在浙机构

浙江省分行

行　　长：王玉高

副 行 长：姜大刚　梁　滨

陈跃峰　宣吉方

地　　址：杭州市建国北路283号

邮政编码：310003

电　　话：87299000(总机)

省分行营业部

总 经 理：张　皓

副总经理：张蕴如　夏国华　陈伟清

地　　址：杭州市建国北路283号

邮政编码：310003

电　　话：87299009

杭州市萧山支行

行　　长：余　涛

地　　址：杭州市萧山区萧绍路1557号

邮政编码：311203

电　　话：82638878

杭州市余杭支行

行　　长：冯莉萍

地　　址：杭州市余杭区南苑街道南大街269号

邮政编码：311100

电　　话：86225131

富阳市支行

行　　长：金可为

地　　址：富阳市富春街道桂花西路239号

邮政编码：311400

电　　话：63349383

临安市支行

行　　长：吴朝晖

地　　址：临安市锦溪南路328号

邮政编码：300301

电　　话：63961266

建德市支行

行　　长：张国红

地　　址：建德市新安江镇新安东路547号

邮政编码：311600

电　　话：64799118

桐庐县支行

副 行 长：陈威军(主持工作)

地　　址：桐庐县迎春南路28号

邮政编码：311500

电　　话：64625391

淳安县支行

行　　长：邵凯军

地　　址：淳安县千岛湖镇新安大街120号

邮政编码：311700

电　　话：64822470

宁波市分行

行　　长：徐世平

副 行 长：宋忠伟　应　勤

地　　址：宁波市海曙区灵桥路255号

邮政编码：315000

电　　话：87072811

市分行营业部

总 经 理：巫晓峰

地　　址：宁波市海曙区灵桥路255号

邮政编码：315000

电　　话：87072880

慈溪市支行

副 行 长：陈科元(主持工作)

地　　址：慈溪市解放西街631号

邮政编码：315300

电　　话：63812356

余姚市支行
行　　长：章以新
地　　址：余姚市阳明西路696号
邮政编码：315400
电　　话：62639828

奉化市支行
行　　长：郭舟浩
地　　址：奉化市南山路73号
邮政编码：315500
电　　话：88525362

象山县支行
行　　长：罗　斌
地　　址：象山县丹东街道金鹰路1号
邮政编码：315700
电　　话：65719101

宁海县支行
行　　长：胡麟祥
地　　址：宁海县桃源中路181号
邮政编码：315600
电　　话：65580666

镇海区支行
副 行 长：朱慈芬(主持工作)
地　　址：宁波市镇海区费家河头弄158号
邮政编码：315200
电　　话：86292028

北仑区支行
行　　长：严国强
地　　址：宁波市北仑区明州路239号
邮政编码：315800
电　　话：86870292

温州市分行
行　　长：金文龙
副 行 长：叶海敏　赵灿熙
地　　址：温州市车站大道413号
邮政编码：325088
电　　话：88666100

乐清市支行
负 责 人：林　峰
地　　址：乐清市宁康东路180号
邮政编码：325600
电　　话：62589018

瑞安市支行
行　　长：王存佑
地　　址：瑞安市商城大厦六楼(南首)
邮政编码：325200
电　　话：65657988

永嘉县信贷组
主　　任：方崇伟
地　　址：永嘉县瓯北镇罗马城A幢808号
邮政编码：325102
电　　话：67363196

平阳县信贷组
主　　任：郑焕光
地　　址：平阳县鳌江镇新河路1号
邮政编码：325401
电　　话：63620388

苍南县信贷组
主　　任：黄上春
地　　址：苍南县灵溪镇仁英路108号4楼
邮政编码：325800
电　　话：64774578

文成县信贷组
主　　任：邵长青
地　　址：文成县大峃镇建设路141号
邮政编码：325300
电　　话：67867317

泰顺县信贷组
负 责 人：吴温乐
地　　址：泰顺县罗阳镇城北路82号
邮政编码：325500
电　　话：67589230

嘉兴市分行
行　　长：孙跃旗
副 行 长：刘伟强　张丽玲　翟建生
地　　址：嘉兴市洪兴路1050号
邮政编码：314031
电　　话：82720788

嘉善县支行
副 行 长：张建华(主持工作)
地　　址：嘉善县魏塘镇解放西路306号
邮政编码：314100
电　　话：84020040

平湖市支行

行　　长：郑健芬
地　　址：平湖市城南西路 648—656 号
邮政编码：314200
电　　话：85023751

海盐县支行

副 行 长：张晓红(主持工作)
地　　址：海盐县武原镇秦山路 155 号
邮政编码：314300
电　　话：86037878

海宁市支行

行　　长：翟建生(兼)
地　　址：海宁市长埭路 206 号
邮政编码：314400
电　　话：87034599

桐乡市支行

行　　长：周建林
地　　址：桐乡市世纪大道 1765—1771 号
邮政编码：314500
电　　话：88102371

湖州市分行

行　　长：张韩强
副 行 长：陈铮铮　周维庆
地　　址：湖州市东街 85 号
邮政编码：313000
电　　话：2066827

德清县支行

行　　长：邵金芬
地　　址：德清县武康镇舞阳街 329 号
邮政编码：313200
电　　话：8069368

长兴县支行

行　　长：邵文广
地　　址：长兴县雉城镇明珠路 656 号
邮政编码：313100
电　　话：6034249

安吉县支行

行　　长：王　赟
地　　址：安吉县递铺镇芜园东路 16 号
邮政编码：313300
电　　话：5020821

绍兴市分行

行　　长：董其江
副 行 长：李汲芹　夏伟亮
地　　址：绍兴市延安东路 176 号
邮政编码：312000
电　　话：85147278

诸暨市支行

行　　长：章国云
地　　址：诸暨市高湖路 76 号 1 幢
邮政编码：311800
电　　话：87263998

上虞市支行

行　　长：金洲望
地　　址：上虞市百官街道峰山南路 378—380 号
邮政编码：312300
电　　话：82124856

嵊州市支行

副 行 长：竺咪良(主持工作)
地　　址：嵊州市三江街道兴旺街 281 号
邮政编码：312400
电　　话：83122889

新昌县信贷组

主　　任：王立群
地　　址：新昌县鼓山路 48 号
邮政编码：312500
电　　话：86032700

金华市分行

负 责 人：甄岗军
副 行 长：伍展望　徐武安　陈　彪
地　　址：金华市人民东路 511 号
邮政编码：321000
电　　话：82312169

兰溪市支行

行　　长：沈亦工
地　　址：兰溪市三江路 142 号
邮政编码：321100
电　　话：88893380

义乌市支行

行　　长：楼　胤
地　　址：义乌市戚继光路 19 号
邮政编码：322000

电　　话：85529658

东阳市支行

行　　长：吴亚明
地　　址：东阳市艺海北路306号
邮政编码：322100
电　　话：86667139

永康市支行

副 行 长：朱勇军(主持工作)
地　　址：永康市南苑路45号
邮政编码：322130
电　　话：87120690

武义县支行

副 行 长：刘浩然(主持工作)
地　　址：武义县壶山下街65号
邮政编码：321200
电　　话：87673338

浦江县支行

副 行 长：楼朝朗(主持工作)
地　　址：浦江县人民东路126号
邮政编码：322200
电　　话：84124678

磐安县信贷组

主　　任：陈国强
地　　址：磐安县文明街10号
邮政编码：322300
电　　话：84666232

衢州市分行

行　　长：徐宇灿
副 行 长：戴刚英　高荣跃
地　　址：衢州市区府东街730号
邮政编码：324000
电　　话：3040268

龙游县支行

行　　长：钟水土
地　　址：龙游县人民路16号
邮政编码：324400
电　　话：7111427

江山市支行

行　　长：周山林
地　　址：江山市虎山街道航埠山67号
邮政编码：324100
电　　话：4016919

常山县信贷组

主　　任：吴　进
地　　址：常山县文峰东路35号
邮政编码：324200
电　　话：5029837

开化县信贷组

主　　任：余　选
地　　址：开化县开元路绿景苑小区7号楼下
邮政编码：324300
电　　话：6021691

台州市分行

行　　长：何敏强
副 行 长：赫鸣放　林　峰　徐　波
地　　址：台州市中心大道215号
邮政编码：318000
电　　话：88322901

台州市路桥支行

主　　任：张永宏
地　　址：台州市路桥区南官大道7号明珠大厦北三楼
邮政编码：318050
电　　话：82969901

临海市支行

行　　长：徐之波
地　　址：临海市赤城路103—1号
邮政编码：317100
电　　话：85157760

温岭市支行

行　　长：赵鹏琳
地　　址：温岭市人民中路钱江都市商厦二楼
邮政编码：317500
电　　话：86215101

玉环县支行

行　　长：徐王平
地　　址：玉环县榴岛大道红富士大楼二楼
邮政编码：317600
电　　话：87250558

仙居县支行

行　　长：张　琪
地　　址：仙居县穿城北路2—1号

邮政编码：317300
电　　话：87790630
三门县支行
行　　长：应　晖
地　　址：三门县海游镇梧桐路 26 号
邮政编码：317100
电　　话：83309351
天台县信贷组
主　　任：冯国连
地　　址：天台县劳动路 302 号二楼
邮政编码：317200
电　　话：83978822
黄岩区信贷组
主　　任：林　斌
地　　址：台州市中心大道 215 号
邮政编码：318000
电　　话：88322906

丽水市分行

行　　长：郑忠义
副 行 长：胡华星　吴　剑
地　　址：丽水市开发路 825 号
邮政编码：323000
电　　话：2173258
缙云县支行
副 行 长：江锦开(主持工作)
地　　址：缙云县五云镇蓬莱路 219 号
邮政编码：321400
电　　话：3146578
龙泉县信贷组
主　　任：陈征华
地　　址：龙泉市华楼街庆丰楼二单元二楼 205 室
邮政编码：323700
电　　话：7113003
青田县信贷组
主　　任：林建华
地　　址：青田县鹤城镇鹤城东路 19 号物资大楼
邮政编码：323900
电　　话：6832065
云和县信贷组
主　　任：叶美华
地　　址：云和县云和镇中山路 114 号
邮政编码：323600
电　　话：5123510
庆元县信贷组
副 主 任：程建成(主持工作)
地　　址：庆元县松源镇云鹤路 24 号五楼
邮政编码：323800
电　　话：6211220
遂昌县信贷组
主　　任：金燕玲
地　　址：遂昌县妙高镇凯恩路 88 号
邮政编码：323300
电　　话：8130783
松阳县信贷组
主　　任：吴立新
地　　址：松阳县西屏镇新华路 39 号
邮政编码：323400
电　　话：8069958
景宁畲族自治县信贷组
副 主 任：陈　杰(主持工作)
地　　址：景宁县鹤溪镇人民中路 171 号
邮政编码：323500
电　　话：5086960

舟山市分行

行　　长：方珍艳
副 行 长：陆文武　冯　雅　赵　卉
地　　址：舟山市定海区人民北路 32 号
邮政编码：316000
电　　话：8260501
普陀区支行
行　　长：颜晓秋
地　　址：舟山市普陀区东海中路 954 号
邮政编码：316100
电　　话：3067701
岱山县信贷组
主　　任：杨友君
地　　址：岱山县蓬莱路 174—177 号
邮政编码：316200
电　　话：4470085
嵊泗县信贷组
地　　址：嵊泗县东海路 158 号
邮政编码：202450

电　　话：5081263

国家开发银行在浙机构

浙江省分行

行长、党委书记：徐　勇
副 行 长：范显伟　倪贤孟　袁昌斌
　　　　　乐　宜
高级客户经理：丁志宏
地　　址：杭州市江干区城星路69号中天国开大厦
邮政编码：310020
电　　话：89778066

宁波市分行

行长、党委书记：樊立新
副 行 长：钟伟栋　付公伯　艾　阳
　　　　　王继宁
地　　址：宁波市海曙区镇明路36号中信银行大厦22—26层
邮政编码：315010
电　　话：83872888

中国进出口银行在浙机构

浙江省分行

副 行 长：徐建华(主持工作)　苗泽林
　　　　　孙娟晓　许小勇
地　　址：杭州市教场路18号
邮政编码：310006
电　　话：87851888

交通银行在浙机构

浙江省分行

行　　长：陆　涛
副 行 长：傅荣生　方萌萌　梁建明
　　　　　陆益平
地　　址：杭州市钱江新城剧院路1号
邮政编码：310016
电　　话：87216012　87216222

省分行营业部

行　　长：高　虹
地　　址：杭州市钱江新城剧院路1号
邮政编码：310016
电　　话：87216273

众安支行

行　　长：戚耀东
地　　址：杭州市庆春路173号
邮政编码：310016
电　　话：87216258

城站支行

行　　长：于建明
地　　址：杭州市江城路879号
邮政编码：310009
电　　话：87177058

华浙广场支行

行　　长：高　强
地　　址：杭州市华浙广场A幢
邮政编码：310006
电　　话：85270116

文晖支行

行　　长：奚　璇
地　　址：杭州市文晖路295号
邮政编码：310006
电　　话：85800743

武林支行

行　　长：赵　雷
地　　址：杭州市中山北路366号
邮政编码：310003
电　　话：85067027

和平支行

行　　长：邓　莹
地　　址：杭州市建国北路559号
邮政编码：310004
电　　话：85389286

浣纱支行

行　　长：来黎征
地　　址：杭州市浣纱路126号
邮政编码：310001
电　　话：87028260

城北支行

副 行 长：陆文芸
地　　址：杭州市湖墅南路368号
邮政编码：310005
电　　话：85172277

高新支行
行　　长：郭家斌
地　　址：杭州市教工路168号
邮政编码：310012
电　　话：88366668
莫干山路支行
行　　长：诸　宁
地　　址：杭州市莫干山路226号
邮政编码：310006
电　　话：85171311
运河支行
行　　长：杨宇军
地　　址：杭州市拱墅区锦昌文华苑111号
邮政编码：310015
电　　话：88377368
庆春路支行
行　　长：刘友兰
地　　址：杭州市庆春东路75号
邮政编码：310016
电　　话：87216265
四季青支行
行　　长：吴建文
地　　址：杭州市杭海路199号
邮政编码：310016
电　　话：86512893
杭大路支行
行　　长：李　峰
地　　址：杭州市杭大路45号
邮政编码：310007
电　　话：87063666
丰潭支行
行　　长：顾　群
地　　址：杭州市丰潭路366号
邮政编码：310011
电　　话：81959388
西湖支行
行　　长：何　青
地　　址：杭州市武林路18号
邮政编码：310006
电　　话：87216366
城西支行
行　　长：王　芳
地　　址：杭州市文二西路489号
邮政编码：310012
电　　话：89902898
下沙支行
行　　长：余　盛
地　　址：杭州市下沙经济技术开发区6号大街6号
邮政编码：310018
电　　话：86910328
九堡支行
行　　长：孙　云
地　　址：杭州市九堡镇香滨湾花园21—23号商铺
邮政编码：310019
电　　话：86901028
秋涛路支行
行　　长：杨浙萍
地　　址：杭州市秋涛北路168号
邮政编码：310020
电　　话：86091608
东新支行
行　　长：何建勇
地　　址：杭州市东新路588—2号
邮政编码：310004
电　　话：85387200
滨江支行
行　　长：应爱平
地　　址：杭州市滨江区江晖路1772号苏泊尔大厦一楼
邮政编码：310052
电　　话：86732278
萧山支行
行　　长：章关甫
地　　址：杭州市萧山区文化路168号
邮政编码：311201
电　　话：82721778
余杭支行
行　　长：唐欣荣
地　　址：杭州市余杭区木桥浜路33号
邮政编码：311100
电　　话：86223426

富阳支行
行　　长：张建瑞
地　　址：富阳市迎宾路 40—1 号
邮政编码：311400
电　　话：61776158

临安支行
行　　长：蒋叶庆
地　　址：临安市钱王街 396 号
邮政编码：311300
电　　话：63817282

桐庐支行
行　　长：吴　威
地　　址：桐庐县富春路 518 号
邮政编码：311500
电　　话：64627172

建德支行
行　　长：宋家强
地　　址：建德市新安路 16 号
邮政编码：311600
电　　话：64728705

淳安支行
行　　长：余绍兵
地　　址：淳安县新安东路 246 号
邮政编码：311701
电　　话：65069587

宁波市分行
行　　长：边黎平
副 行 长：杜希一　唐海萍　方　健
　　　　　郑思南　汪建华
地　　址：宁波市中山东路 55 号
邮政编码：315000
电　　话：87363941

江北支行
行　　长：胡建静
地　　址：宁波市人民路 138 号
邮政编码：315020
电　　话：87641900

海曙支行
行　　长：王勤勇
地　　址：宁波市解放南路 29 号
邮政编码：315010
电　　话：87304123

江东支行
行　　长：沈　军
地　　址：宁波市百丈东路 889 号
邮政编码：315040
电　　话：87847972

鄞中支行
行　　长：江　伟
地　　址：宁波市甬港南路 83 号
邮政编码：315040
电　　话：87872176

鄞州支行
行　　长：马建波
地　　址：宁波市鄞州区贸城中路 9—19 号
邮政编码：315040
电　　话：83089860

中兴支行
行　　长：陈卫东
地　　址：宁波市宁穿路 398 号
邮政编码：315040
电　　话：87801008

药行街支行
行　　长：陈洁波
地　　址：宁波市药行街 61 号
邮政编码：315000
电　　话：87312955

北仑支行
行　　长：陈　红
地　　址：宁波市北仑区明州路 245 号
邮政编码：315800
电　　话：86888646

镇海支行
行　　长：王伟方
地　　址：宁波市镇海区城河西路 28 号
邮政编码：315200
电　　话：86270748

慈溪支行
行　　长：朱祝娟
地　　址：慈溪市孙塘南路 265 号
邮政编码：315300
电　　话：63113501

余姚支行
行　　长：朱玲玲

地　　址：余姚市南雷路31号
邮政编码：315400
电　　话：62703334

奉化支行

行　　长：陆红卫
地　　址：奉化市南山路81号
邮政编码：315500
电　　话：88582821

宁海支行

行　　长：应鲁晔
地　　址：宁海县中山东路8号
邮政编码：315600
电　　话：62703334

象山支行

行　　长：鲍决胜
地　　址：象山县丹西街道天安路162号
邮政编码：315700
电　　话：65655965

杭州湾新区支行

行　　长：严亚芬
地　　址：杭州湾开发区商贸街5号楼
邮政编码：315300
电　　话：63937668

温州市分行

行　　长：陈鹤林
副 行 长：任　虹　李桂萍　任江鸣
　　　　　周　克
地　　址：温州市鹿城区车站大道交行广场
邮政编码：325000
电　　话：88068798

小南支行

行　　长：徐小秋
地　　址：温州市鹿城区小南路巴黎大厦一楼
邮政编码：325000
电　　话：88253283

鹿城支行

行　　长：林　伟
地　　址：温州市鹿城区杏花路清明桥综合楼一楼
邮政编码：325000
电　　话：88501880

黎明支行

行　　长：林　鸽
地　　址：温州市鹿城区江滨路永城大厦一楼
邮政编码：325000
电　　话：88197333

瓯海支行

行　　长：池陈云
地　　址：温州市瓯海区兴海路联众大厦一楼
邮政编码：352000
电　　话：88500901

信河支行

行　　长：贺剑光
地　　址：温州市鹿城区信河街周宅祠巷48号一楼
邮政编码：325000
电　　话：88260818

高新区支行

行　　长：吴　洁
地　　址：温州市龙湾区雁荡西路269号一楼
邮政编码：325000
电　　话：88817768

中山支行

行　　长：柳　琦
地　　址：温州市鹿城区飞霞大厦一楼
邮政编码：325000
电　　话：88815301

南浦支行

行　　长：王　震
地　　址：温州市鹿城区下吕浦王子花苑11栋一楼
邮政编码：325000
电　　话：88395687

龙湾支行

行　　长：章　勇
地　　址：温州市龙湾区永中永强大道4488号东方明珠城北首一楼
邮政编码：325000
电　　话：86881515

水心支行
行　　长：朱　亚
地　　址：温州市鹿城区马鞍池西路康乐大厦一楼
邮政编码：325000
电　　话：88524991

开发区支行
行　　长：季海玲
地　　址：温州市鹿城区新城大道华泰大厦西首一楼
邮政编码：325000
电　　话：88919169

商贸城支行
行　　长：陈新颜
地　　址：温州市商贸城家电市场2区2号
邮政编码：325000
电　　话：88735363

车站大道支行
行　　长：单奇峰
地　　址：温州市车站大道德盛大厦一楼
邮政编码：325000
电　　话：88865817

乐清支行
行　　长：夏尔富
地　　址：乐清市乐成镇清远路338号乐清市人民医院综合大楼
邮政编码：325000
电　　话：61882288

新桥支行
行　　长：王晓村
地　　址：温州市瓯海区新桥金蟾大道中天公寓C幢101—105室
邮政编码：325000
电　　话：88438810

瑞安支行
行　　长：董　澄
地　　址：瑞安市安阳街道万松东路杨家桥佳园1幢101—109室
邮政编码：325000
电　　话：88656280

城西支行
行　　长：赵　立
地　　址：温州市104国道双屿段双屿工业供销大楼
邮政编码：325000
电　　话：88766623

苍南支行
行　　长：毛建罕
地　　址：温州市苍南县龙港镇泰安大厦一楼
邮政编码：325802
电　　话：68677000

永嘉支行
行　　长：金圣努
地　　址：永嘉县瓯北镇双塔路龙桥大厦一楼
邮政编码：3325102
电　　话：66991699

嘉兴市分行
行　　长：梁蕴旭
副 行 长：陆建华　徐　耀　范建华
地　　址：嘉兴市中山东路1086号
邮政编码：314001
电　　话：82052100

长安支行
行　　长：吕宇峰
地　　址：海宁市长安镇长河路2号
邮政编码：314400
电　　话：82054438

秀洲支行
行　　长：潘红霞
地　　址：嘉兴市中山西路秀园路口
邮政编码：314001
电　　话：82795535

南湖支行
行　　长：陈魏忠
地　　址：嘉兴市中环南路富润路东
邮政编码：314001
电　　话：82570271

禾城支行
行　　长：潘培华
地　　址：嘉兴市建国中路319号
邮政编码：314000
电　　话：82058610

开发区支行
行　　长：周文英
地　　址：嘉兴市越秀路1253号
邮政编码：314001
电　　话：82113256

禾兴支行
行　　长：陈擎洲
地　　址：嘉兴市城北路99号
邮政编码：314001
电　　话：82222358

海宁支行
行　　长：王浩云
地　　址：海宁市海昌南路28号
邮政编码：314400
电　　话：87296001

秀园支行
行　　长：王　华
地　　址：嘉兴市中山西路958号
邮政编码：314001
电　　话：82720798

平湖支行
行　　长：许　萍
地　　址：平湖市新华南路325号
邮政编码：314201
电　　话：85288201

桐乡支行
行　　长：顾冬梅
地　　址：桐乡市振兴东路366号
邮政编码：314500
电　　话：88138001

嘉善支行
行　　长：朱仿炯
地　　址：嘉善县嘉善大道107号
邮政编码：314100
电　　话：84213802

海盐支行
行　　长：张建军
地　　址：海盐县武原镇新桥南路66号
邮政编码：314300
电　　话：86186801

湖州市分行
行　　长：栾小华
副 行 长：张寒芳　陈显标　陈伯能
地　　址：湖州市人民路299号
邮政编码：313000
电　　话：2212328

市中支行
行　　长：顾海明
地　　址：湖州市红旗路172号
邮政编码：313000
电　　话：2035896

织里支行
行　　长：俞利强
地　　址：湖州市织里镇棉布城1幢9—11号
邮政编码：313008
电　　话：3199330

吴兴支行
行　　长：宋李瑛
地　　址：湖州市米兰商业街3—5号
邮政编码：313000
电　　话：2066883

开发区支行
行　　长：李明亮
地　　址：湖州市龙溪北路219号
邮政编码：313000
电　　话：2118530

南浔支行
行　　长：张　震
地　　址：南浔泰安路1108号
邮政编码：313009
电　　话：3031250

凤凰支行
行　　长：何富春
地　　址：湖州市凤凰路333号
邮政编码：313000
电　　话：2116281

新天地支行
行　　长：王践飞
地　　址：湖州市观凤路147—159号
邮政编码：313000
电　　话：2198561

德清支行
行　　长：沈　强

地　　址：德清县武康镇永安街100号
邮政编码：313200
电　　话：8071508

湖州长兴支行

行　　长：吴宇明
地　　址：长兴县雉城镇解放西路9号
邮政编码：313100
电　　话：6056505

绍兴市分行

行　　长：肖　亮
副 行 长：娄建明　赵欣国　黄红宇
地　　址：绍兴市人民中路283号
邮政编码：312000
电　　话：85200025

越城支行

行　　长：宋觉醒
地　　址：绍兴市解放北路163号
邮政编码：312000
电　　话：85226323

延安路支行

行　　长：陆韶劲
地　　址：绍兴市中兴南路318—330号
邮政编码：312000
电　　话：88322493

人民路支行

行　　长：任　辉
地　　址：绍兴市解放北路497号
邮政编码：312000
电　　话：85142736

城东支行

行　　长：胡振华
地　　址：绍兴市延安东路173号
邮政编码：312000
电　　话：88655719

文锦支行

行　　长：杨国才
地　　址：绍兴市环城西路494号
邮政编码：312000
电　　话：85129076

袍江支行

行　　长：李　峰
地　　址：绍兴市袍江工业区世纪街财税大楼一楼
邮政编码：312000
电　　话：88030318

镜湖支行

行　　长：张永青
地　　址：绍兴市104国道北复线喜得宝家具广场一楼
邮政编码：312000
电　　话：85159477

城南支行

行　　长：俞美平
地　　址：绍兴市解放南路1541—1561号
邮政编码：312000
电　　话：88333782

迪荡支行

行　　长：王月刚
地　　址：绍兴市东池路108—114号
邮政编码：312000
电　　话：85145102

城西支行

行　　长：鲍伟民
地　　址：绍兴市胜利西路841—847号
邮政编码：312000
电　　话：85350728

中国轻纺城支行

行　　长：胡旻敏
地　　址：绍兴县金柯桥大道232号
邮政编码：312030
电　　话：84129918

中国轻纺城东升路支行

行　　长：许建强
地　　址：绍兴县中国轻纺城东升路市场A区一楼15号
邮政编码：312030
电　　话：84093902

中国轻纺城东区支行

行　　长：傅子江
地　　址：绍兴县中国轻纺城东交易区2—131、166号
邮政编码：312030
电　　话：84078071

中国轻纺城柯西支行
行　　长：缪兴东
地　　址：绍兴县柯桥街道万商路 761 号
邮政编码：312030
电　　话：84121197

中国轻纺城柯岩支行
行　　长：鲁松华
地　　址：绍兴县柯岩街道今日阳光庭院 1 幢 101—104 室
邮政编码：312030
电　　话：84313880

中国轻纺城钱清支行
行　　长：陈建荣
地　　址：绍兴县钱清镇中国轻纺原料城 A1 幢 6 号
邮政编码：312030
电　　话：84516768

中国轻纺城北区支行
行　　长：蒋　凯
地　　址：绍兴县中国轻纺城北交易区 4—1—906 号
邮政编码：312030
电　　话：81187703

上虞支行
行　　长：梁　瑛
地　　址：上虞市百官街道青春路 5 号
邮政编码：312300
电　　话：82021908

曹娥支行
行　　长：吴炳山
地　　址：上虞市曹娥街道银河新村 19 幢 1—2 层
邮政编码：312300
电　　话：82211908

上街支行
行　　长：梁银红
地　　址：上虞市百官镇龙山路 16 号
邮政编码：312300
电　　话：82215290

新街支行
行　　长：李建芹
地　　址：上虞市城北新区王充路与凤鸣南路交界处
邮政编码：312300
电　　话：82124261

城北支行
行　　长：吕增桥
地　　址：上虞市百官街道市民大道 1688 号
邮政编码：312300
电　　话：82216712

嵊州支行
行　　长：郎　萍
地　　址：嵊州市嵊州大道 338 号
邮政编码：312400
电　　话：83032677

越州支行
行　　长：邢静波
地　　址：嵊州市北直街 1 号
邮政编码：312400
电　　话：83032939

广通支行
行　　长：张　理
地　　址：嵊州市一景路 22—28 号
邮政编码：312400
电　　话：83346156

新昌支行
行　　长：项锡均
地　　址：新昌县人民中路 152、154 号
邮政编码：312500
电　　话：86621318

大通支行
行　　长：张爱霞
地　　址：新昌县七星街道鼓山西路 657—663 号
邮政编码：312500
电　　话：86240820

通明支行
行　　长：石赛君
地　　址：新昌县南明路 281—289 号
邮政编码：312500
电　　话：86033143

诸暨支行
行　　长：王卓群
地　　址：诸暨市艮塔东路 1 号

邮政编码：311800
电　　话：87226238

店口支行

行　　长：寿华丽
地　　址：诸暨市店口镇中央大道华东汽配水暖城海亮商务酒店一楼北侧
邮政编码：311800
电　　话：87397097

经济开发区支行

行　　长：傅吉英
地　　址：诸暨市艮塔西路26—3号
邮政编码：311800
电　　话：87381699

大唐支行

行　　长：朱惠丽
地　　址：诸暨市大唐镇雍平路鸿瑞公寓3幢一层17—20号
邮政编码：311800
电　　话：87010729

城东支行

行　　长：傅丹叶
地　　址：诸暨市环城东路207号
邮政编码：311800
电　　话：87261231

金华市分行

行　　长：俞益平
副 行 长：吴　倩　卢东军　曹晓翔
地　　址：金华市双溪西路191号
邮政编码：321017
电　　话：82139999

永康支行

行　　长：施　耿
地　　址：永康市五金北路279号
邮政编码：321300
电　　话：86876885

江北支行

行　　长：陈寒龙
地　　址：金华市婺城区回溪街228号
邮政编码：321000
电　　话：89801866

东阳支行

行　　长：楼　婷
地　　址：东阳市江北江滨南路101号
邮政编码：322100
电　　话：89606026

浦江支行

行　　长：虞寿根
地　　址：浦江县人民东路53号
邮政编码：322200
电　　话：89389998

衢州分行

行　　长：沈建伟
副 行 长：林自国　叶建军　丁　飚
地　　址：衢州市柯城区新桥街17号
邮政编码：324000
电　　话：8066000

江山支行

行　　长：管小君
地　　址：江山市中山路25号
邮政编码：324100
电　　话：4905999

台州市分行

行　　长：季建友
副 行 长：裘国强　卢志杰　王秩林　陈永赚
地　　址：台州市椒江区东环大道298号
邮政编码：318000
电　　话：88599388

路桥支行

行　　长：张华元
地　　址：台州市路桥区东路桥大道8号
邮政编码：318000
电　　话：82960158

黄岩支行

行　　长：郑灵江
地　　址：台州市黄岩区塔院头路43号
邮政编码：318000
电　　话：84052302

温岭支行

行　　长：陈永赚(兼)
地　　址：温岭市太平街道中华路557—577号

邮政编码：317500
电　　话：81677988

临海支行

行　　长：王　清
地　　址：临海市巾山东路 192 号
邮政编码：317000
电　　话：85678099

玉环支行

行　　长：林宝文
地　　址：玉环县玉城街道康育南路 295 号
邮政编码：317600
电　　话：87131801

丽水分行

行　　长：程　宁
副 行 长：徐　钦　何勇平
地　　址：丽水市中东路 693 号
邮政编码：227222

舟山分行

行　　长：徐建平
副 行 长：陆伟一　陈　涛
地　　址：舟山市定海区环城北路 177 号
邮政编码：316000
电　　话：2260750

普陀支行

行　　长：陈　涛
地　　址：舟山市普陀区东港街道海莲路 351—355 号
邮政编码：316100
电　　话：3811912

义乌分行

行　　长：杨子江
副 行 长：吴坤华　陈望峰　狄宇文
地　　址：义乌市稠州北路 518 号
邮政编码：322000
电　　话：85576666

篁园支行

行　　长：郑永明
地　　址：义乌市篁园路 51 号
邮政编码：322000
电　　话：85036855

中信银行在浙机构

杭州分行

行　　长：王利亚
副 行 长：陈志铭　楼伟中　应顺华　魏安义　章红兵　姜雨林　沈世华
地　　址：杭州市延安路 88 号
邮政编码：310002
电　　话：87032888

天水支行

行　　长：姜雨林
地　　址：杭州市体育场路 345 号
邮政编码：310006
电　　话：85068889

凤起支行

行　　长：朱海滨
地　　址：杭州市凤起路 373 号国都公寓 1—3 层
邮政编码：310006
电　　话：87919860

西湖支行

行　　长：陆学军
地　　址：杭州市曙光路 51—1 号
邮政编码：310007
电　　话：85215819

平海支行

行　　长：毛建军
地　　址：杭州市庆春路 153 号
邮政编码：310003
电　　话：87220108

钱江支行

行　　长：黄　静
地　　址：杭州市凤起路 52 号
邮政编码：310003
电　　话：87801100

延安支行

行　　长：杨笑薇
地　　址：杭州市清泰街 348 号
邮政编码：310009
电　　话：87857666

钱塘支行
行　　长：张振根
地　　址：杭州市文三路22号
邮政编码：310012
电　　话：88395368

玉泉支行
行　　长：郑中强
地　　址：杭州市天目山路248号
邮政编码：310013
电　　话：85120597

庆春支行
行　　长：俞建强
地　　址：杭州市新塘路33号三新大厦9楼
邮政编码：310016
电　　话：86439666

省府路支行
行　　长：何顺莲
地　　址：杭州市环城西路31号
邮政编码：310006
电　　话：85215886

湖墅支行
行　　长：朱亦文
地　　址：杭州市湖墅南路195号
邮政编码：310005
电　　话：88262266

经济技术开发区支行
行　　长：沈利民
地　　址：杭州市经济开发区白杨街道科技园路2号
邮政编码：310018
电　　话：87368682

萧山支行
行　　长：楼伟中
地　　址：杭州市萧山区市心南路173号
邮政编码：311200
电　　话：82637089

之江支行
行　　长：来叶强
地　　址：杭州市萧山区育才路516号
邮政编码：311200
电　　话：82725613

江东支行
行　　长：金乃华
地　　址：杭州市萧山区瓜沥镇友谊路488号
邮政编码：311241
电　　话：82575100

滨江支行
行　　长：钱凌云
地　　址：杭州市滨江区长河镇农副产品综合市场20—22号
邮政编码：310052
电　　话：86628058

临江支行
行　　长：朱　刚
地　　址：杭州市萧山区义蓬街道义隆路联建房
邮政编码：311225
电　　话：82160655

余杭支行
行　　长：虞振国
地　　址：杭州市余杭区临平南大街2号
邮政编码：311100
电　　话：86227037

九堡支行
行　　长：杨义忠
地　　址：杭州市江干区杭海路888号永和大厦
邮政编码：310019
电　　话：86702970

良渚支行
行　　长：翁政强
地　　址：杭州市余杭区良渚镇逸盛路115号
邮政编码：311112
电　　话：88760957

富阳支行
行　　长：倪勤文
地　　址：富阳市桂花路17号
邮政编码：311400
电　　话：63319992

桐庐支行
行　　长：宋吉祥

地　　址：桐庐县迎春南路 229 号
邮政编码：311500
电　　话：64256000

宁波分行

行　　长：夏年炉
副 行 长：陈舟波　朱兆良
　　　　　王立民　唐伟华
纪委书记：金民强
行长助理：陈朝阳
地　　址：宁波市海曙区镇明路 36 号
邮政编码：315010
电　　话：87733226

海曙支行

行　　长：黄　健
地　　址：宁波市海曙区药行街 65 号
邮政编码：315010
电　　话：87342216

鄞州支行

行　　长：朱明伟
地　　址：宁波市鄞州中心区四明中路 1022 号
邮政编码：315192
电　　话：88211737

慈溪支行

行　　长：唐伟华
地　　址：慈溪市三北大街 210 号
邮政编码：315300
电　　话：63034029

余姚支行

行　　长：冯国民
地　　址：余姚市舜水南路 98 号
邮政编码：315400
电　　话：62637710

北仑支行

行　　长：张栩青
地　　址：宁波市北仑区新矸长江路 914—922 号
邮政编码：315800
电　　话：86832776

大榭支行

行　　长：薛海峰
地　　址：宁波市大榭开发区行政商务区 B4—5 号
邮政编码：315812
电　　话：86761562

江北支行

行　　长：俞一阳
地　　址：宁波市江北区清湖路 303 号
邮政编码：315000
电　　话：87173618

桥城支行

行　　长：姚小荣
地　　址：慈溪香格大厦(国际大厦对面)
邮政编码：315300
电　　话：63034029

兴宁支行

行　　长：冯结和
地　　址：宁波市兴宁路 30 号
邮政编码：315010
电　　话：87854813

江东支行

行　　长：黄剑芬
地　　址：宁波市江东区百丈路 176 号
邮政编码：315040
电　　话：87973734

百丈支行

行　　长：朱蓓琦
地　　址：宁波市江东区百丈东路 1068 号恒富大厦 1 号楼
邮政编码：315040
电　　话：87854880

宁海支行

行　　长：丁建平
地　　址：宁海县城关区桃源中路 136—140 号
邮政编码：315600
电　　话：83555064

中兴路支行

行　　长：蒋　浩
地　　址：宁波市江东区中兴路 568 号
邮政编码：315040
电　　话：89103252

中山路支行

行　　长：张开宇

地　　址：宁波市海曙区中山西路330号
邮政编码：315010
电　　话：87861084

明州支行
行　　长：王　洒
地　　址：宁波市鄞县大道中段1355号
邮政编码：315000
电　　话：83873687

镇海支行
行　　长：鲍　勇
地　　址：宁波市镇海区城河东路410—428号
邮政编码：315200
电　　话：86662842

温州分行
行　　长：章定强
地　　址：温州市府路大自然家园北区2号楼1—3层
邮政编码：325003
电　　话：88858616

瑞安支行
行　　长：金　凡
地　　址：瑞安市万松东路东南大厦1—2楼
邮政编码：325200
电　　话：65832682

乐清支行
行　　长：吴万云
地　　址：乐清市清远路广播电视台大楼
邮政编码：325600
电　　话：62557700

苍南支行
行　　长：朱　颇
地　　址：苍南县灵溪镇站前大道时代都市广场5号楼
邮政编码：325800
电　　话：68878151

瓯海支行
行　　长：郑志光
地　　址：温州市雪山路鑫城佳园A幢一楼
邮政编码：325000
电　　话：88536841

经济开发区支行
行　　长：季晓如
地　　址：温州市车站大道华昌大厦一楼
邮政编码：325000
电　　话：88922908

龙湾支行
行　　长：王东来
地　　址：温州市龙湾区海滨街道建新村综合大楼一楼
邮政编码：325000
电　　话：86861095

鹿城支行
行　　长：朱保国
地　　址：温州市江滨西路荣星大厦一楼
邮政编码：325000
电　　话：88873009

柳市支行
行　　长：应裕浩
地　　址：乐清市柳市镇柳青路388号
邮政编码：325604
电　　话：62720555

人民路支行
行　　长：吴朝晖
地　　址：温州市人民东路国信大厦一楼
邮政编码：325003
电　　话：88852603

嘉兴分行
行　　长：朱　进
地　　址：嘉兴市中山东路639号
邮政编码：314000
电　　话：82097696

秀洲支行
副 行 长：金海锋
地　　址：嘉兴市中山西路539号财富广场
邮政编码：314000
电　　话：82723130

南湖支行
行　　长：金　健
地　　址：嘉兴市凌公塘路老佛爷购物中心
邮政编码：314000
电　　话：82089420

经济技术开发区支行

行　　长：王赟皞
地　　址：嘉兴市洪兴路 1197 号
邮政编码：314000
电　　话：82118181

海宁支行

行　　长：王晓燕
地　　址：海宁市南苑路 399 号
邮政编码：314400
电　　话：87236728

平湖支行

行　　长：陆亚明
地　　址：平湖市环城东路 202—206 号
邮政编码：314200
电　　话：85011923

桐乡支行

行　　长：潘兴华
地　　址：桐乡市梧桐镇振兴东路 429—437 号
邮政编码：314500
电　　话：88138928

嘉善支行

行　　长：袁　卫
地　　址：嘉善县晋阳西路 33—43 号
邮政编码：314100
电　　话：89106026

海盐支行

行　　长：朱才林
地　　址：海盐县武原镇城北西路 101 号
邮政编码：314300
电　　话：86186606

绍兴分行

行　　长：应顺华
地　　址：绍兴市人民西路 289 号
邮政编码：312000
电　　话：85227222

越城支行

行　　长：张晓良
地　　址：绍兴市迪荡新城范蠡路 16 号阳光大厦 1—4 层
邮政编码：312000
电　　话：85227205

城中支行

行　　长：王秀卿
地　　址：绍兴市人民中路 47—51 号
邮政编码：312000
电　　话：85098122

城东支行

行　　长：陈　涛
地　　址：绍兴市延安路汇金楼 B 座（2—12 号）
邮政编码：312000
电　　话：88377299

城北支行

行　　长：张二力
地　　址：绍兴市越城区中兴北路 521 号蕺山综合楼
邮政编码：312000
电　　话：88265808

轻纺城支行

行　　长：宋丽坤
地　　址：绍兴县柯桥湖西路 428 号
邮政编码：312000
电　　话：84568555

上虞支行

行　　长：王文华
地　　址：上虞市百官街道青春路 98 号
邮政编码：312300
电　　话：82125607

诸暨支行

行　　长：郦重淼
地　　址：诸暨市浣东北路 102 号
邮政编码：311800
电　　话：87227888

嵊州支行

行　　长：张仁忠
地　　址：嵊州市嵊州大道 222 号
邮政编码：312459
电　　话：83139868

义乌分行

行　　长：傅河水
地　　址：义乌市篁园路 100 号
邮政编码：322000
电　　话：85378888

国际商贸城支行

副 行 长：傅祝达（主持工作）

地　　址：义乌国际商贸城四区市场西辅房033A号

邮政编码：322000

电　　话：85378912

北苑支行

行　　长：陆子卿

地　　址：义乌市望道路300号

邮政编码：322000

电　　话：85712315

永康支行

行　　长：王井韶

地　　址：永康市华溪北路270号

邮政编码：321300

电　　话：87298808

东阳支行

行　　长：周向梅

地　　址：东阳市人民路145号

邮政编码：322100

电　　话：86138801

台州分行

行　　长：郑爱民

地　　址：台州市府大道489号（原时间广场酒店）

邮政编码：318000

电　　话：88819919

路桥支行

行　　长：梁林军

地　　址：台州市路桥区新安西街7号

邮政编码：318050

电　　话：82010007

三门支行

行　　长：卢慧锋

地　　址：三门县海游镇湫水大道29—129号

邮政编码：317100

电　　话：83319901

温岭支行

行　　长：金国华

地　　址：温岭市城东街道万昌北路698号

邮政编码：317500

电　　话：81667019

黄岩支行

行　　长：张灵玲

地　　址：台州市黄岩区劳动南路508号

邮政编码：318020

电　　话：89170001

丽水分行

行　　长：潘文奇

地　　址：丽水市紫金路1号

邮政编码：323000

电　　话：2082999

缙云支行

行　　长：范　颖

地　　址：缙云县五云镇永宁路158号

邮政编码：321400

电　　话：3062218

湖州支行

行　　长：褚建平

地　　址：湖州市环城西路318号

邮政编码：313000

电　　话：2226028

安吉支行

行　　长：黄　健

地　　址：安吉县递铺镇天荒坪中路273号

邮政编码：313300

电　　话：5188308

长兴支行

行　　长：柏国民

地　　址：长兴县解放东路1号

邮政编码：313100

电　　话：6262989

上海浦东发展银行在浙机构

杭州分行

行　　长：赵峥嵘

副 行 长：李夏英　俞　军　傅　忠　许国明　楼恩启

地　　址：杭州市延安路129号

邮政编码：310002

西湖支行

行　　长：卜肖燕

地　　址：杭州市延安路429号
邮政编码：310006
电　　话：87367211

清泰支行
行　　长：周　昕
地　　址：杭州市清泰街438号
邮政编码：310009
电　　话：87367003

保俶支行
行　　长：李雪良
地　　址：杭州市环城西路92号
邮政编码：310006
电　　话：87367366

中山支行
行　　长：黄志斌
地　　址：杭州市庆春路165号
邮政编码：310006
电　　话：87367158

文晖支行
行　　长：严春英
地　　址：杭州市文三路112号中大文锦大厦B座
邮政编码：310012
电　　话：87367880

高新支行
行　　长：卢晓萍
地　　址：杭州市文二路328号A
邮政编码：310012
电　　话：87367686

武林支行
行　　长：沈　蔚
地　　址：杭州市西湖文化广场8号(C区)
邮政编码：310014
电　　话：87367298

钱江支行
行　　长：郭洪川
地　　址：杭州市秋涛北路88号
邮政编码：310020
电　　话：87367101

德胜支行
行　　长：丁　毅
地　　址：杭州市绍兴路187号
邮政编码：310014
电　　话：87367700

求是支行
行　　长：黄绘峰
地　　址：杭州市西溪路127号
邮政编码：310023
电　　话：87367756

建国支行
行　　长：施振翔
地　　址：杭州市建国北路218号
邮政编码：310003
电　　话：87367090

和睦支行
行　　长：姚　宇
地　　址：杭州市莫干山路789号美都广场
邮政编码：310011
电　　话：87367900

新城支行
行　　长：马利清
地　　址：杭州市钱江新城四季路78号
邮政编码：310026
电　　话：87367956

桐庐支行
行　　长：刘向阳
地　　址：桐庐县白云源路995号
邮政编码：311500
电　　话：69800118

萧山支行
行　　长：冯莉娟
地　　址：杭州市萧山区金城路461号
邮政编码：311201
电　　话：82655167

萧山东门支行
行　　长：郑佐军
地　　址：杭州市萧山区育才路395—397号
邮政编码：311201
电　　话：82726806

萧山江东支行
行　　长：曹妙法
地　　址：杭州市萧山区义蓬街道义府大街568号

邮政编码：311225
电　　话：82872662

萧山市心支行

行　　长：李雄军
地　　址：杭州市萧山区体育路92号
邮政编码：311201
电　　话：82626101

临安支行

行　　长：陈英豪
地　　址：临安市锦城镇钱王街417号
邮政编码：311300
电　　话：63737855

余杭支行

行　　长：范建勋
地　　址：杭州市余杭区临平镇北大街150号
邮政编码：311100
电　　话：86236355

富阳支行

行　　长：江行军
地　　址：富阳市江滨西大道22号
邮政编码：311400
电　　话：61718105

宁波分行

行　　长：楼戈飞
副 行 长：顾惠明　施　慧　史松杨　林　海　丁天佑
地　　址：宁波市海曙区江厦街21号
邮政编码：315000
电　　话：87268111

鄞东支行

行　　长：王伟海
地　　址：宁波市中山东路428号
邮政编码：315040
电　　话：87754534

西门支行

行　　长：俞仕锡
地　　址：宁波市中山西路198号
邮政编码：315000
电　　话：87244538

望湖支行

行　　长：李　波
地　　址：宁波市长春路42号
邮政编码：315010
电　　话：87190880

兴宁支行

行　　长：朱　琰
地　　址：宁波市兴宁路39号
邮政编码：315040
电　　话：87849194

江北支行

行　　长：毛建东
地　　址：宁波市江北区清河路1号
邮政编码：315020
电　　话：87382250

解放路支行

行　　长：虞亚尔
地　　址：宁波市解放路216号
邮政编码：315010
电　　话：87317315

中兴支行

行　　长：王之望
地　　址：宁波市中兴路651号
邮政编码：315040
电　　话：87809100

高新区支行

行　　长：杨华明
地　　址：宁波市高新区高新科技广场30号
邮政编码：315040
电　　话：87911905

镇海支行

行　　长：卢　晓
地　　址：宁波市镇海区城关苗圃路185号
邮政编码：315200
电　　话：86251259

北仑支行

行　　长：张　静
地　　址：宁波市北仑区明州路516号
邮政编码：315800
电　　话：86886020

开发区支行

行　　长：沈际存
地　　址：宁波市北仑区明州西路185号

邮政编码：315800
电　　话：86899250

余姚支行

行　　长：袁志红
地　　址：余姚市新建路 18 号
邮政编码：315400
电　　话：62629211

慈溪支行

行　　长：张惠传
地　　址：慈溪市浒山镇新城大道北路 23 号
邮政编码：315300
电　　话：63119021

鄞州支行

行　　长：金建红
地　　址：宁波市天童北路 288 号
邮政编码：315192
电　　话：88211793

宁海支行

行　　长：吴杰伟
地　　址：宁海县时代大道 333 号
邮政编码：315600
电　　话：65257909

奉化支行

行　　长：阮立波
地　　址：奉化市中山东路 38 号
邮政编码：315500
电　　话：88905515

泗门支行

行　　长：汪伯达
地　　址：余姚市泗门镇光明南路 288 号
邮政编码：315470
电　　话：62179018

杭州湾新区支行

行　　长：余志强
地　　址：宁波市杭州湾新区商贸街 12 号楼
邮政编码：315336
电　　话：58996198

嘉兴分行

行　　长：宣骥翊
地　　址：嘉兴市环城西路 225 号
邮政编码：314000
电　　话：82099524

秀洲支行

行　　长：吴利民
地　　址：嘉兴市中山西路华新花园 15 幢 1 号
邮政编码：314001
电　　话：82717049

秀城支行

行　　长：倪　佳
地　　址：嘉兴市城东路 83 号
邮政编码：314000
电　　话：82189818

桐乡支行

行　　长：沈连芬
地　　址：桐乡市振兴东路 718 号
邮政编码：314500
电　　话：88118008

平湖支行

行　　长：王海华
地　　址：平湖市解放西路 180 号
邮政编码：314200
电　　话：85032681

海宁支行

行　　长：王　斌
地　　址：海宁市水月亭路 121 号
邮政编码：314400
电　　话：80700908

绍兴分行

行　　长：许国明(兼)
地　　址：绍兴市人民东路 2 号
邮政编码：312000
电　　话：88121118

城北支行

行　　长：朱鸿生
地　　址：绍兴市胜利东路 345 号
邮政编码：312000
电　　话：85220100

城南支行

行　　长：陈晓炜
地　　址：绍兴市城南大道 198 号
邮政编码：312000

电　　话：88623399

城西支行

行　　长：王　碧
地　　址：绍兴市人民西路238号
邮政编码：312000
电　　话：85133390

诸暨支行

行　　长：沈丹峰
地　　址：诸暨市暨阳街道艮塔东路129号
邮政编码：311800
电　　话：87257282

上虞支行

行　　长：徐　军
地　　址：上虞市峰山南路183号
邮政编码：312300
电　　话：81288068

柯桥支行

行　　长：傅金雷
地　　址：绍兴县柯桥街道湖西路228号轻纺大厦B楼
邮政编码：312030
电　　话：81188001

嵊州支行

行　　长：杨柏铭
地　　址：嵊州市官河南路98号
邮政编码：312300
电　　话：81388118

金华分行

行　　长：孙庆智
地　　址：金华市人民西路453号
邮政编码：321000
电　　话：82569009

永康支行

行　　长：应　辉
地　　址：永康市东城街道金山西路568号
邮政编码：321300
电　　话：89275528

舟山分行

行　　长：李建平
地　　址：舟山市定海区解放西路231号
邮政编码：316003
电　　话：2963111

义乌支行

行　　长：楼永跃
地　　址：义乌市工人北路499号
邮政编码：322000
电　　话：85596888

义乌开发区支行

行　　长：何士忠
地　　址：义乌市西城路658号
邮政编码：322000
电　　话：85851066

湖州支行

行　　长：罗　强
地　　址：湖州市体育场路120号
邮政编码：313000
电　　话：2578007

湖州长兴支行

行　　长：邱敏强
地　　址：长兴县雉城镇金陵北路298—304号
邮政编码：313100
电　　话：6782915

湖州德清支行

行　　长：钱卫华
地　　址：德清县武康镇永安街42—46号
邮政编码：313200
电　　话：8251888

衢州支行

行　　长：吴　彤
地　　址：衢州市上街84号
邮政编码：324000
电　　话：8750806

衢州江山支行

行　　长：张晓斌
地　　址：江山市南门路29号
邮政编码：324100
电　　话：4216568

华夏银行在浙机构

杭州分行

行　　长：朱　波
副 行 长：张精华　陈　杰　胡桂妃

沈　勤
首席信用风险官：王水荣
地　　址：杭州市庆春路73号
邮政编码：310003
电　　话：87239000

分行营业部
总 经 理：黄敏洁
地　　址：杭州市庆春路73号
邮政编码：310003
电　　话：87239177

解放支行
行　　长：陈朝华
地　　址：杭州市解放路10号
邮政编码：310009
电　　话：87179932

武林支行
行　　长：吴晨阳
地　　址：杭州市环城北路205号
邮政编码：310006
电　　话：85174934

凤起支行
行　　长：章　强
地　　址：杭州市凤起东路46号
邮政编码：310020
电　　话：86027533

建国支行
行　　长：陈兴兵
地　　址：杭州市建国北路621号
邮政编码：310004
电　　话：85285032

西湖支行
行　　长：何建伟
地　　址：杭州市杭大路15号
邮政编码：310007
电　　话：87175289

之江支行
行　　长：黎　明
地　　址：杭州市庆春路218号
邮政编码：310006
电　　话：87709270

高新支行
行　　长：俞文年
地　　址：杭州市文一路123号
邮政编码：310012
电　　话：88999597

萧山支行
行　　长：施永强
地　　址：杭州市萧山区城厢镇人民路115号
邮政编码：311200
电　　话：82658759

余杭支行
行　　长：金鹏飞
地　　址：杭州市余杭区临平镇南大街148号
邮政编码：311100
电　　话：86163508

新华支行
行　　长：陈　莉
地　　址：杭州市新华路39号
邮政编码：310003
电　　话：87239237

文晖支行
行　　长：鲍立群
地　　址：杭州市文晖路419号
邮政编码：310005
电　　话：88377018

和平支行
行　　长：陈李峰
地　　址：杭州市东新路155号
邮政编码：310004
电　　话：85385854

信义支行
行　　长：王亦娃
地　　址：杭州市莫干山路639号
邮政编码：310011
电　　话：88903701

江城支行
行　　长：陈白玲
地　　址：杭州市钱江路29号
邮政编码：310009
电　　话：86568913

天目山路支行
行　　长：寿勤燕

地　　址：杭州市天目山路 42 号
邮政编码：310013
电　　话：88215357

西溪支行

行　　长：张　均
地　　址：杭州市玉古路 181 号
邮政编码：310013
电　　话：86472365

萧山金城支行

行　　长：周　强
地　　址：杭州萧山金城路 429 号
邮政编码：311201
电　　话：83899707

钱江支行

行　　长：蔡卫琳
地　　址：杭州市新塘路 1 号
邮政编码：310016
电　　话：86571659

海宁支行

行　　长：沈金安
地　　址：海宁市文苑南路 128 号
邮政编码：314400
电　　话：87015968

滨江支行

行　　长：丁　萍
地　　址：杭州市滨江区江南大道 88 号
邮政编码：310051
电　　话：87110963

义乌支行

行　　长：孙叶云
地　　址：义乌市宾王路 366 号
邮政编码：322000
电　　话：85377825

桐庐支行

行　　长：王中宝
地　　址：桐庐县迎春南路 188 号
邮政编码：311500
电　　话：69810976

宁波分行

行　　长：魏开文
副 行 长：何将寅　陈成天　金幼琴
纪检监察工作负责人：陈成天
地　　址：宁波市江东区和源路 366 号
邮政编码：315040
电　　话：87976666

海曙支行

行　　长：胡　剑
地　　址：宁波市海曙区蓝天路 207 号
邮政编码：315010
电　　话：87103720

鄞州支行

行　　长：陈宗成
地　　址：宁波市鄞州区天童北路 1581 号
邮政编码：315100
电　　话：82816006

慈溪支行

行　　长：袁家民
地　　址：慈溪市白沙路街道新城大道北路 330—352 号
邮政编码：315300
电　　话：58587703

余姚支行

行　　长：孙　奇
地　　址：余姚市四明西路 558—576 号
邮政编码：315400
电　　话：62738106

北仑支行

行　　长：张群英
地　　址：宁波市北仑区黄山路 857 号
邮政编码：315800
电　　话：86799222

江东支行

行　　长：林立益
地　　址：宁波市江东区滨江商业广场 1—2 号
邮政编码：315040
电　　话：83892978

湖州分行

行　　长：韩建红
地　　址：湖州市红旗路 618 号
邮政编码：313000
电　　话：2310813

台州分行

行　　长：蒋国华

地　　址：台州市东环大道 312 号
邮政编码：318000
电　　话：81871507

招商银行在浙机构

杭州分行

行　　长：朱新建
副 行 长：葛晓娴　姚　亮　叶英宇
资深专员：陈申生
行长助理：辛金志
地　　址：杭州市杭大路 23 号
邮政编码：310007
电　　话：87395500

凤起支行

行　　长：袁　森
地　　址：杭州市西湖区莫干山路 329 号邮政公司大厦裙房
邮政编码：310005
电　　话：87922960

保俶支行

行　　长：赵福祥
地　　址：杭州市建国北路 598 号宝善公寓 2 号楼
邮政编码：310003
电　　话：85113382

武林支行

行　　长：何文杰
地　　址：杭州市文二路 391 号西湖国际科技大厦裙房 1 楼
邮政编码：310012
电　　话：85109712

城东支行

行　　长：徐松法
地　　址：杭州市江干区凤起东路 171—181 号
邮政编码：310020
电　　话：86432480

高新支行

行　　长：俞淼峰
地　　址：杭州市西湖区文三路 488 号
邮政编码：310012
电　　话：88931279

湖墅支行

行　　长：苏高翔
地　　址：杭州市拱墅区湖墅南路 260 号
邮政编码：310005
电　　话：88385299

解放支行

行　　长：汤　岷
地　　址：杭州市上城区解放路 217 号
邮政编码：310001
电　　话：87131645

之江支行

行　　长：叶剑明
地　　址：杭州市杭海路 263 号
邮政编码：310016
电　　话：56180780

庆春支行

行　　长：柳海潮
地　　址：杭州市上城区庆春路 137—2 号
邮政编码：310003
电　　话：87217815

钱塘支行

行　　长：戚东民
地　　址：杭州市滨江区滨盛路 1881 号中兴花园高层商住楼
邮政编码：310052
电　　话：87165166

城西支行

行　　长：余　羚
地　　址：杭州市西湖区文一西路 170 号湖畔大厦一、二层
邮政编码：310012
电　　话：88911759

中山支行

行　　长：陈　晓
地　　址：杭州市中山北路 310 号
邮政编码：310003
电　　话：85789090

深蓝支行

行　　长：潘　兵
地　　址：杭州市朝晖路 205 号深蓝广场
邮政编码：310014

电　　话：85260572

九堡支行

行　　长：江　泓
地　　址：杭州市杭海路886号
邮政编码：310019
电　　话：86702708

富阳支行

行　　长：彭智峰
地　　址：富阳市桂花西路182—188号
邮政编码：311400
电　　话：63295555

萧山支行

行　　长：高　元
地　　址：杭州市萧山区市心中路656号
邮政编码：311201
电　　话：82659918

萧东支行

行　　长：张崇敏
地　　址：杭州市萧山区市心北路158号宁安大厦1—2层
邮政编码：311241
电　　话：82502778

江南支行

行　　长：吴坚毅
地　　址：杭州市萧山区城河街58号
邮政编码：311200
电　　话：82819905

余杭支行

行　　长：张松平
地　　址：杭州市余杭区临平镇邱山大街583—605号
邮政编码：311100
电　　话：86137619

文晖支行

行　　长：闻　晓
地　　址：杭州市文晖路318号
邮政编码：310014
电　　话：85395210

天城路支行

行　　长：季　珉
地　　址：杭州市天城路90号
邮政编码：310020
电　　话：86485330

建国支行

行　　长：谢　敏
地　　址：杭州市建国北路285号双牛大厦裙房一楼
邮政编码：310014
电　　话：87272970

宁波分行

行　　长：郑先炳
副 行 长：郑　锐　金伟进　陈海强　陈新生
行长助理：徐跃军
地　　址：宁波市江东区民安东路342号
邮政编码：315042
电　　话：87015501

江东支行

行　　长：宋少鹦
地　　址：宁波市彩虹南路9号
邮政编码：315040
电　　话：87730464

北仑支行

行　　长：屈利俊
地　　址：宁波市北仑区明州路707号
邮政编码：315800
电　　话：86862613

鄞州支行

行　　长：李　原
地　　址：宁波市鄞州区鄞县大道东段1299号
邮政编码：315192
电　　话：88211067

海曙支行

行　　长：翁海勇
地　　址：宁波市大沙泥街100号
邮政编码：315010
电　　话：87158959

中山支行

行　　长：章　泉
地　　址：宁波市中山东路81号
邮政编码：315000
电　　话：83891550

江北支行
行　　长：张志成
地　　址：宁波市人民路 158 号
邮政编码：315020
电　　话：87642271

天一支行
行　　长：杜迪儿
地　　址：宁波市中山东路 154 号
邮政编码：315000
电　　话：87363182

明州支行
行　　长：陈　晓
地　　址：宁波市药行街 101 号
邮政编码：315000
电　　话：87026508

慈溪支行
行　　长：张新贺
地　　址：慈溪市浒山镇新城中心 28 号楼
邮政编码：315300
电　　话：63931122

余姚支行
行　　长：陆劲松
地　　址：余姚市舜水南路 45 号
邮政编码：315400
电　　话：83552008

宁海支行
行　　长：陈小明
地　　址：宁海县跃龙街道中山中路 19 号
邮政编码：315600
电　　话：62657700

镇海支行
行　　长：陈浩波
地　　址：宁波市镇海区城河东路 552 号
邮政编码：315200
电　　话：86266192

象山支行
行　　长：曹海明
地　　址：象山县靖南大街 432 号
邮政编码：315700
电　　话：65925555

钱湖支行
行　　长：周悦红
地　　址：宁波市鄞州区钱湖北路 939 号
邮政编码：315192
电　　话：82809118

百丈支行
行　　长：任　晓
地　　址：宁波市百丈东路 938 号
邮政编码：315040
电　　话：88991008

奉化支行
行　　长：徐再丽
地　　址：奉化市锦屏街道南山路 19 号
邮政编码：315500
电　　话：82809118

温州分行
行　　长：诸葛洛
地　　址：温州市鹿城区吴桥鸿盛锦园 2、4、5 幢
邮政编码：325028
电　　话：88077508

大南支行
行　　长：谢海燕
地　　址：温州市鹿城区火车站前东小区站前商厦一、六层
邮政编码：325000
电　　话：88834810

开发区支行
行　　长：江建国
地　　址：温州市汤家桥国大广场一楼
邮政编码：325000
电　　话：86513792

国鼎支行
行　　长：蔡　忠
地　　址：温州市车站大道 543 号京龙大厦 1、2 层
邮政编码：325000
电　　话：88288777

龙湾支行
行　　长：初　春
地　　址：温州市龙湾区永中街道永中东路镇南商厦一楼
邮政编码：325024
电　　话：86859966

鹿城支行

行　　长：李　洁

地　　址：温州市鹿城路勤奋东4地块A区瑞德锦园一、二层

邮政编码：325000

电　　话：88588088

江滨支行

行　　长：林肖立

地　　址：温州市鹿城区灰桥浦边东泰大厦1、2幢

邮政编码：325000

电　　话：88802917

瑞安支行

行　　长：林晓丹

地　　址：瑞安市隆山东路503号新潮大厦

邮政编码：325200

电　　话：66806716

永嘉支行

行　　长：邹建海

地　　址：温州市永嘉县瓯北镇瓯城花苑1幢103室

邮政编码：325102

电　　话：21861669

乐清支行

行　　长：许　敏

地　　址：乐清市乐成镇旭阳路旭虹大厦1—3层

邮政编码：325600

电　　话：61887108

绍兴分行

行　　长：周明鸣

地　　址：绍兴市胜利东路357号

邮政编码：312000

电　　话：85081885

城南支行

行　　长：汤湘春

地　　址：绍兴市城南大道436号

邮政编码：312000

电　　话：88378909

城西支行

行　　长：沈云灿

地　　址：绍兴市环城北路35号

邮政编码：312000

电　　话：85337908

城东支行

行　　长：沈兆峰

地　　址：绍兴市延安东路240号奥菲商务中心东首一层

邮政编码：312000

电　　话：88126902

越兴支行

行　　长：胡汉尧

地　　址：绍兴市中兴南路中兴商务楼1幢101—107室

邮政编码：312000

电　　话：85095908

柯桥支行

行　　长：潘志刚

地　　址：绍兴县柯桥鉴湖路732—744号

邮政编码：312030

电　　话：85567308

嵊州支行

行　　长：黄钟尧

地　　址：嵊州市西后街66号

邮政编码：312400

电　　话：83006005

诸暨支行

行　　长：蔡欢余

地　　址：诸暨市艮塔东路127号

邮政编码：311800

电　　话：87980119

金华分行

行　　长：辛金志

地　　址：金华市双溪西路45号

邮政编码：321017

电　　话：82399816

义乌支行

行　　长：王娟芳

地　　址：金华义乌市稠城街道宗泽路569号

邮政编码：322000

电　　话：85595555

江北支行

行　　长：范海青

地　　址：金华市解放东路268号莲花大厦
邮政编码：321000
电　　话：82333181

永康支行
行　　长：邵吉阳
地　　址：永康市城东路77号钢海大厦1—2层
邮政编码：321300
电　　话：89295683

嘉兴支行
行　　长：常建梁
地　　址：嘉兴市中山西路253号福瑞商务楼
邮政编码：314031
电　　话：82778666

海宁支行
行　　长：胡　斌
地　　址：海宁市海昌路168—190号
邮政编码：314033
电　　话：80701800

南湖支行
行　　长：王佳卫
地　　址：嘉兴市南湖区勤俭路760—772号
邮政编码：314031
电　　话：82779808

桐乡支行
行　　长：王卫东
地　　址：桐乡市振东新区金东大厦1幢振兴东路122—146号
邮政编码：314500
电　　话：80880888

衢州支行
行　　长：陈　彤
地　　址：衢州市县学街37号
邮政编码：324000
电　　话：8079130

湖州支行
行　　长：方德明
地　　址：湖州市苕溪西路138号全民健身中心一、二层
邮政编码：313000
电　　话：2583007

长兴支行
行　　长：寿利斌
地　　址：长兴县雉城镇金陵北路134号
邮政编码：313100
电　　话：6620018

广发银行在浙机构

杭州分行
行　　长：韩立光
地　　址：杭州市延安路516号
邮政编码：310006
电　　话：87019888

清泰支行
行　　长：王祖康
地　　址：杭州市清泰街503号
邮政编码：310009
电　　话：87800033

宝善支行
行　　长：吴立敏
地　　址：杭州市建国北路551号
邮政编码：310003
电　　话：85198678

庆春支行
行　　长：王　刚
地　　址：杭州市庆春东路68号
邮政编码：310020
电　　话：87241789

西湖支行
行　　长：连绍辉
地　　址：杭州市体育场路636号
邮政编码：310007
电　　话：85116767

湖墅支行
行　　长：任丽美
地　　址：杭州市湖墅南路118号
邮政编码：310005
电　　话：88390222

文三支行
行　　长：王少华
地　　址：杭州市文三路482号华星时代广

场一、二楼
邮政编码：310012
电　　话：88930618

黄龙支行
行　　长：傅敏敏
地　　址：杭州市求是路8号公元大厦东南侧裙楼
邮政编码：310013
电　　话：87633897

新城支行
行　　长：汪一军
地　　址：杭州市丹桂街1—9号宏程国际大厦裙楼101、201室
邮政编码：310020
电　　话：28932027

拱墅支行
行　　长：许玲凤
地　　址：杭州市金华路58号杭州百瑞运河大饭店北裙楼一层
邮政编码：310015
电　　话：89966850

余杭支行
行　　长：周瑞平
地　　址：杭州市余杭区临平镇世纪大道158—1号南苑发展大厦
邮政编码：311100
电　　话：86169111

萧山支行
行　　长：宋德荣
地　　址：杭州市萧山区市心中路687号高新科技广场1号楼
邮政编码：311201
电　　话：22855988

萧东支行
行　　长：叶　青
地　　址：杭州市萧山区瓜沥镇航坞路213号
邮政编码：311241
电　　话：82572988

临浦小微企业专营支行
行　　长：郦　巍
地　　址：杭州市萧山区临浦镇东藩中路1号辅楼南一、二层
邮政编码：311251
电　　话：83518109

宁波分行
行　　长：吴晓庭
地　　址：宁波市海曙区灵桥路473号
邮政编码：315000
电　　话：87191730

宁东支行
行　　长：包俊伶
地　　址：宁波市百丈路168号
邮政编码：315040
电　　话：87700066

海曙支行
行　　长：王　腾
地　　址：宁波市开明街368号
邮政编码：315000
电　　话：87286788

北仑支行
行　　长：郑永君
地　　址：宁波市北仑区新矸明州路255号
邮政编码：315800
电　　话：86862217

马园支行
行　　长：钱海波
地　　址：宁波市海曙区卖鱼路68号
邮政编码：315010
电　　话：87266522

江东支行
行　　长：丁利宾
地　　址：宁波市桑田路716号一楼
邮政编码：315040
电　　话：87770466

鄞州支行
行　　长：翁宏杰
地　　址：宁波市鄞州中心区前河南路222号
邮政编码：315181
电　　话：87418226

城北支行
行　　长：叶　红
地　　址：宁波市清河路51—65号
邮政编码：315020

电　　话：87673179

余姚支行

行　　长：叶维良
地　　址：余姚市四明西路 289—297 号
邮政编码：315400
电　　话：62667599

慈溪支行

行　　长：施　波
地　　址：慈溪市慈甬路 218—232 号
邮政编码：315300
电　　话：63930851

高新支行

行　　长：谢仁备
地　　址：宁波市聚贤路 388 号
邮政编码：315103
电　　话：87206120

奉化支行

行　　长：吴瑞宗
地　　址：奉化市南山路 113 号
邮政编码：315500
电　　话：88680577

邱隘支行

行　　长：张朝辉
地　　址：宁波鄞州邱隘镇东港路 79 号
邮政编码：315101
电　　话：88162010

宁海支行

行　　长：邬斌雄
地　　址：宁海县跃龙街道斗门路 79 号
邮政编码：315600
电　　话：82532880

温州分行

行　　长：宋佳伟
地　　址：温州市锦绣路万康商务中心 B 幢
邮政编码：325003
电　　话：88829588

瓯海支行

行　　长：王朝晖
地　　址：温州市瓯海区景山街道西山南路望景苑一、二层
邮政编码：325005
电　　话：88508770

城南支行

行　　长：刘晓蓉
地　　址：温州市吴桥路利府花园一楼 10—15 号
邮政编码：325000
电　　话：88628348

南浦支行

行　　长：张　平
地　　址：温州市南浦路天雄大厦一层
邮政编码：325000
电　　话：88388921

龙湾支行

行　　长：林冬育
地　　址：温州市龙湾区永中东路 2 号
邮政编码：325024
电　　话：86882801

新城支行

行　　长：金朝晖
地　　址：温州市新城大自然水景苑阿尔凡大厦一楼 105—108 号
邮政编码：325003
电　　话：88959978

双屿支行

行　　长：陈　震
地　　址：温州市康华路郑桥锦园 4 幢 101 号
邮政编码：325007
电　　话：88765506

瑞安支行

行　　长：周定华
地　　址：瑞安市罗阳大道 736—752 号东南大厦 1—2 层
邮政编码：325200
电　　话：65895508

梧田支行

行　　长：朱伟坚
地　　址：温州市瓯海经济开发区梧慈路 19—21 号
邮政编码：325050
电　　话：85670587

鹿城支行

行　　长：陈芹芳

地　　址：温州市人民东路83号银河大厦1层
邮政编码：325003
电　　话：88836691

乐清支行

行　　长：朱志勇
地　　址：乐清市城南街道良港东路32—44号
邮政编码：325600
电　　话：61517701

平阳支行

行　　长：李祖锁
地　　址：平阳县鳌江镇胜利路银泰花园2—3幢107—112室
邮政编码：325401
电　　话：63683008

绍兴分行

行　　长：沈葵揆
地　　址：绍兴市中兴南路215号
邮政编码：312000
电　　话：85077888

义乌分行

行　　长：陈　斌
地　　址：义乌市江滨北路523号1—5层
邮政编码：322000
电　　话：89901616

台州分行

行　　长：李振岳
地　　址：台州市市府大道500号
邮政编码：318000
电　　话：81876999

温岭支行

行　　长：陈　谦
地　　址：温岭市城东街道万昌中路758号
邮政编码：317500
电　　话：89029887

平安银行在浙机构

杭州分行

行　　长：袁振瑜
副 行 长：何　为　李文豪　李伟达　蒋骊军
财务执行官：徐　方
信贷执行官：靳　飞
运营执行官：陈清莉
地　　址：杭州市庆春路36号
邮政编码：310003
电　　话：87224888(总机)

分行营业部

总 经 理：金淳平
地　　址：杭州市庆春路36号
邮政编码：310003
电　　话：87224888(总机)

西湖支行

行　　长：吴　剑
地　　址：杭州市教工路18号世贸丽晶城欧美中心A座1—2层
邮政编码：310012
电　　话：87353355

清泰支行

行　　长：王　雁
地　　址：杭州市凤起东路358号天星龙大厦
邮政编码：310016
电　　话：87832922

武林支行

行　　长：王洪水
地　　址：杭州市体育场路427号
邮政编码：310006
电　　话：85062976

城西支行

行　　长：田一桦
地　　址：杭州市文二路212号高新大厦
邮政编码：310012
电　　话：88911702

湖墅支行

行　　长：邱　静
地　　址：杭州市湖墅南路青沙阁2幢1—2楼
邮政编码：310005
电　　话：88393615

宝善支行

行　　长：胡剑华

地　　址：杭州市文晖路124号

邮政编码：310006

电　　话：85284713

萧山支行

行　　长：陆　钧

地　　址：杭州市萧山区市心中路1018号国泰大厦辅楼

邮政编码：311202

电　　话：82659160

高新支行

行　　长：陈力辉

地　　址：杭州市文三路508号天苑大厦

邮政编码：310012

电　　话：88225351

余杭支行

行　　长：沈徐勇

地　　址：杭州市余杭区南苑街道玩月街90号国际贸易有限公司大楼裙楼一、二层

邮政编码：311100

电　　话：86206728

滨江支行

行　　长：陈　梁

地　　址：杭州市滨江区江南大道4288号东冠创业大厦

邮政编码：310053

电　　话：81993112

黄龙支行

行　　长：俞静初

地　　址：杭州市杭大路15号嘉华国际商务中心

邮政编码：310007

电　　话：87175127

和平支行

行　　长：陆　扬

地　　址：杭州市绍兴路168号和平大厦

邮政编码：310004

电　　话：85817905

萧东支行

行　　长：陈光万

地　　址：杭州市萧山区瓜沥镇杭州超世界机动车市场10号10—17

邮政编码：311214

电　　话：83899291

富阳支行

行　　长：仲雄伟

地　　址：富阳市春秋北路226号

邮政编码：311400

电　　话：61790794

宁波分行

行　　长：洪　卉

副 行 长：张清和

信贷执行官：张　剑

纪委书记：汪云飞(兼)

行长助理：袁利明　叶俊伟　汪云飞

地　　址：宁波市江东北路138号

邮政编码：315040

电　　话：87721124

海曙支行

行　　长：黄志雄

地　　址：宁波市解放南路188号新园宾馆

邮政编码：315040

电　　话：83863266

江东支行

行　　长：邵圆圆

地　　址：宁波市百丈东路886号

邮政编码：315041

电　　话：87881348

北仑支行

行　　长：陈雁明

地　　址：宁波市北仑区明州西路177号

邮政编码：315800

电　　话：86877941

鄞州支行

行　　长：赵开红

地　　址：宁波市天童路31—41号

邮政编码：315192

电　　话：88083530

慈溪支行

行　　长：袁利明(兼)

地　　址：慈溪市三北大街277号

邮政编码：315300

电　　话：63038755

余姚支行

行　　长：蔡金迪
地　　址：余姚市南滨江路53—58号
邮政编码：315400
电　　话：62759609

明州支行

行　　长：范吉晨
地　　址：宁波市鄞州区天童南路57号
邮政编码：315100
电　　话：87261326

象山支行

行　　长：张华明
地　　址：象山丹东街道靖南大街523号
邮政编码：315700
电　　话：65002296

镇海支行

行　　长：周浩峰
地　　址：宁波市镇海区隧道北路300号
邮政编码：315040
电　　话：86297615

义乌分行

行　　长：吴晓明
地　　址：义乌市宾王路223号恒风交通大厦
邮政编码：322000
电　　话：85561601

义乌分行营业部

总 经 理：陈兰仙
地　　址：义乌市宾王路223号恒风交通大厦
邮政编码：322000
电　　话：85561632

义乌商贸支行

行　　长：吴苏君
地　　址：义乌市丹溪北路502号
邮政编码：322000
电　　话：85579272

义乌福田支行

行　　长：冯俊伟
地　　址：义乌市国际商贸城东辅房D区122—126号1—2楼
邮政编码：322000
电　　话：85291051

金华永康支行

行　　长：宋　军
地　　址：永康市东城城东路525—543号
邮政编码：321300
电　　话：87210583

金华东阳支行

行　　长：吴晓明(兼)
地　　址：东阳市吴宁街道人民路166—1号
邮政编码：322100
电　　话：86138015

义乌稠江小微企业专营支行

行　　长：李　锋
地　　址：义乌市贝村路561号
邮政编码：322000
电　　话：85935502

嘉兴支行

行　　长：陶　岚
地　　址：嘉兴市禾兴南路89号
邮政编码：314000
电　　话：82039717

嘉兴海宁支行

行　　长：殷志强
地　　址：海宁市文苑路9号
邮政编码：314400
电　　话：82039718

嘉兴桐乡支行

行　　长：陈敏权
地　　址：桐乡市校场东路196号
邮政编码：314500
电　　话：80888123

桐乡濮院小微企业专营支行

行　　长：陈东明
地　　址：桐乡市濮院镇齐宏路372—386号
邮政编码：314502
电　　话：80888210

台州分行

行　　长：周远进
地　　址：台州市椒江区白云山南路181号

邮政编码：318000
电　　话：81880237

中国民生银行在浙机构

杭州分行

行　　长：方　舟
地　　址：杭州市钱江新城市民街98号尊宝大厦
邮政编码：310016
电　　话：87232682

分行营业部

行　　长：平　萍
地　　址：杭州市钱江新城市民街98号尊宝大厦1楼
邮政编码：310016
电　　话：87239801

凤起支行

行　　长：劳伟刚
地　　址：杭州市凤起路76号
邮政编码：310003
电　　话：85273516

武林支行

行　　长：杨一红
地　　址：杭州市天目山路102号
邮政编码：310012
电　　话：85215382

庆春支行

行　　长：刘　扬
地　　址：杭州市庆春路25号
邮政编码：310006
电　　话：88994693

钱塘支行

副 行 长：孙　吉(主持工作)
地　　址：杭州市建国南路170号
邮政编码：310009
电　　话：87832950

西湖支行

行　　长：郭宇锋
地　　址：杭州市黄姑山路50号
邮政编码：310012
电　　话：88999739

余杭支行

行　　长：杨　哲
地　　址：杭州市余杭区南苑街道河南埭路47号
邮政编码：311100
电　　话：86160561

萧山支行

副 行 长：许燕红(主持工作)
地　　址：杭州市萧山区市心中路818号
邮政编码：311200
电　　话：83873007

延安支行

行　　长：张　丽
地　　址：杭州市紫阳街道金色家园9号
邮政编码：310008
电　　话：87010510

湖墅支行

行　　长：夏　苑
地　　址：杭州市文一路66号白荡海人家儒雅阁1—2层商场
邮政编码：310006
电　　话：88397359

城东支行

行　　长：陶洪齐
地　　址：杭州市凤起东路60号
邮政编码：310020
电　　话：86991293

涌金支行

行　　长：戴　艳
地　　址：杭州市西湖大道255号
邮政编码：310002
电　　话：87701026

莫干山支行

行　　长：范晓黎
地　　址：杭州市莫干山路28号
邮政编码：310005
电　　话：88001701

天目山支行

行　　长：陈菊清
地　　址：杭州市天目山路161号
邮政编码：310007
电　　话：85120053

解放支行
行　　长：钱建刚
地　　址：杭州市德胜东路3678号四季青服装交易中心5幢杭州国际服装城一楼
邮政编码：310021
电　　话：87235942

朝晖支行
行　　长：柴　雁
地　　址：杭州市朝晖路197—201号
邮政编码：310014
电　　话：85265948

萧然支行
行　　长：俞韶炜
地　　址：杭州市萧山区市心南路129号
邮政编码：311201
电　　话：82376810

下沙支行
行　　长：俞晓孟
地　　址：杭州市经济开发区白杨街道3号大街7—2文汇苑裙房
邮政编码：310018
电　　话：86927960

城西支行
行　　长：王爱梅
地　　址：杭州市文一西路221号
邮政编码：310012
电　　话：88929923

城北支行
行　　长：陈　波
地　　址：杭州市和睦路169号
邮政编码：310016
电　　话：88199822

滨江支行
副 行 长：冯海粟(主持工作)
地　　址：杭州市滨江区江晖路1888号一层
邮政编码：310051
电　　话：87795486

富阳支行
行　　长：张小燕
地　　址：富阳市孙权路142—5号
邮政编码：311400
电　　话：63299080

淳安支行
行　　长：赵　星
地　　址：淳安千岛湖镇环湖南路1号
邮政编码：311700
电　　话：65092615

宁波分行

行　　长：孙红英
纪委书记：曾光烜
行长助理：陈雨生　王　晖　叶青松
地　　址：宁波市江东区民安路348号
邮政编码：315010
电　　话：87260600

北仑支行
行　　长：邱志毅
地　　址：宁波市北仑区明州路239号
邮政编码：315800
电　　话：86809622

鄞州支行
行　　长：洪加华
地　　址：宁波市鄞州区嵩江中路389—391号
邮政编码：315192
电　　话：88211760

江东支行
行　　长：赵　峰
地　　址：宁波市百丈东路713号
邮政编码：315041
电　　话：87706617

解放南路支行
行　　长：封昶宇
地　　址：宁波市解放南路67—4号
邮政编码：315010
电　　话：87190415

海曙支行
行　　长：朱旭红
地　　址：宁波市中山西路166—168号
邮政编码：315010
电　　话：87259358

开明街支行
行　　长：潘一波

地　　址：宁波市开明街437号
邮政编码：315000
电　　话：87206199

轻纺城支行

行　　长：徐　宇
地　　址：宁波市石碶镇雅戈尔大道100号
邮政编码：315153
电　　话：88255580

慈溪支行

行　　长：王晓红
地　　址：慈溪市孙塘南路257—263号
邮政编码：315300
电　　话：63119708

余姚支行

行　　长：胡坚华
地　　址：余姚市四明西路326—346号
邮政编码：315400
电　　话：62697710

奉化支行

行　　长：周春霖
地　　址：奉化市桥东岸路128号
邮政编码：315500
电　　话：88905613

宁海支行

行　　长：张定军
地　　址：宁海县中山东路6—8号
邮政编码：315600
电　　话：65395568

象山支行

行　　长：何莹萍
地　　址：象山县天安路金穗大厦3号楼127号
邮政编码：315700
电　　话：65089001

江北支行

行　　长：周　波
地　　址：宁波市江北区康庄南路130—134号
邮政编码：315020
电　　话：87207770

杭州湾新区支行

行　　长：黄建锋
地　　址：宁海县中山东路6—8号
邮政编码：315600
电　　话：63991801

镇海支行

行　　长：郦　峥
地　　址：宁波市镇海区骆驼街道静远西路391号
邮政编码：315202
电　　话：86569129

路林市场支行

行　　长：张　烽
地　　址：宁波市风华路38弄192号
邮政编码：315021
电　　话：87616652

绍兴二级分行

行　　长：李祥林
地　　址：绍兴市解放北路38号
邮政编码：312000
电　　话：85088266

柯桥支行

行　　长：孙哲萍
地　　址：绍兴县兴越路1551号外贸大厦1—2层
邮政编码：312030
电　　话：81103351

上虞支行

行　　长：周海标
地　　址：上虞市百官街道王充路557—573号
邮政编码：312300
电　　话：81285589

嘉兴二级分行

行　　长：金旭旻
地　　址：嘉兴市禾兴南路227号禾兴商务大楼
邮政编码：314000
电　　话：82153890

桐乡支行

行　　长：朱音斐
地　　址：桐乡市梧桐街道振兴路29号
邮政编码：314500
电　　话：80888308

台州分行

行　　长：陈贤榜
地　　址：台州市市府大道501号国际商务广场
邮政编码：318000
电　　话：88703000

金华分行

行　　长：刘永辉
地　　址：金华市宾虹路999号
邮政编码：321017
电　　话：82822828

兴业银行在浙机构

杭州分行

行　　长：官恒秋
地　　址：杭州市庆春路40号兴业银行大厦
邮政编码：310003
电　　话：87037999

临安支行

行　　长：姚安邦
地　　址：临安市锦城街道城中街688号
邮政编码：311300
电　　话：63730007

萧山支行

行　　长：姚立庆
地　　址：杭州市萧山区金城路416号
邮政编码：311202
电　　话：82377733

余杭支行

负 责 人：凌建红
地　　址：杭州余杭区藕花洲大街27号
邮政编码：311100
电　　话：86169088

下沙支行

行　　长：毛强华
地　　址：杭州市经济技术开发区下沙迎宾路67号
邮政编码：310018
电　　话：28933988

富阳支行

行　　长：严佳中
地　　址：富阳市江滨西大道28号
邮政编码：311400
电　　话：23250033

西湖支行

行　　长：周　诚
地　　址：杭州市玉古路168号
邮政编码：310006
电　　话：87028188

清泰支行

副 行 长：傅力波（主持工作）
地　　址：杭州市清泰街495号
邮政编码：310009
电　　话：87808077

武林支行

行　　长：周意之
地　　址：杭州市体育场路349号
邮政编码：310006
电　　话：85069618

滨江支行

行　　长：卢芳姣
地　　址：杭州市滨江区江南大道90号
邮政编码：310051
电　　话：87047911

湖墅支行

行　　长：吉七林
地　　址：杭州市潮王路292号
邮政编码：310014
电　　话：88808011

高新支行

副 行 长：蒋　伟（主持工作）
地　　址：杭州市文三路398号
邮政编码：310013
电　　话：88231128

凤起支行

行　　长：贺宇红
地　　址：杭州市凤起路35号
邮政编码：310003
电　　话：87296910

湖滨支行

行　　长：郑宝珍

地　　址：杭州市劳动路 167 号
邮政编码：310006
电　　话：87018017

城西支行
行　　长：杨国梅
地　　址：杭州市文一西路 102 号
邮政编码：310012
电　　话：88917288

宁波分行

行　　长：王登星
副 行 长：王建元　张　旻　郭晓恺
纪委书记：王建元(兼)
行长助理：李莉莉
地　　址：宁波市江东区百丈东路 905 号
邮政编码：315040
电　　话：87733333

海曙支行
行　　长：朱建明
地　　址：宁波市海曙区镇明路 418 号
邮政编码：315010
电　　话：87190584

北仑支行
行　　长：周晓波
地　　址：宁波市北仑区明州路 265 号
邮政编码：315800
电　　话：86839857

鄞州支行
行　　长：黄　维
地　　址：宁波市鄞州区天童北路 1533 号
邮政编码：315192
电　　话：88211207

江东支行
行　　长：王　俊
地　　址：宁波市中山东路 501 号
邮政编码：315040
电　　话：87719333

镇海支行
行　　长：余中奕
地　　址：宁波市镇海区车站路 339 号
邮政编码：315200
电　　话：86379805

江北支行
行　　长：周建宏
地　　址：宁波市康庄南路 80 号
邮政编码：315020
电　　话：87380866

慈溪支行
行　　长：冯一青
地　　址：慈溪市慈甬路 158 号
邮政编码：315300
电　　话：63883062

余姚支行
行　　长：何　勋
地　　址：余姚市阳明西路 299 号
邮政编码：315400
电　　话：58121818

滨江支行
行　　长：闻　雷
地　　址：宁波市江东区江宁路 8 号
邮政编码：315040
电　　话：87730622

开明支行
行　　长：张晋甬
地　　址：宁波市海曙区开明街 458 号
邮政编码：315000
电　　话：87209735

宁海支行
行　　长：刘金杰
地　　址：宁海县外环路 13 号
邮政编码：315600
电　　话：83556170

灵桥支行
行　　长：谢明华
地　　址：宁波市江东区百丈路 158 号
邮政编码：315040
电　　话：87205222

台州分行

行　　长：林志颖
地　　址：台州市市府大道 308 号
邮政编码：318000
电　　话：88529777

台州温岭支行
副 行 长：许文勇(主持工作)

地　　址：温岭市三星大道世纪广场
邮政编码：318000
电　　话：88176668

台州临海支行

行　　长：王　坚
地　　址：临海市凯歌路临海市人民检察院办公楼1—2楼
邮政编码：318000
电　　话：89392856

台州椒江支行

副 行 长：盛　夏(主持工作)
地　　址：台州市椒江区解放南路213—219号
邮政编码：318000
电　　话：88892033

台州路桥支行

行　　长：张锦豪
地　　址：台州市路桥区腾达路半岛花园6号楼北侧一、二层
邮政编码：318050
电　　话：82550898

台州黄岩支行

行　　长：陈国林
地　　址：台州市黄岩区天元路365—367号(鑫城天元广场一街区)
邮政编码：318020
电　　话：84235972

义乌分行

行　　长：潘　峰
地　　址：义乌市宾王路158号
邮政编码：322000
电　　话：85552888

永康支行

行　　长：胡　伟
地　　址：永康市望春东路78号
邮政编码：321300
电　　话：87210879

东阳支行

行　　长：张　晓
地　　址：东阳市吴宁西路3号
邮政编码：322100
电　　话：86150666

北苑支行

负 责 人：傅正高
地　　址：义乌市北苑街道望道路268号
邮政编码：322000
电　　话：85115458

城中支行

行　　长：傅坚旻
地　　址：义乌市丹溪北路161号
邮政编码：322000
电　　话：85251008

福田支行

副 行 长：蒋乐周(主持工作)
地　　址：义乌市福田路105号
邮政编码：322000
电　　话：85182078

国贸支行

行　　长：夏志瑛
地　　址：义乌市国际商贸城三期西辅房F—025号
邮政编码：322000
电　　话：81561118

嘉兴分行

负 责 人：彭光辉
地　　址：嘉兴市中山西路267—283号兴业大厦
邮政编码：314000
电　　话：82039999

海宁支行

行　　长：许　辉
地　　址：海宁市海州西路222号
邮政编码：314400
电　　话：87018801

平湖支行

行　　长：叶　雷
地　　址：平湖市当湖街道东湖大道629—657号1—2层
邮政编码：314200
电　　话：85203203

绍兴支行

行　　长：吴　渊
地　　址：绍兴市县前街71号
邮政编码：312000

电　　话：88009999

中国光大银行在浙机构

杭州分行

行　　长：郑学筠
副 行 长：章国华　孙建国　高　瞻
　　　　　陈　晖
风险总监：邬雪松
地　　址：杭州市密渡桥路1号浙商时代大厦1—14层
邮政编码：310005
电　　话：87895358

分行营业部

总 经 理：石　磊
地　　址：杭州市密渡桥路1号
邮政编码：310005
电　　话：87895531

解放路支行

负 责 人：蔡卫星
地　　址：杭州市解放路203号
邮政编码：310001
电　　话：87035981

庆春支行

行　　长：张　杰
地　　址：杭州市庆春路200号
邮政编码：310006
电　　话：87895508

武林支行

行　　长：王　罗
地　　址：杭州市体育场路383号
邮政编码：310006
电　　话：85178723

西湖支行

行　　长：江晓东
地　　址：杭州市曙光路41号
邮政编码：310007
电　　话：85117007

高新支行

行　　长：骆雪永
地　　址：杭州市潮王路221号
邮政编码：310005
电　　话：88842886

朝晖支行

行　　长：季新苗
地　　址：杭州市中山北路576号
邮政编码：310014
电　　话：85301249

建国路支行

行　　长：徐军鹰
地　　址：杭州市建国中路3号
邮政编码：310009
电　　话：87825420

文二路支行

行　　长：李　英
地　　址：杭州市学院路133号
邮政编码：310012
电　　话：88902908

钱江支行

行　　长：陈　蓉
地　　址：杭州市庆春东路1—1号
邮政编码：310020
电　　话：86965147

绍兴路支行

行　　长：宋勤芬
地　　址：杭州市绍兴路400号
邮政编码：310004
电　　话：85369752

浙大支行

行　　长：黄　海
地　　址：杭州市玉古路159号
邮政编码：310020
电　　话：87998307

凤起路支行

行　　长：徐瑞平
地　　址：杭州市凤起路153—159号
邮政编码：310003
电　　话：87896565

萧山支行

负 责 人：王　达
地　　址：杭州市萧山区金城路1038号
邮政编码：311200
电　　话：82639028

余杭支行
行　　长：陈立新
地　　址：杭州市余杭区邱山大街625号
邮政编码：311100
电　　话：86247360

萧山开发区支行
行　　长：陈小洁
地　　址：杭州市萧山区市心北路287号永泰丰广场B座一层
邮政编码：311215
电　　话：22829606

宁波分行

行　　长：杨　明
副 行 长：潘　锋　凌　华
风险总监：李　明
行长助理：管　弦
地　　址：宁波市福明路828号
邮政编码：315010
电　　话：87311527

江东支行
行　　长：胡建军
地　　址：宁波市百丈东路18号
邮政编码：315040
电　　话：87721033

北仑支行
行　　长：黄　森
地　　址：宁波市北仑区明州路241号
邮政编码：315800
电　　话：86888505

镇海支行
行　　长：陈智勇
地　　址：宁波市镇海区城关清川路181号
邮政编码：315200
电　　话：86295804

兴宁支行
行　　长：郑维洪
地　　址：宁波市镇安街88号
邮政编码：315040
电　　话：87898419

联丰支行
行　　长：谢薛强
地　　址：宁波市蓝天路199号
邮政编码：315012
电　　话：87142710

鄞州支行
行　　长：汤旭东
地　　址：宁波市天童北路1505号
邮政编码：315100
电　　话：88111040

三江支行
行　　长：肖　剑
地　　址：宁波市槐树路90号
邮政编码：315020
电　　话：27855166

国家高新区支行
行　　长：黄　芳
地　　址：宁波市科技园区江南路1558号
邮政编码：315040
电　　话：27785200

海曙支行
行　　长：张勇峰
地　　址：宁波市解放南路188号
邮政编码：315010
电　　话：87194254

新芝支行
行　　长：汪　洋
地　　址：宁波市新芝路168号
邮政编码：315000
电　　话：27991800

中山支行
行　　长：范雄雄
地　　址：宁波市中山东路99号
邮政编码：315000
电　　话：27991616

慈溪支行
行　　长：王维群
地　　址：慈溪市慈甬路178号
邮政编码：315300
电　　话：63931388

象山支行
行　　长：侯义清
地　　址：象山县丹峰西路128号
邮政编码：315700
电　　话：25705000

余姚支行
行　　长：王幸旦
地　　址：余姚市阳明西路255号
邮政编码：315400
电　　话：62697888

宁海支行
行　　长：景　韬
地　　址：宁海县气象北路289号
邮政编码：315600
电　　话：25559876

奉化支行
行　　长：陈　勇
地　　址：奉化市岳林街道桥东岸路58幢
邮政编码：315500
电　　话：28512888

温州分行
行　　长：徐巧雪
地　　址：温州市鹿城区锦绣路万川锦苑
邮政编码：325000
电　　话：88085595

瑞安支行
行　　长：金　勇
地　　址：瑞安市安阳街道拱瑞山路
邮政编码：325000
电　　话：66890021

嘉兴分行
行　　长：余建海
地　　址：嘉兴市中环南路2285号中环广场C座
邮政编码：314000
电　　话：82652558

绍兴支行
行　　长：何　强
地　　址：绍兴市越城区解放北路57—61号锦江文华商业楼
邮政编码：312000
电　　话：88095595

台州支行
行　　长：王直林
地　　址：台州市椒江区市府大道222号
邮政编码：318000
电　　话：88200785

温岭支行
行　　长：林　卓
地　　址：温岭市九龙大道106号
邮政编码：312000
电　　话：81623900

恒丰银行在浙机构

杭州分行
行　　长：杨林茂
副 行 长：周德元　韩玉梅
党委委员：李　秋
行长助理：蒋仲西
调 研 员：陈乐群
地　　址：杭州市建国北路639号
邮　　编：310004
电　　话：85086006

萧山支行
行　　长：蒋仲西
副 行 长：黄彤祖
地　　址：杭州市萧山区金城路718号
邮　　编：311201
电　　话：83893011

西湖支行
行　　长：李　卿
副 行 长：姚纯琦
地　　址：杭州市西湖区古墩路541号
邮　　编：310012
电　　话：88470976

余杭支行
行　　长：赵新华
行长助理：王军苹
地　　址：杭州市余杭区南苑街道人民大道401号
邮　　编：311100
电　　话：89286018

绍兴支行
行　　长：陈明华
副 行 长：马建峰
行长助理：李振飞
地　　址：绍兴市延安东路517号
邮政编码：312000

电　　话：88586988

义乌支行

行　　长：陆晓航
副 行 长：黄　青
行长助理：丁　欣
地　　址：义乌市江滨北路333—343号
邮　　编：322000
电　　话：85233006

富阳支行

行　　长：盛忠桥
副 行 长：徐根生
地　　址：富阳市迎宾北路123号
邮　　编：311400
电　　话：61797006

宁波分行

行　　长：章德春
行长助理：傅力勇　宋　斌　赵雪梅
地　　址：宁波市民安东路280号
邮政编码：315041
电　　话：55229999

东海银行

行　　长：方海良
副 行 长：金大宇　钱延庭　张　伟
地　　址：宁波市民安东路268号国际金融中心A座5—7楼
邮政编码：315042
电　　话：81872233

温州分行

行　　长：曲　强
副 行 长：徐晓蒙
行长助理：王　峰
地　　址：温州市鹿城区南浦路421号
邮　　编：325000
电　　话：88001600

渤海银行在浙机构

杭州分行

行　　长：姜乳云
副 行 长：鄢建新　刘瑶君　柴祖革　郭宏伟
地　　址：杭州市体育场路117号渤海银行大楼
邮政编码：310004
电　　话：28119999

分行营业部

行　　长：孙晓岚
地　　址：杭州市体育场路117号渤海银行大楼
邮政编码：310004
电　　话：28119859

萧山支行

行　　长：倪维龙
地　　址：杭州市萧山区金城路387—389号
邮政编码：311200
电　　话：83787910

余杭支行

行　　长：葛建明
地　　址：杭州市余杭区东湖中路198—200号
邮政编码：311100
电　　话：26296688

绍兴支行

行　　长：王坚刚
地　　址：绍兴市解放北路302—318号
邮政编码：312000
电　　话：88689588

西湖支行

行　　长：吕明晓
地　　址：杭州市天目山路135—145号玉泉大厦1楼
邮政编码：310007
电　　话：28117666

钱江支行

行　　长：毛红波
地　　址：杭州市江干区新塘路89号凤起时代大厦
邮政编码：310020
电　　话：28313001

凤起支行

行　　长：乔　伟
地　　址：杭州市凤起路440号
邮政编码：310006
电　　话：28119886

中国邮政储蓄银行在浙机构

浙江省分行

行长、党委书记：王雄飞
副 行 长：朱建华　陈雪华　杨苗昌
　　　　　金　江
纪委书记：姚群炎
地　　址：杭州市下城区百井坊巷87号
邮政编码：310003
电　　话：87335013

省分行营业部

总 经 理：杨东凯
地　　址：杭州市下城区百井坊巷87号
邮政编码：310003
电　　话：87335245

杭州市分行

行长、党委书记：金　江(兼)
副 行 长：王钱定　李西杰
纪委书记：王钱定(兼)
地　　址：杭州市环城东路18号
邮政编码：310009
电　　话：87130201

萧山区支行

行　　长：翁兴连
地　　址：杭州市萧山区北干街道金城路1038号
邮政编码：311202
电　　话：82688978

余杭区支行

行　　长：李　军
地　　址：杭州市余杭区南苑街道世纪大道149号
邮政编码：311100
电　　话：89287801

淳安县支行

行　　长：胡光红
地　　址：淳安县新安南路1号
邮政编码：311700
电　　话：65069001

桐庐县支行

行　　长：李芝琴
地　　址：桐庐县城南街道迎春南路93号
邮政编码：311500
电　　话：64601018

富阳市支行

行　　长：郑重連
地　　址：富阳市富春街道体育场路107号
邮政编码：311400
电　　话：63312222

建德市支行

行　　长：陈忠华
地　　址：建德市新安江镇新安东路77号
邮政编码：311600
电　　话：64713861

临安市支行

行　　长：许利华
地　　址：临安市锦城街道钱王街427号
邮政编码：311300
电　　话：63708787

宁波市分行

行　　长：陈建宏
副 行 长：江传芳　陈文平
纪委书记：江传芳(兼)
总审计师：周永钿
地　　址：宁波市江北区桃渡路120号
邮政编码：315020
电　　话：87950985

甬城支行

负 责 人：曹存炳
地　　址：宁波市江东区桑田路643号
邮政编码：315040
电　　话：83053502

镇海支行

负 责 人：卢　坚
地　　址：宁波市镇海区城关城河西路136号
邮政编码：315200
电　　话：86383008

北仑支行

负 责 人：邵　辉
地　　址：宁波市北仑区新矸镇镇小路3号
邮政编码：315800
电　　话：55008776

慈溪支行
负 责 人：华冰白
地　　址：慈溪市环城南路250号
邮政编码：315300
电　　话：63921008

余姚支行
负 责 人：周　敏
地　　址：余姚市远东工业城CN1—6
邮政编码：315400
电　　话：62762876

奉化支行
负 责 人：王海鹏
地　　址：奉化市桥东岸路38幢
邮政编码：315500
电　　话：88572009

象山支行
负 责 人：欧黎明
地　　址：象山县天安路548—558号
邮政编码：315700
电　　话：65008199

宁海支行
负 责 人：钱天平
地　　址：宁海县华丰路8号
邮政编码：315600
电　　话：65596866

温州市分行

行长、党委书记：陈光龙
副 行 长：吴长虹　徐春晓
　　　　　赵智春　王跃春
纪委书记：吴长虹(兼)
地　　址：温州市鹿城区惠民路北首大发商厦1—5层
邮政编码：325029
电　　话：89501018

永嘉县支行
行　　长：张申吉
地　　址：永嘉县瓯北镇双塔路华达大厦一楼
邮政编码：325105
电　　话：67232868

瑞安市支行
行　　长：王跃春
地　　址：瑞安市安阳镇罗阳大道590号
邮政编码：325200
电　　话：65626860

乐清市支行
行　　长：郑时奔
地　　址：乐清市乐成镇宁康东路150号
邮政编码：325600
电　　话：61601002

平阳县支行
行　　长：周贻铸
地　　址：平阳县昆阳镇平阳大厦18层
邮政编码：325400
电　　话：63722662

苍南县支行
副 行 长：王少中(主持工作)
地　　址：苍南县灵溪镇江湾路商业城9号楼
邮政编码：325800
电　　话：68815666

文成县支行
行　　长：赵　愫
地　　址：文成县建设路138号
邮政编码：325300
电　　话：67862229

泰顺县支行
行　　长：林行军
地　　址：泰顺县罗阳镇泰景路120—134号
邮政编码：325500
电　　话：67586698

洞头县支行
行　　长：王祖钝
地　　址：洞头县中心街2号
邮政编码：325700
电　　话：63483649

嘉兴市分行

行　　长：李丽青
党委书记：杨益群
副 行 长：张红帆　陈铁中
纪委书记：张红帆(兼)
地　　址：嘉兴市中环南路2243号
邮政编码：314000

电　　话：82627011

嘉善县支行

行　　长：刘建中
地　　址：嘉善县施家南路 406—412 号
邮政编码：314100
电　　话：84097011

平湖市支行

行　　长：鲁家华
地　　址：平湖市新华北路 3—13 号
邮政编码：314200
电　　话：85129021

海宁市支行

行　　长：徐红霞
地　　址：海宁市海昌路 160—166 号
邮政编码：314400
电　　话：87259001

海盐县支行

行　　长：姚慧青
地　　址：海盐县武原镇长安南路 1 号
邮政编码：314300
电　　话：86020788

桐乡市支行

副 行 长：金恩东(主持工作)
地　　址：桐乡市振兴东路 187 号
邮政编码：314500
电　　话：88108001

湖州市分行

行长、党委书记：朱　棣
副 行 长：吴强华
纪委书记：吴强华(兼)
地　　址：湖州市凤凰路 792 号
邮政编码：313000
电　　话：2106226

德清县支行

行　　长：刘　卫
地　　址：德清县武康镇中兴南路 141 号
邮政编码：313200
电　　话：8066255

长兴县支行

行　　长：许学红
地　　址：长兴县雉城镇米行北弄 18 号
邮政编码：313100
电　　话：6207008

安吉县支行

行　　长：钱育民
地　　址：安吉县递铺镇胜利西路 369 号
邮政编码：313300
电　　话：5131805

绍兴市分行

行长、党委书记：陈时峰
副 行 长：郭天华　石　磊
纪委书记：郭天华(兼)
地　　址：绍兴市延安东路 558 号
邮政编码：312000
电　　话：88617988

诸暨市支行

行　　长：李　力
地　　址：诸暨市暨阳路 108 号
邮政编码：311800
电　　话：87228167

上虞市支行

行　　长：李　征
地　　址：上虞市百官街道市民大道 1692—1706、1712—B 号
邮政编码：312300
电　　话：82196677

嵊州市支行

副 行 长：商建平(主持工作)
地　　址：嵊州市官河路 501 号
邮政编码：312400
电　　话：83127899

新昌县支行

行　　长：王　斌
地　　址：新昌县鼓山中路 29 号
邮政编码：312500
电　　话：86024098

金华市分行

行长、党委书记：许德明
副 行 长：周卫星　刘雪芳　葛　绯　夏培青
纪委书记：刘雪芳(兼)
地　　址：金华市双溪西路 268 号
邮政编码：321017
电　　话：82135077

武义县支行

行　　长：王　菁
地　　址：武义县壶山上街宏马时代广场
邮政编码：321200
电　　话：87625002

永康市支行

行　　长：刘　平
地　　址：永康市九铃东路3090号
邮政编码：321300
电　　话：87128003

东阳市支行

行　　长：陈　伟
地　　址：东阳市振兴路228号
邮政编码：322100
电　　话：86638691

义乌市支行

行　　长：夏培青
地　　址：义乌市江滨北路527—529号
邮政编码：322000
电　　话：85880008

浦江县支行

行　　长：施一峰
地　　址：浦江县大桥路7—11号
邮政编码：322200
电　　话：84132596

磐安县支行

行　　长：郎岸军
地　　址：磐安县安文镇中街22号
邮政编码：322300
电　　话：84666611

兰溪市支行

行　　长：洪　莉
地　　址：兰溪市延安路23号
邮政编码：321100
电　　话：88842300

衢州市分行

行长、党委书记：袁京卫
副 行 长：王以顺　何立平
纪委书记：何立平(兼)
地　　址：衢州市县学街36号
邮政编码：324000
电　　话：8066099

常山县支行

行　　长：余兴宏
地　　址：常山县天马镇文峰东路38号
邮政编码：324200
电　　话：5028960

开化县支行

副 行 长：方建平(主持工作)
地　　址：开化县城关镇解放街39号
邮政编码：324300
电　　话：6021620

龙游县支行

行　　长：邱建荣
地　　址：龙游县太平西路146号
邮政编码：324400
电　　话：7012178

江山市支行

行　　长：刘　勋
地　　址：江山市解放路39号
邮政编码：324100
电　　话：4016646

台州市分行

行长、党委书记：王　斌
副 行 长：李　明　南　永　马加虹
纪委书记：李　明(兼)
地　　址：台州市椒江区解放南路8—1号
邮政编码：318000
电　　话：81888001

温岭市支行

行　　长：张　正
地　　址：温岭市太平街道万昌中路168号
邮政编码：317500
电　　话：86142668

玉环县支行

行　　长：杜津萍
地　　址：玉环县珠港镇城关广陵路136号
邮政编码：317600
电　　话：87213881

临海市支行

行　　长：陈康明
地　　址：临海市台州府路432—2号
邮政编码：317000
电　　话：85302238

仙居县支行

行　　长：曹　平
地　　址：仙居县城关环城南路2—8号
邮政编码：317300
电　　话：87818001

三门县支行

行　　长：杨冬青
地　　址：三门县海游镇大湖塘湫水大道10号
邮政编码：317100
电　　话：83322280

天台县支行

行　　长：杨金贝
地　　址：天台县赤城街道人民东路98号
邮政编码：317200
电　　话：83883011

丽水市分行

行　　长：毛炳旺
党委书记：严惠民
副 行 长：王　平　刘卫忠
纪委书记：王　平(兼)
地　　址：丽水市莲都区寿尔福路445号
邮政编码：323000
电　　话：2112189

青田县支行

行　　长：范晓榕
地　　址：青田县新大街2号
邮政编码：323900
电　　话：6808858

缙云县支行

行　　长：张军武
地　　址：缙云县五云镇胜利街109号
邮政编码：321400
电　　话：3319377

松阳县支行

行　　长：徐伟胜
地　　址：松阳县新华路48号
邮政编码：323400
电　　话：8067068

云和县支行

行　　长：叶良雄
地　　址：云和县府前路8号
邮政编码：323600
电　　话：5123598

景宁畲族自治县支行

副 行 长：纪　华(主持工作)
地　　址：景宁县鹤溪北路151号
邮政编码：323500
电　　话：5083333

龙泉市支行

副 行 长：詹小微(主持工作)
地　　址：龙泉市中山东路99号
邮政编码：323700
电　　话：7265588

遂昌县支行

行　　长：刘建俊
地　　址：遂昌县高妙镇东街水亭路1号
邮政编码：323300
电　　话：8129266

庆元县支行

行　　长：周陈霞
地　　址：庆元县濛州街190号
邮政编码：323800
电　　话：6126858

舟山市分行

副 行 长：俞　峰(主持工作)　周海芬　黄贵海
纪委书记：黄贵海(兼)
地　　址：舟山市定海区东海东路168号
邮政编码：316000
电　　话：2616666

普陀区支行

行　　长：孙建军
地　　址：舟山市普陀区兴建路358号
邮政编码：316100
电　　话：3022108

岱山县支行

行　　长：邬红艳
地　　址：岱山县高亭镇人民路44号
邮政编码：316200
电　　话：4474806

嵊泗县支行

行　　长：毛啸洪
地　　址：嵊泗县菜园镇海滨中路152号

邮政编码：202450
电　　话：5081320

杭州银行

总　　行

董 事 长：吴太曾
行　　长：俞胜法
党委书记：严华好
监委会主席：僕兰英
副 行 长：金燮煌　任勤民　宋剑斌
　　　　　江　波
工会主席：张　静
地　　址：杭州市庆春路46号
邮政编码：310003
电　　话：85105740

总行营业部
负 责 人：张　静
地　　址：杭州市庆春路46号
邮政编码：310003
电　　话：85105740

清泰支行
负 责 人：费　强
地　　址：杭州市河坊街56号
邮政编码：310009
电　　话：87815383

市民中心支行
负 责 人：李　青
地　　址：杭州市钱江新城富春路180号
邮政编码：310020
电　　话：87008777

下沙开发区支行
负 责 人：方言龙
地　　址：杭州市经济技术开发区3号大街800号
邮政编码：310018
电　　话：86911826

科技支行
负 责 人：陈　岚
地　　址：杭州市滨江区江南大道3850号
邮政编码：310053
电　　话：86967809

湖墅支行
负 责 人：王　侠
地　　址：杭州市湖墅南路459号
邮政编码：310005
电　　话：88386815

丰潭支行
负 责 人：尹　明
地　　址：杭州市丰潭路388号1幢115室
邮政编码：310011
电　　话：88315119

德胜支行
负 责 人：段越琴
地　　址：杭州市假山路2号
邮政编码：310014
电　　话：88322011

大关支行
负 责 人：韩　敏
地　　址：杭州市大关路32号
邮政编码：310011
电　　话：88833424

拱宸桥支行
负 责 人：徐　红
地　　址：杭州市温州路南北商务港大厦一楼
邮政编码：310015
电　　话：28905522

汽车城支行
负 责 人：王炳明
地　　址：杭州市育苗路花园岗街181号
邮政编码：310015
电　　话：88108988

城北支行
负 责 人：王伟漪
地　　址：杭州市登云路266号
邮政编码：310011
电　　话：88180316

电厂支行
负 责 人：李伶萍
地　　址：杭州市拱康路195号
邮政编码：310011
电　　话：88012619

莫干山路支行
负 责 人：章惠芬
地　　址：杭州市莫干山路110—2号
邮政编码：310005
电　　话：88805093

秋涛支行
负 责 人：杨正权
地　　址：杭州市秋涛北路95号
邮政编码：310020
电　　话：86951889

笕桥支行
负 责 人：王燕明
地　　址：杭州市机场路248号
邮政编码：310021
电　　话：86461809

彭埠支行
负 责 人：夏美红
地　　址：杭州市彭埠街道钱潮路五堡四处113号
邮政编码：310017
电　　话：86973168

城东支行
负 责 人：郦　琼
地　　址：杭州市新塘路361号浙江汽配市场北门
邮政编码：310021
电　　话：86469120

丁桥支行
负 责 人：张　晨
地　　址：杭州市丁桥镇笕丁支路171号
邮政编码：310022
电　　话：88111280

九堡支行
负 责 人：陈杭艺
地　　址：杭州市杭海路1179号
邮政编码：310019
电　　话：86700432

江城支行
负 责 人：柳双平
地　　址：杭州市新塘路15—1号
邮政编码：310020
电　　话：86078550

四季青支行
负 责 人：谢　薇
地　　址：杭州市杭海路56号
邮政编码：310020
电　　话：86434627

采荷支行
负 责 人：胡小珍
地　　址：杭州市秋涛北路46号
邮政编码：310020
电　　话：86020160

望江支行
负 责 人：尹　茵
地　　址：杭州市衢江路146号
邮政编码：310016
电　　话：86552180

南星支行
负 责 人：何学东
地　　址：杭州市江城路566号
邮政编码：310002
电　　话：86061722

闸口支行
负 责 人：姚建刚
地　　址：杭州市复兴路407—1号
邮政编码：310008
电　　话：86582633

官巷口支行
负 责 人：朱淼华
地　　址：杭州市解放路178号
邮政编码：310006
电　　话：87065821

复兴支行
负 责 人：刘晓川
地　　址：杭州市钱江路48号太和广场8号201室
邮政编码：310008
电　　话：86070883

涌金支行
负 责 人：王　燕
地　　址：杭州市建国南路276号(财税大楼底层)
邮政编码：310009
电　　话：87160168

之江支行
负 责 人：吴旭明
地　　址：杭州市后市街111号
邮政编码：310002
电　　话：87816511

南山支行
负 责 人：詹继文
地　　址：杭州市河坊街427—433号
邮政编码：310002
电　　话：87918909

城站支行
负 责 人：曹　宁
地　　址：杭州市清泰街428号
邮政编码：310009
电　　话：87824846

保俶支行
负 责 人：徐雄利
地　　址：杭州市保俶路88号
邮政编码：310007
电　　话：85113346

北山支行
负 责 人：朱丽姣
地　　址：杭州市保俶路166号
邮政编码：310007
电　　话：85150581

龙翔支行
负 责 人：韩薇红
地　　址：杭州菩提寺路5号龙翔大厦服饰城一楼13—15号
邮政编码：310006
电　　话：87781258

平海支行
负 责 人：余　萍
地　　址：杭州市平海路52号
邮政编码：310006
电　　话：28878996

浣纱支行
负 责 人：徐家华
地　　址：杭州市庆春路176—178号
邮政编码：310006
电　　话：87781505

华成支行
负 责 人：郎涤吾
地　　址：杭州市武林路349号
邮政编码：310006
电　　话：85158489

西湖支行
负 责 人：朱水莲
地　　址：杭州市天目山路260号
邮政编码：310007
电　　话：88084202

之江度假区支行
负 责 人：崔素娟
地　　址：杭州市转塘街道美院南路99号龙心·田城大厦西侧一楼
邮政编码：310024
电　　话：86897207

市府大楼支行
负 责 人：任　燕
地　　址：杭州市莫干山路16号
邮政编码：310005
电　　话：85253707

西苑支行
负 责 人：喻翼飞
地　　址：杭州市文三路498号
邮政编码：310013
电　　话：88861989

西溪支行
负 责 人：黄　晓
地　　址：杭州市文三路90号
邮政编码：310012
电　　话：81951497

学院路支行
负 责 人：林光宇
地　　址：杭州市学院路125—3、127号
邮政编码：310012
电　　话：85124695

求是支行
负 责 人：孙红燕
地　　址：杭州市西湖区玉古路142号
邮政编码：310013
电　　话：87975185

城西支行

负 责 人：郑　华
地　　址：杭州市文三西路418号
邮政编码：310012
电　　话：88989557

西城支行

负 责 人：毛夏红
地　　址：杭州市文二西路1号元茂大厦一至二层
邮政编码：310012
电　　话：87888434

延安支行

负 责 人：谢　皑
地　　址：杭州市黄龙路5号黄龙恒励大厦C—1室
邮政编码：310007
电　　话：87633518

三墩支行

负 责 人：龚　勤
地　　址：杭州市三墩街道三墩街96号
邮政编码：310030
电　　话：88967176

留下支行

负 责 人：李兆东
地　　址：杭州市西溪路西溪君逸汇1—2层商9—商10号
邮政编码：310023
电　　话：85225915

蒋村支行

负 责 人：王冬娟
地　　址：杭州市崇义路98—106号
邮政编码：310012
电　　话：88970968

高新支行

负 责 人：王紫霞
地　　址：杭州市古墩路413号
邮政编码：310012
电　　话：88366309

环北支行

负 责 人：李　勤
地　　址：杭州市凤起路160号
邮政编码：310003
电　　话：87213575

东新支行

负 责 人：胡慧娟
地　　址：杭州市德胜路39号
邮政编码：310004
电　　话：81956990

春晖支行

负 责 人：曹琳娜
地　　址：杭州市潮王路42号
邮政编码：310014
电　　话：88381454

艮山支行

负 责 人：林　华
地　　址：杭州市朝晖路10号流水东苑11幢
邮政编码：310004
电　　话：85451023

香积寺路支行

负 责 人：黄德华
地　　址：杭州市香积寺东路155—159号
邮政编码：310004
电　　话：85064713

天水支行

负 责 人：陈黄敏
地　　址：杭州市体育场路265号
邮政编码：310003
电　　话：85165856

朝晖支行

负 责 人：王　煜
地　　址：杭州市中山北路279—281号
邮政编码：310014
电　　话：85392611

建国路支行

负 责 人：夏一录
地　　址：杭州市建国北路617—619号
邮政编码：310004
电　　话：85181081

石桥支行

负 责 人：余霄青
地　　址：杭州市石桥街道回龙路231号
邮政编码：310022
电　　话：88965253

滨江支行

负 责 人：徐全生
地　　址：杭州市滨江区中兴路财政金融大楼
邮政编码：310052
电　　话：87760055

西兴支行

负 责 人：戚　港
地　　址：杭州市滨江区固陵路1—9、11号
邮政编码：310051
电　　话：86683780

钱江支行

负 责 人：周　峰
地　　址：杭州市滨江区江南大道4328—4332号
邮政编码：310053
电　　话：86967809

白马湖支行

负 责 人：宋水宏
地　　址：杭州市滨江区长江路367号南侧1至2层
邮政编码：310052
电　　话：86628458

萧山支行

负 责 人：王亦定
地　　址：杭州市萧山区金城路419—425号
邮政编码：311201
电　　话：82891968

萧山城厢支行

负 责 人：金柏民
地　　址：杭州市萧山区育才路367—369号
邮政编码：311201
电　　话：82891953

瓜沥支行

负 责 人：赵　萍
地　　址：杭州市萧山区瓜沥镇友谊路441—451号
邮政编码：311241
电　　话：82893006

临浦支行

负 责 人：高琴芳
地　　址：杭州市萧山区临浦镇人民路30号
邮政编码：311251
电　　话：82487288

临江支行

负 责 人：柳圣琦
地　　址：杭州萧山临江工业园区纬十四路1888号
邮政编码：311228
电　　话：82487588

余杭支行

负 责 人：胡越美
地　　址：杭州市余杭区临平世纪大道西100号九洲大厦101室
邮政编码：311100
电　　话：86137366

余杭宝塔支行

负 责 人：钱　勇
地　　址：杭州市余杭镇禹航路707—715号
邮政编码：311300
电　　话：63928818

余杭良渚支行

负 责 人：马顺芳
地　　址：杭州市余杭区良渚镇逸盛路153、155号
邮政编码：311112
电　　话：89009333

临安支行

负 责 人：叶　珉
地　　址：临安市钱王街528号
邮政编码：311300
电　　话：63928818

临安龙岗支行

负 责 人：方荣锋
地　　址：临安市龙岗镇龙岗大街108号
邮政编码：311321
电　　话：63676101

桐庐支行

负 责 人：王洪义

地　　址：桐庐县迎春南路177号
邮政编码：311501
电　　话：69870288

桐庐分水支行

负 责 人：濮建宏
地　　址：桐庐县分水镇东门大道218号
邮政编码：311519
电　　话：58587781

富阳支行

负 责 人：洪素芳
地　　址：富阳市富春街道文教路26—1号
邮政编码：310400
电　　话：63379205

富阳新登支行

负 责 人：陈叶萍
地　　址：富阳市新登镇登城北路79号
邮政编码：311404
电　　话：63379352

淳安支行

负 责 人：徐　越
地　　址：淳安县新安东路1号
邮政编码：311700
电　　话：65025308

建德支行

负 责 人：吴月平
地　　址：建德市新安江街道新安路70号
邮政编码：311600
电　　话：64001581

德清支行

负 责 人：王中益
地　　址：德清县武康镇永安街49、51、53号
邮政编码：313200
电　　话：8882036

桐乡支行

负 责 人：王　缨
地　　址：桐乡市振新东路439—445号1—3层
邮政编码：314000
电　　话：88138681

舟山分行

负 责 人：张利平
地　　址：舟山市定海区环城东路98号
邮政编码：316000
电　　话：2269007

舟山普陀支行

负 责 人：卓高峰
地　　址：舟山市普陀区东港海印路510号
邮政编码：316000
电　　话：3807903

舟山新城支行

负 责 人：王露洁
地　　址：舟山市定海区临城街道千岛路1185—1189号
邮政编码：316021
电　　话：2185195

舟山定海支行

负 责 人：兰佩芬
地　　址：舟山市定海区新桥路136号
邮政编码：316000
电　　话：2667095

宁波分行

负 责 人：邵为民
地　　址：宁波市江东区惊驾路598—622号银晨国际大厦
邮政编码：315040
电　　话：27992015

宁波慈溪支行

负 责 人：黄　维
地　　址：慈溪市新城大道南路258—280号
邮政编码：315300
电　　话：23626010

宁波余姚支行

负 责 人：王敏杰
地　　址：余姚市阳明西路299号
邮政编码：315400
电　　话：22750105

宁波科技支行

负 责 人：郑宣东
地　　址：宁波市鄞州区首南街道天智巷250号
邮政编码：315000
电　　话：28907200

镇海支行
负 责 人：张建芳
地　　址：宁波市镇海区兴庄路77号
邮政编码：315201
电　　话：26292828

北仑支行
负 责 人：顾宏杰
地　　址：宁波市北仑区新大路515号
邮政编码：315800
电　　话：86799716

绍兴分行
负 责 人：郭　瑜
地　　址：绍兴市中兴路29号中区大厦1—2层
邮政编码：312000
电　　话：88300100

绍兴诸暨支行
负 责 人：楼云良
地　　址：诸暨市西施大街80号
邮政编码：311800
电　　话：89088266

绍兴新昌支行
负 责 人：谢逸寒
地　　址：新昌县十九峰路111号
邮政编码：312500
电　　话：89088266

温州分行
负 责 人：应若飞
地　　址：温州市鹿城区信河街工会大厦
邮政编码：325000
电　　话：88008908

北京分行
负 责 人：丁　峰
地　　址：北京市东城区朝阳门北大街3号第五广场大厦A座一层东侧
邮政编码：100010
电　　话：010—64088121

北京安贞支行
负 责 人：徐　天
地　　址：北京朝阳区安定路10号院
邮政编码：100029
电　　话：010—64452511

北京顺义支行
负 责 人：孙建国
地　　址：北京市顺义区府前东街10号
邮政编码：101300
电　　话：010—60417178

北京朝阳支行
负 责 人：路绮川
地　　址：北京市朝阳区甜水园东街10号
邮政编码：100026
电　　话：010—60417178

北京中关村支行
负 责 人：齐小东
地　　址：北京市海淀区彩和坊西小街1号首层S—101
邮政编码：100080
电　　话：010—59260539

北京通州支行
负 责 人：杜艳红
地　　址：北京市通州区九棵树街177号
邮政编码：101100
电　　话：010—89542759

北京丰台支行
负 责 人：冯振立
地　　址：北京市丰台区望园东里28号楼
邮政编码：100161
电　　话：010—63820190

北京大兴支行
负 责 人：崔晓辉
地　　址：北京大兴区兴华大街(二段)13号院2号楼
邮政编码：102607
电　　话：010—64088295

北京平谷支行
负 责 人：许永新
地　　址：北京市平谷区紫贵庄园9号楼10号
邮政编码：102607
电　　话：010—60417002

北京房山支行
负 责 人：朱瑞林
地　　址：北京市房山区良乡西潞南大街8号楼1—1号

邮政编码：102488
电　　话：010—69389878

深圳分行

负 责 人：姚正安
地　　址：深圳市福田区深南中路2038号
邮政编码：518031
电　　话：0755—83885090

深圳龙岗支行

负 责 人：陆尔凡
地　　址：深圳市龙岗区深惠路与吉祥路交汇处风临国际中心一层
邮政编码：518172
电　　话：0755—89895692

深圳南山支行

负 责 人：徐德玉
地　　址：深圳市南山区南海大道西海岸大厦1—2层
邮政编码：518054
电　　话：0755—86366892

深圳宝安支行

负 责 人：田中华
地　　址：深圳市宝安区宝源路碧湾雅园1—2层
邮政编码：518105
电　　话：0755—29361655

深圳福田支行

负 责 人：刘少敏
地　　址：深圳市福田区福民路22—5号皇兴大厦一至二层
邮政编码：518044
电　　话：0755—23957983

深圳龙华支行

负 责 人：骆国海
地　　址：深圳市保安区龙华街道华联社区狮头岭龙观路鸿宇大厦
邮政编码：518109
电　　话：0755—23226979

上海分行

负 责 人：方建新
地　　址：上海市黄浦区九江路660—686号
邮政编码：200001
电　　话：021—63612755

上海杨浦支行

负 责 人：郑冠群
地　　址：上海市杨浦区四平路2535号1—2层
邮政编码：200433
电　　话：021—65111316

上海浦东支行

负 责 人：郭　涛
地　　址：上海市浦东新区向城路17号第一层J05、J06号商铺
邮政编码：200120
电　　话：021—63612671

上海闵行支行

负 责 人：曹保良
地　　址：上海市闵行区广通路66弄2号122—127室
邮政编码：201100
电　　话：021—63612671

上海徐汇支行

负 责 人：张　敏
地　　址：上海市徐汇区肇嘉浜路366号1A室
邮政编码：200031
电　　话：021—54668631

上海虹口支行

负 责 人：刘　坚
地　　址：上海市虹口区海宁路269号一楼101室
邮政编码：200080
电　　话：021—63098926

上海嘉定支行

负 责 人：姜卫星
地　　址：上海市嘉定区塔城路297弄37号1—3层
邮政编码：201800
电　　话：021—59918017

上海长宁支行

负 责 人：张竺华
地　　址：上海长宁区安顺路251号一层
邮政编码：200051
电　　话：021—32509255

上海青浦支行

负 责 人：邵 夫

地 址：上海市青浦区青湖路860—876号

邮政编码：201700

电 话：021—69237208

南京分行

负 责 人：李家永

地 址：南京市中山南路239号

邮政编码：210005

电 话：025—86630099

南京江宁支行

负 责 人：俞 涛

地 址：南京市江宁区天元东路555号

邮政编码：211000

电 话：025—89630155

南京鼓楼支行

负 责 人：王 乐

地 址：南京市中山北路330号

邮政编码：210003

电 话：025—89630197

合肥分行

负 责 人：王为民

地 址：合肥市蜀山区怀宁路1639号

邮政编码：230022

电 话：0551—43546668

合肥瑶海支行

负 责 人：潘世祥

地 址：安徽省合肥市瑶海区站西路2号

邮政编码：230041

电 话：0551—62522123

上海银行在浙机构

杭州分行

行 长：叶继雄

副 行 长：王文烈 倪朝晖

纪委书记：王文烈(兼)

工会主席：倪朝晖(兼)

行长助理：邹 红

地 址：杭州市庆春路138号广利大厦21楼

邮政编码：310003

电 话：87560219

绍兴支行

行 长：陈 琦

副 行 长：王建南

地 址：绍兴县柯桥兴越路1585号财智大厦

邮政编码：312030

电 话：81105557

萧山支行

行 长：朱志毅

地 址：杭州市萧山区金城路185号商会大厦A座

邮政编码：311203

电 话：83787766

余杭支行

行 长：胡松连

地 址：杭州市余杭区南苑街道南大街326号

邮政编码：311100

电 话：89360616

桐庐支行

行 长：潘幸华

地 址：桐庐县迎春南路256号

邮政编码：311500

电 话：69819816

临安支行

行 长：邹 红

地 址：临安市锦城街道万马路768号

邮政编码：311300

电 话：61103668

城东支行

行 长：周劲松

地 址：杭州市秋涛北路451号

邮政编码：310004

电 话：87560388

城西支行

行 长：胡祝明

地 址：杭州市古墩路707号

邮政编码：310030

电 话：81393660

武林支行

行　　长：李佩青
地　　址：杭州市天目山路 2 号
邮政编码：310012
电　　话：87562318

北京银行在浙机构

杭州分行

行　　长：蒋增浩
副 行 长：汪宏农　张红卫
行长助理：魏　昱
地　　址：杭州市江干区五星路 66 号
邮政编码：310016
电　　话：81998205

余杭支行

行　　长：成晓明
副 行 长：周　微　黄毅坚
地　　址：杭州市余杭区西大街 61 号
邮政编码：311100
电　　话：89287200

萧山支行

行　　长：周立峰
副 行 长：倪新方　夏立伟
地　　址：杭州市萧山区市心北路 48 号
邮政编码：311215
电　　话：83876608

平海支行

行　　长：陈　红
副 行 长：蒋志华
地　　址：杭州市中河中路 168 号
邮政编码：310002
电　　话：87565101

绍兴支行

行　　长：王文军
副 行 长：李　江　王腾峰
行长助理：李卓如
地　　址：绍兴市越城区延安路 268 号
邮政编码：312000
电　　话：88588800

西溪支行

副 行 长：蒋海霞(主持工作)
地　　址：杭州市文二路 339 号
邮政编码：310012
电　　话：87959100

钱江支行

副 行 长：丁建英(主持工作)　金　伟
行长助理：蒋　伟
地　　址：杭州市经济技术开发区幸福南路 268 号
邮政编码：310018
电　　话：87782978

贴沙河支行

行　　长：张秀红
副 行 长：朱峰萍
行长助理：李　华
地　　址：杭州市庆春东路 78 号紫晶商务城 A 号楼
邮政编码：310020
电　　话：87179018

滨江支行

行　　长：王丽娥
副 行 长：沈　蓉
地　　址：杭州市滨江区滨盛路 1509 号
邮政编码：310052
电　　话：89700666

富阳支行

行　　长：朱永良
副 行 长：沈　杰　蔡俊强
地　　址：富阳市富春街道孙权路 227 号
邮政编码：311400
电　　话：61761018

江苏银行在浙机构

杭州分行

行　　长：赵小伟
副 行 长：何厚高　黄世成　赵永庆
行长助理：吴巧玲
地　　址：杭州市西湖区天目山路 38 号
邮政编码：310013
电　　话：88359888

萧山支行

行　　长：张　伟

副 行 长：陈　勇
地　　址：杭州市萧山区市心北路大成名座218—224号
邮政编码：311200
电　　话：88359900

拱墅小微企业专营支行

副 行 长：宣春蓉(主持工作)　沈　沨
地　　址：杭州市拱墅区湖州街12号
邮政编码：310005
电　　话：88357516

南京银行在浙机构

杭州分行

行　　长：江志纯
副 行 长：吴元珍　俞滨晓　何松海
行长助理：陈　亮
地　　址：杭州市凤起路432号
邮政编码：310006
电　　话：81135900

萧山支行

行　　长：康建伟
地　　址：杭州市萧山区市心北路200号
邮政编码：311215
电　　话：82335252

城北支行

行　　长：金水良
地　　址：杭州市拱墅区温州路71号
邮政编码：310011
电　　话：88120797

宁波银行

总行

董 事 长：陆华裕
行　　长：罗孟波
副董事长：俞凤英
监 事 长：张　辉
副 行 长：洪立峰　罗维开　邱少众
　　　　　付文生　王勇杰
地　　址：宁波市宁南南路700号
邮政编码：315010
电　　话：87050028

上海分行

行　　长：施道明
地　　址：上海市浦东新区世纪大道210号二十一世纪中心大厦第20—22层
邮政编码：200003
电　　话：021—63585559

杭州分行

行　　长：贝　瑜
地　　址：杭州市西湖区保俶路146号
邮政编码：310007
电　　话：0571—87207078

南京分行

行　　长：徐震宇
地　　址：南京市鼓楼区汉中路120号青华大厦
邮政编码：210029
电　　话：025—51808058

深圳分行

行　　长：陆铭瑜
地　　址：深圳市福田区福华三路中心区东南部时代财富大厦
邮政编码：518026
电　　话：0755—22661818

苏州分行

行　　长：徐正良
地　　址：苏州市干将东路749号
邮政编码：215005
电　　话：0512—65828611

温州分行

行　　长：王永良
地　　址：温州市鹿城区南浦路260号
邮政编码：325000
电　　话：88009900

北京分行

行　　长：郭　盛
地　　址：北京市建国门内大街28号B座
邮政编码：100005
电　　话：010—85597388

无锡分行

行　　长：沈晓驰

地　　址：无锡市北塘区北大街 20 号
邮政编码：214043
电　　话：0510—81086700

海曙支行
行　　长：罗鹏飞
地　　址：宁波市解放南路 135 号
邮政编码：315000
电　　话：87290864

江东支行
行　　长：朱红英
地　　址：宁波市中山东路 466 号
邮政编码：315040
电　　话：87729509

江北支行
行　　长：胡微玮
地　　址：宁波市人民路 270 号
邮政编码：315020
电　　话：87350929

湖东支行
行　　长：沈中南
地　　址：宁波市广济街 4 号
邮政编码：315000
电　　话：87320865

西门支行
行　　长：袁涌泉
地　　址：宁波市中山西路 197 号
邮政编码：315000
电　　话：87298913

东门支行
行　　长：陆孝素
地　　址：宁波市百丈东路 868 号
邮政编码：315040
电　　话：87843600

天源支行
行　　长：范　荣
地　　址：宁波市柳汀街 230 号
邮政编码：315000
电　　话：87302395

灵桥支行
行　　长：蒋忠平
地　　址：宁波市彩虹南路 275 号
邮政编码：315040
电　　话：87876738

国家高新区支行
行　　长：徐　辉
地　　址：宁波市江南路 651—655 号
邮政编码：315040
电　　话：87904558

四明支行
行　　长：范国宇
地　　址：宁波市蓝天路 9 号
邮政编码：315000
电　　话：87320902

明州支行
行　　长：陆全新
地　　址：宁波市鄞州区嵩江中路 199 号
邮政编码：315040
电　　话：87374550

北仑支行
行　　长：叶林富
地　　址：宁波市北仑区新碶镇明州路 221 号
邮政编码：315800
电　　话：86867006

镇海支行
行　　长：张　群
地　　址：宁波市镇海区车站路 18 号
邮政编码：315200
电　　话：86278388

鄞州支行
行　　长：何培国
地　　址：宁波市鄞州区四明中路 666 号
邮政编码：315192
电　　话：87416838

宁海支行
行　　长：胡敏建
地　　址：宁海县跃龙街道时代大道 158 号
邮政编码：315600
电　　话：65528800

余姚支行
行　　长：周　军
地　　址：余姚市阳明西路 28 号
邮政编码：315400
电　　话：62622887

新建支行

行　　长：鲁久丰

地　　址：宁波市余姚市阳明西路340—348号

邮政编码：315400

电　　话：62835263

慈溪支行

行　　长：宋军耀

地　　址：慈溪市慈甬路207号

邮政编码：315300

电　　话：63113755

城东支行

行　　长：屠世荣

地　　址：慈溪市新城大道483—495号

邮政编码：315300

电　　话：63910955

象山支行

行　　长：徐松丽

地　　址：象山县丹城靖南路274号

邮政编码：315700

电　　话：65768320

奉化支行

行　　长：单　峰

地　　址：奉化市中山路16号

邮政编码：315500

电　　话：88589302

宁波通商银行

总行

董 事 长：戴敏伟

行　　长：仇卫平

监事长、纪委书记、工会主席：杨　军

副 行 长：华向阳　王天云　张建波

行长助理：邢　巍

地　　址：宁波市江东区民安东路268号国际金融服务中心A座1楼1号

邮政编码：315000

电　　话：83096666

上海分行

行　　长：华向阳

地　　址：上海市浦东新区杨高南路428号由由世纪广场2号楼

邮政编码：200120

电　　话：021—60587888

海曙支行

行　　长：汪伟鲲

地　　址：宁波市灵桥路768号宁波报业集团1楼

邮政编码：315000

电　　话：87371313

宁波东海银行

总行

行　　长：方海良

副 行 长：金大宇　钱延庭　张　伟

地　　址：宁波市江东区民安东路268号国际金融中心A座5—7楼

邮政编码：315042

电　　话：81872233

温州银行

总行

董 事 长：邢增福

党委书记：殷乐人

行　　长：吴　华

地　　址：温州市鹿城区车站大道196号

邮政编码：325088

电　　话：88990169

总行营业部

负 责 人：陈　丹

地　　址：温州市鹿城区车站大道196号

邮政编码：325088

电　　话：88990597

上海分行

负 责 人：张　潜

地　　址：上海市黄浦区九江路333号

邮政编码：200001

电　　话：021—63601116

宝山支行

负 责 人：李小凡

地　　址：上海市宝山区牡丹江路1508号

邮政编码：201900

电　　话：021—66680360

浦东支行

负 责 人：夏立峰
地　　址：上海市浦东新区浦东大道1122号、1128号
邮政编码：200135
电　　话：021—58607099

徐汇支行

负 责 人：沃俊杰
地　　址：上海市徐汇区田林路140号六号楼
邮政编码：200030
电　　话：021—64705022

虹莘支行

负 责 人：潘修平
地　　址：上海市闵行区虹莘路2938、2940号
邮政编码：201100
电　　话：021—63601108

嘉定支行

负 责 人：秦为群
地　　址：上海市嘉定区永盛路1218号金元大厦一楼
邮政编码：201800
电　　话：021—59905689

杭州分行

负 责 人：金建康
地　　址：杭州市仙林桥直街3号仙林大厦
邮政编码：310003
电　　话：87338062

萧山支行

负 责 人：陈丽芬
地　　址：杭州市萧山区金城路388号
邮政编码：311202
电　　话：83518100

城西小微企业专营支行

负 责 人：沈建明
地　　址：杭州市申花路798号
邮政编码：310011
电　　话：87333077

宁波分行

负 责 人：张志勇
地　　址：宁波市世纪大道北段555—1号
邮政编码：315042
电　　话：87860999

慈溪支行

负 责 人：沈利义
地　　址：慈溪市慈甬路208—216号
邮政编码：315302
电　　话：63001061

余姚支行

负 责 人：冯芹平
地　　址：余姚市玉立路55—13号
邮政编码：315400
电　　话：62527801

江北支行

负 责 人：张兴江
地　　址：宁波市丽江东路39号
邮政编码：315032
电　　话：81872066

衢州分行

负 责 人：林　亮
地　　址：衢州市柯城区上街82号
邮政编码：324000
电　　话：8877267

江山支行

负 责 人：喻建华
地　　址：江山市中山路20号
邮政编码：324100
电　　话：4039835

龙游支行

负 责 人：陈忠民
地　　址：龙游县太平东路162号
邮政编码：324400
电　　话：7336602

丽水分行

负 责 人：鲁　频
地　　址：丽水市中山街309号
邮政编码：323000
电　　话：82266989

鹿城支行

负 责 人：周佩静
地　　址：温州市马鞍池西路210号
邮政编码：325029
电　　话：88536228

鸿昌支行
负 责 人：蔡强克
地　　址：温州市水心北汇昌11幢128号
邮政编码：325028
电　　话：88501344

国鼎支行
负 责 人：李　伊
地　　址：温州市马鞍池东路326号
邮政编码：325027
电　　话：88279959

银信支行
负 责 人：吕姣眉
地　　址：温州市小高桥1号
邮政编码：325000
电　　话：88250697

勤业支行
负 责 人：黄起宏
地　　址：温州市勤奋路广汇商厦102号
邮政编码：325005
电　　话：88225221

学院路支行
负 责 人：郑　重
地　　址：温州市学院西路银海大厦110号
邮政编码：325027
电　　话：88813613

瓯海支行
负 责 人：曹丽燕
地　　址：温州市杏花路202号
邮政编码：325029
电　　话：88508878

景山支行
负 责 人：谢志高
地　　址：温州市将军桥振瓯路1号
邮政编码：325014
电　　话：88593399

新桥支行
负 责 人：叶　丰
地　　址：温州市六虹桥路1217号
邮政编码：325029
电　　话：88419477

梧田支行
负 责 人：王凌毅
地　　址：温州市龙霞路90、92号
邮政编码：325014
电　　话：86361567

郭溪支行
负 责 人：金国海
地　　址：温州市郭溪镇塘下新街繁盛路219号
邮政编码：325016
电　　话：86118655

瞿溪支行
负 责 人：周香红
地　　址：温州市瞿溪镇河头西路41号
邮政编码：325016
电　　话：86263059

龙湾支行
负 责 人：叶伟斌
地　　址：温州市永强东路163—167号
邮政编码：325024
电　　话：86668656

开发区支行
负 责 人：李喆琦
地　　址：温州市楠溪江路257号家景花园顺景苑1号楼101号
邮政编码：325011
电　　话：86666898

状元支行
负 责 人：蔡汝忠
地　　址：温州市状元镇交通服务中心大楼101—109号
邮政编码：325011
电　　话：86355223

永兴支行
负 责 人：陈建敏
地　　址：温州市永强大道3728号
邮政编码：325024
电　　话：86938753

滨海支行
负 责 人：夏志毅
地　　址：温州滨海六路万康锦园第19幢
邮政编码：325025
电　　话：86835688

海城支行
负 责 人：陈智才
地　　址：温州市海城街道镇前街 116—122 号
邮政编码：325055
电　　话：85229703

乐清支行
负 责 人：杨敏彪
地　　址：乐清市乐成镇清远路 226—240 号
邮政编码：325028
电　　话：62077787

柳市支行
负 责 人：苏海霞
地　　址：乐清市柳市镇翔金花园 20—23 号
邮政编码：325615
电　　话：61725335

虹桥支行
负 责 人：金文武
地　　址：乐清市虹桥镇飞虹南路 77—85 号
邮政编码：325608
电　　话：62377296

北白象支行
负 责 人：赵章晓
地　　址：乐清市北白象镇东大街 357—365 号
邮政编码：325600
电　　话：62961102

瑞安支行
负 责 人：林明光
地　　址：瑞安市万松东路罗阳大厦裙楼 1—3 层
邮政编码：325200
电　　话：65877503

莘塍支行
负 责 人：黄小娜
地　　址：瑞安市莘塍镇镇府路下村村办公大楼
邮政编码：325206
电　　话：65123918

塘下支行
负 责 人：林德杰
地　　址：瑞安市塘下镇塘下大道锦阳大楼
邮政编码：325204
电　　话：65382864

解放路支行
负 责 人：张仁辉
地　　址：温州市解放北路县前大楼 C 幢一层
邮政编码：325000
电　　话：89992810

汇海支行
负 责 人：周永波
地　　址：温州市施水寮银龙大楼 71—73 号
邮政编码：325000
电　　话：88272967

府前支行
负 责 人：刘彩琴
地　　址：温州市蝉街 28 号
邮政编码：325000
电　　话：88290306

蒲鞋市支行
负 责 人：曾晓慧
地　　址：温州市飞霞南路 510 号
邮政编码：325028
电　　话：88825685

登峰支行
负 责 人：陈海淼
地　　址：温州市黎明西路东方大厦 106—107 号
邮政编码：325027
电　　话：88869961

大南支行
负 责 人：吴　君
地　　址：温州市人民东路东联大厦南首 1 号
邮政编码：325000
电　　话：88830940

黎明支行
负 责 人：刘丽云
地　　址：温州市江滨东路罗湾锦苑 10 幢

邮政编码：325002
电　　话：89896977

新城支行

负 责 人：王　洁
地　　址：温州市新城大道238号
邮政编码：325002
电　　话：88188430

城东支行

负 责 人：杨震宇
地　　址：温州市新城新蒲路8号
邮政编码：325002
电　　话：86517822

市中支行

负 责 人：刘　青
地　　址：温州市锦绣路236—238号
邮政编码：325027
电　　话：88367097

市府路支行

负 责 人：吴晓云
地　　址：温州市惠民路光明桥东首行政审批服务中心大楼
邮政编码：325088
电　　话：88926926

得胜支行

负 责 人：陈祥林
地　　址：温州市牛山北路56号
邮政编码：325028
电　　话：85551015

火车站支行

负 责 人：林　群
地　　址：温州市火车站站南商贸城EF幢101－103室
邮政编码：325088
电　　话：86366912

中心区支行

负 责 人：庄　力
地　　址：温州市市府路交行广场一层北向
邮政编码：325088
电　　话：88997068

站前支行

负 责 人：陈均昌
地　　址：温州市车站大道诚信商厦一楼117—120室
邮政编码：325088
电　　话：86069207

南浦支行

负 责 人：楚梦丽
地　　址：温州市温迪路255号
邮政编码：325088
电　　话：88398840

顺境支行

负 责 人：侯薇薇
地　　址：温州市六虹桥路六虹钢材市场办公大楼
邮政编码：325006
电　　话：88613639

城西支行

负 责 人：林旭忠
地　　址：温州市鹿城路322号
邮政编码：325000
电　　话：89710682

劳武支行

负 责 人：张素洁
地　　址：温州市鹿城工业区泰力路皮碎市场7幢5号
邮政编码：325007
电　　话：88776255

华建支行

负 责 人：陈斯丹
地　　址：温州市西城路16B幢118－121号
邮政编码：325005
电　　话：88720397

勤奋支行

负 责 人：潘秋和
地　　址：温州市花坦巷86号
邮政编码：325005
电　　话：88524555

双龙支行

负 责 人：邵　瑛
地　　址：温州市浙南鞋料市场C区1号
邮政编码：325005
电　　话：88714196

黄龙支行
负 责 人：徐海慧
地　　址：温州市黄龙住宅区临风 1 幢 112—116 室
邮政编码：325007
电　　话：88752768

江滨支行
负 责 人：黄　峰
地　　址：温州市江滨西路华峰大厦 A 幢 117—119 号
邮政编码：325003
电　　话：88891725

富隆支行
负 责 人：陈　吟
地　　址：温州市飞霞北路华电新都 A 幢 110 号
邮政编码：325027
电　　话：88190199

黎中支行
负 责 人：徐　珺
地　　址：温州市黎明中路 94 号
邮政编码：325002
电　　话：88336271

金鹰支行
负 责 人：姜林勇
地　　址：温州市黎明西路 103 号星河大楼 A 座西首一、二楼
邮政编码：325027
电　　话：88367332

百里支行
负 责 人：林晓勇
地　　址：温州市百里东路 23 号
邮政编码：325000
电　　话：88227322

永嘉支行
负 责 人：周元辉
地　　址：永嘉县瓯北镇双塔路中楠广场
邮政编码：325102
电　　话：67993085

平阳支行
负 责 人：陈胜前
地　　址：平阳县鳌江镇新河路 238—246 号
邮政编码：325401
电　　话：63678098

水头小微企业专营支行
负 责 人：张仕恭
地　　址：平阳县水头镇江山东路 172 号
邮政编码：325405
电　　话：63995996

苍南支行
负 责 人：缪存锋
地　　址：苍南县灵溪镇江湾路 478 号
邮政编码：325800
电　　话：68715990

文成支行
负 责 人：林　越
地　　址：文成县大峃镇建设路 133 号
邮政编码：325300
电　　话：67817773

昆阳支行
负 责 人：林秀峰
地　　址：平阳县昆阳镇解放街 428 号永泰大厦
邮政编码：325400
电　　话：63167856

龙港支行
负 责 人：陈　蕾
地　　址：苍南县龙港镇龙港大道和谐花苑东首
邮政编码：325802
电　　话：68669217

嘉兴银行

总行
董 事 长：许洪明
行　　长：马　俊
地　　址：嘉兴市建国南路 409 号
邮政编码：314000
电　　话：82099660

秀洲支行
行　　长：胡伟平
地　　址：嘉兴市中山西路 331—357 号

邮政编码：314000
电　　话：82180366

南湖支行
行　　长：孙玉根
地　　址：嘉兴市中环南路1385号
邮政编码：314000
电　　话：82619122

秀水支行
行　　长：杨关金
地　　址：嘉兴市友谊街178号
邮政编码：314000
电　　话：82216858

开发区支行
行　　长：包云祥
地　　址：嘉兴市东方路和三元路交叉口
邮政编码：314000
电　　话：82301622

高新支行
行　　长：饶少鹏
地　　址：嘉兴市泾水路36号
邮政编码：314000
电　　话：82856340

梅湾支行
行　　长：杨爱华
地　　址：嘉兴市禾兴南路166号
邮政编码：314000
电　　话：82059661

海宁支行
行　　长：赵红霞
地　　址：海宁市南苑路230号
邮政编码：314400
电　　话：87076338

平湖支行
行　　长：姚云天
地　　址：平湖市当湖东路133号
邮政编码：314200
电　　话：85128388

桐乡支行
行　　长：王　勇
地　　址：桐乡市梧桐镇庆丰南路9号
邮政编码：314500
电　　话：88029188

嘉善支行
行　　长：江逸民
地　　址：嘉善县魏塘镇环城东路365—371号
邮政编码：314100
电　　话：84273188

海盐支行
行　　长：韩建强
地　　址：海盐县武原镇新桥北路166号
邮政编码：314300
电　　话：86182288

湖州分行
行　　长：林　杰
地　　址：湖州市人民路518号
邮政编码：313000
电　　话：2585553

湖州银行

总行
董 事 长：路国民
行　　长：应建国
监 事 长：张恩林
副董事长：吴林元　刘明华
副 行 长：方锋杰　高煜民　俞吉人
董事会秘书：张瑞林
董事长助理：吴建明
行长助理：邹　霞
地　　址：湖州市南街471—475号
邮政编码：313000
电　　话：2036387

总行营业部
总 经 理：慎惠文
地　　址：湖州市南街471—475号
邮政编码：313000
电　　话：2214567

嘉兴分行
行　　长：邹　霞(兼)
地　　址：嘉兴市中山西路250号
邮政编码：314000
电　　话：83673006

海宁支行
行　　长：步伟中
地　　址：海宁市海昌南路 508 号
邮政编码：314400
电　　话：89239506

吴兴支行
行　　长：周建良
地　　址：湖州市湖东路 297 号
邮政编码：313000
电　　话：2077553

织里支行
行　　长：何阿凤
地　　址：湖州市织里镇商城西路 21 号
邮政编码：313008
电　　话：3923628

八里店支行
行　　长：李小英
地　　址：湖州市八里店老桥北
邮政编码：313028
电　　话：2260018

升山支行
行　　长：陈　辉
地　　址：湖州市八里店社区经六路 27—30 号
邮政编码：313028
电　　话：2560019

二里桥支行
行　　长：戴永兰
地　　址：湖州市东湖街 1 号
邮政编码：313000
电　　话：2062023

紫金桥支行
行　　长：沈百兴
地　　址：湖州市八里店紫金桥集镇育才路 2 号
邮政编码：313028
电　　话：2260017

城南支行
行　　长：孙为民
地　　址：湖州市南门定安街 1 号
邮政编码：313000
电　　话：2200909

菰城支行
行　　长：陈晓娟
地　　址：湖州市南街 216、218 号
邮政编码：313000
电　　话：2219993

城西支行
行　　长：朱荣华
地　　址：湖州市红旗路 211—221 号
邮政编码：313000
电　　话：2106373

苕溪支行
行　　长：沈　萍
地　　址：湖州市劳动路 379—383 号
邮政编码：313000
电　　话：2056970

杨家埠支行
行　　长：曹丽萍
地　　址：湖州市杨家埠镇赵湾一路 98 号
邮政编码：313000
电　　话：2350359

城北支行
行　　长：吴玉妹
地　　址：湖州市塔下街 287—289 号
邮政编码：313000
电　　话：2216271

陌路支行
行　　长：金大卫
地　　址：湖州市新市陌路 33 号
邮政编码：313000
电　　话：2389899

华丰支行
行　　长：朱云雯
地　　址：湖州市高富路 168 号
邮政编码：313000
电　　话：2383113

日月城支行
行　　长：沈　欢
地　　址：湖州市外环北路 701—711 号
邮政编码：313000
电　　话：2064385

开发区支行
行　　长：徐志贤

地　　址：湖州市青铜路18号
邮政编码：313000
电　　话：2677816

机坊港支行

行　　长：范亚敏
地　　址：湖州市体育场路335—337号
邮政编码：313000
电　　话：2677819

南皋桥支行

行　　长：孟　锋
地　　址：湖州市南皋桥商贸楼皋东路98—102号
邮政编码：313000
电　　话：2677818

南园支行

行　　长：蒋利强
地　　址：湖州市东街284—290号
邮政编码：313000
电　　话：2290802

凤凰支行

行　　长：邹杰宇
地　　址：湖州市凤凰路1115—1119号
邮政编码：313000
电　　话：2290801

康山支行

行　　长：王晓婷
地　　址：湖州市亿丰国际建材城10号楼101—103商铺
邮政编码：313000
电　　话：2033354

南浔支行

行　　长：黄　坚
地　　址：湖州市南浔适园路728号
邮政编码：313009
电　　话：3030393

泰安路支行

行　　长：唐文娟
地　　址：湖州市南浔泰安路153号
邮政编码：313009
电　　话：3915861

长兴支行

行　　长：宋春新
地　　址：长兴县滨河大道318号
邮政编码：313100
电　　话：6056660

金陵支行

行　　长：徐建峰
地　　址：长兴县海兴路615—619号
邮政编码：313100
电　　话：6029026

雉城支行

负 责 人：韦　琼
地　　址：长兴县金陵北路285—287号
邮政编码：313100
电　　话：6024176

德清支行

行　　长：娄　韧
地　　址：德清县武康镇休闲街80号
邮政编码：313200
电　　话：8063178

武康支行

行　　长：凌　涛
地　　址：德清县武康镇中兴南路284—288号
邮政编码：313200
电　　话：8067995

乾元支行

行　　长：沈继红
地　　址：德清县乾元镇务前街84号
邮政编码：313216
电　　话：8423958

新市支行

行　　长：胡艳乐
地　　址：德清县新市镇仙潭路3号
邮政编码：313201
电　　话：8445946

安吉支行

行　　长：娄　韧(兼)
地　　址：安吉县递铺镇胜利东路
邮政编码：313300
电　　话：5033777

绍兴银行

总行

董 事 长：骆有才
党委书记、监事长：梁建华
行　　长：陈方晓
副 行 长：裘　建　沃敏亚　江绍东
行长助理：吴维杠
党委委员：许国奇
财务总监：张丽英
地　　址：绍兴市劳动路20号
邮政编码：312000
电　　话：85148610

总行营业部

总 经 理：何　虹
地　　址：绍兴市劳动路20号
邮政编码：312000
电　　话：85097276

新建支行

行　　长：邱　波
地　　址：绍兴市人民中路106号
邮政编码：312000
电　　话：85146037

越城支行

行　　长：沈和庆
地　　址：绍兴市胜利东路142—148号
邮政编码：312000
电　　话：85096000

新兴产业支行

行　　长：严建海
地　　址：绍兴市中兴北路285—295号
邮政编码：312000
电　　话：88026883

镜湖支行

行　　长：陈剑刚
地　　址：绍兴市马臻路122、124、126号
邮政编码：312000
电　　话：85156288

城中支行

行　　长：吴　坚
地　　址：绍兴市胜利西路431号
邮政编码：312000
电　　话：85172702

开发区支行

行　　长：丁亚芳
地　　址：绍兴市城东经济开发区刘溪路与鲁迅东路口
邮政编码：312000
电　　话：88640794

城南支行

行　　长：章为民
地　　址：绍兴市人民西路29—41号
邮政编码：312000
电　　话：85120045

袍江支行

行　　长：钱兴华
地　　址：绍兴市袍江工业区世纪大道越中新天地98号
邮政编码：312000
电　　话：88031531

轻纺城支行

行　　长：叶　烽
地　　址：绍兴县柯桥群贤路以北兴银大厦
邮政编码：312030
电　　话：84129977

鉴湖支行

行　　长：叶　寅
地　　址：绍兴市解放南路1101号
邮政编码：312000
电　　话：88066457

皋埠支行

行　　长：吴友兴
地　　址：绍兴市皋埠镇银桥路与人民东路交叉口
邮政编码：312000
电　　话：88773323

东浦支行

行　　长：傅舟丰
地　　址：绍兴市东浦镇锡麟路92号
邮政编码：312000
电　　话：85380066

东郊支行

行　　长：诸国民

地　　址：绍兴市则水牌会龙大道路口
邮政编码：312000
电　　话：88261061

中兴支行

行　　长：张水珍
地　　址：绍兴市中兴中路192号
邮政编码：312000
电　　话：85127981

解北支行

行　　长：陈　弦
地　　址：绍兴市解放北路238号
邮政编码：312000
电　　话：85137660

东湖支行

行　　长：叶来根
地　　址：绍兴市东湖镇湖山北路10号
邮政编码：312000
电　　话：88640084

大龙支行

行　　长：朱伟玲
地　　址：绍兴市大龙市场西侧
邮政编码：312000
电　　话：85139731

望花支行

行　　长：王吉昌
地　　址：绍兴市延安路192—198号
邮政编码：312000
电　　话：88329551

江滨支行

行　　长：吴建勋
地　　址：绍兴市袍江工业区育贤路111—119号
邮政编码：312000
电　　话：88175239

禹陵支行

行　　长：张华东
地　　址：绍兴市城东开发区个私园区与南复线交叉口
邮政编码：312000
电　　话：88363205

西郊支行

行　　长：赵建东
地　　址：绍兴市越城区快阁苑小区北区入口处
邮政编码：312000
电　　话：85334073

凌家山支行

行　　长：张仁伟
地　　址：绍兴市城东经济开发区稽山街道旁
邮政编码：312000
电　　话：88609472

延安路支行

行　　长：王志伟
地　　址：绍兴市延安路468号
邮政编码：312000
电　　话：88315354

滨海支行

行　　长：赵　敏
地　　址：绍兴市沥海镇海滨大道13号
邮政编码：312000
电　　话：85216188

张市支行

行　　长：周红英
地　　址：绍兴市灵芝镇乡张市村村委旁
邮政编码：312000
电　　话：85167219

斗门支行

行　　长：李少青
地　　址：绍兴市袍江工业区汤公路167—177号
邮政编码：312071
电　　话：88172632

梅山支行

行　　长：胡文龙
地　　址：绍兴市镜湖新区灵芝镇凤林西路与后墅路交叉口
邮政编码：312000
电　　话：88023277

钱清支行

行　　长：朱绍文
地　　址：绍兴县钱清兰花市场B南幢12—18号
邮政编码：312030

电　　话：84515868

万商路支行

行　　长：杨利峰

地　　址：绍兴县柯桥万商路 203 号精工大厦

邮政编码：312030

电　　话：84129973

上虞支行

行　　长：李国庆

地　　址：上虞市百官街道人民路 28 号

邮政编码：312300

电　　话：82195909

崧厦支行

行　　长：金　青

地　　址：上虞市崧厦镇百崧路紫金苑商住 B 楼 119—120 号

邮政编码：312365

电　　话：82660775

新昌支行

行　　长：高浩根

地　　址：新昌县人民中路 199—211 号

邮政编码：312500

电　　话：86387666

嵊州支行

行　　长：倪　永

地　　址：嵊州市一景路 2 号时代广场 8—12 号

邮政编码：312400

电　　话：83002268

诸暨支行

行　　长：梁德锋

地　　址：诸暨市暨阳街道永兴华庭北侧 1—8 号

邮政编码：311800

电　　话：87257070

店口支行

行　　长：赵　均

地　　址：诸暨市店口镇铭仕路 8 号

邮政编码：311835

电　　话：87618036

大唐支行

行　　长：陈鹏程

地　　址：诸暨市大唐镇开元西路 357 号

邮政编码：311801

电　　话：87731193

安昌支行

行　　长：王力超

地　　址：绍兴县安昌镇亚太路怡和嘉园 7 幢 104—105 号

邮政编码：312080

电　　话：85673728

平水支行

行　　长：傅立新

地　　址：绍兴县平水镇绍甘线与工商路交叉处清华苑 23 幢 109—111 室

邮政编码：312050

电　　话：85725539

嘉兴分行

行　　长：陈永惠

地　　址：嘉兴市中环西路 76—92 号

邮政编码：314000

电　　话：82621508

浙江稠州商业银行

总行

党委书记、董事长：金子军

党委副书记、副董事长、行长：周瑞谷

党委委员、副董事长、常务副行长：朱柏峰

党委委员、监事长、工会主席：朱正民

党委副书记：金莉莉

党委委员、副行长：陈希林　王洪林

董事会秘书：王洪林(兼)

党委委员、纪委书记：赵海华

地　　址：义乌市江滨路义乌乐园东侧

邮政编码：322000

电　　话：4008096527

义乌管理部

负 责 人：金莉莉(兼)

地　　址：义乌市江滨路义乌乐园东侧

邮政编码：322000

电　　话：85339987

营业部

总 经 理：杨桂民

地　　址：义乌市江滨路义乌乐园东侧
邮政编码：322000
电　　话：85337796

金华管理部

负 责 人：宋卫军
地　　址：金华市八一南街161号
邮政编码：321017
电　　话：82453132

上海分行

负 责 人：李　健
地　　址：上海市中山西路1600号
邮政编码：200235
电　　话：021—33635533

杭州分行

负 责 人：洪　流
地　　址：杭州市城星路59号东杭大厦
邮政编码：310019
电　　话：87137721

南京分行

负 责 人：唐利民
地　　址：南京市洪武路198号
邮政编码：210002
电　　话：025—87776059

福州分行

负 责 人：郑明亮
地　　址：福州市五一南路2号茂泰世纪大厦
邮政编码：350009
电　　话：0591—88303068

宁波分行

负 责 人：楼剑青
地　　址：宁波市福明路578号
邮政编码：315040
电　　话：87209508

温州分行

负 责 人：陈建新
地　　址：温州市锦绣路锦绣中城1楼
邮政编码：325000
电　　话：89988082

丽水分行

负 责 人：吴蔚红
地　　址：丽水市解放街515号
邮政编码：323000
电　　话：2186318

义乌滨江支行

负 责 人：朱星明
地　　址：义乌市篁园路116号
邮政编码：322000
电　　话：85459269

义乌振兴支行

负 责 人：金　波
地　　址：义乌市工人北路669—677号
邮政编码：322000
电　　话：85546498

义乌商苑支行

负 责 人：王东宏
地　　址：义乌市稠州北路1103—1109号
邮政编码：322000
电　　话：85360269

义乌福田支行

负 责 人：王素琴
地　　址：义乌市国际商贸城三期东辅F—034号
邮政编码：322000
电　　话：85535673

义乌金福源支行

负 责 人：吴群英
地　　址：义乌市义东路197号
邮政编码：322000
电　　话：85365796

义乌篁园支行

负 责 人：杨　斌
地　　址：义乌市国际商贸城二期H区东辅房1—8号
邮政编码：322000
电　　话：85161068

义乌市场支行

负 责 人：商　剑
地　　址：义乌市西城路509号
邮政编码：322000
电　　话：85541136

义乌求信支行

负 责 人：何雁俊

地　　址：义乌市国际商贸城三期西辅 F—021 号 1—4 层
邮政编码：322000
电　　话：85418773

义乌丹溪支行

负 责 人：傅志军
地　　址：义乌市县前街 45 号
邮政编码：322000
电　　话：85323021

义乌商城支行

负 责 人：吴圣伟
地　　址：义乌市国际商贸城一期 C 区东辅房 116—120 号
邮政编码：322000
电　　话：85290800

义乌朝阳支行

负 责 人：杨介仙
地　　址：义乌市国际商贸城二期 G 区东辅房 1—63 号
邮政编码：322000
电　　话：85181790

义乌迎宾支行

负 责 人：傅　蓉
地　　址：义乌市稠州北路 923—927 号
邮政编码：322000
电　　话：85196661

义乌廿三里支行

负 责 人：赵雪峰
地　　址：义乌市商城大道店面 256 号（金桥人家）
邮政编码：322000
电　　话：85037659

义乌佛堂支行

负 责 人：叶贞花
地　　址：义乌市佛堂镇朝阳路 146—150 号
邮政编码：322000
电　　话：85726003

义乌北苑支行

负 责 人：金祚明
地　　址：义乌市望道路 300 号义乌市行政服务中心
邮政编码：322000
电　　话：85232690

义乌稠江支行

负 责 人：楼航伟
地　　址：义乌市新科路 E1—E19 号
邮政编码：322000
电　　话：85010778

金华永康支行

负 责 人：王高雷
地　　址：永康市城东路 9 号
邮政编码：321300
电　　话：87210093

金华磐安支行

负 责 人：孙尚明
地　　址：磐安县中街 2 号
邮政编码：322300
电　　话：84886605

金华兰溪支行

负 责 人：蔡轶芳
地　　址：兰溪市丹溪大道 98 号
邮政编码：321100
电　　话：88896683

金华武义支行

负 责 人：贾　剑
地　　址：武义县武阳西路 1 号
邮政编码：321200
电　　话：87678383

金华浦江支行

负 责 人：李旭岗
地　　址：浦江县人民东路 38 号
邮政编码：322200
电　　话：88186639

金华东阳支行

负 责 人：章永鹏
地　　址：东阳市汉宁东路 99 号
邮政编码：322100
电　　话：86138026

上海奉贤支行

负 责 人：吕琴英
地　　址：上海市奉贤区南桥镇环城东路 558 号
邮政编码：201499

电　　话：021—37538907

杭州西湖支行

负 责 人：孙建国

地　　址：杭州延安路128号耀江广厦一楼

邮政编码：310002

电　　话：87117603

杭州萧山支行

负 责 人：丁伟国

地　　址：杭州市萧山区宁围镇市心北路708号天林广场

邮政编码：311215

电　　话：83892606

杭州淳安支行

负 责 人：周　迎

地　　址：淳安县千岛湖镇新安大街20号(9—12)绿城湖滨商铺

邮政编码：311700

电　　话：65050666

杭州淳安鼓山小微企业专营支行

负 责 人：徐敏燕

地　　址：淳安县千岛湖镇鼓山工业园区涌金路158号

邮政编码：311700

电　　话：65052299

杭州城北支行

负 责 人：吴群伟

地　　址：杭州市拱康路195—8号

邮政编码：310015

电　　话：86825335

杭州余杭支行

负 责 人：郑华立

地　　址：杭州市余杭区南苑街道世纪大道(西)455号

邮政编码：311100

电　　话：89363051

杭州城西支行

负 责 人：曹　良

地　　址：杭州市文一西路8号

邮政编码：310012

电　　话：88499187

南京江宁支行

负 责 人：雷　杰

地　　址：南京市胜太西路16号

邮政编码：211106

电　　话：025—87776002

南京莫愁湖支行

负 责 人：徐　晶

地　　址：南京市水西门大街344号

邮政编码：210017

电　　话：025—87782605

福州福清支行

负 责 人：周国锋

地　　址：福清市清昌大道元洪路音西街道霞盛村通福花园1－16号店面

邮政编码：350300

电　　话：0591—85250039

福州鼓楼支行

负 责 人：唐　沁

地　　址：福州市鼓东街道观风亭街99号七海花园8座1层商场

邮政编码：350001

电　　话：0591—88362062

宁波集士港支行

负 责 人：郑郭翔

地　　址：宁波市鄞州区集士港镇利时购物广场1幢101－103

邮政编码：315171

电　　话：89015037

温州瑞安支行

负 责 人：蔡卓云

地　　址：瑞安市莘阳大道润锦苑1号楼

邮政编码：325200

电　　话：66879011

温州瓯海支行

负 责 人：邵展影

地　　址：温州市景山街道兴海路55号

邮政编码：325000

电　　话：88530298

温州龙湾支行

负 责 人：徐亦凡

地　　址：温州市龙海路宏欣家园9幢

邮政编码：325000

电　　话：86868090

丽水青田支行
负 责 人：陈　刚
地　　址：青田县鹤城镇鹤城东路80号
邮政编码：323900
电　　话：6809508

丽水缙云支行
负 责 人：田仕发
地　　址：缙云县新区问渔西路108号
邮政编码：321400
电　　话：3216293

丽水遂昌支行
负 责 人：巫灵安
地　　址：遂昌县妙高镇南街89号
邮政编码：321400
电　　话：8188665

丽水龙泉支行
负 责 人：张亦军
地　　址：龙泉市中山东路93号
邮政编码：321400
电　　话：7860699

丽水壶镇支行
负 责 人：柯伟民
地　　址：缙云县壶镇镇贤母西路33号
邮政编码：321404
电　　话：3163698

丽水松阳支行
负 责 人：叶慧瑛
地　　址：松阳县西屏街道要津路125、127、129号
邮政编码：323400
电　　话：8012306

丽水云和支行
负 责 人：蓝长善
地　　址：云和县仙宫大道8—2号
邮政编码：323600
电　　话：5260867

金华银行

总行
董 事 长：徐雅清
党委书记：刘少非
党委副书记：宣利新
正行级协理员：毛剑玲
正行级协理员：戚生利
监 事 长：吕伟民
副 行 长：王　琦　金立群
行长助理：曹晏平
地　　址：金华市金东区光南路668号
邮政编码：321015
电　　话：82178221

杭州分行
行　　长：卢振声
地　　址：杭州市天目山路50号
邮政编码：310000
电　　话：89738999

衢州分行
行　　长：胡红兵
地　　址：衢州市三衢路187号
邮政编码：324000
电　　话：8068188

婺城支行
行　　长：许炳林
地　　址：金华市解放东路238号福莲汇大厦
邮政编码：321000
电　　话：82318798

江北支行
行　　长：钱建勋
地　　址：金华市八一北街282号
邮政编码：321000
电　　话：82316268

开发区支行
行　　长：姜小波
地　　址：金华市宾虹路938号
邮政编码：321017
电　　话：82376728

金东支行
行　　长：邵玉荣
地　　址：金华市望府街212号
邮政编码：321015
电　　话：82080008

市府支行
行　　长：李建峰

地　　址：金华市政府大院内
邮政编码：321017
电　　话：82468891

东阳支行

行　　长：杜晓弟
地　　址：东阳市吴宁镇黉门前58号
邮政编码：322100
电　　话：86620591

永康支行

行　　长：胡文俊
地　　址：永康市古丽镇丽州南路60号
邮政编码：321300
电　　话：87185189

兰溪支行

行　　长：方茂松
地　　址：兰溪市丹溪大道46号
邮政编码：321100
电　　话：88905789

义乌支行

行　　长：叶顺东
地　　址：义乌市篁园路118号
邮政编码：322000
电　　话：85459218

浦江支行

行　　长：陈　芳
地　　址：浦江县浦阳镇人民东路55号
邮政编码：322200
电　　话：88088708

武义支行

行　　长：朱云俊
地　　址：武义县壶山街道温泉路177号
邮政编码：321200
电　　话：87622388

开化支行

行　　长：陈思奖
地　　址：开化县城关镇江滨中路6号开化县交通大楼1楼
邮政编码：324300
电　　话：6018588

龙游支行

行　　长：毛纳新
地　　址：龙游县荣昌大道577号
邮政编码：324400
电　　话：7078188

浙师大支行

行　　长：王继军
地　　址：金华市骆家塘村畅达街景观大道骆家塘社区文化活动中心
邮政编码：321004
电　　话：82282620

府上街支行

行　　长：金　军
地　　址：金华市人民西路66号
邮政编码：321000
电　　话：82327747

乾西支行

行　　长：龚锦东
地　　址：金华市环城西路1648号
邮政编码：321018
电　　话：82522663

白龙桥支行

行　　长：宗国娇
地　　址：金华市白龙桥金龙路青塘水库综合楼
邮政编码：321025
电　　话：82210087

西郊支行

行　　长：田　径
地　　址：金华市河盘桥路173号
邮政编码：321000
电　　话：82363107

竹马支行

行　　长：陈祝庆
地　　址：金华市婺城区竹马乡东宅村
邮政编码：321021
电　　话：82318374　82570048

新狮支行

行　　长：金　黎
地　　址：金华市芙峰路128号
邮政编码：321019
电　　话：82437367

罗店支行

行　　长：章颖姣
地　　址：金华市罗店镇八一路

邮政编码：321021
电　　话：82591143
胜利北街支行
行　　长：方剑斌
地　　址：金华市人民东路420号
邮政编码：321000
电　　话：82114851
三江支行
行　　长：黄群慧
地　　址：金华市八一南街1002号
邮政编码：321017
电　　话：82388885
西苑支行
行　　长：徐　晋
地　　址：金华市双馨路沙畈水库综合楼一楼
邮政编码：321017
电　　话：82370237
东苑支行
行　　长：伐红霞
地　　址：金华市义乌街657号
邮政编码：321017
电　　话：82471459
苏孟支行
行　　长：罗献松
地　　址：金华市苏孟乡苏孟村
邮政编码：321051
电　　话：82030256
双溪支行
行　　长：施卫红
地　　址：金华市双溪西路309号
邮政编码：321053
电　　话：82261799
秋滨支行
行　　长：李卫国
地　　址：金华市秋滨镇朱基头村
邮政编码：321016
电　　话：82273021
婺西支行
行　　长：王亚君
地　　址：金华市秋涛街208号
邮政编码：321016
电　　话：82270840
多湖支行
行　　长：何联芳
地　　址：金华市多湖街道望府街888号
邮政编码：321000
电　　话：82171175
东孝支行
行　　长：金献忠
地　　址：金华市人民东路1370号
邮政编码：321000
电　　话：82114790
仙桥支行
行　　长：姜　锋
地　　址：金华市赤松镇仙桥村
邮政编码：321022
电　　话：82080151
李渔支行
行　　长：吕　晖
地　　址：金华市李渔路929号
邮政编码：321017
电　　话：82461765
东阳城中支行
行　　长：李　淦
地　　址：东阳市吴宁西路40号
邮政编码：322100
电　　话：86626647
东阳人民路支行
行　　长：陈　琳
地　　址：东阳市人民路106号东阳金天地购物中心1F—010号
邮政编码：322100
电　　话：86636599
东阳通江支行
行　　长：吕静丽
地　　址：东阳市通江路168号
邮政编码：322100
电　　话：86813479
东阳世贸城支行
行　　长：杜刚红
地　　址：东阳市世贸大道188号东阳世界贸易城A2022—2025号
邮政编码：322100

电　　话：86816329

东阳城南支行

行　　长：林晓霞

地　　址：东阳市双岘路68号

邮政编码：322100

电　　话：86692371

永康五金城支行

行　　长：徐伟锋

地　　址：永康市望春东路105—111号

邮政编码：321300

电　　话：87211693

永康桃源支行

行　　长：黄林开

地　　址：永康市桃源路8号

邮政编码：321300

电　　话：87176302

永康城中支行

行　　长：杨　望

地　　址：永康市胜利街68号

邮政编码：321300

电　　话：87122965

永康西城支行

行　　长：应志仁

地　　址：永康市城西工业区蓝天路30号

邮政编码：321300

电　　话：87254165

兰溪溪西支行

行　　长：赵彩球

地　　址：兰溪市溪西丹溪大道21号

邮政编码：321100

电　　话：88884807

兰溪山江支行

行　　长：丁　敏

地　　址：兰溪市人民南路40号

邮政编码：321100

电　　话：88830044

兰溪东郊支行

行　　长：刘　飞

地　　址：兰溪市人民北路82号

邮政编码：321100

电　　话：88831200

义乌市场支行

行　　长：陈红辉

地　　址：义乌市工人北路3号楼33—36号

邮政编码：322000

电　　话：85451578

义乌城北支行

行　　长：陈美芝

地　　址：义乌市宗泽路458号

邮政编码：322000

电　　话：85543606

义乌宾王支行

行　　长：朱文静

地　　址：义乌市稠州北路167号

邮政编码：322000

电　　话：85543159

义乌北苑支行

行　　长：朱宏福

地　　址：义乌市雪峰西路251号

邮政编码：322000

电　　话：85112235

义乌稠城支行

行　　长：傅锋林

地　　址：义乌市稠城街道城北路258号

邮政编码：322000

电　　话：85290978

义乌广场支行

行　　长：胡寨华

地　　址：义乌市江东中路35号

邮政编码：322000

电　　话：85413048

义乌香山支行

行　　长：傅淑鸿

地　　址：义乌市西城路519、521号

邮政编码：322000

电　　话：85332156

义乌福田支行

行　　长：马建春

地　　址：义乌市义乌国际商贸城四区西辅F—041

邮政编码：322000

电　　话：81561108

浙江民泰商业银行

总行

董 事 长：江建法
监 事 长：张天羽
行　　长：杨小波
副 行 长：金官铭　赵勤奋　彭宗义　陈方清
地　　址：温岭市太平街道三星大道168号
邮政编码：317500
电　　话：86109988

总行营业部

总 经 理：刘云利
地　　址：温岭市太平街道三星大道168号
邮政编码：317500
电　　话：86109908

舟山分行

行　　长：倪　韶
地　　址：舟山市定海区芙蓉洲南路25—33号
邮政编码：316000
电　　话：2269393

舟山普陀支行

行　　长：金　松
地　　址：舟山市普陀区东港山海华府1号商务楼
邮政编码：316100
电　　话：3809210

舟山岱山支行

行　　长：董啸波
地　　址：舟山市岱山县高亭镇蓬莱路115号
邮政编码：316200
电　　话：4409393

舟山浦西支行

行　　长：胡小兵
地　　址：舟山市普陀区勾山街道康腾路50号
邮政编码：316100
电　　话：3089393

舟山金塘支行

行　　长：徐　杰
地　　址：舟山市定海区金塘镇山潭村山潭东街58号
邮政编码：316033
电　　话：8056999

杭州分行

行　　长：张国浩
地　　址：杭州市西湖区莫干山路501号
邮政编码：310012
电　　话：87208888

杭州萧山支行

行　　长：沈新军
地　　址：杭州市萧山区金城路418—420号
邮政编码：311200
电　　话：88066600

杭州富阳支行

行　　长：史科鸣
地　　址：富阳市体育场路187号
邮政编码：311400
电　　话：61713111

杭州临安支行

行　　长：吴成林
地　　址：临安市石镜街478号
邮政编码：311300
电　　话：61092888

杭州余杭支行

副 行 长：郭　峰（主持工作）
地　　址：杭州市余杭区南苑街道南大街263—5号
邮政编码：311100
电　　话：86350066

杭州建德支行

行　　长：徐军芳
地　　址：建德市新安江街道严州大道锦绣山庄1栋1—4层
邮政编码：311600
电　　话：64716010

杭州城东支行

行　　长：付　奇

地　　址：杭州市九堡镇蓝桥名苑11栋13—19号
邮政编码：310019
电　　话：88061117

成都分行

行　　长：罗米力
地　　址：成都市德盛路24—5号
邮政编码：610017
电　　话：028—86530046

成都武侯支行

行　　长：王　谦
地　　址：成都市永盛南街3号
邮政编码：610000
电　　话：028—65971606

成都成华支行

行　　长：陈　琦
地　　址：成都市建设南路160号9栋东郊红枫岭一、二层
邮政编码：610000
电　　话：028—65009000

成都新都支行

行　　长：杨秀齐
地　　址：成都市马超西路298号
邮政编码：610500
电　　话：028—67337102

成都金牛支行

行　　长：刘晓蓉
地　　址：成都市金府路799号
邮政编码：610000
电　　话：028—65037119

成都双流支行

行　　长：刘红亮
地　　址：成都市双流县九江镇蛟龙大道125号和105号
邮政编码：610200
电　　话：028—67086501

成都郫县支行

行　　长：代德洪
地　　址：郫县红光镇广场路晶宝·维吉尼亚
邮政编码：611700
电　　话：028—87725500

成都青白江支行

行　　长：周　帆
地　　址：成都市大弯新河路155、157、161号
邮政编码：610300
电　　话：028—83637301

宁波分行

行　　长：董　明
地　　址：宁波市鄞州区钱湖北路942号
邮政编码：315010
电　　话：82807028

宁波泗门支行

行　　长：严迪飞
地　　址：余姚市泗门镇光明北路2—16号
邮政编码：315400
电　　话：58128608

宁波慈溪支行

行　　长：陈建芳
地　　址：慈溪市浒山街道孙塘南路(南段)88—106号
邮政编码：315300
电　　话：23701333

宁波北仑支行

行　　长：郑波涛
地　　址：宁波市长江路1096号北仑区好时光大厦1幢301—310室
邮政编码：315800
电　　话：55128880

宁波象山支行

行　　长：朱光辉
地　　址：象山县丹东街道丹峰东路299—315号
邮政编码：315700
电　　话：25751006

上海分行

行　　长：戚玉林
地　　址：上海市闵行区桂林路928号2号楼
邮政编码：201100
电　　话：021—33561991

义乌分行

行　　长：江建平
地　　址：义乌市滨江路377号

邮政编码：322000
电　　话：85256700

金华兰溪支行
行　　长：徐跃军
地　　址：兰溪市丹溪大道 228 号
邮政编码：321100
电　　话：89017711

台州管理部
总 经 理：杨小波
地　　址：温岭市太平街道三星大道 168 号
邮政编码：317500
电　　话：86502568

台州椒江支行
行　　长：陈爱君
地　　址：台州市耀达路 318 号 B 区
邮政编码：318000
电　　话：88601600

台州路桥支行
行　　长：周　强
地　　址：台州市路桥区南官大道 999—15（刚泰艺鼎广场 2 号楼）
邮政编码：318000
电　　话：82501103

台州黄岩支行
行　　长：李林聪
地　　址：台州市黄岩区劳动南路 277 号
邮政编码：318020
电　　话：84848866

温岭泽国支行
行　　长：柯艳艳
地　　址：温岭市泽国镇丹崖大厦
邮政编码：317523
电　　话：86444129

温岭石粘支行
行　　长：蔡彩娥
地　　址：温岭市城北街道石粘路 93—17 至 93—21 号
邮政编码：317519
电　　话：86947550

温岭横峰支行
行　　长：陈　伟
地　　址：温岭市横峰街道宅前路
邮政编码：317519
电　　话：86956598

温岭箬横支行
行　　长：张旭晖
地　　址：温岭市箬横镇横滨大道 1 号
邮政编码：317523
电　　话：86813683

温岭松门支行
行　　长：潘丹平
地　　址：温岭市松门镇茶山北路 25—33 号
邮政编码：317511
电　　话：86669311

温岭大溪支行
行　　长：吴　广
地　　址：温岭市大溪镇登云南路 42—46 号
邮政编码：317525
电　　话：86336373

温岭温峤支行
行　　长：陈亚萍
地　　址：温岭市温峤镇中大街 263 号
邮政编码：317527
电　　话：86969701

温岭新河支行
行　　长：杨静静
地　　址：温岭市新河镇市民大道 354 号
邮政编码：317502
电　　话：80689800

台州仙居支行
行　　长：王洪斌
地　　址：仙居城关环西南路 18 号
邮政编码：317300
电　　话：87716822

台州玉环支行
行　　长：王仁聪
地　　址：玉环县珠港镇城关康育路 2 号
邮政编码：317600
电　　话：81717123

温岭城区支行
行　　长：王新连
地　　址：温岭市太平街道万昌中路 551 号
邮政编码：317500

电　　话：86128358

台州临海支行

行　　长：郭正晓
地　　址：临海市柏叶西路172号
邮政编码：317000
电　　话：85181515

临海杜桥支行

行　　长：杨巧敏
地　　址：临海市杜桥镇府前街322号
邮政编码：317000
电　　话：85653900

台州天台支行

行　　长：王升平
地　　址：天台县赤城街道劳动路50号
邮政编码：317200
电　　话：83815300

台州三门支行

行　　长：严　刚
地　　址：三门县湫水大道2—8号至2—12号
邮政编码：317100
电　　话：83305999

玉环楚门支行

行　　长：李　峰
地　　址：玉环县南兴西路和泽坎路交界综合楼3幢1—4
邮政编码：317605
电　　话：87426551

浙江泰隆商业银行

总行

董 事 长：王　钧
监 事 长：赵相兴
行　　长：王官明
市场总监：金轩宇
副 行 长：赵仙友　陈　斌　金学良
地　　址：台州市路桥区南官大道188号
邮政编码：318050
电　　话：82550008

路桥卖芝桥支行

行　　长：管海燕
地　　址：台州市路桥区卖芝桥西路33号
邮政编码：318050
电　　话：82450090

路桥城北支行

行　　长：张雪萍
地　　址：台州市路桥区月河北街177号（台州湾广场旁）
邮政编码：318050
电　　话：82400051

路桥峰江支行

行　　长：罗文亮
地　　址：台州市路桥区峰江镇上蔡村办公大楼
邮政编码：318050
电　　话：82698262

路桥城南支行

行　　长：陈丹阳
地　　址：台州市路桥区新安南街569号
邮政编码：318050
电　　话：82445211

路桥城西支行

行　　长：蒋丽英
地　　址：台州市路桥区西路桥大道588号
邮政编码：318050
电　　话：82955333

路桥金清支行

行　　长：张小燕
地　　址：台州市路桥区金清大道西120—130号
邮政编码：318050
电　　话：82070111

台州经济开发区支行

行　　长：潘　琦
地　　址：台州市市府大道328—332号
邮政编码：318000
电　　话：88528205

台州椒江支行

行　　长：邱振华
地　　址：台州市椒江区星明路11号
邮政编码：318000
电　　话：88809282

椒江洪家支行

行　　长：胡秀丽
地　　址：台州市椒江区洪家鸿洲大道651号
邮政编码：318000
电　　话：81819889

台州黄岩支行

行　　长：李华莉
地　　址：台州市黄岩区塔院头路61号
邮政编码：318020
电　　话：84087001

台州三门支行

行　　长：郭鲜红
地　　址：三门县海游镇光明路136—140号
邮政编码：317100
电　　话：83326107

台州临海支行

行　　长：蒋庭磊
地　　址：临海市靖江路靖江花城0—10号
邮政编码：317000
电　　话：85385808

临海杜桥支行

行　　长：谢桔茂
地　　址：临海市杜桥镇牌门路620号
邮政编码：317016
电　　话：85657002

台州玉环支行

行　　长：徐红伟
地　　址：台州市玉环县三潭路玉环县科技文化艺术大楼
邮政编码：317600
电　　话：87175709

台州温岭支行

行　　长：周志林
地　　址：温岭市太平街道万昌中路558号
邮政编码：317500
电　　话：86028989

温岭大溪支行

行　　长：郭勤伟
地　　址：温岭市大溪镇大溪北路299号
邮政编码：317525
电　　话：86028906

温岭箬横支行

行　　长：朱君丽
地　　址：温岭市箬横镇横滨大道408—426号
邮政编码：317507
电　　话：86127708

台州天台支行

行　　长：褚人大
地　　址：台州市天台县工人东路2号
邮政编码：317200
电　　话：83922111

台州仙居支行

行　　长：金碧辉
地　　址：仙居县环城南路374号
邮政编码：317300
电　　话：87721295

黄岩南城支行

行　　长：陈　红
地　　址：台州市黄岩区劳动南路999号
邮政编码：318020
电　　话：81108606

丽水分行

行　　长：陈昌文
地　　址：丽水市丽阳街568号
邮政编码：323000
电　　话：2186001

丽水青田支行

行　　长：郭温静
地　　址：青田县新大街88号
邮政编码：323900
电　　话：6809001

丽水龙泉支行

行　　长：刘剑龙
地　　址：龙泉市贤良路193号
邮政编码：323700
电　　话：7860001

丽水缙云支行

行　　长：吕文勇
地　　址：缙云县五云镇黄龙路77号
邮政编码：321400
电　　话：3070000

丽水松阳支行
行　　长：徐　瑛
地　　址：松阳县要津路90号
邮政编码：323400
电　　话：8688001

丽水莲都支行
行　　长：项光庆
地　　址：丽水市莲都区解放街61号
邮政编码：323000
电　　话：2620601

丽水云和支行
行　　长：柯受委
地　　址：云和县中山路51号
邮政编码：323600
电　　话：5260001

丽水遂昌支行
行　　长：翁利华
地　　址：遂昌县妙高街道西街46—56号
邮政编码：323300
电　　话：8506002

杭州分行
行　　长：郑君京
地　　址：杭州市中河中路198号绿都大厦
邮政编码：310003
电　　话：88333777—8001

杭州余杭支行
行　　长：阎国锋
地　　址：杭州市余杭区南苑街道南大街326号
邮政编码：311100
电　　话：88567777

杭州富阳支行
行　　长：张仙中
地　　址：富阳市文教路92号
邮政编码：311400
电　　话：61719077

杭州萧山支行
行　　长：尹　钢
地　　址：杭州市萧山区金城路218号
邮政编码：311202
电　　话：82702228

杭州淳安支行
行　　长：汪　剑
地　　址：淳安县千岛湖镇新安东路428号
邮政编码：311700
电　　话：64886688

杭州城东支行
行　　长：冯玲君
地　　址：杭州九堡镇九睦路新江花园15幢底商一号
邮政编码：310003
电　　话：56920000

杭州城北支行
行　　长：王晓飞
地　　址：杭州市上塘路641号
邮政编码：310003
电　　话：86482231

杭州临安支行
行　　长：周　峰
地　　址：临安市城中街518号
邮政编码：311300
电　　话：61111777

宁波分行
行　　长：颜利红
地　　址：宁波市中山东路437号
邮政编码：315040
电　　话：87861100

宁波观海卫支行
行　　长：陈　勇
地　　址：慈溪市观海卫镇观海卫路1号
邮政编码：315315
电　　话：58586661

宁波余姚支行
行　　长：王永军
地　　址：余姚市阳明西路299—1号
邮政编码：315400
电　　话：58125008

宁波鄞州支行
行　　长：石官平
地　　址：宁波市钟公庙路285号
邮政编码：315100
电　　话：89013211

宁波宁海支行

行　　长：童慧琴
地　　址：宁海县金水路 355 号(金水路与新桥路交叉口)
邮政编码：315600
电　　话：25586680

宁波慈溪支行

行　　长：余万军
地　　址：慈溪市开发大道 1398 号
邮政编码：315300
电　　话：58580260

宁波北仑支行

行　　长：王云鹤
地　　址：宁波市恒山路 488 号
邮政编码：315800
电　　话：86799169

金华分行

行　　长：何建华
地　　址：金华市宾虹路 1258 号永新大厦
邮政编码：321000
电　　话：82753777

金华义乌支行

行　　长：徐标鸿
地　　址：义乌市稠州北路 1401 号银联国际大厦三层 8323
邮政编码：322000
电　　话：89890008

金华武义支行

行　　长：陈骐奋
地　　址：武义县武阳东路 69 号
邮政编码：321200
电　　话：87959790

上海分行

行　　长：严　强
地　　址：上海市常德路 425 号
邮政编码：200040
电　　话：021—61713946

上海闵行支行

行　　长：章君飞
地　　址：上海市漕宝路 1687 号
邮政编码：201101
电　　话：021—34677367

上海松江支行

行　　长：张志军
地　　址：上海市松江区泗砖公路 88 号
邮政编码：201601
电　　话：021—37014024

上海嘉定支行

行　　长：董吾会
地　　址：上海市澄浏中路 2583 号
邮政编码：201818
电　　话：021—60712906

上海浦东支行

行　　长：贺玲平
地　　址：上海市成山路 811 号
邮政编码：200125
电　　话：021—20287663

上海青浦支行

行　　长：李丹阳
地　　址：上海市青湖路 770—798 号
邮政编码：201700
电　　话：021—69225905

上海南汇支行

行　　长：应子斌
地　　址：上海市惠南镇城南路 335 号
邮政编码：200130
电　　话：021—20921223

上海奉贤支行

行　　长：陈　奋
地　　址：上海市环城东路 570 弄 90 号
邮政编码：201400
电　　话：021—67106835

上海杨浦支行

行　　长：泮莉芬
地　　址：上海市四平路 2158 号
邮政编码：200082
电　　话：021—55136013

上海曹安支行

行　　长：贺金华
地　　址：上海市曹安公路 1509 号
邮政编码：201818
电　　话：021—69183899

上海宝山支行

行　　长：蒋正栋

地　　址：上海市友谊路1578号
邮政编码：201900
电　　话：021—51839351

衢州分行

行　　长：周建斌
地　　址：衢州市荷花街道荷四路263—283号
邮政编码：324000
电　　话：8066766

衢州常山支行

行　　长：叶国良
地　　址：常山县天马镇白马路96号
邮政编码：324200
电　　话：5122811

衢州江山支行

行　　长：徐　忠
地　　址：江山市虎山街道鹿溪南路111号
邮政编码：324100
电　　话：4058703

苏州分行

行　　长：徐世标
地　　址：苏州工业园区圆融时代广场24栋B区7楼
邮政编码：215028
电　　话：0512—62709555

台州银行机构名录

总行

董 事 长：陈小军
监 事 长：郑桥冶
执行董事：施大龙
行　　长：黄军民
副 行 长：赵建国　陈剑敏　河　源
地　　址：台州市路桥区南官大道92号
邮政编码：318050
电　　话：82454217

舟山分行

行　　长：徐　伟
地　　址：舟山市定海区新桥路120号
邮政编码：316000
电　　话：2628558

温州分行

行　　长：王剑波
地　　址：温州市鹿城区人民东路21号
邮政编码：325000
电　　话：88848188

杭州分行

副 行 长：黄朝盛(主持工作)
地　　址：杭州市江干区秋涛北路100号
邮政编码：310020
电　　话：86893608

市府大道支行

行　　长：王　冰
地　　址：台州市椒江区市府大道385—391号
邮政编码：318000
电　　话：88587018

开发区支行

行　　长：周冬芳
地　　址：台州市椒江区东海大道438—440号
邮政编码：318000
电　　话：88527502

椒江支行

行　　长：应小卫
地　　址：台州市椒江区中山西路249号
邮政编码：318000
电　　话：88897708

椒江中山路支行

行　　长：周俊杰
地　　址：台州市椒江区中山西路52号
邮政编码：318000
电　　话：88887222

椒江解放路支行

行　　长：李群辉
地　　址：台州市椒江区解放南路205—207号
邮政编码：318000
电　　话：88300561

椒江海门支行

行　　长：杨增富
地　　址：台州市椒江区中山东路238号
邮政编码：318015

电　　话：88602118

椒江下陈支行

行　　长：陈仲慧

地　　址：台州市椒江区下陈街道机场路36号

邮政编码：318000

电　　话：8178879

椒江洪家支行

行　　长：叶永燕

地　　址：台州市椒江区洪家街道鸿洲大道399号

邮政编码：318000

电　　话：88016621

路桥大道支行

行　　长：谈春红

地　　址：台州市路桥区东路桥大道145号

邮政编码：318050

电　　话：82959567

路桥洋张支行

副 行 长：罗丽雅

地　　址：台州市路桥区腾达路68号

邮政编码：318050

电　　话：82910000

路桥商海街支行

行　　长：李高春

地　　址：台州市路桥区商海北街88号

邮政编码：318050

电　　话：82422355

路桥田洋王支行

行　　长：蒋军胜

地　　址：台州市路桥区银座街238号

邮政编码：318050

电　　话：82517722

路桥银座街支行

行　　长：周灵芝

地　　址：台州市路桥区银座街2号

邮政编码：318050

电　　话：82442112

路桥新大街支行

行　　长：苏永军

地　　址：台州市路桥区邮电路321号

邮政编码：318050

电　　话：82457990

路桥市场街支行

行　　长：彭佩红

地　　址：台州市路桥区商海北街88号

邮政编码：318050

电　　话：82629000

路桥石曲支行

行　　长：王晓凌

地　　址：台州市路桥区新安南街470—474号

邮政编码：318050

电　　话：82931166

路桥上蔡支行

行　　长：蔡灯卫

地　　址：台州市路桥区峰江街道上蔡村1区35—36号

邮政编码：318054

电　　话：82678197

路桥峰江支行

行　　长：李　敏

地　　址：台州市路桥区峰江街道兴峰路78号

邮政编码：318054

电　　话：82699399

路桥峰江金属园区支行

行　　长：梁　君

地　　址：台州市路桥区峰江街道后王村保全路

邮政编码：318054

电　　话：82670315

路桥新桥支行

行　　长：郑文亚

地　　址：台州市路桥区新桥镇机场路173号

邮政编码：318055

电　　话：82662636

路桥金清支行

行　　长：梁　波

地　　址：台州市路桥区金清镇金清大道60、62号

邮政编码：318058

电　　话：82877400

路桥横街支行
行　　长：周　望
地　　址：台州市路桥区横街镇横街居车站南
邮政编码：318056
电　　话：82655561

黄岩支行
行　　长：王　勇
地　　址：台州市黄岩区东城街道城外洲社区劳动南路368号
邮政编码：318020
电　　话：84229001

黄岩十里铺支行
行　　长：钱雪平
地　　址：台州市黄岩区南城街道办事处十里铺村丰立路1号
邮政编码：318020
电　　话：84188250

黄岩院桥支行
行　　长：虞志君
地　　址：台州市黄岩区院桥镇新春北路104号
邮政编码：318025
电　　话：84836788

黄岩天长南路支行
行　　长：童文彪
地　　址：台州市黄岩区天长南路85号
邮政编码：318020
电　　话：84220591

黄岩天长北路支行
行　　长：周宣洪
地　　址：台州市黄岩区县前街175—181号
邮政编码：318020
电　　话：84211789

黄岩青年西路支行
行　　长：黄金华
地　　址：台州市黄岩区青年西路25号
邮政编码：318020
电　　话：84226111

黄岩桔乡大道支行
行　　长：张适民
地　　址：台州市黄岩区桔乡大道256号
邮政编码：318020
电　　话：84254836

黄岩西门支行
行　　长：李素君
地　　址：台州市黄岩区黄长路471号
邮政编码：318020
电　　话：84052567

黄岩工业园区支行
行　　长：王国庆
地　　址：台州市黄岩区新前街道北院大道63号
邮政编码：318020
电　　话：84353627

温岭支行
行　　长：胡崇岩
地　　址：温岭市三星大道105号
邮政编码：317500
电　　话：81690998

温岭太平支行
行　　长：陈　慧
地　　址：温岭市东辉北路9—10号
邮政编码：317500
电　　话：86207308

温岭泽国支行
行　　长：蔡仙娇
地　　址：温岭市泽国镇泽楚路87—89B
邮政编码：317523
电　　话：86430501

温岭大溪支行
副 行 长：陈红良(主持工作)
地　　址：温岭市大溪镇方山大道丽景花园二幢3号楼
邮政编码：317525
电　　话：86338499

温岭横峰支行
行　　长：牟溥庆
地　　址：温岭市横峰街道宅前路38号
邮政编码：317520
电　　话：86955688

温岭松门支行
行　　长：王　升

地　　址：温岭市松门镇迎宾西路
邮政编码：317512
电　　话：86675333

温岭箬横支行

行　　长：杨君波
地　　址：温岭市箬横镇横滨大道西侧
邮政编码：317507
电　　话：86865590

玉环支行

行　　长：施津荣
地　　址：台州市玉环县城中路105号
邮政编码：317600
电　　话：87281888

玉环楚门支行

行　　长：解金福
地　　址：玉环县楚门镇南兴西路168—188号
邮政编码：317605
电　　话：87428801

玉环坎门支行

行　　长：林　雷
地　　址：玉环县坎门镇振兴路223号
邮政编码：317602
电　　话：87511001

临海支行

行　　长：杨　敏
地　　址：临海市鹿城路174号
邮政编码：317000
电　　话：85286911

临海崇和支行

行　　长：阮海燕
地　　址：临海市崇和门广场商城69号
邮政编码：317000
电　　话：85381036

临海回浦支行

行　　长：任典魁
地　　址：临海市柏叶西路28号
邮政编码：317000
电　　话：85319851

临海杜桥支行

行　　长：朱喜兵
地　　址：临海市杜桥镇南大路219—227号
邮政编码：317016
电　　话：85501878

临海巾山支行

行　　长：王　宇
地　　址：临海市古城街道巾山东路77号
邮政编码：317000
电　　话：85111341

天台支行

行　　长：谢琮臻
地　　址：天台县赤城街道劳动路324—336号
邮政编码：317200
电　　话：83968555

仙居支行

行　　长：徐立新
地　　址：仙居县环城南路368—2号
邮政编码：317300
电　　话：87718338

舟山普陀支行

行　　长：王　芳
地　　址：舟山市普陀区沈家门滨港路144—146号
邮政编码：316119
电　　话：2628557

舟山勾山小微企业专营支行

副 行 长：陈仁荣(主持工作)
地　　址：舟山市普陀区勾山街道东海西路2121—1室
邮政编码：316102
电　　话：2323788

舟山定海小微企业专营支行

行　　长：林　杰
地　　址：舟山市定海区解放西路260号
邮政编码：316003
电　　话：2323788

温州泰顺支行

行　　长：叶国林
地　　址：泰顺县罗阳镇泰寿路5号
邮政编码：325500
电　　话：67575188

温州乐清支行

行　　长：张军波

地　　址：乐清市乐成镇宁康西路337号东首
邮政编码：325600
电　　话：61518899

温州鹿城支行

行　　长：张　彬
地　　址：温州市市府路新益大厦1幢104—107室
邮政编码：325000
电　　话：89868278

温州城西支行

行　　长：黄亚俊
地　　址：温州市望江西路50号
邮政编码：325005
电　　话：88285898

温州城南小微企业专营支行

行　　长：彭　晔
地　　址：温州市瓯海区104国道慈湖段108号
邮政编码：325014
电　　话：86081769

杭州城北支行

行　　长：林松寅
地　　址：杭州市拱墅区绍兴路801—817号
邮政编码：310011
电　　话：86890188

杭州余杭支行

行　　长：洪新江
地　　址：杭州市余杭区南苑街道人民大道532号
邮政编码：311199
电　　话：89833322

杭州紫金港小微企业专营支行

行　　长：葛向华
地　　址：杭州西湖区古墩路829号
邮政编码：310012
电　　话：86893580

杭州汽车城小微企业专营支行

行　　长：唐海港
地　　址：杭州拱墅区广丰街95号
邮政编码：310005
电　　话：86893585

杭州勾庄小微企业专营支行

行　　长：曹晨琪
地　　址：杭州余杭区逸盛路31号
邮政编码：311112
电　　话：89366700

各资产管理公司

中国华融资产管理股份有限公司浙江省分公司

总 经 理：胡　英
副总经理：顾　昶
纪委书记：毛永娟
总经理助理：史杰文　何　斌
地　　址：杭州市开元路19—1、2号
邮政编码：310001
电　　话：87836736

中国长城资产管理公司杭州办事处

总 经 理：张范全
地　　址：杭州市邮电路23号浙江长城资产大楼9楼
邮政编码：310006
电　　话：85167890

中国东方资产管理公司杭州办事处

总 经 理：章建新
地　　址：杭州市庆春路225号西湖代广场五楼
邮政编码：310006
电　　话：28059807

其他地方性金融机构

华融金融租赁股份有限公司总部

董 事 长：胡继良
总 经 理：张永宏
副总经理：陈昆平　邵力刚　陈　晋
　　　　　柳旭斌　徐　杰
纪委书记：柏　毅(副总经理级)
地　　址：杭州市曙光路122号世贸大厦写字楼A座六、七楼
邮政编码：310007

电　　话：87950988(总机)

宁波分公司

总 经 理：徐高峰

地　　址：宁波市江东区中兴路739号天润商座B座7楼

邮政编码：315040

电　　话：87731981

金华分公司

总 经 理：叶　宏

地　　址：金华市亚峰路1号瑞城名座11楼

邮政编码：321013

电　　话：83181201

中投信托有限责任公司

董 事 长：杨金龙

总 经 理：刘　屹

地　　址：杭州市西湖区教工路18号世贸丽晶城欧美中心A座D区18、19楼

邮政编码：310012

电　　话：85069047

浙商金汇信托股份有限公司

总 经 理：辛　洁

地　　址：杭州市庆春路199号6楼

邮政编码：310006

电　　话：40086655

万向信托有限公司

董 事 长：肖　风

总　　裁：祝　旸

地　　址：杭州市体育场路429号天和大厦12—17楼

邮政编码：310006

电　　话：85807870

昆仑信托有限责任公司

总　　裁：王　亮

党委书记：李　晶

副 总 裁：姚　飞　李效熙　朱佳平　刘　刚　黄志斌　吴怀镛

财务总监：张建慧

总裁助理：贾南征　姚少杰

董事会秘书：黄志斌

地　　址：宁波市江东北路138号

邮政编码：315040

电　　话：87033100

浙江能源集团财务有限责任公司

董 事 长：王莉娜

总 经 理：方　闽

副总经理：汪汝姚　马　青

地　　址：杭州市环城北路华浙广场1号9楼

邮政编码：310006

电　　话：86669990

万向财务有限公司

董 事 长：管大源

总　　裁：傅志芳

地　　址：杭州市庆春路225号西湖时代广场7楼

邮政编码：310006

电　　话：87163333

宁波港集团财务有限公司

董 事 长：李令红

副董事长：王　峥

总 经 理：庄一本

副总经理：邱纪道

地　　址：宁波市北仑区明州路301号

邮政编码：315800

电　　话：27696669

中国人民财产保险股份有限公司在浙机构

浙江省分公司

总 经 理：吴建林

副总经理：楼海良　孙　岚　岑志刚　董卓建　徐学德

纪委书记：孙　岚(兼)

工会主任：孙　岚(兼)

地　　址：杭州市中河中路66—68号

邮政编码：310009

电　　话：87823602

杭州市分公司

总 经 理：徐　斌

副总经理：李旭伟　郑尚运　朱冠羽　戴建强

纪委书记：郑尚运(兼)
地　　址：杭州市体育场路27号
邮政编码：310004
电　　话：85282910

杭州分公司国际保险营业部

总 经 理：王蜻炜
地　　址：杭州市钱江路58号太和广场2号楼701
邮政编码：310008
电　　话：87027453

杭州市分公司第二营业部

总 经 理：俞伟民
地　　址：杭州市体育场路27号人保大厦17—18层
邮政编码：310004
电　　话：85284245

杭州市分公司第三营业部

总 经 理：陆雅芬
地　　址：杭州市中山中路151号5—6层
邮政编码：310001
电　　话：87825069

杭州市分公司第四营业部

总 经 理：段　伟
地　　址：杭州市体育场路27号人保大厦15—16层
邮政编码：310004
电　　话：85284230

杭州市分公司第五营业部

总 经 理：王　箭
地　　址：杭州市体育场路27号人保大厦8—9层
邮政编码：310004
电　　话：85282780

杭州市滨江支公司

总 经 理：张　军
地　　址：杭州市滨江区江南大道国土局大楼一、二楼
邮政编码：310051
电　　话：87795856

杭州市中山支公司

总 经 理：楼　磊
地　　址：杭州市中山中路151号
邮政编码：310001
电　　话：87818168

杭州市武林支公司

总 经 理：叶伶华
地　　址：杭州市体育场路279号粮贸大厦8楼
邮政编码：310003
电　　话：85178757

杭州市湖墅支公司

总 经 理：徐时宁
地　　址：杭州市湖墅南路400号
邮政编码：310005
电　　话：88388737

杭州市西湖支公司

总 经 理：蒋肖炜
地　　址：杭州市保俶路121号南楼
邮政编码：310007
电　　话：85116368

杭州市江城支公司

总 经 理：孙新华
地　　址：杭州市环城东路城站邮政大厦一楼
邮政编码：310002
电　　话：87839700

杭州市经济技术开发区支公司

总 经 理：杨建良
地　　址：杭州市经济开发区6号大街邮政大楼1—2层
邮政编码：310018
电　　话：86911455

杭州市萧山支公司

总 经 理：张伟钢
地　　址：杭州市萧山区人民路280号
邮政编码：311201
电　　话：82728678

杭州市余杭支公司

总 经 理：孔配根
地　　址：杭州市余杭区临平镇东湖中路11号
邮政编码：311100
电　　话：86137101

桐庐支公司

经　　理：陈文宝
地　　址：桐庐县迎宾路30号
邮政编码：311500
电　　话：64623809

临安支公司

总 经 理：程小万
地　　址：临安市钱王街648号
邮政编码：311300
电　　话：63729908

富阳支公司

总 经 理：贾一农
地　　址：富阳市桂花路19号
邮政编码：311400
电　　话：63320662

建德支公司

经　　理：陈　烈
地　　址：建德市新安江街道新安东路22号
邮政编码：311600
电　　话：64722491

淳安支公司

经　　理：王爱国
地　　址：淳安县千岛湖镇排岭北路55号
邮政编码：311700
电　　话：64810121

温州市分公司

副总经理：何　彬(主持工作)
副总经理：王珧琮　许良统　冯维辉　郑忠勇
纪委书记：王珧琮(兼)
地　　址：温州市新城大道292号保险大楼
邮政编码：325027
电　　话：88061105

温州市分公司重要客户部

副总经理：叶其蕃
地　　址：温州市新城大道292号保险大楼
邮政编码：325027
电　　话：88061802

温州市分公司车商业务部

总 经 理：陈泽民
地　　址：温州市新城大道292号保险大楼
邮政编码：325027
电　　话：88061851

温州市鹿城支公司

总 经 理：周跃荣
地　　址：温州市黎明西路342号
邮政编码：325027
电　　话：88870980

温州市瓯海支公司

总 经 理：林国光
地　　址：温州市将军桥瓯海大厦11—12层
邮政编码：325005
电　　话：88538868

温州市龙湾支公司

总 经 理：毛家彪
地　　址：温州市经济开发区雁荡东路55号
邮政编码：325011
电　　话：86555799

永嘉支公司

总 经 理：朱宁远
地　　址：永嘉县上塘镇县前路102号
邮政编码：325100
电　　话：66995001

瑞安支公司

总 经 理：娄锦标
地　　址：瑞安市安阳镇万松东路196号(市府东首)
邮政编码：325200
电　　话：65819008

乐清支公司

总 经 理：赵崇乐
地　　址：乐清市乐成镇良港东路58号
邮政编码：325600
电　　话：61608001

苍南支公司

总 经 理：包观立
地　　址：苍南县龙港镇龙港大道99—115号
邮政编码：325802
电　　话：64202836

文成支公司
经　　理：徐春源
地　　址：文成县大峃镇建设路326号
邮政编码：325300
电　　话：67861021
泰顺支公司
经　　理：陈向军
地　　址：泰顺县罗阳镇建设路41号
邮政编码：325500
电　　话：67592928
洞头支公司
经　　理：叶晓光
地　　址：洞头县北岙镇车站路65号
邮政编码：325700
电　　话：63483567
平阳支公司
总 经 理：李启东
地　　址：平阳县鳌江镇东河街心花园边
邮政编码：325401
电　　话：63612188

台州市分公司
总 经 理：许江峰
副总经理：倪益民　王一民　姜　楠
　　　　　张　鸷
纪委书记：王一民(兼)
地　　址：台州市市府大道359号
邮政编码：318000
电　　话：88528283
台州市分公司国际保险部
总 经 理：王文胜
地　　址：台州市市府大道359号
邮政编码：318000
电　　话：88528281
台州市黄岩支公司
主要负责人：李春云
地　　址：台州市黄岩区劳动南路396号质量监督局大楼
邮政编码：318020
电　　话：84025255
台州市椒江支公司
主要负责人：徐米白
地　　址：台州市椒江区解放南路18号
邮政编码：318000
电　　话：88529677
台州市路桥支公司
总 经 理：王　峻
地　　址：台州市路桥区西路桥大道311号
邮政编码：318050
电　　话：82792688
临海支公司
总 经 理：裴　斌
地　　址：临海市城关赤城路77号
邮政编码：317000
电　　话：85157055
温岭支公司
总 经 理：应永平
地　　址：温岭市东辉中路155号
邮政编码：317500
电　　话：86178268
玉环支公司
总 经 理：高文军
地　　址：玉环县城关玉兴西路14号
邮政编码：317600
电　　话：87216638
天台支公司
总 经 理：陈双玉
地　　址：天台县城关镇人民东路65号
邮政编码：317200
电　　话：83883599
仙居支公司
总 经 理：杨燮麟
地　　址：仙居县城关穿城北路44号
邮政编码：317300
电　　话：87785236
三门支公司
负 责 人：岳可飚
地　　址：三门县海游镇梧桐路20号总商会大厦
邮政编码：317100
电　　话：83335368

金华市分公司
总 经 理：毛新龙
副总经理：陈建新　张　平　杜庆华
　　　　　何伟忠　金康文

纪委书记：张　平(兼)
地　　址：金华市中山路293号
邮政编码：321000
电　　话：82312201

金华市分公司营业部

总 经 理：金康文(兼)
地　　址：金华市中山路293号
邮政编码：321000
电　　话：82310231

金华市分公司重要客户部

经　　理：倪琦珉
地　　址：金华市中山路293号
邮政编码：321000
电　　话：82312217

金华市金东支公司

经　　理：吴翔俊
地　　址：金华市李渔路122号
邮政编码：321013
电　　话：82373630

金华市婺城支公司

经　　理：方　凯
地　　址：金华市双溪西路518号
邮政编码：321017
电　　话：82372636

兰溪支公司

总 经 理：王绍洪
地　　址：兰溪市丹溪大道33号
邮政编码：321100
电　　话：88252288

东阳支公司

总 经 理：张健蕾
地　　址：东阳市吴宁东路28号
邮政编码：322100
电　　话：86644681

永康支公司

总 经 理：徐若宁
地　　址：永康市九铃东路3215号
邮政编码：321300
电　　话：87128291

武义支公司

负 责 人：陈隆兴
地　　址：武义县武阳路水务大楼
邮政编码：321200
电　　话：87632022

浦江支公司

总 经 理：李　明
地　　址：浦江县城人民西路6号
邮政编码：322200
电　　话：84113116

磐安支公司

经　　理：卢薛青
地　　址：磐安县海螺街30号
邮政编码：322300
电　　话：84660278

嘉兴市分公司

总 经 理：桂文东
副总经理：张　艳　陈国良
纪委书记：陈国良(兼)
总经理助理：倪　啸　张　立
地　　址：嘉兴市斜西街213号
邮政编码：314000
电　　话：82052629

嘉兴市分公司第一营业部

总 经 理：顾　锷
地　　址：嘉兴市斜西街213号4F
邮政编码：314000
电　　话：82053211

嘉兴市分公司第二营业部

总 经 理：何　雁
地　　址：嘉兴市斜西街213号5F
邮政编码：314000
电　　话：82052000

嘉兴市分公司第三营业部

经　　理：蒋　颖
地　　址：嘉兴市斜西街213号3F
邮政编码：314000
电　　话：82053928

嘉兴市秀洲支公司

总 经 理：姜　玲
地　　址：嘉兴市吉杨路985号2F
邮政编码：314000
电　　话：82055506

嘉善支公司

总 经 理：陈华强

地　　址：嘉善县魏塘镇亭桥北路153号
邮政编码：314100
电　　话：84121931

平湖支公司

总 经 理：卢　伟
地　　址：平湖市南市路西侧888号
邮政编码：314200
电　　话：85117266

海盐支公司

总 经 理：蒋晓峰
地　　址：海盐县枣园西路168号
邮政编码：314300
电　　话：86124098

海宁支公司

总 经 理：陆海华
地　　址：海宁市硖石镇海昌路120号
邮政编码：314400
电　　话：87706677

桐乡支公司

总 经 理：杨吉辰
地　　址：桐乡市公园路16号
邮政编码：314500
电　　话：88027123

绍兴市分公司

总 经 理：徐　虎
副总经理：黄嘉宁　周　杰　蒋　丰
纪委书记：周　杰(兼)
地　　址：绍兴市人民西路192号
邮政编码：312000
电　　话：85207788

绍兴支公司

总 经 理：孔晓岚
地　　址：绍兴县柯桥鉴湖路79号
邮政编码：312030
电　　话：84127218

诸暨支公司

总 经 理：吕文江
地　　址：诸暨市暨阳街道艮塔东路25号
邮政编码：311800
电　　话：87224456

上虞支公司

总 经 理：黄孟军
地　　址：上虞市江东路120号
邮政编码：312300
电　　话：82215071

嵊州支公司

总 经 理：张颖俊
地　　址：嵊州市剡城路337号
邮政编码：312400
电　　话：83184072

新昌支公司

负 责 人：陈伯洋
地　　址：新昌县南明街道鼓山中路121号
邮政编码：312500
电　　话：86033032

绍兴市袍江支公司

总 经 理：陈强龙
地　　址：绍兴袍江新区财富中心菖蒲街308号
邮政编码：312071
电　　话：88038007

绍兴市越城支公司

总 经 理：何少华
地　　址：绍兴市越城区越西路833号
邮政编码：312000
电　　话：88006308

绍兴市分公司营业部

总 经 理：陈　炯
地　　址：绍兴市人民西路192号
邮政编码：312000
电　　话：85207828

绍兴市分公司江滨营业部

主要负责人：张立芳
地　　址：上虞市沥海镇大塘外路
邮政编码：312366
电　　话：82114012

湖州市分公司

总 经 理：杨培根
副总经理：吴生强　朱　巍　朱新明
纪委书记：吴生强(兼)
地　　址：湖州市南街368、370号
邮政编码：313000
电　　话：2056187

湖州市分公司营业部
总 经 理：杨晓峰
地　　址：湖州市南街368、370号
邮政编码：313000
电　　话：2217911

湖州市吴兴支公司
总 经 理：吴　琛
地　　址：湖州市南街368、370号
邮政编码：313000
电　　话：2026900

湖州市南浔支公司
总 经 理：潘　华
地　　址：湖州市南浔镇嘉业路473号
邮政编码：313009
电　　话：3916251

德清支公司
主要负责人：沈　炜
地　　址：德清县武康镇永安街123号
邮政编码：313200
电　　话：8062216

长兴支公司
总 经 理：庄伟民
地　　址：长兴县雉城镇金陵南路88号
邮政编码：313100
电　　话：6053313

安吉支公司
总 经 理：张夏冰
地　　址：安吉县递铺镇胜利路东端
邮政编码：313300
电　　话：5025520

衢州市分公司

总 经 理：翁文庆
副总经理：兰卫平　李小刚　周水根
　　　　　封　蓉
纪委书记：封　蓉(兼)
地　　址：衢州市区新桥街56号
邮政编码：324000
电　　话：3055311

衢州市柯城支公司
总 经 理：姜毅俊
地　　址：衢州市区新桥街56号
邮政编码：324000
电　　话：3055356

衢州市衢江支公司
总 经 理：刘　勇
地　　址：衢州市闹市巷1号
邮政编码：324000
电　　话：3055337

衢州市分公司营业部
总 经 理：王翠微
地　　址：衢州市闹市巷2号三楼
邮政编码：324000
电　　话：3055317

龙游支公司
负 责 人：詹春林
地　　址：龙游县太平西路18号
邮政编码：324400
电　　话：7019266

江山支公司
总 经 理：汪坚毅
地　　址：江山市县河东路3号
邮政编码：324100
电　　话：4022115

常山支公司
经　　理：王荣良
地　　址：常山县天马镇渡口新区
邮政编码：324200
电　　话：5016677

开化支公司
经　　理：汪水茂
地　　址：开化县城关镇解放街14号
邮政编码：324300
电　　话：6014830

丽水市分公司

总 经 理：占志伟
副总经理：程海峰　王小平
纪委书记：程海峰(兼)
地　　址：丽水市丽阳街553号
邮政编码：323000
电　　话：2577009

丽水市分公司第一营业部
总 经 理：林丽莉
地　　址：丽水市丽阳街553号
邮政编码：323000

电　　话：2577212

丽水市分公司第二营业部

总 经 理：王小平(兼)
地　　址：丽水市丽阳街553号
邮政编码：323000
电　　话：2577099

丽水市分公司第三营业部

经　　理：彭　晶
地　　址：丽水市丽阳街553号
邮政编码：323000
电　　话：2577169

丽水市分公司第四营业部

总 经 理：林　核
地　　址：丽水市丽阳街553号
邮政编码：323000
电　　话：2577077

丽水市分公司银保业务部

总 经 理：朱小强
地　　址：丽水市丽阳街553号
邮政编码：323000
电　　话：2577171

青田支公司

总 经 理：林　波
地　　址：青田县公园路1号
邮政编码：323900
电　　话：6078988

龙泉支公司

经　　理：叶晓飞
地　　址：龙泉市中山东路134号
邮政编码：323700
电　　话：7122170

庆元支公司

经　　理：杜国荣
地　　址：庆元县松源镇云鹤路21号
邮政编码：323800
电　　话：6122906

缙云支公司

总 经 理：徐天飞
地　　址：缙云县五云镇迎晖路27号
邮政编码：321400
电　　话：3127701

松阳支公司

经　　理：项志中
地　　址：松阳县西屏镇紫荆路94号
邮政编码：323400
电　　话：8680988

遂昌支公司

总 经 理：毛利敏
地　　址：遂昌县妙高镇北街248号
邮政编码：323300
电　　话：8122078

景宁支公司

经　　理：叶少华
地　　址：景宁县鹤溪镇惠明路45号
邮政编码：323500
电　　话：5080997

云和支公司

经　　理：吴志平
地　　址：云和县车站路6号
邮政编码：323600
电　　话：5122952

舟山市分公司

总 经 理：沈承章
副总经理：谢秉国　阙定杰　诸文辉
纪委书记：谢秉国(兼)
地　　址：舟山市定海环城东路115号
邮政编码：316000
电　　话：2020850

舟山市分公司营业一部

地　　址：舟山市定海环城东路115号
邮政编码：316000
电　　话：2029592

舟山市分公司营业二部

总 经 理：夏　懿
地　　址：舟山市定海环城东路115号
邮政编码：316000
电　　话：2021621

舟山市分公司营业三部

经　　理：杨迎国
地　　址：舟山市定海环城东路115号
邮政编码：316000
电　　话：2027442

舟山市分公司重要客户部
经　　理：李　盛
地　　址：舟山市定海环城东路115号
邮政编码：316000
电　　话：2060789

舟山市定海支公司
总 经 理：王立军
地　　址：舟山市定海环城南路357号
邮政编码：316000
电　　话：2051193

舟山市普陀支公司
总 经 理：林继光
地　　址：舟山市普陀区同济路327号
邮政编码：316100
电　　话：3013056

岱山支公司
经　　理：林海球
地　　址：岱山县高亭镇人民路23号
邮政编码：316200
电　　话：4472288

嵊泗支公司
经　　理：张　波
地　　址：嵊泗县菜园镇沙河路90号
邮政编码：202450
电　　话：5182696

义乌市分公司
总 经 理：陈明辉
副总经理：朱森军　杨卫星　傅贤福
纪委书记：朱森军(兼)
总经理助理：楼海华
地　　址：义乌市机场路587号
邮政编码：322000
电　　话：85250008

义乌市分公司车商业务部
副总经理：王　啸(主持工作)
地　　址：义乌市机场路587号
邮政编码：322000
电　　话：85250099

义乌市分公司银保业务部
总 经 理：傅丽华
地　　址：义乌市机场路587号
邮政编码：322000
电　　话：85250607

义乌市分公司营销业务一部
总 经 理：朱兰娟
地　　址：义乌市机场路587号
邮政编码：322000
电　　话：85250346

义乌市分公司重要客户部
总 经 理：楼海华(兼)
地　　址：义乌市机场路587号
邮政编码：322000
电　　话：85250006

义乌市分公司营销业务二部
总经理助理：刘国瑞
地　　址：义乌市机场路587号
邮政编码：322000
电　　话：85259900

义乌市分公司城市营销部
副总经理：骆海勇(主持工作)
地　　址：义乌市稠州中路371号
邮政编码：322000
电　　话：89980960

义乌市分公司农村营销部
副总经理：陈　超(主持工作)
地　　址：义乌市机场路587号
邮政编码：322000
电　　话：85250007

中国人寿保险股份有限公司在浙机构

浙江省分公司
总 经 理：祝　平
纪委书记：朱卫星
副总经理：李佳龙　陆小燕　孙大庆
　　　　　叶　锋
营销总监：胡宏伟
地　　址：杭州市中河中路80号
邮政编码：310009
电　　话：87216401

杭州市分公司
总 经 理：胡国林
副总经理：郑碧芳　祝　勇　方金有
　　　　　李　弘

地　　址：杭州市下城区青春坊33幢
邮政编码：310003
电　　话：87225800

温州分公司

总 经 理：李松华
副总经理：赖百杰　蔡　枫　夏尔明
　　　　　谢　斌
地　　址：温州市车站大道龙华大厦
邮政编码：325000
电　　话：88999868

台州分公司

总 经 理：冯四明
副总经理：梅　林　于贻金　齐顺杨
地　　址：台州市椒江区轮渡路60号
邮政编码：318000
电　　话：88839013

金华分公司

总 经 理：楼琦辉
副总经理：严　鹃　吕　晓
总经理助理：商阳有　邵　颖　金亦农
地　　址：金华市丹溪路633号
邮政编码：321017
电　　话：82492777

义乌分公司

总 经 理：鲍杭生
副 经 理：王小宁　傅启幸　朱　明
地　　址：义乌市江滨中路358号
邮政编码：322000
电　　话：85455001

嘉兴分公司

总 经 理：齐孝安
副总经理：张世平　朱志嵩　许汉丰
　　　　　王忠伟
总经理助理：王洪铨
地　　址：嘉兴市中山路85—87号
邮政编码：314000
电　　话：82077598

湖州分公司

总 经 理：王炳福
副总经理：周　明
总经理助理：高于峰
地　　址：湖州市人民路169号
邮政编码：313000
电　　话：2033171

衢州分公司

总 经 理：叶勤俭
副总经理：李　治　孙建军　陈建武
地　　址：衢州市劳动路95号3号楼
邮政编码：324000
电　　话：3024109

绍兴分公司

总 经 理：楼　升
副总经理：余中坚　张志燕
总经理助理：胡晓东　汤小江
地　　址：绍兴市中兴中路309号
邮政编码：312000
电　　话：85221040

丽水分公司

总 经 理：刘　苇
副总经理：徐晓辉
总经理助理：刘宪伟　李　毅
地　　址：丽水市丽阳街551号
邮政编码：323000
电　　话：2279668

舟山分公司

总 经 理：郑向慧
副总经理：孟伟民　毛慧芳
总经理助理：陈发华
党委委员：俞伟忠
地　　址：舟山市定海区解放西路128号
邮政编码：316000
电　　话：2030637

财通证券有限责任公司

杭州解放路证券营业部

负 责 人：林雪玲
地　　址：杭州市上城区解放路111号
邮政编码：310009
电　　话：87828181

杭州龙井路证券营业部

负 责 人：朱　韬
地　　址：杭州龙井路71号

邮政编码：310013
电　　话：87956316

杭州文二路证券营业部

负 责 人：柯　培
地　　址：杭州文二路 320 号
邮政编码：310012
电　　话：88915358

杭州西大街证券营业部

负 责 人：祝孔民
地　　址：杭州市余杭区西大街 70—73 号
邮政编码：311100
电　　话：86232815

杭州湖墅南路证券营业部

负 责 人：陈平平
地　　址：杭州市湖墅南路 481 号
邮政编码：310005
电　　话：88390969

杭州金城路证券营业部

负 责 人：陈宇怀
地　　址：杭州市萧山区金城路 469 号
邮政编码：310012
电　　话：83696990

杭州体育馆证券营业部

负 责 人：朱慧杰
地　　址：杭州市体育场路 210 号
邮政编码：310004
电　　话：85100552

杭州凤起路证券营业部

负 责 人：马坚岗
地　　址：杭州凤起路 438 号外经贸广场综合楼 4 楼
邮政编码：310003
电　　话：87044118

杭州庆春路证券营业部

负 责 人：罗义洪
地　　址：杭州庆春路 186 号金融大厦
邮政编码：310006
电　　话：87220968

杭州环城西路证券营业部

负 责 人：章亦明
地　　址：杭州市环城西路 90 号
邮政编码：310006
电　　话：85872666

温州人民东路证券营业部

负 责 人：吴佳伟
地　　址：温州市人民路 117 号
邮政编码：325000
电　　话：88814718

玉环广陵路证券营业部

负 责 人：娄雪冰
地　　址：玉环县玉城街道广陵路 130 号
邮政编码：317600
电　　话：87250008

嘉兴禾兴南路证券营业部

负 责 人：蒋旱女
地　　址：嘉兴市禾兴南路 45 号
邮政编码：314000
电　　话：82070123

江山中山路证券营业部

负 责 人：姚大庆
地　　址：江山市中山路 66—1 号
邮政编码：324100
电　　话：4023070

义乌工人西路证券营业部

负 责 人：胡宏文
地　　址：义乌市工人西路 18 号
邮政编码：322000
电　　话：85091601

台州解放南路证券营业部

负 责 人：林红峰
地　　址：台州市椒江区解放南路 18 号
邮政编码：318000
电　　话：88869200

绍兴人民中路证券营业部

负 责 人：叶耸霄
地　　址：绍兴市越城区人民中路 399 号
邮政编码：312000
电　　话：85222111

诸暨暨阳路证券营业部

负 责 人：陈仲铭
地　　址：诸暨市暨阳路 156 号
邮政编码：311800
电　　话：87110001

上虞市民大道证券营业部
负 责 人：王建军
地　　址：上虞市市民大道1618号
邮政编码：312300
电　　话：81282288

永康九铃东路证券营业部
负 责 人：郑奕广
地　　址：永康市九铃东路3284号
邮政编码：321300
电　　话：87111998

湖州红旗路证券营业部
负 责 人：徐卫东
地　　址：湖州市红旗路66号新天地五楼A区
邮政编码：313000
电　　话：2216782

温岭东辉北路证券营业部
负 责 人：阮　雳
地　　址：温岭市东辉北路188号绿洲大厦
邮政编码：317500
电　　话：86019001

南京中山北路营业部
负 责 人：刘风贵
地　　址：南京市中山北路215号三乐大厦八楼
邮政编码：210009
电　　话：025—83176688

上海漕溪路证券营业部
负 责 人：张　晔
地　　址：上海市漕溪路251弄6号北部商场
邮政编码：200235
电　　话：021－64841008

宁波天童北路证券营业部
负 责 人：王维明
地　　址：宁波市天童北路1539号502—503、601—611室
邮政编码：315100
电　　话：88366555

新昌石城路证券营业部
负 责 人：陈春霞
地　　址：新昌县南明街道石城路25号
邮政编码：312500
电　　话：86113368

绍兴县钱清镇前路证券营业部
负 责 人：沈益丰
地　　址：绍兴县钱清镇镇前路永通国贸中心4幢2楼
邮政编码：312025
电　　话：84513456

柯桥湖西路证券营业部
负 责 人：董烨青
地　　址：绍兴县柯桥湖西路228号
邮政编码：312030
电　　话：84098201

淳安新安大街证券营业部
负 责 人：方丽萍
地　　址：淳安县千岛湖镇新安大街102号
邮政编码：311700
电　　话：64819077

海宁水月亭西路证券营业部
负 责 人：孙宇民
地　　址：海宁市水月亭西路131号
邮政编码：314400
电　　话：87047299

安吉体育场证券营业部
负 责 人：陶雪峰
地　　址：安吉县递铺镇天目路395号
邮政编码：313300
电　　话：5886666

富阳迎宾路证券营业部
负 责 人：潘根林
地　　址：富阳市富春街道迎宾路80号
邮政编码：311400
电　　话：63346549

北京成府路证券营业部
负 责 人：于国新
地　　址：北京市成府路28号优盛大厦D座1312室
邮政编码：100083
电　　话：010—62666600

瑞安塘河北路证券营业部
负 责 人：蒋招达
地　　址：瑞安市塘河北路华峰专家楼东首

1—2 楼
邮政编码：325200
电　　话：25555799

台州黄岩横街证券营业部
负 责 人：谢春芳
地　　址：台州市黄岩区横街77—79号
邮政编码：318020
电　　话：84848422

宁海中山西路证券营业部
负 责 人：胡　琦
地　　址：宁海县城关镇跃龙街道中山西路2号
邮政编码：315600
电　　话：25579001

福州长乐北路证券营业部
负 责 人：刘旭东
地　　址：福州市长乐北路117号
邮政编码：350011
电　　话：0591—88596358

长兴金陵北路证券营业部
负 责 人：张维康
地　　址：长兴县雉城镇旺角维多利亚花园33幢201—210
邮政编码：313100
电　　话：6520159

海盐秦山路证券营业部
负 责 人：张奕峰
地　　址：海盐县武原镇秦山路96号
邮政编码：314300
电　　话：86186120

深圳新湖路证券营业部
负 责 人：常屹峰
地　　址：深圳市新湖路尚都花园1栋商场4C88
邮政编码：518000
电　　话：0755—29582218

青岛麦岛路证券营业部
负 责 人：孙正明
地　　址：青岛市麦岛路7号
邮政编码：266071
电　　话：0532—80955565

大连黄浦路证券营业部
负 责 人：袁凤国
地　　址：大连市黄浦路439号科技创业大厦三层
邮政编码：116023
电　　话：0411—39526999

衢州新桥街证券营业部
负 责 人：王小华
地　　址：衢州市新桥街80—84号
邮政编码：324000
电　　话：8288788

丽水北苑路证券营业部
负 责 人：林　阳
地　　址：丽水市北苑路206号127室
邮政编码：323000
电　　话：2226801

重庆邹容路证券营业部
负 责 人：张耕霖
地　　址：重庆市邹容路50号半岛商务大厦7楼
邮政编码：400010
电　　话：023—88105088

无锡政和大道证券营业部
负 责 人：张　雄
地　　址：无锡市堰桥镇政和大道213号惠山电信局4楼
邮政编码：214174
电　　话：0510—83593591

兰溪人民南路证券营业部
负 责 人：陶晓春
地　　址：兰溪市人民南路103号
邮政编码：321100
电　　话：88906988

德清中兴南路证券营业部
负 责 人：朱稼明
地　　址：德清县武康镇中兴南路百乐街口宇恒财富国际一楼
邮政编码：313200
电　　话：8078715

临海靖江中路证券营业部
负 责 人：於庆辉
地　　址：临海市靖江中路199号

邮政编码：317000
电　　话：85678118

金华兰溪街证券营业部

负 责 人：沈建斌
地　　址：金华市兰溪街456号
邮政编码：321000
电　　话：89118388

青田前路街证券营业部

负 责 人：赵正明
地　　址：青田县鹤城镇前路街欧洲城A1—19号
邮政编码：323900
电　　话：6078388

建德新安东路证券营业部

负 责 人：尹鸣华
地　　址：建德市新安东路新安财富城5幢4楼
邮政编码：311600
电　　话：60900196

图书在版编目(CIP)数据

浙江金融年鉴.2013 /《浙江金融年鉴》编辑委员会编. —杭州:浙江人民出版社,2014.1

ISBN 978-7-213-05962-9

Ⅰ.①浙… Ⅱ.①浙… Ⅲ.①金融事业-浙江省-2013-年鉴 Ⅳ.①F832.755-54

中国版本图书馆CIP数据核字(2014)第019237号

书　　名	**浙江金融年鉴(2013)**
作　　者	《浙江金融年鉴》编辑委员会　编
出版发行	浙江人民出版社
	杭州市体育场路347号
	市场部电话:(0571)85061682　85176516
责任编辑	金　纪
责任校对	叶　宇
封面设计	罗信文
电脑制版	杭州兴邦电子印务有限公司
印　　刷	浙江印刷集团有限公司
开　　本	787×1092毫米　1/16
印　　张	63.75
字　　数	146万
插　　页	24
版　　次	2014年1月第1版·第1次印刷
书　　号	**ISBN 978-7-213-05962-9**
定　　价	280.00元